法學叢書

〔第 5 版〕

商法（下）

李範燦
崔埈璿 共著

三英社

HANDELSRECHT

Band 2

von

BEOM CHAN LEE
PROFESSOR AN DER SUNGKYUNKWAN UNIVERSITÄT

und

JUNESUN CHOI
PROFESSOR AN DER SUNGKYUNKWAN UNIVERSITÄT

5. Aufl.

SAM YEONG SA
SEOUL, KOREA
2008

제 5 판 머 리 말

제4판이 나온 이후 해상법을 비롯한 많은 법률이 개정되었기 이를 반영하여 제5판을 낸다. 곧 상법총칙·상행위편과 회사편 및 보험편도 개정이 예정되어 있어서 개정안이 발효될 2009년에 대폭 개정을 하기로 하고, 이번에는 소폭개정만을 하였다. 제5판의 출판에 애써 주신 삼영사의 李信正 주간님을 비롯하여 편집부 직원 여러분의 노고에 감사드린다.

2008. 8. 15.

著 者 씀

제 4 판 머 리 말

제3판이 나온 후 필자가 강의면서 느낀 미진한 부분과 오류라고 생각되는 부분을 바로잡아 제4판을 낸다. 제4판에서도 편집과 교정에 수고하여 주신 삼영사의 李信正 주간님과 편집부 여러분의 노고에 감사드린다.

2004. 7. 1.

著 者 씀

第 3 版 序　文

제2판 출간 후 2년이 지났다. 제3판에서는 2001년 5월까지의 어음·수표법 및 보험법에 관한 대법원 판례를 모두 수용하였고, 설명이 부족한 몇 군데는 보완을 하였다. 개정판에 대한 교정과 실무에 따른 助言을 해 준 금융감독원의 朴洪奭 과장, 禹成睦 조사역 및 梁鎭泰 조사역 등 세 분에게 이 자리를 통하여 감사드리고, 아울러 편집과 교정에 수고하여 주신 삼영사의 李信正 주간님과 편집부 여러분께 감사드린다.

2001년 7월 30일

著　者　씀

第 2 版 序　文

1998년에 어음법 분야에서 매우 중요한 판례가 나왔다. 대법원 1998. 4. 23. 선고, 95 다 36466 판결이 그것인데, 국내어음의 경우 발행지의 기재를 缺하였더라도 이를 무효인 어음으로 볼 수 없다는 것이 그 요지이다. 이것은 교과서 중 어음요건부분, 백지어음부분, 소구권부분 및 지급제시부분의 변경을 가져왔다. 차제에 초판에서 발견된 여러 가지 미비점도 보완하였다.

개정판 조판에 힘써 주신 李信正 주간님과 삼영사 직원 여러분께 감사드린다.

1999년 8월 20일

著　者　씀

第 2 版 序 文

1998년에 어음법 분야에서 매우 중요한 판례가 나왔다. 대법원 1998. 4. 23. 선고, 95 다 36466 판결이 그것인데, 국내어음의 경우 발행지의 기재를 缺하였더라도 이를 무효인 어음으로 볼 수 없다는 것이 그 요지이다. 이것은 교과서 중 어음요건부분, 백지어음부분, 소구권부분 및 지급제시부분의 변경을 가져왔다. 차제에 초판에서 발견된 여러 가지 미비점도 보완하였다.

개정판 조판에 힘써 주신 李信正 주간님과 삼영사 직원 여러분께 감사드린다.

1999년 8월 20일

著 者 씀

머 리 말

商法을 2券으로 나누어 해설하기로 했다. 上卷에서는 商法總則·商行爲法·會社法을, 下卷에서는 어음法·手票法·保險法·海商法을 다루기로 하고, 먼저 준비된 下卷부터 출간하기로 했다. 講義用 教材로서는 既刊의 商法概論으로도 부족함이 없다고 생각하지만, 事例를 중시하는 司法試驗의 근래의 경향이나 좀더 친절한 해설을 갈구하는 讀者들의 갈망에 부응하기 위해서 紙面을 늘리지 않을 수 없었다. 또한 法學教材에서 漢字가 사라져가는 것이 안타까운 일이기는 하나, 基本的인 用語만이라도 漢字를 사용하기로 했다.

商法 下卷의 집필에서도 중점적으로 간결하게라는 서술방침에는 既刊의 商法概論과 다름이 없다. 다만, 1997년 5월말까지 나온 大法院의 判例는 빠짐없이 소개함으로써 事例中心의 생동감있는 講義와 철저한 試驗準備에 만전을 기할 수 있도록 노력했다.

또한 깊이 있게 詳述하되 가급적 많은 著者들의 著書나 論文의 요지를 두루 소개하려고 애썼다. 그러나 著者의 게으름과 理解의 부족으로 資料의 漏落이나 學說의 誤解라도 없었는지 걱정스럽기도 하지만, 독자들의 편달에 힘입어 차후에 계속 補完·訂正해 가기로 약속한다.

끝으로 本書를 준비함에 있어 성심성의껏 도와준 成均館大學校 博士課程의 金知煥 法學碩士와 孫鍾鶴 法學碩士 및 黃肅淵 助教의 노고에 대해서 심심한 사의를 표한다. 그리고 本書의 出版을 쾌락하여 주신 三英社의 高德煥 사장님, 무더위속에 편집과 교정을 위해 애써주신 三英社의 李信正 주간님과 編輯部 여러분께도 깊이 감사드린다.

1997년 8월 11일

著 者 씀

차 례

제4편 어음法·手票法

제1장 緖 論

제 2 장 어음法 總論

제 3 장 어음法 各論

제4장 手 票 法

제5편 保險法

제1장 緖 論

제 3 장 損 害 保 險

제4장 人保險

제6편 海 商 法

제1장 緖 論

제2장 海 上 企 業

제3장 運　　送

제4장 傭　　船

제 5 장 運送證書

제6장 海上危險

略 語 表

1. 引 用 法 令 略 語

開秩 ………………………… 開港秩序法
拒令 ………………………… 拒絶證書令
公證 ………………………… 公證人法
舊獨商 ……………………… 舊獨逸商法
舊小 ………………………… 舊小切手法
95商附 ……………………… 1995年 改正商法附則
金融 ………………………… 金融機關에 대한 臨時措置法
大令 ………………………… 大統領令
獨規 ………………………… 獨占規制 및 公正去來에 관한 法律
獨保 ………………………… 獨逸保險契約法
獨商 ………………………… 獨逸商法
美流 ………………………… 美國流通證券法
民 …………………………… 民法
民訴 ………………………… 民事訴訟法
法組 ………………………… 法院組織法
保業 ………………………… 保險業法
保業施 ……………………… 保險業法施行令
佛民 ………………………… 프랑스民法
佛保 ………………………… 프랑스保險契約法
佛商 ………………………… 프랑스商法
非訟 ………………………… 非訟事件節次法
商登規 ……………………… 商業登記處理規則
商施 ………………………… 商法施行法
商施規 ……………………… 商法의 一部規程의 施行에 관한 規程
商標 ………………………… 商標法
商品 ………………………… 商品券法
瑞保 ………………………… 스위스保險契約法
瑞債 ………………………… 스위스債務法
船 …………………………… 船舶法
船登 ………………………… 船舶登記法
船保 ………………………… 船員保險法

船施 ………………………… 船舶法施行令
船安 ………………………… 船舶安全法
船安施 ……………………… 船舶安全法施行令
船員 ………………………… 船員法
船積測 ……………………… 船舶積量測定法
涉私 ………………………… 涉外私法
手 …………………………… 手票法
手團 ………………………… 不正手票團束法
信業 ………………………… 信託業法
어 …………………………… 어음法
英어 ………………………… 英國어음法
英海保 ……………………… 英國海上保險法
外監 ………………………… 株式會社의 外部監査에 관한 法律
外投 ………………………… 外國人投資促進法
銀行 ………………………… 銀行法
依民 ………………………… 依用民法
依商 ………………………… 依用商法
印稅 ………………………… 印紙稅法
日商 ………………………… 日本商法
郵 …………………………… 郵便法
伊民 ………………………… 이탈리아 民法
資再 ………………………… 資産再評價法
條文만의 表示 ………… 商法
證法 ………………………… 證券去來法
證投 ………………………… 證券投資信託業法
執行 ………………………… 執行官法
特許 ………………………… 特許法
破 …………………………… 破産法
葡商 ………………………… 포루투갈 商法
刑 …………………………… 刑法
會整 ………………………… 會社整理法

2. 參考文獻略語

姜渭斗・林載鎬 ……… 商法講義(下), 2004
朴元善(上) ……………… 朴元善 著 새商法(上), 1962
朴元善(下) ……………… 朴元善 著 새商法(下), 1962
徐燉珏・鄭完溶(上) … 徐燉珏・鄭完溶 共著 第四全訂 商法講義(上), 1999
徐燉珏・鄭完溶(下) … 徐燉珏・鄭完溶 共著 第四全訂 商法講義(下), 1996

徐廷甲(上) ……………… 徐廷甲 著 商法(上), 1965
徐廷甲(어) ……………… 徐廷甲 著 新 어음·手票法, 1964
孫珠瓚(上) ……………… 孫珠瓚 著 商法(上), 2003
孫珠瓚(下) ……………… 孫珠瓚 著 商法(下), 2004
梁承圭(保) ……………… 梁承圭 著 保險法, 1987
梁承圭《判例教材》…… 梁承圭 著 判例教材 保險法·海商法, 1982
梁承圭(어) ……………… 梁承圭 著 어음法·手票法, 1998
李基秀(總) ……………… 李基秀 著 商法總則·商行爲, 1992
李基秀(會) ……………… 李基秀 著 會社法學, 1996
李基秀(어) ……………… 李基秀 著 어음法·手票法, 1998
李範燦 例解(上) ……… 李範燦 著 例解商法 上卷, 1988
李炳泰(上) ……………… 李炳泰 著 全訂商法(上), 1987
李院錫(上) ……………… 李院錫 著 商法(上), 1984
李哲松(어) ……………… 李哲松 著 어음·手票法, 2004
李泰魯《判例教材》…… 李泰魯 著 判例教材 會社法, 1982
林泓根(總) ……………… 林泓根 著 商法總則·商行爲, 2001
鄭東潤(會) ……………… 鄭東潤 著 會社法, 2000
鄭東潤(어) ……………… 鄭東潤 著 어음·手票法, 2001
鄭茂東(上) ……………… 鄭茂東 著 全訂版 商法講義(上), 1984
鄭茂東(下) ……………… 鄭茂東 著 全訂版 商法講義(下), 1984
鄭燦亨(上) ……………… 鄭燦亨 著 商法講義(上), 2003
鄭燦亨(下) ……………… 鄭燦亨 著 商法講義(下), 2003
鄭熙喆(上) ……………… 鄭熙喆 著 商法學(上), 1989
鄭熙喆(下) ……………… 鄭熙喆 著 商法學(下), 1990
鄭熙喆《判例教材》…… 鄭熙喆 著 判例教材 어음·手票法, 1982
鄭燦亨(어) ……………… 鄭燦亨 著 어음·手票法講義, 1999
蔡利植(上) ……………… 蔡利植 著 商法講義(上), 1996
蔡利植(下) ……………… 蔡利植 著 商法講義(下), 2003
崔基元(上) ……………… 崔基元 著 商法學新論(上), 2003
崔基元(下) ……………… 崔基元 著 商法學新論(下), 1997
崔基元(會) ……………… 崔基元 著 新會社法論, 2001
崔基元(어) ……………… 崔基元 著 어음·手票法, 2001

제 4 편
어음法 · 手票法

제 1 장
緖　　論

제 1 절　有價證券法

Ⅰ. 序　　說

企業法으로서의 商法이 기업조직과 기업활동에 관한 법이라면, 有價證券法은 기업활동의 수단에 관한 법이다. 물론 기업활동의 수단으로 이용되는 것 중에도 商業帳簿・會社의 財務諸表라든가 相互計算制度 등 여러 가지가 있으나, 無形의 權利를 物體化시킨 有價證券이 매우 중요한 역할을 하게 된다.

현대의 경제생활이 고도로 발전함에 따라 權利도 하나의 價値物로서 거래의 목적물이 되고 있음은 자연적인 요청이다. 이러한 요청에 적응하기 위해서는 權利가 안전하고 확실하게 유통될 수 있어야 하고, 그 權利의 행사가 용이하여야 한다. 이를 위하여는 무형의 權利 자체를 기준으로 하지 않고, 이 無形의 權利를 有形의 證券(物件)에 결합시켜 이 證券에 物權法的 原則이 적용되도록 하여야 한다. 이와 같이 權利의 유통성을 높이기 위한 法技術的 制度가 바로 有價證券制度이다. 즉, 有價證券制度는 화폐제도의 존재를 전제로 하여 근대 자본주의경제가 산출한 교묘한 法技術的 制度로서 그 制度的 意義는 權利와 證券을 결합시키고 그 證券에 독립된 법적 의미를 주어, 일체의 權利義務關係를 證券을 기준으로 하여 신속・정확하게 결정하고 처리함으로써 그 '流通性'을 확보하려는 데 있는 것이다.

현대의 자본주의경제 하에서는 이러한 有價證券制度를 이용함으로써 모든 財産權의 유통을 가능하게 하여 資本의 調達(株式・社債), 支給의 確實・便宜化(어음・手

票)를 실현하였고, 또 재화의 경제적 가치의 이용에 관한 시간적·공간적 장애를 극복하여 財貨의 資本還元을 가능하게 하였다(貨物相換證·船荷證券·倉庫證券). 특히 오늘날 有價證券의 사용이 일반화되어 多額의 金錢支給은 手票 특히 自己앞手票로 지급하는 것이 상식처럼 되어 있고, 商人間의 代金決濟는 約束어음에 의해 이루어지며, 국제거래에서는 일반적으로 換어음이 이용되고 있다. 심지어는 일반인도 家計手票를 이용하거나 株式·社債에의 투자를 통하여 有價證券과 쉽게 접근할 수 있게 되었으므로 有價證券制度가 현대생활에 있어서 큰 비중을 차지하고 있음은 의심할 바 없다. 따라서 有價證券制度가 현대의 사법체계에 있어서도 얼마나 중요한 지위에 있는가를 알 수 있다.

이와 같이 有價證券의 기능은 證券에 化體되지 않은 權利의 처분에 수반하는 많은 위험과 불안을 제거함으로써 權利의 양도를 간편하게 하여 그 流通性을 제고한다는 데 있으나, 이와 같은 有價證券의 기능은, 적어도 株券과 社債券 등에 있어서는 證券保管專門機關에 의한 證券의 混藏任置(Sammelverwahrung)의 경향으로 인하여 점차 상실되어 가고 있음을 주목하여야 한다.

證券의 混藏任置란 證券保管專門機關이 동일한 종류의 證券을 權利者別로 분리하여 보관하지 않고 혼합하여 보관하는 것이다. 따라서 各權利者는 特定證券을 소유하는 것이 아니라 保管機關이 보관하고 있는 總證券에 대한 共有權 내지 觀念的 持分權만을 가지며, 證券을 所持하는 것이 아니라 總證券에 대한 간접적 共同占有를 하도록 하는 제도이다. 이러한 제도가 필요한 이유는 證券의 현실적인 제시나 교부가 지나치게 번잡하거나 불가능하기 때문이다. 예컨대, 하루에도 보통 수천만주가 거래되는 株式去來의 경우 실제로 株券을 제시·교부한다거나, 株主總會에서의 議決權의 행사를 위해 모든 株主가 보관시킨 無記名株券을 일시에 인출하여 會社에 제출하여야 한다는 것은 불가능하거나 가능하다고 해도 지극히 번잡한 일이다. 따라서 이 경우에도 株券의 현실적인 제시·교부 없이 株券을 保管機關에 보관하였다는 保管證明書의 제출이나 豫置證의 양도로 대치되고 있고, 利益配當이나 社債利子의 지급도 점차 보관기관의 증명만으로 가능하게 되고 있다. 더욱이 보관기관이 증명서를 발행함에 있어서는 개개의 有價證券의 존재를 實査하지 않고 자기의 장부상의 기재에 의거하여 이를 발행하고 있는 실정에 이르렀다. 證券預託院에 의한 有價證券의 對替決濟도 그 例이다(證去 제173조 이하). 證券預託院은 豫置證을 발행하여 이를 有價證券의 受渡決濟 등에 사용한다. 또 證券去來法은 證券預託院이 有價證券을 混合保管할 수 있다고 규정하고 있다(證去 제

174조 제4항).

그러므로 이제는 一部 證券의 경우 證券上의 權利를 양도함에 있어 證券의 提示나 所持조차도 필요없게 되었고, 證券으로 權利를 化體한다는 관념도 희박해졌다. 요컨대, 資本市場의 證券에 관한 한 權利의 행사와 양도를 편리하게 하여 거래의 안전을 꾀하려던 有價證券制度 본래의 기능은 상당히 퇴색하게 되었다.

이와 같은 有價證券의 機能喪失現象은 古典的인 有價證券인 어음·手票에 관하여도 부분적으로 나타나고 있음을 간과할 수 없다. 즉, 새로운 支給手段, 예컨대 은행지로(bank giro), 自動移替處理制度(Electronic Fund Transfer System: EFTS) 및 크레디트 카드(credit card) 등의 발달로 어음·수표의 支給機能은 현저히 감소되고 있고, 이들 새로운 경제현상을 어떻게 法的으로 규율할 것이냐는 法學의 중요한 과제가 되고 있다.[1)]

이와 같은 有價證券의 一部 機能喪失에도 불구하고 어음·수표 등 有價證券은 현재 많이 이용되고 있고, 또 장래에도 결코 폐지되지는 아니할 제도이므로 이에 대한 法規의 중요성은 조금도 감소되지 않고 있다.

Ⅱ. 有價證券의 槪念

1. 有價證券槪念의 多樣性

'有價證券'이란 용어는 獨逸語의 Wertpapier에서 온 것으로서, 우리나라에서는 法典上의 용어로 널리 쓰이고 있다. 이 밖에 商去來의 목적으로 주로 商人 사이에서 쓰인다는 뜻에서 '商業證券'(commercial paper)이란 용어를 쓰기도 한다(제73조).

有價證券이란 용어는 商法뿐만 아니라 民事訴訟法·破產法·刑法·證券去來法 등 여러 법률에서 쓰이고 있으나, 그 定義 규정은 없어서 그 立法目的에 따라 달리 쓰이고 있다. 따라서 有價證券의 본질을 통찰하여 그 學問上의 개념을 먼저 정립하고, 그것을 기초로 하여 구체적인 法規定에 대한 해석을 하여야 할 것이다.

---

1) 鄭東潤(어) 11면.

2. 有價證券에 관한 學說

有價證券의 定義에 관하여는 여러 가지로 견해가 나뉘어져 있다. 즉, 有價證券이란 ① "財産的 價値가 있는 私權(財産權)이 표창된 證券으로서, 그 權利의 發生·行使·移轉의 전부 또는 일부를 證券에 의하여 하게 되는 것",[2] ② "財産權을 表彰하는 證券으로서 그 權利의 移轉에 관하여 證券을 필요로 하는 것" 또는 "化體한 權利 또는 法律上의 지위의 移轉에 證書의 所持의 移轉을 필요로 하는 것",[3] ③ "財産的 價値가 있는 私權을 表彰하는 證券으로서, 그 權利의 行使 및 移轉에 證券을 필요로 하는 것",[4] ④ "私法上의 權利를 表彰하는 證券으로서 權利의 行使를 위하여 證券의 占有를 필요로 하는 것"[5] 등 그 표현이 다양하다.

이상의 네 가지의 代表的 定義에서 有價證券이란 私權을 표창하는 증권이라고 하는 점에 관하여는 異論이 없으나, 다만 私權과 證券 사이의 특별한 결합은 어떠한 것이어야 하는가에 관하여만 학설이 대립되어 있음을 알 수 있다.

생각건대, ①說의 정의에서는 '權利의 發生·行使·移轉의 全部 또는 一部'에 證券을 필요로 한다고 하는데, 이에 대해서는 다음과 같은 비판을 하고 있다. 즉, '全部 또는 一部'라고 선택적인 표현을 하였으므로 이원적 개념파악을 시도하고 있는데, 權利의 發生에만 증권을 필요로 하고 權利의 行使·移轉에 증권을 필요로 하지 않는 有價證券은 있을 수 없는데도 불구하고 '權利의 發生'에만 증권을 요하고 權利의 行使·移轉에는 증권을 요하지 않는 有價證券도 있는 듯한 오해를 낳게 하고, 또 權利의 행사에는 증권을 요하지만 權利의 移轉에는 증권을 요하지 않는 有價證券도 있을 수 있는 것처럼 定義한 것은 부당하며, 有價證券의 특징을 단순히 외면적으로 파악하였을 뿐 그 이론적 근거가 박약하다는 것이다.

②說의 정의는 權利의 流通性에 착안하여 有價證券의 개념을 一元的으로 파악하려 한 점은 좋으나, 權利의 移轉에 증권이 필요한 것은 權利의 행사에 증권이 필요하기 때문이라는 상호간의 이론적 관계를 간과하였다는 비판을 받고 있다. 그리고 相續이나 會社의 合倂 등 包括承繼의 경우에는 證券上의 權利의 移轉에

---

2) 孫珠瓚(下) 8면 ; 徐燉珏·鄭完溶(下) 59면.

3) 崔基元(어) 16면 ; Ulmer, *Das Recht der Wertpapiere*, 1938, S. 21.

4) 姜渭斗(어) 7면 ; 林泓根(行) 309면.

5) 鄭熙喆·鄭燦亨(下) 4면 ; 鄭東潤(어) 16면 ; Hueck/Canaris, *Recht der Wertpapiere*, 11. Aufl., 1977, S. 2 ff. ; W. Zöllner, Wertpapierrecht, 13. Aufl., 1982, S. 17 ; Baumbach- Hefermehl, *Wechselgesetz und Scheckgesetz*, 15. Aufl., 1986, Rdn. 6.

증권을 필요로 하지도 않는다는 점을 설명할 수 없다.

그리고 ③說 역시 비판을 받고 있다. 즉, 權利의 行使에 증권을 필요로 한다면 필연적으로 權利의 移轉에도 證券이 필요하게 될 것이므로 行使와 移轉을 대등하게 취급할 필요는 없을 것이다. 뿐만 아니라 앞서 말한 바와 같이 相續이나 會社合併 등 包括承繼의 경우에는 權利가 移轉됨에도 불구하고 증권을 필요로 하지 않는다.

따라서 ④說의 견해가 가장 타당하다고 생각된다. 權利의 行使, 즉 權利의 주장에 증권의 所持를 필요로 하는 것이라는 정의가 거의 모든 有價證券에 공통되는 특징을 가장 잘 설명할 수 있다고 본다. 다만 ④說에 대한 비판으로는 記名株券의 경우에는 증권 없이도 株主權을 행사할 수 있으므로 記名株券을 포함하는 한 부당하다고 한다. 그러나 記名株券의 경우에는 株主名簿上의 名義에 의거해서 權利行使를 하는 것은 사실이나, 名義改書를 하려면 株券의 제시가 필요하므로 편의상 權利行使 때마다 직접 株券의 제시를 요구하지 않을 뿐, 간접적인 방법으로 株主權 행사에 株券의 제시가 요구되고 있는 것이다.

3. 有價證券概念의 分析

위에 든 ④說의 정의를 分說하면 다음과 같다.

(i) '財産的 價値가 있는 私權을 表彰하는' 證券이어야 한다. 그 財産權은 債權이든, 物權이든(現行法上 순수한 物權證券은 없다.), 社員權이든 상관없다(그러나 순수한 인격권이나 신분권과 같이 재산적 가치가 없거나 경제적 거래의 대상이 될 수 없는 권리는 이에 포함될 수 없다.). '表彰한다'는 것은 권리와 증권의 결합관계를 말하는 것이다. 즉, 有形的인 증권의 占有가 無形的인 權利를 행사하는 조건이 되어 있는 상태를 말하며, 權利가 증권에 化體(embody, verkörpern)되었다고도 한다.

(ii) 表彰된 權利의 행사에 '證券의 所持'를 필요로 한다. 그러나 有價證券에 있어서 본체를 이루는 것은 실질적 권리이므로 증권의 소지를 필요로 하지 않는 예외적인 경우도 있는 것이며, 또한 증권의 소지는 권리의 행사에 필요한 최소한의 요건일 뿐이고 다른 요건이 첨가되어도 有價證券의 효력에는 상관이 없다. 즉, 그 부가요건의 내용에 따라 無記名證券·提示證券·記名證券으로 유형을 달리하게 될 뿐이다.

(iii) 權利의 '行使'에 증권을 필요로 한다. 權利의 行使(와 移轉)에만 證券의 점

유를 필요로 하는 증권을 不完全(相對的) 有價證券(貨物相換證·船荷證券·倉庫證券·無記名株式 등), 權利의 發生·行使·移轉 全部에 증권의 占有를 필요로 하는 증권을 完全(絶對的) 有價證券(어음·手票 등)이라고도 한다.

4. 類似概念과의 구별

(1) 證據證券(證明證書)

證據證券(Beweisurkunde)은 실질적인 法律關係의 유무나 내용을 증명하는 자료로서 의미가 있는 證書이지, 그 법률관계의 유무나 내용 자체와 書面의 유무와는 관계가 없는 것이다(예컨대, 차용증서, 매매계약서, 임대차증서, 영수증서). 어떤 종류의 有價證券이든 일정한 법률관계를 증명하는 기능이 있다는 의미에서 證據證券으로서의 성질도 가지고 있으나, 반대로 모든 證據證券이 有價證券인 것은 아니다. 證據證券과 有價證券의 구별표준은 證券과 私權이 결합되어 있는지의 여부이다.

(2) 免責證券(資格證券)

免責證券(Legitimationspapiere, Ausweispapiere)이란 債務者가 惡意 또는 중대한 過失없이 증권의 所持人에게 債務를 이행하면, 그 所持人이 비록 정당한 權利者가 아닌 경우에도 債務를 면하는 증권을 말한다. 免責證券은 同種의 不特定 多數의 權利者가 집단적으로 권리행사를 하는 경우에 義務者가 權利者를 식별하기가 곤란하므로 義務者의 義務履行을 安全·圓滑하게 하기 위하여(즉, 債務者의 善意의 辨濟를 보호하기 위하여) 발행하는 것이다.

證券의 所持人은 일응 권리를 행사할 수 있는 資格者라고 할 수 있기 때문에 면책증권은 본질적으로는 證據證券이지 권리를 표창하는 證券이 아니므로 그 證券의 讓渡에 의하여 권리 자체를 양도할 수는 없다. 따라서 일단 문제가 생긴 경우에는 權利者는 증권을 소지하였다는 한 가지 사실만으로는 權利를 행사할 수 없고, 또한 權利를 입증할 수 있으면 證券 없이도 權利를 행사할 수 있다(예컨대, 각종의 預置票, 鐵道手荷物相換證, 預金證書 등).

많은 有價證券은 동시에 免責證券이다. 그러나 예컨대 記名式貨物相換證이나 記名式船荷證券은 有價證券이지만 免責證券은 아니다. 왜냐하면 證書에 기명되어 있는 者 이외의 者에게 善意로 화물을 인도하였다고 하더라도 免責은 되지 않기 때문이다. 반대로 免責證券이지만 有價證券이 아닌 것도 있다. 예컨대, 신발표나 保管證, 預金證書같은 것이 이에 속한다. 왜냐하면 權利者는 증권이 없어도 자기가 정당한 權利者임을 증명하면 권리를 행사할 수 있기 때문이다.

(3) 金(額)券

金(額)券이란 그 자체가 法律上 특정한 價値를 보유하는 證券을 말한다(예컨대, 郵票, 收入印紙, 紙幣 등). 이것은 발행자에 대한 請求權을 표창하는 것이 아니므로 有價證券이 아니고 그 자체가 금전에 갈음하는 효력이 있다. 따라서 이것은 有價證券의 경우와는 달리 그 자체의 물리적 멸실에 의하여 그 가치가 소멸하고, 除權判決節次에 의하여 權利行使의 가능성을 회복할 수는 없다.

Ⅲ. 有價證券의 種類 및 屬性

1. 有價證券法定主義

(1) 有價證券法定主義의 意義

有價證券은 無形의 權利를 有體化시켜 그 權利의 존재와 내용을 확실하게 함과 동시에 法의 특별한 보호를 부여한 것으로서 有價證券의 종류와 내용을 제한할 필요가 있다. 왜냐하면 有價證券의 종류와 내용을 제한하지 않으면 有價證券制度가 濫用될 염려가 크기 때문이다. 따라서 有價證券의 종류와 내용에 일정한 제한을 두어 法이 인정하는 경우에만 有價證券으로 보게 되는데, 이 制度를 有價證券法定主義(Der Numerus clausus der Wertpapiere)라고 한다. 이것은 마치 民法上의 物權法定主義와 같은 것이다.

(2) 制限의 內容

(가) 證券上의 權利의 成立에 관한 制限

(a) 權利의 종류에 관한 制限 : 證券에 化體될 權利는 財産權에 한한다. 즉, 債權·社員權 등이며, 身分權·名譽權 등은 有價證券化될 수 없고, 社員權 중에도

有限會社의 社員의 持分은 指示式·無記名式으로 有價證券化되는 것을 금지한다(제555조).

(b) **方式에 관한 制限**: 유가증권은 그 유통성으로 인하여 방식이 법정되어 일정한 證券記載事項이 요구되고 있다(要式證券性).

(c) **內容에 관한 制限**: 證券上의 權利의 내용은 증권의 文言만으로 정하여 지고, 당사자는 증권에 기재되지 않은 사항으로써 그 文言의 뜻을 변경하거나 보충하지 못한다(文言證券性).

(나) 證券上의 權利者에 관한 制限

(a) **指定方法의 制限**: 證券上의 權利者의 지정방법으로는 記名式 이외에 無記名式, 指示式, 選擇無記名式만이 인정된다.

(b) **權利者推定**: 無記名證券의 所持人, 背書가 연속된 指示證券의 所持人은 適法한 權利者로 推定됨으로써 비록 無權利者로부터 취득하였더라도 無權利者임을 몰랐거나 모른 데 대하여 중대한 過失이 없으면 善意取得者로서 보호를 받게 된다.

(다) 權利의 讓渡方法에 관한 制限

無記名式의 有價證券은 交付의 방법으로, 指示式의 有價證券은 證券의 背書나 交付의 방법으로 양도할 수 있다(어 제12조·제13조, 手 제15조·제16조, 商 제65조, 民 제510조).

(라) 權利의 行使에 관한 制限

(a) **提示 및 相換의 强制**: 指示債權 또는 無記名債權의 債務者는 그 이행에 관하여 기한의 정함이 7있는 때에는 그 기한이 도래한 후 所持人이 그 證券을 提示하여 履行의 청구를 한 때부터 지체의 책임을 진다(제65조, 民 제517조)(提示證券性). 그리고 證券債務를 변제하는 경우 債務者는 증권과 相換하지 아니하고는 債務의 履行을 할 필요가 없다(相換證券性).

(b) **權利行使의 場所에 관한 制限**: 指示債權 및 無記名債權의 履行은 債務者의 현영업소에서, 만일 영업소가 없으면 그 주소에서 하여야 한다.

또 어음에 支給場所를 기재한 경우, 즉 第三者方支給文句를 기재한 경우에는 그 支給場所가 提示場所인 동시에 履行場所가 된다. 어음·手票의 경우에는 어음교환소에서의 제시도 有效하다.

(c) **抗辯의 制限**: 유가증권은 유통성을 보호하기 위하여 債務者가 證券讓渡人에게 대항할 수 있는 抗辯을 證券의 善意取得者에게 대항할 수 없게 하고 있

다(人的 抗辯의 切斷).

(마) 辨濟에 관한 制限

(a) 免責力의 强化 : 본래 債務者는 辨濟受領資格이 없는 者에게는 변제하더라도 그 債務를 면할 수 없으므로(民 제472조) 辨濟受領의 자격에 관하여 조사할 필요가 있다. 그러나 指示證券에 관하여는 증권의 유통성을 강화하기 위하여 債務者는 背書의 연속여부를 조사할 의무가 있기는 하나, 이 경우에도 背書人의 記名捺印 또는 署名의 眞僞나 소지인의 眞僞를 조사할 權利는 있지만 義務는 없다고 하여 債務者를 보호하고 있다(民 제518조). 또 債務者는 所持人이 權利者가 아님을 알았거나 중대한 過失로 알지 못한 경우를 제외하고 不眞正한 債權者에게 辨濟하였더라도 그 변제는 유효한 것으로 하고 있다(民 제518조 단서). 이것은 無記名債權・指名所持人出給債權에 있어서도 같다(民 제524조・제525조). 다만 어음에 관하여는 特別規定이 있어 無權利者에게 지급한 경우라도 詐欺 또는 중대한 過失이 없는 한 債務者는 免責이 된다(어 제40조 제3항・제77조). 手票에는 이에 관한 규정이 없으나 같게 해석하여야 할 것이다.

(b) 短期時效 : 有價證券의 종류에 따라 短期時效의 규정이 있어 債務者에게 유리하게 되어 있다(어 제70조, 手 제51조 등).

2. 有價證券의 種類

有價證券은 그 분류기준에 따라 여러 가지로 나눌 수 있다.

(1) 讓渡(流通)의 方式에 의한 分類

證券을 讓渡할 때 權利者를 어떻게 지정하느냐에 따른 분류방식으로서, 다음과 같이 네 가지로 나뉜다.

(가) 記名(指名)證券(Rektapapiere, Namenspapiere)

記名證券이란 證券上에 特定人을 權利者로 기재한 證券을 말한다. 證券上에 기재된 특정인 및 그로부터 보통의 指名債權讓渡의 방법으로 증권을 讓受한 者만이 권리를 행사할 수 있을 뿐 背書讓渡가 허용되지 않는다. 이와 같이 기명증권은 유통성이 부족하므로 有價證券으로서의 효용이 적다. 다만 권리의 행사에는 證券을 필요로 하고, 그 결과 權利의 移轉에도 원칙적으로 證券을 引渡하여야 하는 점에서 권리와 증권이 결합되어 있을 뿐이다. 따라서 記名證券에는 背書를 전제로 하는 善意取得이나 人的 抗辯의 切斷 등이 인정되지 않으며, 또한 公示催告에 의한 除權判決의 대상이 되지 않는다.

記名債券(제479조), 背書禁止된 어음(어 제11조 제2항·제77조 제1항 제1호), 背書가 금지된 貨物相換證·倉庫證券·船荷證券 등이 이에 속한다.

(나) 指示證券(Oderpapiere)

指示證券이란 證券上에 기재된 者 또는 그가 지시하는 者를 權利者로 하는 증권을 말한다. 이 지시는 보통 背書에 의하여 행해지므로 이를 背書證券이라고도 한다.

指示證券이 되기 위하여는 원칙적으로 證券上에 指示文言이 있어야 하지만 그러한 文言이 없이도 법률상 당연히 배서에 의하여 양도할 수 있는 證券도 있다. 前者를 選擇的 指示證券(gekorene Oderpapiere), 後者를 法律上 당연한 指示證券(geborene Oderpapiere)이라고 한다. 어음, 手票, 貨物相換證, 倉庫證券, 船荷證券, 株券 등(어 제11조 제1항·제77조 제1항 제1호, 手 제14조 제1항, 商 제130조·제157조·제820조·제336조)은 法律上 당연한 指示證券이다.

(다) 無記名證券(Inhaberpapiere)

無記名證券이란 證券上에 權利者로서의 특정인을 지정하지 아니하고 證券의 정당한 소지인을 權利者로 취급하는 증권을 말하고, 所持人出給式證券이라고도 한다. 無記名證券은 단순한 교부에 의하여 이전이 가능하고(民 제523조) 證券의 善意取得도 인정되므로(民 제524조·제514조), 證券의 진정한 權利者는 盜難 기타 喪失의 事實로써 대항할 수 없게 된다(民 제250조 但書 類推適用). 실제로 많이 이용되는 것은 手票(手 제5조 제1항 제3호), 社債券(제478조 제2항 제2호), 商品券(商品 제6조) 등이고, 換어음(어 제1조 제6호)과 約束어음(어 제75조 제5호)은 無記名式이 인정되지 않는다. 背書에 의하지 않는 어음의 유통을 금지함으로써 어음의 信用을 높일 수 있기 때문이다.

商法上의 記名株式의 경우에는 권리행사의 면에서는 記名證券으로서의 性質을 가지고 있으나(제337조), 그 權利의 移轉에 있어서는 株券의 交付만으로 이루어지므로 無記名證券과 같이 처리되고 있다.

(라) 選擇無記名式證券(alternative Inhaberpapiere)

選擇無記名式證券이란 證券上에 特定人을 權利者로 지정하고 있으면서 동시에 證券의 정당한 소지인도 權利者로 인정하는 증권을 말한다. 이를 指名所持人出給

證券 또는 選擇所持人出給證券이라고도 한다. 이것은 無記名證券과 동일한 효력이 있으므로(手 제5조 제2항, 民 제525조) 역시 어음에는 인정되지 않는다.

(2) 證券에 化體된 權利의 性質에 의한 分類

證券이 어떤 權利를 표창하느냐에 따른 분류방식으로서, 다음 세 가지가 있다.

(가) 債權證券(schuldrechtliche Wertpapiere od. forderungsrechtliche Wertpapiere)

債權證券이란 債權을 표창하는 有價證券이다. 채권 중에서도 金錢支給請求權을 표창하는 것을 金錢證券(예컨대, 어음·手票), 物件引渡請求權을 표창하는 것을 物品證券(예컨대, 貨物相換證, 倉庫證券, 船荷證券)이라고도 한다.

한편 手票나 引受되지 않은 換어음은 支給人에 대한 權利를 표창하지 않으므로 이를 債權證券과 구별하여 權限證券이라고 하기도 하나,[6] 이것은 적어도 發行人 또는 背書人에 대한 遡求權(償還請求權)을 표창하고 있으므로 이것 역시 債權證券에 속한다고 본다.[7]

(나) 物權證券(sachenrechtliche Wertpapiere)

物權證券이란 物權을 표창하는 有價證券으로서, 우리나라에는 例가 없다. 獨逸의 抵當證券(Hypothekenbrief), 土地債務證券(Grundschuldbrief), 定期土地債務證券(Rentenschuldbrief) 등이 이에 속한다.

(다) 社員權證券(Mitgliedschaftspapiere, Mitgliedspapiere od. mitgliedschaftsrechtliche Papiere)

社員權證券이란 社團에 있어서의 社員의 지위, 즉 社員權을 표창하는 有價證券으로서 株券이 그 대표적인 例이다. 有限會社는 物的 會社이기는 하지만 社員의 持分에 대하여는 株式會社의 경우와 달리 指示式 또는 無記名式證券을 발행하지 못한다(제555조).

(3) 그 밖의 分類

위에 든 분류 외에도 ① 有價證券의 경제적 목적에 따라 手票나 어음과 같은 '支給 및 信用去來의 有價證券', 株券이나 社債와 같은 '資本市場의 有價證券', 貨物相換證·船荷證券·倉庫證券과 같은 '財貨流通의 有價證券'으로 분류하기도

6) 鄭熙喆·鄭燦亨(下) 19면 ; 崔基元(어) 30면.

7) 鄭東潤(어) 29면 ; Hueck/Canaris, *Recht der Wertpapiere*, 11. Aufl., 1977, S. 20 ; Zöllner, Wertpapierrecht, 13. Aufl., 1982, S. 9.

하고, ② 證券上의 권리가 발생하려면 證券의 發行行爲 외에 원인관계가 필요한가에 따라서 無因證券(abstrakte Papiere)(不要因證券, 抽象證券이라고도 하며, 어음·手票가 그 대표적인 例이다.)과 有因證券(kausale Wertpapiere)(要因證券이라고도 하며, 어음·手票를 제외한 대부분의 有價證券이 이에 속한다.)으로, ③ 證券上의 權利關係가 증권기재의 文言에 의하여 결정되는가에 따라서 形式權的 有價證券(skripturrechtliche od. schriftrechtliche Wertpapiere)(文言證券, 예컨대 어음·手票, 貨物相換證, 船荷證券, 倉庫證券)과 實質權的 有價證券(nichtskripturrechtliche Wertpapiere)(非文言證券, 예컨대 株券)으로, ④ 證券의 작성으로 인하여 비로소 그 證券에 표창되어 있는 權利가 창설되는가, 또는 기존의 權利가 證券化되는 데 그치는가에 따라서 設權證券(konstitutive Wertpapiere)(예컨대, 어음·手票)과 非設權證券(宣言證券)(deklaratorische Wertpapiere)으로 구분되기도 한다.

(4) 기타의 有價證券

(가) 乘車券·乘船券·航空券

보통의 無記名乘車券과 無記名乘船券은 改札 前後를 불문하고 運送請求權을 表彰하는 有價證券이라고 보는 것이 통설이다. 개찰 후에는 특정인을 운송할 의무를 지므로 양도가 허용되지 않을 뿐이다.

回數乘車券은 통용구간 또는 통용기한의 지정이 있는 경우에는 포괄적 運送契約上의 權利를 표창하는 有價證券이다.

航空券이나 外航船의 乘船券은 우리나라에서는 記名式만 인정되고 있고 讓渡性이 없으므로 運送約款에는 證據證券이라고 규정하고 있으나, 권리의 행사에 증권의 제시를 필요로 한다는 점에서 역시 有價證券으로 본다. 學生割引乘車券, 記名式定期乘車券도 마찬가지이다.

(나) 商 品 券

商品券은 물품을 판매하는 商人이 所持人에 대하여 그 商人이 취급하는 상품의 일정량을 급여한다는 약속을 기재하여 발행한 一覽出給의 無記名有價證券이다. 왜냐하면 상품권은 商品所持人이 상품권발행인으로부터 상품의 引渡를 받을 권리를 나타내고 있기 때문이다.

3. 有價證券의 屬性

(1) 要式證券性

要式證券性이란 證券의 형식이 法定되어 일정한 證券記載事項이 요구되는 것을 말한다. 株券(제356조)·貨物相換證(제128조 제2항)·倉庫證券(제156조 제2항)·船荷證券(제814조 제1항)·換어음(어 제1조)·約束어음(어 제75조)·手票(手 제1조)는 모두 要式證券이며, 특히 어음·手票는 '엄격한 要式證券'(絶對的 要式證券)이다.

(2) 文言證券性

文言證券性이란 證券上의 권리의 내용이 證券의 文言에 따라 정하여지는 것을 말한다(제131조·제157조). 이것은 증권의 義務者는 증권의 취득자에 대하여 증권의 文言으로부터 알 수 없는 사항, 즉 증권에 기재되지 아니한 사항을 가지고 대항할 수 없다는 뜻이다.

(3) 提示證券性

提示證券性이란 證券上의 권리를 행사하는 데 증권을 제시하여야 하는 것을 말한다. 따라서 증권의 제시가 없는 한 債務者는 履行遲滯의 책임을 지지 않는다(어 제38조·제77조 제1항 제3호, 手 제28조, 民 제517조·제524조). 어음·手票는 물론 그 밖의 指示式 또는 無記名式의 有價證券(貨物相換證·倉庫證券·船荷證券)은 보통 이 성질을 가지나, 記名株券은 그러하지 아니하다.

(4) 相換證券性(還受證券性)

相換證券性이란 證券과 상환하지 않고는 債務의 辨濟를 할 필요가 없는 것을 말한다(제129조·제157조·제820조, 어 제39조·제77조 제1항 제3호, 手 제34조). 어음·手票, 貨物相換證·倉庫證券·船荷證券은 모두 이 성질을 가지나, 株券은 相換證券이 아니다. 다만 貨物相換證·倉庫證券·船荷證券은 證券과 상환하지 않고서도 貨物을 인도하는 商慣習(保證渡·空渡)이 있다.

(5) 免責證券性

免責證券性이란 債務者가 惡意 또는 중대한 過失없이 證券의 所持人에게 債務

를 이행하면 그 소지인이 비록 정당한 권리자가 아닌 경우에도 채무를 면하는 것을 말한다.

(6) 法律上 당연한 指示證券性

法律上 당연한 指示證券性이란 證券上의 指示에 의하여 권리자를 지정할 수 있다는 문언이 없더라도 法律上 당연히 證券上에 權利者를 지시할 수 있는 것을 말한다.

(7) 設權證券性

設權證券性이란 證券上의 권리가 證券의 작성에 의하여 비로소 발생하는 것을 말한다. 어음·手票 이외의 有價證券은 이미 발생한 권리를 증권에 표창하는 데 불과하므로 設權證券이 아니다.

(8) 無因證券性·要因證券性

無因證券性(抽象證券性)이란 證券上의 권리가 원인관계로부터 분리되어 證券取得者의 권리가 확보되는 것을 말하며, 要因證券性(有因證券性)이란 證券上의 권리가 原因關係와 牽連되어 原因關係의 瑕疵로 인해 영향을 받는 것을 말한다. 어음·手票는 無因證券이다.

<대법원 1989. 10. 24. 선고, 89 다카 1398 판결 : 어음은 無因證券이다>

채무자를 해할 것을 알지 못하고 어음을 취득한 자에 대하여는 그에게 중대한 과실이 있었는지 여부를 묻지 아니하고, 어음채무자는 소지인의 전자에 대한 인적 항변을 가지고 대항할 수 없는 것이고, 한편 어음행위는 무인행위로서 어음수수의 원인관계로부터 분리하여 다루어져야 하고, 어음은 원인관계와 상관없이 일정한 어음상의 권리를 표창하는 증권이라 할 것이므로, 이 사건 어음이 피고 주장과 같이 소외 신영찬에게 광업소 근로자들에게 대한 노임체불사실이 있을 때에만 권리를 행사하기로 한 약정하에 발행되었다 하더라도 이와 같은 사정은 어음의 원인관계에 기한 인적 항변사유에 불과하고 어음상의 권리는 일단 유효하게 성립하였다고 보아야 할 것이다. 同旨 : 대법원 1984. 1. 24 선고, 82 다카 1405 판결.

(9) 處分證券性

處分證券性이란 證券上의 권리를 처분하려면 반드시 證券으로써 하여야 하는 것을 말한다.

Ⅳ. 有價證券法의 槪念

1. 有價證券法의 意義

有價證券制度는 재화의 경제적 가치를 이용함에 있어 그 공간적·시간적 장해를 극복하고 자본의 조달·지급의 편의확실화·자본의 환원 등의 여러 요청을 만족시켜 주기 위한 제도인 것이며, 이 有價證券으로 하여금 유통성이 확보되어 그 기능을 다하도록 규제하는 데 필요한 모든 法規를 有價證券法이라 한다.

2. 有價證券法의 地位

有價證券法은 證券債務에 관한 여러 법규를 통합고찰하기 위하여 理論上 형성되는 法域으로서, 형식적인 의의의 '有價證券法'이 제정되어 있는 것은 아니다.

有價證券은 이미 기업의 전유물이 아니고 일반인에게 널리 개방되어 있는 제도이다. 그러므로 有價證券法은 企業法인 商法에 속한다고 할 수 없는 한편, 有價證券에 化體된 權利를 단순히 物權法과 債權法의 지배하에만 둘 수도 없는 특수한 점이 많으므로 이를 民法에 포함시킬 수도 없다. 따라서 有價證券法은 私法體系 중 財産法의 一分野라고 해야 할 것이다.[8] 立法例를 보면, 스위스의 債務法(제965조 이하), 터키의 商法典(제557조 이하) 및 美國의 統一商法典(제3편)에서와 같이 有價證券에 관한 통일적 규정을 두고 있는 나라도 있으나, 우리나라에서는 有價證券 전체를 포괄적으로 규율하는 法律은 없고, 有價證券 중 중요한 것을 개별적으로 규율한다. 즉, 어음에 관하여는 어음法(1962년 法律 제1001호), 手票에 관하여는 手票法(1962년 法律 제1002호)이 있고, 株券·社債券·貨物相換證·船荷證券 및 倉庫證券에 관하여는 商法에 규정이 있으며(제355조~제360조, 제478조~제480조, 제128

8) 鄭熙喆·鄭燦亨(下) 29면.

조~제133조, 제813조~제820조, 제155조~제159조), 無記名證券과 指示證券에 관하여는 民法에 규정이 있다(民 제523조~제526조·제508조~제522조). 이들 法規 중에서 어음法과 手票法이 가장 핵심을 이루고 있다.

3. 有價證券法의 特異性

'流通性의 確保'란 基本理念을 구현하기 위하여 有價證券法은 다음과 같은 특이성을 나타내게 된다.

(1) 强行法的 性質

증권 자체가 형식적으로 정형화되어 있을 뿐만 아니라, 모든 法律關係가 强行法規에 의하여 엄격하게 규제되어 있어 당사자의 私的 自治의 여지가 극히 적다.

(2) 技術的 性質

有價證券制度는 합리적 고려하에 안출해 낸 법기술적 제도이므로 有價證券法의 여러 규정은 비윤리적·기술적 성격을 띠고 있다.

(3) 形式的 性質

실질적 법률관계의 해결수단인 有價證券의 法律關係는 證券을 중심으로 하여 형식적으로 해결해야 하므로 有價證券法도 형식적인 특색을 지니게 된다.

(4) 統一的 性質

有價證券의 法律關係는 형식적·기술적인 해결을 필요로 할 뿐만 아니라 국가간의 거래관계에서 有價證券이 이용될 때에는 그 法的 規制의 통일성도 필요하다. 그러므로 有價證券法은 어느 法分野보다도 통일적 성격이 뚜렷하게 된다.

제 2 절 어음法 · 手票法

Ⅰ. 어음 · 手票의 意義

1. 換 어 음

(1) 換어음의 意義

換어음이란 어음의 作成者(發行人)가 제 3 자(支給人)에 대하여 證券上에 기재된 금액을 一定日에 證券上의 權利者(受取人 또는 그 指示人)에게 지급할 것을 무조건으로 위탁하는 證券, 즉 金錢支給委託證券이다. 즉, 換어음은 發行人이 직접 금전을 지급하지 않고 제 3 자에게 그 지급을 의뢰하기 위한 증권이다. 따라서 換어음의 법률관계는 發行人 · 受取人 · 支給人 등 기본적으로 3자관계가 생긴다. 이 경우 支給人은 어음상에 지급이 위탁된 것만으로는 지급의무를 부담하지 않고, '引受'라는 어음행위를 한 때에 비로소 확정적으로 지급의무를 부담하여 주된 어음채무자가 된다.

(2) 換어음의 特質

換어음은 證券과 權利의 결합관계가 밀접하여 그 權利의 發生 · 行使 · 移轉의 전부에 證券을 필요로 하는 完全有價證券으로서, 다음과 같은 특질을 지니고 있다. 즉, 金錢債權證券性 · 設權證券性 · 無因證券性 · 文言證券性 · 絶對的 要式證券性 · 法律上 당연한 指示證券性 · 提示證券性 · 還受證券性(相換證券性) · 處分證券性을 들 수 있는데, 設權證券性 · 無因證券性 · 絶對的 要式證券性은 어음과 手票에서만 찾아볼 수 있는 특질이다.

2. 約束어음

(1) 約束어음의 意義

約束어음이란 發行人 자신이 一定日에 일정 금액을 수취인 또는 그 指示人에게 지급할 것을 무조건으로 약속하는 證券, 즉 金錢支給約束證券이다.

(2) 約束어음의 特質

約束어음도 完全有價證券으로서 換어음과 똑같은 특질을 지니고 있다. 信用機能을 주된 기능으로 하는 경제적 기능도 똑같고, 다만 法的 形式이 換어음은 3당사자간의 支給委託임에 대하여, 約束어음은 양당사자간의 支給約束이란 점이 다를 뿐이다. 따라서 約束어음에는 引受·參加引受란 어음행위가 없다.

3. 手 票

(1) 手票의 意義

手票란 發行人이 支給人(은행)에 대하여 受取人 또는 그 밖의 정당한 所持人에게 일정한 금액을 지급할 것을 위탁하는 證券, 즉 金錢支給委託證券이다.

(2) 手票의 特質

手票는 金錢支給委託證券이란 점에서 約束어음과는 다르나, 換어음과는 똑같은 법적 형식과 특질을 지니고 있다. 다만 手票는 본질적인 기능이 信用機能이 아니라 支給機能(支給手段)이란 점에서 支給人을 은행에 한정하고, 一覽出給性으로 하는 등 手票法에 의해 특수한 규제를 받게 된다.

4. 換어음·約束어음·手票의 比較

(1) 換어음·約束어음·手票의 共通點

換어음·約束어음·手票는 일정한 금액의 支給을 목적으로 하는 有價證券이며, 화폐제도로는 이루지 못하는 경제적 기능을 수행하기 위하여 안출된 기술적 제도이므로, 3者는 다같이 支給證券으로서의 성질을 갖는다. 또 이 3者에 공통된 法律的 性質로서는 有價證券一般이 갖는 성질 외에 金錢債權證券性, 設權證券性, 無因證券性, 絶對的 要式證券性 등의 특질이 있다.

우리나라에서는 어음法과 手票法을 따로 제정하였으나, 적용법규에 있어서 다음과 같은 공통점이 있다. 즉, ① 어음·手票行爲 獨立의 原則(어 제7조·제77조 제2항, 手 제10조), ② 어음·手票의 僞造·變造(어 제7조·제69조·제77조 제1항 제7호·제77조 제2항, 手 제10조·제50조), ③ 어음·手票行爲의 代理(어 제8조·제77조 제2항, 手 제11조), ④ 白地어음·白地手票(어 제10조·제77조 제2항, 手 제13조), ⑤ 어음·手票의 善意取得(어 제16조·제77조 제1항 제1호, 手 제21조)과 어음·手票抗辯의 切斷(어 제17조·제77조 제1항 제1호, 手 제22조), ⑥ 時效中斷의 效力(어 제71조·제77조 제1항 제8호, 手 제52조), ⑦ 期間의 計算(어 제72조·제77조 제1항 제9호, 手 제60조), ⑧ 恩惠日의 不許(어 제74조·제77조 제1항 제9호, 手 제62조), ⑨ 利得償還請求權(어 제79조, 手 제63조) 등이다.

(2) 換어음·約束어음·手票의 差異點

(가) 經濟的 機能의 差異

換어음은 送金手段, 推尋手段 및 信用利用手段으로서 이용되고, 約束어음은 주로 信用利用手段으로서 사용되는 데 대하여, 手票는 信用利用手段으로서의 기능은 없고 送金手段 및 支給手段으로만 이용된다.

(나) 支給形式의 差異

換어음과 手票는 제3자인 支給人에 대하여 지급을 위탁하는 委託證券이다. 이에 대하여 約束어음은 發行人 자신이 지급을 약속하는 約束證券이다.

(다) 主債務者의 差異

換어음은 支給人이 인수를 하기 전에는 가정적인 채무자에 불과하고, 인수를 하여야만 비로소 이 支給人이 主債務者로 확정된다(어 제28조). 이에 대하여 約束어음은 發行人이 처음부터 主債務者로 된다(어 제78조 제1항).

手票의 경우에는 主債務者가 없다. 즉, 支給人이 支給保證을 한 경우에도 支給保證人이 主債務者로 되지 아니하고, 다만 遡求義務者에 불과하다.

(라) 當事者의 差異

換어음은 證券上 發行人·受取人·支給人의 3당사자가 예정되어 있으나, 約束어음은 發行人·受取人의 2당사자뿐이다(어 제1조·제75조).

手票는 記名式·指示式의 경우에는 3당사자로 되지만, 所持人出給式의 경우에는 發行人·支給人의 2당사자의 기재만이 요건이고, 受取人의 기재는 요건이 아니다(手 제1조·제5조).

(마) 遡求義務者의 差異

遡求制度는 3者에 공통하지만, 換어음과 手票에 있어서는 發行人이 遡求義務者임에 대하여, 約束어음의 경우에는 發行人은 主債務者이지 遡求義務者가 아니다. 따라서 그 책임이 權利保全節次의 欠缺로 인하여 소멸되지 아니한다. 手票의 支給保證人은 手票의 主債務者가 아니고 최후의 遡求義務者에 불과하다(手 제39조·제55조 제1항).

(바) 滿期의 差異

어음의 滿期는 一覽出給·一覽後定期出給·確定日出給·發行日字後定期出給의 4種이 있다(어 제33조·제77조 제1항 제2호).

그러나 約束어음에 있어서는 그 성질에 비추어 실제상 一覽出給은 거의 없다. 또 一覽後定期出給의 경우의 一覽의 意義도 換어음의 그것과 다르다. 즉, 換어음의 一覽은 引受提示를 가리키는 데 대하여, 約束어음의 一覽은 引受制度가 없으므로 滿期를 정하기 위한 제시를 의미할 뿐이다.

手票는 支給證券인 본질상 信用證券化를 방지하기 위하여 오직 一覽出給만을 인정한다(手 제28조).

(사) 證券行爲의 差異

發行·背書·保證 등의 행위는 3者에 공통되지만, 引受와 參加引受는 換어음에서만 인정된다(어 제21조 이하·제77조 제1항 제5호). 다만 참가인수는 학설상 약속어음에서도 인정된다. 支給保證은 手票에서만 인정된다(手 제55조 제1항).

(아) 支給人의 資格에 관한 差異

換어음은 支給人의 신용을 이용하는 信用證券이므로 누구든지 신용있는 者를 支給人으로 할 수 있다. 그러나 手票는 支給證券으로서의 성질상 전문적인 금융기관을 支給人으로 하는 것이 적당하므로 手票의 支給人은 은행 또는 이와 同視할 수 있는 者에 한하여 인정한다(手 제3조·제8조·제59조). 支給人이 없는 約束어음에는 문제될 것이 없다.

(자) 資金關係의 重要性의 差異

手票는 支給證券으로서의 성질상 자금이 중요시된다. 즉, 發行人이 처분할 수 있는 手票資金이 지급인인 은행에 있어야 하며, 그 자금을 手票에 의하여 처분할 때에는 手票契約에 의한다. 이에 위반하여도 手票의 효력에는 영향이 없으나(手 제3조), 過怠料의 制裁가 있다(手 제67조). 이에 대하여 어음은 信用證券이므로 滿期에 가서 자금이 마련되면 충분하고, 換어음의 경우에는 支給人이 지급한 후 發行人이 보상할 수도 있다(補償關係). 또 어음은 어음예약에 따라서만 발행할 수 있는 것도 아니다.

(차) 所持人出給式發行에 관한 差異

換어음·約束어음은 信用證券의 성질상 受取人의 기재를 요건으로 하므로 所持人出給式의 발행을 인정하지 않는다(어 제1조 제6호·제75조 제5호). 이에 대하여 手票는 지급기능을 강화하기 위하여 所持人出給式·記名所持人出給式의 發行을 인정하고 있다(手 제5조). 실제로 所持人出給式手票가 보통이다.

(카) 複製制度에 관한 差異

換어음의 경우에는 장기간의 유통중 분실에 대비하기 위하여(안전을 위한 효용), 혹은 다른 複本으로써 引受를 얻기 위하여(편리를 위한 효용) 이를 인정하고 있다.

約束어음에 있어서는 謄本制度가 있을 뿐이다. 이는 約束어음에 있어서는 遠隔地까지 引受를 위한 送付의 필요가 없고, 만일 이를 인정한다면 發行人은 各通에 대하여 각각 어음상의 책임을 지게 되는 위험이 있다(어 제65조 제1항 단서). 謄本도 실제로 필요한 경우가 드물다.

反對로 手票에는 謄本制度는 없고 複本만이 인정된다(手 제48조 이하). 그리고 引受制度가 없으므로 引受를 위한 複本도 필요없다. 단지 發行地와 支給地가 원거리인 경우, 특히 국제간인 경우에 手票의 분실에 대비하기 위하여 이용될 뿐이다. 또한 所持人出給式手票의 경우에는 複本이 인정되지 아니한다(手 제48조). 즉, 指示 또는 指示禁止의 手票에 한하여 複本이 인정된다. 왜냐하면 만일 所持人出給式手票에 複本을 인정하면 各複本이 별도로 양도된 때에 手票上에 양도인이 표시되지 아니하므로 그 책임이 모두 發行人에게 돌아가는 부당한 결과가 생기기 때문이다.

(타) 提示期間·時效期間에 관한 差異

手票의 支給證券性에 비추어 어음의 경우보다 각종 기간이 단축된다. 즉, 一覽出給의 換어음·約束어음은 그 支給提示期間이 원칙상 1年임에 대하여(어 제34조·제77조 제1항 제2호), 手票는 國內手票일 경우에는 10日, 支給地의 國과 다른 國에서 發行하는 手票일 경우에는 發行地와 支給地가 同一州이면 20日, 다른 州이면 70日이다(手 제29조). 消滅時效期間에 있어서도 어음의 경우에는 6月 이상 3年까지로 되어 있으나(어 제70조·제77조 제1항 제8호), 手票의 경우에는 6月이다(手 제51조 제1항·제2항).

(파) 拒絶證明의 方法에 관한 差異

支給拒絶로 인한 遡求에 있어서 拒絶證明의 방법으로 어음의 경우에는 公正證書가 인정될 뿐이나(어 제44조·제77조 제1항 제4호), 手票의 경우에는 公正證書 외에, 支給人의 宣言과 交換所의 宣言의 방법을 인정하였다(手 제39조). 이는 手票의 支給證券性에 비추어 支給拒絶의 證明方法을 가능한 한 간편하게 하려는 취지이다.

(하) 기타 手票에만 특유한 制度

支給證券인 手票는 현금과 같이 다루어지므로 手票의 도난·분실 기타 부정하게 사용될 위험이 크다. 따라서 手票法은 手票의 부정을 미리 방지하기 위하여 橫線手票制度(手 제37조 제1항·제2항, 手 제38조)를 두는 동시에, 그 사후대책으로서 支給委託取消의 制度(手 제32조)를 두었다.

手票의 경우에는 引受制度가 없으므로 滿期前遡求制度(어 제43조)가 없으며, 또한 어음에서 인정되는 것과 같은 逆어음(어 제52조·제77조 제1항 제4호)에 의한 복잡한 遡求方法을 인정하지 않는다.

어음에 있어서는 一覽出給·一覽後定期出給의 경우에 한하여 利子文句의 기재를 인정하는 데 대하여(어 제5조·제77조 제2항), 手票의 경우에는 利子約定을 인정하지 않는다(手 제7조).

어음에서는 支給人 기타 어음債務者가 하는 還背書가 인정되는 데 대하여, 手票의 支給人이 한 背書는 무효이다(手 제15조 제3항).

그리고 手票에서는 入質背書와 引受無擔保背書 등이 없으므로 背書에 있어 어음과 많은 차이가 있다.

5. 어음·手票의 例示

어음·手票를 예시하면 다음과 같다. 當座手票는 銀行과 發行人 간의 當座計定約定에 따라 은행이 그 용지를 교부하며, 어음의 경우도 支給場所가 은행으로 되어 있는 것은 은행이 當座去來者에게 교부한다.

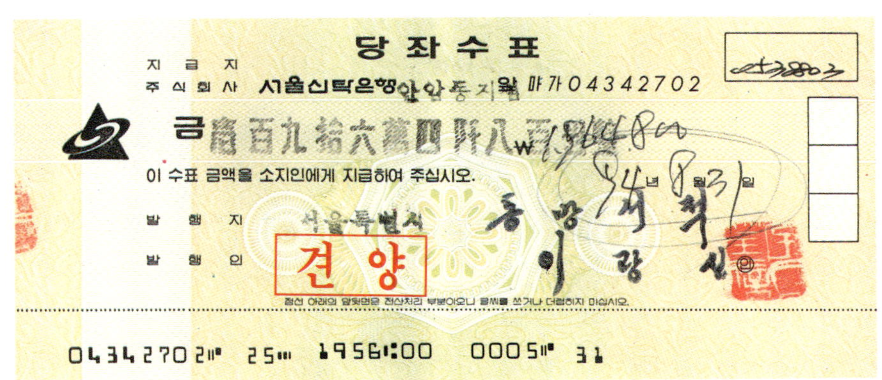

당 좌 수 표

지 급 지
주 식 회 사 서울신탁은행 압구정동지점 앞 마가04342702

금 壹百九拾六萬四阡八百

이 수표 금액을 소지인에게 지급하여 주십시오. 년 월 일

발 행 지 서울특별시
발 행 인

견 양

점선 아래의 앞뒷면은 전산처리 부분이오니 글씨를 쓰거나 더럽히지 마십시오.

04342702 25 1956:00 0005 31

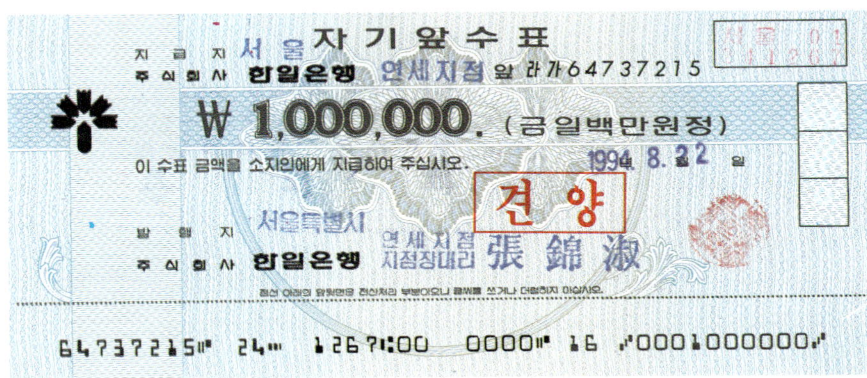

자 기 앞 수 표

지 급 지 서 울
주 식 회 사 한일은행 연세지점 앞 라가64737215

₩ 1,000,000. (금일백만원정)

이 수표 금액을 소지인에게 지급하여 주십시오. 1994년 8. 22 일

견 양

발 행 지 서울특별시
주 식 회 사 한일은행 연세지점 지점장대리 張 錦 淑

점선 아래의 앞뒷면은 전산처리 부분이오니 글씨를 쓰거나 더럽히지 마십시오.

64737215 24 1267:00 0000 16 0001000000

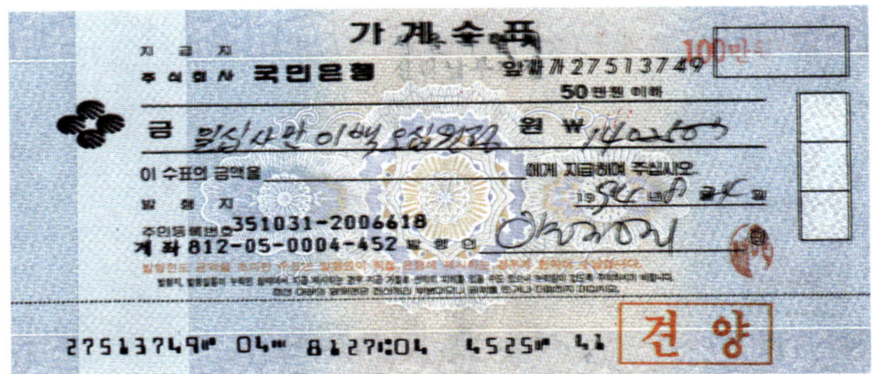

가 계 수 표

지 급 지
주 식 회 사 국민은행 앞 마가27513749
50만원 이하

금 원 ₩

이 수표의 금액을 에게 지급하여 주십시오.

발 행 지 19 년 월 일

주민등록번호 351031-2006618
계 좌 812-05-0004-452 발 행 인

점선 아래의 앞뒷면은 전산처리 부분이오니 글씨를 쓰거나 더럽히지 마십시오.

27513749 04 8127:04 4525 41

견 양

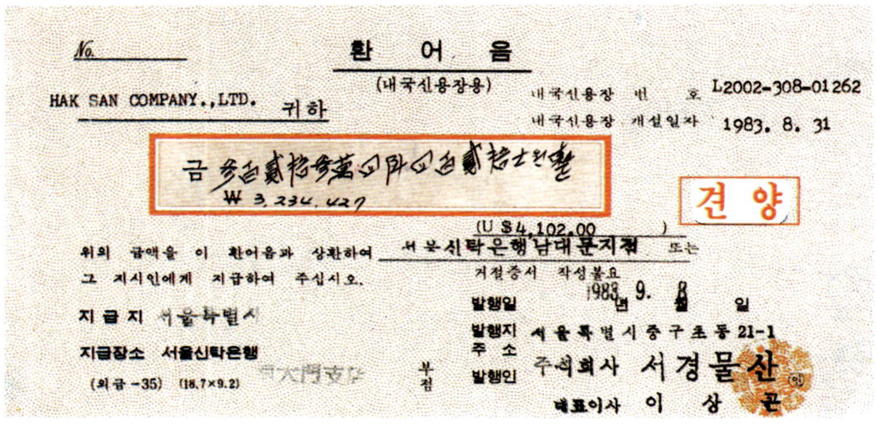

No.

환 어 음
(내국신용장용)

HAK SAN COMPANY.,LTD. 귀하

내국신용장 번 호 L2002-308-01262
내국신용장 개설일자 1983. 8. 31

금 [handwritten]
₩3,234,427

견양

(U.S$4,102.00)

위의 금액을 이 환어음과 상환하여 서울신탁은행 남대문지점 또는
그 지시인에게 지급하여 주십시오.

거절증서 작성불요

발행일 1983년 9. 8일

지급지 서울특별시

발행지 주 소 서울특별시 중구 초동 21-1

지급장소 서울신탁은행 남대문지점 부점

발행인 주식회사 서경물산
대표이사 이 상 곤

(외금-35) (18.7×9.2)

약속어음

삼영사 귀하

자가06114684

No 128780

금2,600,000※
₩2,600,000#

견양

위의 금액을 귀하 또는 귀하의 지시인에게 이 약속어음과 상환하여 지급하겠읍니다.

지급기일 1994년 9월 30일
지 급 지 서울특별시
지급장소 주식회사 한국상업은행 관악지점

발행일 년 월 일
발행지 주소
발행인

06114684 22 1672:00 0004 06

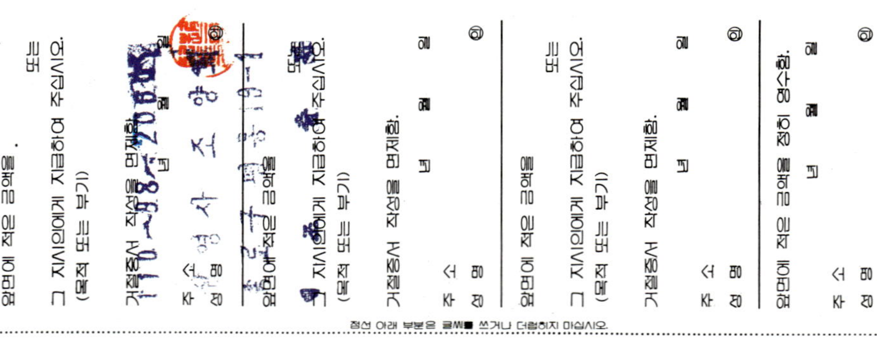

앞면에 적은 금액을 또는
그 지시인에게 지급하여 주십시오.
(목적 또는 부기)
거절증서 작성을 면제함.
년 월 일
주소
성명 인

앞면에 적은 금액을 또는
그 지시인에게 지급하여 주십시오.
(목적 또는 부기)
거절증서 작성을 면제함.
년 월 일
주소
성명 인

앞면에 적은 금액을 또는
그 지시인에게 지급하여 주십시오.
(목적 또는 부기)
거절증서 작성을 면제함.
년 월 일
주소
성명 인

앞면에 적은 금액을 정히 영수함.
년 월 일
주소
성명 인

점선 아래 부분은 글씨를 쓰거나 더럽히지 마십시오.

(a) 換어음의 表面

No. 123⑯ 환 어 음①a

서울特別市 江南區 三成洞 1 ⑬
丙 ⑩ 귀하

인수⑰ 2017년 9월 9일
⑱
丙 印⑲

금壹百萬원整②a
₩1,000,000②b
위의 금액을 이 환어음①b과 상환하여
乙⑧ 또는 그 지시인에게 ⑮a 지급하여
주십시오⑨a

거절증서 작성 불요⑭

지급기일 2017년 11월 11일 ③
지 급 지 서울特別市 江南區④
지급장소 A銀行 江南支店⑪

발행일 2017년 8월 8일⑤
발행지 佛光洞 ⑥
주 소 서울特別市 西大門區
佛光洞 1⑫
발행인 甲印⑦

(b) 約束어음의 表面

No. 123⑯ 약 속 어 음①a

서울特別市 鍾路區 梨花洞 1
乙 ⑧ 귀하
금壹百萬원整②a ₩1,000,000②b
위의 금액을 귀하 또는 귀하의 지시인에게 ⑮a
이 약속어음 ①b과 상환하여 지급하겠습니다⑨b

지급기일 2017년 12월 12일③
지 급 지 서울特別市 江南區④
지급장소 A銀行 江南支店⑪

발행일 2017년 8월 8일②
발행지 江南區⑥
주 소 서울特別市 江南區
三成洞 1⑫
발행인 丙印⑦

(c) 換어음·約束어음의 裏面

앞면에 적은 금액을 丁㉑ 또는 그 지시인 ⑮b에게 지급하여 주십시오㉒ (목적 또는 부기) 거절증서의 작성의무를 면제함⑭ 印 2017년 9월 9일㉓ 주소 서울特別市 中區 光熙洞 1街 1㉔ 성명 乙 印⑳
앞면에 적은 금액을 戊㉕ 또는 그 지시인 ⑮b에게 지급하여 주십시오 (목적 또는 부기) 거절증서의 작성의무를 면제함⑭ 2017년 10월 10일㉓ 주소 성명 丁 印㉖
앞면에 적은 금액을 ㉗ 또는 그 지시인 ⑮b에게 지급하여 주십시오 (목적 또는 부기) 거절증서의 작성의무를 면제함⑭ 2017년 11월 11일㉓ 주소 성명 戊 印㉘
앞면에 적은 금액을 틀림없이 받았음 년 월 일 주소 성명 印

①ab는 어음文句, ②ab는 어음金額, ③은 滿期, ④는 支給地, ⑤는 發行日, ⑥은 發行地, ⑦은 發行人의 記名捺印, ⑧은 受取人, ⑨a는 支給委託文句, ⑨b는 支給約束文句이며, ⑩은 支給人인데, 이것들은 기본어음으로서 갖추어야 할 요건, 즉 必要的 記載事項이다(約束어음에는 ⑩은 없다.).

⑪은 지급장소(제3자方支給文句), ⑫는 發行人의 명칭에 附記한 地(肩書地), ⑬은 支給人의 명칭에 附記한 地(肩書地), ⑭는 無費用償還文句인데, 이것들은 有益的 記載事項이다.

⑮ab는 指示文句, ⑯은 어음번호인데, 이것들은 無益的 記載事項이다.

⑰은 引受文句, ⑱은 引受日字, ⑲는 引受人의 記名捺印이고, ⑳은 第一背書의 背書人의 記名捺印, ㉑은 第一背書의 被背書人, ㉒는 背書文句, ㉓은 背書日字, ㉔는 背書人의 주소, ㉕는 第二背書의 被背書人, ㉖은 第二背書의 背書人의 記名捺印, ㉗은 第三背書의 被背書人欄(白地背書의 경우), ㉘은 第三背書의 背書人의 記名捺印이다.

(d) 手票의 表面

No.⑩　　당 좌 수 표 ①a

서울특별시

주식
회사　A銀行 江南支店 앞⑨

금壹百萬원整②a　　₩1,000,000②b

위의 금액을 이 수표 ①b와 상환하여 소지인에게③ 지급하여 주십시오④
2017년　8월　8일 ⑤

발행지　서울特別市 西大門區 佛光洞 1⑥
발행인　甲　　印⑦

(e) 手票의 裏面

서울特別市 鍾路區 梨花洞 1⑪
乙　　印 ⑫

①ab는 手票文句, ②ab는 手票金額, ③은 所持人出給文句, ④는 支給委託文句, ⑤는 發行日, ⑥은 發行地, ⑦은 發行人의 記名捺印, ⑧은 支給地, ⑨는 支給人인데, 이것들은 手票의 必要的 記載事項이다.

⑩은 手票番號, ⑪은 背書人의 주소, ⑫는 背書人의 記名捺印이다.

Ⅱ. 어음 · 手票의 經濟的 機能

1. 어음 · 手票의 有用性

어음 · 手票는 일정 금액의 지급을 목적으로 하는 金錢債權證券으로서 유통성을 그 생명으로 한다. 따라서 法도 流通證券으로서의 특징을 살릴 수 있도록 양도방법의 간편성, 양수인의 보호, 지급의 확실성의 보장 등 유통성의 보장조치를 강구하고 있다.

流通證券으로서의 어음 · 手票에 관한 법적 규제가 엄격하므로 이에 힘입어 어음 · 手票는 경제생활에 있어서 필요불가결한 用具로서 이용되고 있으니, 즉 지급의 用具로서, 신용의 用具로서, 송금의 用具로서, 추심의 用具로서, 담보의 用具로서의 기능을 다하고 있다.

(1) 支給機能

手票의 주된 기능은 현금의 대용물, 즉 지급의 用具로 쓰이는 것이다. 가령 매매대금을 지급하는 경우에, 현금으로 지급하려면 불편과 위험이 따르기 때문에, 미리 '當座計定約定書'에 의해서 은행과 當座去來契約〔그 內容은 當座預金契約(이와 함께 當座貸越契約을 체결하기도 한다.), 手票契約, 相互計算契約으로 되어 있다.〕을 체결해 놓고 當座手票를 발행하거나, 혹은 自己앞手票(保證手票)를 만들어 두었다가 그것을 현금 대신 교부하는 경우에는 매우 간편하게 代金決濟를 끝낼 수가 있다. 특히 手票法도 이 支給機能을 고려하여 모든 手票를 一覽出給性(手 제28조)으로 하고, 支給提示期間을 짧게 제한하고 있다(手 제29조 · 제32조).

어음도 支給의 用具로 쓰일 수 있다. 가령 現金賣買가 아니고 外上賣買를 하는 경우에는 代金支給期日을 滿期로, 賣買代金을 어음金額으로 한 約束어음(또는 引受한 自己앞換어음)을 발행하면 된다(이런 경우는 어음의 信用機能과 결합하여 支給機能을 다하고 있는 것이다.). 어음의 受取人으로서는 지급의 확실성이 보장되어 안전할 뿐만 아니라, 다시 그 어음으로 지급을 하거나 어음할인을 할 수 있어 간편하다. 이렇게 하여 하나의 어음이 수회의 지급에 이용될 수도 있으므로 Einert가 '商人의

紙幣'라고 할 정도로 현금 대신 간편하게 쓰이고 있다.

(2) 信用機能

手票는 信用證券化하는 것을 法이 막고 있으나, 어음은 信用機能이 가장 중요한 기능이다.

(가) 商品의 資金化手段

外上賣買를 하는 경우 買受人에게 신용을 준 賣渡人의 자본은 그 동안 死藏(固定化)된다. 이런 경우 위에서 설명한 바와 같이 買受人으 어음(商業어음)을 받아 은행에서 割引을 받으면 現金賣買를 한 것과 같은 경제적 효과를 거둘 수 있다. 이와 같이 어음割引을 하면 賣買代金의 決濟에 따르는 시간적 장애를 극복하고 장래의 금전을 현재의 금전으로 변화시킴으로써, 賣渡人은 상품을 즉시 자금화하고, 買受人은 그 동안 自己資本을 활용할 수 있으며, 한편 은행측으로도 短期與信業務로서 자금의 효율적 운용이 된다.

(나) 金融手段

어음은 債權擔保를 위해 쓰이기도 한다. 가령 은행이 융자를 해줄 때 借用證書 대신에 어음을 받아 두면(어음貸付) 훨씬 유리하다. 또 當座貸越契約이나 고용계약 등에 의하여 장래 발생할 債務의 履行을 담보하기 위하여 어음이 발행되는 경우(根擔保어음 또는 供託어음)도 있다. 현실적인 상거래가 없이 발행하는 融通어음을 할인하여 金融手段으로 이용할 수도 있다.

(3) 送金機能

隔地者간에 현금으로 지급하려면 공간적 장애로 인하여 그 불편과 위험이 가중되는데, 어음·手票를 이용하면 손쉽게 해결이 된다. 국내에서의 송금에는 어음·手票 어느 것이나 이용될 수 있으나, 대개 手票를 이용하고(郵便換·電信換 등의 방법도 있다.), 국가간의 송금에는 換어음이 이용된다. 手票의 送金機能을 보면 송금을 하는 者가 자기의 當座手票를 우송할 수도 있겠으나, 대개 은행에 '送金手票'의 발행을 의뢰하여 이를 우송하는 것이 보통이다. 이때 橫線手票로 하면 더욱 안전하다.

국가간의 송금기능을 보면, 가령 한국의 甲이 미국의 乙에게 송금을 하는 경우에는, 甲이 한국에 있는 자기의 거래은행에 대하여 현금을 납입하고, 미국에 있는 그 은행의 지점이나 거래은행이 支給人으로 된 換어음을 買受하여, 이것을 乙에게 송부하면 된다. 이것을 '送金換'이라고 하며, 그 시세가 換時勢이다.

(4) 推尋機能

推尋機能은 특히 국가간의 거래에서 이용되고 있다. 가령 한국의 甲이 미국의 乙에게 상품을 수출하고 대금을 추심코자 하는 경우에, 甲은 乙을 支給人으로 한 換어음을 발행하여 자기의 거래은행으로부터 할인받아 수금목적을 달성하고, 甲의 거래은행은 미국에 있는 자기은행 지점이나 거래은행에 換어음을 송부하여 乙에게 支給提示를 하게 된다.

그러나 국가간의 거래에 있어서는 甲이 발행한 換어음의 支給性이 보장될 수 없기 때문에 運送證券이라는 物的 擔保를 결부시킨 '荷換어음' 또는 그 荷換어음에다 다시 은행의 人的 擔保를 결부시킨 '商業信用狀'을 이용하는 것이 보통이다.

(5) 擔保機能

民法上의 一般債權에 비하여 어음債權은 그 지급이 확실하다는 것이 특색이다. 따라서 一般金錢債權을 어음化하면 支給確保的 機能이 강화된다. 어음과 手票는 지급을 확보하기 위하여 支給拒絶(不渡)의 경우 어음交換所 規約에 의하여 去來停止處分을 받는다. 즉, 交換所에 가입된 모든 은행으로부터 1년간 當座計定去來를 비롯한 모든 貸付去來가 전부 정지되는 불이익을 받는다(어交規 제47조·제48조). 또 手票의 경우에는 不正手票團束法에 의한 刑事處罰을 받게 되므로 不渡가 나지 아니하도록 적극적인 노력을 하기 마련이다.

어음債權은 不渡가 발생하는 경우 제1차적인 지급이 확보되지 않으면 제2차적인 구제책으로 遡求制度가 인정되어 어음채권이 보호받는다. 이 외에도 어음소지인이 提示期間內의 提示 또는 權利保全節次를 취하지 못하였거나 소멸시효로 인하여 遡求權조차 소멸한 경우, 어음소지인은 이로 인하여 이득을 본 자에게 그 利得償還을 청구할 수 있다(어 제79조, 手 제63조).

2. 어음·手票의 濫用

'어음은 强者에게 有利하고 弱者에게 不利한 것'이라고 비난할 만큼 남용되기도 한다. 그러나 어음·手票의 병리현상 때문에 그 효용성을 부정할 수 없음은 물론이다. 그 남용의 구체적 예를 들어보면 다음과 같다.

(1) 어음嚴正의 濫用

(가) 抽象性의 濫用

어음소지인은 원인관계에 구애됨이 없이 權利行使를 할 수 있으므로, 불법적인 목적을 달성하기 위하여 어음을 발행하는 경우에도 어음상의 권리는 보호받을 수 있다. 예컨대, 도박, 고리대금, 폭리행위로 인한 대금지급의 경우, 어음의 無因證券性을 이용하여 어음을 작성시켜서 受取한 후 제3자에게 양도하여 그 者로 하여금 청구를 하게 하면, 어음채무자는 어음發行原因이 公序良俗에 위반하여 무효가 된다는 抗辯(民 제103조)을 주장할 수 없게 되어 違法行爲가 합리화된다. 이러한 폐해는 背書 등의 경우에도 생길 수 있다. 즉, 어음과 手票의 지식이 없는 者를 背書에 이용한 후 不渡로 인한 償還責任을 강요하는 경우이다. 背書人은 擔保責任이 없다고 주장하여도 無擔保文言을 어음과 手票上에 기재하지 아니한 이상 人的 抗辯事由로써 대항할 수 없다. 어음소지인이 惡意인 경우에는 人的 抗辯事由가 되나, 실제로는 惡意의 입증이 쉽지 않으므로 이러한 병폐로 피해를 입는다.

(나) 要式性의 濫用

어음과 手票는 가장 엄격한 絶對的 要式證券이므로 그 要式이 흠결되면 무효가 되는 것이 원칙이다(어 제2조, 手 제2조). 이러한 점을 기화로 어음과 手票에 대한 지식이 부족한 자에게 故意로 어음요건이 흠결된 어음이나 手票를 發行·交付한 후 어음소지인의 청구가 있을 때 어음요건의 흠결을 이유로 지급을 거절할 수 있다. 예컨대, 法定 滿期 이외의 방법으로 滿期를 정한 어음은 효력이 없음(어 제33조)을 이용하여 故意로 어음을 발행하고 이러한 어음에 대한 청구가 있으면 무효를 주장하는 경우이다. 또 會社가 어음을 발행하는 경우 法人名을 표시하고 代表者가 記名捺印 또는 署名을 하여야 하는데, 法人名을 기재하고 法人印만 押捺한 어음을 발행하고 후에 어음청구를 무효로 주장하는 경우이다. 또한 '100만원 또는 200만원'과 같이 금액을 선택적으로 기재하거나 '200만원 이하' 또는 '200만원 이상'과 같은 最高額 또는 最低額의 기재, 分割支給文句 또는 금전 이외의 물건이나 有價證券으로 변제할 것을 기재하는 등 有害的 記載事項을 기재한 후 사후에 무효를 주장하는 경우도 있다.

(다) 抗辯切斷의 濫用

어음法과 手票法은 어음과 手票의 所持人을 일반채권자보다(民 제450조) 두터이 보호하기 위하여 原因關係를 비롯한 여러 가지 抗辯事由가 있더라도 그것을 善意의 소지인에게 대항하지 못하게 抗辯을 切斷하고 있다(어 제17조·제77조 제1호, 手 제33조). 다만 所持人이 惡意인 경우에는 대항할 수 있으나, 실제로 악의를 입증하기는 매우 어려우므로 채무자가 이를 입증하지 못하면 결국은 어음所持人은 善意로 推定되어 惡意者를 법률상 보호하는 병폐가 생긴다. 예컨대, 남에게 보이기만 하고 행사를 하지 않겠다는 조건으로 어음을 發行하게 한 受取人이 이러한 약속을 위반하고 어음割引을 받아 유통시켜 滿期에 어음소지인으로부터 지급청구를 받게 한다면, 發行人이 受取人과의 약속을 이유로 支給拒絶의 抗辯을 하여도 이를 알지 못한 善意의 어음所持人에게는 抗辯切斷이 생긴다. 이러한 경우 설사 어음소지인이 그 사실을 알고 있는 악의의 어음소지인이라고 하더라도 발행인이 이러한 惡意를 입증하지 못하는 한 발행인은 그 책임을 면하지 못한다. 또한 賣買에 있어 買受人이 代金을 지급하기 위하여 어음이나 手票를 발행하였으나 후에 賣買契約이 解除된 경우라도, 賣渡人이 그 어음이나 手票를 제 3 자에게 背書讓渡하였다면 買受人은 어음所持人의 支給請求에 대하여 原因關係에 관한 抗辯으로써 대항하지 못한다.

어음과 手票의 요건 중 어느 것을 공백으로 하고 후에 이것을 보충하기로 한 白地어음의 경우도 또한 동일하다. 예컨대, 어음所持人이 300만원을 보충하기로 한 약속을 어기고 3,000만원을 보충한 후 이 어음을 善意의 제 3 자에게 양도한 경우, 發行人은 어음所持人의 補充權濫用을 이유로 항변을 할 수 없다.

어음과 手票의 僞造, 變造, 無權代理, 無能力 등에 관하여도 꼭같은 문제가 있다.

(2) 信用機能의 濫用

(가) 融通어음

실제 상거래를 原因關係로 하지 아니하고 資金融通을 위하여 발행되는 어음을 融通어음이라 하는데(자세한 것은 後述한다), 商業어음에 대응하는 것이다. 融通어음은 約束어음이 보통이나, 發行人과 受取人이 동일인으로 되는 換어음의 경우도 있다. 즉, 무자력한 상인 甲과 乙이 運轉資金을 얻기 위해 共謀하여 거래없이 空어음 또는 空手票를 濫發하는 경우, 甲이 발행한 어음을 乙이 引受하고 乙이 발행한 어음을 甲이 그 支給人으로서 이를 引受하여 각각 제 3 자에게 할인하여 그 대가를 받아 사용하고 支給期日에 不渡를 내면, 어음所持人을 해할 뿐만 아니라 경제사회질서를 문란케 한다. 또 約束어음에 의하여 融通어음을 발행하는 경우 發行人이 受取人으로 하여금 제 3 자인 被背書人으로부터 할인을 받아서 융통을 얻도록 하는 것이 대부분인데, 그 約束어음은 제 3 자에게 交付되게 마련이고, 그 제 3 자는 그 어음이 商業어음이 아니고 融通어음이란 것을 알면서 이를 취득한 경우에도 어음發行人은 이것을 抗辯事由로 지급을 거절할 수 없다. 융통어음에 해당하는지 여부는 당사자의 주장만에 의할 것은 아니고 구체적 사실관계에 따라 판단하여야 한다.

> <대법원 1996. 5. 14. 선고, 96 다 3449 판결 : 제 3 자가 융통어음이란 것을 알면서 이를 취득한 경우에도 어음발행인은 이것을 抗辯事由로 지급을 거절할 수 없고, 융통어음인지 여부는 구체적 사실관계에 따라 판단하여야 한다>
>
> 융통어음이라 함은 타인으로 하여금 어음에 의하여 제 3 자로부터 금융을 얻게 할 목적으로 수수되는 어음을 말하는 것이고, 이러한 융통어음에 관한 항변은 그 어음을 양수한 제 3 자에 대하여는 선의·악의를 불문하고 대항할 수 없는 것이므로 어떠한 어음이 위에서 말하는 융통어음에 해당하는지 여부는 당자사의 주장만에 의할 것은 아니고 구체적 사실관계에 따라 판단하여야 하는데, 어음의 발행인이 할인을 의뢰하면서 어음을 교부한 경우, 이는 원인관계 없이 교부된 어음에 불과할 뿐이고, 악의의 항변에 의한 대항을 인정하지 아니하는 이른바 융통어음이라고 할 수는 없다.

(나) 虛無어음(Kellerwechsel)

虛無어음은 發行人이나 支給人·引受人 또는 背書人을 假設人으로 한 어음을 말한다. 이러한 실재하지 아니하는 자를 發行人이나 支給人 또는 背書人 등으로 한 어음은, 결국 어음소지인에게 손해를 주게 되어 어음의 信用機能을 저해한다.

(다) 騎乘어음(Reitwechsel)

騎乘어음은 두 사람이 각각 상대방을 支給人으로 한 換어음을 發行하고 서로 인수한 후 이것을 가지고 거래은행에서 할인을 받거나 제 3 자에게 양도하는 어음이다. 영국에서는 이를 kite(연)라 한다. 예컨대, 자금을 필요로 하는 甲이 역시 자금을 필요로 하는 乙과 합의하여 甲을 發行人, 乙을 支給人으로 한 換어음을 발행하여 乙로 하여금 인수시킨 후 이를 은행에 할인하여 資金을 얻고, 또 乙이 甲을 支給人으로 한 換어음을 발행한 후 甲의 인수를 받고 할인한 다음 그 자금을 滿期日까지 활용한 후 滿期日에 그 어음을 결제하는 순으로 되풀이하는 어음이다.

Ⅲ. 어음·手票의 經濟的인 分類

1. 어음의 種類

어음이 발행되는 경제적 목적에 따라 또는 어음이 사용되는 경제적 관계와 관련하여, 다음과 같이 여러 가지 명칭으로 불리기도 한다. 그러나 어음으로서의 法律的 性質은 변하지 아니한다.

(1) 委託어음

委託어음이란 發行人이 타인(委託者)의 계산으로 발행한 어음이다.

(2) 延期어음

延期어음이란 이미 발행된 어음의 滿期가 도래하였을 때, 당사자의 합의하에 그 지급을 연기하기 위하여 발행한 어음이다. 改書어음(Prolongations wechsel)이라고도 한다. 그리고 이러한 행위를 어음의 改書라고 한다.

(3) 貸付어음

貸付어음이란 金錢消費貸借에 있어 그 지급을 확보하고 또 借用證書로 대용하기 위하여 借主가 貸主에게 교부하는 어음이다.

(4) 商業어음(Handelswechsel)

商業어음이란 실제상거래가 원인이 되어 발행되는 어음이다. 眞正어음 또는 實어음이라고도 하는데, 그 배후에 상품의 授受가 있으므로 '商品어음'(Warenwechsel)이라고도 한다. 이것은 融通어음에 대응하는 명칭이다.

(5) 單名어음

單名어음이란 어음상의 債務者의 수가 한명뿐인 어음이며, 보통 어음貸付의 경우처럼 擔保 없이 자금을 융통하는 수단으로 이용된다. 約束어음의 경우는 發行

人 한 사람만이 어음債務者이고 受取人은 은행이며 背書가 없는 경우를 가리키고, 換어음의 경우는 發行人이 동시에 支給人이면서 引受人인 어음으로서 은행이 受取人인 경우이다. 이에 대하여 어음債務者가 다수인 어음을 複名어음이라 한다.

(6) 擔保어음(Kautionswechsel od. Depotwechsel)

擔保어음이란 현재의 債務 또는 장래 발생할지도 모르는 債務의 이행을 담보하기 위하여 발행되는 어음이며, 供託어음이라고도 한다. 보통 背書禁止의 기재를 하고 受取人에게 교부한다. 이것과 어음金支給을 확보하기 위하여 物的 擔保가 있는 '擔保附어음'은 구별하여야 한다.

(7) 貨換어음

貨換어음이란 운송중의 화물을 담보로 하여 발행된 어음으로서 일종의 擔保附어음이다. 이에 대하여 物的 擔保 없는 어음을 clean bill이라고 하여 貨換어음과 구별한다. 이것은 隔地者 사이의 매매거래에 있어서 賣渡人이 신속하게 자금을 회수할 수 있기 때문에 많이 이용되고 있다. 貨換어음에는 화물을 대표하는 서류만이 첨부된 것과, 이것에 商業信用狀과 같은 人的 擔保를 부여하는 證券이 첨부된 것의 두 가지가 있다.

(8) 不渡어음

不渡어음이란 換어음의 引受人, 支給人 또는 約束어음의 發行人이 지급을 거절한 어음이다.

(9) 融通어음(Gefälligkeitswechsel od. Finanzwechsel)

(가) 融通어음의 意義

융통어음의 의미는 광의·협의 두 가지 의미가 있다. 광의의 융통어음이란 어음수수당사자 사이에 어음수수 이외에 어음을 수수하게 되는 원인이 되는 별도의 상거래가 없는 모든 어음을 말한다. 이는 어음발행과 원인행위와의 관계에 의한 분류이다. 협의의 융통어음이라 함은 광의의 융통어음 중에서도 상대방에게 신용을 공여하고 상대방이 이를 이용하여 자금을 융통할 수 있도록 하기 위하여 제공되는 어음만을 말한다. 융통어음은 舊債를 메우기 위하여 또는 자금의 일시 융통을 위하여 어음이 발행되는 일이 많다. 이것을 財政어음이라고도 하고, '빈어음'·'貸어음'·'借어음'이라 하기도 한다.

또 他人에게 신용을 줄 목적으로 發行·背書·引受 등의 행위를 한 경우, 예컨대 은행이나 친족·친지 등이 好意引受(Gefälligkeitsakzept)·好意背書를 하거나 委託어음을 발행하는 경우, 이 어음을 信用어음(Kreditwechsel)이라고 부르기도 하는데, 이것도 融通어음이다.

(나) 融通어음의 效力

融通어음은 發行人(약속어음) 또는 引受人(換어음)이 受取人에 대하여 금전을 지급할 원인채무 없이 발행된 것이므로, 당사자 사이에서는 이러한 사유를 항변으로 대항할 수 있다. 즉, 滿期에 受取人이 어음금의 지급을 청구하여 오는 경우에는 어음債務者는 融通어음이라는 항변을 내세워 어음금의 지급을 거절할 수 있다.

그러나 融通어음이 수취인의 손을 떠나 제3자에게 背書讓渡된 경우에는 사정은 달라진다.

(i) 제3취득자가 融通어음임을 몰랐을 경우에는 發行人은 融通어음임을 이유로 하여 어음금의 지급을 거절할 수 없다.

(ii) 제3자가 融通어음임을 알고 이를 취득한 경우에 관하여도 發行人은 지급하여야 한다.[9] 본래 融通어음은 그 발행인이 수취인으로 하여금 이것을 이용하여 금전의 융통을 받을 수 있도록 하기 위한 것이므로, 이것은 수취인으로부터 타인의 수중에 넘어가는 것을 당연한 운명으로 하고 있기 때문이다.

> <대법원 1979. 10. 30. 선고, 79 다 479 판결 : 제3자가 융통어음임을 알고 이를 취득한 경우에도 발행인은 항변을 제기할 수 없다>
>
> 타인의 금융 또는 채무담보를 위하여 약속어음(이른바 융통어음)을 발행한 자는 피융통자에 대하여 어음상의 책임을 부담하지 아니하나, 그 어음을 양수한 제3자에 대하여는 선의이거나 악의이거나 또한 그 취득이 기한후배서이었다 하더라도 대가없이 발행된 융통어음이었다는 항변으로 대항할 수 없다.

그러나 융통어음의 발행인은 융통어음수취인이 어음을 타에 담보로 제공하고 금원을 차용한 채무에 대한 보증책임까지 지는 것은 아니다. 즉, 융통자는 피융통자 이외의 제3자에 대하여 어음금지급의무를 부담하는 이외에 당연히 피융통자의 보증인이 되는 것은 아니다.

---

9) 鄭東潤(어) 93면 ; 崔基元(어) 75면 ; 姜渭斗(어) 34면.

<대법원 1987. 4. 28. 선고, 86 다카 2630 판결 : 융통어음의 발행인은 융통어음수취인이 어음을 타에 담보로 제공하고 금원을 차용한 채무에 대한 보증책임까지 지는 것은 아니다>

어음행위를 한 자는 특별한 사정이 없는 한 어음상의 문언에 따라 어음상의 채무만을 부담하게 되므로 발행인이 약속어음을 자금융통을 위하여 발행하였다는 사유만으로는 수취인이 위 융통어음을 타에 담보로 제공하고서 금원을 차용한 채무를 보증한 것으로는 볼 수 없다.

<대법원 1994. 12. 9. 선고, 94 다 38106 판결 : 융통자는 피융통자 이외의 제3자에 대하여 어음금지급의무를 부담하는 이외에 당연히 피융통자의 보증인이 되는 것은 아니다>

융통어음을 발행한 경우에 융통자가 피융통자 이외의 제3자에 대하여 그 어음금지급의무를 부담하는 이외에 당연히 피융통자의 보증인이 된다는 법리는 있을 수 없다.

(iii) 交換어음의 경우 : 융통어음에 대한 댓가로 발행된 어음, 즉 교환어음이 부도된 사실을 알면서도 그 융통어음을 취득한 경우에는 그 취득자에게 악의가 의제된다.[10] 따라서 이 경우에는 융통어음을 발행한 자는 악의의 항변을 주장할 수 있다.

(10) 割引어음

割引어음이란 할인받은 어음이다. 할인이라 함은 滿期未渡來어음의 所持人이 어음금액에서 할인료를 공제한 금액을 지급받고 그 權利를 양도하는 거래를 말한다. 讓受人은 보통 은행이 된다. 일단 할인한 어음을 다시 할인하는 경우, 이 어음을 '再割引어음'이라고 하며, 중앙은행에 의하여 再割引받을 수 있는 어음을 '適格어음'이라고 한다.

(11) 預金어음

預金어음은 어음이라는 문자를 사용하고 있기는 하나, 어음法上의 어음은 아니다. 주로 은행에서 예금을 찾아 그 현금을 타인에게 교부하고자 할 때, 이에 따르는 위험과 번잡을 덜기 위하여, 預金相當金額의 證書를 받는데 이를 預金어음이라 한다.

---

10) 大判 1995. 1. 20, 94 다 50489 판결 ; 同, 2001. 4. 24, 2001 다 5272.

(12) CP어음(commercial paper)

CP어음이란 企業資金의 조달을 위하여 발행되는 약속어음으로서 상거래의 뒷받침이 없는 融通어음이기 때문에 商業어음이라 하지 않고, 속칭 企業어음 또는 新種企業어음이라 한다. 이것은 은행 · 증권회사 및 종합금융회사 등의 금융기관에서 企業의 신용을 조사하여 優良適格業體로 선정된 企業의 어음을 買入하여 고객에게 賣出한 것이기 때문에 이들 금융기관의 신용으로 유통된다고 볼 수 있다. 그러나 금융기관이 無擔保背書를 한 경우에는 不渡가 나도 금융기관의 책임은 없으므로 주의할 필요가 있다.[11] 新種企業어음은 액면이 3천만원 이상, 支給期日이 91日 이상 180日 이내, 中途解約不可條件下에 實勢金利에 따른 先利子 및 諸稅金을 공제한 가격으로 賣出한다는 특색이 있다.

(13) 양도성예금증서(C.D.)

양도성예금증서(certificate of deposit : C.D.)는 금융통화운영위원회가 제정한 "양도성예금증서 발행업무와 수신이율 및 부대조건"에 의거하여 발행되는데, 최고이율은 각 금융기관이 자율적으로 정할 수 있고, 만기는 30일 이상이며, 발행형식은 무기명 할인식이다. 양도성예금증서는 권리의 이전 · 행사에 증서가 필요하고, 은행이 지급을 약속한 증서로서 약속어음과 유사한 유가증권이다.

(14) 表紙어음

(가) 表紙어음의 意義

表紙어음이란 금융기관이 보유하고 있는 割引어음(이를 '原어음'이라고 한다.)의 일정범위 내에서 割引어음을 분할하거나 통합하여 은행을 지급인으로 하는 새로운 어음을 발행, 고객에게 판매하는 約束어음이다. 表紙어음은 기존의 할인어음(原어음)과는 전혀 별개의 어음으로서 은행이 支給人이 된다. 따라서 原어음의 不渡 등에 상관없이 그 지급이 보장되고, 일반 어음과 꼭 같이 背書에 의하여 양도할 수 있다. 表紙어음은 은행이 보유어음의 금액과 기간 내에서 고객의 투자여건에 맞추어 受信으로 유치할 수 있는 장점이 있다.

---

11) 大判 1977. 9. 13, 77 다 1136은 어음上의 책임이 아니라, 발행인의 신용도에 대한 조사에 과실이 있을 경우의 損害賠償責任의 발생가능성을 시사하고 있다.

(나) 表紙어음賣出의 法的 性質

表紙어음 買受人은 금융기관이 발행한 어음을 일정한 할인율로 買受함으로써 금융기관으로서는 表紙어음의 매출이 수신기능을 한다. 그러나 같은 수신기능을 가진 예금은 金錢消費任置契約인 데 비하여 表紙어음賣出은 어음의 賣買이다. 賣渡人은 금융기관이고 買受人은 일반인이다.

(다) 表紙어음의 發行

(i) 表紙어음은 30일 이상 180일 이내로 은행의 매출대상 보유어음의 最長殘餘滿期日의 범위 내에서, 거래금액은 5백만원 이상으로 발행할 수 있다. 利子는 어음매입시 先支給한다(源泉徵收).

(ii) 表紙어음의 발행은 前月 중 어음할인 순잔액 平殘의 30% 내에서, 그리고 賣出은 은행이 보유중인 割引어음 중에서 表紙어음 매출일 현재 잔존기일이 30일 미만인 어음과 기매출한 어음(무역어음 및 상업어음 매출) 및 한국은행 재할인용으로 담보제공된 어음을 제외한 어음잔액을 한도로 한다. 은행실무에서는 위 발행한도와 매출한도 중에서 적은 금액을 한도로 한다.

表紙어음은 고객의 청구에 따라 表紙어음 實物로 교부하거나(引出要請時), 表紙어음 實物은 은행이 보관하고 표지어음보관통장을 발행하여 교부할 수 있다(保管要請時).

(라) 表紙어음의 償還

表紙어음은 그 어음의 支給日에 액면금액을 지급하는 방법으로 상환한다. 表紙어음도 約束어음이므로, 지급에 관하여도 어음·手票法의 관계 규정이 적용된다.

2. 手票의 種類

(1) 委託手票

委託手票란 발행인이 제3자의 계산으로 발행한 手票이다.

(2) 先日字手票(延手票)

先日字手票란 실제 발행된 일자보다 후의 날을 발행일자로 한 수표이다. 延手票라고도 하며, 手票에는 滿期의 표시를 하지 못하므로 그 불편을 덜기 위하여 거래상 많이 이용되기는 하나 手票를 信用證券化할 위험성도 있다. 先日字手票라도 기재된 발행일자의 도래 전에 지급을 위한 제시를 한 경우 支給人은 이를 지급하여야 한다.

(3) 當座手票

當座手票란 個人手票라고도 하며 自己앞手票, 즉 속칭 保證手票에 대비되는 것이다. 銀行과 當座去來가 있는 사람이 은행에 預託한 手票資金의 범위 내에서 은행에서 교부된 수표용지에 發行人으로 記名捺印 또는 署名을 한다.

(4) 保證手票

保證手票란 '自己앞手票'를 말하는데, 發行人 자신을 支給人으로 하여 발행한 手票이다. 은행이 發行人과 支給人을 겸하고 있어 지급이 확실하기 때문에 이러한 명칭이 생긴 것이다. '保手'라고 약칭하기도 한다.

(5) 送金手票

送金手票란 은행이 그 본·지점 간 또는 그 거래은행을 상대로 발행하는 手票이다. 송금의 구실을 하기 때문에 이러한 명칭이 생겼으나, 이것은 법률상의 용어는 아니다. 保證手票와 送金手票는 은행이 발행하는 것이므로 '銀行發行手票'라고도 한다.

(6) 家計手票

家計手票란 은행에 家計當座預金計座를 개설하고 있는 개인이 발행하는 手票로서, 當座預金을 하고 있는 者가 발행하는 當座手票와 흡사하다. 다만 개인이 발행하고 手票金額에 제한이 있으며, 은행이 일정한 금액까지 지급을 보증하는 점에 그 특색이 있다.

(7) 郵便對替手票(Postscheck)

郵便對替手票란 郵便對替計座의 가입자가 지급행위로서 발행하는 手票를 말하며, 郵便對替法에 규정된 것을 제외하고는 手票法의 규정이 적용되기는 하나(郵便對替法 제14조 제4항), 手票法에 의한 手票는 아니다. 그러나 그 성질은 一般手票와 같으므로 手票의 일종으로 보아야 할 것이다.

(8) 쿠　폰(coupont)

쿠퐁이란 소액의 정액 自己앞手票를 한 묶음으로 한 手票綴을 말한다. 이것 자체가 手票의 종류는 아니다.

(9) 國庫手票(Schatzscheck)

國庫手票란 政府財政支出의 방법으로서 한국은행이 발행한 自己앞手票이다. 政府 각 중앙관서의 장이나 지출원인행위의 위탁을 받은 者(財務官)가 그 소관세출예산에 의하여 지출을 하고자 할 때에는 그가 임명한 支出官이 이를 하는데, 支出官이 지출을 할 때에는 현금의 교부에 갈음하여 한국은행을 지급인으로 하는 수표를 발행할 수 있다(豫算會計法 제63조). 이를 국고수표라고 한다. 支出官이 발행하는 수표는 所持人出給式으로 하여야 하는데 재정경제부장관이 정하는 경우에는 記名式으로 한다(豫算會計法 施行令 제57조 제1항).

(10) 旅行者手票

(가) 旅行者手票의 意義

여행자수표(traverler's check, T/C)란 해외여행자가 현금의 휴대로 인한 분실·도난 등의 위험을 피하기 위하여 고안된 手票로서, 여행자로 하여금 여행지에서 이 手票와 상환하여 여행지의 화폐로 현금화할 수 있게 하는 자기앞수표와 유사한 有價證券이다. 우리나라에서는 일반은행의 경우에는 미국은행과의 계약에 의하여 미국은행의 여행자수표를 발매하고 있고, 한국외환은행은 독자적으로 미화표시의 VISA여행자수표를 발매하고 있다.

旅行者手票는 手票라는 명칭을 사용하기는 하나, 手票의 표면에 ① 支給委託文句가 아니라 支給約束文句가 기재되어 있는 점, ② 發行日과 支給地의 기재가 없는 점, ③ 發行人의 記名捺印이나 署名이 없고 한국외환은행장의 複寫署名이 있는 점, ④ 旅行者가 手票를 발행받았을 때에 그 상단에 署名하고 현금화할 때 그 하단에 副署하여야 하는 점에서 수표법상의 보통의 手票와 구별된다.

(나) 旅行者手票의 法的 性質

旅行者手票의 法的 性質이 무엇이냐에 관하여는 自己앞手票 또는 약속어음과 유사한 有價證券이라는 견해와[12] 여행자가 발매은행 또는 그 거래은행을 지급인

12) 鄭熙喆·鄭燦亨(下) 49면 ; 梁承圭(어) 67면 ; 蔡利植(下) 401면.

으로 하여 발행하는 手票라는 견해가[13] 대립하고 있다. 여행자수표는 그 명칭과는 상관없이 手票法上의 手票要件을 갖추고 있지 아니하나, 은행에서 발행한 수표에 受取人(旅行者)이 먼저 署名하고, 후에 그것에 副署하여 교부하면 발행은행이 지급을 하게 되는 점에서 自己앞手票와 유사한 有價證券이라고 볼 수 있다.

(다) 旅行者手票의 讓渡

여행자가 발매은행으로부터 여행자수표를 매입한 때에는 수표의 상단에 署名을 한다. 이 署名은 여행자가 자기를 受取人으로 指定하는 행위로서, 이때부터 여행자수표가 記名式手票로 된다.

소지인은 여행자수표를 背書에 의하여 양도할 수 있다. 또한 여행자수표는 대부분 選擇無記名式으로 발행되므로 단순한 交付에 의하여 양도할 수 있다.

副署를 받지 않고 여행자수표를 취득한 자는 발매은행으로부터 수표금을 지급받을 수 있는가가 문제된다. 왜냐하면 여행자수표에는 副署를 받고 취득하여야만 지급한다는 조건이 기재되어 있기 때문이다.

생각건대, 이 조건은 그 발생이 불확실한 증권 외의 조건과는 성질이 다르고, 소지인의 인적사항을 확인하여 不正使用을 방지함으로써 여행자수표의 유통성을 강화하려는 목적을 가지고 있으므로, 이를 無效로 볼 것이 아니라 有益的 記載事項으로 보는 것이 타당하다고 본다.

Ⅳ. 어음法·手票法의 概念

1. 어음法·手票法의 意義

어음法·手票法은 廣狹 두 가지의 의의가 있다. 넓은 의미(또는 실질적 의의)의 어음法·手票法이란 어음·手票에 관한 私法法規의 전체를 말한다. 이에 대하여 좁은 의미(또는 형식적 의의)의 어음法·手票法이란 어음·手票의 특질 및 그 거래의 필요에 응하기 위하여 제정된 어음·手票에 특유한 규정을 말한다. 이를 고유

---

13) 鄭東潤(어) 545면 ; 李基秀(어) 472면.

한 어음法·手票法이라고도 한다.

형식적 의의의 어음法·手票法은 1961년 1월 20일 法律 제1001호로 공포된 어음法과, 같은 날 法律 제1002호로 공포된 手票法을 말한다. 실질적 의의의 어음法·手票法에는 위에 말한 형식적 의의의 어음法·手票法 외에 一般民商法의 規定으로서 어음·手票에 적용되는 것(能力, 表見代理, 意思表示, 權利의 一般消滅事由 등에 관한 것), 즉 民事어음法·手票法과 拒絶證書令(1970.4.15. 大統領令 제4919호)이 포함된다.

어음·수표의 거래를 규율하는 법규는 위에 말한 私法 외에도 刑法(有價證券 僞造에 관한 規定, 刑 제214조~제217조), 不正手票團束法(法律 제645호), 民事訴訟法(어음에 관한 訴의 特別裁判籍에 관한 規定, 어음·수표에 관한 假執行宣告에 관한 規定, 公示催告節次에 관한 規定, 證券上의 債權의 强制執行에 관한 規定, 民訴 제7조·제198조 제1항 단서·제446조 이하·제566조 등), 破産法(破 제48조·제65조), 國際私法(國私 제51조~제59조) 등에도 존재하지만, 이것들은 어음수표법에 포함되지 아니한다.

2. 어음法·手票法의 地位

(1) 어음法·手票法과 商法의 관계

商法上 어음행위를 商行爲로 보지 않고〔依用商法에서는 어음 기타 商業證券에 관한 행위가 絶對的 商行爲로 되어 있었다(依商 제501조 제4호)〕, 또 실질적으로도 어음·수표는 企業去來가 아닌 일반인의 경제생활에도 널리 이용되고 있으므로 企業法으로서의 商法 속에 어음법·수표법을 포함시킬 수는 없다. 오히려 '有價證券法으로서 私法體系中에 특수한 지위'를 차지한다고 보아야 할 것이다.[14)]

(2) 어음法·手票法과 民法의 관계

어음法·手票法은 '金錢債權'에 관한 法이고, 한편 '證券'에 관한 法이기 때문에 債權法的 규정과 物權法的 규정을 가지고 있다. 따라서 그것은 民法의 債權法 및 物權法의 원칙을 어음거래의 특별한 수요에 따르게 하기 위하여 보충·변경한 特別法이다.[15)]

---

14) 徐燉珏·鄭完溶(下) 55면.
15) 鄭熙喆·鄭燦亨(下) 60면.

3. 어음法·手票法의 特異性

어음법·수표법은 有價證券法의 기본이 되는 法이므로 그 특이성은 대체로 有價證券法의 그것과 같다고 할 수 있다. 즉, 强行法的·技術的·形式的·統一的 성질을 지니고 있는데, 이 밖에 手段的·成文法的 성질을 더 지적하기도 한다.

제 2 장
어음法 總論

《어음의 유래》

조선시대에는 '客主'라는 것이 있었다. 객주는 '객상의 주인'이라는 뜻이다. 객주의 역할은 매우 다양하였던 것으로 알려져 있다. 그 기본적인 업무는 전국 각처에서 모여드는 객상들의 거처를 제공하고 물건을 위탁매매하는 것이었다. 그러나 이 외에도 물건을 창고에 보관하는 일이나, 다른 곳으로 보내는 일, 나아가 위탁매매와 관련된 각종의 금융서비스를 제공하기도 하였다. 요즈음에도 흔히 사용되는 각종의 상사제도들도 이 시기에 이들에 의하여 성립되어 발달되었다. 일례로 지금의 선하증권과 비슷한 것으로 '船之證'이라는 것이 있었고, 공동으로 투자를 할 때 株券과 유사한 기능을 하는 '出次票' 또는 '股本'(고본)이라는 것이 작성된 것이다. 오늘날의 어음도 이들에 의하여 만들어졌다. 일본어로 어음은 手形, 手票는 小切手라고 하는데, 우리 어음·수표법은 우리 고유의 명칭인 어음·수표를 그대로 사용하고 있다.

어음은 조선시대에도 흔히 사용되었다. 주화는 무겁고 부피도 커서 도둑맞을 위험성도 컸기 때문에 큰 거래에는 적합한 지급수단이 아니었다. 그러므로 대략 가로 1촌 5푼, 세로 4촌 5푼 정도의 韓紙 중앙에 금액을 쓰고, 그 좌우에 작성한 날자와 채무자를 적어 소지인에게 지급하도록 하였으니, 이것이 어음이다. 이 어음의 중앙을 세로로 잘라 채무자의 이름이 기재되어 있는 쪽은 채권자가 보관하고 다른 한 쪽은 채무자가 보관하였다. 채무자의 이름은 어음의 오른쪽에 적는 것이 보통이었는데, 채권자가 갖게 되는 이 부분을 수쪽·右契(우계) 또는 男票라 하였고, 다른 한 쪽을 암쪽·左契(좌계) 또는 女票라고 불렀다. 수쪽을 가진 사람이 채무자를 찾아가 지급을 요구하면 보관해 둔 암쪽과 맞추어 본 뒤 들어맞으면 즉시 액면금액에 해당되는 금전을 지급하였다. 당시의 어음의 지급기일은 요즈음보다 훨씬 짧았다. 대체로 다음 장날이나 그 다음 장날, 즉 5일 내지 10일 후가 일반적이었고 1 내지 2개월짜리는 매우 특별한 경우였다.

한편 어음과 유사한 것으로 換簡(환간)이라는 것이 있었다. 환간은 편지모양으로 상대방에게 금전의 지급을 위탁하는 증서인데, 만일 받은 사람이 지급을 거절할 때에는 '退'자를 써서 소지인에게 반환하여 주었다. 마치 지급거절증서를 작성하는 형국이다.

이밖에 保音紙라는 것도 있었다. 이것은 물건을 구입하고 그 대금으로 발행하는 증서였다.

제 1 절 어음行爲

제 1 관 어음行爲의 意義 및 種類

I. 어음行爲의 意義

1. 어음行爲定義의 困難性

어음행위(Wechselerklärung)를 定義하기란 매우 어려운 일이다. 학설을 대체로 정리하여 보면 ① "記名捺印 또는 署名하는 것을 불가결한 요건으로 하는 요식의 書面行爲"라고 하여 형식적으로 파악하려는 입장,[1] ② "記名捺印 또는 署名을 요건으로 하는 요식의 書面行爲로서 그 행위의 결과 어음상의 債務를 부담하게 되는 행위"라고 하여 어음行爲를 형식적·실질적 양면에서 정의하려는 입장,[2] ③ "실질적으로는 어음(手票)上의 법률관계의 구성요건인 法律行爲를 가리키며, 형식적으로는 證券上에 그 意思表示의 내용을 기재하고, 表意者가 이에 記名捺印 또는 署名함으로써 하는 요식의 書面行爲"라고 하여 어음行爲의 형식적 의의와 실

1) 徐燉珏·鄭完溶(下) 63면, 鄭熙喆·鄭燦亨(下) 63면.
2) 徐廷甲(어) 85면.

질적 의의를 분리하여 설명하려는 입장,[3] 그리고 ④ 다음과 같이 실질적으로 파악하여 정의를 내리는 입장으로 크게 분류할 수 있다.

2. 어음行爲의 定義

어음행위의 실질적 내용을 검토하여 볼 때, 어음行爲란 "어음상의 債務의 發生原因이 되는 法律行爲"라고 정의할 수 있다. 물론 背書나 換어음의 발행은 債務負擔을 직접적인 목적으로 하는 것은 아니지만 第二次的인 효과로서 償還義務를 부담하게 되므로 모든 어음行爲가 債務의 發生原因이 된다고 할 수 있다.

이에 대해서 償還義務라는 第二次的 효과는 背書人이나 換어음 발행인의 意思와는 '관계없이' 유통성확보를 위하여 정책적으로 인정한 法的 效果에 불과하다고 하는 반박도 있으나, 法은 오히려 債務負擔의 意思를 전제로 하고 예외적으로 그 意思를 缺한 경우에도 꼭같이 취급하려고 규정을 둔 것이라고 볼 수 있다.[4]

Ⅱ. 어음行爲의 種類

어음행위의 종류는 約束어음에는 發行·背書·保證의 3종(학설상 참가인수까지 4종), 換어음에는 發行·背書·保證·引受·參加引受의 5종(手票에는 發行·背書·保證·支給保證의 4종)이 있으며, 이 중에서 發行은 기본어음을 창조하는 행위이므로 基本的 어음行爲(Hauptwechselakt)라 하고, 다른 행위는 附屬的 어음行爲(akzessorischer Wechselakt)라고 한다. 附屬的 어음행위는 기본어음행위를 그 자체의 요건으로 하므로 기본어음이 그 要件의 欠缺로 인하여 無效가 되면, 그 행위 위에 행하여진 附屬的 어음행위도 모두 무효가 된다.[5]

---

3) 孫珠瓚(下) 36면.
4) 鈴木竹雄, 《手形法·小切手法》, 1957, 114면.
5) 鄭東潤(어) 86면.

제2관 어음行爲의 成立要件

Ⅰ. 어음行爲의 形式的 要件(證券의 作成)

어음행위가 유효하게 성립하려면, 우선 어음상[背書나 保證은 어음 자체뿐만 아니라 補箋이나 謄本에 기재하여도 된다(어 제13조 제1항·제31조·제67조 제3항·제77조)]에 法定事項을 기재하고 記名捺印 또는 署名을 하여 證券的 法律行爲로서의 형식을 갖추어야 한다.

1. 어음行爲의 方式

각 어음행위에는 고유한 방식이 정해져 있다(어 제1조·제13조·제25조·제31조·제57조·제75조·제77조). 그러나 한 어음행위가 다른 어음행위를 전제로 하는 경우에는 그 고유한 방식 외에 전제가 되는 행위의 방식도 갖추어져 있어야 하며, 그 중 어느 하나가 갖추어지지 않아도 그 어음행위는 무효가 된다. 모든 어음행위에 공통된 요건은 어음행위자를 표시하는 방식인 記名捺印 또는 署名이다.

2. 어음의 記名捺印 또는 署名

(1) 記名捺印 또는 署名의 意義

記名捺印이란 行爲者의 명칭을 직접 쓰거나 어떠한 방법(예컨대, 타이프, 印刷, 고무印)으로 기재하고, 行爲者의 意思에 의하여 그의 印章을 찍는 것을 말한다. 1995年 改正前의 어음法·手票法에서는 外國人의 경우를 제외하고[外國人의 署名捺印에 관한 法律(1958.7.12 法律 제488호)] 自署는 인정하지 않았는데,[6] 商去來의 國際化 추세에 맞추어, 1995年 商法改正時에 어음法 및 手票法도 함께 改正하여 記名捺印과 署名을 選擇的으로 사용할 수 있게 하였다.

記名捺印을 요구하는 이유로는 ① 어음행위자로 하여금 어음상의 책임을 질 것을 자각하게 하려는 주관적 이유와, ② 어음행위자의 고유한 筆跡이나 印影을 어음面에 나타내어 어음取得者로 하여금 어음행위자가 누구임을 분명히 알게 하는 한편, ③ 어음행위의 위조를 방지하려는 객관적 이유를 들 수 있다.

(2) 自然人의 記名捺印 또는 署名

자연인의 記名捺印 또는 署名은 行爲者의 意思에 의한 것인 한 타인에게 대행시킬 수 있다. 行爲者를 표시하는 名稱은 姓名·商號·雅號·通稱 등 거래계에서 누구인지 알 수 있는 것이면 상관없다.[7] 印章은 記名者의 名稱과 일치할 필요는 없고, 記名者의 '同一性'이 감별될 수 있는 것이면 무엇이든 상관없다. 그리고 '날인'에 의한 인영상의 문자가 기명과 일치하여야 하는가에 대하여 通說·判例는 어음상의 기명날인이란 반드시 記名과 捺印이 일치하여야 한다고 볼 근거가 없다고 하며 유효한 날인으로 본다.[8] 날인부분에서 알 수 있는 이름이 기명과 일치하지 않은 경우, 어음행위는 기명부분에 표시된 자가 한 것으로 보아야 한다.[9]

<대법원 1978. 2. 28. 선고, 77 다 2489 판결 : 어음상의 기명날인이란 반드시 記名과 捺印이 一致하여야 한다고 볼 근거가 없다>

<事 實>

소외 유판수가 약속어음을 발행하면서 어음표면의 발행인란에 그의 처 황택임의 이름을 기재하고 날인은 서상길이라는 이름의 도장을 찍어서 소외 문인숙에게 교부하였다. 문인숙은 이 어음을 원고 신원실에게 배서양도하였고, 신원실은 만기에 이르러 약속어음의 발행인인 피고 황택임에게 그 지급을 구하였다. 황택임은 이 어음은 자신의 날인이 없으므로 어음으로서의 요건이 흠결되어 무효인 어음이라고 주장하면서 지급을 거절하였다.

---

6) 孫珠瓚(下) 55면 ; 徐廷甲(어) 98면 ; 鄭東潤(어) 88면.

7) 우리 나라 大法院도 "약속어음의 발행에 있어 발행인의 기명이 반드시 그 본명과 일치하여야 하는 것은 아니다."라고 한다. 大判 1969. 7. 22, 69 다 742. 同旨 : 日最判 1906. 10. 4(通稱의 경우 인정) ; 日最判 1921. 7. 13(他人의 姓名과 동일한 명칭을 사용한 경우 인정).

8) 同旨 : 鄭熙喆·鄭燦亨(下) 67면 ; 孫珠瓚(下) 53면. 이에 대하여 記名者와 捺印者의 거래상의 동일성이 인정되는지의 여부를 불문하고 불일치를 긍정하는 견해가 있다[鄭東潤(어) 87면 참조].

9) 李哲松(어) 79면.

<判決要旨>

어음법상의 기명날인이라는 것은 기명된 자와 여기에 압날된 印影이 반드시 합치됨을 요구한다고 볼 근거는 없으므로 위 약속어음에 피고 황택임의 기명이 되고 거기에 어떤 인장이 압날되어 있는 이상 그 印影이 서상길로 되어 있어 비록 그 기명과 일치되지 않는다 할지라도 이 약속어음의 문면상으로는 기명과 날인이 있는 것이 되어 외관상 날인이 전연 없는 경우와는 구별되어야 한다.

그렇다면 원심이 본건 어음에 날인이 없어 어음으로서의 요건이 흠결된 것이라고 판단하였음은 결국 어음의 법정 요건의 구비여부에 관하여 어음의 문면 자체에 의하여 판단하지 않음으로써 본원의 판례에 위반하였다고 할 것이므로 원심판결을 파기·환송한다.[10]

이 외에 自然人의 記名捺印 또는 署名과 관련하여 문제가 되는 것은 다음과 같다.

(i) 前述한 바와 같이 어음행위자의 記名만 있고 捺印이 없는 경우에는 그 어음행위는 무효이나, 捺印만 하고 記名이 없는 경우도 무효이다.[11] 다만 記名이 欠缺된 어음행위에서 所持人이 이를 보충할 수 있다고 보는 것이 判例의 태도이다.[12] 記名이 署名으로 인정될 경우에는 捺印이 별도로 필요없다.

(ii) 拇印에 관하여는 대체로 학설은 그 眞否를 肉眼으로 식별할 수 없다는 이유로 無效說[13]을 취하고 있으며, 判例도 같은 태도이다.[14]

(3) 法人의 記名捺印 또는 署名

法人의 記名捺印 또는 署名은 法人의 명칭과 代表關係를 표시하고 代表者가 記名捺印 또는 署名을 하여야 한다. 따라서 ① 本人(會社名)의 표시를 缺한 경우는 本人의 책임이 없다.[15] ② 代表關係를 표시하지 않은 경우에도 본인의 어음행위

---

10) 그러나 이 때에 어음소지인은 위 어음의 眞正成立, 즉 위 서상길이라는 인영이 피고 황택임의 의사에 기하여 顯出된 것이라는 데 대한 立證責任이 있다고 보아야 할 것이다(朴泰範, "記名捺印의 代行", 《어음·手票法에 관한 諸問題(上)》, 法院行政處, 1986, 161면 註 15).

11) 鄭熙喆·鄭燦亨(下) 67면 ; 大判 1961. 1. 31, 4294 民上 200.

12) 大判 1980. 3. 11, 79 다 1999.

13) 徐燉玨·鄭完溶(下) 67면 ; 孫珠瓚(下) 54면 ; 鄭東潤(어) 87면 등.

14) 大判 1962. 11. 1, 62 다 604 ; 大判 1956. 4. 26, 1955 民上 424.

15) 大判 1979. 3. 27, 78 다 2477 : 약속어음의 發行人 名義가 회사 代表理事인 개인 甲으로만 되어 있고, 同人이 회사를 위하여 발행하였다는 뜻이 표시되어 있지 아니한 이

로서는 무효이나,[16] 判例는 'Y株式會社A'라고 표시하고 등록된 '代表理事A印'이라는 職印을 사용한 경우 회사에 책임이 있다고 한다.[17] 이와 관련하여 代表理事 대신에 '理事'로만 쓴 경우, 이것이 代表機關에 의한 어음행위는 아니지만 회사의 代表機關의 표시로서 適法하다고 하며,[18] 財團法人의 '幹事'로 표시된 어음行爲도 法人의 어음行爲로 인정된다고 한다.[19] ③ 마지막으로 會社印만 捺印되고 代表機關의 記名捺印 또는 署名이 없는 경우도 法人의 어음行爲로서는 원칙적으로 무효이다.[20] 이 경우는 代表理事의 記名捺印 또는 署名이 없으므로 개인적으로도 책임이 없게 되어 이 어음행위에 대하여는 아무도 책임을 부담하지 않게 된다.

<대법원 2000. 2. 11 선고, 99 다 58877 판결: 법인의 어음행위 방식>

법인의 어음행위는 어음행위의 서면성·문언성에 비추어 법인의 대표자 또는 대리인이 그 법인의 대표자 또는 대리권자임을 어음면상에 표시하고 기명날인하는 대리방식에 의하든가, 법인의 대표자로부터 대리권을 수여받고

상, 그 名義하에 捺印된 印影이 회사의 代表理事 職印이라고 할지라도 그 어음은 同人이 회사를 代表하여 발행한 것이라고 볼 수 없다.

16) 大判 1959. 8. 27, 4291 民上 287. 同旨 : 鄭東潤(어) 89면. 그러나 1979년의 大法院 判例를 보면, "이 약속어음이 Y會社에 의하여 발행된 것이라는 原告의 주장사실을 자백한 바가 있었던 사실과, 이 어음이 Y會社의 代表理事 A에 의하여 그 재직 중 被告會社名稱인 Y株式會社 A로 발행되었고 또 지급장소도 被告會社로 되어 있는 점 등을 종합하여, 이 어음에 代表理事資格表示가 없고 또 A의 개인도장이 찍혀있다 하더라도, 이는 Y會社 代表理事인 A 개인이 발행한 것이 아니고 그가 Y會社 代表理事資格에서 이를 발행한 것이라고 인정한 원심판단은 정당하다."고 判示하여 Y會社의 책임을 인정하였다(大判 1979. 3. 13, 79 다 15).

17) 大判 1969. 9. 23, 69 다 930.

18) 大判 1973. 12. 26, 73 다 1436. 그러나 會社副社長, 專務理事, 常務理事 등의 表示는 商法 제395조에 의하여 代表資格의 표시로서 적법하다는 견해가 있다(朴泰範, "記名捺印의 代行",《어음·手票法에 관한 諸問題(上)》, 法院行政處, 1986, 164면). 판례를 보면, 대표이사 이외의 직명이 기재된 경우, 예컨대 '연합실업주식회사 이사'로만 기재한 경우, 이것이 대표기관에 의한 어음행위는 아니지만 회사의 대표기관의 표시로서 적법하다고 하며(大判 1973. 12. 26. 선고, 73 다 1436 판결), '재단법인 우암재단 간사'(大判 1968. 5. 28. 선고, 68 다 480 판결), '범한해상화재보험주식회사 부산영업소장'(大判 1978. 12. 13. 선고, 78 다 1567 판결), '해동화재해상보험주식회사 대구영업소장'(大判 1984. 4. 10. 선고, 83 다카 316 판결) 등의 명의로 한 어음행위도 적법한 대표자격을 표시한 어음행위로 보고 있다.

19) 大判 1968. 5. 28, 68 다 480.

20) 大判 1964. 10. 30, 63 다 1168. 同旨 : 鄭熙喆·鄭燦亨(下) 94면(그러나 어음行爲獨立의 原則의 적용에 있어서는 기명날인이 형식상은 있는 것으로 보아 긍정하여야 한다.) ; 徐燉珏·鄭完溶(下) 67면 ; 孫珠瓚(下) 56면 ; 鄭東潤(어) 89면.

직접 법인의 대표자 명의로 서명할 수 있는 권한이 주어져 있는 자의 대행 방식에 의하여 이루어져야 한다(대법원 1999. 3. 9. 선고, 97 다 7745 판결 참조).

<대법원 1994. 10. 11. 선고, 94 다 24626 판결 : 법인의 어음행위로서 유효한 것으로 인정한 사례>

<事 實>

소외 이석기는 피고 삼양제지공업주식회사의 대표이사로 재직하던 중 문제된 수표에 배서를 함에 있어 피고 회사의 대표이사의 자격으로 '삼양제지공업주식회사 이석기'라고만 기재하고, 그 기명 옆에는 '삼양제지공업주식회사의 대표이사'라고 조각된 인장을 날인하였다. 이 어음의 소지인 원고 윤환수는 위 수표의 피고 회사명의의 배서는 소외 이석기가 회사를 대표한다는 뜻이 표시되어 있으므로 회사가 이 수표에 대한 소구의무를 부담하여야 한다고 주장하였다. 이에 대하여 피고 회사는 위 각 수표의 피고 회사명의의 배서에는 대표자격의 표시가 없으므로 피고에 대하여 수표상의 책임을 물을 수 없는 것이라고 항변하였다.

<判決要旨>

삼양제지공업주식회사의 대표이사인 이석기가 그 재직기간중 수표에 배서함에 있어서 회사의 대표이사의 자격으로 '삼양제지공업주식회사 이석기'라고만 기재하고, 그 기명 옆에 '삼양제지공업주식회사의 대표이사'라고 조각된 인장을 날인하였다면 그 수표의 회사 명의의 배서는 이석기가 삼양제지공업주식회사를 대표한다는 뜻이 표시되어 있다고 판단함이 정당하다.

<대법원 1979. 3. 27. 선고, 78 다 2477 판결 : 법인의 어음행위를 인정하지 아니한 사례>

원래 본건 약속어음의 발행인 명의가 단순히 '홍경민'으로만 되어 있고, 동인이 피고 회사를 위하여 발행하였다는 뜻이 표시되어 있지 아니한 이상, 그 명의하에 날인된 印影이 회사의 대표이사 직인이라고 할지라도 그 어음은 동인이 회사를 대표하여 발행한 것이라고 볼 수 없다.

<대법원 1978. 12. 13. 선고, 78 다 1567 판결 : 법인 대표자의 표시방법>

상사회사의 어음행위에 있어 그 대표자 또는 대리인의 표시방법에는 특별한 규정이 없으므로 어음상 대표자 또는 대리인 자신을 위한 어음행위가 아니고 본인을 위하여 어음행위를 한다는 취지를 인식할 수 있을 정도의 표시가 있으면 대표 또는 대리관계의 표시로서 적법하다.

<대법원 1969. 9. 23. 선고, 69 다 930 판결 : 대표이사의 어음행위로서 유효성을 인정한 사례>

소외 전명형은 피고 회사의 대표이사로 재직하는 동안에 어음을 발행함에

있어서 명의표시와 날인형식의 예에 따라 피고 회사 대표이사 자격으로 '화성건설주식회사 전명형'이라고 표시하고 등록된 '대표이사 전명형 인'이라고 된 회사 대표이사 직인을 날인하여 이 사건 어음을 발행하였다는 것이므로 피고 회사는 어음상의 의무가 있다.

<대법원 1979. 3. 13. 선고, 79 다 15 판결 : 법인의 어음행위로 인정한 예>
원심판결이유는 다소 애매모호한 점이 없지 않으나 결국 그 결론에서 피고 회사에 대하여 본 건 약속어음 발행자로서의 책임을 지움으로써, 이 약속어음이 피고 회사에 의하여 발행된 것이라는 원고의 주장사실을 자백한 바가 있었던 사실과 이 어음이 피고 회사의 대표이사 강상일에 의하여 그 재직중 피고 회사의 명칭인 '이연합성약품공업주식회사 강상일'로 발행되었고, 또 지급장소도 피고 회사로 되어 있는 점 등을 종합하여, 이 어음에 대표이사 자격표시가 없고, 또 강상일 개인 도장이 찍혀있다 하더라도 이는 피고 회사 대표이사인 강상일 개인이 발행한 것이 아니라 그가 피고 회사의 대표이사 자격에서 이를 발행한 것으로 인정한 취지로서 원심에 의한 이러한 판단은 기록상 정당하다.

<대법원 1959. 8. 27. 선고, 4291 민상 287 판결 : 법인의 어음행위로 인정하지 아니한 예>
약속어음은 요식증권으로서 그 문언기재에 의하여 그 내용을 판정할 것임에도 불구하고 원심이 (주식회사) '병학사' 예병수의 기명날인이 있을 뿐 위 소외 예병수가 피고 회사 대표자격이 있음을 인정할 만한 하등의 기재가 없는 본 건 약속어음의 기재내용에 증인 황명현의 증언 및 당사자 변론의 전 취지를 종합하여 피고 회사 전무취체역(전무이사) 예병수가 피고 회사의 대표자격으로서 본 건 약속어음을 진출(발행)하였다고 인정하였음은 약속어음의 법리를 오해함으로 인하여 증거판단과 사실인정을 그릇한 위법이 있다.

<대법원 1964. 10. 30. 선고, 63 다 1168 판결 : 법인의 어음행위로 인정하지 아니한 예>
'주식회사 국민은행 중부지점'이라는 표시하에 회사인만 날인되어 배서양도된 경우에, 법인의 행위는 대표기관에 의하여서만 실현될 수 있는 것이므로 법인이 어음행위를 함에 있어 이 점을 증권상 명확하게 하기 위하여 대표기관이 법인을 위하여 하는 것이라는 취지, 즉 대표자격이 있다는 것을 표시하고 그 사람이 기명날인하여야 하므로 이러한 배서는 무효이다.

<대법원 1999. 10. 8. 선고, 99 다 30367 판결: 법인의 어음행위의 방식 및 어음행위의 효력이 없는 경우 사용자책임도 물을 수 없는지 여부>
[1] 법인의 어음행위는 어음행위의 서면성·문언성에 비추어 법인의 대표

자 또는 대리인이 그 법인의 대표자 또는 대리권자임을 어음면상에 표시하고 기명날인하는 대리방식에 의하던가, 법인의 대표자로부터 대리권을 수여받고 직접 법인의 대표자 명의로 서명할 수 있는 권한이 주어져 있는 자의 대행방식에 의하여 이루어져야 할 것이므로, 법인의 대리인이 법인 명의의 배서를 함에 있어 행위자인 대리인의 기명이 누락된 경우에는 그 요건을 갖추지 못한 무효의 배서라고 하여야 한다.

[2] 어음상 사용자 명의의 배서가 피용자에 의하여 위조된 경우에 피용자의 배서위조행위로 인하여 손해를 입은 자가 사용자를 상대로 민법 제756조에 의한 손해배상을 청구하는 경우에, 사용자가 부담하게 되는 책임은 어음상의 책임이 아니라 민법상의 불법행위책임으로서 그 책임의 요건과 범위가 어음상의 그것과 일치하는 것이 아니므로, 피용자의 불법행위로 인한 사용자 책임을 물음에 있어 피용자에 의하여 위조된 배서가 행위자인 대리인의 기명이 누락되어 어음행위로서의 효력이 없다는 사정만으로 피용자의 불법행위가 외형상 객관적으로 사용자의 사업활동 내지 사무집행행위 또는 그와 관련된 것이 아니라고 할 수는 없고, 그와 같이 배서에 대리인의 기명이 누락되었다고 하여 그것이 외형상 명의자의 배서가 아니고 권한 없는 자에 의하여 이루어졌음이 명백한 경우에 해당하여 피용자의 행위가 사용자나 사용자에 갈음하여 그 사무를 감독하는 자의 사무집행행위에 해당하지 아니함을 피해자 자신이 알았거나 중대한 과실로 알지 못한 경우에 해당한다고 할 수 없다.

<대법원 2000. 2. 11 선고, 99 다 58877 판결: 법인의 어음행위로 인정되지 아니한 예>

법인의 어음행위는 어음행위의 서면성·문언성에 비추어 법인의 대표자 또는 대리인이 그 법인의 대표자 또는 대리권자임을 어음면상에 표시하고 기명날인하는 대리방식에 의하든가, 법인의 대표자로부터 대리권을 수여받고 직접 법인의 대표자 명의로 서명할 수 있는 권한이 주어져 있는 자의 대행방식에 의하여 이루어져야 할 것이므로, 법인의 대리인이 법인 명의의 배서를 함에 있어 행위자인 대리인의 기명이 누락된 경우에는 그 요건을 갖추지 못한 무효의 배서라고 하여야 한다. 同旨: 대법원 1999. 3. 9. 선고 97 다 7745 판결 참조.

(4) 法人格 없는 團體의 記名捺印 또는 署名

組合이 어음행위를 할 때에는 이론상으로는 組合員 全員이 記名捺印 또는 署名하여야 하나, 실제의 관행은 代表組合員이 代表資格을 표시하고 全組合員을 대리하여 記名捺印 또는 署名을 한다.[21] 權利能力 없는 社團[22]과 財團[23]의 경우도 같다.

Ⅱ. 어음行爲의 實質的 要件

어음행위가 有效하게 성립하려면 어음能力者의 瑕疵 없는 意思에 의하여 한 것이어야 한다.

1. 어음能力(Wechselfähigkeit)

(1) 어음權利能力(Wechselrechtsfähigkeit)

(ⅰ) 私法上의 權利能力者는 모두 어음權利能力者이다.

(ⅱ) 自然人은 모두 權利能力이 있으므로(民 제3조) 당연히 어음權利能力을 가진다.

(ⅲ) 法人의 어음行爲는 모두 法人의 目的範圍內의 행위로 풀이되지만(民 제34조), 어음行爲가 法人의 目的範圍 외의 행위라고 하더라도 어음行爲의 추상성 때문에 원인관계인 실질적 행위에 의거하여 人的 抗辯의 문제가 생길 뿐이지 어음행위 자체의 효력에는 영향이 없다.

(ⅳ) 權利能力 없는 社團의 어음권리능력을 인정할 수 있느냐에 관하여, 權利能力 없는 社團은 부동산등기능력, 소송능력 등 제한적인 권리에 한해 능력이 인정되므로 어음상의 權利能力은 없다고 보는 견해도 있다.[24] 그러나 權利能力 없는 社團도 대표자 명의의 어음행위를 통하여 總社員이 總有的으로 어음채무자가 되고 또 그 재산에 대해 强制執行을 할 수 있으므로 權利能力 없는 社團도 어음행위를 할 수 있다고 본다.[25]

그러나 私立學校의 어음행위에 관하여 판례는 사립학교는 私立學校法에 의해

21) 大判 1970. 8. 31, 70 다 1360.
22) 孫珠瓚(下) 57면 ; 崔基元(어) 112면.
23) 徐燉珏 · 金泰柱, 《註釋 어음法 · 手票法》, 1981, 78면.
24) 李哲松(어) 87면 ; 崔基元(어) 116면 ; 鄭熙喆 · 鄭燦亨(下) 83면.
25) 鄭燦亨(어) 115면 ; 梁承圭(어) 96면 ; 李基秀(어) 137면 ; 鄭東潤(어) 91면 ; 蔡利植(下) 224면.

설립된 학교법인이 운영하는 사업에 지나지 않고, 그 자체가 권리능력이 있는 단체는 아니므로, 이러한 어음은 권리능력 없는 자가 발행한 어음으로서 무효이거나 상황에 따라 학교장 개인의 발행으로 보아야 한다고 한다.[26] 따라서 學校法人의 名義가 아닌 大學長 名義의 記名捺印 또는 署名은 學校法人의 어음행위로서는 효력이 없다.[27]

<대법원 1956. 9. 22. 선고, 56 다 276 판결 : 학교법인의 명의가 아닌 대학장 명의의 수표발행은 학교법인의 수표행위로서는 효력이 없다>

재단법인 항도학원 경영의 항도고등학교 교장이 항도고등학교장이라는 직명을 표시하여 수표를 발행한 경우에, 재단법인이 그 사업으로 경영하는 학교는 교육을 위한 시설에 불과한 것이므로 학교 자체는 권리의무의 주체가 될 수 없고, 이는 위 재단법인을 대표하여 발행된 것이라고도 볼 수 없다.

<대법원 1971. 2. 23. 선고, 70 다 2981 판결 : 학교법인의 명의가 아닌 대학장 명의의 약속어음발행은 대학장 개인의 어음발행으로 보아야 한다>

학교법인의 사업체에 불과한 학교로서는 권리의무의 주체로 될 수 없는 것이므로 청구대학장 최해청이라는 직명은 권리의무의 주체로서 표시될 수 없고, 따라서 청구대학장 최해청이란 직명으로 발행된 위 약속어음은 최해청 개인의 이름으로 발행된 것으로 보아야 한다(같은 취지의 판례: 대법원 1975. 10. 23. 선고, 75 다 1222).

(v) 民法上의 組合은 法人格이 없을 뿐만 아니라 사단과 같은 실체도 갖추지 못하고 있으므로 어음권리능력은 없다는 것이 通說이다. 따라서 組合이 어음행위를 함에 있어서는 組合員 全員이 기명날인 또는 서명을 하여야 함이 원칙이다. 그러나 조합원 전원이 언제나 어음상에 기명날인 또는 서명을 하여야 한다는 것은 신속한 어음거래의 요청에도 맞지 않으며 또 실무상으로도 불편하다. 따라서 조합의 어음행위에는 조합원 전원이 기명날인을 하지 않고 代表組合員이 그 대표자격을 표시하여 기명날인 또는 서명을 하는 것이 실무상의 관례이며, 또 判例도 "조합의 어음행위는 전조합원의 어음상의 기명날인에 의할 것은 물론, 대표조합원이 그 대표자격을 밝히고 어음상에 서명을 하는 경우에는 그 조합의 대표자격을 밝히기만 하면 유효한 것이며 반드시 어음행위의 본인이 되는 전조합원을 구체적으로 표시할 필요는 없다."고 하여 조합의 대표자를 통한 어음행위를 유효한

26) 대법원 1971. 2. 23. 선고, 70 다 2981 판결.
27) 大判 1975. 10. 23, 75 다 1222. 同旨 : 大判 1971. 2. 23, 70 다 2981.

것으로 보고 있다.[28] 이와 같은 형식에 의하여 이루어진 어음행위는 결국 조합원 전원이 어음행위를 한 것과 같은 효력이 있으므로, 전조합원이 공동으로 合同責任을 진다(組合員共同責任說).[29]

(2) 어음行爲能力

어음行爲能力이 없는 意思無能力者의 어음행위는 無效이고, 禁治産者의 어음행위는 별다른 규정이 없는 한 언제나 취소할 수 있다. 法定代理人의 同意를 얻지 아니하고 한 미성년자와 限定治産者의 어음행위는 취소할 수 있다. 미성년자나 한정치산자가 권리만을 얻거나 의무를 면하는 행위에 관하여는 法定代理人의 同意가 필요없지만(民 제5조 제1항 단서 · 제10조), 어음행위는 항상 債務負擔 또는 債權讓渡를 내용으로 하므로 이 但書에 해당하지 않는다고 본다.[30] 영업의 허가를 얻은 미성년자나 한정치산자(民 제8조 · 제10조)는 그 영업에 관한 한 어음行爲能力도 가지는 것으로 해석된다. 또한 특정재산의 처분을 허락받은 미성년자는 그 재산에 관하여 어음行爲能力을 가진다고 보는 것이 통설이다.

어음행위가 처음부터 무효인 경우는 물론, 行爲者의 無能力을 이유로 어음행위가 취소된 경우에도 取消의 효과는 遡及하여 처음부터 무효이고(民 제141조), 無能力者는 어음상의 책임을 지지 아니한다. 無能力을 이유로 한 어음행위의 無效 또는 취소의 效果는 절대적이므로 어음取得者의 善意 · 惡意를 묻지 않는, 이른바 物的 抗辯事由에 속한다.

어음行爲能力의 有無는 어음行爲時(記名捺印 또는 署名 후 交付時)를 기준으로 하여 결정한다. 무능력으로 인하여 취소될 어음행위는 法定代理人 또는 行爲能力을 취득한 本人이 追認할 수 있다(民 제143조 · 제144조). 民法에서는 意思表示의 取消 또는 追認은 취소할 행위의 직접 상대방에 대하여 하도록 되어 있으나(民 제142조 · 제143조 제2항), 어음행위의 取消 또는 追認의 상대방은 어음행위의 직접 상대방뿐만 아니라 현재의 어음所持人도 어음행위의 취소 또는 추인에 관하여 직접 이해관계를 가지므로 무방하다고 생각한다. 어떠한 어음행위가 無能力을 이유로 하여 無效 또는 취소된 경우에도, 그 어음에 記名捺印 또는 署名을 한 다른 사람의 어음상의 債務에는 아무런 영향이 없다(어 제7조).

---

28) 대법원 1970. 8. 31. 선고, 70 다 1360 판결.

29) 대법원 1982. 6. 8. 선고, 82 다 150 판결 ; 대법원 1991. 11. 22. 선고, 91 다 30705 판결 ; 崔基元(어) 117면 ; 鄭燦亨(어) 116~117면. 반대: 정동윤 92면(조합 및 조합원책임설).

30) 鄭東潤(어) 92면 ; Zöllner, Wertpapierrecht, 13. Aufl., 1982. S. 61.

2. 意思表示의 瑕疵

民法의 意思表示에 관한 규정은 어음행위에도 적용되나, 어음은 流通證券이므로 善意의 제 3 자 保護라는 요청에 의해서 약간의 수정을 받아야 한다. 非眞意表示(民 제107조), 虛僞表示(民 제108조), 錯誤로 인한 意思表示(民 제109조), 詐欺·强迫에 의한 意思表示(民 제110조)에 관한 규정은 모두 어음行爲에 적용된다. 그러나 公序良俗 기타 社會秩序에 반하는 法律行爲를 무효로 하는 民法 제103조와 不公正한 法律行爲를 무효로 하는 民法 제104조는 어음행위에 적용될 여지가 없다.[31] 왜냐하면 정형화된 어음 자체는 無色的·抽象的인 것이어서, 原因關係의 反社會性·不公正性은 당사자간의 人的 抗辯事由가 되는 데 그치기 때문이다.

Ⅲ. 어음證券의 交付

1. 어음學說의 焦點

어음學說(Wertpapierrechtstheorie) 내지 어음理論이란 어음債務의 발생원인에 관한 종합적인 이론구성을 말한다. 따라서 어음학설의 중심 문제는 어음債務(어음상의 權利)가 언제 성립하느냐 하는 성립시기를 밝혀내는 데 있으며, 이것은 곧 어음행위의 成立要件으로서 證券의 交付가 필요한가 아니한가의 문제와도 관련된다.

2. 어음學說

어음學說은 14세기 이래 어음法學의 중심 문제가 되어 왔고, 특히 19세기에 와서 그 절정을 이루었으나, 오늘날에는 대립되는 학설의 상호 접근으로 그 빛을

31) 徐燉珏·鄭完溶(下) 71면 ; 孫珠瓚(下) 51면 ; 鄭熙喆·鄭燦亨(下) 69면. 反對說 : 鄭東潤(어) 95면.

잃어가고 있다.[32] 그러나 어음학설이 전혀 무의미한 것은 아니므로, 오늘날의 중요한 학설을 정리하여 보면 다음과 같다.

(1) 契約說과 創造說

契約說은 어음債務도 일반채무와 같이 당사자간의 계약에 의하여 발생하지만, 이 계약은 어음의 授受가 따르는 要式行爲라고 하며, Thöl의 交付契約說 이래의 전통적인 견해이다. 이 契約說과 더불어 어음理論의 二大主流를 이루고 있는 創造說은 어음상의 債務의 發生原因을 상대방의 협력을 요하지 않는 債務者의 일방적 행위에 돌리는 학설이다. 이것은 Kuntze가 주창한 것으로서 어음行爲는 채무자가 방식을 갖춘 證券에 署名함으로써 성립한다고 한다. 이 학설은 현재에도 독일과 일본의 유력설이다.

요컨대, 契約說에 의하면 어음행위가 성립하는 데 證券의 交付가 필요하나, 創造說에 의하면 證券의 交付가 필요하지 않고, 證券의 作成時에 不特定多數人에 대한 의사의 도달이 있다고 본다. 그러므로 가령 완성된 어음이 作成者의 意思에 반하여 유통된 경우(예컨대, 훔친 어음을 교부하거나, 보관하고 있는 타인의 어음을 함부로 교부한 경우)에는 契約說에 의하면 作成者의 교부가 없어서 어음채무가 성립하지 않고, 따라서 제3취득자가 보호받지 못한다는 결점이 있으나, 創造說에 의하면 어음債務가 성립하였으므로 제3취득자는 보호를 받지만 거래의 안전을 보호하는 나머지 作成者의 책임이 가혹하게 무거워진다는 결점이 있다.

창조설의 수정이론으로서 일본 동경대학교 교수들을 중심으로 2단계창조설이 주장된 바 있다. 2단계창조설에 의하면 증권작성은 채무부담의 단독행위이고, 교부는 채권양도계약이라 한다.

(2) 權利外觀說과 發行說

契約說과 創造說을 수정하여 서로 접근시킨 학설 중 가장 유력한 것이 Jacobi의 權利外觀說과 Stobbe, Jolly 등의 發行說이다. 權利外觀說은 契約說과 外觀理論을 결부시켜, 어음행위의 성립에는 交付契約이 필요하지만 交付契約이 없더라도 어음債務를 부담하는 듯한 外觀(證券의 作成行爲)을 나타낸 경우에는 그 表見的 사실을 믿은 제3자에게 外觀대로의 책임을 져야 한다고 한다. 이에 대하여 發行說은 어음행위의 성립에 교부계약은 필요하지 않으나, 어음을 교부한 때에 어음채

---

32) 徐燉玨·鄭完溶(下) 92면 ; 徐廷甲(어) 100면.

무가 발생한다고 하므로 創造說을 交付契約說에 접근시킨 것이다.

(3) 各 學說에 대한 檢討

여기서 각 학설의 長短點을 살펴보기로 한다.

먼저 創造說은 거래의 안전보호에는 가장 우수한 학설이다. 그러나 創造說은 다음과 같은 理論的·實際的 難點이 있다.

① 創造行爲의 순간에 누가 化體된 權利(어음상의 權利)의 귀속자인가가 불분명하다. 즉, 어음이 受取人에게 교부되기 전에는 작성자 자신에 대한 債權, 權利者 미정의 어음債務 또는 休止하고 있는 債權이 생긴다고 하는데 이는 논리상 근거가 궁색하다.

② 어음의 作成이라는 書面行爲(Skripturakt)를 一方的 法律行爲라고 보는 점도 문제이지만, 이와 같은 單獨行爲에 의해 債務가 성립한다는 것은 法律行爲에 의한 債務는 계약에 의하여 성립한다는 일반원칙에 반한다.

③ 單獨行爲에 대한 追認은 그 행위자만이 할 수 있기 때문에 行爲無能力者나 無權代理人에 의한 證券의 발행은 추인할 수도 없게 된다(民 제136조, 獨民 제111조·제180조 참조).

④ 發行人이 證券의 占有를 잃은 경우 證券의 습득자나 惡意의 취득자까지도 보호된다.

⑤ 單獨行爲인 創造行爲 자체에 瑕疵가 있는 경우는 發行行爲 자체가 취소되어 善意取得者조차도 보호되지 못한다.[33]

다음, 發行說은 創造說의 亞流로서 創造說에 대한 비판이 그대로 적용되고 있다.

① 證券이 受取人에게 도달하기 전(예컨대, 우송의 경우)에는 創造說과 마찬가지로 자기 자신에 대한 債權, 權利者 미정의 어음債務 또는 休止하고 있는 債權 등을 인정하여야 한다.

② 證券이 記名捺印者 또는 署名者의 意思에 기하여 占有를 이전하면 그 단계에서 어음상의 債權·債務가 발생하는 근거가 명백하지 못하다.

③ 占有移轉前에 어음을 상실한 경우 善意의 제 3 취득자가 보호받지 못한다.

④ 發行行爲 자체에 瑕疵가 있는 경우에도 善意의 제 3 취득자는 보호받지 못한다는 결점이 있다.[34]

---

33) 鄭東潤(어) 77면.
34) 鄭東潤(어) 78면.

그리고 權利外觀說은 ① 記名捺印者 또는 署名者에게 어느 정도의 귀책사유가 있으면 責任이 발생하는가가 불분명하고, ② 善意者 보호의 主觀的 要件은 무엇인지, ③ 善意에 관한 立證責任은 누구에게 있는지 등이 불명확하다는 비판을 받고 있다.

결국 理論的으로는 契約說이 가장 타당한 학설이다. 왜냐하면 權利의 설정을 위해서는 계약이 필요하다는 일반적 원칙에 합치하기 때문이다. 다만 契約說은 交付의 欠缺이 있는 경우 善意의 第三取得者를 보호할 수 없어 거래의 안전을 기할 수 없다는 단점이 있다. 그러나 善意의 제 3 자 保護의 문제는 契約說만의 문제가 아니고 創造說, 發行說도 같은 문제를 안고 있으므로 이것은 善意取得制度 내지 外觀理論에 의하여 보충되어야 한다고 본다.

(4) 判例의 態度

(ⅰ) 대법원 1989. 10. 24. 선고, 88 다카 24776 판결은 "어음의 발행이란 약속어음의 작성자가 어음요건을 갖추어 유통시킬 의사로 그 어음에 자기의 이름을 서명날인하여 상대방에게 교부하는 단독행위를 일컫는 것"이라고 하여 발행설 중 상대방 있는 단독행위설을 취하였다고 보는 것이 다수설이다. 그러나 이 판례를 살펴보면(후술) "공정증서를 작성하기 위하여 촉탁을 받아 어음을 접수한 경우에는 비록 그 어음발행인이 작성된 어음을 수취인에게 교부하지 않았더라도 그 접수시에 공증인이 수취인의 기관으로서 교부받은 것으로 보는 것이 옳으므로 그 어음은 발행된 것으로 보아야 한다"고 함으로써, 공증인이 교부받은 경우 어음이 발행된 것으로 본다는 점에서 교부계약설을 취한 것으로 볼 수 있다. 판결문의 모든 문장과 내용이 항상 정확한 것은 아니어서, 이 사건에서도 '기명날인'을 '서명날인'으로 표현한 것이라든지, "어음의 발행이란 ····단독행위를 일컫는 것"이라는 표현도 큰 의미가 없는 표현으로 볼 수 있기 때문에 우리 판례가 반드시 발행설 중 상대방 있는 단독행위설을 취하였다고 보기는 어려운 점이 있고, 오히려 판결의 전체 취지를 보면 교부계약설을 취한 것으로 볼 수 있다.

(ⅱ) 그런데 동양전기사건(대법원 1987. 4. 14. 선고, 85 다카 1189 판결)에서 대법원은, 교부흠결이 있는 경우, 즉 법인이 백지식 배서를 하여 보관하고 있는 약속어음을 無權利者가 이를 제3자에게 권한 없이 교부하여 할인받은 경우에, "어음소지인이 그 어음을 선의취득하는 한, 발행인은 어음상의 책임을 부담한다"고 판시하였다. 이에 대하여 "간접적으로 권리외관설의 입장에서 판시한 판결"이라고 평석하는 견해가[35] 있는가 하면, 이를 신어음항변이론을 취한 듯 하다고 평석하

는 견해도[36] 있다. 그러나 이는 선의의 어음취득자 보호문제로서 어느 학설에 의하더라도 결론은 같다.

(iii) 이와 같은 견해는 후속판결에서도 유지되어 대법원 1999. 11. 26. 선고, 99 다 34307 판결에서, 대법원은 “어음의 교부흠결의 점에 대하여 어음을 유통시킬 의사로 어음상에 발행인으로 기명날인하여 외관을 갖춘 어음을 작성한 자는 그 어음이 도난·분실 등으로 인하여 그의 의사에 의하지 아니하고 유통되었다고 하더라도, 배서가 연속되어 있는 그 어음을 외관을 신뢰하고 취득한 소지인에 대하여는 그 소지인이 악의 내지 중과실에 의하여 그 어음을 취득하였음을 주장·입증하지 아니하는 한 발행인으로서의 어음상의 채무를 부담한다고 할 것이다”고 판시하였다.

(iv) 대법원의 판례를 종합하면, 교부계약설을 취하되, 다만 선의의 어음취득자와의 관계에서 선의의 취득자를 보호하는 방향으로 해석하고 있다고 생각된다.

(v) 참고로 회사법에서의 주권의 효력발생 시기에 관한 문제도 여기에서의 논의와 비슷하게 作成時說, 發行時說, 交付時說로 대립하는데, 이에 대하여 다수설과 판례는[37] 교부시설을 취하므로, 회사법과 어음·수표법의 각 해석이 일치된다.

<대법원 1989. 10. 24. 선고, 88 다카 24766 판결 : 발행설 중 ‘상대방 있는 단독행위설’을 취한 사례>

<事 實>

이 사건에는 3매의 약속어음이 관련되어 있다. 제 1 어음과 제 2 어음은 피고가 원고에게 1984. 11. 16. 발행해 준 것으로 액면금이 각각 29,000,000원 및 25,000,000원이다. 피고는 이들 어음을 발행하면서 위 각 어음금의 지급을 지체할 때에는 즉시 강제집행할 것을 수락한다는 취지의 공정증서를 작성하여 원고에게 교부하였다. 피고가 지급을 지체하자 원고는 1985. 4. 11. 위 약속어음 공정증서에 기하여 피고 소유의 부동산을 가압류하였다. 이에 피고는 같은 달 26. 원고에게 위 약속어음을 가지고 나오라고 한 다음 폭력배 3명을 동원하여 위 약속어음들을 강제로 탈취하였다.

한편 피고는 1984. 11. 19. 액면금 55,000,000원의 제 3 어음을 작성하여 원고와 함께 공증인가 합동법률사무소의 직원에게 이에 관한 공정증서의 작성을 촉탁하였으나, 원고가 잠시 자리를 비운 사이 제 3 약속어음의 원본이 첨

35) 鄭燦亨(어) 110면 ; 同, 법률신문 제2047호, 15면.
36) 鄭東潤, 법률신문 제1780호, 11면.
37) 大判 1977. 4. 12, 76 다 2766; 同, 1987. 5. 25, 86 다카 982·983.

부된 공정증서정본을 회수하여 가버리고, 원고는 1985. 4. 29.에 이르러 위 법률사무소로부터 위 제3약속어음 공정증서 등본만을 교부받았다. 원고는 피고에게 위 제1, 제2, 제3 약속어음의 지급을 청구하였다. 피고는 위 어음들의 지급을 거부하여 訴가 제기되었다.

<判決要旨>

위 제1, 제2어음에 관하여는 원고가 피고에게 어음을 탈취당하였기 때문에 어음을 제시하거나 어음과 상환으로 어음금의 지급을 청구할 수 없게 되었다. 본래 어음은 제시증권이고 상환증권인데, 제시·상환없이도 어음금지급을 청구할 수 있는지 의문이다. 원심(서울고등법원 1988. 8. 31. 선고, 87 나 912 판결)은 피고가 원고에게 발행한 다음 이를 탈취하여 소지하고 있는 것이므로 어음의 이중지급의 위험이 없고 어음상의 채권자를 확실히 알 수가 있어서 어음을 제시할 필요가 없으므로, 원고가 위 각 어음을 소지하지 아니한 상태에서 위 어음상의 권리를 행사할 수 있다는 이유로 원고의 청구원인 사실을 인정하였다(다만 제2어음은 피고에게 원인관계에 관한 항변이 있음을 인정하여 원고의 어음금청구를 배척하였다.). 그리고 위 제3어음에 관하여는 ① 피고가 위 제3어음을 작성한 것은 사실이나 실제로 원고에게 그 어음을 교부한 것은 아니기 때문에 위 제3어음은 발행되었다고는 볼 수 없고, ② 또 어음의 작성경위 등을 살펴보더라도 원고의 어음금청구권은 이유가 없다고 하였다. 결국 원고는 제1어음은 지급을 받고 제2, 제3어음에 대하여는 지급받지 못하게 되었다.

대법원은 위 제1, 제2 어음에 관하여는 이론이 없었고, 제3어음에 관한 위 ①과 ②에 대하여 다른 견해를 보였다. 즉, ① 발행이란 약속어음의 작성자가 어음요건을 갖추어 유통시킬 의사로 그 어음에 자기의 이름을 서명날인하여 상대방에게 교부하는 단독행위를 일컫는 것으로서, 이 사건에서도 어음은 정당하게 발행되었다. 공정증서를 작성하기 위하여 촉탁을 받아 어음을 접수한 경우에는 비록 그 어음발행인이 작성된 어음을 수취인에게 교부하지 않았더라도 그 접수시에 공증인이 수취인의 기관으로서 교부받은 것으로 보는 것이 옳으므로 그 어음은 발행된 것으로 보아야 하기 때문이다. ② 다만 이 사건에서는 제3어음의 작성경위 등을 살펴볼 때 피고의 원인관계상의 항변이 인정되므로 피고는 제3어음의 어음금지급의무가 없다.

결국 대법원 판결에 의하면 결과는 원심과 같으나, 어음발행인이 약속어음의 원본이 첨부된 공정증서정본을 회수하여 가버린 경우, 원심은 어음 자체가 발행되지 않았다고 보는 데 비하여 대법원은 이 때에도 어음은 발행되었다고 본 점이 다르다.

제3관 어음行爲의 特性

Ⅰ. 어음行爲의 特性

어음행위의 특성으로는 ① 無因性(抽象性), ② 文言性, ③ 要式性과 書面性, ④ 手段性과 協同性, ⑤ 獨立性 등을 드는 것이 보통이다. 이 중에서 獨立性을 '어음行爲獨立의 原則'으로 다루기도 하므로 이것은 다음 項에서 詳論하기로 하고, 먼저 나머지 특성에 관하여 설명하기로 한다.

1. 無因性(抽象性)

어음행위는 그 원인이 되는 實質關係로부터 분리되어 그 原因關係의 有無나 無效 또는 取消에 의하여 영향을 받지 않는 無因行爲이다. 이를 어음행위의 無因性 또는 抽象性(Abstraktkeit)이라 한다. 예컨대, 어음行爲의 無因性으로 인하여, 어음授受의 원인이 되는 실질관계인 賣買·貸借 등이 무효가 되더라도 어음행위의 효력에는 영향이 없다. 다만 이 경우에는 그 원인관계가 직접적인 당사자간 또는 惡意의 취득자에 대한 관계에서만 人的 抗辯事由가 되는 데 불과하다(어 제17조·제77조 제1항, 手 제22조).

어음행위의 無因性은 어음행위 자체의 목적이 금전의 지급 또는 지급받을 지위의 유통에만 있기 때문에 인정되는 것으로서, 이로 인하여 어음의 유통성이 강화된다.

2. 文 言 性

어음은 본래 지역적으로 제한없이 不特定多數人간에 유통될 가능성을 전제로 하여 발행되는 證券이다. 따라서 어음行爲도 불특정의 다수인에 대한 意思表示를 내용으로 하는 法律行爲이다. 그러므로 어음行爲에 있어서는 行爲者의 意思表示의 내용 내지 어음상의 法律關係는 오로지 어음상에 기재된 文言에 따라 결정할 수밖에 없게 되는데, 이를 어음의 文言性이라고 한다.

어음의 文言性에 의하여 證券上의 기재가 사실과 다르거나 證券에 기재하지 아니한 사실이 존재한다고 하더라도 이로써 行爲者의 意思를 推定하거나 記載를 變更 또는 補完할 수 없다. 이 경우 그 文言과 眞實과의 불일치는 직접 당사자간 또는 惡意의 취득자에 대한 관계에서만 人的 抗辯事由가 될 뿐이다. 예컨대, 法人의 代表者가 法人을 위한다는 意思로써 어음行爲를 하였고, 또 그러한 意思가 어음外의 어떤 증거로써 입증된다고 하더라도 法人의 어음行爲로서의 방식을 갖추지 아니한 이상 法人의 어음행위로 인정되지 아니하고 代表者 개인의 어음행위로 간주된다.

어음의 文言性 역시 어음의 유통성 강화에 이바지한다.

3. 要式性과 書面性

어음행위는 要式의 書面行爲이다. 즉, 어음행위는 반드시 法定事項을 書面에 기재하고 行爲者가 記名捺印 또는 署名하여야만 성립하는 要式行爲이다. 어음행위의 要式性과 書面性으로 인하여 누구든지 쉽게 어음의 존재 및 내용을 파악할 수 있게 되므로 결과적으로 그 유통이 원활하게 된다.

어음행위의 方式은 각 어음행위의 종류에 따라 다르지만 모든 어음행위에 공통되는 요건은 記名捺印 또는 署名이다. 이와 같이 어음행위의 방식이 엄격하게 法定되어 있으므로 그 한도에서는 一般法律行爲에 적용되는 私的 自治의 原則이 제한을 받는다.

4. 手段性과 協同性

"어음행위는 賣買·貸借 기타의 실질적 거래에 의하여 생기는 法律關係를 결제하기 위한 금전지급의 수단에 관한 행위로서, 그 자체가 수단적 성질을 가진다."[38] 물론 어음行爲의 원인이 되는 실질적 거래인 賣買나 貸借 등도 어떤 목적을 위한 수단이 되는 것이지만, 어음行爲는 일반적으로 실질적 거래관계의 결제수단이라는 점이 두드러지게 나타난다. 어음이 고도의 기술성을 가지는 것도 이때문이다.[39] 그러나 이에 대하여 手段性이란 一般法律關係에도 존재한다는 것을 이유로 이것을 어음행위의 특성 중의 하나로 열거하는 데 의문을 나타내는 견해도 있다.[40] 한편 모든 어음행위는 일정한 금액(어음金)의 지급과 그 지급을 받을 지위의 유통성을 확보한다는 공동의 목적을 가지고 있으며, 또한 이러한 목적에 봉사하기 위한 수단이므로 協同的 性質을 갖게 된다.[41] 어음채무의 連帶性(어 제47조, 手 제43조)이나 어음團體의 구성, 어음에 있어서의 當事者資格의 兼併 등은 바로 이 協同性을 나타내는 것이다.

어음단체란 어음관계에 있어서는 어음債權者인 소지인을 중심으로 發行人·背書人·引受人·保證人·參加引受人 등이 합동적인 지급책임을 지는 하나의 단체로 볼 수 있다는 것이다.

그러나 이에 대하여 어음채무의 合同性이나 당사자 자격의 兼併을 설명하기 위하여 반드시 그 協同性을 전제로 하여야 하는지 의문이라고 하여 이를 어음행위의 특성의 하나로 열거하는 데 대하여 비판하는 견해도 있다.[42]

---

38) 孫珠瓚(下) 40면.
39) 同旨 : 孫珠瓚(下) 40면.
40) 鄭東潤(어) 116면.
41) 鄭熙喆·鄭燦亨(下) 81면 ; 同旨 : 孫珠瓚(下) 41면.
42) 鄭東潤(어) 116면.

Ⅱ. 어음行爲獨立의 原則

1. 어음行爲獨立原則의 意義

어음行爲獨立의 原則(Grundsatz der Selbständigkeit od. Unabhängigkeit der Wechselerklärungen)이란 동일한 어음 위에 한 各個의 행위는 각각 독립하여 그 효력을 발생하고, 그 전제가 되는 다른 행위의 실질적 효력의 有無에 따라서 영향을 받지 아니하는 원칙을 말한다. 바꾸어 말하면, 어음行爲獨立의 原則이란 數個의 어음행위 중에 先行行爲의 形式的 無效는 後續行爲에 영향을 미치나 先行行爲의 實質的 無效는 後續行爲에 영향을 미치지 아니하고 각 어음행위는 독립하여 효력이 발생한다는 원칙이다.

2. 어음行爲獨立原則의 具體的 內容

(1) 어음債務負擔의 獨立性

모든 어음행위가 어음채무의 부담을 목적으로 하는 것은 아니지만, 意思表示의 내용 또는 法律上의 효과로서 어음상의 債務가 발생하게 되므로 어음상의 債務負擔의 원인인 행위가 된다는 점에서 볼 때, 어음行爲獨立의 原則의 내용은 곧 '어음債務(負擔)獨立의 原則'이라고 할 수 있다.

어떤 어음행위가 다른 後續行爲의 論理的 前提가 된다는 것은 ① 背書는 發行 또는 前者의 背書를, ② 保證은 主債務者의 어음행위를, ③ 參加引受는 被參加人의 어음行爲를 각각 전제로 하는 것을 말한다.

(2) 具體的 規定

어음법상 어음行爲獨立의 原則을 표현한 규정으로는 다음의 규정을 들 수 있다.

(가) 어음法 제7조

換어음에 無能力者의 記名捺印 또는 署名, 僞造의 記名捺印 또는 署名, 假設人

의 記名捺印 또는 署名, 그리고 기타의 사유로 인하여 換어음의 記名捺印者 또는 署名者 자신이나 그 本人에게 의무를 부담하게 할 수 없는 記名捺印 또는 署名(意思無能力者의 記名捺印 또는 署名, 無權代理人의 記名捺印 또는 署名)이 있는 경우에도 그 換어음에 記名捺印 또는 署名을 한 자의 채무는 그 효력에 영향을 받지 않는다(어 제77조 제2항, 手 제10조).

(나) 어음法 제32조 제2항

어음보증은 擔保된 債務가 그 방식에 瑕疵가 있는 경우 외에는 어떠한 사유로 인하여 無效가 된 때에도 그 효력이 있다(어 제32조 제2항, 手 제27조 제2항).

(다) 어음法 제65조 · 제69조의 問題

어음法 제65조 · 제69조도 어음行爲獨立의 原則을 표현한 규정이라고 보기도 하나,[43] 이 條文은 관계가 없는 것이라고 생각한다.

(ⅰ) 複本 各通에 引受를 하거나 背書를 한 자가 반환받지 아니한 各通에 대해서 책임을 진다는 것은(어 제65조), 어음행위자는 자기가 記名捺印 또는 署名한 이상 어음상의 文言에 따라 책임을 짐으로써 善意의 讓受人(所持人)을 보호하자는 취지이기 때문이다. 複本 各通의 어음行爲 사이에 先行行爲 · 後續行爲라는 논리적 전제관계가 있기 때문에 各通에 대해서 책임을 지는 것은 아니므로 어음行爲獨立의 原則과는 관계가 없다고 본다.

(ⅱ) 어음法 제69조에 있어서도 어음이 變造된 경우에 變造 전에 記名捺印 또는 署名한 자가 原文言에 따라 책임을 지는 것은 일단 생긴 어음債務의 내용이 제 3 자가 후에 文言을 변경했다고 하여 변경되거나 소멸될 수 없는 것이기 때문에 당연한 것이고, 變造 후에 記名捺印 또는 署名을 한 자가 變造된 文言에 따라서 책임을 지는 것은 그 文言이 자기의 어음行爲의 내용을 이루는 것이기 때문에 당연한 것이다. 變造 전의 어음행위와 變造 후의 어음행위 사이에 논리적 전제관계가 있다 하더라도 先行行爲나 後續行爲가 각각 실질적으로나 형식적으로나 瑕疵가 없는 행위이므로, 變造 후의 어음행위가 어음行爲獨立의 原則에 따라서 유효한 것은 아니라고 생각한다.[44]

43) 孫珠瓚(下) 66면.
44) 鈴木竹雄, 《手形法 · 小切手法》, 1957, 122면.

3. 어음行爲獨立原則의 理論的 根據

어음行爲獨立原則의 理論的 根據에 관하여는 학설이 나뉘어지고 있다.

(1) 學說의 內容

(가) 特則說

特則說은 어음行爲獨立의 原則을 일반원칙에 대한 예외로 보고, 그 表現規定의 성격을 특별규정이라고 한다. 즉, 어떠한 法律行爲가 다른 法律行爲를 전제로 하는 경우에 그 전제행위가 무효가 되면 그 후속행위도 무효가 되는 것이 원칙이지만, 이 법리를 어음행위에 적용하는 경우에는 어음의 外觀만으로는 알 수 없는 사유로 말미암아 어음행위가 무효로 되고, 이것은 어음취득자를 불안하게 만든다. 따라서 어음法이 어음거래의 안전을 확보하기 위하여 선행행위의 실질적 무효가 후속행위의 효력에 영향을 미치지 않도록 예외적인 특별규정을 둔 것이라고 한다.[45]

(나) 當然規定說

當然規定說은 어음行爲獨立의 原則은 당연한 원칙이며, 그 表現規定도 注意的 規定에 불과하다고 한다. 왜냐하면 한 개의 어음위에 여러 개의 어음행위가 행하여진다 할지라도 각 어음행위는 어음상의 記載文言을 그 意思表示의 내용으로 한 별개의 債務負擔行爲이며, 본래 다른 어음행위와 아무 관계가 없는 것이기 때문이라고 한다. 즉, 이 원칙은 어음행위의 文言性에서 오는 당연한 귀결이라고 한다.[46]

(다) 折衷說

折衷說은 어음行爲獨立의 原則은 어음행위 가운데 다른 어음행위를 전제로 하지 않는 행위, 예컨대 어음의 발행의 경우에는 이 원칙은 당연한 事理를 정한 注意的 規定이나, 어음행위 가운데 다른 선행하는 어음행위의 유효를 전제로 하는 행위, 예컨대 背書, 保證, 引受, 參加引受 등에 있어서는 그 선행하는 어음행위가 유효할 것을 요건으로 하지 않는다는 것을 인정한 것이라고 한다.[47]

---

45) 徐燉珏・鄭完溶(下) 85면 ; 孫珠瓚(下) 67면 참조 ; 姜渭斗(어) 75면 ; 李哲松(어) 65면 ; 鄭東潤(어) 110면.

46) 徐廷甲(어) 89면 참조.

(라) 學說의 檢討

當然規定說은 각 어음행위는 어음상의 기재문언을 의사표시의 내용으로 하는 독립된 행위로서 선행의 다른 어음행위와 아무런 관계가 없으므로 어음행위독립의 원칙은 당연한 事理를 규정한 것이라고 하나, 그렇다면 전제되는 선행의 다른 어음행위가 형식상 흠결로 무효이더라도 그 어음상의 후행어음행위는 유효하다고 보아야 할 것인데도 그렇지 아니하므로 불합리하다. 當然規定說이 이 원칙을 당연한 것이라고 하는 것은 어음행위의 성질상 당연하다는 의미이지 一般法上의 원칙과 비교할 때 당연한 원칙이라는 의미는 아닐 것이다. 즉, 當然規定說은 어음法의 관점에서 당연한 것이라는 뜻이겠고, 特則說은 一般法의 관점에서 예외적이란 뜻일 것이다. 그렇다면 결국 관점의 차이에서 오는 표현의 차이가 아닌가 생각한다.

또한 折衷說은 어음행위독립의 원칙은 어음행위가 선행의 다른 어음행위의 존재를 전제로 하지 아니하는 경우에는 당연한 事理를 注意的으로 규정한 것이고 선행의 다른 어음행위의 존재를 전제로 하는 경우에는 特則으로 규정한 것이라고 하나, 前者의 경우에는 전제되는 선행의 다른 어음행위가 존재하지 아니하므로 선행의 어음행위의 無效, 取消의 영향을 받지 아니한다고 논의하는 것은 무의미하다.

이렇게 볼 때 特則說이 무난하다고 생각한다. 요컨대, 어음行爲獨立의 原則은 어음債務負擔을 강화하여 어음상의 權利를 보장함으로써 어음의 신용과 유통성을 확보하기 위하여 一般法上의 原則에 대한 예외를 인정한 특칙으로서의 성격을 지니고 있다고 하겠다.

4. 어음行爲獨立原則의 適用範圍

(1) 어음債務의 消滅과 獨立原則

어음行爲獨立의 原則은 어음행위의 효력의 발생에 관한 원칙이므로 일단 유효하게 성립한 어음채무가 소멸한 때에는 적용되지 않는다. 따라서 主債務者가 辨濟 · 供託 · 相計 · 混同 · 更改 · 消滅時效 등으로 그 책임을 면한 때에는 遡求義務者도 전부 책임을 면한다.

47) 大隅建一郎, 《手形法 · 小切手法講義》, 1954, 29면 참조 ; 梁承圭(어) 109면.

(2) 先行行爲의 形式的 無效와 獨立原則

先行行爲가 형식적 무효인 때(예컨대, 拇印한 어음상의 背書 또는 保證)에는 어음行爲獨立의 原則은 당연히 적용되지 않고, 어음취득자는 보호받을 수 없다. 왜냐하면 선행행위의 形式的 瑕疵는 후속행위 그 자체의 形式的 瑕疵라 할 수 있기 때문이다. 다시 말하면, 後續行爲를 한 자는 先行行爲者의 意思表示의 내용을 자기의 意思表示의 내용으로 한 것이므로 先行行爲의 形式的 瑕疵가 後續行爲에 영향을 미치지 않는다는 것은 어음행위의 要式性과 모순되기 때문이다.

(3) 어음行爲간의 聯關性과 獨立原則

수개의 어음행위 중 어떠한 어음행위가 다른 행위의 전제로 되지 않을 때에는, 어음行爲獨立의 原則은 적용될 여지가 없으므로 그 어음행위의 實質的·形式的 無效가 다른 행위의 효력에 영향을 미치지 아니한다(예컨대, 引受가 形式的 無效라도 發行人과 背書人의 책임에는 영향이 없다.).

(4) 惡意取得者에 대한 適用與否

(가) 適用肯定說

악의취득자에 대한 적용을 긍정하는 견해도 둘로 나뉜다. 먼저 ① 당연법칙설은 어음행위는 각각의 어음상의 기재를 각자의 의사표시 내용으로 하는 법률행위이므로 행위자는 그 문언에 따라서 그 책임을 부담하고, 타인의 행위의 유효·무효에 의하여 영향을 받지 않는 것은 당연하다. 따라서 어음취득자가 선행행위의 무효에 대하여 악의인 경우에도 이 원칙이 적용된다고 한다.[48)]

이에 대하여 ② 예외법칙설은 어음행위독립의 원칙이란 선의자를 보호하기 위한 것만이 아니라, 더 나아가 어음행위의 확실성을 보호(장)하며 어음의 신용을 높이기 위한 제도이므로 소지인의 선의·악의에 관계없이 어음행위독립의 원칙이 적용되어야 한다고 주장한다.[49)]

㈏ 適用否定說

한편 적용부정설은 어음행위독립의 원칙의 이론적 근거로서 예외법칙설(정책설)을 취하면서, 이 법칙은 어음거래의 안전을 고려한 특례인만큼, 악의의 취득자에

---

48) 徐廷甲(어) 91면.

49) 孫珠瓚(下) 53면 ; 梁承圭(어) 112면 ; 姜渭斗(어) 138면 ; 鄭東潤(어) 115면 ; 鄭燦亨(어) 141면.

대하여는 거래의 안전을 고려할 필요가 없고, 따라서 어음행위독립의 원칙이 적용되지 않는다고 본다.[50]

㈐ 私 見

생각건대 어음행위독립의 원칙은 선행하는 어음행위의 실질적 하자에도 불구하고 형식상 완전한 어음에 한 어음행위에 대하여 독립적인 어음채무를 부담시키는 점에서 채무부담의 면이므로, 권리귀속의 면인 선의취득과는 명백히 구별된다. 따라서 어음행위독립의 원칙은 어음취득자가 악의인 경우에도 적용된다고 보는 적용긍정설이 타당하다.

(5) 背書에의 適用與否

어음행위독립의 원칙이 배서의 경우에도 적용되는지 여부에 관하여 학설은 적용부정설과 적용긍정설로 나뉜다.

㈎ 適用否定說

적용부정설에 의하면 배서는 권리이전을 내용으로 하는 어음행위인데, 권리이전의 면에서는 전의 배서가 무효인 때에는 그 후의 배서인에게는 이전할 권리가 없으므로 후의 배서도 무효가 된다는 점에서 어음행위독립의 원칙이 적용되지 않는다고 한다. 그럼에도 불구하고 前의 배서가 무효인 때에는 그 뒤의 배서가 무효로 되지 않는 것은 어음법 제16조 제2항의 선의취득이 적용되는 결과라고 한다 (일본의 소수설).

《적용부정설의 例》

적용부정설을 예를 들어 설명해 본다. 약속어음의 발행인(甲)이 발행한 어음이 수취인·제1배서인(乙), 제1피배서인·제2배서인(丙), 제2피배서인·소지인(丁)에게 순차 배서·교부되었는데, 乙의 배서가 위조된 배서로서 무효이고, 또한 甲이 어음의 지급을 거절하였다고 하자. 이때 제1배서인 乙이 피위조자로서 그 배서가 무효로 되더라도 제2배서인 丙은 소지인 丁에게 소구의무가 있다는 점에 대하여는 어느 견해도 이를 부정하지 않는다. 다만 이때 丙의 배서행위에 어음행위독립의 원칙이 적용되는가가 문제의 핵심이다.[51]

---

50) 崔基元(어) 108면; 李哲松(어) 64면.

51) 甲의 어음발행이 위조로 무효로 된 경우, 제1배서인 乙이 어음상의 독립의 원칙에 따라 그 후의 배서인과 소지인(丙과 丁)에게 어음행위독립의 원칙에 따라 책임을 부담하는가 하는 문제도 꼭 같다.

적용부정설은 丙이 소구의무를 부담하는 이유는 丙에게 어음행위독립의 원칙이 적용된 결과가 아니라 丁이 어음을 선의취득(어 제16조 제2항·제77조 제1항 제1호, 手 제21조)한 결과, 상환의무(소구의무)를 부담한다고 한다. 왜냐하면 배서는 권리이전을 내용으로 하는 어음행위인데, 先行의 배서행위(乙의 배서행위)가 무효이면 그 後續行爲者인 배서인(丙)에게는 이전할 권리가 없으므로 丙의 배서행위는 권리이전의 면에서 무효가 되고, 따라서 무효인 어음행위인 배서에는 독립성이 없다고 한다. 결국 이 어음에 대하여는 발행인 甲이 주채무자로서 책임을 부담하고, 乙은 피위조자로서 어음위조의 항변은 물적 항변이므로 어음상 책임이 없음이 원칙이며, 丙은 어음행위독립의 원칙이 적용된 결과가 아니라 丁이 동 어음을 선의취득한 결과 丁에게 책임을 부담한다는 결과가 된다.

(나) 適用肯定說

적용긍정설에 의하면 배서야말로 어음행위독립의 원칙을 가장 필요로 하는 행위이고, 어음법 제16조 제2항은 배서행위의 유효를 전제로 하여 어음취득자의 권리취득을 인정한 것으로서 배서에 있어서 선의취득이 어음행위독립의 원칙에 갈음하는 것은 아니라고 한다.

(다) 判 例

한편 판례는 어음의 최종소지인은 그 어음의 최초의 발행행위가 위조되었다고 하더라도, 어음행위독립의 원칙상, 그 뒤에 유효하게 배서한 배서인에 대하여는 소구권을 행사할 수 있다고 하여 적용긍정설을 취하였다.[52]

(라) 私 見

생각건대 적용긍정설이 타당하다고 본다.[53] 그 이유는 첫째, 어음행위독립의 원칙은 그 실질적인 내용 면에서 어음채무부담의 독립성에 관한 것으로서 배서의 담보적 효력과 관련하여 설명되어야 한다. 그럼에도 동 원칙을 배서의 권리이전적 효력과 관련시켜 배서에는 동 원칙이 적용되지 않는다거나 또는 배서의 자격수여적 효력과 관련시켜 선의취득이 인정되는 경우에는 예외적으로 동 원칙이 적용되는 것과 동일한 결과가 된다는 설명은 옳지 않다고 생각된다. 둘째, 선의취득제도에 의하면 선행하는 배서가 무효인 때에도 그 이후의 선의취득자가 어음상의 권리를 취득할 수 있다는 점은 설명할 수 있으나, 발행무효로 배서도 무효로 보

52) 大判 1977. 12. 13, 77 다 1753.
53) 李哲松(어) 62면; 鄭燦亨(어) 138면 등. 일본의 통설.

는 경우 그 무효인 배서의 배서인이 선의취득자에 대하여 담보책임을 지는 점은 어음행위독립의 원칙에 의하지 않고는 설명될 수 없다.

제4관 他人에 의한 어음行爲

Ⅰ. 어음行爲의 代理

1. 序 說

어음행위는 財産法的 法律行爲로서 代理人에 의하여 할 수 있음은 물론이다. 어음법도 어음행위의 代理의 가능성(適合性)을 전제로 하였으나, 無權代理人의 책임(어 제8조·제77조 제2항)과 推尋委任背書(어 제18조·제77조 제1항)에 관한 규정만을 두었을 뿐이므로 그 方法·效力 등에 관하여는 民法의 一般原則에 의하여 해결하되, 어음의 文言性 때문에 약간의 수정을 받게 된다.

2. 어음行爲代理의 方法

어음행위의 代理가 효력을 발생하려면 그 형식적 요건으로서, 代理人이 本人을 위하여 하는 것임을 어음 위에 표시하고 기명날인 또는 서명을 하여야 한다.

(1) 本人의 表示

(가) 顯名主義

어음행위의 효과를 본인에게 귀속시키려면 그 본인을 어음 위에 밝혀야 한다. 이러한 顯名主義의 요청은 商行爲法上의 非顯名主義에 대한 예외로서, 民法上의 일반원칙과 같다. 그러나 어음행위의 代理에 있어서의 顯名主義는 民法規定(民 제

114조·제115조)을 적용한 결과는 아니고, 어음행위의 證券的 行爲로서의 특질, 즉 어음행위의 書面性·文言性에 근거를 둔 것이다. 따라서 어음법상의 顯名主義는 民法의 경우보다 더 엄격하게 적용되어야 한다. 예컨대, 民法에서는 本人의 이름을 표시하지 않고 대리행위를 한 경우에도, 상대방이 代理人으로서 한 것임을 알거나 알 수 있었을 때에는 그 행위의 效力이 本人에 대하여 미치지만(民 제115조 但書), 이 規定은 어음행위의 代理에는 적용되지 않는다.

(나) 本人의 表示方法

本人의 표시는 特定人(本人의 同一性)을 인식할 수 있는 정도의 기재가 되어 있으면 된다. 따라서 본인의 명칭은 正式名稱(戶籍上 또는 登記簿上의 名稱)이 아닌 商號·通稱·略稱·雅號·筆名이라도 상관없다. 표시된 本人은 自然人이든, 法人이든, 組合이든 상관없고, 실재하지 않는 者라도 어음행위 자체의 효력에는 차이가 없다(自稱代理人의 責任이 문제될 뿐이다.). 復代理人이 어음행위를 하는 경우에는 자기에 대하여 代理權을 수여한 代理人을 표시할 필요는 없고, 本人만을 표시하면 된다.

(다) 本人表示의 欠缺

本人의 표시가 없으면 실제로는 本人이 代理人으로서 記名捺印 또는 署名한 者에게 代理權을 주었다 하더라도 本人은 어음상의 責任을 지지 않는다. 또 本人의 표시가 없는 한 어음行爲의 상대방이 代理人으로서 한 것임을 알았거나 알 수 있었을 때에도(民 제115조 단서 참조), 本人은 어음상의 責任을 지지 않는다.

(2) 代理關係의 表示

(가) 表示方法

代理關係가 證券面에 명백하게 표시되어야 한다. 그 표시방법은 '甲(의) 代理人 乙'이라고 표시하는 것이 보통이겠으나, 반드시 代理라는 용어를 사용하여야 하는 것은 아니고, 支配人·支店長·營業部長·理事·親權者 등 일반적으로 代理人의 자격으로 그 행위를 하는 것이라고 인정할 수 있는 기재가 있으면 된다. 그리하여 판례는 주식회사와 이사의 대리관계를 단순히 '理事'라고만 표시한 경우 "회사 기타 법인이 어음행위를 하는 경우에는 대표기관이 법인을 위하여 하는 것임을 표시하고 자기의 성명을 기재하여야 하나, 어음행위의 대리의 경우의 대리관계의 표시는 대리인이 본인을 위하여 어음행위를 한다는 취지를 인식할 수 있는 정도이면 되므로 'A株式會社 甲理事'라는 표시는 위 회사의 대리관계의 표시로서 적법하다"고 한다.[54] 또한 '해동화재해상보험주식회사 대구영업소장 박모'라는 표시도 동 회사의 대리관계의 표시로서 적법한 것으로 인정하여야 한다고 한다.[55]

代理關係를 표시하는 곳도 대개 代理人의 名稱 위나 옆에 附記하는 것이 보통이겠으나, 名稱 아래의 職印(예컨대, '甲 株式會社 乙 支店長의 印')에 의하여 표시되어도 상관없다는 견해도 있다.[56]

(나) 代理關係表示의 欠缺

代理關係를 표시하지 아니하고 代理人이 기명날인 또는 서명을 하면 代理人의 意思와는 관계없이 代理人 자신의 어음행위로 된다(民 제115조 본문, 물론 동조 단서가 적용되지 않는다.).

(3) 代理人의 記名捺印 또는 署名

(가) 記名捺印 또는 署名

어음행위는 기명날인 또는 서명을 요건으로 하므로 代理의 경우에도 代理人이 기명날인 또는 서명을 하여야 한다. 復代理人의 경우에는 복대리인 자신의 대리자격을 표시하고 기명날인 또는 서명하면 된다. 代理人이 기명날인 또는 서명을 하지 않으면 어음행위로서는 無效이기 때문에, 代理人은 물론 本人도 책임을 지지 않는다.

(나) 記名捺印의 代行

記名捺印의 代行은 代理人이 직접 本人을 위하여 記名하고 本人의 捺印을 말하는데 다음 두 가지로 구분될 수 있다.

하나는 자신의 재량으로 어음행위를 할 권한은 없이 本人이 지시하는 대로 어음행위를 하는 경우인데(固有의 代行), 이 경우는 당연히 本人의 行爲로 보아야 할 것이다.

다른 하나는 본인이 權限을 부여한 범위 내에서 代理人이 자기의 意思決定에 따라 本人의 名義로 기명날인하는 경우인데(代理的 代行), 이것은 실질적으로는 어음행위의 代理이지만 어음面上 代理人의 표시가 없으므로 역시 本人의 기명날인

54) 大判 1973. 12. 26, 73 다 1436.
55) 大判 1984. 4. 10, 83 다카 316.
56) 孫珠瓚(下) 56면.

으로 보아야 할 것이다.

署名의 代行은 인정되지 않는다고 본다.

3. 어음行爲의 代理權의 範圍

(1) 代理權의 存在

어음행위의 代理가 效力을 발생하려면 그 실질적 요건으로서 本人을 위하여 어음행위를 할 수 있는 권한, 즉 代理權이 존재하여야 하고, 그 대리권의 범위를 벗어나지 않아야 한다. 대리권은 本人이 수여하는 것이 보통이나(任意代理權), 法規에 의해서, 또는 법원의 指定·選任行爲에 의해서 발생하는 경우도 있다(法定代理權).

(2) 法定代理權의 範圍

財産管理에 관한 법정대리권이 인정되는 경우에는, 어음행위도 財産管理의 한 수단이기 때문에 그 財産管理權의 범위 내에서는 어음행위의 代理權도 인정된다.

(3) 任意代理權의 範圍

任意代理權의 범위는 授權行爲에 의해서 구체적으로 결정된다. 本人은 특정된 어음행위에 한정한 個別代理權을 수여할 수도 있고, 일정한 범위 내의 일체의 어음행위를 포함하는 包括的 代理權을 수여할 수도 있다. 또 명백한 授權行爲에 의하지 않고 다른 法律行爲의 代理權에 부수해서 어음행위의 代理權이 수여될 수도 있다. 代理權을 수여한 사실은 本人이 이것을 어음상에 기재할 필요도 없고, 어음외의 어떠한 자료에 의하여 판단할 수 있으면 된다.

4. 어음行爲의 代理權의 制限

형식적으로는 代理權의 범위 내의 行爲이지만 특별한 이유로 인하여 禁止·制限되는 경우가 있다.

(1) 民法 제124조

동일한 法律行爲에 있어서 상대방의 代理人이 되거나 당사자 쌍방의 代理人이 될 수 없다는, 이른바 自己去來 또는 雙方代理의 禁止規定이 어음행위의 代理에도 적용되는가에 관해서는 학설이 나누어지고 있다. 否定說은 民法 제124조는 이익의 충돌을 전제로 하여 본인의 이익을 보호하기 위한 규정인데, 어음행위는 이익충돌의 염려가 없는 手段的·無色的인 행위이기 때문에 同條를 적용할 여지가 없다고 한다.[57] 이에 대하여 肯定說은 어음행위는 '原因關係를 淸算하여 利害關係가 없는 상태를 만들어 낸다기보다는 원인관계보다 더 강력한 무조건의 지급의무를 발생케 하여 한층 더 이해관계의 충돌을 가져오므로' 당연히 民法 제124조가 적용되어야 한다고 한다.[58] 생각건대, 어음행위를 證券作成行爲와 證券의 교부行爲로 나누어 본다면, 前者는 불특정의 상대방에 대한 單獨行爲이기 때문에 利害相反의 여지가 없고, 따라서 民法 제124조가 적용되지 않으나, 後者 즉 어음의 交付行爲가 이루어지면 特定人에 대한 어음채무가 발생하기 때문에 당사자간의 이익은 충돌된다. 즉, 어음행위에 의한 어음채무에 대하여는 ① 抗辯의 切斷이 인정되고, ② 立證責任이 경감되어 있으며, ③ 특히 銀行渡어음의 경우에는 不渡處分의 制裁를 받을 염려가 있고, ④ 어음채무에 대하여는 擔保의 提供 없이 假執行을 할 수 있음을 선고하게 되어 있는 점(民訴 제213조 제1항 단서) 등 어음행위는 그 원인관계상의 債務에 비하여 行爲者에게 많은 불이익을 가져다 주기 때문이다. 따라서 民法 제124조는 어음행위에도 적용된다고 본다. 다만, 同條違反의 어음행위의 효력이 문제이나, 商法 제398조 위반의 경우와 마찬가지로 相對的 無效說이 타당하다고 생각한다.

(2) 商法 제199조·제398조

會社의 無限責任社員 또는 理事가 自己 또는 제 3 자의 계산으로 회사와 거래를 함에는 다른 社員의 過半數의 決議 또는 理事會의 승인을 얻어야 한다는 自己去來의 禁止規定이 어음행위의 代理에 적용되는가에 관해서도, 民法 제124조의 경우와 같은 이유로 否定說[59]과 肯定說[60]이 나누어지고 있으나, 肯定說이 타당하다고 본다. 本條違反의 경우의 효력에 관하여는 無效說, 有效說, 相對的 無效說 등이 대

57) 徐燉珏·鄭完溶(下) 79면.
58) 徐廷甲(어) 109면 ; 金容泰(下) 212면 ; 孫珠瓚(下) 64~65면.
59) 徐燉珏·鄭完溶(下) 80면.
60) 徐廷甲(어) 109면 ; 孫珠瓚(下) 64면~65면.

립하고 있으나 相對的 無效說이 타당하다. 이에 의하면 理事會의 承認을 받지 아니한 會社와 理事間의 어음거래는 이들 두 당사자간에는 무효를 주장할 수 있지만, 이 어음이 일단 제 3 자에게 讓渡된 경우에는 어음거래의 안전을 위하여 會社가 어음행위에 관하여 理事會의 승인이 없었던 점 및 그 제 3 자가 이에 관하여 惡意였음을 主張·立證하여야만 제 3 자에 대하여 그 어음행위의 무효를 주장할 수 있게 된다.

5. 어음行爲의 無權代理

(1) 無權代理의 意義

어음행위의 代理는 형식적 요건이 갖추어졌다 하더라도 실질적으로 代理權이 없다면 이른바 無權代理가 되어 本人에게 직접 그 효과가 귀속되지 않는다. 無權代理는 代理權이 없어 本人이 책임을 지지 않는 '狹義의 無權代理'와 代理權은 없지만 本人이 表見責任을 지는 '表見代理'로 나눌 수 있다.[61] 狹義의 無權代理의 경우는 無權代理行爲에 관하여 本人의 追認이 없는 한 無權代理人(自稱代理人) 스스로 어음상의 責任을 진다(어 제8조, 手 제11조). 이는 어음의 善意取得者를 보호함으로써 어음의 신용을 높이고 그 유통을 보호하기 위한 것으로서, 이 책임의 성질은 代理權이 있다는 뜻의 표시에 기하여 法律上 부담하는 擔保責任이다.

(2) 狹義의 無權代理

(가) 無權代理人의 責任要件

(i) 自稱代理人(無權代理人)이 代理의 방식을 갖추어 자신의 記名捺印 또는 署名을 했어야 한다. 따라서 대리관계의 표시가 없으면 無權代理人이 될 수 없고, 타인의 記名捺印 또는 署名을 권한없이 대행했으면 어음의 僞造가 된다.

(ii) 自稱代理人이 代理權을 입증할 수 없어야 하며, 無權代理行爲에 관한 本人의 追認도 받을 수 없어야 한다. 代理權의 欠缺에 관한 擧證責任은 어음 所持人이 지지 않지만, 本人의 支給拒絶 또는 追認拒絶의 사실은 입증하여야 한다. 代理權의 欠缺은 전부의 흠결일 수도 있고 일부의 흠결(越權代理의 경우)일 수도 있다.

---

61) 狹義의 無權代理를 代理權이 전혀 없는 경우와 代理權의 範圍를 초월한 경우로 나누어, 이를 狹義의 無權代理와 越權代理라고 하기도 한다[徐燉珏·鄭完溶(下) 78면 이하 참조].

本人이 追認을 한 경우에도 그 추인의 효력에 관하여는 견해가 달라질 수 있다. 즉, 그 추인이 이미 발생한 無權代理人의 책임의 소멸원인인가(다수설 : 해제조건설), 또는 그 책임이 발생하지 않았음을 확인하는 것인가(따라서 추인을 거절한 때에 책임이 발생하는가)(소수설 : 정지조건설)에 관하여 학설이 대립하고 있다. 생각건대, 어음법 제8조가 특칙으로서 民法 제135조 제1항을 배제한다고 보면[62] 本人의 추인이나 追認拒絶 전에 이미 無權代理人의 책임이 성립했다고 보아야 하고, 따라서 어음소지인은 無權代理의 사실을 입증하여 처음부터 無權代理人의 책임을 추궁할 수 있다고 본다.[63]

(iii) 本人이 表見代理의 책임을 지지 아니하여야 한다. 無權代理人의 어음행위가 表見代理의 요건을 갖추면 本人이 책임을 져야 한다. 이 때 表見代理人은 책임을 면하는가가 문제이나, 당연히 면책되는 것은 아니라고 본다.[64] 이와 같이 無權代理人도 책임을 져야 할 경우 어음소지인은 本人과 無權代理人에 대하여 동시에 重疊的 또는 選擇的으로 어음상의 權利를 행사할 수 있다고 본다.[65]

(iv) 相對方 또는 어음취득자가 善意이어야 한다. 어음취득자가 惡意인 경우에는 보호할 필요가 없으므로 善意로 취득한 때에만 無權代理人이 책임을 진다. 어음취득자가 善意인 한 過失이 있어도 보호를 받는다.

(v) 代理行爲 자체에는 瑕疵가 없어야 한다. 本人이 실재하지 않거나 어음능력을 缺한 경우에도 無權代理人은 어음法 제8조의 책임을 져야 하지만, 代理人 자신이 無能力者인 경우에는 自稱代理人은 책임을 지지 않는다고 본다.[66]

(나) 無權代理人의 責任內容

無權代理人은 "그 어음에 의하여 義務를 부담한다"(어 제8조). 이것은 만일 代理權이 있었더라면 본인이 부담하게 되었을 責任과 '同一한 責任'이다. 無權代理人에게 상대방의 선택에 좇아 履行 또는 損害賠償의 責任을 지우는 民法 제135조

62) 徐廷甲(어) 111면 참조.

63) 反對說은 어음法 제8조가 어음取得者의 信賴利益을 보호하는 규정인 만큼 自稱代理人의 責任은 어음所持人의 信賴가 배반당하였을 때, 즉 追認이 거절되었을 때부터 발생한다고 하나[鄭熙喆·鄭燦亨(下) 104면. 同旨 : 孫珠瓚(下) 63면], 본인의 '追認拒絶'이 명백히 나타나기 전이라도 어음所持人의 信賴가 배반당할 수는 있고, 그 때는 직접 無權代理人의 책임을 추궁할 수 있어야 할 것이다.

64) 孫珠瓚(下) 58면 ; 鄭東潤(어) 136면.

65) 反對說은 일단 本人에게 責任을 지운 이상 어음所持人의 信賴는 충분히 보호되었으므로 無權代理人에게 거듭 책임을 지울 필요가 없다고 하나[鄭東潤(어) 126면], 어음의 流通保護와 無權代理制度의 취지에 따라 所持人을 두터이 보호하는 것이 옳다고 본다.

66) 鄭熙喆·鄭燦亨(下) 104면.

제1항은 배제되므로 無權代理人은 당연히 어음상의 責任(履行責任)을 진다. 無權代理人이 책임을 지는 경우에는, 有權代理이어서 本人이 책임을 지는 경우라면 행사할 수 있었을 抗辯權을 無權代理人이 대신 행사할 수 있다. 그러나 그 어음행위 또는 그 실질관계 이외의 사정으로 本人이 주장할 수 있었던 抗辯事由까지도 無權代理人이 주장할 수 있는 것은 아니다. 無權代理人은 本人의 抗辯事由 이외에 자기 자신의 抗辯權으로 대항할 수 있음은 물론이다.

(다) 無權代理人의 責任의 保全

無權代理人이 約束어음의 발행이나 換어음의 引受를 無權代理로 한 경우에는, 그 책임이 絶對的 責任(主債務)이므로 3년의 消滅時效期間 내에 無權代理人의 책임을 추궁하거나 時效中斷의 절차를 밟으면 된다. 無權代理人이 背書나 換어음의 발행을 無權代理하였다면, 그 책임은 償還義務이므로 支給拒絶證書의 작성 등 소정의 權利保全節次를 밟아야 한다.

(라) 責任履行한 無權代理人의 地位

어음法 제8조에 의하면 無權代理人이 어음金額을 지급한 때에는 本人과 동일한 權利를 가진다. 이것은 本人이 그 前者에 대하여 가지는 어음상의 權利이다. 즉, 再遡求權을 갖는다. 따라서 再遡求權이 문제되지 않는 約束어음의 발행이나 換어음의 引受를 無權代理한 경우에는 그 규정이 적용될 여지가 없고, 背書나 保證의 경우와 같이 책임을 이행한 후 前者에 대한 권리가 잔존하는 어음행위의 無權代理에만 적용된다.

책임을 이행한 無權代理人이 前者에 대한 권리를 행사하는 경우에 어음債務者는 당해 어음행위와 관련하여 本人에 대하여 가지고 있는 抗辯權으로 대항할 수 있다. 그리고 無權代理人에 대한 抗辯事由는 무엇이든지 주장할 수 있다.

(마) 本人의 無權代理人에 대한 權利

本人이 어음상의 權利를 갖지 않는 경우, 예컨대 引受의 無權代理의 경우에는 本人은 아무런 損害도 없고 후일 無權代理人이 어음상의 義務를 이행하여 어음상의 權利者가 되더라도 本人과는 아무런 관계가 없다. 그러나 無權代理人이 背書를 無權代理한 경우에는 本人은 어음의 所持를 상실하는 까닭에, 후일 無權代理人이 어음상의 義務를 이행하여 어음상의 權利者가 되었을 때에는, 本人은 전에 가졌었던 자기의 권리에 의거하여 無權代理人에 대한 어음의 返還請求權을 가지게 된다.

(3) 表見代理

(가) 表見代理의 意義 및 成立要件

어음행위의 表見代理에 관한 어음법상의 규정은 없으나, 어음행위의 文言性·書面性에 비추어 보아 당연히 民法上의 규정을 적용 또는 類推適用하여 本人의 表見責任을 인정하여야 한다.

無權代理人이 어음행위의 代理를 한 경우에 제3자가 어음행위자에게 代理權이 있다고 믿었고, 그 믿을 만한 사정이 생긴 데에 본인에게 歸責事由가 있는 경우〔民法에 의하면 代理權授與의 표시에 의한 경우(民 제125조), 權限을 넘은 경우(民 제126조), 代理權消滅後의 경우(民 제129조)〕에는 表見代理關係가 성립한다.

타인이 本人의 어음행위를 대행하는 경우에 本人의 지시 또는 授權에 의한 경우에는 本人의 행위로 인정하여 당연히 本人이 책임을 진다. 그리고 권한없이 대행을 한 경우는 곧 어음행위의 '僞造'가 되어 被僞造者인 本人은 책임을 지지 않는다. 그러나 어음행위의 無權代行이라도 제3자가 권한이 있다고 믿고(혹은 代行者를 本人 자신이라고 믿고), 제3자가 그렇게 믿은 데 本人(被僞造者)의 歸責事由가 있다면, 실질적으로 表見代理의 경우와 유사한 관계가 생기므로 表見代理의 규정을 類推適用하여 本人의 表見責任을 인정함이 제3자의 신뢰를 보호하는 길일 것이다.

商法의 表見支配人(제14조), 또는 不實證記된 支配人의 어음행위에 대한 營業主의 責任(제39조), 表見代表理事의 어음행위에 대한 會社의 責任 등도 제3자의 外觀信賴를 보호하기 위한 表見責任制度이기는 하나, 이것은 營業主만의 절대적 책임을 인정한 것으로서, 역시 구별하는 것이 옳다고 생각한다.

어음행위의 代理權者가 그 권한을 남용한 경우(예컨대, 本人의 賣買代金決濟를 위하여 발행할 어음을 代理人 자신의 家具를 사기 위하여 발행하는 경우)는 本人이 제3자에 대하여 惡意라는 抗辯(人的 抗辯)을 제기할 수는 있어도, 本人이 당연히 어음상의 책임을 지므로 無權代理 또는 表見代理의 문제가 생기지 않는다.

(나) 越權代理의 경우와 責任의 範圍

代理權이 전혀 없는 경우에는 어음상의 文言 그대로 책임을 지는 것이 당연하나, 일부에 대해서만 代理權이 없는 경우(越權代理의 경우)에는 책임의 범위에 관하여 학설이 나누어질 수 있다. 예컨대, 500만원 범위 내에서 어음을 발행할 수 있는 代理人이 700만원의 어음을 발행한 경우,[67] 어음의 文言證券性을 중시하여 代

67) 엄격하게 말하면, 越權의 경우는 滿期를 단축하거나 支給場所를 불편한 곳으로 하는

理人만이 어음金 전액에 대하여 책임을 진다는 제 1 설(本人無責任說)과, 어음不可分의 原則과 權利行使의 간편성을 고려하여 代理人은 어음金 전액에 대해서 責任을 지고 본인도 代理權을 수여한 범위(500만원) 내에서는 책임을 진다는 제 2 설(全額責任說)과, 一部引受·一部保證 및 變造의 경우와 동일하게 생각하여 本人은 代理權을 수여한 범위 내에서 책임을 지고, 代理人은 越權部分(200만원)에 대해서만 책임을 지면 된다는 제 3 설(越權部分說)이 있을 수 있다. 어음은 文言證券인 점과 어음金額不可分의 原則을 고려하고 어음의 유통보호를 위하여 代理人에게 어음金全額에 대한 책임을 지우고, 本人에게는 그 授權의 범위 내에서 책임을 지도록 하는 제 2 설이 가장 타당한 견해라고 생각한다.

(다) 表見代理의 效果

表見代理關係가 성립하면 本人은 당연히 어음상의 責任을 져야 한다. 本人이 表見責任을 지는 경우에는 表見代理人은 無權代理人임에 틀림이 없으므로 어음상의 責任을 진다(어 제8조). 따라서 어음所持人은 本人과 表見代理人에 대하여 동시에 重疊的으로 또는 選擇的으로 어음상의 권리를 행사할 수 있다.[68] 表見代理가 성립하는 경우에, 民法 제125조의 '第三者'는 表見代理人의 직접 상대방뿐만 아니라 그 후의 어음소지인 전부를 포함하는지, 그리고 民法 제126조의 '權限이 있다고 믿을 만한 정당한 이유'도 반드시 表見代理人의 직접 상대방에게 있어야만 하는 것은 아니고 그 후의 어음所持人에게 있으면 되는지에 관하여는 학설이 갈린다. 제3취득자 포함설은 이를 긍정하나, 직접상대방한정설은 이를 부정하고 '第三者'는 표현대리인의 직접 상대방에 한한다고 한다(判例).[69] 민법상의 표현대리이론을 어음행위에 유추적용하는 한 민법에 충실하게 해석하여 직접상대방한정설이 옳다고 본다. 본래 표현책임은 표현대리와 그 상대방 사이에 구체적인 사정을 참

것도 포함되겠으나, 이런 경우는 어음債務의 내용이라기보다 債務履行의 조건이라 할 수 있으므로 이것을 物的 抗辯事由로 할 것이 아니고, 相對方이 善意인 한 광범하게 本人의 表見責任을 인정하는 것이 옳을 것이다.

68) 徐廷甲(어) 113면 참조. 그러나 鄭敎授는 어음소지인의 선택적인 권리행사는 인정하되, "本人에게 責任을 지운 이상 거듭 無權代理人에게 책임을 지울 수 없다." [鄭熙喆·鄭燦亨(下) 101면]고 하나, 어음所持人이 본인으로부터 지급을 받을 때까지는 表見代理人에게 대해서도 權利行使를 인정하는 것이 所持人의 利益을 끝까지 보호하는 길이라 생각한다. 또 徐敎授는 所持人의 選擇的 權利行使를 인정하되, "本人이 追認하면 本人만이 責任을 부담한다." [徐燉珏·鄭完溶(下) 76면]고 하나, 表見代理關係가 인정되는 한 本人의 追認을 고려할 여지가 없다고 생각한다.

69) 大判 1986. 9. 9, 84 다카 2310; 大判 1991. 6. 11, 91 다 3994; 大判 1994. 5. 27, 93 다 21521.

작함으로써 성립될 수 있는 것이지, 표현대리와 직접 거래하지 아니하였던 제3자가 표현책임을 물을 수 있다고 하는 것은 의사표시이론의 한계를 벗어나는 것이라 본다.

<대법원 1994. 5. 27. 선고, 93 다 21521 판결 : 권한을 넘은 표현대리에 관한 민법 제126조의 규정에서 제 3 자라 함은 당해 표현대리행위의 직접 상대방이 된 자만을 지칭한다>

<事　實>

피고 조선무약합자회사(이하 조선무약이라 한다.)의 총무담당 상무이사인 소외 김동춘은 소외 태양피알주식회사(이하 태양피알이라 한다.)의 대표이사인 소외 양태양과 공모하여 액면 35,200,000원의 약속어음에 그가 보관하고 있던 문서수발용 "조선무약합자회사"로 된 명판과 그 대표사원(박대규)의 직인을 사용하여 소외 태양피알을 피배서인으로 하는 피고 회사 명의의 배서를 하였고, 또 피배서인인 소외 회사는 위 약속어음을 원고 주식회사 건국상호신용금고(이하 건국상호금고라 한다.)에 할인·배서양도하였다. 위 약속어음의 소지인인 원고가 어음의 지급제시기간 내에 지급제시를 하였으나 지급이 거절되자 피고 조선무약에 소구권을 행사하려 하였다. 원고는 소외 김동춘이 민법 제126조의 권한을 넘은 표현대리로서 피고 회사가 어음금의 지급책임이 있다고 주장하였다. 이에 대하여 피고는 민법 제126조의 권한을 넘은 표현대리는 표현대리인의 직접 상대방(태양피알)만이 제 3 자로서 주장할 수 있는 것이지, 이 사건에서처럼 그 직접상대방으로부터 다시 배서를 받은 피배서인(피고인 건국상호금고)은 이를 주장할 수 없다고 다투었다.

<判決要旨>

권한을 넘은 표현대리에 관한 민법 제126조의 규정에서 제 3 자라 함은 당해 표현대리행위의 직접 상대방이 된 자만을 지칭하는 것이고, 이는 위 규정을 배서와 같은 어음행위에 적용 또는 유추적용할 경우에 있어서도 마찬가지로 보아야 하는 것이다(대법원 1986. 9. 9. 선고, 84 다카 2310 판결 참조). 따라서 약속어음의 배서행위의 직접 상대방은 그 배서에 의하여 어음을 양도받은 피배서인만을 가리키고 그 피배서인으로부터 다시 어음을 취득한 자는 민법 제126조 소정의 제 3 자에는 해당하지 아니한다. 다만 배서행위가 직접 상대방인 피배서인에 대한 관계에서 표현대리의 요건을 충족한 경우에 그 후의 어음취득자가 이를 원용하는 것은 이와는 별개로 허용될 수 있다(대법원 1991. 6. 11. 선고, 91 다 3994 판결 참조)(즉, 태양피알이 민법 제126조의 표현대리에 해당한다면 건국상호신용금고는 이를 원용할 수는 있으나, 건국상호신용금고 스스로가 민법 제126조의 표현대리에 해당하지는 않는다-筆者註)(同旨: 대법원 1997. 11. 28. 선고,

96 다 21751 판결).

Ⅱ. 어음行爲와 名義貸與

1. 營業을 위한 名義貸與

타인에게 自己의 姓名 또는 商號를 사용하여 영업을 할 것을 허락한 者는 自己를 營業主로 오인하여 거래한 제 3 자에 대하여 그 타인과 連帶하여 변제할 책임이 있다(제24조). 타인에게 영업 전반에 관하여 名義를 貸與한 자는 그 타인의 어음行爲에 대하여도 당연히 책임을 져야 할 것이다. 이때 名義借用者는 名義貸與者의 이름으로 어음행위를 한 것이어서 책임을 져야 하므로 양자의 責任關係는 연대책임으로 본다.70)

2. 어음行爲를 위한 名義貸與

어음행위의 기초가 되는 영업에 관한 名義貸與는 단순히 어음행위만을 위한 名義貸與의 경우에도 商法 제24조가 적용되는지 의문이다. 생각건대, 어음행위 자체만 가지고는 商法 제24조에서 말하는 '營業'이라고 하기는 어려운 점 및 어음의 文言性에 비추어 名義借用者에게 어음상의 債務를 부담시키기는 어려울 것이다. 따라서 이 경우에는 商法 제24조가 적용되지 않고 名義貸與者만이 어음의 文言性 및 表見法理(禁反言의 法理 또는 外觀理論)에 따라 책임을 져야 하는 것이 원칙이다. 다만 어음행위자가 自己를 표시하기 위하여 他人의 名義를 사용한 경우는 그 어음행위자, 즉 名義借用者도 책임을 져야 할 것이다. 그러나 이 때 名義貸與者와 名義借用者의 責任關係는 連帶責任이라고 본다.

---

70) 반대설: 鄭東潤(어) 133면.

Ⅲ. 어음의 僞造·變造

1. 어음의 僞造·變造의 意義

(1) 어음의 僞造의 意義

어음의 僞造란 권한없이 타인의 기명날인 또는 서명을 僞作하여 어음행위를 하는 것을 말한다. 僞造의 방법은 印章을 僞造하여 어음행위를 하든, 진정한 印章을 도용하여 어음행위를 하든, 혹은 타인의 記名捺印 또는 署名이 되어 있는 紙片을 이용하여 어음행위를 하든 상관없다.

(2) 어음의 變造의 意義

어음의 變造란 권한없이 記名捺印 또는 署名 이외의 記載事項을 변경하는 것을 말한다. 변경은 어음要件뿐 아니라 有益的 記載事項의 변경도 포함된다. 變造의 방법은 旣存文言의 變改이든, 抹消이든, 새로운 文言의 記入이든 상관없다. 새로운 文言의 기입이더라도 그것이 無益的 記載事項인 경우에는 어음의 내용과 效力에 아무런 변동이 생기지 않으므로 變造가 아니다. 抹消의 방법에도 제한이 없으니, 예컨대 어음의 有益的 記載事項 위에 印紙를 붙여 이를 보이지 않게 한 것도 抹消가 된다. 그러나 變造 후에도 基本어음으로서의 形式的 要件은 구비하여야 한다.

(3) 어음의 僞造와 變造의 差異

어음의 僞造와 變造는 허위의 기재라는 점에서는 같으나, 僞造는 어음채무의 成立(어음債務者의 名義)에 관한 허위인 데 대하여, 變造는 어음채무의 내용에 관한 허위이다(그러므로 被變造者란 槪念도 없다.). 따라서 僞造란 특정된 被僞造者만의 문제이나, 變造는(객관적인 어음의 내용이 변경되므로) 그 어음상의 記名捺印 또는 署名을 한 모든 者의 責任에 관계되는 문제이다. 또 記名捺印 또는 署名의 변경에 관하여는 僞造說도[71] 있으나, 진정한 記名捺印 또는 署名에 대하여는 變造가 되

71) 徐燉珏·鄭完溶(下) 88면.

고, 새로 변경된 記名捺印 또는 署名에 대하여는 僞造가 된다고 하는 僞造·變造說이 타당하다고 생각한다.[72]

(4) 어음의 僞造와 無權代理의 差異

僞造와 無權代理는 권한없이 어음행위를 한다는 점에서는 같다. 그러나 어음의 僞造는 타인의 記名捺印 또는 署名을 代行하는 방식으로 어음(수표)행위를 하는 것이나, 어음의 無權代理는 자신의 기명날인 또는 서명으로 어음행위를 하는 것이다.

一說에 의하면 僞造는 '자기의 이익을 위하여' 기명날인 또는 서명을 하는 것이나, 無權代理는 '타인의 이익을 위하여' 기명날인 또는 서명을 하는 점에서 차이가 있다고 하나,[73] 僞造의 경우에도 외형상은 오히려 직접적으로 '타인의 이익을 위하여' 기명날인 또는 서명을 한 것으로 볼 수 있으므로 누구에게 이익이 되는지를 기준으로 양자를 구별하는 것은 적절하지 못하다고 본다.

(5) 어음·手票法上의 僞造와 刑法上의 僞造

어음·手票法上의 僞造의 개념과 刑法上의 위조의 개념은 일치하지 않는다. 어음·手票法上의 僞造는 권한없이 타인의 기명날인 또는 서명을 하고 상대방과의 교부행위가 있어야 하나, 형법상의 위조는 상대방과의 교부행위를 요하지 아니한다. 또한 어음·手票法上의 僞造는 故意·過失을 요하지 아니하나, 刑法上의 僞造는 故意·過失을 요한다.

2. 어음의 僞造·變造의 效果

(1) 어음僞造의 效果

(가) 僞造者의 責任

어음·手票의 僞造의 경우에 僞造者가 民法上의 不法行爲責任(民 제750조)이나, 刑法上의 有價證券僞造罪(刑 제214조)의 형벌을 면할 수는 없으나, 僞造者는 어음상에 자기 자신의 記名捺印 또는 署名을 하지 않았으므로 어음·手票上의 책임도

72) 徐廷甲(어) 119면.
73) 徐燉珏·鄭完溶(下) 88면.

지는가에 관하여서는 견해가 대립하고 있다.

(a) **否定說** : 否定說은 어음·手票上의 僞造의 경우에는 어음·手票에 僞造者의 記名捺印 또는 署名이 없어 위조자가 어음(수표)상의 책임을 질 기초가 없고 또 僞造者를 신뢰한 제 3 자의 보호라는 문제도 없으므로 僞造者는 어음·手票上의 책임을 지지 않는다고 한다.[74)]

(b) **肯定說** : 肯定說은 被僞造者가 책임을 지지 않는 때에는 僞造者가 어음·手票上의 책임을 져야 한다고 한다. 다만 그 근거에 관하여 無權代理規定類推適用說과 僞造者行爲說로 나뉘어진다.

(i) 無權代理規定類推適用說에 의하면 無權代理와 僞造는 권한없는 자가 代理의 방식으로 어음행위를 하였는가, 代行의 방식으로 어음행위를 하였는가의 차이밖에 없고 兩者는 기본적으로 그 구조가 동일하다고 할 것이므로 僞造에 無權代理에 관한 規定(어 제8조·제11조 제2항)을 유추적용할 수 있으며, 또 僞造者에게 책임을 인정하여도 누구의 이익도 害하지 않고 어음거래의 안정을 害하는 것도 아니므로 僞造者에게 어음상의 責任을 인정하여야 한다고 한다.[75)]

(ii) 이에 대하여 僞造者行爲說은 僞造者는 자기의 어음·手票行爲에 의한 責任을 진다고 한다. 僞造者가 他人(被僞造者)의 名義를 자기를 표시하기 위하여 사용한 것으로 본다. 결국 僞造者가 어음·手票行爲를 자기명의로 하였는가, 타인명의로 하였는가를 가릴 필요없이 어음·手票에 記名捺印 또는 署名한 이상 채무부담의 意思가 있는 것이므로 거래의 안전을 위하여 위조자는 어음·手票上의 책임을 져야 한다고 한다.[76)]

(c) 學說의 檢討

(i) 無權代理類推適用說은 無權代理와 僞造가 기본적으로 構造가 동일하여 僞造에 無權代理에 관한 규정을 類推適用할 수 있다고 하나, 無權代理는 그 방식에 있어서 僞造와 다르므로 어음의 文言性과의 관계에서 僞造者의 어음상의 채무부담의 근거에 문제가 있다.

(ii) 僞造者行爲說은 僞造者가 被僞造者의 명칭을 자기를 표시하는 명칭으로 하여 記名捺印 또는 署名한 것이 僞造라고 주장하나, 僞造者가 他人의 名義를 자기를 표시하기 위하여 사용한다고 보는 것은 지나친 擬制라고 생각된다.

---

74) 孫珠瓚(下) 96면 ; 徐燉珏·鄭完溶(下) 88면 ; 姜渭斗(어) 125면 ; 李哲松(어) 140면 ; 李基秀(어) 182면 ; 蔡利植(하) 260면 ; 徐廷甲(어) 117면.

75) 鄭燦亨(어) 193면, 鄭東潤(어) 142면 ; 梁承圭(어) 148면.

76) 崔基元(어) 184면.

(iii) 생각건대, 위에서 본 바와 같이 僞造者에게 어음상의 채무를 부담시키는 근거로는 명확한 것이 없다고 할 수밖에 없을 것이며, 또한 보다 근본적인 문제로 僞造者에게 不法行爲責任만 묻더라도 충분하기 때문에 이외에 별도로 어음상의 責任을 물을 실익이 있는지 의문이다. 왜냐하면 ① 어음상의 責任은 어음소지인만이 추궁할 수 있음에 반하여, 不法行爲責任은 인과관계가 미치는 모든 被害者가 청구할 수 있다. ② 請求金額에 있어서 어음상의 책임은 어음금액에 국한되나 不法行爲責任은 實損害額이다. ③ 어음상의 責任의 時效는 최장 3년이나(어 제70조, 手 제51조), 不法行爲責任의 時效는 손해 및 가해자를 안 날로부터 3년, 또는 불법행위를 한 날로부터 10년이다. ④ 어음소지인이 위조자에게 원인관계상의 급부를 한 경우에도 위조자에게 어음상의 책임을 묻는 때에는 원인관계상의 책임을 물을 수 없다. 그러나 不法行爲責任을 묻는 때에는 동시에 원인관계상의 책임도 물을 수 있다. ⑤ 어음상의 책임을 긍정하는 입장에서는 어음상의 책임을 묻는 것이 입증의 편의라는 점에서 유리하다고 하나, 위조자의 어음책임을 묻기 위해서는 소지인이 위조자의 위조사실을 입증해야 할 것이므로 입증면에서도 불법행위책임을 묻는 것과 차이가 없다. 이와 같이 僞造者의 어음상의 책임을 묻는 것이 소지인에게 유리한 점이 없을 바에는 종래의 通說처럼 僞造者의 어음상의 책임을 인정하지 않는 것이 타당하다고 본다.

(나) 被僞造者의 責任

被僞造者는 스스로 記名捺印 또는 署名을 한 것이 아니므로 원칙적으로 누구에 대해서도 어음상의 責任을 지지 않는다. 즉, 僞造의 抗辯은 物的 抗辯이다(通說). 따라서 被僞造者는 어음소지인의 善意, 惡意를 불문하고 僞造를 가지고 대항할 수 있으며, 被僞造者에게 重過失이 있는 경우에도 이러한 重過失이 被僞造者에게 表見責任 등의 책임을 생기게 하는 정도에 이르지 않은 경우에는 被僞造者는 어음상의 責任을 지지 아니한다.

<대법원 1965. 10. 10. 선고, 65 다 1726 판결>

약속어음을 다른 사람이 기명날인을 위조하여 발행한 경우에 있어서는 이 약속어음에 발행인으로서 표시된 사람은 그 약속어음의 발행인으로서의 의무를 부담하지 않는다. 비록 이 약속어음을 선의로 배서에 의하여 양수받은 제 3 자에 대하여서도 발행인으로서의 의무를 부담하지 않는다.

그러나 僞造의 경우라도 제 3 자가 僞造者에게 권한이 있다고 믿을 만하고, 그

信賴에 被僞造者의 歸責事由를 인정할 수 있는 다음과 같은 경우에는 被僞造者에게 責任을 인정하는 것이 옳을 것이다.

(a) **僞造의 追認에 의한 責任** : 僞造된 어음·手票에 대해서 無權代理의 경우와 같이 被僞造者가 追認할 수 있는가에 대하여는 긍정설과 부정설이 대립하고 있다.

(i) **肯定說** : 긍정설은 ① 어음·手票의 無權代理와 僞造는 代理方式을 취하였는가 代行方式을 취하였는가의 차이밖에 없으며, ② 行爲者의 意思에 비추어 볼 때 無權代理의 경우도 반드시 본인을 위한다고 할 수는 없고, 어음상의 표시에서 보면 僞造의 경우가 無權代理의 경우보다도 더욱 명료하게 本人(被僞造者)을 위한 것으로 되어 있으며, ③ 僞造의 追認은 被僞造者, 어음所持人, 僞造者의 意思에 반하지 않으므로 어음거래의 안전을 도모할 수 있다는 점 등을 이유로 추인을 긍정한다.[77]

(ii) **否定說** : 부정설은 僞造의 경우에는 ① 他人을 위한 의사가 없으며, ② 어음법상 근거규정이 없으며, ③ 僞造는 絶對的 無效이며, ④ 僞造는 非倫理的인 것으로서 追認을 인정할 수 없다고 한다.[78]

(iii) **私見** : 생각건대, 어음·手票의 無權代理와 僞造는 代理方式을 취하였는가 代行方式을 취하였는가의 차이밖에 없다. 또 행위자의 의사에 비추어 볼 때에도 無權代理의 경우도 반드시 本人을 위한다고 할 수는 없고, 오히려 어음상의 표시에서 보면 僞造의 경우 無權代理보다도 더욱 명료하게 本人(被僞造者)을 위한 것으로 되어 있다. 그리고 倫理的인 면에서 보더라도 無權代理라고 비난의 여지가 없는 것은 아니므로 위조의 追認을 인정하는 肯定說이 타당하다고 본다.

그리고 이 경우의 추인은 명시적으로 뿐만 아니라 묵시적으로도 가능하다.[79]

(b) **表見責任**

(i) **意義** : 어음·手票의 경우에 僞造者와 被僞造者 사이에 특수한 관계가 있어 위조자와 거래한 제 3 자가 위조자에게 그러한 어음행위를 할 권한이 있다고 믿을만 하고, 그 신뢰에 被僞造者의 귀책사유를 인정할 수 있는 경우에는 被僞造者가 表見代理에 준하여 그 어음·手票上의 責任을 져야 한다.

(ii) **根據** : 被僞造者의 表見責任의 근거에 관하여 학설은 民·商法의 表見代

---

77) 鄭東潤(어) 138면 ; 鄭燦亨(어) 185면 ; 崔基元(어) 178면 ; 梁承圭(어)146면 ; 李哲松(어) 134면 ; 蔡利植(下) 258면.

78) 孫珠瓚(下) 93면 ; 姜渭斗(어) 120면.

79) 大判 1990. 4. 27, 89 다카 2100.

理의 규정(民 제125조·제126조·제129조, 商 제14조·제395조)을 어음의 僞造에도 유추적용하여 被僞造者의 어음상의 책임을 인정하는 견해와(多數說)[80] 權利外觀理論에서 구하는 견해가[81] 있으나, 表見代理의 규정을 유추적용하는 견해가 타당하다고 본다.

한편 판례는 어음을 발행할 권한이 없는 경리담당 常務理事가 代表理事의 印章을 도용하여 대표이사의 명의로 약속어음을 발행한 경우에 관하여 被僞造者의 表見責任을 인정하고 그 근거를 表見代理의 규정의 類推適用에서 구하였다.[82]

(c) 信義則에 의한 責任 : 被僞造者의 僞造라는 항변이 信義則에 반하는 경우에는 被僞造者가 어음·手票上의 책임을 져야 한다. 예컨대, 被僞造者가 僞造의 情을 알면서 동일한 僞造者에 의한 위조어음의 어음금을 지급하여 계속적인 어음의 僞造를 가능하게 한 경우에는 先行行爲와 모순되는 행위의 금지 및 신의성실의 원칙에 위배되므로 어음상의 책임을 져야 한다. 이것은 독일의 판례와 학설이 인정한 것이고,[83] 또 英美에서도 禁反言의 原則에 의한 책임으로 인정되고 있는 것인데,[84] 우리나라의 다수견해도 신의성실의 원칙상 피위조자의 어음상의 책임을 인정한다.[85]

(d) 使用者責任

(i) 어음의 僞造는 被僞造者와 전혀 무관한 자가 행하는 수도 있으나 실제는 피위조자와 특별한 관계, 특히 고용관계에 있는 자가 私益을 위하여 행하는 경우가 대부분이다. 僞造者(被傭者)의 위조행위는 예외 없이 不法行爲가 될 것이므로 被僞造者가 使用者賠償責任을 져야 할 경우가 있다.

(ii) 使用者에게 責任을 지우기 위해서는, ① 被僞造者와 僞造者 간에 使用者와 被傭者의 관계가 있어야 한다. ② 僞造者가 被僞造者의 使用人으로서 事務의 집행에 관하여 어음·手票를 僞造하였어야 한다. 즉, 사용인의 직무와 밀접한 관련이 있거나 상당한 관련성이 있는 경우이어야 한다. ③ 제 3 자에게 損害가 생겨야 한다. 여기에서 제 3 자는 어음·手票의 직접의 상대방뿐만 아니라 제 3 취득자도

80) 孫珠瓚(下) 93면 ; 鄭東潤(어) 139면 ; 李哲松(어) 134면 ; 崔基元(어) 167면 ; 鄭熙喆·鄭燦亨(下) 117면.
81) 姜渭斗(어) 121면 ; 金容泰(上) 215면.
82) 大判 1969. 9. 30, 69 다 964 ; 同旨 : 大判 1968. 7. 8, 68 다 334, 335 ; 大判 1991. 6. 11, 91 다 3994.
83) RG 126, 223, 225 ; BGHZ 47, 110 Hueck/Canaris§6Ⅱ5; Brox, Rdn. 545.
84) B. E. A.§24, U.C.C. §3~403(a).
85) 同旨 : 鄭東潤(어) 139면 ; 崔基元(어) 168면 ; 孫珠瓚(下) 94면 ; 蔡利植(下) 257면 ; 姜渭斗(어) 124면.

포함된다. ④ 제 3 자에게 惡意 또는 중대한 過失이 없어야 한다.

어음의 위조의 경우에는 民法上의 使用者責任의 규정(民 제756조)과는 달리 제 3 자가 惡意인 경우에는 被僞造者의 使用者責任이 성립되지 않는다.

한편 과거의 판례는 어음소지인이 피위조자에게 사용자배상책임을 묻기 위해서는 위조어음이 아니라고 가정하면 어음소지인이 피위조자의 어음상의 책임을 물을 수 있었어야 한다고 보았으나,[86] 최근 판례를 변경하여 어음상의 권리유무에 관계없이 사용자배상책임을 물을 수 있다고 한다.

> <대법원 1994. 11. 8. 선고, 93 다 21514 판결 : 어음배서가 위조된 경우, 소지인의 적법한 지급제시가 배서위조로 인한 사용자책임을 묻기 위한 요건인 것은 아니다>
>
> 민법 제756조 소정의 사용자책임을 논함에 있어서는 어음소지인이 어음법상 소구권을 가지고 있느냐는 등 어음법상 권리 유무를 따질 필요가 없으므로, 어음소지인이 현실적으로 지급제시를 하여 지급거절을 당하였는지의 여부가 어음배서의 위조로 인한 손해배상책임을 묻기 위하여 필요한 요건이라고 할 수 없고, 어음소지인이 적법한 지급제시기간 내에 지급제시를 하지 아니하여 소구권보전의 절차를 밟지 않았다고 하더라도 이는 어음소지인이 이미 발생한 위조자의 사용자에 대한 불법행위책임을 묻는 것에 장애가 되는 사유라고 할 수 없다.

(iii) 使用者가 져야 할 책임의 내용은 어음금액이 아니라 損害額(割引金額)이며 어음취득자에게 과실이 있는 경우에는 과실상계도 가능하다. 위조된 어음의 소지인이 입은 손해액에 관하여 종래의 판례는 '어음금액'이라고 하였으나, 근래에는 어음금액이 아니라 '할인액'이라는 것으로 태도를 변경하였다.[87]

> <대법원 1994. 11. 8. 선고, 93 다 21514 판결 : 소지인이 입은 손해액은 어음금액이 아니라 할인액이다>
>
> 위조된 약속어음을 취득함으로써 입은 손해는 다른 특별한 사정이 없는 한 이를 취득하기 위하여 현실적으로 출연한 할인금 상당액일 뿐, 그 어음이 진정한 것이었다면 어음소지인이 지급받았을 것이라고 인정되는 그 어음액면 상당액이라고는 할 수 없다.

---

86) 大判 1986. 9. 9, 84 다카 2310.
87) 大判 1992. 6. 23, 91 다 43848.

(e) 被僞造者의 支給

(i) 被僞造者가 어음이 僞造된 것을 알고서도 어음금액을 支給한 때에는 어떠한 學說에 의하든 간에 僞造의 追認이 되어 그 지급은 유효하게 된다.

(ii) 被僞造者가 위조어음인 줄 모르고 어음금을 지급한 경우에는 그 반환을 청구할 수 있다. 그러나 이 경우에 지급이 있었기 때문에 所持人이 權利保全節次를 취하지 아니하여 어음상의 권리를 상실한 때에는 被僞造者의 지급은 民法 제744조의 도의관념에 적합한 非債辨濟로 되어 그 반환을 청구할 수 없으므로 결국 책임을 부담하게 된다.

(다) 僞造어음 위에 記名捺印 또는 署名을 한 者의 責任

위조어음 위에 기명날인 또는 서명을 한 자는 어음文言에 따라 책임을 지고(어음行爲獨立의 원칙), 僞造者라도 소지인이 되면 진정하게 記名捺印 또는 署名을 한 전자에 대해서 어음상의 권리를 행사할 수 있다.

(라) 立證責任

僞造의 立證責任에 관하여 종래에는 학설이 나뉘었고, 判例는 僞造의 立證責任은 被僞造者가 부담하여야 한다고 하였다.[88] 그러나 大法院은 1993. 8. 24. 선고, 93 다 4151 判決에서 종래의 태도를 변경하여 소지인이 위조 아님을 입증하여야 한다고 한다.[89]

<대법원 1993. 8. 24. 선고, 93 다 4151 판결(다수의견) : 배서위조의 입증책임은 소지인에게 있다>

<事 實>

소외 한미건산주식회사는 1992년 1월 20일 액면 2천만원, 지급기일 1992년 4월 20일, 지급장소는 주택은행 갈월동 지점으로 된 약속어음 1매를 발행하여, 소외 홍호조에게 교부하였고, 홍호조는 이를 소외 전도일에게, 전도일은 소외 이장숙에게, 이장숙은 이 사건의 피고인 안종옥에게, 안종옥은 이 사건의 원고인 정갑채에게 각각 순차 배서하였다. 정갑채는 발행인인 한미건산이 거래정지처분된 사실을 알고 만기 전인 1992년 2월 25일 어음의 지급을 구하기 위하여 어음을 은행에 지급제시하였으나 은행은 위 한미건산의 거래정지처분으로 인한 무거래를 이유로 지급을 거절하였다. 따라서 원고 정갑채는 피고 안종옥에게 遡求하였다. 피고는 위 어음채무는 피고가 경영하는 백광금

88) 鈴木竹雄, 《手形法 · 小切手法》, 1957, 166면 ; 徐廷甲(어) 116면 ; 大判 1987. 7. 7, 86 다카 2154.

89) 大判 1993. 8. 24, 93 다 4151.

속의 종전 경영주인 소외 주구석과 원고 정갑채와의 거래상의 채무일 뿐 피고와 무관한데도 피고의 경리사원 소외 김태염이 피고의 지시·승락 없이 피고의 명판을 사용하여 배서해 준 것이므로 위조된 배서라 주장하면서 원고의 청구는 부당하고, 피고로서는 책임이 없다고 항변하였다.

<判決要旨>

어음에 어음채무자로 기재되어 있는 사람이 자신의 기명날인이 위조된 것이라고 주장하는 경우에는 그 사람에 대하여 어음채무의 이행을 청구하는 어음의 소지인이 그 기명날인이 진정한 것임을 증명하지 않으면 안된다. 또한 배서의 자격수여적 효력에 관하여 규정한 어음법 제16조 제1항은 어음상의 권리가 적법하게 발생한 것을 전제로 그 권리의 귀속을 추정할 따름이고 그 권리의 발생 자체를 추정하는 것이 아니라고 해석되므로, 위 법조항의 '적법한 소지인으로 추정한다'는 취지는 피위조자를 제외한 어음채무자에 대하여 어음상의 권리를 행사할 수 있는 권리자로 추정한다는 의미에 불과하고 자신의 기명날인이 위조되었다고 주장하는 자에 대하여까지 어음채무의 발생을 추정하는 것은 아니다. 그렇다면 어음에 어음채무자로 기재된 자가 자기 자신의 기명날인이 위조된 것이라고 주장하는 경우에는 그에 대하여 어음상의 권리를 행사하는 어음소지인이 그 기명날인이 진정하다는 것을 입증하지 않으면 안되는 것이다.[90] 同旨: 대법원 1998. 2. 10. 선고, 97 다 31113 판결.

被僞造者가 부담하여야 한다는 학설은 그 근거로서, ① 본래 權利를 주장하는 자가 그 권리를 입증하여야 한다는 점, ② 被僞造者가 僞造事實을 입증하기 용이한 점, ③ 被僞造者가 이를 입증하도록 하여야만 어음의 거래보호와 流通性이 강화될 수 있다는 점 등을 든다.[91] 이에 대하여 소지인이 입증책임을 부담하여야 한다는 학설의 근거는 소지인은 自己의 危險負擔下에 어음관계에 관여하게 된 자인 데 반하여 被僞造者는 어음의 위조와 전혀 무관한 자일 수도 있다는 것이다.[92] 생각건대, 被僞造者와 소지인 중 누가 僞造의 사실을 입증하기 용이한가, 또 被僞造者가 僞造와 어느 정도 관련성이 있는가(예컨대, 被僞造者의 使用人에 의하여 僞造된 경우) 등은 구체적 사건마다 달라질 수밖에 없다. 따라서 僞造의 立證責任은 구체적 事案에 따라 被僞造者의 歸責事由 여하와 過責의 정도 및 立證의 難

90) 본 판결에 대한 찬성평석 : 崔基元, 법률신문 1993. 10. 18 ; 鄭東潤, 법률신문 1993. 11. 15 ; 부분적 찬성평석 : 鄭鎭世, 법률신문 1993. 11. 22 ; 반대평석 : 李基秀, 법률신문 1993. 10. 4.

91) 李基秀, "僞造있는 어음의 立證責任",《商事法硏究》, 제12집(1993), 206면 이하.

92) 孫珠瓚(下) 92면 ; 鄭東潤(어) 143면 ; 崔基元(어) 159면.

易度 등을 고려하여 결정하여야 할 것이며, 이를 일률적으로 획일화하여 판단할 것은 아니라고 본다.

(2) 어음變造의 效果

(가) 變造者의 責任

(a) 어음上의 責任

(i) **變造者가 變造 후 記名捺印 또는 署名을 한 경우** : 변조자가 변조 후에 어음에 기명날인 또는 서명을 한 경우에는 변조자는 변조 후의 어음문언에 따라 어음상의 책임을 진다.

(ii) **變造者가 變造 후 記名捺印 또는 署名을 하지 아니한 경우** : 변조자가 변조 후 기명날인 또는 서명을 하지 아니한 경우에는 변조자의 어음상의 책임에 관하여는 견해가 갈린다.

제1설은 僞造者의 어음상의 책임과 마찬가지로 이러한 변조자는 어음의 文言證券性에서 어음상 아무런 책임을 부담하지 않는다고 한다.[93] 이에 대하여 제2설은 無權代理에 관한 어음법 제8조(어 제77조 제2항, 手 제11조)를 類推適用하거나 變造된 文言을 變造者 자신의 어음행위로 보아 變造者의 책임을 인정해야 한다고 한다.[94] 위 僞造의 效果에서 보았듯이 변조자에게 어음상의 책임을 지우지 않는 견해가 타당하다고 본다.

(b) **變造者의 民事·刑事上 責任** : 變造者가 어음을 변조한 경우에 그 변조로 인하여 제3자가 손해를 입은 때에는 不法行爲로 인한 손해배상책임을 지고(民 제750조), 이 경우에 被傭者가 변조하였다면 使用者責任을 진다(民 제756조).

(c) **變造者의 어음상의 權利의 取得** : 소지인이 어음·手票의 變造를 하여도 變造前의 原文言에 따른 권리를 가지고 있으므로, 變造前의 기명날인자 또는 서명자에 대하여 변조 전의 原文言에 따른 권리를 행사할 수 있다.[95]

(나) 變造 전에 記名捺印 또는 署名을 한 者의 責任

어음의 變造 전에 기명날인 또는 서명을 한 자는 原文言, 즉 기명 또는 서명당시의 문언에 따라 책임을 진다(어 제69조·제77조 제1항 제7호).[96] 변조 전에 기명날

---

93) 徐燉珏·鄭完溶(下) 90면 ; 孫珠瓚(下) 101면 ; 崔基元(어) 197면 ; 徐廷甲(어) 199면 ; 蔡利植(下) 265면 ; 李哲松(어) 144면 ; 姜渭斗(어) 134면.
94) 鄭東潤(어) 147면 ; 李基秀(어) 186면.
95) 徐燉珏·鄭完溶(下) 90면 ; 鄭燦亨(어) 206면 ; 姜渭斗(어) 135면.
96) 大判 1996. 2. 23, 95 다 49936.

인 또는 서명을 한 자가 변조 후의 文言에 따라서 책임을 질 이유가 없는 것은 물론이지만, 변조로 인하여 일단 발생한 책임이 면제될 이유도 없기 때문이다.

<대법원 1987. 3. 24. 선고, 86 다카 37 판결 : 어음의 變造 전에 記名捺印 또는 署名을 한 자는 기명 또는 서명당시의 文言에 따라 책임을 진다>

어음발행인이라 하더라도 어음상의 권리의무를 가진 자가 있는 경우에 이러한 자의 동의를 받지 아니하고 어음의 기재내용에 변경을 가하였다면 이는 변조에 해당할 것이고 약속어음에 배서인이 있는 경우 배서인은 어음행위를 할 당시의 문언에 따라 어음상의 책임을 지는 것이고 그 변조된 문언에 의한 책임을 지울 수는 없는 것이다.

그러나 변조 전에 기명날인 또는 서명한 자가 변조하기 쉽도록 부주의하게 기재를 한 경우나, 변조 전에 기명날인 또는 서명을 한 자가 변조를 追認한 경우에는 변조 후의 문언에 따라 책임을 진다.[97]

(다) 變造 후에 記名捺印 또는 署名을 한 者의 責任

變造 후에 記名捺印 또는 署名을 한 者는 變造된 文言에 따라서 責任을 진다(어 제69조·제77조 제1항 제7호). 그 文言이 자기의 어음행위의 내용을 이루는 것이기 때문이다. 그러나 변조로 인하여 어음요건이 결여된 후의 어음에 기명날인을 한 자는 어음상의 아무런 책임이 없다.

<대법원 1992. 4. 28. 선고, 92 다 4082 판결 : 변조된 약속어음에 의하여 지급을 받은 자의 부당이득 성립 여부>

<事 實>

원고 동부제강 주식회사는 1990년 6월 29일 소외 소영호에게 지급일을 1990. 10. 2.로, 지급지 및 발행지를 서울특별시, 지급장소를 주식회사 상업은행으로 각각 기재한 액면 1,529,000원의 약속어음 1매를 발행·교부하였다. 그런데 소영호는 위 어음의 금액을 71,529,000으로 변조한 다음 1990. 6. 30. 일부는 채무변제조로, 나머지 금액은 약속어음을 교부받고 피고인 변준택에게 배서양도하였다. 피고는 지급기일(1990. 10. 2.)에 위 변조된 어음을 지급제시하였고, 위 상업은행은 같은 해 10월 5일 원고의 자금으로 피고에게 변조된 액면금 71,529,000원을 지급하였다. 이에 원고는 피고에게 70,000,000원의 부당이득반환을 청구하였다.

---

97) 鄭東潤(어) 145면 ; 崔基元(어) 192면 ; 鄭燦亨(어) 204면 ; 姜渭斗(어) 133면.

<判決要旨>

약속어음 발행 후 액면금액이 변조된 경우 발행인은 발행 당시의 액면금액의 범위 내에서만 채무를 부담하고, 그 액면금액이 변조된 뒤에 위 어음을 취득한 자는 발행인에 대하여 변조 전의 액면금액의 범위 내에서만 어음상의 권리를 취득하고 이를 초과하는 부분에 관하여는 아무런 권리를 취득하지 못한다. … 발행인은 이 사건에서 은행이 어음금을 지급하기 전에 그 액면금이 변조되었는지의 여부를 조사하였더라면 쉽게 변조사실을 알 수 있었을 터인데 이를 소홀히 한 과실을 이유로 은행에 대하여 초과지급된 부분에 대한 배상을 구할 수 있지만, 그렇다고 하더라도 발행인이 어음금 수령인에게 부당이득금의 반환을 청구하는 것은 별개의 문제로서 지장이 없다.

(라) 立證責任

(ⅰ) 多數說 : 다수설은 변조의 흔적이 분명한 경우와 그렇지 않은 경우를 나누어 설명한다. 외관상 변조의 흔적이 분명한 경우에는 어음소지인이 기명날인 또는 서명을 한 자에 대하여 변조 후의 文言에 의한 책임을 추궁하려면 변조 후에 기명날인 또는 서명을 한 것임을 입증하여야 한다(通說 · 判例).[98]

판례는 한때 변조를 주장하는 자가 그 어음의 변조된 사실, 즉 자신이 어음에 기명날인 또는 서명을 할 당시의 어음문언에 관하여 입증책임을 진다는 입장을 취하였다.[99] 그러나 이후에는 태도를 바꾸어, 위 통설과 같이 어음文言의 변경이 명백한 경우에 어음채무자에게 변경 후의 文言에 따라 책임을 지우려면 변경 후에 어음채무자가 기명날인 또는 서명을 하였음을 어음소지인이 증명하여야 한다고 하였다.

<대법원 1987. 3. 24. 선고, 86 다카 37 판결 : 어음文言의 변경이 명백한 경우 어음소지인이 어음채무자의 기명날인 또는 서명 후에 변경이 있은 것을 증명하여야 한다>

어음의 문언에 변개(개서)가 되었음이 명백한 경우에 어음소지인이 기명날인자에게 그 변개 후의 문언에 따른 책임을 지우자면 그 기명날인이 변개 후에 있은 것 또는 기명날인자가 그 변개에 동의하였다는 것을 입증하여야 할 것이다. … 이 사건 약속어음의 문언을 보면, 소외 이상만이 발행하여 소외 홍재락, 피고 김은환, 피고 서진석, 소외 주식회사 상호무역, 소외 박일선을

98) 通說 ; 同旨 : 大判 1987. 3. 24, 86 다카 37.
99) 大判 1985. 11. 22, 85 다카 131.

거쳐 원고 앞으로 배서연속이 되어 있으나 그 어음전면 지급기일이 1984. 7. 20.에서 9. 20.으로 변개(개서)되고 여기에 발행인인 위 이상만의 정정인만이 날인되어 있음이 명백하므로 이러한 경우 어음소지인인 원고가 배서인인 피고들에게 위 변개된 문언에 따른 책임을 구하기 위하여는 피고들의 배서가 위 변개 후에 되었거나 또는 피고들이 그 변개를 동의하였다는 점을 입증해야 할 것이고, 원고가 그 입증을 다하지 못하면 그 불이익은 원고가 입어야 할 것이다.

외형상 변조의 사실이 명백하지 아니한 경우에는 어음채무자가 변조된 문언에 따른 책임을 면하려면 어음채무자 스스로 변조 전에 기명날인 또는 서명을 하였다는 사실, 즉 자신이 기명날인 또는 서명을 한 후에 변조된 어음임을 입증하여야 한다.[100)]

<대법원 1990. 2. 9. 선고, 89 다카 37 판결 : 외형상 변조의 사실이 명백하지 아니한 경우 변조 전의 기명날인자 또는 서명을 한 자가 변조된 어음임을 입증하여야 한다>

피고(발행인)가 어음액면 부분의 변조를 주장하려면 자기가 어음을 발행할 때에 어떤 방법(필기 또는 타자)으로 어떤 문자(국한문 또는 아라비아 문자)로 써 주었다는 것을 밝혀야 하는 것이다.

(ii) 小數說 : 이에 대하여 少數說은 어음채무자가 소지인에 대하여 어음이 변조된 것이라고 주장하는 것은 訴訟法上 채무분담의 間接否認이므로, 변조의 사실이 어음면상 명백한가 아닌가에 관계없이 채무자가 부담할 채무의 내용에 관한 입증책임은 항상 소지인에게 있다고 한다.[101)]

(마) 追 認

僞造어음의 追認에 관한 이론은 變造어음에 관하여도 그대로 적용될 것이다.

(3) 어음의 僞造者와 變造者의 어음上의 權利

본래 僞造者나 變造者는 僞造 · 變造의 사실에 의하여는 어음상 아무런 權利를 취득하지 못하나, 어음상의 義務를 이행하고 어음을 환수한 僞造者나 變造者도

100) 大判 1985. 11. 22, 85 다카 131.
101) 鄭東潤(어) 148면.

어음法 제8조를 유추적용하여, 지급을 한 무권대리인에게 본인과 동일한 권리를 주는 경우에 準하여 어음상의 권리를 취득한다고 본다.102)

제2절 어음上의 權利

제1관 어음上의 權利와 證券의 관계

Ⅰ. 어음上의 權利의 意義

1. 어음상의 權利

어음상의 權利란 일정한 금액의 지급이라는 어음의 목적을 달성하기 위하여 부여된 권리와 이것에 갈음할 권리를 말한다. 前者는 어음金支給請求權(어 제28조 제1항·제78조 제1항)이고, 後者는 遡求權(償還請求權)(어 제9조·제15조·제77조 제1항 제1호)·保證人이나 參加引受人에 대한 권리(어 제32조·제58조·제77조 제3항)·어음金을 지급한 보증인이나 참가지급인이 갖는 權利(어 제32조 제3항·제63조 제1항·제77조 제1항 제5호·제77조 제3항) 등이다.

어음법에서는 어음상의 權利라는 말을 쓰지 않고, '換어음에서 생기는 모든 權利'(어 제14조 제1항·제18조 제1항·제19조 제1항), '어음으로부터 생기는 權利'(어 제32조 제3항·제63조 제1항), '換어음 또는 約束어음에서 생긴 權利'(어 제79조), '어음상의 請求權'(어 제70조 제1항)이라고 표현하고 있다.

이에 대하여 '어음債務'(어 제7조), '어음상의 債務'(어 제32조 제3항·제63조 제1

102) 朴種允, "어음의 僞造", 《司法論集 5》, 1974, 496면.

항)는 이에 대응하는 義務이다.

어음상의 權利는 어음證券에 표창되어 있기 때문에 그 권리의 發生·移轉·行使에는 證券의 作成·交付·所持를 필요로 한다. 또 어음상의 다른 權利에 비하여 보다 강한 보호를 받는 반면, 短期時效가 적용되고(어 제70조·제77조 제1항 제8호) 節次의 欠缺에 의하여 소멸된다(어 제53조·제77조 제1항 제4호)는 특징이 있다.

2. 어음法上의 權利

'어음법상의 權利'란 어음금액의 지급을 직접적인 목적으로 하지 않고, 다만 어음法이 어음관계의 원만한 進展을 위하여 보조적·부수적으로 인정한 권리로서, '어음상의 權利'와는 구별하여야 한다. 어음법상의 權利는 어음증권에 표창한 권리가 아니므로 그 행사에는 어음증권을 필요로 하지 않는다.

어음법상의 權利에는 ① 惡意 또는 重過失로 인한 어음취득자에 대한 어음返還請求權(어 제16조 제2항·제77조 제1항 제1호), ② 利得償還請求權(어 제79조), ③ 遡求通知懈怠로 인한 損害賠償請求權(어 제45조 제6항·제77조 제1항 제4호), ④ 複本交付請求權(어 제64조 제3항), ⑤ 複本 또는 原本返還請求權(어 제66조 제1항·제68조 제1항) 등이 있다.

Ⅱ. 어음上의 權利와 證券의 관계

1. 權利와 證券의 結合關係

어음은 무형의 金錢債權을 어음이라는 종잇장(證券)으로 바꾸어 놓은 가장 완전한 有價證券이다. 어음상의 權利와 證券과의 결합관계는 어음상의 權利의 존재의 면과 그 귀속의 면으로 나누어 고찰할 수 있다. 前者의 경우에는 어음상의 權利가 발생하는 데 있어서 證券의 존재가 불가결의 요건인가, 또 그 權利의 내용은 어떻게 결정되는가 하는 것이 문제이며, 後者의 경우에는 그 權利가 누구에게 귀속하느냐, 그 귀속 문제의 결정에 있어서 증권은 어떠한 작용을 하느냐 하는 것이 문제되고 있다.

2. 어음上의 權利의 發生과 證券

(1) 權利의 發生

(가) 設權證券性

어음상의 權利는 어음을 작성함으로써 비로소 발생한다. 즉, 어음證券의 존재여부가 어음상의 權利의 유무(發生與否)를 결정하는 기준이 되고 있다. 어음은 證券이 작성됨으로써 비로소 어음상의 權利가 창설된다는 점에서, 이미 생긴 株主權을 표창하는 株券이나, 이미 생긴 任置物返還請求權을 표창하는 창고증권 따위와는 구별된다.

그러나 어음상의 權利가 어음증권의 작성에 의해서 창설되지만 그 증권자체(材料)의 所有權의 귀속과는 관계가 없다고 본다. 즉, 權利가 本體이고 증권은 그 權利를 표창하기 위한 수단에 불과한 것이므로 어음상의 권리의 취득에 필요한 것은 증권의 소지뿐이지 그 소유권을 꼭 취득하여야 하는 것은 아니다. 그렇지 않으면 本體를 이루는 증권상의 權利가 수단에 불과한 증권에 대한 權利에 추종한다는 결과가 되어 理論上 모순이며, 뿐만 아니라 어음증권의 所有權을 상실하여도 어음상의 權利를 잃지 않고, 반대로 어음증권의 소유권을 취득하여도 어음상의 權利를 취득하지 못하는 경우도 생기기 때문이다.

(나) 無因證券性

어음상의 權利는 증권의 작성에 의해서 창조된 권리이기 때문에 그 증권을 작성하는 원인이 된 실질관계와는 아무런 관계가 없다. 따라서 어음을 작성하게 된 원인인 法律關係, 예컨대 매매계약이 무효이거나 취소되거나, 혹은 유효이긴 하되 동시이행의 관계에 있다 하더라도 어음상의 權利는 적어도 그 어음 자체가 유효하게 작성된 이상 賣買代金請求權과는 별개의 독립된 권리로서 창조된 것이므로 유효하게 존속하고 이전될 수도 있다.

요컨대, 어음상의 權利의 유무는 증권의 유무에 따라서 결정되고, 그 어음의 적법한 소지인은 賣買契約의 유효성이나 그 내용을 증명할 필요도 없으며, 또 그 계약상의 사유로 인하여 어음상의 權利의 행사를 거부당하지도 않는다(이와 같은 어음은 어음작성의 원인이 된 실질적인 법률관계로부터 완전히 분리된 추상적인 權利를 表彰하는 것이기 때문에 抽象證券이라고도 한다.).

(2) 權利의 內容決定

어음이 表彰하는 權利는 증권 외에 존재하는 실질적 법률관계와는 상관없이 증권 자체의 작성에 의해서 창조된 것이기 때문에 그 권리의 내용은 당연히 증권상의 기재에 의해서 결정된다(文言證券性). 어음상의 權利의 내용은 증권을 기준으로 하여 결정되므로 어음의 讓受人이 文言의 기재를 신뢰하고 어음을 취득하였다면 그 이상 실질관계를 조사할 필요가 없다.

(3) 證券的 效力의 限界

(가) 物的 抗辯의 경우

어음에 특수한 효력을 인정하여 어음상의 權利의 유무 및 내용을 어음證券을 기준으로 하여 결정하는 데는 일정한 한계가 있다. 즉, 어음의 특수한 證券的 效力은 어음 자체가 유효하게 작성된 경우에만 인정되는 것이므로 가령 어음이 僞造된 것이거나 無能力者에 의해서 작성된 것이면 外觀上 유효한 증권이 존재하여도 어음의 所持人은 어음상의 權利를 취득하지 못한다(어 제7조·제77조 제2항).

(나) 人的 抗辯(惡意의 抗辯)의 경우

證券의 外觀을 존중하여 어음상의 權利의 유무 및 내용을 증권에 의하여 결정하는 것은 權利의 移轉을 전제로 하여 그 유통성을 확보하기 위한 것이므로 아직 유통과정에 놓이지 않고 당사자의 수중에 있다든가, 혹은 제 3 자에게 移轉되었더라도 어음所持人이 그 債務者를 해할 것을 알고 어음을 취득한 경우에는 어음상의 權利는 어음證券 외의 실질관계에 의해서 영향을 받는다. 즉, 어음상의 債務者는 실질관계상의 사유를 들어 權利의 행사에 대항할 수 있다(어 제17조·제77조 제1항 제1호).

3. 어음上의 權利의 行使·移轉과 證券

(1) 權利者의 決定

어음상의 權利가 누구에게 귀속되느냐 하는 문제도 오로지 證券을 기준으로 하여 결정하게 된다.

(가) 權利의 推定

權利와 證券이 결합되어 있으므로, 곧 證券의 소지인을 權利者로 推定하고(證券의 積極的 作用), 證券을 소지하지 않으면 權利者로 인정하지 않는다(證券의 消極的 作用). 본래 權利와 證券과는 별개의 것이므로 證券의 소지와 權利의 귀속이 반드시 일치하는 것은 아니다(예컨대, 어음의 紛失者나 盜取者의 경우). 그러나 대체로 證券을 가진 자는 진정한 權利者이기 때문에 그 蓋然性에 착안하여 일단 권리의 외관을 갖춘 증권의 소지인을 權利者로 추정하는 것이다. 따라서 어음증권만을 소지하면 자기가 權利者라는 것을 증명할 필요도 없이 어음금액을 청구할 수 있고, 반면에 어음을 제시하지 않고는 權利者라도 어음금액을 청구할 수 없게 된다(民 제517조, 제65조). 어음債務者도 어음의 소지인에게 지급한 이상 그가 진정한 權利者가 아니었다 하더라도 채무를 면하고 이중변제를 할 염려가 없다.

(나) 背書의 連續

어음상의 權利의 행사에 있어서 어음의 소지인이 權利者로 추정되는 것은 적법한 所持의 경우에 한한다. 적법한 所持란 어음상에 受取人으로 기재된 자의 所持를 말하며, 그것이 이전된 경우에는 背書에 의하여 權利의 移轉經路가 끊임없이 표시된 것(背書의 連續)을 의미한다. 따라서 어음상의 權利의 이전에도 반드시 證券이 필요한 것이니, 어음에 背書하여 교부함으로써 최종의 소지인까지 背書가 연속되기만 하면 당연히 權利者로 인정되는 것이다(어 제16조 제1항 참조).

(다) 善意取得

背書가 연속된 어음의 소지가 어음상의 權利者의 결정의 기준이 되는 것은 어음상의 權利者와 債務者 사이에서 뿐만 아니라 제3자와의 관계에서도 같다. 즉, 제3자가 背書의 연속이 된 어음의 소지인으로부터 어음을 讓受받은 경우에 惡意 또는 중대한 過失이 없는 한 그 讓渡人이 無權利者라 하더라도 어음상의 權利를 취득한다(어 제16조 제2항 · 제77조 제1항 제1호).

(2) 證券的 效力의 限界

어음상의 權利의 行使 · 移轉에 어음이라는 증권을 필요로 하게 된 것은 오로지 그 유통성을 확보하기 위한 것이므로 절대적인 것은 아니다. 어음을 소지하는 경우에는 權利를 행사할 수 있는 형식적인 자격을 인정받는 것이지 종국적으로 실질적인 權利를 부여받는 것은 아니다. 따라서 어음에 인정된 證券的 效力에도 다음과 같은 경우의 예외가 있다.

(가) 反證을 드는 경우

어음의 所持人에 대해서라도 그가 진정한 權利者가 아니라는 반증을 들면 어음債務者는 그 권리의 행사에 대항할 수 있으며, 만약 어음채무자가 詐欺 또는 중대한 過失로 인하여 진정한 權利者가 아닌 어음소지인에게 지급을 한 경우에는 어음채무를 면하지 못한다(어 제40조 제3항). 또 背書가 연속되지 않았다 하더라도 자기가 어음상의 權利者라는 것을 입증하면 어음상의 權利를 행사할 수 있다.

(나) 除權判決을 받은 경우

어음을 喪失하였다 하더라도 除權判決을 받은 경우에는 證券 없이 權利를 행사할 수 있는 것도 당연하다(民訴 제446조 이하).

(다) 抹消·毁損의 경우

證券의 소지인에게 證券文言에 따른 權利行使를 보장하는 것도 그 證券이 형식상 완전한 경우에 한한다. 따라서 기재사항의 일부가 抹消되거나 혹은 證券의 일부가 훼손된 경우에는 證券的 效力은 발생할 수 없게 된다. 그러므로 그 소지인은 抹消 또는 毁損 전의 文言을 증명하여야만 權利를 행사할 수 있게 된다.

제 2 관 어음上의 權利의 取得

I. 序 說

어음법은 어음상의 權利의 취득방법으로서 背書(어 제11조 제1항·제77조 제1항 제1호), 指名債權讓渡의 方式(어 제11조 제2항·제77조 제1항 제1호), 단순한 交付(어 제14조 제2항 제3호·제77호 제1항 제1호), 善意取得(어 제16조 제2항·제77조 제1항 제1호), 어음保證人의 保證債務履行에 의한 取得(어 제32조 제3항·제77조 제3항), 參加支給에 의한 取得(어 제63조 제1항·제77조 제1항 제5호)의 6種을 규정하고 있으나,

이 밖에 相續·會社의 合併·轉付命令·제 3 자의 辨濟 등 여러 가지 경우가 있다. 그러나 여기서는 善意取得에 관하여서만 설명하기로 한다.

Ⅱ. 어음의 善意取得

1. 어음善意取得의 意義

어음의 善意取得(Gutglaubenserwerb)이란 형식적 資格者로부터 背書받은 어음의 양수인이 惡意 또는 重過失이 없는 한 그 讓渡人의 행위가 실질적으로 無效라 하더라도 어음상의 權利를 取得하게 되는 효과를 말한다.

善意取得制度는 善意의 어음취득자의 지위를 보호함으로써 어음의 유통성을 확보하는 데 있다. 民法에서도 去來의 動的 安全을 도모하기 위하여 動産의 善意取得制度를 인정하고 있거니와, 고도의 유통성을 그 기능적 특색으로 하는 어음에 있어서는 善意者保護의 요청이 한층 더 강조되고 있다. 따라서 어음法 제16조 제2항은 民法 제249조보다도 善意取得의 요건을 완화하여[103] 어음거래의 안전을 도모하고 있다.

2. 어음善意取得의 要件

(1) 어음法的 流通方法에 의한 取得

현재의 어음소지인이 背書에 의해서(최후의 背書가 白地式背書이면 引渡) 어음을 양수하였어야 한다. 왜냐하면 背書에 의한 讓受가 아니면 소지인까지의 背書의

103) 어음의 善意取得에 있어서는, ① 輕過失의 경우에 보호받으며, ② 盜品·遺失物에 대한 特例規定(民 제250조·제251조)이 없고, ③ 民法에서는 無權利者로부터의 善意取得을 인정하는 데 비하여 어음法에서는 그 외의 경우도 인정하는 것이 일반적인 견해이다. 이 밖에 平穩·公然이란 요건을 필요로 하지 않는다는 학설[鄭熙喆·鄭燦亨(下) 295면]도 있으나, 대체로 당연한 요건으로 인정한다[徐燉珏·鄭完溶(下) 103면 ; 徐廷甲(어) 182면].

연속을 인정할 수 없기 때문이다. 따라서 어음법적 流通方法(背書) 이외의 權利移轉方法, 즉 債權讓渡·相續·合併·轉付命令 등에 의하여 어음을 취득한 경우에는 善意取得은 인정되지 아니한다. 또한 背書에 의한 경우이더라도 期限後背書(期限後交付)는 指名債權讓渡의 효력밖에 없고, 推尋委任背書도 推尋委任을 목적으로 하므로 善意取得이 인정되지 않는다고 본다.104)

(2) 形式的 資格者로부터의 取得

형식적 資格者로부터 어음을 취득하기는 하였으나, 讓渡人이 실질적 無資格者인 경우에 그 외관을 신뢰한 讓受人을 보호하려는 것이 바로 善意取得制度이다. 형식적 資格者라 함은 背書가 연속되어 있는 어음의 마지막 被背書人을 말한다.

현재의 所持人은 背書에 의하여 讓受하였으나, 그 전의 背書가 단절된 경우에는, 그 단절부분에 관하여 權利移轉關係(債權讓渡·相續·合併·轉付命令 등)를 증명하면 背書의 단절은 架橋된다고 본다. 여기서 어음의 형식적자격이란 배서에 의하여 양도되는 어음의 경우에는 '背書의 連續', 교부만에 의하여 양도되는 어음(최후의 背書가 白地式인 경우, 所持人出給式手票의 경우)의 경우에는 단순한 '所持'이다.

(3) 背書의 實質的 瑕疵

善意取得은 형식적 자격자로부터 背書에 의하여 어음을 讓受하였으나 어음의 양도인이 無權利者로서 '그 背書의 효력이 발생할 수 없는 瑕疵'가 있어야 한다. 그러나 양도인이 無權利者 이외의 경우에도 선의취득이 인정되는지에 관하여는 학설이 갈리고 있다.

《善意取得으로 인하여 치유되는 瑕疵의 範圍》

善意取得으로 인하여 치유되는 瑕疵의 범위, 즉 讓渡人에게 어떠한 사유가 있으면 선의취득이 인정되는지에 관한 학설을 보면 다음과 같다. 이 문제는 無權利者 이외의 경우에도 선의취득이 인정되는지 여부에 관한 문제이다.

(1) 第一說(無權利者 限定說)

과거 일본 및 우리나라의 通說이었으나 현재는 少數說인 無權利者 限定說은 善意取得에 의하여 보완될 수 있는 瑕疵란 民法上의 善意取得(民 제249조)

104) 鄭東潤(어) 155면 ; 鄭燦亨(어) 482면 ; 崔基元(어) 424면 ; 姜渭斗(어) 148면.

에서와 같이 '無權利者'로부터 취득한 경우에 한정하되, 실질적 權利者가 證券의 占有를 잃은 사유는 盜難·遺失 등 무엇이든 불문한다. 그러나 讓渡人에게 無能力·代理權의 欠缺·意思表示의 瑕疵 등의 사유가 있는 경우에는 선의취득을 인정하지 아니한다.[105] 無權利者 限定說의 논거는, ① 선의취득은 背書의 資格授與的 效力에 기하여 背書의 연속이라는 형식적 資格을 신뢰한 자를 보호하려는 제도일 뿐, 양도인의 能力·代理權을 신뢰한 자를 보호하기 위한 제도가 아니고, ② 이 경우까지 선의취득을 인정하면 無能力·無權代理·意思表示의 瑕疵에 관한 民法의 규정이 적용되지 않는 결과가 되는데, 이것은 民法上 金錢·銀行券·社債券의 경우에는 양도인이 無權利者인 경우에만 보호되는 것과 균형이 맞지 않는 것이며, ③ 沿革的으로 보더라도 이 규정은 게르만法上의 'Hand wahre Hand'의 원칙에서 유래한 것인데, 이는 본래 유효한 양도행위를 전제로 한다는 것 등이다.

(2) 第二說

第二說은 선의취득에 의하여 보완될 수 있는 瑕疵를 '無權利者'로부터 取得한 경우에 한정하지 아니하고 보다 다양한 여러 경우에도 선의취득의 성립을 인정하는 견해로서 다음 세 가지 견해로 나뉜다.

(a) 無制限說: 과거 우리나라와 일본의 少數說이었지만 현재는 다수설이고, 독일의 통설인 無制限說은 瑕疵 범위를 넓게 해석하여, 양도인이 無權利者인 경우뿐만 아니라 背書人측의 사유로 인하여 背書가 無效로 되거나 取消되는 경우에도 선의취득을 인정한다. 따라서 예컨대, 양도인의 無能力, 無處分權, 意思表示의 瑕疵, 代理權의 흠결, 또는 어음에 기재된 被背書人과 실제의 양도인이 동일인이 아닌 경우에도 선의취득을 인정한다.[106]

無制限說의 논거는, ① 양도인의 무능력·대리권의 흠결·背書人의 人的同一性(Indentität)의 흠결은 어음의 외형으로부터 알 수 없는 사유이므로 어음거래의 안전이라는 관점에서 惡意 또는 중대한 過失이 있는 경우에만 權利取得을 否認하여야 할 것이며, ② 이들 경우에까지 선의취득을 인정한다고 하더라도 無能力者·無權代理人의 本人 등은 어음을 소지하지 않으므로 어음상의 權利를 가질 수는 없지만 그렇다고 어음상의 책임을 부담하는 것도 아니므로 無能力者 등의 보호규정이 완전히 沒却되는 것도 아니라고 한다.[107]

---

105) 徐燉玨·鄭完溶(下) 104면; 孫珠瓚(下) 109면; 蔡利植(下) 100면; 木村暎, 《手形法·小切手法要論》, 1992, 170면.

106) 金敎昌, "商事法의 硏究", 1977, 174면; 徐廷甲 183면; 崔基元(어) 365면; 李基秀(어) 245면; 鄭燦亨(어) 485면; 梁承圭(어) 165면; 鈴木竹雄, 《手形法·小切手法》, 1957, 252면; 平出慶道, 《手形法·小切手法》, 1990, 43면 이하; 服部榮三, 《手形·小切手法》, 1990, 54면.

(b) **無能力者 除外說**: 無能力者 除外說은 無制限說과 같은 입장이나, 다만 양도인이 無能力者인 경우에는 선의취득이 인정되지 않는다고 한다.[108]

(c) **部分的 制限說**: 部分的 制限說은 어음의 선의취득이 무한정 인정되는 것은 아니고, 이것이 인정되는 것은 양도인이 無權利者인 경우 외에, ① 代理權의 欠缺·無處分權의 경우와, ② 어음에 기재된 被背書人과 실제의 讓渡人과 동일인이 아닌 경우(人的 同一性의 흠결)까지만 그 범위가 미친다고 하는 학설이다. 따라서 無能力, 意思表示의 瑕疵의 경우에는 선의취득이 인정되지 아니한다고 한다.[109]

(3) 學說에 대한 檢討와 私見

요컨대 無權利者 이외의 경우가 문제이다. 이에 관하여는 각 제도의 취지와 外觀保護 그리고 善意取得制度의 취지에 따라 개별적으로 검토해 보기로 한다.

(i) **代理權·處分權 등에 欠缺이 있는 경우**: 代理權의 흠결이나 處分權(예컨대 破産管財人·遺言執行者·相續財産管理人·委託賣買人 등의 處分權)에 흠결이 있는 경우에는 善意取得이 인정되어야 할 것이다. 왜냐하면 善意取得制度는 양도인의 형식적 자격을 신뢰한 자를 보호하기 위한 제도이므로, 無權代理人 또는 無處分權者가 대리자격 또는 처분자격을 표시하고 어음행위를 하고, 그 양수인이 그의 代理權 또는 處分權이 있는 것으로 믿은 경우에는 外觀信賴에 대한 보호를 인정하여야 할 것이기 때문이다. 이 때에는 대개 이 사건에서와 같이 배서인이 使用者責任을 져야 하는 등 배서인측에 귀책사유도 있다. 이 때 무권대리에 관한 民法과 어음·手票法의 규정도 중첩적으로 적용될 수 있다고 본다. 無權代理人도 어음法 제8조 및 手票法 제11조에 의거, 어음상의 責任을 져야 한다. 無權代理의 경우에 관하여만 본다면 第2說에 속하는 모든 學說이 善意取得을 인정하나, 第1說만은 이를 인정하지 아니한다.

(ii) **讓渡人이 無能力者인 경우**: 양도인이 無能力者인 경우에는 民法의 一般理論에 따르면 취소할 수 있는 행위가 되므로, 취소되기 전까지는 유효한 法律行爲로서 문제가 없다. 만약 無能力者의 法定代理人이 어음행위를 취소하면, 어음행위의 취소의 효과로서 이미 받은 어음金을 반환하고 어음을 還收할 수 있다고 본다. 다만 예컨대 甲(약속어음 발행) → 乙(무능력자의 배서) → 丙 → 丁(소지인, 선의취득자)으로 순차배서·양도된 경우, 乙의 법정대리인이 乙의 배서행위를 취소하

107) 徐廷甲(어) 184면 ; 鄭燦亨(어) 485면.
108) 鄭熙喆·鄭燦亨(下) 297면.
109) 鄭東潤(어) 158~159면.

면 丙은 어음을 반환하여야 하나, 선의취득자 丁은 이를 반환할 필요가 없다고 보는 것이 민법학자들 간의 다수설이다.[110] 동산의 선의취득에 관한 민법 제249조의 규정이 무능력자보호규정보다 우선한다고 보기 때문이다.

한편 無能力者가 어음행위를 함에 있어 詐術로써 能力者로 믿게 한 경우에는 그 행위를 취소하지 못하므로(民法 제17조), 어음의 취득자가 無能力者라는 것을 알지 못한 데에 重大한 過失이 없는 한 어음의 善意取得을 인정하는 것이 마땅할 것이다.[111]

(iii) **양도인에게 意思表示의 瑕疵가 있는 경우**: 양도인에게 意思表示에 瑕疵가 있는 경우(交付意思의 欠缺)에는 民法의 一般理論에 따르면 취소할 수 있는 행위가 되므로, 취소되기 전까지는 유효한 法律行爲로서 문제가 없다.

그러나 양수인이 詐欺 또는 强迫에 의하여 어음을 취득한 경우(民 제110조 제1항) 또는 제 3 자의 詐欺나 强迫이 있고 양수인이 이를 알았거나 알 수 있었을 경우(民 제110조 제2항)에는 양도인은 그 어음행위를 취소할 수 있다고 하여야 한다. 따라서 선의취득이 인정되지 아니한다. 다만 詐欺 또는 强迫에 의하여 취득한 어음이더라도 이를 轉得한 제 3 취득자에 대하여는 대항할 수 없음은 물론이다(民 제110조 제3항). 따라서 사기·강박의 경우 양도인의 어음행위가 취소되더라도 선의의 제3취득자는 어음을 선의취득할 수 있다. 예컨대 甲(약속어음 발행) → 乙 → 丙(사기·강박) → 丁으로 순차배서·양도된 경우, 丙은 선의취득이 불가능하나, 丁은 선의취득할 수 있다. 그리고 讓受人 또는 제 3 자에게 詐欺나 强迫이 있는 경우에는 '惡意·重過失'도 있다고 보아야 할 것이다. 따라서 讓受人에게 詐欺·强迫이 있는 경우에는 실제로도 선의취득이 인정될 여지는 많지 않다.

한편 양도인에게 착오가 있는 경우에도 양도인이 어음행위를 취소할 수 있으나 선의의 제3자는 어음을 선의취득할 수 있다(民 제109조 제2항).

(iv) **背書人의 人的 同一性이 흠결된 경우**: 양도인이 어음증권상의 최후의 被背書人 또는 適法한 所持人과 동일인이라고 양수인이 믿은 경우가 문제이다. 그러나 어음法 제16조 제2항(수표법 제21조)의 "事由의 여하를 불문하고 어음의 占有를 잃은 者"라는 것은 고도의 유통성을 보장하기 위한 것이니, 소지인과 피배서인의 동일성은 어음의 外觀으로부터 알 수 없는 사항이므로, 이 때에도 선의취득이

110) 무능력의 경우에는 의사표시의 하자의 경우에 인정되는 선의의 제3자보호규정(민법 제109조 제2항 및 제110조 제3항)이 없어서, 무능력자의 법정대리인이 乙의 배서행위를 취소한 경우 선의취득자 丁으로부터도 어음을 환수할 수 있다는 견해도 있을 수 있다.

111) 梁承圭(어) 165면.

인정되어야 할 것이다.[112]

(ⅴ) **小 結**: 이상과 같이 구체적인 각 경우를 살피면 양도인이 無能力인 경우와 意思表示에 瑕疵(交付意思의 欠缺)가 있는 경우에는 선의취득을 인정할 수 없다. 무능력의 경우와 의사표시의 하자의 경우는 행위자의 직접적인 권리처분인데 비하여 무제한설이 주장하는 대리권 흠결 · 무처분권 · 인적 동일성의 흠결 등의 경우는 제3자의 권리처분인 점에서 구분될 수 있고, 후자의 경우에만 선의취득을 인정하는 것이 선의취득제도(民 제249조) 본래의 취지와도 일치하는 해석이다.

따라서 部分的 制限說이 타당하다. 그 이유를 정리해 본다면, ① 선의취득은 民法上 動産의 선의취득에서 유래한 것이므로, 沿革的으로는 第一說(無權利者 限定說)이 정당하나, 연혁적인 이유가 당연히 결정적인 근거가 될 수는 없으며, 오히려 ② 어음法 제16조 제2항(手 제21조)은 국제적 협정에 의한 民法 제249조의 例外規定으로 보는 것이 정당하다. 뿐만 아니라, ③ 民法 제249조와는 달리, 어음法 제16조 제2항(手 제21조)의 '事由의 여하를 불문하고 어음(手票)의 占有를 잃은 者'라 함은 반드시 無權利者를 한정한 것으로 축소해석할 필요가 없고, ④ '背書의 連續에 의하여 權利를 證明한 때'라는 것도 現所持人이 연속하는 배서의 최후의 피배서인이 되면 충분하고, 반드시 그에 대한 양도인의 無權利를 전제로 하는 것이 아니다. 물론 ⑤ 善意取得은 背書의 資格授與的 效力에 기하여 背書의 연속이라는 형식적 資格을 신뢰한 자를 보호하려는 제도일 뿐, 어음양도인의 能力 · 代理權을 신뢰한 자를 보호하기 위한 제도가 아니고, 이 경우까지 선의취득을 인정하면 無能力 · 無權代理 · 意思表示의 瑕疵에 관한 民法의 규정이 적용되지 않는 결과가 되는 것이라는 비난이 있으나, 部分的 制限說에 의하면 無權代理에 관한 民法과 어음 · 手票法의 규정도 중첩적으로 적용될 수 있다고 보므로 아무런 문제가 없다.

<대법원 1995. 2. 10. 선고, 94 다 55217 판결 : 대리권의 흠결의 경우에도 선의취득이 인정된다>

<事 實>

피고 주식회사 금호개발은 소외 종합건축사무소 아키반티에스(소외 회사)에게 약속어음을 발행 · 교부하였는데, 소외 회사의 총무부장이던 소외 김철근이 이를 보관하고 있다가, 그가 업무상 보관중이던 소외 회사의 대표이사의 도장을 부정사용하여 동어음에 위조배서한 후 원고에게서 할인받았다. 원고

---

112) 同旨 : 鄭東潤(어) 159면.

가 위 어음의 지급제시를 하자 피고는 동어음상의 소외 회사 명의의 배서는 위조된 것으로 무효라 할 것이어서, 원고로서는 적법한 배서양도로 위 각 어음을 승계취득하였다고 볼 수 없다는 것을 이유로 지급을 거절하였다. 이에 대하여 원고는 위 어음을 취득할 당시 김철근의 신분을 확인하였고, 피고 회사에 대하여도 사고어음인지 여부를 조회하였으므로, 동어음을 선의취득하였다고 주장하였다. 제1심(서울민사지방법원 1994. 5. 6. 선고, 93 가다 126080 판결)에서는 피고승소, 제2심에서는 피고패소판결을 하였고, 이에 피고가 상고하였다.

<判決要旨>

어음의 선의취득으로 인하여 치유되는 하자의 범위, 즉 양도인의 범위는 양도인이 무권리자인 경우뿐만 아니라 대리권의 흠결이나 하자의 경우도 포함한다. 따라서 대리권의 흠결의 경우에도 선의취득이 인정되므로 피고의 상고를 기각하고 원심을 확정한다.

(4) 惡意 또는 重過失이 없을 것

어음취득자에게 惡意 또는 重過失이 없어야 한다. 악의란 '欠缺을 아는 것'인데 흠결의 내용이 무엇이냐에 대해서는 학설에 따라 그 범위가 달라진다. 瑕疵의 범위에 관하여 무권리자 한정설을 취하는 종래의 통설은 악의란 양도인이 무권리자라는 것을 알고 있음을 말한다고 하나, 瑕疵의 범위에 관하여는 部分的 制限說이 타당하다고 보므로 惡意란 無權利者인 것뿐만 아니라 代理權의 欠缺, 無處分權, 人的 同一性의 欠缺 등의 사정을 讓渡人이 알고 있음을 말한다(惡意를 인정하는 실제적 표준은 상당한 對價를 지급했느냐 않았느냐에 따라 결정한다.). 또한 重過失이란 이러한 사정을 모른 데 대한 부주의의 정도가 현저한 것을 말한다. 惡意 또는 重過失이 없는 사정은 어음을 취득한 당시에 있으면 되고, 또 자기의 직접 前者에 대한 관계에만 있으면 충분하다. 따라서 자기에게 讓渡한 背書人이 善意取得者라고 믿었다면, 그 背書人의 前者 중에 無權利者가 있었다는 것을 알고 있어도 선의취득이 된다. 惡意·重過失의 擧證責任은 어음의 返還請求者에게 있다.

<대법원 1993. 9. 24. 선고, 93 다 32118 판결 : 어음의 취득자에게 중과실이 있어서 선의취득을 인정하지 아니한 사례>

<事 實>

피고 주식회사 서광은 예음문화재단(대표 최원영)에게 액면 금 1,500만원인 약속어음을 발행하였다. 예음문화재단의 직원 김수형은 동재단 대표자의 직인이 아닌 최원영 개인의 목도장을 이용하여 배서를 위조, 이를 원고 장일윤

에게 교부하여 할인을 받았다. 장일윤은 이를 송재만에게, 송재만은 임우역에게, 임우역은 신영상호금고에게 순차 배서양도하였다. 위 어음의 지급일에 지급이 거절되자 신영상호신용금고는 장일윤에 대하여 소구권을 행사하였고, 장일윤은 이에 응하여 어음을 환수·소지한 다음, 피고에게 어음금의 지급을 구하였다. 이에 대하여 피고는 원고가 이 사건 어음을 취득함에 있어 예음문화재단 대표자의 직인이 아닌 개인의 목도장으로 위조, 날인한 위 어음을 취득한 것은 중대한 과실이 있으므로 어음금을 지급할 수 없다고 다투었다. 장일윤은 어음의 배서가 위조되었다고 하나, 자신으로서는 선의취득을 하였기 때문에 지급을 받을 자격이 있다고 주장하였다.

<判決要旨>

회사의 직원이 약속어음의 회사명의의 배서를 위조함에 있어 날인한 회사의 인장이 그 대표자의 직인이 아니라 그 대표자 개인의 목도장이고, 그 어음금액이 상당히 고액인 점 등에 비추어, 위 약속어음을 할인의 방법으로 취득한 자에게 배서의 진정 여부를 확인하지 아니한 중대한 과실이 있다.

<대법원 1996. 11. 26. 선고, 96 다 30731 판결 : 업무규정위반이 있더라도 악의 또는 중대한 과실로 어음을 취득한 때에 해당하지 아니한다고 본 사례>

상호신용금고가 상업어음만을 할인하여야 하는 규정에 위반하여 담보용으로 발행된 어음이나 융통어음을 잘못 할인하였다고 하여 곧바로 악의 또는 중대한 과실로 어음을 취득한 때에 해당한다고는 볼 수 없다.

(5) 어음取得者에게 獨立된 經濟的 利益이 있을 것

어음취득자인 피배서인에게 대리권밖에 없는 추심위임배서의 경우에는 피배서인이 독립된 경제적 이익을 갖지 못하므로 선의취득의 규정이 적용될 여지가 없다. 숨은 추심위임배서의 경우에도 같다. 그러나 입질배서의 경우에는 피배서인이 독립된 경제적 이익을 가지므로 선의취득이 인정된다.

3. 어음善意取得의 效果

어음의 讓受人은 讓渡人이 無權利者이거나 代理權의 欠缺, 無處分權, 人的 同一性의 欠缺 등의 사정이 있더라도 어음상의 權利를 原始的으로 취득한다. 따라서 그 누구에게도 '어음을 返還할 義務가 없다'(어 제16조 제2항 본문·제77조 제1항 제1호). 盜難·遺失 기타의 사유로 인하여 자기의 意思에 반하여 어음의 占有를 잃은 어음상의 權利者는 그 權利를 상실하게 된다.

어음이 선의취득된 경우라도 被僞造者·어음行僞를 취소한 無能力者·無權代理의 本人 등은 누구에 대하여도 어음상의 책임을 지지 않는다.

4. 어음善意取得의 適用範圍

(1) 숨은 推尋委任背書의 경우

善意取得制度는 취득자의 고유한 경제적 이익을 전제로 하는 것이므로 無權利者로부터 숨은 推尋委任背書를 받은 被背書人은 惡意·重過失이 없어도 선의취득은 할 수 없다.

(2) 期限後背書의 경우

期限後背書는 擔保的 效力도 없고 抗辯의 切斷效力도 없으므로 유통성을 보호하려는 善意取得制度는 적용되지 않는다고 본다.

(3) 入質背書의 경우

入質背書의 被背書人도 보호를 받아야 할 것이므로 質權의 선의취득은 인정된다.

(4) 白地어음의 경우

白地어음도 背書에 의한 讓渡가 인정되는 한 선의취득이 인정되어야 할 것이다.

(5) 除權判決과의 관계

어음의 除權判決이 있으면, 公示催告期間 중에 異議申請을 하지 않은 선의취득자는 證券上의 權利를 행사할 수 없게 된다.

제 3 관 어음上의 權利의 行使

Ⅰ. 序 說

流通證券이라는 어음의 특성 때문에 어음상의 權利者는 권리를 행사할 때 반드시 證券을 제시하여 相換하여야 하고, 지급이 거절된 경우에 遡求權을 행사하려면 權利保全節次를 취하여야만 하는 반면에, 어음債務者는 債權者에 대한 抗辯이 일정한 경우로 제한되어 一般債務者보다 불리한 지위에 놓이게 된다. 이러한 어음債務의 嚴格性을 '어음嚴正'이라고 하는데, 어음嚴正은 형식적 嚴正과 실질적 嚴正으로 나누어 볼 수 있다.

형식적 嚴正은 세 가지의 내용을 포함하는데, ① 어음의 형식요건이 엄격하게 준수되어야 하고 흠결된 요건은 어음 외의 사정에 의하여 보충되어서도 안된다는 것, ② 기간 및 법률행위의 嚴正으로서 遡求權行使를 위해서는 支給提示期間 및 拒絶證書에 관한 규정을 준수하여야 한다는 것, ③ 어음에 특유한 간이 · 신속한 訴訟節次, 즉 어음訴訟制度를 마련하여 어음상의 권리를 쉽게 행사하도록 하는 것 등이다. 우리 나라에서는 어음訴訟制度는 없으나, 民事訴訟法에서 어음訴訟에 관하여 약간의 特則을 두고 있고(民訴 제213조), 公證人法에 의하여 公證된 어음(手票)은 그 債務者에 대하여는 執行權原으로 보게 되어(公證人法 제56조의 2 제4항) 執行證書가 된다(民訴 제519조 제4호 참조).

한편 실질적 嚴正이란 어음채무의 내용은 어음증권의 文言에 따라 결정되어야 하며, 그 해결 내지 보충을 위하여 어음 외의 사정, 즉 어음증권으로부터 알 수 없는 사정이 고려되어서는 안된다는 것이다. 이것은 어음채무의 추상성 및 어음항변의 제한 등으로 나타난다.

Ⅱ. 어음抗辯

1. 어음抗辯의 意義

어음抗辯(Einwendung, Einrede, exception, defence)이란 어음상의 청구를 받은 자가 그 청구를 거부할 수 있는 모든 사유 또는 그 사유의 주장을 말한다. 이 어음抗辯은 實體法上의 抗辯에 속하지만 일반적인 實體法上의 抗辯[예컨대, 催告의 抗辯(民 제437조), 檢索의 抗辯(民 제437조), 同時履行의 抗辯(民 제536조)]과 같이 상대방의 權利를 시인하면서 그 債務의 이행을 거절하는 것(狹義의 抗辯, 權利抗辯)뿐만 아니라, 상대방의 권리의 불성립 또는 소멸을 이유로 하여 권리 자체를 부정하는 廣義의 抗辯까지도 포함한다. 어음抗辯은 '어음채무자'가 제출하는 것으로서 主債務者 또는 遡求義務者(發行人, 背書人, 保證人 등)가 어음에 의해 請求를 하는 자에 대하여 갖는 權利이다. 그러므로 어음채무자가 아닌 換어음의 지급인·支給擔當者·手票의 支給銀行이 소지인에게 형식적 자격 또는 실질적 권리가 없다는 것을 이유로 또는 어음 자금이 없다는 것을 이유로 지급을 거절하는 것은 어음抗辯이 아니다. 어음抗辯權은 형성권의 일종이다.

2. 어음抗辯의 分類

어음抗辯은 抗辯의 효력에 따라, 抗辯의 성립요건에 따라, 그리고 權利外觀論에 따라 분류할 수 있다.[113)]

(1) 抗辯의 效力에 따른 分類

우리나라의 通說은 어음抗辯을 보통 人的 抗辯(相對的 抗辯)과 物的 抗辯(絶對的 抗辯)으로 분류한다. 그것은 항변의 대항을 받는 人的 範圍를 기준으로 한 것이나, 실은 무엇이 人的 抗辯이냐는 法文上 밝혀지지 않고 있다. 따라서 어음채무자의

113) 鄭東潤(어) 165면 이하.

보호요청과 어음 거래의 원활·안전화 요청을 較量하여 개별적·구체적으로 결정하는 수밖에 없을 것이다. 다만 物的 抗辯의 확정은 비교적 용이하고, 한편 그 범위를 가급적 좁힐 필요가 있기 때문에, 먼저 物的 抗辯事由를 결정하고 그 밖의 것을 人的 抗辯事由로 하는 것이 보통이다.

(가) 物的 抗辯

物的 抗辯이란 被請求者가 모든 請求者에 대하여 대항할 수 있는 抗辯이다. 이것은 어음상의 權利의 객관적 존재에 관한 抗辯으로서, 크게 다음의 세 가지로 분류할 수 있다.

(a) **어음의 記載로부터 생기는 抗辯** : 이 抗辯은 證券上에 명백히 나타나는 것으로서 취득자를 해치는 것이 아니다. 예컨대, ① 어음要件欠缺의 抗辯(어 제2조 제1항·제76조 제1항), ② 滿期未到來의 抗辯(어 제38조·제40조 제2항·제77조 제1항 제3호), ③ 어음面上 명료한 支給畢·一部支給(어 제39조 제1항·제3항, 어 제77조 제1항 제3호)·免除·相計의 抗辯, ⑦ 支給場所의 約定을 지키지 않았다는 항변 따위이다.

(b) **어음行爲의 유효한 성립을 부정하는 抗辯** : 이 抗辯은 어음의 記載上으로는 명백하지 않아서 어음취득자에게는 불리하다. 예컨대, ① 交付欠缺의 抗辯, ② 어음의 僞造(어 제7조·제77조 제2항)·變造(어 제69조·제77조 제1항 제7호)의 抗辯, ③ 無權代理의 抗辯(어 제8조·제77조 제2항), ④ 無能力으로 인한 無效·取消의 抗辯(어 제7조·제77조 제2항) 따위이다.

《어음學說과의 관계 - 交付欠缺의 抗辯》

보통 어음교부계약의 흠결은 두 가지 측면에서 문제된다. 하나는 이 경우에 도대체 증권상의 권리가 성립하는가, 그리하여 증권상의 기명날인자가 증권상의 의무를 부담하는가 하는 문제이다. 이것은 이른바 어음이론 내지 어음학설에 관한 문제이다(본 사건의 쟁점도 이에 관한 것이다).

다른 하나는 이 경우에 증권의 선의취득자는 어떠한 요건 하에 보호를 받을 수 있는가, 환언하면 증권상의 기명날인자는 증권의 취득자에 대하여 어떠한 경우에 교부계약흠결의 항변으로써 대항할 수 있는가 하는 문제이다. 이것은 어음항변론에 관한 문제이다.

이에 관하여 어음이론 중에 창조설은 아예 어음항변의 문제가 제기되지 않으며, 교부계약설은 물적 항변사유로 본다. 발행설과 권리외관설은 이를 인적 항변사유로 보는데, 이에 대하여는 다시 전통적인 人的 抗辯事由說과 新어음抗辯理論이 대립되어 있다. 이는 결국 교부계약의 흠결을 주장하는 자가 증권의 취득자에 대항하기 위하여는 증권취득자에게 害意까지 있어야 하는가, 아니면 악의·중과실만으로 충분한가가 문제된다.

교부흠결의 항변에 대한 각 학설의 입장을 보면 다음과 같다.

(ⅰ) 발행설과 권리외관설은 선의취득자에 대하여는 주장할 수 없다고 한다. 외관야기에 귀책사유가 있기 때문이다. 다만 악의·중과실취득자에게는 주장할 수 있다. 어음법 제17조에 해당하지 아니하는 인적 항변이므로 害意를 요하지 아니한다.[114)]

(ⅱ) 계약설은 물적 항변으로 본다. 다만 선의취득의 규정이 항변에 관한 규정보다 우선하므로 악의·중과실이 없는 소지인은 선의취득할 수 있다.

(ⅲ) 창조설은 교부의 흠결은 어음항변과 무관하다고 본다.

본서에서는 어음학설에 관하여 발행설을 취하므로 교부흠결의 항변은 인적 항변으로 본다. 다만 선의취득의 규정이 항변에 관한 규정보다 우선하므로 악의·중과실이 없는 소지인은 선의취득할 수 있다고 본다.

(c) 어음債務의 消滅 또는 어음의 失效에 관한 抗辯 : 이 抗辯은 어음상의 기재와 관계없는 항변이다. 예컨대, ① 供託의 抗辯(어 제42조·제77조 제1항 제3호), ② 除權判決에 의한 어음失效의 抗辯(民訴 제446조 이하), ③ 時效消滅의 抗辯(어 제70조·제77조 제1항 제8호), ④ 權利保全節次欠缺의 抗辯(어 제53조·제56조 제2항·제60조 제1항·제66조 제2항·제68조 제2항·제77조 제1항 제4호) 따위이다.

(나) 人的 抗辯

人的 抗辯이란 被請求者가 특정한 請求者에 대하여서만 대항할 수 있는 抗辯이다. 이것은 어음상의 권리의 객관적 존재와는 관계없고, 어음債務者와 특정 소지인과의 특수한 人的 關係에서 발생하는 抗辯이다.

(a) 實質關係에 기인한 抗辯 : 實質關係에 기인한 抗辯은 ① 原因關係의 無效·取消 또는 解除의 抗辯, ② 不法原因에 의거한 어음行爲라는 抗辯, ③ 割引金不交付의 抗辯, ④ 推尋의 목적으로 讓渡背書하였다는 抗辯, ⑤ 融通어음이라는 抗辯 따위이다.

《融通어음의 抗辯》

우리나라의 通說과 判例에 따르면 融通어음의 抗辯은 人的 抗辯에 속하기는 하지만 이를 알고 있는 제 3 자에게는 대항할 수 없다고 한다. 따라서 融通어음의 抗辯에는 어음法 제17조 단서가 적용되지 않고 抗辯이 切斷된다.

---

114) 鄭燦亨(어) 521면.

그 근거는 融通어음이라는 것을 알고 어음을 취득하였더라도 債務者를 害할 것을 알고 취득한 것은 아니기 때문이라는 것이다.[115] 이에 대하여 少數說은 融通어음의 抗辯은 切斷이 불필요한 抗辯이라는 학설,[116] 人的 抗辯이라고 할 수 없다는 학설,[117] 일반적인 어음抗辯 어디에도 속하지 않는다는 학설[118] 등으로 나뉜다.

<대법원 1979. 10. 30. 선고, 79 다 479 판결 : 융통어음의 항변은 악의의 제3자에게도 대항할 수 없다>

타인의 금융 또는 채무담보를 위하여 약속어음(이른바 융통어음)을 발행한 자는 피융통자에 대하여 어음상의 책임을 부담하지 아니하나, 그 어음을 양수한 제3자에 대하여는 선의이거나 악의이거나, 또한 그 취득이 기한후배서에 의한 것이었다 하더라도 댓가없이 발행된 융통어음이었다는 항변으로 대항할 수 없다(참조 : 대법원 1988. 1. 19. 선고, 86 다카 1954 판결 ; 대법원 1995. 1. 20. 선고, 94 다 50489 판결 ; 대법원 1995. 9. 15. 선고, 94 다 54856 판결).

<대법원 1990. 4. 25. 선고, 89 다카 20740 판결 : 융통어음의 경우에도 취득자가 채무자를 해할 것을 알고 취득한 때에는 악의의 항변이 성립된다>

어음채무자는 기한후배서의 피배서인에 대하여는 그 배서의 배서인에 대한 인적 항변을 가지고 대항할 수가 있지만, 특단의 사정이 없는 한 그 배서인의 전자에 대한 항변사유를 가지고는 피배서인에게 대항할 수 없는 것이고, 따라서 배서인이 어음취득당시 선의였기 때문에 배서인에게 대항할 수 없었던 사유에 대하여는 피배서인이 비록 어음취득 당시 그 사유를 알고 있었다 하여도 그것으로써 피배서인에게 대항할 수는 없는 것이므로 피고 Y가 소외 A에게 발행한 약속어음을 소외 A가 소외 B에게 배서양도하여 B가 지급기일에 지급제시하였으나 지급거절된 후 다시 원고 X에게 배서양도한 경우, 원고 X의 피고 Y에 대한 어음금청구에 대하여 피고 Y가 위 어음이 융통어음이고 이에 대한 담보로 받은 A 발행의 동액의 담보어음이 지급거절되었다는 주장을 하더라도 이에 대한 B의 악의를 주장, 입증하지 못하는 한 피고 Y는 B에 대하여 이로써 대항할 수가 없고, 따라서 이를 승계한 원고 X에 대하여 그의 선의, 악의에 불구하고 위 사유로써 대항할 수 없다.

<대법원 1995. 1. 20. 선고, 94 다 50489 판결 : 현재의 어음소지인에게 어음을 양도한 자가 어음취득 당시 선의였기 때문에 그에게 대항할 수 없었던

---

115) 崔基元(어) 530면 ; 蔡利植(下) 386면 ; 大判 1968. 8. 31, 65 다 1217 ; 大判 1979. 10. 30, 69 다 479.
116) 鄭東潤(어) 176면, 185면
117) 鄭熙喆·鄭燦亨(下) 362면.
118) 鄭燦亨(어) 574면.

사유에 대하여는 현재의 어음소지인이 비록 어음취득 당시 그 사유를 알고 있었다고 하여 그것으로써 현재의 어음소지인에게 대항할 수는 없다>

<事 實>

피고 유재흔은 소외 경민섬유주식회사 대표이사 이칠수의 자금융통을 위하여 이른바 융통어음을 발행·교부하고, 이에 대한 담보로서 이칠수는 위 주식회사의 명의로 어음·수표 7매를 발행하여 피고에게 교부하였다. 이칠수는 위 융통어음을 소외 경민섬유주식회사에게, 경민섬유주식회사는 주식회사 신양상호신용금고에게, 금고는 이칠수의 종숙인 원고 이종완에게 각각 순차 배서·양도하였으나, 현재 어음상에 금고의 배서는 말소되어 있다. 한편 이칠수가 피고에게 발행·교부한 담보어음·수표는 부도처리되었다. 원고는 지급기일 2, 3일 후에 이를 피고에게 지급제시하였으나 피고는 융통어음임을 이유로 그 지급을 거절하였다.

<判決要旨>

어음의 양도 전에 배서를 하였다가 이를 말소한 채로 다시 어음을 양도한 자도 배서인으로서의 소구의무를 부담하는 것은 아니나 현재의 어음소지자의 전자로서의 권리를 양도한 어음상의 권리자였다는 점에는 변함이 없다 할 것이고, 현재의 어음소지인에게 어음을 양도한 자가 어음취득 당시 선의였기 때문에 그에게 대항할 수 없었던 사유에 대하여는 현재의 어음소지인이 비록 어음취득 당시 그 사유를 알고 있었다고 하여 그것으로써 현재의 어음소지인에게 대항할 수는 없다. 따라서 이와 견해를 달리하여 원고가 이와 같은 사정을 알고 있었다는 이유만으로 피고의 원고에 대한 융통어음의 항변을 받아들인 것은 융통어음 및 그 인적 항변의 절단에 관한 법리를 오해하여 판결결과에 영향을 미친 위법을 저지른 것이라 아니할 수 없고, … 원심판결을 파기하고 사건을 대구지방법원 본원 합의부에 환송한다.

(b) **어음行爲成立의 瑕疵로 인한 抗辯** : 이 抗辯은 ① 意思表示의 欠缺 또는 瑕疵로 인한 항변, ② 白地補充權濫用의 항변 따위이다.

(c) **어음上의 權利가 消滅하였다는 抗辯** : 이 抗辯은 ① 어음과 상환 하지 아니한 支給, ② 채무의 免除·相計 따위로 인한 權利消滅의 항변이다.

(d) **無權利의 抗辯** : 無權利의 抗辯은 ① 어음의 拾得 또는 盜取, ② 背書連續의 欠缺 따위로 인한 權利否定의 항변이다.

(2) 抗辯의 成立要件(*存在形式*)에 따른 分類

독일과 우리나라의 일부 학설은[119] 抗辯事由의 *存在形式*에 따라 어음抗辯을 證

券上의 抗辯(urkundliche Einwendungen)(基本어음의 要件欠缺 등), 非證券的 有效性의 抗辯(nichturkundliche Gültigkeitseinwendungen)(僞造·無能力·無權代理 등), 人的 抗辯(어음授受의 原因關係에서 발생하는 抗辯 등)으로 나눈다. 또 독일의 Hefermehl敎授도 어음抗辯을 證券上의 抗辯, 效力에 관한 抗辯, 人的 抗辯의 세 가지로 분류하고 있다.[120]

(3) 權利外觀論에 따른 分類

權利外觀論에 따른 분류는 독일의 Canaris敎授의[121] 분류방법에 기초를 둔 것으로서, 이를 주장하는 견해는 종래 우리나라의 通說인 이분법을 다음과 같이 비판한다.[122] 즉, ① 어음抗辯의 이분법은 어음抗辯 가운데는 제한이 가능한 것과 제한이 불가능한 것의 두 가지가 있다는 것을 밝히는 것 이상의 아무런 가치가 없고, ② 어음抗辯論의 중심과제는 일정한 抗辯은 왜 이를 제한할 수 있는가를 탐구하는 데에 있는데, 통설이 취하는 이분법은 이 점에 관하여 아무런 해답을 주지 못하고 있으며, ③ 어음抗辯 가운데에는 종래의 通說이 말하는 物的 抗辯과 人的 抗辯의 어느 것에도 속하지 않는 것들(融通어음의 抗辯, 交付契約欠缺의 抗辯 등)이 있는데, 종래의 二分法은 이를 설명할 수가 없다는 것이다. 그리고 抗辯의 성립요건에 따른 분류법도 어음항변분류의 표준이 되는 실질적 근거나 정당성의 기준을 충분히 밝히지 못하고, 특히 權利外觀主義와의 상관관계가 명백하지 아니하다는 점 등을 비판하고 있다.

Canaris敎授는 權利外觀論에 따라 어음抗辯을 여섯 가지로 분류하고 있다. 즉, ① 直接的 抗辯(相續, 指名債權讓渡의 방법에 의한 讓渡 등과 같이 어음의 流通이 없는 경우), ② 內容的 또는 證券上의 抗辯(어음要件의 欠缺 등), ③ 歸責可能性에 관한 抗辯(僞造·變造, 無能力, 無權代理 등), ④ 어음債務의 유효성에 관한 抗辯(交付契約의 欠缺 등), ⑤ 人的 抗辯(原因關係로부터 발생하는 抗辯 등), ⑥ 排除不要의 抗辯(融通어음의 抗辯에서 항변제한이 불필요한 경우) 등이 그것이다. 이에 대하여 우리나라에서 이 學說을 따르는 견해는 Canaris敎授의 분류 중 ① 직접적 항변은 어음항변제한의 법칙이 적용되는 범위의 문제로 보아 이를 抗辯의 분류에서 제외하고 나머지 다섯

---

119) W. Zoöllner, Wertpapierrecht, 13. Aufl., 1982, S. 125ff.; 鄭熙喆·鄭燦亨(下) 355면.

120) Baumbach/Hefermehl, Wechselgesetz und Scheckgesetz, 14 Aufl., 1984, Art. 17 W.G. Rdn. 5ff.

121) Hueck/Canaris, Recht der Wertpapiere, 11. Aufl., 1977, S.133ff.

122) 鄭東潤(어) 167면 이하; 同, "어음抗辯의 二分法에 대한 反省(이른바 新抗辯理論과 관련하여)", 《商事法의 現代的 課題》(椿江 孫珠瓚 博士 華甲紀念) 1984, 481~498면.

가지로 분류하는 것이 타당하다고 하면서, 이를 新어음抗辯論의 하나라고 한다.[123)]

생각건대, 어음抗辯의 분류에서 중요한 것은 어떠한 抗辯이 모든 어음소지인에 대하여 대항할 수 있는 抗辯, 즉 切斷되지 않는 抗辯이며, 어떠한 抗辯이 特定한 所持人에 대해서만 대항할 수 있는 抗辯, 즉 절단될 수 있는 항변인가 또는 예외적으로 언제 절단되지 않게 되는가를 확정하는 것이지, 그 理論構成에 있는 것이 아닐 것이다. 그렇다면 '언제나 切斷될 수 없는 抗辯'을 物的 抗辯으로 보고 '切斷될 수 있는 抗辯'을 人的 抗辯으로 보는 通說이 타당할 것이다. 다만 통설에 반대하는 견해는 融通어음의 抗辯, 交付 欠缺의 抗辯 및 意思表示의 瑕疵에 관한 抗辯 등에는 어음法 제17조 但書가 적용되지 않는다고 하여, 이는 人的 抗辯事由에도 속하는 것이 아니고 또 物的 抗辯事由에도 속하는 것이 아니기 때문에 통설인 이분법으로는 설명할 수 없고, 별도의 抗辯事由로 분류해야 한다고 주장한다. 그러나 人的 抗辯事由를 어음法 제17조에 국한시키지 않고 그 외에 '切斷될 수 있는 抗辯事由'를 포함시킨다면 이를 人的 抗辯事由로 보는 데 아무런 문제가 없을 것이다.

3. 어음抗辯의 制限

(1) 人的 抗辯의 制限

어음法 제17조 본문은 "換어음에 의하여 청구를 받은 자는 발행인 또는 종전의 소지인에 대한 人的 關係로 인한 抗辯으로써 소지인에게 대항하지 못한다."고 규정하여 '人的 關係로 인한 抗辯', 즉 人的 抗辯을 제한하고 있다.

원래 권리의 양수인은 양도인이 가졌던 것보다 더 큰 권리를 취득할 수 없으므로 債務者는 讓渡人에게 대항할 수 있었던 抗辯事由로써 讓受人에게도 대항할 수 있는 것이 원칙이다(民 제451조). 이 이론을 어음관계에 그대로 적용한다면, 최후의 讓受人은 前者 全員에 대하여 성립한 抗辯事由에 의하여 어음채무자로부터 대항받게 되고, 이것은 결과적으로 어음양수인의 지위를 매우 불안정하게 만들고, 어음의 유통성을 크게 해치게 된다. 이에 어음法은 어음의 유통성을 확보증진하기 위하여, 유통과정에 있어서의 前者에게 대항할 수 있는 抗辯 중 讓受人이 손쉽게

123) 鄭東潤(어) 171면 ; 鄭東潤, 上揭論文 494~498면.

알 수 없는 것은 讓受人(後者)에 대해서는 대항하지 못하도록 切斷(制限)한 것이니, 이는 權利外觀理論에 따라 법이 정책적으로 인정한 특칙이라 할 수 있다.[124]

<대법원 1989. 10. 24. 선고, 89 다카 1398 판결 : 어음행위는 무인행위로서 어음수수의 원인관계로부터 분리하여 다루어져야 한다>

어음행위는 무인행위로서 어음수수의 원인관계로부터 분리하여 다루어져야 하고 어음은 원인관계와 상관없이 일정한 어음상의 권리를 표창하는 증권이므로 어음이 일정한 조건(예컨대, 근로자들에 대한 노임체불)하에서만 행사하기로 한 약정하에 발행되었더라도 이와 같은 사정은 어음의 원인관계에 기한 인적 항변사유에 불과하고 어음상의 권리는 일단 유효하게 성립되었다고 보아야 할 것이어서 여기에 어음법 제16조 제2항은 적용될 수 없다.

(2) 人的 抗辯의 對抗力

人的 抗辯은 특정한 所持人에 대한 抗辯이므로 그 소지인으로부터 어음을 양수한 자에 대해서는 대항하지 못하나, 일단 유통되었다가 후일에 還背書(어 제11조 제3항 · 제77조 제1항 제1호)나 償還還受(어 제46조 · 제50조 · 제77조 제1항 제4호) 등에 의하여 다시 어음소지인이 된 경우에는 대항할 수 있다.

4. 어음抗辯制限의 適用範圍

人的 抗辯을 제한하여 당사자 이외의 자에 대하여 대항할 수 없게 한 것은 어음의 유통보호를 위한 것이므로 어음의 유통보호와 관계가 없는 다음과 같은 경우에는 어음抗辯制限의 法理가 적용될 여지가 없다.

(1) 惡意의 抗辯(害意의 取得者)

(가) 意 義

惡意의 抗辯이란 '債務者를 害할 것을 알고 어음을 取得한' 所持人에 대한 人的 抗辯을 말한다(어 제17조 단서 · 제77조 제1항 제1호). 抗辯의 切斷을 인정하여 被背書人을 보호할 필요가 있는 것은 被背書人이 善意의 경우에 한한다. 따라서 이미 항변이 부착되어 있는 줄 알고 채무자를 害할 것도 알면서 어음을 취득한 者,

124) 鄭東潤(어) 174면 ; 鄭熙喆(下) 354면.

즉 害意의 취득자에 대해서는 어음抗辯制限의 法理(어 제17조 본문)를 적용하지 않고, 前者에 대한 抗辯事由를 승계시키려는 것이 惡意의 抗辯을 인정한 사유이다.[125]

(나) 惡意의 內容

惡意의 내용에 관하여서는 統一어음法會議에서도 상당히 논의되었는데, 대체로 세 가지 입장으로 분류할 수 있다. 제 1 설은 惡意의 내용을 가장 좁게 해석하여, '債務者를 해할 意思로써 하는 共謀'(fraudulent understanding)를 요한다고 한다(英 어 제29조 제3항, 美 流 제58조 참조). 제 2 설은 惡意의 내용을 가장 넓게 해석하여, '抗辯存在의 사실을 아는 것'(bad faith)으로써 충분하다고 한다(日本의 舊어음法). 제 3 설은 統一어음法會議에서 채택한 타협안으로서, 抗辯事由의 인식만으로는 부족하고, 그 밖에 자기가 어음을 취득함으로써 항변이 切斷되고, 그 결과 '債務者가 해를 입는다는 것을 알면서'(knowingly to the detriment of the debtor) 구태여 취득하는 것이라고 한다.[126]

우리 어음法 제17조 단서는 제 3 설의 입장을 취하여 "所持人이 그 債務者를 해할 것을 알고 어음을 취득한 때에는 그러하지 아니하다."라고 규정하고 있다.

> <대법원 1996. 5. 14. 선고, 96 다 3449 판결>
> 이른바 악의의 항변이라 함은 항변사유의 존재를 인식하는 것만으로는 부족하고 자기가 어음을 취득함으로써 항변이 절단되고 채무자가 해를 입는다는 사실까지도 알아야 한다. 갑이 을에게 할인의 목적으로 어음을 교부하고 병이 그 사실을 알면서 을의 어음할인 부탁에 따라 그 어음을 취득한 후 을의 대출금채무에 대한 담보로 처리한 경우, 그 어음은 아무런 원인관계 없이 병에게 교부된 것이므로 갑으로서는 이러한 원인관계에 대한 인적 항변으로 병에게 대항할 수 있다. 참조 : 대법원 1995. 1. 20. 선고, 94 다 50489 판결.

(다) 惡意의 存在時期

惡意의 유무를 결정하는 시기는 어음(또는 白地어음)을 취득한 때이다. 따라서 어음소지인이 이미 발생한 항변사유에 대하여 어음취득시에는 몰랐으나(善意) 그

---

125) 그러나 어음抗辯은 본래 승계될 수 없는 것이고, 抗辯制限도 어음에 내재하는 당연한 특성이라고 보고서, 惡意의 抗辯이란 어음債務者의 이익과 所持人의 이익과의 형평을 확보하기 위하여 法이 특별히 인정한 '특수한 人的 抗辯'이라고 보는 견해도 있다(高窪利一, 《手形・小切手法》, 1982, 119면 참조).

126) 大判 1996. 5. 14, 96 다 3449 ; 大判 1995. 9. 15, 94 다 54856.

후에 안 경우에는(惡意) 어음채무자는 그러한 어음소지인에 대하여 惡意의 抗辯을 주장할 수 없다. 그러나 抗辯事由의 존재시기는 어음을 취득한 때가 아니고, 만기 또는 어음상의 권리를 행사하는 때이다. 따라서 어음取得時에는 抗辯事由가 존재하지 않았으나 만기 또는 권리행사의 시기에 그 항변사유가 성립할 것을 예견할 수 있는 때(예컨대, 騙取된 어음임을 알면서 이를 취득하고, 후에 詐欺를 이유로 계약이 취소된 경우)에는 惡意의 抗辯이 성립할 수 있다. 여기서 말하는 취득에는 逆背書(還背書)에 의한 취득은 포함되지 않는다.

(라) 惡意抗辯의 適用範圍

惡意의 抗辯을 받는 것은 取得者가 직접 前者인 背書人에 대한 人的 抗辯事由를 알고 있는 경우에 한한다. 따라서 그 전의 背書人(前前者)에 대한 人的 抗辯事由를 알고 있는 경우에는 惡意의 抗辯은 성립하지 않는다. 왜냐하면 所持人의 前者가 善意取得을 하여 그 抗辯은 제한받기 때문이다.

어음取得者에게 善意에 관하여 重過失이 있느냐의 여부는 문제되지 않는다. 따라서 重過失이 있는 경우에도 소지인은 抗辯의 대항을 받지 않는다. 또 융통어음·개서어음이라는 사실을 알고 어음을 취득하더라도 惡意의 抗辯은 성립되지 않는다.

(마) 惡意抗辯의 立證責任

소지인의 악의에 관한 입증책임은 어음채무자가 이를 부담한다는 것이 通說·判例이다.[127]

(2) 獨立된 經濟的 利益을 갖지 않는 取得者

人的 抗辯의 切斷은 취득자의 이익의 보호를 목적으로 하는 것이므로, 독립된 경제적 이익을 갖지 않는 어음取得者(예컨대, 推尋委任背書의 被背書人)에 대하여는 그 善意·惡意를 불문하고 前者에 대한 人的 抗辯事由를 가지고 대항할 수 있다.

(3) 非어음法的 流通方法에 의한 取得者

어음 본래의 유통방법(背書)에 의하지 않고 어음을 취득한 者(예컨대, 相續·合併·轉付命令·指名債權讓渡方法에 의한 取得者)에 대해서는 前者, 즉 양도인에 대한 人的 抗辯事由로서 대항할 수 있다. 또한 期限後背書(어 제20조·제77조 제1항 제1호)에도 人的 抗辯의 切斷 效力은 인정되지 않는다. 이것은 어음이 流通證券으로서의 기

127) 大判 1962. 9. 20, 62 다 383.

능을 발휘하는 본래의 유통기간을 경과한 후의 背書이기 때문이다.

제 4 관 어음上 權利의 消滅

Ⅰ. 序 說

어음상의 권리는 債權一般의 消滅原因인 辨濟(支給)·供託(어 제42조·제77조 제1항 제3호)·代物辨濟·相計·更改·免除 등으로 인하여 소멸하나, 還背書가 인정되므로(어 제11조 제3항·제77조 제1항 제1호) 混同에 의해서는 소멸하지 않는다. 어음상의 권리는 證券化한 권리이므로 證券을 회수하거나 證券上에 기재하여 두지 않으면 위의 원인으로 소멸하더라도 그것은 人的 抗辯事由가 될 뿐 善意의 取得者에게 대하여는 책임을 면하지 못한다(어 제39조·제77조 제1항 제3호).

또한 어음상의 권리는 어음法上 규정된 特別消滅原因으로 인하여도 소멸한다. 즉, ① 權利保全節次의 欠缺(어 제53조·제25조 제2항·제56조 제2항·제60조 제2항·제77조 제1항 제4호·제5호), ② 一部支給의 拒絶(어 제39조 제2항·제77조 제1항 제1호), ③ 參加支給의 拒絶(어 제61조·제77조 제1항 제5호), ④ 拒絶할 수 있는 參加引受의 承諾(어 제56조 제3항), ⑤ 參加支給의 競合이 있는 경우 자기에게 優先하는 參加支給人이 있는 것을 알면서 한 參加支給(어 제63조 제3항·제77조 제1항 제5호), ⑥ 短期消滅時效(어 제70조·제77조 제1항 제8호) 등이 있다.

그리고 어음의 抹消·毁損·喪失의 경우 어음상의 權利가 消滅되는 수가 있다. 또 어음·手票의 所持人이 遡求權保全節次의 欠缺 또는 時效期間의 경과로 말미암아 어음·手票上의 權利가 消滅한 경우의 救濟手段으로서 利得償還請求權을 인정한다.

위의 각 消滅事由는 각기 해당되는 곳에서 설명하기로 하고, 여기서는 消滅時效, 어음의 抹消·毁損·喪失, 利得償還請求權에 대하여만 설명한다.

Ⅱ. 어음上 權利의 消滅時效

1. 時效期間

(1) 어음金額請求權

主債務者에 대한 請求權(換어음의 引受人 및 約束어음의 發行人, 이들의 保證人·參加引受人 및 無權代理人에 대한 權利)은 滿期日로부터 3년의 時效로 인하여 소멸한다(어 제70조 제1항·제77조 제1항 제8호). 滿期日이 휴일인가 아닌가, 滿期日에 지급제시를 하였는가 아니하였는가를 묻지 않는다. 어음의 改書 또는 어음關係者 전원의 합의에 의한 滿期變更의 경우에는 새로운 滿期日이 시효의 기산점이 된다.

(2) 遡求權

遡求義務者(背書人, 換어음의 發行人 및 이들의 保證人·無權代理人)에 대한 遡求權은 拒絶證書作成日로부터, 또는 그 작성이 면제된 때에는 滿期日로부터 1년의 시효로 인하여 소멸한다(어 제70조 제2항·제77조 제1항 제8호). 이중으로 拒絶證書를 작성할 필요가 있는 경우(어 제60조·제65조 제2항)에는 후에 작성한 拒絶證書의 日字를 표준으로 한다.

(3) 再遡求權

再遡求義務者에 대한 再遡求權은 償還을 한 背書人(保證人·參加支給人도 같다.)이 어음을 還受한 날로부터, 또는 提訴된 날로부터 6월의 時效로 인하여 소멸한다(어 제70조 제3항·제77조 제1항 제8호).

2. 時效期間의 計算

初日은 시효기간에 산입하지 않으며(어 제73조·제77조 제1항 제9호), 기간의 末日은 소정기간 후의 初日의 對應日이다.

3. 確定判決에 의한 時效

어음(手票)上의 權利가 確定判決에 의하여 확정된 때에는 위의 時效期間에 관계 없이 일률적으로 그 때부터 다시 10년이 경과되어야만 消滅時效가 완성한다(民 제165조 제1항).

4. 時效의 中斷

時效의 中斷事由에 관하여 어음法은 '訴訟의 告知'(어 제80조)만을 규정하고 있으나, 民法上의 사유, 즉 請求・承認(民 제168조)에 의하여도 時效가 중단된다.

청구는 裁判上의 청구와 裁判外의 청구 두 가지가 있으나, 어느 경우이든 어음의 제시 또는 소지는 필요없다는 것이 通說・判例이다. 왜냐하면 時效中斷事由인 청구는 債權者가 權利 위에 잠자고 있지 않다는 것을 나타내는 것으로서 청구 그 자체로도 충분하며, 또 예컨대 어음이 압수된 경우에는 이를 제시하거나 소지할 수도 없기 때문이다.

어음채무의 承認에 의한 時效의 中斷에도 어음의 제시는 필요치 않다.

다른 背書人 및 換어음의 發行人에 대한 背書人의 請求權, 즉 再遡求權은 그 者가 提訴된 때에는 그 前者에 대하여 訴訟告知를 함으로써 時效中斷의 효력이 발생한다(어 제80조).

어음채무는 각각 독립된 것으로서 각 債務에 대한 消滅時效도 독립하여 진행하고 완성하므로 時效中斷의 효력도 中斷事由가 생긴 자에 대하여서만 발생하며, 그 이외의 자에 대해서는 中斷의 효력이 미치지 아니한다(어 제71조・제77조 제1항 제8호).

5. 主債務의 時效消滅과 償還義務의 관계

遡求權이 時效로 인하여 소멸하더라도 그것이 主債務者에 대한 어음金額請求權에는 영향을 미치지 않는다. 그러나 主債務者에 대한 권리가 時效로 인하여 소멸한 경우에는 遡求權도 소멸한다고 본다. 왜냐하면 遡求權을 행사함에는 유효한 어음을 반환하여야 하고(어 제50조·제77조 제1항 제4호), 遡求權은 어음金額請求權이 변화한 것이기 때문이다.

Ⅲ. 어음의 抹消·毁損

1. 어음의 抹消

(1) 어음抹消의 意義

어음의 抹消(Ausstreichen, Streichung)란 어음要件의 記載事項을 塗抹·削除·化學的 腐蝕·貼付 등의 방법으로 제거하는 것을 말한다(狹義의 抹消)(이에 대하여 廣義의 抹消는 어음상의 기재사항을 제거하는 것을 의미하나, 어음要件 이외의 記載事項을 권한없이 抹消하는 것은 '어음의 變造'가 된다.). 어음의 抹消方法에는 제한이 없으며, 어음의 동일성을 해칠 정도의 말소는 '어음의 喪失'이 된다.

(2) 어음抹消의 效果

(가) 流通 후의 抹消

(a) 어음要件의 抹消 : 어음상의 權利가 일단 유효하게 성립한 후에는 어음요건을 抹消하더라도 어음상의 權利는 소멸하지 않는다. 어음의 要式證券性을 강조할 때는 抹消에 의하여 권리가 소멸될 것도 같으나, 어음의 要式性은 어음상의 權利가 발생하는 데 필요한 것이지, 그 존속에 필요한 것은 아니다. 이것은 어음이 變造된 경우에도 變造 전에 記名捺印 또는 署名을 한 자가 變造 전의 文言에 따라 책임을 지는 것(어 제69조), 또 어음을 喪失한 所持人이 除權判決을 얻어 그 권리를 행사할 수 있는 것(民訴 제463조 이하)으로도 알 수 있다. 그러나 어음의 정당한 所持人(어음상의 權利者)이 故意로 어음要件을 抹消한 때에는, 그것은 債務의 면제 또는 權利의 포기라고 보아야 할 것이므로 어음상의 權利는 소멸한다고 본다. 따라서 어음이 抹消된 경우에 어음상의 權利를 행사하려는 자는, 그것이 所持人의 故意的인 抹消가 아니라는 것을 입증하여야 하고, 말소 전의 문언이 불명한 경우에는 그 문언의 내용도 입증하여야 한다.

(b) 어음要件 아닌 記載事項의 抹消 : 어음要件 이외의 記載事項(예컨대, 第三者方支給의 記載)이 抹消된 경우에는, 어음債務者의 책임내용이 변경될 것이다. 그러나 그 抹消가 어음債務者의 동의없이 無權限者에 의하여 된 경우에는, 그것은 어음의 變造가 되므로 抹消 전에 記名捺印 또는 署名을 한 자의 책임에는 영향이 없고, 抹消 후의 記名捺印 또는 署名을 한 자만 문언에 따라 책임을 지게 된다(어 제69조).

(나) 流通 전의 抹消

어음행위자가 記名捺印 또는 署名을 한 후 어음을 교부하기 전에 抹消한 경우에는 抹消된 기재사항이 어음요건이면 어음상의 권리가 발생하지 않거나 소멸하게 될 것이며, 그것이 어음요건 이외의 기재사항이면 처음부터 기재가 없었던 것으로 되어 어음채무의 내용에 변경이 생기지 않는다.

(3) 어음背書의 抹消

(가) 意 義

背書의 抹消란 背書의 요건이 塗抹 또는 削除 등의 방법에 의하여 소멸되는 것을 말한다.

背書의 抹消는 정당한 權利者에 의한 것이냐 아니냐, 또는 故意로 한 것이냐 過失로 한 것이냐를 불문하고, 背書의 연속에 관하여는 背書의 기재가 없는 것으로 본다(어 제16조 제1항 제3문 · 제77조 제1항 제1호).

(나) 抹消할 수 있는 경우

(a) 어음을 還受한 背書人의 背書抹消權 : 償還義務를 이행하고 어음을 還受한 背書人은 자기 및 후자의 背書를 말소할 수 있다(어 제50조 제2항 · 제77조 제1항 제4호). 이 권리는 자기의 背書가 남용되어 이중지급의 강요를 당할 위험을 방지하기 위하여 法이 특별히 인정한 권리이다.

(b) 還背書를 할 背書人의 背書抹消權 : 어음所持人이 어음債務者에 대하여 어음을 양도하는 경우 還背書를 하는 대신 被背書人이 될 者에 이르기까지의 前者의 背書를 抹消하여 상대방에게 교부할 수 있다(消極的 背書). 이러한 방법은 法이 인정하는 것이 아니지만, 당사자간에 편리하며, 제 3 자에게 손해를 줄 위험도 없으므로 當事者의 의사대로 그 효과를 인정하는 것이 옳다고 보아 그 適法性을 인정한다.

2. 어음毁損의 意義·效果

어음의 毁損(Abreißung)이란 切斷·磨滅 기타의 방법에 의하여 어음證券의 一部에 物理的 損傷을 일으키는 것을 말하며, 어음의 동일성을 해칠 정도의 毁損은 '어음의 喪失'이 된다. 毁損의 效果는 抹消의 경우와 같다(다만 背書의 毁損에 관한 특별규정은 없으므로 抹消의 경우의 一般原則에 따른다.).

Ⅳ. 어음의 喪失

1. 어음喪失의 意義

어음의 喪失이란 어음證券의 物理的 滅失뿐만 아니라, 所持人의 占有離脫(盜難·遺失의 경우) 또는 抹消·毁損으로 證券의 동일성을 잃은 경우 등을 말한다.

2. 公示催告에 의한 除權判決

어음을 喪失한 경우, 어음의 最後의 被背書人 또는 所持人은 民事訴訟法上의 公示催告節次에 따라 除權判決(Ausschlussurteil)을 받을 수 있다(民訴 제446조 이하). 喪失된 白地어음에 관하여도 公示催告·除權判決制度가 적용된다고 본다.[128)]

(1) 公示催告

公示催告라 함은 불특정 또는 행방불명된 상대방에 대하여 일정한 기간 내(3개

128) 同旨 : 鄭東潤(어) 214~215면. 다만 白地어음의 所持人은 白地를 보충하기 전에는 어음上의 권리를 행사할 수 없으므로 白地어음에 관하여 除權判決을 얻어도 곧 어음上의 권리를 행사할 수는 없고, 白地어음의 재발행을 청구하여 여기에 白地補充을 한 다음에 어음上의 권리를 행사할 수 있을 것이다.

월 이상 : 民訴 제452조)에 신고를 하지 않으면 失權한다는 경고를 하면서 그 權利의 申告를 催告하는 法院의 公告를 말한다(民訴 제446조). 어음을 상실한 경우에는 公示催告期間內에 신고가 없으면 그 證券을 무효로 하는 除權判決을 한다.

公示催告期間 중에도 제 3 자가 어음을 善意取得하는 것은 가능하고, 어음의 提示者에게 어음債務者가 善意로 지급하면 그 지급은 유효하다. 다만 公示催告申請人은 債務者로 하여금 어음金額을 供託하게 할 수 있고, 또는 상당한 擔保를 제공하고 지급을 받을 수도 있다(民 제522조, 제65조).

(2) 除權判決

公示催告期間內에 權利의 신고가 없는 때에는 法院은 除權判決을 宣告한다. 除權判決에는 消極的 效力과 積極的 效力이 있다. 먼저 消極的 效力으로서 除權判決에 의하여 어음證券은 무효가 된다(民訴 제467조). 이것은 證券만을 무효로 하는 것이고 어음상의 權利 자체를 무효로 하는 것이 아니다. 다만 積極的 效力으로서 除權判決이 宣告되면 公示催告申請人은 어음상의 債務者에 대하여 證券 없이도 어음상의 權利를 행사할 수 있다(民訴 제468조).

紛失된 어음에 관하여 公示催告가 있어도 그 公示催告期間 중에 제 3 자가 어음을 善意取得하는 것은 가능하다. 그러나 이러한 善意取得者가 公示催告期間 중에 權利의 申告를 하지 아니하여 除權判決이 宣告된 경우에, 善意取得者와 除權判決申請人 가운데 누가 우선하는가가 문제된다. 이 문제에 관하여는 除權判決取得者優先說, 善意取得者優先說, 制限的 善意取得者保護說 등으로 학설이 나뉜다.

除權判決取得者優先說은 除權判決制度의 실효성을 확보하고자 하는 취지에서 주장되고 있다. 그리고 善意取得者優先說은 ① 현재의 公示催告에 있어서의 공고는 매우 불완전하고 형식적이므로 權利를 申告하지 않은 善意取得者의 權利를 상실시키는 것이 지나치게 가혹하고, ② 除權判決 그 자체도 그 申請人의 形式的 資格, 즉 증권의 소지인과 동일한 지위를 회복시켜줄 뿐, 신청인을 어음상의 權利者로 확정시키는 제도는 아니라는 점에서 善意取得者가 우선하여 보호받아야 한다고 한다. 그리고 制限的 善意取得者保護說은 善意取得者 가운데 除權判決宣告前에 支給提示 등 적법하게 權利를 행사한 자만이 除權判決取得者에 우선한다고 하나, 여기서 말하는 적법한 權利의 행사는 除權判決取得者優先說에서의 權利의 신고나 다름이 없으므로 역시 除權判決優先說과 같은 결과가 된다.

생각건대, 除權判決은 善意取得者의 權利를 상실시키는 것은 아니나 證券자체의 효력을 상실시키는 것이므로 어음채무자로서는 除權判決取得者에게 지급하여야 한다. 다만 善意取得者는 除權判決取得者에 대하여 除權判決 正本의 반환을 청구하거나 不當利得返還請求權을 행사할 수는 있을 것이다. 이렇게 해석하면 除權判決을 받은 자가 우선하는 결과가 된다.

除權判決申請人이 除權判決을 받은 후에 어음의 再發行을 청구할 수 있는가 의문이다. 주권에 관하여는 이를 인정하는 明文規定(商 제360조 제2항)이 있으나, 어음 · 手票에 관하여는 아무런 규정이 없기 때문에 문제이다. 이에 관하여는, 株券은 계속적인 권리관계를 表彰하고 있으므로 그 再發行이 인정되지만, 어음 · 手票는 1 회적 내지 단기간의 權利關係를 表彰하는 것이므로 그 再發行을 허용할 필요가 없다고 하는 否定說이 있다.[129] 그러나 어음 · 手票가 비교적 단기간에 종료하는 權利關係를 표창하는 證券이기는 하지만, 그 再發行을 인정하여도 특별히 불합리한 것도 아니고 도리어 편리하므로 이를 긍정하는 것이 타당하다고 하겠다.[130] 商法 제360조는 例外規定이 아니라 例示規定으로 보아야 할 것이다.

<대법원 1994. 10. 11. 선고, 94 다 18614 판결 : 결과적으로 제권판결을 받은 자가 우선한다는 취지의 판결>

<事 實>

원고 대동마보스주식회사는 피고 오석근이 1992년 9월 30일 발행한 약속어음을 소외 김인식으로부터 배서양도받아 소지하고 있다가 그 지급기일인 1993년 1월 5일 이를 피고에게 지급제시하였으나 지급거절된 바 있다. 한편 피고 오석근은 동 어음에 대하여 서울민사지방법원에 공시최고 및 제권판결 신청을 하여 1993년 6월 5일 제권판결이 선고되었다. 원고는 문제의 어음을 선의취득하였으므로 정당한 권리자라고 주장하여 어음금지급청구의 訴를 제기하였으나, 피고는 동어음은 제권판결의 선고로 인하여 무효가 되었으므로 지급할 수 없다고 다투었다. 원고는 특히 공시최고를 신청한 자가 어음상의 권리자인 소지인이 아닌, 문제된 어음의 최종채무자인 발행인인 경우에는 제권판결의 효력이 없다고 주장하는 한편, 원고가 공시최고 및 제권판결 이전에 어음을 선의취득하였으므로, 동 어음이 제권판결에 의하여 무효가 되는 것도 아니라고 주장하였다.

<判決要旨>

약속어음에 관한 제권판결의 효력은 공시최고 신청인에게 어음을 소지한 것과 같은 지위를 회복시키는 것에 그치는 것이고, 공시최고 신청인이 실질상의 권리자임을 확정하는 것은 아니다. 그러나 제권판결은 동시에 소극적

---

129) 孫珠瓚(下) 132면 ; 日最判 1976. 4. 3, 民集 30.3. 183.

130) 同旨 : 鄭東潤(어) 211면.

효과로서 그 판결 이후에 있어서 당해 어음을 무효로 하므로, 취득자가 소지하고 있는 약속어음은 기실 약속어음으로서의 효력이 없게 된다. 따라서 소지인은 무효로 된 어음을 유효한 어음이라고 주장하여 어음금을 청구할 수는 없다. … 이와 같은 이치는 공시최고의 신청인이 발행인이라고 하여 달라지는 것이 아니다. 즉, 공시최고의 신청인이 발행인이거나 발행인이 아닌 소지인(어음상의 권리자)이거나 차이가 없다. … 또한 어음소지인이 공시최고기간 개시 전에 선의취득하였다고 하더라도 결론은 같다.

(3) 除權判決不服의 訴

재권판결에 대하여는 상소할 수 없으나, 제권판결의 절차에 하자가 있거나 詐僞 또는 부정한 방법으로 제권판결을 받는 등 실체적인 사유가 있는 경우에도 催告法院에 원고가 제권판결이 있음을 알 날로부터 1월 내에 제권판결불복의 소를 제기할 수 있다(民訴 제490조 · 제491조). 제권판결의 취소판결이 확정되면 제권판결의 효력은 소급하여 소멸한다.

V. 利得償還請求權

1. 利得償還請求權의 意義

(1) 意 義

利得償還請求權(Bereicherungsanspruch)이란 어음 · 手票의 所持人이 遡求權保全節次의 欠缺 또는 時效期間의 경과로 말미암아 어음 · 手票上의 權利를 상실한 경우, 그 所持人이 證券上의 債務者가 지급을 면함으로써 받는 이득의 반환을 請求할 수 있는 어음法 · 手票法上의 특수한 請求權이다(어 제79조, 手 제63조)(이하 어음을 중심으로 설명한다.).

(2) 立法理由

어음채무자의 책임의 엄격성을 완화하기 위해서 어음法은 어음상의 權利의 消滅原因으로 短期消滅時效와 遡求權保全節次의 欠缺을 규정하였다. 그러나 그 결과 어음채무자가 어음金額의 支給債務를 면하는데도 불구하고, 한편 어음의 授受에 따른 原因關係上의 대가나 어음資金을 계속 保有하게 된다는 것은 불공평한 일이다. 특히 '支給에 갈음하여' 어음을 授受한 경우에는 原因關係上의 請求權도 없기 때문에 所持人에게 너무 가혹한 결과가 된다. 이에 어음法은 對價關係나 資金關係와 같은 實質關係를 고려하여 債務者가 받은 이익의 한도 내에서 所持人에게 상환하게 한 것이다. 즉, 利得償還請求權은 衡平의 觀念에 입각해서 어음法의 기술적·형식적 해결에 대한 상식적·실질적 수정을 시도한 것으로써 獨法系 어음法에 특유한 제도이다.

2. 利得償還請求權의 法的 性質

利得償還請求權의 法的 性質에 관해서는 종래 不當利得返還請求權說, 損害賠償請求權說, 어음상 權利의 殘存物說, 어음상의 權利의 變形物說 등 많은 학설이 있었으나, 오늘날에는 特殊請求權說에 견해를 모으고 있다.

생각건대, 이것은 法律上의 原因이 없는 것이 아니고, 節次의 欠缺 또는 時效의 완성 등 법률상의 원인에 기인하여 이득한 것이며, 또 發行人 등의 利得이 所持人의 財產 또는 勞務로 인하여 된 것이 아니며, 더욱이 이익이 현존하는가 않는가를 불문하므로 不當利得返還請求權이 아니고, 債務者의 債務不履行이나 不法行爲도 없으므로 損害賠償請求權도 아니며, 어음失效 후에 발생하는 것이므로 어음상의 權利의 殘存物도 아니다. 또 어음상의 權利의 變形物說은 變形物의 本質이 무엇인지 분명하지 못하다. 따라서 어음의 형식적 엄격성을 완화하기 위하여 衡平의 견지에서 어음法이 특별히 인정한 특수한 請求權, 즉 어음법상의 權利이지 어음상의 權利는 아니고, 指名債權의 일종이라고 보는 학설이 무난한 것이다.[131)]

그리고 利得償還請求權은 損害賠償請求權도 不當利得返還請求權도 아니므로 어음소지인은 原因關係에 기한 訴 또는 어음상의 訴에서 敗訴한 뒤에도 利得償還請求의 訴를 제기할 수 있다고 본다.

131) 同旨 : 鄭東潤(어) 195면.

3. 利得償還請求權의 當事者

(1) 權利者

利得償還請求權者는 어음상의 權利가 消滅한 당시의 정당한 어음소지인이다. 所持人인 한 최후의 被背書人뿐만 아니라, 償還義務를 이행하고 어음을 還受한 所持人도 포함하며, 相續·合倂·指名債權讓渡·轉付命令·競落 등에 의하여 權利를 취득한 者도 포함한다. 다만 指名債權讓渡의 방법에 의하는 경우에는 그 對抗要件 등 讓渡의 節次를 밟아야 한다.[132)]

(2) 義務者

利得償還義務者는 發行人·引受人 또는 背書人이다(어 제79조). 그러나 保證人·參加引受人·支給人·支給擔當者는 義務者가 되지 않는다.

4. 利得償還請求權의 成立要件

(1) 어음上의 權利의 存在

어음상의 權利가 유효하게 존재하여야 한다. 따라서 어음要件이 不備된 불완전어음이나 物的 抗辯이 부착한 어음과 같이, 時效期間의 경과나 遡求權保全節次의 欠缺이 없었다 하더라도 어음상의 권리를 행사할 수 없었던 어음에 대해서는 利得償還請求權이 생기지 않는다. 白地어음은 미완성어음으로서 權利行使를 할 수 없기 때문에 利得償還請求權이 생기지 않는다는 것이 다수설이다.[133)] 그러나 白地어음의 경우에도 利得償還請求權制度의 근저를 이루고 있는 형평의 이념에 비추어 볼 때 利得償還請求權의 成立(어음債權의 時效消滅 후 白地를 補充함으로써)을 인정하는 것이 타당할 것이다.

(2) 어음上의 權利의 消滅

유효하게 존재하고 있던 어음상의 權利가 保全節次의 欠缺 또는 時效로 인하여

132) 大判 1970. 3. 10, 69 다 1379.
133) 鄭熙喆·鄭燦亨(下) 384면; 徐廷甲(어) 245면.

소멸하였어야 한다. 이 두 가지 사유 이외의 사유로 소멸한 경우에는 利得償還請求權이 인정되지 않는다. 所持人의 過失의 유무는 묻지 아니한다.

여기서 문제가 되는 것은 어음상의 權利가 消滅할 당시에 利得償還請求權者가 어음證券을 소지하고 있어야 하는가이다. 利得償還請求權을 어음상의 權利의 殘存物 내지 變形物로 보는 견해에서는 이중지급의 위험을 방지하기 위하여 이를 긍정한다. 그러나 利得償還請求權을 法이 衡平의 견지에서 인정한 특수한 請求權이고 指名債權의 일종이라고 보면 당연히 이를 부정한다.

(3) 어음所持人이 다른 救濟手段을 갖지 아니할 것

다른 문제는, ① 소지인에게 民法上·어음法上의 다른 구제방법이 없어야 하는가,[134] ② 적어도 다른 어음채무자에 대한 어음상의 권리가 전부 소멸하였어야 하는가,[135] 또는 ③ 이득상환을 청구하고자 하는 상대방에 대한 어음上의 권리가 소멸하였으면 충분한가[136]라는 점이다. 생각건대, 이론상 이득상환청구권은 어음상의 권리와 전혀 무관한 것은 아니고, 채권자에 대한 어음법상의 보호와 민법상의 보호가 현저히 다르므로 ①說은 채권자에게 너무 가혹하다고 본다. 또 ③說에 의하면 어음소지인이 어음상의 권리를 행사할 수 있음에도 불구하고 특정인에게 대하여는 이득상환청구권을 행사하게 되므로 어음상의 권리가 소멸된 경우에 채권자를 특별히 보호하기 위하여 인정한 이득상환청구권의 입법취지에 어긋난다. 즉, 청구상대방에 대하여는 이득상환을 청구하고 다른 당사자에 대하여는 어음상의 권리를 행사할 수 있다면 어음소지인은 권리소멸 전과 다름없는 보호를 받게 되어 형평에 맞지 않다. 따라서 ②說이 타당하다고 본다.[137]

134) 大判 1959. 9. 10, 4291 民上 717 ; 同, 1963. 5. 15, 63 다 155.

135) 鄭東潤(어) 197면 ; 鄭熙喆·鄭燦亨(下) 385면 ; 徐廷甲(어) 247면.

136) 徐燉玨·鄭完溶(下) 128면 ; 孫珠瓚(下) 136면.

137) 다음과 같은 판례에서 볼 수 있듯이 어음의 경우 이런 저런 이유로 이득상환청구권이 인정된 예는 거의 없다는 것을 알 수 있다. ① 이득상환청구권이 발생하려면 모든 '어음상' 또는 '민법상'의 채무자에 대하여 각 권리가 소멸되었음을 요한다: 大判 1959. 9. 10, 4291 民上 717; 大判, 1963. 5. 15, 63 다 155; 大判, 1970. 3. 10, 69 다 1370 (이 문제에 대하여 학자들은 통렬히 비판하고 있다. 학설은 적어도 다른 어음채무자에 대한 '어음상의 권리'가 전부 소멸하였으면 이득상환청구권이 발생한다고 본다). ② 이득상환청구권은 '지명채권 양도'의 방법에 의하여서만 양도할 수 있다: 대법원 1970. 3. 10, 69 다 1370. ③ 채무의 변제확보를 위하여 발행된 약속어음이 전전양도 되어 최후의 배서인이 어음상의 권리를 상실한 경우라도 원인채무는 그대로 존속하므로 발행인이 바로 어음액면상당의 이득을 얻고 있다고는 할 수 없다: 大判 1974. 7. 23, 74 다 131. ④ 어음법에 의한 이득상환청구권이 발생하기 위하여는 모든

<대법원 1992. 3. 31 선고, 91 다 40443 판결 : 원인관계에 있는 채권의 '지급을 확보하기 위하여' 어음이 발행된 경우에는 어음채권이 시효로 인하여 소멸되었다고 하더라도 이득상환청구권이 발생하지 않는다>

<事 實>

원고 임대오는 도매로 식육점을 경영하면서 육류 도·소매업을 경영하는 피고 최길문에게 1979년 1월경부터 돼지고기를 외상으로 판매하여왔다. 1981년 1월경 최길문은 대금 중 금 9백 70만원의 지급을 위하여 1981년 1월 23일 임대오에게 약속어음 9장을 발행·교부하였으나, 각 어음상의 권리가 소멸시효의 완성으로 소멸되었다. 이에 원고 임대오는 피고 최길문이 이득을 얻었다고 하여 어음상의 권리가 소멸할 당시의 어음소지인으로서 피고에 대하여 어음 액면 상당의 이득금의 상환을 청구하였다.

<判決要旨>

원인관계에 있는 채권의 '지급을 확보하기 위하여' 어음이 발행된 경우에는 어음채권이 시효로 인하여 소멸되었다고 하더라도 이득상환청구권이 발생하지 않는다. 이러한 이치는 어음채권이 소멸하기 전에 먼저 원인관계에 있는 채권이 시효 등의 원인으로 소멸한 경우에도 마찬가지이다.

<대법원 2000. 5. 26. 선고, 2000 다 10376 판결: 원인관계상의 채무를 담보하기 위하여 어음이 발행된 경우, 이득상환청구권은 발생하지 아니한다>

원인관계상의 채무를 담보하기 위하여 어음이 발행되거나 배서된 경우에는 어음채권이 시효로 소멸되었다고 하여도 발행인 또는 배서인에 대하여 이득상환청구권은 발생하지 않는다고 할 것인바, 이러한 이치는 그 원인관계상의 채권 또한 시효 등의 원인으로 소멸되고 그 시기가 어음채무의 소멸시기 이전이든지 이후이든지 관계없이 마찬가지이다(대법원 1963. 5. 15. 선고, 63 다 155 판결; 同, 1992. 3. 31. 선고, 91 다 40443 판결; 同, 대법원 1993. 10. 22. 선고, 93 다 26991 판결).

어음상 또는 민법상의 채무자에 대하여 각 권리가 소멸되어야 하는 것인바, 원인관계에 있는 채권의 지급을 확보하기 위하여 발행된 약속어음이 전전양도되어 최후의 소지인이 어음상의 권리를 상실한 경우라도 원인채무는 그대로 존속하는 것이므로 발행인이 바로 어음금액 상당의 이득을 얻고 있다고는 할 수 없다: 大判 1993. 3. 23, 92 다 50942. ⑤ 원인관계에 있는 채권의 지급을 확보하기 위하여 어음이 발행된 경우에는 어음채권이 시효로 인하여 소멸하였다 하더라도 이득상환청구권이 발생하지 않는다: 大判 1993. 10. 22, 93 다 26991; 大判, 2000. 5. 26, 2000 다 10376. ⑥ 어음채무자에게 어음법 제79조 소정의 '받은 이익'이 있음과 그 한도에 관하여는 어음소지인인 이득상환청구자가 이를 주장 입증하여야 한다: 大判 1994. 2. 25, 93 다 50147.

(4) 어음債務者의 利得

(가) 利得의 意義

利得이란 어음상의 權利가 消滅하여 그 支給을 면하게 된 것 자체를 의미하는 것이 아니라, 어음授受의 原因關係에서 그 대가로 재산상의 이익을 얻은 것을 말한다. 그 이득의 형태는 적극적으로 금전의 교부를 받는 경우이든, 소극적으로 旣存債務를 면제받는(債務履行에 갈음하여 어음을 발행함으로써) 경우이든 상관없다(그러나 贈與의 목적으로 發行 또는 引受한 어음의 채무를 면한 경우에는 이득이 있다고 볼 수 없다.). 또 이득이 현존하여야 할 필요도 없고, 소지인의 손실로 인한 이득일 필요도 없다.

> <대법원 1993. 7. 13. 선고, 93 다 10897 판결 : 이익이란 어음수수의 원인관계에서 현실로 받은 재산상의 이익을 말한다>
>
> 어음법 제79조에서 말하는 '받은 이익'이라는 것은 어음채무자가 어음상의 권리의 소멸에 의하여 어음상의 채무를 면하는 것 자체를 말하는 것이 아니라 어음수수의 원인관계 등 실질관계(기본관계)에 있어서 현실로 받은 재산상의 이익을 말하는 것이다.

(나) 利得의 有無

換어음의 發行人이 대가를 받고 또는 지급에 갈음하여 어음을 발행하였는데 引受 전에 어음상의 權利가 소멸한 경우, 換어음의 發行人이 引受人에게 자금을 공급하였으나 그 자금의 返還請求權이 있는 경우에는 이득이 있다(換어음의 發行人이 引受人에게 資金을 供給하지 않았더라도 引受人이 發行人에 대한 債務의 지급에 갈음하여 또는 支給을 위하여 인수를 했다면 發行人의 이득은 없다.). 約束어음의 發行人이 지급에 갈음하여 어음을 교부한 경우에는 이득이 있다.

引受人이 자금을 공급받은 경우, 引受人이 發行人에 대한 채무의 지급에 갈음하여 또는 지급을 위하여 인수를 한 경우에는 이득이 있다.

背書人의 계산하에 發行人으로부터 約束어음 또는 換어음의 교부를 받아(委託어음) 이것을 대가를 받고 다시 背書讓渡한 후 자금을 제공하고 있지 않은 경우에는 背書人은 이득이 있다. 그러나 보통 背書人은 대가를 지급하고 어음을 취득하여 다시 대가를 받고 양도하므로 이득이 없고, 지급한 대가가 받은 대가보다 적더라도 그것은 商才의 문제이지 이득은 아니다.

5. 利得償還請求權의 行使

(1) 證券의 所持問題

利得償還請求權을 행사하는 데 證券의 所持 또는 除權判決을 필요로 하느냐가 크게 문제되고 있으나, 利得償還請求權은 일종의 指名債權으로서 어음상의 權利가 아니고(特殊請求權說), 실효된 어음은 하나의 證據證書에 불과하므로 어음을 所持하지 않고 權利를 행사할 수 있다고 본다.

(2) 기타의 問題

(가) 債務의 履行地

利得償還債務는 推尋債務로 보아 償還義務者의 영업소 또는 주소를 이행장소로 할 것이다(民 제516조).

(나) 擧證責任

利得償還請求權의 成立要件과 債務者가 받은 이득의 한도를 權利者 측에서 전부 입증하여야 한다.

> <대법원 1994. 2. 25. 선고, 93 다 50147 판결 : 이익이 있음과 그 한도에 관하여는 어음소지인인 이득상환청구자가 이를 주장 입증하여야 한다>
> 어음채무자에게 어음법 제79조 소정의 '받은 이익'이 있음과 그 한도에 관하여는 어음소지인인 이득상환청구자가 이를 주장 입증하여야 한다.

(다) 債務者의 抗辯

利得償還義務者는 어음상의 權利者에 대하여 가지고 있던 抗辯權을 利得償還請求權者에게도 행사할 수 있다.

(라) 消滅時效

利得償還請求權은 어음상의 權利도 아니고 商行爲로 인하여 발행한 채권도 아니므로 그 消滅時效期間은 10년이다.[138] 時效期間은 어음상의 權利가 소멸한 때,

138) 徐廷甲(어) 244면 ; 孫珠瓚(下) 140면. 그러나 鄭熙喆 敎授는 利得償還請求權이 "어음(手票)上의 權利의 殘存物로 보는 입장에서, 어음의 경우에는 어음債權과 같이 3년, 手票의 경우에는 最長時效期間인 1년으로 보는 것이 어음(手票)關係의 조속한 결말을

즉 利得償還請求權을 행사할 수 있을 때로부터 起算한다. 따라서 어음의 時效期間滿了日의 翌日 또는 遡求의 경우에는 拒絶證書作成期間 滿了日의 翌日부터 진행한다.

(마) 遲延利子

利得償還債務는 推尋債務이므로 그 請求가 있는 때로부터 履行遲滯에 빠진다. 利得償還請求權의 性質上 遲延利率은 民事法定利率인 年5分으로 본다.

(바) 擔保權의 移轉問題

利得償還請求權은 어음상의 權利가 아닌 어음法上의 權利이므로 어음상의 權利를 위하여 설정된 質權·抵當權·保證 등의 擔保權이 있더라도 그것은 利得償還請求權 위에 당연히 이전하지는 않는다.

6. 利得償還請求權의 讓渡

(1) 讓渡方法

利得償還請求權을 어음상의 殘存物로 보아 어음상에 表彰된다고 하여, 어음의 交付만으로 그 權利가 이전된다는 學說도 있다.[139] 그러나 利得償還請求權은 指名債權이므로 指名債權의 양도방법에 의해서만 양도할 수 있으며, 단순한 證券의 背書만으로는 양도의 효력이 없다는 것이 通說·判例의 입장이다. 따라서 利得償還請求權은 ① 어음·手票上의 權利가 消滅할 당시의 정당한 所持人으로부터,[140] ② 背書에 의하지 아니하고 指名債權讓渡의 방법에 의하여 양도하여야 한다.[141] ③ 대항요건도 갖추어야 한다. 다만 手票의 경우 自記앞手票는 은행에 제시하면 讓渡의 통지를 한 것이 되어 對抗要件을 갖춘 것으로 본다.[142]

<대법원 1970. 3. 10. 선고, 69 다 1370 판결 : 이득상환청구권은 지명채권 양도방법에 의하여 양도할 수 있다>

짓고자 하는 어음(手票)制度의 취지에 맞을 것이다."라고 한다[鄭熙喆·鄭燦亨(下) 390면].

139) 鄭熙喆·鄭燦亨(下) 387면.

140) 大判 1978. 3. 28, 77 다 2497 ; 大判 1981. 9. 23, 81 다 167.

141) 大判 1983. 3. 8, 83 다 40.

142) 大判 1976. 1. 13, 70 다 2462.

이득상환청구권은 법률의 직접 규정에 의하여 수표의 효력이 소멸 당시의 소지인에게 부여된 지명채권에 속하므로 지명채권 양도방법에 의하여 양도할 수 있다.

<대법원 1976. 1. 13. 선고, 70 다 2462 판결 : 제시기간 도과 후에 수표상의 권리가 소멸된 자기앞수표를 양도하는 행위는 수표금액의 지급수령권한과 이득상환청구권 및 그 양도에 관한 통지를 할 수 있는 권능을 부여하는 것이라고 하여야 할 것이다>

<事 實>

서울대학교 부속병원은 1969년 6월 16일 입원환자인 박한복으로부터 주식회사 제일은행 충무로지점이 1969년 5월 27일자로 발행한 액면 10만원의 자기앞수표를 치료비로 교부받았다. 대학병원 특별회계수입금 출납공무원은 1969년 6월 18일에 한국은행 교환을 경유하여 제일은행 충무로지점에 제시하였으나, 事故屆(또는 지급위탁의 취소)가 접수된 분실수표라는 이유로 지급이 거절되었다. 대한민국(원고)은 제일은행을 상대로 수표금 지급청구의 소를 제기하였다.

<判決要旨>

은행 또는 기타 금융기관이 발행한 자기앞수표는 제시기간 내에는 물론 제시기간 후에도 발행은행에서 또는 그 외의 금융기관에서 쉽게 지급받을 수 있다는 거래상의 확신에 의해서 현금과 같이 널리 유통되고 있고 또한 수표의 양도는 거래의 일반적인 인식으로서는 수표에 표시된 액면상당의 금원을 발행은행으로부터 지급받을 수 있는 권리가 수표상의 권리이든 또는 이득상환권이든 간에 구별없이 또 이를 구별하려고도 않고 양도·양수한다는 거래의 실정에 비추어 볼 때 수표소지인이 수표법상의 보전절차를 취함이 없이 제시기간 도과 후에 수표상의 권리가 소멸된 수표를 양도하는 행위는 수표금액의 지급수령권한과 아울러 특별한 사정이 없는 한 수표상의 권리의 소멸로 인해서 소지인에게 발생한 이득상환청구권까지도 이를 양도하는 동시에 그에 수반해서 이득을 한 발행인인 은행에 대하여 소지인을 대신해서 그 양도에 관한 통지를 할 수 있는 권능을 부여하는 것이라고 하여야 할 것이고 위 양도받은 수표를 양수인이 다시 제 3 자에게 양도하는 행위는 이와 같이 양도받은 수표금액의 지급수령권한 및 이득상환청구권을 위 소지인으로부터 수권된 이득을 한 채무자인 발행은행에 대한 통지의 권능이 수반된 상태로 이전하는 행위라 할 것이고 이와 같은 수표의 정당한 소지인은 발행은행에 대하여 그가 받은 이익의 한도에서 이득상환청구권을 행사할 수 있고 또 채무자인 발행은행도 동 수표의 소지인에게 변제함으로써 유효하게 동 채무를 면하게 된다(이상 다수의견).

은행의 자기앞수표의 경우에 있어서도 이득상환청구권의 양도행위 외에 지명채권양도의 대항요건을 별도로 밟아야 한다(이상 반대의견).

(2) 證券의 交付問題

利得償還請求權의 행사에 證券의 所持를 필요로 한다는 학설은 그 讓渡에도 證券의 교부를 필요로 하나, 利得償還請求權의 행사에 證券의 所持가 필요하다고 보지 않으므로 그 讓渡에도 證券의 교부는 필요하지 않다고 본다.

제3절 어음의 實質關係

I. 序 說

어음關係 이외의 法律關係로서 어음關係와 밀접한 연관성이 있는 것을 어음의 實質關係라고 한다.

어음의 實質關係는 어음授受의 당사자간에서 어음授受의 원인이 되는 原因關係, 發行人·支給人 간에서 支給이나 引受의 기초가 되는 資金關係, 어음授受의 당사자간에서 어음관계의 준비단계를 이루는 어음豫約의 세 가지로 나뉜다. 이하에서는 이 세 가지 및 이와 관련이 있는 문제(貨換어음, 商業信用狀, 어음改書, 어음割引, 어음貸付)를 다루기로 한다.

Ⅱ. 어음의 原因關係

1. 어음의 原因關係의 意義

어음의 原因關係(Kausalverhältnis)란 어음授受의 원인이 되는 法律關係를 말한다. 어음의 授受에는 反對給付, 즉 대가가 있는 것이 보통이므로(다만 융통어음의 경우는 예외임) 이것을 對價關係(Valutaverhältnis)라고도 한다. 原因關係는 債務의 辨濟·債權의 推尋·債務의 擔保·贈與·어음상의 權利의 賣買(어음割引)·信用의 부여(融通어음)·어음債務의 支給延期(延期어음)·어음改書 등 여러 가지 경우가 있을 수 있다.

2. 어음關係와 原因關係의 關係

(1) 어음關係의 抽象性(無因性)과 그 限界

어음상의 權利는 抽象的(無因的) 權利이다. 즉, 어음關係는 그 原因關係로부터 분리하여 취급된다. 이것은 곧 어음상의 權利의 발생은 原因行爲의 存否·有效·無效에 의하여 영향을 받지 않으며, 原因關係와 어음關係는 각각 독자적인 法律關係를 이룬다는 것(따라서 각각 독자적으로 양도될 수 있다는 것)을 의미한다. 예컨대, 原因關係와 어음關係의 분리에 관한 實定法的 근거로는 ① 原因關係가 어음의 絶對的 記載事項이 아닌 것(어 제1조·제77조, 手 제1조), ② 原因關係는 기재하더라도 그것은 無益的 記載事項이 될 뿐이고 어음의 效力을 原因關係에 의존시킬 때에는 그 어음은 무효로 되는 것(어 제1조 제2호·제75조 제2호), ③ 引受는 무조건이어야 하고 이에 위반할 때에는 무효인 것(어 제26조 제1항), 그리고 ④ 背書를 함에 있어서도 條件을 붙인 때에는 이를 기재하지 않은 것으로 보는 것(어 제12조 제1항) 등은 어음의 無因證券性이 구체화된 규정들이다.

이와 같이 어음行爲의 無因性은 어음거래의 안전을 꾀하고 어음의 유통성을 확보해 주는 한편 어음授受의 직접 당사자 사이에서 立證責任의 轉換을 가져와, 어음債務者 측에서 原因關係에 瑕疵가 있다는 것을 주장·입증하여야만 原因關係에 기한 抗辯이 가능하게 된다. 그러나 어음關係와 原因關係를 엄격히 분리시키는 것은 어음의 유통성을 조장·확보하려는 데 그 목적이 있는 것이지 어음 자체의 수단적 성격을 부인하는 것은 아니므로 어음의 유통성을 저해하지 않는 범위 내에서는 어음關係와 原因關係의 牽連性을 고려하여 어음의 抽象性과 手段性을 조화할 수 있는 법적 조치가 필요하다.

(2) 原因關係가 어음關係에 미치는 영향

原因關係를 고려하여 인정한 어음法上의 조치는 다음과 같다.

(가) 人的 抗辨의 許容

原因關係의 당사자가 어음상의 債權者·債務者인 경우에는 原因關係上의 사유를 抗辯으로 주장할 수 있다(어 제17조·제77조 제1항 제1호). 왜냐하면 이를 인정하여도 어음의 유통성확보에 아무런 지장을 주지 않고 도리어 당사자간의 구체적 형평에 합치하기 때문이다. 따라서 당사자간에 있어서는 어음관계의 抽象性이란 결국 立證責任의 轉換을 의미하게 된다. 즉, 어음債權者는 형식상 유효한 어음을 所持하기만 하면 되고, 그 원인을 증명할 필요가 없으나, 債務者는 原因關係에서 생기는 抗辯事由를 입증하여야만 債權者의 청구에 대항할 수 있게 된다.

(나) 遡 求 權

어음의 所持人은 滿期에 지급이 거절되거나 滿期 전이라도 지급의 가능성이 현저하게 적어진 때에는, 前者(償還義務者)에 대하여 일정한 金額의 償還請求를 할 수 있다(어 제43조 이하·제77조 제1항 제4호). 이 遡求權은 어음授受의 原因關係에 의거한 擔保責任이 어음法上의 제도로 엄격화된 것이다.

(다) 利得償還請求權

어음상의 權利가 보전절차의 欠缺 또는 時效로 인하여 소멸한 경우에도 어음所持人은 利得者[發行人·背書人·引受人(手票의 경우 支給保證을 한 支給人도 포함)]에 대하여 그 받은 이익의 범위 내에서 償還請求를 할 수 있다(어 제79조, 手 제63조). 이 利得償還請求權도 衡平의 관념에 입각하여 원인관계 또는 자금관계를 고려한 어음法上의 어음所持人 보호조치이다.

(3) 어음關係가 原因關係에 미치는 영향

어음關係는 전부 原因關係에 영향을 미치는 것이 원칙이다. 어음授受가 이루어지는 原因은 어음 자체, 즉 어음상의 權利 자체의 賣買를 목적으로 하는 경우(예컨대, 어음割引)와 既存債務의 지급을 목적으로 하는 경우가 있다.[143] 前者의 경우에는 어음關係의 성립에 의하여 바로 原因關係上의 목적을 달성할 수 있어서 瑕疵擔保責任의 문제를 제외하면 특별히 문제될 것이 없으므로 후자의 경우에 어음의 授受가 既存債務에 미치는 영향만을 검토하여 본다.

(가) 既存債務가 소멸하지 않는 경우

(a) 支給을 위하여 어음이 수여되는 경우

(i) 既存債務를 결제하기 위하여 어음이 授受된 경우에는, 당사자간의 특약이 없는 한 지급에 갈음하여 어음이 授受되었다고 해석할 수는 없으므로 '지급을 위하여' 또는 '지급을 담보하기 위하여' 授受되었다고 추정한다. 따라서 既存債務의 지급을 위하여 어음이 授受되었다고 보는 경우에는 既存債務와 어음채무는 병존하고, 어느 한 債務를 이행함으로써 양자가 함께 소멸한다.

<대법원 1976. 11. 23. 선고, 76 다 1391 판결 : 채무자가 발행한 약속어음은 특별한 사정이 없는 한 그 채무의 지급확보 또는 그 지급을 위하여 발행한 것이라 할 수 있다>

이미 존재하는 금전대차 등 채권채무에 관하여 그 채무자가 발행한 약속어음은 특별한 사정이 없는 한 그 채무의 지급확보 또는 그 지급을 위하여 발행한 것이라 할 수 있고 그 경우 채권자는 수표상의 권리와 일반채권의 그 어느 것이나 행사할 수 있는 것이라 할 것인 바 수표상의 권리가 시효 따위로 인하여 소멸하였다 하여 다른 일반채권도 당연히 소멸하는 것이 아니다.

<대법원 1992. 2. 25. 선고, 91 다 14192 판결 : 기존채무의 지급을 위하여 어음이 수수된 경우에는 기존채무는 소멸하지 아니한다>

기존채무의 이행을 위하여 교부된 약속어음의 소지인인 은행이 어음 되막기 방법에 의하여 그 약속어음을 결제된 것으로 처리하고 새로운 어음을 발행받는 경우, 기존채무는 쌍방간의 약정에 따라 새로운 어음의 지급기일까지 그 지급을 유예해 준 것일 뿐, 기존채무가 소멸되는 것은 아니고 새로운 어음이 만기에 지급되어야만 기존채무가 소멸되는 것이다.

<대법원 1995. 10. 13. 선고, 93 다 12213 판결: 당사자 사이에 특별한 의사표시가 없는 때에는 '지급을 위하여' 교부한 것으로 추정된다>

143) 그 既存債務가 어음債務인 경우에는 어음의 發行은 '어음의 改書'가 되고, 발행된 新어음을 '延期어음'이라고 한다.

채무자가 기존채무의 이행에 관하여 채권자에게 어음을 교부하는 경우에, 당사자 사이에 특별한 의사표시가 없고, 다른 한편 어음상의 주채무자가 원인관계상의 채무자와 동일하지 아니한 때에는, 제3자인 어음상의 주채무자에 의한 지급이 예정되어 있으므로, 이는 '지급을 위하여' 교부한 것으로 추정한다(대법원 1993. 11. 9. 선고, 93 다 11203·11210 판결 참조). … '지급을 위하여' 어음을 교부한 경우에는 채권자는 어음채권과 원인채권 중 어음채권을 먼저 행사하여 만족을 얻을 것을 당사자가 예정하였다고 할 것이므로, 채권자로서는 어음채권을 우선 행사하고 그에 의하여서는 만족을 얻을 수 없을 때 비로소 채무자에 대하여 기존의 원인채권을 행사할 수 있으며, 나아가 이러한 목적으로 어음을 배서양도받은 채권자는 특별한 사정이 없는 한 채무자에 대하여 원인채권을 행사하기 위하여는 어음을 채무자에게 반환하여야 하므로, 채권자가 채무자에 대하여 자기의 원인채권을 행사하기 위한 전제로서 지급기일에 어음을 적법하게 제시하여 소구권보전절차를 취할 의무가 있다고 보는 것이 양자의 형평에 맞다.

<대법원 1990. 5. 22. 선고, 89 다카 13322 판결: 어음의 수수만으로 대금지급이 완결된 것으로 단정할 수 없다>

채무자가 어음의 수령과 상환으로 수령증을 작성·교부하였거나, 자기의 채무를 이행하였다고 하더라도, 그것만으로 어음금의 지급 이전에 어음의 수수만으로 대금지급이 완결된 것으로 단정할 수 없다.

<대법원 2000. 2. 11. 선고, 99 다 56437 판결: 어음채권의 소멸과 원인채권의 운명>

기존 채무의 지급을 위하여 또는 지급확보를 위하여 어음이 교부되어 기존 채권과 어음채권이 병존하는 경우 어음채권이 변제나 상계 등에 의하여 소멸하면 기존 채권 또한 그 목적이 달성되어 소멸하는 것이고, 이러한 법리는 채권자가 어음을 제3자에게 배서·양도한 후 그 어음소지인과 채무자 사이에서 어음채권의 변제나 상계 등이 이루어진 경우에도 마찬가지이다.

<대법원 2000. 3. 24. 선고, 99 다 1154 판결: 원인채권의 지급을 위하여 약속어음을 발행한 경우, 원인채무자는 그 어음금의 지급에 의하여 원인채권이 소멸하였다는 것을 압류채권자에게 대항할 수 있다>

원인채권에 대한 압류의 효력이 발생하기 전에 원인채권의 지급을 위하여 약속어음을 발행하거나 배서·양도하고 그것이 다시 제3자에게 양도된 경우에는 그 어음의 소지인에 대한 어음금의 지급이 원인채권에 대한 압류의 효력이 발생한 후에 이루어졌다 하더라도 그 어음을 발행하거나 배서·양도한 원인채무자는 그 어음금의 지급에 의하여 원인채권이 소멸하였다는 것을 압

류채권자에게 대항할 수 있다.

<대법원 2000. 7. 28. 선고, 2000 다 16367 판결: 기존 채무의 지급을 위하여 어음이 발행된 경우>

채권자가 기존 채무의 지급을 위하여 그 채무의 이행기가 도래하기 전에 미리 그 채무의 변제기보다 후의 일자가 만기로 된 어음의 교부를 받은 때에는 묵시적으로 기존 채무의 지급을 유예하는 의사가 있었다고 볼 경우가 있을 수 있고 이때 기존 채무의 변제기는 어음에 기재된 만기일로 변경된다고 볼 것이나, 특별한 사정이 없는 한 채무자가 기존 채무의 이행기에 채무를 변제하지 아니하여 채무불이행 상태에 빠진 다음에 기존 채무의 지급을 위하여 어음이 발행된 경우까지 그와 동일하게 볼 수는 없다.

(ii) 支給을 위하여 어음이 授受된 경우 兩債權 행사의 順序가 문제이다. 이 경우 어음채권과 기존채권이 병존하더라도, 당사자간의 특약이 없으면 어음채권자는 먼저 어음상의 권리를 행사하고, 그것으로써 만족을 얻지 못할 때에 비로소 既存債權을 행사하여야 한다.[144] 왜냐하면 이 경우에 어음은 채무자 이외의 자로부터 지급을 받는 수단을 제공하였기 때문이다. 따라서 어음상의 權利保全節次를 懈怠하여 어음상의 권리를 상실한 때에는, 이 때문에 債務者가 손해를 입지 않았음을 증명하지 않고는(즉, 이 때문에 債務者가 손해를 입었다면) 債權者는 既存債權을 행사할 수 없다.

그러나 다음 사례에서 보는 바와 같이 대부분의 경우 채무자의 손해는 특별사정으로 인한 손해로서(민법 제393조 제2항) 그 손해배상청구권은 채권자의 기존채권과 상계할 수 없을 것이다.

<대법원 1995. 10. 13. 선고, 93 다 12213 판결: 채무자의 손해는 특별사정으로 인한 손해로서 그 손해배상청구권은 채권자의 기존채권과 상계할 수 없다고 한 사례>

<事　實>

원고 채희돈 등(X들)의 피상속인 소외 亡 채익병(B)이 피고 박금선(Y)으로부터 소외 성인무역주식회사(A)가 발행한 액면 금 10,000,000원으로 된 이 사건 약속어음 1장을 교부받고 피고에게 금 10,000,000원을 대여하였다. 그런데 위 B가 위 약속어음을 그 지급기일에 적법하게 지급제시하였더라면 그 어음금을 지급받을 수 있었고 그에 따라 Y의 위 차용금 채무도 소멸될 수

---

144) 大判 1989. 5. 9, 88 다카 7733.

있었을 것인데, 위 B가 그 지급제시기간이 지나도록 이를 지급제시하지 않고 있다가 위 발행인인 A가 실질적으로 파산함으로 인하여 위 약속어음금을 지급받을 수 없게 되었다. 이에 X들은 Y에게 대여금반환청구의 소를 제기하였다.

이에 대하여 Y는, B가 위 약속어음의 지급제시기간이 지나도록 이를 지급제시하지 않고 있다가 위 발행인인 A가 실질적으로 파산함으로 인하여 위 약속어음금을 지급받을 수 없게 되었고 그로 인하여 Y는 그 액면금 상당의 손해를 입게 되었으므로 위 B의 재산상속인들인 X들에 대한 손해배상채권으로써 위 대여금 채무와 상계한다고 주장하였다.

<判決要旨>

원심(대전지방법원 1993. 2. 3 선고, 92 나 4176 판결)과 대법원은 다 같이 原告勝訴의 판결을 내렸다. 대법원 판결요지는 다음과 같다.

"어음채권자가 지급기일에 어음을 적법히 제시하여 소구권보전 절차를 취할 의무를 위반하여 지급기일에 적법한 지급제시를 하지 아니함으로써 소구권이 보전되지 아니하였더라도 약속어음의 주채무자인 발행인이 자력이 있는 한 어음을 반환받은 채무자가 발행인에 대한 어음채권이나 원인채권을 행사하여 자기 채권의 만족을 얻을 수 있기 때문에 아직 손해는 발생하지 아니하는 것이고, 지급기일 후에 어음발행인의 자력이 악화되어 무자력이 됨으로써 채권자에게 자신의 채무를 이행하여야 할 채무자가 어음을 반환 받더라도 발행인에 대한 어음채권과 원인채권의 어느 것도 받을 수 없게 된 때에야 비로소 자신의 채권에 대하여 만족을 얻지 못하게 되는 손해를 입게 되는 것이고, 이러한 손해는 어음주채무자인 발행인의 자력의 악화라는 특별사정으로 인한 손해로서 소구권보전의무를 불이행한 어음소지인이 그 채무불이행 당시인 어음의 지급기일에 장차 어음발행인의 자력이 악화될 것임을 알았거나 알 수 있었을 때에만 그 배상채권으로 상계할 수 있는 것이라고 할 것이다(대법원 1986. 10. 28. 선고, 86 다카 218 판결 참조).

그런데 이 사건에서 원고가 지급기일에 어음의 지급제시를 하지 아니함으로써 소구권보전의무를 게을리하였고 그 후에 어음발행인으로서 주채무자인 성인무역이 무자력이 됨으로써 피고는 원고에 대하여 자신의 원인채무를 이행하더라도 피고 자신의 성인무역에 대한 어음채권 및 원인채권의 만족을 얻을 수 없게 되는 손해를 입었다고 할 것이지만, 기록을 살펴보아도 지급기일 당시에 원고가 장차 성인무역이 무자력이 될 것임을 알았거나 알 수 있었다고 인정할 아무런 자료가 없으므로 원고는 피고에 대하여 손해배상책임을 부담하지 아니한다고 할 것이다."

(iii) 어음債權을 먼저 행사하여야 하는 경우에는 이를 어떠한 방법으로 행사하여야 하는가가 문제된다. 어음債權者는 滿期를 기다려 支給提示를 하는 대신 滿期 전에 어음을 할인받아 채무의 변제에 충당할 수도 있으나, 이 경우에도 債權者가 어음상의 償還債務를 면할 때까지는 旣存債務는 소멸하지 아니한다.

(iv) 어음채권을 행사하지 아니하고 原因債權을 行使하는 경우 반드시 어음을 반환하여야 하는가 문제이다. 제 1 설은 어음의 반환은 필요없고 債務者는 原因債務를 辨濟한 후 어음의 반환을 청구할 수 있을 뿐이라 한다(返還不要說). 이 學說은 債權者에게는 유리하나 債務者는 이중지급의 위험과 불이익이 있다. 제 2 설은 어음의 반환이 없으면 原因債權을 행사할 수 없다는 견해이다(返還必要說 : 判例의 입장).

<대법원 1989. 5. 9. 선고, 88 다카 7733 판결 : 어음의 반환 없이 기존채권의 지급청구를 하는 경우 채무자는 어음의 반환 없는 원인채무만의 이행을 거절할 수 있는 항변권을 가진다>

채무자가 기존채무의 지급을 위하여 채권자에게 약속어음을 교부하였는데 채권자가 그 어음과 분리하여 기존채권만을 제 3 자에게 양도한 경우에는, 채무자는 이중으로 채무를 지급하게 될 위험을 피하기 위하여 채권양수인의 어음의 반환없는 기존채권의 지급청구를 거절할 수 있고, 그와 같은 경우 원인채권의 양도통지 후 그 어음금이 지급되었다고 하더라도 채무자는 양도통지를 받기 이전에 이미 어음의 반환 없는 원인채무만의 이행을 거절할 수 있는 항변권을 가지고 있었으므로 그 후 원인채권을 양수한 자에 대하여 그 항변권을 행사할 수 있다.

생각건대, 原因債權을 먼저 행사하려고 할 때에는 어음(手票)을 債務者에게 반환하여야 한다고 본다. 그렇게 하지 않으면 原因債權의 辨濟를 받은 債權者가 어음(手票)을 제 3 자에게 양도한 때에 그 어음(手票)의 善意取得者에게 債務者가 二重支給하여야 하며, 동시에 債務者의 前者에게 遡求權을 행사할 수 없게 되어 부당하다. 다만 二重支給의 위험이 없는 경우, 예컨대 어음債務者의 前者가 존재하지 않고 어음이 물리적으로 멸실되었으며, 滅失 당시에 債權者가 어음을 所持하고 있었던 경우에는 債務者의 어음相換의 抗辯은 인정되지 않는다고 본다.

<대법원 1995. 10. 13. 선고, 93 다 12213 판결: 약속어음에 대한 제권판결이 선고된 경우에는 어음상환의 항변은 인정되지 않는다>

일반적으로 약속어음을 교부하고 돈을 차용한 채무자는 채권자의 차용금 반환청구에 대하여 약속어음의 반환과 상환으로만 그 반환의무를 이행하겠다는 주장을 할 수 있으나, 그 약속어음에 대한 제권판결이 선고되어 약속어음의 효력이 상실된 경우에는 그러한 상환이행의 주장을 할 수는 없다고 보아야 할 것이다.

(v) 어음債權과 原因債權이 병존하는 경우에는 일방의 債權의 만족에 의하여 타방의 債權도 소멸한다. 그러므로 어음금이 환어음의 引受人이나 支給人 또는 약속어음의 發行人에 의하여 지급된 때에는 원칙적으로 原因債權도 소멸한다.[145] 어음채권자가 어음을 제 3 자에게 背書讓渡하여 어음債務者가 제 3 자에게 어음금을 지급한 경우에도 原因債權은 소멸한다.

<대법원 1994. 3. 25. 선고, 94 다 2374 판결 : 어음채권자가 어음을 제 3 자에게 배서양도하여 어음채무자가 제 3 자에게 어음금을 지급한 경우에도 원인채권은 소멸한다>

원인채권에 대한 압류의 효력이 발생하기 전에 원인채권의 지급을 위하여 약속어음을 발행하고 그것이 제 3 자에게 배서양도된 경우에 그 어음의 소지인에 대한 어음금의 지급이 원인채권에 대한 압류의 효력이 발생한 후에 이루어졌다 하더라도 그 어음을 발행하거나 배서양도한 원인채무자는 그 어음금의 지급에 의하여 원인채권이 소멸하였다는 것을 압류채권자에게 대항할 수 있다.

또한 債權者가 어음의 讓渡에 의하여 만족을 얻은 경우에는 후에 어음금이 지급되지 아니한 때에도 原因債權이 소멸되는 수가 있다.

(vi) 어음債權과 原因債權이 병존하는 경우에는 일방의 債權의 만족에 의하여 타방의 債權도 소멸하므로, 商事債務인 原因債權이 5년의 商事時效로 消滅한 경우에는 原因債務의 지급을 위하여 약속어음을 발행한 발행인은 위 사유를 들어 약속어음의 수취인에 대하여 약속어음금의 지급을 거절할 수 있다.[146] 다만 이것은 人的 抗辯일 뿐이다 함은 전술하였다.

(b) 既存債務의 擔保를 위하여 어음이 授受되는 경우 : 支給의 擔保를 위하여 어음이 授受된 때에는, 既存債務는 소멸하지 않고 兩債務가 병존하므로 債權者는 어음상의 권리와 既存債權 중 어느 것이나 먼저 행사할 수 있다. 왜냐하면

145) 大判 1960. 8. 18, 4292 民上 864.
146) 大判 1993. 11. 9, 93 다 16390.

이 경우에는 債務者로서는 어음상의 權利가 먼저 행사된다고 하더라도 어떠한 불이익도 받지 않기 때문이다. 그러나 旣存債權을 먼저 행사하는 경우에는 債權者는 債務者에게 어음을 반환하여야 한다. 어음을 반환받지 않은 債務者는 이중지급의 위험을 부담하므로 어음채무의 이행을 거절할 수 있다.[147]

<대법원 1999. 12. 7. 선고, 99 다 39371 판결: 원인채무를 담보하기 위하여 어음이 발행된 경우 담보권이 미치는 범위>

일반적으로 타인의 물품대금을 담보하기 위하여 어음을 발행교부하는 경우, 담보권의 불가분성에 의하여 그 어음은 특별한 사정이 없는 한 액면금액 범위 내에서 물품대금 전부를 담보하는 것으로 보아야 할 것이고, 따라서 물품대금의 일부가 변제되었다고 하더라도 나머지 일부가 잔존하는 한 어음발행인은 어음금액의 범위 내에서 잔존하는 물품대금 전액을 지급할 의무가 있다(대법원 1999. 8. 24. 선고, 99 다 22281 · 22298 판결 참조).

(나) 旣存債務가 소멸하는 경우

당사자의 특약에 의하여 '支給을 갈음하여' 어음이 授受된 때에는 旣存債權은 소멸한다. 따라서 특약이 없는 한 旣存債權을 위하여 설정된 擔保權 · 保證 등은 그 효력을 잃게 되며, 債權者는 어음에 의하지 않고는 그 권리를 행사할 수 없다.

그 消滅原因에 관한 理論構成에는 종래 更改說, 代物辨濟說, 折衷說이 대립되어 있었으나, 어음債權은 無因債權이므로 代物辨濟說이 타당하다. 만일 이를 更改로 풀이하는 경우에는 舊債務가 존재하지 아니하면 新債務(어음債務)도 발생하지 않는 것으로 되어 어음의 無因性과 모순되기 때문이다.

---

147) 擔保를 위하여 背書한 경우 民法上의 保證債務도 부담하는지의 여부. 否定 : 大判 1964. 10. 20, 64 다 865 ; 大判 1987. 12. 8, 87 다카 1105 ; 大判 1993. 11. 23, 93 다 23459. 肯定 : 大判 1986. 7. 22, 86 다카 783 ; 大判 1989. 7. 25, 88 다카 19460.

Ⅲ. 어음의 資金關係

1. 資金關係의 意義와 法的 性質

어음의 資金關係(Deckungsverhältnis, Provision)(手票에도 資金關係는 있으나, 約束어음에는 없다.)란 發行人과 支給人(또는 委託어음의 경우에는 資金義務者인 제 3 자) 사이의 관계, 즉 支給人이 어음의 引受 또는 支給을 하는 原因이 되는 實質關係를 말한다. 資金關係는 發行人이 미리 자금을 支給人에게 교부하여 지급하게 하는 것이 보통이겠으나(資金의 교부없이 債務를 소멸시킬 수도 있다.), 자금의 교부없이 지급한 자금을 사후에 補償請求하는 경우도 있다(補償關係).

어음의 資金關係의 法的 性質은 資金關係의 태양에 따라 달라진다. 發行人이 支給人에게 미리 支給資金을 제공하고 지급을 委託한 경우에는 그 資金關係의 법적 성질은 委任이 될 것이나, 支給人이 아무런 資金關係 없이 지급한 경우에는 事務管理가 된다. 또 계속적인 거래관계에 있는 債務者를 支給人으로 지정한 경우에는 債權의 推尋이 된다.

2. 어음關係와 資金關係의 關係

(1) 兩關係의 分離

어음關係와 資金關係는 분리되어, 어음관계는 資金關係에 영향을 받지 않는 것이 원칙이다. 따라서 發行人은 支給人에게 자금을 교부하지 않고도 어음을 발행할 수 있으며, 자금을 교부했다고 하여 발행인으로서의 償還義務를 면하는 것도 아니다. 또 支給人도 引受를 한 이상 자금을 받지 못했다고 지급을 거절할 수 없으며, 資金을 받았다고 하여 引受를 하여야 할 어음상의 의무가 있는 것도 아니다.

(2) 兩關係의 牽連

어음關係와 資金關係는 전혀 별개의 것이나, 後者는 前者의 기초가 되는 것이므로 資金關係의 존재를 전제로 한 어음法上의 제도가 있다. 예를 들면, 어음關係의 직접 당사자간의 人的 抗辯의 허용(어 제17조), 發行人의 引受人에 대한 償還請求權(어 제28조 제2항 제2문), 發行人의 引受人에 대한 利得償還請求權(어 제79조)이 있다.

3. 準資金關係

引受人 또는 約束어음의 發行人과 支給擔當者, 保證人과 主債務者, 參加支給人 또는 參加引受人과 被參加人 사이에도 資金關係와 비슷한 관계가 생기는데, 이를 準資金關係라 한다.

Ⅳ. 어음豫約

1. 어음豫約의 意義

어음豫約(Wechselschluß, Wechselvorvertrag)이란 어음關係가 발생하도록 준비하는 契約(예컨대, 어음의 種類·金額·滿期 등 어음행위의 내용을 미리 정하는 合意)을 말한다. 특히 서면화한 어음豫約을 '假어음'(Interimwechsel)이라고 한다.

2. 어음豫約의 效力

어음豫約은 原因關係와 어음關係의 중간에 위치하는 것이라고 할 수 있다. 어음豫約에 의해서 당사자의 일방이 어음행위를 할 의무가 발생하지만 이것은 어음關係로부터 독립된 것이다. 반드시 어음豫約이 있어야만 어음이 발행되는 것도 아니며, 또 어음豫約을 위반하고 발행한 어음이라도 유효하고, 다만 당사자간의 人的 抗辯事由가 될 뿐이다.

V. 貨換어음

1. 貨換어음의 意義

貨換어음(Dokumentenwechsel, traite documentaire, documentary draft)이란 어음상의 권리가 운송중의 물건에 의해서 담보되어 있는 換어음을 말한다. 이를 荷換어음이라고도 한다.

2. 貨換어음의 法的 性質

貨換어음의 법적 성질은 보통의 換어음과 다를 바 없다. 그것은 특별한 換어음의 일종이 아니라, 다만 그 權利가 運送物(貨物相換證 또는 船荷證券)에 의하여 담보되어 있으므로 그 어음이 이용되는 경제적 목적에 착안하여 거래상 貨換어음이라고 부르는 데 불과하다.

3. 貨換어음의 利用關係

(1) 經濟的 機能

貨換어음을 이용함으로써 隔地賣買의 원활화를 도모할 수 있다. ① 隔地賣買去來에 있어서 代金支給에 따르는 현금수송의 위험성·번잡성이 없어지고, 賣買當事者 간에 給與의 同時履行이 실현될 뿐만 아니라, ② 賣渡人은 賣買代金을 즉시 받는 결과가 되어 시간적 장벽을 극복하는 데 도움이 되고, ③ 買受人으로서도 트러스트 리시트(trust receipt : 輸入貨物擔保保管證, 輸入貨物貸渡申請書)를 은행에 차입함으로써 換어음의 引受만을 하고 運送證券을 교부받아 어음金額(賣買代金) 지급 전에 運送物을 賣渡할 수도 있게 된다.

(2) 貨換어음의 種類

貨換어음은 그 이용방법에 따라 割引貨換어음과 推尋貨換어음으로 나눌 수 있다.

(가) 割引貨換어음

貨換어음이 이용되는 가장 전형적인 절차는 다음과 같다. 즉, ① 賣渡人은 買受人을 支給人으로 하고 자기 또는 자기의 거래은행을 수취인으로 한(賣買代金에 상당하는 금액의) 換어음을 발행하고, ② 賣買目的物을 運送委託하여 運送人으로부터 자기 또는 買受人을 受取人으로 하는 船荷證券이나 貨物相換證을 교부받아서, ③ 거래은행에 교부한다. 이때 換어음의 受取人이 賣渡人이면 거래은행에 背書讓渡하고, 거래은행이 受取人이면 그대로 교부하며, 이와 함께 담보로 첨부되는 船荷證券이나 貨物相換證은 그 受取人이 賣渡人이면 白地背書를 하고, 受取人이 買受人이면 그대로 은행에 교부함으로써(이 運送證券은 發行人의 遡求義務의 擔保가 된다.), 할인을 받아 賣買代金을 지급받게 된다. ① 거래은행은 이 貨換어음을 買受人所在地의 支店(또는 去來銀行)에 보내고, ② 그 지점은 買受人에게 換어음을 제시하여 引受를 받거나 지급을 받고서 船荷證券이나 貨物相換證을 買受人에게 교부한다. ③ 買受人은 그 證券을 運送人에게 제시하여 운송물을 인도받음으로써 賣買 및 代金의 결제가 끝난다. ④ 만약 買受人이 換어음의 引受나 支給을 거절하면 銀行은 어음에 의해서 발행인인 賣渡人에게 遡求權을 행사하여 어음割引代金을 회수하든가, 직접 그 船荷證券이나 貨物相換證을 처분하든가, 혹은 그 證券으로 운송물을 인도받아 처분하든가 하여 어음割引代金의 회수에 충당한다. 상술한 바 이용관계는 은행으로부터 할인받아 支給期日 전에 代金을 회수하므로 그 경우를 割引貨換어음이라고 한다.

(나) 推尋貨換어음

어음發行人이 買受人으로부터 代金推尋을 확실하게 할 목적으로 去來銀行에 대하여 換어음에(讓渡背書를 하지 않고) 推尋委任背書(또는 숨은 推尋委任背書)를 하는 경우에는 이를 推尋貨換어음이라고 한다.

4. 貨換어음의 法律關係

(1) 賣渡人과 銀行의 關係

賣渡人과 은행의 관계는 대체로 貨換約定書 또는 擔保差入證에 의하여 결정되는 것인데, 이를 換어음을 중심으로 한 法律關係와 運送證券(貨物相換證 또는 船荷證券)을 중심으로 한 法律關係로 나누어 볼 수 있다.

(가) 어음關係

貨換어음을 은행에 교부하고 割引을 받은 경우에는, 은행은 어음상의 權利者가 되고, 買受人에게 제시를 하여 지급을 받으면 그 (支給) 受領金額은 은행에 귀속되고, 만약 引受 또는 支給이 거절되면 매도인에 대하여 遡求權을 행사하게 된다.

賣渡人이 割引을 받지 않은 경우에는 은행은 推尋委任背書의 被背書人에 불과하므로 買受人으로부터 어음金額을 지급받으면 이를 發行人에게 교부하고 推尋에 따른 비용 및 수수료를 받는 데 그친다. 따라서 買受人이 거절하더라도 소구권이 생기지 않고, 貨換어음을 賣渡人에게 반환하고 그 동안의 비용 및 수수료를 청구하게 된다.

(나) 運送證券關係

割引貨換어음의 경우 賣渡人을 受取人으로 한 運送證券을 背書交付받은 은행은 換어음이 지급거절되는 경우의 遡求權의 擔保로서 운송물을 목적으로 한 質權을 취득하거나(質權設定說), 운송물의 信託的 讓渡를 받는다(信託的 讓渡說). 은행은 운송증권을 매수인에게 제공할 債務를 부담하나 어음이 지급거절된 경우에는 증권에 의해서 운송물을 처분할 수 있다. 그러나 運送證券上 買受人이 受取人으로 되어 있는 경우에는 은행은 運送物 위에 質權을 취득할 수 없고, 다만 그 證券을 유치하여 買受人의 어음金額支給을 간접적으로 강제할 수 있을 뿐이다.

推尋貨換 어음의 경우에는 은행은 證券上의 권리를 취득하지 못함은 물론 賣渡人과의 委任關係에 따라서 運送證券을 買受人에게 교부하여야 하고, 어음이 지급거절되면 그 어음과 運送證券을 賣渡人에게 반환하지 않으면 안된다.

(2) 賣渡人과 買受人의 關係

(가) 賣買代金 支給債務의 消滅時期

賣渡人이 거래은행으로부터 할인에 의하여 賣買代金 상당액을 지급받았다 하더라도 買受人의 代金支給債務는 소멸하지 않는다. 또한 買受人이 어음의 引受를 하는 데 그친 경우도 같다. 따라서 代金支給債務는 買受人이 어음金額을 지급한 때에 소멸한다.

(나) 運送物의 所有權의 移轉時期

運送物의 所有權은 買受人이 어음의 지급과 상환하여 運送證券을 취득한 때에 買受人에게 이전된다. 따라서 그 소유권은 買受人에게 이전될 때까지는 割引銀行에 의한 運送證券의 취득이 動產質의 취득인 경우에는 賣渡人에게 귀속되고, 信託的 讓渡인 경우에는 割引銀行에 귀속된다.

은행은 전자의 경우에는 賣渡人의 위탁 취지에 따라 그의 代理人 또는 機關으로서 運送證券에 의하여 대표된 賣渡人의 물건을 가지고 買受人에 대하여 賣買契約의 이행을 하는 셈이고, 후자의 경우에는 자기의 소유에 속하는 물건을 가지고 매도인의 매수인에 대한 채무(引渡)를 이행하는 것이다.

(3) 貨換어음과 同時履行

貨換어음附賣買에 있어서는 賣渡人은 거래은행을 통해서 貨換어음과 運送證券을 買受人에게 제공하고, 買受人은 이를 代金支給과 상환으로 受領하게 된다. 따라서 특별한 합의 또는 관습이 없는 한 賣渡人이 먼저 賣買의 목적물을 발송하고 運送證券을 첨부한 貨換어음을 發行·支給提示할 의무를 가지는 것이므로 代金支給義務는 運送證券의 交付義務와 동시에 이행하여야 한다.

Ⅵ. 商業信用狀

1. 商業信用狀의 意義

商業信用狀(commercial letter of credit)은 買受人(信用狀發行依賴人)의 위탁에 의하여 그 거래은행(信用狀發行銀行, issuing bank)이 일정한 조건하에 賣渡人(受益者, beneficary)이 발행한 換어음을 引受·支給 또는 買入할 것을 약정하는 證書로서, 실무에서는 L/C로 약칭, 관용되고 있다. 商業信用狀 중에서 換어음에 船荷證券·保險證券·商業送狀 등의 船積書類가 첨부되어 있는 것을 貨換信用狀(documentary credit)이라 하는데, 가장 전형적인 것으로서 보통 신용장이라고 하면 이것을 말한다. 이에 관한 국제상업회의소(ICC)가 제정한 국제규칙으로서 "화환신용장 통일규칙 및 관례"(Uniform Customs and Practice for Documentary Credits, 1993 Revision : 이를 信用狀統一規則이라 通稱한다.)가 있다.

2. 商業信用狀의 機能

國際物品賣買에 있어서는 대체로 銀行信用을 이용하는 商業信用狀에 의하여 대금의 결제를 하도록 약정되어 있다. 따라서 商業信用狀의 개입없이 船荷證券(또는 貨物相換證)과 相換으로 換어음의 引受 또는 支給이 이루어진다는 것은 오늘날의 국제거래에 있어서는 예외적인 경우로 되어 있다. 國際賣買의 決濟手段으로서 運送證券(船荷證券 또는 貨物相換證)에 의하여 지급이 담보되는 貨換어음이 이용되기도 하나, 貨換어음의 단점은 運送證券이 要因證券이므로 그 담보가 확실하지 않다는 것이다. 즉, 賣渡人의 거래은행으로서는 換어음의 支給人인 외국 買受人의 신용상태를 알 수 없어 어음금의 지급이 불안하므로 賣渡人의 어음割引의 의뢰에 쉽게 응할 수 없는 폐단이 있다. 그러나 買受人의 거래은행이 賣渡人이 발행한 換어음의 引受 · 支給을 확약하면, 賣渡人의 거래은행이 賣渡人에게 안심하고 어음할인을 할 수 있어 貿易代金을 안전 · 신속 · 확실하게 결제할 수 있게 된다. 이러한 기능을 하는 것이 商業信用狀이다.

3. 商業信用狀의 特性

(1) 商業信用狀의 獨立 · 抽象性

商業信用狀에 기하여 발행은행이 受益者에 대하여 부담하는 債務는 그 信用狀 발행의 원인인 賣買契約 기타의 原因契約과는 別個 · 獨立의 債務이다(신용장통일규칙 제3조). 이를 信用狀債務의 獨立 · 抽象性의 原則이라고 한다. 이는 信用狀을 原因關係로부터 분리함으로써 信用狀去來의 신속 · 안전 · 원활을 기하기 위한 것이다.

(2) 嚴格一致의 原則

信用狀去來는 고도의 신속성과 안전성이 요구되므로, 오로지 書類의 기재에 의하여서만 하는 서류거래이고(신용장통일규칙 제4조), 은행은 제시된 書類가 文面上 신용장조건에 합치하는가를 형식적으로 심사할 의무만 있고 그 내용에 관하여 실질적으로 심사할 의무가 없다(신용장통일규칙 제15조 · 제17조). 따라서 信用狀去來의 필요서류는 信用狀條件에 엄격하게 합치하여야 한다. 이것을 信用狀條件의 嚴格一致의 原則이라고도 한다.

이에 관하여 신용장통일규칙은 "은행은 신용장에 명시된 모든 서류를 상당한 주의를 기울여 심사함으로써 서류가 문면상 신용장의 제조건과 일치하게 표시되어 있는가를 확인하여야 한다"고 규정하면서(신용장통일규칙 제13조 제a항), 다시 "상업송장(commercial invoice)의 물품명세는 신용장의 명세와 일치(correspond with)하여야 한다. 기타의 모든 서류(운송서류, 보험서류 등)에 있어서 물품은 신용장의 명세와 모순되지 아니하는(not inconsistent with) 일반용어(general terms)로 기술될 수 있다"고 규정하여(신용장통일규칙 제37조 제c항), 상품명세에 관한 한 신용장과 서류와의 일치 여부는 상업송장만을 기준으로 결정하도록 하고 상업송장 이외의 운송서류, 보험서류, 기타의 서류들은 일반용어로 기술하더라도 무방한 것으로 하여 그 일치의 기준을 완화하였다.

信用狀條件에 합치하지 않는 경우에는 은행은 상당한 기간 내에 그 서류를 접수할 것인가 거절할 것인가를 결정하고, 접수를 거절하는 때에는 그 사실을 통지하여야 한다. 은행이 이러한 拒絶通知義務를 懈怠한 때에는 서류가 信用狀條件에 합치하지 않는다는 주장을 할 수 없다(신용장통일규칙 제16조). 은행이 서류의 신용장조건에 합치 여부를 심사함에 있어서는 상당한 주의를 하여야 할 義務가 있다.

> <대법원 1979. 5. 8. 선고, 78 다 2006 판결 : 은행은 제시된 書類가 文面上 신용장조건에 합치하는가를 형식적으로 심사할 의무만 있고 그 내용에 관하여 실질적으로 심사할 의무가 없다>
>
> 은행이 신용장에 의하여 환어음을 매수함에 있어서 관계당사자 · 관계서류에 관하여 단지 외관상으로 신용장조건의 문면과 서류의 문면이 완전히 합치하는지의 여부에 관하여 신중한 조사를 할 책임이 있고, 그 밖의 서류의 형식 · 충분성 · 진정성 · 위조 또는 법적 효력 등에 관하여는 아무런 의무나 책임을 지지 아니하며, 또 서류상에 표시된 물품의 수량 · 중량 · 품질 · 상태나 상품의 인도, 관계자의 성실성 · 이행능력 등에 관하여서는 아무런 의무나 책

임을 지지 아니한다. 同旨 : 대법원 1980. 1. 15. 선고, 78 다 1015 판결.

<대법원 1985. 5. 28. 선고, 84 다카 696 판결 : 신용장조건의 엄격일치의 원칙에 대한 해석>

신용장부대서류가 신용장조건과 문언대로 엄격하게 합치하여야 한다고 하여 자구 하나도 틀리지 아니하고 완전히 일치하여야 한다는 뜻은 아니며, 비록 자구에 약간의 차이가 있더라도 은행이 상당한 주의를 기울이면 그 차이가 경미하여 문언의 의미에 차이가 있는 것이 아니고 또 신용장조건을 해하는 것이 아님을 문면상 알 수 있는 경우에는 신용장조건과 합치하는 것으로 보아야 할 것이다.

4. 商業信用狀의 法的 性質

商業信用狀은 국제간의 대금결제의 확실을 도모하기 위하여 창안된 제도로서 관계당사자가 다각적으로 연결되어 있고 그 내용이 다양하여 그 법적 성질을 일률적으로 정의하기가 용이하지 아니하다. 신용장의 법적 성질에 관한 學說은 保證說, 契約說, 指示說, 特殊法律關係說 등이 있다. 그러나 信用狀 거래의 법률관계를 보면 買受人이 발행은행에 대하여 信用狀의 발행 및 買受人을 위하여 信用狀事務를 처리해 줄 것을 위임하는 것이므로 신용장은 指示와 委任契約이 병존하는 法律關係라고 보는 것이 타당하다고 본다.

5. 信用狀의 種類

상업신용장은 여러 가지 목적에 따라 다양한 종류로 구분할 수 있다.

(1) 貨換信用狀・無貨換信用狀

信用狀에 의하여 발행되는 換어음에 運送證券의 첨부를 요구하는 信用狀을 貨換信用狀(documentary credit)이라고 하는데, 국제거래관계에서 주로 이용되는 信用狀은 바로 이것이다. 無貨換信用狀(clean credit)이란 信用狀에 의하여 발행된 換어음에 運送證券이 첨부되지 않아도 어음의 支給이나 引受 또는 買入을 보장하는 신용장이다. 이러한 신용장은 주로 貿易外去來關係에서 運賃, 保險料 또는 手

數料의 결제를 위하여 이용된다.

(2) 確認信用狀・無確認信用狀

確認信用狀(confirmed credit)은 信用狀發行銀行 이외에 국제적으로 신용이 있는 은행이 이중으로 지급을 약속한 것으로서 그 지급이 더욱 확실한 取消不能信用狀을 말한다. 이에 대하여 發行銀行만이 그 지급을 약속하고 있는 取消不能信用狀을 無確認信用狀(unconfirmed credit)이라 한다.

(3) 一般信用狀・特定信用狀

信用狀에 의하여 발행한 換어음의 買入銀行을 한정하지 않은 것을 一般信用狀(general credit) 또는 開放信用狀(open credit)이라고 하고, 買入銀行이 한정된 것을 買入制限信用狀 또는 特定信用狀(special credit)이라 한다. 特定信用狀에는 일반적으로 매입제한조항이 기재된다.

(4) 取消不能信用狀・取消可能信用狀

取消不能信用狀(irrevocable L/C)은 신용장을 발행한 은행이 소정의 서류와 상환으로 무조건 대금의 지급을 약속하는 것으로서, 이를 受益者에게 송부한 때에는 그 有效期間 내에는 모든 관계자의 동의 없이는 內容의 變更이나 取消를 할 수 없다. 取消可能信用狀(revocable L/C)이란 발행은행이 언제든지 일방적으로 변경하거나 취소할 수 있는 신용장을 말한다. 取消可能信用狀이라고 하더라도 開設依賴人이 受益者에 대한 의사표시에 의하여 취소할 수는 없다. 取消與否에 대한 표시가 없는 신용장은 取消不能信用狀으로 간주한다(신용장통일규칙 제6조 c항).

(5) 保證信用狀

信用狀은 일반적으로 商品賣買의 代金決濟를 위하여 발행하는 것이지만 保證信用狀(stand-by credit)은 企業의 금융이나 일정한 행위의 이행을 보증하기 위하여 債權者를 受益者로 하고 債務者의 신청에 의하여 발행하는 신용장이다. 이는 상품매매와는 직접적인 관련이 없으므로 운송증권이 첨부되지 않는 無貨換信用狀에 속한다.

(6) 讓渡可能信用狀

信用狀의 受益者가 信用狀에 기재된 금액의 일부 또는 전부를 동일한 조건으로 제 3 자에게 양도할 수 있는 것을 讓渡可能信用狀(transferable credit)이라고 한다. 여기에는 讓渡可能文句가 기재되어야 한다.

6. 信用狀當事者間의 法律關係

信用狀去來에는 최소한 세 개의 法律關係가 포함된다. 첫째는 買受人(信用狀開設依賴人, applicant)과 開設銀行(opening bank, issuing bank) 사이의 契約이다. 이 契約에 의하여 개설은행은 買受人을 위하여 賣渡人(受益者)에 대하여 신용장을 개설하기로 약정한다. 둘째는 買受人(開設依賴人)과 賣渡人(受益者, beneficiary) 사이의 賣買契約(基本契約)이며, 이 계약에서 賣買當事者는 信用狀에 의하여 賣買代金을 결제하기로 약정한다. 셋째는 開設銀行과 賣渡人(受益者) 사이에서 개설은행은 信用狀에 의거하여 受益者가 발행한 換어음을 지급한다.

<대법원 2000. 1. 21. 선고, 97 다 41516 판결: 신용장에 기한 법률관계와 어음법에 의한 법률관계는 별도로 병존한다>

[1] 화환신용장 거래에서 수익자가 개설의뢰인을 지급인으로 하여 발행한 화환어음의 법률상 성질은 보통의 환어음과 다를 바가 없으므로, 이 경우에는 신용장에 기한 법률관계와는 별도로 어음법에 의한 법률관계가 병존하고, 따라서 선적서류 및 환어음을 매입한 매입은행은 개설은행에 의한 신용장금액의 상환이 거절되고 또한 환어음상 지급인에 의한 지급도 거절된 경우에는, 특별한 사정이 없는 한, 개설은행의 상환거절이 정당한지 여부와 상관없이 어음법에 따라 그 환어음의 발행인이나 배서인에 대한 소구권을 행사할 수 있다.

[2] 화환신용장 거래에서 선적서류 및 개설의뢰인을 지급인으로 한 환어음이 함께 발행 · 교부되었다고 하더라도, 그 선적서류의 제시가 어음법상 지급제시나 소구의 법정요건은 아니므로, 그 환어음의 소지인인 매입은행이 환어음상의 지급인에 대하여 환어음을 제시하였을 뿐 선적서류를 제시하지 않았다는 사유만으로 그 지급제시가 부적법하다거나 어음법상 소구의 요건을 갖추지 못한 것이라고 볼 수는 없다.

(1) 買受人과 賣渡人의 관계

買受人과 賣渡人과의 관계는 基本契約 외에 買受人이 信用狀開設義務를 부담하며, 이것은 買受人의 先履行義務이므로 開設義務不履行의 경우에는 賣渡人은 賣買契約을 해제할 수 있다(民 제454조). 그리고 買受人이 신용장을 개설한 것만으로는 代金支給債務가 소멸되는 것은 아니다.

(2) 買受人(開設依賴人)과 開設銀行(信用狀發行銀行)과의 관계

買受人과 開設銀行과의 관계는 사무처리를 목적으로 하는 都給契約이며, 有償·雙務契約이다.[148] 이 계약에 따라 개설은행은 信用狀을 개설하여야 할 뿐만 아니라 信用狀의 條件에 따라 지급할 의무를 부담한다. 나아가 개설은행은 善良한 管理者의 注意로써 賣渡人이 제출한 서류와 信用狀條件과의 外見上의 일치 여부를 조사하여야 한다. 그러나 開設銀行은 그 신용장 개설의 원인인 상품거래가 계약에 따라 이행되었는가에 대한 調査義務는 없다(信用狀去來의 獨立抽象性).

(3) 賣渡人(受益者)과 開設銀行과의 관계

開設銀行은 신용장의 조건에 따라 賣渡人(受益者)에게 賣渡人이 발행한 換어음에 대한 지급의무를 부담한다. 이 지급의무의 법적 성질은 抽象的인 債務約束으로 풀이하는 것이 보통이다.[149] 개설은행은 買受人과 개설은행 사이(資金關係) 또는 買受人과 賣渡人 사이(原因關係)에 기한 항변으로써 賣渡人에게 대항하지 못한다. 이를 허용하면 信用狀의 擔保機能을 害하기 때문이다. 개설은행이 賣渡人에 대한 자기의 抗辯을 주장할 수는 있다.

7. 信用狀의 支給拒絶

신용장 개설은행은 제출된 서류가 信用狀의 條件에 합치하면 대금을 지급하여야 하나, 다음의 사유가 있을 때에는 대금의 지급을 거절할 수 있다.

첫째는 제출된 서류가 신용장의 조건에 합치되지 않는 경우이다. 신용장거래는

---

148) 鄭東潤(어) 244면 ; 崔基元(어) 237면.

149) 崔基元(어) 238면 ; 鄭東潤(어) 245면 ; 金善國, "保證信用狀의 법적 문제에 관한 연구," 고려대 법학박사학위논문(1991) ; 尹勝鎭, "상업신용장의 법률관계", 사법논집 제14집. 69, 86면 이하(1983) 등 참조.

물품거래로부터 독립된 서류의 거래이므로 신용장이 요구하는 서류는 신용장조건에 엄격하게 합치하여야 한다. 은행이 서류의 합치 여부를 심사함에 있어서는 상당한 주의를 하여야 한다. 그러나 제출된 서류가 정상의 조건에 합치되지 아니함에도 불구하고 개설은행이 계속하여 대금을 지급하여 온 관행을 믿고 신용장을 취득한 자에 대하여는 개설은행은 신의칙상 지급의무가 인정된다.150)

둘째는 제출된 書類가 僞造된 경우이다. 이 경우에는 개설은행은 선의의 신용장소지자에 대하여도 지급을 거절할 수 있다.

Ⅶ. 어음改書

1. 어음改書의 意義

어음의 改書(Wechselprolongation)란 法文上의 용어가 아닌 실무상의 용어인데 廣·狹 두 가지 뜻으로 쓰인다. 넓은 의미의 어음의 改書는 이미 발행한 어음(舊어음)에 관하여 그 支給을 하지 아니하고 舊어음상의 어음요건 중 일부를 變更(改書)하여 새로운 어음(新어음)을 발행하는 것을 말한다. 예컨대, 破損 또는 誤記된 어음을 새 어음으로 交替發行한 경우, 어음의 併合 또는 分割을 위하여 새 어음이 발행된 경우 등 舊어음의 지급 전에 그 어음과 관련하여 발행된 新어음은 모두 넓은 의미의 改書어음이라고 할 수 있다. 그러나 좁은 의미의 일반적인 용례로서의 어음의 改書는 어음금의 지급을 유예하기 위하여 그 어음을 지급하는 대신 滿期를 變更하여 새 어음을 발행하는 것을 말하고, 이 경우의 새 어음을 延期어음(Prolongationswechsel)이라고도 말한다. 좁은 의미의 改書어음은 주로 어음金의 支給延期를 목적으로 하여 발행되지만, 이 외에도 債務의 分割辨濟, 信用期間의 연장, 시효의 중단 및 不渡處分의 회피 등을 위하여 이용되기도 한다.

150) 大判 1985. 5. 28, 84 다카 697.

2. 어음改書契約

改書어음은 民事契約인 改書契約에 따라 발행하는 것이 보통이다. 改書契約에 관하여도 특별규정이 없으므로 당사자가 그 방식과 내용을 임의로 정할 수 있다. 改書의 특약은 보통 어음상에 기재되지 않지만, 어음상에 이를 기재하더라도 어음상 효력이 없는 無益的 記載事項에 불과한 것이다. 다만 改書契約의 당사자간에서는 어음 외의 계약의 존재에 대한 증거가 될 수는 있다.

改書契約이 성립하면 그 효과로서 어음의 支給期日이 연기되고, 어음債務者는 새로운 支給期日을 기재한 新어음을 작성·교부하여야 하며, 所持人은 이를 受領하여야 할 의무가 있다. 따라서 發行人은 改書契約의 당사자인 所持人에 대하여 이러한 사유를 人的 抗辯事由로써 주장할 수 있다. 또 제 3 자가 期限後背書에 의해 改書어음을 양수한 경우에는 指名債權을 讓受한 것과 동일한 효력을 갖게 되므로 人的 抗辯이 부착된 어음債權을 취득한 것이 되며, 따라서 이 경우에도 어음債務者는 改書契約으로써 대항할 수 있다. 그러나 期限前의 背書에 의한 어음의 讓受人은 改書契約이 어음상에 기재되어 있다고 할지라도, 債務者를 害할 것을 알고 어음을 취득한 것이 아닌 한(어 제17조) 그 支給期日에 보통의 어음과 마찬가지로 그 권리를 행사할 수 있다.

改書契約을 체결할 때 또는 改書어음을 발행할 때, 舊어음을 채무자가 회수할 것인지, 아니면 所持人이 舊어음과 改書어음을 모두 보유할 것인지를 결정한다. 우리 나라와 일본에서는 前者의 방법이, 미국이나 독일에서는 後者의 방법이 많이 이용된다고 한다.[151] 背書人·保證人의 일부가 改書어음 발행에 동의하지 않는 경우에는 後者의 방법을 쓸 수밖에 없고, 증거확보 및 僞造防止의 필요가 있는 때에도 이 방법이 효과적이다. 뿐만 아니라, 舊어음은 後述하는 바와 같이 利得償還, 善意取得의 시기 등에 관하여도 중요한 의미가 있으므로 소지인에게는 후자의 방법이 유리하다. 그러나 반대로 이 방법은 舊어음이 滿期 전에 양도되어 제 3 자가 善意取得하게 되면(이를 방지하기 위하여는 어음상에 背書禁止의 文言을 기재하면 된다.) 二重辨濟의 위험이 있는 등 債務者에게는 불리한 면이 있다.

151) 鄭熙喆, 《判例敎材》, 244면.

3. 새 어음의 發行

改書어음은 그 발행목적이 舊어음債務의 支給延期에 있는 만큼, 改書어음은 舊어음을 기초로 하여 작성된다는 점이 보통의 어음발행의 경우와 다르다. 따라서 舊어음상에 기재되어 있는 어음要件은 대부분 그대로 新어음에 옮겨적되, 舊어음과 비교하여 약간의 변경이 가해지는 것은 불가피하다. 즉, 舊어음상의 支給期日이 연기됨은 당연한 것이고, 이에 따른 利子의 加算 또는 어음金의 一部辨濟로 어음金이 변경될 수도 있고, 背書人 및 保證人의 전부 또는 일부가 變更 · 追加 · 除外될 수도 있다. 어느 경우이든 新 · 舊어음 간에 後述하는 바와 같이 동일성이 인정되는 한 그 新어음은 改書어음으로 인정된다.

한편 改書어음을 발행함에 있어서도 商法 제398조의 理事의 自己去來에 관한 규정이 적용되는가 하는 문제가 있다. 會社와 理事間의 어음거래 일반에 관하여는 원칙적으로 同條가 적용된다고 보는 것이 우리 나라의 多數說의 입장이다.

改書어음을 발행하는 경우에는 新 · 舊어음이 실질적으로 동일한 것이므로 一見 理事會의 승인은 불필요한 것처럼 보인다. 그러나 이 경우에도 理事와 會社間에 利害衝突의 소지가 있기 때문에 理事會의 승인은 필요하다고 본다. 다만 어음改書契約 중에 거래적 요소가 없어 利害衝突의 염려가 없는 경우, 예컨대 會社가 理事에게 발행해 준 어음을 改書할 경우에는 理事會의 승인을 다시 받을 필요는 없다고 본다.

4. 어음改書의 效果

(1) 어음上의 權利의 行使

(가) 新 · 舊 어음의 同一性

改書어음이 유효하게 발행되면 이 改書어음과 舊어음 사이에는 어음債務 또는 어음상의 權利關係가 동일성을 유지한다.[152] 改書어음이 舊어음과 동일성을 유지하는 이론적 근거에 관하여는 法律的 同一性說, 經濟的 同一性說, 實質的 同一性說 등 학설이 나뉘어져 있으나,[153] 어느 학설에 의하든 新 · 舊어음의 동일성이 인

152) 大判 1967. 12. 19, 64 다 935.

정되는 결과 어음을 改書하면 다음과 같은 법적 효과가 나타난다.

(나) 權利行使와 新・舊어음의 所持

改書어음상의 권리를 행사하는 방법은 改書어음을 발행하면서 舊어음을 회수하느냐 않느냐에 따라 약간의 차이가 있다.

舊어음을 회수하는 경우에는 어음改書의 법적 성질에 관하여 更改說, 代物辨濟說, 信義則說 등 학설이 나뉘고 있음에도 불구하고,[154] 어느 학설에 의하든 改書로 인한 新어음債務의 성립에 의해(다만 信義則說에 따르면 舊어음의 반환만으로는 부족하고 이를 회수하여 파기함으로써) 舊어음債務는 소멸한다고 한다. 따라서 債權者는 改書어음으로써 어음상의 권리를 행사하여야 한다.

한편 舊어음을 회수하지 않는 경우는 다시 두 가지 경우로 나눌 수 있다.

(i) 舊어음을 반환하기로 약정하였으나 이를 어기고 반환하지 아니한 경우이다. 이 경우는 당사자의 원래의 의사에 따라 원칙적으로 舊어음債務는 소멸한다고 본다. 따라서 채권자는 改書어음으로써만 권리를 행사할 수 있다. 다만 舊어음의 滿期 전에 제 3 자가 이를 善意取得한 때에는 어음채무자는 舊어음債務에 대한 책임을 면할 수 없다. 또한 債務者는 改書어음에 대한 支給請求가 있으면 舊어음의 반환을 요구할 수 있으나, 改書어음만을 善意取得한 제 3 자에게는 舊어음 未返還을 이유로 改書어음金의 지급을 거절할 수 없다.

(ii) 처음부터 舊어음을 반환하지 아니하고 新・舊 양어음을 債權者의 수중에 두기로 한 경우이다. 이 경우에는 양어음債權은 倂存한다. 따라서 債權者는 舊어음과 改書어음 어느 것으로도 權利를 행사할 수 있고, 어느 한 어음에 지급이 있으면 나머지 어음상의 權利도 소멸한다. 다만 新어음의 滿期 전에 舊어음의 支給請求를 받은 경우에는 債務者가 支給猶豫의 人的 抗辯을 제기할 수 있다. 그리고 債務者는 어음金의 지급에 있어 이중지급의 위험을 피하기 위하여 新・舊 양어음의 반환을 청구할 수 있고, 양어음의 반환과 어음金 지급을 同時履行의 抗辯으로 주장할 수도 있다. 다만 舊어음에 의한 이중지급의 위험이 없는 경우에는 改書어음만으로도 그 지급을 청구할 수 있다고 본다.

---

153) 吉永榮助, "手形・書替", 鈴木竹雄・大隅健一郎 編,《手形法・小切手法講座(4)》, 1965, 193면 ; 朴仁鎬, "어음改書",《어음・手票法에 관한 諸問題(上)》, 法院行政處, 1986, 647면.

154) 吉永榮助, 上揭論文, 185면 ; 鄭東潤(어) 248면 ; 朴仁鎬, 上揭論文, 640면. 이렇게 학설이 대립하는 이유는 舊어음債務의 소멸에도 불구하고 舊어음에 부착된 抗辯 및 擔保가 改書어음으로 승계되는 것을 무리없이 설명하려는 데 있다. 그러나 後述하는 바와 같이 실제에 있어서는 어느 학설을 취하든 결과에 차이가 없다.

(2) 擔保 및 保證의 移轉

改書어음을 발행하면서 舊어음을 회수하는 경우의 어음改書의 法的 性質을 更改나 代物辨濟로 보면 舊어음債務에 관한 擔保나 保證은 舊어음債務의 소멸에 따라 소멸하는 것으로 보는 것이 사리에 맞는 것이지만, 更改說과 代物辨濟說 모두 이를 부정하고 舊어음債務에 대한 擔保나 保證은 新어음상의 債務에 그대로 존속한다고 본다. 그 이유는 舊어음은 소멸하여도 원인관계인 債務는 그대로 존속하고 있고, 新어음은 이 原因債務의 이행을 위하여 발행한 것이므로 담보는 소멸하지 않는다고 하거나, 新・舊어음債務는 실질적으로 동일하기 때문이라고 한다. 따라서 어느 학설에 의하든, 명백한 반대의 특약이 없는 한 舊어음債務에 대하여 제 3 자가 어음 외에서 제공한 抵當權이나 質權과 같은 物的 擔保나 保證 또는 連帶保證과 같은 人的 擔保는 舊어음債務의 目的(채무액)의 한도 내에서 改書어음債務를 위하여 존속한다.[155] 이때 제 3 자의 승낙은 필요없다. 다만 어음保證과 같이 형식을 필요로 하는 경우에는, 改書어음에도 그 형식을 갖추어야 한다.

한편 舊어음을 회수하지 않는 경우에는 新・舊 양어음상의 債權은 병존하기 때문에 舊어음債務는 改書어음에 이전하지 아니한다. 따라서 舊어음에 붙은 擔保나 保證도 改書어음에 이전되지 아니하고 舊어음상 債務의 擔保 및 保證으로 존속한다.

背書人의 擔保責任 有無는 각 어음을 기준으로 판단한다. 먼저 舊어음을 회수하는 경우에 舊어음의 背書人이 改書어음에 背書하지 않았거나 無擔保背書를 한 경우에는 그 背書人은 改書어음債務에 대하여는 擔保責任이 없다. 改書어음에 관하여는 改書어음상의 背書의 유무 및 그 효력만이 문제되기 때문이다.

舊어음을 회수하지 않는 경우에도 新・舊 양어음은 법률상 별개의 존재이기 때문에, 舊어음의 背書人이 改書어음에 다시 背書하지 아니하는 한 改書어음에 대한 擔保責任은 없으나, 債權者가 舊어음으로써 권리를 행사하는 경우에는 擔保責任을 면하지 못한다.

(3) 抗辯・善意取得

舊어음을 회수하는 경우에는 舊어음에 관하여 對抗할 수 있는 人的 抗辯은 改書어음에 대하여도 改書의 직접 당사자간에 이로써 대항할 수 있다. 舊어음을 회수하지 않는 경우에도 改書어음은 舊어음債務를 원인으로 그 지급을 위해 발행한

155) 日大判 1920. 3. 24, 民錄 26輯 392면 ; 日大判 1934. 5. 21, 民集 13卷 842면.

것이므로 舊어음에 부착된 抗辯을 改書어음의 原因關係上의 抗辯으로 대항할 수 있다. 다만 舊어음에 대해 존재하는 抗辯이 어음時效의 抗辯인 경우에는 抗辯의 승계는 인정되지 않는다고 본다.

그리고 舊어음을 회수하든 아니하든 불문하고 舊어음을 취득함에 있어 人的 抗辯事由를 알지 못하였던 者에 대하여는 그 후 그 사정을 알면서 改書어음을 취득하였다고 할지라도 惡意의 抗辯을 주장할 수는 없다.[156] 新·舊어음상의 債務가 同一性을 가지기 때문에 人的 抗辯에 대한 善意·惡意의 判斷도 舊어음 取得時를 기준으로 하여야 하기 때문이다.

(4) 利得償還請求權 문제

改書어음所持人의 어음상의 權利가 시효 등에 의하여 소멸한 경우, 所持人에게 利得償還請求權이 있는가를 판단하는 기준으로서 어음채무자에게 이득이 존재하느냐의 여부는 改書어음의 발행이 아니라 舊어음의 발행에 대해 債務者가 재산상의 이득을 얻었는지의 여부로서 판단하여야 한다. 왜냐하면 舊어음과 改書어음은 실질적으로 동일성을 유지할 뿐만 아니라, 改書어음이 발행되었다고 하더라도 債務者로서는 어음상의 현실적 利得關係에는 변동이 없기 때문이다.[157]

5. 어음改書의 無效

舊어음은 유효하게 발행되었으나 改書어음에는 無效原因이 존재하는 경우가 있다. 예컨대, 舊어음을 유효하게 발행하였던 者가 改書어음을 발행할 당시에는 意思無能力者로 된 경우, 改書어음이 僞造된 경우, 舊어음 발행 당시에는 單獨代表權을 가졌던 會社代表가 共同代表로 변경되었음에도 계속 單獨代表의 명의로 改書어음을 발행한 경우 등이다. 이들 경우에는 改書어음은 무효가 된다. 이때 어음所持人은 改書어음과 상환으로 舊어음을 반환하였던 행위 자체를 法律行爲의 중요부분의 錯誤로 보아 취소할 수 있고, 賣渡人의 瑕疵擔保責任規定(民 제580조)을 준용하여 改書契約을 解除한 다음 舊어음상의 권리를 행사할 수 있다. 이 경우 舊어음이 이미 債務者의 占有下에 있는 때에는 債權者는 舊어음의 所持 없이도 舊어음상의 權利를 행사할 수 있다. 舊어음을 회수하지 않은 경우에는 舊어음으

156) 日最判 1960. 2. 11, 民集 14卷 2號 184면.
157) 同旨 : 日最判 1916. 1. 31, 民錄 22輯, 99면.

로써 직접 權利를 행사할 수 있으므로 이러한 문제가 발생할 여지가 없다.

Ⅷ. 어음割引

1. 어음割引의 意義

어음割引(Diskontogeschäft, discount)이란 어음소지인이 어음의 滿期 전에 이를 換價하기 위하여 금융기관에 그 어음을 양도하고 어음金額에서 滿期日까지의 利子(割引料)를 공제한 금액을 받는 것을 말한다. 즉, 滿期가 도래하지 않은 어음을 대가로 지급하고 買受하는 것을 말한다. 실제에 있어서는 금융기관이 거래처에 금전을 교부할 때에 거래처가 권리자로서 소지하고 있는 어음을 양수하고, 이에 대하여 어음금액에서 滿期까지의 이자를 공제한 금액을 거래처에 교부한 후 어음의 滿期日에 어음을 推尋한다. 이 경우에 금융기관은 거래처에 교부한 금액을 割引어음이란 항목으로 장부에 기재하고 어음금을 추심한 때에는 割引어음의 수입으로 처리하는 것이 보통이다. 그리고 금융기관은 할인한 어음을 滿期에 推尋하거나 또는 滿期 전에 이를 다른 금융기관에 양도하여(再割引) 자금을 회수할 수도 있다. 위와 같은 전형적인 경우뿐만 아니라, 새로 約束어음을 발행한다든가 또는 발행한 어음에 인수를 하여 이를 受取人에 교부하는 등의 방법에 의하여 자금을 융통하는 경우에도 어음할인이라 하기도 한다.

어음할인의 대상이 되는 어음은 商業어음, 銀行引受어음, 貨換어음 등이 있으나, 商業어음의 할인이 대부분이다.

2. 어음割引의 法的 性質

어음割引의 법적 성질에 관하여 多數說과 判例는 어음할인을 어음의 賣買로 보는 데 대하여, 금융 실무가측에서는 消費貸借로 보는 경향이 있으며, 또 賣買와 消費貸借의 混合形態로 보는 견해도 있다. 어음할인의 법적 성질을 논의하는 이유는 賣買說을 취하면 어음할인에 예금과의 相計가 허용되지 아니하고, 만기 후의 지연손해금에 어음할인율이 적용되며, 어음상의 권리가 시효로 소멸하면 이득상환청구권도 생긴다고 보는데 대하여, 消費貸借說에 의하면 모두 반대로 해석되기 때문이다.

(i) 어음할인을 消費貸借로 본다면 할인의뢰인은 割引金額의 수령과 동시에 은행에 대하여 어음을 반환할 의사가 있어야 할 것이다. 그러나 실제에 있어서는 割引依賴人이 어음을 할인하기 위하여 은행 등 금융기관 어음을 양도할 때에 그것을 다시 반환받을 의사가 없는 것이 보통이다. 다만 어음이 예외적으로 不渡가 된 경우에만 그 뒤처리가 남을 뿐이다.

(ii) 混合契約說은 어음割引에는 어음의 賣買와 消費貸借가 병존한다는 학설이나, 割引依賴人에게 금전을 지급하는 것을 賣買代金의 지급인 동시에 消費貸借로서의 代金의 교부로 보는 것은 불가능하다.

(iii) 無名契約說은 어음割引에 관하여는 그 내용을 일률적으로 정할 수 없고, 구체적으로 당사자의 意思 내지 관습에 따라 그 내용을 결정하여야 할 것이므로 어음割引은 消費貸借도 아니고 賣買도 아닌 일종의 無名契約이라 한다. 그러나 이 학설은 그 내용을 개개의 경우에 당사자의 意思와 관습을 탐구하여 결정하자는 것으로서 결국 어음割引에 관한 통일적 설명을 포기한 것이라 할 수 있다.

(iv) 끝으로 賣買說에 의하면 금융기관의 내심적 의사는 별문제로 하고 적어도 割引依賴人의 기본의사는 자기가 소지하고 있는 어음을 양도하고 割引代金을 받는다는 것 뿐이기 때문에 이것은 곧 賣買라고 한다.

위에서 본 바와 같이 어음할인에 관하여는 학설이 네 가지로 나누어져 있으나, 多數說은 어음할인을 어음의 賣買로 보고 있다.[158] 어음할인을 法的으로 보면 당사자의 意思는 어음金額으로부터 割引料를 공제한 금액을 代價로 받고 어음상의 권리를 이전하는 데 있다고 볼 수 있으며, 어음取得者가 權利의 行使 또는 再割引에 의하여 어음금액을 수령한 경우를 보더라도 그것이 割引依賴人의 消費貸借債務의 辨濟에 충당되는 것으로는 볼 수 없다. 이러한 점에서 보아 賣買說이 정당하다.[159] 이 賣買說을 취함으로써 어음할인은 어음貸出과 구별된다. 다만 어음割引

---

158) 金泰柱, "어음割引의 法律關係", 韓國商事法學會,《商事法硏究》第2輯, 1982, 380면 ; 孫珠瓚(下) 21면 ; 崔基元(어) 207면 ; 大隅健一郎,《手形法・小切手法講義》, 1954, 66면 ; 田中誠二, "手形割引・法的性質についての比較法的考察",《手形法硏究》2巻 10號 6면 이하 참조 ; Baumbach/Hefermehl, *Wechselgesetz und Scheckgesetz*, 14. Aufl., 1984, Art. 11 Rdn. 11.

을 當事者間의 특약으로 消費貸借임을 명확하게 정하고 있는 경우, 當事者의 意思를 합리적으로 해석한 결과 消費貸借로 볼 수 있는 경우, 그리고 消費貸借로 취급하는 商慣習이 있는 경우에는 예외로 消費貸借로 보아 어음의 할인은 어음을 推尋하여 貸金債務의 辨濟에 충당할 목적으로 양도한 것이라 해석할 수 있을 것이다.

3. 還買請求權

(1) 還買請求權의 意義

割引어음의 還買請求權(Zurückbelastungsrecht)이라 함은 割引依賴人인 거래처 또는 主債務者에게 신용의 악화를 나타내는 일정한 사실이 발생하거나 당해 어음에 관하여 債權保全의 필요가 있다고 인정되는 때에, 금융기관이 割引依賴人인 거래처에 대하여 割引어음의 還買를 청구할 수 있는 權利를 말한다. 이러한 還買請求權에 관하여는 割引依賴人과 금융기관 간의 약정서에서 그 發生原因과 行使要件을 명확하게 규정하고 있는데, 그 내용은 割引어음 자체가 不渡가 되었을 때뿐만 아니라, 수통의 割引어음 중 1통이 不渡가 되면 다른 수통의 어음이 滿期전이라도 금융기관이 그 어음의 還買請求를 할 수 있고, 또 어음에 법적 결함이 있는 경우에도 還買請求를 할 수 있다는 것 등이다. 따라서 금융기관은 어음상의 遡求權 행사의 절차를 밟지 않고도 또 그 요건이 구비되어 있지 않아도 割引代價의 반환을 청구할 수 있다.

(2) 還買請求權의 法的 性質

어음이 不渡가 된 경우에 어음割引을 어음의 賣買로 본다면 금융기관은 割引依賴人에 대하여 償還請求밖에 할 수 없으므로 어음法 제43조에 열거되어 있는 경우에 한하여 償還請求를 할 수 있을 뿐이다. 따라서 割引依賴人이나 約束어음을 할인한 경우의 發行人이 破産宣告를 받거나 지급을 정지한 것이 아니고 단순히 그 資産狀態가 악화되기만 한 경우에는 償還請求權은 발생하지 않으므로 금융기관에 割引依賴人의 預金이 있어도 그 預金債權과 不渡의 경우의 償還請求權과를 相計할 수 없고, 預金債權을 假押留하는 수밖에 없다. 그러나 어음할인을 消費貸

159) 大判 1984. 11. 15, 84 다카 1227; 同, 1985. 2. 13, 84 다카 1832.

借로 본다면 이러한 경우에는 일반적으로 去來約定書에 정하여져 있는 期限利益의 喪失約款에 의하여, 割引어음의 支給期日 이전이라도 금융기관은 消費貸借上의 債務의 이행을 청구하여 割引依賴人의 預金과 相計할 수 있다. 이 점에 있어서 어음의 割引을 消費貸借로 보는 편이 금융기관에 대하여 유리하며, 金融實務家가 消費貸借說을 취하는 이유도 여기에 있다 할 수 있다.

그러나 실제에 있어서는 어음이 不渡가 된 경우에는 割引依賴人이 어음을 還買할 것을 약정하는 것이 보통인데, 이 경우의 還買는 법률상 어떠한 성질을 가진 것인가가 문제된다. 어음할인을 어음의 賣買로 본다면 어음의 還買는 償還義務의 이행과는 별개의 것으로서 還買約款附 어음賣買라 할 수 있다. 그러므로 어음賣買說의 입장에서도 割引依賴人은 償還義務 이외에 어음 還買義務를 지게 된다. 그리고 割引依賴人이 償還義務와 還買義務 중 어느 하나를 이행하면 다른 의무는 소멸한다. 다만 이 경우의 어음의 還買는 民法의 還買(民 제590조~제595조)와는 다르다. 왜냐하면 民法上의 還買는 賣買契約의 解除權으로서 그것을 賣渡人이 가지는 데 대하여, 어음의 還買에 있어서는 還買請求權은 어음매수인인 금융기관측에 있기 때문이다. 또 民法上의 還買權은 還買時에 수령한 대금과 買受人이 부담한 賣買費用을 반환하면 되는 데 대하여, 어음의 還買는 割引代金이 아니고 어음面記載金額으로 還買하기 때문이다. 따라서 民法上의 還買에 있어서와 같이 賣買契約의 解除가 아니고 再賣買의 계약으로 보아야 한다. 다만 이 경우의 再賣買契約은 어음할인과 동시에 효력이 생기는 것이 아니고 일정한 사실이 생겼을 때에 당연히, 또는 금융기관의 청구에 의하여 再賣買의 효력이 생기므로 再賣買의 豫約 또는 停止條件附再賣買契約으로 보아야 한다.

(3) 還買請求權의 範圍

금융기관의 還買請求에 의하여 割引依賴人이 지급하여야 할 債務의 범위는 당초의 割引對價가 아니고 어음에 기재된 금액이다(民 제590조 제1항 참조). 滿期 후의 還買에 있어서는 그 이외에 滿期의 다음날부터 還買日까지의 遲延利子를 지급하여야 하며, 그 利率은 割引率과 동률이거나 또는 특약한 利率에 의한다. 滿期 전의 還買에 있어서는 명문의 규정은 없으나, 위와는 반대로 未經過分의 이자를 금융기관이 割引依賴人에게 반환하여야 한다.

(4) 還買請求權의 發生과 實行

還買請求權의 발생사유는 約定書에 자세히 정하여져 있으나, 대체로 割引依賴人 또는 어음의 主債務者의 신용이 악화된 때 또는 금융기관의 債權保全을 위하여 필요하다고 인정되는 때 두 가지 경우이다. 還買請求權은 성립과 동시에 辨濟期가 도래하므로 이를 곧 실행할 수 있으나, 還買請求權이 발생하였어도 이를 실행하지 않고 있는 경우도 많으며, 割引依賴人의 預金과 相計하는 경우가 많다. 금융기관은 相計를 위하여 미리 去來約定書에 相計할 수 있다는 뜻을 정하고, 그 預金에 대한 제3자의 押留가 불가능하도록 하고 있다.

還買請求權은 어음상의 청구권이 아닌 契約上의 債權이므로 이를 행사함에 있어 어음의 제시와 교부를 필요로 하지 않는다. 그러나 還買請求權은 할인어음과 밀접한 관련이 있으므로 어음의 반환은 同時履行으로 이루어져야 할 것이다(다만 현재 預金과 還買請求權을 相計하는 경우에는 約定書에 의해 同時履行抗辯權이 배제되고 있다.).

(5) 還買請求權의 消滅時效

還買請求權은 時效에 의하여서도 소멸한다. 時效期間은 이 권리가 일정한 사실의 발생으로 인하여 당연히 생기는 때에는 그 發生時로부터 5년, 意思表示에 의하여 발생하는 때에는 은행이 청구한 때부터가 아니고 청구할 수 있는 상태가 된 때로부터 5년이다(商事債權의 消滅時效). 어음上의 권리가 時效로 소멸하면 매매설에 의하면 利得償還請求權이 생긴다.

Ⅸ. 어음貸付(어음貸出)

1. 어음貸付의 意義

어음貸付란 金錢을 貸付함에 있어서 借主로부터 借用證書를 받는 대신 또는 이것과 함께 債權을 확보하기 위하여 어음을 담보로 받고 행하는 貸付를 말하는데,

이 때 교부되는 어음을 貸付어음이라고 하며, 보통 約束어음이 발행된다. 또 어음貸付에 있어서는 貸付金의 일부를 은행이 定期預金으로 묶어두는 경우가 있는데, 이를 兩建預金이라 한다.

2. 어음貸付와 어음割引

어음貸付에 있어서는 어음은 消費貸借의 證書에 대신하여 또는 그것과 함께 消費貸借上의 債權을 확보하기 위하여 발행된 것인 데 대하여, 어음할인에 있어서의 어음은 제 3 자에 대한 기존의 거래관계상의 채권(眞性어음)을 전제로 한다. 어음金의 지급이 확실한 점에서는 割引의 대상이 되고 있는 어음이 월등하다 할 수 있다. 따라서 어음할인에 있어서의 어음은 어음貸付에 있어서의 어음보다 타인에 양도하여 자금화하기가 용이하며, 利率에 있어서도 어음할인의 利率이 어음貸付의 利率보다 낮을 뿐만 아니라, 어음貸付에 있어서의 어음에는 담보가 제공되어 있는 것이 보통이다. 또 어음할인을 어음의 賣買로, 어음貸出을 消費貸借로 본다면 어음상의 權利가 消滅時效 또는 權利保全節次의 欠缺로 인하여 소멸한 때에는, 後者에 있어서는 債權者는 消費貸借上의 청구권에 의하여 債權을 회수할 수 있는데 대하여, 前者에 있어서는 還買請求權 이외에도 利得償還請求權을 행사할 수 있는 등, 적용될 法規 또는 그 취급에 있어서 상당한 차이가 있다.

어음割引과 어음貸付의 구별에 관하여는 견해가 나뉘어져 있다.[160] 제 1 설은 어음作成時期가 어음거래를 하기 전인가, 후인가에 의하여 구별하는 학설이다. 즉, 貸付時에 그 증거 또는 債權保全의 手段으로서 어음을 받는 경우를 어음貸付라 하고, 어음이 상거래 기타의 원인에 기하여 금융기관과의 割引契約 이전에 작성되어 있는 경우에는 어음할인이라고 한다. 제 2 설은 어음의 발행원인을 표준으로 하여 그 어음이 융통어음인 경우에는 어음貸付로 보고 商業어음인 경우에는 어음할인으로 보는 학설이다. 제 3 설은 어음을 授受하는 原因關係에 의하여 구별하자는 것으로서, 消費貸借가 존재하고 그 辨濟의 擔保를 위하여 어음이 授受된 경우에는 어음貸付이고, 어음 자체를 賣買한 경우에는 어음할인이라 하는 학설이다. 제 1 설에서 말하는 어음作成時期는 어음貸付와 어음割引을 구별하는 하나의 기준

---

160) 田中誠二, 《銀行取引法》, 1970, 143면 이하 ; 伊澤孝平, 《手形法・小切手法》, 1949, 384면 이하 참조.

이 될 수는 있으나, 이것만이 유일한 기준이 된다고는 볼 수 없다. 또 제2설에 따르면 융통어음과 상업어음을 구별하는 한계 자체가 명확하지 않으므로 이러한 불명확한 기준에 의하여 어음貸付와 어음割引을 구별하는 것은 적당하다 할 수 없다. 결국 제3설이 정당하다고 생각한다.[161]

3. 어음貸付의 法律關係

어음貸付의 원인관계는 消費貸借契約이고 이 契約上의 채무의 이행을 담보 내지 확보하기 위하여 어음의 교부가 이루어지므로 금융기관은 消費貸借上의 債權과 어음상의 債權을 가진다. 따라서 금융기관은 어음상의 權利와 原因債權 중 어느 것을 행사하든 자유이고, 어느 하나에 의해 변제되면 다른 하나의 債權은 소멸된다. 다만 金融機關이 支給擔當者로 지정되어 있는 第三者方出給어음이나 引受되지 아니한 換어음의 경우에는 어음상의 債權이 먼저 행사되어야 할 것이다.

어음債權이 時效나 保全節次의 欠缺로 소멸한 경우에 原因債權의 운명이 어떻게 되는가에 관하여는 論難이 있으나, 貸付어음이 借主에 의하여 發行되어 은행에 바로 교부된 것이라면 原因債權의 행사를 허용하여도 무방할 것이다.[162]

---

161) 同旨 : 伊澤孝平, 《手形法·小切手法》, 1949, 385면 ; 西原寛一, "手形割引", 鈴木竹雄·大隅健一 郎 編, 《手形法·小切手法講座 (3)》, 1965, 296면.

162) 同旨 : 鄭東潤(어) 339면 ; 鄭熙喆, 《判例教材》, 240면.

제 3 장
어음法 各論

제 1 절 換 어 음

제 1 관 換어음의 發行

Ⅰ. 換어음 發行의 意義

換어음의 發行(Ausstellung, issue)이란 換어음으로서의 法定要件(어음要件)을 갖춘 증권을 작성하여 수취인에게 교부함으로써 성립하는 어음행위이다. 작성된 어음증권의 交付行爲란 '發行人이 그 證券을 受取人에게 도달할 수 있는 상태에 놓는 것'을 의미하며, 따라서 그 效力發生時期는 受取人에게 도달한 때가 아니라 발송한 때가 될 것이다.

換어음 發行의 目的은 支給의 委託이며, 발행에 의하여 換어음의 發行人은 부수적인 擔保責任을 진다. 발행에 의하여 창조된 어음을 기본어음(原型어음)이라고 하고, 發行行爲는 다른 어음행위(附屬的 어음行爲)의 기초가 되므로 기본적 어음행위라고 한다.

Ⅱ. 換어음 發行의 性質

換어음은 金錢支給委託證券이다. 따라서 그 발행의 법적 성질에 관하여는 어음學說과 관련하여 여러 가지로 견해가 나뉘고 있으나, 대체로 換어음의 發行은 '支給指示'(Anweisung)라고 한다.[1] 그러나 支給指示의 본질이 무엇이냐에 관하여는 학설이 나뉜다.

1. 二重授權說

二重授權說은 換어음의 발행은 書面에 의한 支給指示이고 이 指示는 二重의 授權的 行爲(Dopplermächtigung)라고 한다. 왜냐하면 發行人은 일면 支給人에 대하여는 發行人의 계산으로 支給人의 명의로 어음금을 지급할 권한을 수여함과 동시에, 受取人에 대하여는 受取人 자신의 명의로 어음금을 지급받을 수 있는 권한을 수여하기 때문이라고 한다.[2] 이 學說은 支給委託을 換어음의 발행의 본질적 效力으로 보는 독일의 通說을 그대로 수용한 견해이다.

2. 受領權限授與說

受領權限授與說은 二重授權說을 다음과 같이 비판한다. 즉, 二重授權說은 支給人과 受取人에 대한 권한을 모두 發行人의 계산으로 하는 것으로 보기 때문에 어음 외의 관계인 實質關係(資金關係)상의 문제를 어음관계 자체와 결부시킬 염려가 있으므로 이 학설은 어음관계의 抽象性이나 어음의 有價證券性에 비추어 부당하다고 한다. 따라서 支給人에 대한 授權과 受取人에 대한 授權을 별개로 고찰하여

1) 徐燉玨·鄭完溶(下) 179면 ; 孫珠瓚(下) 143면 ; 鄭東潤(어) 348면 ; Hueck/Canaris, Recht der Wertpapiere, 11. Aufl., 1977, S.33 ; Zöllner, *Wertpapierrecht*, 13. Aufl., 1982, S. 45.
2) 徐燉玨·鄭完溶(下) 180면 ; 孫珠瓚(下) 202면 ; 鄭燦亨(어) 325면 ; 鄭東潤(어) 349면 ; 李基秀(下) 97면 ; 蔡利植(下) 29면 ; 崔基元(어) 252면.

야 한다고 한다. 즉, 支給人이 發行人의 계산으로 지급할 수 있는 권한은 支給人에 대한 授權으로서 所持人에 대한 것이 아니므로 이것은 어음에 표창될 성질의 것이 아니고, 發行人과 支給人간의 人的 關係에 불과하다고 본다. 그러므로 對受取人關係에서만 파악하면 된다고 하면서 換어음의 發行行爲는 受取人에게만 支給人으로부터 어음금액을 수령할 권한을 주는 행위로 본다.[3)]

3. 私　　見

생각건대, 換어음이 유효한 지급을 할 수 있는 것은 換어음상에 기재되어 있는 支給委託文言에 의한 것이라고 볼 수 있으므로 換어음의 발행은 支給受領權뿐 아니라 支給權限의 授與도 포함한다고 보는 支給指示說이 타당하다고 본다.

Ⅲ. 基本어음의 作成

1. 어음의 作成方法

어음은 증권에 어음요건을 기재하고 發行人이 記名捺印 또는 署名을 함으로써 작성된다. 어음證券의 材料·記載方法(記載材料·用語와 文字·記載體制 등)에는 아무런 제한이 없으므로 법정요건을 갖춘 意思表示가 나타나기만 하면 된다. 어음要件의 하나라도 缺하면 '不完全어음'으로서 무효가 된다.

2. (基本)어음要件(必要的 記載事項)

基本어음要件이란 基本어음으로서 반드시 기재하여야 할 사항이며(어 제1조 각호), 보충규정(어 제2조 제2항·제3항·제4항)이 없는 한 그 사항 중 하나라도 缺하면

---

3) 鄭熙喆·鄭燦亨(下) 183면.

어음으로서의 효력이 발생하지 않는다(어 제2조 제1항 본문).

(1) 어음文句(어 제1조 제1호)

어음文句(Wechselklausel, denomination)란 '證券의 本文 중에 그 證券의 作成에 사용하는 國語로 換어음임을 표시하는 文字'를 기재하는 것을 말한다. '證券의 本文'이란 支給委託文句를 말하며, '換어음임'을 표시하는 문자란 換·換證書·換어음證書이든, bill of exchange, lettre de change, gezogener Wechsel 등 무엇이든 상관없으나, 證券이 작성되는 國語로 기재하여야 한다. 만약 한 개의 어음에 數個國語를 혼용하여 기재한 경우에는 支給委託文句 또는 支給約束文句에 사용된 國語로 어음文句를 기재하여야 한다.[4)]

(2) 一定金額의 支給委託(어 제1조 제2호)

換어음은 支給委託證券이므로 일정한 금액을 지급할 뜻을 기재한 文句, 즉 支給委託文句(Zahlungsanweisung, order to pay)가 換어음의 중심이 된다. 어음금액은 일정하여야 하므로 선택적 기재(예컨대, 100만원 또는 200만원)나 浮動的 記載(예컨대, 滿期에 있어서의 換時勢에 의한 美貨 200弗 상당의 韓貨額, 100萬원 이상 500萬원 이하)는 무효이다. 일정한 금액이어야 하므로 물건의 급여를 기재할 수는 없으며, 금액인 한 표시되는 통화에는 제한이 없다(어 제41조 참조). 따라서 法貨가 아닌 것이라도 거래상 貨幣의 역할을 하는 것이면 충분하다. 또한 어음금액은 원칙적으로 단일하여야 하므로 元本과 利子를 미리 合算하지 않고 원본과 이자를 나누어서 기재하는 것(예컨대, '100萬원+年 50%의 利子' 따위)은 허용되지 않고, 이러한 기재는 기재하지 않은 것으로 본다(어 제5조 제1항 제2문). 다만 一覽出給 또는 一覽後定期出給어음의 경우에는 利率을 기재하고 이자의 약정을 할 수 있다(어 제5조). 이 때 利率의 기재가 없으면 이자의 약정도 기재하지 않은 것으로 본다.

重複記載한 어음金額이 일치하지 않는 경우에, 文字에 數字로 併記한 경우에는 문자로 기재한 금액을 표준으로 하고, 文字와 文字, 數字와 數字로 重複記載한 경우에는 최소금액을 어음금액으로 한다(어 제6조). 支給委託은 무조건이어야 하므로 지급의 방법·시기·자금 등을 제한하면 무효가 된다.

4) 徐燉珏·鄭完溶(下) 150면 ; 鄭東潤(어) 355면 ; 鄭熙喆·鄭燦亨(下) 190면.

(3) 支給人의 名稱(어 제1조 제3호)

支給人(Bezogener, drawee)의 명칭은 換어음에만 필요한 요건으로서 이것이 기재되지 않은 換어음은 무효이다. 支給人이 虛無人인 경우에는 그 換어음을 虛無어음이라 하고, 무효는 아니지만 引受人이 없고, 다만 發行人이나 背書人은 擔保責任을 진다. 支給人의 명칭은 通稱·雅號·藝名·別名 등 어떠한 것이든 동일성을 인식할 수 있는 한 記載方法에 제한이 없고, 會社의 경우에는 반드시 그 代表者名까지 표시할 필요는 없다.

支給人의 複數的 記載에 관하여는 重疊的 記載(예컨대, 甲과 乙)와 順次的 記載(예컨대, 제1지급인 甲, 제2지급인 乙)는 허용하나, 선택적 기재(예컨대, 甲 또는 乙)만은 支給人이 확정될 수 없어 허용하지 않는다. 重疊的 記載의 경우에는 引受拒絶로 인한 遡求를 할 수 있다.

어음관계의 당사자는 協同事務를 分掌하고 있는 자이고(協同性), 또한 형식적·추상적 관념에 불과하므로 當事者資格의 兼併이 인정된다. 따라서 支給人資格과 發行人資格의 兼併(어 제3조 제2항)(自己앞 換어음)뿐만 아니라 支給人資格과 受取人資格의 兼併, 發行人資格과 受取人資格의 兼併(어 제3조 제1항)(自己指示어음), 3資格의 兼併(單名어음)도 무방하다.

(4) 滿期의 表示(어 제1조 제4호)

滿期(Verfallzeit, maturity)란 어음금액이 '支給되어야 할 날'로 어음상에 기재된 일자를 말하며, 滿期의 날(어 제70조 제1항), 또는 支給期日이라고도 한다. 滿期는 '支給을 할 날'(어 제38조 제1항·제44조 제3항) 또는 '支給의 날'(어 제41조 제1항)과는 다르다. 滿期가 휴일이면 이에 이은 제1의 거래일이 '支給을 할 날'(어 제72조 제1항)이 되고, '支給의 날'은 현실로 지급이 행해진 날을 말한다.

滿期와 관련하여 支給準備를 위한 기간, 즉 恩惠日은 인정되지 않는다(어 제74조). 이를 인정하면 滿期의 명확성을 해할 우려가 있기 때문이다. 다만 1일간의 고려기간은 인정된다(어 제24조 제1항).

滿期는 單一하여야 하므로 어음金額의 일부마다 각별로 수개의 滿期를 정하는 분할출급어음(Ratenwechsel, bill of exchange payable by installments)은 허용되지 않는다(어 제33조 제2항). 滿期는 확정될 수 있는 날이어야 하고 지급이 가능한 날이어야 한다. 따라서 先日字를 滿期로 하는 어음은 무효이다.[5] 그러나 달력에

---

5) 서울民地判 1975. 12. 10, 75 가 5759.

없는 날, 예컨대 2월 30일, 4월 31일 등으로 滿期를 표시한 경우는 무효가 아니라 2월 말일 및 4월 말일을 滿期로 한 것으로 보아야 할 것이다.[6] 滿期는 확정일 또는 확정할 수 있는 날이어야 하므로 어음法은 4종의 滿期만을 허용한다. 즉, ① 確定日出給, ② 發行日字後定期出給, ③ 一覽出給, ④ 一覽後定期出給의 어음만을 인정한다.

滿期가 기재되지 않았거나, 滿期의 기재가 없는 것과 동일시되는 경우에는 一覽出給어음으로 본다는 보충규정(어 제2조 제2항)이 있다. 그러나 부적법한 기재는 그러하지 아니하다.

(가) 確定日出給

確定日出給은 확정된 날을 滿期로 하는 어음으로서(예컨대, 1993년 9월 1일, 1993년 한글날)(어 제33조 제1항 제4호) 가장 널리 쓰이는 滿期이다. 滿期의 표시로서 月日만 기재하고 年度를 누락한 때에도 어음상의 다른 기재로부터 年度를 추정할 수 있으면 유효한 기재로 본다.[7] 반대로 年號만 기재되어 있는 경우에는 月·日을 보충시킬 의사로써 발행된 白地어음이라고 보아야 할 것이다. 또 月初, 月中, 月終으로 滿期를 표시한 경우에는 그 달의 1日, 15日 및 末日을 말한다(어 제36조 제3항).

(나) 發行日字後定期出給

發行日字後定期出給은 發行日字로부터 일정기간이 경과한 날을 滿期로 하는 방법으로서(어 제33조 제1항 제3호)(예컨대, 發行日字後 3月 등), 주로 어음債務者에게 자금을 준비하는 기간을 주기 위하여 이용된다. 기간의 계산에 관하여는 民法의 규정(民 제156조 이하) 외에 어음법이 상세히 규정하고 있다. 즉, 기간이 날(日)로써 정하여진 때에는 初日은 산입하지 아니하나(어 제73조), 期間中의 휴일은 산입한다(어 제72조 제2항). 發行日字後 1月 또는 數月에 지급할 어음은 지급할 달의 대응일을 滿期로 하고, 대응일이 없는 때에는 그 달의 말일을 滿期로 한다(어 제36조 제1항). 또한 기간이 月과 日로 정해진 때에는 먼저 全月을 계산한 후 여기에 날을 가산한 末日이 滿期가 된다(어 제36조 제2항). 半月이란 15日間을 의미하고(어 제36조 제5항), 8일 또는 15일이라 함은 1週 또는 2週가 아니라 滿8日 또는 滿15日을 의미한다(어 제36조 제4항). 發行地와 支給地의 歲曆이 다른 경우에는 어음의 文言

6) 孫珠瓚(下) 180면 ; 鄭東潤(어) 372면 ; 鄭熙喆·鄭燦亨(下) 195면 ; 崔基元(어) 270면 ; 大判 1981. 7. 28, 80 다 1295.

7) 徐燉珏·鄭完溶(下) 155면 ; 孫珠瓚(下) 180면 ; 鄭東潤(어) 375면 ; 崔基元(어) 271면.

기타의 기재에 의하여 다른 의사를 알 수 있는 때가 아니면 발행일자를 지급지의 歲曆의 대응일로 환산하고, 그에 의하여 滿期를 정한다(어 제37조 제2항·제4항).

(다) 一覽出給

一覽出給은 어음의 所持人이 지급을 위하여 어음을 제시한 날을 滿期로 하는 것이다(어 제34조 제1항 제1문). 보통 '어음提示즉시' 또는 '一覽즉시(또는 請求즉시)' 支給하여 주십시오 등으로 표시한다.

一覽出給어음에 있어서 長期間 支給提示가 없으면 어음債務者가 오랫동안 채무를 벗어날 수 없으므로 어음法은 지급을 위한 提示期間은 원칙적으로 發行日字로부터 1年으로 정하고(어 제34조 제1항 제2문), 發行人은 이 기간을 단축 또는 연장할 수 있지만, 背書人은 단축만 할 수 있도록 하였다(어 제34조 제1항 제3문). 發行人이 정한 提示期間은 모든 어음관계자에 대하여 그 효력이 있으나, 背書人이 정한 기간은 그 背書人에 한하여 이를 원용할 수 있다(어 제53조 제3항).

一覽出給어음은 발행일자로부터 언제든지 지급을 청구할 수 있지만, 發行人은 일정한 기일까지 지급제시를 금할 수 있고, 이때 支給提示期間은 그 기일로부터 개시한다(어 제34조 제2항). 發行地와 支給地의 歲曆이 다른 경우에는 支給地의 歲曆이 기준이 된다(어 제37조 제3항·제4항).

(라) 一覽後定期出給

一覽後定期出給은 一覽後 일정기간을 경과한 날을 滿期로 하는 것으로서(어 제33조 제1항 제2호), 예컨대 '一覽後 2月' '어음提示後 8日이 경과한 날' 등으로 표시한다. 換어음의 경우에는 一覽을 위한 提示란 引受를 위하여 제시가 있었던 날을 의미한다(어 제22조 제1항·제2항 단서 참조) [約束어음에 있어서는 引受制度가 없으므로 滿期를 정하기 위하여 提示한 날, 즉 一覽을 위하여 제시한 날을 의미한다(어 제78조 제2항)]. 그러므로 一覽後定期出給어음의 滿期는 一覽까지의 기간, 즉 引受提示까지의 기간과 一覽後의 일정기간에 의하여 결정된다. 一覽을 위한 提示期間은 발행일자로부터 1년간이지만 發行人은 이를 단축 또는 연장할 수 있고, 背書人은 단축만 할 수 있다(어 제23조).

一覽後의 기간의 계산은 ① 支給人이 引受를 하고 일자를 기재한 때에는 그 일자를 기준으로 하고, 數人의 引受人이 서로 다른 引受日字를 기재한 때에는 가장 빨리 도래하는 일자, ② 일자를 기재하지 않고 引受한 때에는 引受日字拒絶證書의 일자, ③ 引受拒絶의 경우에는 引受拒絶證書의 일자(어 제35조 제1항), 拒絶證書의 작성이 면제된 경우에 引受를 하고 일자를 기재하지 아니한 때에는 引受人에 대한 관계에 있어서는 提示期間의 末日을 初日로 하여 一覽後의 기간을 계산하여 滿期를 정한다(어 제35조 제2항). 제시의 장소는 支給人의 주소이며, 提示는 어음의 所持人이나 단순한 점유자도 할 수 있다(어 제21조). 제시를 절대적으로 금할 수는 없으나, 일정기일까지 금지하는 것은 가능하다(어 제22조 제2항·제3항).

(5) 支給地(어 제1조 제5호)

(가) 支給地의 意義

支給地(Zahlungsort, place of payment)란 어음금액이 지급될 일정한 지역을 말하며, 지급이 행하여질 지점인 支給場所(어 제4조·제27조 제2항)와는 구별된다.

支給地는 지급을 위한 提示, 前者에 대한 遡求權保全節次, 約束어음의 發行人, 換어음의 發行人 또는 換어음의 引受人의 債務履行의 지역으로서 어음상의 중요한 의미를 가진다. 또한 民事訴訟法上 어음의 特別裁判籍이 되므로(民訴 제17조), 어음법은 이를 어음요건의 하나로 규정하고 있다.

그리고 支給地는 支給場所와 구별된다. 지급장소는 支給地內에 있어서 지급이 행하여질 특정한 場所(支店)를 의미한다(어 제4조·제27조 제2항). 그러나 支給地 외의 장소를 支給場所로 기재한 경우에는 그 支給場所는 무효가 되나, 지급장소는 어음요건이 아니므로 그 어음은 무효가 되지 아니한다.[8)]

(나) 表示方法

支給地의 표시는 最小獨立行政區域을 기재하는 것이 보통이겠으나, 사회적으로 통용되는 地域名(예컨대, 淸兩里, 驪州)이라도 상관없다.

<대법원 1981. 12. 8. 선고, 80 다 863 판결 : 지급지의 표시방법>

약속어음의 지급지를 기재함에 있어 원칙적으로 독립된 최소행정을 기재하여야 하나, 서울특별시의 경우는 "서울"이라고 기재하면 되고 반드시 그 區 까지를 표시하여야 하는 것은 아니다.

그러나 지나치게 광범위한 지역, 예컨대 嶺南·湖南 등의 기재는 어음을 무효로 하고, 반대로 支給地의 番地까지 기재한 경우, 洞·里·番地는 無益的 記載事項으로 본다. 支給地로서 실재하지 않는 지명을 기재한 경우는 어음상의 權利行使가 불가능하므로 그 어음은 무효라고 본다.[9)] 支給地의 기재는 단일적·확정적

---

8) 同旨 : 大判 1959. 8. 27, 4292 民再抗(判總 11-2, 1030) ; 同 1970. 7. 24, 70 다 965.

이어야 하므로 선택적 또는 중첩적 기재는 무효이다. 왜냐하면 중첩적 기재는 어음소지인의 권리행사를 곤란하게 하고 모든 지급지에서 단기간 내에 保全節次를 밟아야 하므로 어음소지인에게 불리하기 때문이다. 또한 선택적 기재는 어음법적 근거가 없으므로 어음문언으로서의 유효성을 확정하기가 곤란하여 어음소지인을 보호할 수 없게 될 것이기 때문이다.

支給地의 欠缺에 관하여도 보충규정이 있어서 支給人의 명칭에 부기한 地가 支給地이며, 支給人의 住所地로 본다(어 제2조 제3항).

支給地와 發行地가 같은 어음을 '同地어음', 다른 어음을 '他地어음'이라 하고, 支給地가 支給人의 住所地와 같은 어음을 '同地出給어음', 다른 어음을 '他地出給어음'이라고 한다.

(6) 受取人의 名稱(어 제1조 제6호)

(가) 受取人의 意義

受取人(Wechselnehmer, payee)이란 지급을 받을 者 또는 지급을 받을 者를 지시할 者를 말한다. 어음은 支給證券性을 一次的인 性格으로 하는 手票와 달리 信用證券性이 강하므로 所持人出給式으로 발행하지 못한다. 따라서 受取人은 필수적 기재사항으로서 이를 缺한 어음은 무효이다.

(나) 表示方法

受取人의 명칭도 동일성을 인식할 수 있는 한 記載方法에 제한이 없고, 실재하지 않는 者를 기재하여도 어음 자체는 유효하며, 성명에 誤字·脫字가 있더라도 전체로서 受取人을 특정할 수 있으면 유효하다. 受取人의 명칭은 白地어음을 제외하고 반드시 기재되어야 하므로 受取人의 기재가 없는 無記名式(所持人出給式)어음이나 選擇無記名式어음은 인정되지 않는다(手 제5조 제1항 제3호·제3항 참조).[10]

<대법원 1992. 3. 10. 선고, 91 다 28313 판결 : 수취인의 기재는 어음요건의 하나로서 그 기재를 결한 어음은 완성된 어음으로서의 효력이 없다>

수취인은 어음요건의 하나로서 그 기재를 결한 어음은 완성된 어음으로서의 효력이 없어 어음상의 권리가 적법하게 성립되지 않으므로, 이러한 미완

---

9) 徐燉珏·鄭完溶(下) 158면 ; 孫珠瓚(下) 186면 ; 鄭東潤(어) 301면 ; Hueck/Canaris, *Recht der Wertpapiere*, 11. Aufl., 1977, S. 58 ; Zöllner, *Wertpapierrecht*, 13. Aufl., 1982, S. 71.

10) 다만 選擇無記名式어음은 提示式어음과 同一視하여 效力을 인정하는 견해도 있다. 孫珠瓚(下) 189면 ; 鄭熙喆·鄭燦亨(下) 201면.

성어음의 지급제시를 하였다고 하여도 적법한 지급세시의 효력이 없어 발행인을 이행지체에 빠뜨릴 수 없다.

受取人의 복수적 기재는 支給人의 경우와 달라서 중첩적이든 선택적 또는 순차적이든 허용된다. 다만 受取人을 중첩적으로 기재한 때에는 모든 受取人은 共同受取人(Kollektivremittenten)으로서 전원이 공동으로 권리를 행사하여야 하며, 背書를 함에 있어서도 전원의 명의로 하여야 할 것이다.

(다) 當事者資格의 兼併

發行人과 受取人의 當事者資格의 兼併이 인정되나(自己指示어음)(어 제3조 제1항), 交付契約說에 따르면 自己指示어음은 背書 · 引受 기타의 어음행위를 하지 않고 發行人의 수중에 보관하고 있는 동안에는 아직 어음의 효력이 생기지 않는다.

(7) 發行日(어 제1조 제7호)

發行日(Ausstellungsdatum)이란 어음이 발행된 날로서 어음에 기재된 일자를 말한다. 발행일은 실제로 발행한 날과 반드시 일치하여야 하는 것도 아니고, 先日字 또는 後日字의 기재라도 유효하다. 그러나 發行日이 滿期보다 뒤인 경우에는 불가능한 어음으로서 무효라고 본다.

<대법원 1994. 9. 9. 선고, 94 다 12098 : 발행일은 어음요건의 하나이므로 그 기재가 없는 상태에서는 어음상의 권리가 적법하게 성립할 수 없다>

약속어음의 발행일은 어음요건의 하나이므로 그 기재가 없는 상태에서는 어음상의 권리가 적법하게 성립할 수 없고, 따라서 이러한 미완성어음으로 지급을 위한 제시를 하였다 하여도 적법한 지급제시가 될 수 없으며 사실심 변론종결일까지도 그 백지부분이 보충되지 아니한 경우에는 그 어음소지인은 발행인에 대하여 이행기에 도달된 약속어음금 채권을 가지고 있다고 볼 수 없다.

<대법원 2000. 4. 25. 선고, 98 다 59682 판결: 확정일출급 약속어음의 경우 만기일이 발행일보다 앞선 일자로 기재되어 있다면 그 약속어음은 무효이다>

약속어음금 청구에 대하여 어음의 요식증권 내지 문언증권으로서의 성질상 어음요건의 성립 여부는 어음상의 기재만에 의하여 판단하여야 하고, 어음요건의 기재가 그 자체로 불가능한 것이거나 각 어음요건이 서로 명백히

모순되어 함께 존립할 수 없게 되는 경우에는 그와 같은 어음은 무효라고 봄이 상당하고, 한편 약속어음의 발행일은 어음요건의 하나로서 그 기재가 없는 상태에서는 어음상의 권리가 적법하게 성립할 수 없는 것이므로(대법원 1994. 9. 9. 선고 94 다 12098, 94 다 12104 판결 참조), 확정된 날을 만기로 하는 확정일출급 약속어음의 경우에 있어서 만기의 일자가 발행일보다 앞선 일자로 기재되어 있다면 그 약속어음은 어음요건의 기재가 서로 모순되는 것으로서 무효라고 해석하여야 할 것이다.

發行日은 發行日字後定期出給어음의 滿期(어 제36조 제1항 · 제2항), 一覽出給어음의 支給提示期間(어 제34조 제1항), 一覽後定期出給어음의 引受提示期間(어 제23조) 등을 산정하는 기초가 되므로 단일 · 확정적이어야 한다. 그러나 確定日出給어음에 있어서는 발행일이 별로 큰 의미가 없으므로 이를 어음요건으로 볼 필요가 없다는 견해도 있으나, 이 경우에도 발행일은 發行人의 能力, 代理權의 有無를 정하는 기준이 되고, 法이 명문으로 이를 어음요건으로 하고 있는 이상 발행일은 確定日出給어음에 있어서도 필요불가결한 어음요건이라고 본다.11)

(8) 發行地(어 제1조 제7호)

(가) 發行地의 意義

發行地(Ausstellungsort)란 어음이 발행된 곳으로서 어음에 기재된 지역을 말하며, 실제로 발행된 地를 의미하는 것은 아니다.

發行地의 표시는 ① 發行地와 支給地의 歲曆이 다른 경우에 滿期 및 支給提示期間은 이에 관한 다른 意思表示가 없으면 支給地의 歲曆에 의하며(어 제37조), ② 發行國과 支給國에서 同名異價를 가진 통화에 의하여 어음금액을 정한 경우 支給地의 통화에 의한 것으로 추정하며(어 제41조 제4항), ③ 發行地는 國際私法에 의하여 어음행위의 方式을 정하는 法의 기준이 되며(국제사법 제53조 제1항 · 제2항), ④ 換어음의 發行人의 어음채무의 效力을 정하는 法의 기준이 되며, ⑤ 約束어음의 支給地 또는 發行人의 住所地가 없는 경우의 補充(發行地를 支給地, 發行人의 住所地로 봄)(어 제76조 제3항), ⑥ 手票에 支給地, 支給人의 명칭에 附記한 地가 없는 경우의 기준(發行地를 支給地로 봄)(手 제2조 제3항) 등에 필요하다. 따라서 국내어음(수표)에 있어서 發行地의 표시의 실질적 意義는 그리 크지 않다. 따라서 立法論으로 發行地를 必要的 記載事項으로 하는 데 의문을 제기하는 견해도12) 있다. 그러나

11) 大判 1979. 8. 14, 79 다 1189 ; 鄭東潤(어) 287면.

發行地도 絶對的 記載事項이므로 이를 기재하지 아니한 어음은 불완전어음 또는 미완성어음으로서 효력이 없다는 것이 종래의 판결이었다.

<대법원 1991. 4. 23. 선고, 90 다카 7958 판결 : 발행지가 보충되지 아니한 어음을 지급제시한 이상 이는 적법한 지급제시라고 할 수 없다>

소지인이 발행지가 보충되지 아니한 어음을 지급제시한 이상 이는 적법한 지급제시라고 할 수 없으므로 배서인은 소지인에 대하여 소구의무를 부담하지 아니하고, 따라서 배서인이 소지인에게 어음금을 지급하고 어음을 취득하였다 하여도 그 어음상의 소구권을 행사할 수는 없다.

그런데 대법원 1998. 4. 23. 선고, 95 다 36466 판결에서 국내어음의 경우 발행지의 기재를 缺하였더라도 이를 무효인 어음으로 볼 수 없다는 판결이 나왔다. 따라서 판례에 의하면 국내어음의 경우 발행지의 기재가 흠결되어 있더라도 무효인 어음이 아니고, 발행지가 누락된 상태로 지급제시하였더라도 유효한 지급제시가 되어 소구권을 보전할 수 있다.

<대법원 1998 4. 23. 선고, 95 다 36466 판결: 국내어음의 경우 발행지의 기재를 缺하였더라도 이를 무효인 어음으로 볼 수 없다.

<事實>

소외 주식회사 유성경금속은 1993. 7. 15. 발행지를 백지로 한 이 사건 약속어음 5매 액면 합계 금 2억 2천만원을 소외 박재헌에게 발행하고, 박재헌은 이를 피고 윤진호에게 배서, 양도하였는데, 이들 어음은 모두 원고 서석재에게 배서, 양도되어 서석재가 모든 어음의 최종소지인이 되었다. 서석재는 위 어음들을 1993. 10. 30. 발행지를 보충하지 아니한 채 지급장소에 지급제시하였으나, 무거래를 이유로 지급이 거절되었다. 원고는 피고인에게 소구권을 행사하려 하였으나, 피고는 발행지를 보충하지 아니한 채 지급제시하였으므로 그 지급제시는 부적법하여 배서인인 피고에 대한 소구권을 상실하였다고 주장하여 지급을 거절하자, 원고가 소를 제기하여 된 것이다. 제1심 부산지방법원 동부지원 1994. 10. 7. 판결, 94 가단 1847 판결에서는 원고 패소, 제2심 부산지방법원 1995. 7. 7. 선고, 94 나 15797 판결에서는 원고 승소, 대법원에서도 원고 승소판결을 받았다.

<判決要旨>

어음면의 기재 자체로 보아 국내어음으로 인정되는 경우에 있어서는 어음

12) 鄭東潤(어) 288면 ; 鄭熙喆·鄭燦亨(下) 204면.

의 발행지의 기재는 별다른 의미가 없는 것이고, 발행지의 기재가 없는 어음도 완전한 어음과 마찬가지로 유통·결제되고 있는 거래의 실정과 어음의 유통에 관여한 당사자는 완전한 어음에 의한 것과 같은 유효한 어음행위를 하려고 하였다고 볼 수 있는 점 등에 비추어, 그 어음면상 발행지의 기재가 없는 경우라고 할지라도 이를 무효의 어음으로 볼 수는 없다. 따라서 국내어음에 있어서 그 지급제시가 발행지의 기재가 없는 상태에서 이루어졌다고 하더라도 이는 적법하게 지급제시된 것이므로, 배서인은 소지인에 대하여 소구의무를 부담한다. 따라서 이와 일부 다른 견해를 취한 대법원 1967. 9. 5. 선고, 67 다 1471 판결, 1976. 11. 23. 선고, 76 다 214 판결, 1979. 8. 14. 선고, 79 다 1189 판결, 1985. 8. 13. 선고, 85 다카 123 판결, 1988. 8. 9. 선고, 86 다카 1858 판결, 1991. 4. 23. 선고 90 다카 7958 판결, 1992. 10. 27. 선고, 91 다 24724 판결, 1995. 9. 15. 선고, 95 다 23071 판결 및 이와 같은 취지의 판결들은 이를 변경한다.

수표에 관하여 同旨: 대법원 1999. 8. 19. 선고, 99 다 23383 판결 참조.

(나) 表示方法

發行地는 發行行爲의 準據法을 정하는 기초가 될 뿐이므로(涉私 제36조 제1항·제2항), 支給地의 경우와 같이 最小獨立行政區域을 기재하지 않아도 상관없다. 따라서 準據法의 단일적 추정을 해치는 결과가 되지 않는 한 그 發行地의 表示方法에도 제한이 없고, 發行地의 複數記載도 허용된다.

<대법원 1984. 7. 10. 선고, 84 다카 424 판결 : 약속어음의 발행지의 기재는 독립된 최소행정구역의 표시로서 충분하다>

약속어음의 발행지의 기재는 독립된 최소행정구역의 표시로서 족한 것이므로 발행인의 명칭에 "신라체인 점촌지점" 또는 "한남체인 상주수퍼"라는 상호가 부기되어 있다면 그 "점촌" 또는 "상주"의 표시를 발행지의 기재로 볼 수 있다.

(다) 발행지의 보충

發行地에 관하여도 보충규정이 있어서, 發行人의 명칭에 부기한 地를 發行地로 본다(어 제2조 제4항).

(9) 發行人의 記名捺印 또는 署名(어 제1조 제8호)

發行人(Aussteller, drawer)이란 '發行'이라는 어음행위를 하는 者이다. '記名捺印 또는 署名'에 관하여는 앞에서 설명한 바와 같으나, 發行人의 記名捺印 또는 署名은 진정한 것이어야만 하는 것은 아니고, 실재하지 않는 者의 記名捺印 또는 署名이어도 상관없으며, 記名捺印이 僞造된 것이라도 무방하다. 發行人의 記名捺印 또는 署名 앞에 '保證人으로서' 또는 '證人으로서' 등의 부가어를 기재한 어음은 무효이고, 換어음의 發行人이 지급을 담보하지 아니한다는 뜻을 기재한 것은 이를 기재하지 아니한 것으로 본다(어 제9조 제2항 제2문).

發行人의 記名捺印 또는 署名은 補充紙 또는 謄本에는 할 수 없고 어음 자체에 하여야 한다.

어음은 數人이 공동발행할 수도 있다. 공동발행의 유형은 중첩적·선택적·순차적 발행 등이 있으나, 선택적·순차적 발행은 어음關係의 확정성과 遡求條件의 일정성에 반하므로 무효라고 본다.[13] 共同發行의 경우에는 발행인 각자가 發行人임을 표시하고 어음면에 각각 記名捺印 또는 署名을 하여야 하나 1人의 代理人에게 위임하여 어음을 발행하게 할 수도 있다. 商法이 어음행위를 商行爲로 하고 있지 아니할 뿐만 아니라, 共同發行人은 각자 독립하여 어음文言에 따른 어음행위를 하는 것이므로 共同發行人의 책임은 '合同責任'(어 제47조)이라고 해석한다. 이렇게 해석하면 共同發行人 중의 1人이 어음금을 지급하면 다른 發行人도 어음상의 책임을 면한다는 데는 의문이 없으나, 共同發行人間의 求償關係는 부정된다. 그러므로 共同發行人 사이의 求償關係는 民法의 규정에 따라 해결하여야 할 것이다.[14] 共同發行人은 合同責任을 지므로 1人에 대한 이행청구, 消滅時效의 중단, 混同이나 更改 등은 다른 사람에게는 영향이 없다.

3. 有益的 記載事項

有益的 記載事項이란 必要的 記載事項은 아니나, 어음에 기재하면 어음상의 효

13) 同旨 : 鄭東潤(어) 279면 ; 鄭熙喆, 《判例敎材》, 289면.
14) 이에 대하여 日本에서는 共同發行은 多數人에 의해 이루어지는 商行爲이므로(日商 제501조 제4호에 의하면 어음에 관한 행위는 절대적 상행위이다.) 共同發行人 사이에 연대책임을 지며 求償權도 인정된다는 견해도 있다. 小橋一郞, 《新版 手形法·小切手法講義》, 1982, 125면 이하 참조.

력이 발생하는 사항을 말한다. 어음法에 규정되어 있는 有益的 記載事項은 다음과 같다.

(1) 發行人 또는 支給人의 名稱에 附記한 地(어 제2조 제3항·제4항)

發行人 또는 支給人의 명칭에 부기한 地(肩書地)는 發行地 또는 支給地의 기재가 없는 경우에 각각 그 흠결을 보충하는 효력을 갖는다. 또한 지급인의 명칭에 부기한 地는 支給人의 住所地로 본다(어 제2조 제3항). 어음상의 주소와 사실상의 주소가 다른 경우에는 어음의 제시 등은 어음상의 주소를 표준으로 하면 되나, 사실상의 주소에서 제시하여도 상관없다.

(2) 第三者方支給文句(어 제4조·제27조)

(가) 第三者方支給文句의 意義

第三者方支給文句란 第三者의 住所에서(支給場所) 또는 第三者(支給擔當者)가 지급한다는 뜻의 기재를 말하며, 第三者方支給文句가 있는 어음을 '他所出給어음' 또는 '第三者方出給어음'(Zahlstellenwechsel, Drittzahlerwechsel)이라고 한다. 어음法에서 '第三者方'(어 제4조·제22조 제2항·제27조 제1항) 또는 '支給場所'(어 제27조 제2항)라고 할 때에는 支給擔當者와 支給場所의 양자를 함께 의미한다. 지급장소는 支給地內에 있어야 하므로 이를 위반한 기재(예컨대, 지급지 : 浦項市, 지급장소 : 서울특별시)는 무효이고 지급장소의 기재가 없는 것으로 본다.[15] 따라서 어음所持人은 支給地內에 있는 主債務者의 영업소·주소에서 支給提示하여야 하나, 어음에 기재된 지급장소에서 지급제시할 수 있다고 본다.

(나) 第三者方支給의 必要(效用)

본래 換어음·手票의 支給은 支給人이 그 住所·營業所에서, 約束어음의 지급은 發行人이 그 住所·營業所에서 하는 것이 원칙이고, 어음·手票法도 이러한 가정하에 支給地만을 어음요건으로 하였다. 그러나 換어음의 支給人이나 約束어음의 發行人이 자신의 일반생활과 어음거래를 구분하고자 하거나, 다량의 어음을 거래하는 者가 지급사무를 집중적으로 처리하고자 할 때에는 자신을 위해 어음의 決濟를 全擔하는 사람 또는 장소를 둘 필요가 있다. 특히 第三者方을 支給人 또는 發行人의 去來銀行으로 해 둘 경우 所持人이 推尋하기에 편리하고, 支給人과

---

15) 大判 1970. 7. 24, 70 다 965.

發行人도 지급사무를 간소화시킬 뿐 아니라, 거래은행에 예탁한 當座預金 또는 貸出金을 어음의 決濟資金으로 활용할 수 있는 잇점이 있다. 또한 支給場所를 약속어음 發行人이나 환어음 支給人의 去來銀行으로 함으로써, 推尋債務인 어음債務를 持參債務로 하고, 不渡의 경우에 償還을 쉽게 할 수 있으며, 支給人이 僻地에 있는 경우에 推尋의 편의를 도모할 수 있다. 第三者方支給文句는 어음요건은 아니나 오늘날 어음은 모두 은행을 지급장소로 하는 第三者方支給어음으로 발행되고 있다.

(다) 記載權者

換어음에 있어서는 發行人이 第三者方支給文句를 기재할 수 있고, 發行人이 기재하지 아니한 경우에는 支給人이 引受를 함에 있어 이를 기재할 수 있다(어 제27조). 그러나 約束어음과 手票에서는 引受提示가 없으므로 發行人만이 기재할 수 있다.

(라) 記載의 效力

第三者方出給어음의 引受提示는 반드시 支給人에게 하여야 하나, 그 支給提示 및 支給拒絶證書의 작성은 반드시 第三者方에서 하여야 한다. 第三者方支給文句는 第三者의 住所에서(支給場所) 또는 第三者(支給擔當者)가 지급한다는 뜻의 기재를 한 것이다. 그러므로 ① '第三者方'의 기재가 支給場所인 경우에는 지급을 위한 제시는 그 場所에서 支給人에 대하여 하여야 하며, 拒絶證書도 支給擔當者를 拒絶者로 하여 작성하여야 한다. 그리고 ② '第三者方'의 기재가 支給擔當者인 경우에는 支給擔當者는 支給人에 갈음하여 어음금액을 지급하고 또 이를 거절할 수 있는 法律上의 地位를 갖기 때문에 擔當者의 住所에서 滿期에 지급을 위한 제시를 하여야 하며, 拒絶證書도 支給擔當者를 拒絶者로 하여 작성하여야 한다.

어음所持人은 支給提示期間 경과 후에도 支給擔當者에게 支給提示를 하여야 主債務者로부터 지급을 받을 수 있는지에 대하여는 견해가 대립한다. 그러나 支給地·支給場所의 기재는 支給提示期間 내에 어음의 提示가 있을 것을 전제로 한 것으로 볼 수 있으므로 支給提示期間 경과 후에는 支給場所와 支給地의 기재는 모두 효력을 잃는다. 따라서 所持人은 主債務者인 支給人(引受人 또는 約束어음의 發行人)의 營業所·住所에서 어음을 제시하고 어음債權을 행사하면 된다고 생각한다.[16]

16) 同旨 : 鄭東潤(어) 300면 ; 鄭燦亨(어) 369면 ; 蔡利植(下) 51면.

(3) 利子文句(어 제5조)

一覽出給어음 또는 一覽後定期出給어음에만 利子約定의 기재를 할 수 있는데(어 제5조 제1항), 이때는 어음에 반드시 利率을 기재하여야 한다(어 제5조 제2항). 利子計算의 기산일에 관하여 기재가 없는 경우에는 발행일로부터 기산하며, 滿期의 도래와 더불어 約定利子는 그치고, 法定利子(어 제48조 제1항 제2호)가 이에 갈음하여 진행하게 된다.

(4) 기타 記載事項

위에 설명한 것 이외의 有益的 記載事項을 들어보면 ① 引受無擔保文句(어 제9조 제2항 본문), ② 背書禁止文句(어 제11조 제2항), ③ 引受提示의 命令文句(어 제22조 제1항), ④ 引受提示禁止文句(어 제22조 제2항·제3항), ⑤ 一覽後定期出給어음의 인수를 위한 提示期間의 단축 또는 연장의 文句(어 제23조 제2항), ⑥ 一覽出給어음의 支給提示期間의 단축 또는 연장의 文句(어 제34조 제1항), ⑦ 一定期日 전의 支給提示禁止文句(어 제34조 제2항), ⑧ 準據할 歲曆指定文句(어 제37조 제4항), ⑨ 外國通貨換算率指定文句(어 제41조 제2항), ⑩ 外國通貨現實支給文句(어 제41조 제3항), ⑪ 拒絶證書作成免除(無費用償還)文句(어 제46조), ⑫ 逆어음發行禁止文句(어 제52조 제1항), ⑬ 豫備支給人의 記載(어 제55조 제1항), ⑭ 複本의 번호(어 제64조 제2항), ⑮ 複本不發行文句(어 제64조 제3항) 등이다.

4. 無益的 記載事項

無益的 記載事項이란 어음에 기재하든 아니하든 어음의 效力에 영향을 미치지 아니하는 사항을 말한다.

어음法上 규정이 있는 사항으로는 ① 一覽出給 또는 一覽後定期出給어음에 있어서 利率의 기재가 없는 이자의 약정(어 제5조 제1항 제1문·제5조 제2항 제2문)과 그 외의 換어음에 있어서의 이자의 약정(어 제5조 제1항 제2문), ② 發行人의 支給無擔保文句(어 제9조 제2항 제2문), ③ 指示文句(어 제11조 제1항), ④ 破毁文句(어 제65조 제1항), ⑤ 委託어음文句(어 제3조 제3항)가 있으며, 어음法上 규정이 없는 사항으로는 ① 對價文句(예컨대, '對價現金受領'이란 기재), ② 資金文句(예컨대, 本人의 '計算으로 支給하여 주시압'이라는 기재), ③ 通知文句(예컨대, '本人의 通知에 따라' 또는 '本人의 通知가 없더라도' 支給한다는 뜻의 기재), ④ 提示文句(예컨대, '提示가 있을 때' 支給하라는 뜻의 기재), ⑤ 相換文句(예컨대, '어음과 相換으로 支給하시압'이라는 기재), ⑥ 番號, ⑦ 違約金文句 등을 들 수 있다.

5. 有害的 記載事項

有害的 記載事項은 어음에 기재하면 어음 자체가 무효가 되는 사항을 말한다.

어음法上 규정이 있는 사항으로는 ① 法定滿期(어 제33조 제1항)와 다른 滿期의 기재(어 제33조 제2항), ② 分割出給文句(어 제33조 제2항)가 있으며, 어음法上 규정이 없는 사항으로는 ① 어음상의 효력을 原因關係와 관련시키는 文句(예컨대, '賣買代金으로 支給하시압'), ② 條件附支給委託의 文句(예컨대, '貨物이 도착한 때에 支給하시압'), ③ 反對給與文句(예컨대, '白米 100가마와 交換하여 支給하시압'), ④ 支給方法限定文句(예컨대, '甲銀行 發行의 自己앞手票로 支給하시압') 등이 있다.

Ⅳ. 換어음 發行의 效力

1. 換어음 發行의 本質的 效力

換어음이 발행되면 受取人은 自己名義로 어음金額의 지급을 받을 권리를 취득한다. 그러나 이 권리는 假定的 債務者의 지위에 있는 支給人이 引受를 할 때까지는 일종의 期待權에 불과하고, 확정적인 어음金額請求權은 아니다(물론 支給人이 引受를 하고 지급을 하면 그 결과를 發行人의 계산으로 돌릴 수 있으나, 이것은 資金關係上의 문제이다.). 따라서 支給人이 引受하기 이전의 換어음에는 확정적인 主債務者는 없고, 換어음의 發行에 의하여 引受를 조건으로 어음金支給請求權이 발생한다고 볼 수 있다.

2. 換어음 發行의 附隨的 效力

換어음 發行의 附隨的 效力으로는 ① 發行人의 擔保責任(어 제9조·제43조), ② 複本交付義務(어 제64조 제3항), ③ 利得償還義務(어 제79조)를 드는 것이 보통이다. 특히 終局的인 償還義務者인 發行人이 지는 引受擔保責任·支給擔保責任이 意思表示上의 효력인가 어음法上의 효력인가에 관하여는 學說이 대립되고 있으나, 어음의 원활한 유통을 도모하기 위해 인정한 어음法上의 효력으로 본다.[17] 왜냐하면 發行人의 支給無擔保記載만이 無益的 記載事項으로 되어 있고(어 제9조 제2항), 換어음의 發行人은 단순히 支給委託만 하는 것이므로 發行人의 意思表示는 원래 자신의 支給義務를 목적으로 하는 것이 아니기 때문이다.

3. 支給指示의 撤回

우리 어음法上 명문의 규정은 없으나 換어음의 發行의 본질은 支給指示이므로 支給人이 引受 또는 履行을 하지 않은 동안에는 指示人이 支給人에 대하여 언제든지 支給指示를 撤回할 수 있다.[18] 撤回의 결과 支給人이 支給을 않는 경우에도 發行人의 遡求義務는 남는다. 手票法은 支給指示의 撤回를 제한하는 特則을 두고 있다(手 제32조).

---

17) 鄭熙喆·鄭燦亨(下) 184면 ; 徐燉珏·鄭完溶(下) 181면 ; 孫珠瓚(下) 203면 ; 徐廷甲(어) 256면 ; 鄭東潤(어) 265면.

18) 徐燉珏·鄭完溶(下) 181면 ; 鄭東潤(어) 266면 ; 鄭熙喆·鄭燦亨(下) 184면. 反對說 : 崔基元(어) 256면.

Ⅴ. 白地어음

1. 白地어음의 意義

白地어음(Blankowechsel ; incomplete or inchoate instrument)이란 '後日 그 소지인으로 하여금 어음要件의 전부 또는 일부를 보충시킬 意思로써, 이를 기재하지 않고 白地 그대로 記名捺印 또는 署名을 하여 교부한 '未完成어음'을 말한다. 이와 같이 어음要件을 갖추지 않은 '未完成어음'(unfertiger Wechsel)이란 점에서 무효인 '不完全어음'(unvollständiger Wechsel)과 구별된다. 白地어음은 어음행위의 종류에 따라, 어음행위자의 記名捺印 또는 署名만 있는 白地發行, 白地引受, 白地背書, 白地保證 등으로 나눌 수 있고, 또 白地로 되어 있는 어음要件을 기준으로 하여 記名捺印 또는 署名 이외의 어음要件 전부가 白地로 되어 있는 것, 그 일부가 白地로 되어 있는 것, 要件 중 하나만이 白地로 되어 있는 것, 그리고 하나의 要件 중의 일부가 白地로 되어 있는 것 등 태양이 다양하다.

2. 白地어음의 經濟的 效用

白地어음은 어음의 原因關係上 어음의 金額·滿期 또는 受取人 등을 어음交付時에 확정할 수 없는 경우에 잘 이용된다. 따라서 어음法은 白地어음의 유효성을 전제로 하여 白地어음의 補充權濫用에 관한 규정(어 제10조)을 두고 있다.

3. 白地어음의 要件

(1) 白地어음行爲者의 記名捺印 또는 署名

白地어음이 되려면 적어도 한 개의 記名捺印 또는 署名이 있어야 한다. 白地어음은 發行人이 未完成어음을 發行하는 경우(白地發行, 狹義의 白地어음)가 보통이겠으나(어음法 제10조에서는 '未完成으로 發行한'이라고 규정하였으나 반드시 白地發行의 경우에 한하는 것은 아니다.), 背書人이 미리 어음이 될 紙片에 記名捺印 또는 署名을 하는 경우(背書人의 白地記名捺印), 引受人의 記名捺印 또는 署名만 있는 경우(白地引受), 保證人의 記名捺印 또는 署名만 있는 경우(白地保證)도 포함한다.

(2) 어음要件의 欠缺

어음要件의 전부 또는 일부의 기재가 없어야 한다(어 제1조 참조). 그 要件欠缺의 정도에는 아무런 제한이 없다.

欠缺된 어음要件이 어음法 제2조 제2항 이하의 규정에 의하여 구제될 수 있는 것이라도 상관없다. 따라서 滿期의 기재가 없는 어음은 일단 백지어음으로 추정된다(통설·판례).[19] 滿期의 기재에 관하여도 補充權이 수여되면 白地어음이 될 수 있으나, 어음채무자가 만기에 관하여 보충권 수여한 사실 또는 수여의사가 없었음을 입증하면 어음법 제2조 제2항에 의하여 일람출급어음이 된다. 또 만기를 보충하지 아니하고 지급제시하면 일람출급어음으로 간주된다.

<대법원 1992. 10. 27. 선고, 91 다 24724 판결 : 백지미보충어음에 의한 지급제시는 적법한 지급제시로서의 효력이 없다>

<事 實>

농업협동조합중앙회 직원은 원고 강정오로부터 발행지가 백지로 되어 있는 어음의 추심의뢰를 받았다. 그러나 농업협동조합중앙회 직원의 실수로 백지미보충상태의 이 사건 어음을 지급제시기간 내에 지급을 위한 제시를 하지 않아 지급이 거절되었다. 이에 원고는 지급제시를 해태(懈怠)한 이 사건의 피고 농업협동중앙회에 소구권(遡求權) 상실로 인한 손해배상을 청구하였다.

<判決要旨>

백지미보충어음은 그 지급제시기간 내에 지급을 위한 제시가 있다 하더라도 적법한 지급제시로서의 효력이 없고, 그로 인하여 소구권을 보전할 수 없다. … 발행지가 백지로 되어 있는 어음의 소지인으로부터 추심의뢰를 받은 금융기관 직원이 지급제시기간 내에 지급제시를 하지 않아 지급이 거절되었다 하여도 배서인 등에 대한 소구권 상실의 책임이 금융기관 직원이 지급제시를 해태한 데 있다고 할 수 없어 금융기관에 대하여 소구권 상실로 인한 손해배상책임을 물을 수 없다(그러나 이 판결은 국내어음의 경우 발행지의 기재를 缺하였더라도 이를 무효인 어음으로 볼 수 없다는 대법원 1998. 4. 23. 선고, 95 다

---

19) 大判 1965. 5. 25, 64 다 1647; 同, 1966. 10. 11, 66 다 1646; 同, 1976. 3. 9, 75 다 984.

36466 판결에 의하여 변경된 것으로 본다-필자 註).

(3) 白地補充權의 存在

欠缺된 어음要件을 보충할 권리(白地補充權)를 타인에게 수여하여야 한다. 이 補充權의 授與 여부에 따라서 白地어음과 不完全어음이 구별된다. 그러나 이 白地補充權은 어음關係 외의 당사자간의 계약에 의해서 수여되는 것이므로 실제로는 補充權이 수여된 白地어음이냐 아니냐를 구별하는 것은 매우 어려운 일이다. 따라서 學說도 세 가지로 나누어지고 있다.

(가) 主觀說

主觀說은 補充權의 유무를 記名捺印 또는 署名을 한 者의 의사를 기준으로 하여 결정한다.[20] 그러나 白地어음의 유효성이 오로지 記名捺印 또는 署名을 한 者의 주관적 의사에 따라서 결정될 때에는 어음取得者는 어음 외에서 나타난 사실, 즉 補充權을 수여하는 意思를 입증하여야 하므로 어음거래의 안전을 크게 해치게 된다. 그러므로 主觀說도 善意取得者에 대해서만은 記名捺印 또는 署名을 한 者가 不完全어음이라는 抗辯을 제출할 수 없다고 한다.

(나) 客觀說

客觀說은 記名捺印 또는 署名을 한 者의 主觀(具體的 意思)을 불문하고 어음의 외관만을 기준으로 하여 外觀上 보충이 예견되면 白地어음이라고 한다. 그러나 客觀說에 의하면 어음거래의 안전은 확보되지만 記名捺印 또는 署名을 한 者의 意思를 전혀 무시하게 되어 부당하다. 왜냐하면, 이 學說에 의하면 인쇄된 어음用紙에 一部要件을 기재하지 않은 것은 모두 白地어음으로 看做될 것이고, 발행인이 어음用紙가 아닌 白地에 記名捺印 또는 署名만 하고 다른 모든 어음要件을 보충시킬 의사로써 교부한 경우에는 白地어음으로 인정되지 않게 되어 부당하다.

(다) 折衷說

折衷說에 의하면 白地어음은 記名捺印 또는 署名을 한 者가 후일 欠缺된 要件을 보충시킬 의사로 작성·교부하여야 한다. 다만 어음외관상 欠缺된 要件의 보충이 예정되어 있는 것으로 인정될 경우(어음用紙를 사용한 경우, 어음文句가 기재되어 있는 경우 등)에는 그러한 서면임을 인식하고 또 인식할 수 있는 사정하에서 이에 記名捺印 또는 署名을 한 이상 당연히 白地어음이 된다.[21]

---

20) 田中耕太郎, 《手形法·小切手法概論》, 1937, 308면.
21) 徐廷甲(어) 153면 ; 孫珠瓚(下) 206면.

(라) 判 例

판례는 이미 부동문자로 인쇄된 어음·수표 용지에 어음·수표요건의 일부를 적지 아니하고 발행하거나 유통시킨 때에는 백지어음·수표로 추정하고,[22] 만약에 백지어음·수표가 아니라 불완전어음·수표로서 무효라는 주장을 하려는 자가 있다면 불완전어음·수표라는 사실을 스스로 입증하여야 한다라고 함으로써[23] 절충설을 취한 것으로 보인다.

(마) 主觀說의 妥當性

위에서 검토한 바와 같이, 主觀說·客觀說에는 모두 결함이 있고, 절충설은 양설의 결함을 다 지니게 되어 일관성 있는 理論構成이 곤란하다. 그러므로 主觀說을 택하되, 다만 要件欠缺의 어음을 선의로 取得한 者에 대하여는 表見理論 내지 權利外觀理論에 따라 記名捺印 또는 署名을 한 者는 不完全어음이라는 抗辯을 제출할 수 없다고 하는 것이 무난하다고 생각한다.

결국 은행 소정의 어음용지와 미리 인쇄된 어음용지상에 어음요건을 기재하지 않고 기명날인한 어음은 백지어음으로 추정되고, 그 기명날인자가 보충권을 수여하지 아니하였음을 스스로 입증한 경우에 한하여 무효인 어음이 된다고 본다.

(4) 未完成인 채로 流通되었을 것

白地어음의 성립도 완성어음의 성립과 마찬가지로 交付契約이 필요하다고 본다(交付契約說). 다만 교부계약이 欠缺된 경우라도 어음거래의 안전을 위하여 善意取得者에 대하여 白地어음作成者가 權利外觀理論에 따라 책임을 지는 경우가 있음은 물론이다.

4. 白地어음의 法的 性質

白地어음의 法的 性質에 관하여는 學說이 나뉜다. 제 1 설은 “白地어음은 補充權 및 그 補充權을 행사하면 언제든지 완성어음이 된다는 期待權이 표창되었을 뿐 아직 金錢債權이 표창된 어음이라고 할 수 없고, 또 어음法 제10조는 白地어음을 어음의 일종으로 본 것이 아니고, 白地어음의 流通性을 인정하여 流通上에

22) 大判 1965. 5. 25, 64 다 1647; 同, 1966. 10. 11, 66 다 1646; 同, 1976. 3. 9, 75 다 984.
23) 大判 1984. 5. 22, 83 다카 1585; 同, 1967. 2. 28, 66 다 2351.

서만 어음과 같이 취급한다는 취지인 것이다."고 하여,[24] 白地어음은 어음이 아닌 특수한 有價證券이라 한다(通說).[25] 이 學說에 의하면 流通에 관한 완성어음의 규정은 당연히 白地어음에 적용될 理論的 根據는 없고, 다만 商慣習法에 의하여 같은 方法의 流通이 인정되는 것이라 한다.[26] 이에 대하여 제 2 설은 ① 어음法 제10조는 白地어음을 일단 어음으로 보는 전제 아래 그 補充權濫用問題를 규정한 것으로 볼 수 있고, ② 이것은 滿期, 支給地, 發行地 등이 欠缺된 경우에도 이를 보충하여 그 어음을 유효로 하는 明文規定이 있는 점과도 균형이 맞으며, ③ 완성어음에 고유한 규정만을 제외하고 다른 규정을 白地어음에 적용하기 위해서도 白地어음을 하나의 어음으로 보는 것이 타당하다고 한다(少數說).[27] 생각건대, 白地어음은 경제적 수요에 따라 인정되는 것이기는 하지만 본래 어음요건을 완전히 구비한 것이 아니므로 엄격한 의미에서 어음이라 할 수 없다. 따라서 특수한 유가증권이라는 견해가 옳다고 본다.

白地어음에 표창된 白地어음상의 權利에 관하여도 이것이 '어음상의 權利'라는 學說도 있으나, 어음상의 權利를 발생시킬 수 있는 '期待權'(停止條件附의 어음상의 權利)이 표창되어 있고 부수적으로 '補充權'이 부착되어(숨어) 있다고 본다.

5. 白地어음의 流通

白地어음은 相續·會社合倂·債權讓渡 등 一般私法上의 移轉方法에 의해서 유통될 수 있음은 물론이다. 뿐만 아니라 白地어음은 未完成어음이므로 완전한 어음에 고유한 규정(예컨대, 支給提示·支給拒絶에 관한 규정)은 적용되지 않으나, 白地어음은 流通上 어음과 같이 취급되므로 유통에 관한 규정(예컨대, 背書·人的 抗辯의 切斷·善意取得·除權判決에 관한 규정)이 적용된다. 따라서 受取人이 기재되어 있는 白地어음은 背書의 방법에 의하여 양도할 수 있고, 受取人이 白地로 되어 있는 경우에는 자기를 受取人으로 보충하여 背書하거나 또는 보충하지 않고 交付하여 양도할 수도 있다.

24) 鄭熙喆·鄭燦亨(下) 138면.
25) 孫珠瓚(下) 209면 ; 鄭東潤(어) 303면.
26) 崔基元(어) 271면.
27) 朴元善(下) 494면.

6. 白地어음에 의한 權利行使

(1) 白地補充과 權利保全

백지를 보충하기 전에는 권리의 행사 및 보전이 인정되지 않는다. 즉, 백지어음에 의한 지급제시는 무효이므로 어음채무자는 이행지체가 되지 않는다. 백지가 보충되지 아니한 상태에서 어음이 교환제시된 경우에는 어음요건을 구비하지 못한 제시로서 형식불비를 이유로 부도반환하여야 한다(어규 제66조 제1항 제3호). 또 백지어음인 채로 지급제시하였다고 하더라도 償還義務者에 대한 상환청구권을 보전할 수도 없다. 그러나 전술한 바와 같이 판례에 의하면[28] 발행지가 흠결된 국내어음의 경우는 백지를 보충하지 않고 지급제시를 하였더라도 적법한 지급제시가 된다.

<대법원 1979. 8. 14. 선고, 79 다 1189 판결: 발행일란의 보충없이 지급제시한 경우 적법한 지급제시가 될 수 없다.>

발행일란의 보충없이 지급제시한 경우 적법한 지급제시가 되지 못하여 소구권을 상실한다고 보아야 할 것이다.

또 지급제시후에 어음요건을 보충하더라도 소급효는 없다.

백지어음에 의하여 訴를 제기하더라도 백지를 보충하지 않으면 승소할 수 없으나, 소송중이라고 하더라도 변론종결시까지는 유효하게 보충할 수 있고, 이를 보충하면 그 때부터 이행지체에 빠지고 지연이자가 발생한다.

백지를 보충하지 아니한 상태, 즉 지급제시할 수 없는 상태에서 訴를 제기한 경우 시효중단의 효력이 있는가 의문이다.

(i) 긍정설은 ① 시효제도는 권리 위에 잠자고 있는 자를 보호하지 않는다는 데 그 취지가 있는데, 訴를 제기하였다는 것은 백지어음상의 권리를 적극적으로 행사한 것이고, ② 백지어음에 관하여는 백지를 보충하지 아니한 상태에서도 소멸시효가 진행하므로, 이와 균형을 맞추기 위하여는 백지미보충의 상태에서 어음소지인이 시효의 진행을 중단시킬 수 있다고 보는 것이 타당하다고 한다. 따라서 이 때에도 시효중단의 효력이 있다고 한다(多數說).[29]

---

28) 大判 1998. 4. 23, 95 다 36466.

29) 鄭熙喆·鄭燦亨(下) 149 ; 鄭東潤(어) 309면.

(ii) 일부긍정설은 어음상의 권리의무의 내용과 관계없는 사항, 예컨대 수취인 또는 확정일출급어음의 발행일 등이 백지인 어음에 관하여 訴를 제기하면 시효중단의 효력을 인정하여도 무방할 것이나, 그 외의 사항, 예컨대 금액이 백지인 어음과 만기가 백지인 어음 등에 관하여는 시효중단의 효력이 부정되어야 한다고 한다(少數說).[30]

(iii) 私見으로는 시효중단의 효력을 인정하는 肯定說에 찬동한다.

(iv) 한편 대법원은 재판상의 청구에는 시효중단의 효력을 인정하지만,[31] 백지를 보충하지 아니한 상태에서의 재판 외의 청구나 어음채무자의 채무승인에 대하여 시효중단의 효력을 인정하지 아니한다.[32]

<대법원 1962. 1. 31. 선고, 4294 민상 110·111 판결 : 재판상의 청구에 있어서는 어음을 제시하지 아니하더라도 재판상의 청구로서 시효가 중단된다>

원심은 시효중단 후에 수취인난 보충의 본건 어음은 효력이 없다하여 원고의 청구를 기각 하였음이 명백하다. 그러나 백지배서로서 된 어음의 소지인은 그 백지부분을 보충하고 아니하고는 자유일 뿐 아니라 보충한다 하더라도 그 시기에 있어서 아무런 제한이 없다 할 것이며 어음상의 권리에 의한 재판상의 청구에 있어서는 어음을 제시하지 아니하더라도 재판상의 청구로서 시효가 중단된다고 해석하여야 함에도 불구하고 시효완성 전에 제소됨으로써 시효가 중단되었음이 명백한 본건에 있어서 시효완성 후의 보충은 무효라고 하였음은 그 법리를 오해한 위법이 있다.

<대법원 1962. 12. 20. 선고, 62 다 680 판결 : 백지어음인 상태의 청구는 시효중단의 효력이 없다>

본 건에서 원고는 피고가 어음채무의 존재를 시인하였을 뿐 아니라 원고가 본 건 소송을 제기하기 직전까지 계속하여 피고에게 이 어음금을 청구하였으므로 이 어음채권의 시효는 이 때에 중단된 것으로 보아야 한다고 주장한다. 그러나 피고가 원고에게 본건 어음채무를 시인하였거나 또는 원고가 이 소송을 제기하기 직전까지 이 어음상의 권리를 행사할 당시에는 이 어음에 이른바 수취인이 원고 명의로 보충되어 있지 않았었으니 원고는 이 어음의 소지인으로서 그 권리행사를 할 수 없는 처지에 있었다 할 것이요, 따라서 이 어음채무의 승인이나 이 어음소지인에 의한 권리행사로 말미암은 시효중단의 효력은 전혀 생길 여지가 없다 할 것이다.

30) 崔基元(어) 330.
31) 大判 1962. 1. 31, 4294 민상 110·111.
32) 大判 1962. 12. 20, 62 다 680.

(2) 白地어음의 善意取得과 抗辯의 切斷

(i) 통설 및 판례에 의하면 白地어음도 流通上 완전어음과 같이 취급되므로 어음의 양도방법에 의한 白地어음의 善意取得도 인정된다(어 제16조 제2항 · 제77조 제1항 제1호 참조). 이 경우에 白地어음의 善意取得者는 補充權 뿐만 아니라 補充에 의하여 성립할 어음상의 權利도 취득한다. 물론 白地어음의 善意取得을 하려면 원칙적으로 어음法 제16조 제1항에 따라 그 前提條件으로서 어음所持人이 形式的 資格을 구비하고 있어야 한다.

<대법원 1985. 5. 28. 선고, 85 다카 192 판결 : 백지어음의 선의취득을 인정한 사례>

최후의 배서가 백지식으로 된 어음은 단순한 교부만으로 양도가 가능한 것이므로 원고가 어음할인의 방법으로 이를 취득함에 있어서 양도인의 실질적인 무권리성을 의심하게 할 만한 특별한 사정이 없는 이상 어음문면상의 최후배서인에게 연락을 취하여 누구에게 양도하였는지를 알아보는 등 그 유통과정을 조사확인하지 아니하였다 하여 이를 가지고 어음취득에 있어서 중대한 과실이 있다고 할 수 없고, 이는 원고가 사채업자라 하여도 또한 달라질 바 없다. 同旨 : 대법원 1987. 6. 9. 선고, 86 다카 2079 판결.

<대법원 1999. 2. 9. 선고, 98 다 37736 판결: 백지어음의 선의취득을 부인한 사례>

[1] 어음법 제10조가 규정하는 '악의로 어음을 취득한 때'라 함은 소지인이 백지어음이 부당 보충되었다는 사실과 이를 취득할 경우 어음채무자를 해하게 된다는 것을 알면서도 어음을 양수한 때를 말하고, '중대한 과실로 인하여 어음을 취득한 때'라 함은 소지인이 조금만 주의를 기울였더라면 백지어음이 부당 보충되었다는 사실을 알 수 있었음에도 불구하고 그와 같은 주의도 기울이지 아니하고 부당 보충된 어음을 양수한 때를 말한다.

[2] 어음금액란의 기재는 대단히 중요한 사항이므로 어음금액란을 백지로 하는 어음을 발행하는 경우에 발행인은 통상적으로 그 보충권의 범위를 한정한다고 봄이 상당하다.

[3] 소지인이 악의 또는 중과실로 부당 보충된 어음을 취득한 경우에도 발행인은 자신이 유효하게 보충권을 수여한 범위 안에서는 당연히 어음상의 책임을 진다.

(ii) 白地어음에 관하여 어음의 讓渡方法에 의한 讓渡가 인정되므로, 白地어음을 善意로 취득한 者에 대하여도 어음抗辯의 절단이 인정된다. 따라서 白地어음

에 관하여 어음權利者와 債務者 사이에 人的 抗辯事由가 있어도 讓受人이 債務者를 害할 것을 알고 취득하지 아니하는 한 讓受人은 債務者로부터 人的 抗辯의 對抗을 받지 않는다(어 제17조·제77조 제1항 제1호).

<대법원 1994. 11. 18. 선고, 94 다 23098 판결: 백지어음에 관하여 어음항변의 절단이 인정된 사례>

(수취인 백지의) 어음이 인도에 의하여 양도된 경우, 어음법 제17조가 적용되는 것이므로, 어음이 展轉讓渡된 후 그 어음을 인도받은 취종소지인이 수취인으로 자기를 보충하였다고 하더라도 그 소지인이 발행인을 해할 것을 알고 취득한 경우가 아니면 어음문면상의 기재와는 관계없이 발행으로부터 원인관계상의 항변 등 인적항변의 대항을 받지 아니한다.

(3) 白地어음과 利得償還請求權

白地어음의 所持人은 적법한 期間內에 白地를 보충하지 않는 한 원칙적으로 利得償還請求權(어 제79조)을 取得하지 못한다. 그러나 受取人이 白地인 경우 정당한 어음所持人의 利得償還請求權은 인정되어야 할 것이다.

(4) 白地어음의 除權判決

白地어음을 상실한 경우에도 완전어음과 마찬가지로 公示催告節次에 의한 除權判決이 가능하다고 본다. 왜냐하면 백지어음도 완전어음과 같이 유통되고 선의취득이 인정되기 때문이다.

<대법원 1998. 9. 4. 선고, 97 다 57573 판결: 백지어음에 대한 제권판결을 받은 자는 어음 외의 의사표시로 백지를 보충하여 발행인에 대한 어음상 권리를 행사할 수 있다>

제권판결 제도는 증권 또는 증서를 상실한 자에게 이를 소지하고 있는 것과 같은 형식적 자격을 부여하여 그 권리를 실현할 수 있도록 하려는 것인 점과, 백지어음의 발행인은 백지보충을 조건으로 하는 어음금지급채무를 부담하게 되고, 백지에 대한 보충권과 백지보충을 조건으로 한 어음상의 권리는 백지어음의 양도와 더불어 양수인에게 이전되어 그 소지인은 언제라도 백지를 보충하여 어음상의 권리를 행사할 수 있으므로, 백지어음은 어음거래상 완성어음과 같은 경제적 가치를 가지면서 유통되고 있는 점을 함께 고려하여 보면, 백지어음에 대한 제권판결을 받은 자는 발행인에 대하여 백지보충권과

백지보충을 조건으로 한 어음상의 권리까지를 모두 민사소송법 제468조에 규정된 '증서에 의한 권리'로서 주장할 수 있다고 봄이 상당하고, 따라서 백지어음의 제권판결을 받은 자는 발행인에 대하여 백지 부분에 대하여 어음 외의 의사표시에 의하여 보충권을 행사하고 그 어음금의 지급을 구할 수 있다.[33]

7. 白地어음의 完成

(1) 補充權의 意義와 性質

未完成어음인 白地어음은 보충에 의하여 완성된다. 白地어음의 欠缺된 要件을 보충하여 완전한 어음으로 할 수 있는 권리를 補充權(Ausfüllungsbefugnis, Ausfüllungsermächtigung)이라 한다. 補充權은 白地어음行爲者가 어음관계 이외의 一般私法上의 계약에 의하여 이를 상대방에게 수여하고 記名捺印 또는 署名함으로써 생기는 권리로서 일종의 形成權이다.[34] 따라서 소멸시효가 아닌 제척기간에 걸리는 권리이다. 이에 대하여 形成權은 보통 그 權利者와 相對方 사이에서 法律效果를 발생시키는 법인데, 白地補充權은 補充者와 補充權을 부여한 者(白地어음行爲者) 사이에서는 흔히 아무런 法律效果를 발생시키지 아니하고 오히려 補充權을 授與한 者와 第三者(최후의 所持人) 사이에서 法律效果를 발생시키는 점을 설명해 주지 못하여 타당하지 못하다는 것을 이유로, 보충권은 代理權(代理權說) 또는 授權(Ermächtigung : 法的 地位說)이라고 한다. 그러나 代理權說은 보충권 행사를 어음行爲代理의 원칙인 顯名主義에 의하지 아니하는 이유를 설명하지 못하고, 授權說도 일반적으로 授權이라는 개념에는 의무를 지운다는 요소가 없는데, 補充權授與의 경우에는 補充權者는 오직 補充權授與契約에서 정한 범위 내에서만 보충할 義務까지도 부담하므로 타당하지 않다고 하면서 白地補充權을 하나의 特殊한 權限(eine Befugnis sui generis)이라고 보는 見解도 있다.[35]

---

33) 이 판례에 대한 평석으로, 閔中基, "백지어음에 대한 除權判決을 받은 자가 어음 외의 意思表示로 白地를 補充하여 發行人에 대하여 어음상 權利를 行使할 수 있는지", 대법원판례해설 제31호 328면 이하 참조.

34) 徐燉珏・鄭完溶(下) 174면 ; 孫珠瓚(下) 211면 ; 鄭熙喆・鄭燦亨(下) 139면 ; 崔基元(어) 311면.

35) 鄭東潤(어) 312~313면.

(2) 補充權의 行使期間

白地補充時期에 관하여 특약이 없는 경우에는(特約이 있는데 이를 위반하면 補充權의 不當行使가 된다.) 다음과 같은 기간 내에 보충하여야 한다. 즉, 만기 이외의 要件이 白地인 경우에는 主債務者, 즉 引受人(또는 約束어음의 發行人)에 대한 관계에서는 滿期부터 3年 내(어 제70조 제1항 · 제78조 제1항 · 제77조 제1항 제8호), 償還義務者에 대한 관계에서는 支給拒絶證書作成期間 내에 (어 제44조 제3항) 白地를 보충하여야 한다.

그러나 만기가 白地인 경우에는 그 시효기간에 관하여 白地補充權을 形成權으로 보아 20年이라는 學說(民 제162조 제2항), 이를 채권과 같은 것으로 보아 10年이라는 學說(民 제162조 제1항), 補充權의 행사를 어음에 관한 행위로서 商行爲로 보아 5年이라는 學說(제64조), 白地어음의 소지인은 언제든지 白地를 보충하여 지급을 청구할 수 있으므로 만기가 도래한 어음과 같이 주된 채무자에 대하여는 (발행일로부터) 3년의 시효에 걸린다는 學說(어 제70조 제1항),[36] 보충권의 행사가 법률상 가능한 때로부터 3년의 시효에 걸린다는 新3年說(修正3年說),[36-1] 그리고 一覽出給어음의 제시기간과 같이 발행일로부터 1년의 시효에 걸린다는 學說(어 제34조 제1항) 등이 있다. 판례는 백지보충권을 행사할 수 있는 때로부터 3년(수표의 경우는 6월)의 시효에 걸린다고 하여 新3年說을 취한다.[36-2]

일본에서는 어음에 관한 행위가 絶對的 商行爲이므로 5年說이 통설이나, 우리 商法에서는 그러하지 아니하므로 5年說을 취할 수는 없고, 또 어음의 지급제시가 없는 이상 滿期가 도래하지 않은 것이 분명한데, 이를 도래한 어음과 같이 취급하는 3年說도 타당하지 않다.

생각건대, 보충권은 형성권이어서 소멸시효가 아닌 제척기간에 걸리는 권리이고, 또한 형성권의 제척기간은 원인채권에 따라 결정되는 것이 통설이다. 백지어음과 관련된 보충권의 경우, 원인채권은 바로 어음채권인데, 이 어음채권의 소멸시효는 만기로부터 3년이다. 만기 이외의 요건이 백지인 경우는 만기로부터 3년 내에 보충권을 행사하여야 할 것이나, 만기가 백지인 경우는 보충권의 행사가 법률상 가능한 때로부터 기산하여야 한다. 결국 보충권은 그 행사가 법률상 가능한 때로부터 3년의 제척기간에 걸린다고 보는 것이 타당하다.

---

36) 현재 우리 나라의 多數說이다. 姜渭斗(어) 344면 ; 鄭東潤(어) 317면 ; 崔基元(어) 270면.
36-1) 上柳克一郎, "白地手形補充權の消滅時效", 会社法 · 手形法論集, 1980, 500면.
36-2) 大判 1997. 5. 28, 96 다 25050; 大判 2001. 10. 23, 99 다 64018; 大判 2002. 2. 22, 2001 다 71507.

(3) 補充權行使의 效果

보충권자가 보충권을 행사하면 흠결된 어음요건이 보충되어 백지어음은 완전한 어음으로 되고 백지어음상의 모든 어음행위의 효력이 보충된 문언에 따라 발생한다.

(가) 補充의 效力發生時期

白地補充의 效力이 언제부터 발생하느냐에 대한 時期에 관하여는 遡及說과 不遡及說이 대립하고 있다. 遡及說은 백지어음의 백지가 보충되면 백지어음에 행하여진 모든 어음행위는 行爲時에 소급하여 효력이 발생한다고 한다.[37]

이에 대하여 不遡及說은 白地어음行爲는 停止條件附行爲이므로 民法 제147조의 준용을 받아, 보충의 효과는 條件成就時(補充한 때)부터 장래에 향하여 발생하며, 행위시에 소급하지 않는다고 본다. 不遡及說이 우리나라의 通說이다. 不遡及說이 타당하다고 본다.

> <대법원 1965. 8. 31. 선고, 65 다 1217 판결 : 불소급설을 취한 판결>
> 백지어음의 어음행위는 백지의 요건이 후일 보충될 것을 정지조건으로 성립하고 요건의 보충에 의하여 조건이 성취되었을 때에 비로소 어음행위로서 완전한 효력이 발생하는 것이고 백지보충의 효과가 조건성취 전에 소급한다고는 볼 수 없다.

(나) 어음行爲의 成立時期

白地어음이 補充時부터 완전한 어음으로서의 效力이 발생한다고 하더라도, 白地어음상에 한 어음行爲의 成立時期는 어음行爲를 한 때이지, 보충한 때가 아니다. 따라서 어음행위자의 능력의 유무, 대리권의 존부 등은 당해 백지어음행위시를 기준으로 결정되고, 어음의 발행일자 · 배서일자 · 만기 등도 그 기재시를 기준으로 하여 그 법률효과를 결정하여야 한다.

> <대법원 1980. 3. 11. 선고, 79 다 1999 판결 : 어음행위의 성립시기는 그 어음행위 자체의 성립시기로 결정하여야 한다>
> 백지어음에 있어서 백지의 보충시와 어음행위 자체의 성립시와는 엄격히 구별되며 백지의 보충없이는 어음상의 권리를 행사할 수 없으나 어음행위의 성립시기를 백지의 보충시기로 의제할 수 없고 그 성립시기는 그 어음행위

37) 崔基元(어) 325면.

자체의 성립시기로 결정하여야 한다.

(4) 白地補充權의 濫用

(가) 不當補充된 어음의 取得者 保護

어음 외의 관계인 補充權授與契約에 의하여 한정된 범위를 넘어서 所持人이 부당보충을 한 경우(예컨대, 50만원 이하의 補充權을 가진 자가 100만원으로 기입한 경우. 이 경우 白地어음行爲者는 人的 抗辯을 제기할 수 있다.) 그 보충된 어음(완성어음)을 다른 사람이 善意이고 또 重過失 없이 讓受하였다면 그 선의의 취득자는 어음거래의 안전을 위해서 당연히 보호를 받아야 한다. 바꾸어 말하면 白地어음行爲者는 '미리 한 합의와 달리 보충이 된 경우'라도 補充權이 남용된 어음을 양수한 후의 取得者에게 '惡意 또는 重大한 過失'이 없는 한 그 위반으로써 소지인에게 대항하지 못하고(어 제10조·제77조 제2항), 기재된 文言대로 責任을 져야 한다. 惡意·重過失은 白地어음의 취득시에만 없으면 되고, 보충시에는 補充權濫用을 알았더라도 상관이 없다고 본다.

不當補充에 관하여 어음取得者에게 惡意 또는 重過失이 있었다는 것을 白地어음行爲者가 입증한 경우에는 白地어음行爲者는 文言대로 책임을 지지 않는다. 그러나 不當補充의 抗辯에 의하여 완성어음이 白地어음으로 다시 환원하는 것은 아니고, 일단 수여한 補充權의 범위 내에서는 不當補充者나 선의의 취득자에 대해서 책임(정당하게 보충되었더라면 생겼을 어음상의 책임)을 진다. 證券의 文言과 다른 債務를 부담한다는 점에서 變造 전의 記名捺印 또는 署名을 한 者의 책임(어 제69조)과 같다.[38]

(나) 補充權의 範圍에 관한 善意者의 保護

어음法 제10조는 일단 부당하게 보충된 어음을 善意取得한 者에 대한 抗辯制限 규정이다. 따라서 보충되지 않은 白地어음을 善意·無重過失로 取得한 者에게도 어음法 제10조가 적용되느냐에 관해서는 條文上으로는 분명하지 않다. 즉, 중대한 過失 없이 一定範圍의 補充權이 있는 줄로 믿고 白地어음을 取得한 자가 스스로 그 범위 내에서 보충을 하였으나 사실은 객관적으로는 補充權의 범위를 벗어났다고 하는 경우에, 白地어음行爲者가 不當補充의 抗辯을 할 수 있는가 하는 점은

---

38) 그러나 白地어음의 善意取得者에 대해서는 文言대로 責任을 지는데, 變造에 있어서는 變造 전의 記名捺印 또는 署名을 한 者는 變造 후의 文言에 따라 責任을 지지 않는 점은 다르다.

의문이다.

이 점에 관하여는 아직 補充되지 않아 外觀上 白地의 존재가 명백한 경우에는 어음法 제10조는 적용될 여지가 없는 것이고, 따라서 그 取得者는 스스로 不當補充抗辯의 危險을 부담하여야 한다는 學說도 있다.[39] 그러나 補充權의 범위에 관한 선의의 取得者에게 위험을 부담시키는 것은 白地어음의 유통성을 크게 해치는 결과가 되므로 선의의 取得者에 대해서 白地어음行爲者가 책임을 진다고 보는 것이 타당하다.[40]

그러나 대법원 판결은 어음의 금액난이 백지인 경우 그 발행인에게 보충권의 범위를 조회하지 않고 그 어음을 취득하는 자는 어음법 제10조 단서의 중과실에 의한 어음의 취득이 되어 보호를 받지 못한다고 한다. 다만 최후의 背書가 白地인 어음을 최후의 背書人에게 조회·확인하지 아니하고 단순한 交付만으로 讓受한 讓受人의 善意取得을 인정하였다.[41]

<대법원 1978. 3. 14. 선고, 77 다 2020 판결 : 금액이 백지인 어음을 발행인에게 보충권의 내용에 관하여 직접 조회 없이 취득하였다면 취득자에게 중대한 과실이 있다>

어음법 제10조의 중대한 과실에 관하여 어음금액이 백지로 된 백지어음을 취득한 자가 그 어음의 발행인에게 보충권의 내용에 관하여 직접 조회하지 않았다면 특별한 사정이 없는 한 취득자에게 중대한 과실이 있는 것이라고 보아야 한다.

<대법원 1995. 8. 22. 선고, 95 다 10945 판결 : 수표금액이 백지인 경우 발행인에게 보충권의 내용에 관하여 직접 조회하지 않았다면 취득자에게 중대한 과실이 있다>

<事　實>

被告·上告人 우복숙은 1994. 4.경 발행한도액이 “1,000,000원 이하”로 기재된 가계수표용지를 사용하여 발행일, 지급일, 지급지, 금액 등을 백지로 한 백지수표를 발행하여 소외 김정숙에게 교부하였고, 위 김정숙은 같은 달 18일경 위 가계수표를 原告·被上告人 김성남에게 교부하면서 할인을 부탁하였

39) 鈴木竹雄, 《手票法·小切手法》, 1957, 214면 참조. 日本의 少數說.
40) 徐廷甲(어) 150면 ; 鄭熙喆·鄭燦亨(下) 141면.
41) 大判 1987. 6. 9, 86 다 2079.

으며, 원고는 위 가계수표 중 백지로 된 부분에 발행일 1994. 7. 18. 액면 금 10,000,000원으로 보충한 다음 다시 소외 진오순에게 위 가계수표를 교부하고 동인으로부터 위 가계수표를 금 9,250,000원에 할인받아 위 금 9,250,000원을 위 김정숙에게 지급하였다. 위 진오순은 위 가계수표의 지급제시기간 내인 1994. 7. 20. 지급인인 위 조흥은행 시흥동지점에 지급제시하였으나 발행한도액 초과를 이유로 지급거절되자 원고에게 할인금을 반환받기로 약정하고 위 가계수표를 원고에게 교부하였으며, 原告는 위 가계수표의 발행인인 피고 우복숙에게 수표금 청구의 訴를 제기하기에 이르렀다.

<判決要旨>

어음법 소정의 '중대한 과실'에 관하여 당원은, "어음금액이 백지로 된 백지어음을 취득한 자가 그 어음의 발행인에게 보충권의 내용에 관하여 직접 조회하지 않았다면 특별한 사정이 없는 한 취득자에게 중대한 과실이 있는 것이라고 보아야 한다."고 판시한 바 있다.[42] 이 판결은 비록 백지약속어음에 관한 것이기는 하지만, 백지수표에 관한 수표법 제13조의 규정과 백지어음에 관한 어음법 제10조의 규정은 백지수표와 백지어음의 보충권의 남용 내지 부당보충에 관하여 동일한 법리를 규정하고 있으므로, 백지어음의 부당보충에 관한 위 판결이 취하고 있는 견해는 백지수표에 관하여도 그대로 적용되어야 할 것이다.

원심이 피고의 위 주장을 판시와 같은 이유로 배척하였다면 원심판결에는 수표법 제13조 소정의 중대한 과실의 해석에 관하여 당원의 판례와 상반되는 해석을 한 위법이 있다고 할 것이고, 위와 같은 위법은 판결에 영향을 미쳤음이 분명하므로, 원심판결에 소액사건심판법 제3조 제2호에 해당하는 위법사유가 있다는 논지는 이유가 있다. 그러므로 원심판결을 파기하여 사건을 원심법원에 환송하기로 관여 법관의 일치된 의견으로 판결한다(이 사건은 다시 서울민사지방법원으로 돌아가 결과적으로는 발행한도액 1,000,000원과 소정의 이자 또는 지연손해금에 대하여만 발행인이 책임을 지도록 하는 판결이 내려졌다.). 同旨 : 대법원 1995. 12. 8. 선고, 94 다 18959 판결.

8. 準白地어음

어음要件(必要的 記載事項)은 發行人이 전부 기재하였으나 有益的 記載事項(예컨대, 利子文句·第三者方支給文句)의 기재만을 장래의 소지인으로 하여금 보충시킬 意

42) 大判 1978. 3. 14, 77 다 2020.

思로써 완성어음을 발행할 수도 있다. 이러한 어음은 白地어음은 아니다. 그러나 記載事項의 보충권을 인정한다는 점에서 白地어음과 공통된 성질을 가지고 있으므로 이러한 어음을 準白地어음이라 하여 어음法 제10조를 준용한다.

제2관 어음의 背書

I. 어음背書의 意義

背書(Indossament, indorsement)란 어음상의 권리의 양도를 목적으로 하는 어음行爲이다. 이것은 어음의 유통성을 조장하기 위하여 法이 특별히 인정한 양도방법이다. 어음상의 권리는 背書 이외의 방법, 즉 指名債權의 讓渡方法·相續·會社의 合倂·競賣 또는 轉付命令에 의하여서도 이전할 수 있다. 특히 어음상의 권리는 지명채권양도방법에 의하여서도 이전할 수 있다는 것이 통설[43]·판례[44]인데, 다만 이때에는 반드시 어음을 교부하여야 하고,[45] 민법 소정(제450조)의 대항요건을 갖추어야 한다.[46] 그리고 背書 이외의 방법에 의하여 취득한 어음상의 권리를 다시 背書에 의하여 양도할 수도 있다.

43) 崔基元(어) 383면; 孫珠瓚(下) 221면; 李基秀(어) 223면; 鄭東潤(어) 358면; 徐憲濟(어) 425~426면; Baumbach/Hefermehl, WG Art. 11 Rdnr. 5; Zöllner, S. 83; Hueck/Canaris, S. 81. 否定說: 鄭燦亨(어) 376~379면.

44) 大判 1989. 10. 24, 88 다카 20774; 大判 1996. 4. 26, 94 다 9764; 大判 2000. 2. 11, 99 다 58877; 大判 2000. 12. 8, 2000 다 33737.

45) 崔基元(어) 384면; 鄭東潤(어) 358면; 李基秀(어) 223면; Baumbach/Hefermehl, WG Art. 11 Rdnr. 5; Zöllner, S. 86; Hueck/Canaris, S. 81.

46) 崔基元(어) 385면; 孫珠瓚(어) 221면; 鄭東潤(어) 359면.

Ⅱ. 어음背書의 性質

背書의 성질에 관하여는 크게 두 가지로 學說이 나뉘고 있다. 그 하나는 背書는 어음상의 권리, 즉 채권을 이전하는 방법이라고 하는 債權讓渡說이고, 다른 하나는 被背書人이 어음所有權을 취득함으로써 어음債權을 원시적으로 취득한다고 하는 所有權取得說이다.

所有權取得說에 의하면 어음의 善意取得, 抗辯의 切斷, 背書의 人的 擔保 등을 설명하기 용이하다. 그러나 ① 당사자의 합리적인 意思는 어음상의 권리를 양도하는 데 있다고 볼 수 있고, ② 어음法이 명문으로(어 제11조 제1항·제2항·제14조 제1항·제18조 제1항) 어음으로부터 생기는 모든 권리를 이전한다고 규정하고 있는 것은 債權讓渡行爲說에 가장 부합된다고 할 수 있으며, ③ 어음의 善意取得, 抗辯의 切斷, 背書人의 擔保責任 등은 어음의 유통을 조장하기 위하여 法律政策上 인정된 것이라고 볼 수도 있다. 따라서 債權讓渡說이 타당하다고 본다.

Ⅲ. 指示禁止(背書禁止)의 어음

1. 指示禁止어음의 意義

指示禁止어음(背書禁止어음 또는 禁轉어음)이란 발행인이 '指示禁止' 또는 이것과 동일한 뜻을 가지는 文言을 기재한 어음을 말한다(어 제11조 제2항). 指示禁止어음은 어음의 指示性을 배제한 것이므로 指名債權의 讓渡에 관한 방법에 따라서만, 그리고 그 효력으로써만 양도할 수 있다(어 제11조 제2항). 이는 후술하는 바와 같이 어음의 背書性을 박탈하는 背書禁止背書(어 제15조 제2항·제77조 제1항 제1호)와는 구별하여야 한다.

指示禁止어음은 發行人이 受取人에 대한 抗辯의 유보를 원하거나 背書가 계속되어 償還金額이 증대되는 것을 막기 위하여 이용되는데 擔保어음(특히 根擔保어음)에 많이 이용된다.

2. 指示禁止文言의 記載方法

指示禁止文言은 어음에 기재하여야 하고, 어음의 謄本·附箋에 기재하는 것은 文言의 중요성에 비추어 허용되지 않는다. 그리고 그 문언은 반드시 어음의 표면에 기재하여야 한다. 指示禁止文言의 記載는 '指示禁止', '背書禁止', 또는 '金某에 대하여서만' 등으로 受取人을 指定하는 경우와 같이 指示禁止의 뜻이 어음상의 文言에 나타나 있어야 한다. 따라서 發行人과 受取人 간의 背書禁止의 特約만으로는 背書禁止의 效力이 없으며, 그 후 제 3 자가 이러한 特約이 있었음을 알고 背書에 의하여 어음을 취득하더라도 그 背書는 有效하다.[47] 또한 배서금지문언은 적극적으로 指示禁止의 문언을 기재하여야 하며, 단지 인쇄된 어음용지에서 指示文句를 抹消하는 것만으로는 背書禁止라 할 수 없다. 그리고 背書禁止의 文言은 명료하여 發行人의 뜻을 분명히 알 수 있어야 하며, 보통의 注意로는 알아보기 어려운 상태로 背書禁止文言을 기재한 것은 指示文句에 우선한다고 할 수 없다.

> <대법원 1990. 5. 22. 선고, 88 다카 27676 판결 : 배서금지의 문언은 명료하여야 하며 보통의 주의로는 알아보기 어려운 상태로 배서금지문언을 기재한 것은 지시문구에 우선하지 못한다>
>
> 어음의 발행인이 어음용지에 부동문자로 인쇄된 지시문구를 말소하지 아니한 채 지시금지문구를 기재하였다면 특별한 사정이 없는 한 지시금지문구의 효력이 우선한다고 할 것이지만, 이러한 효력이 발생하기 위하여서는 통상인이 어음거래를 함에 있어서 어음면상으로 보아 발행인이 배서를 금지하여 발행한 것임을 알 수 있을 정도로 명료하게 기재되어야 할 것인바, 지시문구를 삭제함이 없이 작은 크기의 지시금지라고 새겨진 고무인을 숫자 및 지시문구의 문자와 중복되게 희미하게 압날함으로써 통상인이 어음거래를 함에 있어 보통 기울이는 정도의 주의로는 쉽게 알아보기 어려운 상태로 지시금지문구를 표시하여 어음을 발행한 경우에 있어서 원심이 발행인의 지시금지어음이라는 항변을 배척한 조치에는 법리오해의 위법이 없다.

---

47) 大判 1965. 5. 10, 65 다 478.

<대법원 1993. 11. 12. 선고, 93 다 39102 판결 : 어음의 표면에 "보관용"이라고 기재된 것만으로는 어음법 소정의 지시금지어음이라고 볼 수 없다>

약속어음은 원칙적으로 배서에 의하여 양도할 수 있는 것이므로 배서금지어음으로 되기 위하여는 어음면상에 어음법 제11조 제2항의 "지시금지"의 문자 또는 동일한 의의가 있는 문언이 기재되어야 하고 어음의 표면에 "보관용"이라고 기재된 것만으로는 어음법 소정의 지시금지어음이라고 볼 수 없다.

3. 어음面上 指示文句와 指示禁止文句가 併存하는 경우

어음面上 指示文句와 指示禁止文句가 병존하는 경우, 예컨대 어음用紙에 指示文句를 말소하지 않고 指示禁止文句를 기재한 경우는 ① 어음 자체가 무효로 된다는 學說, ② 보통의 어음과 같이 指示式어음이 된다는 學說, ③ 指示禁止어음이 된다는 學說 등이 있으나, 指示文句는 인쇄된 일반적인 것이고 指示禁止文句는 개별적인 특약이라고 볼 수 있으므로 ③說이 타당하다고 본다.[48] 指示文句만을 말소하고 指示禁止文句는 기재하지 아니한 경우는 指示禁止어음이 아니다. 어음은 법률상 당연한 指示證券이므로 指示文句는 원래 없어도 되는 것이기 때문이다.

<대법원 1987. 4. 28. 선고, 86 다카 2630 판결 : 어음면상 지시문구와 지시금지문구가 병존하는 경우 지시금지문구의 효력이 우선한다>

어음의 발행인이 어음용지에 부동문자로 인쇄된 지시문구를 말소하지 아니한 채 그 지시문구 다음에 "지시금함"이라고 기재한 지시금지문구를 병기하였다면 다른 사정이 없는 한 지시금지문구의 효력이 우선한다.

4. 指示禁止어음의 效力

指示禁止어음은 어음의 指示性을 배제한 것이므로 指名債權의 양도에 관한 방법(民 제450조)에 따라서만, 그리고 그 효력으로써만 양도할 수 있다(어 제11조 제2항·제77조 제1항 제1호). 이와 같이 指示禁止어음의 성질은 記名證券이고 指名債權讓渡方法으로 양도되는 이상, 증권의 所持人에게 資格授與的 效力(어 제16조 제1항)

48) 日最判 1987. 4. 24.

이 인정되지 아니하며, 善意取得(어 제16조 제2항), 어음抗辯制限의 法理(어 제17조) 등 어음법적 보호가 인정되지 아니하며 除權判決 등도 인정되지 않는다. 그러나 指示禁止어음도 하나의 어음(有價證券)이므로 그 양도에 있어서는 指名債權讓渡의 대항요건(民 제450조)을 구비하는 외에 어음을 인도하여야 한다.[49] 뿐만 아니라 어음의 提示證券性(어 제38조), 相換證券性(어 제39조), 推尋委任背書(어 제18조), 入質背書(어 제19조), 發行人의 擔保責任(어 제9조) 등도 인정된다.

<대법원 1989. 10. 24. 선고, 88 다카 20774 판결 : 배서금지의 문언을 기재한 약속어음도 지명채권의 양도에 관한 방식에 따라 양도할 수 있다>

<事 實>

소외 신풍통상주식회사(신풍통상)는 소외 대성메탄올주식회사(대성메탄올)로부터 메탄올을 계속적으로 공급받으면서 1984. 6. 1. 액면금 80,000,000원, 지급기일 1987. 3. 27. 수취인 대성메탄올로 된 배서금지 약속어음 1장을 발행하였는데, 메탄올의 대금지급채무를 담보하기 위하여 피고 신용보증기금이 1986. 3. 28. 그 어음에 보증을 하였다. 대성메탄올은 1986. 6. 30. 원고 럭키소재주식회사(럭키소재)에게 영업을 양도하면서 1986. 7.경 위 신풍통상과의 거래로 인하여 발생한 기존의 물품대금채권(금 38,788,949원) 및 문제의 어음을 위 신풍통상의 동의아래 수취인을 원고로 변경 기재한 다음 양도하였다. 다만 수취인 변경에 대하여 어음보증인인 피고의 동의는 얻지 아니하였다. 그 후 신풍통상은 원고 럭키소재로부터 계속 메탄올을 공급받아, 어음의 지급기일인 1987. 3. 27. 현재 메탄올 잔대금은 금 47,893,000원에 이르렀는데, 신풍통상이 어음금을 지급하지 아니하므로 원고는 어음상의 보증인인 피고에게 위 금액의 지급을 구하는 소를 제기하였다.

피고는 주장하기를, ① 배서금지문언을 기재한 약속어음은 지명채권양도방법에 의하여도 양도될 수 없다. ② 배서금지어음에 대하여 지명채권양도방법에 의한 양도가 허용된다고 하더라도 어음보증인에 대하여 강행규정인 민법 제450조 제1항이 정한 채권양도의 대항요건(통지, 승낙)을 갖추지 않았으므로 위 양도를 어음보증인에게 대항할 수 없다는 등의 주장을 하였다.

<判決要旨>

배서금지의 문언을 기재한 약속어음도 지명채권의 양도에 관한 방식에 따라 양도할 수 있다. 다만 이 경우에는 민법 제450조의 대항요건(통지, 승낙)을 구비하는 외에 약속어음을 인도(교부)하여야 한다. … 배서금지어음상의 권리를 양도함에 있어 어음보증인의 동의를 얻지 아니하고 수취인명의를 변경 기

49) 大判 1989. 10. 24, 88 다카 20774.

재하였고 그 변경 기재된 수취인이 어음상의 권리를 지명채권양도의 방법으로 양수하여 피보증인에게만 대항요건을 갖추었더라도 보증인은 보증채무의 수반성에 따라 보증채무를 져야 한다.

Ⅳ. 어음背書의 方式

1. 어음背書의 方式

어음에 背書를 하려면 民法上의 一般指示債權의 背書와 같이 어음의 本紙나 이에 결합된 補箋(附箋, 補充紙) 또는 謄本에 일정한 사항을 기재하고, 배서인이 記名捺印 또는 署名하여 교부하여야 한다(어 제13조 제1항·제67조 제3항). 背書는 어음의 표면에도 할 수 있는데, 이 경우에는 반드시 背書임을 명시하여야 하고, 그렇지 않으면 어음保證(어 제31조 제3항) 또는 引受(어 제25조 제1항 제3문)로 보게 된다. 그러나 어음背書欄에 있는 단순한 記名捺印 또는 署名은 白地式背書로 본다(어 제13조 제2항 후문). 背書의 연속, 背書의 일자 등은 背書의 요건이 아니다.

數人의 受取人이 重疊的으로 기재된 때에는 모든 受取人이 背書人으로서 記名捺印 또는 署名을 하여야 하나, 그 중 1인 또는 제 3 자가 대리관계를 표시하고 대리인으로서 背書할 수 있다. 數人의 受取人이 선택적인 때에는 그 중 1인이 記名捺印 또는 署名을 하면 된다.

2. 어음背書의 形式

(1) 記名式背書

記名式背書(Namensindossament)는 背書人의 記名捺印 또는 署名 외에 被背書人의 명칭을 기재하는 背書이며, 正式背書 또는 完全背書라고도 한다. 실제에 있어서는 不動文字로 인쇄된 어음용지를 사용하는 것이 보통이므로 그 양면에 있는 背書欄의 "앞면에 적은 금액을 ○○○ 또는 그 지시인에게 지급하여 주십시오"라는 背書文句 중의 공백부분에 被背書人의 이름을 기입한다. 被背書人의 표시에 관하여는 어음요건 중 수취인의 기재에 관하여 설명한 것이 대체로 그대로 적용된다.

(2) 白地式背書

白地式背書(Blankoindossament)는 被背書人의 명칭을 기재하지 않는 背書이며, 無記名背書, 略式背書 또는 白地背書라고도 한다. 이것은 다시 ① 背書文句의 기재는 있어도 被背書人의 기재가 없는 것과, ② 背書文句조차도 기재하지 않고 背書人의 記名捺印 또는 署名만 있는 경우로 나뉘는데, 특히 후자의 경우를 簡略白地式背書라고 한다. 簡略白地式背書는 인수 또는 보증과의 혼동을 피하기 위하여 어음의 裏面 또는 등본의 裏面이나 補箋에만 할 수 있게 하였다(어 제13조 제2항·제67조 제3항).

白地式背書에 의하여 어음을 취득한 소지인은 ① 자기 또는 타인의 명칭으로 백지를 보충할 수도 있고(어 제14조 제2항 제1호), ② 백지의 보충없이 다시 背書할 수도 있으며(어 제14조 제2항 제2호), ③ 백지의 보충이나 背書도 하지 않고 단순히 제 3 자에게 교부하여 어음을 양도할 수도 있다(어 제14조 제2항 제3호). 白地式背書人도 擔保責任을 지나, 白地를 보충하지 않고 그대로 교부만 한 者는 擔保責任을 지지 않는다.

<대법원 1996. 12. 20. 선고, 96 다 43393 판결 : 수취인란이 백지인 어음의 소지인이 수취인란을 보충하지 않고 그 어음을 배서교부하였으나 배서요건이 흠결된 경우, 어음상 권리는 이전하지 아니한다>

수취인란이 백지로 된 어음의 소지자는 수취인란을 보충하지 않고 배서도 하지 아니한 채 어음을 교부함으로써 어음상의 권리를 적법하게 양도할 수 있으나, 자신이 제 1 배서란에 배서를 한 경우에는 수취인란을 보충하지 않은 채 교부하였다고 하더라도 그 배서가 배서의 요건을 모두 갖춘 유효한 배서이어야만 그 어음상 권리는 적법하게 이전되는 것이며, 그 배서가 배서의 요건을 갖추지 못한 경우에는 그 어음상의 권리는 적법하게 이전될 수 없다(본 사건은 수취인란이 백지인 어음의 소지인이 수취인란을 보충하지 아니하고 제 1 배서란에 날인 없이 서명만 함으로써 그 배서가 구어음법 제13조의 배서방식에 어긋난 채로 유통되어, 배서요건을 갖춘 제 2, 제 3 의 배서를 거쳐 이를 취득한 최종소지인이 수취인란은 제 1 배서인 명의로 보충하였으나 제 1 배서의 날인 흠결은 보완되지 아니한 사안임).

(3) 所持人出給式背書

所持人出給式背書란 어음의 소지인에게 어음상의 權利를 양도한다는 뜻의 기재가 있는 背書를 말한다. 이 背書는 효용성에 있어서 白地式背書와 같고, 被背書人의 기재가 없는 점에서도 같으므로 어음法은 이에 白地式背書와 동일한 효력을 인정하였다(어 제12조 제3항).

(4) 指名所持人出給式背書(選擇無記名式背書)

指名所持人出給式背書란 "甲 또는 所持人에게 支給하여 주시압"이라는 뜻을 기재한 背書인데, 어음法에는 규정이 없다. 따라서 이 背書는 "어음관계를 不明確하게 하므로 허용될 수 없다."고 하는 學說도 있으나,[50] 手票法 제5조 제2항의 취지에 따라 所持人出給式背書로 보아야 할 것이다.[51]

3. 어음背書의 記載事項

(1) 有益的 記載事項

背書는 무조건이어야 하고, 背書에 붙인 조건은 기재하지 아니한 것으로 보나(어 제12조 제1항), 다음 사항의 기재는 有益的 記載事項으로서 그 효력이 인정된다. 즉, ⓐ 所持人出給式背書文句(어 제12조 제3항), ⓑ 無擔保文句(어 제15조 제1항), ⓒ 背書禁止文句(어 제15조 제2항), ⓓ 推尋委任文句(어 제18조 제1항), ⓔ 入質文句(어 제19조), ⓕ 背書日字(어 제20조 제2항), ⓖ 引受提示命令文句(어 제22조 제4항), ⓗ 引受提示期間短縮文句(어 제23조 제3항·제53조 제3항), ⓘ 支給提示期間短縮文句(어 제34조 제1항), ⓙ 背書人의 處所(어 제45조 제3항), ⓚ 拒絶證書作成免除文句(어 제46조 제1항), ⓛ 豫備支給人(어 제55조 제1항), ⓜ 謄本에만 背書하라는 文句(어 제68조 제3항)를 들 수 있다.

(2) 無益的 記載事項

無益的 記載事項으로는 ① 背書에 붙인 條件(어 제12조 제1항 제2문), ② 對價文句, ③ 提示文句 등을 들 수 있으며 이를 기재하여도 어음法上의 효력이 생기지

---

50) 金容泰(下) 261면.
51) 徐燉珏·鄭完溶(下) 188면 ; 孫珠瓚(下) 159면 ; 鄭東潤(어) 368면 ; 崔基元(어) 315면.

않는다.

(3) 有害的 記載事項

어음金額의 일부에 대한 背書文句(어 제12조 제2항)는 어음의 단일성을 해하기 때문에 背書 자체를 무효로 만드나, 一部支給이 있은 후(어 제39조 제2항) 그 잔액에 대한 背書는 상관없다.

V. 어음背書의 效力

1. 權利移轉的 效力

(1) 權利移轉的 效力의 意義

權利移轉的 效力(Übertragungswirkung)이란 어음상의 모든 권리가 被背書人에게 이전하는 것을 말한다(어 제14조 제1항). 따라서 背書人에 갈음하여 어음상의 權利者로 되는데, 被背書人은 스스로 어음상의 權利를 행사할 수 있음은 물론, 다시 背書에 의하여 타인에게 어음을 양도할 수도 있다. 이 效力은 背書人의 意思表示로 인하여 생기는 것으로서, 背書의 본질적 효력이다.

(2) 權利移轉的 效力의 內容

(가) 어음上의 모든 權利

背書에 의하여 이전하는 權利는 어음이 表彰하는 모든 권리이다. 즉, 支給人으로부터 지급을 받을 권리는 물론 어음保證人에 대한 권리 등 모든 권리이다. 다만 환어음의 발행인이나 배서인에 대한 遡求權(償還請求權)은 배서에 의하여 이전되는 것이 아니라, 배서인의 담보책임의 반사적 효과로서 인정된다.

(나) 人的 抗辯의 切斷

背書에 의하여 被背書人은 어음 외의 사유로부터 절단된 어음상의 權利 그 자체를 취득한다. 즉, 被背書人은 前者에 대한 人的 關係에 기인한 항변으로써 대항받지 아니하며(抗辯의 切斷, 背書의 權利强化的 또는 權利淨化的 效力), 다만 被背書人이 債務者를 해칠 것을 알고 취득하였을 때만 惡意의 抗辯으로써 대항받게 될 뿐이다(어 제17조).

(다) 從된 權利의 移轉問題

어음상의 權利가 아니고 어음에 부속된 권리, 즉 背書人을 위해서 설정된 質權 · 抵當權 같은 擔保權, 保證契約上의 권리, 違約金請求權, 背書人이 가지는 原因關係 · 資金關係上의 權利 등도 이전하는가는 문제되고 있으나, 이것은 어음상의 권리는 아니므로 당연히 이전하지는 않는다고 본다.[52]

(라) 善意取得의 문제

背書의 權利移轉的 效力 중에 善意取得도 포함시키는 일부 學說이 있다.[53] 背書를 하면 惡意 또는 重過失이 없는 被背書人이 결과적으로 어음상의 權利를 취득하기는 하지만 이것이 權利移轉的 效力인가는 의문이다. 본래 背書의 權利移轉的 效力은 背書人의 권리가 有效함을 전제로 하여 이 권리가 背書에 의하여 被背書人에게 移轉되는 것임에 비하여, 善意取得의 효과로서 被背書人이 취득하는 어음상의 권리는 背書人이 無權利者이므로 原始取得인 것이다. 그러므로 兩者는 論理的 前提가 다르다. 背書의 權利移轉的 效力으로서 善意取得도 인정된다고 하는 學說은 論理的으로 옳지 않다. 따라서 善意取得은 背書의 資格授與的 效力에 속하는 것이며, 權利移轉的 效力과는 무관하다고 본다.

2. 擔保的 效力

(1) 擔保的 效力의 意義

背書人은 背書에 의하여 被背書人과 그 後者 전원에 대하여 어음의 引受와 支給을 담보하는 의무를 지는데(어 제15조 제1항), 이것을 背書의 擔保的 效力이라고 한다. 이 효력은 背書人의 意思에 근거를 둔 것으로서 이를 意思表示上의 效力이라고 보는 학설도 있으나,[54] 背書當事者 간에 보통 授受되는 對價關係를 고려하

52) 徐燉珏 · 鄭完溶(下) 191면 ; 徐廷甲(어) 171면 ; 金容泰(下) 262면 ; 崔基元(下) 319면. 反對說은 背書에 의한 양도는 指名債權讓渡方法보다 더 강력한 效力이 인정되어야 할 것을 이유로 이를 肯定한다[鄭東潤(어) 371~372면].

53) 崔基元(어) 318면 ; 鄭東潤(어) 370면 ; 李基秀(어) 197면.

고 어음의 유통성을 촉진시키기 위하여 法이 정책적으로 인정한 특별한 효력이라고 본다.[55] 따라서 어음法과 같은 명문의 규정이 없는 民法의 指示債權의 背書나 商法上의 指示債權의 背書에는 이를 인정할 수 없다.

(2) 擔保的 效力의 內容

擔保責任의 구체적 내용은 어음의 종류에 따라 다르다. 換어음의 背書人은 引受와 支給에 대하여 전적으로 담보책임을 진다(어 제15조 제1항).

共同背書의 경우에 數人의 背書人은 각각 어음金 전액에 대하여 책임을 지는데, 이것은 連帶責任이 아니라 合同責任이다.

(3) 擔保的 效力의 排除

擔保的 效力은 정책적으로 특별히 인정한 효과이며, 讓渡背書의 본질적 효력이 아니므로 특별한 의사표시(記載)에 의해서 그 효력의 전부 또는 일부를 배제할 수 있다. 즉, 후술하는 바와 같이 ① 無擔保背書의 背書人은 그 後者 全員에 대하여(어 제15조 제1항), ② 背書禁止背書의 背書人은 그 被背書人을 제외한 後者에 대하여(어 제15조 제2항) 擔保責任을 지지 않으며, ③ 期限後背書(어 제20조), 推尋委任背書(어 제18조)에는 擔保的 效力이 인정될 여지가 없다.

(4) 擔保背書의 效力

擔保背書(Garantieindossament)란 어음을 양도한다는 목적은 없이 오직 背書人으로서의 擔保責任(어 제15조)만을 부담할 목적으로 어음에 背書의 記名捺印 또는 署名을 하는 것을 말한다.

이와 같은 목적은 어음保證에 의하여서도 달성될 수 있으나, 어음保證은 어음債務者의 支給能力이 불완전한 듯한 인상을 주기 때문에 擔保背書制度가 이용된다. 어음保證과 다른 점은, 擔保背書의 背書人은 자기의 後者에 대하여서만 擔保責任을 부담하는 데 반하여, 어음保證에 있어서는 원칙적으로 前者를 위하여도 효력을 미칠 수 있다는 점(어 제32조 제1항 · 제31조 제4항 제2문 참조)이다.

擔保背書의 擔保的 效力은 讓渡背書의 경우와는 달리 法定의 효력이 아니라 當事者의 意思表示에 따른 效力이다. 따라서 擔保背書에는 그 의도한 바에 따라 擔

54) 鄭熙喆 · 鄭燦亨(下) 256면.

55) 同旨 : 鄭東潤(어) 378면 ; 崔基元(어) 373면.

保的 效力은 있으나, 權利移轉的 效力은 없다고 본다.[56] 또 擔保背書의 背書人에게는 그 前者에 대하여 어음法 제47조 제3항 및 제49조에 의한 遡求權도 인정된다고 본다.[57]

3. 資格授與的 效力

(1) 資格授與的 效力의 意義

背書가 연속된 어음의 所持人은 어음상의 權利者라고 推定되는데 (어 제16조 제1항), 이것을 背書의 資格授與的 效力(Legitimationswirkung)이라고 한다. 이것은 어음의 法律關係를 외관(형식적인 기재사항)에 의해 결정함으로써 어음유통의 원활화와 權利行使의 간편화를 기하기 위하여 法이 인정한 특별한 효과이다.

(2) 資格授與的 效力의 內容

(가) 適法性의 推定

背書가 연속되면 어음所持人은 적법한 所持人, 정당한 權利者로 추정을 받는다(어 제16조 제1항). 따라서 어음의 所持人은 자기가 유효하게 權利를 취득한 사실을 입증할 필요없이 당연히 권리를 행사할 수 있다. 그러나 所持人은 無權利者임을 채무자가 입증할 수 있으면 그 權利行使를 거부할 수 있다〔資格授與的 效力이라면 보통 適法性의 추정을 의미하지만, 다음에 드는 (나), (다)의 효과까지를 포함한 넓은 의미로 쓰기도 한다.〕.

(나) 善意支給(支給의 免責力)

連續된 背書의 효과로서 所持의 適法性이 推定되는 결과, 支給人도 詐欺 또는 중대한 過失 없이 滿期에 어음所持人에게 支給을 하면 所持人이 진정한 權利者가 아니었다 하더라도 책임을 면한다(어 제40조 제3항).

(다) 善意取得

背書가 연속된 어음의 所持人은 적법한 所持人으로 추정되므로 그로부터 背書에 의하여 어음을 취득한 被背書人은 그 背書人이 無權利者이었다 하더라도 惡意 또는 중대한 過失이 없는 한 어음상의 權利를 취득한다(어 제16조 제2항).

---

56) 同旨 : 鄭東潤(어) 379면.
57) 同旨 : 崔基元(어) 376면.

(3) 背書의 連續

(가)背書連續의 意義

資格授與的 效力은 背書의 연속을 전제로 한다. 背書의 連續이란 어음의 受取人이 第一背書人이 되고, 第一背書의 被背書人이 第二背書의 背書人이 되는 것과 같이 어음이 受取人으로부터 최후의 被背書人인 현재의 所持人에 이르기까지 차례로 背書가 중단됨이 없이 연속되고 있는 것을 말한다. 그러나 約束어음 또는 換어음의 發行人의 受取人에 대한 第一次背書는 무의미한 것으로서 背書의 연속을 판단함에 있어서는 그 기재가 없는 것으로 본다.

(나) 形式的 連續

背書의 연속은 어음의 기재상 형식적으로 연속되어 있어야 하고 또 이것으로 충분하고 실질상 유효한 것임을 요하지 않는다.[58] 따라서 受取人과 第一背書人이 실질적으로 동일인이라고 하더라도, 예컨대 성명으로 어음을 교부받은 자가 商號로써 背書한 때에는 背書의 連續이 인정되지 않는다. 背書 중에 假設人의 背書, 僞造의 背書, 無權代理人의 背書, 취소에 의하여 무효가 된 背書가 있거나 수취인과 第一背書人이 다르더라도 기재에서 볼 때 연속에 欠缺이 없다면 背書의 연속은 인정된다.

<대법원 1974. 9. 24. 선고, 74 다 902 판결 : 背書의 연속은 어음의 기재상 형식적으로 연속되면 충분하다>

어음의 배서연속이란 그 배서가 형식상 연속되어 있으면 족하고 실질상 유효한 것임을 요하지 아니하므로 배서가 위조된 경우에 있어서도 배서의 연속이 흠결된 것이라 할 수 없다.

그러나 형식상 背書의 연속이 끊어진 경우에 다른 방법으로 그 중단된 부분에 관하여 실질적 관계가 있음을 증명한 所持人은 適法하게 어음상의 권리를 행사할 수 있다.

<대법원 1995. 9. 15. 선고, 95 다 7024 판결 : 개인명의의 배서 후에 그를 대표자로 하는 법인명의의 배서가 이루어진 사안에서 배서의 실질적 연속을 인정한 사례>

어음에 있어서의 배서의 연속은 형식상 존재함으로써 족하고 또 형식상 존재함을 요한다 할 것이나, 형식상 배서의 연속이 끊어진 경우에 딴 방법으

58) 大判 1974. 9. 24, 784 다 902.

로 그 중단된 부분에 관하여 실질적 관계가 있음을 증명한 소지인이 한 어음상의 권리행사는 적법하다.

記名拇印背書는 背書의 연속에 관하여 무효로 본다. 抹消한 背書는 背書의 연속에 관하여는 背書의 기재가 없는 것으로 본다(어 제16조 제1항 제3문).

受取人 또는 前의 背書의 被背書人과 後의 背書의 背書人의 명칭의 동일성여부는 사회통념상 동일인의 명칭이라고 판단될 정도이면 충분하고 반드시 완전히 일치하여야 하는 것은 아니라고 본다.[59]

(다) 白地背書의 경우

白地式背書 이후에 다른 背書가 있는 경우(예컨대, 甲→乙, 乙→◎, 丙→丁)에는 그 背書의 背書人은 白地式背書의 被背書人으로 볼 수 있고(어 제16조 제1항 제4문), 최후의 背書가 白地式인 때(예컨대, 甲→乙, 乙→丙, 丙→◎, 所持人 丁)에는 背書가 연속된 경우와 마찬가지로 형식적 자격이 인정되어 어음所持人이 權利者로 추정된다(어 제16조 제1항 제2문). 그러나 白地式背書를 한 背書人 자신도 所持人으로서 權利를 행사할 수도 있다.

(라) 背書連續의 判定時點

背書連續 여부를 판정하는 시점은 어떠한 효력이 문제되어 있는가에 따라 다르다. 예컨대, 어음의 主債務者에 대한 권리행사의 경우에는 口頭辯論終結時에 背書의 연속이 있으면 된다. 그러므로 訴提起時에는 背書의 연속이 없더라도 이후에 背書의 말소 등에 의하여 背書의 연속이 이루어지면 어음所持人은 권리행사를 위한 형식적 자격이 인정된다. 그리고 善意取得에 관하여는 어음의 取得時點이, 또 支給人의 지급의 면책에 관하여는 滿期에 지급하는 시점이 각각 기준이 된다(어 제16조 제2항·제77조 제1항 제1호·제40조 제3항·제77조 제1항 제3호).

(마) 背書連續의 效果

背書가 연속된 어음의 所持人은 權利者로 추정된다(어 제16조 제2항). 따라서 所持人은 ① 자기가 진정한 權利者임을 증명할 필요없이 어음상의 權利를 행사할 수 있다. 다만 債務者는 어음所持人이 無權利者임을 증명하여 權利의 행사를 거절할 수 있다. ② 債務者는 詐欺 또는 중대한 過失 없이 背書가 연속된 어음의 所持人에게 지급을 한 때에는 그 者가 진정한 權利者가 아닌 경우에도 免責된다

59) 同旨 : 鄭東潤(어) 375면.

(어 제40조 제3항). ③ 일반원칙에 의하면 背書가 실질적으로 유효인 때에만 被背書人이 權利를 취득하는 것이지만, 背書가 연속된 어음의 所持人으로부터 배서에 의하여 어음을 취득한 때에는 背書가 실질적으로 무효인 경우에도 惡意 또는 중대한 過失이 없는 한 被背書人은 권리를 취득한다(어 제16호 제2항)(어음의 善意取得).

(4) 背書의 不連續

背書의 연속이 흠결된 경우에는 어음의 정당한 所持人이라고 하더라도 權利者로 추정받지 못한다. 따라서 背書의 연속이 단절된 부분에 관하여 資格授與的 效力은 소멸된다. 다만 그 欠缺된 부분에 관하여 실질적 權利承繼의 존재를 증명하여 架橋하면 어음所持人이 어음상의 權利를 행사할 수 있다고 보는 것이 通說이다.[60] 또 背書의 연속이 흠결된 부분에 대하여 실질적 權利를 증명한 때에는 權利移轉的 效力도 생기고 善意取得이나 人的 抗辯의 切斷도 가능하다고 본다.

背書의 불연속이 실질적 權利에 의하여 架橋된 경우 資格授與的 效力과 權利移轉的 效力이 인정되는 이상 擔保的 效力도 긍정하여야 할 것이다. 다만 背書의 연속이 단절되어 형식적 자격도 없을 뿐만 아니라 實質的 權利도 증명할 수 없는 者의 背書에 대하여서도 擔保的 效力을 인정할 것이냐는 의문이나, 이 경우의 讓渡背書는 移轉的 效力이 없으므로 擔保的 效力도 없고, 다만 그 背書가 순수한 擔保背書인 경우에만 擔保的 效力이 있다고 본다.[61]

<대법원 1999. 3. 9. 선고, 97 다 7745 판결: 배서의 불연속>

[1] 어음의 배서 연속은 형식상 존재함으로써 족하고 또 형식상 존재함을 요한다 할 것이므로, 그 배서가 배서의 요건을 모두 갖춘 유효한 배서이어야만 그 어음상의 권리는 적법하게 이전되는 것이며, 그 배서가 배서의 요건을 갖추지 못한 경우에는 그 어음상의 권리는 적법하게 이전될 수 없다.

[2] 은행 지점장이 수취인이 은행인 약속어음의 배서인란에 지점의 주소와 지점 명칭이 새겨진 명판을 찍고 기명을 생략한 채 자신의 사인(私印)을 날인하는 방법으로 배서한 경우, 그 배서는 행위자인 대리인의 기명이 누락되어 그 요건을 갖추지 못한 무효의 배서이므로 배서의 연속에 흠결이 있다 할 것이다.[62]

---

60) 同旨 : 徐燉珏・鄭完溶(下) 195면 ; 孫珠瓚(下) 231면 ; 鄭熙喆・鄭燦亨(下) 264면.

61) 同旨 : 崔基元(어) 382면.

62) 이 판결에 대한 평석으로 정진세, "배서기명날인의 방식, 법률신문, 1999. 10. 4. 13면에 의하면, "어음은 어음법에 규정된 방법으로만 이전된다고 고집할 수 없고, 또 기명

<대법원 2000. 2. 11. 선고, 99 다 58877 판결: 배서의 불연속>

배서의 연속에 흠결이 있는 경우에도 어음소지인은 실질적인 권리이전사실을 증명하면 어음상의 권리를 행사할 수 있다 할 것이나, 수취인이 기명식으로 되어 있는 어음의 경우 그 권리이전은 단지 교부만으로 불가능하고 지명채권 양도방식에 의해서만 가능하다 할 것이고 그 경우에도 민법 제450조 제1항 소정의 대항요건을 갖추지 아니하면 어음채무자에게 대항할 수 없다 할 것이다(대법원 1996. 4. 26. 선고, 94 다 9764 판결 참조).

(5) 背書의 抹消

(가) 背書抹消의 意義

背書의 抹消란 어음의 기재 중에서 背書를 제거하는 것을 말한다. 抹消의 방법에는 제한이 없으므로 塗抹 · 削除 등 어느 것이라도 무방하다. 또 背書 전부의 抹消이든 그 일부의 抹消이든 불문하며, 故意로 인한 것이든 過失로 인한 것이든 불문한다.

(나) 背書抹消의 效力

背書의 抹消가 있으면 抹消權의 유무나 그 方法 · 時期(拒絶證書作成期間의 前 · 後를 불문한다.)와[63] 관계없이 背書의 연속에 있어서는 그 背書는 존재하지 않는 것으로 본다(어 제16조 제1항 제3문). 원래 抹消權者가 아닌 者에 의한 抹消는 어음의 變造가 되지만, 去來의 安全과 원활을 위하여 背書의 연속에 관하여는 모두 권한이 있는 者에 의한 적법한 抹消가 있는 것으로 擬制하는 것이다. 그 결과 背書가 抹消됨으로써 연속이 切斷되기도 하고, 背書의 연속이 회복 또는 지속되기도 한다. 背書의 抹消는 背書의 資格授與的 效力의 전제인 背書의 연속, 즉 형식적 자격에 관하여 背書의 기재가 없는 것으로 볼 뿐이므로 어음에 대한 실질적 權利에는 영향을 미치지 않는다. 그러므로 過失로 인하여 背書가 抹消되어 연속이 중단된 경우에도 어음所持人은 실질적 權利를 증명하여 背書의 중단을 架橋시킴으로써 권리를 행사할 수 있다.

(다) 一部抹消

被背書人의 姓名이나 商號만이 抹消된 경우, 背書日字만이 抹消된 때, 推尋委任

은 없어도 사인이 날인되어 있으면 서명에 의한 어음행위로서 유효하다고 인정하여야 한다"고 한다.

63) 大判 1964. 5. 12, 63 다 55.

文句를 抹消한 경우와 같이 背書의 기재 중의 일부가 抹消된 때에는 背書의 기재의 효력은 어떠한지 의문이다.

記名式背書의 被背書人의 姓名이나 商號만이 抹消된 경우에는 첫째, 抹消의 權限이 있는 者가 抹消한 때에는 白地式背書로 보고, 抹消의 권한이 없는 者가 抹消한 경우에는 그 효력이 없으므로 본래 기재된 대로 被背書人에 대한 記名式背書라고 하는 權限考慮說,[64] 둘째, 이 경우는 意思表示로서 완전한 일체로서의 배서가 아닌 이상 背書全部의 抹消로 보아야 한다는 全部抹消說,[65] 셋째, 被背書人이 抹消된 경우에는 背書의 연속에 관하여 抹消權의 유무와 관계없이 抹消된 부분만 기재가 없는 것으로 보아 白地式背書로 인정한다는 白地式背書說[66] 등이 있다.

생각건대, 權限考慮說은 실질적 권한의 유무에 따라 배서연속의 유무를 판단하므로 타당하지 않다. 또 全部抹消說에 따라 배서의 전부가 말소된 것으로 보면 어음소지인은 자기의 실질적 권리를 증명하여야 하므로 어음의 유통상 불편은 있으나 부정이용의 위험은 적어지는 장점이 있고, 白地式背書說에 의하면 어음의 유통이 원활하게 되기는 하지만 소지인은 언제든지 피배서인의 날인은 그대로 두고 성명만을 말소함으로써 쉽게 자기가 권리자라는 형식적 자격을 작출할 수 있게 되어 부정이용의 위험이 커진다. 그러나 보통 피배서인의 성명이나 상호만이 말소할 때에는 새로운 피배서인을 기재하기 위하여 이를 말소하는 것이라 봄이 합리적이고, 말소하는 자의 의사에도 합치할 것이다. 따라서 白地式背書說에 찬성한다.

한편 推尋委任文句만이 抹消된 경우에는 단순한 背書로 인정된다. 즉, 記名式背書로 본다. 그리고 推尋委任文句와 被背書人을 抹消한 때에는 背書全部의 抹消로 본다.

---

64) 伊澤孝平, 《手形法・小切手法》, 1949, 378면.

65) 鄭熙喆・鄭燦亨(下) 262면.

66) 大隅健一郎・河本一郎, 《注釋 手形法・小切手法》, 1977, 177면.

Ⅵ. 特殊背書

1. 無擔保背書

(1) 無擔保背書의 意義

無擔保背書(qualified indorsement, Indossament ohne Oblige)란 背書人이 어음상의 책임을 지지 않는다는 뜻을 기재한 背書이다. 背書人은 引受擔保責任과 支給擔保責任을 지는데, 發行人의 경우(어 제9조 제2항)와는 달리 終局的 義務者가 아니므로 引受無擔保뿐만 아니라 支給無擔保의 뜻을 기재할 수도 있다(어 제15조 제1항). 그리고 그 책임을 어음금액의 일부로 제한하는 기재 또는 支給擔保만을 제한하는 기재도 할 수 있음은 물론이다.

(2) 無擔保背書의 效力

無擔保背書를 한 背書人은 引受 또는 支給이 없는 경우에도 無擔保文句에 따라서 償還義務를 지지 않는다. 被背書人에게 뿐만 아니라 그 後者 全員에 대하여 擔保責任을 지지 않는다. 擔保責任排除의 효력은 無擔保文句를 기재한 背書人에 대해서만 생긴다. 無擔保背書도 擔保的 效力 외의 효력은 보통의 배서에 있어서와 같다. 그러나 無擔保背書는 어음의 支給이 불확실하다는 것을 公表하는 결과가 되기 때문에 실제로는 잘 쓰이지 않고, 먼저 白地式背書를 받아 어음을 취득한 후 아무런 기재없이 이를 다시 양도함으로써 無擔保背書와 같은 效果를 얻고 있다.

배서란에 "지급을 책임지지 않음"이라는 문언을 기재한 경우에는 배서인으로서의 담보책임뿐만 아니라 매매계약상의 채무불이행책임이나 하자담보책임까지 지지 않는다고 보아야 한다.

<대법원 1984. 11. 15. 선고, 84 다카 1227 결정 : 배서란에 "지급을 책임지지 않음"이라는 문언을 기재한 경우의 효과>

단자회사가 소외 회사로부터 할인매수한 어음을 다시 일반 제3자에게 어

음할인의 방식으로 매출하고 그 매매의 이행으로 어음을 배서양도함에 있어서 배서란에 "지급을 책임지지 않음"이라는 문언을 기재한 것은 특단의 사정이 없는 한 배서인으로서의 담보책임뿐만 아니라 매매계약상의 채무불이행책임이나 하자담보책임까지도 배제하기로 한 취지라고 보아야 한다.

2. 背書禁止背書(禁轉背書)

(1) 背書禁止背書의 意義

背書禁止背書(restrictive indorsement, Rektaindossament)란 새로운 背書를 禁止하는 뜻을 기재한 背書이다(어 제15조 제2항). 白地式背書를 할 때에도 禁轉文句를 기재할 수 있다.

(2) 背書禁止背書의 效力

禁轉背書를 하여도 被背書人이 다시 背書讓渡할 수는 있다. 이 점에서 發行人이 背書를 禁止한 '背書禁止어음'의 경우 어음 자체의 背書性이 박탈되어 指名債權으로 변하는 것(어 제11조 제2항)과 다르다. 다만 禁轉背書의 背書人은 자기의 직접적인 被背書人을 제외한 그 후의 被背書人에 대하여 擔保責任을 지지 않을 뿐이다(어 제15조 제2항 제2문).[67] 背書人(A)의 禁轉背書에도 불구하고 被背書人(B)이 다시 背書讓渡한 경우에는 그 후의 被背書人(C)은 背書人(A)에 대하여 遡求할 수 있는가 의문이다. 多數說은 어음法 제15조 제2항의 "背書人은 다시 하는 背書를 禁止할 수 있다. 이 경우에 그 背書人은 어음의 그 후의 背書人에 대하여 擔保의 責任을 지지 아니한다."는 文言에 따라 A는 B를 제외한 後者 全員에 대하여 遡求義務를 부담하지 않는다고 한다.[68] 이에 대하여 少數說은 被背書人(B)이 다시 背書讓渡한 경우에는 그 被背書人(B)이 갖는 遡求權이 어음에 化體되어 그 후의 被背書人(C)에게 移轉하였다고 볼 수 있으므로 그 후의 被背書人(C)도 禁轉背書人(A)에 대하여 직접 償還請求를 할 수 있다고 본다. 다만 禁轉背書人이 그 직접적인 被背書人에 대하여 가지고 있었던 人的 抗辯事由에 대항받게 된다고 본다.[69]

---

67) 鄭熙喆·鄭燦亨(下) 268면.

68) 孫珠瓚(下) 235면; 崔基元(어) 391면; 蔡利植(下) 107면; 李基秀(下) 213면; 鄭燦亨(어) 443면.

69) 鄭熙喆·鄭燦亨(下) 268면.

어음法이 禁轉背書의 경우에는 禁轉背書人(A)이 禁轉被背書人(B)을 제외한 그 後者(C) 全員에 대하여 擔保責任이 발생하지 아니하도록 정하고 있으므로 多數說의 입장이 타당하다고 본다. 본래 遡求權은 擔保責任의 반사적 효과로서 인정되는 것이다. 그런데 禁轉被背書人(B)의 被背書人(C)에 대하여는 禁轉背書人(A)이 擔保責任을 지지 아니하므로 禁轉被背書人의 被背書人(C)이 禁轉背書人(A)에 대하여 遡求權을 가진다는 것은 論理的으로도 모순이다. 少數說은 이미 발생한 禁轉被背書人(B)의 遡求權이 禁轉被背書人의 被背書人(C)에게 移轉한다고 하나, 背書에 의하여 遡求權까지 이전되는 것인지 의문이다. 被背書人의 遡求權은 背書에 의하여 移轉되는 것이 아니라, 背書하면 背書人이 擔保責任을 지는 것이고, 그 반사적 효과로서 발생하는 것이다. 禁轉背書人이 擔保責任을 지지 아니하는 者에 대하여는 遡求權이 발생하지 않는다.

禁轉背書의 被背書人이 자기의 後者로부터 어음을 환수하여 再遡求를 하는 경우에는 그 被背書人이 背書를 한 결과 생긴 通知費 및 기타의 費用(어 제48조·제49조)은 당연히 遡求金額으로부터 控除하여야 한다. 禁轉背書도 背書이므로 擔保的 效力에 제한이 있을 뿐이고, 權利移轉的 效力과 資格授與的 效力은 보통의 背書에 있어서와 같다.

3. 還背書(逆背書)

(1) 還背書의 意義

還背書(Rückindossament, reindorsement)란 어음상의 債務者(引受人·發行人·背書人·保證人·參加引受人)를 被背書人으로 하는 背書이다.

(2) 還背書의 經濟的 效用

還背書를 받은 어음所持人은 다시 그 어음을 他人에게 讓渡背書함으로써 前者의 擔保責任을 활용하여 어음의 信用을 높일 수 있고, 한편 자기가 새로 어음을 發行하여야 할 수고를 덜 수 있는 便宜를 얻게 된다.

(3) 還背書의 法律構成

還背書를 하면 어음債務者가 遡求權者로 되므로 마치 民法의 混同理論에 의하여 어음債權이 消滅할 것 같이 생각되나, 混同이 생기지 아니한다.

그 法的 理論構成에 있어서는 어음債權에도 混同理論의 적용은 있으나 어음의 流通性을 보호하고자 하는 정책적 이유에서 어음이 流通性을 상실하기 전(즉, 支給拒絶證書作成日 또는 그 作成期間內)에 한하여 그 적용을 排除한 特別規定이라고 하는 학설도 있으나, 어음행위의 협동적 성질에 의한 ① 當事者資格의 兼併이 인정된다는 점, ② 有價證券은 자기에 대한 債權을 表彰하는 것이라도 한 개의 客觀的 財産權으로서 유효하게 취득할 수 있다는 점에서, 民法의 混同理論은 적용되지 아니한다는 학설이 타당하다.[70] 따라서 還背書의 규정(어 제11조 제3항)은 주의적 규정이라고 본다.

(4) 還背書의 效力

還背書의 被背書人은 어음상의 權利者이면서 동시에 義務者이므로 자기자신에 대하여 어음상의 권리를 행사할 수 없을 뿐만 아니라, 의무자로서의 자기와 권리자로서의 자기와의 중간에 존재하는 의무자에 대하여는 원칙적으로 어음상의 권리를 행사할 수 없다. 還背書의 被背書人의 지위는 구체적으로 다음과 같다.

(i) 換어음의 發行人이 還背書에 의하여 어음을 취득하였을 때에는(約束어음의 發行人은 主債務者이므로 引受人의 경우 참조) 引受人에 대하여서만 權利를 행사할 수 있다.

(ii) 引受人 또는 약속어음 발행인이 被背書人이 되었을 때에는 누구에게도 權利를 행사하지 못한다. 그러나 어음상의 權利는 소멸하지 아니하므로 引受人이 다시 어음에 背書讓渡한 때에는 그 被背書人은 모든 전자에 대하여 아무런 反對債權의 대항을 받지 않는 완전한 권리를 취득한다. 다만 어음의 주된 債務者가 還背書에 의해 어음을 취득하고서도 拒絶證書作成後 또는 作成期間經過後까지 어음을 그대로 보유하고 있거나 혹은 拒絶證書作成後 또는 그 作成期間經過後에 還背書를 받은 경우에는 어음상의 권리는 예외적으로 混同에 의하여 소멸한 것으로 본다.[71]

(iii) 背書人은 還背書에 의하여 어음을 취득하였을 때에는 引受人·發行人 및 前者(자기의 背書를 표준으로 하여)인 背書人에 대하여는 反對債權의 대항을 받지 않고 어음상의 權利를 행사할 수 있다.

(iv) 參加引受人 또는 保證人이 還背書에 의하여 어음을 취득하였을 때에는 각

70) 徐燉珏·鄭完溶(下) 197면 ; 鄭熙喆·鄭燦亨(下) 269면 ; 孫珠瓚(下) 173면.
71) 同旨 : 孫珠瓚(下) 174면 ; 崔基元(어) 342면.

각 被參加人 또는 主債務者에 대한 還背書와 같이 被參加人 또는 主債務者의 後者에 대하여는 어음상의 권리를 행사할 수 없다.

(v) 引受를 하지 아니한 支給人에 대하여 背書를 하였다면 그것은 還背書가 아니므로 어음法 제11조 제3항은 당연한 事由를 규정한 것이다.[72)]

4. 期限後背書(後背書·滿期後背書)

(1) 期限後背書의 意義

期限後背書(Nachindossament)란 支給拒絶證書作成 후의 背書 또는 支給拒絶證書作成期間經過 후의 배서이며, 단순한 만기 후의 배서를 말하는 것이 아니다(어 제20조 제1항). 즉, 만기 후에 背書가 이루어지더라도 支給拒絶證書作成前 또는 支給拒絶證書作成期間經過前에 행하여진 背書는 滿期前의 背書와 동일한 효력을 가진다. 期限後背書는 이미 遡求段階에 들어간 어음에 한 背書이므로 보통의 背書와 같이 어음·수표의 유통성의 확보를 위한 강력한 효력을 인정할 필요가 없다. 따라서 어음法은 이에 관한 특별규정을 두어, 期限後背書에는 指名債權讓渡의 효력만을 인정한다(어 제20조 제1항·제77조 제1항, 手 제24조).

(2) 期限後背書 與否의 決定

(가) 背書의 日字와 期限後背書

期限後背書인가의 여부는 어음에 기재된 日字가 아니라 실제로 背書 또는 교부한 날을 기준으로 하여 결정한다.[73)] 背書에 일자가 기재되어 있으면 그 날에 背書한 것으로 추정되지만, 일자의 기재가 없으면 기한 전의 背書로 추정된다(어 제20조 제2항·제77조 제1항 제1호, 手 제24조 제2항).

(나) 支給拒絶證書가 作成되지 않은 경우

支給이 거절되더라도 支給拒絶證書를 작성하지 아니하면 同證書作成期間 내의 背書는 期限後背書가 아니다. 이러한 경우에는 어음취득자가 지급거절의 사실을

---

72) 手票法 제15조 제3항·제5항이 支給人이 한 背書를 무효로 하고, 支給人에 대한 背書를 領收證의 효력만 인정하는 것과는 달리, 어음法에서는 그러한 취급을 하지 않는다는 정도의 存在意義가 있을 뿐이다.

73) 大判 1965. 4. 13, 64 다 1726 ; 同 1968. 7. 23, 68 다 911.

알 수 없으므로 期限後背書制度의 취지상 그 적용대상으로 볼 수 없기 때문이다.

<대법원 2000. 1. 28. 선고, 99 다 44250 판결: 기한후배서와 만기후의 배서>

[1] 어음법 제20조에 의하면 만기후배서도 그것이 지급거절증서 작성 전 또는 지급거절증서 작성기간 경과 전에 이루어진 것이면 만기 전의 배서와 동일한 효력을 가지고, 비록 만기에 지급제시된 어음에 교환필이라는 스탬프가 압날되고 피사취 또는 예금부족 등의 사유로 지급거절한다는 취지의 지급은행의 부전이 첨부되어 있는 등 지급거절의 사실이 어음면에 명백하게 되어 있다 하더라도 이를 가지고 적법한 지급거절증서가 작성되었다고는 할 수 없으므로, 그러한 어음에 한 배서도 그것이 지급거절증서 작성 전으로서 지급거절증서 작성기간 경과 전이기만 하면 이는 기한후 배서가 아닌 만기후배서로서 만기 전의 배서와 동일한 효력이 있다.

[2] 만기 전의 배서와 동일한 효력을 갖는 만기후배서의 피배서인이 어음의 최종소지인의 지위에서 어음의 배서인 등 소구의무자에 대한 소구권을 보전하기 위하여는 그에게 만기후배서를 한 배서인이 지급제시를 하였는지 여부와 관계없이 다시 스스로 적법한 지급제시기간 내에 지급제시를 하여야 한다.

[3] 만기후배서의 피배서인이 배서인이 지급제시하여 지급거절된 사실을 알고 있었다면, 그 배서인이 지급제시함으로써 보전한 소구권을 지명채권 양도와 같은 효력으로 승계하였음을 주장하여 이를 행사할 수 있다.

(다) 支給拒絶證書作成이 免除된 경우

拒絶證書의 작성이 면제되어 있는 어음(無費用償還어음 : 어 제46조 제1항)은 이를 支給提示하고 支給이 거절되더라도 拒絶證書의 작성이 필요없다. 따라서 이를 지급제시하고 지급이 거절되더라도 拒絶證書作成期間이 경과하기 전에 背書한다면 취득자의 입장에서는 지급이 거절된 어음인지 아직 支給提示가 안된 어음인지 알 수 없다. 그러므로 拒絶證書의 작성이 면제된 어음의 경우에는 拒絶證書作成期間 경과 후의 背書만이 期限後背書가 된다고 본다(多數說). 이에 대하여 拒絶證書의 작성이 면제되어 있는 어음의 경우에는 지급거절만 있으면 바로 遡求權行使가 가능하므로 拒絶證書作成期間이 경과하기 전이라도 지급거절 후에 背書한 경우에는 期限後背書로 보아야 한다는 견해도 있다.[74]

생각건대, 支給拒絶證書作成期間, 基準의 確實性 등에 비추어 多數說이 타당하

74) 李基秀(어) 215면 ; 崔基元(어) 395면.

다고 본다. 따라서 거절증서의 작성이 면제된 경우에는 支給拒絶되었다는 사실만으로는 부족하고 거절증서작성기간까지도 경과한 후의 배서인 경우에만 期限後背書가 된다.

(라) 引受拒絶과 期限後背書

引受拒絶證書(어 제44조) 작성 후의 背書에 관하여도 명문의 규정은 없으나, 이러한 어음도 어음面上 遡求權을 행사할 수 있는 어음이 명백하고 또 그 신용의 정도도 支給拒絶證書作成 후의 어음과 다를 바 없으므로 역시 期限後背書로 보아야 한다는 것이 通說이다.

(마) 支給拒絶의 事實이 어음面上 明白하게 된 경우

지급거절의 사실이 어음面上 明白하게 된 후의 배서(예컨대 어음의 표면에 어음교환소에 돌린 스탬프인이 찍히고, 예금부족 등의 이유로 支給拒絶되었다는 취지의 지급은행의 附箋이 첨부되어 있는 경우)는 어떻게 취급할 것인가에 관하여 다툼이 있다. 이 경우에는 비록 支給拒絶證書 作成 期間內 일지라도 期限後背書로 취급하여야 한다는 積極說이 있다.[75] 이에 대하여 어음법 제20조가 支給拒絶後라는 이유만으로 期限後背書라고 하지 않고, 지급거절증서 작성 후 또는 그 작성기간 경과 후의 배서라고 규정하고 있는 취지는 형식적으로 명확한 기준이 될 시점을 정한 것이므로 위의 경우에도 기한후배서로 취급하여서는 아니된다는 消極說이 있다.[76]

<대법원 1987. 8. 25. 선고, 87 다카 152 판결 : 지급이 거절되더라도 지급거절증서를 작성하지 아니하면 동 증서작성기간 내의 배서는 기한후배서가 아니다>

<事 實>

피고 오일산업주식회사(이하 피고회사라 한다.)는 소외 강성이로부터 분탄을 납품받기로 약정하고 그 대금의 지급을 담보하기 위하여 수취인 강성이, 만기를 1985. 5. 20.로 한 약속어음 2매를 발행하였다. 소외 강성이는 그 약속어음을 수취한 다음 날 이를 소외 전남상호신용금고(이하 금고라 한다.)에게 배서양도하였는데, 피고회사는 이 건 약속어음의 발행원인인 분탄납품계약을 해제하였다. 소외 금고가 만기일에 지급은행에 지급제시하였으나 지급은행은 지급을 거절하면서 이 건 약속어음에 "교환필"이라는 스탬프를 압날하고 "피사취 또는 예금부족으로 지급거절한다."는 취지의 부전(附箋)을 첨부하여 반환하였다. 소외 금고는 지급거절된 다음날인 1985년 5월 21일에 어음을 소외

75) 崔基元(어) 359면; 鄭燦亨(어) 451면; 大判 1987. 8. 25, 87 다카 152.
76) 鄭東潤(어) 394면; 姜渭斗(어) 386면.

장향진에게 배서·양도하였고, 장향진은 같은 날 원고 김연숙에게 배서·양도하였다. 원고는 피고회사에게 어음금지급을 청구하였다.

<判決要旨>

어음법 제20조에 의하면 만기 후에 배서가 이루어졌더라도 그것이 지급거절증서 작성 전 또는 지급거절증서 작성기간 경과 전에 이루어진 것이면 만기 전의 배서와 동일한 효력을 가진다 할 것이고 한편 거절증서는 위탁자의 위탁에 의하여 공증인, 집달관(拒絶證書令 제2조), 합동법률사무소(간이절차에 의한 민사분쟁사건처리특별법 제11조) 또는 법무법인(변호사법 제39조)이 작성하게 되어 있어 비록 만기시에 지급제시된 어음에 '교환필'이라는 스탬프가 압날되고 피사취 또는 예금부족 등의 사유로 지급거절한다는 취지의 지급은행의 부전이 첨부되어 있는 등 지급거절사실이 어음면에 명백하게 되어 있다 하더라도 이를 가지고 적법한 지급거절증서가 작성되었다고는 할 수 없다 하겠으므로 그러한 어음에 대한 배서도 그것이 지급거절증서 작성기간 내의 것이기만 하면 이는 기한 후의 배서가 아닌 만기 후의 배서로서 만기 전의 배서와 동일한 효력이 있다.

(바) 기타 支給拒絶이 確實한 경우

引受拒絶뿐 아니라 어음法上 遡求權 發生 여부를 기준으로 그 후의 背書는 어음취득자가 그 사실을 아는 한 기한후배서로 보아야 한다. 引受人이나 支給人이 破産한 경우에는 만기 전의 遡求는 가능하지만 파산개시의 사실이 어음면상에 명료하지 않으므로 이러한 어음의 背書는 期限後背書라고 할 수 없다. 또 一覽出給 어음에 있어서는 어음法 제34조 소정의 提示期間內에 背書되면 역시 期限後背書가 아니다.

(사) 白地背書의 경우

백지배서의 경우 실제로 배서는 기한 전에 이루어졌는데, 백지보충은 기한 후에 이루어진 경우, 기한전배서인지 아니면 기한후배서인지 의문이다. 과거의 판례는[77] "실지 배서는 기한 전에 이루어진 경우라도 백지보충이 기한 후에 이루어진 때에는 배서의 효력도 백지보충시에 발생하게 되어 이른바 기한후배서가 된다"고 하여, 백지보충시를 기준으로 기한후배서인지를 판단하는 기준으로 삼았다. 그러나 그 후 판례를 변경하여,[78] "백지어음에 있어서 백지의 보충시와 어음행위 자체의 성립시기와는 엄격히 구별하여야 할 문제로서, 백지의 보충 없이는 어음상

---

77) 大判 1965. 8. 31, 65 다 1217; 同, 1968. 7. 23, 68 다 911.

78) 大判 1971. 8. 31, 68 다 1217.

의 권리를 행사할 수 없으나, 어음행위의 성립시기는 그 어음행위 자체의 성립시기로 결정하여야 할 것이므로 배서가 기한 전에 이루어진 경우(백지보충이 기한 후에 이루어졌다 하더라도) 기한후배서로 볼 수 없다"고 판결하였다.[79] 따라서 백지보충을 한 때가 아니라 백지어음행위를 한 때(예컨대 배서행위시), 즉 어음행위 성립시를 기한후배서 판단의 기준으로 삼고 있다.

(아) 期限後背書와 立證責任

기한후배서인가의 여부는 어음에 기재된 背書日字에 의할 것이 아니고, 실제로 背書가 행해진 때를 표준으로 하여 정한다. 그러나 어음法은 어음상에 日字의 記載가 없는 背書는 支給拒絶證書作成期間經過 전에 한 것으로 推定한다(어 제20조 제2항·제77조 제1항 제1호). 따라서 期限後背書라고 주장하는 者가 그 사실을 입증하여야 한다.

(3) 期限後背書의 方式

기한후배서도 背書의 일종이므로 期限後背書의 方式은 보통의 背書의 경우와 같다. 즉, 日字의 기재는 요건이 아니고, 記名式 또는 白地式의 어느 방법으로도 가능하다.

기한후배서는 背書의 기재를 하여 어음을 交付함으로써 성립하는 것으로서 指名債權讓渡의 경우에 필요한 채무자에 대한 대항요건을 구비할 필요는 없다.[80] 그리고 支給拒絶證書作成 후 또는 支給拒絶證書作成期間經過 후의 어음의 양도는 背書에 의해서만 할 수 있는 것은 아니고 指名債權讓渡의 방법으로도 가능하다고 본다.

<대법원 1997. 11. 14. 선고, 97 다 38145 판결: 기한후배서의 방식은 보통의 배서방식과 같다>

어음법 제20조 제1항 후단에서 지급거절증서 작성 후 또는 지급거절증서 작성기간 경과 후의 배서는 지명채권 양도의 효력만이 있다고 규정하고 있는 것은 단지 그 효력이 지명채권 양도의 그것과 같다는 취지일 뿐이므로, 민법상 지명채권의 양도·양수절차인 채권양도인의 통지 또는 채무자의 승낙을 필요로 하는 것은 아니다.

---

79) 同旨: 大判 1980. 3. 11, 79 다 1999; 同, 1994. 2. 8, 93 다 54927.
80) 大判 1962. 3. 15, 4294 민상 1257.

(4) 期限後背書의 效力

기한후배서는 指名債權讓渡의 효력만이 있다(어 제20조 제1항 단서). 즉, 期限後背書에는 유통성을 강화하기 위하여 인정되는 특별한 효력을 인정할 필요가 없으므로 權利移轉的 效力·資格授與的 效力은 있어도 擔保的 效力은 없고, 또 善意取得·抗辯制限 등 善意者의 保護制度가 인정되지 않는다(通說). 따라서 期限後背書의 被背書人은 背書人이 가졌던 權利만을 취득한다.

(가) 權利移轉的 效力

(ⅰ) 기한후배서를 한 경우에는 背書人이 가지고 있던 모든 어음상의 權利가 被背書人에게 이전된다. 被背書人에게 이전되는 權利는 背書人이 가지고 있던 어음상의 권리이므로, 어음이 引受되어 있는 때에는 引受人에 대한 權利를 取得하고, 拒絶證書가 작성되어 있는 때에는 前者에 대한 償還請求權을 취득한다.[81] 그러나 이 때 背書人의 權利에 부착된 瑕疵는 전부 승계된다.

(ⅱ) 기한후배서는 指名債權讓渡의 效力만을 가지므로, 被背書人은 背書人이 가지고 있는 것과 同一한 권리만을 취득한다. 따라서 背書人에 대한 항변이 그대로 被背書人에게 승계되어 人的 抗辯의 절단이 생기지 않는다.

<대법원 1994. 1. 25. 선고, 93 다 50543 판결 : 기한후배서의 경우 배서당시 이미 발생한 배서인에 대한 항변사실을 피배서인에 대하여도 대항할 수 있으나 그 배서 후 비로소 발생한 배서인에 대한 사유는 피배서인에 대하여 주장할 수 없다>

기한후배서는 보통의 배서와는 달리 지명채권양도의 효력밖에 없어 그것에 의하여 이전되는 권리는 배서인이 배서당시 가지고 있던 범위의 권리라 할 것이므로 어음채무자는 그 배서당시 이미 발생한 배서인에 대한 항변사실을 피배서인에 대하여도 대항할 수 있으나 그 배서 후 비로소 발생한 배서인에 대한 사유는 피배서인에 대하여 주장할 수 없다.

(나) 資格授與的 效力

기한후배서는 權利移轉的 效力이 있으므로 당연히 資格授與的 效力도 인정된다. 따라서 背書가 연속된 경우에는 어음소지인은 적법한 소지인으로 推定되어(推定力 : 어 제16조 제1항·제77조 제1항 제1호) 자기가 진실한 권리자라는 것을 증명하

81) 鄭東潤(어) 396면.

지 않고도 어음상의 권리를 행사할 수 있고, 또 어음債務者가 詐欺 또는 중대한 過失 없이 소지인에게 어음금을 지급한 때에는 그 소지인이 權利者가 아니더라도 책임을 면한다(善意支給의 免責 : 어 제40조 제3항·제77조 제1항 제3호).

그러나 기한후배서에 의하여 善意取得이 가능한가 의문이다. 期限後背書도 背書임에 틀림이 없고, 資格授與的 效力도 인정되므로 善意取得이 가능하다고 볼 여지도 있다. 그러나 資格授與的 效力은 權利의 證明의 문제이고 善意取得은 權利의 流通과 取得의 문제이므로 資格授與的 效力이 인정된다고 하여 당연히 善意取得이 인정되는 것은 아니다. 또한 善意取得은 외형상 정상적인 거래를 통하여 어음이 양도될 때 인정된다. 期限後背書에 의하여 어음을 취득하면서 상대방이 無權利者임을 알지 못하였다면 중과실이 의제되어야 한다고 보면, 기한후배서에 의해서는 선의취득은 불가능하다고 본다.

(다) 擔保的 效力

기한후배서에는 指名債權讓渡의 效力밖에 없으므로 그 背書人은 被背書人에 대해 擔保責任을 지지 않는다.

5. 推尋委任背書(委任背書·代理背書·權限背書)

(1) 推尋委任背書의 意義

推尋委任背書란 背書人이 被背書人에게 어음상의 權利를 행사하는 代理權을 부여할 목적으로 하는 背書이다. 이와 같이 어음에 推尋委任文句를 기재하여 背書하는 것을 '公然한 推尋委任背書'(어 제18조 제1항)라 하고, 推尋委任의 목적으로 보통의 讓渡背書의 형식을 취한 背書를 '숨은 推尋委任背書'라 한다. 보통 推尋委任背書라고 하면 公然한 推尋委任背書를 말한다. 推尋委任背書는 被背書人의 성명을 기재하지 않고 할 수도 있으나 推尋委任文句는 반드시 기재하여야 하므로 이른바 簡略白地式背書(어 제13조 제2항)는 하지 못한다. 推尋委任背書에는 權利移轉的 效力이 없으므로 指示禁止어음(어 제11조 제2항)에 대하여도 이를 할 수 있다(通說).

(2) 推尋委任背書의 效力

推尋委任背書는 性質上 權利移轉的 效力은 없고, 代理權授與的 效力만이 있다.

따라서 그 被背書人은 讓渡背書는 할 수 없고, 단지 推尋委任背書만을 다시 할 수 있을 뿐이다(어 제18조 제1항 단서). 推尋委任背書에는 擔保的 效力은 없으나 資格授與的 效力은 있으므로 당연히 推尋代理權의 범위 내에서 權利를 행사할 수 있다. 推尋委任背書의 被背書人의 代理權은 어음상의 權利 등을 행사하는 데 필요한 일체의 包括的 代理權이므로 裁判上·裁判外의 모든 행위를 할 수 있고, 어음상의 權利뿐만 아니라 利得償還請求權 등 어음법상의 권리도 포함한다. 그러나 被背書人은 어음상의 權利者가 아니므로 免除·和解 등 權利의 처분을 하지 못한다. 그리고 被背書人은 背書人의 權利를 행사하는 것이므로 어음채무자는 背書人에 대한 항변으로 被背書人에게 대항할 수 있고, 이와 반대로 被背書人에 대한 人的 抗辯事由로써 대항할 수 없다(어 제18조 제2항). 즉, 推尋委任背書에는 人的 抗辯의 切斷은 인정되지 않는다. 그리고 善意取得도 인정되지 않는다.

推尋委任背書의 背書人은 背書를 하였어도 어음상의 實質的·形式的 權利者임은 변함이 없다. 따라서 背書人은 그 背書를 抹消하거나 還背書를 받지 않더라도 그 어음을 회수하여 權利를 행사할 수 있고, 讓渡背書를 하면 背書가 연속된다.

推尋委任背書의 被背書人이 어음을 다시 背書讓渡한 경우에는 이를 再推尋委任背書로 본다.[82] 再推尋委任背書의 法的 性質에 대하여는 代理權의 양도라는 견해도 있으나, 復代理人의 선임이라는 견해가 다수설이다.[83] 다만 民法上의 復代理人은 本人의 허락이 필요하나(民 제120조 참조), 재추심위임배서의 경우에는 본인(배서인)의 허락이 필요 없는 점에서 民法上의 復代理人과 다르다.

推尋委任背書의 背書人과 被背書人 간의 內部關係는 一般私法上의 委任이지만, 어음法은 어음거래의 안전을 보호하기 위하여 委任者인 背書人의 死亡 또는 無能力에 의하여 推尋의 代理權은 소멸하지 않는 것으로 규정하였다(어 제18조 제3항·제77조 제1항 제1호). 그러나 代理權의 制限, 撤回 등은 推尋委任背書의 抹消에 의하여 어음상에 표시되지 않는 한 善意의 제 3 자에게 대항할 수 없다.

(3) 숨은 推尋委任背書

(가) 숨은 推尋委任背書의 意義

숨은 推尋委任背書란 推尋委任을 목적으로 한 讓渡背書를 말한다. 실제 거래에

82) 同旨 : 徐燉珏·鄭完溶(下) 203면 ; 孫珠瓚(下) 244면 ; 鄭熙喆·鄭燦亨(下) 279면 ; 鄭東潤(어) 399면.

83) 同旨 : 徐燉珏·鄭完溶(下) 203면 ; 孫珠瓚(下) 244면 ; 鄭熙喆·鄭燦亨(下) 279면 ; 鄭東潤(어) 399~400면.

있어서는 公然한 推尋委任背書보다는 숨은 推尋委任背書를 더 많이 이용한다. 왜냐하면 公然한 推尋委任背書의 推尋委任文句가 被背書人에 대한 불신임을 표명하는 듯이 생각되는 것을 피하기 위한 것이다. 그 외에도 公然한 推尋委任背書制度를 모르고 있는 경우, 특수한 背書의 번잡함을 피하고자 하는 경우, 어음소지인이 자기의 일신에 생기는 항변을 절단할 목적이 있는 경우 등에 이용된다.

숨은 推尋委任背書의 背書人은 背書할 의사는 있기 때문에 民法上의 通情虛僞表示(民 제108조)가 아니고, 따라서 유효하다고 보는 것이 통설이다.

(나) 숨은 推尋委任背書의 性質

숨은 推尋委任背書는 그 實質(推尋委任)과 形式(讓渡背書)이 일치하지 않으므로 그 法的 性質에 관하여 논란이 있다.

(i) 資格授與說은 숨은 推尋委任背書의 실질을 중요시하여 어음상의 權利는 背書人에게 남아 있고, 被背書人은 다만 자기의 명의로(이 점이 代理와 다르다.) 背書人의 계산으로 어음상의 權利를 행사할 資格·權限을 취득하는 데 불과하다고 하는 학설이다.

(ii) 信託的 讓渡說은 숨은 推尋委任背書의 형식을 중요시하여 어음상의 權利는 被背書人에게 완전히 이전하고, 被背書人은 背書人에 대하여 推尋의 목적을 위하여만 권리를 행사할 對人的 債務를 부담하는 데 불과하다는 학설이다.

(iii) 折衷說은 숨은 推尋委任背書는 信託的 讓渡인 경우도 있고 資格授與인 경우도 있으므로 이 중 어느 것인가는 당사자의 의사에 따르되 당사자의 의사가 불분명할 때에는 資格授與로 추정할 것이라는 학설이다.[84]

생각건대, 어음관계에 있어서는 外觀主義의 原則上 형식과 표시를 존중하여야 하므로 信託的 讓渡說이 옳다고 본다.[85]

(다) 숨은 推尋委任背書의 效力

숨은 推尋委任背書의 性質을 信託的 讓渡說에 따라 파악하면 被背書人은 交付契約의 내용에 따라 어음의 所有者이며 債權者가 되므로 어음債務者에 대하여 債權者로서의 權利를 가지고 背書人에 대하여는 推尋의 목적을 위하여만 權利를 행사할 의무를 부담한다. 그러므로 被背書人은 背書人에 대하여 遡求權을 행사하지는 못한다. 그리고 背書人이 被背書人으로부터 어음을 회수한 경우에는 다시 어음상의 權利를 취득하지만, 公然한 推尋委任背書의 경우와는 달리, 被背書人으로

84) 崔基元(어) 411면.

85) 徐燉玨·鄭完溶(下) 205면 ; 孫珠瓚(下) 247면 ; 鄭熙喆·鄭燦亨(下) 281면 ; 鄭東潤(어) 402면.

부터 다시 背書를 받거나 그 背書를 말소하지 않는 이상 背書는 연속하지 않는 것으로 된다. 또 被背書人에게 善意取得의 문제는 생길 여지가 없게 된다.

이 외에도 ① 어음債務者는 背書人에게 대항할 수 있는 항변으로 被背書人에게 대항할 수 없다(資格授與說의 입장에서는 이를 긍정한다.). 다만 債務者가 숨은 推尋委任背書임을 입증하는 경우에는 대항할 수 있다. ② 어음債務者는 被背書人 자신에 대한 抗辯事由만을 가지고 被背書人에게 대항할 수 있다(資格授與說에서는 이를 부정한다.). ③ 被背書人이 破産宣告를 받은 때에는 그 어음은 破産財團에 속하고 背書人은 還取權을 행사하지 못하게 되고(破 제79조 참조), 반대로 背書人이 破産한 경우에는 그 어음은 破産財團에 들어가지 않는다(資格授與說에 의하면 이와 반대로 해석하게 된다.). ④ 被背書人이 推尋委任의 취지에 반하여 어음을 背書讓渡한 경우 讓受人은 善意·惡意를 불문하고 당연히 어음상의 權利를 취득하나, 다만 惡意의 讓受人에 대하여는 惡意의 항변으로써 대항할 수 있다(어 제17조)(資格授與說에 의하면 이 경우는 無權利者에 의한 背書가 되어 讓受人에게 惡意·重過失이 없으면 善意取得이 인정된다.).

6. 入質背書

(1) 入質背書의 意義

入質背書(Pfandindossament)란 어음所持人이 자기 또는 타인의 既存債務를 擔保할 목적으로 어음상의 權利에 質權을 설정한다는 취지를 기재하는 背書이다(어 제19조). 어음法은 '公然한 入質背書'에 관하여서만 규정을 두었으나(어 제19조), 숨은 入質背書가 있을 수 있다.

(2) 入質背書의 方式

入質背書는 背書 중에 '擔保하기 위하여', '入質하기 위하여' 등의 文言이나 기타 質權設定을 표시하는 文言을 附記함으로써 한다(어 제19조 제1항).

(3) 指示禁止어음의 경우

지시(배서)금지어음에 입질배서를 할 수 있는가에 대하여는 ① 입질은 유통과는 구별되고 또 입질배서에는 권리이전적 효력이 없어서 입질배서에 의하여 어음채권의 이전이 생기지 않으므로 입질배서를 할 수 있다고 하는 견해와,[86] ② 지시금지어음은 지명채권의 입질에 관한 방법으로 질권의 설정이 가능하고, 어음법에서 규정하는 공연한 입질배서의 방법(어 제19조)으로는 질권설정의 효력이 생기지 않는다고 하는 견해가[87] 있다. 後說은 지시금지어음은 처음부터 어음법적인 방법에 의한 유통력을 상실한 어음으로서 지명채권양도의 방식과 효력에 의하여서만 이전이 가능하다는 것을 그 이유로 한다.

생각건대 입질배서에 의하여 항변이 절단되므로(어 제119조 제2항) 지시금지된 어음의 입질배서는 허용되지 않는다고 본다.

(4) 入質背書의 效力

入質背書에는 資格授與的 效力과 擔保的 效力이 있으나, 權利移轉的 效力은 없다.

(가) 質權設定의 效力

入質背書의 被背書人은 어음상의 권리 위에 質權을 취득한다. 이것은 入質背書의 本質的 效力이다. 被背書人은 이에 따라 被擔保債權에 관하여 다른 債權者에 대하여 優先辨濟를 받을 권리를 취득한다. 被背書人은 質權取得의 결과로 어음상의 債務者에 대한 일체의 어음상의 權利를 자기의 이름으로 할 수 있다.

(나) 어음抗辯의 切斷과 善意取得

入質背書의 被背書人은 독립된 경제적 이익을 가지고 있어서 자기 고유의 權利를 근거로 하여 어음상의 권리를 행사하는 것이므로 어음채무자는 被背書人에게 惡意가 없는 한 背書人에 대한 抗辯으로써 이에 대항하지 못하는 동시에, 被背書人에 대한 人的 抗辯은 모두 이에 대항할 수 있다(어 제19조 제2항).

마찬가지로 背書人이 無權利者, 無權代理人 등의 경우에도 惡意 또는 중대한 過失 없이 入質背書를 받은 被背書人은 어음상의 권리 위에 質權을 善意取得한다.

(다) 權利移轉的 效力

被背書人은 어음상의 權利에 質權을 취득하므로 어음상의 權利 자체를 처분할 수는 없다. 즉, 入質背書에는 權利移轉的 效力은 없다. 따라서 推尋委任背書는 할 수 있어도 讓渡背書나 入質背書는 할 수 없다(어 제19조 제1항 단서). 入質背書의

---

86) 徐燉珏·鄭完溶(下) 185면 ; 孫珠瓚(下) 249면 ; 鄭燦亨(下) 467면.
87) 崔基元(어) 415면.

被背書人이 讓渡背書를 하여도 그것은 推尋委任背書로서의 효력밖에 생기지 않는다(어 제19조 제1항, 제77조 제1항 제1호).

(라) 民法 제353조의 適用問題

入質背書의 被背書人이 質權을 행사함에 있어서 入質債權의 請求制限에 관한 民法 제353조가 적용되는가 의문이다. 民法 제353조 제2항에 의하면 被擔保債權의 金額이 어음금액보다 적은 경우 그 한도 내에서만 債權을 직접 행사할 수 있다.

그러나 어음상의 權利는 일반채권과는 달리 어음法에 규정된 바에 따라 간이하고 신속하게 결제되어야 하므로 質權의 目的인 일반채권의 실행방법에 관한 民法 제353조는 質權의 目的인 어음상의 權利에는 적용되지 않는다고 본다(通說). 다만 초과로 추심한 差額은 背書人에게 반환하여야 하며, 그 부분에 대하여는 숨은 推尋委任背書와 마찬가지로 人的 抗辯事由가 된다.

한편 民法 제353조 제3항에 의하면 어음의 滿期가 被擔保債權의 辨濟期보다 먼저 도래하는 때에는 제 3 債務者(어음상의 引受・支給人)에 대하여 辨濟金額의 供託을 청구할 수 있고, 이 경우 質權은 그 供託金에 존재하도록 되어 있다. 따라서 被擔保債權의 辨濟期가 도래하기 전이라도 어음의 滿期가 도래하면 推尋할 수 있고, 이 경우에는 어음금액을 供託하여야 한다.

(마) 資格授與的 效力

入質背書에는 資格授與的 效力이 있으므로, 入質背書가 있는 어음을 소지하고 있는 被背書人은 형식적 자격자, 즉 適法한 어음소지인으로 추정된다. 따라서 어음소지인은 자기가 진실한 質權者라는 것을 증명하지 않고도 어음상의 권리를 행사할 수 있고, 어음채무자는 背書가 연속되어 있는 이상 背書의 眞否를 조사하지 아니하고 소지인에 대하여 지급할 수 있다(어 제40조 제3항).

(바) 擔保的 效力

入質背書에 擔保的 效力이 있는가에 관하여는 견해가 대립하고 있다.

(i) 否定說은 入質背書는 讓渡背書와는 달리 權利移轉的 效力이 없으므로 擔保的 效力을 인정할 수 없다고 한다. 다만 背書人이 支給責任을 지는 것은 어음상의 권리에 質權을 설정한 결과이지 어음법 제15조 제1항에 의하여 責任을 지는 것은 아니라고 한다.[88]

(ii) 이에 반하여 肯定說은 入質背書는 推尋委任背書와 달리 被背書人에게 실

88) 崔基元(어) 418면 ; 鄭熙喆・鄭燦亨(下) 287면.

질적 權利를 주는 것이고, 被背書人은 推尋한 금액으로부터 優先辨濟를 받는 것을 기대하고 있으며, 또 背書人은 반대의 文言이 없으면 引受와 支給을 담보하는 것이므로 入質背書의 背書人도 擔保責任을 진다고 한다.[89]

(iii) 생각건대, 背書人은 반대의 文言이 없는 한 引受와 支給을 담보하는 것이므로(어 제15조 제1항), 擔保責任을 인정하는 것이 타당하다고 본다.

(5) 숨은 入質背書

숨은 入質背書란 보통의 讓渡背書의 형식을 취하면서 실질적으로는 入質을 목적으로 하는 背書를 말한다. 숨은 入質背書의 법적 성질은 信託的 讓渡라고 보는 것이 일반적이다. 어음法上으로는 權利移轉的 效力이 생기고, 入質關係는 人的 抗辯事由가 될 뿐이다. 이 경우에는 숨은 入質被背書人이 實質關係上 獨自的·經濟的 利益을 가지고 있으므로 실질과 형식의 相違로 인한 법률상의 곤란한 문제는 생기지 않는다. 즉, 被背書人은 背書人에 대한 抗辯事由로 대항받지 않으며, 또 背書人破産의 경우에도 당연히 別除權을 가지나(破 제84조), 被背書人이 破産한 경우에는 背書人은 還取權을 갖지 못한다(破 제79조).

제 3 관 換어음의 引受

I. 引受의 意義 및 性質

1. 引受의 意義

어음의 引受(Annahme, Akzept, acceptation, acceptance)란 支給人이 어음金額의 支給義務를 부담할 것을 목적으로 하는 換어음 특유의 어음行爲를 말한다. 換

---

89) 徐燉珏 · 鄭完溶(下) 208면 ; 孫珠瓚(下) 251면 ; 姜渭斗(어) 411면 ; 梁承圭(어) 312면.

어음에서는 支給人이 引受를 함으로써 비로소 主債務者가 확정되고 어음金支給請求權이 확정적으로 발생한다. 引受가 되기 전의 換어음에는 단지 金錢支給受領權限 또는 支給拒絶이나 引受拒絶이 발생하지 않을 것을 조건으로 한 金錢債權이 化體되어 있을 뿐이다.

2. 引受의 性質

引受는 어음債務負擔을 목적으로 하는 單獨行爲라는 學說이 있으나,[90] 引受에 의하여 발생하는 債務負擔의 효력은 引受人의 意思表示上의 효력이므로 引受도 계약이라고 본다.[91] 다시 말하면 引受의 效力이 발생하기 위하여는 引受人이 어음상의 引受의 意思表示를 할 뿐만 아니라, 어음所支人(發行人, 受取人, 背書人 등)에게 어음을 반환하고, 이를 상대방이 승낙할 의사를 가지고 수령하여야 하기 때문이다(어 제29조 제1항). 引受人의 債務負擔의 效力은 意思表示에 의한 것이란 점에서 換어음의 發行人이나 背書人의 債務가 법률의 규정에 다라 발생하는 것과 다르다.

Ⅱ. 引受의 抹消

어음의 支給人은 引受의 기재와 記名捺印 또는 署名을 하였더라도 어음을 반환하기 전에는 자유로이 말소할 수 있으며, 이 경우에는 引受를 거절한 것으로 본다(어 제29조 제1항 제1문). 그리고 引受의 抹消는 어음을 반환하기 전에 한 것으로 추정한다(어 제29조 제1항 제2문). 즉, 유효한 抹消로 추정된다.

그러나 引受의 抹消에도 불구하고 支給人이 所持人 또는 어음에 記名捺印 또는 署名을 한 者에게 서면으로 인수의 통지를 한 때에는 그 통지한 상대방에 대하여 引受의 文言에 따라 책임을 진다(어 제29조 제2항). 引受의 通知를 받은 者는 引受가 될 것으로 믿고서 만약 引受가 거절되었더라면 취하였을 自己防禦手段을 강구

90) 徐燉珏・鄭完溶(下) 209면 ; 孫珠瓚(下) 178면.
91) 同旨 : 鄭東潤(어) 324면 ; 鄭熙喆・鄭燦亨(下) 222면.

할 기회를 놓치게 되므로 이를 구제하기 위한 것이다.

Ⅲ. 引受提示

1. 引受提示의 意義

引受提示란 換어음을 支給人에게 제시하여 어음의 引受를 청구하는 행위를 말한다. 어음所持人이 引受提示를 하여 어음의 引受가 있으면 換어음은 확정적인 金錢債權을 化體하게 되어 어음의 신용이 높아지는 반면, 引受가 거절되면 滿期前이라도 遡求를 할 수 있게 된다. 또 支給人은 引受提示를 받음으로써 자기를 支給人으로 하는 換어음이 발행된 것을 알고 支給을 준비할 수 있게 되며, 一覽後定期出給어음에 있어서는 引受提示로 滿期가 확정된다(어 제22조 제1항·제2항 단서).

引受提示를 할 수 있는 者는 정당한 所持人뿐만 아니라 단순한 占有者라도 상관없으며(어 제21조), 被提示者는 항상 支給人 또는 그 代理人이고, 第三者方出給어음의 경우에도 같다. 지급인이 數人인 때에는 그 全員이 被提示者이고, 이 중 1人이라도 引受를 거절하면 곧바로 遡求할 수 있다고 본다.

2. 引受提示自由의 原則

어음所持人은 滿期의 전일까지 거래일의 거래시간(어 제72조 제1항 제2문, 제63조) 내에는 언제든지 支給人에게 그 주소(營業所)에서 引受提示를 할 수 있으며(어 제21조), 인수를 거절하면 遡求權을 행사할 수 있다. 그러나 다음과 같이 引受提示의 자유가 제한되는 경우도 있다.

(1) 引受提示의 禁止

換어음의 發行人은 일정한 기일 전에는 引受提示를 금지하는 뜻을 어음에 기재할 수 있으며(어 제22조 제3항)(引受提示의 相對的 禁止), 第三者方出給어음(他所出給어음)·他地出給어음 및 一覽後定期出給어음의 경우를 제외하고는 기간을 정하지 아니하고 引受를 위한 제시를 금지하는 뜻을 기재할 수도 있다(어 제22조 제2항)(引受提示의 絶對的 禁止). 第三者方出給어음에 있어서는 支給人에게 支給의 준비를 시키고 제 3 자의 신용의 남용을 막을 필요가 있으며, 他地出給어음의 경우에는 지급인에게 支給擔當者를 기재할 기회를 줄 필요가 있는 점(어 제27조 제1항), 그리고 一覽後定期出給어음에 있어서는 滿期를 정할 필요가 있는 점에서 이들 어음에서는 引受提示를 절대적으로 금지할 수는 없도록 하였다.

引受提示의 絶對的 禁止 또는 제한은 소용없는 引受拒絶의 발생을 미연에 방지하기 위한 것이므로 이를 어기고 제시를 함으로써 引受拒絶이 생겨도 所持人은 引受拒絶로 인한 遡求權을 행사하지 못한다.

(2) 引受提示命令

發行人은 기간을 정하거나 정하지 아니하고 인수를 제시하여야 할 뜻을 기재할 수 있다(어 제22조 제1항). 기간을 정하지 아니한 때에는 滿期의 前日까지 제시하여야 한다(어 제21조). 引受提示命令文句는 發行人이 引受提示를 禁止하지 아니한 한 背書人도 기재할 수 있다(어 제22조 제4항). 이것은 支給人에게 자기를 支給人으로 하는 어음이 發行되었다는 것을 알게 하여 支給의 준비를 하게 하고, 아울러 어음所持人으로 하여금 支給人의 支給意思의 有無를 미리 알 수 있도록 하기 위한 것이다.

發行人 또는 背書人이 기재한 引受提示期間 내에 引受提示를 하지 아니하면 所持人은 모든 소구의무자에 대하여 引受拒絶 또는 支給拒絶로 인한 遡求權을 행사하지 못한다(어 제53조 제1항 본문·제2항). 그러나 기간경과 후의 引受提示도 禁止되는 것은 아니다. 다만 發行人이 기재한 文言에 의하여 引受擔保義務만을 면하고자 하는 意思가 있었음을 알 수 있는 때에는 支給拒絶로 인한 遡求權을 상실하지 아니한다(어 제53조 제2항 단서).

一覽後定期出給어음에 있어서는 발행일자로부터 1년 내에 引受提示를 하여야 하므로(어 제23조 제1항) 所持人이 이 기간 내에 提示를 하지 아니하면 引受人 이외의 전자에 대한 遡求權을 상실한다(어 제53조 제1항 제1호). 이것은 滿期의 산정을 위하여 필요하기 때문이다. 그리고 發行人은 이 1년의 기간을 단축 또는 연장할 수 있고(어 제23조 제2항), 背書人은 그 法定提示期間 또는 發行人이 정한 提示期間을 단축할 수도 있다(어 제23조 제3항).

3. 猶豫期間(熟慮期間·考慮期間)

引受提示를 받은 支給人은 第一提示의 翌日에 第二提示를 할 것을 청구할 수 있는데(어 제24조 제1항 제1문), 이 1일의 기간을 猶豫期間이라고 한다. 이것은 支給人으로 하여금 장부조사·發行人에 대한 조회 등을 할 수 있는 시간적 여유를 줌으로써 卽時引受主義에서 오는 필요없는 引受拒絶을 피하기 위한 것이다. 支給人이 第二引受提示를 청구하는 경우에 所持人은 제1제시시에 어음을 교부할 필요가 없다(어 제24조 제2항).

支給人이 第二引受提示를 청구하는 경우에, 提示人은 第一引受의 拒絶證書를 작성하고, 翌日에 第二引受提示를 하여도 거절하면 다시 第二引受의 拒絶證書를 작성해야 한다. 그렇지 않으면 前者에 대한 遡求權을 행사하지 못한다(어 제24조 제1항 제2문). 支給人이 第二引受提示를 청구하는 때에는 그 뜻을 引受拒絶證書에 기재하여야 하다(어 제24조 제1항 본문). 만약 이러한 기재가 없으면 第一의 제시에 대한 拒絶證書에 의하여 遡求할 수 있으며, 그러한 뜻의 기재가 있는 때에만 利害關係人은 그 청구에 응한 第二의 제시가 없었다는 것을 주장할 수 있다(어 제24조 제1항 제2문). 第一提示에서의 拒絶證書作成費用은 支給人이 부담한다.

Ⅳ. 引受의 方式

1. 引受의 要件

引受를 함에는 換어음에 '引受' 기타 이것과 동일한 意義를 가진 문자(引受文句)를 기재하고, 支給人이 記名捺印 또는 署名을 하여야 한다(어 제25조 제1항 제2문)(正式引受). 그러나 引受文句는 引受의 절대적 요건은 아니므로 어음의 표면에 支給人의 단순한 記名捺印 또는 署名만 있으면 이를 引受로 본다(어 제25조 제1항 제3문)(略式引受). 어음의 裏面의 記名捺印 또는 署名에 의한 略式引受를 인정하지 않는 것은 白地式背書와의 混同을 피하기 위한 것이다(어 제13조 제2항 참조). 引受

는 반드시 어음 本紙에 하여야 하고, 謄本 또는 補箋에는 할 수 없다(어 제25조 제1항 제1문). 引受는 반드시 支給人이 하여야 하는데 引受人과 支給人과의 동일성은 去來觀念上 同一性이 인정되면 충분하다. 이에 대하여 양자의 표시가 동일하지 않더라도(예컨대, 商號로 指定된 支給人이 성명을 가지고 引受한 경우), 실제상 동일하면 충분하다는 反對說이 있다.[92)]

2. 要件 이외의 記載事項

引受는 무조건이어야 하나(어 제26조 제1항 본문) 다음과 같은 예외의 경우가 法定되어 있다.

(1) 引受日字

引受日字는 引受의 요건은 아니나, 一覽後定期出給어음(어 제23조) 또는 引受提示命令 있는 어음(어 제22조 제1항·제4항)에 있어서는 所持人이 提示日字의 기재를 청구한 경우 외에는 引受를 한 일자를 기재하여야 한다(어 제25조 제2항 제1문). 支給人이 第二提示를 요구한 경우에는 所持人은 第一提示의 날을 기재하도록 요구할 수 있다(어 제25조 제2항 제2문). 만약 引受日字의 기재가 없는 때에는 所持人은 적법한 시기에 작성시킨 拒絶證書에 의하여 그 기재가 없었음을 증명하지 아니하면 背書人과 發行人에 대한 遡求權을 상실한다(어 제25조 제2항 제2문). 拒絶證書의 作成이 면제되어 있거나 이를 작성하지 아니한 때에는 引受人에 대하여는 日字가 없어도 引受提示期間의 末日에 引受한 것으로 본다(어 제35조 제2항). 拒絶證書의 작성이 면제된 경우에는 發行人과 背書人에 대하여도 어음法 제35조 제2항을 유추적용하여 提示期間의 末日에 引受提示가 있었던 것으로 본다.

(2) 第三者方支給의 記載

發行人이 他地出給어음에 第三者方支給의 기재를 하지 아니한 때에는, 支給人은 인수시에 그 第三者를 정할 수 있다(어 제27조 제1항 제1문). 만약 支給人이 이것을 정하지 아니한 때에는 지급지에서 引受人 자신이 지급할 의무를 부담한 것으로 본다(어 제27조 제1항 제2문).

---

92) 徐廷甲(어) 270면.

(3) 支給場所의 記載

支給人의 住所에서 지급될 것으로 한 어음(同地出給어음)에 있어서는, 支給人은 引受를 함에 있어서 지급지에서의 지급장소를 정할 수 있다(어 제27조 제2항).

3. 不單純引受

다음의 記載事項을 변경하거나 조건 또는 제한을 부기한 引受를 不單純引受라고 한다.

(1) 變更引受

어음의 내용을 변경하여 하는 引受는 引受拒絶로 본다(어 제26조 제2항 본문). 따라서 所持人은 前者에 대하여 遡求權을 행사할 수 있다. 다만 變更引受를 곧 무효로 할 필요는 없으므로 引受人에 대하여는 滿期를 기다려 引受文句대로 支給을 청구할 수도 있다(어 제26조 제2항 단서). 背書禁止引受의 경우에도 그 어음은 背書讓渡될 수 있고, 이 때 引受人은 그 문언에 따라 책임을 져야 하지만, 所持人의 後者에 대하여 所持人에게 대항할 수 있었던 抗辯으로써 대항할 수 있다.

(2) 條件附引受

引受人의 책임에 조건을 붙여서 하는 引受를 條件附引受라고 하는데, 인수는 무조건이어야 하므로(어 제26조 제1항 본문) 條件附引受가 있으면 어음所持人은 인수거절이 있는 것으로 보아 遡求權을 행사할 수 있다. 이 때 引受人은 어음法 제26조 제2항 단서가 類推適用되어 引受의 文言에 따라 책임을 지느냐가 문제이다. 어음의 流通保護와 거래상의 실익을 고려하여 變更引受의 경우와 같이 引受人이 그 조건에 따라 책임을 져야 한다는 學說도 있으나,[93] 이 學說의 주장은 어음法 제26조의 구성과 체계적인 순서로 보아 무리이고(변경인수는 어음법 제26조 제2항에 규정되어 있어서 이것이 동법 제26조 제1항에 규정되어 있는 조건부 인수의 효력에 영향을 미치지 못한다), 어음面에 나타나지 않은 조건을 인정하는 것이 되어 어음의 文言證券性에도 反하므로 이를 否定하여야 할 것이다.[94]

93) 孫珠瓚(下) 187면 ; 徐燉玨·鄭完溶(下) 216면.
94) 同旨 : 鄭東潤(어) 333면 ; 崔基元(어) 296면.

(3) 一部引受와 超過引受

支給人이 어음金額의 일부에 제한하여 인수한 경우에는(어 제26조 제1항 단서)(一部引受), 인수한 어음금액의 한도 내에서는 單純引受의 효력이 나타나고, 인수없는 잔액에 대하여만 引受拒絶이 된다. 어음금액을 초과하여 引受한 때(超過引受)에는 어음금액의 한도 내에서 인수가 있는 것으로 보고 유효하게 취급하여야 할 것이다.

Ⅴ. 引受의 效力

1. 引受人의 第一次的 支給義務

支給人이 인수를 하면 引受人(主債務者)이 되어, 滿期에 어음금액을 지급할 의무를 부담한다(어 제28조 제1항). 引受人의 支給義務는(償還義務와 달라서) 第一次的·無條件的·絶對的·最終的인 支給義務이므로 引受人은 최후의 所持人에 대하여서뿐만 아니라 償還義務를 이행하고 어음을 還受한 所持人과 發行人 등에 대하여도 위의 義務를 부담한다(어 제28조 제2항). 이 義務는 消滅時效의 경우(어 제70조 제1항)를 제외하고는 保全節次의 欠缺(예컨대, 支給提示期間內에 適法한 支給提示를 하지 아니한 경우)이 있더라도 면할 수 없다(어 제53조 제1항 단서).

引受人이 數人일 때에도 각자가 전부의 支給義務를 부담하며, 이 때의 引受人들의 책임은 合同責任이다.

2. 支 給 額

인수인이 지급할 금액은 滿期에는 어음금액과 利子額이지만, 滿期에 지급하지 않아 償還請求權이 생기면 償還金額(어 제48조·제49조)과 같은 금액이 된다.

제 4 관 어음保證

Ⅰ. 어음保證의 意義

1. 어음保證의 意義

어음保證(Wechselbürgschaft, Aval)이란 주된 어음行爲에 의하여 발생한 債務를 담보할 목적으로 이와 동일한 내용의 어음債務를 부담하는 부속적 어음行爲이다. 즉, 發行人이나 引受人, 背書人의 신용만으로는 어음의 지급이 불확실한 경우에 다른 사람이 어음금의 지급을 擔保하기 위하여 債務者와 동일한 내용의 어음債務를 부담하는 것(어 제32조 제1항)을 목적으로 하는 어음행위이다.

어음보증은 어음상의 債務를 어음상에서 保證하는 것으로 被保證債務와는 독립하여 존재하므로, 어음의 지급을 확실하게 하는 효과가 있다. 금융기관에 의한 보증은 그러하지 않지만, 실제 거래계에서는 어음보증이 오히려 어음의 불신용을 공표하는 것이 되므로 잘 이용되지 않는다. 이에 대신하여 背書의 擔保的 效力을 이용하는 이른바 숨은 어음保證, 즉 보증의 목적으로 하는 背書 등에 의하여 어음보증과 동일한 경제적 효과를 거두고 있다. 또한 擔保의 목적으로 共同어음行爲(共同發行, 共同背書, 共同引受 등)를 하는 경우도 있는데, 이와 같은 공동어음행위는 종속성이 없으므로 종된 행위인 어음보증과 구별 하여야 한다.

2. 어음保證의 法的 性質

어음保證의 法的 性質은 債務負擔의 單獨行爲라는 것이 우리 나라의 多數說이지만,[94] 어음保證의 경우에도 交付契約이 필요하다고 본다.[95]

3. 民法上의 保證과의 差異

어음保證과 民法上의 保證의 차이점은 다음과 같다.

① 民法上의 保證은 契約이지만 어음保證은 多數說에 의하면 單獨行爲이다. ② 前者는 對人的이어서 특정된 債務者를 위하여 특정된 債權者에 대하여 책임을 지나, 後者는 어음關係的이어서 主債務者가 분명하지 않아도 되며〔이때는 發行人을 위하여 한 것으로 본다(어 제31조 제4항.)〕, 불특정한 어음所持人에 대하여도 책임을 진다. ③ 前者는 主債務의 성립이 保證債務의 성립요건이지만(附從性), 後者는 담보된 債務가 方式의 瑕疵 이외의 사유로 실질상 무효인 경우에도 유효하게 성립한다(어 제32조 제2항). ④ 前者는 保證人이 催告·檢索의 抗辯權을 가지나(民 제437조 : 補充性), 後者의 경우에는 그것이 인정되지 않고, 保證人은 被保證人과 동일한 책임을 진다(어 제32조 제1항). ⑤ 前者는 방식의 제한이 없으나, 後者는 要式行爲이다(어 제31조). ⑥ 民法上의 共同保證人은 分別의 利益이 있으나, 어음保證에는 그것이 없다. ⑦ 또 消滅時效期間에도 長短의 차이가 있다. 그러나 많은 경우에 어음보증 또는 숨은 보증이 民法上의 原因債務를 保證하는 것으로 해석되기도 한다.

<대법원 1992. 12. 22. 선고, 92 다 17457 판결 : 숨은 어음보증이 민사상의 채무까지 보증한 것으로 볼 수 있는지 여부>

<事 實>

유승개발주식회사는 약속어음 여러 장을 지급거절증서작성을 면제하고, 발행지, 지급지 및 발행일을 기재하지 아니한 채 발행하였다. 동 회사의 전무이사 박승만은 동 어음을 私債市場에서 쉽게 할인받을 목적으로 상장회사로서 위 유승개발보다 신용이 있는 피고 극동전선공업주식회사 명의의 배서를 받기 위하여 친분이 있는 피고회사의 대표이사인 최병철을 찾아가 그에게 위와 같은 사정을 밝히고 배서를 의뢰하였다. 위 최병철은 이를 승낙하고 위 각 어음 이면상의 제1배서인란에 피고회사 명의의 배서를 하였다. 이들 어음 중 일부는 김영구의 배서, 나머지는 송준영의 배서를 각각 거쳐 이 사건의 원고 주식회사 신한상호신용금고에게 교부하였다. 동 어음의 소지인이 된 원고 신한상호신용금고는 위 미기재된 어음요건을 기재하지 아니한 채 지급기일에 이르러 그 지급장소인 주식회사 한미은행 안양지점에 지급제시를 하였으나

95) 徐燉玨·鄭完溶(下) 219면 ; 梁承圭(어) 323면.
96) 同旨 : 鄭東潤(어) 336면.

지급거절되었다. 이에 원고는, ① 주위적 청구로서 위 각 배서인에게 지급거절에 따른 소구권을 행사하여 상환청구를 하는 한편, ② 예비적 청구로서 피고가 보증의 의미로 배서하였다면 차용채무에 대해서도 민법상 연대보증하겠다는 의사를 표시한 것이기 때문에 피보증인이 부담하게 되는 어음금상당의 대여금의 합계액과 지연손해액을 지급할 의무가 있다고 주장하며 소를 제기하였다.

<判決要旨>

위 주위적 청구에 대하여는 제1심법원(서울민사지방법원 1991. 7. 25. 선고, 91 가합 19802 판결)에서 제2심법원(서울고등법원 1992. 4. 9. 선고, 91 나 42823. 판결)과 대법원에 이르기까지 다 같이 원고의 소구권을 인정하지 아니하였다.

위 예비적 청구에 대하여는 제1심법원과 대법원은 결론을 같이하였으나 서울고등법원은 반대의 판결을 하였다. 서울고등법원의 판결은, 피고회사의 대표이사가 차용금채무에 대한 담보의 의미로 배서를 하는 것이라는 사정을 충분히 알면서 배서행위를 한 것이고, 따라서 배서를 할 당시에 채권자(어음의 최후의 소지인)가 누구인가 구체적으로 몰랐다 하더라도 유승개발의 차용금채무를 연대보증하겠다는 의사를 표시하는 뜻에서 배서한 것이었다고 봄이 상당하다는 것이다. 따라서 피고의 연대보증인으로서의 책임을 인정하였다. 原告勝訴.

이에 대하여 대법원은 "다른 사람이 발행한 약속어음에 보증의 취지로 배서를 한 경우에 배서인은 배서행위로 인한 어음상의 채무만을 부담하는 것이 원칙이고, 다만 어음이 차용증서에 갈음하여 발행된 것으로서 배서인이 그러한 사정을 알고 민사상의 원인채무를 보증하는 의미로 배서한 경우에 한하여 원인채무에 대한 보증책임을 부담한다. 私債市場에서 쉽게 할인될 수 있도록 하기 위하여 약속어음에 배서한 것은 배서인으로서의 어음상 채무를 부담함에 의하여 신용을 부여하려는 것에 불과하고, 피고가 민사상의 원인채무를 보증하는 의미로 배서하였다고 인정할만한 자료를 찾아볼 수 없어서, 위 약속어음이 차용증서에 갈음하여 발행된 것으로 알고 민사상의 원인채무를 보증하는 의미로 배서한 것이라고 볼 수 없다."고 하였다. 被告勝訴.

<대법원 1993. 11. 23. 선고, 93 다 23459 판결 : 숨은 보증을 위하여 배서한 경우 배서인은 그 배서행위로 인한 어음상의 채무만을 부담하는 것이 원칙이다>

다른 사람이 발행한 약속어음에 보증의 취지로 배서를 한 경우에 배서인은 그 배서행위로 인한 어음상의 채무만을 부담하는 것이 원칙이고 다만 그 어음이 차용증서에 갈음하여 발행된 것으로서 배서인이 그러한 사정을 알고 민사상의 원인채무를 보증하는 의미로 배서한 경우에 한하여 그 원인채무에

대한 보증책임을 부담하는 것이다.

<대법원 1986. 9. 9. 선고, 86 다카 1088 판결 : 숨은 보증을 위하여 배서한 경우 민법상의 원인채무를 연대보증할 의사가 있었다고 본 사례>

乙이 타인으로부터 돈을 차용하면서 그 차용증서에 갈음하여 약속어음과 수표를 교부하는 것이고 그 채권자가 차용금채무에 대한 담보의 의미로 갑의 배서를 요구하는 것이라는 사정을 甲이 충분히 알고 乙의 요구에 따라 그 약속어음과 수표에 배서행위를 하였다면 甲이 비록 배서행위 당시 乙에게 금전을 대여하는 채권자가 누구인가를 구체적으로 몰랐더라도 그 배서행위는 배서된 어음, 수표를 乙로부터 교부받고 금전을 대여하는 채권자에게 乙의 차용금채무를 연대보증하겠다는 의사를 표시하는 뜻에서 한 것이었다고 봄이 상당하다.

<대법원 1998. 6. 26. 선고, 98 다 2051 판결: 명시적 어음보증의 경우 그 어음보증으로 인한 어음상의 채무만을 부담하는 것이 원칙이다>

다른 사람이 발행하는 약속어음에 명시적으로 어음보증을 하는 사람은 그 어음보증으로 인한 어음상의 채무만을 부담하는 것이 원칙이고, 특별히 민사상의 원인채무까지 보증하는 의미로 어음보증을 하였다고 볼 특별한 사정이 없는 한, 단지 어음보증인으로서 어음상의 채무를 부담하는 것에 의하여 신용을 부여하려는 데에 지나지 아니하는 것이고, 어음보증 당시 그 어음이 물품대금 채무의 담보를 위하여 발행·교부되는 것을 알고 있었다 하여도 이와 달리 볼 수 없다. 同旨: 대법원 2001. 5. 8. 선고, 2000 다 61633 판결.

Ⅱ. 어음保證의 成立要件

1. 當 事 者

(1) 保 證 人

保證人의 資格에는 제한이 없다. 제 3 자는 물론 어음상의 債務者도 상관이 없다(어 제30조 제2항 제2문·제77조 제3항). 前者가 後者의 保證人이 되거나, 引受人이 保證人이 되는 것은 무의미하지만, 償還義務者가 主債務者의 保證人이 되는 것은 意義가 있기 때문이다.

(2) 被保證人

被保證人은 어음債務者(發行人·引受人·背書人·參加引受人)이다. 따라서 어음債務者가 아닌 者, 예컨대 換어음의 支給人, 支給擔當者, 無擔保背書의 背書人 등을 위한 保證은 無效이다(通說).

2. 어음保證의 方式

(1) 正式保證

어음保證은 어음·補箋 또는 謄本에 하되(어 제31조 제1항), '保證' 또는 이와 동일한 意義가 있는 문언을 기재하고, 保證人이 記名捺印 또는 署名하여야 하며(어 제31조 제2항), 被保證人의 명칭을 표시하는 것이 원칙이다(어 제31조 제4항 제1문).

保證人은 拒絶證書作成免除(어 제46조 제1항)와 豫備支給人(어 제55조 제1항)의 기재를 할 수 있다.

(2) 略式保證

略式保證은 被保證人의 지정없이 保證文句만을 기재하고 記名捺印 또는 署名을 하거나, 保證文句마저도 기재하지 아니하고 記名捺印 또는 署名만 함으로써 할 수 있는데, 이 略式保證은 發行人을 위한 것으로 보며(어 제31조 제4항 제2문), 어음의 表面에만 할 수 있다(어 제31조 제3항). 그러나 어음 表面에 있는 支給人의 단순한 記名捺印 또는 署名은 引受로 보며(어 제25조 제1항 제3문), 또 發行人의 단순한 記名捺印 또는 署名은 발행의 意思表示로 볼 수밖에 없고, 發行人 또는 支給人이 자기를 위하여 보증한다는 것은 무의미하므로 支給人이나 發行人은 略式保證을 할 수 없다. 어음 裏面의 단순한 記名捺印 또는 署名은 背書로 인정된다.

3. 一部保證

어음保證은 어음金額의 일부에 대하여도 할 수 있다(어 제30조 제1항).

4. 條件付保證

條件附어음保證에 관하여는 견해가 나뉜다. ① 어음保證은 어음法上 무조건이어야 한다는 명문의 규정이 없고, 어음保證에 조건을 붙여도 어음所持人에게 불리할 것은 없으므로 條件附어음保證도 유효하다는 견해(판례),[97] ② 背書의 조건이 無益的 기재사항으로 되어 있는 것(어 제12조 제1항 단서·제77조 제1항 제1호)과 같이 條件附어음保證은 保證으로서는 유효하나, 그 조건은 무효로 된다는 견해,[98] ③ 조건의 기재를 有害的 기재사항으로 보아 어음保證 자체를 무효로 한다는 견해(日本의 일부학자의 견해) 등이 있다. 생각건대, 어음保證도 어음行爲로서 어음 외의 사정인 조건에 영향을 받아서는 아니되겠기에 第二說에 찬성한다.

> <대법원 1986. 3. 11. 선고, 85 다카 1600 판결 : 조건부어음보증도 유효하다>
> 어음법상의 보증의 경우에는 발행 및 배서의 경우와 같이 단순성을 요구하는 명문의 규정이 없을 뿐만 아니라 주된 채무를 전제로 하는 부수적 채무부담행위인 점에서 보증과 유사한 환어음의 인수에 조건을 붙인 경우에는 일단 인수거절로 보되 인수인으로 하여금 인수의 문언에 따라 책임을 지도록 함으로써 불단순인수를 인정하고 있음에 비추어 볼 때 어음보증에 대하여 환어음인수의 경우보다 더 엄격하게 단순성을 요구함은 균형을 잃은 해석이라고 하겠고, 또 조건부보증을 유효로 본다고 하여 어음거래의 안전성이 저해되는 것도 아니므로, 조건을 붙인 불단순보증은 그 조건부보증문언대로 보증인의 책임이 발생한다고 보는 것이 타당하다.

5. 어음保證의 時期

어음保證을 할 수 있는 시기에 관하여는 아무런 규정이 없으나, 滿期後 또는 拒絶證書作成 후나 時效完成 후에도 이를 할 수 있다고 본다.

이에 대하여 어음債務가 保全節次의 흠결 또는 소멸시효에 의하여 소멸된 후에는 保證의 대상이 없어 保證이 성립할 여지가 없으므로 무의미한 것이라는 학설

---

97) 鄭東潤(어) 340면 ; 姜渭斗(어) 424면 ; 鄭燦亨(어) 647면.

98) 孫珠瓚(下) 272면 ; 崔基元(어) 553면.

이 있으나,[99] 시효의 완성은 抗辯의 사유가 될 뿐인 점에서 소멸시효의 완성 후에도 保證은 가능하다고 본다.[100]

Ⅲ. 어음保證의 效果

1. 어음保證人의 責任

(1) 責任의 從屬性

保證人은 被保證人과 '동일한 責任'을 진다(어 제32조 제1항). 따라서 被保證債務가 支給·相計·免除·時效 등으로 인하여 소멸하면 保證債務도 소멸하고, 遡求義務가 權利保全節次의 흠결로 인하여 소멸하면 그 保證債務도 소멸한다. 被保證人이 拒絶證書作成義務를 면제했거나, 또는 一部引受 등 被保證債務에 제한을 가한 경우에는, 각각 保證債務에 그 효과가 미친다. 다만 主債務와 保證債務는 별개의 債務이므로 시효의 중단조치는 被保證人과 保證人에게 따로따로 취하여야 한다.

(2) 責任의 合同性

保證人은 被保證人과 '合同하여 責任'을 진다(어 제47조 제1항). 따라서 어음所持人은 양자에 대하여(保證人이 數人인 때에도 全員에 대하여) 따로따로 또는 동시에 어음상의 권리를 행사할 수 있으며(어 제47조 제2항), 保證人도 催告·檢索의 항변권을 행사할 수 없다.

(3) 責任의 獨立性

어음保證은 독립된 어음行爲이다. 따라서 어음行爲獨立의 原則이 적용되어, 被保證人의 債務가 실질적 사유로 無效가 되는 경우라도 形式上 瑕疵가 없는 경우에는 保證債務는 유효하므로 保證人은 문언대로의 책임을 진다(어 제32조 제2항).

---

99) 鄭東潤(어) 341면.
100) 同旨 : 崔基元(어) 555면.

이 점에서 民法의 保證에 있어서는 被保證債務가 무효이든가 취소된 때에는 保證債務의 附從性에 따라 무효라고 해석되는 것과 다르다.

본래 어음保證은 어음행위의 독립의 원칙에 따라 原因關係로부터 분리되는 것이 원칙이다. 따라서 保證人은 어음상의 額面金에 대하여만 책임을 지고, 예컨대 어음상의 債務가 時效로 소멸하면 保證人의 債務도 소멸한다. 그런데 어음保證이 때로는 원인관계상(기본계약상)의 채무를 보증한 것으로 간주되는 경우가 흔히 있다. 이 경우에는 예컨대 어음상 채무가 3년의 시효로 소멸하더라도 원인관계상의 채무는 민법상 소멸시효가 완성될 때까지 소멸하지 아니한다.[101]

(4) 被保證人이 가지는 人的 抗辯의 援用의 可否

被保證人이 어음所持人에 대하여 가지고 있는 人的 抗辯을 원용하여 保證人도 대항할 수 있느냐 하는 문제에 관하여는 종래의 通說은 어음保證의 독립성을 근거로 이를 부정하였으나(다수설),[102] 근래에는 原因關係의 不存在・無效・取消의 抗辯은 어음保證人도 어음所持人에게 대항할 수 있다는 일본의 판례가 있고, 이에 동조하는 우리 學者도 있다.[103] 우리 대법원 판례도 어음소지자의 보증인에 대한 청구가 권리남용인 경우에 한하여 보증인도 피보증인이 소지인에 대하여 가지는 人的 抗辯을 원용할 수 있다고 한다.[104]

<대법원 1988. 8. 9. 선고, 86 다카 1858 판결 : 어음행위독립의 원칙과 권리남용>

<事　實>

이수왕과 주식회사 광명주택은 액면 도합 2억원의 약속어음 3매를 장래에 원고 제일생명보험주식회사(이하 제일생명이라 한다.)로부터 차용할 차용금채무

---

101) 대법원 1980. 3. 11. 선고, 80 다 15 판결을 보면 대법원은 "수표를 담보로 하여 타인으로부터 돈을 빌린다는 사실을 알면서 수표에 대하여 보증을 한 것은 돈을 대여하고 그 수표를 교부받아 소지하는 사람에 대하여 민법상의 연대보증을 한 것이라고 보아야 한다."고 판시한 바 있다. 심지어는 보증의 취지로 배서만 하더라도(이를 숨은 어음보증이라고 한다.) 민법상의 보증책임을 져야 한다는 판결도 다수 있다(대법원 1957. 11. 4. 선고, 4290 민상 516 판결 ; 대법원 1965. 9. 28. 선고, 65 다 1268 판결 ; 대법원 1972. 3. 28. 선고, 71 다 2452 판결 ; 대법원 1986. 7. 22. 선고, 86 다카 783 판결 ; 대법원 1986. 9. 9. 선고, 86 다카 1088 판결 ; 대법원 1987. 8. 25. 선고, 87 다카 891 판결 ; 대법원 1989. 7. 25. 선고, 88 다카 19460 판결 등 참조).

102) 徐燉珏・鄭完溶(下) 222면 ; 孫珠瓚(下) 274면 ; 徐廷甲(어) 236면.

103) 鄭熙喆・鄭燦亨(下) 412면 ; 鄭東潤(어) 344면.

104) 大判 1988. 8. 9, 86 다카 1858.

를 담보하기 위하여 각각 발행하여 피고 경일투자금융주식회사(이하 경일투자금융이라 한다.)의 어음보증을 받아 이를 수취인인 원고에게 교부하였다. 그런데 제일생명은 당초의 약속과는 달리 1억원만 대부하였을 뿐, 나머지는 지급하지 아니하고 이수왕이나 광명주택의 승낙도 없이 광명그룹소속 종업원 퇴직적립계약에 따른 보험료명목으로 보관하였다. 동어음의 지급기일이 도래하기 전인 1983년 11월 초순경 광명그룹 소속회사가 부도를 내고 거래은행으로부터 거래정지처분을 받자, 위 약속어음의 소지인인 제일생명은 만기에 지급이 될 가망이 없다고 판단하여 위 약속어음을 만기 전에 지급장소에서 지급제시하였으나 지급이 거절되었다. 이에 제일생명은 어음보증인인 경일투자금융에 대하여 위 각 약속어음의 지급을 구하기 위한 소를 제기하였다. 경일투자금융은 원고가 당초 위 약속어음의 액면금 상당액인 금 2억원을 대부하여 주기로 약정하였으나, 실제로는 1억원만 대부하고 나머지 금 1억원은 약정에 반하여 이를 대부하여 주지 아니하였으므로 위 대부하여 주지 아니한 금 1억원의 범위 내에서는 어음보증책임이 없다고 주장하면서 제일생명의 청구를 거절하였다.

<判決要旨>

장래에 발생할 채무를 담보하기 위하여 발행된 어음에 발행인을 위하여 어음보증이 되어 있는 약속어음을 수취한 사람은 어음을 발행한 원인관계상의 채무가 존속하지 않기로 확정된 때에는 특별한 사정이 없는 한 그 때로부터 어음발행인에 대하여 뿐만 아니라 어음보증인에 대하여도 어음상의 권리를 행사할 실질적인 이유가 없어졌다 할 것이므로, 어음이 자기 수중에 있음을 기화로 하여 어음보증인으로부터 어음금을 받으려고 하는 것은 신의성실의 원칙에 비추어 부당한 것으로 권리의 남용이라 할 것이고, 어음보증인은 수취인에 대하여 어음금의 지급을 거절할 수 있다 할 것이니, 위 수취인으로부터 배서양도를 받은 어음소지인이 어음법 제17조 단서의 요건에 해당되는 때에는 어음보증인은 그러한 악의의 소지인에 대하여서도 권리남용의 항변으로 대항할 수 있다.

2. 어음保證債務 履行의 效果

(1) 主債務의 消滅

保證人이 그 채무를 이행하면 保證債務는 물론 被保證人의 채무도 소멸한다.

(2) 保證人의 求償權

保證人이 어음의 지급을 한 때에는 被保證人과 그 被保證人의 채무자에 대하여 어음으로부터 생기는 권리를 취득한다(어 제32조 제3항). 이를 保證人의 求償權이라 한다. 이 권리는 法에 의하여 獨立的·原始的으로 취득하는, 문언 그대로의 어음債權으로서, 保證人은 惡意가 없는 한(어 제17조의 類推適用), 被保證人이 그 所持人 또는 그 被背書人에 대하여 가지는 人的 抗辯으로써 대항받지 아니한다. 또 이 권리는 被保證人과 그 前者에 대한 권리뿐만 아니라, 所持人의 引受人에 대한 권리도 포함한다.

保證人의 求償權取得은 承繼取得이 아니라 法定取得이므로 保證人이 어음의 교부를 받지 않고서도 지급만 하면 어음상의 권리를 취득한다. 따라서 어음保證人은 그 취득한 권리에 기하여 어음증권의 교부를 청구할 수 있고, 어음을 교부받아 비로소 자기의 債務者에게 求償할 수 있게 된다.

一部保證을 한 保證人은 保證債務를 이행하여도 어음의 교부를 받을 수 없으므로 그 지급한 뜻을 어음상에 기재하고 영수증의 교부를 청구할 수 있지만, 그것만으로는 被保證人 및 그 前者인 어음債務者에 대한 권리를 행사할 수 없다. 이 경우에는 자기의 어음상의 채무자가 잔액을 지급하고 어음을 還受하는 것을 기다려 어음상의 권리를 행사하든가, 또는 자신이 어음금 전액을 어음所持人에게 지급하고 어음을 還受하여 권리를 행사하는 수밖에 없다. 앞의 경우는 이미 어음債務者가 어음을 還受하여 점유하고 있을 것이므로 保證人은 어음을 所持·提示하지 않고도 권리를 행사할 수 있다.

保證人은 어음상의 求償權 외에 實質關係에 의거한 자기의 債務者에게 私法上의 求償權을 행사할 수도 있다.

(3) 保證人 相互間의 求償權

동일인을 위하여 여러 사람의 保證人이 있는 경우에, 保證債務를 이행한 保證人과 다른 保證人 간의 求償關係는 民法의 一般原則에 따른다(民 제448조 제2항·제425조).

제 5 관 換어음의 支給

Ⅰ. 어음支給의 意義

어음의 支給(Zahlung, payment)이란 어음관계를 전부 소멸시키는 효과를 가지는 辨濟를 말한다. 따라서 引受人・支給人 또는 支給擔當者가 하는 지급을 말하며, 發行人・背書人・保證人・參加引受人 등이 하는 넓은 의미의 지급은 求償關係가 존속하므로 여기서 제외한다.

Ⅱ. 어음의 支給提示(支給請求)

1. 支給提示의 意義

어음의 支給提示(Vorlegung zur Zahlung)란 어음의 所持人(또는 그 代理人)이 지급을 청구하기 위하여 約束어음의 發行人, 換어음의 支給人・引受人(또는 그 代理人) 또는 支給擔當者에게 어음을 제시하는 것을 말한다. 어음所持人은 支給提示期間 내에 제시를 하여야만 前者에 대한 遡求權을 보전할 수 있으며(어 제53조), 引受人은 지급제시가 있은 때로부터 이행지체의 책임을 진다(제65조, 民 제517조). 지급제시는 인수제시와는 달리 어음의 단순한 占有者에 의하여는 할 수 없다. 約束어음의 발행인이 數人이 있는 때에는 그 전원에 대하여 제시하여야 遡求할 수 있다.

2. 支給提示의 當事者

(1) 提示者

支給을 위한 提示者는 背書의 연속 등에 의하여 形式的 資格을 가지는 어음의 所持人, 그 代理人과 領收文句의 기재가 있는 어음을 占有하는 所持人의 使者이다. 형식적 자격을 갖지 않더라도 진실로 權利者이거나 그 代理人인 때에는 그 사실을 입증하여 적법하게 提示할 수 있다.

(2) 被提示者

支給提示는 換어음의 支給人(引受人), 約束어음의 發行人 또는 그 代理人이다. 그러나 제3자가 支給擔當者로 기재되어 있는 경우에는 그 支給擔當者에게 제시하여야 한다. 그리고 換어음의 支給人 또는 約束어음의 發行人이 사망한 때에는 그 상속인이나 재산관리인에게 제시하여야 한다.

3. 支給提示의 期間

主債務者인 約束어음의 發行人이나 換어음의 引受人에 대하여는 지급되어야 할 날(滿期) 이후 3年의 消滅時效期間 내에 支給提示를 하면 된다.

그러나 遡求權 보전을 위한 支給提示期間은 어음의 종류에 따라 다르다. 즉, ① 確定日出給어음·發行日字後定期出給어음 및 一覽後定期出給어음에 있어서는 원칙으로 '支給을 할 날 또는 이에 이은 2去來日內'에 支給提示를 하여야 한다(어 제38조 제1항). '支給을 할 날'은 보통의 滿期의 날이나, 滿期의 날이 法定休日(어 제81조)에 해당하는 때에는 이에 이은 第一의 거래일에 지급을 청구할 수 있으므로(어 제72조 제1항), 이 第一의 거래일이 지급을 할 날이 된다. ② 一覽出給어음에 있어서는 發行日字로부터 1年 내에(어 제34조 제1항 제2문) 또는 發行人이 일정한 期日 전의 支給提示를 금하였을 때에는 그 期日로부터 1年 내에 支給提示를 하여야 한다(어 제34조 제2항). 發行人은 一覽出給어음의 支給提示期間을 단축 또는 연장할 수 있고, 背書人은 그 기간을 단축할 수 있다(어 제34조 제1항 제3문).

支給提示期間의 계산에 있어서는 初日을 算入하지 아니하며, 그 기간의 말일이

法定休日인 때에는 이에 이은 第一의 거래일까지 기간을 연장한다. 그러나 기간 중의 휴일은 그 기간에 산입한다(어 제72조 제1항·제2항).

4. 支給提示의 場所

支給提示는 지급지에 있어서의 支給人의 영업소 또는 주소에서 하는 것을 원칙으로 하나(民 제516조 참조), 지급장소의 기재가 있는 경우에는 그 장소에서 하여야 한다(어 제4조·제27조), 그러나 어음교환소에서 하는 제시는 支給提示의 효력을 가진다(어 제38조 제2항·제83조).

(1) 어음에 支給場所(또는 支給擔當者)의 記載가 있는 경우

支給場所가 支給地 내의 장소로서 適法하게 기재된 경우에는 그 支給場所에서 支給提示하여야 하고, 그 支給場所 이외에서 支給提示하여도 支給提示로서의 效力이 없다.[105] 支給場所로서 第三者方支給文言이 기재된 경우에는 언제나 第三者方에서 支給提示하여야 하고, 支給擔當者의 기재가 있는 때에는 支給地 내에 있는 支給擔當者의 營業所 또는 住所에서 支給提示를 하여야 한다.

> <대법원 1988. 8. 9. 선고, 86 다카 1858 판결 : 어음에 지급담당자가 기재된 경우의 지급제시>
>
> 어음에 제삼자방지급문구가 기재되어 있을 때 그것이 지급담당자를 기재한 것이라면 지급을 위한 제시는 지급담당자의 영업소 또는 주소에서 지급담당자에게 하여야 한다.

支給地 외의 장소가 지급장소로 지정되어 있는 경우에는 그 지급장소의 指定은 無效이므로 所持人은 支給地 내에 있는 主債務者(약속어음의 發行人이나 환어음의 引受人)의 營業所, 住所 또는 居所에서 지급제시를 하여야 한다.

어음에 기재된 지급장소는 支給提示期間 내에 支給提示한 경우에 한하여 效力이 있으므로(判例 및 多數說), 위 기간이 경과하면 主債務者의 營業所 또는 住所에서 支給提示하여야 한다.

---

105) 鄭燦亨(어) 498면 ; 鄭東潤(어) 414면.

(2) 어음에 支給場所(또는 支給擔當者)의 記載가 없는 경우

어음에 支給場所의 기재가 없는 경우에는 支給地 내에서의 支給人(換어음의 支給人·引受人, 約束어음의 發行人 등)의 營業所 또는 住所·居所에서 지급제시를 하여야 한다(民 제516조·524조). 그러나 支給地 내에 支給者의 營業所 또는 住所·居所가 없는 경우에는 支給地 내에서 支給人을 발견할 수 없고, 支給地 외에서 支給人의 營業所 또는 住所·居所를 발견한 때에는 支給地 외의 支給人의 營業所 또는 住所·居所에서 지급제시할 것이 아니라, 支給地 내에서 支給拒絶證書를 작성하여야 한다.[106]

(3) 어음交換所에서의 提示

어음교환소는 지급제시장소로서 法定된 곳(어 제38조 제2항)이므로 어음에 支給場所나 支給擔當者의 기재가 있든 없든 支給地 내에 어음교환소가 없는 경우에도 어음교환소에 한 지급제시는 그 효력이 있다. 실제로도 금융기관이 支給人 또는 支給擔當者인 어음은 직접 지급장소에 지급하는 경우는 드물고 자기의 거래은행에 대한 推尋委任을 통하여 어음교환소에 제시하여 결제하는 것이 보통이다.

5. 支給提示의 方法

提示者는 완전한 어음을 현실로 被提示者에게 제시하여야 한다. 그러므로 謄本이나 補充 전의 白地어음을 제시하여도 支給提示의 효력이 없다.

> <대법원 1967. 9. 5. 선고, 67 다 1471 판결 : 요건이 흠결된 어음에 의한 지급제시는 무효이다>
>
> 발행지 및 발행인이 명칭에 부기한 지의 기재마저 없는 어음은 어음요건의 흠결로서 무효이고 따라서 동어음으로써 한 지급제시는 그 효력이 없다.

支給人이 支給拒絶을 할 것이 명백한 경우에도 적법한 支給提示를 하여야 하며, 적법한 제시에 필요하고 가능한 절차를 취한 이상 정당한 時期와 場所에 被提示者가 없어서 현실의 제시를 하지 못한 경우에도 적법한 제시를 한 것으로 보아야 한다. 적법한 支給提示가 있었다는 證明方法에 관하여는 引受人에 대한 관

106) 鄭東潤(어) 415면 ; 鄭燦亨(어) 498면.

계에 있어서는 특별한 제한이 없으나, 償還義務者에 대한 관계에 있어서는 支給拒絶證書의 작성이 유일한 證明手段이다(어 제44조).

6. 支給提示의 效果

支給提示를 함으로써 어음의 所持人은 ① 어음金支給을 적법하게 수령할 수 있고, 지급이 없는 경우에는 主債務者를 이행지체에 빠뜨린다. 支給提示期間內에 支給提示가 거절된 경우에는 主債務者는 遡求義務者와 동일한 책임을 지고(어 제28조 제2항·제78조 제1항), 支給提示期間經過 후에 支給提示한 경우라도 그 때부터 年 6分의 지연이자를 지급하여야 한다(어 제28조 제2항·제48조 제1항 제2호의 유추적용). ② 支給提示期間內에 支給提示를 한 所持人은 그 前者에 대한 償還請求權(遡求權)을 보전할 수 있게 된다(어 제43조·제77조 제1항 제4호). 그러나 支給提示期間內에 支給提示를 하지 아니하면 모든 遡求義務者에 대한 遡求權을 상실한다(어 제53조 제1항·제77조 제1항 제4호).

Ⅲ. 어음의 支給時期

1. 滿期 전의 支給

民法의 一般原則에 의하면 期限은 債務者의 이익을 위한 것으로 추정되므로(民 제153조 제1항), 債務者가 스스로 期限의 利益을 포기하여 期限前에 辨濟를 할 수 있다. 그러나 어음소지인은 滿期까지는 어음을 유통시키는 데 대하여 利益을 가지고 있기 때문에 어음법상 어음소지인은 만기 전에는 어음금의 지급을 청구할 수도 없고, 또 그 지급을 받아야 할 의무도 없다(어 제40조 제1항·제77조 제1항 제3호).

그러나 所持人과 債務者와의 합의에 의한 滿期 전의 지급까지 제한할 필요가 없으므로 어음법은 所持人의 동의가 있으면 支給人은 자기의 危險負擔하에 만기 전에도 유효하게 지급할 수 있는 것으로 하고 있다(어 제40조 제2항·제77조 제1항 제3호). 이와 같이 滿期 전의 지급에 있어 支給人에게 危險을 부담시키는 것은 본래의 支給期日에 있어서의 支給이 아니기 때문이다. 따라서 支給人이 形式的 資格을 가진 어음소지인에게 지급하고 또 어음소지인의 실질적 자격에 대하여 詐欺 또는 重過失이 없더라도 어음소지인이 진정한 권리자가 아닌 한 支給人은 면책되지 못한다. 또 支給委託이 취소된 경우에는 發行人에 대하여 資金關係上 償還을 청구하지 못한다.

2. 滿期의 支給

어음은 본래 滿期(또는 支給을 할 날)에 지급될 것이 예정되어 있는 증권이므로 滿期는 支給人이 지급을 할 수 있는 時期가 되는 동시에 支給人이 지급을 청구할 수 있는 時期이기도 하다. 滿期支給의 '滿期'는 滿期日만을 의미하는 것이 아니라 '支給提示期間'을 의미한다. 즉, 支給을 할 날(滿期) 이후에도 지급제시기간경과 전(支給拒絶證書作成期間經過前)에는 어음所持人은 引受人 또는 支給人에 대하여 支給請求를 할 수 있고, 引受人 또는 支給人도 유효한 지급을 할 수 있으며(善意支給), 그 지급의 결과를 資金義務者에게 귀속시킬 수 있다.

따라서 어음의 支給을 할 날 또는 이에 이은 2去來日 내(一覽出給어음을 제외한 3종의 어음의 경우)이거나 또는 어음法 제34조(제77조 제1항 제2호)의 法定 또는 指定된 기간 내(一覽出給어음의 경우)에 어음소지인이 支給提示를 하였을 때에 지급하는 것이 滿期에 있어서의 지급이 된다(어 제38조 제1항·제34조·제77조 제3항 제3호).

한편 提示期間은 3일간이지만, 이 기간 중 어느때이든 제시가 있으면 즉시 지급하여야 하며, 提示期間동안 支給人이 期限의 利益을 갖는 것은 아니다. 예컨대, 지급할 날에 提示받으면 그 즉시 지급하여야 하며, 이는 2去來日 내에 지급하면 되는 것이 아니다. 어음금의 지급에 있어서는 恩惠日, 즉 지급인을 위한 支給猶豫期間은 법률상 인정되지 아니하며 裁判에 의해서도 이를 인정할 수 없다(어 제74조).

그러나 당사자간의 特約으로 지급을 유예할 수는 있다. 그렇다고 하여 어음의 滿期가 연장되는 것은 아니므로 支給猶豫로 인하여 拒絶證書作成의 時期를 놓치고 또 유예된 支給日에 지급도 되지 아니한 경우 소지인은 遡求權을 상실한다.

3. 滿期 후의 支給

지급제시기간경과 후(支給拒絶證書作成期間經過後)에도 時效期間 내에는 어음의 主債務者는 어음금을 지급할 債務를 부담하는 것이므로, 滿期 후의 지급의 경우에도 滿期에 지급하는 경우와 같이 善意支給에 따른 보호를 받으므로 유효한 지급을 할 수 있다(어 제40조 제3항). 다만 引受를 하지 않은 支給人은 특약이 없는 한 지급을 하여도 그 지급의 결과를 資金義務者에게 귀속시킬 수 없다(手票의 경우와 다르다.).

4. 支給의 猶豫 또는 延期

(1) 當事者의 意思에 의하는 경우

어음의 지급을 연기시키는 방법에는 ① 기존의 어음을 新어음으로 교체시키는 어음改書의 방법과, ② 당사자간에 支給猶豫의 특약을 하는 방법, ③ 滿期의 記載 자체를 변경하는 방법이 있다.

(가) 어음의 改書

어음의 改書란 廣義로는 기존의 어음을 다양한 목적을 위하여 新어음으로 교체시키는 것이고, 狹義로는 만기가 도래한 어음의 支給猶豫를 위하여 滿期를 변경한 新어음을 발행하여 舊어음의 債權者에게 교부하는 것을 말한다. 後者의 경우에 新어음을 延期어음 또는 改書어음이라고도 한다.

어음의 改書는 보통 어음의 主債務者(換어음의 引受人 또는 約束어음의 發行人)와 債權者인 어음소지인(受取人 또는 최후의 被背書人) 간의 합의에 의하여 이루어진다.

(나) 支給猶豫의 特約

어음소지인과 債務者 사이의 支給猶豫의 特約을 체결하는 방법이다. 이러한 特約은 어음관계에는 아무런 영향을 미치지 않고, 당사자간에서만 어음 외에서 그 효력이 발생하여 人的 抗辯事由가 될 뿐이다(通說).

(다) 滿期의 變更

어음관계자 全員의 동의를 얻어서 어음의 滿期를 변경하여 그 支給을 연기할 수 있다. 어음관계자의 동의없이 滿期를 변경하면 어음의 變造가 되므로, 滿期의 變更에 동의하지 아니한 어음채무자에 대하여는 그 효력이 없다.

(2) 法律의 규정에 의하는 경우

戰爭・地震・供水・恐慌 기타 全國 또는 一地方의 事變 등이 발생한 경우에 국가권력의 발동에 의하여 어음債務의 지급이 유예되는 수가 있다(어 제54조)(moratorium). 이것은 어음支給猶豫라고 하는데, 이에는 滿期自體를 연기하는 경우와 滿期自體는 변경없이 단순히 提示期間 및 拒絶證書作成期間만이 연장되는 경우가 있다(어 제54조 제1항・제77조 제1항 제1호).

Ⅳ. 어음支給人의 調査義務

1. 調査義務의 輕減

본래 채무는 진정한 권리자 또는 그 자로부터 권리행사의 권한을 부여받은 변제수령권자에게 변제하지 않으면 그 효과를 얻을 수 없다(民 제472조). 따라서 채무자는 변제를 함에 있어서 일일이 청구자가 진정한 권리자인가의 여부를 조사하여야만 한다. 그러나 轉轉流通하는 유통증권에 대하여도 이 原則을 적용한다고 하면 어음거래의 원활을 기할 수 없다. 그리하여 어음法은 어음지급의 신속과 유통성의 확보를 위하여 지급인의 조사의무를 경감하고 있다. 즉, 어음법은 어음의 형식상 알 수 있는 사항에 한정하여 引受人이 調査義務를 이행한 때에는 無權利者에게 지급한 경우에도 '詐欺 또는 중대한 過失'이 없는 한 免責되도록 하였다(어 제40조 제3항). 이러한 효과는 支給擔當者가 지급한 경우에도 같다. 그러나 이와 같은 支給人의 보호는 滿期 후의 지급의 경우에만 인정되고, 만기 전에는 지급인의 위험으로 지급할 수 있다(어 제40조 제2항).

2. 滿期支給人의 調査義務

(1) 調査義務의 內容

滿期에 지급하는 者는 형식적 資格者(指示어음에 있어서는 연속된 背書의 최후의

被背書人, 白地式背書가 있는 때에는 그 占有者, 背書禁止어음에 있어서는 受取人)에게 지급하면 된다. 그러나 支給人이 二重辨濟의 책임을 면하려면 詐欺 또는 중대한 過失이 없어야 하며, 背書의 연속의 整否를 조사하여야 하되, 背書人의 記名捺印 또는 署名까지 조사할 의무는 없다(어 제40조 제3항).

(가) 調査事項

支給人이 조사하여야 할 調査事項은 所持人의 형식적 자격의 유무이다.

(a) **背書의 연속의 整否** : 背書의 연속이란 第一背書는 受取人이 하고, 第二背書는 第一背書의 被背書人이 하고, 이와 같이 하여 차례로 최후의 背書에 이르기까지 끊어지지 아니함을 말한다.

背書의 불연속으로 형식적 자격이 인정되지 않더라도 그 부분에 관해서 實質的 權利移轉(相續·會社合併·競賣 등 民事的 承繼)이 있었음을 소지인이 입증하는 경우에 背書의 斷絶이 架橋된다고 볼 것이다.

(b) **어음方式의 適否** : 어음이 그 法定形式(어 제1조)을 갖추지 않은 경우에는 不完全어음으로서 그 어음에 대한 지급도 당연무효이기 때문이다.

(c) **자기의 記名捺印 또는 署名의 眞否** : 記名捺印 또는 署名의 조사는 실질적 조사이지만 자기의 記名捺印 또는 署名의 진부를 가리어 낸다는 것은 어려운 일이 아니며, 또 당연히 자기 자신이 하여야 할 것이기 때문에 지급하는 者의 조사사항이 되고 있다.

上述한 조사사항 이외의 것, 즉 ① 所持人의 실질적 자격(어음法 제40조 제3항 제2문은 '背書人의 記名捺印 또는 署名'의 眞僞라고 표현하고 있다.), ② 所持人의 支給受領能力(無能力者 혹은 破産者가 아닌가?), ③ 代理受領의 경우라면 그 代理權, ④ 所持人의 동일성(어음상 權利者로 기재된 者와 실질적으로 동일인인가?)에 대해서는 어음支給決濟의 신속과 안전을 기하기 위하여 지급인은 조사의무를 부담하지 않는다고 본다.

(나) 注意의 程度

支給人이 所持人의 형식적 자격을 조사하는 경우에 다하여야 할 '注意의 程度'는 詐欺 또는 重過失이 없는 주의이다. 이와 같이 支給人의 注意義務를 경감하는 것은 증권의 외관에 대한 善意의 신뢰를 보호하려는 것이므로 所持人의 실질적 자격이나 동일성의 欠缺에 관해서 詐欺 또는 중대한 過失이 있는 支給人은 보호할 필요가 없다(어 제40조 제3항 제1문).

詐欺란 어음法 제16조 제2항의 惡意(事實의 認識, 즉 '知')와는 다른 것이니, 즉

支給提示者에게 辨濟受領의 권한이 없음을 알고 있을 뿐만 아니라 訴訟上 이러한 사실을 입증할 확실한 證據方法을 가지고 있는데도 불구하고 지급한 경우를 말한다. 왜냐하면 支給人은 提示者가 無權利라는 것을 알았다 하더라도 확실한 證據方法이 없는 한 어음金請求訴訟에서 敗訴하여 막대한 信用上의 損失을 입을 우려가 있기 때문이다.

重過失이란 支給人이 보통의 주의를 하여 조사를 하였더라면 쉽게 상술한 의미의 詐欺가 없었을 것인데, 그 주의를 하지 않은 것을 말한다. 즉, 보통의 주의로써 조사를 하기만 하였더라면 提示者가 無權利者임을 알았을 것이고, 또 無權利者임을 입증할 자료도 확실히 얻었을 것인데, 그 정도의 주의도 하지 않았기 때문에 無權利者임을 알지 못하고 지급한 경우이다.

(2) 實質的 資格의 調査權 問題

형식적 자격에 대한 調査義務가 있는 支給人은 그 조사사항에 관한 한 調査權이 있음은 물론이다. 그러나 실질적 자격의 유무에 관한 調査權에 대해서는 견해가 일치하지 않고 있다.

民法 제518조를 類推適用하여 支給人의 實質的 資格에 대한 調査權을 인정하는 學說은 그 조사에 필요한 기간은 履行遲滯의 책임도 지지 않는다고 한다.[107] 그러나 支給人의 實質的 資格의 調査權은 인정할 수 없다고 본다. 왜냐하면 그 調査權을 인정하면 支給人이 調査權을 남용하여 부당하게 지급이 지체될 우려가 있기 때문이다. 따라서 背書가 연속된 어음所持人에 대해서는 즉시 지급을 하여야 하고, 만약 의문이 있어 그 실질적 자격을 조사했으나 결국 實質的 權利者가 아닌 것을 입증하지 못했을 경우에는 支給人은 支給提示를 받은 때로부터 履行遲滯의 책임을 져야 한다.

(3) 調査義務履行의 效果

支給人이 調査義務를 이행하여 詐欺 또는 重過失 없이 형식적 자격자에게 지급을 한 경우에는, 가령 진정한 권리자가 아닌 者에게 지급을 하였다 하더라도 그 책임을 면한다(어 제40조 제3항)(免責力).

'責任을 免한다'는 의미는 일반적으로 넓게 해석하고 있다. 즉, 支給義務를 부담하는 者(換어음의 引受人, 約束어음의 發行人)가 채무를 면하여 二重支給의 위험을

107) 同旨 : 孫珠瓚(下) 294면 참조.

부담하지 않을 뿐만 아니라, 支給義務를 부담하지 아니하는 者(引受하지 않은 換어음의 支給人, 支給擔當者)가 지급의 결과를 資金關係上 유효하게 資金義務者에게 귀속시킬 수 있는 것을 의미한다.

(4) 僞造 · 變造어음의 支給效果

僞造 · 變造어음을 支給人이 故意 · 過失 없이 지급한 경우 누가 그 손실을 부담하여야 할 것인가에 관하여는 發行人(被僞造者 또는 變造前 記名捺印者)負擔說과 支給人負擔說로 나뉘고 있다. 多數說은 어음法 제40조 제3항의 支給免責은 어음 자체가 유효한 것을 전제로 하므로 특약이 없는 한 僞造어음에 관하여는 支給人이 그 손실을 부담하여야 한다고 풀이하는 데 대하여,[108] 少數說은 善意 · 無過失의 支給者에게 손해를 부담시킬 수 없으므로 위험을 예방할 수 있는 지위에 있는 被僞造者가 손해를 부담하여야 한다고 한다.[109]

생각건대, 理論上은 被僞造者에게 歸責事由가 없는 한 支給人負擔說이 타당하다 하겠으나, 실제로는 은행이 支給人 또는 支給擔當者인 경우가 보통일 것이고, 그 때에는 當座計定約定書에 의해 은행이 보통의 주의를 하고 지급한 이상 면제된다는 특약을 하게 되므로 두 학설이 거의 같은 결과가 된다.

<대법원 1975. 3. 11. 선고, 74 다 53 판결 : 변조된 어음을 지급한 은행에 과실책임을 인정한 사례>

<事　實>

원고 한수백은 1971. 2. 20. 피고 서울은행과 당좌계정약정을 체결하고 당좌거래를 해 오다가 1971. 3. 3. 액면금 50,000원의 소지인출급식 당좌수표 1매를 발행하였다. 그런데 위 수표는 유통 중 성명불상자에 의하여 액면금 50,000이 1,200,000으로, 한자 金五萬이 金一百貳拾萬으로, 발행일 1971. 3. 3.이 1971. 3. 8.로 각각 변조되어 1971. 3. 17. 피고은행에 지급제시되었고, 위 은행은 자외선감별기에 의하여 조사를 하고도 변조사실을 발견하지 못한 채 위 1,200,000원을 원고의 자금 중에서 지급하였다.

원고는 피고은행의 직원이 예금주가 발행한 수표금에 관한 지급사무를 처리함에 있어서 마땅히 기울였어야 할 주의의무를 게을리한 과실로 위와 같이 수표금을 지급하였으므로 그 지급은 무효이고, 따라서 그 지급된 금액에서 원고가 실제 발행한 금 50,000원을 제한 나머지 금 1,150,000원의 예금채권이

108) 徐燉珏 · 鄭完溶(下) 231면 ; 徐廷甲(어) 211면 ; 孫珠瓚(下) 298면.
109) 鄭燦亨, "僞造 · 變造된 어음 · 手票를 支給한 支給人의 責任", 警察大 論文集, 1985, 355~362면.

잔존한다고 주장하면서 그 지급을 구하였다.

이에 대하여 피고는 위 수표의 지급에 있어서 취급상의 보통의 주의의무를 다하였으므로 당좌계정약정서의 면책약관에 따라 면책되었다고 항변하였다. 당좌계정약정서의 면책약관이란, "예금주는 수표에 사용할 서명과 인감 또는 명판을 미리 은행에 제출하여야 하며, 그 인감과 대조하여 취급상 보통의 주의로써 상위 없음을 인정하고 지급한 수표는 인감 또는 수표용지의 도용, 위조, 변조 등 기타의 사유로 인하여 손해가 생길지라도 은행은 그 책임을 지지 아니한다."고 인쇄되어 있는 조항을 말한다.

<判決要旨>

당좌계정약정서의 면책약관에 표시된 보통의 주의의무란 수표 등을 취급하는 은행으로서 지녀야 할 통상적 주의를 뜻하는 것으로서 그 내용은 다만 육안으로 식별하는 데 그칠 것이 아니고 은행이 보편적으로 간편하게 사용할 수 있는 器機 등을 이용하는 등 성실한 업무처리로 그 진위의 식별에 임하여야 할 주의의무를 뜻하는 것이므로 이를 중과실이 있을 경우에만 은행측이 책임을 진다는 취지로 해석할 수 없다.

3. 滿期前 支給人의 調査義務

滿期 전에는 所持人은 支給請求權이 없음은 물론 支給受領義務도 없다(어 제40조 제1항). 따라서 所持人의 동의하에 支給人의 '危險負擔으로' 지급하게 된다(어 제40조 제2항)(任意支給). 任意支給에는 어음法 제40조 제3항이 적용될 여지가 없기 때문에 支給人은 실질적 자격의 조사의무도 부담한다. 그러므로 가령 형식적 자격자에게 지급하였으나 실질적 자격자가 아닌 경우에는 支給人이 善意·無過失이라도 支給의 免責力(善意支給의 效果)은 없기 때문에 二重支給을 하게 된다. 다만 一般民事法的 救濟, 예컨대 準占有者에 대한 辨濟(民 제470조), 領收證所持者에 대한 辨濟(民 제471조), 表見代理(民 제135조·제126조·제129조) 등에 관한 규정에 의한 보호를 받을 수 있을 뿐이다. 그러나 滿期前의 遡求가 허용되는 경우는 예외이다.

V. 어음支給의 目的物(支給할 貨幣)

1. 어음金額이 內國貨幣로 기재된 경우

어음금액을 지급할 화폐의 종류(예컨대, 1만원券)를 특정할 수는 없으므로 支給人의 선택에 따라 각종의 통화로 지급할 수 있다.

2. 어음金額이 外國貨幣로 기재된 경우

支給地의 通貨가 아닌 外國通貨로 어음금액을 어음에 기재한 경우에는 支給人의 선택에 따라 支給地의 통화로 지급할 수도 있다(어 제41조 제1항 제1문). 이 때 外國通貨의 가격은 滿期의 날의 支給地의 慣習(보통의 換時勢)에 의하여 정하되(어 제41조 제2항), 發行人이 그 換算率을 어음에 기재한 경우에는 그에 따른다. 어음債務者가 지급을 지체한 때에는 所持人은 그 선택에 따라 滿期의 날 또는 지급의 날의 換時勢에 의하여 支給地의 통화로 어음금액을 지급할 것을 청구할 수 있다(어 제41조 제1항 제2문).

3. 外國通貨現實支給文句가 기재된 경우

發行人이 특정 外國通貨로 지급할 뜻을 기재한 경우에는 그 外國貨幣로 지급하여야 한다(어 제41조 제3항). 支給委託의 單純性에 어긋나는 유일한 예외이다.

4. 어음金額이 同名異價의 貨幣로 기재된 경우

發行國과 支給國에서 同名異價를 가진 通貨(예컨대, 프랑스·스위스의 프랑, 美國·

멕시코의 弗)에 의하여 어음금액을 정한 때에는 支給地의 통화에 의하여 정한 것으로 추정한다(어 제41조 제4항).

Ⅵ. 어음支給의 方法(態樣)

1. 어음의 還受

支給人은 지급을 할 때에는 어음과 상환하고(相換證券性), 어음에 領受를 증명하는 기재를 할 것을 청구할 수 있다(어 제39조 제1항). 이것은 支給畢의 증명을 확실하게 하고 二重支給의 위험을 피하기 위한 것이다.

支給者가 이미 어음을 占有하고 있는 때에는 어음의 교부를 청구할 수 없고, 支給者가 어음을 破棄하여 멸실시킨 경우에는 所持人은 除權判決 없이도 어음상의 權利를 행사할 수 있다.[110]

約束어음의 發行人이 어음을 還受하지 아니하고 지급을 한 경우에는 어음상의 權利는 소멸하고, 이른바 '어음債務의 有效性에 관한 抗辯'이 성립한다는 학설도 있으나,[111] 이 경우에는 어음상의 權利는 소멸하지 않고 지급의 사실은 단지 發行人과 所持人 사이의 人的 抗辯으로 될 뿐이라고 생각한다.[112]

2. 一部支給

支給人은 어음金額의 一部支給을 할 수 있으며, 所持人은 이를 거절하지 못한다(어 제39조 제2항). 만일 所持人이 이를 거절하면 그 부분에 대한 遡求權을 상실한다. 다만 提示期間經過 후에는 이미 遡求權이 상실되었으므로 이 경우에는 所持人은 一部支給을 거절할 수 있다. 一部支給의 경우에는 支給人은 所持人에 대하여 어음에 一部支給의 뜻을 기재하고 領受證을 교부할 것을 청구할 수 있다(어

110) 日最判 1966. 4. 22.
111) 鄭東潤(어) 421면.
112) 同旨 : 徐廷甲(어) 179면.

제39조 제3항). 어음에 一部支給의 기재가 있으면 證券上의 抗辯으로서 物的 抗辯이 되지만, 그 기재가 없으면 人的 抗辯이 된다.

3. 어음金額의 供託

所持人이 支給提示期間 내에 支給提示를 하지 아니한 때에는 어음債務者는 所持人의 비용과 위험부담으로 어음금액을 管轄官署에 공탁하고 그 채무를 면할 수 있다(어 제42조). 引受를 하지 아니한 換어음의 支給人도 債務者는 아니지만 공탁을 할 수 있다고 본다.

제6관 어음의 遡求(償還請求)

Ⅰ. 遡求의 意義

어음의 遡求(Rückgriff, Regreß, recourse) 또는 償還請求란 滿期에 지급이 거절되었을 때와 滿期 전이라도 지급의 가능성이 현저하게 감소되었을 때, 어음의 所持人이 前者인 背書人과 發行人에 대하여 본래의 지급에 갈음하여 어음金과 기타 비용의 辨償을 청구하는 것이다.

어음거래의 원활화를 위해서는 지급의 확실성을 신뢰한 어음所持人에게 지급받지 못할 사태가 발생한 경우에, 지급받은 것과 같은 경제적 효과를 거둘 수 있도록 보장해 줄 필요가 있다. 따라서 遡求制度는 어음의 유통성을 확보하기 위하여 對價關係를 고려하여 賣渡人의 瑕疵擔保責任과 같은 정신을 어음法的으로 일반화하고 엄격화한 제도이다.

遡求制度에 관한 立法主義로는 二權主義·一權主義·選擇主義가 있다. 二權主義는 引受拒絶時나 기타 支給不確實時에는 擔保請求權, 支給拒絶時에는 償還請求

權을 인정하는 主義이다(獨·伊·日의 舊法). 一權主義는 引受拒絶時든 支給拒絶時든 償還請求權만을 인정하는 主義이다(제네바統一法·英·中·日·우리 나라). 그리고 選擇主義는 支給拒絶時에는 償還請求權을 인정하나, 引受拒絶時에는 償還請求權과 擔保請求權 중에서 遡求義務者(佛舊法) 또는 遡求權者(스칸디나비아 舊法)에게 선택권을 인정하는 主義이다.

Ⅱ. 遡求의 要件

1. 滿期 전의 遡求

(1) 實質的 要件(遡求原因)

(가) 引受의 전부 또는 일부의 拒絶(어 제43조 제1호)

어음所持人이 所定期間 내에(어 제21조~제23조) 引受提示를 하였으나 支給人이 引受를 거절하였어야 한다. 支給人이 引受를 적극적으로 거절한 경우뿐만 아니라, 不單純引受(어 제26조 제2항)·支給人의 所在不明·支給人의 死亡과 相續人의 不明도 거절의 경우로 본다. 引受의 一部拒絶의 경우는 그 부분에 관하여 遡求할 수 있다. 豫備支給人(어 제56조 제2항) 또는 數人의 支給人이 기재된 경우에는 기재된 모든 사람이 引受拒絶을 하여야 한다.

引受提示禁止어음은 引受提示를 하여 거절되더라도 遡求할 수 없다.

(나) 引受人 또는 支給人의 破産, 支給停止, 또는 그 재산에 대한 强制執行의 不奏效(어 제43조 제2호) **및 引受提示禁止어음의 發行人의 破産**(어 제43조 제3호)

破産은 어음發行 前後를 불문하며, 破産宣告의 決定이 있으면 충분하고, 그 확정을 요하지 않는다. 和議節次 또는 會社整理節次 등은 破産에 갈음하는 절차이므로 이들 절차가 개시된 때에도 破産의 宣告가 있는 것과 같이 보아야 할 것이다. 支給停止란 債務者가 적극적으로 支給不能을 표명한 경우뿐만 아니라 이를 추측케 하는 행위를 포함하고,[113] 支給停止의 사실유무는 破産法上의 支給停止(破 제116조 제2항)를 표준으로 하여 판정한다. 또 强制執行의 不奏效는 누구에 의한

113) 大判 1984. 7. 10, 84 다카 424·425.

것이든 상관없고, 그 사실만 있으면 충분하다.

引受提示禁止어음은 發行人의 신용만으로 유통되는 것이므로 그 發行人의 파산도 支給人의 경우처럼 遡求原因이 된다.

(다) 約束어음의 發行人의 破産 등

한편 約束어음의 경우에는 引受制度가 없으므로 引受拒絶로 인한 滿期 전의 遡求란 있을 수 없다. 따라서 어음法은 約束어음에 대하여는 支給拒絶에 의한 遡求權을 인정하고(어 제77조 제1항 제4호), 滿期 전의 遡求를 고려하고 있지 않다.

그러나 만기 전에 약속어음의 발행인이 파산하거나 지급정지 또는 발행인의 재산에 대한 강제집행이 주효하지 아니하는 등 그 資力이 불확실해지는 事由가 발생하여도 滿期 전의 遡求를 인정하지 않으면 換어음의 경우와 균형이 맞지 아니하므로 約束어음에 있어서도 滿期 전의 遡求를 인정하여야 할 것이다.[114]

<대법원 1984. 7. 10. 선고, 84 다카 424, 425 판결 : 약속어음에 있어서도 만기 전의 소구를 인정한 사례>

어음법은 약속어음의 경우에 환어음의 경우와 같은 만기전 소구에 관한 규정을 두고 있지 않으나 약속어음에 있어서도 발행인의 파산이나 지급정지 기타 그 자력을 불확실케 하는 사유로 말미암아 만기에 지급거절이 될 것이 예상되는 경우에는 만기 전의 소구가 가능하다고 보아야 할 것인 바, 발행인 명의의 다른 약속어음이 모두 부도가 될 상황이라면 특별한 사정이 없는 한 이 사건 약속어음도 만기 전에 지급거절이 될 것이 예상된다고 하겠으므로 그 소지인은 만기 전이라고 할지라고 일단 지급제시를 한 후 배서인에게 소구권을 행사할 수 있다. 同旨 : 대법원 1992. 5. 26. 선고, 92 다 6471 판결.

(2) 形式的 要件

(가) 拒絶證書의 作成

換어음의 支給人이 引受의 전부 또는 일부를 거절한 때에는 拒絶證書作成免除(어 제46조)의 경우를 제외하고는 어음소지인은 반드시 引受拒絶證書에 의하여 引受拒絶의 사실을 입증하여야 한다(어 제44조 제1항). 引受拒絶證書作成期間은 引受提示期間과 같다(어 제44조 제2항). 지급인이 지급을 정지한 경우 또는 그 支給人의 재산에 대한 强制執行이 奏效하지 아니한 경우에도 所持人은 支給人에 대하여 일단 支給提示를 하고 支給拒絶證書를 작성하여 입증하여야 한다(어 제44조 제5항).

114) 崔基元(어) 468면 ; 姜渭斗(어) 479면 ; 李哲松(어) 437면.

그러나 拒絶證書의 작성은 遡求의 절대적 요건은 아니므로 遡求義務者는 拒絶證書의 작성비용의 부담을 면하고 支給拒絶 또는 引受拒絶의 사실이 공표되는 것을 방지하기 위하여 이를 면제할 수 있다(어 제46조). 발행인이 이를 면제하면 모든 遡求義務者에 대하여 효력이 있으나, 그 이외의 背書人·保證人 등이 한 면제는 그 者에 대하여만 효력이 있다(어 제46조 제3항 제1문). 發行人이 拒絶證書作成을 면제하였음에도 불구하고 소지인이 이를 작성한 경우 그 비용은 所持人이 부담하여야 하지만, 發行人 이외의 者가 면제한 경우에는 所持人은 면제하지 아니한 者에 대하여는 拒絶證書를 작성하여야 하므로 그 비용은 免除者를 포함하여 모든 遡求義務者가 부담하여야 한다(어 제46조 제3항 제2문). 拒絶證書의 作成免除가 있더라도 어음의 支給提示 및 支給拒絶의 通知는 필요하다. 다만 이 경우에는 法定期間內에 支給提示가 있었던 것으로 추정되므로 기간의 不遵守는 이를 주장하는 者가 입증하여야 한다(어 제46조 제2항 제2문).

(나) 破産決定書의 提出

引受人·支給人·引受提示禁止어음의 發行人이 破産한 경우에는 어음所持人은 破産決定書를 제출하면 된다(어 제44조 제6항). 和議開始의 경우에는 和議開始決定書를, 會社整理節次開始의 경우에는 會社整理開始決定書를 제출하면 된다.

(다) 不可抗力과 期間의 延長

피할 수 없는 장애, 즉 不可抗力으로 인하여 어음소지인이 법정기간 내에 제시 또는 拒絶證書의 작성을 할 수 없게 된 때에는 그 기간은 연장된다(어 제54조 제1항). 여기서 不可抗力이라 함은 어음상의 權利의 保全節次를 방해하는 사건으로서, 일반적으로 기대되는 최선의 주의를 다하였더라도 피할 수 없는 것을 말한다. 地震·洪水·戰爭·暴動·地域封鎖 등은 물론, 內外國의 法令에 의한 禁制도 不可抗力에 속한다(어 제54조 제1항). 반드시 다수인에게 영향이 있는 일반적 재해에 한하지 않지만, 단순한 人的 事由(예컨대, 疾病 등)는 포함되지 않는다(어 제54조 제6항). 그리고 不可抗力은 保全節次를 취할 法定期間의 終期에 존재하여야 하고 또 그로써 충분하다.

不可抗力이 발생한 때에는 所持人은 자기의 背書人에 대하여 지체없이 이를 通知하고, 또 어음 또는 補箋에 그 통지한 뜻을 기재하고 日字를 附記하여 記名捺印 또는 署名하여야 한다(어 제54조 제2항). 또 불가항력이 終止된 때에는 所持人은 지체없이 引受 또는 支給을 위하여 어음을 제시하여야 하고, 필요한 경우에는 拒絶證書를 작성시켜야 한다(어 제54조 제3항). 그러나 불가항력이 만기로부터 30日을 넘어 계속하는 때에는 어음의 제시 또는 拒絶證書의 작성이 면제되므로 所持人은 그러한 절차를 밟을 필요없이 遡求權을 행사할 수 있다(어 제54조 제4항·제77조 제1항 제4호). 이 30日의 기간은 確定日出給어음과 發行日字後定期出給어음에 있어서는 滿期의 날을 초일로 하여 계산하지만, 一覽出給어음과 一覽後定期出給어음에 있어서는 提示가 있음으로써 滿期가 정하여지므로 所持人은 불가항력의 통지를 한 날을 初日로 하여 계산한다(어 제54조 제5항·제77조 제1항 제4호).

2. 滿期 후의 遡求

(1) 實質的 要件

적법한 기간 내에 所持人이 완전한 어음을 支給提示하였는데, 支給人이 어음금액의 전부 또는 일부의 지급을 하지 않아야 한다(어 제43조). 요건이 欠缺된 어음은 支給提示하였더라도 支給提示로서의 효력이 없고, 遡求權도 행사할 수 없다.[115]

滿期의 遡求原因에도 적극적인 支給拒絶뿐만 아니라 支給人의 부재 또는 소재불명도 포함된다. 支給拒絶證書作成이 면제된 경우 또는 支給人이 미리 支給拒絶의 意思表示를 한 경우에도 지급제시는 하여야 하나(어 제46조 제2항 제1문), 지급거절증서작성을 면제한 경우에는 그 어음소지인은 적법한 지급제시를 한 것으로 추정된다.

<대법원 1984. 4. 10. 선고, 83 다카 1411 판결 : 지급거절증서작성을 면제한 경우에는 그 어음소지인은 적법한 지급제시를 한 것으로 추정된다>

약속어음의 소지인은 특단의 사정이 없는 한 법정기간 내에 발행인에게 지급제시를 하는 등 적법한 지급제시를 한 경우에만 그 배서인에 대한 소구권을 행사할 수 있으되 그 어음배서인이 지급거절증서작성을 면제한 경우에는 그 어음소지인은 적법한 지급제시를 한 것으로 추정되고 그러한 적법한 지급제시가 없었다는 사실은 이를 원용하는 자에게 그 주장 및 입증책임이 있다 할 것이고 어음배서인에 대한 지급제시는 적법한 지급제시의 요건이 아니므로 어음소지인이 그 배서인에게 지급제시를 하지 아니하였다고 자인하더라도 이로써 적법한 지급제시가 없었던 것으로 판단되어 소구권이 상실된 것이라고는 할 수 없다.

115) 大判 1985. 8. 13, 85 다카 123 ; 大判 1992. 2. 28, 91 다 42579.

豫備支給人·參加引受人이 있거나(어 제60조 제1항)(이때는 提示期間은 1日 연장된다.), 數人의 지급인이 있는 경우에는 全員에 대하여 支給提示를 하여 거절되어야 한다.

(2) 形式的 要件

어음所持人은 支給義務가 있는 모든 사람에게 支給提示를 하여 支給拒絶證書를 작성하여야 한다(어 제44조 제1항·제60조 제1항). 그러나 支給拒絶證書作成免除의 경우(어 제46조), 引受拒絶證書를 이미 작성한 경우(어 제44조 제4항), 불가항력으로 인하여 30日 이상 拒絶證書를 작성할 수 없는 경우(어 제54조 제4항·제5항)에는 拒絶證書를 작성할 필요가 없다.

拒絶證書作成期間은 確定日出給·發行日字後定期出給 또는 一覽後定期出給의 어음에 있어서는 '支給할 날에 이은 2去來日 내'이며(어 제44조 제3항 제1문), 一覽出給어음에 있어서는 어음法 제34조에 정하는 提示期間 내이다.

수표의 경우에도 어음과 마찬가지로 수표소지인이 지급제시를 하고 支給人이 支給拒絶하여야 소구권이 발생한다. 다만 수표의 경우에는 지급거절의 證明方法이 支給拒絶宣言 외에 지급인의 선언 및 어음교환소의 선언이 추가된다(手 제39조 제2호·제3호).

《白地어음에 의한 支給提示의 效力》

백지어음은 후일 그 소지인으로 하여금 어음요건의 전부 또는 일부를 보충시킬 의사로써, 이를 기재하지 않고 백지 그대로 기명날인 또는 서명을 하여 교부한 미완성어음이다. 그런데 백지어음은 백지를 보충하기 전에는 어음이 아닌 특수한 유가증권이므로 완전어음으로 취급되지 아니한다. 따라서 흠결된 어음요건이 보충될 때까지는 미완성어음의 상태로서 미보충의 어음 그대로는 어음상의 권리를 행사할 수 없다. 즉, 어음상의 권리를 행사하려면 먼저 백지를 보충하여야 하며, 미보충의 백지어음으로 한 지급제시는 무효이다.

이와 같이 백지어음에 의한 지급제시는 무효이므로, 백지어음으로 지급제시를 한 경우에는 그 지급이 거절되어도 소구요건의 불비로 배서인의 소구의무가 발생하지 아니한다. 판례를 보면, "어음법 제75조에 의하여 약속어음에 반드시 기재하여야 하는 사항이 법정되어 있고 그 사항 중 하나라도 기재되지 않으면 특별한 규정(어음법 제76조)에 의하여 구제되지 아니하는 한 어음으로서의 효력을 발생할 수 없는 것이다. 그러므로 약속어음에 지급지, 지급장소의 기재가 있더라도 발행지의 기재나 발행인의 명칭에 부기한 지의 기재가 없으면 그 약속어음은 적법한 제시기간 내에 발행지란을 보충하여 지급을 위한 제시를 하지 아니하는 한 피소구권자에 대한 소구권을 상실하는 것이라고 보아야 할 것이다."고 한다.116)

다만 발행지의 기재가 흠결된 국내어음에 관하여는 "어음면의 기재 자체로 보아 국내어음으로 인정되는 경우에는 발행지의 기재가 없는 경우라 할지라도 무효의 어음이라고 볼 수 없다"고 한다.117)

Ⅲ. 遡求의 節次

1. 遡求當事者

(1) 遡求權利者

遡求權利者는 어음의 최후의 정당한 소지인(어 제43조)과 遡求義務를 이행하고 어음을 還受하여 새로이 어음의 소지인이 된 者, 즉 擔保義務를 이행한 背書人(어 제49조), 保證人(어 제32조 제3호), 參加支給人(어 제63조 제1항), 어음채무를 변제한 無權代理人(어 제8조) 등이다.

(2) 遡求義務者

遡求義務者는 換어음의 發行人, 背書人, 이들의 保證人이다. 約束어음의 發行人, 換어음의 引受人은 主된 채무자이고 遡求義務者가 아니다. 특수한 경우로서 無權代理人도 遡求義務者가 될 수 있다(어 제8조·제77조 제2항). 반면 배서인일지라도 無擔保背書人, 推尋委任背書人, 期限後背書의 背書人은 담보책임을 지지 아니하므로 소구의무자가 아니다.

<대법원 1991. 4. 23. 선고, 90 다 7958 판결 : 소구의무를 부담하지 아니하는데도 어음소지인의 상환요구에 응하여 어음금을 지급하고 약속어음을 취득

---

116) 大判 1976. 11. 23, 76 다 214. 同旨의 판결로서, 大判 1993. 11. 23. 선고, 93 다 27765 판결; 同, 1986. 9. 9. 선고, 85 다카 2011 판결; 同, 1991. 4. 23. 선고, 90 다카 7958 판결; 同, 1992. 2. 28. 선고, 91 다 42579 판결 등이 있다.

117) 大判 1998. 4. 23, 95 다 36466.

한 때에는 어음소지인으로서 권리를 행사할 수 없는 것이 원칙이다>

<事 實>

피고 대림수산주식회사는 1987. 10. 5. 소외 성상실업주식회사(이하 소외회사)에게 액면금 600만원, 지급기일 1987. 11. 28., 지급지 서울특별시, 지급장소 한일은행 무교지점, 발행일 및 발행장소는 모두 백지로 된 약속어음 1매를 발행하였다. 소외회사는 같은 해 10월경 원고 주식회사 한라주택에게 위 약속어음의 피배서인을 백지로 한 채 배서양도하였다. 원고는 같은 해 10월경 위 약속어음의 피배서인을 원고의 대표이사인 정인봉으로 기재한 다음 이를 소외 신백규에게 배서양도하였다. 이 어음의 소지인이 된 소외 신백규는 1987. 11. 28. 위 약속어음의 발행일을 1987. 8. 29.로 보충기재하고 발행지는 보충하지 아니한 채 지급장소에서 지급제시하였으나 동 어음은 피사취를 이유로 지급거절되었다. 이에 원고는 1988. 12월경 위 신백규에게 위 어음금을 지급하고 동 약속어음을 환수하였다. 원고는 피고에게 어음금지급청구의 소를 제기하였다.

이에 피고는 소외 신백규의 지급제시는 발행지가 백지인 백지어음에 의한 지급제시는 부적법하여 신백규는 소구권을 상실하였는데, 원고는 더 이상 소구의무가 없음에도 불구하고 소외 신백규에게 어음금을 지급하고 위 약속어음을 취득하였으므로, 피고에 대하여 어음상의 권리를 행사할 수 없는 것이라고 항변하였다.

<判決要旨>

살피건대 소외 신백규가 발행지가 보충되지 아니한 백지약속어음을 지급제시한 이상 이는 적법한 지급제시라고 할 수 없으므로(대법원 1988. 8. 9. 선고, 86 다카 1858 판결) 원고는 위 신백규에 대하여 소구의무를 부담하지 아니하며, 따라서 위 신백규에게 어음금을 지급하고 위 약속어음을 취득하여도 그 어음상의 소구권을 행사할 수 없는 것이다.

그러나 약속어음의 발행인은 어음금의 주채무자로서 그 어음상의 권리자에 대하여 절대적·최종적인 지급책임을 진다고 할 것이고 또 위와 같이 어음소지인이 어음상의 소구권을 행사할 수 없는 경우에도 그 어음상의 권리자임이 증명된 때에는 약속어음의 발행인에 대하여 어음금의 지급을 청구할 수 있는 것이다.

이 건에서 원심에서 인정한 바와 같이 원고가 위 신백규에게 어음금을 지급하고 위 약속어음을 환수한 것이 양도인과 양수인간의 의사의 합치에 따라 이루어진 것이라면 원고는 어음상의 정당한 권리자라 할 것이며, 따라서 약속어음의 발행인인 피고에 대하여 그 어음금의 지급을 청구할 수 있다고 할 것이다.

각 遡求義務者는 배서의 순서에 관계없이(選擇的·跳躍的 遡求)(어 제47조 제2항) 각자가 合同하여 遡求權利者인 後者에 대하여 책임을 진다(合同責任) (어 제47조 제1항·제77조 제1항 제4호). 이 合同責任은 連帶責任과 다음의 점에서 차이가 있다. ① 連帶責任은 그 發生原因이 全債務者에 대하여 동일하고 또 그 책임의 범위도 같으나, 合同責任에 있어서는 發生原因과 책임의 범위가 각 債務者(引受人·發行人·背書人·一部引受人·一部保證人·越權代理人 등)마다 다르다. ② 連帶債務에 있어서는 債務者의 1人에 의한 채무의 이행은 다른 債務者의 채무도 소멸시키지만, 合同責任에 있어서는 1人의 채무의 이행은 그 者 및 그 後者의 채무를 소멸시킬 뿐이고, 그 前者 및 主債務者의 채무에 영향을 미치지 아니한다.[118] ③ 連帶債務者의 1人에 대한 청구는 다른 債務者에 대하여도 그 효력이 미치지만(民 제416조), 合同責任에 있어서는 遡求義務者의 1人 또는 主債務者에 대한 청구는 다른 義務者에 대하여 효력이 생기지 않는다(어 제47조 제4항). ④ 連帶責任의 경우에는 債務者間에 부담부분이 존재하나(民 제424조 이하), 遡求義務者 간에는 부담부분이 존재하지 아니하므로 그 1人에 대하여 채무의 면제 또는 시효완성이 있더라도 그 債務者의 부담만큼 다른 債務者의 부담부분이 줄어들지 않는다.

2. 遡求通知

(1) 通知의 意義

遡求通知는 償還請求의 통지 또는 거절의 통지라고도 한다. 遡求通知는 遡求義務者에게 遡求原因의 발생사실을 알림으로써 償還準備를 시키고, 신속하게 상환하여 상환금액의 증가를 방지할 기회를 주는 데 그 취지가 있다.

(2) 通知를 要하는 경우

통지를 요하는 경우에는 인수 또는 지급의 거절이 있었던 모든 경우이다. 支給人의 支給停止 또는 支給人에 대한 强制執行不奏效의 경우에도 支給拒絶證書를 작성시켜(어 제44조 제5항) 통지를 하여야 한다. 그러나 破産·和議 및 會社整理節次가 개시된 경우에는 공고가 되므로(破 제133조, 和 제28조, 會整 제47조) 통지를 할 필요가 없다. 반면에 支給拒絶證書의 作成免除가 있더라도 通知免除의 特約이 없

118) 大判 1989. 2. 28, 87 다카 1356·1357.

는 한 通知義務를 면제하는 것은 아니다(어 제46조 제2항). 다만 어음參加가 있는 경우에는 그 參加에 의하여 遡求가 저지되는 범위에서는 통지를 요하지 아니한다.

(3) 通知의 當事者

通知義務者는 어음의 최후의 所持人 및 후자로부터 遡求의 通知를 받은 背書人이고, 被通知者는 發行人·背書人 및 이들의 保證人이다(어 제45조 제1항·제2항). 所持人은 發行人과 자기의 직접의 背書人 및 이들의 保證人에 대하여 통지를 하여야 하고, 후자로부터 통지를 받은 背書人은 그 전자에 통지를 하여야 하며, 이것이 順次 發行人에게 미치게 하여야 한다(順次通知主義). 그러나 保證人은 다시 통지할 의무가 없다. 다만 背書人이 그 處所를 기재하지 아니하거나 그 기재한 處所가 분명하지 아니한 경우에는 그 背書人의 직접의 前者에게 통지하면 된다(어 제45조 제3항). 無擔保背書人이 있는 경우에도 마찬가지이다. 그러나 處所를 明記하지 아니한 背書人이나 無擔保背書人도 통지를 받은 때에는 이들도 통지를 할 의무가 있다고 본다.

(4) 通知期間

所持人은 拒絶證書作成日 또는 이에 이은 4去來日 내에, 拒絶證書作成이 면제되어 있는 경우에는 어음提示日 또는 이에 이은 4去來日 내에, 또 背書人은 통지를 받은 날 또는 이에 이은 2去來日 내에 통지를 하여야 한다(어 제45조 제1항).

어음法이 이 통지에 관하여 發信主義를 취하는가 또는 到達主義에 의하는가는 분명하지 않아서 이를 到達主義로 보는 견해도 있으나,[119] 실제에 있어서 통지를 받은 날에 이은 2去來日 내에 通知가 도달하기 어려울 경우가 많을 것을 생각하면 發信主義로 보는 것이 타당할 것이다. 기간중에는 휴일을 산입하지 아니한다.

(5) 通知有無의 立證責任

통지가 기간 내에 행하여졌다는 사실은 通知義務者가 이를 입증하여야 하나, 이 기간 내에 통지의 書面을 우편(內容證明郵便)으로 부친 때에는 그 기간을 준수한 것으로 본다(어 제45조 제5항).

---

119) 徐燉珏·鄭完溶(下) 250면.

(6) 通知의 方法과 內容

통지의 방법에는 제한이 없고, 구두에 의하든 서면에 의하든 상관없다. 단순한 어음의 반환으로써도 이를 할 수 있다(어 제45조 제4항).

통지의 내용은 引受 또는 支給의 拒絶이 있은 사실을 통지하면 된다. 다만 통지를 받은 背書人은 前通知者 全員의 명칭과 處所를 표시하고 자기가 받은 통지를 자기의 背書人에게 통지하여야 한다(어 제45조 제1항 제2문).

(7) 通知義務懈怠의 效果

通知義務를 懈怠하여도 遡求權을 상실하지는 않는다(어 제45조 제6항 본문). 왜냐하면 어음소지인 등에게 통지의무를 지우는 것은 遡求義務者가 遡求에 응할 준비 등을 할 수 있도록 하는 데에 그 목적이 있으므로, 통지를 하지 않았다고 하여 遡求權을 상실시키는 것은 가혹하기 때문이다.

그러나 過失로 인하여 손해가 생긴 때에는 어음금액의 한도 내에서 損害賠償責任을 부담한다(어 제45조 제6항 단서). 이때 손해배상액을 어음금액의 범위 내로 한정하는 이유는 通知懈怠로 인하여 어음금액 이상의 손해를 배상할 위험이 있는 때에는 어음의 이용을 회피할 것이기 때문이다.

손해배상의 청구는 通知義務者의 직접 背書人뿐만 아니라 그 이전의 背書人도 할 수 있다. 통지가 지연된 때에는 전혀 통지를 아니한 경우보다는 손해가 적겠으나, 이 때에도 賠償責任을 면하지는 못한다. 通知를 잘못한 경우에는 이후 通知期間이 경과하였어도 수정통지를 함으로써 더 이상의 손해를 방지할 수 있다.

3. 遡求金額

(1) 滿期 후

滿期 후에 所持人이 償還請求한 금액은 다음과 같다(어 제48조 제1항). 즉, 引受 또는 支給되지 않은 금액과 이자의 기재가 있으면 그 이자, 年 6分의 利率에 의한 滿期 이후의 이자, 拒絶證書作成費用 · 通知費用과 기타의 비용의 합계액이 된다.

(2) 滿期 전

滿期 전에 遡求權을 행사하는 경우에도 償還請求할 금액은 만기 후나 마찬가지

이겠으나, 다만 이 경우에는 所持人이 滿期에 이르기까지의 중간이자를 부당하게 이득하는 일이 있을 것이므로 이때에는 할인에 의하여 어음금액이 감해지게 된다(어 제48조 제2항 제1문). 그 割引利率은 所持人의 住所地에 있어서의 遡求日의 公正割引率(銀行率)에 의한다(어 제48조 제2항 제2문).

4. 償還方法

(1) 償 還 權

遡求債務者는 자진하여 상환할 수 있다(어 제50조 제1항). 이를 償還權이라 하고, 遡求權者는 이 權利의 행사를 거절할 수 없다. 數人의 遡求義務者가 償還權을 행사하는 경우는 가장 다수의 遡求義務者의 의무를 면하게 할 수 있는 者(예컨대, 發行人)의 償還을 받아야 한다(어 제63조 제3항 유추적용).

(2) 償還方法

償還方法으로는 遡求義務者가 소구금액을 지급하는 것이 보통이겠으나, 代物辨濟 또는 相計 등을 할 수 있으며, 또 遡求權者가 遡求義務者를 支給人으로 한 換어음(逆어음)을 발행할 수도 있다(어 제52조). 遡求義務者가 상환을 할 때에는 어음, 拒絶證書 및 計算書의 교부를 相換請求할 수 있다(어 제50조 제1항). 이것은 二重償還의 위험을 피하는 한편 어음상의 권리를 되찾기 위하여 필요한 것이다. 遡求義務를 이행하여 어음을 還受한 者는 어음상 자기와 후자의 背書를 말소할 수 있다(어 제50조 제2항). 어음을 상실한 경우는 除權判決에 의하여 어음과 相換하지 아니하고 償還을 받을 수 있다.

일부인수 후 인수되지 않은 어음금액에 대하여 遡求하는 경우에는 償還義務者는 어음상에 一部支給의 뜻을 기재할 것과, 計算書, 어음의 證明謄本 및 拒絶證書의 교부를 청구할 수 있다(어 제51조). 그러나 一部支給을 받은 뒤 잔액에 대하여 遡求하는 경우에는 어음이 所持人의 手中에 있으므로 償還方法은 보통의 경우와 같다.

Ⅳ. 再遡求

1. 再遡求의 意義

再遡求란 償還을 한 遡求義務者가 다시 자기의 前者에 대하여 하는 遡求를 말한다. 遡求義務者가 遡求義務를 이행하면 그와 後者의 遡求義務는 소멸되나 그 前者의 遡求義務는 여전히 존속하므로, 遡求義務를 이행하고 어음을 還收한 者는 어음소지인으로서 그 前者에 대하여 遡求權을 행사할 수 있다(어 제47조 제3항 · 제77조 제1항 제4호).

2. 再遡求權의 法的 性質

遡求義務를 이행하고 어음을 還收한 者가 취득하는 再遡求權의 法的 性質에 대하여는 다음과 같이 학설이 대립하고 있다.

(1) 權利回復說

權利回復說은 再遡求權者는 遡求義務의 이행을 계기로, 어음을 양도하기 전에 가지고 있던 소지인으로서의 권리를 회복하는 것으로 본다.[120] 再遡求權者는 어음을 양도할 때 權利를 절대적으로 이전하는 것이 아니고 어음의 還收를 解除條件으로 하여 소지인으로서의 權利를 이전하는 것이므로 遡求義務를 이행함으로써 條件이 성취되어 權利를 회복한다고 한다. 따라서 이 학설에 의하면 再遡求權者는 자기의 前者로부터 원래의 人的 抗辯事由로써 당연히 대항을 받게 되나, 後者의 人的 抗辯事由는 이전되지 않으므로 그의 善意 · 惡意를 불문하고 대항받지 아니한다.

120) 徐燉珏 · 鄭完溶(下) 244면.

(2) 權利再取得說

權利再取得說은 再遡求權은 遡求義務의 이행으로 인한 어음還收를 어음상의 권리의 再取得이라고 본다.[121] 즉, 背書에 의하여 어음상의 권리가 확정적으로 被背書人에게 이전되므로, 背書人이 어음을 還收하면 법률의 규정에 의한 어음債權의 讓受에 의하여 어음상의 權利를 再取得하는 것이라고 한다.

이 학설에 의하면 再遡求權者는 자기의 전자로부터 원래의 人的 抗辯事由로써 대항을 받지 않게 되고, 後者의 人的 抗辯事由는 그가 惡意이면 대항을 받는다고 해석한다.

(3) 折衷說

折衷說은 권리재취득설을 취하면서도 항변과 관련하여서는 권리회복설과 같이 해석한다.

즉, 前者와의 관계에서는 원래 인적 관계에 기한 사유를 내용으로 하고 있기 때문에 그 사유로써 대항받을 수 있고, 後者와의 관계에서는 어음을 환수하는 것이 소구의무의 이행에 의한 강제적 취득이므로 後者의 인적 항변사유는 승계되지 않는다는 것이다.[122]

(4) 私 見

생각건대 배서를 채권양도로 본다면(통설) 재취득을 조건으로 어음을 배서한다고 보기는 어렵고 확정적으로 권리를 이전한다고 보아야 할 것이다. 이와 같이 해석하는 것이 ① 재소구권의 소멸시효는 소구의무자가 어음을 환수한 때부터 진행하는 점(어 제70조 제3항·제77조 제1항 제8호·手 제51조 제2항)과, ② 환어음 인수 전에 어음을 교부한 발행인·보증인·무권대리인 또는 배서인이 지급인이 인수한 후에 소구의무를 이행하고 어음을 환수한 경우 인수인에 대하여 어음금지급청구권을 가지는 점을 설명하는 데 유리하다.[123] 나아가 ③ 소구의무이행자는 그가 지급한 금액뿐만 아니라 어음법 제49조 제2호(利子)와 제3호(비용)의 청구권도 원시적으로 취득하게 되는 점도 설명하기 용이하다.[124] 그러나 항변과 관련하여서는 재소구권자는 재소구의무자의 인적 항변을 피할 길이 없다. 그리고 재소구권자의

121) 鄭東潤(어) 444면; 孫珠瓚(下) 313면; 崔基元(어) 490면.
122) 鄭東潤(어) 444~446면.
123) 鄭燦亨(어) 556면.
124) 崔基元(어) 490면.

어음의 취득은 소구의무이행의 효과로 인한 어음의 환수에 불과하므로 후자의 인적 항변사유는 승계되지 않는다고 본다. 따라서 재소구의무자는 인적 항변을 주장할 수 있다는 절충설이 정당하다고 본다.

3. 再遡求의 要件

再遡求를 하려면 償還義務를 이행하고 어음을 還收하여야 하며(實質的 要件), 상환한 어음·拒絶證書 및 계산서를 再遡求義務者에게 교부하여야 한다(어 제50조 제1항)(形式的 要件). 이를 分說하면 다음과 같다.

(1) 實質的 要件

遡求義務者가 再遡求를 하기 위하여는 소구권자에게 소구의무를 유효하게 이행하여야 한다. 소구의무가 없는 者, 즉 遡求義務가 時效의 完成 또는 節次의 欠缺로 消滅된 者나 無擔保背書를 한 者는 遡求에 응하여도 再遡求權이 생기지 않는다. 또 遡求義務者의 遡求義務의 履行은 유효하여야 하고, 그 還收한 어음은 건전한 어음이어야 한다.

<대법원 1998. 8. 21. 선고, 98 다 19448 판결: 재소구권자가 민법상의 지명채권 양도의 방법에 따라 소구권을 취득한 것으로 본 사례>

백지식 배서에 의하여 어음을 양수한 다음 단순히 교부에 의하여 이를 타인에게 양도한 자가 소지인의 소구에 응하여 상환을 하고 어음을 환수한 경우, 그 전의 배서인에 대하여 당연히 재소구권을 취득하는 것은 아니라고 하더라도, 그 상환을 받은 소지인이 그 전의 배서인에 대하여 가지는 소구권을 민법상의 지명채권 양도의 방법에 따라 취득하여 행사할 수 있는 것으로 보아야 하고, 다만 그 소구의무자는 이에 대하여 양도인에 대한 모든 인적 항변으로 대항할 수 있을 뿐이다.

[解說] 만약 A가 약속어음을 발행하여 B에게 배서교부하고, B는 C에게 백지식 배서를 하고, C가 D에게 단순교부하였다고 한다면, C는 어음상에 전혀 나타나지 않아서 상환(소구)의무도 없다. 그럼에도 불구하고 C가 D의 소구에 응하여 상환하고 어음을 환수한 경우에는 C는 D의 B에 대한 소구권을 지명채권양도방법에 따라 양수한 것으로 보아야 한다는 판결로서, 정당한 판결이라 생각한다.

(2) 形式的 要件

再遡求를 하려면 소구의무자는 유효한 어음, 拒絶證書 및 領收를 증명하는 기재를 한 계산서를 遡求權者로부터 교부받아 소지하고 있어야 한다(어 제50조 제1항·제77조 제1항 제4호). 왜냐하면 이러한 서류들은 자기의 前者에게 교부하여야 再遡求權을 행사할 수 있기 때문이다. 그러나 發行人이 拒絶證書의 작성을 면제한 경우에는 再遡求를 함에 있어 拒絶證書를 소지할 필요가 없다. 특정 背書人이 그 작성을 면제한 경우에는 그 특정 背書人에 대한 再遡求에만 拒絶證書를 소지할 필요가 없다.

<대법원 1990. 10. 26. 선고, 90 다카 9435 판결 : 소구의무를 부담하지 않는 자가 상환청구에 응한 경우에는 전배서인에 대하여 재소구할 수 없으나, 지급거절증서작성의무를 면제한 배서인은 거절증서 작성이 없다는 이유로 청구를 거절할 수 없다>

<事 實>

소외 이종재는 1987. 6. 22. 소외 서인수에게 액면 금 9,800,000원, 지급기일 1987. 10. 10., 발행지 및 지급지 서울, 지급장소 주식회사 제일은행 신림동 지점으로 된 약속어음 1장을 발행하고, 서인수는 같은 달 23. 이종대에게, 이종대는 같은 달 24. 피고 방동근에게, 피고는 같은 달 25. 원고 주식회사 삼원화성에게 각 지급거절증서작성을 면제하여 이를 배서양도하였는데, 원고는 같은 달 25. 삼성물산주식회사에게 지급거절증서작성을 면제하지 아니한 채 이를 배서양도하였다. 최후의 소지인인 삼성물산은 지급기일에 지급제시하였으나 지급이 거절되자 원고 주식회사 삼원화성에게 소구권을 행사하여 지급을 받았다. 그 후 원고 삼원화성은 자신에 대한 어음의 직전 배서인인 피고 방동근에게 재소구권을 행사하려 하였다. 이에 대하여 피고 방동근은 소외 삼성물산이 소구권보전절차인 거절증서작성을 하지 아니하였으므로 원고에 대한 소구권이 없고, 따라서 원고는 소구의무가 없는데도 불구하고 소구에 응하였던 것이니 재소구를 할 수 없다고 주장하였다.

<判決要旨>

소구의무를 부담하지 않는 자가 어음소지인의 상환요구에 응하여 어음금을 지급하고 어음을 취득한 경우에는 전배서인에 대하여 재소구할 수 없다.… 그러나 지급거절증서작성의무를 면제하고 약속어음을 배서양도한 배서인 방동근으로서는 어음소지인의 소구에 대하여 거절증서 작성이 없다는 이유로 청구를 거절할 수 없으므로, 방동근으로부터 어음을 취득한 삼원화성이 지급거절증서작성의무를 면제하지 아니하고 최후소지인인 삼성물산에게 위 어음을 배서양도하였음에도 삼성물산에 대하여 거절증서작성 유무를 확인하지 아

니하고 그 소구청구에 응하였다고 하더라도 그 점을 탓할 수 없을 것이므로 삼원화성의 소구를 거절할 수 없고, 어음의 배서인은 어음소지인의 소구에 응하였거나 기타의 사유로 어음을 회수한 경우에는 자기의 배서를 말소할 수 있고 그렇게 되면 그 배서는 배서의 연속에 관한 한 없는 것으로 보게 되어 있으므로 삼성물산이 적기에 拒絶證書를 작성하지 아니하였다 하여 방동근의 삼원화성에 대한 소구의무에 어떠한 영향을 미친다고 할 수 없다.

4. 再遡求의 節次

(1) 當事者

再遡求權者는 償還義務를 이행한 背書人(어 제47조 제3항·제49조) 또는 擔保義務를 이행한 保證人이다(어 제32조 제3항).[125]

再遡求義務者는 換어음의 發行人·背書人 및 이들의 保證人이다.

(2) 遡求金額

어음을 還受한 者의 遡求金額은 자기가 償還한 총금액(어 제48조)과, 그 금액에 대하여 年 6分의 利率로 계산한 지급일 이후의 이자와 자기가 지출한 비용(通知費用·催告費用. 그러나 訴訟費用은 제외)의 합계금액이다(어 제49조).

(3) 償還方法

再遡求義務者의 償還權 및 償還方法은 第一遡求의 경우와 다를 바 없다.

---

125) 大判 1990. 10. 26, 90 다카 9435 : 遡求義務를 부담하지 않는 자가 어음所持人의 償還要求에 응하여 어음금을 支給하고 어음을 취득한 경우에는 前背書人에 대하여 再遡求할 수 없다.

제7관 參 加

I. 序 說

1. 參加의 意義

參加(Ehreneintritt, intervention for honour)란 어음所持人이 遡求權을 행사할 수 있는 모든 경우에, 제3자가 어음관계에 개입하여 引受 또는 支給을 함으로써 遡求權의 행사를 저지하는 것을 말한다. 參加는 遡求義務者의 償還金額의 증대를 방지하고, 그 신용을 유지하기 위한 제도이다. 參加에는 參加引受와 參加支給이 있으며, 參加支給은 어음行爲가 아니다. 手票에는 參加制度가 없다.

2. 參加의 當事者

(1) 被參加人

被參加人이란 參加에 의하여 직접 이익을 받을 특정 遡求義務者를 말하며, 被參加人이 될 수 있는 者는 모든 遡求義務者와 그 보증인이다. 引受人·支給人·無擔保背書人은 遡求義務者가 아니므로 被參加人이 될 수 없다. 따라서 이들을 위한 參加引受는 효력이 없으며, 이들을 위한 參加支給은 어음의 主債務의 변제가 된다.

(2) 參 加 人

參加人이란 참가를 하는 사람을 말하며, 그 자격에 제한이 없다. 따라서 第三者·支給人 또는 이미 어음채무를 부담하고 있는 換어음의 發行人·背書人·保證人도

參加人이 될 수 있으나(제55조 제3호), 약속어음의 發行人, 換어음의 引受人과 이들의 보증인은 參加人이 될 수 없다. 主債務者가 參加人이 된다는 것은 무의미하기 때문이다. 참가인에는 被參加人인 發行人·背書人 또는 保證人이 사전에 어음에 지정하는(어 제55조 제1항) 指定參加人(豫備支給人)과 사전에 지정되지 않은 임의참가인이 있다. 支給人 또는 引受人은 遡求義務者가 아니므로 예비지급인을 지정할 수 없다. 豫備支給人으로 될 수 있는 者는 參加人이 될 수 있는 者이다. 따라서 支給人, 換어음의 發行人, 背書人 등도 豫備支給人이 될 수 있다.

支給人을 豫備支給人으로 지정할 경우에 그 支給人이 參加支給을 한 때에는 支給人으로서 지급할 경우와는 달리 被參加人과 그 前者에 대한 어음상의 權利를 취득하게 되는 利點이 있다.

3. 參加의 通知

參加人은 被參加人에 대하여 2去來日 내에 그 참가의 통지를 하여야 하고, 이 通知期間을 준수하지 아니한 경우에 過失로 인하여 손해가 생긴 때에는 參加人은 어음금액의 한도 내에서 그 賠償責任을 진다(어 제55조 제4항). 이것은 被參加人으로 하여금 參加人의 求償(어 제63조 제1항)을 피하기 위하여 신속히 償還權(어 제58조 제2항)을 행사하고, 參加人에 대한 償還의 준비를 하게 하기 위한 것이다.

Ⅱ. 參加引受(榮譽引受)

1. 參加引受의 意義

參加引受(Ehrenannahme, acceptation par intervention)란 滿期 전의 遡求를 저지하기 위하여 어음의 지급을 약속하는 어음행위를 말한다. 參加引受를 할 수 있는 者는 第三者·支給人·背書人·保證人 등이다(어 제55조 제3항). 支給人이 引受가 아닌 參加引受를 하면 發行人에 대하여는 책임을 지지 않고, 被參加人의 後者

에 대하여만 의무를 부담하는 實益이 있다.

參加引受의 法的 性質은 遡求義務의 引受라고 본다. 왜냐하면 參加引受人은 被參加人과 동일한 의무를 부담하며(어 제58조 제1항), 被參加人은 遡求義務者이므로(어 제55조 제2항) 결국 참가인수인은 遡求義務를 引受하는 것이 되기 때문이다. 그 결과 參加引受人의 채무의 소멸시효기간은 引受人과 같은 3年이 아니라 被參加人의 그것과 같고, 參加引受人은 利得償還義務者도 아니며(어 제79조), 參加引受人의 破產은 滿期前遡求의 원인으로 되지도 않는다(어 제43조 참조).

2. 引受와 參加引受의 差異

引受와 參加引受의 차이는 다음과 같다.

① 參加引受人은 被參加人과 동일한 의무를 부담하고(어 제58조 제1항), 被參加人은 遡求義務者에 한정되므로(어 제55조 제2항) 參加引受人의 義務는 償還義務인데 대하여, 인수인은 어음상의 主債務者이다. ② 參加引受人의 支給義務는 支給人이 지급하지 않는 경우에만 부담하는 조건적인 것이지만, 引受人의 支給義務는 無條件·最終的이다. ③ 參加引受人은 被參加人의 後者에 대하여만 支給義務를 지지만, 引受人은 모든 어음상의 權利者에게 支給義務를 진다. ④ 參加引受人은 소구권보전절차의 欠缺로 인하여 면책되지만, 引受人은 이에 불구하고 支給義務를 진다. ⑤ 參加引受가 있어도 어음所持人은 被參加人의 前者에 대하여 여전히 滿期前의 遡求를 할 수 있지만(어 제56조 제3항·제58조 제2항), 引受가 있는 경우에는 원칙적으로 滿期前遡求를 할 수 없다(어 제43조 참조). ⑥ 參加引受人이 지급을 한 때에는 被參加人과 그 債務者에 대하여 어음상의 權利를 취득하지만, 引受人이 지급을 한 경우에는 實質關係上의 請求權은 별문제로 하고, 아무런 어음상의 權利를 취득하지 못한다.

3. 參加引受의 要件

參加引受를 함에는 滿期 전에 遡求原因이 발생하고, 拒絶證書의 작성이 면제된 경우를 제외하고 그 사실이 引受拒絶證書에 의하여 확정되어 있어야 한다(어 제56

조 제1항). 그러나 引受提示禁止어음(어 제22조 제2항)에 대하여는 參加引受를 하지 못한다(어 제56조 제1항). 參加引受는 滿期前의 遡求要件이 구비된 때로부터 滿期까지의 사이에 할 수 있다.

4. 參加引受의 方法

參加引受는 어음 자체에(그러나 背書人 또는 保證人을 위하여서도 할 수 있으므로 謄本 또는 補箋에 하여도 무방하다.) 기재하고 參加引受人이 記名捺印 또는 署名을 함으로써 한다(어 제57조 제1문). 그러나 參加引受人은 被參加人이 누구인지를 표시하여야 하나, 그 표시가 없으면 發行人을 위하여 한 것으로 본다(어 제57조 제2문·제3문). 豫備支給人의 參加引受는 그 指定者를 위하여 한 것으로 보아야 할 것이다.[126] 參加引受는 단순하여야 하지만 一部引受가 있었던 경우에는 그 잔액에 대한 參加引受가 허용된다.[127] 그러나 그 밖의 경우에 一部參加引受는 허용되지 않는다고 본다(어 제59조 제2항 참조).

5. 參加引受人의 選擇

어음所持人은 자기가 신용할 수 없는 제 3 자의 參加로 인하여 遡求權을 상실할 우려가 있기 때문에 參加引受를 거절할 수 있다(어 제56조 제3항). 그러나 지급지에 주소를 가지는 豫備支給人의 기재가 있는 경우에는 그 참가를 거절할 수 없으며, 所持人은 우선 그에게 제시하여 그 사실을 증명하지 않으면 그 기재를 한 者 및 그 후자에 대하여 滿期 전의 遡求權을 상실한다(어 제56조 제2항). 豫備支給人이 數人인 때에는 그 전원에 대하여 제시하여야 하고 提示期間은 滿期까지이다.

參加引受를 할 者가 수인이 있는 경우에는 지급지에 있는 豫備支給人이 우선하고, 이러한 豫備支給人이 수인이 있는 경우에는 가장 많은 의무자를 면책시키는 者가 우선한다(어 제56조 제2항·제63조 제3항 참조). 만약 이러한 사정을 알면서도 이 규정에 위반하여 參加引受를 한 경우에는 어음所持人은 前順位 參加引受에 의

126) 徐燉珏·鄭完溶(下) 259면 ; 鄭東潤(어) 454면 ; 鄭熙喆·鄭燦亨(下) 418면.
127) 徐燉珏·鄭完溶(下) 259면 ; 鄭東潤(어) 454면.

하여 의무를 면할 수 있었던 者에 대하여 滿期前의 遡求權을 상실한다. 그러나 지급지 외에 있는 數人의 豫備支給人과 제 3 자와의 사이에서는 所持人은 그 중의 어느 者에게 參加引受를 시키든 자유이다. 또 이들 전원의 參加引受를 거절할 수도 있으나, 이를 受諾한 때에는 被參加人과 그 後者에 대하여 滿期前에 행사할 수 있는 遡求權을 잃는다(어 제56조 제3항).

6. 參加引受의 效力

(1) 參加引受人의 義務

參加引受人은 어음所持人과 被參加人의 後者에 대하여 被參加人과 동일한 의무를 부담한다(어 제58조 제1항). 즉, 이 의무는 支給人이 지급하지 않는 경우의 제 2 차적 의무이며, 지급할 금액도 被參加人의 償還金額과 같다. 그러므로 所持人은 參加引受人에게 청구하기 전에 먼저 지급인에게 支給請求를 하고, 그 지급을 받지 못한 때에는 支給拒絶證書作成 등의 遡求權保全節次(어 제38조 · 제43조 · 제44조 제1항 · 제3항)를 밟아야 한다. 이미 引受拒絶證書를 작성하였더라도 이는 參加引受에 의하여 失效되므로 어음法 제44조 제4항은 적용되지 않는다. 또 지급지에 주소가 있는 參加引受人에 대하여는 다시 어음法 제60조 제1항에 의한 소정의 절차(참가지급거절증서의 작성)를 밟아야 한다. 그렇지 않으면 被參加人과 그 後者에 대한 權利를 상실하고(어 제60조 제2항), 그 결과 피참가인과 동일한 의무를 부담하는 參加引受人에 대한 權利도 상실한다. 그러나 被參加人의 의무가 실질적 이유로 인하여 무효인 때에도 어음行爲獨立의 原則에 의하여 參加引受人의 어음채무에는 아무 영향을 미치지 아니한다.[128)]

(2) 被參加人과 그 後者의 免責

參加引受가 있는 때에는, 소지인은 被參加人과 그 後者에 대하여 滿期 전의 遡求權을 잃는다(어 제56조 제3항 제2문). 그러나 被參加人의 전자에 대하여 滿期 전이라도 遡求權을 행사할 수 있다.

---

128) 徐燉珏 · 鄭完溶(下) 260면 ; 鄭東潤(어) 456면 ; 鄭熙喆 · 鄭燦亨(下) 420면.

(3) 被參加人과 그 前者의 償還權

參加引受에 있어서도 被參加人의 전자는 遡求義務를 면할 수 없고, 또 被參加人도 滿期 전의 遡求義務는 면하지만 參加引受人이 參加支給을 한 때에는 이에 대하여 償還을 하여야 한다. 그러므로 被參加人이나 그 전자는 參加引受에 불구하고 자진하여 所持人에 대하여 遡求金額(어 제48조)의 지급과 상환으로 어음을 환수할 수 있으며, 이 때 拒絶證書와 受領을 증명하는 계산서가 있으면 그 교부도 청구할 수 있다(어 제58조 제2항).

Ⅲ. 參加支給(榮譽支給)

1. 參加支給의 意義

參加支給(Ehrenzahlung, paiement par intervention)이란 滿期 또는 滿期 전의 遡求權行使의 요건이 구비되었을 경우에 그 遡求를 저지하기 위하여 支給人 이외의 者가 하는 지급을 말한다.

參加支給은 第二次的 支給이며, 被參加人의 後者의 義務를 소멸시키는 데 그치므로 본래의 지급과 다르고, 遡求義務者가 한 償還과 비슷한 관계가 생기는 데 지나지 않는다. 또 參加支給은 어음상의 記名捺印 또는 署名을 요하지 아니하므로 參加引受와는 달리 어음행위가 아니다.

2. 參加支給의 要件

參加支給은 所持人이 滿期 또는 滿期 전에 遡求權을 행사할 수 있는 모든 경우에 할 수 있다(어 제59조 제1항). 그리고 參加支給을 하기 위하여는 遡求의 실질적 요건(滿期前 또는 滿期後의 遡求原因 발생)과 形式的 要件(拒絶證書作成)을 갖추어야 한다.

3. 參加支給의 提示 및 拒絶

參加支給人이 될 수 있는 者는 參加引受人·豫備支給人 기타의 第三者(狹義의 參加支給人)이며, 引受人은 參加支給人이 되지 못한다(어 제55조 제3항). 支給地에 주소를 가진 參加引受人(同地參加支給人) 또는 豫備支給人(同地豫備支給人)의 기재가 있는 경우에는 所持人은 그 전원에 대하여 어음을 제시하여야 한다(어 제60조). 소지인은 參加引受(어 제56조 제3항 제1문)의 경우와 달라서 第三者(狹義의 參加支給人)의 參加支給을 거절하지 못한다. 만약 거절할 때에는 그 지급으로 인하여 의무를 면할 수 있었던 자, 즉 被參加人과 그 後者에 대한 遡求權을 잃는다(어 제61조).

4. 參加支給의 方法

(1) 時 期

參加引受人은 원칙적으로 支給拒絶證書作成期間의 익일까지 참가지급을 하여야 하지만(어 제60조 제1항), 參加引受人은 그에 대한 보전절차가 밟아진 때에는(適法期間內에 參加引受人에게 어음을 제시하였으나, 參加支給을 하지 않는 경우) 拒絶證書作成期間의 익일이 경과했다고 하여 支給義務를 면하는 것이 아니므로(어 제60조 제2항), 被參加人이 지급을 할 때까지는 參加支給을 할 수 있는 것으로 본다.[129] 豫備支給人 기타 第三者의 參加支給은 滿期의 전후를 불문하고 할 수 있으나, 支給拒絶證書作成期間의 最終日의 익일까지는 하여야 한다(어 제59조 제3항·제60조 제1항).

(2) 金 額

參加支給의 금액은 被參加人이 지급할 金額이며(어 제59조 제2항), 所持人은 일부지급의 경우(어 제39조 제2항)와는 달리 一部參加支給을 거부할 수 있다(어 제59조 제2항 참조). 一部參加支給은 遡求權의 행사를 저지할 수 없기 때문이다. 所持人이 一部參加支給을 수령하더라도 參加支給人은 어음法 제53조에 의한 어음상의 權利를 취득하지 못한다.

129) 孫珠瓚(下) 241면 ; 鄭東潤(어) 458면 ; 崔基元(어) 484.

(3) 方 式

參加支給을 하려면 다음에 被參加人을 표시하고 그 領受를 증명하는 문언을 기재시켜야 한다(어 제62조 제1항 제1문). 被參加人의 표시가 없는 경우에는 發行人을 위하여 參加支給을 한 것으로 본다(어 제62조 제1항 제2문). 또 所持人은 어음을 參加支給人에게 교부하여야 하고, 拒絶證書를 작성시킨 때에는 이것도 교부하여야 한다(어 제62조 제2항).

(4) 參加支給의 競合

相異한 被參加人을 위하여 數人의 參加支給 희망자가 있는 경우에는 그 參加支給 희망자가 누구이든 상관없이 항상 가장 많은 수의 어음債務者로 하여금 의무를 면하게 하는 者가 우선하며(어 제63조 제3항 제1문), 이러한 사정을 알면서 이에 위반하여 參加支給을 한 者는 의무를 면할 수 있었던 者에 대한 遡求權을 잃게 된다(어 제63조 제3항 제2문).

5. 參加支給의 效力

(1) 所持人의 權利의 消滅

參加支給으로 인하여 所持人의 어음상의 권리는 모든 어음債務者에 대한 관계에서 소멸한다(本質的 效力).

(2) 被參加人의 後者의 免責

參加支給으로 인하여 被參加人의 後者(被參加人은 제외)는 遡求義務를 면한다(어 제63조 제2항)(免責的 效力). 그러나 被參加人은 의무를 면하지 못하며, 參加支給人에 대하여 義務를 진다(어 제63조 제1항).

(3) 參加支給人의 權利取得

參加支給人은 被參加人과 그 전자 및 인수인 그리고 이들을 위한 保證人에 대하여 어음상의 권리를 취득한다(어 제63조 제1항 본문). 이 權利取得은 所持人의 權利를 승계 또는 대위하는 것이 아니라, 所持人 또는 被參加人에 대한 항변이 부착되지 아니한 독립된 權利를 法定의 효력으로서 어음의 교부없이 原始取得하는 것이다. 그러나 參加支給人은 다시 그 어음에 背書를 하지는 못한다(어 제63조 제1

항 단서).

參加支給人은 이 외에도 一般私法上의 關係(예컨대, 委任 또는 事務管理)에 의하여 補償請求權을 가질 수 있고, 參加支給人은 이 두 가지 權利를 선택적으로 행사할 수 있다.

제8관 어음의 複本과 謄本

Ⅰ. 어음의 複本

1. 複本의 意義

어음의 複本(Wechselduplikate, Ausfertigungen)이란 동일한 어음상의 權利를 表彰하기 위하여 발행된 수통의 어음證券을 말한다(約束어음에는 複本制度가 없다.). 複本은 어음證券의 상실에 대비하기 위하여(安全複本), 또는 引受를 위하여 어음을 送付한 경우에 그 양도를 위하여(便利複本) 작성한다.

2. 複本의 發行

(1) 複本의 發行方式

어음의 複本은 각통의 내용이 거래의 통념상 동일하여야 하고(어 제64조 제1항), 證券의 本文중에 번호를 붙여야 한다(어 제64조 제2항 제1문). 번호가 없으면 수통의 複本은 각각 별개의 換어음으로 본다(어 제64조 제2항 제2문).

(2) 複本의 發行節次

發行人만이 發行時에 數通의 複本을 발행할 수 있다(어 제64조 제1항). 그리고

發行人이 어음에 1通만을 발행한다는 뜻을 기재한 경우를 제외하고는, 어음所持人은 자기의 비용으로 複本의 교부를 청구할 수 있다(어 제64조 제3항 제1문). 複本交付를 청구하는 所持人이 受取人이 아닌 경우에는 背書의 차례에 따라 發行人에게까지 이른다(어 제64조 제3항 제2문). 이리하여 原어음을 첨부하여 複本請求를 받은 發行人이 複本을 작성하여 受取人에게 교부하면, 受取人은 새로운 複本에 다시 背書를 再記하여 교부함으로써(어 제64조 제3항 제3문) 차례로 所持人에게 이르게 된다.

複本交付請求權은 어음法上의 權利이나 어음상의 權利는 아니므로 所持人이 이 權利를 행사함에는 반드시 原어음을 제시할 필요는 없다. 그러나 1通이 먼저 발행된 후에는 먼저 발행된 어음에 複本番號를 붙여야 하므로 먼저 발행된 어음의 제시가 필요하고, 만약 原어음을 상실하였으면 複本請求는 할 수 없다.

3. 複本의 效力

(1) 複本一體의 原則

複本은 各通마다 어음의 효력을 가지나, 동일한 어음債權을 表彰하므로 所持人이 數通의 複本을 所持하더라도 취득하는 權利는 하나이다. 따라서 어음의 제시나 償還請求도 1통으로써 하면 되고, 또 1통에 대하여 지급 또는 상환을 하면 그 효력은 다른 수통에도 미친다(어 제65조 제1항 본문). 이것은 複本 위에 특히 1통에 대한 지급이 있으면 다른 複本은 무효로 한다는 취지의 기재(破毁文句)가 없는 때에도 같다.

(2) 例 外

(가) 引受責任의 獨立性

수통의 複本에 인수를 한 引受人이 지급시에 그 수통을 還受하여 두지 아니하면 환수하지 아니한 複本에 대한 支給責任을 면하지 못한다(어 제65조 제1항 단서). 그러나 1통의 複本에만 인수를 한 경우에도 引受 없는 複本에 대하여 지급을 하고 引受한 複本을 환수하여 두지 아니하면 그 還受하지 아니한 引受畢複本의 소지인에 대하여 책임을 져야 한다. 이 규정은 善意의 所持人을 보호하기 위한 것이므로 위 두 경우에 引受人은 善意의 所持人에 한하여 책임을 진다.

(나) 背書責任의 獨立性

所持人이 수통의 複本을 수인에게 따로따로 背書讓渡한 때에는 그 背書人과 그 後의 背書人은 반환받지 아니한 각자의 記名捺印 또는 署名이 있는 複本에 대하여 책임을 진다(어 제65조 제2항). 여기서 '반환받지 아니한 複本'이란 支給人이 반환받지 않은 것을 뜻한다. 즉, 이 경우에는 각 背書人은 그 背書한 1통에 대하여 償還義務를 부담하여야 하고, 다른 1통에 대한 引受 또는 支給이 있었다고 하여 책임을 면할 수는 없다. 그러나 각별로 背書한 者의 前者는 複本所持人 중의 任意의 1人에 대하여 償還하면 그 책임을 면한다.

4. 引受를 위한 複本의 送付

複本所持人이 引受를 위하여 그 1통(送付複本)을 송부한 경우에는 다른 各通(流通複本)에 그 送付한 複本의 保有者의 명칭을 기재하여야 한다(어 제66조 제1항 제1문). 따라서 流通複本의 所持人은 送付複本의 保有者에 대하여 그 반환을 청구할 수 있다(어 제66조 제1항 제2문).

送付複本의 保有者가 그 複本의 반환을 거절하면, 다른 複本, 즉 流通複本의 所持人은 拒絶證書에 의하여 送付複本의 交付請求가 거절되었다는 사실과, 자기가 所持하는 流通複本으로써 인수 또는 지급을 받을 수 없었다는 사실을 증명하지 아니하면, 前者에 대한 遡求權을 행사하지 못한다(어 제66조 제2항).

그런데 流通複本에 送付複本의 保有者의 기재가 없는 경우에는 流通複本을 所持하는 者는 그 송부를 무시하고 流通複本에 의하여 引受 또는 支給의 請求를 하고, 그것이 거절된 때에는 複本返還拒絶證書의 작성없이 遡求權保全節次(支給拒絶證書作成)를 취하여 즉시 遡求할 수 있다.

送付複本을 송부하는 경우 어음의 背書欄에 斜線을 그어두면 背書讓渡할 수 없게 된다.

Ⅱ. 어음의 謄本

1. 謄本의 意義

어음의 謄本(Wechselabschrift, Kopie)이란 어음의 原本(Urschrift, Original-wechsel)을 謄寫한 것을 말한다. 謄本은 複本과 함께 어음복제에 속하나, ① 複本制度는 換어음에만 있으나 謄本制度는 約束어음에도 인정되고(어 제77조 제1항 제6호), ② 複本은 發行人만이 작성할 수 있으나 謄本은 모든 어음所持人이 작성할 수 있으며, ③ 複本에는 引受도 할 수 있으나 謄本에는 背書 · 保證만 할 수 있고, ④ 謄本에는 遮斷文言制度(어 제68조 제3항)가 있으나 複本에는 이것이 없다.

謄本은 어음의 유통성을 조장하기 위하여 작성된다. 예컨대, 換어음의 所持人이 引受를 위하여 어음을 遠隔地에 송부하는 경우에, 複本發行의 번잡을 피하여 謄本에 의하여 背書讓渡하거나 또는 어음의 원본은 보관하여 두고 謄本에 保證을 받는 경우 등이다.

2. 謄本의 發行

어음의 謄本은 어음所持人이 임의로 작성할 수 있다(어 제67조 제1항). 謄本에는 背書 기타 原本에 기재한 모든 사항을 정확히 再記하고, 그 末尾에 표시하는 文句〔예컨대, '以上 謄寫'(境界文句)〕를 기재하여야 한다(어 제67조 제2항). 謄本에는 原本의 保持者(Verwahrer)를 표시하여야 한다(어 제68조 제1항). 그리고 그 원본의 保持者는 謄本의 정당한 所持者에 대하여 그 원본을 교부하여야 한다(어 제68조 제1항 제2문). 그러나 謄本에 원본의 保持者를 기재하지 아니한 경우에도 謄本이 그 효력을 잃는 것은 아니다.

3. 謄本의 效力

(1) 謄本에 의한 背書 또는 保證

謄本에는 原本과 동일한 방법에 의하여 동일한 효력으로 背書 또는 保證을 할 수 있다(어 제67조 제3항). 따라서 謄本에 背書를 한 경우 原本이 부당하게 유통되는 것을 방지하기 위하여, 어음所持人은 謄本作成 전에 한 最後의 背書의 뒤에 "이후의 背書는 謄本에 한 것만이 효력이 있다."는 문언 또는 이와 동일한 意義가 있는 문언(遮斷文言 : Sperrvermerk)을 原本에 기재할 수 있는데, 이 경우에는 原本에 기재한 그 후의 背書는 효력이 없다(어 제68조 제3항).

그러나 謄本은 그 자체가 어음이 아니므로 謄本으로 인수 또는 지급을 청구할 수 없으며, 어음상의 권리를 행사함에는 항상 원본이 있어야 한다.

(2) 謄本所持人의 原本返還請求權과 遡求權

謄本의 所持人이 인수를 받기 위하여 原本을 송부한 경우에는 謄本에 그 原本의 保持者(送付處)를 기재하여야 하며(어 제68조 제1항 제1문), 謄本의 所持人은 原本의 保持者에 대하여 그 반환을 청구할 수 있다(어 제68조 제1항 제2문). 만약 原本의 保持者가 그 반환을 거절할 때에는 謄本의 所持人은 原本返還拒絶證書에 의하여 原本의 반환을 거절당한 사실을 증명하여 謄本에 背書 또는 保證을 한 者에 대하여 遡求權을 행사할 수 있다(어 제68조 제2항).

原本保持者의 기재가 없는 경우에 謄本에 背書 또는 보증을 한 者에 대하여 遡求權을 행사할 수 있는가에 관하여는 학설이 나뉘고 있다. 原本을 가진 者를 탐지하여 原本返還拒絶證書를 작성시킬 수 있는 경우에는 이를 작성케 하여 遡求權을 행사할 수 있다는 점에는 異論이 없으나, 그것이 불가능한 경우에 있어서는 拒絶證書를 작성할 수 없으므로 遡求權의 행사를 하지 못한다고 하는 학설[130]과 原本返還拒絶證書의 작성없이 遡求權의 행사를 할 수 있다고 하는 학설이 있다.[131] 생각건대, 이러한 謄本의 所持人도 遡求權은 가지지만, 遡求權行使의 形式的 要件인 拒絶證書라는 證明方法이 없으므로 결국 遡求權을 행사할 수 없다고 본다.[132]

---

130) Baumbach/Hefermehl, *Wechselgesetz und Scheckgesetz*, 13. Aufl., 1981, Art. 68, Rdn. 1.

131) 金容泰(下) 374면.

제9관 拒絶證書

Ⅰ. 拒絶證書의 意義

拒絶證書(Protest, protest)란 어음상의 권리의 행사 또는 보전에 필요한 행위를 적법하게 하였다는 것과, 그 결과를 증명하는 유일한 公正證書이다. 이것은 다른 증서로 갈음할 수 없다. 다만 手票에 관하여는 拒絶者(支給人: 銀行) 자신의 증명 또는 어음交換所의 증명도 拒絶證書와 동일한 효력이 인정된다(手 제39조 제2호·제3호).

우리 어음法은 統一條約에 따라 拒絶證書의 작성을 항상 權利保全의 조건으로 하는 동시에, 그 작성에 관한 사항은 따로 拒絶證書令(1970. 4. 15. 大統領令 제4919호)으로 정하고 있다.

Ⅱ. 拒絶證書의 性質

拒絶證書는 證據方法으로서 證明證書이고 要式證書이며, 어음으로부터 獨立한 證書이다.

1. 證明(公證)證書

拒絶證書는 어음상의 權利의 行使 또는 保全에 필요한 행위를 하였으나, 그 결

132) 同旨: 孫珠瓚(下) 248면; 鄭東潤(어) 468면; 鄭熙喆·鄭燦亨(下) 430면.

과를 얻지 못하였다는 사실을 증명하는 證明證書이다. 拒絶證書는 證明證書에 불과하기 때문에 그 기재가 사실과 다른 때에는 反證을 들어 다툴 수 있다. 그러나 拒絶證書는 公的인 機關인 公證人 또는 執行官이 작성하는 公正證書이므로 公文書로 추정된다(民訴 제327조). 따라서 단순한 否認만으로 證據力을 잃지는 않는다.

2. 要式證書

拒絶證書는 要式證書로서 法이 요구하는 일정한 사항을 기재하여야 한다. 그러나 拒絶證書의 要式性은 어음의 경우와 같이 엄격하지는 아니하므로 본질적인 사항이 아닌 사항은 그 기재가 없더라도 무방하다. 일정한 사항에 대하여 직접 명시적인 기재가 없더라도 다른 기재사항에 의하여 알 수 있으면 유효하고, 또 어음상의 기재에 의하여도 보충할 수 있다고 본다.

3. 獨立證書

拒絶證書는 어음과 다른 독립한 證書로서 어음의 補充的 證券이 아니다.

Ⅲ. 拒絶證書의 作成

1. 拒絶證書를 作成하여야 할 경우

拒絶證書를 작성하여야 할 경우는, ① 引受拒絶(어 제44조 제1항 · 제2항 · 제26조 제2항 · 제51조), ② 提示日字 또는 引受日字의 記載拒絶(어 제25조 제2항 · 제78조 제2항), ③ 第二提示의 請求(어 제24조 제1항), ④ 支給拒絶(어 제44조 제1항 · 제3항 · 제54조 제3항 · 제77조 제1항 제4호), ⑤ 支給人의 資力不確實(어 제44조 제5항), ⑥ 參加引受拒絶(어 제56조 제2항), ⑦ 參加支給拒絶(어 제60조 제1항 · 제2항 · 제77조 제1항 제5

호), ⑧ 複本返還拒絶(어 제66조 제2항), ⑨ 原本返還拒絶(어 제68조 제2항·제77조 제1항 제6호)의 경우 등이다.

그러나 ① 拒絶證書의 작성이 면제된 경우(어 제46조), ② 引受拒絶證書의 作成 후에 지급을 거절하는 경우(어 제44조 제4항), ③ 破産決定書가 있는 경우(어 제44조 제6항), ④ 불가항력으로 인한 면제의 경우(어 제54조 제4항)에는 拒絶證書를 작성하지 않고 遡求權을 행사할 수 있다.

2. 拒絶證書의 作成

(1) 作成機關

拒絶證書는 어음所持人 또는 그 代理人의 위탁에 따라 公證人, 執行官, 法務法人, 公證認可合同法律事務所가 작성한다(拒令 제2조, 執行官法 제5조 제3호, 辯 제39조·제48조의 2). 作成機關은 拒絶證書의 작성위임을 정당한 이유없이 거절하지 못한다(公證 제4조, 執行官法 제14조). 또한 拒絶證書는 거절사실을 증명하기 위한 것이므로 작성기관은 위임인(작성권자)의 진술에만 의존할 것이 아니라 자신이 작성권자의 대리인으로서 어음을 제시해 보는 등 자기의 직접 체험확인에 의해 작성하여야 한다.

拒絶證書는 어음 또는 附箋에 作成者가 자신의 경험에 의하여 확인한 일정한 사항을 기재하고 作成者가 記名捺印 또는 署名을 함으로써 작성한다(拒令 제3조 제4항).

(2) 作成場所

拒絶證書는 청구를 한 장소에서 작성하는 것이 원칙이다(拒令 제8조 제1항 본문). 支給 또는 引受를 위한 提示場所가 작성장소이며, 일반적으로는 拒絶者의 營業所, 住所 또는 居所가 이에 해당한다. 다만 拒絶者의 승낙이 있는 때에는 다른 장소에서도 작성할 수 있다(拒令 제8조 제1항 단서). 청구를 할 장소를 알 수 없을 때에는 作成機關은 그 場所를 官公署에 조회하여야 하고 그래도 알 수 없을 때에는 그 관공서나 자기의 사무소에서 拒絶證書를 작성할 수 있다(拒令 제8조 제2항).

(3) 作成期間

拒絶證書의 作成期間은 각 拒絶證書에 관하여 어음法에 규정되어 있다. 예컨대, 確定日出給, 發行日字後定期出給 또는 一覽後定期出給어음의 支給拒絶證書는 지급

을 할 날에 이은 2去來日內이다(어 제44조 제3항 제1문).

(4) 作成方法

(가) 記載하는 곳 및 方法

拒絶證書는 원칙적으로 어음 또는 이에 결합한 附箋에 의하여 이를 작성한다(拒令 제4조 제1항). 그러나 原本保有者가 原本의 반환을 거절하여 어음법 제68조 제2항에 의하여 拒絶證書를 작성하는 경우에는 어음의 謄本 또는 그 附箋에 하여야 하고, 引受의 一部拒絶로 인한 拒絶證書의 작성은 作成機關이 어음의 謄本을 작성하고 그 謄本 또는 그 附箋에 拒絶證書를 작성하여야 한다(拒令 제6조 제2항).

그러므로 拒絶證書의 기재사항은 어음의 複本·原本 또는 謄本의 裏面에 기재한 사항에 계속하여 기재하여야 하고, 또 부전에 할 경우에는 작성자가 그 접목에 間印을 하여야 한다(拒令 제4조 제2항). 이는 중간의 여백을 이용하여 후일 부정한 기입을 하게 됨을 방지하는 동시에 拒絶證書作成 당시의 어음의 상태를 명백히 하기 위함이다.

(나) 記載事項

拒絶證書에는 다음의 사항을 기재하고 作成者가 記名捺印 또는 署名하여야 한다.

① 拒絶者 및 被拒絶者의 姓名이나 名稱

② 拒絶者에 대하여 청구를 한 뜻 및 拒絶者가 그 청구에 응하지 아니하였거나, 拒絶者를 면회할 수 없었던 것, 또는 청구를 할 장소를 모른다는 것. 여기서 청구라 함은 거절된 행위, 즉 引受請求(引受提示), 支給請求(支給提示), 參加引受請求, 參加支給請求 등을 말한다.

③ 청구를 하였거나 이를 할 수 없었던 장소 및 年月日

④ 拒絶證書作成의 장소 및 年月日

⑤ 法定場所 이외의 곳에서 拒絶證書를 작성하는 경우에는 拒絶者가 이를 승낙하였다는 사실

⑥ 支給人이 제 2 의 제시를 청구한 때에는 그 뜻

(다) 拒絶證書의 數

拒絶證書는 數人에게 제시하여야 할 경우(예컨대, 支給人·豫備支給人 및 參加引受人에게 청구하는 경우 등)나 同一人에게 數回의 제시를 하여야 할 경우(예컨대, 支給人이 熟慮期間을 요구하는 경우)에도 1통만 작성하면 된다.

(5) 拒絶證書의 謄本

公證人 등 拒絶證書 作成機關이 拒絶證書를 작성한 때에는 그 謄本에 일정한 사항을 기재하여 이를 그 사무소에 비치하여야 한다(拒令 제9조 제1항). 이것은 拒絶證書의 原本이 멸실한 경우에 대비하기 위한 것이다. 따라서 拒絶證書가 멸실·분실된 경우에 이해관계인의 청구가 있는 때에는 위 謄本에 의하여 새로운 謄本을 작성하여 이해관계인에게 교부하여야 하며, 이 謄本은 原本과 동일한 효력이 있다(拒令 제9조 제2항).

(6) 拒絶證書의 瑕疵의 補正

拒絶證書는 要式證書이지만 어음처럼 엄격한 것은 아니므로 그 본질적인 부분에 瑕疵가 없는 한 그 효력에 영향을 미치지 않는다. 따라서 그 내용에 誤謬 또는 逸脫이 있어도 그것이 곧 拒絶證書의 無效를 초래하는 것은 아니고, 그 誤謬 또는 逸脫의 중요성에 따라서 이를 결정하여야 한다. 그리고 중요한 부분에 관한 瑕疵는 拒絶證書를 無效로 하지만, 이것을 補正하여 적법한 拒絶證書로 만들 수 있다. 補正한 부분에 관하여는 작성자가 記名捺印 또는 署名을 하여야 한다.

3. 拒絶證書作成의 免除

(1) 意 義

拒絶證書의 작성은 遡求權行使를 위한 法定要件이지만, 어음소지인에게는 매우 번거로운 절차이다. 이러한 拒絶證書는 遡求事由의 발생을 증명하기 위한 것이고 주로 遡求義務者들의 이익을 위한 것이다. 그러므로 어음법은 遡求義務者가 그 이익을 포기하는 경우 所持人으로 하여금 拒絶證書의 작성 없이 遡求할 수 있도록 허용하고 있다(어 제46조). 拒絶證書의 작성을 면제하면 어음의 提示만으로 遡求權을 행사할 수 있으므로 어음상의 권리행사가 용이하고, 모든 어음채무자가 그 작성비용을 면할 수 있으며 지급거절의 사실이 공표되는 것을 피할 수 있는 이익이 있다. 오늘날 실제의 어음거래에서는 拒絶證書作成의 면제가 보편화되어 있다.

(2) 免除權者

拒絶證書의 작성을 면제할 수 있는 者는 遡求義務者이다(어 제46조 제1항·제77조 제1항). 따라서 어음의 背書人은 물론 換어음의 發行人과 이들의 保證人, 參加

引受人, 參加支給人도 拒絶證書의 작성을 면제할 수 있다.

(3) 免除의 方式

拒絶證書의 作成免除는 免除權者가 '拒絶證書不要', '無費用償還'의 文字 또는 이와 동일한 意義가 있는 문언을 기재하고 記名捺印 또는 署名하면 된다(어 제46조 제1항 · 제77조 제1항 제4호). 작성면제의 記名捺印 또는 署名은 發行人 또는 背書人의 記名捺印 또는 署名을 겸용할 수 있다.[133]

(4) 免除의 效力

拒絶證書의 작성을 면제한 경우에는 소지인은 拒絶證書를 작성하지 않아도 遡求權을 상실하지 않고, 또 소지인이 法定期間을 준수한 것으로, 즉 法定期間 내에 제시한 것으로 추정된다(어 제46조 제2항 · 제77조 제1항 제4호). 그러나 拒絶證書의 작성면제는 拒絶證書의 작성의무만 면제하는 것이므로 그 외에 提示와 遡求通知義務까지 면제하는 것은 아니다.

발행인이 拒絶證書作成免除文句를 기재한 경우에는 어음자체가 拒絶證書作成免除의 어음으로 되어 拒絶證書免除의 효력은 모든 遡求義務者에게 미친다. 이 때 所持人은 자기의 비용으로 拒絶證書를 작성시킬 수 있다. 그러나 背書人이나 保證人이 면제의 문언을 기재한 경우에는 그 기재를 한 背書人에 대해서만 면제의 효력이 있고(어 제46조 제3항), 다른 遡求義務者에 대한 遡求를 위하여는 拒絶證書를 작성하여야 한다. 이 때 어음소지인이 拒絶證書를 작성시킨 때에는 그 면제의 기재를 한 背書人을 포함한 모든 어음채무자가 그 비용의 償還義務를 진다(어 제46조 제3항).

133) 崔基元(어) 483면 ; 徐廷甲(어) 219면 ; 姜渭斗(어) 488면.

제2절 約束어음

Ⅰ. 序 說

約束어음(eigener Wechsel, promissory note)은 金錢債務證券이며, 信用機能을 그 주된 경제적 기능으로 한다는 점에서 換어음과 비슷한 점이 많다. 따라서 統一어음法의 형식에 따른 우리 어음法은 換어음을 중심으로 하여 규제를 하고(換어음中心主義), 約束어음에 관하여는 약간의 특별규정을 두었을 뿐, 성질이 허용하는 한 換어음에 관한 규정을 이에 준용하고 있다(어 제77조).

그러나 換어음이 3당사자간의 金錢支給委託證券인 데 대하여, 約束어음은 양당사자간의 金錢支給約束證券이라는 형식상의 본질적인 차이 때문에 몇 가지 특수한 규제를 필요로 한다.

Ⅱ. 換어음과 約束어음의 差異點

1. 經濟的 機能上의 差異

'信用의 用具'로서 쓰인다는 점에서 換어음과 約束어음은 본질적으로는 같으나, 約束어음은 賣買去來의 代金支給의 방법이나(商業어음), 割引·融資의 방법으로(割引어음, 貸付어음) 주로 국내거래에서 이용되는 데 대하여, 換어음은 隔地者간의 送金·代金推尋의 방법으로, 특히 국제거래에서 이용되는 점에서 그 기능을 달리한다.

2. 法律上의 差異

(1) 發 行

基本어음의 形式에 있어서 양자는 전혀 다르다. 즉, 換어음은 어음要件으로 '換어음임을 표시하는 文字'(어 제1조 제1호)를 기재할 뿐만 아니라 일정금액의 무조건의 支給 '委託'을 하여야 하므로(어 제1조 제2호) 반드시 '支給人의 名稱'(어 제1조 제2호)을 기재하여야 한다. 그러나 約束어음은 '約束어음임을 표시하는 文字'(어 제75조 제1호)를 기재하되 一定金額의 無條件의 支給 '約束'을 發行人 자신이 하는 것이므로(어 제75조 제2호) 제3당사자인 支給人을 기재할 수 없다.

'發行'의 성질 및 효력에 있어서도 양자는 전혀 다르다. 즉, 換어음의 발행은 支給指示로서, 受取人은 어음金額의 支給受領權限(一種의 期待權)을 취득하고, 發行人은 終局的 償還義務者로서 擔保責任을 지는 데 대하여, 約束어음의 발행은 어음債務負擔의 意思表示로서 受取人은 어음金支給請求權을 취득하고 發行人은 主債務者로서 '換어음의 引受人과 동일한 義務를 부담한다'(어 제78조 제1항)(따라서 約束어음에 發行人의 免責文句를 기재하면 어음 자체가 무효로 된다.).

(2) 引 受

約束어음에는 '引受'가 있을 수 없다. 다만 約束어음에도 一覽後定期出給어음은 존재하므로(어 제77조 제1항 제2호·제33조 제1항 제2호), 그 滿期를 정하는 기준에 관하여 특별규정을 두고 있다. 즉, 一覽後定期出給의 約束어음은 所持人이 제시기간 내에(어 제23조) 發行人에게 一覽을 위하여 제시하여야 하고(어 제78조 제2항 제1문), 一覽後의 기간은 발행인이 어음에 一覽의 뜻을 기재하고 일자를 附記하여 기명날인 또는 서명한 날로부터 진행한다(어 제78조 제2항 제2문). 만약 發行人이 一覽의 뜻과 일자의 기재를 거절하면 拒絶證書에 의하여 이를 증명하여야 하고(어 제73조 제2항 제3문), 이 때 그 日字는 一覽後의 기간의 初日로 한다(어 제78조 제2항 제4문).

(3) 引受拒絶로 인한 遡求

約束어음에는 引受制度가 없으므로 引受拒絶로 인한 遡求도 있을 수 없다.

(4) 複 本

約束어음에서는 引受를 위하여 어음을 송부할 필요도 없으므로 謄本의 규정은 約束어음에 준용되지만(어 제77조 제1항 제6호·제67조·제68조), 複本의 규정은 준용되지 않는다.

(5) 參加引受의 問題

約束어음에는 引受制度가 없으므로 參加引受制度도 없다는 학설이 있으나, 參加引受는 滿期 전에 遡求할 수 있는 모든 경우에 인정되므로 約束어음에서도 滿期 전의 遡求를 인정하는 한 參加引受를 인정할 수 있다는 학설이 우리 나라의 多數說이다.134)

Ⅲ. 換어음과 約束어음의 共通點

1. 證券의 性質·機能

換어음이나 約束어음이나 金錢債權證券이고 信用의 用具인 '어음'이란 점에서 같으며, 證券의 여러 가지 법적 성질도 같다.

2. 適用範圍

우리 어음法은 換어음中心主義의 立法이므로 換어음에 관한 규정을 約束어음에 준용하고 있다. 즉, ① 어음債務의 獨立性(어 제7조·제77조 제2항), 無權代理人의 책임(어 제8조·제77조 제2항), 變造(어 제69조·제77조 제1항 제7호)에 관한 규정 등 어음行爲一般에 관한 규정, ② 第三者方支給의 기재(어 제4조·제77조 제2항), 利子의 約定(어 제5조·제77조 제2항), 어음金額의 重複記載(어 제6조·제77조 제2항), 白地어음(어 제10조·제77조 제2항)에 관한 규정 등 어음의 發行과 方式에 관한 규정,

134) 徐燉珏·鄭完溶(下) 283면 ; 孫珠瓚(下) 256면 ; 金容泰(下) 320면.

③ 背書(어 제11조~제20조 · 제77조 제1항 제1호), ④ 滿期(어 제33조~제37조 · 제77조 제1항 제2호)에 관한 규정, ⑤ 支給(어 제38조~제42조 · 제77조 제1항 제3호)에 관한 규정, ⑥ 支給拒絶로 인한 遡求(어 제43조~제50조 · 제52조~제54조 · 제77조 제1항 제4호)에 관한 규정, ⑦ 參加支給(어 제55조 · 제59조~제63조 · 제77조 제1항 제5호)에 관한 규정, ⑧ 謄本(어 제67조 · 제68조 · 제77조 제1항 제6호)에 관한 규정, ⑨ 時效(어 제70조 · 제71조 · 제77조 제1항 제8호)에 관한 규정, ⑩ 休日 · 期間의 計算과 恩惠日의 禁止(어 제72조~제74조 · 제77조 제1항 제9호)에 관한 규정, ⑪ 保證(어 제30조~제32조 · 제77조 제3항)에 관한 규정은 約束어음에 준용된다.

다만 約束어음의 특수성으로 인하여 다음과 같은 점에 주의하여야 한다. 즉, ① 어음法 제77조 제2항은 동 제27조도 준용하고 있으나, 約束어음에는 引受制度가 없으므로 이를 제외하여야 할 것이고, ② 約束어음의 發行人은 遡求義務者가 아니므로 遡求通知를 받을 권리도(어 제45조) 없으며, 豫備支給人을 기재할 수도 없다(어 제55조 제1항). ③ 또 被保證人의 표시가 없는 경우에는 約束어음의 發行人을 위하여 保證한 것으로 본다(어 제77조 제3항 제2문). ④ 參加引受를 約束어음에서도 인정할 것인가에 관하여 학설이 대립하고 있는 것은 전술한 바와 같다.

제 4 장
手 票 法

제 1 절 手票法 總論

제 1 관 手票와 換어음의 比較

Ⅰ. 序 說

1. 現行法上 手票의 概念

手票와 換어음은 發行人이 支給人에 대해서 일정한 금액의 지급을 위탁하는 金錢支給委託證券이란 점에서 같고, 金錢支給約束證券인 約束어음과 구별된다. 이와 같이 證券의 형식 및 성질에 있어서 手票와 換어음은 아주 유사하고, 다만 證券의 본문 중에 기재된 '手票'(手 제1조 제1호)·'換어음'(어 제1조 제1호)에 의해서 구별될 뿐이다.

2. 어음·手票 分離主義의 根據

手票를 어음과 분리하여 규제하는 입법례는 우리 나라를 비롯해서 일본·독일·

프랑스 및 제네바의 통일법 등을 들 수 있는데, 그 근거는 경제적 기능이라는 실질적 차이점에 둔 것이다. 이와는 달리 形式的 同一性을 중시하는 경우에는 手票는 換어음의 일종으로 보아 함께 규제하게 된다(英·美).

Ⅱ. 手票와 어음의 共通點

1. 證券의 性質

手票나 換어음이나 '金錢債權證券'이란 점에서 같고, 證券의 여러 가지 법적 성질(完全有價證券性·設權證券性·無因證券性·文言證券性·要式證券性·法律上 당연한 指示證券性·提示證券性·還受證券性)도 같다.

2. 證券의 形式

手票나 換어음이나 금전의 '支給委託證券'이다. 따라서 구체적으로 다음과 같은 유사점을 들 수 있다.

(1) 3當事者

手票나 煥어음은 支給委託證券이므로 發行人·支給人·受取人의 3當事者를 필요로 한다(어 제1조, 手 제1조·제5조)(所持人出給式手票에서는 受取人의 기재가 필요없지만 실질적으로 3당사자가 전제되어 있는 점에는 틀림이 없다.).

(2) 主債務者의 不確定

手票는 主債務者가 없고, 換어음은 支給人이 引受를 하여야 확정되므로(어 제28조), 양자가 다 발행 당시에는 主債務者가 확정되지 않는다.

(3) 發行人의 地位

발행인은 遡求義務者에 불과하다.

(4) 所持人의 地位

手票나 換어음이 발행됨과 동시에 당연히 支給人이 金錢支給債務를 부담하는 것은 아니다. 따라서 手票나 換어음은 支給受領權限(一種의 期待權)을 表彰하는 有價證券이고(約束어음은 어음金支給請求權을 表彰한다.), 그 所持人은 支給受領權限者에 불과하다.

3. 適用法條

우리나라는 分離主義原則에 따라 어음法과 手票法을 따로 제정하였으나, 같은 내용의 법조문을 찾아볼 수 있다. 이에 관하여는 이미 전술하였다(제1장 제2절 어음法 · 手票法 참조).

Ⅲ. 手票와 어음의 差異點

1. 經濟的 機能上의 差異

手票의 주된 경제적 기능은 '支給의 用具'로서의 작용인 데 대하여, 換어음의 주된 경제적 기능은 '信用의 用具'로서의 작용이다. 바꾸어 말하면, 手票는 자금이 있는 者가 현금의 지급 대신으로 이용하는 증권이고, 換어음은 자금이 없는 者가 신용을 이용하는 증권이다. 이러한 경제적 기능의 차이로부터 다음과 같은 법률상의 차이가 생긴다.

2. 法律上의 差異

手票가 支給證券이기 때문에 手票法은 '支給의 迅速 · 簡易化'의 요청과 '支給의 確實 · 安全化'의 요청에 따라 특수한 규정을 두어 信用證券化하는 것을 적극

방지하고 있으므로 信用證券으로서 長期間 유통되기를 바라고 조장하는 換어음에 관한 규제와는 다른 점이 많이 있다.

(1) 支給의 迅速·簡易化措置

(가) 一覽出給性

手票는 당연히 一覽出給이고, 이에 위반되는 기재는 기재하지 아니한 것으로 본다(手 제28조 제1항). 따라서 先日字手票는 기재된 발행일자 도래 전이라도 제시하면 지급하여야 한다(手 제28조 제2항).

換어음은 信用證券이므로 確定日出給, 發行日字後定期出給, 一覽後定期出給으로 滿期를 기재할 수 있으며, 또 一覽出給으로도 기재할 수 있으나 手票의 경우와는 다르다.

(나) 提示期間

手票의 支給提示期間은 짧고, 이를 임의로 신축할 수 없다. 즉, 국내에서 발행하고 지급할 手票는 發行日字로부터 10일이고(手 제29조 제1항·제4항), 發行地와 支給地가 나라나 지역을 달리하는 手票는 그 거리에 따라서 提示期間이 연장된다(20日 또는 70日)(手 제29조 제2항~제4항).

換어음의 경우에는 一覽出給어음은 원칙적으로 發行日字로부터 1년이고(어 제34조 제1항), 確定日出給어음, 發行日字後定期出給어음, 一覽後定期出給어음은 '支給을 할 날 또는 이에 이은 2去來日'인데(어 제38조 제1항), 手票의 경우보다 提示期間이 긴 것이 보통이고, 또 그 기간을 신축할 수 있는 여지가 있다.

(다) 時效期間

手票는 時效期間도 단축되어서, '提示期間經過後' 手票를 還受한 날, 또는 提訴된 날로부터 6月間 遡求權을 행사하지 않으면 消滅時效가 완성한다(手 제51조).

換어음의 경우에는 引受人에 대한 支給請求權은 만기일로부터 3年(어 제70조 제1항), 所持人의 전자(背書人, 發行人)에 대한 遡求權은 拒絶證書의 作成日 또는 만기일(拒絶證書作成義務가 면제된 경우)로부터 1年(어 제70조 제2항), 償還한 背書人의 전자에 대한 遡求權은 어음을 還受한 날 또는 그 자가 제소된 날로부터 6月(어 제70조 제3항)이 지나면 소멸시효가 완성한다.

(라) 約定利子文句 기재의 不許

手票는 속히 현금화할 것이므로 이자의 약정을 기재하더라도 이를 인정하지 않는다(手 제7조).

換어음에 있어서는 一覽出給·一覽後定期出給의 경우에 한하여 이자의 약정을 기재할 수 있다(어 제5조).

(마) 引受의 禁止

手票는 장기간 유통시킬 필요가 없으므로 인수를 하지 못한다(手 제4조). 따라서 支給保證의 경우를 제외하고는 手票金額을 지급할 主債務者도 없다. 그러나 換어음의 경우에는 인수를 하면 그 때에 引受人이 主債務者로 확정되고(어 제28조), 따라서 그 換어음은 어음金支給請求權을 表彰하는 유가증권이 된다.

(바) 參加引受의 禁止

手票는 인수를 금지하므로 參加引受(어 제56조 이하)를 할 여지가 없다.

(사) 支給人의 背書의 禁止

手票의 支給人에 대한 背書는 영수증의 효력만이 있다(手 제15조 제5항 본문). 따라서 手票의 支給人이 한 背書도 무효로 한다(手 제15조 제3항). 支給人에게 擔保責任을 지우면 手票에 引受를 금지한 취지에 어긋나기 때문이다(換어음의 支給人은 被背書人이 될 수도 있고, 다시 이를 背書할 수도 있다.)(어 제11조 제3항).

(아) 支給人의 手票保證의 禁止

手票支給人의 背書禁止와 같은 취지에서 支給人은 手票의 保證을 할 수 없다(手 제25조 제2항, 어 제30조 제2항 참조).

(자) 入質背書·引受無擔保背書의 缺如

入質背書를 인정하지 않는 것은 手票의 提示期間이 지극히 짧기 때문이며, 引受制度가 없으므로 인수를 전제로 한 引受無擔保란 것이 있을 수 없다.

(차) 謄本·複本制度의 制限

手票에서는 주로 引受를 위해 필요한 謄本制度는 없고, 複本도 분실의 염려가 있는 國家間 또는 遠隔地에 송부하는 경우에 한하여 인정한다(手 제48조).

(카) 所持人의 不特定 許用

手票에서는 지급기능을 강화하기 위하여 所持人出給式手票가 허용되며(手 제5조), 실제로 가장 많이 이용되는 것이나, 換어음에서는 所持人이 특정되어야 한다(어 제1조 제6호).

(타) 遡求方法의 制限

手票에서는 滿期 전의 遡求制度와 逆어음에 의한 遡求方法이 없다. 왜냐하면 전자는 引受制度가 없기 때문이며, 후자는 遡求方法의 복잡화를 피하기 위한 것이다.

(파) 支給拒絶證明의 簡易化

手票에서는 支給拒絶證明의 방법으로 公正證書뿐만 아니라(手 제39조 제1호·제44조 제1항 참조), 지급인의 선언(手 제39조 제2호), 어음교환소의 선언(手 제39조 제3호)에 의한 간편한 방법을 인정하고 있다.

(하) 參加支給의 禁止

手票에서는 지급기능의 강화를 위해서 參加引受와 더불어 參加支給도 인정하지 않는다.

(2) 支給의 確實·安全化措置

(가) 支給人의 資格規定

手票에서는 지급의 확실화를 기하기 위하여 支給人의 자격을 은행 또는 法令에 의하여 은행과 同視되는 사람 또는 시설에 한정하고 있으나(手 제3조·제8조·제59조), 換어음에서는 신용이 있는 者인 한 아무라도 상관이 없다.

(나) 手票資金·手票契約의 必要性

手票의 경우에는 支給의 확실·안전화를 위해서 支給人과 發行人 간에 支給人은 發行人이 발행한 手票를 반드시 지급하여야 한다는 계약(手票契約)이 있어야 하고, 手票提示를 할 때까지 발행인은 手票資金을 예금하여야 한다(手 제3조 본문). 그러나 換어음의 경우에는 發行人과 支給人 사이에 미리 자금관계가 있어야 하는 것도 아니고, 지급인이 반드시 지급하여야 할 의무를 지는 것도 아니다.

(다) 發行人에 대한 制裁

手票의 경우에는 手票契約이나 手票資金이 없이 手票를 발행한 자에게는 50만원 이하의 과태료를 물리고(手 제67조), 不正手票團束法에 의한 형사책임까지도 지운다(手團 제2조·제3조).

(라) 支給保證

手票는 인수를 할 수 없고, 따라서 主債務者도 없다. 그러므로 手票支給의 불확실성에 대한 보완책으로서(支給人에게 手票上의 義務를 부담시킬 필요가 생기는 경우를 고려하여) 手票의 支給保證制度가 있다(手 제53조 제1항). 그리고 信用證券化를 방지하기 위하여 指示期間 내에서만 支給義務를 부담하도록 그 효력을 제한하고 있다(手 제55조 제1항).

(마) 橫線制度

手票는 支給用具로서 현금같이 사용되므로 도난 또는 분실로 인하여 所持人이 입을 손해를 피하기 위해서 橫線手票制度가 고안되었으나(手 제37조·제38조), 換어음에는 橫線制度가 없다.

(바) 支給委託取消의 制限

手票의 상실 또는 도난에 대비한 支給委託의 취소는 제시기간 경과 후에만 인정된다(手 제32조). 즉, 支給委託取消制度는 手票의 발행인을 보호하기 위한 것이나, 제시기간 내에는 支給委託의 취소를 하지 못하게 함으로써 지급의 확실성을 보장하고 있다.

제2관 手票에 관한 通則

Ⅰ. 手票行爲

手票行爲란 '手票上의 債務의 발생원인이 되는 法律行爲'로서, 어음行爲와 같이 이해할 수 있다. 다만 手票行爲에는 發行·背書·保證 및 支給保證의 4종뿐이고, 引受와 參加引受는 없다.

手票行爲의 성립요건, 특성, 手票行爲의 代理, 手票의 僞造·變造에 관하여도 어음행위의 경우와 같이 취급된다.

Ⅱ. 手票上의 權利

手票上의 권리와 證券과의 관계, 手票上의 權利의 取得·行使·消滅에 관하여도 대체로 어음상의 권리에 관한 이론이 그대로 적용된다. 다만 ① 消滅時效期間은 짧아서 所持人의 前者에 대한 遡求權과 再遡求權은 6月(手 제51조), 支給保證을 한 支給人에 대한 청구권은 1年(手 제58조)으로 규정되어 있으며, ② 利得償還義務者 중에는 發行人과 背書人 외에 支給保證을 한 支給人이 포함되는 점(手 제63조)이 다르다.

Ⅲ. 手票의 實質關係

手票의 實質關係도 어음의 實質關係와 대체로 같으나, 手票의 지급기능을 강화하기 위하여 후술하는 바와 같이 手票資金·手票契約의 필요(手 제3조), 支給委託의 取消의 제한(手 제32조), 發行人의 死亡·能力喪失의 경우의 手票의 효력(手 제33조) 등에 관하여 특별규정을 두고 있다.

제2절 手票法 各論

제1관 手票의 發行

Ⅰ. 手票發行의 意義 및 性質

手票의 發行이란 基本手票를 작성하여 受取人에게 교부함으로써 성립하는 手票行爲를 말한다. 基本手票를 작성하는 행위는 手票要件을 기재하고 發行人이 記名

捺印 또는 署名을 하는 것을 말한다.

手票發行의 법적 성질은 換어음의 경우와 같이 '支給指示'(Anweisung)라고 본다.

Ⅱ. 基本手票의 作成

1. 手票證券의 作成

手票는 手票要件을 기재하고 發行人이 記名捺印 또는 署名을 하되 창조되는 手票의 방식은 發行人이 선택할 수 있다(手 제5조). 그러나 실제에 있어서는 手票契約에 의하여 發行人이 支給人인 은행으로부터 교부받은 수표용지를 사용하게 되고, 그 수표용지는 所持人出給式으로 되어 있는 것이 보통이므로 內國手票에 관하여는 指示手票나 指示禁止의 記名手票가 발행되는 경우는 거의 없다.

2. (基本)手票要件(必要的 記載事項)

手票要件은 ① 手票文句(手 제1조 제1호), ② 一定金額의 支給委託(手 제1조 제2호), ③ 支給人의 名稱(手 제1조 제3호), ④ 支給地(手 제1조 제4호), ⑤ 發行日(手 제1조 제5호), ⑥ 發行地(手 제1조 제5호), ⑦ 發行人의 記名捺印 또는 署名(手 제1조 제6호)으로서, 대체로 換어음의 경우와 비슷하다. 다만 手票의 一覽出給性으로 인하여(手 제28조) 滿期(어 제1조 제4호)의 표시는 있을 수 없고, 手票는 所持人出給式(手 제5조 제1항 제3호)이 원칙이므로 受取人의 명칭(어 제1조 제6호)이 필요하지 않다. 또 手票의 支給人은 은행(우체국, 농업협동조합, 수산업협동조합 등 포함)에 한정되나(手 제3조·제59조), 支給人을 은행 이외의 者로 한 手票도 무효는 아니고, 發行人에 대한 과태료의 제재가 있을 뿐이다(手 제67조). 手票는 發行人 자신을 支給人으로 하여 발행할 수 있으며(自己앞手票)(trassiert-eigener Scheck)(手 제6조 제3항), 실제에 있어서 동일영업의 본·지점간 또는 지점상호간에서 널리 사용되고 있다.

支給地의 기재가 없는 手票도 무효는 아니며, 支給人의 명칭에 부기한 地를 지급지로 보고, 支給人의 명칭에 수개의 地를 附記한 때, 이를테면 수개의 營業所의 소재지의 기재가 있는 때에는 初頭에 기재한 地를 支給地로 한다(手 제2조 제2항). 이러한 附記地도 없는 때에는 發行地를 支給地로 보게 된다(手 제2조 제3항).

手票에 기재할 발행일자는 사실상 발행된 날과 일치하여야 하는 것은 아니며, 이것은 換어음의 경우와 같다. 실제에 있어서 사실상의 발행일보다 장래의 일자를 기재한 先日字手票(postdated cheque, vordatierter Scheck)가 많이 이용된다. 手票法은 이러한 手票에 있어서도 그 所持人은 기재상의 發行日字가 도래하기 전에 支給提示를 할 수 있도록 하고 있다(手 제28조 제2항).

발행일의 기재가 없는 경우에 대하여 지급지나 발행지에 대한 것과 같은 보충규정이 없으나 이와 같은 뜻으로 해석하여야 할 경우가 있다. 예컨대, 발행일에 대한 명시적 기재가 없다 하더라도 수표면의 어느 부분에 일정한 날을 표시하는 기재가 있는 경우, 어음과는 달리 수표에는 발행일 이외에 어떤 일자를 기재할 일이 없으므로 이 일자를 발행일자로 보아야 할 것이다.

> <대법원 1990. 12. 21. 선고, 90 다카 28023 판결 : 발행일에 대한 명시적 기재가 없는 경우에도 발행일의 기재가 있는 것으로 인정된 사례>
>
> 수표상 발행일의 기재는 수표요건이므로 그 발행일의 기재가 없으면 요건흠결의 수표이거나 백지식 수표로 볼 수밖에 없지만, 수표의 표면의 '자기앞수표'라는 표기 바로 옆에 고딕체로 '1989. 4. 15.'이라고 선명하게 기재되어 있는 경우에는 어음과는 달리 수표상에는 발행일 이외에 다른 날짜가 기재될 수 없는 점에 비추어 위 일자 기재를 수표의 발행일의 기재로 보아야 할 것이다.

發行地의 기재가 없는 手票는 發行人의 명칭에 부기한 地에서 발행한 것으로 보며(手 제2조 제4항), 이것은 換어음의 경우(어 제2조 제4항)와 같으나, 發行地와 發行人의 명칭에 부기한 地가 모두 없는 手票는 手票로서의 효력이 없음이 원칙이다. 그러나 전술한 어음의 경우와 마찬가지로 판례는 국내수표의 경우, 발행지가 없는 수표도 유효한 수표로 인정한다. 발행인은 지급인인 은행에 처분할 수 있는 자금을 가진 자라야 한다(手 제3조).

<대법원 1999. 8. 19. 선고, 99 다 23383 판결: 발행지가 없는 국내수표도 유효한 수표로 인정된다>

[다수의견] 수표면의 기재 자체로 보아 국내수표로 인정되는 경우에 있어서는 발행지의 기재는 별다른 의미가 없는 것이고, 발행지의 기재가 없는 수표도 완전한 수표와 마찬가지로 유통·결제되고 있는 거래의 실정 등에 비추어, 그 수표면상 발행지의 기재가 없는 경우라고 할지라도 이를 무효의 수표로 볼 수는 없다.1)

3. 有益的 記載事項

手票의 有益的 記載事項으로는 ① 受取人의 表示(手 제5조), ② 支給人의 名稱에 附記한 地(手 제2조 제2항), ③ 發行人의 名稱에 附記한 地(手 제2조 제4항), ④ 제3자方支給文句(手 제8조), ⑤ 背書禁止文句(手 제5조 제1항 제2호 · 제14조 제2항), ⑥ 外國通貨換算率指定文句(手 제36조 제2항), ⑦ 外國通貨現實支給文句(手 제36조 제3항), ⑧ 橫線(手 제37조), ⑨ 拒絶證書作成免除文句(手 제42조), ⑩ 複本의 番號(手 제48조)를 들 수 있다.

특히 受取人의 表示方式에는 ① 記名式, ② 指示式, ③ 記名式으로서 '指示禁止'의 文字 또는 이와 동일한 意義가 있는 文言을 기재한 것(背書禁止手票), ④ 所持人出給式(無記名式), ⑤ 記名式手票에 '또는 所持人에게'의 文字 또는 이와 동일한 意義가 있는 문언을 기재한 것(指名所持人出給式, 選擇無記名式), ⑥ 전혀 受取人의 기재가 없는 것의 6종이 있다(手 제5조). 또 제 3 자方支給文句의 기재에 있어서도 그 기재는 發行人만이 할 수 있고, 제 3 자는 은행이어야 하는 점이 換어음의 경우와 다르다.

4. 無益的 記載事項

手票法에 규정이 있는 사항으로는 ① 利子約定文句(手 제7조), ② 發行人의 支給無擔保文句(手 제12조), ③ 一覽出給 이외의 滿期의 표시(手 제28조 제1항), ④ 委託手票文句(手 제6조 제2항)가 있으며, 手票法上 규정이 없는 사항으로는 ① 對價文句 ·

1) 이 판결에 대한 반대평석: 이기수, 법률신문 1999. 9. 6. 14면 참조.

資金文句, ② 通知文句, ③ 擔保附文句, ④ 違約金文句 등을 들 수 있다.

5. 有害的 記載事項

手票의 有害的 記載事項은 手票法上 규정된 것은 없으나 換어음의 경우와 같다.

6. 白地手票

手票法에서도 白地手票가 인정되며(手 제13조), 白地어음(어 제10조)에 관하여 설명한 바와 같다.

Ⅲ. 手票發行의 效力

手票의 發行人은 支給擔保責任, 즉 手票가 不渡되는 경우에는 遡求義務를 진다. 發行人의 支給無擔保文言은 이를 기재하여도 기재하지 아니한 것으로 본다(無益的 記載事項)(手 제12조 제2문).

手票에는 引受制度가 없고, 手票의 발행인은 遡求義務를 질 뿐이므로 換어음의 인수인이나 約束어음의 발행인에 대응하는 확정적인 主債務者가 없다. 이와 같이 手票에는 주채무자가 없고 그 지급이 불확실하므로 이를 보충하는 제도로서 支給人인 銀行의 支給保證이 있다. 은행이 支給保證을 하면, 提示期間經過前에 手票를 제시한 소지인에게 手票金을 지급할 의무를 부담한다(手 제55조 제2항). 그러나 支給保證을 한 은행은 提示期間經過前에 지급제시를 하는 것을 조건으로 하여 지급의무를 부담하는 것이므로 換어음의 引受人과 같이 무조건 지급의무를 부담하는 主債務者가 되는 것은 아니다.[2] 그리고 手票의 발행 후에 발행인이 사망하거나

2) 鄭東潤(어) 504면.

능력을 잃더라도 手票의 효력에는 영향이 없다(手 제33조).

Ⅳ. 手票發行의 制限

1. 發行制限의 必要性

手票는 支給證券으로서 지급의 확실성이 요구되는데도 불구하고 支給人은(引受制度가 없으므로 원칙적으로 主債務者가 될 수 없다.) 원칙적으로 手票法上 支給義務를 부담하지 않으므로 오로지 發行人의 신용에 의하여 유통되게 마련이다. 따라서 手票의 支給性을 보장하여 手票所持人의 안전을 가급적 확보하려면, 手票의 발행 자체를 엄격히 제한하여 不正手票의 남발을 억제하는 수밖에 없을 것이다.

2. 發行制限措置의 內容

(1) 支給人의 資格

手票의 발행은 은행을 支給人으로 한 경우만 허용된다(手 제3조 본문). '銀行'이란 法令에 의하여 은행과 同視되는 사람 또는 시설을 포함하는데(手 제59조), 이에는 郵遞局·郡農業協同組合·農業協同組合中央會·漁業協同組合·水産業協同組合中央會 등이 있다('手票法의 적용에 있어서 銀行과 同視되는 사람 또는 施設의 指定에 관한 규정', 大統領令 제4920호).

支給人의 자격을 銀行으로 한정한 것은 금전을 전문적으로 취급하며, 社會的으로 公信力이 있는 기관으로 하여금 支給事務를 담당하게 함으로써, 金錢支給의 迅速·簡易化와 확실·안전화를 도모하려는 데 그 목적이 있다.

(2) 手票資金

手票는 銀行을 支給人으로 하되, 그 은행에 支給提示를 한 때에 發行人이 처분할 수 있는 資金이 있어야 한다(手 제3조 본문). 이러한 手票資金은 手票의 支給提

示를 하는 때에 있어야 하며, 또 이 때까지 資金이 제공되면 되고, 發行時부터 手票資金을 확보할 필요는 없다.

手票資金의 供給에 있어서는 當座預金契約에 의해서 發行人이 미리 支給人에게 資金을 공급하여 둠으로써 지급하는 경우도 있고, 當座貸越契約에 의해서 發行人이 資金을 미리 供給하지 않았더라도 支給人이 일정한 범위 내에서 지급을 하고, 후에 發行人이 이를 補償하는 경우도 있다.

(3) 手票契約

發行人과 支給人 사이에는 資金契約 외에 手票契約이 있어야 한다. 手票契約이란 '發行人이 그 資金을 手票에 의하여 처분할 수 있는 明示 또는 默示의 契約'(手 제3조 본문)을 말한다. 본래 支給人은 發行人의 지시에 따라서 지급을 할 권한을 가질 뿐이지 手票法上의 支給義務를 지는 것은 아니다. 다만 이 手票契約에 의해서 支給人은 發行人이 발행한 手票를 預置된 手票資金을 가지고 지급할 의무를 발행인에 대하여 지게 된다.

手票契約이 없이 發行된 手票도 무효는 아니다. 그러나 이 경우 은행은 지급을 거절할 것이고, 發行人은 過怠料의 처분을 받는다(手 제67조).

제 3 자의 계산으로 手票가 발행되는 경우, 즉 委託手票에 있어서는(手 제6조 제2항), 資金關係와 手票契約은 支給人인 銀行과 제 3 자 사이에 존재하고, 發行人은 手票를 발행하여 그 제 3 자의 자금을 처분할 수 있으면 된다.

手票契約의 법적 성질에 관하여는 다툼이 있으나, 手票의 支給事務를 委託하는 委任契約으로 보는 견해가 通說이다.

<대법원 1998. 2. 13. 선고, 97 다 48319 판결: 수표계약 위반의 효력>

가계수표 용지에 부동문자로 인쇄되어 있는 '100만원 이하' 등의 문언은 지급은행이 사전에 발행인과의 사이에 체결한 수표계약에 근거하여 기재한 것으로서 이는 단지 수표계약의 일부 내용을 제3자가 알 수 있도록 수표 문면에 기재한 것에 지나지 아니한 것이고, 한편 수표법 제3조 단서에 의하면 수표자금에 관한 수표계약에 위반하여 수표를 발행한 경우에도 수표로서의 효력에는 영향을 미치지 아니하므로 발행한도액을 초과하여 발행한 가계수표도 수표로서의 효력에는 아무런 영향이 없다.[3]

---

3) 崔埈璿, "가계수표의 발행한도액기재의 효력", 법률신문, 1995. 5. 18. 13면, 5. 22. 15면 참조.

3. 制限措置違反의 效果

(1) 手票의 效力

手票法이 규정한 發行制限措置를 위반하여 手票를 발행하더라도 手票自體의 효력에는 영향을 미치지 않는다(手 제3조 단서). 즉, 支給人의 資格을 은행으로 하지 않은 경우라든가, 은행을 支給人으로 하였으나 資金 없이 手票를 발행할 경우라도 手票가 유효함은 물론(無因性), 手票契約 없이 발행한 手票라도 유효하며, 한편 手票契約이 있다고 하여 支給人이 手票所持人에 대하여 手票의 支給義務를 지는 것도 아니다.

(2) 發行人의 責任

手票의 發行制限 규정을 위반한 發行人은 50만원 이하의 과태료에 처한다(手 제67조).

4. 特別法上의 發行制限

流通證券인 手票의 支給性을 확보하기 위하여 不正手票團束法이 제정되었는데, 同法은 所定의 不正手票를 발행한 者는 5年 이하의 징역 또는 手票金額의 10倍 이하의 벌금에 처하게 함으로써(手團 제2조 제1항) 간접적으로 手票發行의 制限措置를 강화하고 있다.

제2관 手票의 讓渡

Ⅰ. 手票의 讓渡方法

手票의 讓渡方法은 背書에 한하지 않고, 오히려 證券의 교부에 의하는 것이 보통이다. 즉, ① 背書禁止手票의 경우에는 指名債權의 양도방식에 따라서, 그리고 그 효력으로서만 양도할 수 있고(手 제14조 제2항), ② 記名式手票·指示式手票의 경우에는 背書에 의하여 양도할 수 있으며(手 제14조 제1항), ③ 所持人出給式手票·指名所持人出給式(選擇無記名式) 手票의 경우에는 證券의 交付에 의하여 양도할 수 있다(民 제523조).

Ⅱ. 手票의 背書

1. 手票背書의 特色

手票의 背書는 그 종류·방식·효력 등이 대체로 어음의 背書와 같고, 다만 그 支給證券性에 비추어 다음과 같은 특칙을 두고 있는 점이 다르다.

2. 어음背書와의 差異點

(1) 支給人에 대한 背書禁止

手票의 支給人에 대하여 한 背書는 배서로서의 효력이 없고, 領收證으로서의 효력만이 있다(手 제15조 제5항). 만일 支給銀行이 支給을 하지 아니하고 手票의 背書讓渡를 받을 수 있게 한다면, 手票資金이 없는 경우에도 代價를 지급할 수 있는 길이 열리게 되고, 이와 같은 방법은 手票資金을 필요로 하는 手票法 제3조의 규정에 위반하기 때문이다. 다만 支給銀行의 營業所가 數個인 경우에 그 手票가 지급될 곳으로 된 營業所 이외의 영업소에 대한 背書는 유효하다(手 제15조 제5항 단서).

(2) 支給人의 背書禁止

手票의 支給人이 한 背書는 無效이다(手 제15조 제3항). 支給人에 대한 背書를 인정하지 아니하므로 支給人은 被背書人이 될 수도 없지만, 만약 背書를 인정한다면 擔保的 效力으로 인하여 支給人이 支給擔保責任을 부담하여 실질적으로 引受를 한 것과 같은 결과가 되고, 手票가 信用證券化하게 될 것이므로 手票法은 이를 금지하고 있다.

(3) 入質背書의 不認定

어음에는 入質背書가 인정되나(어 제19조·제77조 제1항 제1호), 手票는 支給證券이므로 入質背書를 인정하지 않는다.

(4) 背書人의 引受擔保責任의 不認定

手票에는 引受制度가 없으므로 背書人은 支給擔保責任만을 질 뿐이며, 引受擔保責任을 인정할 여지가 없다.

(5) 豫備支給人의 기재의 不認定

手票에는 參加制度가 없으므로 背書人이 豫備支給人의 기재를 하지 못한다.

(6) 謄本에 의한 背書의 不認定

手票에는 謄本制度가 없으므로 등본에 의한 背書도 있을 수 없다.

(7) 所持人出給式手票의 背書의 特色

所持人出給式手票의 경우 그 교부만으로도 양도를 할 수 있으나, 背書를 하는 경우도 있으므로 手票法은 특별규정을 두었다. 즉, 所持人出給式手票의 背書는 擔

保的 效力은 있어도 權利移轉的 效力과 資格授與的 效力은 없다(手 제20조 본문). 또 所持人出給式手票에 背書를 하였다고 하여 指示式手票로 변하는 것도 아니다(手 제20조 단서). 따라서 背書 후에도 手票는 교부만에 의하여 양도되고, 手票의 所持人은 背書의 연속을 필요로 하지 않고, 證券의 所持만으로써도 정당한 권리자라는 추정을 받는다.[4)]

背書人은 遡求에 관한 규정에 따라서 책임을 지게 되므로(手 제20조) 償還義務를 이행하고 手票를 還受한 背書人이 자기의 前者에게 再遡求하려면 背書의 전후관계를 명백히 하여야 하는데, 이것은 실제로 背書를 한 때를 표준으로 하여 결정하여야 한다. 다만 背書記載의 순서로써 배서시기의 전후를 추정할 수는 있을 것이다.

數人의 背書人이 있는 경우에 소지인에게 償還을 한 背書人은 자기의 前者에 대하여 遡求를 할 수 있으나, 그 背書人은 被請求者가 자기의 전자라는 것을 입증하여야 한다.

拒絶證書나 支給拒絶宣言의 작성 후 또는 支給指示期間經過 후 所持人出給式手票의 背書(期限後背書)나 교부에 의한 讓渡는 指名債權讓渡의 효력밖에 없다.

제3관 手票保證

Ⅰ. 手票保證의 意義

手票保證(Scheckbürgschaft, Aval)이란 주된 手票行爲에 의하여 발생한 債務를 담보할 것을 목적으로 하는 從된 手票行爲를 말한다.

4) 大判 1965. 11. 30, 65 다 1966.

Ⅱ. 手票保證의 特色

手票保證의 성립요건·효력 등 그 규제내용은 대체로 어음保證의 경우와 같다. 다만 手票의 信用證券化를 방지하기 위하여 手票의 引受制度를 인정하지 아니한 취지를 관철하기 위하여 支給人 자신이 手票의 보증을 할 수는 없게 하였다(手 제25조 제2항).

제 4 관 手票의 支給保證

Ⅰ. 序 說

1. 支給保證의 意義

支給保證이란 提示期間 내에 手票가 제시된 경우 支給人이 그 手票金額의 支給債務를 부담하기로 하는 支給人의 手票行爲를 말한다. 手票는 一覽出給性이고(手 제28조), 支給提示期間이 짧으며(手 제29조), 引受가 금지되므로(手 제4조) 그 대신 支給保證에 의하여 지급의 확실성을 보장하고 있다.

그런데 실제에 있어서는 手票의 所持人이 銀行에 대하여 支給保證을 청구하면 은행은 支給保證을 하는 대신, 手票發行人의 當座計定으로부터 그 金額을 공제하고 은행의 自己앞手票를 발행하여 교부한다. 그러므로 현재 手票法上의 支給保證制度는 사실상 시행되고 있지 않다.

2. 手票保證과 支給保證의 差異

手票保證은 手票上의 債務(償還義務)를 담보하기 위한 從된 手票行爲이나, 支給保證은 手票上의 主債務를 부담하기 위한 독립된 手票行爲란 점에서 서로 다를 뿐만 아니라, 그 方式・主體(支給保證은 支給人만이 할 수 있으나 手票保證은 支給人을 제외하고 누구든 할 수 있다.)・債務의 範圍・效力・消滅時效期間 등 많은 차이점을 찾아볼 수 있다.

3. 引受와 支給保證의 差異

換어음의 引受와 手票의 支給保證은 支給人이 一定金額의 支給債務를 (主債務者로서) 확정적으로 부담하는 행위란 점에서는 같으나, 다음과 같은 많은 차이점을 찾아볼 수 있다.

(1) 支給人의 義務

引受人의 義務는 절대적인 의무이나, 支給保證人은 支給保證의 效力에서 설명하는 바와 같이 상대적인 의무이다.

(2) 拒絶의 效果

換어음의 所持人에게는 引受提示의 권리가 있어서 引受가 거절되면 遡求權을 행사할 수 있으나, 手票의 所持人에게는 支給保證의 청구권은 없고, 따라서 이를 거절당해도 遡求權을 행사할 수 없다.

(3) 一部支給保證

引受는 일부인수가 인정되나, 手票金額의 일부만에 대한 支給保證은 인정되지 아니한다(手 제54조 제2항 참조).

(4) 消滅時效期間

引受人의 義務는 3年(어 제70조 제1항), 支給保證人의 義務는 1年(手 제58조)의 시

효에 의하여 소멸한다.

(5) 猶豫期間

引受에는 猶豫期間이 인정되나(어 제24조 제1항 제1문), 支給保證에는 이를 인정할 여지가 없다.

Ⅱ. 支給保證의 方式

支給保證은 手票의 표면에 '支給保證' 기타 지급을 할 뜻을 기재하고 日字를 附記하여 支給人이 記名捺印 또는 署名을 하여야 한다(手 제53조 제2항). 이 점에서 手票保證이 手票 또는 補箋에 이를 하고 일자의 기재를 요하지 않는 것과 다르다(手 제26조 제1항). 또 手票保證에서는 被保證人의 表示를 하여야 하고, 이 표시가 없으면 發行人을 위하여 한 것으로 보게 되나(手 제26조 제4항), 支給保證에서는 이러한 표시가 있을 수 없다. 支給保證도 無條件이어야 하며(手 제54조 제1항), 支給保證에 의하여 手票의 記載事項에 변경을 가하여도 그 변경의 기재는 없는 것으로 본다(手 제54조 제2항). 따라서 일부의 支給保證은 전액의 支給保證으로 보게 된다. 支給保證의 請求者에는 제한이 없으며, 發行人·背書人 등은 모두 이를 할 수 있으나, 실제에 있어서는 發行人이 보통 이를 한다.

Ⅲ. 支給保證의 效力

1. 支給保證人의 意義

(1) 第一次的 支給義務

支給保證을 한 支給人은 提示期間經過 전에 手票를 제시한 경우에 한하여(第一

次的) 支給義務를 부담한다(手 제55조 제1항)(相對的 義務). 이 점에서 換어음의 引受人이 어음提示의 유무를 불문하고 支給義務를 지는 것과 다른 점이다. 따라서 手票所持人은 支給拒絶證書 또는 이와 동일한 효력을 가지는 支給人 또는 交換所의 宣言에 의하여 적법한 제시를 하였으나 거절당하였다는 사실을 증명하지 아니하면, 前者에 대한 遡求權뿐만 아니라 支給保證人에 대한 권리도 잃는다(手 제55조 제2항).

(2) 支給額

支給保證人이 지급할 금액은 원래는 手票金額이나, 權利保全節次를 밟은 경우에는 遡求義務者가 지급한 금액(手 제44조·제45조)과 같다(手 제55조 제3항).

(3) 消滅時效

支給保證人에 대한 手票上의 청구권은 提示期間經過 후 1년간 행사하지 아니하면 消滅時效가 완성한다(手 제58조).

2. 發行人 등의 義務

發行人 기타 手票上의 債務者는 支給保證으로 인하여 그 책임을 면하지 못한다(手 제56조). 따라서 支給保證人과 發行人 등 手票上의 債務者는 所持人에 대하여 合同責任을 지게 된다(手 제43조 제1항).

제5관 手票의 提示와 支給

I. 手票의 支給提示

1. 手票의 一覽出給性

手票는 支給證券이므로 一覽出給에 한하고, 이에 위반되는 모든 기재(예컨대, 確定滿期의 기재)는 기재하지 않은 것으로 본다(手 제28조 제1항).

2. 先日字手票

(1) 先日字手票의 意義

先日字手票(vordatierter Scheck, postdated cheque)란 실제의 發行日보다 後日(將來의 日字)의 發行日字로 기재한 手票를 말한다. 이와는 반대로 실제의 발행일보다 이전의 日字(過去의 日字)를 발행일로 하여 기재한 手票를 後日字手票(rückdatierter od. nachdatierter Scheck, ante-dated cheque)라 한다. 先日字手票는 지급제시기간을 연장하기 위한 때, 수표발행당시에는 은행에 자금이 없으나 수표에 기재한 발행일자까지는 자금을 마련할 수 있다고 예상되는 때, 또는 자금은 있으나 지급은행에 지급할 利子를 경감하기 위한 때(當座貸越의 경우) 등에 이용된다.

(2) 認定根據

手票에 기재된 발행일자는 단순한 사실의 기재가 아니라 手票上의 意思表示의 내용이다. 따라서 발행인은 스스로의 의사에 기하여 수표에 기재한 날을 발행일로 하는 수표를 작성하는 것이다. 手票行爲의 文言性과 抽象性에서 볼 때 사실상의 發行日과 手票上의 發行日이 서로 달라도 발행의 효력에는 영향이 없다. 手票行爲는 法定方式을 형식적으로 구비하고 있으면 그것이 비록 진실과 합치되지 않는 경우에도 효력을 발행한다. 오히려 발행일자 이후의 善意取得者를 보호하기 위하여도 先日字手票는 유효라고 보아야 한다.

(3) 先日字手票의 法律關係

(가) 手票所持人과 支給人 간의 관계

手票는 支給證券으로서 법률상 一覽出給證券이다(手 제28조 제1항). 만일 先日字手票의 경우에 발행일자 전의 지급제시를 금지한다면, 이는 수표의 一覽出給性에 반하고 手票를 信用證券化는 결과가 되어, 手票制度와 모순된다. 따라서 手票法은 先日字手票의 발행일자의 도래 전에 지급제시를 하더라도 그 지급제시는 유효하고, 지급인이 이에 대하여 지급을 하면 그 경제적 효과를 발행인에게 돌릴 수 있다고 규정하였다(手 제28조 제2항). 즉, 모든 手票는 一覽出給性을 가지므로 先日字手票의 所持人은 發行日字의 到來前이라도 手票提示를 할 수 있으며, 支給人은 그 提示日에 手票金의 지급을 하여야 한다. 이 때 지급인이 자금이 없기 때문에 지급을 거절하면 所持人은 保全節次(手 제39조)를 밟고 發行人에 대하여 遡求할 수 있다(手 제39조). 또 발행인은 자금이 없이 手票를 발행한 것으로 手票法에 의하여 과태료의 처분을 받을 뿐만 아니라(手 제3조, 제67조), 不正手票團束法에 의하여 5년 이하의 懲役 또는 手票金額의 10배 이하의 벌금의 처벌을 받는다(手團 제2조). 그러나 先日字手票의 발행에 관한 代理權의 유무 등은 手票에 기재된 발행일자가 아니고, 사실상의 발행일자에 따라서 결정하여야 할 것이다.

(나) 發行人과 受取人 간의 관계

先日字手票에 있어서는 發行人과 受取人 사이에 手票에 기재된 발행일자 전에 지급제시를 하지 않기로 특약을 하는 경우가 많다. 이 특약이 유효한가에 관하여는 견해가 대립하고 있다.

(i) 有效說은 이러한 특약은 강행규정인 手票法 제28조 제2항의 변경을 직접 규정하는 것은 아니고 발행인이 자금의 편의상 발행일자까지 지급제시를 하지 말아달라는 것 뿐이므로 善良한 風俗 기타 社會秩序에 반하지 않으므로 有效라고 한다.

(ii) 無效說은 手票法 제28조 제2항의 취지에서 보아 발행일자 전에는 지급제시하지 않는다는 특약은 原因債權의 期限未到來의 경우와 같이 원인관계상의 항변사유가 되는 점은 별론으로 하고, 그와 같은 특약은 手票의 강행적인 一覽出給性을 배제하는 것이므로 無效라고 본다. 日本에서는 無效說이 多數說이다.[5)]

(iii) 우리 나라의 通說은 手票의 信用證券化와 관련하여 의문이 있으나 발행인과 수취인 사이에서는 有效이고, 이에 위반하여 지급제시한 때에는 手票豫約의 債務不履行으로서 損害賠償責任을 진다고 보고 있다.[6)]

(iv) 생각건대, 발행인은 수취인에 대하여 民法上 債務不履行으로 인한 損害賠償請求權이 있다고 하여 手票의 一覽出給性에 반하는 것도 아니고, 또 手票法 제28조 제2항은 수취인의 이러한 民事責任까지도 배제시키는 것으로 볼 수 없으므로 通說이 타당하다고 본다.

(4) 發行日字의 制度的 意義

先日字手票는 手票法 제28조 제2항에 의하여 발행일자 전에도 지급받을 수 있으므로, 先日字手票의 발행일자는 아무런 의미가 없는 것이 아닌가 의문이다. 그러나 先日字手票는 그 발행일자 이전에 지급제시가 허용된다는 점에 있어서는 발행일자가 의미가 없으나, 支給提示期間의 起算點(手 제29조 제4항) · 時效의 起算點(手 제51조 제1항)과 支給委託取消期間의 起算點(手 제32조 제1항)을 정하는 표준이 된다는 점에서는 의미가 있다.

3. 通知後支給手票

通知後支給手票란 發行人과 支給人 사이에 통지가 있을 때까지 지급을 하지 않는다는 특약을 한 手票를 말하며, 주로 詐欺防止를 위하여 이용된다. 그러나 手票上에 '通知後支給'의 뜻을 표시한 경우에도 無益的 記載事項으로서 手票法上의 효력은 없다.

---

5) 鈴木竹雄, 《手形法 · 小切手法》, 1957, 363면.
6) 崔基元(어) 760면 ; 鄭東潤(어) 655면 ; 鄭燦亨(어) 685면.

4. 支給提示期間

支給提示期間은 當事者가 임의로 신축할 수 없으며(어 제34조 참조), 그 起算日은 手票에 기재된 發行日이나(手 제29조 제4항), 初日은 算入하지 아니한다(手 제61조). 또 歲歷을 달리하는 兩地間에서 발행한 手票는 發行日字를 支給地의 歲歷의 對應日로 환산하여(手 제30조), 이것을 표준으로 하여 提示期間을 계산한다. 內國手票와 外國手票는 提示期間을 달리한다.

(1) 內國手票

國內에서 발행하고 지급할 手票는 수표에 기재된 發行日字로부터 10日 내에 支給提示를 하여야 한다(手 제29조 제1항 · 제4항).

(2) 外國手票

支給地의 나라와 다른 나라에서 발행한 手票는 發行地와 支給地가 同一洲에 있는 경우에는 20일 내에, 다른 洲에 있는 경우에는 70日 내에 제시하여야 한다(手 제29조 제2항). 그러나 유럽洲의 一國에서 발행하여 地中海沿岸의 一國에서 지급할 手票, 또는 地中海沿岸의 一國에서 발행하여 유럽洲의 一國에서 지급할 手票는 同一洲 내에서 발행하고 지급할 것으로 본다(手 제29조 제3항).

(3) 支給提示場所

手票의 支給提示는 원칙적으로 支給人인 銀行의 營業所에서, 제3자方支給의 手票의 경우에는 제 3 자(銀行)의 營業所에서 하여야 하나, 어음교환소에서 제시하여도 支給提示의 효력이 있다(手 제31조).

5. 支給提示懈怠의 效果

手票所持人이 提示期間 내에 支給提示를 하지 아니하면 전자에 대한 遡求權(手 제39조)과 支給保證을 한 支給人에 대한 權利(手 제55조 제1항)를 잃고 다만 利得償還請求權만을 행사할 수 있게 된다. 또 提示期間을 도과한 때에는 支給委託의 취소의 효력이 생긴다(手 제32조 제1항). 그러나 提示期間經過 후에도 支給委託의 취소가 없는 한 支給人은 發行人의 계산에서 지급할 수 있으나(手 제32조 제2항), 당사자간의 특약으로 이를 금할 수도 있다.

Ⅱ. 手票의 支給

1. 支給人의 調査義務

手票支給人의 調査義務는 '滿期'에 지급하는 어음支給人의 調査義務(어 제40조 제3항 제2문)와 같다. 즉, '背書로 양도할 수 있는 手票'의 支給人은 背書의 연속의 整否(形式的 資格)를 조사할 의무는 있으나, 背書人의 記名捺印 또는 署名(實質的 資格)을 조사할 의무는 없다(手 제35조). 다만 手票法 제35조에는 어음法 제40조 제3항 제1문과 같은 규정("…支給人은 詐欺 또는 重大한 過失이 없으면 그 責任을 免한다.")이 없으나, 이러한 취지는 手票의 경우에도 다를 바 없을 것이다.

所持人出給式手票에서는 背書連續의 문제가 생기지 아니하므로 手票要件만을 갖춘 手票라면 그 소지인에게 지급할 수 있다.

2. 支給方法

手票의 지급방법은 대체로 換어음의 경우와 같다(手 제34조 · 제36조, 어 제39조 · 제41조 대조). 다만 手票에는 引受制度가 없으므로 支給人의 供託權(어 제42조)은 없고, 滿期가 없으므로 外貨手票의 지급에 있어서 제시기간 내에는 지급의 날의 가격에 의하여 支給地의 통화로 지급할 수 있고, 제시기간 내에 제시를 하여도 지급이 없을 경우에는 소지인은 그 선택에 따라 제시한 날이나 지급하는 날의 換時勢에 의하여 지급지의 통화로 지급할 것을 청구할 수 있다(手 제36조 제1항, 어 제41조 제1항 대조).

Ⅲ. 支給委託의 取消

1. 支給委託取消의 意義

支給委託의 取消란 手票를 발행함으로써 支給人에게 부여한 支給權限(發行人의 計算으로 支給할 수 있는)을 撤回하는 것을 말하며, 手票契約의 취소와는 다르다. 支給委託의 取消는 發行人과 支給人間의 관계이기 때문에 소지인에 대한 관계에서 手票의 효력에 영향을 미치는 것이 아니며, 手票를 무효로 하는 것도 아니다.7)

自己앞手票는 發行人과 支給人이 동일한 銀行이어서 手票契約 없이 발행되는 것이고, 따라서 支給委託의 取消가 있을 수 없으므로 手票發行依賴人이 은행에 대하여 발행 후 발행위탁의 취소를 하는 것은 支給委託의 취소가 아니며, 事故申告의 의미밖에 없다.8) 따라서 은행은 發行依賴人의 發行委託의 취소가 있더라도 手票의 소지인에게 지급할 수 있으며, 詐欺·重過失이 없는 한 면책이 된다.

2. 支給委託取消의 方法

支給委託의 취소의 방법에는 書面이든 口頭이든 제한이 없으며, 그 통지가 도달한 때에 효력이 발생한다.

3. 支給委託取消의 制限

支給委託의 취소를 무제한으로 허용하면 手票所持人의 期待利益을 해치고 나아가 手票의 유통성을 저해하게 되므로 手票法은 提示期間經過 후에만 支給委託을 취소할 수 있게 하였다(手 제32조 제1항). 따라서 支給人은 提示期間內에는 이러한

---

7) 徐燉珏·鄭完溶(下) 310면 ; 鄭東潤(어) 523면 ; 鄭熙喆·鄭燦亨(下) 435면.
8) 鄭東潤(어) 524면 ; 崔基元(어) 589면.

취소가 있는 경우에도 手票의 지급을 하고, 그 결과를 發行人에게 귀속시킬 수 있다. 이 규정은 强行規定이므로 이에 反하는 특약은 무효이다. 다만 支給人은 手票上의 의무자가 아니고 支給與否는 그의 任意이므로 提示期間內의 委託取消가 무효임에도 지급을 거절한다고 하여 소지인이 지급을 강요할 수 없는 것이며, 결국 前者에 대하여 遡求하는 수밖에 없다. 따라서 盜難·遺失의 경우 그 범위 내에서 발행인이 보호받는다.

한편 提示期間이 지났더라도 支給委託의 취소가 없는 한 支給人은 유효한 지급을 할 수 있다(手 제32조 제2항).

Ⅳ. 發行人의 死亡 또는 能力喪失과 手票의 效力

手票를 發行한 후 發行人이 死亡하거나 無能力者가 된 경우라도 手票의 효력에는 영향을 미치지 아니한다(手 제33조). 따라서 發行人의 能力喪失로 인하여 支給委託關係가 소멸되지 않고, 은행은 發行人 또는 相續人의 계산으로 지급할 수 있다.

제6관 自己앞手票

Ⅰ. 自己앞手票의 意義

自己앞手票(trassiert-eigener Scheck, chéque de banque, cashier's check)라 함은 發行人이 支給人을 겸하는 手票를 말한다. 즉, 發行人이 자기 자신을 支給人으로 하여 발행하는 手票이다(手 제6조 제3항). 手票의 支給人은 은행 기타 금융기관에 한정되므로(手 제3조) 결국 이 手票는 은행발행의 自己앞手票가 된다. 手票에

있어서도 어음에서와 같이 當事者 兼併이 인정되기 때문에 自己앞手票의 발행도 가능한 것이다.

自己앞手票는 發行人이 受取人을 겸하는 自己指示手票(Scheck an eigene Order)와 구별된다(手 제6조 제1항). 自己指示手票는 은행에 예금을 한 자가 이를 인출하는 방법으로 발행하는 수가 많다.

우리 나라에서는 은행의 自己앞手票를 속칭 '保證手票' 또는 '保手'라고 부르고 있다. 이것은 自己앞手票가 은행이 支給保證한 保證手票와 다름이 없는 手票라는 뜻이다. 그리고 우리나라에서는 手票의 支給保證은 실제로는 거의 이용되지 않고, 대신 법률관계가 간편하면서도 現金代用으로 쓸 수도 있는 自己앞手票가 널리 이용되고 있다 함은 전술하였다. 自己앞手票를 제공하면 현금을 제공한 것과 같이 債務의 내용에 좇은 이행의 제공이 된다.[9]

우리나라에서는 發行人과 支給人이 동일한 은행점포인 自己앞手票가 주로 발행되고 있으나, 반드시 동일한 점포가 아니어도 상관없다(手 제6조 제3항 참조).

Ⅱ. 自己앞手票의 法律關係

1. 發行依賴人과 銀行의 關係

自己앞手票는 고객이 은행에 手票資金을 제공하고 手票의 발행을 의뢰하면, 이에 따라 은행이 이를 發行·交付한다. 그러나 의뢰인은 手票上의 당사자는 아니므로 手票上의 의무는 없다.

發行依賴人과 은행 사이의 法律關係는 이를 일종의 委任契約이라 보는 견해와, 依賴人의 現金交付에 대하여 은행이 自己앞手票로 代物辨濟를 한다는 견해가 있으나, 은행이 고객에게 自己앞手票라는 有價物을 賣買하는 것으로 보는 賣買說이 유력하다.[10] 실질관계에 있어서는 發行依賴人이 支給委託者가 되지만, 手票關係에서는 발행은행이 支給委託者가 된다. 따라서 發行依賴人이 自己앞手票를 분실 또

9) 大判 1960. 5. 19, 4292 民上 784.
10) 鄭東潤(어) 537면.

는 도난당하여 은행에 대하여 수표금의 지급의 중지를 요구하더라도 그것은 手票法上의 支給委託의 취소가 아니라, 다만 사고신고의 의미밖에 없다고 하는 것은 전술하였다.

2. 所持人과 銀行의 關係

自己앞手票를 발행한 은행은 所持人에 대하여 發行人의 지위와 支給人의 지위를 겸하여 가진다. 먼저 支給人으로서의 은행은 支給提示期間이 경과한 때에도 지급위탁의 취소가 없는 동안은 소지인에게 手票金을 지급할 수 있다. 그러나 다른 手票에 있어서와 마찬가지로 手票所持人이 은행에 대하여 지급을 청구할 권리는 없다.

그리고 發行人으로서의 은행은 지급제시기간 내에 支給拒絶이 된 때에는 手票의 所持人에 대하여 遡求義務를 부담한다(手 제39조). 그러나 제시기간이 경과한 후에는 發行人으로서의 은행은 소구의무가 없다. 그러므로 자기앞手票의 所持人도 보통의 手票의 소지인과 같이 支給提示期間內에 發行人(은행)에 대하여 수표금 지급의 소구권이 있는 것이다. 그러나 은행은 自己앞手票를 발행할 때에 그 자금을 확보하고 있으므로 예금부족으로 不渡(支給拒絶)될 염려가 없고, 제시기간경과 후에도 支給委託의 취소가 있을 수 없으므로 실제상으로는 自己앞手票의 소지인은 그 手票의 지급이 확실하게 보장되어 있다.

제7관 橫線手票

Ⅰ. 序 說

1. 橫線手票의 意義

橫線手票(gekreuzter Scheck, crossed cheque)란 手票의 표면에 두 줄의 평행선을 그은 手票를 말한다(手 제37조 제2항).

手票는 보통 一覽出給性이고 所持人出給式이므로 手票를 도난당하거나 분실한 경우에는 그 惡意의 소지인이 지급받을 위험성이 대단히 많다. 이러한 경우에는 提示期間이 지난 뒤에 發行人이 手票의 支給委託을 취소하거나(手 제32조 제1항), 支給受領資格을 제한함으로써 그 위험을 면할 수 있는데, 橫線手票는 後者를 이용한 것이다. 즉, 橫線手票의 지급인은 은행이나 지급인의 거래처에 대해서만 지급할 수 있으므로(手 제38조 제1항) 無權利者에게 지급되더라도 쉽게 그 受領者를 알아낼 수 있고, 따라서 피해자에게는 損害賠償請求 등 구제의 길이 확보된다.

2. 橫線手票의 效力

橫線手票制度는 영국에서 안출해 낸 것이다. 그러나 독일에서는 위험방지의 목적으로 現金支給을 금지하고, 移替·相計 등 記帳(Gutschrift)의 방법으로만 결제를 하는 計算手票(Verrechnungsscheck, cheque payable in account)制度를 이용하고 있다.

우리나라 手票法은 橫線手票制度만을 인정하고 있다(手 제37조·제38조). 그러나 計算手票를 인정하는 외국에서 우리 나라를 支給地로 하는 計算手票가 발행된 경우에는 그 計算手票는 一般橫線手票와 같은 효력이 인정된다(手 제65조, 涉私 제42

조).

Ⅱ. 橫線手票의 種類 및 橫線의 記載

1. 橫線手票의 種類

(1) 一般橫線手票

一般橫線手票란 手票의 표면에 두 줄의 平行線을 긋고 그 안에 아무것도 기재하지 아니하든가, 또는 '은행' 혹은 이와 같은 뜻이 있는 文字(예컨대, '銀行渡'·'Bank'·'and Co.')를 기재한 手票를 말한다(手 제37조 제2항·제3항 제1문).

(2) 特定橫線手票

特定橫線手票란 두 줄의 평행선 내에 특정한 은행명을 기재한 手票를 말한다(手 제37조 제2항 제2문·제3항).

2. 橫線의 記載

(1) 橫線의 記載者

橫線을 그을 수 있는 사람은 手票의 發行人 또는 所持人이다(手 제37조 제1항 제1문).

(2) 橫線의 變更

支給受領資格을 제한하려는 횡선제도의 취지로 보아서 受領者의 자격을 엄격하게 하는 것은 상관없으나, 이를 완화하는 것은 허용되지 않는다. 즉, 一般橫線手票를 特定橫線手票로 변경할 수는 있으나, 特定橫線手票를 一般橫線手票, 또는 나아가서 一般橫線手票를 보통의 手票로 변경할 수는 없다(手 제37조 제4항).

(3) 橫線의 抹消

一般橫線의 말소 또는 特定橫線에 있어서의 被指定銀行名의 말소는 이를 하지 아니한 것으로 본다(手 제37조 제5항). 왜냐하면 橫線의 말소는 한편으로는 受領資格의 완화를 의미하고, 다른 한편으로는 그 말소가 정당한 권한있는 사람에 의해서 이루어진 것인지 아닌지를 확인하기가 어렵기 때문이다.

Ⅲ. 橫線手票의 效力

1. 支給의 制限

(1) 一般橫線手票의 支給制限

一般橫線手票의 경우 支給人이 지급할 수 있는 상대방은 은행 또는 支給人의 거래처 뿐이다. 支給人의 거래처에 대한 지급을 허용한 것은, 신원이 분명한 거래처에 대한 지급이 橫線制度의 취지에 어긋나지 않을 뿐만 아니라, 橫線手票의 所持人의 支給銀行이 자기의 거래은행인 경우에도 다른 은행을 거쳐야만 지급받을 수 있다는 불합리한 결과가 되기 때문이다.

여기서 문제가 되는 것은 '去來處'의 개념이다. 橫線制度의 취지로 보아서 현재 그 지급은행과 거래관계가 있고, 그 거래관계를 통해서 그 신원을 파악할 수 있는 거래자를 의미한다고 본다. 그 거래관계의 범위는 當座去來뿐만 아니라 어음去來(貸付나 割引)나 定期預金·普通預金의 거래라도 상관없다. 그러나 지급할 수 있는 거래처이냐 아니냐는 결국 거래관계의 繼續性·預金額과의 균형관계 등을 이 제도의 목적과 관련시켜서 구체적으로 결정하여야 할 것이다.

(2) 特定橫線手票의 支給制限

特定橫線手票의 支給人은 被指定銀行에 대해서만 지급할 수 있으며, 被指定銀行이 支給人인 경우에는 자기의 거래처에 대해서만 지급할 수 있다(手 제38조 제2항). 그리고 被指定銀行은 자기가 현실로 지급을 받을 수도 있으나, 推尋委任背書를 하여 다른 은행으로 하여금 手票金額을 推尋하게 할 수 있다(手 제38조 제2항 단서).

數개의 特定橫線이 있는 경우에는 지급인은 지급하지 못한다(手 제38조 제4항). 왜냐하면 이러한 手票의 지급을 인정하는 것은 特定橫線의 취지에 어긋나고, 또한 不正取得者가 推尋하기 위하여 다른 特定橫線을 附記하여 이용할 염려가 있기 때문이다. 그러나 어음교환소에서 推尋하기 위하여 제2의 特定橫線을 긋는 것은 상관없다(手 제38조 제4항 단서). 이것은 어음교환소에 가입하지 않은 은행이 被指定銀行으로 되어 있는 手票에 대하여 어음교환소에서의 推尋의 길을 열어주기 위한 것이다.

2. 取得의 制限

은행은 자기의 거래처 또는 다른 은행으로부터만 橫線手票를 취득할 수 있고, 또한 이러한 者 이외의 者를 위하여 橫線手票의 推尋을 하지도 못한다(手 제38조 제3항). 왜냐하면 이와 같은 제한을 두지 아니하면 橫線手票의 不正所持人은 그 手票를 은행에 양도하거나 또는 은행에 推尋을 위임하여 쉽게 手票의 지급을 받거나 또는 지급받은 것과 같은 목적을 달성할 수 있기 때문이다.

3. 制限違反과 損害賠償責任

橫線手票의 取得·支給의 제한규정을 위반한 支給銀行은 이로 인하여 생긴 손해에 대하여 手票金額의 한도 내에서 無過失의 損害賠償責任을 진다(手 제38조 제5항). 이 배상책임은 手票法上의 특별책임이므로 民法上의 배상책임을 배제하는 것은 아니다. 따라서 손해액이 手票金額을 초과한 때에는 不法行爲로 인한 損害賠償請求를 할 수도 있다.

Ⅳ. 橫線效力의 排除

橫線의 말소는 할 수 없으나, 發行人과 支給人 사이에 手票所持人에게 지급해도 좋다는 특약이 있는 경우에는 橫線의 효력은 배제된다고 본다. 그러나 橫線排除의 특약은 발행인의 손해배상청구권의 포기를 의미하는 것으로서 人的 抗辯事由에 불과하기 때문에, 手票法 제38조 제5항의 賠償責任이 發行人 이외의 實質的 權利者에게도 배제되는 것은 아니다.

제 8 관 遡　　求

Ⅰ. 序　　說

手票의 遡求와 換어음의 遡求는 대체로 비슷하다. 다만 手票가 一覽出給性의 支給證券이란 점에서 몇 가지 차이점을 볼 수 있다.

Ⅱ. 手票의 遡求와 換어음의 遡求의 差異點

1. 遡求原因

換어음에서는 滿期 전의 遡求原因이 있으나, 手票에는 引受拒絶 기타 滿期 전의 遡求原因은 없고, 支給人의 支給拒絶의 경우에만 遡求할 수 있다. 또 手票는 一覽出給式이므로 支給人의 破産, 그 支給의 停止 또는 이에 대한 强制執行의 不奏效도 특별한 遡求原因이 되지 않는다.

2. 支給拒絶의 證明方法

換어음에서는 특수한 경우를 제외하고는 拒絶證書를 작성하여 支給拒絶 사실을 증명하여야 하는데, 手票의 경우에는 ① 公正證書인 支給拒絶證書를 작성하여 증명하는 방법 외에, ② 手票에 提示의 날을 기재하고 日字를 附記한 支給人의 宣言과, ③ 적법한 시기에 手票를 제시하였으나 지급이 없었던 뜻을 증명하고 日字를 附記한 어음교환소의 선언에 의하면 간편하게 支給拒絶을 증명할 수 있다(手 제39조).

支給人의 宣言은 手票에 기재하여야 하고, 補箋에 기재한 것은 효력이 없다. 手票에는 그 裏面에 기재하여도 효력이 있다.

> <대법원 1982. 6. 8. 선고, 81 다 107 판결 : 지급인의 선언은 수표에 기재하여야 하고, 보전에 기재한 것은 효력이 없다>
>
> 수표의 소구권을 행사하기 위한 요건으로서의 지급거절선언은 수표자체에 기재하여야 하고 지편에 지급거절선언의 취지를 기재하고 이를 수표에 부착시키고 간인을 하였다고 할지라도 이는 수표 자체에 한 것이 아니므로 소구의 요건을 갖춘 것이라고 할 수 없다.

支給拒絶證書 또는 이에 갈음할 宣言은 提示期間의 경과 전에 작성시켜야 하

나, 提示期間의 末日에 제시한 경우에는 이에 이은 제 1 의 거래일에 작성시킬 수 있다(手 제40조).

3. 不可抗力의 存續期間

換어음에서는 不可抗力이 滿期로부터 30일 이상 계속하는 때에는 支給의 提示 또는 支給拒絶證書의 작성없이 遡求權을 행사할 수 있으나(어 제54조 제4항), 手票에서는 소지인이 不可抗力의 통지를 한 날로부터 15日 이상 계속하는 때에는, 提示期間經過 전에 그 통지를 한 경우에도 權利保全節次(手票의 提示 또는 拒絶證書나 이와 동일한 효력이 있는 선언) 없이 遡求權을 행사할 수 있다(手 제47조 제4항).

4. 遡求金額의 計算

換어음의 경우에는 法定遡求金額 중에 이자의 기재가 있는 때에는 그 이자까지 포함하고(어 제48조 제1항 제1호), 法定利子의 計算은 滿期 이후의 것을 가산한다(어 제48조 제1항 제2호). 그러나 手票의 경우에는 約定利子의 계산은 필요가 없고, 法定利子計算의 起算日도 提示日로 되어 있다(手 제44조 제2호).

5. 逆어음制度

換어음의 경우에는 償還方法으로 逆어음을 발행할 수 있으나(어 제52조), 手票의 경우에는 支給人의 자격이 한정되어 있으므로 遡求義務者를 支給人으로 하는 手票를 발행할 수가 없다.

6. 遡求權의 時效期間

換어음의 경우에는 所持人의 遡求權은 1年(어 제70조 제2항), 背書人의 再遡求權은 6月의 시효로 소멸하나(어 제70조 제3항), 手票의 경우에는 所持人의 遡求權이나

背書人의 再遡求權이나 다 같이 6月의 시효로 소멸한다(手 제51조 제1항 · 제2항).

7. 其　他

換어음에는 引受制度가 있으므로 이와 관련된 引受拒絶의 通知, 引受拒絶證書 作成의 免除, 滿期前遡求의 경우의 償還金額, 一部引受의 경우의 遡求에 관한 규정 등 특별규정이 있으나(어 제45조 제1항 · 제44조 제1항 · 제46조 제1항 · 제48조 제2항 · 제51조), 引受制度가 없는 手票에 그러한 규정이 필요없는 것은 당연하다.

제 9 관　手票의 複本

Ⅰ. 複本을 作成할 수 있는 경우

手票의 複本은 發行地와 支給地가 멀리 떨어져 있고(타국간 또는 본국과 해외 영토간), 所持人出給式이 아닌 경우에만 작성할 수 있다(手 제48조 제1문).

Ⅱ. 複本의 發行

複本은 發行人이 발행하나, 所持人에게 複本交付請求權은 없다. 각 複本에는 그 본문중에 번호를 붙여야 하며(手 제48조 제2문), 번호가 없는 경우에는 수통의 複本을 각각 별개의 手票로 본다(手 제48조 제3문).

Ⅲ. 複本의 效力

複本의 1통에 대한 지급이 있는 때에는 그 지급이 다른 複本을 무효로 하는 뜻의 기재가 없는 경우에도 의무를 면하게 된다(手 제49조 제1항). 그리고 수통의 複本을 수인에게 따로따로 양도한 背書人과 그 후의 背書人은 그 記名捺印 또는 署名을 한 각통 중 반환받지 않은 것에 대하여 책임을 지는 것은 어음의 경우와 다를 바 없다(手 제49조 제2항).

제10관 手票의 時效

手票所持人의 背書人·發行人 기타의 債務者에 대한 遡求權은 제시기간경과 후 6月로써 消滅時效가 완성하고(手 제51조 제1항), 償還을 한 者의 再遡求權은 그 者가 手票를 還受한 날 또는 제소된 날로부터 6月로써 소멸시효가 완성한다(手 제51조 제2항). 또한 支給保證을 한 支給人에 대한 手票上의 請求權은 제시기간경과 후 1년이 경과하면 消滅時效가 완성한다(手 제58조).

제11관 利得償還請求權

手票의 利得償還請求權도 대체로 어음의 경우와 같다. 다만 義務者의 범위가 發行人, 背書人 및 支給保證人의 3者로서, 환어음과 비교하여 보면 引受人 대신에

支給保證人이 포함되어 있는 점이 다르다.

어음의 경우와 마찬가지로 自己앞手票에 있어서도 支給提示期間內에 支給提示를 하지 아니하면 手票所持人은 手票上의 權利를 상실하므로, 이 때에는 그 發行人인 은행에 대하여 利得償還請求를 할 수밖에 없다. 그러나 실제로는 지급제시기간이 경과하여도 支給委託의 취소가 있을 때까지는 支給人이 유효한 지급을 할 수 있으므로(手 제32조 제2항), 發行依賴人으로부터 도난·분실 등의 신고가 없으면 지급제시기간 경과 후에도 은행은 自己앞手票를 지급한다. 다만 이것은 은행이 임의로 지급하는 것일 뿐, 手票所持人에게 手票上의 權利가 있기 때문은 아니다 함은 전술하였다.

이 점, 즉 自己앞手票의 支給提示期間經過 후에도 支給委託의 취소가 없는 한 支給人이 지급할 수 있는 점과 관련하여, 언제 利得償還請求權이 발생하는 것으로 볼 것인가의 문제가 自己앞手票와 관련하여 주요 논점으로 되고 있다. 우리나라의 通說과 判例에 의하면 手票의 利得償還請求權은 支給提示期間의 경과로 그 翌日에 발생하되, 그 후 支給委託의 取消가 없어서 有效한 지급을 하였을 때에는 이미 발생한 利得償還請求權이 소멸한다고 한다(解除條件說).[11] 이에 대하여 少數說은 支給委託을 취소한 날 또는 지급을 거절한 날의 경과로 그 翌日에 발생한다고 한다(停止條件說).[12] 兩學說의 차이는 결국 支給提示期間 경과 후 어음을 양도하는 경우, 그것을 地名債權讓渡로 보아야 하느냐(解除條件說) 아니면 본래의 指示債權讓渡로 보아야 하는냐(停止條件說)의 차이이다.

手票法 제32조 제2항에 支給提示期間이 경과한 후에도 支給委託의 취소가 있을 때까지는 支給人이 유효한 지급을 할 수 있다고 정한 것을 보면 停止條件說이 정당한 것처럼 보이나, 제32조 제2항은 支給人의 任意의 權限을 규정한 것일 뿐이므로 이로써 支給人이 지급할 義務를 부담하는 것은 아니다. 따라서 수표소지인의 遡求權은 支給提示期間이 경과하면 확정적으로 소멸하고 利得償還請求權도 그 때 발생하는 것이며, 다만 후에 手票金이 지급되면 그것이 소멸한다고 보는 解除條件說이 정당하다고 본다.

한편 利得償還請求權의 讓渡에 관하여는 대법원 판례에 의하면 利得償還請求權은 어음의 利得償還請求權의 양도에 관하여 설명한 바와 같이, ① 어음·手票上의 權利가 消滅할 당시의 정당한 所持人으로부터[13] ② 背書에 의하지 아니하고

11) 孫珠瓚(下) 138면 ; 崔基元(어) 789면 ; 鄭東潤(어) 198면 ; 蔡利植(下) 301면 ; 李基秀(어) 478면 ; 大判 1964. 12. 15, 64 다 1030 ; 大判 1983. 9. 27, 83 다 429.

12) 梁承圭, "利得償還請求權", 서울대 《法學》 제12권 제1호, 1970, 101면 이하.

指名債權讓渡의 방법에 의하여 讓渡하여야 하고,[14] 따라서 ③ 對抗要件도 갖추어야 하지만, 自己앞手票의 경우는 銀行에 제시하면 讓渡의 통지를 한 것이 되어 대항요건을 갖춘 것으로 본다.[15] 즉, 判例는 提示期間 경과 후의 自己앞手票의 讓渡는 당연히 利得償還請求權의 讓渡와 그 讓渡通知의 權能의 讓渡를 동반한다고 하면서, 自己앞手票의 讓受人이 은행에 이를 提示한 때에 讓渡人을 代位하여 讓渡의 通知를 하는 것으로 보고 있다. 그러나 利得償還請求權은 手票上의 權利가 소멸한 당시의 정당한 權利者로부터 양도받아야 한다고 하므로, 제시기간경과시 手票의 所持人이 정당한 權利者였음을 확인하지 아니하고 이를 취득하면 利得償還請求權을 취득할 수 없는 결과가 된다.[16] 그런데 교부에 의하여 流通되는 自己앞手票에 있어서 手票上의 權利消滅當時의 정당한 所持人이 누구였는가를 확인하는 것은 사실상 불가능하므로, 결국 제시기간경과 후의 自己앞手票를 취득하는 사람은 위험을 감수하고 이를 취득하는 수밖에 없다.[17]

제 12 관 罰 則

Ⅰ. 手票法上의 罰則

手票의 發行人이 手票資金 및 手票契約 없이 手票를 발행한 때에는 50만원 이하의 過怠料에 처한다(手 제67조).

13) 大判 1978. 3. 28, 77 다 2497 ; 大判 1981. 9. 23, 81 다 167.
14) 大判 1983. 3. 8, 83 다 40.
15) 大判 1976. 1. 13, 70 다 2462.
16) 大判 1983. 3. 8, 83 다 30 ; 大判 1983. 9. 27, 83 다 429 ; 大判 1978. 6. 13, 78 다 568.
17) 同旨 : 鄭東潤(어) 551면.

Ⅱ. 不正手票團束法上의 制裁

1. 制裁의 趣旨

手票의 경우에는 '國民의 經濟生活의 安全과 流通證券인 手票의 기능을 保障'하기 위하여 제정된 不正手票團束法에 의하여 罰則이 강화되고 있다. 不正手票團束法의 대상이 되는 手票는 원칙적으로 手票要件을 구비한 완전한 手票이고, 이를 欠缺한 手票의 경우에는 처벌의 대상이 되지 않는다. 그러나 判例는 發行日이 백지인 白地手票는 부정수표단속법의 대상이 되지 아니한다고 하고,[18] 發行地가 백지인 白地手票는 그 처벌대상이 된다고 하여,[19] 상이한 취급을 하고 있다.

2. 制裁의 內容

不正手票, 즉 假說人의 名義로 발행한 手票(手團 제2조 제1항 제1호), 金融機關과의 手票契約 없이 발행하거나 金融機關으로부터 去來停止處分을 받은 후에 발행한 手票(手團 제2조 제1항 제2호), 金融機關에 등록한 것과 상위한 署名 또는 記名捺印으로 발행한 手票(手團 제2조 제1항 제3호) 등을 발행하거나 작성한 者 및 預金不足·去來停止處分이나 手票契約의 解除 또는 解止로 인하여 提示期日에 手票가 지급되지 아니하게 한 者(手團 제2조 제2항)는 5년 이하의 懲役 또는 手票金額 10배 이하의 罰金에 처하고(手團 제2조 제1항), 過失로 인하여 上記한 罪를 범한 者도 3년 이하의 禁固 또는 手票金額의 5배 이하의 罰金에 처한다(手團 제2조 제3항). 그러나 上記의 각 罪는 手票를 발행하거나 작성한 者가 그 手票를 회수하거나, 회수하지 못하였을 경우라도 手票所持人이 명시한 意思에 반하여 각 公訴를 제기할 수 없다(手團 제2조 제4항).

또 手票金額의 支給 또는 去來停止處分을 면할 목적으로 金融機關에 虛僞申告

18) 大判 1983. 5. 10, 83 다 340.
19) 大判 1983. 5. 10, 83 다 340 ; 大判 1983. 9. 13, 83 도 1093.

를 한 者는 10년 이하의 懲役 또는 20만원 이하의 罰金에 처하며(手團 제4조), 手票를 僞造 또는 變造한 者는 1년 이상의 有期懲役과 手票金額 10배 이하의 罰金에 처한다(手團 제5조).

3. 金融機關의 義務

金融機關에 종사하는 者는 職務上 위 不正手票團束法 제2조 제1항 각호(發行人이 法人 기타 단체인 경우 포함) 또는 제5조에 규정된 부정수표를 발견한 때에는 48시간 내에(手團 제7조 제1항), 그리고 不正手票團束法 제2조 제2항(發行人이 法人 기타 단체인 경우 포함)에 규정된 手票를 발견한 때에는 30일 내에 捜査機關에 이를 告發하여야 하며, 이 告發을 하지 아니한 때에는 100만원 이하의 罰金의 처벌을 받는다(手團 제7조 제2항). 시간의 起算點은 영업시간 내이냐 아니냐, 공휴일이냐 아니냐를 不問하고 발견한 때로부터 진행한다.

제5편
保 險 法

제 1 장
緖 論

제 1 절 保險制度

Ⅰ. 保險制度의 意義

私有財産制度와 自己責任的 개인주의를 기조로 하는 사회에서는 각 경제주체가 자기책임하에 가계 및 경제생활을 유지·운영·발전시켜 나가야 함이 원칙이다. 그러나 각 경제주체는 스스로의 노력에도 불구하고 항상 우연하고 예측불가능한 사고로 인하여 경제생활의 균형이 깨뜨려지고, 그 원활한 운영과 발전이 저해될 위험을 안고 있다. 이 경우 사회 내지 공공단체가 이를 구제하는 사회보장제도가 있으나, 그 사회보장제도는 특례적인 것이기 때문에 아무리 완벽을 기한다고 하더라도 충분한 구제에는 한계가 있게 마련이다. 또한 저축도 경제생활에 있어서의 위험에 대비하기 위한 수단이 될 수 있으나, 이것도 발생의 유무와 발생시기의 예측이 불가능한 사고에 대비하는 방법으로서는 불충분하고 비경제적이다. 여기서 개인의 책임하에 다수의 동일한 위험에 놓인 사람들이 위험에 대비하기 위한 수단으로서 사고발생의 경우 원상회복에 필요한 금액을 마련할 수 있는 제도를 안출하였으니, 이것이 바로 보험제도이다.

1. 保險의 意義

保險(Versicherung, insurance, assurance)이란 동질적인 우발적 사고의 발생으

로 인한 경제적 수요의 충족을 위하여 그 위험(Gefahr, risk)하에 있는 다수인이 一定率의 금액(보험료)을 미리 갹출하여 共同準備財産(보험기금)을 만들어 놓고, 위험(보험사고)이 발생한 경우에 그 재산으로부터 財産的 給與(보험금)를 받는 제도이다. 따라서 보험제도는 그 목적의 소극성과 그 조직의 기술성에서 특질을 찾아볼 수 있다.

2. 保險目的의 消極性

인간생활에 있어서 自然的·人爲的·社會的 要因으로 인한 우발적 사고의 발생은 불가피한 것이다. 그 위험에 대한 대비책으로는 적극적인 사고의 예방책과 진압책이 있고, 소극적인 塡補策이 있다. 보험은 사고의 발생으로부터 생기는 경제적 수요를 충족시켜 줌으로써 경제생활의 불안을 제거 또는 경감하는 사후적·소극적인 위험대책이다.

3. 保險組織의 技術性

保險은 기술적으로 조직화된 제도란 점에서 그 합리성을 찾을 수 있으며, 다른 유사제도와 구별된다.

(1) 保險團體의 組織

保險은 동질적인 우발적 사고발생의 위험하에 있는 다수인이 협력하여 保險團體(공동위험단체 : Gefahrgemeinschaft)를 조직함으로써 비로소 그 기능을 발휘할 수 있다. 즉, 다수인으로부터 갹출된 소액의 금액이 막대한 共同準備財産을 이룩할 때에만 개개인이 감당할 수 없는 不意의 경제적 수요를 충족시켜 줄 수 있게 된다.

<대법원 1966. 10. 21 선고, 66 다 1458 판결 : 보험단체는 공동의 위험단체이다>

보험계약관계는 동일한 위험 밑에 있는 다수인이 단체를 구성하여 그 중의 한 사람에게 위험이 발생한 경우에 그 손실을 그 구성원이 공동하여 충

족시킨다는 이른바 위험단체적 성질을 가지는 것이고, 따라서 보험계약관계는 위험충족의 관계에 있어서는 서로 관련성을 가진다는 전제에서 그 법률적 성격을 관찰하여야 할 것이다.

(2) 大數의 法則의 應用

보험사고는 개별적으로 보면 극히 우연히 발생한다. 그러나 이를 장기적·대량적으로 관찰하면 일정기간 동안 일정한 數의 보험사고의 발생은 必然에 가깝다. 보험제도의 합리적 운영은 이와 같은 大數의 法則(Gesetz der groβen Zahl, law of large numbers)을 응용함으로써 실현된다. 즉, 大數의 法則에 의하여 우발적 사고발생의 蓋然率(위험률)을 측정할 수 있고, 이 위험의 確率을 기초로 하여 보험금과 보험료의 대가적 관계(給與·反對給與均等의 原則)가 이루어짐으로써 보험제도를 합리적·지속적으로 운영할 수 있게 된다.

Ⅱ. 保險과 類似槪念의 구별

1. 貯　　蓄

저축은 경제생활의 불안에 대응하는 방법이기는 하나, 특정된 우발적 사고에 대비하여 위험단체의 조직을 통하여 하는 것이 아니라, 개인적·임의적으로 저축금을 적립하고 사용할 수 있다는 점에서 사회적·강제적 성격을 띤 보험과 구별된다.

2. 自家保險

自家保險(self-insurance)이란 특정 기업이 자기 소유의 재산에 사고가 발생할 것을 대비하여 각 사업년도마다 일정액의 금액을 적립하는 제도인데, 이것은 그 적립금을 大數의 法則에 따라 산출한다는 점에서는 보험과 비슷하나, 다수인에 의한 보험단체를 조직하지 않는다는 점에서 다르다.

3. 賭博·福票

도박이나 복표는 다수인으로부터 금액을 갹출하고, 장래의 우발적 사건에 따라서 금액이나 재물이 授受된다는 점에서는 射倖契約으로서 보험과 비슷하나, 우발적 사고로 인한 경제적 수요의 충족을 목적으로 하는 것이 아니므로 본질적으로 다르다. 도박은 被保險利益을 가지지 아니하나, 보험계약은 보험목적에 관하여 반드시 被保險利益을 가져야 한다. 나아가 도박은 우발적 사정이 반드시 금전적인 이득을 가져다 주지 아니하지만, 보험계약에서는 우발적 사고의 발생으로 피보험자에게 반드시 금전적 이익을 가져다 주는 점, 도박은 善良한 社會秩序에 반하여 허용되지 않는 데 비하여 보험계약은 오히려 장려되고 있는 점에서 차이가 있다.

4. 金錢無盡

金錢無盡이란 다수인이 모여서 일정한 금액을 갹출하고 그 총액에서 추첨 또는 入札에 의하여 금전의 급여를 받는 일종의 相互金融制度인데, 추첨 또는 입찰에 우연성은 있으나, 그것은 가입자의 경제적 불안이 원인이 아니며, 또 給與·反對給與均等의 原則이 가입자 전체에 관하여 적용되는 것이 아니라 각 가입자에게 개별적으로 적용된다는 점에서 보험과 다르다.

5. 共　濟

공제는 같은 직장, 직업 또는 지역에 속하는 사람들이 조합을 만들어 조합원 또는 그 가족 등의 吉凶事가 있을 때 공제금을 지급함으로써 상호구제를 목적으로 하는 제도이다. 이것은 단체성과 우연성은 있으나 가입대상자에 제한이 있는 점에서 보험과 다르다. 그러나 오늘날 농업협동조합, 수산업협동조합 등에서 영위하는 生命共濟, 火災共濟, 漁船共濟, 家畜共濟, 自動車共濟 등의 실체는 일종의 보험이므로 이를 類似保險 또는 組合保險(cooperative insurance)이라 할 수 있다. 따라서 이러한 類似保險 중에는 실질적으로 보험제도로 보아야 할 것들도 있다.

<대법원 1989. 1. 31. 선고, 87 도 2172 판결 : 상조회의 상조사업의 법적 성격은 유사보험이라고 할 수 있다>

일정 금액의 상조회비를 납부하는 상조회원이 사망한 경우에 일정 금액의 상조부의금을 지급하는 것을 목적으로 하는 상조회의 상조사업은 보험사업에 해당한다.

6. 保　　證

보증은 제 3 자가 채권자에 대하여 주채무자의 채무이행을 담보하는 일종의 債權擔保制度로서 保證債務(民 제428조), 身元保證(身保法 제2조), 賣渡人의 瑕疵擔保責任(民 제580조) 등이 이에 속한다. 그러나 보증은 주채무에 종속하는 附從性을 갖고 있고 보증인과 피보증인 사이의 개별적인 관계에서 이루어지며, 일반적으로 無償으로 제공되는 점 등에서 보험과 구별된다. 그러나 채무가 이행되어야 할 위험 자체를 보험에 붙일 수도 있는데, 이를 위하여 마련된 新種保險으로서 保證保險이 있다. 보증보험은 매매, 고용, 도급 기타의 계약상의 채무이행과 관련하여 발생할 채권자 기타 권리자의 손해를 보상할 것을 채무자 기타 의무자에게 약정하고 채무자 기타 의무자로부터 그 보수를 받는 것을 목적으로 하는 손해보험이다(保業 제2조 제3호).

Ⅲ. 保險의 順機能과 逆機能

1. 序　　言

보험은 위험에 대비하고자 하는 인간의 理性이 만들어 낸 가장 훌륭한 제도 중의 하나이므로 그 경제적·사회적 기능은 매우 크다. 반면에 보험제도는 악용할 위험도 매우 크기 때문에 그 逆機能도 있다.

2. 保險의 順機能

(1) 生活의 安定追求

보험제도의 가장 주요한 목적은 보험자가 보험가입자의 보험사고로 인한 경제적인 불안을 제거한다는 데 있다. 보험에 가입함으로써 사고의 위험으로부터 보호받게 되고, 따라서 가입자는 그 개인의 경제생활이나 기업경영의 안정을 추구할 수 있게 된다. 그러므로 보험은 보험가입자의 합리적인 생활설계나 기업경영을 가능하게 하며, 나아가서는 사회보장적인 기능도 하게 된다.

(2) 資金의 供給

보험자는 다수의 보험계약자로부터 보험료를 받아서 축적된 자금을 관리한다. 특히 생명보험과 같은 장기보험에 있어서는 보험료는 은행예금처럼 임의로 還收되는 것이 아니므로 책임준비금을 제외하고는 장기의 투자기금으로서 이용될 수 있다. 이와 같이 축적된 보험료는 주식투자 등 산업자금으로 이용되거나 일반대출에 의하여 기업 등에 자금을 공급하게 됨으로써 국민경제의 발전에도 크게 이바지한다.

(3) 信用手段으로서의 機能

보험은 신용수단으로서의 기능도 갖는다. 예컨대, 국제무역에 있어서 海上積荷保險證券은 필수적인 서류의 하나로 인식되고 있다. 보험증권이 첨부된 선하증권과 荷煥어음은 운송중인 화물의 賣買 또는 은행으로부터의 어음할인 등을 용이하게 해 준다. 또 抵當保險에 의하여 은행 등 금융기관으로부터 건물을 담보로 융자를 받는 경우나 채무자의 채무이행을 담보하는 保證保險은 보험이 신용수단으로 이용되는 좋은 例이다.

(4) 損害의 防止機能

보험은 소극적인 위험에 대한 대비책일 뿐만 아니라 적극적으로 손해의 방지에도 기여한다. 예컨대, 화재보험이나 자동차종합보험의 경우 보험사고가 발생하면 그 사고의 원인, 상황 및 진행과정을 조사하고 손해액을 산정한다. 이와 같은 보험사고 자체에 대한 조사·분석을 통하여 다른 보험가입자들에게 사고예방을 위한 대책을 勸告·弘報하게 된다. 나아가 보험자가 사고예방을 위한 시설투자나 연구활동을 지원함으로써 손해방지에 기여하기도 한다. 화재예방과 消火施設에 대한 안전점검 등을 그 임무로 하는 韓國火災保險協會는 그 전형적인 例이다.

(5) 危險分散의 國際化

보험의 기능 중 중요한 하나는 위험분산기능이다. 보험이 담보하고 있는 위험이 큰 경우에는 이를 하나의 보험자가 감당하기는 어렵기 때문에 再保險을 통하여 그 위험을 국내외에 분산시킬 필요가 있다. 특히 국제재보험시장을 통한 위험의 국제적 분산이 널리 이루어지게 된다.

3. 保險의 逆機能

보험은 인간의 경제생활을 위협하는 각종의 위험에 대비하기 위한 제도이지만 보험계약자 등이 보험금을 노려 고의로 보험사고를 일으키는 경우가 더러 있다. 이와 같이 보험계약자 등이 보험금을 받기 위하여 고의로 보험사고를 일으키는 위험을 道德的 危險(moral risk, moral hazard)이라 한다. 가령 생명보험에서 보험금을 노리고 피보험자를 살해하거나 화재보험에서 보험의 목적에 防火를 하는 경우, 선박보험의 피보험자가 고의로 선박을 침몰시켜 海難事故로 가장하는 것들이 그것이다.

보험금을 노린 살인사건이나 상해사고 등은 보험제도를 악용한 반사회적인 현상으로서 보험제도의 한 가지 逆機能이다. 보험법은 이와 같은 역기능을 막기 위하여 告知義務(제651조) 등 제도적인 장치를 두고 있다. 한편 보험자로서도 보험의 인수에서부터 보험계약자의 逆選擇(adverse selection)을 방지하고 보험사고의 처리과정에서 도덕적 위험을 저지른 사실을 적발하기 위한 노력을 게을리하여서는 안 된다.

<대법원 1982. 7. 13 선고, 82 도 874 판결 : 고의로 사고를 유발시켜 보험금을 수령하면 사기죄가 된다>

선박소유자인 피보험자가 고의로 선박을 침몰시킨 후 풍랑으로 침몰된 것처럼 허위의 보고서를 작성하여 이를 진실로 믿은 보험자로부터 보험금을 지급받아 편취한 것은 사기죄에 해당한다.

<事 例>

제주해양경찰서는 1995년 4월 25일 보험금을 타내기 위하여 선박을 고의로 침몰시킨 혐의(선박매몰)로 충무선적 근해 27톤급 유자망 어선 성창호 선원 박성춘씨 등 두 명을 구속하고 선주 오정식씨를 수배했다. 해경은 또 성창호를 사고지점까지 예인해 준 남제주군 표선선적 8톤급 연승어선 금아호 선장 박금철씨도 같은 혐의로 구속했다. 선원 박씨 등은 지난 4월 22일 오후 11시쯤 성창호를 제주도 북제주군 우도 남동쪽 7마일 해상까지 예인한 뒤 성창호 기관실의 밸브를 고의로 열어 배를 침몰시킨 혐의이다(중앙일보 1995. 4. 26. 19면).

Ⅳ. 保險의 種類

商法은 人保險을 사람에 관한 보험으로 보아, 生命保險과 傷害保險으로 나누었고, 損害保險을 재화에 관한 보험으로 보아, 火災保險・運送保險・海上保險・責任保險・自動車保險에 관한 규정을 두고 있다. 그러나 이것은 논리적인 분류방법은 아니며, 분류기준에 따라 다음과 같이 구분할 수 있다.

1. 公保險・私保險

公保險(öffentliche Versicherung)이란 국가 기타의 公法人이 공동경제적 목적으로 운영하는 보험을 말하며, 私保險(Privatversicherung)이란 개인 또는 私法人이 경영하는 보험을 말한다.[1)]

1) 엄밀한 의미에서 公保險은 公營保險과 구분된다. 公保險은 '국가 기타 공공단체가 공동경제적 목적으로 운영하는 보험'이고, 公營保險은 '국가 기타 공공단체가 경영하는 보험'이다. 전자는 강제보험이나, 후자는 강제보험이 아닌 점(예컨대, 한국수출보험공사에서 운영하는 수출보험이나 우체국에서 운영하는 우체국보험)에서 차이가 있다. 그

公保險은 사회정책적인 입장에서 실시하고 있는 사회보험과, 산업의 보호육성을 목적으로 하는 경제정책보험으로 나뉘는데, 産業災害補償保險, 국민건강보험, 군인보험, 船員保險, 국민연금보험, 고용보험 등이 前者에 속하고, 輸出保險은 後者에 속한다. 그러나 강제보험으로서 사회보험의 성격을 띠고 있는 自動車損害賠償責任保險은 私法人인 損害保險會社에 의하여 운영되고, 임의보험으로서 私保險에 속하는 우체국보험은 국가가 영위하므로, 이러한 구별이 반드시 철저한 것은 아니다.

私保險은 다시 營利保險과 相互保險으로 나눌 수 있다.

2. 營利保險・相互保險

영리보험(business insurance ; handelsgewerbliche Versicherung)이란 보험업자가 보험자로 되어 영리를 목적으로 제3자와 보험계약을 체결하는 보험을 말하고, 상호보험(mutual insurance ; Gemeinseitigkeitsversicherung)이란 보험의 가입을 원하는 다수인이 직접 保險團體(相互會社)를 조직하여 가입자 상호간의 이익을 도모하는 보험을 말한다.

영리보험에 있어서는 각 보험계약자가 보험자를 매개로 하여 보험단체를 구성하기는 하지만 각 계약자 상호간에는 아무런 법률적 관계가 없으나, 상호보험에 있어서는 회사의 사원이 동시에 보험계약자로 되어 사원관계와 보험관계가 병존하고, 사원이 퇴사하면 보험관계가 소멸한다. 그러나 영리보험과 상호보험은 법적 구성 외에는 같기 때문에 商法은 상호보험에도 영리보험에 관한 규정을 준용하도록 하고 있다(제664조).

영리보험이든 상호보험이든 보험사업을 영위하고자 하는 자는 금융감독위원회로부터 보험사업의 허가를 받아야 한다(保業 제4조 내지 제7조).

《相互保險關係의 法律的 性質에 관한 學說》

상호보험의 경우에는 보험가입 자체를 위하여 상호회사를 조직하게 되므로 상호회사의 목적은 그 사원에 대한 위험의 담보이다. 따라서 상호회사의 사원이 되면 바로 보험계약까지 체결하게 되는 결과가 된다. 이와 같은 법률

러나 양자는 국가 기타 공공단체가 경영한다는 점에서 公保險的 性質을 가지고 있다.

관계를 法理論的으로 여하히 설명할 것인가에 관하여 다음과 같이 학설이 갈린다.

(i) 重疊說 : 상호회사와 보험계약자 사이에 보험계약이 체결되는 동시에 入社契約이 체결된다는 학설.

(ii) 結合說 : 保險入社契約이라는 특수행위에 의하여 保險關係와 社團關係가 병립하여 발생한다는 학설.

(iii) 社團說 : 보험관계를 내용으로 하는 社團關係라고 하는 학설.

이 중 重疊說과 結合說은 하나의 상호보험관계를 중첩적·병립적으로 파악하는 단점이 있다. 상호보험에서는 보험계약자는 반드시 사원이 되고 또 회사는 보험을 위하여서만 존재하므로 사원자격과 보험관계는 相互條件이 되어 있다. 따라서 兩者는 不可分의 일체를 이루고 있다고 보아야 하며, 법률적인 견지에서는 社團關係가 본질적인 것이라고 볼 수밖에 없다. 이러한 의미에서 社團說이 정당하다고 본다.[2]

3. 物保險·人保險

物(件)保險(Sachversicherung)이란 물건에 관하여 발생하는 사고에 대한 보험을 말하며, 人保險(Personenversicherung)이란 사람에 관하여 발생하는 사고에 대한 보험을 말한다. 物保險에는 有體物에 관한 보험은 물론, 火災保險·船舶保險·自動車保險·盜難保險·運送保險 등이 있고, 人保險에는 生命保險 외에도 傷害保險·疾病保險·教育保險 등이 있다. 그러나 보험을 物保險과 人保險으로 분류하더라도 모든 보험이 반드시 어느 한 쪽에 속하는 것은 아니다. 예컨대, 責任保險이나 再保險의 보험사고는 직접 사람이나 물건에 관하여 발생한 것이 아니라, 법적 책임 또는 계약에서 정한 사고를 보험사고로 하므로 이들은 어느 범주에도 속하지 않는다.

4. 損害保險·生命保險

손해보험(Schadenversicherung)이란 보험자가 보험사고로 인하여 생길 피보험

2) 徐燉珏·鄭完溶(下) 339면.

자의 재산상의 손해를 보상할 목적으로 하는 보험(不定額保險)을 말하며, 생명보험이란 사람의 생존·사망에 관하여 일정한 금액의 지급 기타의 급여를 할 것을 목적으로 하는 보험(定額保險 : Summenversicherung)을 말한다. 손해보험에는 火災保險·運送保險·海上保險·責任保險·自動車保險·保證保險 등이 있고, 생명보험에도 死亡保險·生存保險·養老保險 등이 있다.

그러나 이 분류법도 완전한 것은 아니다. 예컨대, 傷害保險·疾病保險 등은 사람의 生死에 관하여 일정금액을 지급하는 것이 아니어서 생명보험이 아니지만, 직접 계산할 수 있는 손해의 보상을 목적으로 하는 것도 아니므로 손해보험도 아니다.

5. 定額保險·不定額保險

보험사고가 발생하였을 때 보험자가 계약에서 정하여진 일정액을 지급하는 경우를 定額保險이라 하는데, 생명보험이 그 例이다. 이에 대하여 계약에서 정하여진 최고한도액의 범위 내에서 實損害額을 측정하여 보험금을 결정·지급하는 경우를 不定額保險이라 하는데, 손해보험이 그 例이다.

6. 陸上保險·海上保險·航空保險

육상보험(inland insurance ; Landversicherung)이란 육상에서의 각종 위험을 보험사고로 하는 보험을 말하며, 生命保險·火災保險·運送保險·自動車保險 등을 총칭한다. 해상보험(marine insurance ; Seeversicherung)이란 해상사고에 대한 보험을 말하며, 船舶保險·積荷保險 등이 있다. 여기서 海上이라는 것은 湖川·港灣 등의 內水는 포함하지 않는다(제125조). 항공보험(air insurance ; Luftversicherung)이란 공중에서의 각종 위험에 대한 보험을 말하는 것으로서, 機體保險·旅客賠償責任保險·貨物賠償責任保險·第三者賠償責任保險·搜索救助保險 등이 있다.

7. 個別保險・團體保險・集合保險・總括保險

個別保險(Einzelversicherung)이란 개개의 자연인이나 물건을 보험의 목적으로 하는 보험을 말하고, 團體保險(Gruppenversicherung)이란 사람의 집단(多數人)에 관한 보험을 말한다(제735조의 3). 集合保險(Sachinbegriffversicherung)이란 물체의 집단을 보험의 목적으로 하는 보험을 말하며(제686조), 집합된 물건이 수시로 교체되는 것이 예정된 경우를 總括保險(제687조)이라 한다.

8. 原保險・再保險

어떤 보험자가 인수한 보험계약상의 책임의 전부 또는 일부를 다른 보험자가 인수하는 경우에 第一의 보험을 원보험(元受保險)(original insurance ; Hauptoder Erstversicherung)이라 하고, 第二의 보험을 재보험(reinsurance ; Rückversicherung)이라 한다. 원보험이 손해보험이든 인보험이든, 재보험은 언제나 손해보험(책임보험)이다.

9. 企業保險・家計保險

企業保險은 주로 企業者가 그의 企業經營活動에 따르는 위험에 대비하기 위하여 이용하는 保險으로서 海上保險・航空保險・再保險 등이 대체로 이에 속한다. 家計保險은 주로 家計의 安定을 위하여 이용하는 保險으로서 生命保險, 住宅의 火災保險 등이 이에 속한다.

10. 强制保險・任意保險

法律에 의하여 保險加入이 强制되는 것이 强制保險이고, 그렇지 않은 것이 任意保險이다. 强制保險의 경우 保險者도 특별한 사유가 없는 한 그 契約締結을 거절하지 못한다. 强制保險의 例로서는 産業災害補償保險(産業保險法 제1조 · 제5조), 原子力損害賠償責任保險(原子力損害賠償法 제5조 · 제7조), 自動車損害賠償責任保險(自保法 제5조 · 제21조), 身體損害賠償特約附火災保險(화재로 인한 재해보상과 보험가입에 관한 법률 제5조), 高壓가스事業者의 損害賠償責任保險(高壓가스安全管理法 제25조), 航空保險(航空運送事業振興法 제7조) 등이 있다.

이 밖에 국민건강보험(국민건강보험법 제5조)과 船員保險(船保法 제17조)도 일종의 强制保險이다.

《商法上의 分類》

商法은 第4編에서 保險을 크게 損害保險(제2장)과 人保險(제3장)으로 나누어 규정한다. 損害保險은 다시 火災保險(제2절), 運送保險(제3절), 海上保險(제4절), 責任保險(제5절) 및 自動車保險(제6절)으로 나누어 규정하고, 人保險도 生命保險(제2절)과 傷害保險(제3절)으로 분류하였다. 이들 중 損害保險은 物保險이고, 人保險은 定額保險이 원칙이나, 傷害保險은 定額保險일 수도 있고 損害保險일 수도 있다. 상해보험의 이러한 특성 때문에 우리나라를 비롯한 대부분의 나라에서 인보험회사는 물론 손해보험회사에게도 상해보험의 판매를 허용하고 있다(保業 제4조 제2항 · 부칙 제11조).

한편 第4編 第1章 通則에 再保險(제661조) 및 相互保險(제664조)에 관한 규정이 있다.

제 2 절 保險法의 本質

Ⅰ. 保險法의 意義

形式的 意義의 保險法(Versicherungsrecht, droit d'assurance, law of insurance)이란 商法典 제4편 保險編을 말하나, 實質的 意義의 保險法이란 보험기업에 특유

한 私法法規의 전체라고 할 수 있다. 그리고 廣義의 保險法이란 보험에 관한 일체의 법규를 말하고, 이는 保險契約에 관한 법규(보험기업활동법)뿐만 아니라 보험사업의 주체 · 운영 · 감독에 관한 법규(보험기업조직법)도 포함한다. 狹義의 保險法이란 영리보험에 관한 '保險契約法'만을 말하며, 商法의 보험에 관한 규정은 대부분 보험계약법이다.

Ⅱ. 保險法의 性格

1. 保險法의 地位

보험은 기본적 상행위의 하나이므로(제46조 제17호) 영리보험에 관한 한 이를 商法 제2편 商行爲編에 규정하여야 할 것이다. 그러나 보험제도의 기술성 · 단체성 · 사회성(공공성)에 비추어 다른 종류의 상행위와 구별하여 別編으로 특수한 규제를 하고 있다.

2. 保險法의 特性

보험법은 상행위법과 비교하여 여러 가지 특수성이 있는데, 그것은 보험제도의 특수성에 기인하는 것이다.

(1) 倫理性 · 善意性

보험계약은 일종의 射倖契約이므로 이것이 투기 또는 도박으로 악용되는 등 道德的 危險이 생길 여지가 많다. 따라서 건전한 보험을 보호하기 위하여서는 각 보험계약 당사자에게 고도의 善意 및 倫理性을 요구하게 된다. 商法에서는 구체적으로 告知義務違反의 主觀的 要件(제651조), 고의로 인한 保險事故에 대한 保險者의 免責(제659조), 詐欺로 인한 超過保險의 無效(제669조 제4항) 등으로 표현되고 있다.

(2) 團 體 性

보험계약은 개별적으로 보면 보험자와 보험계약자 사이의 私法上의 채권계약일 뿐, 보험계약자간에는 아무런 법적 관계가 없다. 그러나 보험단체의 전체적 구조 속에서 보면, 보험은 동질적인 위험에 놓여 있는 다수인이 그 위험을 분배하고 평균화함으로써 위험에 대비하는 제도이므로, 보험계약법도 단체법적인 성격을 갖게 된다. 여기서 보험자는 각 보험계약자를 평등하게 대우하여야 한다는 원칙(保業 제129조 제3호 참조)이 나오는 것이며, 보험단체 전체를 보호하기 위하여 告知義務制度(제651조)와 危險變更增加에 따른 措置(제652조~제653조) 등이 규정되게 된다.

(3) 社會性·公共性

개별적으로 수집된 보험료는 자본을 축적하며, 보험회사는 이를 관리하는 것이므로 보험사업은 국민경제적으로도 매우 중요한 구실을 한다. 따라서 보험계약은 개인적 이해관계의 조정뿐 아니라 공공의 이익과도 밀접한 관련을 가지는 것이니, 보험사업은 사회성·공공성을 띤다고 할 수 있다. 그러므로 보험회사는 비록 사기업이라고 하더라도 준공기업의 성질을 갖는다. 이에 보험업법은 보험업의 허가를 받아야만 이를 영위할 수 있도록 하고(保業 제4조 내지 제12조), 보통보험약관에 대하여도 행정적 감독을 한다(保業施規 제5조). 이 외에도 보험자[3]의 保險證券交付義務(제640조) 및 책임보험에 있어서의 제3자의 직접청구권 인정(제724조 제2항) 등도 이를 반영한 규정이라 할 수 있다.

(4) 相對的 强行法性

보험계약법은 私法에 속하기는 하지만 그 기술성·단체성·사회성 등으로 인하여 私的 自治를 그대로 인정할 수 없다. 따라서 보험업법은 보험자의 자격을 제한함(保業 제5조 내지 제12조)과 동시에 보험사업자가 아닌 자와 보험계약을 체결하거나 이를 중개 또는 대리하지 못하도록 하고 있다(保業 제3조). 또 商法에서도 보험계약자 등의 불이익으로 商法의 규정을 변경하는 내용의 특약을 금하는(제663조) 이른바 '保險契約者 등의 不利益變更禁止의 原則'을 밝혀 保險契約法의 相對的 强行法性(또는 片面的·半面的 强行規定性)을 선언하였다. 이는 경제적으로 약자

3) 보험업법에서 말하는 '보험회사'는 상법에서는 이를 '보험자'라 한다(제638조의 2 제1항 등).

의 지위에 있는 일반 보험계약자를 보호하기 위한 것이다. 그러나 기업보험에 속하는 재보험과 해상보험, 기타 이와 유사한 보험의 경우에는 이러한 강행성이 배제된다(제663조 단서). 이들 경우에는 보험계약자가 보험자보다 경제적으로 특히 약한 지위에 있다고 할 수 없어 법의 후견적 배려는 필요하지 아니하고, 오히려 당사자의 자치에 맡겨 특약에 의한 개별적인 이익조정을 꾀할 수 있기 때문이다. 또한 해상보험의 경우에는 보험실무상 영국법 준거조항을 둔 영문보험약관이 이용되고 있는 실정이므로, 불이익변경금지의 원칙을 일률적으로 적용하여 규제하는 것이 반드시 옳다고도 할 수 없다.[4)]

《保險契約法의 相對的 强行法性에 관한 判例》

1. 約款의 規定이 有效하다는 判決

<대법원 1980. 11. 25. 선고, 80 다 1109 판결 : 상해보험에서 외과적 수술 면책의 특약은 무효가 아니다>

상해보험약관에 외과적 수술 기타의 의료처치의 경우는 보험금 지급의 책임을 지지 아니한다는 취지의 특약조항은 상해보험의 성질상 당연한 경우를 규정한 데 지나지 아니하므로 위 특약조항을 가리켜 상법 제663조의 불이익변경금지규정을 위반한 것이라 할 수 없다.

<대법원 1992. 1. 21. 선고, 90 다카 20654 판결 : 자가운전자동차종합보험에서 무면허운전 면책조항은 무효가 아니다>

상법 제659조 제2항(현행상법 제732조의 2)은 사망 또는 상해를 보험사고로 한 보험계약, 즉 인보험계약에만 적용되는 규정으로서, 피보험자가 보험기간 중의 교통사고로 인하여 제3자에게 손해를 배상할 책임을 지는 경우에 보험자가 이를 보상할 책임을 지는 책임보험계약에는 적용되지 않는 것임이 위 조항의 문리상 명백하므로, 자가운전자동차종합보험과 같은 책임보험계약에 있어서의 약관 소정의 "자동차의 운전자가 무면허운전을 하였을 때에 생긴 사고로 인한 손해에 대하여는 보상하지 아니한다."는 무면허운전면책조항이

4) 대법원 1996. 12. 20. 선고, 96 다 23818 판결 : 수산업협동조합중앙회가 실시하는 비영리 어선공제사업의 경우, 그 어선공제는 해상보험에 유사한 것으로서 소형어선으로 연안어업 또는 근해어업에 종사하는 다수의 영세어민들을 주된 가입대상자로 하고 있어서 공제계약 당사자들의 계약교섭능력이 대등한 기업보험적인 성격을 지니고 있다고 보기 어렵고 오히려 공제가입자들의 경제력이 미약하여 공제계약 체결에 있어서 공제가입자들의 이익보호를 위한 법적 배려가 여전히 요구된다 할 것이므로, 상법 제663조 단서의 입법취지에 비추어 그 어선공제에는 불이익변경금지의 원칙이 적용되어야 한다.

상법 제659조 제2항 및 제663조에 위반되어 무효라 할 수 없다.…상법 제659조 제2항과 제1항의 규정 취지는, 보험사고를 직접 유발한 자, 즉 손해발생원인에 전적인 책임이 있는 자를 보험의 보호 대상에서 제외하려는 데에 있으므로, 보험약관에서 손해발생원인에 대한 책임조건을 위 규정들보다 경감하는 내용으로 면책사유를 규정하는 것은 상법 제663조의 불이익변경금지에 저촉되겠지만, 위 무면허운전면책조항은 사고발생의 원인이 무면허운전에 있음을 이유로 한 것이 아니라 사고발생시에 무면허운전 중이었다는 법규위반상황을 중시하여 이를 보험자의 보상 대상에서 제외하는 사유로 정한 것이므로 위 상법의 규정들이 적용된다고 보기 어렵다. 同旨 : 대법원 1990. 6. 26. 선고, 89 다카 28287 판결 ; 同, 1991. 2. 26. 선고, 90 다카 26270 판결.

<대법원 1984. 1. 17. 선고, 83 다카 1940 판결 : 장기화재보통보험약관에서 피보험자의 친족·고용인이 일으킨 보험사고에 대하여도 보험자는 면책된다는 규정은 무효가 아니다>

장기화재보통보험약관 제4조 제2항의 면책조항은 피보험자와 밀접한 생활관계를 가진 친족이나 고용인이 피보험자를 위하여 보험사고를 일으킨 때에는 피보험자가 이를 교사 또는 공모하거나 감독상 과실이 큰 경우가 허다하므로 일단 그 보험사고발생에 피보험자의 고의 또는 중과실이 개재된 것으로 추정하여 보험자를 면책하고자 하는 취지에 불과하고, 피보험자가 보험사고발생에 자신의 고의 또는 중과실이 개재되지 아니하였음을 입증하여 위 추정을 번복한 때에는 위 면책조항의 적용은 당연히 배제될 것이므로 위 면책조항은 상법 제663조의 강행규정(상법 제659조의 규정보다 보험계약자 등에게 불이익한 특약의 금지규정)에 저촉되지 아니한다.

<대법원 1991. 8. 9. 선고, 91 다 1158 판결 : 구상법 제679조의 적용을 배제한 자동차종합보험약관의 규정은 무효가 아니다>

자동차종합보험 보통약관의 규정이 자동차보험계약에 있어 원칙적으로 구상법 제679조(보험목적의 양도시 보험계약상의 권리도 동시에 양도한 것으로 추정한다.)의 적용을 배제하고 있더라도 이는 위 계약에 있어 보험의 목적인 자동차를 교체하는 경우가 자주 생기고, 또 그 경우 보험계약자는 무사고 등을 이유로 보험료의 할인혜택을 받기 위하여 자동차를 교체하는 형태로 보험계약을 유용할 필요성도 있고, 한편 보험자로서도 예측위험률의 변화 등 보험계약의 기초에 중대한 변경을 초래할 가능성이 있는 피보험자의 교체에 대하여 중요한 이해관계가 있어 보험계약관계의 유지나 변경 등의 결정에 관한 기회를 부여받아야 할 필요성도 있다는 점 등을 고려한 것이므로, 위 약관의 규정이 상법 제663조의 보험계약자 등의 불이익변경금지조항에 위배된다거나, 약관의 규제에 관한 법률 제6조에 정한 신의칙에 반한 불공정한 약관으

로서 무효라고 할 수는 없다.

<대법원 1991. 5. 14. 선고, 90 다카 25314 판결 : 해상보험에서 영국법 준거법조항은 유효하다>

보험증권 아래에서 야기되는 일체의 책임문제는 외국의 법률 및 관습에 의하여야 한다는 외국법 준거약관은 동 약관에 의하여 외국법이 적용되는 결과 우리 상법 보험편의 통칙의 규정보다 보험계약자에게 불리하게 된다고 하여 상법 제663조에 따라 곧 무효로 되는 것이 아니고 동 약관이 보험자의 면책을 기도하여 본래 적용되어야 할 공서법의 적용을 면하는 것을 목적으로 하거나 합리적인 범위를 초과하여 보험계약자에게 불리하게 된다고 판단되는 것에 한하여 무효로 된다.

<대법원 1996. 3. 8. 선고, 95 다 28779 판결 : 해상보험에서 영국법 준거법조항은 유효하므로 고지의무위반여부도 영국법에 따라 판단하여야 한다>

해상보험증권 아래에서 야기되는 일체의 책임문제는 영국의 법률 및 관습에 의하여야 한다는 영국법준거약관은 오랜 기간 동안에 걸쳐 해상보험업계의 중심이 되어 온 영국의 법률과 관습에 따라 당사자간의 거래관계를 명확하게 하려는 것으로서 우리 나라의 공익규정 또는 공서양속에 반하는 것이라거나 보험계약자의 이익을 부당하게 침해하는 것이라고 볼 수 없어 유효하므로, 영국법준거약관이 적용되는 선박보험계약에 있어서 고지의무위반을 이유로 한 보험계약의 해지에 관하여는 영국 해상보험법 제18조, 제17조가 적용되고 같은 법 소정의 고지의무위반을 이유로 한 보험계약의 해지는 우리 상법 제651조 소정의 그것과는 그 요건과 효과를 달리하고 있어 이에 대하여 상법 제655조의 인과관계에 관한 규정은 적용될 여지가 없다. 대법원 1996. 10. 11. 선고, 94 다 60332 판결 참조.

이 밖에도 상법 제663조에 위배되지 아니한다는 판결로서 대법원 1991. 12. 24. 선고, 90 다카 23899 판결 ; 同, 1992. 5. 22. 선고, 91 다 36642 판결 ; 同, 1993. 12. 21. 선고, 91 다 36420 판결 ; 同, 1993. 4. 13. 선고, 92 다 8552 판결 ; 同, 1996. 5. 31. 선고, 96 다 10454 판결 등 참조.

2. 約款의 規定이 無效라는 判決

<대법원 1990. 5. 25. 선고, 89 다카 17591 판결 : 장기복지상해보험약관에서 무면허운전 면책조항은 무효이다>

무면허운전의 경우는 면허있는 자의 운전이나 운전을 하지 아니하는 자의 경우에 비하여 보험사고 발생의 가능성이 많음을 부인할 수 없는 일이나 그

정도의 사고발생 가능성에 관한 개인차는 보험에 있어서 구성원간의 위험의 동질성을 해칠 정도는 아니라 할 것이고, 또한 무면허운전이 고의적인 범죄행위이긴 하나 그 고의는 특별한 사정이 없는 한 무면허운전 자체에 관한 것이고 직접적으로 사망이나 상해에 관한 것이 아니어서 그 정도가 결코 그로 인한 손해보상을 가지고 보험계약에 있어서의 당사자의 선의성, 윤리성에 반한다고 할 수 없을 것이므로 장기복지상해보험계약의 보통약관 중 피보험자의 무면허운전으로 인한 상해를 보상하지 아니하는 손해로 정한 규정은 보험사고가 전체적으로 보아 고의로 평가되는 행위로 인한 경우뿐만 아니라 과실(중과실 포함)로 평가되는 행위로 인한 경우까지 포함하는 취지라면 상법 제659조 제2항 및 제663조의 규정에 비추어 볼 때 과실로 평가되는 행위로 인한 사고에 관한 한 무효이다. 同旨 : 대법원 1996. 4. 26. 선고, 96 다 4909 판결.

<대법원 1992. 11. 24. 선고, 92 다 23629 판결 : 실효약관은 무효이다>

분납보험료가 소정의 시기에 납입되지 아니하였음을 이유로 舊商法 제650조(현행 상법 제650조 제2항) 소정의 최고 및 해지절차를 거치지 아니하고 막바로 보험계약이 해지되거나 실효됨을 규정하고 보험자의 보험금지급책임을 면하도록 규정한 보험약관은 舊商法 제650조, 제663조의 규정에 위배되어 무효이다. … 분납보험료 연체기간 중 발생한 보험사고에 대하여 보험계약은 존속하나 보험금 지급책임이 면책된다는 보험약관은 보험가입자에게는 보험계약의 해지와 실질적으로 동일한 효과가 있으므로 실질적으로 상법 제650조의 규정에 위배되는 결과를 초래하여 상법 제663조에 의하여 보험가입자에게 불이익한 범위 안에서는 무효이다.[5] 同旨 : 대법원 1995. 10. 13. 선고, 94 다 19280·19297 판결 ; 同, 1995. 11. 16. 선고, 94 다 56852 전원합의체판결.

이 밖에도 약관의 규정이 商法 제663조에 위반되어 무효라는 판결로서 대법원 1991. 12. 24. 선고, 90 다카 23899 판결 등 참조.

《保險法의 技術性 문제》

通說에 의하면 保險制度는 危險團體를 기초로 大數의 法則에 따라 그 危險을 效率的으로 분산시키는 技術的인 制度이므로 保險法 特性의 하나로 保險法의 技術性을 든다. 그러나 이러한 의미의 技術性은 保險業의 特性일 뿐 保險契約法의 특성은 아니다. 保險契約法은 保險者와 保險契約者 및 保險關

5) 이 판결에 대하여 반대하는 취지의 평석으로 金星泰, 법률신문, 제2222호 (1993. 6. 7.) 15면이 있고, 이 판결에 대하여 찬성하는 평석으로, 崔埈璿, 판례월보. 1994. 8. 23 - 31면이 있다.

係者 상호간의 權利·義務를 정한 것이고, 이는 利益衡量의 원칙 아래 정하여지는 것이지, 權利·義務를 정하는 方法 내지 權利·義務의 內容이 다른 法에 비하여 특히 技術的인 것은 아니라고 본다.

Ⅲ. 保險法의 歷史

1. 保險類似制度의 胎動

文化人類學的으로 볼 때 保險制度와 유사한 제도는 인류의 보편적인 것으로서 이미 原始社會에서 부터 찾아볼 수 있다. 즉, 生存을 위한 위험이 컸던 원시사회에서 잉여생산물을 타인에게 대여하여 주고 자기의 생산물이 없는 때에 그 타인으로부터 잉여물의 급여를 받는 相互扶助的인 經濟制度가 흔히 있어온 것이다.[6] 때로는 극심한 한발로 이러한 상호부조성이 깨어지면 원시사회 자체가 해산되었다고 한다. 뿐만 아니라 親族關係나 婚姻關係도 자원의 배분과 밀접하게 관련되어 있어서 原始社會에서 보험의 기능을 담당하고 있었다. 그러나 이와 같은 보험과 유사한 제도는 현대의 보험제도와는 직접적인 관련이 없다.[7] 왜냐하면 당시 보험과 유사한 이들 제도는 위험이 큰 환경에서의 생존 자체를 위한 生來的인 것이었던 반면에, 오늘날의 보험제도는 우연히 발생된 손해를 塡補하고자 하는 고도의 기술적인 제도이기 때문이다.

또한 ① 고대의 葬禮費組合(collegia tenuiorum), 家族協同體나 村落協同體와 같은 血緣協同體 내지 地域協同體 및 中世 封建時代의 길드(guild)제도, 또는 ② 중세 지중해 연안의 冒險貸借契約에서 轉化한 危險引受事業 등이 보험제도의 起源이라고도 한다. 그러나 ①은 주로 도덕적·종교적·정치적 의미를 가진 단체로서 그 사업의 일부로서 오늘날 보험과 유사한 기능을 수행하였던 것은 틀림 없으나, 이는 보험 그 자체를 목적으로 하는 제도가 아니기 때문에 오늘날의 보험과의 역사적 관련은 없다고 하겠다. 한편 보험제도와 유사한 제도에 관한 기록으로서 최

6) Ponser, The Economics of Justice, P. 152ff.
7) 梁承圭(保) 21면 ; Manes, Alfred, Versicherungswesen, B. I., 1930, S. 31, 33.

초의 것은 B.C. 2250년 경 바빌론의 함무라비 法典에서 찾을 수 있다. 당시의 隊商의 規約 중에, 隊商의 一員이 여행 중 强盜를 만나거나 기타 불의의 사고로 손해를 입은 경우 공동으로 이를 분담한다는 것이 있었다. 그러나 이것도 오늘날의 보험제도와는 관련이 없는 보험과 유사한 제도일 뿐이다.[8)]

2. 海上保險制度의 發達과 그 規制

營利保險制度의 起源은 고대 그리스·로마시대, 특히 중세 지중해 연안의 상업도시에서 널리 이용된 위 ②의 海上冒險貸借制度라고 보는 것이 일반적이다.[9)] 海上冒險貸借制度란 海上貿易業者가 항해를 함에 있어 船舶·積荷를 담보로 금융업자로 부터 자금을 빌리되, 難破나 海賊의 습격 등으로 항해를 무사히 종료하지 못하면 元金과 利子의 상환을 면제받고 무사히 항해를 마친 때에만 이의 상환을 하기로 하는 계약이다.[10)] 이로써 무역업자는 자금조달의 편의와 해상위험의 전가를 도모할 수 있었다. 이 때 자본을 대여하는 자의 위험이 큰 만큼 이자율도 상당히 고액이었고, 이것이 당시의 교회법상의 이자금지규정에 저촉되었으므로 海上冒險貸借制度는 부득이 그 형식에 있어서 변모를 가져오게 되었으니, 즉 선박·적하가 상실할 것을 조건으로 이를 매매하기로 하는 매매계약으로 발전하였다. 이와 같은 원시적 형태의 해상보험은 14세기 후반경 이탈리아의 상업도시에서 성립하여 점차 유럽 전역에 퍼졌다. 그러나 원시적 해상보험은 주로 개인인 商業資本家가 해상기업에 대한 투기행위를 목적으로 행하여졌던 것이므로, 합리적인 위험의 분배나 보험금의 산정은 불가능하였고 도박적 요소가 강하였으므로 점차 각 상업도시는 條例로써 이를 규제하기에 이른다. 1369년 이탈리아의 제노아市의 조례, 1393년 이탈리아의 피렌체市의 조례 중 해상보험에 관한 조례 등이 그것이다. 최초의 보험법은 1435년 스페인의 바르셀로나 조례이다. 法典으로서는 스페인의 카를로스 1세의 法典(1535년)이 최초의 것이다. 아무튼 이들 초기의 保險關係法令은 원시적 해상보험이 도박 내지 투기행위로 악용되는 것을 방지하기 위한 것이 주요 목적이었으므로, 그 내용은 공법적 요소가 강하였고 체계성도 없었다. 1681년 프랑스 루이 14세의 海事條例 중에 해상보험에 관한 통일적 규정이 마련된 이

8) 梁承圭(保) 21면.
9) 大森忠夫, 保險法, 1971, 19면.
10) 大森忠夫 19면.

래 1807년 프랑스 商法典이 이를 계수하였고, 이것이 라틴계 각국 보험법의 모법이 되었다. 17세기 후반부터 18세기 중엽에 걸쳐 보험사업은 종래의 개인기업형태에서 탈피하여 조합형태로 되고 다시 주식회사의 형태로 발전하였으며, 보험인수시장의 형성, 해사자료의 완비, 통계자료의 수집 등 점차 해상보험의 근대화가 실현되었다. 1731년에는 독일 최초의 海上保險法인 "함부르크 保險 및 海損條例"가 제정되어 이것이 1746년 덴마크 保險條例, 1750년의 스웨덴 保險條例, 1766년의 프로이센 保險條例에 영향을 미쳤다.

3. 火災保險 및 生命保險의 發達

火災保險은 17세기 후반 내지 18세기 초의 게르만사회에서 그 기원을 찾는 학설이 유력하다. 이 학설에 의하면 중세 독일 북부지역에서의 길드에서 화재 기타 재해에 대하여 相互救濟事業이 발달하였고, 1591년에는 독일 함부르크의 釀造業者들이 火災組合과 다른 여러 組合을 설립하였으며, 1676년에는 이들 조합을 통합하여 함부르크 總火災金庫를 설립하였으니, 이것이 火災保險事業의 효시라고 한다. 그 후 1718년에는 이를 모범으로 한 公立强制火災保險所가 성립하였다고 한다. 그러나 이와 같은 組合이나 公立火災保險所는 火災로 인한 相互救濟 그 자체를 목적으로 하였던 것이 아니라 봉건시대의 職業人 상호간의 福利增進과 自衛를 목적으로 하거나 또는 화재로 인한 납세자의 감소를 방지하기 위한 목적으로 설치된 제도로서 이것이 근대 화재보험제도와의 연혁적 관계를 구함에는 의문의 여지가 있다. 오히려 1666년 런던 大火災 이후 1667년 런던의 치과의사이자 건축업자였던 Nicholas Barbond가 火災損害塡補引受業을 시작하였고, 1680년 이 사업을 회사조직으로 변경하여 The Fire Office를 설립한 것을 화재보험의 기원으로 보는 학설이 유력하다.

18세기에 와서는 생명보험도 발달하게 되었는데, 이는 해상보험의 목적물로서 상품인 노예의 사망을 보험사고로 하였던 것이 후에는 육상에서의 생명보험으로, 나아가 자유인의 생명보험으로 발전하였다. 처음에는 생명보험은 그 도덕적 위험으로 말미암아 각국이 이를 금지하는 경향이 강하였고, 이것이 그 발달을 저해하는 요인이 되었으나, 17세기 말부터 生死에 관한 통계적 연구가 활발하게 진행됨에 따라 생명보험사업도 순조롭게 발전하였다. 생명보험의 기원은 1706년 영국의

John Hartley가 Amicable Society를 설립한 것을 현대적 보험의 기원으로 본다.

4. 現代保險法令의 制定

이상과 같이 해상보험 이외의 보험제도도 점차 발달함에 따라 보험에 관한 法令도 이들 보험을 포함하게 되었다. 즉, 1794년 프로이센 普通國法은 전술한 함부르크 保險 및 海損條例를 기초로 해상보험에 관한 규정을 육상보험에 까지 미치도록 하여 保險私法으로 구성하게 되었다. 19세기에 이르러 1807년 프랑스 商法典의 제정으로 1865년 이탈리아 商法典, 1871년 독일 舊商法典, 1897년 독일 新商法典 등 統一商法典이 제정되었으나, 이들 商法典에는 해상보험에 관하여만 규정하고 육상보험에 관한 종합적인 규정은 없었다(다만 1882년 이탈리아 商法典은 육상보험에 관한 규정을 포함하였다.). 그러나 1826년 네덜란드 商法典, 1829년 스페인 商法典 등은 陸上保險에 관한 규정을 약간씩 두기도 하였고, 19세기 후반에 제정된 商法典은 거의가 陸·海上保險을 동시에 규정하기에 이르렀다.

19세기 후반 내지 20세기에는 보험제도의 특수성을 고려한 特別法이 다수 출현하였으니, 1908년의 스위스 및 독일의 保險契約法, 1917년의 오스트리아, 1927년의 스웨덴, 1930년의 노르웨이·덴마크, 1930년의 프랑스의 각 保險契約法이 그것이다. 이탈리아에서도 1942년 新民法典의 제정과 함께 舊商法을 폐지하고, 舊商法典 중 陸上保險에 관한 부분은 民法 債權編에 규정하였고, 해상보험에 관하여는 航行法典에 별도로 규정하였다.

우리나라에서는 고려 光宗 때 濟危寶 및 朝鮮時代의 鄕約 등이 상부상조의 정신을 반영하고 있었으나 오늘날의 보험과는 관련성이 희박하다. 근대적인 보험제도는 1921년에 설립된 조선생명보험주식회사이다.

《各國의 保險法》[11)]

(1) **獨 逸**: 독일은 新商法(1897년) 제4편 海商編 제10장에 해상보험에 관한 규정을 두었다. 육상보험에 관하여는 1908년 보험계약법이 제정되었는데 이것이 수차례 개정되어 오늘에 이르고 있다.

(2) **스위스**: 스위스는 1908년 보험계약법을 제정하였고, 1883년에는 사보험감독법을 제정하였다.

---

11) 法務部, 보험·해상관계자료집, 법무자료 제58집, 1985 참조.

(3) **프랑스**: 프랑스는 우선 민법전에 사행계약의 일종으로서 보험계약에 관한 규정(동법 제1964조)을 두었다. 이 외에 상법전(1807) 제2편 해상 제9장에도 해상보험에 관한 규정을 두었었고, 1930년에는 보험계약법이 제정되었다. 1976년에는 양자를 합하여 보험법전이 제정되었는데, 이 법전은 1981년에 개정된 바 있다.

(4) **英國 · 美國**: 영국에서는 1906년 해상보험법이 제정되었다. 미국에서는 연방차원의 보험법은 없고, 각 주별로 보험계약법과 보험감독에 관한 법을 포함하는 보험법전을 두고 있다.

Ⅳ. 保險法의 法源

1. 保險契約法의 法源

보험계약법의 법원으로는 제정법과 관습법을 들 수 있다. 商法 제46조는 보험을 기본적 상행위로 하고 있으며(제17호), 보험계약은 '商事'에 속한다. 따라서 이것에 관하여는 먼저 商法規定을 적용하고, 商法에 규정이 없는 것에 관하여는 상관습법을 적용하며, 상관습법도 없는 사항에 관하여는 民法을 적용한다(제1조). 商法 이외에 상사특별법이 있으면 이를 적용하고, 또 强行法規나 公序良俗 또는 보험계약의 본질에 반하지 않는 한, 당사자 사이의 특약이 우선적으로 법률관계를 결정하게 된다.

2. 制 定 法

우리 商法은 1962년 1월 20일 법률 제1,000호로 제정, 공포되어 1963년 1월 1일부터 시행된 이래 1984년 제1차 개정이 있었으나, 제4편 保險編에 대한 개정은 없었다. 保險編은 제5편 海商編과 함께 1991년 12월 31일 제2차 商法改正時에 대폭 개정되어 1993년 1월 1일부터 시행되고 있다.

商法의 보험계약에 관한 규정은 영리보험에 관한 것이며, 상호보험에 관하여는 그 성질이 상반되지 않는 한도에서 商法規定이 준용된다(제664조). 商法 이외의 특별법으로서 보험계약법의 法源으로 볼 수 있는 것에는 保險業法을 비롯하여 自動車損害賠償保障法, 火災로 인한 災害補償과 保險加入에 관한 法律, 産業災害補償保險法, 原子力損害賠償法, 國民健康保險法, 船員保險法, 輸出保險法, 우체국예금·保險에 관한 法律, 軍人保險法 등의 법률과 이들 법률에 대한 施行令·施行規則 등이 있다. 이밖에 保險約款의 規範性認定與否, 效力, 規制 등과 관련하여 保險約款도 保險契約法의 法源으로 볼 수 있는지 문제이다.

3. 保險約款

(1) 保險約款의 意義

普通保險約款(insurance policy, allgemeine Versicherungsbedingungen)이란 보험자가 동종·다수의 보험계약을 체결하기 위하여 미리 작성한 보험계약의 내용이 될 定型的인 契約條項을 말하는 것으로서 普通去來約款의 일종이다. 보험약관은 ① 보험계약의 일반적·표준적인 계약조항으로 구성된 기본적인 약관인 普通保險約款, ② 보통보험약관에다 사정에 따라 다시 상세한 특약을 보충시킨 特別普通保險約款(이를 附加約款이라고도 한다.), ③ 보험계약 체결시에 당사자가 계약내용을 보통보험약관에 의하지 않고 구체적인 사정에 따라 별도로 정한 特別契約條項으로 구성되는 特別保險約款의 세 가지가 있다. 특별보험약관은 그 자체가 당사자간의 합의를 바탕으로 한 계약내용이므로 구속력이 있는 것은 당연하고, 普通保險約款이나 特別普通保險約款도 당사자 사이에 다른 약정이 없는 한 계약당사자를 구속한다.

(2) 普通保險約款의 存在理由

보험약관의 존재이유는 다음 세 가지로 요약할 수 있다.

첫째, 보통보험약관은 다른 보통거래약관과 마찬가지로 대량의 거래를 합리적으로 처리하기 위한 수단으로 이용된다. 보험계약은 성질상 다수의 보험계약자를 상대로 동일한 내용의 계약을 체결하게 되므로 각 계약을 개별적으로 처리하기는 어려운 면이 있다. 정형적인 거래가 대량적으로 이루어지는 보험계약에서는 계약의 체결·내용 및 효과도 정형화할 필요가 있다. 이와 같은 기술적 요청에 부응하기 위하여 고안된 것이 보통보험약관이다.

둘째, 보험약관을 사용함으로써 보험단체의 각 구성원인 보험계약자를 동일하게 취급하는 평등성의 효과도 갖게 된다.

셋째, 보험약관을 통한 보험업의 감독 및 보험에 관한 전문적인 지식과 資力이 부족한 보험가입자의 보호이다.

(3) 保險約款의 拘束力

보험약관은 보험자가 일방적으로 작성하여 감독관청에 신고한 후 계약자에게 제시하는 것으로서, 보험계약자가 그 약관의 내용을 잘 알지 못할 뿐만 아니라 그 약관의 조항에 따른다는 의사표시를 하지 아니하고도 그에 의하여 보험계약이 체결되고, 그 약관에 당사자가 구속받게 된다. 이와 같이 보험약관이 당사자를 구속하는 근거가 무엇이냐에 관하여는 학설이 나뉜다.

意思說은 전통적인 법률행위이론에 따라 약관에 의한 계약도 보통의 계약과 마찬가지로 당사자가 약관의 각 조항을 알고 스스로의 의사에 따라 약관의 내용을 계약내용으로 포함시키기로 합의하였기 때문에 구속력이 있다고 한다. 즉, 意思說의 법적 근거로는 약관규제법 제3조를 들고 있다. 즉, 약관규제법 제3조는 사업자에게 약관의 명시·설명의무를 규정하는데, 사업자가 이 의무를 위반하여 계약을 체결한 때에는 당해 약관을 계약의 내용으로 주장할 수 없도록 하고 있다.[12)]

그러나 당사자의 의사가 불명확하거나 부존재하였던 경우에도, 심지어는 약관자체의 존재마저 알지 못한 계약당사자에게도 약관이 시행되고 있는 실정에서, 이 학설에 의하면 약관의 존재·내용을 상대방이 알고 있었다는 것, 그리고 그 의사에 기하여 약관을 보험계약의 내용으로 포함시키기로 하였다는 것을 입증하기가 어려워서 약관의 구속력을 인정할 수 없게 된다는 난점이 있다. 일본의 판례는 보험계약자의 의사가 불명확·부존재한 경우에는 반증이 없는 한 약관에 따를 의사가 있었던 것으로 추정할 수 있다는 이른바 意思推定理論을 펴고 있으나, 意思推定理論은 一般法律理論으로는 근거가 미약한 것이며, 반증이 있는 경우 추정이 깨뜨려져 법적 안정성을 해치는 난점이 있다.

規範說은 보험약관 자체가 법률과 같은 규범이라고 하는데, 약관이 어떠한 규범이냐에 관하여 自治法이라는 견해와 商慣習法이라는 견해로 나뉜다. 自治法說은 보험약관을 보험거래권 내의 自治法으로 본다. 그러나 보험약관은 私法人(私人)인 보험자가 일방적으로 작성하는 것으로서 거래권 내의 합의가 있다고 보기 어

12) 崔基元(保) 56~57면 ; 李基秀(保·海) 25면.

렵고, 현대국가에서 私人에게 法規制定權이 있다는 것을 인정할 수 없다. 商慣習法說은 보험약관의 내용이 商慣習法이라고 하는 견해와 '보험계약은 약관에 의한다'는 사실이 商慣習法이라고 하는 견해로 다시 나뉜다. 前說은 상관습이 형성될 시간적 여유를 갖지 못한 新種保險의 경우에도 약관이 사용되는 점을 설명할 수 없고, 또 보험자가 일방적으로 제정한 것을 상관습이라고 하기도 어렵기 때문에 부당하다. 결국 '보험계약은 약관에 의하여 체결된다' 또는 '보험계약은 약관에 의하여 처리된다'는 慣習 또는 商慣習(白地商慣習 또는 白地商慣習法)은 이미 형성되어 있다고 해도 좋을 것이다. 이렇게 보면 보험계약에 있어서는 약관이 사용된다는 사실, 즉 보험약관의 채택에 관하여만 상관습이 인정될 뿐이므로 약관의 내용을 이루는 각 조항이 당연히 구속력이 있는 것은 아니다. 약관의 각 조항 중 당사자 간에 다툼이 있는 것은 司法的 審査를 통하여 그 타당성이 인정될 경우에만 그 효력이 인정된다고 하겠다.

여기서 보험약관의 구속력과 관계된 판례의 추이를 살펴보기로 한다. 먼저 보험약관의 구속력의 근거에 관하여는 대법원은 의사설을 확고하게 지지하고 있다.

《保險約款의 拘束力과 관계된 判例의 推移》

<대법원 1985. 11. 26. 선고, 84 다카 2543 판결 : 意思說을 취한 판결>

보통보험약관이 계약당사자에게 대하여 구속력을 갖는 것은 그 자체가 법규범 또는 법규범적 성질을 가진 약관이기 때문이 아니라 보험계약당사자 사이에서 계약내용에 포함시키기로 합의하였기 때문이라고 볼 것인 바, 일반적으로 당사자 사이에서 보통보험약관을 계약내용에 포함시킨 보험계약서가 작성된 경우에는 계약자가 그 보험약관의 내용을 알지 못하는 경우에도 그 약관의 구속력을 배제할 수 없는 것이 원칙이나, 다만 당사자 사이에서 명시적으로 약관에 관하여 달리 약정한 경우에는 위 약관의 구속력은 배제된다.

<대법원 1986. 10. 14. 선고, 84 다카 122 판결 : 보험약관의 내용을 알지 못한 경우에도 구속력이 있다>

보통보험약관을 포함한 이른바 일반거래약관이 계약의 내용으로 되어 계약당사자에게 구속력을 갖게 되는 근거는 그 자체가 법규범 또는 법규범적 성질을 갖기 때문은 아니며 계약당사자가 이를 계약의 내용으로 하기로 하는 명시적 또는 묵시적 합의를 하였기 때문이라고 볼 것이다. … 보험계약자가 약관내용을 자세히 살펴보지 아니하거나 보험업자의 설명을 듣지 아니하여 알지 못한 경우는 물론이고, 어떠한 사정으로든 보험약관의 내용을 알지 못한 경우에도 그 약관의 구속력은 배제할 수 없는 것이 원칙이다. 同旨 : 대법

원 1989. 11. 14. 선고, 88 다카 29177 판결 ; 同, 1996. 10. 11. 선고, 96 다 19307 판결 ; 同, 1993. 3. 9. 선고, 92 다 38928 판결.

<대법원 1991. 9. 10. 선고, 91 다 20432 판결 : 당사자가 명시적으로 약관의 내용과 달리 약정한 경우에는 달리한 약정이 우선한다>

보통보험약관이 계약당사자에 대하여 구속력을 갖는 것은 그 자체가 법규범 또는 법규범적 성질을 가진 약관이기 때문이 아니라 보험계약 당사자 사이에서 계약내용에 포함시키기로 합의하였기 때문이라고 볼 것이며, 일반적으로 당사자 사이에서 보통보험약관을 계약내용에 포함시킨 보험계약서가 작성된 경우에는 계약자가 그 보험약관의 내용을 알지 못하는 경우에도 그 약관의 구속력을 배제할 수 없는 것이 원칙이나, 당사자 사이에서 명시적으로 약관의 내용과 달리 약정한 경우에는 위 약관의 구속력은 배제된다.

나아가 대법원은 保險募集人이 보험계약자에게 약관의 내용과 다른 내용으로 보험계약을 설명하고 이에 따라 보험계약이 체결되었다면 그 설명된 내용이 보통보험약관의 내용보다도 우선한다고 하였다. 즉, 約款上의 文言보다도 보험모집인의 口頭 또는 書面으로 한 설명이 우선한다고 하는 것이니, 여기서 보험약관의 法規範性은 완전히 무시되고 있음을 알 수 있다.

<대법원 1989. 3. 28. 선고, 88 다 4645 판결 : 口頭 또는 書面으로 한 설명이 보험약관보다 우선한다>

<事 實>

원고 X는 피고 Y화재해상보험주식회사와 1987. 6. 17. 자신의 승용차에 대하여 대인 및 대물 배상책임, 자손 및 차량손해를 담보하는 자동차종합보험계약을 체결하였다. 1987. 7. 26. 9시 30분경 원고는 경부고속도로상에서 자동차운전 중 교통사고를 일으켜 안면부 다발성 裂創 등의 상해를 입고 그 치료비로서 3,771,950원을 지출하였고, 이에 따라 원고는 300만원의 자손보험금의 지급을 피고에게 청구하였다. 이에 대하여 피고회사는 이 사건에 적용되는 보험약관 별표 2의 부상구분 및 급별보험가입금액표에 따라 自損保險의 보험금은 피보험자의 상해를 14등급으로 나누어 차등지급하게끔 되어 있고, 원고가 가입한 自損保險金額은 300만원이므로 1급상해라면 300만원 전액이 지급되겠으나 8급에 해당하는 원고의 상해에 대하여는 지급보험금이 90만원에 지나지 않는다고 주장하였다.

이 점에 관하여 원고는 피고회사의 대리점을 경영하는 소외 A가 1987. 6. 5. 원고를 방문하여 보험가입을 권유하면서, 自損事故로 인한 부상의 경우에는 금 300만원의 한도 내에서 치료비 전액이 보험금으로 지급된다고 설명하였으며, 또 그를 믿고 보험계약을 체결한 것이므로 피고는 300만원 전액을 지급할 책임이 있다고 주장하여 소송을 제기한 것이다.

이 사건의 제1심법원인 서울지법남부지원(1988. 4. 9. 선고, 87 가소 21529 판결)은 피고는 보험약관의 정함에 따라 원고에게 90만원의 보험금을 지급할 책임이 있다고 판시하였고, 항소법원인 서울민사지법(1988. 9. 21. 선고, 88 나 15347 판결)은 원고의 주장대로 300만원의 보험금을 지급하라고 판시하여, 피고가 상고하기에 이른 것이다.

<判決要旨>

보통보험약관이 계약당사자에 대하여 구속력을 갖는 것은 그 자체가 법규범 또는 법규범적 성질을 가진 약관이기 때문이 아니라 당사자가 계약내용에 포함시키기로 합의하였기 때문인 바, 일반적으로 보통보험약관을 계약내용에 포함시킨 보험계약서가 작성되면 약관의 구속력은 계약자가 그 약관의 내용을 알지 못하더라도 배제할 수 없으나 당사자가 명시적으로 약관의 내용과 달리 약정한 경우에는 배제된다고 보아야 하므로 보험회사를 대리한 보험대리점 내지 보험외판원이 보험계약자에게 보통보험약관과 다른 내용으로 보험계약을 설명하고 이에 따라 계약이 체결되었으면 그때 설명된 내용이 보험계약의 내용이 되고 그와 배치되는 약관의 적용은 배제된다.

위의 각 판례를 종합하여 보건대 결론적으로 대법원은 ① 普通保險約款이 계약당사자에게 대하여 구속력을 갖는 것은 그 자체가 法規範 또는 法規範的 性質을 가진 약관이기 때문이 아니라 보험계약당사자 사이에서 계약내용에 포함시키기로 합의하였기 때문이고, ② 보험약관의 내용을 알지 못한 경우에도 그 약관의 구속력은 인정되며, ③ 보험모집인의 서면으로 한 설명은 물론 구두로 한 설명도 개별약정 우선의 원칙에 따라 약관상의 문언보다 우선한다고 한다. 이는 保險約款의 계약에의 편입에 관하여 이른바 意思說을 채택한 것이다.

그러나 생각건대 意思說은 위 ①과 관련하여 現實과의 乖離를 설명하지 못한다. 약관의 내용을, 심지어는 약관의 존재를 알지 못하였으면서도 계약당사자 사이에 약관을 계약내용에 포함시키기로 합의하였다는 것은 지나친 擬制이거나 矛盾이다. 약관의 존재도 몰랐는데, 언제 어디서 어떤 방법으로 이를 계약내용으로 채택하기로 합의하였던 것인가를 설명하기 곤란하다. 따라서 보험약관의 채택에 관한 한 白地商慣習法說에 의하여 약관이 계약내용으로 채택되었다고 보는 것이 자연스럽다. 다만 약관의 내용을 이루는 각 조항의 當否는 司法的 審査를 통하여 개별적으로 그 타당성과 효력여부를 판단하여야 할 것이다.

(4) 申告하지 않은 保險約款의 私法上의 效力

보험업법에서 규정하는 신고절차(保業 제127조)를 거치지 않은 약관을 사용한 보험자가 보험업법상의 制裁 및 과태료의 처분을 받게 되지만(保業 제134조·제209조 제1항 제13호), 당해 약관의 私法上의 효력에는 영향이 없다고 보는 것이 타당하다.

(5) 保險約款의 變更과 遡及適用

(i) 보험자는 事情의 變更(예컨대, 금리인하·위험률 변경)이 있는 경우에 금융감독위원회에 신고하여 그 약관의 내용을 변경할 수 있고(保業 제127조 제1항), 금융감독위원회는 ① 보험회사의 업무 및 자산상황 그 밖의 사정의 변경으로 인하여 공익 또는 보험계약자의 보호와 보험회사의 건전한 경영을 크게 해할 우려가 있거나, ② 보험회사의 기초서류에 법령을 위반하거나 보험계약자에게 불리한 내용이 있다고 인정하는 경우에는 청문을 거쳐 기초서류의 변경 또는 그 사용의 정지를 명할 수 있다. 다만, 대통령령이 정하는 경미한 사항에 관하여 기초서류의 변경을 명하는 경우에는 청문을 거치지 아니할 수 있다(保業 제131조 제2항). 繼續保險契約에서 약관의 내용을 보험계약자에게 불리하게 변경하였다면 보험자는 새로운 보험계약을 체결할 때 그와 같은 약관변경 사실 및 내용을 보험계약자에게 고지하여야 할 信義則上의 義務가 있고, 이러한 고지없이 체결된 보험계약은 과거와 마찬가지로 종전의 약관에 따라 체결된 것으로 보아야 할 것이다.

> <대법원 1986. 10. 14. 선고, 84 다카 122 판결 : 약관변경사실 및 내용의 고지없이 체결된 보험계약은 종전약관에 따라 체결된 것으로 보아야 한다>
>
> 동일한 보험계약당사자가 일정한 기간마다 주기적으로 동종계약을 반복 체결하는 계속적 거래관계에 있어서 종전계약의 내용이 된 보험약관을 도중에 가입자에게 불리하게 변경하였다면 보험자로서는 새로운 보험계약 체결시 그와 같은 약관변경사실 및 내용을 가입자인 상대방에게 고지하여야 할 신의칙상의 의무가 있다고 봄이 상당하고, 이러한 고지없이 체결된 보험계약은 과거와 마찬가지로 종전약관에 따라 체결된 것으로 봄이 타당하다.
>
> <대법원 1985. 11. 26. 선고, 84 다카 2543 판결 : 구두에 의하여 종전약관과 동일함을 설명한 경우에는 종전약관에 따르기로 약정한 것으로 볼 수 있다>
>
> 6개월이라는 단기간의 보험기간을 정한 보험계약을 체결한 후 그 보험기간 만료시마다 보험계약을 갱신하여 체결해 오는 계속적 계약관계에 있어서,

> 그 중간에 보통보험약관의 내용이 개정된 경우에 보험업자의 대리점 직원이 보험계약자에게 개정된 약관내용을 단순히 알리지 않는 것에 그친 것이 아니라 나아가 적극적으로 그 개정이 명칭의 변경에 불과하고 그 약관내용에도 변경이 없음을 강조하기 때문에 보험계약자도 기왕에 가입한 구약관과 같은 내용의 보험계약을 갱신하여 체결할 의사를 표시함으로써 계약이 성립한 것이라면 이는 당사자 사이에 명시적으로 구약관에 따르기로 약정한 경우와 같이 보는 것이 타당하다.

변경된 약관은 소급효가 없는 것이 원칙이나,[13] 금융감독위원회의 명령에 의하여 보험약관을 변경하는 경우에 보험계약자·피보험자 또는 보험금을 취득할 자의 이익을 보호하기 위하여 특히 필요하다고 인정하는 경우에는 이미 체결된 보험계약에 대하여도 장래에 향하여 그 변경의 효력이 미치게 할 수 있다(保業 제131조 제3항).

(6) 保險約款에 대한 規制

保險約款은 保險者가 一方的으로 作成하여 시행하는 것인 반면 保險契約者는 保險契約上의 法的·技術的 지식을 갖지 못하는 경우가 많아서 契約者를 보호할 필요가 있다. 따라서 立法·行政·司法 세 가지 측면에서 規制가 가하여진다.

(가) 立法的 規制

① 商法上의 규제로서, 제663조의 보험계약자 등의 불이익변경금지의 원칙에 따른 보험계약법의 상대적 강행법규성의 인정을 들 수 있다. 다만 재보험 및 해상보험 기타 이와 유사한 보험의 경우에는 예외로 한다. 나아가 商法은 보험자의 약관의 교부 및 설명의무를 정하여, 보험자는 보험계약을 체결할 때에 보험계약자에게 보험약관을 교부하고 그 약관의 중요한 내용을 알려주어야 하며, 이를 위반한 때에는 보험계약자는 보험계약이 성립한 날로부터 1월 내에 그 계약을 취소할 수 있도록 하였다(제638조의 3 제1항·제2항). 한편 約款規制法 제3조에도 이와 유사한 규정을 두어 사업자의 약관의 明示·說明義務를 정하고, 특히 고객이 요구할 때에는 명시의무의 한 방법으로서 약관을 교부하도록 하였으나, 商法은 보험계약자의 요구가 없더라도 保險者는 당연히 약관을 교부하도록 하였다.

② 保險業法上의 규제로서 보험업의 허가를 받고자 하는 자는 신청서에 보험약관을 첨부하여 금융감독위원회에 제출하여야 하며(保業 제5조), 약관을 변경하고자

---

13) 서울民地判 1982. 12. 8, 82 가합 5565.

할 때에도 금융감독위원회에 미리 신고하여야 한다(保業 제127조). 또한 보험계약의 체결 또는 모집에 종사하는 자는 보험계약자 또는 피보험자에 대하여 보험계약의 내용을 사실과 다르게 알리거나 그 내용의 중요한 사항을 알리지 아니하는 행위를 금지하고 있다(保業 제97조 제1항 제1호). 나아가 保險業法施行令은 보험약관의 작성기준을 규정하고 있으며(保業施令 별표 1), 보험업법시행규칙은 보험금지급사유·보험계약의 무효원인·보험회사의 면책사유 등 보통보험약관의 최소한의 기재사항을 정하고 있다(保險施規 제5조).

③ 約款規制法上의 규제로서, 보통보험약관도 보통거래약관의 일종이므로 約款規制法에 의한 전면적 통제를 받는 것은 당연하다. 그 주요 내용은 약관의 明示·說明義務(約規 제3조), 個別約定優先의 原則(約規 제4조), 약관의 解釋(約規 제5조), 約款條項의 無效(約規 제6조) 등 약관의 契約編入과 약관의 해석에 대하여 통제를 가함과 동시에 포괄적인 행정지도적 규제를 하여(約規 제17조 이하) 그 내용의 공정성을 확보하고자 한다.

(나) 行政的 規制

행정적 규제란 보험약관의 작성·변경·사용에 있어 정부의 감독을 받게 하는 것이다. 즉, 보험업의 허가신청서류의 하나로 보험약관이 반드시 첨부되어야 하고(保業 제5조 제3호), 약관을 변경하고자 할 때에도 금융감독위원회에 미리 신고하여 그 내용을 확인받게 되며(保業 제127조·제128조), 금융감독위원회는 필요한 경우 보험약관의 변경 또는 그 사용의 정지를 명할 수 있다(保業 제131조 제2항).

(다) 司法的 規制

사법적 규제란 보험약관의 解釋·適用에 있어 司法的 判斷에 의한 규제를 말한다. 즉, 약관의 구체적 내용의 유효성이나 해석상의 의문점에 대한 司法的 判斷을 통하여 궁극적으로는 보험계약자 등의 이익을 보호할 수 있게 된다.

(라) 公正去來委員會에 의한 規制

공정거래위원회는 금융감독위원회의 인가를 받은 보험약관이 약관규제법 제6조 내지 제14조에 위반한 사실이 있다고 인정될 때에는 금융감독위원회에게 그 사실을 통보하고 그 시정에 필요한 조치를 요청할 수 있다(約規 제 18조). 2003. 5. 29. 보험업법이 전면 개정되면서 보험약관의 변경은 '인가'사항이 아닌 '신고'사항으로 바뀌었으나 이 경우에도 동 조항은 적용된다고 할 것이다.

(마) 기타의 規制

한국소비자보호원, 소비자단체, 보험계약자 등이 보험약관의 내용이 약관규제법에 위반되는 등 소비자에게 불리하게 규정되어 있다고 생각될 경우, 공정거래위원회에 그 심사를 청구할 수 있다(約規 제19조).

(7) 保險約款의 解釋

보험약관의 형식은 일반적으로 法條文과 같은 형식으로 되어 있으므로 보험약관의 해석은 法律의 一般解釋原則에 따라 객관적·합목적적으로 해석하되, 보험계약의 특성(단체성·기술성)을 고려하여 信義誠實의 原則에 따라 공정하게 해석하여야 한다(公正性의 原則). 보통보험약관의 내용과 모순되는 개별적 특약이 있는 때에는 이것이 우선함은 물론이고(個別約定優先의 原則), 면책규정이나 기타 예외규정은 가능한 한 엄격하게 해석하여야 한다(嚴格 또는 縮小解釋의 原則). 약관의 내용이 애매한 경우에는 작성자, 즉 보험자에게 엄격하고 불리하게, 보험계약자에게 유리하게 해석하는 것이 타당할 것이다(約規 제5조 제2항)〔不明確性의 原則(Unklarheitenregel) 또는 作成者不利益의 原則(contra proferentem)〕.

<대법원 1996. 6. 25. 선고, 96 다 12009 판결 : 作成者不利益의 原則을 인정한 판례>

보통거래약관의 내용은 개개 계약체결자의 의사나 구체적인 사정을 고려함이 없이 평균적 고객의 이해가능성을 기준으로 하되 보험단체 전체의 이해관계를 고려하여 객관적, 획일적으로 해석하여야 하고, 고객 보호의 측면에서 약관내용이 명백하지 못하거나 의심스러운 때에는 약관작성자에게 불리하게 제한해석하여야 한다.

<대법원 1995. 5. 26. 선고, 94 다 36704 판결 : 객관적·획일적 해석의 원칙을 인정한 판례>

보통거래약관 및 보험제도의 특성에 비추어 볼 때 약관의 해석은 일반법률행위와는 달리 개개 계약 당사자가 기도한 목적이나 의사를 기준으로 하지 않고 평균적 고객의 이해가능성을 기준으로 하되 보험단체 전체의 이해관계를 고려하여 객관적·획일적으로 해석하여야 하므로 가족운전자 한정운전 특별약관 소정의 배우자에 부첩관계의 일방에서 본 타방은 포함되지 아니한다고 해석함이 상당하다.

한편 實務에서는 保險約款에 사용된 文言의 내용을 이른바 '용어풀이'난을 통하여 限定하는 경우가 더러 있다. 保險者가 約款의 본문의 조항으로써가 아닌 용어풀이라는 편법을 이용하여 免責하려는 의도가 있을 경우에는 이를 惡用할 소지가 있다. 따라서 용어풀이난에서의 용어풀이도 본문과 결합하여 전체로서 해석하여야 하고, 만약 그 내용이 본문의 의미를 임의로 제한하거나 본문과 모순되는 내용을 규정하면 이는 무효이다.

<대법원 1990. 5. 25. 선고, 89 다카 8290 판결 : 약관의 용어풀이난의 용어풀이도 본문의 내용과 합치되게 해석하여야 한다>

약관의 용어풀이난도 본문과 결합하여 전체로서 약관의 내용을 구성하는 것이므로 그것은 본문에서 사용된 용어 중 그 의미가 불명확한 것을 명확하게 한다든지 그 풀이에 혼란이 없도록 하는 데 그쳐야 할 것이고 본문의 의미를 임의로 제한하거나 본문과 모순되는 내용을 규정할 수는 없는 것인 바, 자동차종합보험 보통보험약관 중 "식물인간 등의 경우에는 자동차 종합보험 대인배상보험금지급기준에 의하여 산출한 금액을 법률상의 손해배상액으로 본다"는 용어풀이규정은 결국 식물인간의 경우 법률상의 손해배상액을 제한하겠다는 취지이므로 이는 법에 의하여 손해배상책임이 인정되는 금액을 제한없이 보험금으로 지급하겠다는 취지의 약관 본문의 규정에 반하거나 모순되어 효력이 없다고 할 것이다.

(8) 保險約款의 交付·明示義務

(가) 保險約款의 交付·明示義務의 意義

보험계약을 체결함에 있어 계약자가 약관의 존재 내지는 약관의 내용을 알지 못하고 보험모집인의 권유에 따라 보험계약을 체결하는 일이 흔히 있고, 경우에 따라서는 이것이 보험사고의 발생 후 보험금지급과 관련하여 분쟁의 소지가 되기도 한다. 따라서 商法은 보험자의 約款의 交付·明示義務를 정하여, 보험자는 보험계약을 체결할 때에 보험계약자에게 보험약관을 교부하고 그 약관의 중요한 내용을 알려주도록 하고 있는데(제638조의 3 제1항), 이때 설명한 내용은 약관상의 文言보다도 우선하여 효력이 있다. 그러나 새로운 보험계약을 체결하면서 종래의 약관의 조항과 차이가 없는 조항은 별도의 설명을 요하지 않는다고 보아야 한다.

보험자가 이를 위반한 때에는 보험계약자는 보험계약이 성립한 날로부터 1月 내에 그 계약을 취소할 수 있다(제638조의 3 제1항·제2항). 이 기간은 除斥期間이다. 만약 보험계약자가 1월 내에 보험계약을 취소하지 않았다고 하더라도 보험자의 설명의무 위반의 법률효과가 소멸되지는 아니하고, 보험자의 설명의무 위반의 瑕疵가 치유되지도 아니한다. 따라서 보험계약자는 보험자의 설명의무 위반의 법률효과를 계속 주장할 수 있다.

그리고 約款規制法도 사업자의 약관의 明示·說明義務를 정하고, 특히 고객이 요구할 때에는 明示義務의 한 방법으로서 約款을 교부하도록 하였다(約規 제3조). 이를 위반한 때에는 당해 약관을 계약의 내용으로 주장할 수 없다. 보험약관도 약관이므로 당연히 약관규제법의 적용을 받지만 특히 보험약관에 관하여는 상법에 규정이 있으므로, 상법에 규정이 있는 부분은 일반약관에 관한 법규인 약관규제법의 특별법의 지위에 있기 때문에 약관규제법보다 우선하여 적용된다(約規 제30조 제3항).

한편 保險業法도 보험계약의 체결 또는 모집에 종사하는 자는 보험계약자 또는 피보험자에 대하여 보험계약의 계약조항 중 중요한 사항을 알리지 않는 행위를 금지함으로써 간접적으로 보험약관의 明示·說明義務를 강제하고 있다(保業 제156조).

<대법원 1989. 3. 28. 선고, 88 다 4645 판결 : 보험계약체결시 설명된 내용이 보험계약의 내용이 되고 그와 배치되는 약관의 적용은 배제된다>

보험회사를 대리한 보험대리점 내지 보험외판원이 보험계약자에게 보통보험약관과 다른 내용으로 보험계약을 설명하고 이에 따라 계약이 체결되었으면 그때 설명된 내용이 보험계약의 내용이 되고 그와 배치되는 약관의 적용은 배제된다.

<대법원 1994. 10. 14. 선고, 94 다 17970 판결 : 보험자는 설명하지 아니한 내용을 보험계약의 내용으로 주장할 수 없다>

보험계약의 승계절차에 관하여 보험회사의 자동차종합보험약관에 보험계약자가 서면에 의하여 양도통지를 하고 이에 대하여 보험회사가 보험증권에 승인의 배서를 하도록 규정되어 있다고 하더라도, 보험회사가 그와 같은 약관내용을 보험계약을 승계하고자 하는 자에게 구체적으로 명시하여 상세하게 설명하지 아니한 때에는 이를 보험계약의 내용으로 주장할 수 없다. 同旨 : 대법원 1996. 6. 25. 선고, 96 다 12009 판결.

<대법원 1993. 4. 13. 선고, 92 다 45261·45278 판결 : 설명의무를 이행한 것으로 본 판례>

폭발손실에 대한 면책약관이 포함된 기존 화재보험계약을 해지하고 새로 영문으로 된 보험계약서식에 따른 보험계약을 체결하면서 해석상 차이가 없

는 면책약관에 관하여 특별히 설명하여 주지 않았다 하더라도 약관의 규제에 관한 법률 제3조 제2항 소정의 "설명"을 하지 아니한 것이라고 할 수 없다.

<대법원 1994. 10. 25. 선고, 93 다 39942 판결 : 약관의 중요한 내용에 해당하지 아니하여 설명의무가 없다고 한 판례>

약관 면책조항의 배우자에 사실혼 관계의 배우자가 포함된다는 점은 명시의무에 해당하는 '약관의 중요한 내용'에 해당하지 않는다.

<대법원 1996. 4. 12. 선고, 96 다 4893 판결 : 보험계약 성립일로부터 1월 이후에도 보험자의 설명의무 위반의 법률효과를 주장할 수 있다>

상법 제638조의 3 제2항에 의하여 보험자가 약관의 교부 및 설명의무를 위반한 때에 보험계약자가 보험계약 성립일로부터 1월 내에 행사할 수 있는 취소권은 보험계약자에게 주어진 권리일 뿐 의무가 아님이 그 법문상 명백하므로, 보험계약자가 보험계약을 취소하지 않았다고 하더라도 보험자의 설명의무 위반의 법률효과가 소멸되어 이로써 보험계약자가 보험자의 설명의무 위반의 법률효과를 주장할 수 없다거나 보험자의 설명의무 위반의 하자가 치유되는 것은 아니다.

<대법원 1998. 4. 14. 선고, 97 다 39308 판결: 보험계약자나 그 대리인이 약관의 내용을 충분히 잘 알고 있는 경우 보험자는 약관의 내용을 따로이 설명할 필요가 없다>

보험계약자나 그 대리인이 약관의 내용을 충분히 잘 알고 있는 경우에는 그 약관이 바로 계약 내용이 되어 당사자에 대하여 구속력을 갖는다고 할 것이므로, 보험자로서는 보험계약자 또는 그 대리인에게 약관의 내용을 따로이 설명할 필요가 없다고 보는 것이 상당하다. 同旨: 대법원 1998. 11. 27. 선고, 98 다 32564 판결.

<대법원 1998. 6. 23. 선고, 98 다 14191 판결: 보험약관의 명시·설명의무에 위반하여 보험계약을 체결한 때에는 그 약관의 내용을 보험계약의 내용으로 주장할 수 없다>

보험자 및 보험계약의 체결 또는 모집에 종사하는 자는 보험계약의 체결에 있어서 보험계약자 또는 피보험자에게 보험약관에 기재되어 있는 보험상품의 내용, 보험료율의 체계 및 보험청약서상 기재사항의 변동 등 보험계약의 중요한 내용에 대하여 구체적이고 상세한 명시·설명의무를 지고 있다고 할 것이어서 보험자가 이러한 보험약관의 명시·설명의무에 위반하여 보험계약을 체결한 때에는 그 약관의 내용을 보험계약의 내용으로 주장할 수 없다. 同旨: 대법원 1998. 4. 10. 선고, 97 다 47255 판결; 同, 1999. 4. 27. 선고, 98 다 54830·54847 판결; 同, 1999. 5. 11. 선고, 98 다 59842 판결.

<대법원 1999. 3. 9. 선고, 98 다 43342·43359 판결: 보험약관의 명시·설명의무에 위반하여 보험계약을 체결한 경우, 그 약관의 내용을 보험계약의 내용으로 주장할 수 없다>

[1] 보험자가 보험약관의 명시·설명의무에 위반하여 보험계약을 체결한 경우, 그 약관의 내용을 보험계약의 내용으로 주장할 수 없다.

[2] 보험계약자가 보험약관의 내용을 충분히 잘 알고 있는 경우, 보험자에게 그 약관 내용을 설명할 의무가 없다.

[3] 보험계약의 청약을 유인하는 안내문에 보험약관의 내용이 추상적·개괄적으로만 소개되어 있는 경우, 그 안내문의 송부만으로 약관에 대한 보험자의 설명의무를 다한 것으로 볼 수 없다.

[4] 보험계약자가 상법 제638조의3 제2항에 정한 기간 내에 계약취소권을 행사하지 아니한 경우, 보험계약자가 보험자의 설명의무 위반의 법률효과를 주장할 수 없거나 보험자의 설명의무 위반의 하자가 치유되지 아니한다.

[5] 통신판매 방식으로 체결된 상해보험계약에서 보험자가 보험약관의 개요를 소개한 안내문과 청약서를 보험계약자에게 우송한 것만으로는 보험자의 면책약관에 대한 설명의무를 다한 것으로 볼 수 없다.

<대법원 2000. 4. 25. 선고, 99 다 68027 판결: 계약자가 그 보험약관의 내용을 알지 못하는 경우에도 그 약관의 구속력을 배제할 수 없는 것이 원칙이나, 보험업자의 설명을 요하는 경우에는 위 약관의 구속력은 배제된다>

보통보험약관이 계약당사자에 대하여 구속력을 가지는 것은 그 자체가 법규범 또는 법규범적 성질을 가진 약관이기 때문이 아니라 보험계약 당사자 사이에서 계약내용에 포함시키기로 합의하였기 때문이라고 볼 것인바, 일반적으로 당사자 사이에서 보통보험약관을 계약내용에 포함시킨 보험계약서가 작성된 경우에는 계약자가 그 보험약관의 내용을 알지 못하는 경우에는 그 약관의 구속력을 배제할 수 없는 것이 원칙이나, 다만 당사자 사이에서 명시적으로 약관에 관하여 달리 약정한 경우에는 위 약관의 구속력은 배제된다 할 것이고, 약관의 내용이 일반적으로 예상되는 방법으로 명시되어 있지 않다든가 또는 중요한 내용이어서 특히 보험업자의 설명을 요하는 경우에는 위 약관의 구속력은 배제된다.

<대법원 2000. 5. 30. 선고, 99 다 66236 판결: 보험자의 설명의무 위반의 효과 등>

[1] 상법 제638조의3 제1항 및 약관의규제에관한법률 제3조의 규정에 의하여 보험자는 보험계약을 체결할 때에 보험계약자에게 보험약관에 기재되어 있는 보험상품의 내용, 보험료율의 체계, 보험청약서상 기재사항의 변동 및 보험자의 면책사유 등 보험계약의 중요한 내용에 대하여 구체적이고 상세한

명시·설명의무를 지고 있다고 할 것이어서, 만일 보험자가 이러한 보험약관의 명시·설명의무에 위반하여 보험계약을 체결한 때에는 그 약관의 내용을 보험계약의 내용으로 주장할 수 없다.

[2] 어떤 면허를 가지고 피보험자동차를 운전하여야 무면허운전이 되지 않는지는 보험자의 약관설명의무의 범위에 포함되지 않는다.

[3] 자동차종합보험 보통약관상의 무면허운전 면책조항은 사고발생의 원인이 무면허운전에 있음을 이유로 한 것이 아니라 사고발생시에 무면허운전중이었다는 법규위반 상황을 중시하여 이를 보험자의 보험대상에서 제외하는 사유로 규정한 것으로서, 운전자가 그 무면허운전 사실을 인식하지 못하였다고 하더라도 면책약관상의 무면허운전에 해당된다.

<대법원 2000. 7. 4. 선고, 98 다 62909·62916 판결: 보험계약자 또는 피보험자의 통지의무의 대상 및 보험자의 설명의무의 한계>

[1] 상법 제652조 제1항 및 화재보험보통약관에서 보험계약자 또는 피보험자의 통지의무의 대상으로 규정된 '사고발생의 위험이 현저하게 변경 또는 증가된 사실'이란 그 변경 또는 증가된 위험이 보험계약의 체결 당시에 존재하고 있었다면 보험자가 보험계약을 체결하지 않았거나 적어도 그 보험료로는 보험을 인수하지 않았을 것으로 인정되는 사실을 말한다.

[2] 일반적으로 보험자 및 보험계약의 체결 또는 모집에 종사하는 자는 보험계약의 체결에 있어서 보험계약자 또는 피보험자에게 보험약관에 기재되어 있는 보험상품의 내용, 보험료율의 체계 및 보험청약서상 기재사항의 변동사항 등 보험계약의 중요한 내용에 대하여 구체적이고 상세한 명시·설명의무를 지고 있으므로 보험자가 이러한 보험약관의 명시·설명의무에 위반하여 보험계약을 체결한 때에는 그 약관의 내용을 보험계약의 내용으로 주장할 수 없다고 할 것이나, 보험자에게 이러한 약관의 명시·설명의무가 인정되는 것은 어디까지나 보험계약자가 알지 못하는 가운데 약관에 정하여진 중요한 사항이 계약내용으로 되어 보험계약자가 예측하지 못한 불이익을 받게 되는 것을 피하고자 하는 데 그 근거가 있다고 할 것이므로, 보험약관에 정하여진 사항이라고 하더라도 거래상 일반적이고 공통된 것이어서 보험계약자가 별도의 설명 없이도 충분히 예상할 수 있었던 사항이거나 이미 법령에 의하여 정하여진 것을 되풀이하거나 부연하는 정도에 불과한 사항이라면 그러한 사항에 대하여서까지 보험자에게 명시·설명의무가 인정된다고 할 수 없다.

(나) 保險約款의 交付·明示義務와 告知義務와의 相關關係

우리 대법원은 보험자가 보험약관의 交付·明示義務를 다하지 아니한 경우에는 보험계약자측에서 告知義務를 위반하였다고 하더라도 이를 이유로 보험계약을 해지할 수는 없다고 한다.

<대법원 1996. 3. 8. 선고, 95 다 53546 판결 : 보험약관의 명시·설명의무 위반시 고지의무위반을 이유로 보험계약을 해지할 수는 없다>

보험자 및 보험계약의 체결 또는 모집에 종사하는 자는 보험계약의 체결에 있어서 보험계약자 또는 피보험자에게 보험약관에 기재되어 있는 보험상품의 내용, 보험료율의 체계 및 보험청약서상 기재사항의 변동사항 등 보험계약의 중요한 내용에 대하여 구체적이고 상세한 명시·설명의무를 지고 있어서, 보험자가 이러한 보험약관의 명시·설명의무에 위반하여 보험계약을 체결한 때에는 그 약관의 내용을 보험계약의 내용으로 주장할 수 없으므로, 보험계약자나 그 대리인이 그 약관에 규정된 고지의무를 위반하였다 하더라도 이를 이유로 보험계약을 해지할 수는 없다. 同旨 : 대법원 1992. 3. 10. 선고, 91 다 31883 판결 ; 同, 1996. 4. 12. 선고, 96 다 4893 판결; 同, 1997. 9. 26. 선고, 97 다 4494 판결.[14)]

14) 본 판례에 대한 평석: 崔埈璿, "설명의무위반과 고지의무위반의 관계", 법률신문, 1998. 3. 9, 14면 참조.

제 2 장
保 險 契 約

제 1 절 保險契約의 本質

I. 保險契約의 意義

保險契約의 本質이 무엇인가에 관한 학설, 이른바 '保險學說'은 '어음理論'과 아울러 概念法學의 雙璧[1]을 이룬다고 할 정도로 보험계약의 개념구성은 어렵고, 따라서 학설이 구구하게 나누어지고 있다. 그 근본 원인은 연혁적으로 보험제도가 海上保險制度에서 비롯하여 각종의 손해보험으로 발전하여 왔으나, 20세기에 와서는 생명보험까지도 나타나게 되어 損害保險契約과 生命保險契約을 통일적으로 설명하기 어렵게 된 데 있다. 나아가 오늘날에는 損害保險과 生命保險 兩者의 성질을 동시에 가지는 보험의 종류가 등장하여 문제를 더욱 어렵게 만들고 있다. 모든 종류의 보험계약을 포괄하는 統一的 定義를 억지로 내리는 경우에는 '색채가 없고 내용이 없는' 추상적 定義가 되고 말기 때문에, 각종 보험계약의 특질을 밝히고 구체적 사안의 해결을 위하여 타당한 결론을 이끌어내는 노력을 할 수밖에 없다고 하는 '概念定立無用論'도 나오고 있다.[2] 그러나 보험계약의 意義를 정하는 것은 '보험에 관계있는 규정의 적용 내지 유추적용의 범위를 결정하기 위하여도'[3]

---

1) 朴元善(下) 49면.

2) 朴元善(下) 53면 ; 石井昭久, 《商法(II)》, 1954, 269면 ; 小町谷操三・田邊庸平, 《保險法講義》, 1971, 17면.

3) 徐燉珏・鄭完溶(下) 353면 ; 孫珠瓚(下) 484면 ; 李基秀(保・海) 46면 ; 鄭熙喆・鄭燦亨(下) 480면.

필요하다.

1. 保險契約에 관한 學說

(1) 一 元 論

一元論은 손해보험과 인보험을 통일적으로 설명하려는 학설인데, 이 가운데서 중요한 것을 들면 다음과 같다.

(가) 損害補償契約說

손해보상계약설은 보험계약을 '보험자가 보험계약자로부터 對價를 징수하고 보험사고로 인하여 보험계약자 또는 피보험자에게 생기는 손해를 보상할 것을 인수하는 계약'이라고 한다. 이 학설은 손해보험제도만이 있었던 私保險制度 발달의 초기에 지배적이었다.

그러나 생명보험제도가 발달함에 따라 손해보상의 개념만으로 兩者를 설명하기가 어렵게 되자, ① '損害' 槪念을 확장하여 생명보험에 있어서도 보험사고로 인하여 '일반적·추상적 손해'가 발생한다고 하거나, '정신적 손해'가 발생한다고 하여 一元的인 설명을 시도하거나, ② 생명보험을 消費貸借契約이라고 하여 그 보험성을 부정함으로써 보험계약의 損害補償契約性을 고수하려는 학설이 나오기도 하였다.

(나) 需要充足說

수요충족설은 보험계약을 '보험자가 보험계약자로부터 보험료를 징수하고, 우연한 사고의 발생으로 인하여 상대방 또는 제 3 자에게 생긴 경제적 수요를 충족시킬 것을 인수하는 계약'이라고 한다.

(다) 技 術 說

기술설은 보험계약을 '보험자가 우연한 사고의 발생의 蓋然率에 따라 산출된 보험료를 받고 그 사고의 발생시에 일정한 금액을 상대방에게 지급할 것을 약정하는 계약'이라고 한다.[4)]

(라) 金額給與說(財産給與說)

금액급여설은 보험계약을 '보험자가 對價를 받고 계약에 정한 사고발생을 조건으로 일정한 금액(재산)을 지급할 것을 약속하는 계약'이라고 한다.[5)]

---

4) 蔡利植(下) 438면.

(마) 危險負擔說

위험부담설은 보험계약은 보험자가 위험을 부담(보험에 의한 보호)할 의무를 지고, 이에 대하여 보험계약자는 보험료지급의무를 지는 債權法的인 雙務契約이라고 한다.[6]

(2) 二 元 論

二元論은 손해보험과 인보험을 一元的으로 설명하는 것을 포기하고 二元的(선택적)인 定義로서 만족하려는 학설이다. 이 학설에 의하면, 보험계약이란 '보험자가 보험료를 징수하고, 우연한 사고가 발생한 경우에 이로 인하여 상대방 또는 제3자에게 발생한 손해를 보상하거나, 혹은 약정한 금액을 상대방 또는 제3자에게 지급할 것을 인수하는 계약'으로서, 前者를 손해보험계약, 後者를 생명보험계약이라고 한다(統一不能說 : 二元說).

(3) 各 學說의 缺陷

(i) 損害補償契約說은 정액보험인 생명보험의 발달에 따라 '손해' 개념만으로 그 특수성을 해명할 수는 없게 되었다. 그러므로 '손해' 개념을 확장하는 견해도 무리한 擬制이거나 지나치게 기교적이라는 비난을 면할 수 없다.

(ii) 需要充足說은 수요충족이란 개념이 손해전보라는 개념보다는 넓은 개념이나, 생명보험계약에서 경제적 수요가 없는 경우에도 보험금이 지급되는 것을 설명할 수 없다.

(iii) 技術說은 보험계약의 내용을 무시한 형식적 정의라든가, 보험제도의 경제학상의 意義의 설명은 될지 몰라도 보험계약의 법률학상의 定義로는 불충분하다는 비판을 받는다.

(iv) 危險負擔說은 보험계약을 雙務契約으로 보는 점에서, 최초의 보험료를 받기 전에도 보험계약은 성립한다는 상법 제656조의 片務契約的인 保險契約을 설명하지 못한다는 비판을 받는다.[7]

(v) 金額給與說은 내용이 없는 추상적인 定義가 되므로, 도박과 같은 類似概念과의 구별이 어렵게 된다는 난점이 있다.

---

5) 徐燉珏・鄭完溶(下) 353면 ; 崔基元(保) 77면.

6) Hans Möller, Versicherungsvertragsrecht, 3. Aufl., 1977, S. 18.

7) 孫珠瓚(下) 493면.

(vi) 二元說은 보험계약의 의의를 二元的으로 설명하는데, 선택적인 定義란 定義로서 불완전한 것임은 의문의 여지가 없다.

2. 保險契約에 관한 立法例

保險契約의 槪念定立에 관한 각국의 입법태도를 보면, 세 가지로 분류할 수 있다. 즉, ① 保險契約法에서는 전혀 保險契約에 관한 개념규정을 두지 않는 경우(예컨대, 프랑스保險契約法, 스위스保險契約法), ② 二元論에 따라 損害保險과 人保險을 구별하여 규정하는 경우(예컨대, 依用商法, 日本商法, 獨逸保險契約法), ③ 損害保險과 人保險에 관한 통일적인 定義規定을 두는 경우(예컨대, 中國保險法)가 있는데, 우리 商法은 ③의 경우를 취하고 있다.

3. 保險契約에 관한 商法上의 定義

商法 제638조는 "보험계약은 당사자 일방이 약정한 보험료를 지급하고 상대방이 재산 또는 생명이나 신체에 관하여 불확정한 사고가 생길 경우에 일정한 보험금액 기타의 급여를 지급할 것을 약정함으로써 효력이 생긴다."고 하여 保險契約法의 冒頭에서 손해보험과 생명보험 兩者를 통일적으로 定義하고 있다. 여기서 '一定한 金額'이라 함은 손해보험에 있어서는 損害報償額을 말하고, 生命保險에서는 約定保險金을 말한다. 또 '기타의 급여'란 현물급여 또는 치료 등과 같은 현금 이외의 급여를 말한다. 法文은 손해보험에 관한 通則規定인 商法 제665조(損害保險者의 責任)에서는 '재산상의 손해를 보상할 책임'이라는 표현을 쓰고 있고, 인보험에 관한 通則規定인 제727조(人保險者의 責任) 및 傷害保險에 관한 제737조(傷害保險者의 責任)에서는 '보험금액 기타의 급여를 할 책임'이라는 표현을 쓰고 있다. 따라서 法文으로만 보면 '기타의 급여'를 人保險에서만 가능한 것처럼 보이지만, 이와 같은 法文上의 차이에도 불구하고 '기타의 급여'는 모든 종류의 보험에서 가능하다고 본다.

이상과 같이 우리 商法은 保險契約과 관련하여 이른바 '金額給與說'에 따른 추상적인 定義를 내려놓고, 다만 '기타의 급여'를 포함시킴으로써 金額給與說의 결함을 보충하고 있다. 그러나 모든 定義를 다 포함하는 완벽한 定義를 내리기는 현실적으로 불가능한 만큼 이와 같은 다소 抽象的인 定義로 만족할 수밖에 없지 않을까 한다.

Ⅱ. 保險契約의 性質

1. 諾成·不要式契約性

보험계약은 당사자의 의사표시가 합치함으로써 성립하므로(제638조), 要物契約도 要式契約도 아니다. 商法 제656조가 "보험자의 책임은 당사자간에 다른 약정이 없으면 최초의 보험료의 지급을 받은 때로부터 개시한다."고 한 것은 실무계의 약관을 成文化한 것으로서 보험자의 책임개시시기를 정한 것이지, 보험계약의 효력발생의 전제로서 보험료의 지급을 요한다는 뜻은 아니다. 실무계에서는 보험계약을 체결할 때 정형화된 보험계약청약서가 이용되고, 또 보험자는 보험증권의 작성·교부의무가 있으나(제640조), 이러한 것은 거래상의 편의를 위한 것이다.

<대법원 1988. 2. 9. 선고, 86 다카 2933 판결 : 보험계약은 의사합치에 의하여 성립되는 낙성계약이다>

보험계약은 당사자 사이의 의사합치에 의하여 성립되는 낙성계약으로서 별도의 서면을 요하지 아니하므로 보험계약을 체결할 때 작성교부되는 보험증권이나 보험계약의 내용을 변경하는 경우에 작성교부되는 배서증권은 하나의 증거증권에 불과한 것이어서 보험계약의 내용 따위는 위의 증거증권만이 아니라 계약체결의 전후 경위, 보험료의 부담자 등에 관한 약정, 위 증권을 교부받은 당사자 등을 종합하여 인정할 수 있다. 同旨 : 대법원 1992. 10. 27. 선고, 92 다 32852 판결.

2. 有償・雙務契約性

보험계약은 보험자가 보험사고가 발생하였을 때에 어떤 급여(損害補償 또는 一定金額의 支給)를 하고, 이에 대하여 보험계약자가 일정한 보수(보험료)를 지급하는 계약이므로 有償契約이다. 그리고 보험자의 급여의무는 보험사고의 발생에 달려 있으므로 불확정적이기는 하나 보험계약자의 급여의무와 대가관계에서 법률상의 구속상태에 있으므로 雙務契約이며, 계약성립시에 계약의 효과가 완전히 발생하고 있으므로 조건부계약도 아니다.

그런데 보험자의 보험금지급은 보험사고의 발생을 조건으로 하기 때문에 보험기간 동안 보험사고가 발생하지 아니하게 되면 보험계약자는 보험료만 지급하고 보험금은 받지 못하게 된다. 이 경우에도 보험계약은 雙務契約이라는 명제가 타당한가 하는 의문이 생길 수 있다. 즉, 이 경우에 보험계약자의 보험료지급채무에 대하여 보험자의 채무는 그 法的 性質이 무엇인지가 문제이다.

이와 관련하여 金額給與說과 危險負擔說로 학설이 나뉘고 있다. 獨逸의 통설인 금액급여설(Geldleistungstheorie)은 보험자는 보험사고의 발생을 조건으로 금전의 지급을 주채무로 약속한 것이라고 한다.[8] 이에 대하여 위험부담설(Gefahrtragungstheorie)은 보험자는 이 경우 위험의 부담・담보를 약속한 것이라 한다.[9] 생각건대, 각 보험계약자와 보험자간의 구체적 대가관계를 살펴보면 보험사고가 발생하지 않은 경우에는 저축성을 지닌 생명보험 등 예외적인 경우를 제외하고 보험계약자는 보험료만 지급하고 아무런 급부를 받지 못하는 예가 대부분인 것이 사실이다. 이 경우에는 보험계약의 雙務契約性에 대한 설명이 궁색하다. 그러나 보험단체 전체의 입장에서 보면 설명이 가능해진다. 보험단체 전체는 보험료의 지급에 대하여 보험금액으로써 보상된다. 보험계약은 危險共同體인 保險團體를 떠나서는 생각할 수 없다. 각 보험계약자는 아무런 급여를 받지 못하는 수도 있지만 보험단체에 속하는 누구인가가 보험급여를 받게 된다. 이와 같이 보험단체 전체의 입장에서 볼 때 보험계약은 역시 雙務契約이라 할 수 있다.

---

8) Prölss-Martin, Versicherungsvertragsgesetz, 24. Aufl., 1988, S. 37.
9) Bruck-Möller, Kommentar zum VVG., Bd. I., 1961, S. 110.

3. 營業性

보험의 인수는 영업으로 하여야 한다. 영업적으로 체결하는 보험계약은 基本的 商行爲(營業的 商行爲)(제46조 제17호)가 된다. 그러나 보험제도의 기술성·사회성·단체성 등으로 말미암아 보험계약의 무제한적 상행위성은 인정되지 아니한다. 따라서 契約自由의 原則이 그대로 적용되지 아니하고 相對的 强行法性의 제약을 받으며(제663조), 보험자의 자격에도 제한이 있고, 무자격자와의 보험계약 체결도 過怠料의 처벌을 받는 등의 제한이 있다. 한편 상호보험계약은 상행위는 아니지만 보험계약관계는 실질적으로 영리보험과 같으므로 그 성질에 반하지 않는 한 영리보험에 관한 상법의 규정이 이에 준용된다(제664조).

4. 射倖契約性

보험계약은 '우연한' 보험사고의 발생으로 인하여 보험금액의 지급 또는 그 액수가 정하여지므로, 이른바 사행계약이다. 사행계약이란 '계약당사자가 이행하여야 할 급여의무 또는 그 급여내용이 계약성립 당초부터 우연한 사정에 의존하는 계약'인데(佛民 제1104조·제1964조, 伊民 제1102조), 사행계약이라는 典型契約을 인정하지 않는 우리 法制下에서는 논할 실익이 없다는 견해도 있다.[10] 그러나 사행계약이란 용어를 쓰든 안 쓰든 보험계약이 불확정한 사고에 관한 것임을 부정할 수는 없다. 따라서 우리 보험법은 사행계약으로 인한 많은 특수한 규정을 두고 있다. 예컨대, 제651조(고지의무위반으로 인한 계약해지), 제652조(위험변경증가의 통지와 계약해지), 제653조(보험계약자 등의 고의나 중과실로 인한 위험증가와 계약해지), 제659조(보험자의 면책사유), 제669조(초과보험), 제672조(중복보험), 제680조(손해방지의무), 제731조(타인의 생명보험), 제732조(15세 미만자 등에 대한 계약의 금지), 제733조(보험수익자의 지정 또는 변경의 권리) 등이 그것이다.

보험사고의 불확정성은 사고의 발생여부(예컨대, 자동차 사고), 발생시기(예컨대, 死亡), 발생형태(예컨대, 질병·상해) 중 어느 하나가 불확정되면 되고, 주관적으로 불확정한 것인 한 객관적으로 확정되어 있어도 보험계약의 성립에 지장이 없다

10) 徐燉珏·鄭完溶(下) 356면.

(제644조).

5. 附合契約性

보험계약은 보험자가 미리 정한 표준적 계약조항, 즉 보통보험약관에 따라서 체결하는 것이 보통이므로 부합계약에 속한다. 法은 공중을 보호하기 위하여, 보통보험약관을 주무관청의 인가를 받아 사용하도록 하고 있다(保業 제7조 제1항 제1호).

6. 繼續契約性

보험자의 保險金支給債務와 보험계약자의 保險料支給債務는 보험기간 중 계속 존속하는 것이므로, 보험계약은 계속적 계약(Dauervertrag)이다. 따라서 보험료를 모두 지급한 보험계약자도 보험기간 중 통지의무(제652조) 등 일정한 보험계약상의 의무를 진다. 또 보험계약의 解止는 할 수 있어도(제649조 이하), 解除를 인정하지 않는다. 다만 보험계약자가 계약성립 후 2개월이 경과하도록 제 1 회 보험료를 지급하지 아니하면 그 계약은 解除된 것으로 본다(제650조 제1항).

7. 善意契約性

보험계약은 선의계약이다. 이에 대하여 '보험의 도박화를 방지하기 위하여 당사자의 상대방에 대한 선의를 확보하는 것이 요구되는 계약'이라는 의미에서 '最大善意의 契約'(utmost good faith)이라고 한다면, 그러한 '善意'(bona fidel ; good faith), 즉 '信義誠實의 原則'(民 제2조)은 오늘날에는 모든 법분야에 타당한 기본원칙이라고 하여 보험계약의 선의성을 부정하는 견해도 있다.[11] 그러나 보험계약에 있어서는 다른 보통의 계약과는 달리 보험계약자나 피보험자가 자신에게 불리한 사실까지 보험자에게 알려야 하는 告知義務까지도 부담하고 있고, 보험계약의 단체성・계속성 및 사행성에 비추어 일반적인 계약에서 요구되는 것 이상의 신의성실

11) 徐燉珏・鄭完溶(下) 356면 ; 鄭熙喆・鄭燦亨(下) 484면 ; 孫珠瓚(下) 490면.

이 요구되는 것을 부인할 수 없다고 본다.[12] 선의계약성을 구체화시킨 보험법상의 규정으로는, 제651조(고지의무위반으로 인한 계약해지), 제652조(위험변경증가의 통지와 계약해지), 제653조(보험계약자 등의 고의나 중과실로 인한 위험증가와 계약해지), 제659조(보험자의 면책사유), 제669조(초과보험), 제672조(중복보험), 제680조(손해방지의무) 등이 있다.

<대법원 2000. 2. 11. 선고, 99 다 49064 판결: 당초부터 오로지 보험사고를 가장하여 보험금을 취득할 목적으로 생명보험계약을 체결한 경우, 그 계약은 사회질서에 위배되는 법률행위로서 무효이다>

[1] 생명보험계약은 사람의 생명에 관한 우연한 사고에 대하여 금전을 지급하기로 약정하는 것이어서 금전을 취득할 목적으로 고의로 피보험자를 살해하는 등의 도덕적 위험의 우려가 있으므로, 그 계약 체결에 관하여 신의성실의 원칙에 기한 선의(이른바 선의계약성)가 강하게 요청되는바, 당초부터 오로지 보험사고를 가장하여 보험금을 취득할 목적으로 생명보험계약을 체결한 경우에는 사람의 생명을 수단으로 이득을 취하고자 하는 불법적인 행위를 유발할 위험성이 크고, 이러한 목적으로 체결된 생명보험계약에 의하여 보험금을 지급하게 하는 것은 보험계약을 악용하여 부정한 이득을 얻고자 하는 사행심을 조장함으로써 사회적 상당성을 일탈하게 되므로, 이와 같은 생명보험계약은 사회질서에 위배되는 법률행위로서 무효이다.

[2] 피보험자를 살해하여 보험금을 편취할 목적으로 체결한 생명보험계약은 사회질서에 위배되는 행위로서 무효이고, 따라서 피보험자를 살해하여 보험금을 편취할 목적으로 피보험자의 공동상속인 중 1인이 상속인을 보험수익자로 하여 생명보험계약을 체결한 후 피보험자를 살해한 경우, 다른 공동상속인은 자신이 고의로 보험사고를 일으키지 않았다고 하더라도 보험자에 대하여 보험금을 청구할 수 없다.

8. 獨立契約性

보험계약은 民法上의 典型契約에 속하지 않는 無名契約으로서 독립계약성을 갖는다. 따라서, 영업과 관계없이 개별적으로 체결하거나, 혹은 영업을 위하여(附隨하여) 체결하는 계약은 내용이 보험의 성격을 띠더라도(예컨대, 운송인이 고율의 운

---

12) 崔基元(保) 82면 ; 梁承圭(保) 87면 ; 李基秀(保・海) 56면.

임을 받고 위험을 인수하는 것) 보험계약이 될 수 없다. 보험계약의 독립성은 법률상 그러하다는 것이고, 경제적·실질적으로는 다른 계약과 결합 또는 부수하여 성립할 수 있다.

제 2 절 保險契約의 要素

보험계약은 보험제도의 성질과 관련하여 여러 가지 요소를 지니지만, 그것은 보험계약의 종류에 따라 약간의 차이가 있다.[13] 여기서는 먼저 보험계약의 공통적인 요소로서 보험계약의 당사자와 계약관계자, 보험사고, 보험의 목적, 보험료와 보험금액, 보험기간과 보험료기간 등에 관하여 살펴보고, 그 밖의 것은 人保險과 損害保險에 관하여 별도로 살펴보기로 한다.

Ⅰ. 保險契約關係者

1. 契約當事者

보험계약의 당사자는 보험자와 보험계약자이다.

(1) 保 險 者

보험자(insurer, underwriter, Versicherer)란 보험사고가 발생한 경우에 보험금

13) 예컨대, 被保險利益은 損害保險契約의 중심요소이며, 保險價額은 物件保險에서만 인정되는 관념이다.

의 지급 기타의 급여를 할 의무를 부담하는 자를 말한다. 보험자는 일정한 금액(300억원) 이상의 자본금 또는 기금을 가진 주식회사나 相互會社에 한하되, 금융감독위원회의 허가를 얻어야 한다(保業 제5조 · 제6조). 또 외국보험회사도 일정한 영업기금을 가지고 금융감독위원회의 허가를 받아 보험사업을 영위할 수 있다(保業 제5조 · 제6조 제2항). 보험자가 허가를 받지 아니하고 보험사업을 한 경우에는 3년 이하의 징역 또는 2,000만원 이하의 벌금에 처하고(保業 제211조), 허가없는 보험자와 보험계약을 체결한 者도 500만원 이하의 過怠料의 처벌을 받는다(保業 제4조 · 제226조 제2항 제1호).

보통 보험계약은 1인의 보험자와 체결되는 것이지만, 數人의 보험자가 공동으로 하나의 보험을 인수하는 공동보험계약(Mitversicherungsvertrag)이 있다. 이 경우 數人의 보험자는 연대하여 보험금을 지급할 채무를 부담하나(제57조), 引受比率에 따라 보험금 부담비율도 미리 정하여 두는 경우가 대부분이다.

(2) 保險契約者

보험계약자(insured, assured, Versicherungsnehmer)란 보험자와 보험계약을 체결하고 보험료지급의무를 부담하는 者를 말한다. 보험계약자는 자기 자신을 위하여 계약을 체결하지만, 타인을 위하여 보험계약을 체결할 수도 있는데, 이 때에도 보험계약의 당사자로 된다. 보험계약자의 자격에는 제한이 없고 自然人이든 法人이든, 또 1人이든 數人이든 상관없으며, 대리인으로 하여금 보험계약을 체결하도록 할 수도 있다(제646조 참조).

2. 契約關係者

보험계약의 당사자는 아니나, 보험계약에 관계되는 자로는 피보험자, 보험수익자, 보험자의 보조자가 있다.

(1) 被保險者

피보험자(insured, assured, Versicherte)는 損害保險과 人保險에 따라 의미가 다르게 해석되고 있다. 法文에서는 이 두 용어를 혼용하고 있기 때문에 주의해야 한다.

損害保險에 있어서 피보험자는 피보험이익의 주체로서 보험사고의 발생으로 생긴 재산상의 손해보상을 보험자에게 직접 청구할 수 있는 사람이다. 보험계약자와 피보험자가 같은 경우를 자기를 위한 손해보험, 다른 경우를 타인을 위한 손해보험이라 한다. 손해보험에서 피보험자의 자격에는 제한이 없다.

人保險에 있어 피보험자는 보험의 목적으로서 生命 또는 身體에 관하여 보험에 붙여진 사람인데, 自然人에 한한다. 피보험자는 數人이어도 상관이 없으나(단체보험), 생명보험의 피보험자의 자격에는 제한이 있다. 즉, 타인의 死亡을 보험사고로 하는 타인의 생명보험에 있어서는 피보험자의 동의를 얻어야 하나(제731조), 15세 미만인 자, 心神喪失者 또는 心神薄弱者의 死亡을 보험사고로 하는 保險契約은 무효로 하므로(제732조) 이들은 피보험자가 될 수 없다.

피보험자는 보험계약의 당사자가 아니어서 계약당사자로서의 권리·의무는 갖지 못하지만(예컨대, 제649조의 解止權 등), 同意權(제731조), 告知義務(제651조), 通知義務(제652조) 등의 권리·의무는 갖는다.

(2) 保險受益者

보험수익자(beneficiary, Begünstiger, Bezugberechtiger)는 보험계약에서 보험금지급청구권을 갖는 사람으로서 員數나 자격에는 제한이 없다. 損害保險에서는 보험수익자가 바로 피보험자이므로 보험수익자라는 용어를 사용하지 않는다. 보험계약자가 동시에 보험수익자가 될 수도 있는데, 이를 '自己를 위한 人保險'이라 한다. 보험계약자와 보험수익자가 서로 다른 경우를 '他人을 위한 人保險'이라고 하는데, 이 때에는 보험계약자가 보험수익자의 지정·변경권을 갖는다(제733조). 특히 타인의 生命保險인 경우에는 피보험자의 동의를 얻어서 그 지정·변경권을 행사할 수 있다(제734조 제2항).

(3) 保險者의 補助者

보험자의 보조자(Hilfspersonen)로서는 保險代理店·保險仲介士·保險設計士 및 保險醫 등이 있다. 그러나 商法은 이들에 관하여 아무런 규정을 두고 있지 아니하므로 이들이 보험계약에 있어서 가지는 권한의 범위에 관하여 실무상 많은 문제가 발생하고 있다.

(가) 保險代理店

(i) 보험대리점(insurance agent, Versicherungsagent)이란 일정한 보험회사를

위하여 常時 그 영업부류에 속하는 보험계약의 체결을 대리하거나(締約保險代理店) 중개하는 것(仲介保險代理店)을 영업으로 하는 독립된 상인(제87조)으로서 보험대리상이라고도 한다. 보험업법 제2조 제9호는 '보험대리점'에 관하여 "보험회사를 위하여 보험계약의 체결을 대리하는 자(법인이 아닌 사단과 재단을 포함한다)로서 제87조의 규정에 의하여 등록된 자를 말한다"라고 정의하고 있어서 중개보험대리점 제도는 운용하지 않는다. 보험대리점은 일정한 자격을 갖춘 자연인 또는 법인으로서 금융감독위원회에 등록하여야 한다(保業 제87조, 保業施 제30조).

(ii) 締約保險代理店은 보험자의 대리인으로서 보험계약체결권을 가지므로 告知受領權은 물론 보험료의 수령,[14] 보험계약의 변경·연기·해지 등에 관한 권한을 가진다. 보험대리점이 안 사유는 보험자가 안 것과 같은 효력이 있다(제90조, 제646조). 보험대리점이 보험계약자에 대하여 보험료의 대납을 승낙한 경우에는 승낙과 동시에 보험계약자가 실제로 보험료를 납입한 것과 동일한 효력이 있다고 본다.[15]

(iii) 보험대리점이 중개대리상인 경우에는 보험계약의 체결에 관한 대리권이 없고, 고지수령권·보험료수령권 등도 없다. 또한 그가 안 것을 보험자가 안 것으로 볼 수도 없다.

(나) 保險仲介士

(i) 보험중개사(insurance broker, Versicherungsmakler)는 보험자의 사용인이나 대리인이 아니면서 보험자와 보험계약자 사이의 보험계약의 체결을 중개하는 것을 영업으로 하는 독립된 상인이다(제93조·제46조 제11호). 이를 보험중개인이라고도 한다. 보험업법 제2조 제10호는 "보험중개사라 함은 독립적으로 보험계약의 체결을 중개하는 자(법인이 아닌 사단 및 재단을 포함한다)로서 제89조의 규정에 의하여 등록된 자를 말한다."고 규정하고 있다. 보험중개사는 보험계약의 체결을 중개하는 점에서는 중개보험대리상과 같으나, 특정한 보험자의 위임을 받아 그 보험자를 위하여 중개하는 것이 아닌 점에서 중개보험대리상과 다르다.[16] 보험중개사는 일정한 자격을 갖추어 금융감독위원회에 등록하여 영업을 할 수 있다(保業 제89조).

(ii) 보험중개사는 보험계약의 체결권이 없고, 고지수령권 및 보험료수령권 등도 없다.

---

14) 大判 1991. 12. 10, 90 다 10315 ; 同 1987. 12. 8, 87 다카 1793.
15) 崔基元(下) 605면 ; 鄭東潤(下) 476면 ; 大判 1995. 5. 26, 94 다 60615.
16) 梁承圭(保) 96면.

(다) 保險設計士

(i) 보험설계사(insurance salesman)는 보험자에게 종속되어 보험자를 위하여 보험계약의 체결을 중개하는 자로서 보험모집인 또는 보험외판원이라고도 한다. 保險業法 제2조 제8호는 "보험설계사라 함은 보험회사를 위하여 보험계약의 체결을 중개하는 자(법인이 아닌 사단 및 재단을 포함한다)로서 제84조의 규정에 의하여 등록된 자를 말한다."라고 규정하고 있다. 그러므로 보험설계사는 일정한 자격요건을 갖추어 금융감독위원회에 등록하여야 한다(保業 제84조). 보험설계사는 보험자에게 종속되어 보험모집에 임하고 있는 점에서, 독립된 지위에서 보험모집을 하고 있는 保險代理店(保業 제2조 제9호)이나 독립적으로 특정하지 아니한 보험자와 보험계약자 사이의 보험계약의 체결을 중개하는 保險仲介士(保業 제2조 제10호)와는 다르다.

(ii) 보험설계사는 보험회사에 종속되어 보험계약의 체결을 중개하는 사실행위를 하는 자이므로 告知受領權·契約締結權 등 대리권이 인정되지 아니하나,[17] 제1회 보험료의 수령권은 있다고 본다.[18] 현실적으로는 보험설계사가 보험가입을 권유하면 보험계약자가 이에 응하여 보험계약의 청약을 하면서 동시에 질문표의 작성 등 고지의무를 이행하고 제1회 보험료를 지급하면 보험설계사가 假收證을 교부하는 것이 상례이다. 이 때문에 보험계약자는 고지의무를 다하였다고 믿는 것이 보통이다. 그런데 보험설계사는 고지수령권과 보험계약체결권이 없어서 특히 고지의무위반과 관련하여 그가 수령한 고지사항을 보험자에게 전달하지 아니하면 고지의무를 이행하지 아니한 것으로 되고, 이것이 많은 분쟁을 야기하고 있는 실정이다. 이에 보험설계사에게 고지수령권을 주어야 한다는 주장도 있다.[19] 그러나 그렇게 하였을 경우 보험설계사가 보험계약 실적을 높일 목적으로 불량위험을 무리하게 引受할 가능성도 매우 높다. 따라서 보험설계사에게 고지수령권 및 보험계약체결권 등 대리권을 주는 문제는 신중한 검토를 요한다.[20]

(iii) 보험회사는 그 임원·직원·보험설계사 또는 보험대리점이 모집을 함에 있어서 보험계약자에게 가한 손해를 배상할 책임을 진다(保業 제102조 제1항 본문). 다만, 보험회사가 보험설계사 또는 보험대리점에 모집을 위탁함에 있어서 상당한 주의를 하였고 또한 이들이 행하는 모집에 있어서 보험계약자에게 가한 손해의 방지에 노력한 경우에는 그러하지 아니하다(保業 제102조 제1항 단서). 그러나 보험

17) 大判 1979. 10. 30, 79 다 1234 ; 同 1998. 11. 27, 98 다 32564.
18) 大判 1989. 11. 28, 88 다카 33367.
19) 鄭浩烈, "고지의무위반의 효과," 법조 제33권 11·12호, 60면.
20) 同旨 : 梁承圭(保) 97면.

회사가 보험업법 제102조에 의하여 손해배상책임을 부담할 경우에도 보험계약자에게 과실이 있는 때에는 법원은 손해배상의 책임 및 그 금액을 정함에 있어 마땅히 이를 참작하여야 할 것이다.

<大判 1994. 11. 22, 94 다 19617 : 구보험업법 제158조(개정법 제102조)가 사용자의 배상책임에 관한 민법 제756조에 우선하여 적용된다는 판결>

보험사업자의 직원이 보험모집을 함에 있어서 보험계약자에게 손해를 가한 경우에 있어서 그 직원의 소속 보험사업자의 배상책임을 규정하고 있는 보험업법 제158조(2003. 5. 29. 개정 보험업법 제102조)는 사용자의 배상책임에 관한 일반규정인 민법 제756조에 우선하여 적용되어야 한다. … 보험사업자가 보험업법 제158조에 의하여 손해배상책임을 부담할 경우에도 보험계약자에게 과실이 있는 때에는 법원은 손해배상의 책임 및 그 금액을 정함에 있어 마땅히 이를 참작하여야 할 것이다.

<大判 2001. 11. 9, 2001 다 55499 : 보험설계사의 잘못에 대해 보험회사의 손해배상책임을 인정한 사례>

보험회사의 보험모집인은 보험전문가로서 타인의 사망을 보험사고로 하는 보험계약에는 피보험자의 서면에 의한 동의를 얻어야 하는 사실을 보험계약자에게 설명하고 그 서면동의를 받아 보험계약을 체결하도록 조치를 취할 주의의무가 있음에도 불구하고, 보험계약 체결시 위 사실을 모르고 보험계약자에게 설명하여 주지 않아 보험계약자로 하여금 피보험자 동의란에 피보험자의 서명을 대신하게 하여, 보험계약이 피보험자의 서면동의를 얻지 못하였다는 이유로 무효가 되어 보험계약자가 보험금을 받지 못하게 되는 손해를 입게 되었다면, 보험회사는 보험사업자로서 보험업법(2003. 5. 29. 개정 전의 보험업법) 제158조 제1항에 의하여 보험모집인이 보험모집을 하면서 보험계약자에게 가한 손해를 배상할 책임이 있다. 同旨 : 大判 1995. 7. 14, 94 다 19600 ; 同 1998. 6. 23, 98 다 14191 ; 同 1998. 11. 27, 98 다 23690 ; 同 1999. 4. 27, 98 다 54830 · 54847 ; 同 2001. 11. 9, 2001 다 55499 · 55505(보험설계사가 설명의무를 이행하지 않은 경우) ; 同 1994. 11. 22, 94 다 19617(보험업법 제158조가 사용자의 배상책임에 관한 민법 제756조에 우선하여 적용된다). 반대로 보험회사에 대한 보험설계사의 행위로 인한 보험업법 제158조 제1항의 손해배상책임을 부인한 판결 : 大判 2002. 4. 26, 2000 다 11065 · 11072.

<大判 2000. 2. 25, 99 다 60443 · 60450 : 보험설계사에게 한 피보험자 변경에 관한 통지도 보험자에 대한 통지로서 유효하다고 한 사례>

보험모집인에게 피보험자 변경에 관한 통지를 한 경우 통지의 효력은 보

험자에 대하여 유효하다(보험모집인도 위와 같은 통지를 수령할 권한이 있다고 할 것이므로 보험모집인이 그 통지를 받음으로써 원고에 대하여 통지의 효력이 발생하는 것으로서 그 후 원고가 이를 전달받았는지 여부는 내부절차에 불과하다고 할 것이다).

(라) 保 險 醫

보험의(medical examiner, Untersuchungsarzt)는 생명보험계약에서 보험자가 위험의 인수 여부를 결정하도록 하기 위하여 피보험자의 신체검사를 맡아 위험측정자료를 수집, 의학적인 소견을 보험자에게 제공하여 주는 의사로서 診査醫라고도 한다. 보험의는 보험자의 고용 또는 위임에 의하여 피보험자의 신체검사 등의 방법으로 그 건강상태를 조사하여 그 자료(檢査書 또는 診査書)를 보험자에게 제공하여 주는 보조자로서 告知受領權을 가진다. 그러므로 보험의의 故意·重過失은 보험자의 故意·重過失과 같은 효력이 있는 것으로 인정될 경우가 많을 것이다. 그러나 보험의는 보험자의 의료적 보조기관이지만, 보험영업에 관한 대리권이 주어져 있지 아니하므로 상업사용인이 아니고 보험계약체결권도 없다. 保險醫가 중대한 과실로 인하여 고지의무사항을 알지 못한 경우, 保險醫의 不知는 보험자의 그것으로 보고, 보험자는 계약을 해지할 수 없다고 본다(通說)(제651조 단서).

<大判 1976. 6. 22, 75 다 605 : 진사의는 보험계약의 체결권이 없다>

이른바 진사의는 생명보험에 있어서의 위험측정재료를 보험자에게 제공하는 보험자의 보조자라고 하겠으므로 그에게 보험계약의 체결권이 있다고 볼 수 없어 진사의가 판정을 내린 시점을 보험계약의 성립시기로 볼 수 없다.

Ⅱ. 保險事故

1. 保險事故의 意義

보험사고(risk covered, the event insured against, die versicherte Gefahr, Versicherungsfall)란 보험자의 급여의무를 구체화시키는 우연한 사고를 말한다.

2. 保險事故의 要件

(1) 不確定性(偶然性)

보험사고는 계약체결 당시에 확정되어야 하지만(保險契約의 限定性), 그 발생·시기·態樣은 불확정적이어야 한다. 다만 死亡保險에 있어서는 그 사고의 발생시기만이 불확정한 것이다. 商法 제644조는 "보험계약 당시에 보험사고가 이미 발생하였거나 또는 발생할 수 없는 것인 때에는 그 계약은 무효로 한다."라고 규정하여 보험사고발생의 불확정성이 보험계약의 전제가 되고 있음을 나타내고 있다. 그러나 보험사고의 불확정성은 반드시 객관적임을 요하지 아니하고, 계약당사자들이 모두 계약 당시에 이미 보험사고가 발생하였거나 발생할 수 없는 것임을 주관적으로 알지 못한 때에는 보험계약의 성립에는 아무런 영향이 없다(제644조 단서 참조). 왜냐하면 당사자 쌍방과 피보험자가 주관적으로 보험사고의 발생을 알지 못하고 있는 한 객관적으로 보험사고가 확정되어 있다고 하더라도 그 사실을 악용할 염려가 없고, 遡及保險 등의 경우에는 실제로 이와 같은 보험계약의 유효성을 인정할 필요도 있기 때문이다. 따라서 보험자는 그 계약 성립 전의 사고에 대하여도 책임을 진다. 그러나 계약당사자가 이미 보험사고가 발생한 것을 알고 보험계약을 체결한 때에는 그 보험계약은 무효이고(제644조), 이 경우 보험자는 보험계약자에게 보험료를 반환할 의무가 없다(제648조).

《遡及保險》

소급보험(Rückwärtsversicherung)이란 보험계약의 성립 전의 어느 시기부터 보험기간이 시작되는 것으로 정한 보험을 말한다(제643조). 가령 海上積荷保險契約에서 이미 선박이 출항한 후 화물의 선적시부터 보험자의 책임이 개시되는 것으로 하거나, 보험자가 보험계약자의 청약에 대해서 승낙하면서 그 청약시로부터 보험기간이 시작되는 것으로 하는 것이 그것이다. 소급보험(제643조)의 경우 이미 보험사고가 발생하였음에도 보험계약자와 피보험자가 이를 알지 못하고 체결한 보험계약도 유효하다.

(2) 可 能 性

保險事故는 발생가능성이 있는 것이어야 한다. 따라서 발생불능의 사고, 예컨대 이미 발생하였거나 물리적으로 발생이 절대로 불가능한 사고에 대한 보험계약은 무효이다(제644조). 예컨대, 이미 멸실한 가옥에 대한 화재를 보험사고로 하는 화재보험계약이나, 이미 폐차된 자동차에 대한 자동차종합보험은 무효이다. 그러나 계약성립 당시에는 발생이 가능하였으나 그 후에 불가능하게 되었다면 계약의 효력에는 영향이 없고, 보험계약의 당사자와 피보험자가 주관적으로 보험사고가 발생할 수 없는 것임을 알지 못한 경우에는 그 보험계약은 유효이다.

(3) 適 法 性

보험사고의 기초가 되는 사실은 적법한 것이어야 한다. 예컨대, 밀수품 운송에 있어서의 위험같은 것은 보험사고가 될 수 없다.

3. 保險事故의 限定性

보험사고는 일정한 목적에 대하여 일정한 기간 내에 일어나는 일정한 사고이어야 한다. 즉, 보험사고는 보험계약에서 정해진 보험의 목적에 관하여 보험기간 중에 생긴 것이어야 하고, 그 사고의 범위는 특정되어 있어야 한다. 모든 물건에 대하여, 모든 위험(사고)을 담보하는 보험계약은 아직 없다. 보험은 일정한 범위의 물건 또는 사람, 그리고 일정한 범위의 사고(예컨대 화재, 사망, 도난 등)에 대하여서만 담보한다. 다만 자동차종합보험에서와 같이 여러 가지 위험을 포괄적으로 담보하는 경우는 있다. 따라서 예컨대, 화재보험의 경우 홍수로 보험의 목적이 멸실되었다 하더라도 그것은 보험사고가 아니며,[21] 상해보험의 경우 피보험자가 질병의 치료를 위하여 수술을 받다가 사망한 경우에는 상해사망이 될 수 없다. 보험사고의 종류와 범위는 개별보험계약에서 구체적으로 결정되어야 한다.

> <대법원 1980. 11. 25. 선고, 80 다 1109 판결 : 상해보험의 경우 수술을 받다가 사망한 경우에는 상해사망이 될 수 없다>
>
> 상해보험은 피보험자가 급격한 외부적인 우연의 사고로 인하여 신체에 손상을 입는 것을 보험사고로 하는 것이므로 피보험자가 겨드랑 밑의 악취제거를 위한 수술 중에 급성심부전증으로 사망한 경우에는 상해보험사고에 해당하지 아니한다.

---

21) 梁承圭(保) 100면.

Ⅲ. 保險의 目的

보험의 목적(versicherte Sache)이란 보험사고발생의 객체가 되는 경제상의 재산 또는 자연인을 말한다. 즉, 보험사고가 발생할 대상을 말하는 것이며, 손해보험에서의 보험계약의 목적(피보험이익)과는 구별되는 개념이다.

보험의 목적은 손해보험에 있어서 物件保險의 경우에는 경제적 이익이 있는 재화, 즉 건물, 운송물, 선박, 기계 등이 이에 속하나, 財產保險에 있어서는 債權 또는 피보험자의 責任 등이 보험의 목적이 될 수 있다.

보험의 목적이 物件인 경우에 單一物일 수도 있고, 集合物일 수도 있다. 집합물인 경우에도 그것이 처음부터 확정되어 있는 特定保險(제686조)과 수시로 바뀌는 것이 예정된 總括保險(제687조)도 있다. 그리고 人保險에 있어서는 보험의 목적은 사람의 생명·신체이므로 自然人에 한하고, 특히 死亡保險에 있어서는 15세 미만자, 心神喪失者 또는 心神薄弱者는 피보험자로 할 수 없다(제732조). 人保險의 경우에도 피보험자가 하나인 개인보험과 단체의 구성원이 피보험자로 되는 단체보험이 있다.

Ⅳ. 保險料와 保險金額

1. 保 險 料

보험료(premiums, Prämien)는 보험계약에서 보험자가 보험금지급책임을 지는 對價로서 보험계약자가 지급하는 금액이다. 보험계약자가 지급하게 되는 보험료는 大數의 法則에 따라 事故發生蓋然率에 의하여 산출되는 純保險料와 보험계약의 체결비용, 人件費, 그 밖의 비용으로서 부가하는 附加保險料로 구성되는데, 兩者를 합산한 것이 營業保險料이다. 보험료의 산출은 大數의 法則에 따라 危險團

體 내에서 보험사고의 발생률에 따라 보험료 총액과 보험금 총액이 균형을 유지하도록 하여야 한다. 즉, 각 보험계약에 있어 각 보험계약자가 지급할 보험료의 총액이 보험사고발생시에 지급할 보험금의 총액과 균형이 유지되도록 하여야 한다. 이를 '收支相等의 原則' 또는 '給與·反對給與 均衡의 原則'이라고 한다.

보험자는 보험사업의 허가를 받음에 있어 보험료 및 책임준비금산출방법서를 금융감독위원회에 제출하여야 하고(保業 제5조 제3항 제4호), 보험자는 금융감독위원회의 인가를 받아 保險料率算出機關을[22] 설립할 수 있다(保業 제198조의 2).

보험료의 종류에는 보험료의 분할지급 여부에 따라 제 1 회 보험료와 제 2 회 이후의 보험료로 나누고, 보험자의 책임개시 여부에 따라 最初保險料와 繼續保險料로 나눈다. 제 1 회 보험료는 첫번째 지급하는 보험료이고, 제 2 회 이후의 보험료는 첫번째 지급보험료 이후에 지급하는 보험료를 말한다. 최초보험료는 그 지급으로 인하여 보험자의 책임이 개시되는 보험료이며, 계속보험료는 일단 시작된 보험자의 책임을 계속 이어지게 하는 보험료이다. 최초보험료는 항상 제 1 회 보험료가 되지만, 제 1 회 보험료가 항상 최초보험료가 되는 것은 아니다. 예컨대, 보험료지급을 유예하기로 약정한 경우에는 보험자의 책임은 개시되지만 제 1 회 보험료는 책임개시 후에 지급하게 되므로 최초보험료가 아닌 계속보험료가 된다.

보험료와 관련하여서는 保險料不可分의 原則, 保險料의 減額(제647조) 또는 返還請求權(제648조) 등이 문제되나, 이에 관하여는 後述한다.

2. 保險金額

보험금액(sum insured, Versicherungssumme)이란 보험사고가 발생하였을 때에 보험자가 피보험자 또는 보험수익자에게 지급하여야 할 금액을 말한다. 損害保險에서는 보험자가 지는 責任의 최고한도액을 말하는 것이 보통이나, 현실적으로 보험사고가 발생하여 보험자가 현실로 지급하는 손해보상액을 말하기도 한다. 그러나 生命保險과 같은 定額保險에서는 계약에서 보험사고발생시에 保險者가 지급하기로 정한 額이다. 보험계약상의 보상최고한도액을 기재한 것은 현실적으로 지급할 금액을 정한 것은 아니므로, 이것만으로는 既評價保險이 되지 않는다.

보험금은 보험사고의 발생을 조건으로 현금으로 지급하는 것이 원칙이나, 현물

22) 현재 설립되어 있는 보험요율 산출기관은 '사단법인 보험개발원'이다.

급여 또는 그밖의 급여(의료행위) 등의 방법으로 할 수도 있고, 일시에 금액을 지급하는 것이 보통이지만, 분할지급도 가능하다.

보험자의 보험금액 지급의무는 보험기간 내의 보험사고 발생을 조건으로하여 발생하는 것이므로, 보험사고가 발생하지 아니하고 보험기간이 경과하면 보험자는 보험금액을 지급함이 없이 보험계약이 종료된다. 다만 貯蓄性과 保障性이 있는 人保險契約의 경우에는 보험자가 일정한 금액의 급여를 하도록 할 수 있다.

V. 保險期間과 保險料期間

1. 保險期間

보험기간(Versicherungsdauer, policy period)이란 보험자의 책임이 시작되어 끝날 때까지의 기간으로서, 이를 責任期間 또는 危險期間이라고도 한다. 이 보험기간은 보험계약이 성립하여 존속하는 기간인 보험계약기간과 반드시 일치하는 것은 아니고, 보험계약에 의하여 보험기간을 달리 정할 수도 있다. 보험기간은 다른 약정이 없는 한 최초의 보험료를 받은 때로부터(제656조) 그 종료일까지이다.

실무에서는 보험자의 책임기간을 명백히 하고 당사자 사이의 분쟁을 예방하기 위하여 보험기간의 始期와 終期를 명문으로 확정해 두는 경우가 있다. 예컨대, 자동차종합보험의 경우는 제1회 보험료를 낸 날의 翌日 오전 零時부터 보험계약이 끝나는 날 밤 12시까지, 화재보험의 경우는 첫날 오후 4시부터 마지막 날 오후 4시까지, 航海保險의 경우에는 荷物 또는 底荷의 船積에 착수한 때로부터 도착지에서 揚陸을 종료한 때까지(제699조, 제700조 참조) 등이다. 보험기간 내의 보험사고가 아님에도 불구하고 보험자의 책임이 인정되는 예외적인 경우로는 前述한 소급보험이 있다.

보험기간 전 또는 후에 생긴 보험사고에 대하여는 보험자는 책임이 없다. 그러나 보험기간 내에 생긴 보험사고에 대하여는 그 기간의 경과 후에 손해가 발생하더라도 보험자가 책임을 져야 한다. 또 보험자는 보험기간 내에 보험사고가 數回 발생하더라도 원칙적으로 이를 모두 보상하여야 한다. 따라서 보험사고의 발생으로 보험자가 보험금액을 지급한 때에도 보험금액이 감액되지 아니하는 보험의 경우 보험계약자는 사고발생 후 보험계약을 解止할 수 있다(제649조 제2항).

<事 例>

서울민사지방법원 합의15부는 1994년 8월 25일 한국자동차보험이 李모씨를 상대로 낸 채무부존재확인청구소송에서 "李씨가 사고를 낸 시각이 보험계약 효력이 발생하는 시각에서 1분쯤 지난 때로 인정된다."며 원고의 청구를 기각, 李씨는 '1분 차이'로 1억원의 보험금을 받게 되었다. 재판부는 "李씨의 승용차를 뒤따라 가다 사고를 목격한 洪모씨가 '사고지점에서 450m 못미친 횡단보도에서 신호대기 중 자정을 알리는 라디오 시보를 들었다'고 한 진술이 인정되어 사고발생시점은 0시 1분께로 추정된다."고 밝혔다. 보험회사측은 1993년 6월 12일 하오 '13일 0시'에 효력이 발생하는 보험계약을 체결한 뒤 이날 자정께 경기도 고양시에서 朴모씨를 치어 숨지게 하는 사고를 내 유가족이 李씨와 보험회사를 상대로 1억원의 손해배상청구소송을 내자 "사고발생시각은 늦어도 12일 하오 11시 50분께여서 보험금을 줄 수 없다."며 채무부존재확인청구소송을 냈었다 : 한국일보 1994. 8. 26. 30면.

<대법원 1997. 4. 11. 선고, 96 다 32263 판결 : 보험기간경과 후의 보험사고에 대하여는 보험자에게 보험금지급의무가 없다>

이행보증보험계약은 주계약에서 정한 채무의 이행기일이 보험기간 안에 있는 채무를 이행하지 아니함으로써 발생한 피보험자가 입은 손해를 보상하기로 한 보험계약이므로, 피보험자가 보험계약 당시의 준공기한이 도래하기 전에 미리 준공기한을 연기하여 준 나머지 보험계약자가 연기되기 전의 이행기일에 채무불이행을 한 바가 없게 되었고, 피보험자와 보험계약자 사이에 주계약상의 준공기한을 연기하였다 하더라도 보험회사와 보험계약자 사이의 보험계약상의 보험기간도 당연히 변경된다고 할 수 없으므로, 이와 같이 연기된 이행기일이 보험기간 이후임이 분명한 이상 비록 연기된 이행기일에 이행이 없었다고 하더라도 이는 보험사고가 약정 보험기간 이후에 발생한 것으로서 보험계약에서 정한 보험금지급사유에 해당하지 아니한다.

2. 保險料期間

보험료기간(Versicherungsperiode)이란 보험료를 산출하는 기초가 되는 단위기간을 말한다. 실무에서는 대체로 1년을 단위로 하여 保險料率을 정하는 것이 일반적인데, 이 기간이 보험료기간이 된다. 보험계약에 따라서는 보험기간과 보험료기간이 일치하는 경우와 일치하지 않는 경우가 있다. 가령 1년을 보험기간으로 하는 火災保險에 있어서는 보험료기간과 보험기간이 일치하나, 운송보험에 있어서는 보험기간이 보험료기간보다 짧을 수 있고, 또 長期保險契約에 있어서는 보험기간이 몇 개의 보험료기간으로 나뉘어지기도 한다.

3. 保險料不可分의 原則

보험료불가분의 원칙(Prinzip der Unteilbarkeit der Prämien)이라 함은 보험료기간의 보험료는 관념상 하나로 보아야 한다는 원칙이다. 즉, 보험료불가분의 원칙은 한 보험료기간의 보험료를 하나의 단위로 한다. 예컨대, 보험기간 중 계약이 失效되거나 解止됨으로써 보험자가 보험료기간의 일부에 대하여만 위험을 부담하였다 하더라도 그 보험료의 전액을 취득할 수 있다. 商法上 超過保險의 경우 "보험료의 減額은 장래에 대해서만 효력이 있다."(제669조 제1항 단서)든가, 보험료체납의 경우 "보험료의 지급을 받지 아니한 잔액이 있으면 그 지급기일이 도래하지 아니한 때라도 보상할 금액에서 이를 공제할 수 있다."(제677조)는 규정은 보험료불가분의 원칙을 반영한 것이라 할 수 있다. 그러나 이 원칙은 保險技術上 인정되는 것이므로 보험계약법상 절대적인 것은 아니다. 商法上 보험사고발생 전에 보험계약을 임의로 解止하는 경우 未經過保險料의 반환을 明文으로 인정하고 있고(제649조 제3항), 실무에서도 보험료의 分割支給이 허용될 뿐 아니라, 보험계약이 解止된 경우에도 短期料率을 적용하거나 日割計算으로 보험료를 환급하는 경우가 많다.

제 3 절 保險契約의 締結

Ⅰ. 保險契約의 成立

1. 保險契約의 請約

보험계약은 不要式의 諾成契約으로서 청약과 승낙에 의하여 성립한다(제638조·제51조·제52조, 民 제527조~제531조). 일반적으로 보험대리점 또는 보험모집인에 의한 보험가입의 勸誘行爲, 즉 청약의 誘引行爲가 있으면 이에 따라 보험계약자가 청약을 하고, 보험자가 그 청약에 의하여 승낙을 한다. 청약과 승낙의 효력은 계약의 일반원칙에 따른다(民 제527조 내지 제535조). 실제로는 보험가입희망자가 보험모집인 등의 권유에 따라 보험(가입)청약서에 보험료를 첨부하거나, 첨부하지 아니하고 이를 모집인에게 교부하면, 보험자(보험회사)가 보험의 목적을 검사하거나(손해보험의 경우), 피보험자의 신체를 診査하고(생명보험의 경우) 보험료영수증 또는 보험증권을 교부하는 것이 보통이다(그러나 보험계약청약서·보험증권 등의 교부가 계약의 성립요건은 아니다.).

보험계약의 청약은 원칙적으로 청약자가 임의로 철회할 수 없다(民 제527조). 다만, 실무상으로 생명보험표준약관(제2조) 등에서는 청약을 한 날 또는 제1회 보험료를 납입한 날로부터 15일 이내에 청약을 철회할 수 있는 청약철회(cooling off) 제도를 두고 있다.

2. 保險契約의 承諾

보험계약은 보험계약자의 청약에 대하여 보험자가 승낙의 통지를 발송한 때에

성립한다(民 제531조). 승낙의 방법에는 청약의 경우와 같이 제한이 없다. 다만 대화자간에는 보험자가 즉시 승낙하여야 하고(제51조), 격지자간에는 보험자가 상당한 기간 내에 승낙의 통지를 발송하여야 한다(제52조 제1항).

<대법원 1991. 11. 8. 선고, 91 다 29170 판결 : 보험자가 승낙을 거절한 경우 보험계약은 성립되지 아니한다>

보험회사가 보험모집인을 통하여 위험보장배수 10배인 '태양보험' 가입청약을 받고 제1회 보험료를 납부받은 직후 피보험자가 오토바이 운전 중 교통사고로 사망하는 보험사고가 발생하였으나 피보험자가 오토바이 사용자인 위험직종으로서 그 약관에 정한 적격 피보험체가 아님을 사유로 보험회사가 그 승낙을 거절함으로써 위 보험계약은 성립되지 아니하였다.

그런데 보험자의 보험인수 여부에 대한 결정과정이 복잡하여 승낙을 하기까지 시간이 많이 소요되고, 승낙의 시점도 명확하지 아니한 경우가 많다. 또 民法에 의하면 보험자가 청약에 대하여 상당한 기간 내에 승낙의 통지를 발송하지 않으면 청약은 구속력을 잃게 되고 보험계약은 성립되지 않는다(民 제529조). 개정전 商法下의 판례를 보면 生命保險契約의 청약 후 제1회 보험료를 지급하고 保險料假收證을 교부받았음은 물론이고 보험의로부터 신체검사까지 마친 후 2주 이상이 경과하였는데도 보험자가 그 보험계약의 청약에 대하여 승낙을 하지 않고 있던 중 보험사고가 발생하였던 사건이 있다. 이 사건에서 보험계약자측에서는 보험의로부터 신체검사를 받은 시점에서 생명보험계약이 체결되었다고 주장하였으나 법원은 계약의 성립에 관한 종래의 전통적 이론을 적용하여 보험자의 승낙의 의사표시가 없었던 한 계약의 성립을 부인하고, 따라서 보험자의 책임도 부인하였다.

<대법원 1976. 6. 22. 선고, 75 다 605 판결 : 보험자의 승낙이 없었으므로 보험계약이 성립되지 아니하였다고 본 사례>

피고회사의 신종생활보장보험약관 제3조의 규정에 의하여 보면 보험계약의 청약과 이에 대한 승낙의 의사표시가 합치되어야 비로소 그 성립이 있게 됨이 인정될 수 있으며 계약일반이론에 의하여도 그와 같이 보아야 하는 데 이론이 있을 수 없다. 그리고 이른바 진사의는 생명보험에 있어서의 위험측정재료를 보험자에게 제공하는 보험자의 보조자라고 하겠으므로 그에게 보험계약의 체결권이 있다고 볼 수 없어 진사의가 판정을 내린 시점을 보험계약의 성립시기로 볼 수 없다.

이와 같은 문제점을 해결하기 위한 방법의 하나로 商法 제53조가 정한 바 "商人이 常時去來關係가 있는 자로부터 그 영업부류에 속한 계약의 청약을 받은 때에는 지체없이 諾否의 통지를 발송하여야 한다. 이를 해태한 때에는 승낙한 것으로 본다."는 규정을 원용할 수도 있을 것이다. 그러나 商法 제53조에 의하면 승낙자는 청약에 대한 諾否通知義務를 부담하지만, 이것은 常時去來關係가 있는 경우에만 적용된다. 그러므로 보험계약자가 제 1 회 보험료의 전부 또는 일부를 납부하고 상당한 기간이 경과한 후에 보험사고가 발생한 경우, 보험자는 승낙이 없었음을 이유로 보험금지급을 거절하는 때가 있을 수 있다. 따라서 1991年의 改正商法은 보험자가 보험계약자로부터 보험계약의 청약과 함께 보험료상당액의 전부 또는 일부의 지급을 받은 때에는 다른 약정이 없으면 30일 내에 그 상대방에 대하여 諾否의 통지를 발송하여야 하고, 이 기간 내에 諾否의 통지를 懈怠한 때에는 승낙한 것으로 본다고 정하였다(제638조의 2 제1항 · 제2항). 그러나 人保險契約의 피보험자가 신체검사를 받아야 하는 경우에는 그 기간은 신체검사를 받은 날로부터 기산한다(제638조의 2 제1항 단서).

3. 適格被保險體의 保護

보험자가 승낙하면 유효한 보험계약이 성립하지만 보험자의 책임은 원칙적으로 (계약성립 후) 최초의 보험료를 지급받은 때로부터 개시된다(제656조). 그러나 현실적으로 보험계약의 청약과 함께 보험료의 전부 또는 일부를 지급하는 경우가 많고, 이 경우에는 보험자가 청약일로부터 승낙일까지는 위험을 인수함이 없이 보험료만 받게 되는 결과가 된다. 이에 商法은 보험자가 보험계약자로부터 보험계약의 청약과 함께 보험료상당액의 전부 또는 일부를 받은 경우에 그 청약을 승낙하기 전에 보험계약에서 정한 보험사고가 생긴 때에는 그 청약을 거절할 사유가 없는 한 보험자는 보험계약상의 책임을 진다고 규정하고 있다(제638조의 2 제3항). 이것은 종래 보험약관에서 適格被保險體의 保護를 위하여 인정되던 것을 1991년의 改正商法에서 입법화한 것이다. 다만 人保險契約의 피보험자가 신체검사를 받아야 하는 경우(有診査保險)에 그 검사를 받지 아니한 때에는 그러하지 아니하다(제638조의 2 제3항 단서). 따라서 보험계약자가 보험계약의 청약시에 보험료 상당액을 지급하지 아니하였거나 人保險에서 보험료 상당액을 지급하였다고 하더라도 피보험자가 신체검사를 받지 아니한 경우에는 보험계약 청약 후 30일이 경과하였다고 하더라도 보험자가 책임을 지지 않는다.

Ⅱ. 保險證券

1. 保險證券의 意義

보험증권(insurance policy, Versicherungsschein)이란 보험계약의 성립과 그 내용을 증명하기 위하여 보험자가 발행하는 證券을 말한다(제640조).

2. 保險證券의 作成・交付

보험자는 보험계약이 성립한 때에는 지체없이 보험증권을 작성・교부하여야 하며, 다만 보험계약자가 보험료의 전부 또는 최초 보험료를 지급하지 아니한 때에는 보험증권의 교부를 거절할 수 있다(제640조 제1항). 기존의 보험계약을 연장하거나 변경한 경우에는 보험자는 보험증권에 그 사실을 기재함으로써 보험증권의 교부에 갈음할 수 있다(제640조 제2항). 보험증권은 記名式으로 발행하는 것이 보통이나, 예컨대 運送保險證券・海上保險證券과 같이 指示式 또는 無記名式으로 발행할 수도 있다.

3. 保險證券의 法的 性質

보험증권은 要式證券・證據證券・免責證券・提示證券・相換證券이다.

(1) 要式證券性

보험증권의 기재사항은 法定되어 있으나, 어음・手票와 같은 엄격한 요식증권은 아니다. 따라서 법정사항의 기재를 누락하거나 그밖의 사항을 추가하여 기재하더라도 증권의 효력에는 영향이 없다. 보험증권의 기재사항은 모든 보험증권에 공통되는 必要的 記載事項(제666조, 제728조)과 火災保險證券(제685조)·運送保險證券(제690조)·海上保險證券(제695조)·自動車保險證券(제726조의 3)과 人保險證券(제728조, 제738조)에 각각 특별한 기재사항이 있다. 또 보험증권에는 印紙를 첨부하여야 하는데(印紙稅法 제3조 제1항 제12호·제14호 다목), 이를 위반하여도 보험증권의 私法上의 효력에는 영향이 없다.

(2) 證據證券性

보험증권은 증거증권이기 때문에 보험계약의 성립과 그 내용에 관하여 사실상의 推定力을 가진다. 그러나 한편 보험증권은 증거증권에 불과하므로 보험증권의 기재내용과 보험계약의 내용이 서로 다른 때에는 당사자는 그 사실을 입증하여 주장할 수 있다. 나아가 보험계약의 내용은 반드시 그 보험증권만에 의하여 결정되는 것이 아니므로 보험계약체결에 있어서의 당사자의 意思와 계약체결의 전후 경위 등을 종합하여 그 내용을 파악하여야 한다.

<대법원 1996. 7. 30. 선고, 95 다 1019 판결 : 보험계약의 내용은 당사자의 意思와 계약체결의 전후 경위 등을 종합하여 파악하여야 한다>

보험계약은 당사자 사이의 의사합치에 의하여 성립되는 낙성계약으로서 별도의 서면을 요하지 아니하므로 보험계약을 체결할 때 작성·교부되는 보험증권이나 보험계약의 내용을 변경하는 경우에 작성·교부되는 배서증권은 하나의 증거증권에 불과한 것이어서 보험계약의 성립 여부라든가 보험계약의 당사자, 보험계약의 내용 따위는 그 증거증권만이 아니라 계약체결의 전후 경위, 보험료의 부담자 등에 관한 약정, 그 증권을 교부받은 당사자 등을 종합하여 인정할 수 있다. 同旨 : 대법원 1992. 10. 27. 선고, 92 다 32852 판결 ; 同, 1988. 2. 9. 선고, 86 다카 2933 판결.

또한 보험증권은 증거증권이기 때문에 보험계약의 당사자는 보험증권의 교부가 있는 날로부터 1月을 내리지 않는 기간 내에 한하여 그 증권내용의 正否에 관한 異義를 제기할 수 있음을 약정할 수 있다(제641조). 이를 異議約款(Widerspruchsklausel)이라고 한다.

이 異議約款은 명시적으로 정하여져 있는 경우에만 효력이 있고, 그러한 약정이 없으면 民法의 일반원칙에 따라 異議를 제기할 수 있다. 異議約款이 있으면

保險契約當事者는 약관에서 정한 기간 내에만 證券上의 기재내용에 대한 訂正을 청구할 수 있고, 그 기간이 지나면 그 기재내용은 확정적인 효력을 가진다. 그러나 명백한 착오는 異議期間이 지나도 이를 다툴 수 있다고 본다.[23]

(3) 免責證券性

보험자가 보험사고의 발생으로 보험급여를 함에 있어 보험증권을 제시한 자에게 보험금을 지급하면 惡意 또는 重過失이 없는 한 그 보험증권을 제시한 자가 무권리자라 하더라도 책임을 면한다.

(4) 相換證券性

보험증권은 상환증권이므로 보험자가 보험금을 지급할 때에는 보험증권과 상환하여 이를 하는 것이 원칙이다. 그러나 보험증권과 상환하지 아니하더라도 보험금을 지급할 수 있으므로 보험증권은 엄격한 상환증권은 아니다. 증권을 제출할 수 없을 때에는 다른 방법으로 권리자임을 입증하여 보험금을 청구할 수 있다.

(5) 有價證券性의 與否

보험증권의 유가증권성, 특히 指示式 또는 無記名式 保險證券의 有價證券性 여부에 관하여는 학설이 나뉘고 있다.

否定說에 의하면 ① 보험금지급청구권은 증권 이외에도 보험료의 지급 등 여러 가지의 의무의 이행과 牽連이 되어 있다는 점, ② 손해보험에서 보험의 목적을 도외시한 증권의 占有移轉만으로는 권리가 이전되지 않는 점(제679조 참조), ③ 有價證券法定主義에 비추어 商法上 아무런 근거규정이 없는 보험증권은 유가증권이라 할 수 없다는 점에서, 指示式 또는 無記名式 保險證券의 有價證券性을 인정할 수 없다고 한다.

이에 대하여 肯定說은 ① 거래의 안전확보를 위하여 필요하다는 것, ② 권리의 행사에 증권의 점유를 필요로 한다는 것, ③ 民法上 金錢債權은 원칙적으로 指示式 혹은 無記名式으로 될 수 있는데 보험금청구권에 한하여 이를 부인할 뚜렷한 이유가 없다는 것 등을 이유로 유가증권성을 인정한다.

생각건대, 보험금청구권의 양도에 있어서 피보험자의 동의를 얻어야 하는 人保險이나(제731조 제2항), 보험계약의 성질상 손해보상청구권만의 轉轉流通이 불가능

23) 梁承圭(保) 133면.

한 火災保險 등의 일반 손해보험에 있어서는 성질상 유가증권성을 인정할 수 없다. 그러나 運送保險 또는 海上積荷保險 등과 같은 손해보험에 있어서는 보험의 목적이 운송증권에 의하여 거래의 대상이 되고, 보험에 의하여 그 목적물의 경제적 가치가 보완되어, 보험의 목적물의 양도에 수반하여 보험에 의한 손해보상청구권도 동시에 이전될 것이 요청되므로, 그것이 指示式 또는 無記名式으로 발행된 경우에 한하여 有價證券性을 인정하여야 할 것이다(一部肯定說 : 通說).[24]

그러나 보험증권상의 권리의 발생은 장래의 우연한 사고에 의하여 정하여지므로 보험증권은 불완전한 유가증권이다. 그리고 보험계약에 의거한 각종 抗辯(예컨대, 告知義務違反·보험료의 不支給 등)은 보험증권의 背書 또는 交付에 의하여 절단되지 않는다고 본다. 왜냐하면 保險證券이 運送證券 등과 함께 背書·交付되는 경우, 權利移轉的 效力, 資格授與的 效力 및 免責的 效力은 인정되지만, 保險證券은 文言證券도 無因證券도 아니기 때문에 보험자는 보험계약에 기한 抗辯으로써 그 소지인에게 대항할 수 있다고 풀이되기 때문이다.

4. 保險證券의 滅失·毁損과 再交付

보험증권을 멸실하거나 현저하게 훼손한 때에는 보험계약자는 자기의 비용으로 증권의 재교부를 청구할 수 있지만(제642조), 指示式 또는 無記名式으로 발행되어 유가증권성이 인정되는 보험증권의 경우에는 公示催告의 節次(民訴 제496조 이하)를 거쳐야 한다고 본다.

Ⅲ. 告知義務

1. 告知義務의 意義·性質

告知義務란 보험계약자 또는 피보험자가 보험계약체결 당시에 보험자에 대하여

24) 孫珠瓚(下) 534면 ; 梁承圭(保) 132면 ; 李基秀(保·海) 81면 ; 鄭熙喆·鄭燦亨(下) 513면.

중요한 사항을 告知하고, 또 중요한 사항에 관하여 不實告知를 하지 아니할 의무를 말한다. 이것은 계약체결 당시의 의무이기 때문에 계약체결 후의 危險增加의 通知義務(제652조)나 損害發生의 通知義務(제657조)와는 구별된다. 고지의무는 보험계약의 효과로서 인정하는 진정한 의무가 아니라, 보험계약의 (효력발생에 필요한) 전제조건이다. 즉, 보험자가 그 의무의 이행을 강제하거나 그 불이행에 대하여 손해배상을 청구할 수 있는 것이 아니라, 보험자의 解止權 行使로 인한 불이익을 면하기 위하여 보험계약자 또는 피보험자가 부담하는 일종의 구속이므로, 이른바 間接義務(自己義務)에 지나지 않는다.

2. 告知義務制度의 根據

告知義務制度의 근거에 대하여는 射倖說·善意說·擔保義務說·合意說·默示契約說 등 여러 학설이 대립하고 있으나, '保險制度의 技術的 構造의 특수성에 의거하여 法이 특별히 인정한 독자적 제도'라고 하는 危險測定說 내지 技術說이 정당하다고 생각한다.[25] 이 학설에 의하면,

> "보험제도의 합리적인 운영을 위하여는 보험사고 발생의 蓋然率의 통계적 계산을 기초로 하여, 多數契約에 있어서의 위험의 종합평균화에 의하여 지급할 보험금의 총액과 받을 보험료의 총액과의 사이에 평형을 유지할 필요가 있다. 따라서 보험자는 각 계약에 관하여 그 危險率을 측정하여 이를 인수할 것이냐, 그 보험료를 얼마로 할 것이냐를 결정하여야 한다. 이른바 '위험의 選擇'의 자료가 될 사실은 본래는 위험을 인수하는 보험자가 스스로 자기의 책임하에 조사하여야 할 것이지만, 실제로 보험자가 그 전부를 적극적으로 조사하기는 곤란하다. 그리하여 法은 가입자로 하여금 이를 고지하도록 한 것이니, 위험의 선택의 자료가 되는 사실에 관하여 정확한 고지를 하지 않은 경우에 계약의 解止를 당하게 한 것은 불량의 위험을 배제하기 위한 것이다."

라고 한다.[26] 이에 대하여 선의설과 기술설 두 가지를 근거로 설명하는 견해도 있다.[27]

---

25) 崔基元(保) 146면 ; 徐燉珏·鄭完溶(下) 372면 ; 孫珠瓚(下) 518면 ; 朴元善(下) 80면.
26) 大森忠夫, 《保險法》, 1956, 118~119면.

3. 告知義務의 內容

(1) 告知當事者

고지당사자는 보험계약자 및 그 대리인(제646조 참조)뿐만 아니라, 타인의 生命·身體에 관한 人保險에 있어서는 피보험자, 타인을 위한 損害保險에 있어서의 피보험자도 포함한다(제651조). 다만 他人을 위한 損害保險契約에서 보험계약자가 그 타인인 피보험자에게 보험계약체결 사실을 알리지 아니한 경우에는 그 피보험자는 고지의무를 부담하지 않는다고 본다.

대리인이 고지할 때에는 본인이 알고 있는 사실뿐만 아니라 대리인 자신이 알고 있는 사항도 고지하여야 한다.

告知受領者, 즉 고지의 상대방은 보험자 또는 고지를 받을 대리권을 가진 자(保險代理店, 保險醫 등)이다. 그러나 保險仲介人 및 保險募集人은 고지수령권이 없다.

문제는 현행법상 보험모집인에게는 고지수령권이 없다는 점이다. 보험모집인은 보험계약의 체결을 권유하는 사실행위를 할 뿐 계약체결권이 없기 때문이다. 그러나 前述한 바와 같이 현실적으로는 無診査保險의 경우 보험계약자가 보험모집인에게 告知하고 스스로는 告知義務를 다하였다고 믿는 경우가 많고, 保險紛爭의 대부분이 告知義務 違反과 관련되어 있는 점을 고려한다면 立法論으로는 보험모집인에게도 告知受領權을 부여하는 문제를 검토할 여지가 있다.

> <대법원 1979. 10. 30. 선고, 79 다 1234 판결 : 외무사원에게 고지한 것은 고지로서의 효력이 없다>
>
> 보험가입청약서에 기왕병력을 기재하지 아니하고 보험회사의 외무사원에게 이를 말한 것으로는 보험회사에 대하여 고지하였다고 볼 수 없다.

(2) 告知의 時期·方法

告知는 계약의 청약시가 아니라 契約成立時까지 하여야 한다. 契約成立時란 구체적으로 보험계약자의 보험계약의 청약에 대하여 보험자가 승낙한 때를 말한다. 따라서 보험계약 청약시에 없었던 사실이 청약 후 승낙 전에 발생된 경우 또는 청약시에는 알지 못하였던 사실이 승낙 전에 발견된 경우에도 그 사실을 告知하

---

27) 梁承圭(保) 114면 ; 李基秀(保·海) 78면 ; 鄭熙喆·鄭燦亨(下) 498면.

여야 하고, 일단 고지한 사실도 보험자가 승낙하기 전까지는 이를 변경 또는 추가할 수 있다.

告知의 방법에는 제한이 없으므로, 서면이든 구두이든, 명시적이든 묵시적이든 상관이 없다. 그러나 거래계에서는 後述하는 바와 같이 質問表(questionaire, Fragebogen)가 널리 이용되고 있다.

(3) 告知事項

(가) 重要한 事項

고지의무의 대상이 되는 사항은 '重要한 事項'(material facts)이다. 중요한 사항이란 보험자가 사고발생의 危險率을 측정하여 보험의 인수 여부 및 보험료액을 결정함에 있어서 합리적 판단에 영향을 미칠 만한 사실이니, 바꾸어 말하면 보험자가 그 사실을 알고 있다면 계약을 체결하지 않거나 적어도 같은 조건으로는 계약을 체결하지 않을 것이라고 생각되는 사실을 말한다.

(나) 重要性의 判斷例

중요한 사실이냐 아니냐는 보험기술상 객관적 기준에 따라 결정할 것이지, 당사자의 주관적 판단에 따라 결정할 것은 아니다.

구체적 판단에 있어서 문제되는 것은 대체로 다음과 같은 것이다. 즉, 損害保險에 있어서는 보험의 목적의 물리적 性狀·구조·사용목적·사용장소 등이고, 人保險에 있어서는 피보험자의 현재 또는 기왕의 중요한 病症(예컨대, 癌·결핵·뇌일혈·고혈압·신장염 등)·피보험자의 환경(예컨대, 尊囑親의 유전적 질병의 유무·사망연령·死因, 배우자의 폐결핵 등)·피보험자가 다른 보험회사로부터 청약을 거절당한 사실 등이다(그러나 軟性下疳·위장병·유산·편도선염 등은 중요한 사실이 아니라고 한다.).

《重要性에 대한 判斷例》

<대법원 1987. 6. 9. 선고, 86 다카 216 판결 : 공사도급계약에 대한 이행보증보험계약의 경우>

공사도급계약에 대한 이행보증보험계약을 체결하는 경우에 공사금액과 공사기간 등은 일반적으로 그 이행보증의 대상이 되는 도급공사의 내용을 특정하고 보험사고의 발생 여부를 판정하는 기준으로서 고지의무의 대상이 되는 중요사항에 해당한다.

<대법원 1991. 5. 14, 90 다카 25314 판결 : 적하보험계약의 경우>

영국법 준거약관의 적하보험계약을 체결함에 있어 화물을 적재하고 출항한 선박으로부터 사고의 발생이 예상되는 전문을 수령한 사실을 감춘 경우, 위 전문 수령사실은 영국해상보험법 제18조 제2항 소정의 고지의무의 대상에 해당하므로 보험자가 같은 법 제17조, 제18조에 의해 고지의무 위반을 이유로 위 보험계약을 해지한 것은 적법하고, 거기에 우리 상법 제651조 소정의 제소기간이나 상법 제655조의 인과관계에 관한 규정은 적용될 여지가 없다.

<대법원 1996. 4. 26. 선고, 95 다 54679 판결 : 보험모집인이 고지사실을 중개하지 아니한 경우>

보험모집인은 타인의 보험계약의 중개를 함에 있어 보험회사에 대하여 그 위촉계약의 취지에 따라 성실하게 중개행위를 할 의무가 있는데도, 보험모집인이 자신의 외삼촌과 보험회사 간의 보험계약을 중개함에 있어 가입자의 폐결핵 감염사실을 알고 있음에도 이를 보험회사에 고지하지 아니하여 보험회사가 그 보험을 인수함으로써 결과적으로 손해를 입게 된 경우, 그 모집인은 채무불이행으로 인하여 보험회사가 입은 손해에 대하여 60%의 손해배상책임이 있다.

<대법원 1999. 11. 26. 선고, 99 다 37474 판결: 고지의무 위반에 해당한다고 본 사례>

암치료 종료 후 5년이 지나 검사를 실시한 결과 의사로부터 암 재발의 가능성을 고지받고 확진을 위한 재검사 요구를 받은 상태에서 5년 내 암을 앓거나 치료받은 적이 없다고 신고하면서 생명공제계약을 체결한 경우, 암치료 종료 후 정기적인 검진을 위하여 병원에 다니던 동안 피공제자의 상태는 비록 통상적인 의미에서 암질병을 앓고 있는 것은 아니라고 할지라도 공제약관상 기재된 암질환에 준하는 것이거나, 또는 이러한 피공제자의 병력 내지 자각증세, 의사의 암 재발 가능성 고지사실 등은 공제계약 청약서상의 질문사항에 포함되어 있지 않다고 하더라도 피공제자의 생명위험 측정상 중요한 사실로서 고지할 중요 사항에 포함되므로 이를 고지하지 아니한 것은 고지의무 위반에 해당한다.

<대법원 2001. 2. 13. 선고, 99 다 13737 판결: 상법 제651조 소정의 고지의무의 대상이 되는 '중요한 사항'의 의미와 판단기준>

보험계약자나 피보험자가 보험계약 당시에 보험자에게 고지할 의무를 지는 상법 제651조에서 정한 '중요한 사항'이란, 보험자가 보험사고의 발생과 그로 인한 책임부담의 개연율을 측정하여 보험계약의 체결 여부 또는 보험료나 특별한 면책조항의 부가와 같은 보험계약의 내용을 결정하기 위한 표준이 되는 사항으로서, 객관적으로 보험자가 그 사실을 안다면 그 계약을 체결하

지 않든가 적어도 동일한 조건으로는 계약을 체결하지 않으리라고 생각되는 사항을 말하고, 어떠한 사실이 이에 해당하는가는 보험의 종류에 따라 달라질 수밖에 없는 사실인정의 문제로서 보험의 기술에 비추어 객관적으로 관찰하여 판단되어야 한다. … 보증보험에서는 고지의무의 대상이 되는 중요한 사항으로서 주계약상의 거래조건, 금액, 기간, 보험계약자의 신용이나 자력 등에 관한 사항을 들 수 있을 것이며, 보증인이 누구인가는 보험사고 발생의 가능성 등과는 관계없이 보험사고가 이미 발생한 후에 보험자가 구상권을 행사하기 위한 대비를 해 두기 위한 것이므로, 보증인에 관한 사항은 일반적으로는 고지의무의 대상이 되지 않는다.

(다) 質問表의 慣用

중요성의 판단이 쉬운 일이 아니므로, 실무계에서는 질문표를 사용하는 것이 보통이다. 질문표란 보험자가 보험청약서에 질문난을 두고 고지할 사항을 揭記하여 보험계약자로 하여금 이에 대한 해답을 기입하도록 한 것이다. 질문표는 전문적 지식을 가진 보험자가 작성한 것이므로, 보험자가 서면으로 질문한 사항은 중요한 사항으로 추정한다(제651조의 2, 獨保 제18조 참조). 따라서 질문표에 기재되지 않은 사항의 不告知는 '惡意의 默秘'가 아닌 한 고지의무의 위반이 되지 않는다고 해석한다.

<대법원 1969. 2. 18. 선고, 68 다 2082 판결 : 질문표에 기재된 질문사항은 중요한 사항이다>

보험회사의 질문표에 기재된 질문사항은 다른 특별한 사정이 없는 한 그 보험계약에 있어서의 중요한 사항에 해당한다고 추정할 것이므로 그 질문표에 사실과 다른 기재를 하였다면 이는 고지의무위반이 된다. 同旨 : 대법원 1993. 4. 13. 선고, 92 다 52085·52092 판결.

4. 告知義務違反의 要件

告知義務의 違反이 되려면 계약의 성립시에 다음과 같은 客觀的·主觀的 要件이 갖추어져야 한다(제651조 본문). 고지의무위반사실은 보험자가 입증하여야 한다.[28]

---

28) 梁承圭(保) 120면.

(1) 客觀的 要件

중요한 사실(고지사항)에 관한 고지의무자의 不告知 또는 不實告知가 告知義務違反의 객관적 요건이다. 不告知란 중요한 사실을 알고 있으면서 默秘한 것을 말하며, 不實告知란 사실과 달리 진술한 것(虛陳)을 말한다.

(2) 主觀的 要件

고지의무위반이 되려면, 고지사항의 不告知 또는 不實告知가 고지의무자의 故意 또는 重過失로 인하여야 한다. 故意란 '害意'가 아니라 고지사항에 대한 '知'를 의미한다. 따라서 故意로 인한 위반이란 ① 어떤 사실의 존재뿐만 아니라, ② 그 사실의 중요성과, ③ 고지하여야 한다는 당위성(告知事項 該當性)에 관한 인식을 하면서도, 故意로 默秘하거나 虛僞陳述한 것을 말한다. 重過失로 인한 위반이란 조금만 주의하였더라면 ① 어떤 사실의 존재, ② 그 사실의 중요성 및 ③ 고지의 당위성에 관하여 알았을 것인데 不注意로 默秘 또는 虛僞陳述한 것을 말한다.

이에 대하여 ① 사실의 존재 자체에 대한 不知는 重過失이 될 수가 없다고 생각한다. 왜냐하면 重過失로 인한 '事實의 不知'의 경우도 고지의무위반이 된다면, 보험계약자에게 알고 있는 사실에 관한 고지의무뿐만 아니라 사실의 探知義務까지 부담시키는 가혹한 결과가 되기 때문이다. 이것은 본래 보험자가 스스로 조사하여야 할 사항임에도 불구하고, 法이 특별히 고지의무자에게 협조하도록 명한 고지의무제도의 취지에 어긋날 뿐만 아니라, 고지의무 자체도 점차 소극적 의무로 변화하여 실무계에서 질문표를 慣用하는 것과 관련하여 볼 때도 부당하다고 생각한다. 따라서 업무상 당연히 알 수 있는 사실에 대하여 중대한 과실로 이를 알지 못한 경우를 제외하고는 고지사항의 존재를 중대한 과실로 인하여 알지 못하고 고지하지 아니한 경우에는 고지의무위반이 되지 않는다고 본다.[29] 反對說은 故意의 경우와 같이 중요한 사항이 존재하는 것을 중대한 과실로 인하여 모르고 고지하지 않은 경우도 포함한다고 한다.[30]

(3) 立證責任

고지의무위반사실은 입증책임의 일반원칙에 따라 이를 주장하는 자, 즉 보험자가 이를 입증하여야 한다.

---

29) 梁承圭(保) 119면 ; 鄭熙喆・鄭燦亨(下) 503면.
30) 蔡利植(下) 462면.

<대법원 1993. 4. 13. 선고, 92 다 52085 · 52092 판결 : 고지의무위반사실에 대한 입증책임은 보험자에게 있다>

보험계약자가 보험계약체결 당시 자동차를 유상운송에 계속적으로 이용할 것임을 알면서도 보험청약서의 유상운송 및 공동사용형태난에 "유상운송 및 공동사용하지 않음" 이라고 사실과 다르게 기재하였다면 보험자는 고지의무위반을 이유로 보험계약을 해지할 수 있다. 이와 같이 사실과 다르게 기재함으로 인하여 사고발생의 위험이 현저하게 변경 또는 증가하지는 않았으므로 고지의무를 위반하였다는 이유로 계약해지를 할 수 없다고 하는 점은 보험계약자가 주장, 입증하여야 한다.

5. 告知義務違反의 效果

고지의무의 위반이 있는 경우에는 보험자는 계약을 解止할 수 있다(제651조 본문)(계약이 당연히 무효가 되는 것은 아니다.).

<대법원 1993. 4. 13. 선고, 92 다 52085 · 52092 판결 : 고지의무위반으로 보험자의 계약해지권을 인정한 사례>

보험청약시 보험회사의 요구에 의하여 보험계약자가 작성하는 질문표에 기재된 질문사항은 다른 특별한 사정이 없는 한 보험계약에 있어서의 중요한 사항에 해당된다고 추정할 수 있을 뿐 아니라 자동차보험계약에서 유상운송에 이용되는 자동차의 보험료는 기본보험료율의 120% 내지 130%인 특별요율에 의하여 산정하도록 되어 있으므로, 보험계약자가 보험계약체결 당시 자동차를 유상운송에 계속적으로 이용할 것임을 알면서도 보험청약서의 유상운송 및 공동사용형태난에 "유상운송 및 공동사용하지 않음" 이라고 사실과 다르게 기재하였다면 보험자는 고지의무위반을 이유로 보험계약을 해지할 수 있다.

<대법원 1999. 4. 23. 선고, 99 다 8599 판결: 집합물건의 일부에 대한 고지의무위반의 효과>

수개의 집합물건에 대하여 하나의 화재보험계약을 체결하였는데, 보험계약자가 일부 물건에 대한 고지의무를 위반한 경우, 보험자는 계약 전체를 해지할 수는 없다.

(1) 解止權의 行使

(가) 解止權의 性質 및 行使方法

解止權은 形成權이므로 보험자가 일방적으로 고지의무자에게 해지의 통지를 하면 된다. 통지의 상대방은 보험계약자 또는 그 대리인이다. 고지의무자가 사망한 때에는 그 상속인에게 하여야 한다. 그러나 고지의무자가 아닌 保險受益者에게 한 解止의 의사표시는 효력이 없다.

> <대법원 1989. 2. 14. 선고, 87 다카 2973 판결 : 保險受益者에게 한 解止의 의사표시는 효력이 없다>
>
> 생명보험계약에 있어서 고지의무위반을 이유로 한 해지의 경우에는 계약의 상대방 당사자인 보험계약자나 그의 상속인(또는 그들의 대리인)에 대하여 해지의 의사표시를 하여야 하고, 타인을 위한 보험에 있어서도 보험금 수익자에게 해지의 의사표시를 하는 것은 특별한 사정(보험약관상의 별도기재 등)이 없는 한 그 효력이 없다.

(나) 解止權의 行使時期

解止權은 계약의 성립과 동시에 발생하므로 보험사고의 발생 前後를 불문하고 행사할 수 있다.

(다) 解止權의 行使效果

보험사고가 발생하기 전에 보험자가 보험계약을 解止한 때에는 계약은 그 통지가 도달한 때부터(民 제111조) 장래에 대하여 그 效力을 잃는다(民 제550조). 그리고 解止하기까지 이미 받은 보험료는 보험계약자에게 반환할 필요가 없다.

보험사고가 발생한 후에 계약을 解止한 때에는 특칙을 두어 지나간 보험료기간에 대한 보험료를 반환할 필요는 없어도, 보험자의 책임은 소급하여 소멸하므로 보험금액을 지급할 책임도 없고 이미 지급한 보험금액이 있다면 그 반환청구를 할 수 있게 하였다(제655조 본문). 그 취지는 惡性危險을 선택하게 한 보험계약자에 대한 일종의 制裁를 가하는 동시에 계약소멸에 의하여 보험자에게 손실을 주지 않으려는 데 있다. 그러나 生命保險의 경우에는 보험수익자를 위한 적립금을 보험계약자에게 지급하여야 한다(제736조). 이는 生命保險이 保障性과 貯蓄性의 기능을 겸하고 있기 때문에 인정된 예외이다.

(2) 解止權의 排除

다음 경우에는 보험자는 계약을 解止할 수 없다.

(가) 保險者의 惡意 또는 重過失

보험자가 계약체결 당시 고지의무위반의 사실을 알았거나 중대한 과실로 인하여 알지 못한 때에는 보험자는 계약을 解止할 수 없다(제651조 단서). 왜냐하면 惡意(이때는 묵시적인 解止의 포기라고도 볼 수 있다.) 또는 중과실이 있는 보험자를 보호하기 위하여 보험계약자의 이익을 희생시키는 것은 衡平의 理念에 어긋나기 때문이다. 保險代理店, 保險醫 등 告知受領權이 있는 자의 惡意·重過失의 경우에도 같다.[31)]

<대법원 2001. 1. 5. 선고, 2000 다 40353 판결: 보험자에게 소속된 保險醫의 검진이 보험자의 보조자로서의 자격으로 행해진 것이 아니라면 그 의사가 보험자에게 소속된 의사라는 사유만으로 검진 과정에서 알게 된 보험계약자 등의 질병을 보험자도 알고 있다고 할 수 없다>

보험계약 당시에 보험계약자 또는 피보험자가 고의 또는 중대한 과실로 인하여 중요한 사항을 고지하지 아니하거나 부실의 고지를 하였다고 하더라도 보험자가 계약 당시에 그 사실을 알았거나 중대한 과실로 인하여 알지 못한 때에는 그 고지의무 위반을 들어 계약을 해지할 수 없다고 할 것인바, 여기에서 말하는 보험자의 악의나 중대한 과실에는 보험자의 그것뿐만 아니라 이른바 보험자의 保險醫를 비롯하여 널리 보험자를 위하여 고지를 수령할 수 있는 지위에 있는 자의 악의나 중과실도 당연히 포함된다고 할 것이나, 보험자에게 소속된 의사가 보험계약자 등을 검진하였다고 하더라도 그 검진이 위험측정자료를 보험자에게 제공하는 보험자의 보조자로서의 자격으로 행해진 것이 아니라면 그 의사가 보험자에게 소속된 의사라는 사유만으로 그 의사가 검진 과정에서 알게 된 보험계약자 등의 질병을 보험자도 알고 있으리라고 보거나 그것을 알지 못한 것이 보험자의 중대한 과실에 의한 것이라고 할 수는 없다고 할 것이며, 이와 같이 해석하는 것

31) 보험자측의 중과실 여부에 관한 판례를 보면, 생명보험에서 피보험자의 건강진단을 실시하지 않은 것은 보험자의 중과실이 될 수 없다고 하며(서울민지판 1982. 10. 12, 82 가단 3246), 보험회사가 보험의에게 위임한 진단절차범위 속에 조직검사 등의 정밀검사가 포함되어 있지 않는 한 보험계약자가 고지하지 않은 편도암을 발견하지 못한 것은 보험의에게 중대한 과실이 없다고 한다(춘천지판 1979. 9. 18, 78 가합 33. 同旨 : 서울고판 1975. 12. 17, 73 나 950).

이 환자에 대한 비밀의 누설이나 기록의 공개를 원칙적으로 금지하고 있는 의료법의 취지에도 부합한다.

(나) 除斥期間의 經過

보험자가 고지의무위반의 사실을 안 날로부터 1월, 계약을 체결한 날로부터 3년이 경과하면 계약을 解止할 수 없다(제651조 본문). 여기서 보험자란 보험계약체결권이 있는 보험자 또는 그 대리인을 말하고, 보험계약체결권이 없는 보험설계사 등이 안 것은 포함되지 않는다. 이 1개월 또는 3년의 기간은 時效期間이 아니라 除斥期間이다(이 기간을 不可爭期間(incontestable period)이라고도 하며, 이를 정하는 약관을 '不可抗爭約款'이라 한다.).

<대법원 1986. 11. 25. 선고, 85 다카 2578 판결 : 제척기간경과 후의 해지통지는 효력이 없다>

보험계약자가 보험계약체결 당시에 고의 또는 중대한 과실로 선박의 감항능력의 결함에 관하여 고지하지 아니하였다 하더라도 보험자가 상법 제651조 소정의 해지권행사기간 도과 후에 한 해지통고는 효력이 없다.

<대법원 1996. 3. 8. 선고, 95 다 28779 판결 : 영국법상 해지권의 제척기간인 '상당한 기간 내'는 우리 법의 제척기간과 반드시 동일한 것은 아니다>

영국 법원의 판례에 의하면 피보험자의 고지의무 위반사실을 안 보험자가 기간의 제한없이 무한정하게 고지의무위반을 원인으로 보험계약을 취소할 수 있는 것이 아니라 그 사실을 안 날로부터 보험계약 취소 여부를 결정하는데 필요한 상당한 기간 내에 취소권을 행사하여야 하고, 보험자가 취소권을 행사하지 않을 의사임이 명백할 정도로 오랜 시간이 흐른 경우나 보험자가 취소권을 늦게 행사함으로써 피보험자에게 손해가 발생한 경우 또는 제 3 자의 권리관계가 개입하게 된 경우라면 보험자가 보험계약을 추인하였다고 볼 수 있다는 것일 뿐이므로, 그 상당한 기간을 일률적으로 우리 상법 제651조 소정의 제척기간에 상응하는 1개월 내라고 단정할 수는 없다.

(다) 因果關係의 缺如

고지사항과 보험사고 사이에 相當한 因果關係가 없다는 것을 보험계약자 측에서 입증한 때에는 보험자는 보험금액을 지급하여야 한다(제655조 단서). 그 이유는 "保險者는 告知義務違反으로 인하여 결국 아무런 불이익도 받은 것이 없으므로, 보험계약자에게도 불이익을 주어서는 아니된다는 데 있다."고 할 것이다.[32] 그러

나 이에 대하여는,

> "① 고지의무제도가 보험자로 하여금 위험에 대한 정확한 평가를 내리고 불량위험을 배제시키기 위한 것이라면 보험사고발생의 원인을 사후적으로 문제삼는 것은 모순이고, ② 보험계약자가 사전에 올바로 고지하였더라면 계약이 맺어지지 아니한 경우와 균형이 맞지 아니하며, ③ 보험자가 보험계약 당시에 고지의무위반의 대상이 된 사항에 대하여 진실을 알았더라면 보험자는 적어도 동일한 계약내용으로는 보험계약을 맺지 않았을 것이고, 여기에 보험자에게 계약해지권을 인정하는 기초가 있다 할 것이므로, 고지의무위반사항과 보험사고가 인과관계가 없다는 이유로 보험자의 책임을 인정하는 것은 논리적으로 일관한 것이라 할 수는 없다. 이 때문에 立法論으로는 商法 제655조 단서를 삭제하거나, 아니면 解釋論으로서 그 예외규정을 엄격하게 풀이하도록 하여야 한다."

는 批判이 가해지고 있다.[33]

여기서 解釋論으로서 商法 제655조 단서규정을 엄격하게 해석한다는 것은 현실적으로는 立證責任問題로 나타난다. 즉, 대법원 판례는 因果關係가 不存在한다는 사실의 입증을 요구하고, 이를 증명하지 못하면 인과관계가 존재하는 것으로 보아 사실상 商法 제655조 단서 규정의 적용을 봉쇄하고 있다. 그러나 입증책임은 본래 사실관계가 불분명할 때에 입증을 하여야 할 부담을 특히 그 주장을 하는 자에게 책임지우는 것인데, 판례는 立法論에 지나치게 영향을 받은 나머지 일종의 편법으로 문제를 해결하려 한다는 비판을 면할 수 없을 것이다.[34]

인과관계 부존재의 사실은 이를 주장하는 고지의무자가 입증하여야 한다.

<대법원 1992. 10. 23. 선고, 92 다 28259 판결 : 인과관계 부존재의 사실은 고지의무자가 입증하여야 한다>

<事 實>

이혼녀 亡A는 1990년 5월과 6월 서울의 요정 고려원에서 접대부로 취업하던 중 보험모집인의 권유를 받고 사망사고시 금 4천만원, 특히 교통사고사망시엔 금 8천만원의 보험계약을 체결하면서 그 직업을 '주부'로 허위고지하였다. 1990년 11월 21일 05시 02분 경 A는 일본국 동경시 중정구 중앙 2정목

32) 朴元善(下) 88면.

33) 梁承圭(保) 123면.

34) 崔埈璿, 고지의무와 인과관계, 판례월보 1995. 2. 16~23면 참조.

48-1 노상에서 승용차에 치여 사망하였다. A의 내연의 남편 X는 보험회사에 보험금 8천만원의 지급을 구하였다.

<判決要旨>

고지의무위반의 경우 이로 인하여 사고발생의 위험이 현저하게 변경 또는 증가하지 않았다는 이유로 계약해지를 할 수 없다는 점은 보험계약자(피고)가 주장·입증하여야 한다. … 보험계약을 체결함에 있어 중요한 사항의 고지의무를 위반한 경우 고지의무 위반사실이 보험사고의 발생에 영향을 미치지 아니하였다는 점, 즉 보험사고의 발생이 보험계약자가 불고지하였거나 부실고지한 사실에 의한 것이 아니라는 점이 증명된 때에는 상법 제655조 단서의 규정에 의하여 보험자는 위 부실고지를 이유로 보험계약을 해지할 수 없을 것이나, 위와 같은 고지의무 위반사실과 보험사고 발생과의 인과관계가 부존재한다는 점에 관한 입증책임은 보험계약자측에 있다 할 것이므로, 만일 그 인과관계의 존재를 조금이라도 규지할 수 있는 여지가 있다면 위 단서는 적용되어서는 안될 것이다.

<대법원 1994. 2. 25. 선고, 93 다 52082 판결 : 인과관계 부존재의 사실은 고지의무자가 입증하여야 한다>

<事　實>

소외 亡A는 1990. 11. 3. 피고(亡A의 친구) Y의 명의로 콩코드 승용차를 구입하고 같은 날 피고를 대리하여 원고(X화재보험주식회사)와의 사이에 위 승용차에 관하여, 용도를 출퇴근 및 가정용, 담보종목을 대인배상, 대물배상 및 차량손해, 피보험자를 피고로 하는 개인용 자동차종합보험계약을 체결하였다. 계약체결시에 위 A는 보험계약청약서상의 주운전자난에 실제로 위 승용차를 주로 운전하게 될 자기 자신이나 26세의 미혼인 소외 B(A의 종업원)를 기재하지 아니하고 대신 보험료를 적게 부담할 의도에서 실제로는 승용차를 운전하지 아니할 46세의 기혼자인 소외 C를 기입하였다. 위 亡A는 1990년 12월 18일 당시 27세의 친구인 소외 亡D로 하여금 위 승용차를 운전하게 하여 같은 업종에 종사하는 소외 亡E의 모친에 대한 병문안을 가던 중 경부고속도로상에서 중앙분리대를 넘어 반대차선에 진입한 잘못으로 마주오던 트럭과 정면충돌하여 A, D 등 7인이 사망하였다. 이에 피고 Y는 원고 X에게 보험금액지급을 청구하였다. 원고 X회사는 이에 대하여 보험계약자의 고지의무위반을 이유로 보험계약을 해지하고 채무부존재확인의 소를 제기하였다.

<判決要旨>

보험계약을 체결함에 있어 고지의무 위반사실이 보험사고의 발생에 영향을 미치지 아니하였다는 점, 즉 보험사고의 발생이 보험계약자가 불고지하였거나 부실고지한 사실에 의한 것이 아니라는 것이 증명된 때에는 상법 제655

조 단서의 규정에 의하여 보험자는 위 부실고지를 이유로 보험계약을 해지할 수 없는 것이지만 위와 같은 고지의무위반사실과 보험사고 발생과의 인과관계의 부존재의 점에 관한 입증책임은 보험계약자에게 있다. … 보험료를 절감할 목적으로 주운전자를 26세의 미혼인 A로 고지하지 아니하고 46세의 B로 부실고지하였다면 고지의무위반이 되는 것이며, 사고 당시 27세의 C가 운전하였다고 하더라도 결과에 다름이 없다. 왜냐하면 이 경우 인과관계가 없다고 한다면 주운전자에 관한 사항은 고지의무의 대상이 되지 아니하게 되고, 주운전자의 부실고지는 보험계약의 해지사유가 되지 아니하는 기이한 결과가 초래되기 때문이다.

(3) 解止權의 抛棄

解止權은 보험자의 이익을 위하여 인정된 것이므로 이를 포기할 수 있다. 포기의 意思表示는 명시적이든 묵시적이든(예컨대, 보험자가 고지의무위반을 알면서 보험증권을 교부하든가, 보험금을 지급하는 경우) 상관없다.

6. 約款說明義務違反과 告知義務違反의 關係

(1) 意 義

상법 제638조의3 제2항은 "보험자가 제1항(교부·명시의무)의 규정에 위반한 때에는 보험계약자는 보험계약이 성립한 날부터 1월 내에 그 계약을 취소할 수 있다"고 규정하고 있다. 문제는 본조와 약관규제법 제3조 제3항과의 조화문제이다. 약관규제법 제3조 제3항은 "사업자가 약관의 명시·설명의무를 위반하여 계약을 체결한 때에는 그 약관을 계약의 내용으로 주장할 수 없다"고 한다. 이에 관하여는 학설이 갈린다.

(2) 學 說

(i) 상법적용설은 약관설명의무에 관한 한 상법 제638조의 3 제2항이 약관규제법 제3조 제3항의 특별규정이기 때문에 전자가 우선하여 적용됨으로써 후자는 그 적용이 없다고 한다(특칙설). 따라서 보험자가 약관설명의무를 위반하였더라도 "보험계약자가 1월 내에 그 계약을 취소하지 아니하였으면 더 이상 보험약관의 설명의무위반 문제를 거론할 수 없는 것"이라고 한다. 그러나 說明과 告知 간에

아무런 관계가 없어서 고지의무 위반은 의연히 다툴 수 있으므로 보험자는 상법 제651조(고지의무 위반으로 인한 계약해지)에 따라 보험계약을 해지할 수 있다고 한다.

(ii) 중첩적용설은 상법 제638조의 3은 약관규제법 제3조 제3항의 규정 외에 보험계약자에게 취소권을 하나 더 인정해 주는 규정으로 해석하여야 한다고 한다(취소권추가인정설).

(iii) 판례는 보험계약자의 취소권은 보험계약자에게 주어진 권리일 뿐 의무가 아니다고 하면서 중첩적용설을 취하고 있다.

<대법원 1996. 3. 8. 선고, 95 다 53546 판결 : 보험자가 보험약관의 명시·설명의무에 위반한 경우 고지의무위반을 이유로 보험계약을 해지할 수 없다>

보험자 및 보험계약의 체결 또는 모집에 종사하는 자는 보험계약의 체결에 있어서 보험계약자 또는 피보험자에게 보험약관에 기재되어 있는 보험상품의 내용, 보험요율의 체계 및 보험청약서상 기재사항의 변동사항 등 보험계약의 중요한 내용에 대하여 구체적이고 상세한 명시·설명의무를 지고 있어서, 보험자가 이러한 보험약관의 명시·설명의무에 위반하여 보험계약을 체결한 때에는 그 약관의 내용을 보험계약의 내용으로 주장할 수 없으므로, 보험계약자나 그 대리인이 그 약관에 규정된 고지의무를 위반하였다 하더라도 이를 이유로 보험계약을 해지할 수는 없다. 同旨 : 대법원 1992. 3. 10. 선고, 91 다 31883 판결; 同, 1996. 4. 12. 선고, 96 다 4983 판결.

<대법원 1998. 11. 27. 선고, 98 다 32564 판결: 상법 제638조의 3 제2항이 약관의규제에관한법률 제3조 제3항의 적용을 배제하는 특별규정으로 볼 수 없다>

(iv) 생각건대 중첩적용설이 옳다고 본다. 특칙설은 상법 제638조의 3의 규정을 보험단체를 위한 규정이라고 보고, 1개월 내 취소하지 않으면 보험단체를 위하여 보험계약자에게 더 이상 취소권이 인정될 수 없고, 그 계약은 유효하되, 고지의무 위반은 별개의 문제라고 한다. 이 견해에 의하면 1개월 내에 취소하지 아니하면 보험자가 아무리 설명의무를 위반하였어도 상관없다고 하게 된다. 이러한 해석은 보험계약자 등을 보호하려는 규정이 오히려 벌칙을 수반하는 "1개월 내 보험약관 재확인 의무"를 부담시키는 가혹한 조항이 되고 만다. 이러한 해석은 보험계약자를 보호하기 위하여 본조를 신설한 입법취지에 반한다. 說明과 告知 간에 아무런 관련이 없다는 것도 납득하기 어렵다.

7. 告知義務違反과 錯誤 · 詐欺

보험계약자의 고지의무위반이 있는 경우에 보험자의 錯誤(民 제109조)가 있거나 보험계약자의 詐欺(民 제110조)가 있으면, 보험자는 商法上의 解止權 외에 民法上의 取消權도 행사할 수 있느냐에 관하여는 학설이 대립되고 있다. 만약에 商法만이 적용된다고 하면 보험계약의 解止는 遡及效가 없고, 除斥期間이 경과한 후에는 보험계약을 해지할 수도 없으나, 民法도 적용될 수 있다고 한다면 보험계약이 취소되어 그 계약은 遡及하여 無效가 되고, 보험자는 商法上의 除斥期間이 경과한 후에도 보험계약을 취소 또는 무효로 할 수 있게 된다.

첫째 견해(重複適用說)는 商法의 고지의무와 民法의 錯誤 · 詐欺는 그 근거 · 요건 · 효과에 있어 서로 다른 것이므로 民 · 商法이 다같이 적용되어야 한다는 것이다.[35]

둘째 견해(折衷說)는 보험자에게 錯誤가 있는 경우에는(보험계약자에게 害意가 없으므로) 商法의 특칙에 따라 解止權만을 행사하나, 保險契約者의 詐欺가 있는 경우에는 害意 있는 보험계약자를 보호할 필요가 없으므로 보험자는 解止權뿐만 아니라 不可爭期間이 경과한 후에도 民法上의 取消權을 행사할 수 있다고 본다.[36]

셋째 견해(商法單獨適用說)에 의하면 商法이 解止權을 인정하는 것은 고지의무위반이 있는 경우에 보험계약이 그 체결 당시에 소급하여 무효로 되는 것을 피하려는 것이므로 民法의 적용을 배제하여야 하고, 商法의 규정에 따라 해결하는 것이 타당하다고 한다.[37]

생각건대, 상법의 고지의무와 민법의 착오 · 사기는 그 근거 · 요건 · 효과에 있어 서로 다른 것이므로 民 · 商法이 다같이 적용된다고 보는 중복적용설이 옳다고 본다. 다만 立法論으로는 詐欺로 인한 경우에는 그 계약 자체를 무효로 하여야 할 것이다. 그렇게 하여야만 詐欺에 의한 超過保險을 무효로 하는 商法 제669조 제4항 및 제672조 제3항과도 균형이 맞는다. 현재는 보통보험약관에 詐欺에 의한 보험계약은 무효로 한다고 규정하고 있고, 保險者가 詐欺를 이유로 보험계약을 取消하는 때에도 보험자는 詐欺의 사실을 안 때까지의 보험료를 청구할 수 있다고 규정하여 보험약관에 의하여 해결하고 있다.

---

35) 蔡利植(下) 466면.
36) 梁承圭(保) 125면 ; 崔基元(保) 179면 ; 孫珠瓚(下) 531면.
37) 徐燉珏 · 鄭完溶(下) 379면 ; 鄭熙喆 · 鄭燦亨(下) 507면.

<대법원 1991. 12. 27. 선고, 91 다 1165 판결 : 사기에 의한 보험계약의 경우 민법에 따라 이를 취소할 수 있다>

보험계약을 체결함에 있어 중요한 사항에 관하여 보험계약자의 고지의무위반이 사기에 해당하는 경우에는 보험자는 상법의 규정에 의하여 계약을 해지할 수 있음은 물론 민법의 일반원칙에 따라 그 보험계약을 취소할 수 있다.

<서울고등법원 1984. 8. 24. 선고, 83 나 3776 판결 : 사기행위로 인하여 체결된 보험계약은 약관에 따라 무효이다>

피보험자가 보험계약 당시 당뇨병, 폐결핵(중증), 고혈압 등의 환자였음에도 불구하고 이를 숨기기 위하여 다른 건강한 사람으로 하여금 피보험자를 가장하여 진단을 받도록 하여 허위의 진단서를 받고 이것으로써 보험회사를 기망하여 체결한 보험계약은 사기행위로 인하여 체결된 것으로서 약관에 따라 무효라 할 것이고, 또 보험회사의 영업소장이 피보험자의 건강상태를 알고서 고지의무의 대상인 이른바 중요한 사항을 숨기고 나아가서 제 3 자로 하여금 대리진사를 하게 하는 등의 방법으로 보험회사를 기망하여 계약을 체결하게 된 경우에는 그것이 그의 권한 내의 행위로 보인다고 할지라도 그 계약체결의 목적이 보험회사를 위한 것이라기 보다는 오로지 그 자신의 근무성적에 관련된 보험계약고를 채우고 보험수익자에게는 부당한 이익을 주기 위한 권한을 남용한 행위라 할 것이고, 보험계약자도 또한 이러한 권한남용행위를 알고 있었으니 보험회사는 이 보험계약에 따른 책임이 없다고 보는 것이 상당하다.

제4절 保險契約의 效果

Ⅰ. 保險者의 義務

1. 保險證券交付義務

보험자는 보험계약이 성립한 때에는 지체없이 보험증권을 작성하여 보험계약자에게 교부하여야 한다(제640조 제1항 본문). 다만 보험계약자가 보험료의 전부 또는 최초의 보험료를 지급하지 아니한 때에는 그러하지 아니하다(제640조 제1항 단서). 기존의 보험계약을 연장하거나 변경한 경우에는 보험자는 보험증권에 그 사실을 기재함으로써 보험증권의 교부에 갈음할 수 있다(제640조 제2항).

2. 保險金支給義務

(1) 保險金支給責任의 發生要件

(가) 保險事故의 發生

보험자는 보험사고가 발생하면 다른 약정이 없으면 보험사고발생의 통지를 받은 후 지체없이 지급할 보험금액을 정하고 그 금액을 정한 날로부터 10일 내에(제658조) 피보험자 또는 보험수익자에게 보험금액을 지급하여야 한다(제638조). 타인을 위한 손해보험계약의 경우에는 보험계약자가 타인에게 손해를 배상한 때에는 그 타인의 권리를 해하지 않는 범위 내에서 보험자에게 보험금의 지급을 청구할 수 있다(제639조 제2항).

(나) 保險契約者의 保險料支給

보험자의 보험금지급책임은 당사자간에 다른 약정이 없는 한 "최초의 보험료의 지급을 받은 때로부터 개시한다."(제656조). 보험계약자의 보험료지급이 없는 이상 보험자는 보험사고가 발생하여도 보험금지급의무가 발생하지 아니한다. 다만 예외적으로 보험자와 보험계약자간에 보험기간이 개시된 후에 보험료를 받기로 다른 약정을 한 경우에는 보험료지급 전에 발생한 보험사고에 대하여 보험자는 보험료를 받지 않았음에도 불구하고 보험금지급의무를 부담하여야 한다.

<대법원 1974. 12. 10. 선고, 73 다 1591 판결 : 보험료지급이 없으면 보험금지급의무도 없다>

상법 제656조의 규정에 의하면 보험계약자의 보험료지급이 없는 이상 보험자는 보험사고가 발생하여도 보험금지급의무가 발생할 수 없다.

<대법원 1991. 12. 10. 선고, 90 다 10315 판결 : 보험회사의 보험료 대납약정의 경우 이미 보험료를 지급한 것으로 본다>

보험회사 대리점이 평소 거래가 있는 자로부터 그 구입한 차량에 관한 자동차보험계약의 청약을 받으면서 그를 위하여 그 보험료를 대납하기로 전화상으로 약정하였고, 그 다음날 실제 보험료를 지급받으면서는 그 전날 이미 보험료를 납입받은 것으로 하여 보험약관에 따라 보험기간이 그 전날 24시부터 이미 시작된 것으로 기재된 보험료영수증을 교부한 경우 위 약정일에 보험계약이 체결되어 보험회사가 보험료를 영수한 것으로 보아야 할 것이다.

(2) 保險者의 承諾前 事故의 경우

보험계약자의 보험계약 청약에 대하여 보험자가 승낙하고, 최초의 보험료를 지급받으면 보험자의 책임이 개시된다. 그러나 보험계약의 청약과 함께 보험료의 전부 또는 일부를 지급한 경우에는 보험자의 승낙일까지는 위험을 인수함이 없이 보험료만 받게 되는 결과가 된다. 따라서 商法은 종래 보험약관에서 인정되던 것을 1991년의 改正商法에서 입법화하여 "보험자가 보험계약자로부터 보험계약의 청약과 함께 보험료상당액의 전부 또는 일부를 받은 경우에 그 청약을 승낙하기 전에 보험계약에서 정한 보험사고가 생긴 때에는 그 청약을 거절할 사유가 없는 한 보험자는 보험계약상의 責任을 진다."고 규정하고 있다(제638조의 2 제3항). 다만 人保險契約의 피보험자가 신체검사를 받아야 하는 경우(有診査保險)에 그 검사를 받지 아니한 때에는 건강에 이상이 없었다고 하더라도 그러하지 아니하다(제

638조의 2 제3항 단서).

(3) 保險金支給責任의 消滅時效

保險金支給義務는 2년의 時效로 인하여 소멸한다(제662조). 이 時效期間은 보험사고가 발생한 날로부터 기산하여야 하나, 보험사고발생통지를 한 때에는 보험금액을 정한 후 보험금지급 유예기간(10일)이 경과한 다음날로부터 起算한다. 객관적으로 보아 보험사고가 발생한 사실을 확인할 수 없는 사정이 있는 경우에는 보험금액청구권자가 보험사고의 발생을 알았거나 알 수 있었던 때로부터 보험금청구권의 소멸시효가 진행한다고 해석하여야 한다. 裁判에 의하여 보험금지급청구권이 확정되는 경우에는 확정판결이 있는 때로부터 起算한다.

<대법원 1993. 7. 13. 선고, 92 다 39822 판결 : 보험금청구권의 소멸시효의 기산점>

특별한 다른 사정이 없는 한 원칙적으로 보험금액청구권의 소멸시효는 보험사고가 발생한 때로부터 진행한다고 해석하는 것이 상당하지만, 보험사고가 발생한 것인지의 여부가 객관적으로 분명하지 아니하여 보험금액청구권자가 과실없이 보험사고의 발생을 알 수 없었던 경우에도 보험사고가 발생한 때로부터 보험금액청구권자의 소멸시효가 진행한다고 해석하는 것은, 보험금액청구권자에게 너무 가혹하여 사회정의와 형평의 이념에 반할 뿐만 아니라 소멸시효제도의 존재이유에 부합된다고 볼 수도 없으므로, 이와 같이 객관적으로 보아 보험사고가 발생한 사실을 확인할 수 없는 사정이 있는 경우에는 보험금액청구권자가 보험사고의 발생을 알았거나 알 수 있었던 때로부터 보험금청구권의 소멸시효가 진행한다고 해석하는 것이 타당하다.

<대법원 1998. 5. 12. 선고, 97 다 54222 판결: 보험금청구권의 소멸시효의 기산점>

상법 제662조는 보험금액의 청구권은 2년간 행사하지 아니하면 소멸시효가 완성한다는 취지를 규정하고 있을 뿐 보험금액청구권의 소멸시효 기산점에 관하여는 아무 것도 규정하지 않고 있으므로, "소멸시효는 권리를 행사할 수 있는 때로부터 진행한다."고 규정한 민법 제166조 제1항에 따를 수밖에 없고, 특별한 사정이 없는 한 원칙적으로 보험금액청구권의 소멸시효는 보험사고가 발생한 때로부터 진행한다고 해석함이 상당하다. 同旨: 대법원 1998. 2. 13. 선고, 96 다 19666 판결.

<대법원 1999. 2. 23. 선고, 98 다 60613 판결: 보험금청구권의 소멸시효의

기산점>

보험사고가 발생한 것인지의 여부가 객관적으로 분명하지 아니하여 보험금청구권자가 과실 없이 보험사고의 발생을 알 수 없었던 특별한 사정이 있는 경우에는 그가 보험사고의 발생을 알았거나 알 수 있었을 때로부터 보험금청구권의 소멸시효가 진행하지만, 그러한 사정이 없는 한 보험금청구권의 소멸시효는 원칙적으로 보험사고가 발생한 때로부터 진행한다.

<대법원 2000. 3. 23. 선고, 99 다 66878 판결: 무보험자동차에 의한 사고로 인한 보험금청구권 역시 상법 제662조에 의한 보험금액의 청구권에 다름 아니어서 이를 2년간 행사하지 아니하면 소멸시효가 완성된다>

보험금액의 청구권 등의 소멸시효기간에 관하여 규정한 상법 제662조는 달리 특별한 규정이 없는 한 모든 손해보험과 인보험에 적용되는 규정이고, 무보험자동차에 의한 상해담보특약에 의한 보험이 실질적으로 피보험자가 무보험자동차에 의한 사고로 사망 또는 상해의 손해를 입게 됨으로써 전보되지 못하는 실손해를 보상하는 것이라고 하더라도 그 보험금청구권은 상법 제662조에 의한 보험금액의 청구권에 다름 아니어서 이를 2년간 행사하지 아니하면 소멸시효가 완성된다고 할 것이고, 보험금청구권은 보험사고의 발생으로 인하여 구체적으로 확정되어 그 때부터 그 권리를 행사할 수 있게 되는 것이므로 그 소멸시효는 달리 특별한 사정이 없는 한 민법 제166조 제1항의 규정에 의하여 보험사고가 발생한 때로부터 진행한다(대법원 1997. 11. 11. 선고, 97 다 36521 판결; 同, 1998. 5. 12. 선고, 97 다 54222 판결 참조).

(4) 保險金支給場所

보험금은 원칙적으로 채권자인 보험수익자 또는 피보험자의 주소 또는 영업소에서 지급하여야 한다(민법 제467조 제2항). 그러나 실제에 있어서는 보험자의 영업소에서 이를 지급하는 것이 일반적이다.

(5) 保險者의 免責事由

法은 보험자를 보호하기 위하여, 또는 형평의 이념 등의 이유로 보험자가 보험금액지급책임을 지지 않는 경우(免責事由)를 인정하고 있다. 보험자의 免責事由는 法定免責事由와 約定免責事由로 크게 분류할 수 있고, 法定免責事由는 다시 모든 보험에 공통되는 '一般的 免責事由'와 각종 보험에서 특별히 인정되는 '特殊的 免責事由'(손해보험에서만 인정되는데, 손해보험 전반에 관한 것과 運送保險 · 海上保險 특유의 것이 있다.)로 분류할 수 있다.

(가) 一般的 免責事由

(a) **保險事故의 誘發** : 보험사고가 보험계약자 또는 피보험자(損害保險의 경우)나 보험수익자(生命保險의 경우)의 故意 또는 重大한 過失로 인하여 생긴 때에는 보험자는 보험금액을 지급할 책임이 없다(제659조). 보험사고를 유발한 자가 보험자에게 책임을 전가시키는 것은 信義誠實의 原則에 어긋나고 公益에 반하는(反社會性) 것으로 허용할 수 없기 때문이다. 故意에 의하여 보험사고를 유발하고 보험자로부터 보험금을 지급받아 편취하면 형법상 사기죄에 해당한다. 여기서 말하는 故意에는 未必的 故意도 포함한다. 重過失이란 거의 故意에 가까운 현저히 注意를 결여한 상태를 말한다. 다만 死亡保險에서는 보험계약자 또는 피보험자나 보험수익자의 重過失로 인하여 보험사고가 생긴 경우에도 보험자는 보험금액의 지급책임을 면하지 못한다(제732조의 2). 이는 상법 제739조(準用規定)에 의하여 상해보험의 경우에도 같다. 그러나 이와 같이 人保險의 경우에 '重過失'을 보험자의 면책사유에서 제외한 것은 피보험자의 사망이 보험계약자 등의 고의로 인한 경우에도 고의가 아닌 중대한 과실에 의한 사망이라고 주장한다면 이를 입증하기 곤란하다는 문제가 있다.

한편 입법례에 따라서는 일정한 기간(예컨대, 2년 정도)이 경과한 후에는 고의의 경우에도 면책사유에서 제외한다.[38]

보험계약자, 피보험자, 보험수익자의 故意·重過失의 입증책임은 보험자에게 있다.

<대법원 1982. 7. 13. 선고, 82 도 874 판결 : 고의에 의한 보험사고의 유발과 형법상의 사기죄의 성립>

피보험자가 고의로 사고를 일으키고 보험자로부터 보험금을 지급받아 편취하면 사기죄에 해당한다.

<대법원 1991. 3. 8. 선고, 90 다 16771 판결 : 고의는 미필적 고의도 포함한다>

전국화물자동차운송사업조합연합회 공제조합의 통합공제약관은 "조합원 또는 자동차에 관계되는 피용자의 고의로 인한 손해"에 대하여는 보상하지 아니한다고 규정하고 있는바, 자동차사고로 인한 손해배상책임을 전보하는 것을 내용으로 하는 위 공제조합의 공제계약은 일종의 책임보험과 같은 성질의 것으로서 책임보험은 피보험자의 법적 책임부담을 보험사고로 하는 손해

38) 프랑스保 L.132-7.

보험이고, 보험사고의 대상인 법적 책임은 불법행위책임이므로 이 경우에 어떠한 것이 보험사고인가는 기본적으로는 불법행의의 법리에 따라 정하여야 할 것인데, 불법행위 법리에 있어서는 미필적 고의도 고의의 한 태양으로 보므로 특별한 사정이 없는 한 위 공제약관상의 고의에는 미필적 고의를 포함하는 것으로 해석할 것이다. … 공제가입차량의 운전사가 여고 2년생인 피해자를 태우고 차량을 운행하던 중 피해자가 위 운전사가 자기를 감금 내지 강제추행하려는 의도를 알아채고 하차하여 줄 것을 요구하였으나 동인이 이에 불응하고 그대로 질주하자 다급한 나머지 우측 출입문을 열고 뛰어 내리다가 길바닥에 떨어져 뇌출혈 등으로 사망하였다면 피해자의 추락에 의한 사망에 관하여 위 운전사에게 고의가 있었다고 단정할 수 없다.

<서울고등법원 1988. 12. 6. 선고, 88 나 25712 판결 : 고의에 의한 보험사고의 유발과 보험자의 면책>

피보험자가 순간적으로 구타당한 데 대한 앙갚음을 할 생각으로 자동차를 급히 전진시켜 우측 범퍼와 후사경으로 피해자의 다리 부위를 충격하여 넘어지게 함으로써 피해자가 그 충격으로 인한 두개골 골절상으로 사망한 경우에는 이는 미필적 고의로 생긴 사고로서 보험약관에 정하여진 고의에 포함된다고 할 것이고, 원인행위에 대한 고의가 있었던 이상 사망이라는 결과가 초래된 경우에도 고의로 일으킨 사고라고 해석하여 보험자는 그로 인한 보험금지급의무를 면한다고 할 것이다.

<대법원 1991. 7. 12. 선고, 91 다 6351 판결 : '중대한 과실'의 의미>

선박소유자가 수산업협동조합중앙회와 체결한 어선보통공제계약의 약관에 "공제계약자, 피공제자의 고의 또는 중대한 과실로 인하여 발생한 사고에 대하여는 공제금을 지급하지 아니한다."고 규정하고 있는 경우, 여기서 '중대한 과실'이라 함은 통상인에게 요구되는 정도의 상당한 주의를 하지 않더라도 약간의 주의를 한다면 손쉽게 위법, 유해한 결과를 예견할 수 있는 경우인데도 불구하고, 만연히 이를 간과함과 같은 거의 고의에 가까운 현저히 주의를 결여한 상태를 말한다. … 근해 채낚기 어업용으로 면허된 사고 선박이 일시적으로 서해안에서 어획물을 냉동, 운반하다가 원래 용도인 오징어 채낚기 조업을 준비하기 위하여 방파제와 계류시설을 갖춘 항구에 정박하고 있던 선박에 선장이나 기관장이 없는 상태에서 폭풍우로 인한 해난을 피하다가 파손된 경우 위 약관이 규정한 면책요건에 해당되지 않는다.

<광주고등법원 1991. 4. 2. 선고, 90 나 5244, 90 나 5251 판결 : 피보험자측의 중대한 과실로 인한 보험자의 면책>

건물 내의 습기를 제거하기 위하여 부득이 석유난로에 불을 피워 놓았으

면 그 건물 내에는 쉽게 불붙을 수 있는 자개장농 등 목재로 된 가구류 및 가구류 운반시 흠집발생을 방지하기 위하여 사용할 목적으로 장농 위에 놓아둔 종이뭉치 등이 있어 쉽게 불이 옮겨붙을 가능성이 있으므로 이로 인하여 화재가 발생하지 않도록 난로의 불을 완전히 소화한 다음 귀가하거나 다른 사람에게 이를 소화하도록 하였어야 함에도 아무런 조치도 취하지 아니한 과실로 화재가 발생한 것은 피보험자의 중대한 과실로서 보험자의 면책사유에 해당한다 할 것이다.

被保險者의 親族이나 雇傭人의 故意·重過失의 경우에도 保險者는 면책된다는 주장이 있다. 독일에서는 이를 代表者責任理論(Repräsentantenhaftungstheorie)이라 한다. 우리 保險法에서는 아직 적극적으로 이러한 주장을 수용하지 아니한다. 우리나라에서도 이러한 理論을 지지하는 학설도 있고,[39] 보험약관에 이에 관한 규정이 있는 경우에만 이를 인정하자는 견해도 있다.[40] 保險契約者 등의 共謀·敎唆·幇助 등 保險事故 發生에 대하여 책임있는 사유가 있는 경우에만 保險者는 責任을 면한다고 본다.[41]

<대법원 1984. 1. 17. 선고, 83 다카 1940 판결 : 피보험자의 친족이나 고용인의 보험사고유발에 대한 보험자의 면책규정은 유효하다>

장기화재보통보험약관 제4조 제2항의 면책조항은 피보험자와 밀접한 생활관계를 가진 친족이나 고용인이 피보험자를 위하여 보험사고를 일으킨 때에는 피보험자가 이를 교사 또는 공모하거나 감독상 과실이 큰 경우가 허다하므로 일단 그 보험사고 발생에 피보험자의 고의 또는 중과실이 개재된 것으로 추정하여 보험자를 면책하고자 하는 취지에 불과하고, 피보험자가 보험사고 발생에 자신의 고의 또는 중과실이 개재되지 아니하였음을 입증하여 위 추정을 번복한 때에는 위 면책조항의 적용은 당연히 배제될 것이므로 위 면책조항은 상법 제663조의 강행규정에 저촉되지 아니한다. … 위 보통약관 제4조 제2항의 면책조항에 열거된 친족 또는 고용인이라 함은 그들의 행위가 피보험자의 고의 또는 중대한 과실에 기인한 것이라고 추정케 할만큼 피보험자와 밀접한 생활관계를 가진 자에 국한된다고 보아야 할 것이므로 위 면책조항에서 "세대를 같이 하는 친족 또는 고용인"이라고 규정한 것은 위와 같은 밀접한 생활관계를 표시한 것으로서 고용인도 세대를 같이 하는 자임을 요한

39) 崔基元(保) 196면.
40) 孫珠瓚(下) 539-540면.
41) 梁承圭(保) 141면.

다고 해석함이 타당하다.

보험계약자측의 故意·重過失이 있는 경우에도 보험금을 지급한다는 특약은 유효인가 문제이다. 보험계약자측의 重過失의 경우에는 보험자가 免責되지 아니한다는 약정은 유효하다고 생각되나, 보험계약자측의 故意의 경우에도 면책된다는 약정은 무효라고 본다.

(b) **戰爭危險** : 보험사고가 전쟁 기타의 變亂으로 인하여 생긴 때에는 당사자간에 특약이 없는 한 보험자는 보험금액의 지급책임을 면한다(제660조). 여기서 전쟁이라 함은 선전포고 유무는 묻지 않고 군사력에 의한 행위를 말한다. 전투훈련 중의 사고는 전쟁으로 풀이된다. 그리고 變亂은 통상의 경찰력으로는 통제할 수 없는 상태를 말한다. 전쟁위험에 대하여 면책하도록 한 것은 전쟁은 평상시에는 예상할 수 없는 것으로, 통상적 사정에 의한 '平均的 危險'을 기초로 산정한 보험료로는 그 막대한 손해를 전보할 수 없기 때문이다. 그러나 특약으로 전쟁위험(war risk)을 인수하는 것은 상관없다.

(c) **保險者의 契約解止** : 보험계약자 또는 피보험자의 의무[예컨대, 보험료 지급의무(제650조), 告知義務(제651조), 危險變更·增加의 通知義務(제652조)]의 위반 또는 故意나 重過失로 인한 위험의 變更·增加(제653조)를 이유로 보험자가 계약을 解止한 때(이때에는 보험자가 그 사실을 안 날로부터 1月 내에 보험료의 증액을 청구할 수도 있다.)에는 보험자는 보험금액의 지급책임이 없고, 이미 지급한 보험금액의 반환도 청구할 수 있다(제655조 본문). 다만 生命保險에 있어서는 보험수익자를 위하여 적립한 금액을 보험계약자에게 지급하여야 한다(제736조 본문). 그러나 告知義務의 違反事實이나 위험의 현저한 변경·증가사항이 보험사고의 발생에 영향을 미치지 않았음이 증명된 때에는 보험자는 면책될 수 없다(제655조 단서). 보험자의 이러한 면책사유는 衡平의 理念에 비추어 당연한 조치이다.

(나) 特殊한 免責事由

(a) **目的物 自體의 危險** : 損害保險의 목적인 물건 자체의 성질·瑕疵 또는 自然消耗로 인한 손해(예컨대, 과실의 부패, 포장불충분으로 인한 운송물의 파손, 장기간의 사용으로 인한 기계의 노후화)는 보험자가 이를 보상할 책임이 없다(제678조)(이것은 損害保險의 일반적 면책사유로 규정되어 있으나 責任保險과 같은 財産保險에는 해당되지 않는다.). 목적물 자체가 위험을 지니고 있는 것은 이미 객관적으로 위험의 발생이 확정되어 있는 것이므로(不確定性의 缺如), 보험사고로 취급할 수 없기 때문에 이를 免責事由로 한 것이다.

(b) **送荷人·受荷人의 保險事故 誘發** : 陸上運送保險에 있어서 보험사고가 송하인 또는 수하인의 故意 또는 重過失로 인하여 발생한 때에는 보험자는 그 손해의 보상책임을 지지 아니한다(제692조). 송하인 또는 수하인은 운송보조자로서 운송계약상 일정한 권리·의무를 가지므로(제139조~제141조) 보험계약자 또는 피보험자의 경우(제659조)와 같이 보험자의 면책을 인정한 것이다.

(c) **海上保險 특유의 事由** : 海上保險者는 항해에 관한 사고로 인하여 생길 손해를 보상할 책임을 지는데(제693조), 海上運送의 특수성에 비추어 보험자의 면책범위도 넓히고 있다. 즉, 船舶保險·運賃保險에 있어서는 堪航能力의 欠缺로 인한 손해(제706조 제1호), 積荷保險에 있어서는 傭船者·送荷人 또는 受荷人의 故意 또는 重過失로 인한 손해(제706조 제2호), 導船料·入港料·燈臺料·檢疫料 기타의 선박 또는 적하에 관한 항해 중의 通常費用(제706조 제3호)(이른바 '小海損'로서 운임에서 지급될 당연한 비용이기 때문이다.)에 대하여는 책임을 지지 아니하고, 航海變更(제701조)·離路(제701조의 2)·發航 또는 航海의 遲延(제702조)·船舶變更(제703조) 후의 사고에 대하여도 책임을 지지 아니한다. 또 보험자의 동의없이 선박을 양도한 때(제703조의 2 제1호), 선박의 船級을 변경한 때(제703조의 2 제2호), 선박을 새로운 관리로 옮긴 때에는 보험계약이 종료하므로 그 후의 사고에 대하여는 보험자는 책임을 지지 않는다.

(d) **約款上의 免責事由** : 약관에 의해서 계약을 체결하는 보험계약의 실제에 있어서는 약관 속에 면책조항을 규정하는 일이 많다. 이 면책조항은 보험제도의 본질에 반하지 아니하고 公序良俗(民 제103조) 또는 信義則(民 제2조 제1항)에 반하지 않는 한 유효하다고 본다.

면책사유의 예를 들면, 피보험자와 특별관계에 있는 자의 사고유발, 법령위반행위 기타 地震·噴火·暴動·政治的 謀略 등이며, 이러한 사고로 인한 손해에 대해서는 보험자는 책임을 면한다.

<대법원 1991. 7. 12. 선고, 91 다 6351 판결 : 피보험자의 法令違反으로 인한 보험자의 면책>

약관에 "선장 또는 어선을 지휘 감독하는 자의 법령위반으로 인하여 발생한 사고에 대하여는 공제금의 전부 또는 일부를 지급하지 아니한다."고 규정되어 있는 경우, 이는 선장 또는 어선을 지휘 감독하는 자가 법령에 위반하여 사고발생의 위험을 현저하게 증가 또는 변경시키는 행위를 함으로 인하여

해상사고가 난 경우에 공제자가 면책됨을 규정한 것으로 풀이된다. … 근해 채낚기 어업용으로 면허된 사고 선박이 일시적으로 서해안에서 어획물을 냉동, 운반하다가 원래 용도인 오징어 채낚기 조업을 준비하기 위하여 방파제와 계류시설을 갖춘 항구에 정박하고 있던 선박에 선장이나 기관장이 없는 상태에서 폭풍우로 인한 해난을 피하다가 파손된 경우 위 약관이 규정한 면책요건에 해당되지 않는다.

<대법원 1991. 11. 26. 선고, 91 다 18682 판결 : 暴動 또는 騷擾>

자동차종합보험보통약관 제10조 제1항 제2호에서 전쟁, 혁명, 내란, 사변, 폭동, 소요 기타 이들과 유사한 사태를 보험자의 면책사유로 규정한 취지는 위와 같은 사태하에서는 보험사고 발생의 빈도나 그 손해정도를 통계적으로 예측하는 것이 거의 불가능하여 타당한 보험료를 산정하기 어려울 뿐 아니라 사고발생시에는 사고의 대형화와 손해액의 누적적인 증대로 보험자의 인수능력을 초과할 우려가 있다는 데에 있는 바, 본래 보험제도 자체가 쉽게 예측하기 어려운 장래의 우연적, 돌발적 사고로 인한 손해를 담보하기 위한 것이므로 위와 같은 사고발생의 예측곤란과 피해극대화를 이유로 한 면책사유의 요건은 이를 엄격하게 해석하여야 할 것이고, 따라서 위 조항에 열거된 면책사유 중 '소요'는 폭동에는 이르지 아니하나 한 지방에서의 공공의 평화 내지 평온을 해할 정도로 다수의 군중이 집합하여 폭행, 협박 또는 손괴 등 폭력을 행사하는 상태를 말하는 것으로 보아야 할 것이다. … 프로야구 경기장에서 연고팀(Lotte)이 역전패당한 것에 불만을 품은 1,000여명의 관중들이 상대팀(OB) 선수들을 태우고 떠나려는 버스 앞을 가로막고 빈 병 등을 던지는 소동 중 위 버스에 의해 야기된 교통사고에 있어 위 폭력사태가 그 일어나게 된 경위와 장소 및 사고발생 당시에 있어서의 폭력행사의 정도 등에 비추어 위 '가'항의 소요에 해당하는 것으로는 보기 어렵다.

<대법원 1994. 11. 22. 선고, 93 다 55975 판결 : 騷擾의 의미>

화재보험보통약관에서 '지진, 분화, 해일, 전쟁, 외국의 무력행사, 혁명, 내란, 사변, 폭동, 소요, 기타 이들과 유사한 사태'를 보험자의 면책사유로 규정하고 있다면, 이러한 규정의 취지는 위와 같은 사태하에서는 보험사고 발생의 빈도나 그 손해정도를 통계적으로 예측하는 것이 거의 불가능하여 타당한 보험료를 산정하기 어려울 뿐만 아니라 사고발생시에는 사고의 대형화와 손해액의 누적적인 증대로 보험자의 인수능력을 초과할 우려가 있다는 데에 있는 바, 본래 보험제도 자체가 쉽게 예측하기 어려운 장래의 우연적, 돌발적 사고로 인한 손해를 담보하기 위한 것이므로 위와 같은 사고발생의 예측 곤란과 피해 극대화를 이유로 한 면책사유의 요건은 이를 엄격하게 해석하여야 할 것이고, 따라서 위 조항에 열거된 면책사유 중 소요는 폭동에는 이르지

> 아니하나 한 지방에서의 공공의 평화 내지 평온을 해할 정도로 다수의 군중이 집합하여 폭행, 협박 또는 손괴 등 폭력을 행사하는 상태를 말하는 것으로 보아야 할 것이다.… 화재 당시 대학생들이 단순히 범민족대회 참가를 봉쇄하려는 경찰의 저지선을 뚫기 위하여 화염병을 투척하기에 이르렀고, 그 폭력행사의 정도도 경찰에 대하여서만 화염병을 투척하였을 뿐이고 인근의 다른 상가나 행인에 대하여는 아무런 폭행이나 협박 또는 손괴 등을 하지 아니하였으며, 그 시위장소 또한 지하철역에서 대학교 정문에 이르는 도로에 한정되었고 다른 지역으로는 확산되지 아니하였음이 분명하다면, 위의 보험약관상 면책사유요건의 엄격해석의 원칙을 참작하여 그 대학생들의 폭력사태는 발생경위와 장소 및 당시에 있어서의 폭력행사의 정도 등에 비추어 한 지방의 평화 내지 평온을 해할 정도의 소요 기타 유사한 상태에 해당하는 것으로 보기 어렵다.

免責約款 중에서 자동차보험, 특히 無免許運轉者의 사고에 대한 보험자의 면책에 관한 판례가 가장 많다. 이에 관하여는 後述하는 자동차보험부분에서 자세히 다루기로 한다.

3. 保險料返還義務

(1) 意 義

보험자는 보험계약이 取消, 無效 또는 解止된 경우 보험계약자에게 일정한 범위 내에서 보험료를 반환하여야 한다. 보험료의 반환은 보험자가 기왕에 받은 보험료 전액이 아니라 일정액을 공제한 후 잔액만을 반환한다.

(2) 保險契約이 取消된 경우

보험자가 보험약관의 交付·明示義務를 이행하지 아니하여 보험계약자가 보험계약 성립 후 1월 내에 그 계약을 취소한 때에는(제638조의 3) 明文의 규정은 없으나 보험자는 보험계약자에게 보험료를 반환하여야 한다고 본다.

(3) 保險契約이 無效인 경우

보험계약의 전부 또는 일부가 보험목적의 멸실 등으로 무효인 경우, 보험계약자와 피보험자가 善意이며 重大한 過失이 없는 때에는 보험자는 보험료의 전부 또는 일부를 반환하여야 한다(제648조). 예컨대, 火災保險의 목적인 건물이 도시계획으로 철거된 경우나 홍수로 유실된 경우 등이 이에 속한다.

(4) 保險事故發生 전에 保險契約이 解止된 경우

보험계약자가 보험사고가 발생하기 전에 계약을 解止한 때에는 미경과보험료의 납입이 있으면 보험계약자는 그 반환을 청구할 수 있다(제649조 제3항). 未經過保險料란 保險料不可分의 原則上 보험계약이 解止될 시점에서 볼 때 이미 지나간 보험기간은 물론 解止當時의 보험기간까지를 제외한 남은 보험기간에 해당하는 보험료를 말한다. 그러나 실무에서는 일반적으로 解止當時의 보험기간을 포함하여 남은 기간에 대하여 日割로 계산한 보험료를 지급한다. 그러나 前述한 바와 같이 생명보험의 경우에는 보험자는 보험계약이 解止된 경우 보험료적립금을 반환하여야 한다(제736조).

(5) 消滅時效

보험자의 보험료반환의무도 2년의 시효로 소멸한다(제662조).

4. 利益配當義務

보험자가 보험약관으로 그 이익의 일부를 보험계약자에게 배당할 것을 정한 경우에는 그 약관에 따라 이익배당의무를 부담하고, 이 경우에는 그 지급을 위하여 준비금을 적립하여야 한다.

Ⅱ. 保險契約者 · 被保險者 · 保險受益者의 義務

1. 保險料支給義務

(1) 意 義

보험계약자는 보험자에게 보험료를 지급하여야 한다(제638조). 보험료의 지급은 보험자의 책임의 전제이므로, 보험계약이 성립되었다고 하더라도 제1회 보험료의 지급이 없으면 다른 약정이 없는 한 보험자는 보험계약상의 책임을 지지 아니한다(제656조).

(2) 保險料支給義務者와 受領權者

보험료지급의무자는 보험계약의 당사자인 보험계약자이다. 다만 타인을 위한 보험계약에서 보험계약자의 破産 또는 보험료의 지급지체가 있는 경우에는 피보험자 또는 보험수익자가 보험료를 지급하여야 한다(제639조 제3항 단서).

한편 보험료 수령권자는 보험자 또는 그 대리인이나, 보험모집인도 보험료수령권이 있다.

<대법원 1987. 12. 8. 선고, 87 다카 1793 · 1794 판결 : 보험자의 대리인은 보험료수령권이 있다>

보험자의 대리인이 보험계약자와의 사이에 보험계약을 체결하고 보험계약자로부터 제1회 보험료를 받으면서 2, 3회분 보험료에 해당하는 약속어음을 함께 교부하였다면 그 대리인이 그 약속어음을 횡령하였다 하더라도 그 변제수령의 효과는 보험자에게 미친다 할 것이다.

<대법원 1995. 5. 26. 선고, 94 다 60615 판결 : 보험대리점이 보험료의 대납약정을 하였다면 그것으로 보험료를 지급한 효과가 있다>

보험회사를 대리하여 보험료를 수령할 권한이 부여되어 있는 보험대리점이 보험계약자에 대하여 보험료의 대납약정을 하였다면 그것으로 곧바로 보험계약자가 보험회사에 대하여 보험료를 지급한 것과 동일한 법적 효과가 발생하는 것이고, 실제로 보험대리점이 보험회사에 대납을 하여야만 그 효과가

발생하는 것은 아니다.

(3) 保險料減額請求權

보험료의 額은 계약체결시에 당사자의 합의에 의하여 정해지면 변경될 수 없는 것이지만, 보험계약의 당사자의 특별한 위험을 예기하여 보험료의 額을 정한 경우에 보험기간 중 그 예기한 위험이 소멸한 때에는 보험계약자는 그 후의 보험료의 감액을 청구할 수 있다(제647조). 이 보험료감액청구권은 일종의 形成權이고, 그 특별위험의 소멸에 관한 입증책임은 보험계약자에게 있다.

超過保險의 경우 보험료의 감액에 관하여는 특칙이 있다(제669조 : 後述).

(4) 保險料支給時期와 方法

보험계약자는 보험계약이 성립한 후 지체없이 보험료의 전부 또는 제1회 보험료를 지급하여야 한다(제650조 제1항). 繼續保險의 경우 계속보험료는 약정한 시기에 지급하여야 한다(제650조 제2항). 보험료지급의무는 1년의 시효로 인하여 소멸한다(제662조). 보험료지급방법은 一時支給方法과 分割支給方法이 있고, 어느 방법을 택하느냐는 보험계약에서 정한다. 損害保險의 경우에는 보험료의 지급을 받지 아니한 잔액이 있으면 그 지급기일이 도래하지 아니한 때라도 보상할 금액에서 이를 공제할 수 있다(제677조).

어음이나 手票로 保險料를 지급할 경우 보험료지급의 시점이 정확히 언제로 보아야 할지 문제이다. 이에 관하여는 견해가 나뉜다.

(가) 어음·手票法의 法理에 따르는 學說

어음·手票는 '지급을 위하여', '旣存債務의 擔保를 위하여' 또는 '支給에 갈음하여' 授受된다. 일반적으로 당사자간의 특약이 없는 한 지급에 갈음하여 또는 지급의 담보를 위하여 어음·수표가 授受되었다고 해석할 수는 없으므로 '지급을 위하여' 授受되었다고 추정한다. 旣存債務의 지급을 위하여 어음이 授受되었다고 보는 경우에는 旣存債務와 어음債務는 병존하고, 어느 한 債務를 이행함으로써 양자가 함께 소멸한다. 이와 같은 어음·手票法의 일반 법리에 따라 당사자의 意思가 불분명한 때에는 어음·手票의 교부는 旣存債務인 保險料의 '지급을 위하여' 교부된 것이므로, 이것만으로는 보험료의 지급이 있다고 볼 수 없고, 어음·手票의 지급이 있는 때 비로소 보험료의 지급이 있다고 보게 된다.

그러나 이 학설에 의하면 어음·手票의 경우 보험자가 언제 지급제시를 하느냐에 따라 보험료 지급일자가 달라지고, 보험자의 책임개시의 始期도 달라진다(제656조 참조). 따라서 예컨대 어음·手票의 지급제시 전에 보험사고가 발생하면 피보험자는 보험금을 받지 못하는 결과가 되어 부당하다.

(나) 解除條件附 代物辨濟說

이 학설은 어음·수표로 보험료를 지급받은 경우 그 어음·수표가 후에 지급거절되는 것을 解除條件으로 하여 어음·수표를 교부받은 때에 보험료의 대물변제가 있는 것으로 해석한다. 어음·수표는 보험료의 현금지급에 갈음하여 교부된 것으로 보므로 그 결제를 기다리지 않고 어음·수표를 교부받은 날로부터 보험자의 책임이 개시되고, 후에 그것이 부도되면 소급하여 보험료지급의 효력이 상실된다고 한다. 따라서 어음·수표를 교부한 후 결제되기 전에 보험사고가 발생하더라도 보험계약자가 어음·수표를 결제하면 보험자는 보험금을 지급하여야 한다. 先日字手票의 경우에도 이를 교부한 날에 보험료지급의 효력이 생긴다고 한다.[42]

(다) 猶豫說

이 학설은 어음이나 手票를 교부한 경우 어음·手票의 不渡를 解除條件으로 하여 보험료지급을 유예한 것으로 본다. 나중에 어음·手票가 지급된 때에는 어음·手票를 교부한 때 개시된 보험자의 책임이 계속 이어지게 된다는 것이다.[43]

(라) 私 見

解除條件附 代物辨濟說과 猶豫說의 차이는 前者는 어음·手票의 교부로써 이미 보험료를 지급한 것으로 보는 데 비하여 後者는 어음·手票의 교부가 있더라도 아직 보험료를 지급한 것으로 보지 아니한다는 데 있다. 猶豫說이 타당하다.

한편 先日字手票로 보험료를 받은 경우에는 先日字手票가 發行·交付된 날에 보험료의 지급이 있다고 보아야 할 것인지, 아니면 手票上의 발행일에 보험료의 지급이 있다고 보아야 할지 의문이다. 先日字手票도 유효한 것으로 인정되는 것이 通說의 입장이고, 手票上의 발행일 이전에도 지급제시가 있으면 지급하여야 한다는 점(手 제28조 제2항)에서 先日字手票를 일반 手票와 달리 취급할 이유가 없을 것이다. 따라서 先日字手票를 交付한 때 보험료를 지급한 것으로 보아야 한다.

---

42) 姜渭斗·林載鎬(下) 574면 ; 姜渭斗, 법률신문, 1978호, 15면. 한편 어음과 수표를 구분하여 어음의 경우는 신용증권성에 따라 지급기일까지 보험료의 지급을 유예한 것으로 보나, 手票로 보험료를 지급받은 경우에는 手票의 지급증권성에 따라 手票金이 지급된 때가 아니라 手票를 교부받은 때에 보험료를 지급받은 것으로 해석하는 견해도 있다(梁承圭(保) 153면 ; 孫珠瓚(下) 540면 ; 蔡利植(Ⅳ) 87면(이를 受領時說이라 한다).

43) 崔基元(保) 210면.

이에 대하여 大法院 1989. 11. 28. 선고, 88 다카 33367 판결은[44] 先日字手票로써 보험료를 지급하고, 手票上의 發行日이 도래하기 전에 보험사고가 발생하였던 사건에서, 先日字手票가 發行・交付된 날을 保險料 受領日로 보아서는 안된다고 한다. 그러나 언제 지급한 것으로 보아야 하는지에 대하여 판례는 명백하게 밝히지 아니하고 있다. 수표상의 발행일을 지급일로 보는 것은 실제와 맞지 않는다. 지급제시일에 지급한 날로 보게 되면 보험자의 임의에 따라 책임개시기간이 결정되어 불합리하다. 그리고 제시기간 만료일을 지급된 날로 보는 것도 실제와 다르다. 수표를 반드시 제시기간 만료일에 지급제시하는 것도 아니기 때문이다.

<대법원 1989. 11. 28. 선고, 88 다카 33367 판결 : 선일자수표가 발행・교부된 날을 보험료 수령일로 보아서는 안된다>

<事 實>

A수산주식회사 대표이사 X는 Y교육보험주식회사에게 1986. 7. 26. 해상에서 조업중인 선원 34명을 피보험자로 하는 단체대형보장보험계약을 청약하는 동시에 1986. 8. 10. 발행일의 선일자수표로 제 1 회 보험료 294,600원을 지급하고 Y교육보험주식회사 보험모집인 B로부터 假收證을 받았다. X는 1986. 7. 28. 04 : 00경 피보험자인 선원 C가 조업중 바다에 떨어져 사망하는 사고가 발생하여 Y에게 보험금 1,500만원의 지급을 청구하였다. 단체대형보장보험약관은 보험자가 제 1 회 보험료를 받은 후 보험청약에 대하여 승낙이 있기 전에 보험사고가 발생한 때에는 제 1 회 보험료를 받은 때에 소급하여 보험자의 보험금지급책임이 생긴다고 규정하고 있었다.

<判決要旨>

선일자수표는 대부분의 경우 당해 발행일자 이후의 제시기간 내의 제시에 따라 결제되는 것이라고 보아야 하므로 선일자수표가 발행・교부된 날에 액면금의 지급효과가 발생된다고 볼 수 없으니, 보험약관상 보험자가 제 1 회 보험료를 받은 후 보험청약에 대한 승낙이 있기 전에 보험사고가 발생한 때에는 제 1 회 보험료를 받은 때에 소급하여 그 때부터 보험자의 보험금지급책임이 생긴다고 되어 있는 경우에 있어서 보험모집인이 청약의 의사표시를 한 보험계약자로부터 제 1 회 보험료로서 선일자수표를 발행받고 보험료 가수증을 해주었더라도 그가 선일자수표를 받은 날을 보험자의 책임발생시점이 되는 제 1 회 보험료의 수령일로 보아서는 안된다.

44) 본 判決에 찬성하는 취지의 평석으로서 安東燮, 판례월보 제254호 431면 이하 참조. 한편 반대하는 취지의 평석으로서 崔基元, 법률신문, 1992호, 11면 참조.

위의 판결은 일반거래관계에서 先日字手票는 발행일의 도래 전에는 제시하지 않는다는 특약이 있는 것으로 본 것이다. 그러나 이와 같은 해석은 先日字手票는 手票上 기재된 발행일 전이라도 지급제시되면 지급하여야 한다는 先日字手票의 法理(手 제28조 참조)와도 맞지 아니하고, 保險去來의 관행과도 합치하지 아니한다. 先日字手票도 유효한 것으로 인정되는 것이 通說의 입장이고, 手票上의 發行日 이전에도 支給提示가 있으면 支給하여야 한다는 점(手 제28조 제2항)에서 先日字手票를 一般手票와 달리 취급할 이유가 없을 것이다. 따라서 先日字手票를 交付한 때 保險料를 지급한 것으로 보아야 한다.

(5) 保險料支給義務懈怠의 效果

보험계약자가 계약체결 후 지체없이 보험료의 전부 또는 제1회 보험료를 지급하지 아니하는 경우에는 보험자가 이를 訴求할 수도 있으나, 이 경우 다른 약정이 없는 한 계약성립 후 2월이 경과하면 그 계약은 解除된 것으로 본다(제650조 제1항). 또 계속보험료가 약정한 시기에 지급되지 아니한 때에는 보험자는 상당한 기간을 정하여 보험계약자에게 최고하고 그 기간 내에 지급되지 아니한 때에는 그 계약을 解止할 수 있다(제650조 제2항).

그리고 他人을 위한 보험의 경우에는 그 他人에게도 상당한 기간을 정하여 보험료의 지급을 최고한 후가 아니면 그 계약을 解除 또는 解止하지 못한다(제650조 제3항).

보험계약이 解止되면 보험계약은 장래에 한하여 그 효력을 잃는다. 그러므로 기왕에 담보된 기간에 대한 보험자의 보험료청구권은 존속한다. 보험사고가 발생한 후에도 보험료의 不支給으로 보험자가 계약을 解止한 때에는 보험금액을 지급할 책임이 없고, 이미 지급한 보험금액의 반환을 청구할 수 있다(제655조).

(6) 失效約款의 效力

보험계약자가 보험료의 支給期日로부터 猶豫해 준 일정한 기간 안에 계속보험료를 지급하지 아니한 때에는 그 보험계약은 당연히 효력을 잃는다고 정한 보험약관의 조항을 실효약관이라 한다. 예컨대, 보험약관에서 제2회 이후의 보험료에 관하여 그 납입기일로부터 일정한 기간(보통 2주일 내지 1개월)이 경과할 때까지 보험료의 지급이 없으면 보험계약은 실효된다고 정한 경우, 이 약관조항이 商法 제663조의 보험계약자 등의 不利益變更禁止에 위반되어 무효가 아닌가가 문제이다

(이와 유사한 約款으로서 계속보험료를 未支給하고 있는 기간 동안에 발생한 보험사고에 대하여는 보험자는 보험금지급책임을 면한다고 정한 경우도 같다.).

이러한 約款을 유효라고 보는 학설도 있으나,[45] 商法 제650조 제2항은 계속보험료가 약정한 시기에 지급되지 아니한 때에는 보험자는 ① 상당한 기간을 정하여, ② 催告하고, ③ 계약을 解止할 수 있다고 정하고 있으므로, 위 3단계의 解止節次 중 하나라도 缺한 約款은 商法 제663조에 위배되어 無效이다.[46]

(i) 먼저 失效約款 중에 보험료지급 猶豫期間이 전혀 설정되어 있지 않은 것은 위 3단계의 절차를 모두 缺한 것으로서 無效임은 당연하다.

(ii) 2주일 또는 1개월 등의 상당한 기간을 정한 失效約款도 ② 催告 및 ③ 保險契約解止節次를 취하지 않은 경우에는 無效이다.

(iii) 보험료지급을 최고하면서 동시에 상당한 기간을 정하고 그 상당한 기간 내에 보험료를 지급하지 아니하면 별도의 해지의 통지 없이 바로 계약이 해지된다는 뜻을 통지하는 이른바 解止豫告附催告는 유효하다고 본다.[47] 상법 제650조 제2항의 취지가 상당한 기간의 부여에 있고, 해지의 통지에 있지 아니하기 때문이다.

判例는 후술하는 바와 같이 종래 유효설을 취하였으나, 근래에는 대법원 전원합의체 판결을 통하여 무효설을 취하는 것으로 정리하였다.

<대법원 1987. 6. 23 선고, 86 다카 2995 판결 : 실효약관을 유효라고 본 판결>

舊商法 제650조(현행상법 제650조 제2항)는 보험료미납을 원인으로 하여 보험자의 일방적인 의사표시로서 보험계약을 해지하는 경우에 있어 그 해지의 요건에 관한 규정으로서 보험자의 의사표시를 기다릴 필요없이 보험료납입유예기간의 경과로 인하여 보험계약이 당연히 실효되는 것으로 약정한 경우에는 그 적용의 여지가 없다. … 보험계약의 약관상 보험계약자가 보험료납입유예기간 경과시까지 보험료를 납입하지 아니하여 보험계약이 실효된 후에도 보험계약자가 미납보험료를 납입한 때에는 보험계약은 유효하게 계속되나 그 경우 보험계약이 실효된 때로부터 미납보험료를 영수한 날의 오후 6시까지 생긴 사고에 대하여는 보상하지 아니하기로 약정하였다면, 보험자가 납입유예기간 경과 후에 보험계약자로부터 미납보험료를 영수하면서 아무런 이의가

45) 崔基元(保) 218면 ; 梁承圭(保) 154면 ; 徐燉珏・鄭完溶(下) 387면 ; 鄭熙喆・鄭燦亨(下) 523면.
46) 同旨 : 李基秀(保・海) 106면 ; 蔡利植(下) 484면.
47) 대판 2003.4.11, 2002 다 69419; 同 2002 다 69426(反訴).

없었다 하더라도 그로 인하여 납입유예기간 경과 후 미납보험료 영수전에 발생한 사고에 대하여는 보험자는 보험금을 지급할 책임이 없다.

<대법원 1992. 11. 27. 선고, 92 다 16218 판결 : 失效約款을 有效라고 본 판결>

<事 實>

한국선원을 外國國籍船에 송출하는 선원관리회사인 원고가 피고 보험자와 1989. 2. 18. 부터 1990. 2. 18. 까지 선원근로자재해보상보험계약을 체결하고 보험료는 4회 분납하기로 하였다. 원고가 송출한 선원이 파카스탄國 카라치항 인근 공해상에서 조업하던 파키스탄 국적의 선박 넵튠 1호 원양어선에서 근무하던 중 1989. 11. 25. 05 : 30경 갑판에서 실족·추락하여 사망하였다. 제4회 분납보험료 납입기일은 1989. 11. 18.인데 원고는 그 지급을 지체하고 있었다.

<判決要旨>

舊商法 제650조(현행 상법 제650조 제2항)는 보험료미납을 원인으로 하여 보험자의 일방적인 의사표시로서 보험계약을 해지하는 경우 해지의 요건에 관한 규정으로서, 보험자의 의사표시를 기다릴 필요없이 분납보험료의 연체기간동안에 한하여 보험자의 '선원근로자재해보상보험계약'의 보험금지급의무를 면책시키기로 하는 내용의 보험료분납특별약관조항("보험료 분납기일까지 당해 분납보험료를 납입하지 아니하는 경우에는 당해 분납보험료 납입기일로부터 당해 분납보험료를 받을 때까지 생긴 재해에 대하여는 이를 보상하는 책임을 지지 아니합니다.")에는 적용의 여지가 없다. 同旨 : 대법원 1977. 9. 13. 선고, 77 다 329 판결.

<대법원 1991. 7. 9. 선고, 91 다 12875 판결 : 실효약관의 유효를 전제로 계약실효 후에 발생한 사고에 대하여도 보험금지급의무가 있다고 본 사례>

자동차종합보험계약상의 특별약관에 보험계약자가 분할납입할 보험료를 제때에 납입하지 아니하면 일단 계약이 실효되고 그 후 계약의 부활을 청구하고 미납된 보험료를 납입하면 계약은 유효하게 계속되나 실효 후 미납보험료 영수일까지 사이에 생긴 사고에 대하여는 보상하지 아니하기로 되어 있는 경우에도, 보험회사가 보험요율을 타사에 비하여 높게 잘못 책정함으로써 다툼이 있어 보험계약자가 그 보험료를 납입기일 내에 납입하지 아니하였고 그 후 보험회사의 영업부장이 시정된 보험료를 납입받으면서 그 영수증에 보험의 유효기간을 소급하여 기재하여 주었다면 보험회사는 위 계약실효 후에 발생한 사고에 대하여 보험금지급의무가 있다.

<대법원 1992. 11. 24. 선고, 92 다 23629 판결 : 실효약관을 무효라고 본 판결>

<事 實>

본 사건 선박의 선주인 원고는 1989. 6. 피고 수산업협동조합중앙회와 이 사건 선박의 고용선원이 공제기간 중에 발생한 직무상의 사고로 재해를 입게 되는 경우 선원법상 원고가 부담하여야 할 보상책임으로 인한 손해를 보상하여 주는 내용의 보험계약인 이른바 선원특수공제계약을 체결하고, 원고는 공제료를 4회 분납하기로 하였다. 피고는 제 4 회 분납보험료의 납기인 1990. 3. 20. 이전인 1990. 2. 28.경 원고에게 납입예고를 하였고, 납기일까지도 납입이 없자 같은 해 3. 31. 다시 납입최고를 하였다. 이 사건 선박이 1990. 4. 12. 오전 조업중 기상이 악화되어 같은 날 14 : 00 조업을 중단하고 부산항으로 귀항중이라는 최후의 교신이 있은 후 행방불명되었고, 같은 달 21. 및 23. 이 선박에 타고 있었던 선원의 시체가 발견되었다. 원고는 이 사건 선박의 연락이 두절되자 제 4 회 분납공제료의 미납으로 피고로부터 공제금을 지급받지 못하게 될 것을 우려한 나머지 같은 해 4. 13. 09 : 30경 미납된 공제료를 납부하고, 피고의 직원은 이를 4. 12.자로 소급하여 납입한 것으로 위계처리하였다. 원고가 피고에게 공제금지급을 청구하자 피고는 공제약관 제5조의 免責條項에 의거하여 공제금지급책임이 없다고 다투었다. 문제된 공제약관은 그 제5조 제1항에서 공제료는 피고 또는 피고가 지정하는 사무소에서 전액을 일시에 납입하여야 하고, 다만 피고가 따로 정하는 바에 따라 數回로 나누어 납입할 수 있다고 정한 다음, 동조 제3항에서, 제1항 단서에 의거 공제료를 분할하여 납입하는 경우 그 약정 납입기일까지 해당 분할공제료를 납입하지 아니하였을 때에는 피고는 그 미납입기간 중 발생한 손해에 대하여는 보상책임을 지지 아니한다고 되어 있었다.

<判決要旨>

분납보험료가 소정의 시기에 납입되지 아니하였음을 이유로 舊商法 제650조(현행 상법 제650조 제2항) 소정의 최고 및 해지절차를 거치지 아니하고 막바로 보험계약이 해지되거나 실효됨을 규정하고 보험자의 보험금지급책임을 면하도록 규정한 보험약관은 舊商法 제650조, 제663조의 규정에 위배되어 무효이다. … 분납보험료 연체기간 중 발생한 보험사고에 대하여 보험계약은 존속하나 보험금지급책임이 면책된다는 보험약관은 보험가입자에게는 보험계약의 해지와 실질적으로 동일한 효과가 있으므로 실질적으로 상법 제650조의 규정에 위배되는 결과를 초래하여 상법 제663조에 의하여 보험가입자에게 불이익한 범위 안에서는 무효이다.[48] 同旨 : 대법원 1995. 10. 13. 선고, 94 다

48) 이 판결에 대하여 반대하는 취지의 평석으로 金星泰, 법률신문, 제2222호 (1993. 6. 7.)

19280·19297 판결 ; 同, 1995. 11. 16. 선고, 94 다 56852 전원합의체판결 ; 同, 1996. 12. 20. 선고, 96 다 23818 판결(분납공제료의 경우).

<대법원 2000. 4. 11. 선고, 99 다 53223 판결: 실효약관의 효력 - 무효>

상법 제650조 제2항은, 계속보험료가 약정한 시기에 지급되지 아니한 때에는 보험자는 상당한 기간을 정하여 보험계약자에게 최고하고 그 기간 내에 지급하지 아니한 때에는 계약을 해지할 수 있도록 규정하고 있고, 이 규정은 같은 법 제663조에 의하여 보험당사자 간의 특약으로 보험계약자 또는 보험수익자의 불이익으로 변경하지 못하게 되어 있으므로, 분납보험료가 소정의 시기에 납입되지 아니하였음을 이유로 그와 같은 절차를 거치지 아니하고 바로 보험계약이 해지되거나, 실효됨을 규정하고 보험자의 보험금지급 책임을 면하도록 규정한 보험약관은 이들 규정에 위배되어 무효이고(대법원 1995. 11. 16. 선고, 94 다 56852 전원합의체 판결 참조), 따라서 납입유예기간의 유무와 그 기간의 장단에 관계 없이 계속보험료를 약정한 시기에 지급하지 아니한 경우에는 상당한 기간을 정한 최고를 하지 아니하고서는 보험계약을 해지할 수 없는 것이다.

(7) 延滯保險料의 支給과 保險契約의 復活

계속보험료의 불지급으로 보험계약이 해지된 경우에도 解止還給金이 지급되지 아니한 경우에는 보험계약자는 일정한 기간(恩惠期間) 내에 연체보험료에 약정이자를 붙여 보험자에게 지급하고 그 계약의 부활을 청구할 수 있다(제650조의 2 제1문). 解止還給金을 지급할 필요가 없는 경우에도 같다. 부활계약의 경우에도 보험계약의 성립에 관한 商法 제638조의 2의 규정을 準用한다(제650조의 2 제2문).

(8) 消滅時效

보험료청구권은 1년간 행사하지 아니하면 時效로 소멸한다(제662조). 소멸시효의 기산점은 최초보험료의 경우는 보험계약이 성립한 날이고, 제2회 이후의 보험료는 각 지급기일의 다음 날이다. 보험료의 지급확보를 위하여 수표가 授受된 경우, 手票金債權에 대한 訴訟上의 請求는 보험료채권의 消滅時效의 中斷의 효력이 있다.

<대법원 1961. 11. 9. 선고, 4293 民上 87748 판결 : 수표금채권에 대한 소

15면이 있고, 이 판결에 대하여 찬성하는 평석으로, 崔埈璿, 판례월보. 1994. 8. 23-31면이 있다.

송상의 청구는 보험료채권의 소멸시효중단의 효력이 있다>

보험료의 지급확보를 위하여 수표가 수수되었을 경우에 수표금채권에 대한 소송상의 청구는 보험료채권의 소멸시효의 중단의 효력이 있다고 해석함이 정당하다.

2. 通知義務

(1) 事故發生의 通知

(가) 意 義

보험계약자 또는 피보험자(損害保險의 경우)나 보험수익자(生命保險의 경우)가 보험사고의 발생을 안 때에는 지체없이 보험자에게 그 통지를 발송하여야 한다(제657조). 이는 보험자가 사고의 원인을 신속히 조사하고 손해의 종류·범위 등을 확정하여 사후 대책을 강구하기 위한 것이다. 다만 보험자가 이미 보험사고의 발생을 안 때에는 보험계약자는 통지를 할 필요가 없다.

(나) 通知義務의 法的 性質

이 통지의무의 *法的 性質*에 관하여는 보험자의 책임을 묻기 위한 전제조건이라는 학설과 보험계약상의 진정한 의무라는 학설도 있으나, 보험계약자 등에게 그 의무이행을 강제할 수는 없어도 보험금청구를 위한 전제조건인 동시에 보험자에 대한 진정한 의무라는 학설이 통설이다.[49]

(다) 通知懈怠의 效果

보험사고발생의 통지가 있을 때까지는 보험자는 보험금액을 지급하지 아니하여도 이행지체로 되지 아니하고 또 통지를 해태함으로써 손해가 증가된 때에는 보험자는 그 증가된 손해를 보상할 책임이 없다(제657조 제2항). 다만 보험자가 사고의 발생을 안 때에는 예외이다.

(2) 危險의 變更·增加通知義務

(가) 危險의 變更·增加通知義務의 意義

우리 보험법은 보험기간 중에 위험이 현저하게 변경·증가된 경우에 보험계약

49) 梁承圭(保) 162면 ; 崔基元(保) 226면 ; 鄭熙喆·鄭燦亨(下) 526면.

자 등에게 통지의무를 지우고 보험자는 통지를 받은 때에 보험료의 증액을 요구하거나 계약을 해지할 수 있다고 규정한다. 즉, 보험기간 중에 보험계약자 또는 피보험자가 사고발생의 위험이 현저하게 변경 또는 증가된 사실을 안 때에는 지체없이 보험자에게 통지하여야 한다(제652조 제1항). 이것은 보험사고의 발생에 관한 蓋然率에 의하여 보험료가 결정되는데 보험료 산출의 기초가 된 위험상태가 현저하게 변경·증가된 경우에는 종래의 변경 전을 기준으로 하여 체결한 보험계약을 유지할 수가 없을 뿐만 아니라, 보험단체의 유지를 위태롭게 할 우려가 있기 때문에 정하여진 규정이다. 이로써 보험자는 현저하게 변경 또는 증가된 위험에 대하여 보험자가 사고예방조치나 再保險에 가입하는 등으로 대처할 수 있게 된다. 이와 같이 이 제도의 입법취지가 보험자로 하여금 현저하게 변경 또는 증가된 위험에 대처할 수 있도록 하는 데 있기 때문에 보험자가 이미 위험의 현저한 변경 또는 증가사실을 알았을 때에는 통지할 필요가 없다고 보아야 한다.[50)]

<대법원 1998. 11. 27. 선고, 98 다 32564 판결: 위험의 변경·증가통지의무를 인정한 사례>

자동차보험의 체결 후 피보험자동차의 구조가 현저히 변경된 경우, 상법 제652조 제1항 소정의 통지의무의 대상이 된다. … 보험계약자가 보험계약 체결 당시 보험모집인에게 장차 피보험차량에 크레인을 장착할 예정임을 알려주었으나 그 후 크레인 장착을 완료한 사실을 보험자에게 통지하지 않았고 보험모집인 역시 위 구조변경 후 그 사실을 통지해야 한다는 약관내용을 설명하지 않은 사안에서, 보험자가 상법 제652조 제1항에 의하여 보험계약자의 통지의무 위반을 이유로 위 보험계약을 해지할 수 있다.

(나) 危險의 變更·增加通知義務의 根據

危險의 變更·增加通知義務는 계약 전 告知義務制度와 마찬가지로 보험제도의 기술적 성질에서 불가피하게 요구되는 의무이다. 즉, 보험의 목적을 지배·관리하고 있는 보험계약자 또는 피보험자가 주위환경의 변화 등 상황을 가장 잘 알 수 있기 때문에 이들에게 지워지는 의무이다.

이 통지의무의 根據를 一般契約法의 原理인 事情變更의 原則에서 찾을 수도 있다.[51)] 사정변경의 원칙이란 계약성립 당시에 존재한 환경 또는 그 행위를 하게

50) 崔基元(保) 219면 ; 梁承圭(保) 157면 ; 蔡利植(下) 487면. 독일보험계약법 제25조 제2항 단서 참조.

51) 崔基元(保) 219면.

된 기초가 되는 사정이 계약체결 후 현저하게 변경되어 당초에 정하였던 행위의 효과 내지 계약의 내용을 그대로 유지하는 것이 公平의 原理에 반하는 부당한 결과를 가져오는 경우에는 당사자가 그 法律行爲의 效果를 변경하거나 또는 폐기할 수 있다는 원칙을 말한다. 보험계약상 현저한 危險의 變更·增加는 일반계약법상의 사정변경에 해당한다고 할 수 있으므로 商法 제652조는 이러한 원칙을 반영한 것이고 구체화한 것이라고 할 수 있다.[52]

(다) 通知義務의 法的 性質

通知義務의 法的 性質은 告知義務와 마찬가지로 보험계약자가 계약의 解止라는 불이익한 결과를 피하기 위한 전제조건으로서 間接義務 또는 自己義務라는 견해가 通說이다.[53]

(라) 危險의 變更·增加通知義務의 要件

보험계약자의 危險變更·增加通知義務의 要件은 다음과 같다.

첫째, 현저한 위험의 변경·증가가 보험관계의 존속 중에 발생한 것이어야 한다. 즉, 告知義務가 있는 중요한 사항은 계약의 청약을 한 때로부터 계약이 체결된 때까지의 중요한 사항을 告知하여야 하는 데 비해서 위험의 변경·증가는 계약이 체결된 때로부터 계약이 종료할 때까지 사이에 생긴 것이어야 한다.

이에 대하여 獨逸保險契約法 제29조 a를 根據로[54] 계약성립 전에 이미 존재하였던 위험의 변경·증가 사실을 계약성립 후에 비로소 알게 된 경우에도 통지하여야 한다는 견해가 있다.[55] 또한 우리 保險法에서도 請約 후에는 告知義務가 문제되기 때문에 독일과는 달리 '보험기간 중'을 '보험계약체결 후'로 변경하는 것이 타당하다는 주장도 있다.[56] 필자의 견해로는 독일보험법과 같이 '보험기간 중'을 '보험계약 청약 후'로 바꾸면 좋지 않을까 한다. 보통 보험계약을 청약한 시점에서 告知義務도 이행하는 것이므로 청약 후 승낙시 까지의 기간은 공백으로 남기 때

52) Bruck-Möller, Versicherungsvertragsgesetz, 8. Aufl., 1961, § 23 Anm. 4 ; 崔基元(保) 220면.

53) 崔基元(保) 220면 ; 梁承圭(保) 156면 ; 徐燉玨·鄭完溶(下) 391면 ; 李基秀(保·海) 108면 ; 鄭熙喆·鄭燦亨(下) 525면.

54) Hans-Leo Weyers, Versicherungsvertragsrecht, 1986, Rn. 537 ; 독일보험계약법 제29조 a : 보험계약을 청약한(Antrag stellt) 때로부터 인수할 때까지의 사이에 생긴 위험의 증가로서 보험자가 그 청약을 인수(Annahme des Angebots)할 때에 알지 못한 것에 대하여도 제23조 내지 제26조를 적용한다.

55) 梁承圭(保) 157면 ; 蔡利植(下) 487면.

56) 盧一錫, "보험계약 있어서 위험의 변경·증가," 상사법연구, 제5집, 1987, 20면.

문이다.

둘째, 위험한 사실의 발생에 의하여 위험이 변경·증가되었어야 한다. 위험의 변경·증가는 새로운 위험한 사실의 발생에 의한 것이거나 기존의 사실에 위험이 변경·증가된 경우를 말한다. 어떠한 경우이든 새로운 위험상태가 발생하고 있어야 한다. 그러므로 보험계약 체결시부터 존재하는 위험이 보험기간동안 지속되는 경우와 보험계약 성립시부터 예견된 위험상태가 계속된 경우는 위험의 변경·증가라고 할 수 없다.

한편 상법 제652조에서는 '危險이 顯著하게 變更 또는 增加된' 경우에 통지를 하여야 한다고 규정하였으나, 여기서 '變更'(Gefahrwechsel oder Gefahränderung)이란 무의미한 것이 아닌가 의문이다. 위험의 변경은 위험의 '증가' 또는 '감소'를 의미하는데, '증가'의 경우는 '변경 또는 증가'에 이미 규정되어 있으므로 중복된다.[57] 따라서 변경이란 '감소'의 경우에만 의미가 있을 수 있는데,[58] 감소의 경우에는 보험자에게 특히 이에 관하여 通知義務를 부과할 필요가 없다. 위험의 감소는 보험자에게 유리하기 때문이다. 商法 제652조의 입법취지가 보험자로 하여금 현저하게 변경 또는 증가된 위험에 대처할 수 있도록 하는 데 있기 때문에 위험이 감소된 경우에는 보험자가 특별히 대처할 필요도 없다. 그러므로 본조의 조문상 "위험이 현저하게 증가된 경우에"라고 규정하였어야만 정확한 것이 아닌가 의문이다. 따라서 입법론으로서 '변경'이라는 문구는 삭제하여야 한다는 주장도 있고,[59] 위험의 증가라는 개념 속에는 변경도 포함되는 것으로 해석하여야 하고 입법론으로서도 위험의 현저한 증가만 규정하면 충분하다고도 한다.[60] 입법례를 보더라도 우리나라와 일본은 위험의 변경·증가를 규정하고 있고, 독일, 프랑스, 스위스, 이탈리아 등 다른 입법례는 거의가 '증가'만을 규정하고 있다.

생각건대, '변경'이라는 문구는 그다지 의미는 없으나 無害한 규정이다. 위험의 변경이 의미가 있는 경우는 위험종류를 변경한 경우, 새로운 보험계약을 체결하는 대신 이를 보험자와 협의하여 변경된 위험에 대하여 보험료를 추가로 지급(증액)하고 담보할 경우에 편리하다. 이 점에서 필자의 견해로는 위험의 '변경'이라는 文言은 그대로 두어도 무방하다고 본다.

---

57) 孫珠瓚(下) 551면.

58) 상법은 위험이 감소된 경우에 관하여는 아무런 규정이 없다. 즉, 보험계약자는 특별위험이 소멸한 경우에는 보험료감액을 청구할 수 있으나(상법 제647조), 그밖의 경우에는 보험료감액을 청구할 수 있는지의 여부에 관하여 정함이 없다.

59) 崔基元(保) 220면 ; 盧一錫, 전게논문, 33면.

60) 盧一錫, 상게논문, 20면.

海上保險의 경우에는 航海變更의 效果에 관한 商法 제701조와 船舶變更의 효과에 관한 商法 제703조에서 航海變更이나 船舶變更은 위험의 변경이라 할 수 있다. 이에 관하여는 각각 특별규정이 마련되어 있어서 보험자가 책임을 지지 아니하는 것으로 되어 있으므로 商法 제652조가 적용될 여지가 없다.

셋째, 위험이 顯著하게 變更·增加하였어야 한다. 위험의 현저한 변경·증가의 의미에 관하여는 商法에 아무런 규정이 없다. 그러나 위험의 현저한 변경·증가란 그 정도의 위험이 계약체결 당시에 존재하였다고 하면 보험자가 계약을 체결하지 아니하였거나 적어도 동일한 조건으로는 그 계약을 체결하지 아니하였으리라고 생각되는 정도의 위험의 변경·증가를 말한다.[61] 요컨대, 보험료 증가의 요인이 있을 때를 말한다.[62] 또는 사고의 발생, 손해의 확대가능성을 더 크게 만드는 상황의 변화를 말한다.[63] 그러나 피보험이익이 가지는 가치나 범위의 증가는 위험증가가 아니다.[64]

여기서 현저한 위험증가라는 것은 보험자가 보험계약을 체결할 때에 질문한 사항에 국한된다고 하여야 한다.[65] 현저한 위험의 증가란 보험자가 질문사항을 통하여 고지의무가 있는 것으로 판단하였던 사실, 즉 보험자가 계약을 체결할 것인지 또는 합의된 조건에 따라서 계약을 계속할 것인지에 영향을 미칠 수 있는 정도의 위험증가를 말한다. 그러나 현저한 위험의 변경·증가가 있었는가의 여부는 객관적으로 판단하여야 한다. 이 정도에 이르지 아니한 위험의 변경·증가는 마땅히 예상될 수 있는 위험으로서 이러한 경우에는 보험자의 보호를 기할 필요가 없다. 양당사자가 계약체결시에 예상하였던 것보다 보험사고의 발생가능성이 훨씬 증가한 것, 즉 보험사고가 훨씬 쉽게 발생할 가능성이 있는 것을 의미하기 때문이다.[66] 그러나 이에 대하여 위험의 현저한 변경·증가 사실을 이처럼 확대해석하여서는 곤란하므로 이보다 범위를 좁게 잡아 '일반적으로 보험자가 예상할 수 없는 돌발적 사건이 발생'한 경우에 한한다고 해석하는 少數說이 있다.[67]

---

61) 孫珠瓚(下) 551면 ; 梁承圭(保) 161면.

62) Prölss/Martin, a.a.O., § 23 Anm. 2) A. d) ; BGH 79, 156 ; VersR 87, 921.

63) Prölss/Martin, a.a.O., § 23 Anm. 2) A.

64) 각종 보험에 있어서 위험증가(Gefahrerhöhung)의 실례에 관하여는 Prölss/Martin, a.a.O., § 23 Anm. 2) C 참조.

65) 崔基元(保) 224면.

66) Weyers, a.a.O., Rn. 538.

67) 蔡利植(下) 487면.

<대법원 1996. 7. 26. 선고, 95 다 52505 판결 : 위험의 변경 또는 증가 여부는 구체적인 여러 사정을 종합하여 인정·판단하여야 한다>

<事 實>

소외 A는 1993년 8월 21일 피고 Y화재해상보험주식회사와의 사이에 자신이 경영하던 대구 소재 세원섬유의 공장 내 기계기구 및 제품일체에 관하여 보험가입금액은 금 2억 9천만원으로, 보험기간은 1993년 8월 22일부터 1994년 8월 22일까지로 하는 일반화재보험계약을 체결하였다(이 사건 제1보험계약). A는 1994년 1월 31일 소외 B에게 위 공장 내의 기계시설 등을 매도하였다. B는 위 공장을 인수하여 '대호섬유'라는 상호로 영업을 하던 중 동년 1994년 5월 23일 이 사건 제1보험계약의 존재를 알지 못한 채 원고 X화재해상보험주식회사와의 사이에 위 공장 내의 기계기구 및 동산에 관하여 보험가입금액을 금 3억 5천만원으로, 보험기간은 1994년 5월 23일부터 1997년 5월 23까지로 하는 화재보험계약을 체결하였다(이 사건 제2보험계약). 그런데 1994년 6월 30일 22시 12분경 위 공장 내에서 전기합선으로 추정되는 화재가 발생하여 공장내 시설 및 기타 비품 등 합계금 2억 8천만원 상당액이 소훼되었다. 이에 원고는 B에게 위 손해액 상당의 보험금과 손해사정을 위한 비용 등 도합 3억 1천 8백여만원을 지급하였다.

원고는 이 사건 제1보험계약과 제2보험계약은 중복보험으로서 제1보험자인 피고 역시 제2보험자인 원고와 연대하여 위 보험사고에 대하여 보험가입금액의 비율에 따라 보상할 책임이 있음에도 이 사건에서 제2보험자인 원고만이 보험금 전액을 지급하였으므로 원고가 지급한 피고부담부분에 대하여 구상권을 행사할 수 있다고 주장하였다. 이에 대하여 피고는 위 소외 A가 보험의 목적을 양도하였는데, 보험의 목적을 양도할 경우에는 상법 제679조 제2항에 따라 보험자에게 그 통지를 하여야 하고, 나아가 이 사건에서 보험의 목적의 양도로 위험의 현저한 변경 또는 증가가 있는 바이므로 위 계약에 적용되는 보험약관에 따라 역시 통지를 하여야 함에도 위 통지의무를 해태한 이 사건에서는 제1보험자인 피고는 보험계약을 해지할 수 있고, 따라서 이 사건 제1보험계약은 피고의 해지로 종료되었으니 중복보험으로 인한 연대보상책임이 없다고 주장하였다.

<判決要旨>

화재보험보통약관상 위험이라고 함은 보험사고 발생의 가능성을 가리키는 것이고, '위험의 현저한 변경 또는 증가'라 함은 그 정도의 위험이 계약체결 당시에 존재하였다고 한다면 보험자가 계약을 체결하지 아니하였거나 또는 적어도 동일한 조건으로는 그 계약을 체결하지 아니하였으리라고 생각되는 정도의 위험의 변경 또는 증가를 말하므로, 화재보험의 목적물의 양도로 인하여 이러한 정도의 위험의 변경 또는 증가가 있었는지 여부는 보험목적물의

사용·수익방법의 변경 등 양도 전후의 구체적인 여러 사정을 종합하여 인정·판단하여야 할 것이지(이에 관한 입증책임은 그 존재사실을 들어 보험계약의 해지를 주장하는 자가 부담한다.), 화재보험의 목적물의 양도로 인하여 소유자가 바뀌었다고 하여 당연히 위험의 현저한 변경 또는 증가가 있었다고 볼 수는 없다. … 화재보험의 목적물이 양도되었으나 그 소유자만 변경되었을 뿐 보험요율의 결정요소인 영위직종과 영위작업, 건물구조 및 작업공정이 양도 전후에 동일한 경우, 보험목적물의 양도로 인하여 위험의 현저한 증가 또는 변경이 있었다고 볼 수 없으므로 그 통지의무 위반을 이유로 보험계약을 해지할 수는 없다.

《危險의 顯著한 增加의 定義에 관한 立法例》

(i) 프랑스보험법전 L. 113-4와 이탈리아 민법 제1898조는 "계약체결시에 그러한 사정이 존재하였더라면 보험자가 계약을 체결하지 않았거나 보다 고액의 보험료로만 계약을 체결하였으리라고 인정되는 때"를 위험의 현저한 증가라고 한다.

(ii) 스위스보험계약법 제28조 제2항은 "위험의 증가가 계약체결 당시 그 범위를 확정한 위험의 측정에 관하여 중요한 사실의 변경으로 되는 때에는 그 위험의 증가는 현저한 것으로 본다."고 정하고 있다.

(iii) 독일보험계약법에서는 위험의 변경·증가의 개념에 관하여 아무런 규정을 두고 있지 않다. 다만 판례는 "위험의 증가란 위험의 변경이 일반적으로나 당해 보험분야의 경영관계에서 지배하는 견해에 따르면 보험자에게 보험계약을 해지하거나 고율의 보험료의 수령에 의하여서만 보험계약을 계속할 수 있다고 판단되는 경우"라고 한다.[68)]

위험의 현저한 변경·증가가 보험계약자 등의 過失에 의하였는가는 묻지 않으나, 새로운 위험상태가 발생하여 그 상태가 어느 정도 계속되어 정착되어야 하고, 1회에 한하는 위험증가행위는 이에 포함되지 않는다. 따라서 예컨대 자가용 승용차를 단 1회 代理運轉시킨 경우나, 內勤하던 직원이 하루 외근을 하는 경우 등은 위험의 변경·증가로 보지 않는다. 독일에서의 少數說은 일시적인 위험증가도 독일보험계약법 제23조의 적용대상이 된다고 하나, 多數說은 새로운 위험상태가 어느 정도 계속되어야 同條의 적용이 있다고 한다.[69)]

새로운 위험상태가 발생한 이상 그 期間의 長短은 문제가 되지 않는다. 따라서

68) RG 161, 23, 26 ; BGH VersR 83, 284.
69) Prölss/Martin, a.a.O., § 23 Anm. 2) A. c).

단기간 위험이 증가되었다가 곧 다시 正常狀態로 회복될 가능성이 있다고 하더라도 계속되고 있는 위험인 한 通知하여야 한다. 다만 일시적인 위험이 이미 소멸하여 원상으로 회복된 때에는 通知할 필요가 없다고 본다.[70]

넷째, 危險의 變更·增加가 보험계약자 또는 피보험자의 행위로 말미암은 것이 아니어야 한다.[71] 즉, 보험계약자가 통지하여야 할 보험사고 발생의 위험이 현저하게 변경 또는 증가되었다는 사실은 객관적인 위험의 변경·증가를 의미한다. 여기서 객관적인 위험의 증가란 보험계약자 또는 피보험자가 임의로 일으킨 것이거나 허용한 것이 아닌 것으로서 자연적인 사건으로 생긴 것이거나 보험계약자 또는 피보험자가 개입할 수 없는 제 3 자의 행위로 인한 것이어야 한다.[72]

다섯째, 보험계약자 또는 피보험자가 위험의 현저한 증가를 알았어야 한다. 보험계약자 또는 피보험자가 어떠한 상태의 발생을 알았다고 하더라도 그 성질상 위험의 증가인 것으로 판단하지 못한 때에는 通知義務가 없다고 본다.[73]

보험계약자 또는 피보험자는 위험의 변경·증가 사실을 적극적으로 탐지하여야 할 의무는 없다고 본다.[74] 고지의무의 경우에도 중요사실을 적극적으로 탐지하여 고지하여야 할 의무는 없으므로 이러한 견해가 정당하다고 생각한다.

한편 전술한 바와 같이 위험의 변경·증가 사실을 보험자가 이미 알고 있는 때에는 보험계약자 또는 피보험자는 그것을 통지할 의무가 없다고 본다.

그리고 위험증가를 사전에 예측할 수 있었는지(vorhersehbar)의 여부는 문제되지 않는다. 예측할 수 없었던 위험의 증가는 물론, 예측할 수 있었던 위험의 증가가 있더라도 통지하여야 한다.[75]

여섯째, 위험증가의 사실이 존재하는 데 대한 입증책임은 보험자에게 있다. 따라서 당사자간의 합의로써도 입증책임을 보험계약자에게 부담시킬 수는 없다고 본다(상법 제663조).[76]

(마) 通知의 時期와 方式

保險契約者 또는 被保險者는 위험이 증가된 사실을 안 때에는 지체없이 보험자

---

70) 梁承圭(保) 157면.
71) 梁承圭(保) 157면.
72) 梁承圭(保) 157면.
73) 崔基元(保) 219면.
74) 梁承圭(保) 157면.
75) Prölss/Martin, a.a.O., § 23 Anm. 2) A. e).
76) 盧一錫, 전게논문, 21면.

에게 통지를 하여야 한다. 여기서 지체없이(unverzüglich)란 귀책사유 있는 지연없이(ohne schuldhaftes Zögern) 통지하여야 한다는 뜻이다.[77] 통지는 위험을 증가케 하는 일정한 사태가 발생하였다는 것을 알 수 있도록 하면 되고, 그러한 사태가 보험계약자 등의 故意 또는 중대한 過失에 의하여 발생한 것이라든가 하는 것은 상세히 설명할 필요가 없다.

통지의 방식은 제한이 없으므로 口頭 또는 書面으로 할 수 있으나, 約款에 의하여 書面으로 통지하도록 하는 것이 관례이다.[78] 그러나 특약에 의하여 書面으로 통지하도록 되어 있는 경우 口頭의 통지는 아무런 효과가 없는지 의문이다. 판례는 이 경우 구두의 통지는 효력이 없다고 하고 있으나, 구두로 통지하였더라도 보험자가 일단 현저한 위험의 증가를 알았다고 보아야 할 경우에는 통지의 효력을 인정하여야 할 것이 아닌가라고 생각된다(독일보험계약법 제25조 제2항 제2문 참조).

<대법원 1992. 7. 10. 선고, 92 다 13301·13318 판결 : 특약에 의하여 서면으로 통지하도록 되어 있는 경우 구두의 통지는 효과가 없다>

화재보험계약에서 따르기로 한 영국 화재보험위원회의 해외용 F.O.C (F) 약관 제8조 (a)항의 취지가, 보험자로서는 보험계약체결 당시의 보험사고 발생의 가능성을 기준으로 보험료 및 보험금액을 산정하여 보험계약을 체결하므로 보험사고 발생의 가능성이 증가한 경우에는 보험료를 조정할 필요성이 있고, 그러한 사정은 보험계약자(피보험자)의 지배영역 내에서 발생한다는 점에 비추어 보험계약자가 보험자에게 그러한 사정을 고지하여 보험자로부터 승인을 받거나 보험료를 다시 조정하도록 하는 데 있으며, 그 제20조의 취지가 약관상의 모든 통지에 관하여 서면주의를 채택함으로써 당사자 사이의 분쟁을 예방하기 위한 것임에 비추어, 보험계약자인 회사의 근로자들이 폐업신고에 항의하면서 위 화재보험의 목적인 공장건물을 상당기간 점거하여 외부인의 출입을 차단하고 농성하는 행위는 위 약관 제8조 (a)항에서 말하는 보험목적물 또는 이를 수용하는 건물에 대한 점유의 성질을 변경하거나 또는 그에 준하는 사정에 해당한다고 할 것인데 보험계약자가 보험자에게 위와 같은 사실을 서면으로 고지하여 보험증권상의 배서방법에 의한 승인을 받지 아니하였으므로 위 보험계약은 그 효력을 상실하였다〔이 사건에서 구두(전화)에 의한 통지는 있었다.〕.

77) Bruck-Möller, a.a.O., § 23 Anm. 31.

78) 화재보험표준약관 제11조 제1항 참조.

(바) 通知懈怠의 效果

通知義務를 懈怠한 때에는 보험자는 그 사실을 안 날로부터 1월 내에 한하여 계약을 解止할 수 있고(商法 제652조 제1항 제2문), 보험자가 위험의 변경·증가의 통지를 받은 때에는 1월 내에 보험료의 增額을 청구하거나 계약을 解止할 수 있다(제652조 제2항). 이 경우에 1월의 기간은 除斥期間이고, 보험사고발생 前後를 묻지 않고 解止權을 행사할 수 있다.[79] 이 기간이 경과하면 解止權을 행사할 수 없고, 또한 보험료의 증액도 청구할 수 없다.

보험자가 1월의 기간 내에 보험계약을 解止한 때에는 보험계약은 그 때부터 장래에 향하여 效力을 상실한다. 그러나 보험금의 청구에 관한 한 遡及效가 있어서 解止 이전에 보험사고가 발생하였더라도 보험자는 보험금을 지급할 책임이 없고, 이미 보험금을 지급하였다면 그 반환을 청구할 수 있다. 그러나 보험계약자는 보험계약이 解止된 때에도 위험이 증가한 때가 속한 보험료기간에 대한 보험료지급 책임을 면할 수 없다. 다만 보험계약자 등이 그 危險變更·增加의 사실과 보험사고의 발생 사이에 因果關係가 없음을 증명한 때에는 보험금지급을 청구할 수 있고 이미 지급받은 보험금의 반환을 거절할 수 있다(Kausalitätserfordernis)(제655조 단서).

(3) 기타의 通知義務

責任保險에서는 被保險者의 事故通知(제722조)·辨濟 등의 通知(제723조) 義務에 관한 특별규정이 있다.

3. 危險變更·增加禁止義務

(1) 危險의 變更·增加禁止義務의 意義

보험기간 중에 보험계약자, 피보험자 또는 보험수익자의 고의나 중과실에 의하여 사고발생의 위험을 현저하게 변경 또는 증가시켜서는 안된다. 이를 위험의 변경·증가금지의무(Pflicht des Änderungs- und Erhöhungsvervotes)라 한다. 이 의무는 예컨대 주거용으로 화재보험에 붙인 가옥을 내부를 개조하여 공장이나 상점으로 사용하는 경우, 출퇴근용 자동차를 영업용으로 계속 사용하는 경우나 렌

79) 梁承圭(保) 158면.

트용 승용차를 영업용 택시로 轉用하는 경우와[80] 같은 손해보험의 경우는 물론이고, 피보험자가 위험직종으로 직업을 바꾸는 경우와[81] 같은 인보험의 경우에도 인정된다. 이 의무를 위반한 때에는 보험자는 그 사실을 안 날로부터 1월 내에 보험료의 증액을 청구하거나 계약을 해지할 수 있다(제653조).

상법 제653조의 규정은 보험계약자 등에게 보험기간 동안 위험을 계약체결시의 상태대로 유지하고 위험의 변경·증가를 금지하여야 할 의무를 부과한 것이므로, 이를 보험계약자의 위험유지의무(Gefahrstandspflicht)를 규정한 것으로 보기도 한다.[82] 그러나 상법 제653조는 위험의 변경·증가를 금지할 의무를 부담시킬 뿐이고 위험 자체를 유지시킬 의무를 부과한 것은 아니므로 이를 위험유지의무라고 하는 것은 적절하지 못하다.[83] 예컨대, 위험이 자연히 증가되더라도 보험계약자 등으로서는 현저하지 아니하는 한 아무런 조치를 취하지 아니하여도 상관없고, 다만 위험이 현저하게 변경·증가한 경우에만 보험자에게 통지하여야 하지만, 위험 자체를 계약체결시점의 상태로 유지하여야 할 의무를 부담하는 것은 아니다.

이행보조자의 고의·과실에 의한 위험의 변경·증가의 경우도 같다.[84]

(2) 危險의 變更·增加禁止義務의 法的 性質

위험의 변경·증가금지의무의 법적 성질도 보험기간 중에 보험계약자 등이 이 의무를 위반한 때에는 보험자가 계약을 해지함으로써 보험보호를 받을 수 없다는 점에서 위험변경·증가의 통지의무와 같은 간접의무 또는 자기의무라 본다.[85]

(3) 危險의 變更·增加禁止義務의 內容

위험의 변경·증가금지의무를 부담하는 자는 보험계약자·피보험자·보험수익자이다. 보험계약자 등의 고의나 중과실로 인하여 위험이 현저하게 변경 또는 증가된 경우에만 위험의 변경·증가금지의무의 위반이 된다. 우리 보험법은 독일보험계약법 및 일본상법과는 달리 경과실의 경우를 제외하는 점이 특이한데, 이는

---

80) 이 경우에는 자동차종합보험에 의하여 담보되지 않는다 : 법률신문, 1997. 2. 17. 6면 (수원지법 제1민사부 판결에 관한 기사 참조).
81) Weyers, a.a.O., Rn. 546.
82) 梁承圭(保) 158면 ; 鄭熙喆·鄭燦亨(下) 527면 ; 盧一錫, 전게논문, 24면 ; Prölss/ Martin, a.a.O., § 23 Anm. 4) a). 그러나 후술하는 바와 같이 이러한 표현은 적절하지 않다.
83) 同旨 : 蔡利植(下) 489면.
84) Weyers, a.a.O., Rn. 520.
85) 梁承圭(保) 158면 ; 鄭熙喆·鄭燦亨(下) 527면.

고지의무의 경우에도 경과실의 경우 고지의무위반이 되지 않는 것과 균형을 이루는 것이라고 볼 수도 있다. 그러나 고지의무위반과 위험의 변경·증가의무를 동일하게 취급할 필연적인 근거는 없다고 본다.[86]

보험계약자 등의 고의·중과실에 대한 입증책임은 보험자에게 있다. 그러나 보험계약자 등이 지체없이 통지한 사실, 보험자가 알고 있었던 것 등은 보험계약자가 입증하여야 한다. 일반적으로 이들 사유에 대한 입증이 어려운 점을 감안하여 독일에서는 대체로 엄격한 입증을 요구하지는 아니한다고 한다.[87]

(4) 危險의 變更·增加禁止義務違反의 效果

위험의 변경·증가금지의무위반의 효과는 상법 제652조가 규정한 위험의 변경·증가통지의무의 경우와 같다. 즉, 보험자는 보험료의 증액을 청구하거나 보험계약을 해지할 수 있다. 해지권은 보험사고 발생의 전후를 불문하고 행사할 수 있으나, 보험자가 위험의 변경·증가 사실을 안 날로부터 1월의 제척기간 내에 행사하여야 한다. 보험계약을 해지한 보험자는 보험금지급책임을 면한다. 다만 보험자가 계약을 해지하기 전에 그 위험의 변경·증가 상태가 이전의 상태로 회복되었거나(독일보험계약법 제24조 제2항 참조), 보험사고가 발생한 이후에는 보험계약자 또는 피보험자의 고의 또는 중대한 과실로 인한 위험의 변경이나 증가된 사실이 보험사고에 영향을 미치지 아니하였음을 보험계약자가 입증한 때에는 보험자는 그 계약을 해지할 수 없다(제665조 단서).

(5) 商法 제652조의 規定과 比較

상법 제652조는 위험의 객관적 변경·증가를 규정한 것이고, 상법 제653조는 '위험의 주관적(subjektive oder gewillkürte) 변경·증가'를 규정한 것이라는 견해가 다수설이다.[88] 그러나 상법이 위험의 변경·증가와 관련하여 이와 같이 나눈 것은 무의미한 것이 아닌가 생각된다. 왜냐하면 위험의 주관적 변경·증가와 위험의 객관적 변경·증가를 구분한다면 양자의 법률효과를 어느 정도 달리 취급할 필요가 있는데,[89] 우리 보험법은 거의 동일하게 처리하고 있기 때문이다.

---

86) 同旨 : 盧一錫, 전게논문, 28면 참조.
87) Prölss/Martin, a.a.O., § 25 Anm. 3) 참조.
88) 鄭熙喆·鄭燦亨(下) 524, 527면 ; 徐燉玨·鄭完溶(下) 390면.
89) 同旨 : 盧一錫, 전게논문, 34면.

(가) 適用要件의 比較

상법 제652조 제1항의 적용요건은 "보험기간 중에 보험계약자 또는 피보험자가 사고발생의 위험이 현저하게 변경 또는 증가된 사실을 안 때"이다. 상법 제652조 제1항은 보험계약자나 피보험자측의 고의든 과실이든 또는 중과실 여부에 관하여는 아무런 언급이 없다. 이에 비하여 상법 제653조의 적용요건은 보험계약자측의 고의 또는 중대한 과실의 경우만을 한정하고 있다. 즉, 상법 제652조 제1항은 사고발생의 위험이 현저하게 변경 또는 증가된 원인을 묻지 아니하나, 상법 제653조의 적용요건은 "보험기간 중에 보험계약자, 피보험자 또는 보험수익자의 고의 또는 중대한 과실로 인하여 사고발생의 위험이 현저하게 변경 또는 증가된 때"로 한정한다. 이 점에서 상법 제652조 제1항은 상법 제653조의 내용을 포함한다.

둘째, 상법 제652조 제1항의 경우에는 사고발생의 위험이 현저하게 변경 또는 증가된 사실의 인식 주체가 보험계약자 또는 피보험자인 데 비하여 상법 제653조의 경우는 보험자가 인식의 주체이다. 그러나 상법 제652조 제1항의 경우에는 '지체없이 보험자에게 통지하여야' 하므로 결국 보험자가 인식하게 되어 이 점에서는 차이가 없다.

(나) 適用效果의 比較

상법 제652조의 경우에는 보험계약자 또는 피보험자가 위험변경·증가 사실을 통지한 경우와 통지하지 아니한 경우로 구분된다. 이를 통지한 경우에는 보험자는 통지를 받은 때로부터 1월 내에 보험료의 증액을 청구하거나 계약을 해지할 수 있다(제652조 제2항). 통지하지 아니한 경우에는 보험자가 현저한 위험변경·증가 사실을 안 날로부터 1월 내에 계약을 해지할 수 있다(제652조 제1항 제2문). 상법 제652조 제1항 제2문에 의하면 통지를 아니한 경우에는 보험자는 보험계약을 해지만 할 수 있고, 보험료를 증액하고 보험계약을 계속 유지할 수는 없는 것처럼 보인다. 그러나 이 규정은 강행규정이 아니므로 통지를 아니한 경우에도 보험료를 증액하고 보험계약을 유지하는 것은 보험자의 자유이다. 결과적으로 통지를 하거나 아니하거나 큰 차이가 없다.

한편 상법 제653조의 경우에도 보험자는 현저한 위험변경·증가 사실을 안 날로부터 1월 내에 보험료의 증액을 청구하거나 계약을 해지할 수 있다.

결과적으로 위험의 변경·증가를 통지하거나 아니하거나, 고의·중과실에 의한 위험의 변경·증가이거나 아니거나 결과에 있어서는 별 차이가 없다. 즉, 보험자는 1개월 내에 보험료의 증액을 청구하거나 보험계약을 해지할 수 있다는 것이다.

이상과 같이 상법 제653조는 제652조만으로도 해결할 수 있는 문제를 규율함으로써 불필요한 규정이 되고 있다. 이는 입법자의 중대한 실수이다. 차라리 프랑스와 이탈리아의 경우와 같이 고의·중과실에 의한 위험의 변경·증가와 그렇지 아니한 경우를 나누지 말든지, 나누기로 하였으면 독일과 일본의 경우처럼 그 법률효과를 달리하였어야 한다.

제5절 保險契約의 無效·終了·復活

I. 保險契約의 無效

1. 保險料不支給으로 인한 保險契約 解除

보험계약자는 계약체결 후 지체없이 보험료의 전부 또는 제1회 보험료를 지급하여야 하며, 보험계약자가 이를 지급하지 아니하는 경우에는 다른 약정이 없는 한 계약성립 후 2월이 경과하면 그 계약은 解除된 것으로 본다(제650조 제1항). 이 경우에는 당사자의 의사표시를 기다릴 것 없이 당연히 그 보험계약은 처음부터 無效가 된다.

제1회 보험료를 지급하지 아니하여 보험계약이 解除된 것으로 보는 경우에도 특정한 他人을 위한 보험의 경우에 보험계약자가 보험료의 지급을 遲滯한 때에는 보험자는 그 타인에게도 상당한 기간을 정하여 보험료의 지급을 催告한 후가 아니면 그 계약을 解除 또는 解止하지 못한다고 정한 제650조 제3항이 적용되어야 하는지 의문이다. 생각건대, 이미 제650조 제1항에서 계약성립 후 2월의 경과로 보험계약은 당연히 解除된 것으로 보기 때문에 다시 同條 제3항에 의거하여 他人에게도 催告한 후에야 비로소 그 계약을 解除 또는 解止할 수 있다는 것은 논리적으로 모순이다. 다시 他人에게 상당한 기간을 정하여 催告한다는 것은 비교적

短期인 2월이 경과하면 자동적으로 보험계약이 解除된 것으로 본다는 法律의 취지에 비추어 적당하지 아니하다. 입법론으로는 '해제' 부분을 삭제하는 것이 타당하다고 본다.

2. 契約 당시 保險事故의 確定

보험계약체결 당시에 보험사고가 이미 발생하였거나 또는 발생할 수 없는 것인 때에는 그 계약은 무효가 된다(제644조 본문). 그러나 보험사고의 不確定性은 객관적인 것이 아니므로, 계약당사자 쌍방과 피보험자가 보험사고의 확정 사실을 알지 못한 때에는 보험계약은 유효하게 성립한다(제644조 단서). 商法 제644조 단서의 규정은 遡及保險을 염두에 둔 규정이다.

보험계약이 무효인 경우에는 보험계약자, 피보험자 또는 보험수익자가 善意이며 重過失이 없는 때에 한하여 이미 지급한 보험료의 반환을 청구할 수 있다(제648조).

3. 詐欺로 인한 超過保險・重複保險

超過保險 또는 重複保險이 보험계약자의 詐欺로 인하여 체결된 때에는 그 계약은 무효가 된다(제669조 제4항 본문, 제672조 제3항). 그러나 보험자는 그 사실을 안 때까지의 보험료는 청구할 수 있다(제669조 제4항 단서, 제672조 제3항).

4. 心神喪失者 등을 被保險者로 한 死亡保險

15歲 未滿者, 心神喪失者 또는 心神薄弱者의 死亡을 보험사고로 한 보험계약은 무효이다(제732조).

5. 保險契約이 取消된 경우

(1) 保險約款의 交付·明示義務 違反

보험자가 보험약관의 교부·명시의무를 위반한 경우 보험계약자는 보험계약이 성립한 날부터 1월 내에 그 계약을 취소할 수 있고(제638조의 3 제2항), 취소된 경우 보험계약은 처음부터 무효가 된다(民 제141조). 이 경우 보험자는 보험계약자로부터 받은 보험료를 전부 반환하여야 한다(제648조).

(2) 詐欺에 의한 告知義務違反

보험계약자 등이 사기로 고지의무를 위반한 경우, 보험자는 계약을 취소할 수 있고(民 제110조 제1항), 취소된 경우 보험계약은 처음부터 무효가 된다(民 제141조). 다만 보험자는 사기의 사실을 안 때까지의 보험료를 반환할 필요가 없다고 본다.

6. 기타의 경우

民法上 意思表示의 無效事由(民 제107조, 제108조)에 의하여 보험계약의 청약이나 승낙의 의사표시가 無效인 경우에는 보험계약도 無效가 된다.

Ⅱ. 保險契約의 終了

1. 當然終了

(1) 保險期間의 滿了

보험기간이 만료되면 계약은 당연히 종료된다. 다만 保險約款에서는 期間滿了時에 次期保險料를 지급하면 계약이 계속하는 것으로 정하는 일이 많다.

(2) 危險의 消滅

보험의 목적물이 상실되었을 경우, 예컨대 화재보험의 목적인 건물이 홍수로 유실된 경우와 같이 위험이 소멸되면 보험계약도 종료한다.

(3) 保險事故의 發生

보험사고가 발생하면 계약의 대상이 없어지므로 보험계약은 종료된다. 그러나 損害保險이나 責任保險에서는 사고건수의 제한이 없는 경우가 있고, 이때에는 보험기간 동안 계약은 종료되지 아니한다. 보험목적의 일부에만 손해가 생긴 경우에도 당사자간의 약정으로 보험계약을 계속 유지시킬 수 있다.

(4) 保險契約의 失效

보험자가 破産宣告를 받으면 보험계약자는 계약을 解止할 수 있으나(제654조 제1항), 보험계약자가 解止하지 아니하면 파산선고 후 3月이 경과한 때 보험계약은 당연히 그 효력을 잃는다(제654조 제2항). 보험회사가 破産하면 解散하게 되어(保業 제137조 제1항 제5호) 보험사업을 영위할 수 없게 된다.

그러나 보험회사가 파산하는 경우 사회·경제적 혼란을 초래하게 되므로 이를 방지하기 위하여 보험업법에서는 보험회사는 보험금 지급능력과 경영의 건전성을 확보할 수 있도록 일정한 재무건전성 기준을 준수하도록 하고 있으며(保業 제123조 제1항), 금융감독위원회는 보험회사가 이러한 재무건전성 기준을 준수하지 아니하여 경영의 건전성을 해할 우려가 있다고 인정되는 경우에는 자본금 또는 기금의 증액명령, 주식 등 위험자산의 소유의 제한 등 필요한 조치를 할 수 있도록 규정하고 있다(保業 제123조 제2항).

한편 海上保險에서는 항해를 변경한 때(제701조 제1항), 離路(제701조의 2), 發航 또는 航海의 遲延(제702조), 선박을 변경한 때(제703조), 保險者의 동의없이 선박을 양도할 때(제703조의 2 제1호), 船舶의 船級을 변경한 때(제703조의 2 제2호), 船舶을 새로운 관리로 옮긴 때(제703조의 2 제3호)에도 保險契約이 실효된다.

2. 任意解止

(1) 保險者의 解止

보험자는 ① 繼續保險料가 약정한 시기에 지급되지 아니하여 보험자가 상당한 기간을 정하여 보험계약자에게 催告하였으나 그 기간 내에도 지급되지 아니한 때(제650조 제2항), ② 보험계약자 또는 피보험자가 告知義務를 위반한 때(제651조), ③ 보험계약자 또는 피보험자가 위험의 變更·增加通知義務를 해태한 때(제652조)에는 보험계약을 解止할 수 있다. 또 ④ 보험계약자·피보험자 또는 보험수익자의 故意 또는 重過失로 인하여 위험이 변경·증가된 때에는 보험자가 그 사실을 안 날로부터 1월 내에 보험료의 증액을 청구하거나 보험계약을 解止할 수 있다(제653조). 위의 각 경우에 보험계약을 解止한 보험자는 보험금액의 지급책임이 없고, 이미 지급한 보험금액의 반환을 청구할 수 있다(제655조 본문). 다만 危險의 현저한 변경이나 증가된 사실이 보험사고의 발생에 영향을 미치지 아니한 때에는 보험금을 청구할 수 있다(제655조 단서).

특정한 타인을 위한 보험의 경우에 보험계약자가 보험료의 지급을 지체한 때에는 보험자는 그 타인에게도 상당한 기간을 정하여 보험료의 지급을 催告한 후가 아니면 그 계약을 解除 또는 解止하지 못한다(제650조 제3항). 이 밖에 ⑤ 約款의 규정에 의하여 일정한 사유가 있는 때(예컨대, 화재보험에서 피보험자가 상당한 이유 없이 보험자의 보험목적에 대한 조사를 거부 또는 회피한 때)에는 보험계약을 解止하는 수가 있고, ⑥ 海上保險의 특칙으로서 船舶未確定의 積荷豫定保險에서 보험계약자가 통지를 懈怠한 때에도 보험자는 그 사실을 안 날로부터 1월 내에 계약을 解止할 수 있다(제704조 제2항).

(2) 保險契約者의 解止

보험계약자는 ① 保險事故發生前에는 언제든지 보험계약의 전부 또는 일부를 解止할 수 있다(제649조 제1항 본문). 다만 타인을 위한 보험계약의 경우에는 보험계약자는 그 타인의 동의를 얻지 아니하거나 保險證券을 소지하지 아니하면 그 계약을 임의로 解止하지 못한다(제649조 제1항 단서). 보험사고의 발생 전에 보험계약자가 임의로 解止하는 경우에는 당사자간에 다른 약정이 없으면 보험계약자는 未經過保險料의 반환을 청구할 수 있다(제649조 제3항). 또 ② 보험사고의 발생으로 보험자가 보험금액을 지급한 때에도 보험금액이 감액되지 아니하는 보험의 경우에는 보험계약자는 그 사고발생 후에도 보험계약을 解止할 수 있다(제649조 제2항). 그리고 ③ 보험자가 破產宣告를 받은 때에는 보험계약자가 계약을 解止할 수 있다(제654조 제1항).

Ⅲ. 保險契約의 復活

(1) 意 義

繼續保險料支給遲滯로 인하여 보험계약이 解止되고(제650조 제2항) 解止還給金이 지급되지 아니한 경우에는 보험계약자는 일정한 기간 내에 延滯保險料에 約定利子를 붙여 보험자에게 지급하고 그 계약의 부활을 청구할 수 있다(제650조의 2 제1문). 이 때 보험계약자의 청구에 의하여 체결되는 계약을 復活契約이라 한다. 이것은 보험계약이 실효되어 보험계약자가 해지환급금을 받거나 새로이 보험계약을 체결하는 것이 손해가 될 수 있기 때문에 보험계약자의 부담을 경감하기 위하여 인정한 것이다.

復活契約에 관하여는 보험계약의 성립에 관한 제638조의 2의 규정을 準用한다(제650조의 2 제2문).

(2) 法的 性質

復活契約의 法的 性質은 종래의 보험계약과 동일성을 유지하여 존속할 것을 목적으로 하는 특수한 계약으로 본다(通說).

(3) 要 件

보험계약이 부활하기 위하여는 ① 보험계약자가 계속보험료를 지급하지 아니함으로써 보험계약이 해지되었거나 실효되었어야 한다. 최초보험료를 지급하지 아니하여 보험자의 책임이 개시되지 아니한 때에는 보험계약은 부활되지 아니한다. ② 보험계약자가 이미 지급한 보험료 가운데 미경과보험료가 있거나 해지환급금을 보험자가 반환하지 아니하였어야 한다. 보험자가 반환하여야 할 해지환급금 등이 없는 경우에는 이에 구애받지 않고 보험계약의 부활을 청구할 수 있다.[90] ③ 보험계약자의 청약과 이에 대한 보험자의 승낙이 있어야 한다. 부활계약을 청약할 경우에는 일정한 기간 내에 연체보험료에 법정이자를 붙여 보험자에게 지급하여야 한다. 부활계약의 청약의 경우에도 보험계약자 등은 고지의무를 부담한다고 본다.

(4) 效 果

보험계약의 부활로 해지 또는 실효되기 전의 보험계약이 회복된다. 따라서 종래 보험계약에 존재하던 抗辯(보험계약의 無效·解止의 事由 등)도 復活한다고 본다. 다만 부활계약의 청약시에 고지의무를 부담하므로 종래의 고지의무위반은 부활 후에 이를 주장할 수 없다고 본다.[91]

保險契約이 繼續保險料의 不支給을 이유로 解止된 시점부터 다시 復活될 시점까지 발생한 保險事故에 대하여는 保險者는 保險金支給責任이 없다. 그러나 보험자가 부활계약을 승낙하기 전에도 연체보험료와 법정이자를 지급받은 후 그 청약을 거절할 사유가 없는 경우에는 발생한 보험사고에 대하여 책임이 있다(제650조의 2 제2문, 제638조의 2 제3항 본문).

<대법원 1987. 6. 23. 선고, 86 다카 2995 판결 : 계속보험료의 불지급으로 보험계약이 해지된 시점부터 다시 부활될 시점까지 발생한 보험사고에 대하여는 보험자는 책임이 없다>

보험계약의 약관상, 보험계약자가 보험료납입유예기간 경과시까지 보험료를 납입하지 아니하여 보험계약이 실효된 후에도 보험계약자가 미납보험료를 납입한 때에는 보험계약은 유효하게 계속되나 그 경우 보험계약이 실효된 때로부터 미납보험료를 영수한 날의 오후 6시까지 생긴 사고에 대하여는 보상하지 아니하기로 약정하였다면, 보험자가 납입유예기간 경과 후에 보험계약자로부터 미납보험료를 영수하면서 아무런 이의가 없었다 하더라도 그로 인하여 납입유예기간 경과 후 미납보험료 영수 전에 발생한 사고에 대하여는 보험자는 보험금을 지급할 책임이 없다.

---

90) 梁承圭(保) 166면 ; 鄭熙喆·鄭燦亨(下) 533면.

91) 孫珠瓚(下) 567면 ; 梁承圭(保) 167면 ; 鄭熙喆·鄭燦亨(下) 533면.

제 6 절 他人을 위한 保險契約

Ⅰ. 他人을 위한 保險契約의 意義

他人을 위한 保險契約이란 보험계약자가 타인을 보험의 수익자(損害保險에서는 피보험자, 人保險에서는 보험수익자)로 하여 자기명의로 체결하는 보험계약을 말한다(제639조). 이것은 보험계약자와 보험의 수익자가 동일인인 경우, 즉 '自己를 위한 保險契約'에 대한 개념이다.

他人을 위한 保險契約은 海上保險에서 발달한 것으로, 처음에는 거래관계를 비밀로 하기 위하여 이용되었다고 하나, 오늘날에는 보험계약자의 신용을 이용하여 신속하게 보험관계를 성립시키기에 편리하여 많이 활용되고 있다. 예컨대, 피보험자가 명료하지 않은 경우, 피보험자의 신용이 불충분한 경우, 또는 피보험자의 화물과 보험계약자나 타인의 화물이 혼동되어 분별하기 곤란한 경우에, 운송주선인・운송인 또는 창고업자가 자기가 보관하는 타인의 물건에 대하여 그 소유자를 위하여 보험계약을 체결하는 경우가 많다. 또한 隔地者간의 賣買에 있어서 매도인이 매수인을 위하여 운송중의 賣買目的物인 상품에 대하여 보험계약을 체결하는 경우(이른바 C.I.F.賣買)도 있다. 특히 人保險에 있어서는 他人을 위한 保險契約(예컨대, 아버지가 아들을 보험수익자로 하여 자기의 死亡에 대하여 보험계약을 체결하는 경우)이 오히려 일반적인 경우일 것이다.

Ⅱ. 他人을 위한 保險契約의 法的 性質

他人을 위한 保險契約에서 계약당사자가 아닌 제3자가 계약상의 권리를 취득할 수 있는 理論的 근거에 관하여는 다음과 같이 학설이 나뉘나 제3자를 위한 契約說이 타당하다고 생각한다.

《他人을 위한 保險契約의 性質에 관한 학설》

(i) 代理說 : 代理說은 他人을 위한 보험계약은 보험계약자가 피보험자 또는 보험수익자의 代理人으로서 체결하는 것이라고 한다. 그러나 他人을 위한 保險契約은 보험계약자가 피보험자 또는 보험수익자의 代理人으로서 체결하는 것이 아니라, 자기가 보험계약의 당사자가 되어 자기의 名義로 체결하는 것이기 때문에 보험계약자를 피보험자의 代理人이라고 할 수는 없다.

(ii) 特殊契約說 : 特殊契約說은 他人을 위한 保險契約은 民法上의 제3자를 위한 계약이 아닌 商法上의 특수한 계약이라는 학설이다.[92] 이 학설은 民法의 제3자를 위한 계약은 제3자가 受益의 意思表示를 한 때에 契約의 효력이 생기지만(民 제539조 제2항), 他人을 위한 保險契約의 경우에는 피보험자 또는 보험수익자에 의한 受益의 意思表示가 없더라도 그 계약의 효력이 생긴다는 점에 착안하여, 이를 제3자를 위한 계약의 일종이 아닌 특수한 계약이라고 한다.

(iii) 第三者를 위한 特殊한 契約說 : 他人을 위한 保險契約은 商法上의 第三者를 위한 특수한 계약이라고 하는 학설이 있다. 즉, 民法上의 第三者를 위한 계약에서는 당사자의 개성을 중시하는데, 주로 경제적 수요의 충족을 목적으로 하는 보험계약에서는 특히 受益者의 意思를 문제삼을 필요가 없다는 이유에서 인정된 특례라고 본다.[93]

(iv) 第三者를 위한 契約說 : 第三者를 위한 契約說은 他人을 위한 保險契約을 民法上의 '第三者를 위한 契約'의 일종으로 본다. 현재의 通說이다.[94] 他人을 위한 保險契約에서는 보험계약자가 자기의 명의로 계약을 체결하되,

92) 孫珠瓚(下) 507면.

93) 梁承圭(保) 178면.

94) 徐燉玨・鄭完溶(下) 399면 ; 鄭熙喆・鄭燦亨(下) 535면 ; 崔基元(保) 125면 ; 李基秀(保・海) 115면.

그 효과는 직접 피보험자 또는 보험수익자에게 귀속된다는 것이 그 이유이다. 民法上의 '第三者를 위한 契約'의 경우에는 제 3 자의 受益의 意思表示가 있어야만 제 3 자의 權利가 생기는 데(民 제539조 제2항) 비하여, 他人을 위한 保險契約의 경우에는 그 성질상 피보험자 또는 보험수익자의 意思表示를 필요로 하지 않는다는 비판에 대하여는 民法上의 受益의 意思表示는 제 3 자를 위한 契約의 본질적 요건은 아니므로 이 점에 지나치게 집착할 필요가 없고, 또 他人을 위한 保險契約에 있어서 그 他人도 일정한 경우 보험료를 지급하여야 할 義務가 있으므로(제639조 제3항 단서 참조) 그의 意思를 전혀 도외시하는 것도 아니라고 설명한다. 通說이 타당하다고 본다. 위의 特殊契約說과 제 3 자를 위한 特殊한 契約說도 이 학설의 亞流라 본다.

Ⅲ. 他人을 위한 保險契約의 成立要件

(1) 他人을 위한다는 意思의 存在

他人을 위한 保險契約이 성립하려면, 계약당사자간에 타인을 위한 보험계약인 것에 대한 '合意'가 있어야 하고, 그 意思가 분명하지 못한 경우에는 '자기를 위한 保險契約'으로 推定하여야 할 것이다. 그리고 '제 3 자'(피보험자 또는 보험수익자)가 정해져야 한다. 그러나 제 3 자는 계약체결 당시에 정할 수도 있고, 계약성립 후 보험사고 발생 전에 정하여도 무방하다. 또한 제 3 자가 반드시 구체적으로 明示되어야 하는 것도 아니다. 따라서 損害保險事故發生時에 被保險利益의 주체가 되는 자를 피보험자로 하거나, 生命保險에서 피보험자나 보험계약자의 相續人을 보험수익자로 하는 등의 合意, 이른바 '불특정의 他人을 위한 保險'도 유효하다(제639조 제1항).

(2) 他人의 委任

타인을 위한 保險契約은 보험계약자가 피보험자나 보험수익자의 위임을 받은 경우는 물론, 위임을 받지 아니한 경우, 예컨대 단순한 事務管理가 되는 경우 또는 法律上·契約上의 의무의 이행으로서 보험계약을 체결하는 경우에도 체결할 수 있다.[95] 그러나 損害保險契約의 경우에 그 他人의 위임이 없는 때에는 保險契

約者는 이를 보험자에게 告知하여야 하고, 그 告知가 없는 때에는 他人이 그 보험계약이 체결된 사실을 알지 못하였다는 사유로 보험자에게 對抗하지 못한다(제639조 제1항 단서). 즉, 이 告知를 하지 않은 경우, 損害保險의 피보험자가 자기를 위한 보험계약체결을 위임하지 아니하였고, 따라서 자기를 피보험자로 하는 보험계약이 체결된 사실을 몰랐기 때문에 告知義務(제651조)와 通知義務를 이행하지 아니하였다는 항변을 할 수 없다.

Ⅳ. 他人을 위한 保險契約의 效果

1. 保險者와 保險契約者 간의 관계

(1) 保險契約者의 義務

보험계약자는 보험자에 대하여 보험료지급의무(제638조・제639조 제3항 본문) 외에, 告知義務(제651조), 危險變更・增加의 通知義務(제652조), 危險의 變更・增加禁止義務(제653조), 保險事故發生通知義務(제657조)를 부담하고, 특히 損害保險에 있어서는 損害防止・輕減義務(제680조)를 부담한다.

(2) 保險契約者의 權利

보험계약자는 보험자에 대하여 保險證券交付請求權(제640조), 保險料減額請求權(제647조), 保險料(保險積立金)返還請求權(제648조・제649조・제3항, 제736조), 保險契約解止權(제649조 제1항)을 행사할 수 있다. 다만 解止權은 그 受益者의 동의를 얻지 아니하거나 保險證券을 소지하지 아니하면 행사할 수 없다(제649조 제1항 단서).

특히 人保險의 경우에는 보험계약자는 보험수익자의 指定・變更權(제733조)을 가진다. 또 損害保險契約의 경우 보험계약자가 피보험자에게 보험사고의 발생으로 생긴 손해의 배상을 한 때에는 보험계약자는 그 피보험자의 權利를 害하지 아

95) 依用商法에서는 損害保險契約에 있어서, 보험계약자가 위임을 받지 아니하고 타인을 위하여 계약을 체결한 경우에 그 뜻을 보험자에게 告知하지 아니한 때에는 그 계약을 無效로 하였다(依商 제648조 제1항・제675조 참조).

니하는 범위 안에서 보험자에 대하여 保險金支給請求權을 갖는다(제639조 제2항 제2문).

2. 保險者와 受益者 간의 관계

(1) 受益者의 義務

보험의 受益者, 즉 피보험자 또는 보험수익자는 保險事故發生通知義務(제657조), 경우에 따라서는(예컨대, 보험계약자가 破産宣告를 받거나 보험료의 지급을 지체한 때에는) 그 權利를 포기하지 않는 한 保險料支給義務(제639조 제3항 단서)를 부담한다. 보험료의 지급이 지체된 경우에는 그 보험계약은 解止된 것으로 보거나(제650조 제1항), 보험자가 그 계약을 해지할 수 있다(제650조 제2항). 다만, 특정한 他人을 위한 보험의 경우에는 보험계약자가 보험료의 지급을 지체하면 그 타인, 즉 보험수익자나 피보험자에게도 상당한 기간을 정하여 보험료의 지급을 催告한 후에만 그 계약을 解除 또는 解止할 수 있다(제650조 제3항).

이 밖에도 특히 損害保險에서는 告知義務(제651조), 危險變更・增加의 通知義務(제652조), 危險變更・增加禁止義務(제653조), 損害防止・輕減義務(680조)를 부담한다.

(2) 受益者의 權利

受益者는 보험자에 대하여 受益의 意思表示를 하지 아니하더라도(民 제539조 제2항) '당연히' 保險金額支給請求權을 행사한다(제639조 제2항 본문). 또한 受益者는 보험계약자의 同意가 없어도 任意로 권리를 행사하고 처분할 수 있다. 그러나 이 경우에 보험자는 보험계약자와의 관계에 의거한 모든 사유[예컨대, 契約의 解止나 告知義務違反(제650조, 제651조)]로써 대항할 수 있다.

> <대법원 1992. 11. 27. 선고, 92 다 20408 판결 : 피보험자는 보험계약자의 동의가 없어도 임의로 권리를 행사하고 처분할 수 있다>
>
> 타인을 위한 보험계약에 있어서 피보험자는 직접 자기 고유의 권리로서 보험자에 대한 보험금지급청구권을 취득하는 것이므로 특별한 사정이 없는 한 피보험자는 보험계약자의 동의가 없어도 임의로 권리를 행사하고 처분할 수 있다.

제 3 장
損 害 保 險

제 1 절 通　則

Ⅰ. 損害保險契約

1. 損害保險契約의 意義

損害保險契約(Schadensversicherung, property insurance, assurance des dommages)이란 당사자의 一方(保險者)이 우연한 일정한 사고(保險事故)로 인하여 생길 재산상의 손해를 보상할 것을 약정하고, 相對方(保險契約者)이 이에 대하여 報酬(保險料)를 지급할 것을 약정함으로써 효력이 생기는 계약이다(제638조, 제665조). 損害保險契約은 피보험자가 입은 손해의 보상을 목적으로 하는 不定額保險인 점에서 손해와 관계없이 일정액을 지급하는 定額保險인 人保險契約과는 본질적인 차이가 있다(後述). 그러나 損害保險契約도 諾成·雙務·有償契約인 점에서 人保險契約과 같다.

損害는 특정된 이익에 대하여 발생하여야 하는데, 이 特定利益을 被保險利益이라 하고, 그 주체를 被保險者라고 하며, 이 者가 손해의 보상을 받는 者이다.

2. 實損害報償의 原則

損害保險契約은 보험사고로 생길 피보험자의 재산상의 손해를 보상할 것을 목적으로 한다. 實損害補償의 原則(principle of indemnity ; Entscheidungsprinzip)이란 누구든 損害保險의 보험사고로 인하여 實損害 이상의 이득을 취득할 수 없다는 원칙이다. 손해보험에서는 어떤 이유에서든 보험계약자나 피보험자가 보험사고로 인하여 오히려 이득을 본다는 것은 손해를 보상한다는 손해보험의 본질에 어긋난다. 이는 보험사고로 인한 利得禁止(Bereicherungsverbot)의 原則이라고 할 수도 있다.

立法例에 따라서는 이 원칙을 明文으로 규정하는 국가도 있다. 프랑스 보험법 L. 121-1조는 "재산에 관한 보험은 손해보상계약으로서 보험자가 지급할 보험금은 사고발생시의 보험의 목적의 가액을 초과하지 못한다."라고 규정하고 있고, 독일 보험법 제55조도 "보험자는 보험금액이 보험사고발생시의 보험가액을 초과한 때에도 손해액 이상으로 피보험자에게 塡補할 의무를 부담하지 않는다."고 정한다. 우리 保險法은 이에 관한 명문의 규정을 두고 있지는 않다. 그러나 실손해보상의 원칙은 손해보험의 도박화를 방지하고 人爲的 事故發生을 抑止하는 기능을 가진 근대손해보험법의 대원칙으로서 하나의 公理일 뿐 아니라 절대적인 强行法的 原理이다.[1] 물론 오늘날 旣評價保險(商法 제670조)과 新價保險(商法 제676조) 등에서는 이 원칙의 예외가 인정되기는 하지만, 그럼에도 불구하고 보험사고로 말미암아 보험계약자나 피보험자에게 어떤 이득을 주어서는 안되고 그 사고로 인한 경제적 수요를 충족시키는 데 그쳐야 한다는 원칙은 損害保險契約의 본질적 요소이자, 손해보험의 최대의 원칙임은 부정할 수 없다.

Ⅱ. 人保險契約과의 差異

1. 分類基準의 不明確性

損害保險이란 보험자가 보험사고로 인하여 생길 피보험자의 재산상의 손해를 보상할 것을 목적으로 하는 保險(제665조)을 말하는 데 대하여, 人保險이란 보험자가 사람의 生命 또는 身體에 관하여 보험사고가 생길 경우에 보험계약에서 약정

1) 梁承圭(保) 185면.

된 보험금액 기타의 給與를 할 것을 목적으로 하는 보험을 말한다(제727조). 依用商法에서는 보험을 크게 損害保險과 生命保險으로 나누었으나, 商法은 이를 損害保險과 人保險으로 구분하고 있다. 그러나 어느 경우이든 그 분류기준 자체가 명확한 것이 아니므로 논리적인 분류방법이 될 수는 없다. 즉, 人保險은 保險事故發生의 客體를 기준으로 하여 物保險 내지 財産保險과 구별되는 개념이며, 生命保險은 人保險 중에서 가장 중요한 한 종류임에 불과하다. 그리고 損害保險(不定額保險)은 보험사고 발생시에 지급되는 보험금의 額數를 정하는 방법을 기준으로 하여 定額保險과 구별되는 개념이다.

아무튼 商法은 人保險을 사람에 관한 보험으로 보아 生命保險과 傷害保險으로 나누었고, 損害保險을 財貨에 관한 보험으로 보아 火災保險, 運送保險, 海上保險, 責任保險 및 自動車保險으로 나누어 규정하고 있다.

2. 損害保險과 人保險의 差異

(1) 契約關係者

(가) 損害保險

損害保險의 계약당사자는 보험자와 보험계약자이고, 契約關係者로서 피보험자가 있다. 被保險者란 被保險利益의 주체로서 보험사고의 발생시 손해의 보상을 받을 자를 말하며, '自己를 위한 保險'에서는 보험계약자가 피보험자이고, '他人을 위한 保險'(제639조)에서는 보험계약자 이외의 제3자가 피보험자가 된다.

(나) 人保險

人保險의 계약당사자는 損害保險의 경우와 같다. 다만 人保險의 피보험자란 보험의 목적이 되어 있는 사람(즉, 그의 生命, 身體에 관하여 보험이 붙여진 자)으로서 피보험자는 保險金支給請求權이 없고 보험금을 지급받을 자는 보험수익자이다.

따라서 '自己를 위한 保險'에서는 보험계약자가 보험수익자이고, '他人을 위한 保險'에서는 제3자가 보험수익자이며, 보험계약자와 피보험자가 같은 경우를 '自己의 生命·身體의 保險'이라 하고, 보험계약자와 피보험자가 다른 경우를 '他人의 生命·身體의 保險'(제731조, 제739조)이라고 부른다.

(2) 保險의 目的

(가) 損害保險

損害保險의 目的, 즉 保險이 붙여진 경제상의 財貨(화재보험의 건물, 운송보험의 운송물, 海上保險의 선박·적하, 責任保險의 全財産)는 피보험이익이 인정되는 한 有體物이든 無體物이든 묻지 않는다. 그리고 그 목적의 양도도 인정된다(제679조).

(나) 人 保 險

人保險의 목적은 自然人에 한함은 당연하다. 특히 死亡保險에 있어서는 15세 미만자, 心神喪失者 또는 心神薄弱者의 死亡을 보험사고로 한 보험계약을 무효로 함으로써, 보험의 목적이 제한되고 있다(제732조).

(3) 保險事故

(가) 損害保險

損害保險의 보험사고는 보험자의 보상의무를 구체화시키는 사고로서, 자연적 사고일 수도 있고, 인간의 행위일 수도 있다. 그 사고의 형태는 다양하겠으나, 적어도 그 발생 자체·시기·방법 등의 어느 하나가 불확정해야 한다.

(나) 人 保 險

人保險은 사람의 生命·身體에 관한 보험이므로, 生命에 관한 보험사고는 '生死'이며, 身體에 관한 보험사고는 '傷害'이다. 商法은 人保險의 대표적인 것으로서 生命保險과 傷害保險에 관한 규정을 두었으나, 敎育·婚姻·養老 등 특수한 종류의 보험이 많이 있으므로 그 보험사고도 각각 달라지게 될 것은 당연하다.

(4) 被保險利益과 保險價額

(가) 損害保險

損害保險은 損害의 보상을 목적으로 하므로 그 손해의 전제로서 어떤 利益, 즉 피보험이익을 필요로 한다. 그리고 이 被保險利益의 價額인 보험가액과 보험금액과의 관계에 따라 超過保險·重複保險·一部保險의 문제가 생기어 특별한 규제를 하게 된다.

(나) 人 保 險

人保險에서도 피보험이익을 인정하는 學說이 있기는 하나, 대체로 피보험이익을 인정하지 않는다. 따라서 보험가액도 없으므로 보험금액과의 관계도 문제될 여지가 없다.

(5) 保險金額

(가) 損害保險

損害保險에서의 보험금액은 손해보상의 방법으로서 보험자가 지급해야 할 금액의 최고한도를 말한다. 따라서 보험사고가 발생하였을 때, 보험자가 지급할 구체적인 보상액은 보험가액 및 보험금액의 한도 내에서 실손해액을 기준으로 하여 결정된다.

(나) 人 保 險

人保險에서는 보험사고가 발생하면 일정한 금액, 즉 약정된 '保險金額'을 지급하여야 한다(定額保險).

그러나 人保險 가운데 生命保險은 언제나 定額保險이지만, 傷害保險은 보험사고의 발생으로 인한 傷害의 정도에 따라 일정한 보험금액을 지급하는 定額保險의 경우와, 실제로 소요되는 치료비 기타의 비용을 부담하는 不定額保險의 경우가 있다.

(6) 保險契約關係者의 權利義務

(가) 損害保險

損害保險이든 人保險이든 보험계약관계자의 權利義務는 대체로 비슷하다[예컨대, ① 보험자의 保險金額支給義務(제638조, 제665조, 제730조)·保險證券交付義務(제640조)·保險料返還義務(제648조·제649조 제3항), ② 保險契約者·被保險者 또는 保險受益者의 保險料支給義務(제638조, 제639조 제3항)·危險變更增加의 通知義務(제652조)·事故發生의 通知義務(제657조)·保險料減額請求權(제647조) 등]. 그러나 損害保險契約者는 超過保險의 경우 保險料의 減額請求權(제669조 제1항)을 갖고, 보험계약자와 피보험자는 보험사고의 발생시에 損害防止·輕減義務를 진다(제680조). 또 超過保險의 경우에는 보험자에게도 保險金額減額請求權이 인정된다(제669조 제1항).

(나) 人 保 險

人保險의 계약자에게는 保險受益者의 指定·變更權(제733조) 및 그 通知義務(제734조)가 있고, 보험자에게는 保險積立金返還義務(제736조 제1항 본문, 제739조)가 있으며, 특히 生命保險契約의 보험자는 약관에 의한 특수한 의무(예컨대, 이익배당의무·해지환급금반환의무)를 부담하는 경우도 있다.

(7) 保險期間

(가) 損害保險

損害保險에 있어서는 보험기간이 일반적으로 短期이고, 따라서 보험료 전액을 一時支給하는 경우가 많다(특히 火災保險에서).

(나) 人 保 險

人保險에서는, 특히 生命保險이나 混合保險의 경우에는 보험기간이 長期에 걸치는 것이 많다. 따라서 보험료의 지급도 분할지급이 보통이다.

(8) 保險者代位

(가) 損害保險

보험자가 보험금액을 지급하면, 보험의 목적에 대한 피보험자의 권리를 취득하거나(제681조), 제 3 자에 대한 보험계약자 또는 피보험자의 권리를 취득한다(제682조)(保險者代位).

(나) 人 保 險

人保險에서는 보험자의 책임이 손해보상의 원칙에 근거를 둔 것이 아니므로 保險者代位가 금지되고 있다(제729조 본문). 다만 예외적으로 傷害保險은 일종의 損害保險의 성질을 가지고 있기 때문에 保險者代位가 인정된다(제729조 단서).

(9) 기 타

保險契約을 체결할 때 人保險에 있어서는 保險醫에 의한 신체의 診査 등이 취해지는 것이 일반적이므로, 損害保險에 비하여 그 절차가 복잡·신중하다고 할 수 있다.

Ⅲ. 損害保險의 種類

商法은 損害保險의 종류로서 火災保險, 運送保險, 海上保險, 責任保險 및 自動車保險을 규정하고 있으나, 현대의 경제생활의 발전과 인류의 생활관계가 복잡해지면서 새로운 종류의 보험이 속출하고 있다. 특히 최근에 도입이 검토되고 있거나 이미 도입된 新種保險으로는 環境汚染損害保險, 레저綜合保險, 權利保護保險[2] 등이 있다.

商法에서 규정하고 있지 아니한 종류의 손해보험에 대하여도 保險契約法 通則規定과 損害保險의 通則規定이 적용되고, 개별적인 사항은 각종의 보험약관에 의하여 규율된다.

Ⅳ. 被保險利益

1. 被保險利益의 意義

被保險利益(insurable interests, versicherbare Interesse)이란 '被保險者가 損害를 입을 염려가 있는 利益'을 말하며, 商法은 '保險契約의 目的'(이것은 保險事故發生의 대상인 물건 또는 재산으로서 付保되는 경제상의 財貨를 의미하는 '保險의 目的'과는 다른 개념이다.)이라고 규정하고 있다(제668조, 제669조, 제672조).

被保險利益의 定義에 관하여는 學說이 구구하나, 대체로 利益說과 關係說로 대별해 볼 수 있다. 먼저 利益說의 입장에서는 "피보험자가 보험사고의 발생으로 인하여 장래 손해를 받을 우려가 있는 지위에 있으나, 아직은 손해를 받지 아니하는 이익,"[3] "피보험자가 보험의 목적에 대하여 보험사고가 생기지 아니하므로 인하여 손해를 받지 아니하게 되는 이익,"[4] 또는 "피보험자가 재산상의 손해가 발생할 수 있는 보험의 목적에 대하여 갖는 경제상의 이익"[5] 등으로 정의한다. 이에 대하여 關係說의 입장에서는 "보험사고의 발생 여부에 관하여 피보험자가 가지는 경제상의 이해관계"[6] 또는 "보험의 목적에 대하여 보험사고가 발생함으로써 피보험자가 손해를 입게 되는 경우에 그 목적에 피보험자가 가지는 경제적 이해

---

2) 崔埈璿, 권리보호보험연구, 孫珠瓚敎授 古稀記念論文集, 1993, 781면 이하 참조.
3) 孫珠瓚(下) 565면 ; 徐燉珏·鄭完溶(下) 404면 ; 朴元善(下) 109면.
4) 徐燉珏·鄭完溶(下) 404면.
5) 崔基元(保) 237면.
6) 朴元善(下) 109면 ; 鄭熙喆·鄭燦亨(下) 542면.

관계"[7]라고 정의하고 있다. 그러나 어떻게 설명을 하든 표현방법을 달리할 뿐 그 결과와 실익에는 큰 차이가 없으므로, 被保險利益의 요건을 명확히 하면 충분하다고 본다.

2. 被保險利益의 性質

被保險利益은 특정된 피보험자와 불가분의 관계가 있는 것이므로, 어디까지나 주관적이고 구체적인 존재이다. 그러나 보험의 목적에 대하여 피보험자가 그 개인적인 특수사정을 무시하고 일반인으로서의 입장에서 가지는 일반적(객관적) 이익도 被保險利益으로 할 수는 있으며, 어떤 이익을 被保險利益으로 할 것이냐는 경우에 따라 결정할 解釋論上의 문제이다.[8] 被保險利益은 이와 같이 특정인과 관계된 것이므로, 이론상으로는 '保險의 目的'을 양도하면 피보험자의 被保險利益도 소멸되어 보험계약도 그 효력을 상실할 것이다. 그러나 商法 제679조 제1항은 "被保險者가 保險의 目的을 양도한 때에는 讓受人은 保險契約上의 權利와 義務를 승계한 것으로 推定한다."고 규정하여, 양도 후에도 보험관계의 동일성을 推定하고 있다. 이것은 보험(계약)관계는 "그 목적물에 부속한 것이므로 보험의 목적물의 양도와 더불어 보험관계도 승계된다고 추정하는 것이 당사자의 의사에 적합하다는 실제 거래상의 필요에 기하여 인정되는 예외적인 현상이라고 보는 것이 타당할 것이다."[9]

3. 被保險利益의 保險契約上의 地位

(1) 絶對的 要件

被保險利益은 損害保險契約에 있어서 不可缺의 요소의 하나이다. 즉, 被保險利益은 '이익이 없으면 보험이 없다'(ohne Interesse keine Versicherung)고 할만큼 損害保險契約에 있어서 第一次的인 요소로서 보험계약의 당연한 이론적 전제가 되

---

7) 梁承圭(保) 189면 ; 李基秀(保·海) 127면 ; 李院錫(下) 333면 ; 鄭熙喆·鄭燦亨(下) 542면.

8) 大森忠夫, 《保險法》, 1957, 70면.

9) 梁承圭, "保險契約法에 있어서의 被保險利益", 《保險學會誌》 創刊號, 122면~123면.

고 있다(絶對主義, 客觀主義). 따라서 商法도 보험계약의 목적을 금전으로 산정할 수 있는 '利益'에 한정하고 있다(제668조).

이에 대하여 被保險利益을 射倖契約的 性格을 가진 損害保險契約의 賭博化를 방지하기 위하여 정책적 견지에서 요구되는 외면적 전제조건으로 보는 견해(相對主義, 主觀主義)에 의하면, 被保險利益을 보험계약 존립의 절대적 요건으로 보지 않고, 보험계약이 公序良俗에 반하지 않는 징표로 보게 된다.[10] 이에 의하면 商法이 예외적으로 被保險利益이 없거나 초과하는 保險契約을 인정하고 있는 것(제644조 단서 · 제669조 · 제670조)을 설명할 수 있다고 한다.

어떻든 被保險利益은 損害保險契約의 중심요소가 되는 점은 부인할 수 없고, 被保險利益이 없거나 초과하는 경우는 예외적인 현상일 뿐이므로 絶對主義가 타당하다고 본다.

(2) 損害保險契約 특유의 要件

被保險利益은 손해보험계약 특유의 개념이므로 生命保險契約에서는 이 개념을 용인할 여지가 없다.[11] 그러나 反對論은[12] 被保險利益은 보험계약에 의하여 보험자가 擔保하고 있는 보험에 대하여 보험사고가 생길 때에 피보험자에게 보험보호를 하여야 할 경제적 이익이 있는가 없는가 하는 문제와 연관시켜, 被保險利益의 개념을 生命保險과 같은 人保險에서도 인정하는 것이 오늘날 보험거래의 실정에 맞는다고 한다.[13]

4. 被保險利益의 要件

(1) 經濟的 利益

被保險利益은 '금전으로 산정할 수 있는' 경제적 이익이어야 한다(제668조). 그러므로 경제적 가치를 갖지 않는 宗敎的 · 道德的 · 感情的 · 精神的 利益은 被保險利益이 될 수 없다. 경제적 이익인 한 法律上의 權利關係(所有權, 債權)이

---

10) 大森忠夫, 《保險法》, 1957, 73면 ; 小町谷操三 · 田邊康平, 《保險法》, 1971, 42면.
11) 孫珠瓚(下) 566면 ; 朴元善(下) 109면 ; 徐燉珏 · 鄭完溶(下) 406면 ; 梁承圭(保) 190면 ; 李基秀(保 · 海) 128면 ; 鄭熙喆 · 鄭燦亨(下) 542면 ; 崔基元(保) 459면.
12) 梁承圭, 前揭論文, 《保險學會誌》 創刊號, 118면
13) 梁承圭(保) 188면.

든 사실상의 이해관계(화재에 의한 영업불능으로 입은 손실)이든, 積極的 利害關係이든 消極的 利害關係(타인의 물건을 보관하는 자가 그 물건이 훼손되지 않은 데 대하여 가지는 이익)이든, 현재의 이익이든 장래의 이익[希望利益(제698조)]이든, 현실적으로 입은 손해이든 상실한 이익이든 묻지 않는다. 다만 商法은 보험사고로 인하여 상실된 피보험자가 얻을 이익이나 보수는 당사자간에 다른 약정이 없으면 보험자가 보상할 손해액에 산입하지 않는 것으로 하였다(제667조).

(2) 利益의 適法性

피보험이익은 法의 보호를 받을 수 있는 이익이어야 한다. 따라서 탈세·窃盜·도박에 의하여 얻을 이익이나 淫亂한 도서의 판매에 의한 希望利益은 被保險利益이 될 수 없다. 또한 犯行의 결과로 발생할 손해, 刑의 집행에 의한 벌과금, 관세 벌과금의 보상 등을 위한 責任保險은 인정되지 않는다.[14] 적법성의 판단은 객관적으로 결정할 것이므로, 계약당사자의 善意·惡意를 묻지 않는다.

(3) 利益의 確定性

被保險利益은 계약체결 당시 확정되어 있거나, 늦어도 보험사고가 발생할 때까지는 확정할 수 있어야 한다. 왜냐하면 그 때까지 이익이 확정되지 않으면 손해도 확정될 수 없고, 따라서 손해의 보상도 할 수 없기 때문이다. 이익은 확정할 수만 있다면 현재의 이익뿐만 아니라 장래의 이익·조건부이익 등을 보험계약의 목적으로 하여도 상관없다[예컨대, 包括保險(제687조), 希望利益保險(제689조 제2항, 제698조) 등]. 또 數個의 被保險利益 중에서 어느 하나에 대하여 선택적으로, 또는 그 피보험이익의 歸屬主體가 미확정인 채로 보험계약을 체결할 수도 있다. 이 경우에도 그 피보험이익은 보험사고가 발생할 때까지는 확정될 수 있어야 한다.

5. 被保險利益의 機能(效用)

損害保險契約에 있어서 그 중심개념인 被保險利益을 인정하는 實益은 다음과 같다.

---

14) 崔基元(保) 239면.

(1) 保險者의 責任範圍의 決定

損害保險은 被保險利益에 관하여 생긴 손해의 보상을 목적으로 하는 것이다. 그러므로 보험자의 책임은 被保險利益의 價額인 보험가액을 한도로 하여 결정된다. 이와 같이 피보험자는 자신이 입은 손해액 이상으로 보상을 받을 수 없으므로 被保險利益은 人爲的인 위험, 즉 故意로 보험사고를 일으키지 못하게 하는 기능이 있다.

(2) 保險의 賭博化 防止

保險契約의 射倖性은 인정하더라도 被保險利益이 없으면 그 損害保險契約은 도박과 다를 것이 없으므로 무효가 된다. 따라서 被保險利益이라는 개념에 의하여 보험계약의 도박화를 방지할 수 있다.

(3) 超過保險·重複保險의 排除

보험은 이익을 주려는 제도는 아니다. 보험금이 被保險利益의 가액을 초과하는 경우에는 불로소득을 목적으로 하는 도박으로 악용될 염려가 있고, 또 인위적 위험을 초래할 수도 있다.

그러므로 보험가액을 기준으로 하여 보험금액이 이를 초과하는 超過保險이나(제669조), 동일한 被保險利益에 대하여 여러 개의 보험계약을 체결하여 그 보험금액의 총액이 보험가액을 초과하는 重複保險(제672조)을 인정하지 않고, 특별한 규제를 하고 있다.

(4) 一部保險의 補償額의 調整

보험금액이 보험가액에 미달하는 一部保險에서 손해가 被保險利益의 一部에 대해서만 발생한 때에는 보험가액이 확정됨으로써 그 보상액이 조정된다. 즉, 보험자의 보상액은 '保險金額의 保險價額에 대한 比率'에 따라 결정된다(제674조).

(5) 保險契約의 同一性의 判別

보험계약의 동일성을 판별하는 기준은 付保되는 재산 자체가 아니라 그 被保險利益이다. 따라서 被保險利益이 다른 경우에는 동일한 보험의 목적에 관하여 數個의 보험계약의 성립이 가능하게 된다. 예컨대, 특정한 건물에 대하여 그 所有權者와 抵當權者는 각각 별개의 被保險利益을 가지므로 독립하여 보험계약을 체결할 수 있다.

<대법원 1988. 2. 9. 선고, 86 다카 2933, 2924, 2935 판결 : 피보험이익이 다르면 동일한 보험의 목적에 관하여 수개의 보험계약이 성립할 수 있다>

손해보험계약은 피보험이익에 생긴 손해를 전보하는 것을 목적으로 하는 것이며, 선박보험에 있어 피보험이익은 선박소유자의 이익 외에 담보권자의 이익, 선박임차인의 사용이익도 포함되므로 선박임차인도 추가보험의 보험계약자 및 피보험자가 될 수 있다.

V. 保險價額과 保險金額

1. 保險價額

(1) 保險價額의 意義

保險價額(Versicherungswert, insurable value)이란 보험계약의 목적, 즉 被保險利益의 금전적 평가액을 말한다. 保險價額은 주관적인 被保險利益을 객관적인 입장에서 평가한 객관적 가액이다. 保險價額은 언제나 일정한 것은 아니고 경기에 따라 변동하는 것이지만, 손해보험 중에서도 責任保險과 같은 財産保險에 있어서는 保險價額이 없다.

(2) 保險價額의 決定

(가) 旣評價保險의 경우

保險價額을 사후에 평가하는 것은 실제에 있어서 반드시 쉬운 일이 아니고 당사자간에 분쟁을 일으킬 염려가 있다. 따라서 계약당사자가 보험계약체결시 특약으로 보험사고 발생시 보상할 기준을 보험목적의 수량 및 단가에 근거하여 정한다. 이와 같은 보험가액의 평가에 관한 특약은 그 가액이 사고발생시의 가액을 현저하게 초과하지 아니하는 한 유효함은 물론이다. 이에 商法은 계약당사자간에 미리 保險價額을 협정할 수 있는 것으로 하였다(제670조). 이 경우의 保險價額을 '協定保險價額'이라 하고 協定保險價額에 의한 보험계약을 旣評價保險契約이라고 한다.

<서울민사지방법원 1984. 11. 13. 선고, 84 가합 1820 판결 : 보험가액의 평가에 관한 특약은 유효하다>

손해보험계약을 체결함에 있어 당사자간에 특약으로 보험사고발생시 보험목적물을 수량 및 단가에 관하여 그 기준을 정한 경우에 그러한 보험가액의 평가에 관한 특약은 그 가액이 사고발생시의 가액을 현저하게 초과하지 아니하는 한 유효하다.

<대법원 1991. 10. 25. 선고, 91 다 17429 판결 : 보상최고한도액을 기재한 것만으로는 기평가보험이 되지 않는다>

<事 實>

원고 송세영은 1989. 12. 4. 피고 대한화재보험주식회사와 화재보험계약을 체결하였는데, 1990. 1. 4. 화재보험의 목적인 건물이 全燒되자 실손해는 6,900만원이었으나 화재보험계약상 보상최고한도액으로 되어 있는 2억원을 보험금액으로 청구한 사건이다.

<判決要旨>

보험가액은 보험목적물에 대한 피보험이익의 평가로서 보험사고 발생시 보험회사가 지급하여야 할 보험가액을 정한 기평가보험이 아닌 이상, 손해발생의 때와 장소의 객관적 가격에 의하여 산정되는 것이므로 보험계약 체결시 보험금액을 보험가액으로 할 것을 합의한 사실이 없으면 보험금액이 바로 보험가액이라고 인정되지 아니한다.

商法은 당사자간에 保險價額을 정한 때에는 그 價額은 사고발생시의 價額으로 정한 것으로 추정하고(제670조 본문), 協定保險價額이 사고발생시의 價額을 '顯著하게' 초과할 때에는 사고발생시의 가액을 保險價額으로 한다(제670조 단서). 여기서 '顯著하게'란 사실문제로서 사회의 통념에 비추어 정상가액을 월등히 초과한 것을 말한다. 그리고 保險價額을 정한 때에는 그 가액을 保險證券에 기재하여야 하나(제685조 · 제690조 · 제695조 · 제726조의 3), 保險證券 自體가 엄격한 要式證券이 아니므로 記載의 탈락 또는 상위는 반증이 있으면 이를 주장할 수 있다. 그리고 旣評價保險에서도 당사자는 追加保險契約으로 평가액을 감액 또는 증액할 수 있다.

<대법원 1988. 2. 9. 선고, 86 다카 2933 · 2934 · 2935 판결 : 기평가보험계약에 있어서도 추가보험계약으로 평가액을 감액 또는 증액할 수 있다>

손해보험에 있어서 보험사고의 발생에 의하여 피보험자가 불이익을 받게 될 이해관계의 평가액인 보험가액은 보험목적의 객관적인 기준에 따라 평가되어야 하나, 보험사고가 발생한 후 그 평가를 둘러싸고 보험자와 피보험자

사이에 분쟁이 발생하는 것을 미리 예방하고 신속한 보상을 할 수 있도록 하기 위하여 상법 제670조에서 기평가보험에 있어 보험가액에 관한 규정을 두고 있는 바, 이러한 기평가보험계약에 있어서도 당사자는 추가보험계약으로 평가액을 감액 또는 증액할 수 있다.

(나) 未評價保險의 경우

당사자간에 保險價額을 정하지 아니한 未評價保險의 경우에는 사고발생 당시의 (그 장소의) 價額을 保險價額으로 한다(제671조).

<대법원 1991. 10. 25, 91 다 17429 판결 : 미평가보험의 경우에는 손해발생의 때와 장소의 가액을 보험가액으로 한다>

보험가액은 보험목적물에 대한 피보험이익의 평가로서 보험사고 발생시 보험회사가 지급하여야 할 보험가액을 정한 기평가보험이 아닌 이상, 손해발생의 때와 장소의 객관적 가격에 의하여 산정되는 것이므로 보험계약체결시 보험금액을 보험가액으로 할 것을 합의한 사실이 없으면 보험금액이 바로 보험가액이라고 인정되지 아니한다.

그러나 일반적으로 보험기간이 짧고 손해발생의 시간과 장소를 결정하기 어려운 보험(예컨대, 運送保險·海上保險)에 있어서는 평가가 용이한 시점의 가액을 표준으로 하여 이를 全保險期間을 통하는 保險價額으로 한다(保險價額不變更主義). 運送保險(제689조)과 海上保險에 있어서의 船舶保險·積荷保險 및 希望利益保險(제696조~제698조)에 관한 특칙이 그 예이다. 그리고 보험계약체결시 당사자간의 특약으로 보험사고가 발생할 경우 목적물의 신품가격으로 보상하기로 하는 新價保險(제676조 제1항 단서)의 경우도 '事故發生 當時의 價格'에 대한 예외가 된다.

한편 超過保險의 유무를 결정하는 때의 保險價額은 계약체결 당시의 가액에 의한다(제669조 제2항).

2. 保險金額

保險金額(Versicherungssumme, sum insured)이란 보험사고가 발생하였을 때에 보험자가 피보험자 또는 보험수익자에게 지급하여야 할 금액을 말하므로, 損害保險에 있어서의 보험자가 보상할 금액의 最高限度이며, 定額保險에 있어서는 계약에서 정해진 금액이다. 이 보험금액은 최고한도액이므로, 이 최고한도액 내에서 손해발생시에 실제로 피보험자에게 지급되는 金額과는 구별되는 것이니, 이를 특히 約定保險金額이라 하기도 한다. 보험금액은 보험료 산정의 중요한 기준이 된다.

3. 兩者의 關聯性

損害保險에 있어서 당사자간에 약정된 保險金額은 보험자가 지급한 保險金의 계약상의 最高限度이며, 保險價額은 보험자가 지급할 보험금의 法律上의 最高限度이다. 따라서 保險金額과 保險價額은 서로 다른 것으로서〔그러나 海上保險의 希望利益保險에 있어서 保險價額의 협정이 없는 경우에는 保險金額을 保險價額으로 한 것으로 推定한다(제698조).〕, 일치할 수도 있으나(全部保險의 경우) 일치하지 않을 수도 있는데, 이 두 개념에 의해서 近代損害保險法의 最高原則이라고 할 수 있는 '實損害賠償의 原則'을 관철시킬 수 있는 것이다. 왜냐하면 이 두 개념의 구체적 數額이 결정됨으로써 實損害額이 결정될 수 있고, 보험자가 지급할 補償額이 확정될 수 있기 때문이다.[15] 保險事故發生時의 보험자의 補償額·實損害額·保險金額·保險價額의 相關關係를 數式으로 나타내면 다음과 같다.

[保險金의 算出]

보상액=보험가액×손해의 전피보험이익 중에서 차지하는 분량적 비율

$$\times \frac{\text{보험금액}}{\text{보험가액}}$$

[諸槪念의 相關關係]

全部保險의 경우 ··········· 보상액 = 실손해액 ≦ 보험금액 = 보험가액

一部保險의 경우 ··········· 보상액 (＜ 실손해액 ≦ / ＜ 보험금액 ＜) 보험가액

超過保險의 경우 ··········· 보상액 = 실손해액 ≦ 보험가액 ＜ 보험금액

重複保險의 경우 ··········· 보상액 = 실손해액 ≦ 보험가액 ＜ 보험금액 + 보험금액

15) 野律 務, 《保險法》, 1937, 398면 참조.

4. 保險金額과 保險價額의 不一致

保險金額과 保險價額과의 관계에서 특히 문제되는 것은 兩者가 일치하지 않는 경우이니, 즉 超過保險·重複保險 및 一部保險의 경우이다.

(1) 超過保險

(가) 超過保險의 意義

超過保險(over insurance, Überversicherung)이란 보험금액이 보험가액을 초과하는 보험을 말한다(예컨대, 時價 5,000만원의 가옥에 보험금액 7,000만원을 정하여 체결한 화재보험계약). 超過保險은 損害保險의 경우에만 생기고, 保險價額이 존재하지 아니하는 定額保險이나 責任保險의 경우에는 원칙적으로 성립될 여지가 없다. 商法이 超過保險을 제한하는 취지는 보험의 도박화와 고의적인 보험사고의 유발을 방지하고 詐欺의 보험계약자를 응징하려는 데 있다.

超過保險은 경기의 변동 등으로 당사자의 의도와는 관계없이 생겨나는 단순한 超過保險과 보험계약자의 詐欺에 의해 이루어지는 詐欺的 超過保險으로 나눌 수 있고, 兩者는 그 효력에 있어 차이가 있다.

(나) 超過保險의 要件

(i) 超過保險이 성립하기 위해서는 保險金額이 保險價額을 '顯著하게 超過'하여야 한다(제669조 제1항 본문). '顯著하게'란 사실문제로서 사회의 거래통념에 비추어 정상가액을 월등히 초과한 것을 말한다. 또 초과란 실질적으로 초과한 경우(보험가액을 과대하게 협정하고 그 이하의 보험금액을 정하였으나, 그 보험금액이 객관적인 보험가액을 현저하게 초과한 경우)도 포함한다.

(ii) 超過保險을 결정하는 保險價額의 산정시기는 원칙적으로 '계약당시'이다(제669조 제2항). 그러나 경제의 변동으로 保險價額이 보험기간 중 현저하게 감소된 때(물가의 하락)에는 '그 때' 를 기준으로 하여 가액을 평가하여야 한다(제669조 제3항).

(다) 超過保險의 效果

(a) 立法主義 : 보험금액이 보험가액을 초과하는 경우에 그것이 단순한 경우에는 보험금액과 보험료의 감액청구를 인정하고, 그것이 詐欺的인 경우에는 보험계약 자체를 무효로 하는 立法主義를 主觀主義라 하고(獨保 제51조, 佛保 제121조

~제123조, 스위스保 제51조), 超過保險의 경우 그 초과부분을 당연히 무효로 하는 立法主義를 客觀主義라 한다(日商 제631조). 우리 商法은 主觀主義를 취하고 있다.

(b) **단순한 超過保險의 경우** : 당사자가 善意인 경우에는 보험자 또는 보험계약자는 보험료와 보험금액의 감액을 청구할 수 있다(제669조 제1항 본문). 청구의 방법에는 제한이 없으므로 書面 또는 口頭로도 할 수 있다. 감액청구권은 形成權이다.16) 다만 보험료의 감액은 장래에 대하여서만 그 효력이 있다(제669조 제1항 단서).

(c) **詐欺的 超過保險의 경우** : 보험계약자의 詐欺로 인하여 超過保險의 계약이 체결된 경우에는 그 계약은 전체를 무효로 한다(제669조 제4항 본문). 이 규정은 詐欺에 의한 意思表示를 취소할 수 있게 한 民法의 一般原則(民 제110조)에 대한 예외로 본다. 다만 보험자는 그 사실을 안 때까지의 보험료를 청구할 수 있다(제669조 제4항 단서). 여기서 '詐欺'란 商法 제648조(保險契約의 無效로 인한 保險料返還請求)와 관련하여 볼 때 惡意 또는 重大한 過失이 있는 경우로 해석하여야 할 것이다. 詐欺의 입증책임은 보험계약의 無效를 주장하는 보험자가 부담한다.

> <대법원 1988. 2. 9. 선고, 86 다카 2933·2934·2935 판결 : 詐欺의 입증책임은 보험계약의 無效를 주장하는 보험자가 부담한다>
>
> 상법 제669조 소정의 초과보험계약이라는 사유를 들어 보험가액의 제한 또는 보험계약의 무효를 주장하는 경우, 그 입증책임은 무효를 주장하는 보험자가 부담한다. 同旨: 대법원 1999. 4. 23. 선고, 99 다 8599 판결.

無效의 효과는 善意의 제3자에게도 미친다. 예컨대, 他人을 위한 보험계약에서 善意인 피보험자 또는 數人의 보험계약자 중 일부 및 保險目的의 양도의 경우 그 讓受人에게 詐欺的 의도가 없었다고 하더라도 無效의 효력이 미친다고 본다. 다만 보험자가 보험계약자 등의 詐欺를 이미 알고 있었던 경우에는 보험목적의 讓受人에게 무효를 주장할 수 없다고 하여야 할 것이다.

(2) 重複保險

(가) 重複保險의 意義

重複保險(double insurance, Doppelversicherung)이란 廣義로는 특정된 보험의 목적에 관하여 보험사고·피보험자 및 피보험이익이 동일하고 보험기간이 공통된

---

16) 梁承圭(保) 200면 ; 鄭熙喆·鄭燦亨(下) 548면.

數個의 보험계약을 數人의 보험자와 동시에 또는 순차로 체결한 경우를 말하며, 狹義로는 廣義의 重複保險 중에서 각 계약의 보험금액의 총액이 보험가액을 초과하는 경우(고유의 重複保險)를 말한다(예컨대, 時價 5,000만원의 가옥을 甲에게는 4,000만원, 乙에게는 2,000만원에 화재보험을 든 경우). 保險金額의 총액이 保險價額을 초과하는 狹義의 重複保險(重複超過保險)의 경우에는 超過保險의 경우와 같이 남용의 우려가 있으므로 특별한 규제를 하고 있다.

동일한 보험계약의 목적과 동일한 事故에 관하여 수개의 보험계약이 체결되었으나 保險金額의 총액이 保險價額을 초과하지 아니하는 경우가 있다. 이를 특히 併存保險이라 한다. 併存保險의 경우는 각 보험자가 각자 一部保險者로서 책임을 진다.

(나) 重複保險의 要件

(ⅰ) 重複保險이 되려면 數個의 보험계약이 數人의 보험자와 체결되어야 한다. 따라서 보험계약 또는 보험자가 單一이면 超過保險이 된다. 數人의 보험자(보험계약자도 數人일 수 있다.)와 체결하는 한, 동시에 체결하든(同時重複保險) 순차로 체결하든(異時重複保險) 상관없다. 보험목적의 양도에 의하여서도 중복보험이 성립할 수 있다.[17)]

<대법원 1996. 7. 26. 선고, 95 다 52505 판결 : 보험목적의 양도로 중복보험의 성립을 인정한 사례>

이 사건은 피고와 제 1 보험계약을 체결한 소외 A가 원고와 제 2 보험계약을 체결한 소외 B에게 보험의 목적을 양도하였고, 그 후 보험의 목적이 멸실하자 제 2 보험계약의 보험자인 원고가 B에게 보험금을 지급하고 중복보험을 이유로 제 1 보험자인 피고에게 구상권을 행사한 사건이다.

원고는 다음과 같이 주장하였다. 즉, 이 사건 제 1 보험계약과 제 2 보험계약은 중복보험으로서 제 1 보험자인 피고 역시 제 2 보험자인 원고와 연대하여 위 보험사고에 대하여 보험가입금액의 비율에 따라 보상할 책임이 있다 할 것이다. 그럼에도 이 사건에서 제 2 보험자인 원고만이 보험금 전액을 지급하였으므로 원고가 지급한 피고부담부분에 대하여 구상권을 행사할 수 있다.

이에 대하여 피고는 다음과 같은 취지의 주장을 하였다. 즉, 위 소외 A가 보험의 목적을 양도하였는데, 보험의 목적을 양도할 경우에는 상법 제679조 제2항에 따라 보험자에게 그 통지를 하여야 한다. 나아가 이 사건에서 보험

17) 大判 1996. 7. 26, 95 다 52505. 그러나 중복보험이 인정되지 아니한 경우로, 대법원 1996. 5. 28. 선고, 96 다 6998 판결 참조.

의 목적의 양도로 위험의 현저한 변경 또는 증가가 있는 바이므로 위 계약에 적용되는 보험약관에 따라 역시 통지를 하여야 한다. 그럼에도 위 통지의무를 해태한 이 사건에서는 제1보험자인 피고는 보험계약을 해지할 수 있고, 따라서 이 사건 제1보험계약은 피고의 해지로 종료되었으니 중복보험으로 인한 연대보상책임이 없다.

<대법원 1996. 5. 28. 선고, 96 다 6998 판결 : 보험목적의 양도로 중복보험의 성립을 부정한 사례>

상법 제679조의 추정은 보험목적의 양수인에게 보험승계가 없다는 것이 증명된 경우에는 번복된다고 할 것인데, 보험목적의 양수인이 그 보험목적에 대한 1차 보험계약과 피보험이익이 동일한 보험계약을 체결한 사안에서, 제1차 보험계약에 따른 보험금청구권에 질권이 설정되어 있어 보험사고가 발생할 경우에도 보험금이 그 질권자에게 귀속될 가능성이 많아 1차보험을 승계할 이익이 거의 없고, 또한 그 양수인이 그 보험목적에 관하여 손해의 전부를 지급받을 수 있는 필요충분한 보험계약을 체결한 경우, 양수인에게는 보험승계의 의사가 없었다고 봄이 상당하고, 따라서 1차보험은 양수인에게 승계되지 아니하였으므로 양수인이 체결한 보험이 중복보험에 해당하지 않는다.

(ii) 保險契約의 요소가 중복되어야 한다. 즉, 동일한 보험의 목적에 관하여 보험사고·피보험자 및 피보험이익이 동일하여야 하고, 보험기간도 동일하거나 중복되어야 한다.

<대법원 1989. 11. 14. 선고, 88 다카 29177 판결 : 산업재해보상보험과 자동차종합보험은 중복보험이 아니다>

산업재해보상보험과 자동차종합보험(대인배상보험)은 보험의 목적과 보험사고가 동일하다고 볼 수 없는 것이어서 사용자가 위 보험들에 함께 가입하였다고 하여도 동일한 목적과 동일한 사고에 관하여 수개의 보험계약이 체결된 경우를 말하는 상법 제672조 소정의 중복보험에 해당한다고 할 수 없다.

(iii) 保險金額의 총액이 保險價額을 초과하여야 한다. 그렇지 않은 경우에는 數個의 유효한 一部保險이 병존하게 되므로 별로 문제가 되지 않는다.

(다) 重複保險의 效果

(a) 立法主義 : 重複保險의 效果에 관한 立法主義는 다음과 같은 것이 있다.

(i) **優先主義** : 優先主義는 同時重複保險의 경우에는 각 보험자의 부담은 각

보험금액의 총보험금액에 대한 비율에 따라서 결정하고, 異時重複保險의 경우에는 먼저 체결한 보험계약과 중복하는 범위에서 後에 체결한 계약을 無效로 하는 立法主義이다(日商 제632조·제633조, 葡商 제252조·제277조).

(ii) **連帶主義** : 連帶主義는 각 보험자는 保險價額까지의 實損害에 대하여 連帶責任을 지고 손해보상을 한 보험자는 보험금액의 총보험금액에 대한 비율에 따라서 다른 보험자에 대하여 求償權을 행사하게 하는 立法主義이다(獨保 제59조, 英海保 제32조·제80조).

(iii) **比例主義** : 比例主義는 同時重複保險과 異時重複保險을 구별하지 않고 각 보험자는 그 보험금액의 총보험금액에 대한 비율에 따라서 손해보상책임을 지는 立法主義이다(瑞保 제53조·제71조, 佛保 L.124-4조).

(b) **商法上의 規制** : 우리 商法은 比例主義를 원칙으로 하되, 連帶主義를 가미하고 있다.

(i) 同時重複保險이든 異時重複保險이든 이를 구별하지 않고, 보험자는 각자의 보험금액의 한도에서 連帶責任을 진다(제672조 제1항 제1문)(連帶主義). 이 경우 각 보험자의 보상책임은 각자의 보험금액의 비율에 따른다(제672조 제1항 제2문)(比例主義). 수개의 責任保險이 重複保險의 형태로 체결된 경우에도 같다(제725조의 2).

(ii) 重複保險의 보험계약자는 각 보험자에 대하여 각 보험계약의 내용을 통지하여야 한다(제672조 제2항)(通知主義). 통지는 書面으로 하든 口頭로 하든 상관없다.

通知義務違反의 효과에 관하여는 商法上 규정이 없다. 보험계약자가 정당한 사유없이(고의 또는 중대한 과실로) 通知義務를 게을리한 때에는 詐欺의 推定을 받아 보험계약이 무효로 될 수 있다(제672조 제3항, 제669조 제4항). 한편 保險約款 중에는 通知義務違反의 경우 보험자의 契約解止權을 인정하거나 補償을 하지 아니하는 것으로 규정하는 경우가 있는데(화재보험표준약관 제11조 제2항·제3항), 이러한 약관의 규정도 有效라고 해석한다.[18]

(iii) 重複保險契約이 보험계약자의 詐欺로 인하여 체결된 경우에는 각 보험계약은 무효로 된다. 다만 보험자는 詐欺로 인한 重複保險임을 안 때까지의 保險料請求權은 행사할 수 있다(제672조 제3항, 제669조 제4항).

(iv) 重複保險契約을 체결한 數人의 보험자 중 그 1人에 대한 權利의 포기는 다른 보험자의 權利義務에 영향을 미치지 아니한다(제673조). 즉, 이 경우에도 다른 보험자는 비율에 따라 산출된 자신의 부담부분만을 지급할 의무가 있다.

---

18) 梁承圭(保) 205면 ; 崔基元(保) 253면.

(3) 一部保險

(가) 一部保險의 意義

一部保險(under insurance, Unterversicherung)이란 保險金額이 保險價額에 미달하는 보험을 말하며, 보험금액과 보험가액이 일치하는 '全部保險'에 대한 개념이다(예컨대, 時價 7,000만원의 가옥에 保險金額 5,000만원을 정하여 체결한 화재보험계약). 保險價額이 존재하지 아니하는 責任保險의 경우에는 一部保險이 성립할 여지가 없는 것이 원칙이나, 再保險의 경우에는 再保險價額이 존재하므로 一部保險이 성립할 수 있다.

一部保險은 보험료의 절약, 또는 注意力의 이완 방지(특히 責任保險·海上保險·自動車保險의 경우) 등의 목적으로 의식적으로 체결하는 경우(의식적 一部保險)와 계약성립 후 물가의 등귀로 보험가액에 변동이 생겨서 자연적으로 생기는 경우가 있다(자연적 一部保險).

(나) 一部保險의 要件

保險金額이 保險價額보다 적어야 한다. 즉, 保險價額의 일부를 보험에 붙인 경우이다(제674조).

(다) 一部保險의 效果

(a) 比例負擔의 원칙 : 一部保險의 '보험자는 보험금액의 보험가액에 대한 비율에 따라 보상할 책임'을 지는데(제674조 본문), 이것을 比例負擔의 原則이라 한다. 따라서 全損의 경우에는 保險金額의 전액을 지급하나, 分損의 경우에는 損害額의 一部分(보상액=손해액 $\times \frac{\text{보험금액}}{\text{보험가액}}$)을 지급한다. 보상받지 못한 殘餘損害額은 피보험자의 부담이 된다(이른바 自家保險).

(b) 第一次危險保險 : 一部保險의 계약당사자간의 특약으로써 보험자가 保險金額의 범위 내에서 항상 손해액의 전액을 지급하기로 약정할 수 있는데(제674조 단서), 이것을 第一次危險保險 또는 實損害補償契約이라 한다. 예컨대, 보험가액이 1,000만원, 保險金額이 500만원인 一部保險에서 500만원 한도 내에서의 一次危險保險이 체결되면 그 물건에 50%의 손해가 생겼다고 하더라도 250만원이 아닌 500만원을 보험금으로 지급하게 된다.

(c) 比率保險 : 比率保險은 보험자의 損害補償限度를 保險價額의 일정비율로 정하는 보험으로서 全價保險이므로 一部保險과는 다르다. 예컨대, 保險價額이 1,000만원인 경우 70%의 比率保險이 이루어지면 700만원까지는 完全補償을 받을 수 있다.

제 2 절 損害保險契約의 效果

Ⅰ. 總 說

損害保險契約의 효과도 前述한 보험계약 일반의 효과와 동일하나, 이곳에서는 각종의 損害保險契約에 공통되는 효과로서 보험자의 權利·義務와 보험계약자 및 피보험자의 權利·義務에 관하여 살펴보고자 한다.

Ⅱ. 保險者의 義務

1. 序 說

損害保險契約에 있어 보험자의 義務로는 保險證券交付義務(제640조)·保險金額支給義務(제638조)·保險料返還義務(제648조)가 있으나, 일반적인 것은 이미 언급하였으므로, 여기서는 損害保險契約에서의 특수한 것에 관하여만 설명하기로 한다.

2. 保險證券交付義務

보험자는 보험계약이 성립한 때에는 지체없이 保險證券을 작성하여 보험계약자에게 교부하여야 한다(제640조). 損害保險證券에는 다음의 사항을 기재하고 보험자가 記名捺印 또는 署名하여야 한다(제666조). 즉, ① 보험의 목적, ② 보험사고의 성질, ③ 保險金額, ④ 보험료와 그 지급방법, ⑤ 보험기간을 정한 때에는 그 始期와 終期, ⑥ 無效와 失權의 事由, ⑦ 보험계약자의 주소와 성명 또는 商號, ⑧ 보험계약의 年月日, ⑨ 保險證券의 작성지와 그 작성 年月日 등이다.

損害保險 중 火災保險證券에 관하여는 제685조에, 運送保險證券에 관하여는 제690조에, 海上保險證券에 관하여는 제695조에, 그리고 自動車保險證券에 관하여는 제726조의 3에 각각 특수한 法定記載事項이 규정되어 있다.

3. 保險金額支給義務(損害補償義務)

보험자는 보험사고로 인하여 생긴 피보험자의 재산상의 손해를 보상할 책임을 진다(제665조).

(1) 補償義務의 發生要件

(가) 保險事故의 發生

損害保險契約에서의 보험자의 책임은 당사자간에 다른 約定이 없으면 최초의 보험료를 지급받은 때로부터 개시한다(제656조). 그러므로 보험계약에서 한정한 보험사고는 이때부터 시작하여 約定 또는 法定된 보험기간 내에 발생하여야 한다. 따라서 사고가 발생하지 않고 보험기간이 경과하면 無事故返還의 특약이 없는 한 보험자는 保險金額의 지급은 물론 취득한 보험료도 반환할 필요가 없다.

보험사고가 보험기간 내에 발생한 이상 손해는 그 후에 확정되어도 상관없다. 예컨대, 오후 4시에 종료하기로 된 火災保險에서 오후 3시에 發火하여 오후 5시에 鎭火된 경우에도 보험자는 보상책임이 있다. 보험사고가 보험기간 중에 발생하였다는 입증책임은 보험계약자 또는 피보험자가 부담한다. 다만 遡及保險의 경우에는 보험계약 당사자가 그 계약체결 당시에 이미 보험사고가 발생하였다는 객관적인 사실을 알지 못한 경우에는 보험자는 그 責任開始時에 보상책임을 진다(제643조・제644조). 또 보험자가 보험계약자로부터 보험계약의 請約과 함께 보험료의 전부 또는 일부의 지급을 받은 때에는 그 청약을 거절할 사유가 없는 한 승낙전에 생긴 事故에 대하여도 보상책임을 진다(제638조의 2 제3항).

(나) 損害의 發生

보험계약의 목적인 被保險利益에 관하여 재산상의 결손이 생겨야 하고, 그러한 손해와 보험사고와의 사이에 相當因果關係가 있어야 한다.[19] 여기서의 相當因果關係란 事故와 損害간의 단순한 인과관계만을 말하는 것이 아니라 보험사고로 인하여 필연적으로 발생한 손해만을 의미한다.[20] 보험자가 보상할 손해가 발생한 경우에는, 그 후에 보험자가 부담하지 아니하는 위험이 발생하여 그 목적이 멸실되더라도 보험자는 이미 생긴 손해의 보상책임을 면하지 못한다(제675조). 따라서 예컨대 火災保險의 目的이 火災로 일부 훼손된 후 홍수로 인하여 전부 멸실한 경우 火災保險의 보험자는 화재로 인한 손해만큼은 보상하여야 한다.

(2) 損害의 補償

(가) 補償額의 決定

보험자가 보상할 손해액의 산정은 그 손해가 발생한 때와 곳의 가액에 의하나(제676조 제1항 본문), 당사자간에 다른 약정이 있는 때에는 그 新品價額에 의하여 손해액을 산정할 수 있다(新價保險)(제676조 제1항 단서). 그러나 예외적으로 運送物保險에 있어서는 발송한 때와 곳의 가액을(제689조 제1항), 船舶保險에 있어서는 보험자의 책임이 개시될 때의 船舶價額을(제696조 제1항), 積荷保險에 있어서는 船積한 때와 곳의 積荷의 가액을(제697조) 각 보험가액으로 하므로, 이 보험가액이 보상액 결정의 기준이 된다.

실무에서는 보험자가 보상할 구체적 손해액은 損害査定人 또는 鑑定人(Sachverstäntige)이 算定하는데, 손해액의 산정에 관한 비용은 보험자가 이를 부담한다(제676조 제2항). 損害額 결정에 異議가 있는 경우에는 評價人의 評價 또는 仲裁人의 判定에 의하되, 그 비용은 보험자와 보험계약자가 분담할 수 있고, 一部保險의 경우에는 保險金額의 保險價額에 대한 比率에 따라 분담한다.[21] 또 보험사고로 인하여 상실된 피보험자가 얻을 이익이나 보수는 당사자간에 다른 약정이 없으면 보험자가 보상할 손해액에 산입하지 아니한다(제667조).

손해보상의 범위는 保險價額(또는 協定保險金額)을 最高限度로 하며, 實損害額을 초과하지 못한다. 따라서 全部保險에 있어서 全損(被保險利益 全部의 滅失)의 경우에는 協定保險金額 또는 보험가액을 지급하고, 分損(被保險利益 一部의 멸실)의 경

19) 梁承圭(保) 211면 ; 孫珠瓚(下) 583면 ; 徐燉珏·鄭完溶(下) 415면.
20) 梁承圭(保) 212면.
21) 梁承圭(保), 214면.

우에는 보험가액과 殘存價額과의 차액을 손해액으로서 보상하며, 一部保險에서는 보험금액의 보험가액에 대한 비율에 따라 보상한다(제674조 본문). 다만 一部保險에서 당사자간에 다른 약정이 있는 때에는 보험자는 보험금액의 한도 내에서 그 손해를 보상할 책임을 진다(제674조 단서).

損害防止·輕減費用은 補償額과의 합계액이 보험금액을 초과한 경우에도 보험자가 이를 부담한다(제680조 단서).

《外貨表示保險의 경우 補償額算定의 時期》

근래에 외화표시보험이 다수 체결되고 있다. 외화표시보험에서는 보험가액 또는 보험금액이 외화로 표시된다. 그러나 이 경우에도 보험금의 지급은 우리 나라 통화로 환산하여 지급하는 것이 관례이다. 이 때 외국통화의 우리 나라 통화로의 환산시기는 保險金請求時라는 견해와 保險金支給時라는 견해가 있다. 商法上 "保險者가 補償할 損害額은 그 損害가 발생한 때와 곳의 價額에 의한다."고 정하고 있으므로(제676조 제1항 본문), 換算時期도 손해가 발생한 때를 기준으로 하는 것이 정당하다고 본다.[22]

<대법원 1991. 3. 12. 선고, 90 다 2147 판결 : 외화표시보험의 경우 외국통화의 환산시기는 보험금지급시이다>

다수의견 : "외화채권을 채무자가 우리 나라 통화로 변제함에 있어서는 민법 제378조가 그 환산시기에 관하여 외화채권에 관한 같은 법 제376조, 제377조 제2항의 '변제기'라는 표현과는 다르게 '지급할 때'라고 규정한 취지에서 새겨볼 때 그 환산시기는 이행기가 아니라 현실로 이행하는 때, 즉 현실이행시의 외국환시세에 의하여 환산한 우리 나라 통화로 변제하여야 한다고 풀이함이 상당하다."

소수의견 : "민법 제378조가 그 환산시기에 관하여 규정한 '지급할 때'란 뜻은 채무자가 대용권을 행사하는 경우에 그렇다는 것에 그치는 것이므로 외국통화의 급부를 목적으로 한 채권자가 우리 나라 통화에 의한 지급을 구할 때에는 이와는 달리 청구할 때를 그 환산시기로 잡는 것이 옳다."

(나) 補償方法

손해보상의 방법은 금전으로 지급하는 것이 보통이나, 現物의 급여 또는 修繕 등의 방법으로 하기로 약정하는 것은 상관없다.

22) 梁承圭(保) 225면.

보험자가 손해를 보상할 경우에 보험료의 지급을 받지 아니한 잔액이 있으면 그 지급기일이 도래하지 아니한 때라도 보상할 금액에서 이를 공제할 수 있다(제677조). 그런데 사고원인 및 피해상황조사에 장기간을 소요하는 경우가 더러 있어서 피해자가 입은 손해를 확정하는 데 상당한 시일이 걸리는 경우가 많다. 따라서 實務에서는 損害의 確定이 遲延되는 때에는 피보험자의 請求에 따라 推定保險金의 50% 相當額을 假支給金으로 지급한다.

(다) 報償時期

보험자는 보험사고가 발생한 경우에 다른 약정이 없으면 보험사고발생의 통지를 받은 후 지체없이 지급할 보험금액을 정하고, 그 금액을 정한 날로부터 10일 내에(제658조) 피보험자에게 보험금액을 지급하여야 한다(제638조).

(라) 履行場所

보험자가 보상의무를 이행할 장소에 관하여는 約款에 정함이 있으면 그에 의하고, 약관에 정함이 없으면 관습에 따르고, 관습이 없으면 民法의 일반원칙에 따른다. 民法上 特定物引渡 이외의 債務辨濟는 債權者의 현주소에서 하여야 하고, 영업에 관한 債務의 辨濟는 債權者의 현영업소에서 하여야 하도록 되어 있다(民 제467조 제2항). 따라서 債權者인 피보험자의 住所 또는 營業所에서 이행하여야 한다.

(마) 消滅時效

保險金額請求權은 보험사고 발생시로부터 2년간 행사하지 않으면 소멸시효가 완성한다(제662조).

그리고 특별한 다른 사정이 없는 한 원칙적으로 보험금액청구권의 소멸시효는 보험사고가 발생한 때로부터 진행한다.

<대법원 1999. 10. 22. 선고, 98 다 38746 판결 : 특별한 다른 사정이 없는 한 원칙적으로 보험금액청구권의 소멸시효는 보험사고가 발생한 때로부터 진행한다>

우리 상법은 보험금액의 청구권은 2년간 행사하지 아니하면 소멸시효가 완성한다는 취지를 규정하고 있을 뿐(제662조), 보험금액청구권의 소멸시효 기산점에 관하여는 아무 것도 규정하지 않고 있으므로, "소멸시효는 권리를 행사할 수 있는 때로부터 진행한다."고 규정한 민법 제166조 제1항에 따를 수밖에 없는바, 보험금액청구권은 보험사고가 발생하기 전에는 추상적인 권리에 지나지 아니할 뿐 보험사고의 발생으로 인하여 구체적인 권리로 확정되어 그때부터 그 권리를 행사할 수 있게 되는 것이므로, 특별한 다른 사정이

없는 한 원칙적으로 보험금액청구권의 소멸시효는 보험사고가 발생한 때로부터 진행한다고 해석함이 상당하다 할 것이다(대법원 1997. 11. 11. 선고, 97 다 36521 판결; 同 1998. 2. 13. 선고, 96 다 19666 판결; 同 1998. 5. 12. 선고, 97 다 54222 판결 등 참조).

《保險目的에 設定된 擔保物權의 地位》

(i) 資金을 대출하여 주고 質權 또는 抵當權 등 物的 擔保를 확보한 (金融機關 등) 擔保物權者는 그 담보물의 멸실·훼손에 대비하여 擔保物權 設定者로 하여금 보험에 들게 하고 그 保險證券을 징구하여 보험금청구권을 양도받아 보험사고가 발생한 때에는 이를 행사하는 것이 常例이다.

(ii) 위의 경우에 擔保物權者가 保險證券을 징구하지 아니한 때에도 擔保物의 滅失·毁損으로 擔保物權 設定者가 보험금을 지급받는 경우에는 그 보험금에 대하여 物上代位權을 행사할 수 있다고 본다. 다만 이 때에는 보험금의 지급 전에 보험금을 押留하여야 한다(民 제342조 단서). 擔保物權者가 物上代位權을 행사하는 때에는 보험자는 피보험자에 대한 抗辯(告知義務 또는 通知義務 違反 등)을 원용할 수 있다.

(iii) 이 외에도 보험의 종류 중에서 抵當權者를 피보험자로 하는 이른바 抵當保險(Hypothekenversicherung)을 이용하면, 보험사고가 발생한 때 抵當權者가 직접 보험금청구권을 행사할 수 있다.

<대법원 1978. 1. 17. 선고, 77 누 221 판결 : 근저당권자를 보험금의 수익자로 하기로 약정한 때에는 보험금지급청구권은 근저당자에게 귀속한다>

해상보험계약을 체결함에 있어서 선박이 전손된 경우에 근저당권자를 보험금의 수익자로 하기로 약정한 때에는 그 선박이 전손처리되었다면 당연히 그 보험금지급청구권은 근저당자에게 귀속되었다고 할 것이다.

Ⅲ. 保險契約者와 被保險者의 義務

1. 序　　說

보험계약자 또는 피보험자는 보험료지급의무(제638조 · 제639조 제2항 단서) · 통지의무(제657조 · 제652조 · 제722조 · 제723조)를 지나, 이에 관하여는 이미 언급하였다. 그러므로 여기서는 損害保險에 특수한 損害防止 · 輕減義務에 관하여서만 설명하기로 한다.

2. 損害防止 · 輕減義務

(1) 損害防止 · 輕減義務의 意義

損害保險에 있어서의 損害防止 · 輕減義務란 보험계약자와 피보험자가 보험사고가 발생한 경우에 손해의 방지와 경감을 위하여 노력하여야 할 의무를 말한다(제680조 제1항 본문).

損害防止 · 輕減義務의 근거(理由)에 관하여는, 通說은 ① 보험자에 대한 信義誠實의 요청, 즉 보험계약관계자는 故意 또는 重過失로 보험사고를 유발하여도 안되지만, 이미 보험사고가 발생된 후라도 故意 또는 重過失로 인하여 보험자의 부담을 가중시키는 것은 不作爲에 의한 손해의 확대라고도 할 수 있다는 것과, ② 公益保護의 요청, 즉 損害防止 · 輕減活動을 장려함으로써(財物保護) 국민경제상의 불이익을 면할 수 있다는 것을 들고 있으나,[23] ③ 보험계약자 또는 피보험자의 不作爲에 의하여 확대된 손해는 우연한 사고에 의한 손해로 볼 수 없다는 것을 들기도 한다.[24]

---

23) 徐燉玨 · 鄭完溶(下) 416면 ; 孫珠瓚(下) 585면 ; 朴元善(下) 137면.
24) 鄭熙喆 · 鄭燦亨(下) 556면.

(2) 損害防止·輕減義務의 法的 性質

損害防止·輕減義務는 피보험자도 부담하는 것이므로 계약상의 의무는 아니고, 보험계약의 射倖契約的 性質에 비추어 法이 특히 인정한 의무라고 본다(通說).

> <대법원 1994. 8. 12. 선고, 94 다 2145 판결 : 피보험자의 소송통지의무는 보험회사에게 소송에 관여할 기회를 주기 위한 것이다>
>
> 피보험자의 소송통지의무를 규정한 자동차보험보통약관 제50조의 취지는, 소송을 제기당한 피보험자가 소송에 적절히 대응하지 않아 부적정한 손해배상액을 명하는 판결을 받은 후 그 판결금액을 보험회사에게 청구할 수 있다고 한다면 이는 실손해를 전보한다는 자동차보험의 본래의 취지에 반하고 보험회사로 하여금 부당한 불이익을 입게 하는 것이므로 그와 같은 폐해를 피하고 후일의 분쟁을 방지하기 위하여 소송이 제기된 때에는 그 소송에서 적정한 배상액이 정해지도록 보험회사에게 직접, 간접으로 소송에 관여할 기회를 주기 위한 것이다.

(3) 損害防止·輕減義務의 義務者

損害防止·輕減義務의 義務者는 보험계약자와 피보험자이다(제680조 본문). 그밖에 이들의 대리인·사용인, 지배인, 선장 등도 의무자이다.[25]

(4) 損害防止·輕減義務의 內容

(가) 損害의 發生 또는 擴大 防止와 損害의 輕減

보험계약상의 보험사고가 발생한 후에, 그 사고로 인한 손해의 발생이나 그 손해의 확대 방지 및 손해의 경감을 위하여 노력하여야 한다. 따라서 보험사고 자체의 발생을 방지할 의무는 없다. 損害防止·輕減行爲는 消火行爲나 救護活動 등 직접적인 것이든 제3자에 대한 請求權確保行爲 및 代位權行使에 필요한 행위 등과 같은 간접적인 것이든 묻지 않는다.

(나) 損害防止·輕減義務의 始期와 終期

損害防止·輕減義務를 부담하는 始期와 終期에 관하여는 명문의 규정이 없으나, 約款에 의하여 대체로 보험사고가 생긴 때부터 이를 부담한다. 한편 終期는 더 이상 損害防止·輕減의 가능성이 존재하지 아니하는 때이다.

---

25) 梁承圭(保) 222면 ; 崔基元(保) 258면.

(다) 努力의 程度

보험계약자나 피보험자는 자기의 이익에 대한 손해의 방지와 경감을 위하여 노력하는 경우와 같은 정도의 노력을 하여야 한다고 본다. 그리고 그 노력을 한 이상 損害防止·輕減의 효과가 있느냐는 묻지 않는다.

(라) 保險者의 指示

損害防止·輕減義務者는 사정이 허용되는 한 보험자의 지시를 받아 그에 따를 필요가 있다고 해석한다(獨保 제62조, 스위스保 제61조 참조).[26]

(5) 損害防止·輕減義務違反의 效果

損害防止·輕減義務違反의 효과에 관하여는 商法에 규정이 없어서 학설이 세 가지로 나뉜다.

第1說은 보험계약자와 피보험자의 輕過失의 경우에는 불이익을 줄 수 없고, 故意·重過失의 경우에만 보험자는 손해보상액으로부터 방지 또는 경감할 수 있었을 손해의 額을 공제할 수 있다는 견해이다.[27]

第2說은 보험계약자와 피보험자가 故意 또는 重過失로 인하여 損害防止·輕減義務를 懈怠한 경우에는 보험자는 이와 相當因果關係가 있는 손해의 배상청구를 할 수 있고, 또 相計를 하여 지급할 손해보상액으로부터 방지 또는 경감할 수 있었을 손해의 額을 공제할 수 있다는 견해이다.[28]

第3說은 보험계약자와 피보험자에게 경과실이 있는 경우와 故意 또는 重過失이 있는 경우로 나누어, 前者의 경우에는 손해배상을 청구하고 지급할 보험금에서 방지 또는 경감할 수 있었을 손해의 額을 공제할 수 있으나, 後者의 경우에는 보험자는 보상의무 자체를 면하되 다만 重過失이 있는 경우에는 그 손해의 정도가 의무를 이행하였더라도 동일하였을 경우는 예외로 본다는 견해이다.[29] 이 견해는 損害防止·輕減義務는 신의성실의 원칙에 기하여 보험단체의 이익뿐만 아니라 公益保護라는 입법취지에서 이와 같이 해석하는 것이 정당하다고 한다.

생각건대, 損害防止·輕減義務를 보험자에 대한 보상청구의 전제조건으로 볼 것은 아니므로, 보험계약자와 피보험자의 故意·重過失로 인하여 損害防止·輕減義務

26) 梁承圭(保) 224면 ; 孫珠瓚(下) 587면.
27) 孫珠瓚(下) 587면 ; 徐燉珏·鄭完溶(下) 417면.
28) 梁承圭(保) 224면.
29) 崔基元(保) 265면.

를 해태하였다고 하더라도 告知義務違反의 경우와 같이 보험자의 免責事由가 될 수 있는 것은 아니라고 본다. 즉, 보험계약자와 피보험자의 故意·重過失의 경우에는 보험자는 義務者의 不作爲에 대한 債務不履行으로 보아 이와 상당인과관계가 있는 손해의 배상청구를 할 수 있고, 또 相計를 하여 지급할 손해보상액으로부터 '방지 또는 경감할 수 있었을 損害의 額'을 공제할 수 있다고 본다. 결국 第2說이 정당하다고 생각된다.

損害防止·輕減義務違反事實에 대한 입증책임은 보험자가 이를 부담한다.

<대법원 1994. 8. 12. 선고, 94 다 2145 판결 : 피보험자가 소송통지의무를 해태한 경우 보험자는 적정손해액 이상의 손해액에 대하여는 보상의무가 없다>

만약 피보험자가 보험회사에게 피해자 등으로부터 소송을 제기당한 사실을 통지하여 보험회사로 하여금 소송에 실질적으로 관여할 수 있도록 하였거나 소송에서 피해자의 사고 당시의 수입액에 관한 자료를 제출하였다면 판결에서 피해자의 수익상실로 인한 손해액이 과다하게 인용되는 것을 방지할 수 있었음에도 이를 게을리한 사정이 있다면, 자동차보험보통약관 제50조의 취지로 보아 피보험자의 의무해태로 인하여 적정손해액 이상으로 판결에서 인용된 손해액에 대하여는 보험회사에게 보상의무가 없다고 봄이 상당하다.

(6) 損害防止·輕減費用의 償還

(가) 保險者의 費用償還義務

보험자는 損害防止·輕減을 위하여 필요 또는 유익한 비용을 부담하여야 하는데,[30] 그 비용과 보상액의 합계액이 보험금액을 초과하는 경우에도 역시 이를 부담하여야 한다(제680조 제1항 단서). 이 費用償還義務는 보험자와 損害防止·輕減義務者 간의 이익을 확보하고(民 제687조·제688조 참조), 나아가서 損害防止·輕減行爲를 장려하려는 데 그 취지가 있다. 보험자가 보상책임을 지지 아니하는 사고에 대하여는 손해방지의무가 없으므로 이로 인한 보험자의 비용상환의무도 없다. 다만 사고발생시 피보험자의 법률상 책임 여부가 판명되지 아니한 상태에서 피보험자가 손해확대방지를 위한 긴급한 행위를 한 경우에는 이로 인하여 발생한 필요·유익한 비용도 손해확대방지를 위한 비용으로서 보험자는 이를 상환하여야 한다.

30) 大判 1993. 1. 12, 91 다 42777.

<대법원 1994. 9. 9. 선고, 94 다 16663 판결 : 책임 여부가 판명되지 아니한 상태에서 손해확대방지를 위한 긴급한 행위로 인하여 발생한 필요 유익한 비용도 손해확대방지비용으로서 보험자가 부담하여야 한다>

손해보험에서 피보험자가 손해의 확대를 방지하기 위하여 지출한 필요 유익한 비용을 보험자가 부담하게 되어 있는 경우 이는 원칙적으로 보험사고의 발생을 전제로 하는 것이므로 보험자가 보상책임을 지지 아니하는 사고에 대하여는 손해방지의무가 없고 따라서 이로 인한 보험자의 비용부담 등의 문제도 발생할 수 없는 것이 원칙이지만 다만 사고발생시 피보험자의 법률상 책임 여부가 판명되지 아니한 상태에서 피보험자가 손해확대방지를 위한 긴급한 행위를 하였다면 이로 인하여 발생한 필요 유익한 비용도 손해확대방지를 위한 비용으로서 보험자가 부담하는 것으로 해석하여야 한다. … 자동차 소유자인 피보험자가 사고 직후 자신에게 손해배상책임이 있는지 여부를 판단하기 어려운 가운데 중상을 입어 의식을 잃은 피해자를 신속하게 치료를 받게 함으로써 더 이상의 피해상태의 악화를 방지하기 위하여 치료비 채무의 연대보증을 하였다면 피보험자의 책임 유무가 가려지지 아니한 상태에서 그가 손해배상책임을 져야 할 경우에 대비하여 한 최소한도의 손해확대방지행위라고 보아야 하므로 이로 인하여 보험회사의 면책통보 이전까지의 치료비로서 피보험자가 지출한 금원은 보험회사가 보상하여야 할 손해확대방지비용에 해당한다.

同旨 : 대법원 1993. 1. 12. 선고, 91 다 42777 판결—손해배상책임이 없는 피보험자가 가해자로서 교통사고 직후 자신의 책임 유무를 판단하기 어려운 가운데 의식을 잃은 피해자를 신속하게 치료받게 함으로써 피해상태의 악화를 방지하고자 치료비채무를 연대보증하였다면 이로 인하여 지출한 치료비 중 보험자의 면책통보시까지 발생한 부분은 보험자가 보상하여야 한다.

<대법원 1995. 12. 8. 선고, 94 다 27076 판결 : '방어비용'이란 피해자가 손해배상청구를 한 경우에 그 방어를 위하여 지출한 재판상 또는 재판 외의 필요비용을 말한다>

상법 제720조 제1항에서 규정한 '방어비용'은 피해자가 보험사고로 인적, 물적 손해를 입고 피보험자를 상대로 손해배상청구를 한 경우에 그 방어를 위하여 지출한 재판상 또는 재판 외의 필요비용을 말하는 것이다.

(나) 一部保險과 費用償還

一部保險의 경우에 보험자가 부담할 損害防止·輕減費用은 保險金額의 保險價額에 대한 비율에 따라 결정한다(제674조). 따라서 보험자가 그 比率에 따라 부담하고 남은 비용은 보험계약자 또는 피보험자의 부담이 된다.

(다) 費用償還義務排除約款의 效力

實際去來界에서는 約款에 의하여 損害防止·輕減費用을 보험자가 전혀 부담하지 않거나 保險金額의 한도 내에서만 이를 부담한다고 정한 것이 더러 있다. 이와 같은 約款의 規定은 보험계약자 등의 不利益變更禁止의 原則(保險契約法의 相對的 强行法性 : 제663조)에 위배되어 무효이다.

제 3 절 保險者의 代位

I. 序 說

1. 保險者代位의 意義

保險者의 代位(rights by subrogation, Subrogation)란 保險者가 保險金額을 지급한 경우에 피보험자 또는 보험계약자가 保險의 目的 또는 제 3 자에 대하여 가지는 權利를 法律上 당연히 취득하는 것(제681조, 제 682조)을 말한다. 保險者의 代位는 보험의 목적에 관한 피보험자의 권리를 취득하는 殘存物代位의 경우와(제681조), 제 3 자에 대한 보험계약자 또는 피보험자의 권리를 취득하는 請求權代位의 경우(제682조)로 나눌 수 있다. 保險者代位는 損害保險에서만 인정되고, 人保險에서는 금지되고 있다(제729조 본문). 다만 人保險이라도 傷害保險의 경우에는 請求權代位가 인정된다(제729조 단서).

2. 保險者代位의 根據

損害保險은 손해를 보상하는 것이 목적이지 이득을 주는 것을 목적으로 하지는 않는다(損害保險의 損害補償契約性). 그런데 피보험자 또는 보험계약자가 보험금액을 받고도 잔존 목적물에 대한 所有權이나 제 3 자에 대한 損害賠償請求權을 그대로 보유하게 된다면 그것은 不勞의 이득을 보게 되어 損害保險制度의 경제적 기능을 초월하는 결과를 가져오게 되고, 賭博的 行爲로 악용될 위험성도 생긴다. 따라서 商法은 그러한 '二重利得'을 방지하고 보험사고에 대한 責任을 면하는 자가 없도록 하기 위하여 民法上 損害賠償者의 代位와 같은 취지로(民 제399조), 보험자의 代位를 인정한 것이다.

<대법원 1989. 4. 25. 선고, 87 다카 1669 판결 : 보험자대위의 취지에 관한 판결>

보험자대위에 관한 상법 제682조의 규정을 둔 이유는 피보험자가 보험자로부터 보험금액을 지급받은 후에도 제 3 자에 대한 청구권을 보유, 행사하게 하는 것은 피보험자에게 손해의 전보를 넘어서 오히려 이득을 주는 결과가 되어 손해보험제도의 원칙에 반하고 배상의무자인 제 3 자가 피보험자의 보험금수령으로 인하여 그 책임을 면하는 것도 불합리하므로 이를 제거하여 보험자에게 그 이익을 귀속시키려는 데 있고 이와 같은 보험자대위의 규정은 타인을 위한 손해보험계약에도 그 적용이 있다.

3. 保險者代位의 性質

保險者의 代位는 당사자간의 意思表示에 의거한 양도행위의 효과가 아니라, 法律이 인정한 당연한 效果이다. 따라서 손해를 일으킨 제 3 자의 故意 · 過失을 묻지 않으며, 代位의 요건이 갖추어지면 당사자의 意思表示를 기다리지 않고 당연히 權利가 이전된다. 그러므로 보험자는 殘存物代位의 경우에 物權變動의 절차(民 제186조 · 제188조)가 필요하지 않으며, 請求權代位의 경우에도 債務者 기타의 제 3 자에게 대항하기 위한 특별한 요건(民 제450조)을 필요로 하지 아니한다.

<대법원 1995. 11. 14. 선고, 95 다 33092 판결 : 보험자대위에서 손해를 일으킨 제3자의 고의·과실은 묻지 않는다>

보험사고에 의하여 손해가 발생하고 피보험자가 그 손해에 관하여 제3자에게 손해배상청구권을 갖게 되면 보험금을 지급한 보험자는 제3자에게 귀책사유가 있음을 입증할 필요가 없이 법률의 규정에 의하여 당연히 그 손해배상청구권을 취득하게 된다고 할 것이므로, 상법 제682조 소정의 '제3자의 행위'란 '피보험이익에 대하여 손해를 일으키는 행위'를 뜻하는 것으로서 고의 또는 과실에 의한 행위만이 이에 해당하는 것은 아니다.

이와 같이 保險者代位는 현실적으로 全損된 보험의 목적물에 관한 權利移轉의 효과가 法律上 당연히 나타난다는 점에서, 保險의 목적이 전부 멸실한 것과 동일시되는 推定全損이 있는 경우 목적물에 관한 권리를 보험자에게 이전하되, 피보험자의 특별한 意思表示를 필요로 하는 '保險委付'(제710조 이하)와도 구별된다.

《保險者代位와 保險委付의 差異》

(i) 보험자대위는 모든 손해보험에서 인정되나, 보험위부는 해상보험에서만 인정된다.

(ii) 보험자대위는 보험의 목적물이 현실적으로 전손된 경우에 인정되나, 보험위부는 보험의 목적이 전부 멸실한 것과 동일시되는 추정전손이 있는 경우에 인정된다.

(iii) 보험자대위는 권리이전의 효과가 법률상 당연히 나타나는 데 비하여, 보험위부는 목적물에 관한 권리를 보험자에게 이전하되, 피보험자의 특별한 의사표시를 필요로 한다.

(iv) 보험위부의 경우에는 위부된 목적물이 피보험자에게 지급한 보험금액보다 큰 것이 입증되어도 보험자는 여전히 그 전부의 果實을 소유할 수 있으나, 보험자대위의 경우에는 이와 반대로 보험자는 피보험자에게 지급한 보험금액 이상으로 회복할 수 없다.

Ⅱ. 殘存物代位(保險의 目的에 관한 權利의 取得)

1. 殘存物代位의 意義

殘存物代位란 보험의 目的의 全部가 멸실한 경우에 보험금액의 전액을 지급한 보험자가 피보험자의 목적에 관한 권리를 법률상 당연히 취득하는 제도를 말한다(제681조 본문). 예컨대, 항공기가 추락한 후 남은 엔진, 난파된 선박 등 보험사고 후 남은 물건에 대한 피보험자의 권리가 보험금액 전액을 지급한 보험자에게 당연히 이전되는 제도이다.

2. 殘存物代位의 要件

보험자가 保險의 目的(殘存物)에 관한 권리를 취득하려면 보험의 목적의 全部가 멸실되고, 보험자가 보험금액의 전부를 지급해야 한다(제681조 본문).

(1) 全 損

(ⅰ) 보험의 '目的의 全部'가 멸실되어야 한다. 全部의 滅失(全損)이란 그 종래의 용법에 따른 경제적 가치가 소멸한 것을 말한다. 따라서 殘存物이 어느 정도의 金錢的 價値를 지니고 있더라도 全損으로 된다. 경제적 가치가 전손에 가까운 때, 예컨대 보험가액의 5분의 4 이상의 손해가 있을 때에 이를 全損으로 보기로 당사자간에 특약을 하는 것은 무방하다(수선비가 선박의 가액의 4分의 3을 초과할 때 : 제778조 제1항 제2호 참조).

一部保險의 경우에는 보험자는 保險金額의 保險價額에 대한 比率에 따라 보험의 목적에 관한 권리를 취득한다(제681조 단서).

(ⅱ) 分損의 경우에는 처음부터 잔존한 목적물의 가치를 공제하고 實損害額만을 산정하므로 保險代位의 문제가 생길 여지가 없다.

(2) 保險金額의 全部 支給

보험자가 保險金額의 전부를 지급하여야 한다. 여기서의 保險金額은 損害防止・輕減費用(제680조)까지도 포함한다. 따라서 保險金額의 一部를 지급한 경우에는 支給額에 비례한 權利도 취득할 수가 없다.

3. 殘存物代位의 效果

보험자는 피보험자가 보험의 목적에 관하여 가졌던 권리를 취득한다(제681조 본문).

(1) 取得하는 權利의 內容

보험자가 취득하는 권리는 보험의 목적에 관한 權利, 예컨대 火災保險에 있어서 타고 남은 鐵材・石材, 船舶保險에 있어서 全損된 선박의 鐵材・難破物의 所有權 등 잔존물에 대한 모든 權利가 법률에 의하여 당연히 보험자에게 이전된다.[31]

(2) 取得하는 權利의 範圍

殘存物代位로 인하여 취득하는 권리는 殘存物에 대한 모든 권리이다. 피보험자가 보험금을 받기 전에 잔존물을 타인에게 처분한 경우에는 보험금에서 이를 공제할 수 있고, 보험금을 지급받은 후에 처분한 경우에는 그에 대한 손해배상책임을 져야 한다.[32] 피보험자가 잔존물을 占有하고 있는 동안에는 보험자에게 그 권리행사에 필요한 통지를 하는 등 信義則上 요구되는 의무를 다하여야 한다.[33]

一部保險의 경우에는 보험자가 취득하는 권리는 보험금액의 보험가액에 대한 비율에 따라 정하므로(제681조 단서), 그 殘存物에 관하여 피보험자와 共有關係가 생길 수 있다.

---

31) 예컨대, 賃借權은 目的의 全損과 동시에 消滅하지만, 가령 抵當保險의 경우에는 保險의 目的이 全部滅失되어 抵當權者인 被保險者에게 保險金 전부를 지급한 때에는 抵當權者가 그의 債務者에 대하여 가지는 債權도 모두 포함한다〔梁承圭(保) 233면〕.

32) 梁承圭(保) 223면 ; 鄭燦亨(下) 585면.

33) 梁承圭(保) 224면 ; 蔡利植(下) 563면 ; 鄭燦亨(下) 585면.

(3) 權利取得의 時期

權利를 취득하는 시기는 보험사고가 발생한 때가 아니라, 보험금 전액을 지급한 때이다.[34]

(4) 權利의 拋棄

殘存物에 대한 權利를 취득하는 경우, 보험자는 公法上의 殘存物除去義務[예컨대, 항로를 방해하는 침몰선의 제거의무(開秩 제28조)]를 지는 수가 있는데, 이것이 오히려 보험자에게 불이익을 가져오면 殘存物의 權利를 포기할 수도 있다. 이런 경우에 約款으로 公法上의 義務를 피보험자에게 轉嫁할 수도 있다.

Ⅲ. 請求權代位(제3자에 대한 權利의 取得)

1. 請求權代位의 意義

請求權代位란 피보험자의 손해가 제 3 자의 행위로 인하여 생긴 경우에 보험금액을 지급한 보험자가 지급한 보험금액의 한도 내에서 그 제 3 자에 대한 보험계약자 또는 피보험자의 권리를 법률상 당연히 취득하는 제도를 말한다(제682조 본문). 예컨대, 적하가 해상운송인의 故意·過失에 의하여 멸실하여 보험자가 피보험자에게 보험금액을 지급하면 보험자는 피보험자의 운송인에 대한 계약불이행으로 인한 損害賠償請求權을 대위취득한다.

2. 請求權代位의 要件

보험자가 제 3 자에 대한 權利를 취득하려면 손해가 제 3 자의 행위로 인하여 생기고, 보험자가 보험금액을 지급하여야 한다(제682조).

---

34) 영국보험법 제79조 제2항은 사고발생시부터 권리가 이전하는 것으로 정하고 있다.

(1) 제3자의 행위로 인한 損害의 發生

(i) '제3자'란 보험자·보험계약자 또는 피보험자를 제외한 모든 사람을 말한다. 그러나 제3자의 범위에 대하여는 각종의 보험과 관련하여 구체적인 사건에 따라 결정하여야 할 것이다.

<대법원 1991. 11. 26. 선고, 90 다 10063 판결 : 자동차종합보험에 가입한 차주의 피용운전사는 제3자가 아니어서 그에게 보험자대위권을 행사할 수 없다>

상법 제682조 소정의 보험자대위는, 보험사고로 인한 손해가 보험계약자 또는 피보험자 아닌 제3자의 행위로 인하여 생긴 경우에 보험금액을 지급한 보험자가 보험계약자 또는 피보험자의 그 제3자에 대한 권리를 취득하는 제도이므로, 보험계약의 해석상 보험사고를 일으킨 자가 위 법 소정의 '제3자'가 아닌 '피보험자'에 해당될 경우에는 보험자는 그 보험사고자에 대하여 보험자대위권을 행사할 수 없는 것이다. … 자동차종합보험의 보통약관에서 보험증권에 기재된 피보험자 이외에 그 '피보험자를 위하여 자동차를 운전중인 자'도 위의 피보험자의 개념에 포함시키고 있으므로 자동차종합보험에 가입한 차주의 피용운전사는 '피보험자'일 뿐, 상법 제682조에서 말하는 '제3자'에 포함되지 아니한다. 참고판례 : 대법원 1993. 1. 12. 선고, 91 다 7828 판결 ; 同, 1993. 6. 29. 선고, 93 다 1770 판결.

<대법원 1995. 11. 7. 선고, 94 다 53327 판결 : 기중기의 임대인의 사용자가 일으킨 사고에 대하여 그 임차인에게 보험자대위권을 행사할 수 없다>

토목, 건축공사업 및 중기임대업을 목적사업으로 하는 Y회사가, X보험회사에 종합보험에 가입된 A회사의 기중기를 운전사와 함께 임차하여 토공 등 현장에 투입하여 작업하다 사고를 일으켜 X가 보험금을 지급한 경우, X는 Y에 대하여 상법 제682조 소정의 보험자대위권을 행사할 수 없다. 同旨 : 대법원 1995. 6. 9. 선고, 94 다 4813 판결.

(ii) 타인을 위한 보험의 보험계약자도 제682조의 제3자에 해당하지 않는다는 견해와 제3자에 포함된다는 견해가 있다. 예컨대 운송인이 하주를 피보험자로 한 운송보험계약을 체결한 경우에 운송인의 과실로 운송물이 멸실되었다면 운송보험계약자인 운송인에 대하여 보험자가 대위권을 행사할 수 있는지 의문이다. 즉, 제3자의 범위에 보험계약자도 포함되는가에 관하여 학설이 일치하지 않는다.

(a) **肯定說** : 이 學說에 의하면 商法 제682조(제3자에 대한 보험대위)의 문언

에도 불구하고 보험계약자도 同條의 제 3 자가 될 수 있다고 한다.[35] 따라서 보험자는 사고를 발생시킨 보험계약자에게도 대위권을 행사할 수 있다고 한다. 대법원 1989. 4. 25. 선고, 87 다카 1669 판결도 동일한 취지의 판례이다. 이 학설은 그 근거를 주로 보험의 원리나 보험자대위제도의 입법취지에서 찾고 있다. 즉, ① 독일과 일본의 학설·판례가 이를 긍정한다는 점, ② 보험자대위의 입법취지가 보험사고로 인하여 이중의 이득을 보는 자나 보험사고에 대한 책임을 면하는 자가 없도록 하자는 데 있다는 점, ③ 보험계약자에게 대위권을 행사할 수 없다는 특약이 있는 경우에는 보험계약자는 보험자의 대위권 행사를 거절할 수 있다는 점, ④ 保險契約者가 保險料支給義務 등을 지지만, 이 경우에 보험계약자는 보험료를 타인의 계산으로 지급하고 있으며 기타의 의무도 보험계약자가 保險者의 상대방인 형식적인 자격으로 인하여 지는 것에 불과하다는 점, ⑤ 타인을 위한 보험계약의 경우 단순한 보험계약자가 제 3 자에 포함되지 않는다고 하면(예컨대 보험계약자인) 運送業者나 倉庫業者가 (荷主를 위하여 보험계약을 체결하고) 注意를 소홀히 함으로써 (보험사고를 일으키고도 아무런 책임을 지지 아니하여) 손해의 발생이 증가하게 되어 국민경제적으로 뿐만 아니라 그 누구에게도 이익이 될 수 없다는 점, ⑥ 타인을 위한 손해보험은 오로지 피보험자의 보호를 목적으로 하는 보험인 점[36] 등을 그 근거로서 열거한다.

(b) 否定說 : 위 肯定說에 대하여 보험계약자는 제 3 자에 포함될 수 없어서 그에게 대위권을 행사할 수 없다는 견해가 있다. 이 견해에 의하면, 보험계약자는 제 3 자가 아니므로 청구권대위가 성립하지 아니한다.[37] 그 근거는 ① 保險契約者는 보험계약상의 보험료의 支給義務를 비롯한 각종의 의무를 지는 점(제650조·제651조·제652조·제653조·제680조), ② 보험계약자의 과실이 있는 때가 아니라 故意 또는 중대한 過失로 保險事故가 발생한 때에만 保險者는 보험금지급책임을 지지 않는 것이 일반원칙인 점, ③ 이 경우에 보험계약자가 責任保險契約(제719조 이하)을 체결한 때에는 전혀 제 3 자의 문제가 제기될 수 없는 점, ④ 상법 제639조 제2항 단서는 "타인을 위한 손해보험계약의 경우에 보험계약자가 그 타인에게 보험사고의 발생으로 생긴 손해의 배상을 한 때에는 보험계약자는 그 타인의 권리를 해하지 아니하는 범위 안에서 보험자에게 보험금액의 지급을 청구할 수 있다."고

35) 崔基元(保) 274면 ; 洪性戊, "保險者代位權," 法院行政處, 裁判資料 제53집, 海上·保險法에 관한 諸問題(下), 427면.
36) 蔡利植(下) 564면.
37) 梁承圭(保) 415면.

정하고 있는데, 이것은 간접적으로 보험계약자에 대한 보험자의 대위권을 배제한 것이라 할 수 있는 점, ⑤ 보험계약자는 '계약당사자'인데 계약당사자를 '제 3 자'로 보는 것은 용어의 개념상 적절하지 않은 점[38] 등을 든다.

생각건대, 否定說이 옳다. 보험계약자가 책임보험에 가입하였더라면 면책될 수 있었을 것인데, 착오로 운송보험에 가입하였기 때문에 보험자대위의 대상이 된다는 것도 형평의 관념에 맞지 않는다. 긍정설이 주장하는 보험자대위의 근거, 즉 보험사고에 대한 책임을 면하는 자가 없도록 하여야 한다는 원칙은 똑같은 사실관계로부터 책임보험계약을 체결한 경우에는 왜 적용되지 않는지 설명하지 못한다. 나아가 타인을 위한 손해보험은 오로지 피보험자의 보호를 목적으로 하는 보험이라고 하는 설명도 석연치 않다. 타인을 위한 손해보험의 계약자도 보험사고의 발생과 전혀 무관한 자는 아니며, 보험료지급의무, 고지의무, 위험변경증가의 통지의무, 고의나 중과실에 의한 위험증가행위 금지의무, 손해방지의무 등을 지는데, 이들 의무가 모두 피보험자의 의무를 대신하는 것이라거나 保險者의 상대방인 형식적인 자격으로 인하여 지는 것에 불과하다고 하는 것은 납득하기 어렵다.

<대법원 1989. 4. 25. 선고, 87 다카 1669 판결 : 제 3 자의 범위에 운송보험의 보험계약자도 포함된다>

<事 實> 피고 운송인 대한통운주식회사는 소외 韓電과 변압기 3대의 운송을 위하여 운송계약을 체결함과 동시에 원고 현대해상화재보험주식회사와 피보험자를 韓電으로 하고 위 3개의 변압기를 목적물로 하는 운송보험계약을 체결하고 소정의 보험료를 지급하였다. 그런데 운송도중에 3대의 변압기 중 1대를 실은 피고 대한통운 소유의 트랙터의 사고로 그 변압기가 지상으로 떨어져 손상되었다. 이로 인하여 韓電은 수리비, 운송비, 보험료 등 7천여만원의 손해를 보게 되자 현대해상화재보험주식회사는 이 손해에 해당하는 보험금을 韓電에 지급하였다. 그런데 보험회사는 韓電의 손해를 운송인의 사용자에 의한 불법행위로 생긴 것이므로 자신이 商法 제682조의 규정에 따라 한전이 운송인에 대하여 갖는 손해배상청구권을 대위취득한다고 생각하여 운송인에게 그 지급을 청구하였다.

<判決要旨>

타인을 위한 손해보험계약은 타인의 이익을 위한 계약으로서 그 타인(피보험자)의 이익이 보험의 목적이지 여기에 당연히(특약없이) 보험계약자의 보험이익이 포함되거나 예정되어 있는 것은 아니므로 피보험이익의 주체가 아닌 보험계약자는 비록 보험자와의 사이에서는 계약당사자이고 약정된 보험료를

38) 孫珠瓚(下) 595면.

지급할 의무자이지만 그 지위의 성격과 보험자대위규정의 취지에 비추어 보면 보험자대위에 있어서 보험계약자와 제 3 자를 구별하여 취급할 법률상의 이유는 없는 것이며, 따라서 타인을 위한 손해보험 계약자가 당연히 제 3 자의 범주에서 제외되는 것은 아니다. 同旨 : 대법원 1990. 2. 9. 89 다카 21965 판결.

(iii) 제 3 자의 '行爲'란 不法行爲(예컨대, 放火)뿐만 아니라 債務不履行(예컨대, 賃借人의 失火로 인한 賃借家屋의 返還不能의 경우) 또는 適法行爲〔船長의 共同海損處分行爲(제832조)〕도 포함한다.

(iv) 제 3 자는 1人이든 數人이든 상관이 없다. 數人의 共同不法行爲者 중 1인과 보험계약을 체결하여 보험자가 피해자에게 손해배상금을 모두 지급하여 모든 공동불법행위자들이 免責된 경우에는 보험자는 다른 공동불법행위자에 대하여 그 부담부분에 대하여 求償權을 행사할 수 있다. 이 때 그 求償權이 보험자에게 법률상 당연히 이전된 결과 보험계약자인 공동불법행위자는 求償權을 상실한다.

<대법원 1994. 1. 11. 선고, 93 다 32958 등 판결 : 보험자는 공동불법행위자가 공동면책됨으로써 다른 공동불법행위자의 부담부분에 대하여 행사할 수 있는 구상권을 취득한다>

공동의 불법행위로 피해자에게 가한 손해를 연대하여 배상할 책임이 있는 공동불법행위자 중의 1인과 체결한 보험계약에 따라 보험자가 피해자에게 그 손해배상금을 보험금액으로 모두 지급함으로써 공동불법행위자들이 공동면책된 경우에, 보험금액을 지급한 보험자는 상법 제682조 소정의 보험자대위에 의하여 그 공동불법행위자가 공동면책됨으로써 다른 공동불법행위자의 부담부분에 대하여 행사할 수 있는 구상권을 취득한다.… 이 구상권의 소멸시효는[39] 10년으로 완성된다고 해석함이 상당하고 그 기산점은 구상권이 발생한 시점, 즉 구상권자가 현실로 피해자에게 지급한 때이다. 참고 판례 : 대법원 1992. 12. 8. 선고, 92 다 23360 판결 ; 同, 1995. 9. 29. 선고, 94 다 61410 판결 ; 同, 1995. 7. 14. 선고, 94 다 36698 판결 ; 同, 1994. 10. 7. 선고, 94 다 11071 판결 ; 同, 1996. 1. 26. 선고, 95 다 19751 판결.

(v) 제 3 자가 피보험자의 동거가족이고 그 가족의 過失로 인하여 손해가 생긴 경우에는 商法上 규정은 없으나 保險者代位의 적용을 배제하여야 할 것이다(獨保 제67조 제2항, 佛保 L. 121-12조 제3항, 스위스保 제72조 제3항 참조).[40] 왜냐하면 가족

39) 구상권의 소멸시효에 관한 참고 판례 : 대법원 1992. 10. 27. 선고, 91 다 37140 판결.

의 過失行爲에 대한 궁극적인 책임자는 피보험자가 될 것이므로, 보험자대위를 인정하면 피보험자로부터 보험의 이익을 박탈하는 결과가 되기 때문이다.

<대법원 2000. 6. 23. 선고, 2000 다 9116 판결: 피보험자의 동거가족에 대하여는 보험자대위가 인정되지 않는다>

운전자 연령 한정운전 특별약관부 자동차종합보험계약에서 연령 미달의 임의운전자가 보험계약자 또는 피보험자의 동거가족인 경우, 상법 제682조 소정의 보험자대위권 행사의 대상인 제3자에 포함되지 않는다.

(vi) 당연한 것이지만 제3자의 행위로 인하여 손해가 발생하였다고 하더라도 피보험자 등의 손해배상청구권이 이미 소멸하여 버린 경우에는 보험자대위권도 없다. 반대로 피보험자는 보험자로부터 지급받은 한도 내에서 제3자에 대한 손해배상청구권을 잃는다(後述).

<대법원 1981. 7. 7. 선고, 80 다 1643 판결 : 피보험자 등의 손해배상청구권이 이미 소멸하여 버린 경우에는 보험자대위권도 존재하지 아니한다>

<事 實>

국제전선공업주식회사는 삼영화학공업주식회사에 건물을 임대하였는데 동 건물에 화재가 발생하였다. 국제전선은 보험회사로부터 보험금을 지급받기 전에 삼영화학으로부터 손해배상금 3천 2백만원을 수령하였다. 이 경우 국제전선의 삼영화학에 대한 손해배상청구권은 이미 소멸하였으므로 보험회사도 삼영화학에 대하여 대위권이 없다는 것이다.

<判決要旨>

상법 제682조에 의하면 손해가 제3자의 행위로 인하여 생긴 경우에 보험금액을 지급한 보험자는 그 지급한 금액의 한도에서 그 제3자에 대한 보험계약자 또는 피보험자의 권리를 취득한다고 규정하고 있으나 이는 피보험자 등의 제3자에 대한 손해배상청구권이 있음을 전제로 하여 지급한 금액의 한도에서 그 청구권을 대위한다는 취지에 불과한 것이고, 피보험자 등의 제3자에 대한 손해배상청구권은 통상의 채무불이행이나 불법행위상의 채권이므로 보험자가 보험금을 지급함으로써 대위의 효과가 생기기 전까지는 피보험자 등은 제3자에 대한 권리를 행사하거나 처분할 수 있는 것이고, 그 부분에 대하여는 보험자가 이를 대위할 수 없는 이치라 할 것이다.

---

40) 孫珠瓚(下) 592면.

(2) 保險金額의 支給

보험자가 피보험자에게 보험금액을 지급하여야 한다. 保險金의 지급이 있기 전에는 피보험자 등은 제 3 자에 대한 權利를 행사하거나 처분할 수 있다. 보험금액의 지급은 전액지급이 아니더라도 상관없다. 이 점은 殘存物代位의 경우와 다르다. 또한 보험금 대신 현물로 지급하여도 상관없다.

<대법원 1994. 12. 9. 선고, 94 다 46046 판결 : 보험금 대신 현물로 지급할 수 있다>

의료보험법상의 요양급여는 원칙적으로 보험자 또는 보험자단체가 지정한 요양취급기관에 의하여 질병 또는 부상이 치유되기까지 요양케 하는 현물급여의 형태로 이루어진다고 보아야 할 것이고, 따라서 구상권의 취득요건으로서 '보험급여를 한 때'의 의미는 보험자가 요양기관에 현실적으로 보험금을 지급한 때가 아니라 피보험자가 요양취급기관에서 치료를 받았을 때를 말한다. 따라서 이 때 현실적으로 보험급여가 이루어지므로 의료보험조합은 그 보험급여의 한도 내에서 제 3 자에 대한 구상권을 취득한다고 보아야 한다.[41)]

그러나 보험자에게 보험금지급책임이 없음에도 불구하고 보험금을 지급한 경우에는 보험자에게 대위권이 발생하지 않으므로 구상권을 행사할 수 없다.

<대법원 1994. 4. 12. 선고, 94 다 200 판결 : 보험자가 보험금지급책임이 없는 경우 보험금을 지급하였더라도 구상권을 행사할 수 없다>

보험약관상 보험자가 면책되는 무면허운전시에 생긴 사고에 대한 보험회사의 보험금지급은 보험약관을 위배하여 이루어진 것으로 적법하지 아니하므로, 보험자대위의 법리상 보험회사는 구상권을 대위행사할 수 없다.

3. 請求權代位의 效果

보험자는 지급한 보험금액의 한도에서 제 3 자에 대한 보험계약자 또는 피보험자의 권리를 취득한다(제682조 본문). 이 권리를 취득함에는 당사자간의 별도의 의사표시나 대항요건은 필요하지 않다. 이때 제 3 자는 피보험자 등에 대한 모든 항

41) 이 판결에 찬성하는 평석으로, 金星泰, 보험자의 현물급여와 대위권 발생시기, 법률신문, 제2415호, 14면 참조.

변사유로써 보험자에게 대항할 수 있고, 소멸시효기간도 합산된다.[42)]

(1) 取得하는 權利의 內容

보험자가 취득하는 권리는 제3자에 대한 보험계약자 또는 피보험자의 권리, 즉 不法行爲 또는 債務不履行으로 인한 損害賠償請求權 또는 共同海損分擔請求權(제833조)이다. 따라서 제3자에 대한 권리가 발생하지 않는 경우, 예컨대 "失火責任에 관한 法律"에 의하여 重過失이 없는 失火者에게 不法行爲로 인한 손해배상 책임을 인정하지 않는 경우에는 保險者代位도 인정되지 아니한다. 제3자는 보통 손해를 발생시킨 行爲者(債務者)이겠으나, 行爲者 이외의 제3자일 수도 있다. 예컨대, 共同海損의 경우 共同海損處分은 船長이 하나, 共同海損分擔債務者는 船長 아닌 제3자이다. '被保險者의 權利'뿐만 아니라 '保險契約者가 가진 權利'까지 포함시킨 것은, 예컨대 타인의 물건의 보관자가 타인을 위하여 보험계약을 체결한 경우에(제725조) 그 물건이 제3자의 행위로 인하여 멸실한 때에는 保管者인 보험계약자가 제3자에 대하여 損害賠償請求權을 갖게 되는 것을 예상한 것이다.

(2) 取得하는 權利의 範圍

보험자가 취득하는 권리의 범위는 보험자가 '지급한 금액의 한도에서' 한정된다. 만약 보험금지급 전에 피보험자 등이 제3자로부터 손해배상을 받았을 때에는 보험자는 지급할 보험금을 이에 따라 감액할 수도 있고, 또 피보험자 등이 제3자에 대한 권리를 포기하거나 처분한 경우에는 代位에 의하여 취득할 수 있었던 權利의 價額을 지급할 보험금으로부터 공제할 수 있다고 본다.

<대법원 1988. 4. 27. 선고, 87 다카 1012 판결 : 지급받은 보험금의 한도 내에서 피보험자가 제3자에 대하여 청구할 수 있는 손해배상액이 감소한다>

보험금을 지급한 보험자는 상법 제682조 소정의 보험자대위제도에 따라 그 지급한 보험금의 한도 내에서 피보험자가 제3자에게 갖는 손해배상청구권을 취득하는 결과, 피보험자는 보험자로부터 지급을 받은 보험금의 한도 내에서 제3자에 대한 손해배상청구권을 잃고, 그 제3자에 대하여 청구할 수 있는 배상액이 지급된 보험금액만큼 감소된다.

<대법원 1995. 9. 29. 선고, 95 다 23521 판결 : 피보험자가 보험자로부터

42) 서울고판 1976. 2. 25, 75 나 1274.

보험금을 지급받았다면 보험자는 구상권을 취득한다>

보험자가 피보험자에게 보험금을 지급하기 전에 이미 피보험자의 제 3 자에 대한 손해배상채권은 그 제 3 자의 변제 등으로 인하여 일부 소멸한 후 보험자가 피보험자의 나머지 손해액을 초과하는 금액을 보험금으로 지급하였다면, 피보험자의 손해는 모두 전보되었다고 할 것이므로 보험자는 피보험자의 제 3 자에 대한 나머지 금액에 관한 손해배상청구권을 대위행사할 수 있다.

(3) 權利取得의 制限

保險者가 '支給한 金額의 限度에서' 권리를 취득하더라도, 그 權利는 被保險者의 권리를 해하지 아니하는 범위 내에서 행사할 수 있다(제682조 단서). 왜냐하면 保險金의 지급을 받았어도 제 3 자에 대한 保險契約者나 被保險者의 請求權의 金額이 커서 그 일부를 보존하게 되는 경우에는 被保險者를 보호할 필요가 있기 때문이다.[43] 商法 제682조 단서는 '保險者가 보상할 保險金額의 一部'를 지급한 때에 관하여서만 규정을 두고 있으나, 保險者가 報償額의 전부를 지급한 때에도 동일하게 해석하여야 할 것이며, 또 全部保險의 경우이든 一部保險의 경우이든 동일하게 적용하여야 할 것이다.

특히 一部保險의 경우에는 商法 제681조 단서와 같은 규정이 없어서 학설이 나뉜다. 이에 관하여 보험자가 취득하는 권리는 ① '지급액 상당액'의 청구권이라는 견해(絶對說, 限度主義), ② 比率按配의 法則에 따른 額의 청구이라는 견해(相對說, 比例主義), ③ 피보험자의 권리를 害하지 아니하는 범위 내에서 代位하는 것이라는 견해(差額說, 損害超過主義)가 있다. 잔존물대위의 경우에는 상대설이 통설이지만 청구권대위와 관련하여서는 차액설이 우리 나라의 通說이다.[44] 一部保險의 경우에도 商法 제682조의 단서를 적용하여야 할 것이므로 차액설이 타당하다고 본다.

---

43) 예컨대, 火災保險價額 1,000萬원의 一部를 保險에 붙인 家屋이 放火로 全燒된 경우에, 保險者가 500萬원만 지급한 때에는 500萬원의 限度에서만 被保險者에게 代位하게 된다. 이 경우에 放火者의 資力이 600萬원에 불과한 경우에는, 만일 保險者가 500萬원의 請求權 全部를 행사한다면 被保險者는 그 殘額 100萬원 밖에 받지 못하므로, 결국 400萬원의 損害를 보게 된다. 그러므로 이 경우에는 補償額의 不足額인 500萬원은 被保險者로 하여금 放火者로부터 優先辨濟를 받게 하고, 保險者의 代位는 100萬원에만 미친다.

44) 梁承圭(保) 247면 ; 孫珠瓚(下) 597면 ; 崔基元(保) 279면 ; 李基秀(保・海) 137면 ; 鄭熙喆・鄭燦亨(下) 566면.

(4) 權利取得의 時期

보험자가 권리를 취득하는 時期는 殘存物代位의 경우와 같이 보험금을 지급한 때이다.

(5) 再保險과 請求權代位

再保險者는 原保險者에게 재보험금을 지급하고 그 한도에서 원보험자의 제3자에 대한 權利를 대위취득한다. 그러나 실무에서는 제3자에 대한 權利의 행사에 있어서는 원보험자가 自己名義로 재보험자의 受託的 地位에서 행사하여 제3자로부터 회수된 금액을 再保險者에게 교부하는 商慣習이 있다.

<서울민사지방법원 1981. 12. 26. 선고, 80 가합 5524 판결 : 원보험자가 청구권대위를 행사하여 제3자로부터 회수된 금액을 재보험자에게 교부하는 상관습이 있다>

再保險者의 代位의 경우에는 保險者代位에 의한 권리의 歸屬과 권리의 行使를 분리하여 再保險者는 이를 행사하지 아니하고 元受保險者가 自己名義로 재보험자의 受託者로서의 지위에서 제3자에 대한 權利를 行使하여 회수한 금액을 재보험자에게 交付하는 商慣習이 있는 바, 元受保險者는 재보험자가 取得한 持分에 관하여서도 그 수탁자의 지위에서 權利를 行使할 수 있다.

(6) 取得하는 權利의 消滅時效

보험자가 保險者代位에 의하여 취득하는 권리의 소멸시효는 보험자가 보험금을 지급한 시점부터 10년의 시효에 걸린다고 본다.[45]

제4절 損害保險關係의 變更·消滅

損害保險契約은 보험가액의 변동, 목적물의 멸실, 보험의 목적의 所有權移轉 등

45) 전게 대판 1994. 1. 11, 93 다 32958 참조.

으로 인하여 그 내용이 변경되고, 당사자에 의한 보험계약의 解止·保險事故의 발생 등 보험계약 一般의 終了事由에 따라 종료된다. 이 외에도 각종의 損害保險 특유의 변경·소멸사유가 있다.

보험가액의 변동의 경우, 즉 보험금액이 보험가액을 현저하게 초과한 때(超過保險의 경우)나 보험기간 중에 보험가액이 현저하게 감소된 때 보험자 또는 보험계약자는 보험금액 또는 보험료의 감액을 청구할 수 있다 함은 前述하였다(제669조 제1항·제3항). 그러므로 여기서는 被保險利益의 소멸과 보험의 목적의 양도에 관하여서만 언급한다.

Ⅰ. 被保險利益의 消滅

損害保險契約은 피보험이익을 전제로 하므로 피보험자가 보험의 목적에 대하여 피보험이익을 가지지 않으면 보험계약은 효력이 없다. 따라서 보험계약이 성립한 후 보험자의 책임개시 전후를 불문하고 보험기간 중에 보험사고 이외의 사유로 피보험이익을 잃게 되면 그 보험계약도 그 때부터 효력을 잃는다. 예컨대, 火災保險에 있어서의 보험의 목적의 유실·철거, 運送保險에 있어서의 운송취소, 自動車保險에 있어서의 자동차의 폐차 등의 경우 피보험이익도 없어진다.

보험계약자와 피보험자가 善意이고 중대한 過失도 없이 보험자의 책임개시 전에 피보험이익이 소멸된 때에는 보험자는 보험료의 전부 또는 일부를 보험계약자에게 반환하여야 하고(제648조), 책임개시 후에는 보험자는 그 때까지의 보험료기간에 대한 보험료를 지급받을 수 있다(獨保 제68조 제2항 참조). 그러나 실무에 있어서는 短期料率에 의하여 보험료를 정산하는 것이 일반적이다.

Ⅱ. 保險의 目的의 讓渡

1. 序 說

(1) 保險의 目的의 讓渡의 意義

보험의 목적의 양도란 피보험자가 보험의 대상인 목적물을 그 意思表示에 의하여 타인에게 양도하는 것을 말한다. 개별적인 양도란 점에서 보험의 목적과 함께 보험계약상의 權利義務關係가 포괄적으로 승계되는 相續·會社의 合併과 구별되고, 目的物 자체의 양도란 점에서 목적물에 관하여 보험자에 대하여 갖는 損害補償請求權(保險金請求權)의 양도와도[46] 구별된다.

(2) 目的의 讓渡와 保險關係의 變更

理論上으로는 피보험자가 보험의 목적을 양도하면 그 목적에 관하여 가지고 있었던 被保險利益이 소멸하므로 그 보험계약은 효력을 상실하게 될 것이고, 또 讓受人은 본래 보험자와는 아무런 관계도 없으므로 兩者 사이에 보험계약관계가 생길 수도 없는 것이다.

그러나 실제로는 보험관계는 그 목적물에 부속한 법률관계로서 목적물의 양도와 동시에 이에 부수되어 승계된다고 보는 것이 당사자들의 合理的 意思와 부합할 것이다. 만약 보험관계의 승계를 인정하지 않는다면 讓渡人이 보험료를 지급한 보람이 없게 되고, 또 피보험이익이 일시적으로 무보험상태에 놓일 우려가 있다. 따라서 목적물의 양수인에게 보험관계의 승계에 관한 취사선택의 여지를 남겨주고, 한편 보험자에게도 피보험자의 교체에서 오는 불이익을 배제할 수 있는 방법을 유보하는 한 보험계약을 당연히 무효로 할 것이 아니라, 보험의 目的(物)의 양수인에게 既存保險契約上의 이익을 승계시키는 것이 합리적이다. 商法 제679조 제1항이 "被保險者가 保險의 目的을 讓渡한 때에는 讓受人은 保險契約上의 權利와 義務를 承繼한 것으로 推定한다."고 규정한 취지도 이러한 실제거래상의 요

46) 保險金請求權도 양도할 수 있다는 것이 通說이다. 그러나 生命保險의 경우에는 被保險者의 동의를 얻어야 한다(제731조 제2항).

청을 고려한 것이다. 判例에 의하면 이 규정은 任意法規이고, 보험약관 등에 의하여 위 규정을 변경한 경우 그 약관의 규정이 商法 제663조의 보험계약자 등의 不利益變更禁止條項에 위배된다거나, 약관의 규제에 관한 법률 제6조에 정한 信義則에 반한 불공정한 약관으로서 무효라고 할 수는 없다고 한다.

相互保險의 경우에는 보험의 목적을 양도하였을 때 讓受人이 相互會社의 승낙을 받지 아니하면 讓渡人의 權利·義務를 승계할 수 없다(保業 제51조 참조).

<대법원 1991. 8. 9. 선고, 91 다 1158 판결 : 보험계약상의 권리도 함께 양도되는 것으로 추정한다는 상법규정은 임의법규이다>

상법 제679조의 취지는 보험의 목적이 양도된 경우 양수인의 양도인에 대한 관계에서 보험계약상의 권리도 함께 양도된 것으로 당사자의 통상의 의사를 추정하고, 이것을 사회경제적 관점에서 긍정한 것이고, 동조에 위반한 법률행위를 공서양속에 반한 법률행위로서 무효로 보아야 할 것으로는 해석되지 아니하므로 위 규정은 임의규정이라고 할 것이고, 따라서 당사자간의 계약에 의해 위 규정의 적용을 배제할 수 있다. 同旨 : 대법원 1993. 4. 13. 선고, 92 다 8552 판결 ; 서울고등법원 1990. 4. 13. 선고, 90 나 1306 판결.

<대법원 1991. 8. 9. 선고, 91 다 1158 판결 : 보험계약상의 권리도 함께 양도되는 것으로 추정한다는 상법규정을 변경한 것은 불이익변경금지의 원칙 등에 위배되지 아니한다>

자동차종합보험보통약관의 규정이 자동차보험계약에 있어 원칙적으로 상법 제679조의 적용을 배제하고 있더라도 이는 위 계약에 있어 보험의 목적인 자동차를 교체하는 경우가 자주 생기고, 또 그 경우 보험계약자는 무사고 등을 이유로 보험료의 할인혜택을 받기 위하여 자동차를 교체하는 형태로 보험계약을 유용할 필요성도 있고, 한편 보험자로서도 예측위험률의 변화 등 보험계약의 기초에 중대한 변경을 초래할 가능성이 있는 피보험자의 교체에 대하여 중요한 이해관계가 있어 보험계약관계의 유지나 변경 등의 결정에 관한 기회를 부여받아야 할 필요성도 있다는 점 등을 고려한 것이므로, 위 약관의 규정이 상법 제663조의 보험계약자 등의 불이익변경금지조항에 위배된다거나, 약관의 규제에 관한 법률 제6조에 정한 신의칙에 반한 불공정한 약관으로서 무효라고 할 수는 없다. 同旨 : 대법원 1993. 4. 13. 선고, 92 다 8552 판결 ; 同, 1993. 6. 29. 선고, 93 다 1480 판결.

한편 商法은 船舶의 讓渡에 관하여는 보험자의 동의를 받도록 하고 있고(제703조의 2), 자동차의 양도에도 보험자의 승낙을 받아야 보험계약상 권리·의무를 승계할 수 있는 것으로 규정하고 있으므로(제726조의 4), 선박이나 자동차가 보험의 목적이 된 경우에는 그 양도에 관하여 상법 제679조가 적용 또는 준용될 여지가 적다.

특히 자동차종합보험과 관련하여 실무에서 문제되는 것은 자동차의 양수인은 자동차종합보험보통약관상 피보험자의 승낙을 얻어 자동차를 사용하는 자로서, 양도인이 체결한 보험계약의 피보험자가 되어 보험보호를 받는다. 그러나 양수인의 명의로 소유권이전등록까지 마친 후에는 특별한 경우 외에는 그러하지 아니하다.

<대법원 1990. 12. 11. 선고, 90 다 7708 판결 : 자동차의 양수인은 피보험자의 승낙을 얻어 자동차를 사용하는 자로서 양도인이 체결한 보험계약의 피보험자가 되어 보험보호를 받는다>

차량매수인이 잔대금을 지급하지 아니하여 아직 그 소유권이전등록을 마치지 아니한 채 차량을 인수받아 운행하면서, 매도인과의 합의 아래 그를 피보험자로 하여 자동차종합보험계약을 체결하였다면, 그 이래 매수인은 보험회사의 자동차종합보험보통약관에 정한 피보험자로서 "기명피보험자의 승낙을 얻어 자동차를 사용하는 자"에 해당한다 할 것이므로, 그 후 잔대금을 지급하여 그 명의로 차량 소유권이전등록을 마치고서도 보험약관에 따라 그 보험계약의 승계절차를 거치지 아니하였더라도 그와 같은 피보험자로서의 지위가 상실되는 것은 아니므로 매수인은 그 약관에 따라 위 차량의 사고로 인한 보험금지급청구권을 취득한다.

<대법원 1991. 7. 26. 선고, 91 다 14796 판결 : 양수인의 명의로 소유권이전등록까지 마친 후에는 자동차 매수인은 보험금지급청구권이 없다>

보험차량의 매수인이 매매대금을 모두 지급하고 차량을 인도받았을 뿐 아니라 그 명의로 소유권이전등록까지 마침으로써 매도인이 차량에 대한 운행지배관계 및 피보험이익을 상실한 것으로 인정되는 경우에 있어서는 매수인(또는 매수인이 고용한 운전사)을 자동차종합보험약관에 규정된 "기명피보험자의 승낙을 얻어 자동차를 사용 또는 관리중인 자"에 해당한다고 볼 수 없다고 하여 매수인(또는 매수인이 고용한 운전사)의 위 차량운행 중 발생한 교통사고로 인한 보험금지급청구를 부정한 사례. 同旨 : 대법원 1991. 8. 9. 선고, 91 다 1158 판결 ; 同, 1992. 4. 10. 선고, 91 다 44803 판결 ; 同, 1992. 12. 22. 선고, 92 다 30221 판결 ; 同, 1996. 5. 31. 선고, 96 다 10454 판결 ; 同, 1996. 7. 30. 선고, 96 다 6110 판결.

2. 權利讓渡의 推定의 要件

(1) 保險關係의 存在

商法 제679조 제1항에 의한 權利·義務讓渡의 推定을 받으려면 보험의 목적물이 양도될 당시에 양도인과 보험자 사이에 유효한 보험관계가 존재하여야 한다. 따라서 양도 당시에 이미 보험계약이 체결되어 있어도 조건·기한 등의 제한 때문에 그 효력이 발생하지 않은 경우에는 양수인은 보험관계상의 權利·義務를 승계할 수 없다. 또 보험계약이 존속하는 한 免責事由가 있어도 보험계약상의 權利·義務는 양수인에게 이전하되, 보험자는 양수인에 대하여 그 免責事由로써 대항할 수 있다.

(2) 物件의 付保

보험의 목적이 動產·不動產 등 물건이어야 한다. 물건은 유체물에 한하지 않고 무체재산권까지도 포함하나, 特定되고 개별화되어야 한다. 예컨대, 賣店 안의 상품 전체를 목적으로 하는 集合保險(제687조 참조)에서 보험목적의 一部讓渡는 포함되지 않는다. 그리고 선박보험에서 선박의 양도에는 보험자의 동의를 받아야 하고(제703의 2), 자동차보험에서 자동차의 양도에도 보험자의 승낙을 받아야만 보험계약상의 권리와 의무를 승계하도록 규정하고 있으므로(제726조의 4), 선박과 자동차의 양도에는 상법 제679조가 적용되지 않는다. 물건에 관한 事故에 대한 보험이어야 하므로 일정한 지위에 있는 자, 예컨대 醫師·辯護士·公證人·雇傭主 등이 그 지위에서 생기는 책임에 관한 보험, 즉 職業危險의 責任保險에 있어서는 그 지위가 양도되어도 보험계약은 이전하지 아니한다.[47]

(3) 物權的 移轉

보험의 목적이 이전되어야 한다. 따라서 양도하기로 하는 債權契約만으로는 부족하고, 所有物이 讓受人에게 이전되었을 때 비로소 보험관계가 이전된다. 보험목적의 物權的 移轉이 있는 한 제 3 자에 대한 대항요건을 갖추고 있느냐는 묻지 않는다.[48]

---

47) 孫珠瓚(下) 597면 ; 梁承圭(保) 253면.

48) 民法上 形式主義를 취했더라도(民 제186조·제188조) 船舶所有權의 移轉에는 登記가 제 3 자對抗要件이다(제743조).

또 보험목적의 양도에는 營業의 讓渡도 포함되나, 개별적인 讓渡契約에 의한 것이므로 상술한 바와 같이 相續·合併 등 포괄적 승계의 경우는 포함되지 않는다. 이때에는 보험목적의 移轉과 함께 보험계약상의 權利義務도 法律上 당연히 이전한다. 强制執行의 결과 競落人에게 보험의 목적이 귀속된 경우에는 보험계약관계의 移轉이 추정된다고 보아야 할 것이다.[49)]

3. 保險目的의 讓渡의 效果

(1) 保險契約上의 權利와 義務의 移轉

보험의 목적을 양도하면 讓受人은 보험계약상의 權利와 義務를 승계한 것으로 推定된다(제679조 제1항). 이것은 他人을 위한 보험계약의 경우에는 피보험자의 지위가 讓受人에게 이전하여 피보험자가 교체된다는 뜻이다. 그러나 自己를 위한 保險의 경우에는 讓受人은 피보험자의 지위뿐 아니라, 보험계약자의 지위까지도 승계한다.

보험의 목적의 양도로써 移轉되는 權利·義務로는 피보험자로서의 權利인 保險金請求權(제658조), 保險料減額請求權(제647조), 保險料返還請求權(제648조), 保險契約解止權(제649조)이 있고, 義務로는 保險料支給義務(제639조 제3항), 通知義務(제652조, 제657조), 損害防止·輕減義務(제680조)가 있다.

(2) 讓渡의 推定과 保險契約關係

보험의 목적을 양도하면 讓受人이 보험계약상의 權利·義務를 승계한 것으로 '推定'되는 데 그친다. 그러므로 權利讓渡의 의사가 없었다는 증명을 하면 權利移轉의 효과가 생기지 않는다. 이 경우에는 보험계약도 그 효력을 상실하게 된다.

> <대법원 1997. 11. 11. 선고, 97 다 35375 판결: 보험목적양도의 경우 보험계약상의 권리·의무를 승계한 것으로 추정되나, 위 추정은 보험목적의 양수인에게 보험승계의 의사가 없다는 것이 증명된 경우에는 번복된다>
>
> 상법 제679조에서 피보험자가 보험의 목적을 양도한 때에는 보험계약으로 인하여 생긴 권리를 동시에 양도한 것으로 추정한다고 규정하는 취지는 보험

49) 徐燉玨·鄭完溶(下) 425면 ; 孫珠瓚(下) 598면 ; 鄭熙喆·鄭燦亨(下) 570면 ; 獨保 제73조 참조.

의 목적이 양도된 경우 양수인의 양도인에 대한 관계에서 보험계약상의 권리도 함께 양도된 것으로 당사자의 통상의 의사를 추정하고 이것을 사회경제적 관점에서 긍정한 것이라고 할 것인바, 위 추정은 보험목적의 양수인에게 보험승계의 의사가 없다는 것이 증명된 경우에는 번복된다. 同旨: 대법원 1996. 5. 28. 선고 98 다 6998 판결.

(3) 保險目的 讓渡의 通知義務

(가) 對抗要件 問題

보험의 목적을 양도한 때에는 양도인 또는 양수인은 보험자에 대하여 지체없이 그 사실을 통지하여야 한다(제679조 제2항)(Anzeigepflicht). 보험목적의 양도로 피보험자가 교체되므로 예정위험률의 변화 등 보험계약의 기초에 중대한 변경을 초래할 가능성이 있다. 따라서 보험자로서도 중대한 이해관계가 있고, 보험계약관계의 유지나 변경 등의 결정에 관한 기회를 부여받아야 할 필요성이 있다.[50)]

권리의 양도가 추정되면 보험목적의 양도당사자 간에는 문제가 되지 않으나, 그 양도의 효과를 보험자 기타 제 3 자에 대하여 주장하는 데 대항요건을 갖출 필요가 있는가 또는 양도·양수인의 통지의무를 정한 상법 제679조 제2항이 바로 이러한 대항요건을 규정한 것인가에 관하여는 견해가 갈린다.

(a) 對抗要件必要說은 민법상 일반채권양도와 마찬가지로 승낙이나 통지가 있어야 보험자에 대항할 수 있고, 다만 보험증권이 발행된 경우에는 보험증권만 교부하면 보험자에 대하여도 양도의 효력이 발생한다고 한다.[51)] 이 학설에 의하면 상법 제679조 제2항은 바로 대항요건을 규정한 것이라고 하게 된다.

(b) 對抗要件不要說은 대항요건을 갖추지 않더라도 상법 제679조 제1항의 규정에 의하여 당연히 권리가 이전되고, 보험자는 채권의 準占有者에 대한 변제의 규정(民 제470조)에 의해 보호될 수 있다고 한다.[52)] 따라서 상법 제679조 제2항은 대항요건을 규정한 것이 아니라고 본다.

생각건대, 對抗要件不要說이 타당하다고 본다. 상법 제679조 제2항이 규정한 보험계약자의 통지의무는 보험자를 보호하기 위하여 부과한 것이긴 하지만 대항요건을 규정한 것으로 보기는 어렵다. 대항요건 필요설은 상법 제679조 제1항이 정한 "권리·의무의 승계를 추정한다."는 규정을 무의미하게 만든다. 또한 상법은

---

50) Weyers, a.a.O., Rz. 439.
51) 鄭熙喆·鄭燦亨(下) 571면.
52) 孫珠瓚(下) 602면 ; 梁承圭(保) 258면 ; 蔡利植(下) 526면 ; 鄭熙喆·鄭燦亨(下) 572면.

대항요건을 규정하는 경우에는 "대항하지 못한다."라고 明定하고 있는데(예컨대, 제734조 제1항·제337조 제1항) 여기서는 위험변경통지의무와 같이(제652조) "통지하여야 한다."라고만 하고 있다. 이 통지의무는 예컨대 위험의 객관적 변경·증가의 경우의 통지의무(제652조)와 같은 성질의 것이라고 본다.

상법 제679조 제2항이 대항요건을 규정한 것은 아니지만 이 규정에 따라 양도인 또는 양수인은 보험의 목적을 양도하였을 때에는 보험자에 대하여 지체없이 그 사실을 통지하여야 한다.

(나) 通知義務違反의 效果

통지의무위반에 대하여는 규정이 없다. 이에 관하여는 다음 네 가지의 견해가 있다. 즉, ① 독일 보험법 제71조 제1항을 참조하여 위험변경증가시의 보험자의 보호규정(제652조)을 유추적용할 수 있다는 학설,[53] ② 상법 제652조를 유추적용하는 것은 양수인에게 가혹하여 부당하므로, 입법으로 해결하여야 한다는 학설,[54] ③ 이 통지의무를 해태한 때에는 보험자가 선의로 양도인에게 보험금을 지급하여도 이의를 제기하지 못하며 또 그로 인하여 보험자가 손해를 입은 때에는 이를 배상하여야 한다는 학설,[55] ④ 통지를 하기까지는 보험자에게 대항하지 못한다고 하는 학설[56] 등이 있다.

생각건대, 보험의 목적의 양도로 위험의 변경·증가가 있다면 오히려 상법 제652조가 문제될 것이다. 즉, 보험목적의 양도로 인하여 보험사고의 위험이 현저하게 변경 또는 증가된 때에만 상법 제652조를 유추적용하여 보험자는 그 사실을 안 때부터 1월 내에 보험료의 증액을 청구하거나 보험계약을 해지할 수 있다고 보아야 하고, 단순히 보험의 목적을 양도하였더라도 위험의 현저한 변경·증가가 없는 때에는 상법 제652조를 유추적용할 수는 없다고 생각한다. 제3설이 정당하다고 본다.[57] 일본상법 제650조 제2항은 명문으로 보험목적의 양도가 현저하게 위험을 변경 또는 증가시킨 때에는 보험계약은 그 효력을 잃는다고 규정한다.

---

53) 이 학설에 의하면 양도인 또는 양수인이 그 통지의무를 게을리한 때에는 보험약관의 정함에 따라 그것을 양도한 날로부터 일정한 기간이 경과한 후에 생긴 사고에 대하여는 보험자는 보상책임을 지지 아니할 수 있다고 한다(梁承圭(保) 266면).

54) 崔基元(保) 290면. 독일 보험계약법 제71조는 통지를 지체없이 하지 않으면 그 통지가 보험자에게 도달한 때로부터 1월 이후에 보험사고가 생긴 때에는 보험자는 보험금지급책임을 면한다고 되어 있다.

55) 蔡利植(下) 526면 ; 徐燉珏·鄭完溶(下) 427면.

56) 鄭熙喆·鄭燦亨(下) 571면.

57) 孫珠瓚(下) 601면.

따라서 保險의 目的의 양도로 인하여 위험이 현저하게 변경 또는 증가되었느냐가 문제이다.

(4) 危險의 變更·增加와 契約解止權

보험계약자 또는 피보험자가 보험목적의 양도로 인하여 사고발생의 위험이 현저하게 변경 또는 증가된 사실을 안 때에는 지체없이 보험자에게 그 통지를 하여야 한다(제652조 제1항 제1문).[58] 이 통지를 받은 保險者는 통지를 받은 날로부터 1月 내에 계약을 解止하거나 보험료의 증액을 청구할 수 있고(제652조 제2항), 이 통지를 해태한 때에는 보험자는 그 사실을 안 날로부터 1月 내에 한하여 계약을 해지할 수 있다(제652조 제1항 제2문). 계약을 해지하는 경우에도 그 사고가 위험의 변경·증가사실과 인과관계가 없다는 증명이 없는 한 보험금지급책임을 지지 않는다(제655조).

위험변경증가의 통지의무가 필요한 것은 보험목적의 양도로 인하여 사고발생의 위험이 현저하게 증가한 사실이며, 이것은 만일 보험계약을 체결할 당시에 증가한 위험이 있었으면 보험자가 계약을 체결하지 아니하였거나 또는 보다 더 많은 보험료를 약정하였으리라고 생각될 정도로 위험이 증가한 경우를 가리킨다. 이 정도의 위험이 있었는가의 여부는 객관적으로 판단할 문제이다.[59]

> <대법원 1996. 7. 26. 선고, 95 다 52505 판결 : 보험목적의 양도를 통지하지 아니하였더라도 위험의 현저한 변경·증가가 없으면 보험계약을 해지할 수 없다>
>
> 보험목적물의 양도를 보험계약자의 통지의무 사유로 들고 있는 화재보험보통약관 제9조와 '현저한 위험의 변경 또는 증가와 관련된 제9조에 정한 계약 후 알릴 의무를 이행하지 아니하였을 때'를 보험계약의 해지사유로 들고 있는 같은 약관 제11조 제2항의 규정을 종합하여 보면, 화재보험의 목적물이 양도된 경우 그 양도로 인하여 현저한 위험의 변경 또는 증가가 있고 동시에 보험계약자 또는 피보험자가 양도의 통지를 하지 않는 경우에는 보험자는

---

58) 여기서 위험의 변경이란 해상보험을 제외하고 육상보험에서는 무의미하다. 육상보험의 경우에는 보험계약자는 특별위험이 소멸한 경우에만 보험료의 감액을 청구할 수 있고, 위험의 감소가 있더라도 보험료의 감액을 청구할 수 없기 때문이다. 따라서 "위험이 현저하게 변경 또는 증가된 경우"는 "위험이 현저하게 증가된 경우"로 고쳐야 한다 : 崔基元(保) 220면 ; 孫珠瓚(下) 551면.

59) 孫珠瓚(下) 551면 ; 鄭熙喆·鄭燦亨(下) 609면 ; 梁承圭(保) 157면 ; 徐燉珏·鄭完溶(保) 390면. 프랑스 보험계약법 L. 113-114조 및 스위스 보험법 제28조 제2항 참조.

통지의무 위반을 이유로 당해 보험계약을 해지할 수 있으나, 보험목적의 양도로 인하여 현저한 위험의 변경 또는 증가가 없는 경우에는 양도의 통지를 하지 않더라도 통지의무 위반을 이유로 당해 보험계약을 해지할 수 없다고 봄이 상당하다. … 화재보험보통약관상 위험이라고 함은 보험사고 발생의 가능성을 가리키는 것이고, '위험의 현저한 변경 또는 증가'라 함은 그 정도의 위험이 계약체결 당시에 존재하였다고 한다면 보험자가 계약을 체결하지 아니하였거나 또는 적어도 동일한 조건으로는 그 계약을 체결하지 아니하였으리라고 생각되는 정도의 위험의 변경 또는 증가를 말하므로, 화재보험의 목적물의 양도로 인하여 이러한 정도의 위험의 변경 또는 증가가 있었는지 여부는 보험목적물의 사용·수익방법의 변경 등 양도 전후의 구체적인 여러 사정을 종합하여 인정·판단하여야 할 것이지(이에 관한 입증책임은 그 존재사실을 들어 보험계약의 해지를 주장하는 자가 부담한다.), 화재보험의 목적물의 양도로 인하여 소유자가 바뀌었다고 하여 당연히 위험의 현저한 변경 또는 증가가 있었다고 볼 수는 없다. … 화재보험의 목적물이 양도되었으나 그 소유자만 변경되었을 뿐 보험요율의 결정요소인 영위직종과 영위작업, 건물구조 및 작업공정이 양도 전후에 동일한 경우, 보험목적물의 양도로 인하여 위험의 현저한 증가 또는 변경이 있었다고 볼 수 없으므로 그 통지의무 위반을 이유로 보험계약을 해지할 수는 없다.

제 5 절 各種의 損害保險契約

제 1 관 火災保險契約

Ⅰ. 火災保險契約의 意義

火災保險契約(contract of fire insurance, Feuerversicherungsvertrag)이란 화재로 인하여 생길 손해의 보상을 목적으로 하는 損害保險契約을 말한다(제683조). 火災란 사회통념상 火災라고 인정할 수 있는 성질과 규모를 가진 火力의 연소작용이다. 그러나 특약에 의하여 화재의 개념을 한정할 수도 있다(保險負擔對象의 個別化).

Ⅱ. 火災保險契約에 관한 特則

1. 火災保險證券의 記載事項

火災保險證券에는 商法 제666조에 열거된 사항 외에도 ① 건물을 보험의 목적으로 한 때에는 그 소재지·구조와 용도, ② 動産을 보험의 목적으로 한 때에는 그 存置한 장소의 상태와 용도, ③ 보험가액을 정한 때에는 그 가액을 기재하여야 한다(제685조).

2. 火災保險의 目的

商法 제685조는 화재보험의 목적물로서 건물과 動産을 예상하고 있으나, 건물 이외의 不動産, 예컨대 교량·立木·삼림 등도 登記有無를 묻지 않고 화재보험의 목적이 될 수 있다.

商法은 집합된 물건을 일괄하여 보험의 목적으로 한 때(集合保險)에는 피보험자의 가족과 사용인의 물건도 보험의 목적에 포함되는 것으로 하고, 이 경우에는 그 보험은 그 가족 또는 사용인을 위하여서도 체결한 것으로 보고 있다(제686조).

또한 집합된 물건을 일괄하여 보험의 목적으로 한 때에는 그 목적에 속한 물건이 보험기간 중에 수시로 교체된 경우에도(總括保險) 보험사고가 발생한 때에 현존한 물건은 보험의 목적에 포함된 것으로 한다고 규정하고 있다(제687조).

국유건물 및 교육시설·백화점·시장·의료시설·숙박업소·공장·공동주택 등 특수건물의 소유자는 의무적으로 화재보험에 가입하여야 하며, 손해보험회사는 보험계약 체결을 거절하지 못하도록 하고 있다(화재로 인한 재해보상과 보험가입에 관한 법률 제5조).

3. 被保險利益

화재보험의 被保險利益은 피보험자가 누구냐에 따라 다르다. 同一한 目的에 대하여도 所有者로서의 피보험이익과, 賃借人 또는 담보권자로서의 피보험이익이 있을 수 있다. 창고업자가 보관중인 물건을 보험에 붙인 경우 그 피보험이익은 손해배상책임의 담보라는 소극적 이익이다. 피보험이익이 불분명한 경우에는 소유자로서의 피보험이익으로 본다(통설).[60]

---

60) 梁承圭(保) 263면; 崔基元(保) 297면; 孫珠瓚(下) 606면; 李基秀(保·海) 161면; 鄭熙喆·鄭燦亨(下) 574면.

4. 保險者의 損害補償義務

(1) 危險普遍의 原則

보험자는 화재로 인하여 생긴 손해에 관하여서는 (火災原因을 한정하는 특약이 없는 한) 원인여하를 불문하고 그 보상책임을 진다(제683조)(危險普遍의 原則). 따라서 예컨대 가스의 폭발, 파열, 지진, 벼락 등에 의한 직접적 손해를 제외하고 이들로부터 화재가 발생하여 생긴 손해에 대하여는 보험자가 보상할 책임이 있다.

<대법원 1993. 4. 13. 선고, 92 다 45261·45278 판결 : 화재보험에서 폭발에 의한 손해는 보험자가 보상할 책임이 없다>

폭발은 화재와 구별되는 개념이므로 폭발이 있고 이로 인해 화재가 야기된 경우에는 폭발 자체에 의한 손해는 화재보험에 의하여 담보되지 않지만, 화재가 발생하고 이로 인하여 폭발이 야기된 경우에는 특약이 없는 한 폭발 자체에 의한 손해도 화재와 상당인과관계가 있는 것이어서 화재보험에 의하여 담보된다. 그러나 이 사건에서는 폭발담보특약을 하지 아니하였으므로 화재보험약정상의 폭발면책계정에 따라 화재가 폭발에 선행하였는지 여부에 관계없이 폭발에 의한 손해는 보험자가 보상할 책임이 없다. 그리고 위 폭발면책약정은 상법 제683조나 민법 제2조에 위반되는 무효의 규정이라고 할 수 없다.

(2) 相當因果關係가 있는 損害

報償할 損害의 범위는 화재와 相當因果關係가 있는 모든 손해라고 하는 것이 通說이다. 그러나 火災時에 보험의 목적의 紛失 또는 盜難으로 인한 손해는 담보되지 않는 것이 보통이다.

(3) 消防費用 등의 報償責任

보험자는 消防 또는 손해의 감소에 필요한 조치로 인하여 생긴 손해도 보상하여야 한다(제684조). 이러한 손해는 직접 火力의 燃燒로 인하여 생긴 것은 아니나, 일반적으로 화재의 경우에 당연히 발생한 손해이므로 의문이 생기지 않도록 규정한 것으로서 손해방지·경감비용을 보험자가 부담하는 것(제680조 제1항 단서)과 같은 취지이다.

제2관 運送保險契約

Ⅰ. 運送保險契約의 意義

運送保險契約(contract of transport insurance, Transportversicherungsvertrag)이란 陸上運送에 있어서의 운송물에 관한 사고로 인하여 생길 손해의 보상을 목적으로 하는 損害保險契約을 말한다(제688조). 商法上 運送保險契約은 陸上運送保險契約만을 가리키고, 실제에 있어서도 約款으로 陸上·河川 또는 湖沼에서의 운송에 한정하고, 港灣에서의 보험사고는 海上保險에 포함시키는 것이 보통이다. 그러나 오늘날 積荷海商保險約款은 해상운송뿐만 아니라 내륙운송 중에 발생한 사고에 대하여도 담보하고 있으며, 또한 컨테이너의 발달로 복합운송이 크게 발달하고 있으므로, 이들 경우에는 해상운송보험과 육상운송보험이 일괄적으로 이루어진다.

Ⅱ. 運送保險契約에 관한 特則

1. 運送保險證券의 記載事項

運送保險證券의 기재사항에 관하여는 損害保險證券의 일반적 記載事項(제666조) 외에도 ① 運送의 路順과 방법, ② 운송인의 주소와 성명 또는 商號, ③ 운송물의 수령과 인도의 장소, ④ 운송기간을 정한 때에는 그 기간, ⑤ 보험가액을 정한 때에는 그 가액을 기재하여야 한다(제690조).

2. 保險의 目的

運送保險의 목적은 '운송물'이므로(제688조), 旅客(人保險)이나 運送手段 자체(예컨대, 自動車保險)를 보험의 목적으로 하는 보험계약은 운송보험이 아니다. 또 여기서의 운송물은 반드시 운송계약의 목적인 물건에 한하는 것이 아니며, 운송인이 자기 소유의 물건을 자기를 위하여 운송하는 경우에도 운송보험의 목적이 될 수 있다.

3. 保險事故

운송보험계약에서의 보험사고는 운송물에 관하여 생길 수 있는 모든 사고를 포함하는 것으로서, 운송 특유의 사고에 한하지 않는다. 예컨대, 火災・水害・盜難・毁損 등 각종 사고를 말하며, 보통 이것을 運送危險이라고 한다. 그러나 約款으로써 특정사고를 보험사고에서 제외하는 것은 무방하다.

4. 被保險利益

운송보험에서의 被保險利益도 여러 가지이다. 즉, 운송물의 所有者로서 가지는 이익뿐만 아니라 운송물의 도착으로 인하여 얻을 이익(제689조 제2항)(希望利益保險), 또는 운송인의 운송에 관한 이익 등이다.

5. 保險期間

보험자는 운송인이 '運送物을 수령한 때로부터 受荷人에게 引渡할 때까지' 생길 손해를 보상하여야 한다(제688조). 이것은 실제로 운송하는 기간뿐만 아니라 운송인이 운송물을 보관하는 全期間을 보험기간으로 하는 것으로서 운송보험의 성질상 당연하다.

운송인이 운송물을 수령한 후에 보험계약이 체결된 때에도 소급의 특약이 없는 한 보험자의 책임은 계약성립시로부터 개시한다고 본다.[61] 그러나 보험자의 책임은 최초의 보험료를 지급하여야만 개시된다(제656조). 운송물을 受荷人에게 인도할 수 없어서 供託 또는 競賣하는 경우에는(제142조 · 제143조) 인도를 한 경우에 準하여 保險期間이 終了한다고 보아야 할 것이다(獨保 제134조 참조).

6. 保險價額

損害保險契約에서의 보험가액은 사고발생시의 가액에 의하는 것이 원칙이나(제670조 · 제671조), 운송물의 보험에 있어서는 당사자간에 협정이 없으면 운송물을 발송한 때와 곳의 가액과 도착지까지의 운임 기타의 비용을 보험가액으로 한다(제689조 제1항)(保險價額不變更主義). 이것은 손해가 생긴 때와 장소에 있어서의 실제 가액을 정확하게 산정하기 어렵기 때문에 취해진 조치이다. 또 운송물의 도착으로 인하여 얻을 이익, 즉 希望利益은 당사자간에 약정이 있는 때에 한하여 보험가액 중에 산입한다(제689조 제2항).

7. 保險者의 免責事由

운송보험계약에 있어서는, 보험계약자 또는 피보험자의 故意 또는 重過失(제659조)로 인하여 보험사고가 발생한 때뿐만 아니라, '送荷人 또는 受荷人의 故意 또는 重過失'로 인하여 보험사고가 발생한 때에도 보험자는 이로 인한 損害補償責任을 면한다(제692조).

8. 保險契約의 變更

운송보험계약은 다른 약정이 없으면, 운송의 필요에 의하여 一時 운송을 중지

61) 同旨 : 孫珠瓚(下) 607면.

하거나 운송의 路順 또는 방법을 변경한 경우에도 그 효력을 잃지 않는다(제691조). 그러나 운송의 路順 또는 방법을 변경한 결과 사고발생의 위험이 현저하게 변경 또는 증가된 경우에는 보험자는 보험료의 증액을 청구하거나 계약을 解止할 수 있다고 해석된다.[62] 실무에서도 約款으로 위험이 현저하게 변경 또는 증가된 경우에는 보험계약자나 피보험자가 이를 통지하여야 하고, 이 통지가 없으면 보험자는 계약을 解止할 수 있도록 하고 있다.

제 3 관 海上保險契約

Ⅰ. 海上保險契約의 意義

海上保險契約(contract of marine insurance, Seeversicherungsvertrag)이란 海上事業에 관한 사고로 인하여 생긴 손해의 보상을 목적으로 하는 損害保險契約을 말한다(제693조). 海上保險은 船舶과 積荷에 대한 海上危險을 담보하는 보험이지만, 航海에 부수되는 內水 또는 육상에서의 위험까지도 담보한다. 海上保險은 近代保險의 효시를 이루고, 海上企業活動과 밀접한 관계가 있다. 오늘날 海上保險契約이 수반되지 아니한 國際貿易去來는 생각할 수 없을 정도이다.

海上保險은 해상기업활동이 그러하듯이 국제성이 강하다. 특히 海上保險에 관하여는 英國海上保險業界의 영향을 받은 約款이 발달하고 있고, '이 보험계약은 영국의 法과 慣習에 따른다'는 約款의 準據法條項도 유효하다.

<대법원 1991. 5. 14. 선고, 90 다카 25314 판결 : 영국법 준거법조항의 유효성>

보험증권 아래에서 야기되는 일체의 책임문제는 외국의 법률 및 관습에 의하여야 한다는 외국법 준거약관은 동 약관에 의하여 외국법이 적용되는 결

---

62) 孫珠瓚(下) 397면 ; 梁承圭(保) 278면 ; 鄭熙喆·鄭燦亨(下) 580면.

과 우리 상법 보험편의 통칙의 규정보다 보험계약자에게 불리하게 된다고 하여 상법 제663조에 따라 곧 무효로 되는 것이 아니고 동 약관이 보험자의 면책을 기도하여 본래 적용되어야 할 공서법의 적용을 면하는 것을 목적으로 하거나 합리적인 범위를 초과하여 보험계약자에게 불리하게 된다고 판단되는 것에 한하여 무효로 된다. 同旨 : 대법원 1977. 1. 11. 선고, 71 다 2116 판결 ; 서울고등법원 1980. 8. 19 선고, 77 다 340 판결.

<대법원 1996. 3. 8. 선고, 95 다 28779 판결 : 영국법 준거법조항의 유효성과 영국법상의 고지의무에 관한 규정의 해석에 관한 사례>

해상보험증권 아래에서 야기되는 일체의 책임문제는 영국의 법률 및 관습에 의하여야 한다는 영국법 준거약관은 오랜 기간 동안에 걸쳐 해상보험업계의 중심이 되어 온 영국의 법률과 관습에 따라 당사자간의 거래관계를 명확하게 하려는 것으로서 우리 나라의 공익규정 또는 공서양속에 반하는 것이라거나 보험계약자의 이익을 부당하게 침해하는 것이라고 볼 수 없어 유효하므로, 영국법 준거약관이 적용되는 선박보험계약에 있어서 고지의무 위반을 이유로 한 보험계약의 해지에 관하여는 영국 해상보험법 제18조, 제17조가 적용되고 같은 법 소정의 고지의무 위반을 이유로 한 보험계약의 해지는 우리 상법 제651조 소정의 그것과는 그 요건과 효과를 달리하고 있어 이에 대하여 상법 제655조의 인과관계에 관한 규정은 적용될 여지가 없다. 참조 : 대법원 1996. 10. 11. 선고, 94 다 60332 판결.

Ⅱ. 海上保險契約의 種類

1. 被保險利益에 의한 分類

(1) 船舶保險

船舶保險은 보험의 목적인 선박의 소유자로서의 被保險利益에 관한 보험이다(제696조 참조). 船舶保險의 대상은 海商法上의 선박으로 한정되지 않는다. 선박 이외에 屬具目錄에 기재된 물건은 선박의 從物로서(제742조), 반대의 약정이 없는 한 보험의 목적에 포함된다(제696조 제2항).

(2) 積荷保險

積荷保險은 보험의 목적인 積荷의 소유자로서의 被保險利益에 관한 보험이다(제697조 참조).

(3) 運賃保險

운임보험은 운송인이 荷物 또는 旅客을 무사히 운송한 경우에 얻을 운임(純運賃이 아닌 總運賃)에 대해서 가지는 被保險利益에 관한 보험이다(제706조 제1호 참조).

(4) 希望利益保險

희망이익보험은 보험의 목적인 積荷의 도착으로 인하여 얻을 希望利益(예컨대, 賣渡人의 利潤, 運送周旋人 · 仲介人 등의 報酬)의 주체로서의 피보험이익에 관한 보험이다(제698조 참조). 그러나 희망이익만의 보험은 드물고 積荷保險과 결합하여, 예컨대 積荷價額의 일정비율을 가산하는 방식으로 계약이 체결되는 것이 보통이다.

2. 保險期間에 의한 分類

(1) 航海保險

航海保險은 항해를 보험기간으로 하는 보험으로서(제699조 참조), 積荷保險에 많이 이용된다. 積荷保險에서의 航海保險은 본래 船積港에서 揚陸港까지의 위험을 담보하는 것이지만, 실제로는 운송을 개시한 때로부터 목적지에서 荷物을 인도할 때까지를 보험기간으로 한다.

(2) 定時保險(期間保險)

정시보험은 일정한 기간을 보험기간으로 하는 보험으로서, 선박보험에 많이 이용된다.

(3) 混合保險

혼합보험은 일정한 期間(1년 또는 6개월 등)과 航海를 보험기간으로 하는 보험으로서, 주로 船舶保險에 이용된다.

Ⅲ. 海上保險契約에 관한 特則

1. 海上保險證券의 記載事項

海上保險證券의 기재사항에 관하여는 商法 제666조에 규정한 損害保險證券의 일반적 기재사항 이외에도 ① 선박보험에 있어서는 선박의 名稱·國籍과 種類 및 航海의 範圍, ② 積荷保險에 있어서는 선박의 명칭·국적과 종류, 船積港, 揚陸港 및 出荷地와 도착지를 정한 때에는 그 지명, ③ 보험가액을 정한 때에는 그 가액을 기재하여야 한다(제695조).

2. 保險의 目的

海上保險契約에 있어 보험의 목적은 船舶·積荷·運賃이다. 선박인 이상 營利船뿐만 아니라 國公有船·建造中인 선박도 보험의 목적이 될 수 있다. 積荷는 운송물을 말하는데, 底荷 기타 항해시의 소모품 등은 이에 포함되지 않는다.

3. 保險事故

海上保險契約에서의 보험사고는 海上事業에 관하여 생기는 모든 사고이다(包括責任主義)(제693조). 즉, 航海 특유의 사고(예컨대, 침몰·坐礁·충돌 등)뿐만 아니라, 항해와 관련하여 생길 수 있는 모든 사고(예컨대, 화재·도난·폭발·投荷·船積의 불안전·선원의 不法行爲 등), 기타 항해를 전후한 內水 또는 陸上에서의 사고를 포함한다. 다만 約款에 의하여 보험사고의 범위를 확장하거나 특정사고를 보험사고에서 제외하는 것은 가능하다. 따라서 海上保險에서는 보험계약자 등의 不利益變更禁止의 原則도 적용되지 않는다(제663조 단서). 그러나 積荷保險에서 그 積荷를 실은 船舶이 押留되어 法院의 명령에 따라 競賣에 붙여지게 되어 積荷를 賣却함으

로써 손해를 입은 경우는, 海上 固有의 위험으로 인한 손해라 할 수 없다.[63]

4. 保險期間

海上保險에서 期間保險의 경우에는 보험기간이 일정하게 정하여져 있어서 문제가 없으나, 航海保險의 형식을 취하는 船舶保險·積荷保險 및 希望利益保險에 관하여는 보험기간의 始期와 終期가 언제인가가 분명하지 않은 경우가 많다. 따라서 실제로는 約款에 의하여 특별한 규제를 하고 있지만, 商法은 다음과 같은 특별규정을 두고 있다.

(1) 船舶保險의 경우

航海單位로 선박을 보험에 붙인 경우에는 보험기간은 荷物 또는 底荷의 선적에 착수한 때에 개시하고(제699조 제1항), 荷物 또는 底荷의 선적에 착수한 후에 보험계약이 체결된 때에는 계약이 성립한 때에 개시한다(제669조 제3항). 이 경우 보험기간은 도착항에서 荷物 또는 底荷를 양륙한 때에 종료한다(제700조 본문). 그러나 불가항력으로 인하지 아니하고 양륙이 지연된 때에는 그 양륙이 보통 종료될 때에 종료된 것으로 한다(제700조 단서). 또 보험자의 동의없이 선박을 양도한 때, 선박의 선급을 변경한 때 및 선박을 새로운 관리로 옮긴 때에는 보험계약은 종료한다(제703조의 2).

(2) 積荷保險의 경우

積荷를 보험에 붙인 경우(積荷의 到着으로 인하여 얻을 利益 또는 報酬를 보험에 붙인 경우에도 같다)에는 보험기간은 그 荷物의 船積에 착수한 때에 개시하나(제699조 제2항 본문), 당사자가 出荷地를 따로 정한 경우에는 그 곳에서 운송에 착수한 때에 개시한다(제699조 제2항 단서). 보험계약이 荷物 또는 底荷의 船積에 착수한 후에 체결되었다면 계약성립시에 보험기간이 개시한다(제699조 제3항). 이 경우 보험기간은 揚陸港 또는 到着地에서 荷物을 인도한 때에 종료한다(제700조 본문). 그러나 不可抗力으로 인하지 아니하고 양륙이 지연된 때에는 그 양륙이 보통 종료될 때에 종료된 것으로 한다(제700조 단서).

---

63) 서울高判 1980. 8. 19, 77 나 340 ; 梁承圭, 《判例敎材》, 271면.

<대법원 1988. 9. 27. 선고, 84 다카 1639·1640 판결 : 해상적하보험계약상 보험기간의 종기에 관한 판결>

해상적하보험계약상의 보험기간의 종기에 관하여 원심판결을 위배하여 사실을 오인한 위법이 있다. … 관세법의 규정에 따라 설정한 자가보세장치장은 보세구역으로서 세관장의 엄격한 관리 감독을 받는 것은 사실이나, 자가보세장치장에 반입된 물품은 화주의 지배하에 있고 그 보관책임도 화주에게 있으며 다만 관세확보라는 관세행정목적의 범위 내에서 세관장의 감독을 받는 데 불과하므로 그 물품은 이미 화주에게 인도된 것으로 보아야 한다.

5. 保險價額

보험가액은 旣評價保險의 경우에는 원칙적으로 그 가액으로 한다(제670조). 해상보험의 경우에도 未評價保險의 경우에는 보험가액의 산정이 어렵기 때문에 保險價額不變更主義의 특칙을 두고 있다. 즉, 船舶保險에서는 '보험자의 책임이 개시될 때의 선박의 가액'으로 한다(제696조 제1항). 이 경우 선박의 속구·연료·양식 기타 항해에 필요한 모든 물건은 보험의 목적에 포함된 것으로 한다(제696조 제2항). 보험자의 책임이 개시될 때란, 기간보험의 경우에는 보험계약에서 정한 보험기간의 始期이고, 항해보험의 경우에는 화물 또는 底荷의 선적에 착수한 때이다. 평가장소는 보험자의 책임이 개시될 때 그 선박이 존재하는 장소이다.[64] 그리고 積荷保險에서는 선적한 때와 곳의 적하의 가액과 선적 및 보험에 관한 비용(제697조), 希望利益保險에서는 보험가액의 협정이 없으면 保險金額을 각각 보험가액으로 한 것으로 추정한다(제698조).

6. 保險者의 損害補償義務

(1) 損害補償의 範圍

보험자는 海上事業에 관한 사고로 인하여 생기는 모든 손해를 보상하는 것이 원칙인데(제693조), 특히 다음과 같은 경우가 문제된다.

64) 孫珠瓚(下) 616면.

(가) 共同海損으로 인한 損害

보험자는 피보험자가 지급할 共同海損의 분담액을 보상하여야 한다(제694조 본문). 共同海損處分이 있는 경우(제832조 참조) 선박 또는 積荷의 이해관계인이 共同海損分擔義務를 부담하는데(제832조), 이 자체가 하나의 손해이므로 이 손해를 보험에 붙일 수 있으나, 이러한 보험은 성질상 責任保險에 속하는 것이므로(제719조 참조) 이것이 선박보험이나 적하보험에서 담보되는지는 불분명하다. 따라서 商法은 이점을 명백히 하여 共同海損分擔額도 경제적으로는 선박 또는 적하 그 자체의 가치가 減損된 것으로 파악하도록 하였다.

보험의 목적의 共同海損分擔價額이 보험가액을 초과할 때에는 그 초과액에 대한 분담액은 보상하지 아니한다(제694조 단서). 共同海損에 있어서는 선박 또는 적하의 가액계산은 선박의 도달 또는 적하의 양륙의 때와 곳의 가액에 의하지만(제834조), 보험금액은 책임개시시(제696조) 또는 船積의 때와 곳의 가액(제697조)에 의하므로 이와 같은 문제가 생길 수 있다.

共同海損處分 그 자체로 인하여 보험의 목적이 손해를 입은 경우(예컨대 선장의 처분행위로 인하여 목적이 멸실된 경우) 보험자는 그 손해의 전액을 기준으로 보상하여야 하며, 이 경우 보험자는 피보험자의 제 3 자에 대한 共同海損分擔請求權을 취득한다(제682조)(保險者代位).

(나) 衝突로 인한 損害

선박의 충돌로 인하여 보험의 목적에 생긴 손해는 당연히 보험자가 책임을 진다. 그러나 선박의 충돌로 인하여 생긴 타인에 대한 損害賠償義務는 선박자체에 생긴 손해가 아니고, 間接損害로서 責任保險의 대상이므로 선박보험에서 당연히 담보되는 것은 아니고, '衝突約款'이 있는 경우에 한하여 보험자가 보상의무를 부담한다고 본다. 실무계에서도 그렇게 처리하고 있다.

(다) 救助料의 補償

보험자는 피보험자가 보험사고로 인하여 발생하는 손해를 방지하기 위하여 지급할 구조료를 보상할 책임이 있다(제694조의 2 본문). 그러나 보험의 목적물의 救助料分擔價額이 보험가액을 초과할 때에는 그 초과액에 대한 분담액은 보상하지 아니한다(제694조의 2 단서).

(라) 特別費用의 補償

보험자는 보험의 목적의 안전이나 보존을 위하여 지급할 특별비용을 보험금액의 한도 내에서 보상할 책임이 있다(제694조의 3).

(2) 免責事由

(가) 法定免責

보험자는 損害保險契約 일반의 免責事由(제659조 · 제660조 · 제678조)에 따라 책임을 면함은 물론, 다음의 손해 또는 비용에 대해서도 보상책임이 없다.

(a) 堪航能力의 결여로 인한 損害 : 선박보험 또는 운임보험의 경우에 발항당시 안전하게 항해를 하기에 필요한 준비를 하지 아니하거나(제787조 참조), 필요한 서류를 비치하지 아니하므로 인하여 생긴 손해(제706조 제1호)에 대하여는 보험자가 보상할 책임이 없다. 이것은 항해보험이든 기간보험이든 불문하며, 堪航能力의 흠결에 대한 보험계약자 또는 피보험자의 過失有無를 不問한다. 필요한 서류를 비치하지 아니하므로 인하여 생긴 손해란, 필요한 서류를 비치하지 아니하여 선박이 압류 또는 포획되거나 운임을 받지 못하게 된 경우 등을 말한다.

> <대법원 1996. 10. 11. 선고, 94 다 60332 판결 : 영국 해상보험법상 감항증명서는 매 항해시마다 발급받아야 한다>
>
> 영국 해상보험법 제33조 소정의 명시적 담보는 위험의 발생과 관련하여 중요한 것이든 아니든 불문하고 정확하게(exactly) 충족되어야 하는 조건(condition)이라 할 것인데, 해상보험에 있어서 감항성 또는 감항능력이 '특정의 항해에 있어서의 통상적인 위험에 견딜 수 있는 능력'(at the time of the insurance able to perform the voyage unless any external accident should happen)을 의미하는 상대적인 개념으로서 어떤 선박이 감항성을 갖추고 있느냐의 여부를 확정하는 확정적이고 절대적인 기준은 없으며 특정 항해에 있어서의 특정한 사정에 따라 상대적으로 결정되어야 하는 점 등에 비추어 보면, 부보선박이 특정 항해에 있어서 그 감항성을 갖추고 있음을 인정하는 감항증명서는 매 항해시마다 발급받아야 비로소 그 담보조건이 충족된다.

> <대법원 1986. 11. 25. 선고, 85 다카 2578 판결 : 상법 제706조 제1호는 적하를 보험에 붙인 경우에는 적용되지 않는다>
>
> 상법 제706조 제1호는 선박 또는 운임을 보험에 붙인 경우 보험자의 면책에 관한 규정으로서 적하를 보험에 붙인 경우에는 적용되지 않는다.

(b) 傭船者 · 送荷人 · 受荷人의 故意 · 重過失로 인한 損害 : 積荷保險의 경우에 보험의 목적을 관리하는 지위에 있는 傭船者 · 送荷人 또는 受荷人의 故意 ·

重過失로 인하여 생긴 손해(제706조 제2호)에 대하여도 보험자는 보상할 책임이 없다.

(c) **導船料 기타 航海 중의 通常費用** : 導船料·入港料·燈臺料·檢疫料 기타 선박 또는 적하에 관한 항해중의 通常費用(제706조 제3호)은 항해에 관하여 당연히 지출이 예상되는 비용으로서, 우연한 사고로 인한 손해라고 할 수 없고, 따라서 보험자가 책임을 지지 않는다.

(d) **小海損免責** : 小海損免責(franchise)이란 보험사고로 인하여 생긴 손해가 보험가액의 일정한 비율 또는 일정한 금액 이하의 손해인 경우 보험자가 보상책임을 지지 않는 것을 말한다. 그 일정한 한도액을 공제하고 초과하는 부분에 대하여만 보상책임을 지는 것을 공제소손해면책(deductible franchise) 또는 공제손해(deductible average)라 한다. 이는 소액손해의 계산을 위한 비용과 시간의 낭비를 막고 손해를 유발하려는 도덕적 위험을 방지하기 위한 것이다.

(나) 約款에 의한 責任限定

항해에 관한 사고가 광범하기 때문에 실제로는 約款에 의하여 보상책임의 범위를 규정하는데, 그 내용은 ① 보험의 목적의 전손 및 이에 準할 保險委付의 경우에만 보상책임을 부담하는 全損만의 담보(total loss only, T.L.O. ; free of all average, F.A.A.), ② 全損 이외에는 원칙으로 共同海損만에 의해서 보상책임을 부담하는 分損不擔保(free from particular average, F.P.A.), ③ 商法과 約款에 의한 免責事由에 속하는 손해 이외의 모든 손해에 대하여 보상책임을 부담하는 分損擔保(with average, W.A.) 등의 約款이 널리 이용된다.

《保險約款上의 推定全損과 現實全損》

<대법원 1989. 9. 12. 선고, 87 다카 3070 판결 : 선박의 좌초와 약탈은 단일사고에 해당한다>

선박보험약관상 추정전손 여부를 결정함에 있어서 단일사고로 인한 비용 또는 같은 사고에서 야기되는 일련의 손해로 인한 비용만을 고려하도록 규정한 단일사고(Single Accident)규정은 보험목적물에 대한 전손만의 보험에 가입한 자가 어떤 보험사고로 손상을 입고도 이를 수리하지 아니하고 있다가 후의 보험사고로 입은 손해와 합하여 추정전손을 주장하지 못하도록 하기 위한 데에서 발단된 것이고, 근인(Proximate Cause)의 원칙은 어떤 특정보험사고(담보위험)와 손해 사이의 인과관계에 관한 문제로서 수개의 보험사고를 한데 묶어 단일사고로 볼 수 있느냐의 문제와는 반드시 같다고 할 수 없고 오히려 단일사고의 문제는 각 손해와 보험사고 사이의 근인의 존재를 전제로 한 다음 단계의 문제이다. … 선박좌초 후 선원의 이선으로 인해 원주민이 선

박을 약탈한 경우 원주민의 약탈은 선행의 주된 보험사고라 할 수 있는 좌초의 기회에, 좌초에 기인하여 발생한 것이라는 점에서 좌초와 약탈을 단일사고, 특히 이 사건 보험약관 제12.2조 후단의 동일한 사고로부터 생기는 일련의 손해(Sequence of damages arising from the same accident)에 해당한다.

<대법원 1991. 5. 14. 선고, 90 다카 25314 판결 : 영국해상보험법상 화물이 선박과 함께 행방불명된 경우에는 현실전손으로 추정된다>

영국해상보험법 및 영국법원의 판례에 의하면 열거책임주의가 적용되는 분손불담보조건의 적하보험계약에 있어서 피보험자가 보험자로부터 손해를 전보받기 위하여는 손해가 보험증권상에 열거된 부보위험으로 인하여 발생하였다는 적극적 사실을 입증하여야 함이 일반적인 원칙이기는 하나, 화물이 선박과 함께 행방불명된 경우에는 현실전손으로 추정되고(영국해상보험법 제58조), 그 현실전손은 일응 부보위험인 해상위험으로 인한 것으로 추정되어 보험자는 전보책임을 면할 수 없는 것이며, 부보위험으로 인한 손해라는 추정은 보험자가 부보위험이 아닌 다른 위험 내지 면책위험으로 인한 것일 가능성이 있음을 주장하고 그 가능성이 보다 우월하거나 동일함을 입증하는 경우에 한하여 깨어지는 것이라고 할 것이다.

(3) 補償額의 算定

(가) 船舶의 全損 또는 分損의 경우

船舶全損의 경우에는 보험금액 전액을 보상하여야 한다. 그 외에 손해산정비용(제676조 제2항), 손해방지・경감비용(제680조 제1항 단서) 등도 포함한다. 선박의 存否가 2개월간 분명하지 아니한 때에는 그 선박은 행방불명으로 하고, 全損으로 추정한다(제711조). 선박이 행방불명인 경우에는 적하도 전손으로 보아야 할 것이다.

<대법원 1991. 5. 14. 선고, 90 다카 25314 판결 : 화물이 선박과 함께 행방불명된 경우에는 현실전손으로 추정된다>

화물이 선박과 함께 행방불명된 경우에는 현실전손으로 추정되고(영국해상보험법 제58조), 그 현실전손은 일응 부보위험인 해상위험으로 인한 것으로 추정되어 보험자는 전보책임을 면할 수 없다.

船舶分損의 경우에는 상법에 특별규정이 있다. 즉, ① 선박의 일부가 훼손되어 그 훼손된 부분의 전부를 수선한 경우에는 보험자는 수선에 따른 비용을 1회의 사고에 대하여 보험금액을 한도로 보상할 책임이 있다(제707조의 2 제1항). 보험기간 중 數回의 사고가 발생하면 각각 이와 같은 기준에 의하여 보상하여야 하고, 이 경우 각 보상액의 합계가 보험금액을 초과할 수도 있다. ② 선박의 일부가 훼손되어 그 훼손된 부분의 일부를 수선한 경우에는 보험자는 수선에 따른 비용과 수선을 하지 아니함으로써 생긴 감가액을 보상할 책임이 있다(제707조의 2 제2항). ③ 선박의 일부가 훼손되었으나 이를 수선하지 아니한 경우에는 보험자는 그로 인한 減價額을 보상할 책임이 있다(제707조의 2 제3항).

(나) 積荷의 毁損의 경우

積荷가 全損된 경우에는 보험금액 전액을 보상하여야 한다. 積荷가 훼손되어 양륙항에 도착한 때에는, 보험자는 그 적하가 도착항에서 가지는 훼손된 상태의 가액과 훼손되지 않은 상태의 가액과의 비율에 따라 보험가액의 일부를 보상하여야 한다(제708조). 적하 일부의 훼손뿐 아니라 적하의 일부멸실, 중량·수량의 감소의 경우도 같다.

일부보험의 경우에는 당사자간에 다른 약정이 없으면 보험금액의 보험가액에 대한 비율에 따라 보상하여야 한다(제674조).

(다) 積荷를 賣却한 경우

항해 도중에 불가항력에 의하여 적하를 매각한 때에는 보험자는 그 대금에서 운임 기타의 필요한 비용을 공제한 금액과 보험가액과의 차액을 보상하여야 한다(제709조 제1항). 이것은 불가항력으로 인하여 적하를 매각한 경우에 적하의 훼손으로 인한 손해와 다름없기 때문에 취하여진 조치이다. 그러나 그 적하의 買受人이 대금을 지급하지 아니한 때에는 보험자는 그 대금을 지급하여야 하고, 피보험자의 買受人에 대한 권리를 취득한다(제709조 제2항).

7. 保險契約의 變更

(1) 航海의 變更

항해의 변경, 즉 發航港 또는 到着港을 변경한 경우에는 보험자는 책임을 지지 않는다(제701조 제1항·제2항). 이때 보험계약자나 피보험자 등에게 歸責事由가 있는지 여부는 묻지 않는다. 다만 보험자의 책임개시 후라면 보험계약에서 정하여진 도착항이 변경된 경우에는 보험자는 그 항해의 변경이 결정된 때부터 책임을 지지 아니한다(제701조 제3항).

(2) 航路의 變更

船舶이 정당한 사유(예컨대, 人命救助, 不可抗力, 航海事故 등) 없이 보험계약에서 정하여진 항로를 이탈한 경우에는 보험자는 그 때부터 책임을 지지 아니한다(제701조의 2 제1문). 선박이 손해발생 전에 原航路를 돌아온 경우에도 같다(제701조의 2 제2문).

(3) 航海遲滯

被保險者가 정당한 사유(예컨대, 不可抗力, 船積港의 罷業 등) 없이 발항 또는 항해를 지연한 때에는 보험자는 발항 또는 항해를 지체한 이후의 사고에 대하여 책임을 지지 아니한다(제702조).

(4) 船舶의 變更

積荷保險에서 선박을 변경한 경우에 그 변경이 보험계약자 또는 피보험자의 책임있는 사유로 인한 경우에는 보험자는 그 변경 후의 사고에 대하여 책임을 지지 아니한다(제703조). 보험자의 責任開始前後는 묻지 않는다.

또한 선박보험의 경우 보험자의 동의없이 선박을 양도한 때,[65] 선박의 船級을 변경한 때, 선박을 새로운 관리로 옮긴 때에는 보험계약은 종료한다(제703조의 2).

Ⅳ. 豫定保險契約

1. 豫定保險契約의 意義

豫定保險(floating insurance, laufende Versicherung)契約이란 保險證券에 기재할 보험계약의 내용의 일부, 예컨대 荷物을 積載할 선박, 積荷의 종류, 보험금액 등이 계약체결 당시에 확정되어 있지 않은 보험계약을 말한다. 이에 대하여 보험계약의 내용이 전부 확정된 것을 확정보험계약이라 한다.

65) 조업허가를 얻기 위하여 허위의 매매계약서를 작성한 것만으로는 "선박을 양도한 때"에 해당한다고 볼 수 없다: 대법원 2004. 11. 11. 선고, 2003 다 30807 판결.

豫定保險契約은 계약 자체는 성립한 것이므로 '보험계약의 예약'과는 구별된다.

예정보험계약은 다른 종류의 보험계약에도 있을 수 있으나, 특히 積荷保險에서 積荷의 수량·보험금액 또는 積載할 선박 등이 미정인 경우에 많이 이용되며, 海上再保險에서도 이용된다.

2. 豫定保險契約의 種類

豫定保險契約에는 개개의 보험의 목적에 대하여 체결하는 個別的 豫定保險契約과, 일정한 표준에 따라서 정하여지는 다수의 목적에 대하여 포괄적으로 체결하는 包括的(繼續的) 豫定保險契約이 있다. 예컨대, 포괄적 예정보험계약은 일정한 기간 내에 積出한 荷物을 일정한 조건하에 포괄적·계속적으로 보험의 목적으로 하는 경우에 체결한다.

3. 船舶未確定의 積荷豫定保險

船舶未確定의 積荷豫定保險(Versicherung unbestimmter Schiffe)이란 적하보험계약에서 보험계약체결 당시에 貨物을 적재할 선박이 아직 확정되지 아니한 豫定保險이다. 이것은 보험계약체결지와 선적지가 다른 경우 또는 보험계약체결시와 선적시가 다른 경우 무보험상태를 피하기 위하여 주로 이용된다.

船舶未確定의 積荷豫定保險에 있어서 보험계약의 체결 당시에 하물을 적재할 선박을 지정하지 아니한 경우에, 보험계약자 또는 피보험자가 그 荷物이 선적되었음을 안 때에는 지체없이 보험자에 대하여 그 船舶의 名稱, 國籍과 荷物의 종류, 수량과 가액의 통지를 발송하여야 한다(제704조 제1항). 이 통지의무는 계약성립 후에 부담하는 의무이기는 하지만 이를 위반한 경우 손해배상책임을 지는 것은 아니므로 間接義務라고 할 수 있다.[66] 만약 그 통지를 懈怠한 때에는 보험자는 그 사실을 안 날로부터 1월 내에 계약을 解止할 수 있다(제704조 제2항).

---

66) 梁承圭(保) 286면 ; 李基秀(保·海) 178면 ; 鄭熙喆·鄭燦亨(下) 599면.

V. 保險委付

1. 保險委付의 意義

保險委付(Abandon, abandonment)란 보험의 목적이 전부 멸실한 것과 同一視할 일정한 경우에 피보험자가 보험의 목적에 관한 자기의 모든 權利를 보험자에게 양도하고, 보험자에 대하여 보험금액의 전부를 청구하는 것을 말한다(제710조·제718조).

海上保險에 있어서는 海上企業의 특수성으로 인하여 손해의 입증이 어려운 때, 예컨대 거의 全損과 同一視할 만한 정도의 손해가 생기거나 全損으로 추측되나 그 증명이 곤란한 경우가 있다. 이런 경우에는 法律上 全損과 같이 취급하여 보험금액의 전액을 청구할 수 있게 할 필요가 생긴다. 따라서 保險委付는 손해의 발생사실의 증명이나 손해액의 산정절차를 생략함으로써 보험관계자간의 계산관계를 신속·간편하게 처리하게 하는 海上保險 특유의 제도이다.

2. 保險委付의 法的 性質

保險委付는 不要式 單獨行爲이고 委付權은 일종의 형성권이라고 보는 데 異論이 없다. 따라서 委付權을 행사함에는 보험자의 승낙을 필요로 하지 아니하나 피보험자도 委付 후에는 임의로 이를 철회하지 못한다.

3. 保險委付의 成立要件

(1) 實質的 要件(委付의 原因)

商法은 保險委付를 할 수 있는 경우를 열거하고 있다(제710조). 이 규정은 강행법규가 아니므로 約款으로 이를 제한할 수 있다.

(가) 船舶·積荷의 占有喪失

피보험자가 보험사고로 인하여 자기의 船舶 또는 積荷의 占有를 상실하여 이를 회복할 가능성이 없거나 회복하기 위한 비용이 회복하였을 때의 가액을 초과하리라고 예상될 경우 피보험자는 이를 委付할 수 있다(제710조 제1호). 占有喪失의 원인은 묻지 않으므로, 예컨대 선박의 침몰, 선박 또는 積荷가 敵國 기타 유사단체에 포획되거나 관공서에 압수된 경우 등을 들 수 있다. 積荷保險의 목적인 積荷가 구조된 때에는 그 積荷의 委付는 할 수 없다(제712조). 또한 船舶·積荷의 占有喪失이 被保險者·傭船者·送荷人·受荷人 등의 故意·重過失(제659조 제1항, 제706조 제2호) 또는 堪航能力 擔保義務違反(제706조 제1호)으로 인한 경우에는 委付할 수 없다.

船舶이 失踪되어 선박의 존부가 2개월간 분명하지 아니한 때에는 행방불명으로 하고, 全損으로 추정한다(제711조). 즉, 선박이 행방불명된 경우는 委付의 원인이 되는 것이 아니라 바로 全損으로 추정된다. 이 기간의 기산점은 사고의 발생시 또는 최후의 통신이 있었던 때이다.

(나) 船舶의 修繕不能

船舶이 保險事故로 인하여 심하게 훼손되어 이를 수선하기 위한 비용이 수선하였을 때의 가액을 초과하리라고 예상될 경우 이를 위부할 수 있다(제710조 제2호). 積荷保險에서는 선박이 수선불능으로 되어도 船長이 지체없이 다른 선박으로 積荷의 운송을 계속한 때에는 피보험자는 그 積荷를 위부할 수 없다(제712조).

(다) 積荷의 修繕不能

積荷가 보험사고로 인하여 심하게 훼손되어서 이를 수선하기 위한 비용과 그 積荷를 목적지까지 운송하기 위한 비용과의 합계액이 도착하는 때의 積荷의 가액을 초과하리라고 예상될 경우에도 피보험자는 이를 위부할 수 있다(제710조 제3호).

(2) 形式的 要件(委付의 實行)

(가) 委付의 通知

피보험자가 委付를 하고자 할 때에는 상당한 기간 내에 보험자에 대하여 그 통지를 발송하여야 한다(제713조). 통지의 방식에는 제한이 없다. 피보험자가 상당한 기간 내에 委付의 통지를 발송하지 않으면 委付權은 상실하게 되나, 손해액을 입증하고 청구할 수 있는 保險金額請求權까지 상실하는 것은 아니다.

(나) 다른 保險契約 등에 관한 通知

피보험자가 委付를 할 때에는 보험자에 대하여 보험의 목적에 관한 다른 보험계약과 그 부담에 속한 債務의 유무와 그 종류 및 내용을 통지하여야 한다(제715조 제1항). 이것은 보험자로 하여금 重複保險의 유무를 알게 하고, 또 擔保物權者의 權利行使에 대비하게 하기 위한 것이다. 보험자는 위의 통지를 받을 때까지 보험금액의 지급을 거부할 수 있다(제715조 제2항). 그리고 보험금액의 지급에 관한 期間의 약정이 있는 때에는 그 기간은 위의 통지를 받은 날로부터 기산한다(제715조 제3항).

(다) 委付의 單純性

委付는 무조건이어야 한다(제714조 제1항). 따라서 期限 또는 조건을 붙일 수 없다. 委付는 보험의 목적 전부에 대하여 하여야 한다(제714조 제2항 본문)(委付의 不可分性). 그러므로 보험의 목적의 일부만을 委付하고 남은 부분에 대하여는 손해배상을 청구할 수 없다. 그러나 委付의 원인이 일부에 대하여 생긴 때에는 그 부분에 대하여서만 委付를 할 수 있다(제714조 제2항 단서). 一部保險의 경우에는 보험금액의 보험가액에 대한 비율에 따라 委付할 수 있다(제714조 제3항). 이때는 그 목적물에 대하여 보험자와 피보험자가 共有關係에 있게 된다.

4. 保險委付의 效果

委付의 통지가 보험자에게 도달하면 委付의 효과가 발생한다(形成權).

(1) 直接的 效果

보험자는 보험의 목적에 관한 피보험자의 모든 權利를 취득한다(제718조 제1항). 보험자가 權利를 취득하는 것은 意思表示上의 직접적 효력이다. 보험자가 취득하는 權利의 내용은 保險目的의 殘存物에 대한 所有權 이외에 質權·抵當權 기타의 物權을 포함한다는 점에는 異論이 없다. 그러나 제3자에 대한 權利, 예컨대 선박충돌로 인한 損害賠償請求權 또는 共同海損分擔請求權 등도 포함하느냐에 관하여는 견해가 대립되고 있다. 즉, 消極說은 "委付에 의하여 移轉하는 權利는 보험의 목적 그 자체 위에 존재하는 權利에 한하고, 제3자에 대한 權利와 같이 보험의 목적에 관한 간접적인 權利의 移轉은 따로 一般保險代位의 규정(제682조)의 효과로 解하는 것"이 타당하고, "따라서 제 3 자에 대한 權利의 移轉은 보험자가 보험금액을 지급한 때에 그 지급한 금액의 한도에서 발생하는 것으로 解하여야 할 것이다."(제682조 참조)라고 한다.[67] 그러나 積極說은 "保險委付의 제도는 원래 보험의 목적물을 보험자에게 넘기고 그 목적물에 관한 완전한 손해의 보상을 全損의 증명없이 받고자 하는 것이므로 보험의 목적물에 관한 직접의 權利뿐만 아니라 보험의 목적물의 당연한 보충물이라고 볼 수 있는 것(損害賠償請求權. 그러나 救助料·運賃請求權은 補充物이 아님)은 이전되는 權利에 포함된다."고 한다.[68] 積極說이 타당하다고 본다.

보험의 목적에 부수하는 부담(예컨대, 抵當權·優先特權이 있는 경우), 기타 私法上·公法上의 債務[예컨대, 沈沒船舶除去義務(開秩 제28조)]를 이행하는 데 들어가는 비용에 관하여는, 실무계에서는 約款으로 負擔의 衡平을 기하기 위하여 피보험자가 부담하는 것(保險金에서 공제)으로 정하고 있다.

委付를 한 때에는 피보험자는 보험의 목적물에 관한 書類를 보험자에게 교부하여야 한다(제718조 제2항). 보험의 목적물에 관한 書類란 보험의 목적에 관한 權利關係를 알 수 있는 書類(예컨대, 船舶國籍證明書·登記證書, 擔保權設定·賃貸借 등의 契約書 따위)를 말한다. 물론 書類交付義務는 委付의 효과일 뿐 요건이 아니므로 書類交付의 懈怠가 委付의 효력에 영향을 미치는 것은 아니다.

(2) 間接的 效果

피보험자가 委付를 한 때에는 그 간접적 효과로서 피보험자는 보험자에 대하여 보험금액의 전부를 청구할 수 있다(제710조). 委付의 原因이 보험의 목적의 일부에 대하여 생긴 경우에 委付를 한 때에는(제714조 제2항 단서) 그 部分에 대한 보험금액의 전부를 청구할 수 있다. 一部保險의 경우에는 보험금액의 보험가액에 대한 比率에 따라 청구할 수 있다(제714조 제3항).

委付는 單獨行爲이므로, 보험자의 동의를 요하지 아니하고 효력을 발생한다. 그러나 보험자는 이에 대하여 異議를 할 수 있으므로, 보험자가 委付를 승인하지 아니하는 때에는 피보험자는 委付의 원인을 증명하지 아니하면 보험금액의 지급을 청구하지 못한다(제717조).

---

67) 金容泰(下) 73면.
68) 鄭燦亨(下) 629. 同旨 : 孫珠瓚(下) 635면.

보험자가 委付를 승인한 때에는 피보험자는 委付의 원인을 증명할 필요가 없으며, 또 보험자는 후일 그 委付에 대하여 異議를 하지 못한다(제716조).

제4관 責任保險契約

I. 序 說

1. 責任保險契約의 意義

責任保險契約(contract of liability insurance, Haftpflichtversicherungsvertrag)이란 피보험자가 보험기간 중의 사고로 인하여 제3자에게 배상할 책임을 진 경우에, 보험자가 피보험자의 責任履行으로 인하여 생길 손해를 보상할 것을 목적으로 하는 보험계약을 말한다(제719조). 이와 같이 책임보험은 보험사고로 인하여 직접 입게 되는 재산상의 손해를 보상하는 것이 아니라, 피보험자가 제3자에 대한 손해배상책임을 짐으로써 입은 間接損害를 보상할 것을 목적으로 하는 것이 특색이다. 責任保險에서의 책임은 民事責任만을 의미한다. 民事責任인 이상 法律上의 책임[예컨대, 被用者의 災害에 대한 使用者의 補償責任(勤基 제81조 이하)], 契約上의 責任, 不法行爲·債務不履行으로 인한 損害賠償責任, 保證人의 책임 등 무엇이나 責任保險의 대상이 된다. 刑事責任은 그것이 罰金·科料 등 금전적 이익의 박탈을 목적으로 하는 경우라도 責任保險의 대상이 될 수 없는 것이 원칙이나, 일정한 한도 내에서 罰金 등 刑事責任으로 인한 손해를 보상하는 경우도 있다.

2. 責任保險契約의 性質

責任保險契約은 피보험자가 제3자에 대한 損害賠償責任을 이행함으로써 생긴

財產上의 손해, 이른바 간접손해를 보상하는 보험계약이므로(消極保險性) '損害保險契約'의 일종이며(損害保險性), 보험사고로 인하여 가치가 감소되는 것은 피보험자의 全財產關係(구체적인 物件이 아니다.)이므로 財產保險의 일종이다(財產保險性).

3. 責任保險의 種類

責任保險은 ① 그 객체에 따라 對人賠償責任保險과 對物賠償責任保險으로, ② 被保險者의 대상에 따라 營業責任保險(예컨대, 製造物責任保險)·專門職業人責任保險(예컨대, 醫師의 責任保險)·個人責任保險(예컨대, 자가용 운전자의 責任保險)으로, ③ 保險金額限度額의 유무에 따라 有限賠償責任保險과 無限賠償責任保險으로, ④ 보험가입의 강제성 여부에 따라 任意責任保險(예컨대, 自動車綜合保險 등)과 强制責任保險(예컨대, 自動車損害賠償責任保險·產業災害補償保險 등)으로 나눌 수 있다.

4. 責任保險制度의 社會的 機能

(1) 加害者의 自衛手段

경제생활이 복잡하여지고, 특히 產業·交通이 발달함에 따라 불가피하게 발생하는 危害의 가해자는 損害賠償責任을 면하기 어렵게 된다. 따라서 加害者는 그 가중되는 위험부담을 責任保險制度에 의하여 보험자에게 전가시킬 수 있다.

(2) 被害者의 救濟手段

責任保險制度를 이용하면 加害者의 無資力으로 인하여 피해자가 충분한 보상을 받지 못하게 될 우려도 배제되므로 責任保險制度는 피해자의 損害賠償請求權을 강화하는 수단이 된다.

Ⅱ. 責任保險契約의 特色

1. 保險의 目的

一般損害保險은 特定物에 대한 直接·有形의 損害(예컨대, 가옥의 燒失, 船舶의 침몰)를 보상하는 데 대하여, 責任保險은 불특정의 전재산에 대한 間接·無形의 손해를 보상하는 것이다. 따라서 보험의 목적도 一般損害保險의 경우에는 '特定物'이나, 責任保險에서는 被保險者의 '全財產'이다.

또 피보험자가 경영하는 사업에 관한 책임을 보험의 목적으로 한 때(營業責任保險)에는, 피보험자 자신의 (제3자에 대한) 책임뿐만 아니라 그 영업상의 보조자(代理人 또는 그 事業監督者)의 (제3자에 대한) 責任도 보험의 목적에 포함시킴으로써(제721조) 보험자의 책임을 확장하고 있다(獨保 제151조 제1항, 스위스保 제59조 참조).

2. 被保險利益

責任保險契約은 피보험자의 全財產을 보험의 목적으로 하므로, 被保險利益은 재산의 현상유지에 관한 이익이다. 그러나 被保險利益은 있어도 어떠한 사고에 의하여 얼마만큼의 손해가 발생할지 불확정적이고, 보험사고발생시에 확정되기 때문에 그 被保險利益의 價額(保險價額)의 산정은 원칙적으로 불가능하다. 따라서 責任保險에서도 보험료를 산출하기 위하여 보험금액은 정하여지지만, 보험가액이 원칙적으로 불확정적이므로 보험가액과 보험금액의 불일치에서 생기는 超過保險·一部保險은 문제될 여지가 없다. 다만 예외적으로 물건 보관자의 책임보험이나 再保險의 경우에는 그 물건의 가액 또는 元受保險者의 책임액이 보험가액이 되므로 보험가액과 보험금액의 불일치의 문제가 생길 수 있다.

責任保險에서도 重複保險의 문제는 생긴다. 즉, 피보험자가 동일한 사고로 제3자에게 배상책임을 짐으로써 입은 손해를 보상하는 數個의 責任保險契約이 동시 또는 순차로 체결된 경우에 그 보험금액의 총액이 피보험자의 제3자에 대한 손해배상액을 초과하는 때에는 각 보험자는 보험금액의 비율에 의하여 손해를 분담하되, 각 보험자는 보험금액의 범위 내에서 연대책임을 진다(제725조의 2·제672조·제673조).

3. 保險事故

責任保險의 보험사고가 무엇이냐에 관하여는 당사자간에 약정된 손해사고를 보험사고로 보는 損害事故說,[69] 피보험자에게 法律上의 책임이 발생할 때 이것을 보험사고로 보는 法律上責任發生說,[70] 피해자인 제 3 자로부터 피보험자에게 청구가 있었을 때 그것을 보험사고로 보는 損害賠償請求說,[71] 피보험자가 損害賠償義務를 이행하였을 때 그 이행을 보험사고로 보는 損害賠償責任履行說 등으로 學說이 나뉘어져 있다.

(i) 損害事故說은 손해를 일으킨 사고 자체를 보험사고로 보게 되나, 이러한 사고는 당연히 피보험자의 책임을 가져오게 하는 것이 아니므로 보험사고로 보기 어렵다.

(ii) 法律上責任發生說은 商法 제719조(제 3 자에게 배상할 책임을 진 경우)에는 합치하지만, 피보험자가 제 3 자의 청구에 應訴하여 勝訴한 경우에는 責任負擔이 되는 보험사고의 발생이 없는 것이 되어 應訴費用을 損害防止·輕減費用으로 청구할 수 없다는 결점이 있다.

(iii) 損害賠償請求說에 따르면 商法 제722조(배상의 청구를 받은 때)와 합치하고 應訴費用은 보험자가 부담하게 되어 타당하지만, 보험사고의 발생시기가 제 3 자의 청구에 의하여 주관적으로 좌우된다고 하는 것이 난점으로 지적될 수 있다.

(iv) 損害賠償責任履行說은 商法 제724조 제1항(제 3 자가 배상을 받기 전에는 보험금액을 피보험자에게 지급하지 못한다.)의 취지에는 합치되는 것으로 풀이되나, 피보험자가 제 3 자에게 손해를 배상할 자력이 없는 경우에는 보험사고가 발생하지 아니한다고 하는 부당한 결과가 나오게 된다.

생각건대, 어느 學說에도 難點은 있다. 그러나 우리 商法의 解釋論으로는 法律上責任發生說에 의거한 立法이라고 보아야 할 것이다. 왜냐하면 商法은 "…保險者

---

69) 徐燉珏·鄭完溶(下) 463면 ; 鄭熙喆·鄭燦亨(下) 603면.
70) 金容泰(下) 94면 ; 蔡利植(下) 599면.
71) 崔基元(保) 357면 참조.

는 被保險者가… 제3자에게 賠償할 責任을 진 경우에 이를 補償할 責任이 있다."(제719조)고 규정하였기 때문이다. 그리고 商法 제720조가 被保險者가 지출한 防禦費用을 보험의 목적에 포함시킨 것은 피보험자를 보호하기 위한 특별규정으로 보아야 할 것이다. 이러한 해석은 각종의 責任保險約款(예컨대, 賠償責任保險普通約款, 自動車損害賠償責任保險約款, 自動車綜合保險普通約款 등) 및 特別法(예컨대, 火災로 인한 災害補償과 保險加入에 관한 法律, 自動車損害賠償保障法 등)과도 합치한다.

4. 損害賠償責任의 發生

責任保險은 피보험자의 제3자에 대한 손해배상책임의 발생을 전제로 한다.

(1) 損害賠償責任의 發生原因

責任保險은 피보험자의 손해배상책임의 발생을 전제로 한다. 피보험자의 손해배상책임은 契約上의 책임이든 法律上의 책임이든 불문하고, 債務不履行責任이든 不法行爲責任이든 불문한다. 보험자는 民事責任만을 보상하는 것이 원칙이나, 일정한 한도 내에서 罰金 등 刑事責任으로 인한 손해를 보상하는 경우도 있다. 被保險者에게 책임이 없는 경우에는 보험자도 보험금지급책임이 없다.

(2) 第3者의 範圍

責任保險에서 담보되는 제3자의 피해는 피보험자 이외의 제3자이다. 여기서 제3자에는 피보험자의 同居家族과 생활을 같이 하는 사용인은 특별한 경우 외에는 제외된다고 본다.

5. 責任保險契約의 效果

(1) 保險者의 義務

商法은 責任保險者의 보상책임(제719조)을 인정하되, 그 보상할 손해의 범위와 손해보상의 지급시기에 관한 특별규정을 두고 있다.

(가) 損害補償範圍

보험자는 피보험자가 제 3 자에게 배상한 손해, 즉 제 3 자에 대한 辨濟·承認·和解 또는 裁判으로 인하여 확정된 債務(제723조 제1항 참조)에 대하여 책임을 진다. 확정판결에 의하지 아니하고 保險約款에 의하여 배상액이 결정된 경우에는 보험회사는 그 보험약관에서 정한 보험금지급기준에 의하여 산출된 금액의 한도 내에서 보험금을 지급할 의무가 있다.

<대법원 1995. 9. 26. 선고, 94 다 28093 판결 : 판결에 의한 경우 이에 의하여 확정된 채무에 대하여 보험자는 책임을 진다>

보험자는 피해자와 피보험자 사이에 판결에 의하여 확정된 손해액은 그것이 피보험자에게 법률상 책임이 없는 부당한 손해라는 등의 특별한 사정이 없는 한 원본이든 지연손해금이든 모두 피해자에게 지급할 의무가 있다.

<대법원 1995. 11. 7. 선고, 95 다 1675 판결 : 보험약관에 의하여 배상액이 결정된 경우에는 보험회사는 그 약관에서 정한 기준에 따라 보험금을 지급할 의무가 있다>

피보험자는 판결의 확정, 재판상의 화해, 중재 또는 서면에 의한 합의로 손해액이 확정되었을 때에 보험회사에 대하여 보험금의 지급을 청구할 수 있고, 보험회사는 그 보험약관의 보험금지급기준에 의하여 산출한 금액을 보상하되, 다만 소송이 제기되었을 경우에는 대한민국 법원의 확정판결에 의하여 피보험자가 손해배상청구권자에게 배상하여야 할 금액(지연배상금 포함)을 보상하도록 규정하고 있는 자동차종합보험보통약관 아래서, 확정판결에 의하지 아니하고 피보험자와 피해자 사이의 서면에 의한 합의로 배상액이 결정된 경우에는 보험회사는 그 보험약관에서 정한 보험금지급기준에 의하여 산출된 금액의 한도 내에서 보험금을 지급할 의무가 있다. 同旨 : 대법원 1994. 4. 12. 선고, 93 다 11807 판결 ; 同, 1992. 11. 24. 선고, 92 다 28631 판결.

보험자는 이 외에 방어비용도 부담한다. 방어비용이란 피보험자가 제 3 자의 청구를 방어하기 위하여 지출한 裁判上(訴訟費用·辯護士에 대한 보수) 또는 裁判外의 필요비용(제720조 제1항 제1문)을 말한다(이 비용의 先給을 청구할 수도 있다.)(제720조 제1항 제2문). 방어비용은 보험금액을 초과한 경우라도 보험자가 이를 부담하여야 한다. 그러나 피해자가 피보험자에게 재판상 청구는 물론 재판 외의 청구조차 하지 않은 이상, 피해자가 제 3 자를 상대로 제소하였다 하여 그 소송의 변호사비용이 상법 제720조 소정의 防禦費用에 포함된다고 볼 수 없다.

<대법원 1995. 12. 8. 선고, 94 다 27076 판결 : 손해방지비용은 보험금액을 초과한 경우라도 보험자가 이를 부담하여야 한다>

상법 제680조가 규정한 손해방지비용이라 함은 보험자가 담보하고 있는 보험사고가 발생한 경우에 보험사고로 인한 손해의 발생을 방지하거나 손해의 확대를 방지함은 물론 손해를 경감할 목적으로 행하는 행위에 필요하거나 유익하였던 비용을 말하는 것으로, 위 제680조는 손해방지 의무자인 보험계약자 또는 피보험자가 손해방지 및 그 경감을 위하여 지출한 필요하고 유익한 비용은 보험금액을 초과한 경우라도 보험자가 이를 부담하도록 규정하고 있다.

<대법원 1995. 12. 8. 선고, 94 다 27076 판결 : 피해자가 반드시 재판상 청구한 경우에 한하여 방어비용이 인정되는 것은 아니다>

상법 제720조 제1항에서 규정한 '방어비용'은 피해자가 보험사고로 인적, 물적 손해를 입고 피보험자를 상대로 손해배상청구를 한 경우에 그 방어를 위하여 지출한 재판상 또는 재판 외의 필요비용을 말하는 것이므로, 피해자로부터 아직 손해배상청구가 없는 경우 방어비용이 인정될 여지가 없지만, 피해자가 반드시 재판상 청구한 경우에 한하여 방어비용이 인정된다고 볼 것은 아니다. 그러나 피해자가 피보험자에게 재판상 청구는 물론 재판 외의 청구조차 하지 않은 이상, 제 3 자를 상대로 제소하였다 하여 그 소송의 변호사 비용이 상법 제720조 소정의 방어비용에 포함된다고 볼 수 없다.

裁判의 집행을 면하기 위한 담보제공 또는 供託의 비용은 보험금액의 한도 내에서 보상할 책임이 있다(제720조 제2항). 그리고 피보험자의 防禦行爲와 擔保提供·供託行爲가 보험자의 지시에 의한 것인 때에는 그 금액에 손해액을 가산한 금액이 보험금액을 초과하여도 이를 보상하여야 한다(제720조 제3항).

(나) 損害補償의 相對方

손해보상의 상대방은 피보험자(제724조 제1항) 또는 피해자(제724조 제2항 본문·제725조)이다. 피해자는 後述하는 바와 같이 보험자에 대한 직접청구권도 있다.

(다) 損害補償期間

보험자는 원칙적으로 보험금액이 정하여진 날로부터 10일 내에 보험금액을 지급하여야 하나(제658조), 責任保險에 있어서는 피보험자의 債務確定의 통지를 받은 때로부터 10일 내에 보험금액을 지급하여야 한다(제723조 제2항). 그러나 보험자는 피보험자가 제 3 자에 대하여 배상을 하기 전에는 피보험자에게 보험금액을 지급하지 못한다(제724조 제1항).

(2) 被保險者의 義務

(가) 通知義務

피보험자가 제 3 자로부터 損害賠償의 청구를 받은 때에는 지체없이 보험자에게 그 통지를 발송하여야 한다(제722조). 上述한 바와 같이 보험사고에 관하여 損害賠償請求說을 취할 때에는 商法 제722조는 특별한 意義가 있는 규정이 된다. 또 피보험자는 제 3 자에 대한 辨濟·承認·和解 또는 裁判으로 인하여 債務가 확정된 때에도 보험자에게 지체없이 그 통지를 발송하여야 한다(제723조 제1항). 이것은 一般保險契約에 있어서의 保險事故發生의 通知義務(제657조)와 그 취지가 같다.

(나) 協議義務

피보험자는 損害賠償債務를 승인함(辨濟·承認 또는 和解)에 있어서 보험자의 동의를 얻어야 한다(제723조 제3항, 獨保 제154조 제2항, 佛保 제52조 참조). 그러나 보험자의 동의가 없었더라도 피보험자의 債務承認行爲가 '현저하게 부당한' 경우에만 보험자는 보상책임을 면한다(제723조 제3항 참조).

<대법원 2000. 4. 21. 선고 99 다 72293 판결 : 보험자의 동의를 요하는 상법 제723조 제3항의 취지>

책임보험계약의 피보험자가 보험자의 동의 없이 제3자에 대하여 변제, 승인 또는 화해를 한 경우에는 보험자가 그 책임을 면하게 되는 합의가 있는 때에도 그 행위가 현저하게 부당한 것이 아니면 보험자는 보상할 책임을 면하지 못한다고 규정하고 있는 상법 제723조 제3항의 취지에 비추어 보면, 피보험자가 제3자로부터 재판상 손해배상청구를 받아 그 소송에서 손해배상을 명하는 판결을 선고받고 항소하지 않은 채 이를 확정시켰다고 하더라도 그것이 '현저하게 부당한 경우'로 평가되지 않는 한 보험자는 보상할 책임을 면할 수 없다.

<대법원 1993. 6. 22. 선고, 93 다 18945 판결 : 보험자의 보험금지급에 대한 승인이 있다고 본 사례>

보험가입자를 위한 포괄적 대리권이 있는 보험회사가 입원비와 수술비, 통원치료비 등을 피해자에게 지급하고 또 보험가입자에게 손해배상책임이 있음을 전제로 하여 손해배상금으로 일정 금액을 제시하는 등 합의를 시도하였다면 보험회사는 그때마다 손해배상책무를 승인하였다 할 것이므로 그 승인의 효과는 보험가입자에게 미친다.

6. 第三者의 直接請求權

(1) 意 義

책임보험계약은 자기를 위한 보험계약이므로 피해자인 제3자와 보험자 간에는 아무런 權利義務關係도 없어야 할 것이다. 그러나 商法은 제3자의 權利를 보호하기 위하여 그에게 보험자에 대하여 보험금액을 직접 청구할 수 있도록 하였다.

<대법원 1988. 12. 13. 선고, 87 다카 3166 판결 : 제3자의 직접청구권은 법률 또는 약관에서 특별히 인정된 경우에 한하여 인정된다>

피해자인 제3자가 보험자에 대하여 직접 보험금을 청구할 수 있는 경우는 상법 제725조나 자동차손해배상보장법 제12조 등에서와 같이 법률에 특별히 이를 규정하고 있거나 보험당사자 사이에 체결된 보험계약의 약관에서 이를 인정하는 경우에 한한다. 同旨 : 대법원 1981. 1. 13. 선고, 80 다 874 판결. 참조 : 同, 1995. 2. 10. 선고, 94 다 4424 판결 ; 同, 1995. 7. 14. 선고, 94 다 36698 판결 ; 同, 1995. 7. 25. 선고, 94 다 52911 판결.

(2) 第三者의 直接請求權의 法的 性質

제3자의 직접청구권의 법적 성질에 관하여는 이것이 손해배상청구권이라는 견해와 보험금청구권이라는 견해가 있다.

(가) 損害賠償請求權說

손해배상청구권설은 제3자의 직접청구권은 보험자에 대한 손해배상청구권이라 한다.[72] 보험자가 손해배상책임을 지는 이유는 보험자가 피보험자(가해자)의 손해배상채무를 중첩적으로 인수하였기 때문이라고 한다. 따라서 보험자·피보험자는 연대채무관계에 있고 양자의 책임은 본질적으로 동일하다는 것이다. 또한 직접청구권의 연혁적 사정이나 비교법적 검토를 전제로 할 때, 제3의 피해자를 예정하고 있는 통상의 책임보험(특히 자동차보험)에 있어서의 직접청구권은 피해자의 가해자에 대한 '손해배상청구권'과 동일한 성질로 이해하는 것이 옳다고 한다.[73] 특히 소멸시효기간과 관련하여, 직접청구권은 피해자를 두터이 보호하기 위하여 인

72) 강재철, "책임보험과 피해자인 제3자", 법원행정처, 해상·보험법에 관한 제문제(下), 1991. 522-523면.

73) 金星泰, "직접청구권의 성질과 시효", 상사판례연구(Ⅱ), 박영사, 1996, 191면.

정되는 것이고, 피해자의 일차적인 요구는 사고로 인한 손해의 신속한 배상인데, 이의 법적 성질을 보험금청구권으로 보아 가해자에 대한 권리의 소멸시효(불법행위로 인한 손해배상청구권)보다 오히려 존속기간을 짧게 하는 것은 직접청구권의 의미를 반감시키는 결과가 된다고 한다.[74]

(나) 保險金請求權說

보험금청구권설은 보험자에 대한 피해자의 보험금 직접청구권은 손해보상청구권으로서 법률의 규정에 따른 보험자에 대한 보험금청구권이라고 파악하는 견해이다. 이는 책임보험계약에서 피해자가 법의 규정에 따라 피보험자가 책임을 질 사고로 입은 손해의 보상을 청구하는 것이기 때문이라 한다. 이 견해는 책임보험계약에서 보험자는 보험계약자로부터 보험료를 받고 피보험자가 제3자에게 배상책임을 질 사고로 입은 손해를 보상할 것을 약정한 것이지 제3자에 대한 채무를 인수한 것은 아니라는 점을 근거로 한다. 그리고 손해배상청구권설에 따르면 가령 피보험자의 고의로 사고가 생겨 보험자가 보험금지급책임을 면하게 되는 경우에도 피해자에 대한 관계에서는 보험금지급을 거절할 수 없게 되는 불합리한 결과를 가져오게 된다고 한다.[75]

(다) 判 例

판례는 직접청구권의 법적 성질에 관해 일관된 입장을 취하지 않고 있으나, 근래에는 이를 손해배상청구권으로 보고 있다. 일부 판결에서는 "피해자가 보험회사에 대하여 직접 보험금의 지급을 청구할 수 있도록 규정되어 있다 하더라도, 위 약관에 의하여 피해자에게 부여된 보험회사에 대한 보험금액청구권은 상법 제662조 소정의 '보험금액청구권'에 다름 아니다"고 판시하여 보험금청구권설을 취하였으나,[76] 그 후 자동차임의보험약관에 의하여 피해자에게 인정되는 직접청구권의 법적 성질이 문제된 사건에서는 이를 "상법 제724조 제2항에 의하여 피해자에게 인정되는 직접청구권의 법적 성질은 보험자가 피보험자의 피해자에 대한 '손해배상채무를 병존적으로 인수한 것'으로서 피해자가 보험자에 대하여 가지는 손해배상청구이고 피보험자의 보험자에 대한 보험금청구권의 변형 내지는 이에 준하는 권리가 아니다"고 하여[77] 손해배상청구권설을 취하였다.[78]

---

74) 金星泰, 상게논문, 192면.

75) 梁承圭(保) 375면.

76) 保險金請求權說을 취한 판례 : 大判 1993. 4. 13, 93 다 3622 ; 同, 1997. 11. 11, 97 다 36521.

77) 大判 1999. 2. 12, 98 다 44956.

그런데 保險金請求權說을 취한 판례는 모두 보험금청구권의 소멸시효와 관련된 것이다. 즉, 대법원은 보험금 직접청구권의 법적 성질은 損害賠償請求權이라고 하면서도 그 소멸시효는 保險金請求權으로서 2년이라고 판단하고 있다. 이러한 태도는 이론상 整合性을 결여한 것이다.

<대법원 1994. 5. 27. 선고, 94 다 6819 판결 : 직접청구권의 법적 성질은 보험자가 피보험자의 피해자에 대한 손해배상채무를 병존적으로 인수한 것이다>

상법 제724조 제2항에 의하여 피해자에게 인정되는 직접청구권의 법적 성질은 보험자가 피보험자의 피해자에 대한 손해배상채무를 병존적으로 인수한 것으로서 피해자가 보험자에 대하여 가지는 손해배상청구권이고 피보험자의 보험자에 대한 보험금청구권의 변형 내지는 이에 준하는 권리가 아니다.

<대법원 1999. 12. 28. 선고, 99 다 47235 판결 : 제3자의 직접청구권은 피보험자의 보험금청구권에 우선하며, 직접청구권의 법적 성질은 손해배상채무의 병존적 인수이다>

[1] 상법 제724조 제1항은 제3자가 보험자에 대하여 가지는 직접청구권이 피보험자가 보험자에 대하여 가지는 보험금청구권에 우선한다는 것을 선언하는 규정으로서, 보험자로서는 제3자가 피보험자로부터 배상을 받기 전에는 피보험자에 대한 보험금 지급으로 같은 조문 제2항에 의하여 직접청구권을 가지는 피해자에게 대항할 수 없다(대법원 1995. 9. 26. 선고, 94 다 28093 판결 참조).

[2] 상법 규정에 의하여 피해자가 보험자에 대하여 가지는 직접청구권의 법적 성질은 보험자가 피보험자의 피해자에 대한 손해배상채무를 병존적으로 인수함으로써 피해자가 보험자에 대하여 가지는 손해배상청구권이고, 피보험자의 보험자에 대한 보험금청구권의 변형 내지는 이에 준하는 권리가 아니므로(대법원 1999. 2. 12. 선고, 98 다 44956 판결 등 참조), 원고의 직접청구권에 대하여는 민법에 의한 손해배상청구권의 소멸시효가 적용되는 것이지, 상법 제662조에 의한 보험금청구권의 소멸시효가 적용되는 것은 아니다.

<대법원 2000. 6. 9. 선고, 98 다 54397 판결 : 상법 제724조 제2항에 의하여 피해자에게 인정되는 직접청구권의 법적 성질>

상법 제724조 제2항에 의하여 피해자에게 인정되는 직접청구권의 법적 성

---

78) 損害賠償請求權說을 취한 판례 : 大判 1993. 5. 11, 92 다 2530 ; 同, 1994. 5. 27, 94 다 6819 ; 同, 1995. 7. 25, 94 다 52911 ; 同, 1998. 7. 10, 97 다 17544 ; 同, 1998. 9. 18, 96 다 19765; 同, 1998. 12. 22, 98 다 40466; 同, 1999. 2. 12, 98 다 44956.

질은 보험자가 피보험자의 피해자에 대한 손해배상채무를 병존적으로 인수한 것으로서 피해자가 보험자에 대하여 가지는 손해배상청구권이고 피보험자의 보험자에 대한 보험금청구권의 변형 내지는 이에 준하는 권리가 아니다.

(라) 私 見

생각건대 손해배상청구권설의 근거라 할 수 있는 병존적 채무인수의 주장이 책임보험계약상 당사자의 의사를 제대로 반영하고 있는지 의문이다. 즉, 보험자에게 발생이 불확실한 장래의 채무이면서 채권자가 특정되지 않은 채무를 병존적(중첩적)으로 인수한다는 의사가 묵시적으로 존재한다고 인정할 수 있는지 의문이고, 이러한 묵시적 의사의 존재를 인정한다고 하더라도 이를 채무인수행위로 이론구성을 할 경우 약간의 법리상의 문제점이 발생한다. 통상적인 병존적 채무인수와 달리 책임보험계약의 경우 민법상의 제3자를 위한 계약형태가 되고, 이때에는 제3자의 수익의 의사표시가 필요한데, 피해자의 직접청구권을 규정한 상법의 취지는 피해자가 수익의 의사표시를 할 필요도 없이 법률상 당연히 피해자에게 직접청구권이 발생하는 것으로 생각되므로 병존적 채무인수로 이론구성을 함에는 무리가 있다. 그리고 손해배상청구권설을 취하면 3년의 시효로 소멸한다고 하나, 같은 보험계약상의 청구를 피보험자가 하면 보험금청구권으로서 2년의 시효로 소멸하고, 제3자가 이를 직접 청구하면 손해배상청구로서 가해자를 안 날로부터 3년의 시효로 소멸한다고 보는 것은 부당하다(법원은 소멸시효기간만큼은 2년으로 본다). 따라서 피해자는 보험자에 대해서 자신의 독립적인 권리로서 손해배상청구권을 가진다고 보기 어렵고, 피해자 보호라는 정책적인 목적에 따라 인정된 제3자의 직접청구권에 근거하여 피보험자가 보험자에 대하여 가지는 보험금청구권을 대신해서 행사할 수 있는 권리로 파악하는 보험금청구권설이 타당하다고 본다.

(3) 直接請求權의 消滅時效期間

책임보험에 있어 제3자의 직접청구권의 소멸시효기간은 직접청구권의 법적 성질과 관계가 있다. 즉, 손해배상청구권설에 따르면 불법행위로 인한 손해배상청구권은 민법 제766조에 따라 손해 및 가해자를 안 날로부터 3년, 불법행위를 한 날로부터 10년의 경과로 소멸한다. 이에 대하여 보험금청구권설에 따르면 보험금청구권은 상법 제662조에 따라 2년의 기간으로 소멸한다고 보아야 한다.

생각건대 직접청구권의 법적 성질을 손해배상청구권으로 보는 것이 타당하므로 소멸시효도 3년 내지 10년으로 완성된다고 하는 것이 타당하다고 본다.

(4) 消滅時效의 起算點

소멸시효의 기산점과 관련하여 시효는 민법 제166조 제1항에 따라 권리를 행사할 수 있는 때로부터 진행하는데, 직접청구권의 법적 성질에 관하여 어느 견해를 취하는가에 따라 그 기산점도 달라진다. 즉, 손해배상청구권설에 의하면 '불법행위가 있었던 때' 또는 '손해 및 가해자를 안 날'로부터 10년 또는 3년의 시효가 진행되지만, 보험금청구권설에 따르면 보험사고가 확정된 때, 즉 보험자가 손해배상청구를 받은 때로부터 기산하여 2년의 시효기간이 진행된다고 보는 것이 논리적이다. 다만 가해자의 책임이 확정되지 아니한 경우에는 가해자의 손해배상책임이 확정된 때를 기산점으로 보아야 한다.

<대법원 1993. 4. 13. 선고, 93 다 3622 판결 : 제3자의 직접청구권의 소멸시효>

자동차종합보험보통약관에 피보험자가 피해자에게 지는 손해배상액이 판결에 의하여 확정되는 등의 일정한 경우에는 피해자가 보험회사에 대하여 직접 보험금의 지급을 청구할 수 있도록 규정되어 있다 하더라도, 위 약관에 의하여 피해자에게 부여된 보험회사에 대한 보험금액 청구권은 상법 제662조 소정의 보험금액청구권에 다름 아니므로 이를 2년간 행사하지 아니하면 소멸시효가 완성된다. … 피보험자가 피해자에게 지는 손해배상액이 판결에 의하여 확정되는 등의 경우에 피해자가 보험회사에 대하여 직접 보험금의 지급을 청구할 수 있다는 자동차종합보험보통약관의 규정에 따라 피해자가 보험회사에 대하여 판결금액 상당의 보험금액을 직접 청구하는 소송을 제기한 경우 이 직접청구권의 소멸시효는 확정판결이 있는 때로부터 기산된다.79)

(5) 先支給禁止

보험자는 피보험자가 책임을 질 사고로 인하여 생긴 손해에 대하여 제 3 자가 그 배상을 받기 전에는 보험금액의 전부 또는 일부를 피보험자에게 지급하지 못한다(제724조 제1항).

(6) 第三者의 直接請求權의 內容

제 3 자는 피보험자가 책임을 질 사고로 입은 손해에 대하여 보험금액의 한도 내에서 보험자에게 직접 보상을 청구할 수 있다(제724조 제2항 본문). 그러나 보험

79) 이 判決에 대하여 반대하는 취지의 평석으로는 金星泰, 법률신문, 제2252호(1993. 9. 27), 15면이 있다.

자는 피보험자가 그 사고에 관하여 가지는 抗辯으로써 제 3 자에게 대항할 수 있다(제724조 제2항 단서). 商法 제724조 제2항 등의 규정에 의하여 제 3 자의 직접청구권은 피보험자의 보험금청구권에 우선한다.

<대법원 1995. 9. 26. 선고, 94 다 28093 판결 : 商法의 규정에 의하여 제 3 자의 직접청구권은 피보험자의 보험금청구권에 우선한다>

상법 제724조 제1항은 피보험자가 상법 제723조 제1항, 제2항의 규정에 의하여 보험자에 대하여 갖는 보험금청구권과 제 3 자가 상법 제724조 제2항의 규정에 의하여 보험자에 대하여 갖는 직접청구권의 관계에 관하여, 제 3 자의 직접청구권이 피보험자의 보험금청구권에 우선한다는 것을 선언하는 규정이라고 할 것이므로, 보험자로서는 제 3 자가 피보험자로부터 배상을 받기 전에는 피보험자에 대한 보험금지급으로 직접청구권을 갖는 피해자에게 대항할 수 없고, 따라서 보험자는 제 3 자가 피보험자로부터 배상을 받기 전에는 상법 제724조 제1항의 규정을 들어 피보험자의 보험금지급청구를 거절할 권리를 갖게 된다.

그러나 保險約款上 보험자가 피보험자에게 일정한 경우에 보험금을 지급한다고만 되어 있는 경우, 보험자는 상법 제724조 제1항의 피보험자에 대한 지급거절권을 포기한 것으로 볼 수 있다. 이 경우에는 피보험자는 제 3 자에게 손해를 배상하지 않고도 보험자에게 보험금지급청구권을 행사할 수 있다. 그러나 이 때에도 보험자는 상법 제724조 제2항에 따라 제 3 자에게 직접 보험금을 지급하여 이중지급의 위험을 피할 수 있다.

<대법원 1995. 9. 26. 선고, 94 다 28093 판결 : 보험자가 피보험자에게 보험금을 지급한다고 규정되어 있는 경우에도 보험자는 제 3 자에게 직접 보험금을 지급할 수 있다>

업무용자동차종합보험 보통약관이 "피보험자는 판결의 확정, 재판상의 화해, 중재 또는 서면에 의한 합의로 손해액이 확정되었을 때에 회사에 대하여 보험금의 지급을 청구할 수 있으며, 회사는 피보험자로부터 보험금청구에 관한 서류를 받은 때에는 지체없이 필요한 조사를 마치고 곧 보험금을 지급한다."는 취지로 규정되어 있고, 피보험자가 제 3 자에게 손해배상을 하기 전에는 피보험자에게 보험금을 지급하지 않는다는 내용의 조항을 두지 않고 있다면, 보험자는 그 약관에 의하여 상법 제724조 제1항 소정의 지급거절권을 포기하였다고 봄이 상당하고, 따라서 피보험자로서는 그 약관 소정의 요건을

충족하기만 하면 보험자에 대하여 보험금청구권을 행사할 수 있으며, 이 경우 피보험자로부터 보험금지급청구를 받은 보험자로서는 상법 제724조 제2항에 의하여 직접청구권을 갖는 피해자에게 직접 보험금을 지급함으로써 보험금의 이중지급의 위험을 회피하는 방법을 선택하여야 할 것이다.

보험자가 제3자로부터 직접 청구를 받은 때에는 지체없이 피보험자에게 이를 통지하여야 한다(제724조 제3항). 이 경우에 피보험자는 보험자의 요구가 있을 때에는 필요한 書類·證據의 提出, 證言 또는 證人의 출석에 협조하여야 한다(제724조 제4항).

Ⅲ. 保管者의 責任保險

1. 保管者의 責任保險의 意義

借賃人, 倉庫業者, 質權者 기타 타인의 물건을 보관하는 자가 그 지급할 손해배상을 위하여 그 물건을 보험에 붙인 경우에, 이것을 보관자의 責任保險이라고 한다(제725조). 보관자의 責任保險契約은 물건의 所有者를 피보험자로 하는 '타인을 위한 保險契約'이 아니라, 보관자 자신을 피보험자로 하는 '자기를 위한 責任保險契約'의 일종이다.

2. 保險者와 所有者와의 관계

보관자의 責任保險契約에서 피보험자는 보관자이지만 보관자의 無資力·破産 등으로 所有者가 손해배상을 받지 못할 경우가 있을 것이므로, 商法 제725조는 물건의 소유자를 보호하기 위하여 소유자가 보험자에 대하여 직접 손해의 보상을 청구할 수 있게 하였다. 그러나 모든 責任保險에서 피해자인 제3자에게 直接請求權이 인정되고 있으므로(제724조 제2항), 본 규정은 注意的 規定에 불과하다고 본다. 따라서 責任保險一般에 인정되는 직접청구권에 관한 규정이 이 경우에도 적용된다고 본다. 보관자와 소유자는 다 같이 보험자에 대하여 損害補償請求權을 가지나, 보관자가 소유자에게 손해배상을 하지 아니하는 한, 소유자는 보관자에 우선하여 보상을 받을 수 있다고 보아야 할 것이다.

한편 소유자가 별도로 자신의 소유권을 피보험이익으로 하여 보험계약을 체결한 경우, 피보험이익이 다르므로 重複保險이 되지 않아 두 보험계약은 併存한다. 만약 소유자가 소유권에 관한 보험계약에 기하여 보험금을 청구한 경우에는 二重利得禁止의 원칙상 보관자의 책임보험에 기한 청구권은 보상받은 범위 내에서 소멸한다. 다만 보상을 해 준 보험자는 보관자의 책임보험자에 대하여 保險者代位權을 행사할 수 있다(제682조).

Ⅳ. 再保險契約

1. 再保險契約의 意義

再保險契約(contract of reinsurance, Rückversicherungsvertrag)이란 어떤 보험자가 인수한 보험계약상의 책임의 전부 또는 일부를 다른 보험자에게 인수시키는 보험계약이다. 再保險契約에 대하여 第一의 보험계약을 原保險契約(元受保險契約·主保險契約)이라고 하며, 原保險契約은 損害保險契約이든 生命保險契約이든 상관없다.

再保險은 原保險者가 인수한 위험의 전부 또는 일부를 분산시키는 기능(危險의 量的 分散機能), 原保險者가 인수한 보험종목 중 특히 위험률이 높은 것을 분산시키는 기능(危險의 質的 分散機能), 외국에 再保險함으로써 위험을 장소적으로 분산시키는 기능(危險의 場所的 分散機能)을 갖는다.

再保險契約에 관하여는 책임보험에 관한 商法의 규정을 準用한다(제726조). 그러나 保險法의 相對的 强行規定性을 정한 商法 제663조 本文의 규정은 再保險에 대하여는 적용되지 않는다(제663조 단서).

2. 再保險契約의 法的 性質

再保險契約의 法的 性質에 관하여는 크게 組合契約說과 保險契約說로 나눌 수 있다. 前者는 再保險契約의 당사자는 위험의 分散·利益의 획득에 있어서 공동목적을 가지므로 그 성질은 組合이라는 것이다. 保險契約說은 다시 原保險契約說과 責任保險契約說로 나누어지며, 前者는 再保險을 原保險과 같은 성질을 가진 보험이라 하고, 後者는 再保險契約은 責任保險契約의 일종이라 한다. 責任保險契約說이 通說이다.[80] 商法은 責任保險에 관한 규정을 再保險契約에 준용하고 있으므로(제726조) 責任保險契約說의 입장을 취하고 있다. 그러므로 原保險이 損害保險이든 人保險이든 그 再保險은 責任保險, 즉 損害保險이 된다.

3. 再保險契約의 種類

(1) 任意的 再保險과 義務的 再保險

任意的 再保險(特定再保險·個別的 再保險)은 原保險者가 필요하다고 인정한 경우에, 그때마다 임의로 再保險契約을 체결하는 것이며, 義務的 再保險(一般的 再保險·包括的 再保險)은 原保險者와 再保險者가 미리 담보할 위험 기타의 조건에 관하여 포괄적으로 合意를 하여 두고, 原保險者가 原保險契約을 체결하면 자동적으로 再保險關係가 생기는 것이다. 後者가 많이 이용되고 있다.

(2) 比例特約再保險과 超過額特約再保險

義務的 再保險契約은 다시 두 가지로 나누어진다. 比例特約再保險(比例契約)은 각 原保險契約의 보험금액에 대하여 再保險者가 반드시 관여하고 일정한 비율로 위험을 인수할 權利와 義務를 가지는 것이며, 超過額特約再保險(超過契約)은 각 보험계약에 있어서 일정한도 내의 손해는 原保險者만이 부담하고, 再保險者는 이에 관여하지 않는 再保險制度이다. 즉, 原保險者가 再保險契約에서 정하여진 協定額을 초과하여 손해보상의무를 부담한 경우에만 再保險者에 대하여 손해보상청구권

---

80) 徐燉珏·鄭完溶(下) 468면 ; 鄭燦亨(下) 651면 ; 崔基元(保) 375면 ; 鄭茂東(下) 112면 ; 金容泰(下) 98~99면. Sieveking, Das deutsche Seeversicherungsrecht, §779 Anm. 37.

을 취득한다.

4. 當事者間의 法律關係

(1) 原保險者의 義務

原保險者는 再保險料의 지급 이외에 보험계약자 또는 피보험자가 부담하는 각종의 의무를 가진다. 즉, 告知義務(제651조), 각종의 通知義務(제722조·제723조 제1항·제652조), 損害防止·輕減義務(제680조·제720조 참조) 등을 부담하며, 이밖에도 再保險契約에 따른 사무를 집행할 의무를 부담한다. 再保險契約은 당사자의 쌍방에 最大善意를 요구하는 계약이므로 原保險者는 성의껏 그 의무의 이행에 노력하여야 한다.

(2) 再保險者의 義務

再保險者는 損害補償義務를 진다. 이때 再保險者의 保險金支給義務의 발생시기가 문제되는데, 이것은 再保險事故의 발생시기를 어느 때로 보아야 하느냐 하는 문제와 같은 문제이다. 再保險契約의 性質을 通說과 같이 責任保險契約의 일종으로 본다면, 責任保險事故를 어떻게 보느냐에 따라서 견해가 달라진다. 앞서 본 바와 같이 法律上責任發生說이 옳다고 보면 原保險의 被保險者가 法律上 제3자에 대하여 責任 내지 義務를 지게 됨으로써 原保險者가 자기의 피보험자에게 보상책임을 지게 된 때에 再保險者의 再保險金額支給義務가 생긴다고 보아야 할 것이다.

(3) 再保險者의 保險代位

再保險契約이 체결된 경우에 再保險者는 原保險者에게 再保險金을 지급한 한도에서 피보험자 등의 제3자에 대하여 가지는 權利를 代位取得한다. 그러나 이 경우에는 權利의 귀속과 權利의 행사를 분리하는 관습이 있어서, 제3자에 대한 權利를 原保險者가 자기의 名義로써 再保險者의 受託者的 地位에서 행하는 것이 보통이다(前述).

5. 原保險契約과 再保險契約의 관계

原保險契約과 再保險契約은 法律上 별개의 契約이다. 따라서 再保險契約은 原保險契約의 효력에 영향을 미치지 아니한다(제661조). 또한 原保險의 피보험자도 보험사고가 발생한 경우 직접 再保險者에 대하여 保險金支給請求權을 가지지 않는다. 그러나 재보험계약에는 책임보험에 관한 규정이 준용되므로(제726조) 原保險契約의 피보험자가 재보험자에게 보험금 直接請求權(제724조 제2항)을 행사할 수도 있다고 본다. 그러나 실무에서는 피보험자가 외국의 재보험자에게 우리 商法에 따라 보험금 직접청구권을 행사하기는 매우 어려울 것이다. 어떻든 원보험계약의 피보험자가 재보험자에게 보험금 直接請求權(제724조 제2항)을 행사할 경우 再保險者는 原保險者에게 대항할 수 있는 抗辯(예컨대, 再保險料의 不支給 등)으로써 原保險者의 被保險者에게 대항할 수 있다.

한편 原保險의 保險契約者는 再保險者에 대하여 직접 再保險料를 지급할 의무는 없으나, 原保險者에게 보험료를 지급하지 않는 경우 再保險者가 民法의 債權者代位權에 관한 규정에 따라서 原保險者의 保險料請求權을 代位行使할 수 있다(民 제404조)(通說).[81]

제5관 自動車保險

I. 自動車保險契約의 意義

自動車保險契約(contract of car insurance, Kraftfahrzeugvericherungsvertrag)이란 피보험자가 자동차를 所有·使用·管理하는 동안에 발생한 사고로 인하여

81) 徐燉玨·鄭完溶(下) 469면 ; 孫珠瓚(下) 649면 ; 崔基元(保) 376면 ; 鄭熙喆·鄭燦亨(下) 618면.

생긴 손해의 보상을 목적으로 하는 보험계약을 말한다(제726조의 2). 商法上 자동차보험계약은 피보험자 자신의 차량, 자신의 신체손해, 피보험자가 사고를 일으킨 경우 그 피해자의 재산상의 손해와 신체상의 손해 등 모두를 포괄하는 보험, 즉 실무에서 '自動車綜合保險'이라고 알려진 것을 규정하고 있다.

Ⅱ. 自動車保險의 種類와 法的 性質

1. 自動車責任保險

自動車責任保險은 被保險自動車의 사고로 인하여 피보험자가 제 3 자에게 책임을 짐으로써 발생하는 손해의 보상을 목적으로 하는 보험이다. 自動車責任保險은 다시 自動車對人賠償責任保險과 自動車對物賠償責任保險으로 나눌 수 있다. 自動車對人賠償責任에 관하여는 特別法인 自動車損害賠償保障法이 있다. 이는 强制保險으로서 自動車의 운행으로 인하여 타인을 死傷케 한 경우의 손해를 일정 범위 내에서 보상할 것을 보장한다. 사고로 인한 손해가 자동차손해배상보장법이 정한 보험금액(사망사고의 경우 8,000만원)을 초과하는 부분에 대하여는 자동차종합보험에서 보상되는데, 그 對人賠償의 경우 그 보상한도는 무한이고, 對物賠償의 경우는 계약의 내용에 따라 다르다.

自動車責任保險은 責任保險의 일종이므로 商法의 自動車保險에 관한 규정 외에 責任保險에 관한 규정(제719조～제725조의 2)도 적용된다.

2. 車輛保險

차량보험이란 일정한 사고로 인하여 被保險自動車 자체에 생긴 손해의 보상을 목적으로 하는 보험으로서 物保險이다. 차량보험에 관하여는 損害保險通則規定(제665조 내지 제682조)과 자동차보험에 관한 규정이 적용된다. 여기서 자동차란 도로운송차량법의 적용을 받는 자동차와 중기관리법의 적용을 받는 重機를 말한다.

3. 自損事故保險

自損事故保險이란 被保險自動車의 사고로 被保險者의 생명이나 신체에 생긴 人的 損害의 보상을 목적으로 하는 保險으로서 人保險의 일종이다.

自損事故保險의 보험자는 피보험자의 사상의 정도에 따라 사망보험금, 부상보험금 및 후유장해보험금으로 나누어 지급한다.

<대법원 1989. 4. 25. 선고, 88 다카 11787 판결 : 자손사고에 있어서의 자동차사고의 의미>

자동차종합보험보통약관상 자손사고에 있어서의 자동차사고라 함은 보험증권에 기재된 자동차를 그 용도에 따라 사용 중 그 자동차에 기인하여 피보험자가 상해를 입거나 사망하는 경우를 의미한다.

4. 自動車綜合保險

위에서 본 바와 같이 自動車保險은 여러 가지 측면이 있다. 위의 여러 종류의 保險의 전부 또는 일부의 가입을 목적으로 하는 保險을 통칭 自動車綜合保險이라 한다. 自動車綜合保險은 任意保險이다.

《自動車綜合保險의 被保險者의 範圍에 관한 判例》

(1) 자동차보험을 구성하는 각각의 보험은 그 종류별로 담보하는 위험이 다르므로 피보험자의 범위도 달리 정의하고 있다.

(2) "대인배상책임보험(대인배상 I · II)"과 "대물배상책임보험"의 피보험자의 범위는 동일한데 ① 보험증권에 기재된 피보험자(기명피보험자), ② 기명피보험자와 같이 살거나 살림을 같이하는 친족으로서 피보험자동차를 사용 또는 관리중인 자, ③ 기명피보험자의 승낙을 얻어 피보험자동차를 사용하거나 관리중인 자(대인배상II나 대물배상의 경우 자동차정비업, 주차장업, 급유업, 세차업 등 자동차를 취급하는 것을 업으로 하는 자가 업무로서 위탁받은 피보험자동차를 사용 또는 관리하는 경우에는 피보험자로 보지 아니함), ④ 기명피보험자의 사용자 또는 계약에 의하여 기명피보험자의 사용자에 준하는 지위를 얻은 자, ⑤ 위 '①' 내지 '④'의 피보험자를 위하여 피보험자동차를 운전중인 자(운전보조자

포함)를 가리킨다.

(3) "자기신체사고보험"의 피보험자의 범위는 ① 위 배상책임보험에서 정한 피보험자, ② '①'의 피보험자의 부모, 배우자 및 자녀, ③ '①'의 피보험자(피보험자를 위하여 피보험자동차를 운전중인 자는 제외)가 고용한 자로서 산업재해보상보험법에 의한 재해보상을 받을 수 있는 사람을 가리킨다.

(4) "무보험자동차에 의한 상해보험"의 피보험자의 범위는 ① 기명피보험자 및 기명피보험자의 배우자(피보험자동차에 탑승중이었는지 여부 불문), ② 기명피보험자 또는 그 배우자의 부모 및 자녀(피보험자동차에 탑승중이었는지 여부 불문), ③ 피보험자동차에 탑승중이었던 경우로 기명피보험자의 승낙을 얻어 피보험자동차를 사용 또는 관리중인 자(자동차정비업, 주차장업, 급유업, 세차업 등 자동차를 취급하는 것을 업으로 하는 자가 업무로서 위탁받은 피보험자동차를 사용 또는 관리하는 경우에는 피보험자로 보지 아니함), ④ 위 '①' 내지 '③'에서 규정하는 피보험자를 위하여 피보험자동차를 운전중인 자를 가리킨다.

(5) "자기차량손해보험"의 피보험자는 기명피보험자만을 가리킨다.

(6) 자동차종합보험 약관에 의하면 피보험자는 實質的인 被保險者, 承諾被保險者, 기명피보험자와 동거하는 친족으로서 피보험자동차를 사용 또는 관리 중인자, 기명피보험자의 사용자, 위에 열거한 각자를 위하여 피보험자동차를 운전 중인 자 및 위 각호의 자의 부모, 배우자 및 자녀 등이다. 이 중 실질적인 피보험자, 승낙피보험자 및 각 피보험자를 위하여 피보험자동차를 운전 중인 자에 관하여 다수의 판례가 나와 있어 이를 소개하면 다음과 같다.

(i) **實質的인 被保險者 :** 자동차종합보험의 피보험자는 보험증권에 피보험자로 기재되어 있는 사람, 즉 기명피보험자를 말한다. 보통의 경우 기명피보험자는 자동차등록부 등 공부상 소유자 명칭과 일치하나, 반드시 일치하지 아니하더라도 상관이 없다.

<大判 1993. 4. 13, 92 다 6693 : 자동차 매수인을 실질적인 피보험자로 본 사례>

차량을 매수하였으나 수리비 정리 등의 사유로 이전등록을 하지 않고 있는 사이에 보험기간이 만료되어 매수인이 보험회사와 자동차종합보험계약을 체결하면서 피보험자 명의를 보험회사의 승낙을 얻어 공부상 소유명의인으로 하였다면 보험계약상 기명피보험자가 공부상 소유명의자로 되어 있다 하더라도 실질적인 피보험자는 매수인이다. 大判 1989. 11. 28, 88 다카 26758 참조.

(ii) **承諾被保險者 :** 자동차종합보험약관에 의하면 기명피보험자의 승낙을 얻어 자동차를 사용 또는 관리중인 자도 피보험자에 포함된다. 이 경우 기명피보험자의 승낙을 얻은 자가 일으킨 사고에 대하여는 보험자에게 보상책임이 있다.

<大判 1992. 9. 22, 92 다 28303 : 기명피보험자의 승낙을 얻은 자가 일으킨 사고에 대하여는 보험자에게 보상책임이 있다>

A는 승용차를 B명의로 등록하고 자동차종합보험에도 그 기명피보험자를 B로 하였는데, A와 B를 잘 알면서 평소 위 차량을 빌려 타고 다니던 C가 A로부터 위 차량의 열쇠를 받아 위 차량을 몰고 그의 심부름으로 김밥을 사러갔다가 마음대로 부산에서 서울로 올라가 위 차량을 운행 중에 사고가 발생하였고, 그 후 C가 A에게 무단운행을 사과하는 전화를 하였는데도 그 차량의 반환을 요구하지도 아니한 채 그 운행을 묵인하고 있었다면 B는 자동차손해배상보장법상의 운행자성을 상실하였다고 할 수 없어서 보험자에게 보험금지급책임이 있다. 同 1990. 12. 11, 90 다 7708(자동차의 양도 후의 양수인을 승낙피보험자라고 한 사례); 同 1994. 6. 14, 94 다 15264(자동차의 양도 후의 소유권이전등록을 마치지 아니한 경우에는 양수인은 승낙피보험자로 인정된다); 同 1993. 4. 13, 92 다 8552(자동차의 양도 후의 양수인을 승낙피보험자가 아니라고 한 사례); 同 1991. 7. 26, 91 다 14796(자동차의 양도 후의 소유권이전등록까지 마친 경우에는 양수인은 승낙피보험자로 인정되지 아니한다): 同 1991. 8. 9, 91 다 1158 ; 同 1992. 4. 10, 91 다 44803 ; 同 1992. 12. 22, 92 다 30221 ; 同 1993. 4. 13, 92 다 8552 ; 同 1996. 5. 31, 96 다 10454 ; 同 1996. 7. 30, 96 다 6110; 同 1992. 2. 25, 91 다 12356(경찰서 경비과장은 기명피보험자인 국가의 승낙을 얻어 자동차를 사용 또는 관리중인 자에 해당하므로 그가 일으킨 사고에 대하여 보험자는 보상책임이 있다); 1994. 12. 27, 94 다 31860).

승낙피보험자에 대한 승낙의 방법은 명시적·개별적이든, 묵시적·포괄적이든 상관없다. 그러나 기명피보험자의 승낙은 특별한 사정이 없는 한 기명피보험자로부터의 직접적인 승낙이어야 하므로 기명피보험자인 매도인의 승낙을 받은 매수인으로부터 다시 자동차 사용승낙을 받은 경우는 승낙피보험자에 해당한다고 볼 수 없다.

<大判 1993. 1. 19, 92 다 32111 : 승낙피보험자에 대한 승낙의 방법>

자동차종합보험보통약관에서 피보험자를 보험증권에 기재된 기명피보험자, 기명피보험자의 승낙을 얻어 피보험자동차를 사용·관리중인 승낙피보험자 등으로 열거하여 규정하고 있는 경우 승낙피보험자는 기명피보험자로부터의 명시적·개별적 승낙을 받아야만 하는 것이 아니고 묵시적·포괄적인 승낙이어도 무방하나, 그 승낙은 기명피보험자로부터의 승낙임을 요하고, 기명피보험자로부터의 승낙인 이상 승낙피보험자에게 직접적으로 하건 전대를 승낙하는 등 간접적으로 하건 상관이 없다. 同旨 : 大判 1995. 4. 28, 94 다 43870; 同 1993. 2. 23, 92 다 24127(기명피보험자인 매도인의 승낙을 받은 매수인으로부터 다시 자동차 사용승낙을 받은 경우는 승낙피보험자에 해당한다고 볼 수 없다); 同

1995. 4. 28, 94 다 43870; 同 2000. 2. 25, 99 다 40548(기명피보험자의 묵시적 승인이 있다고 본 사례)

(iii) **각 피보험자를 위하여 피보험자동차를 운전 중인 자**: 자동차종합보험 보통약관상 '각 피보험자를 위하여 피보험자동차를 운전 중인 자'가 일으킨 사고에 대하여도 보험자는 보상책임을 진다. '각 피보험자를 위하여 피보험자동차를 운전 중인 자'에는 운행보조자를 포함하며, 당해 운행에 있어서의 기명피보험자의 구체적이고 개별적인 승낙의 유무에 관계없이 위 약관상의 피보험자에 해당한다고 보아야 한다.[82]

Ⅲ. 自動車保險契約에 관한 特則

1. 自動車保險證券의 記載事項

自動車保險證券에는 商法 제666조에 규정한 사항 외에도, ① 자동차소유자와 그밖의 保有者의 성명과 生年月日 또는 商號, ② 被保險自動車의 등록번호, 車臺番號, 車型年式과 기계장치, ③ 차량가액을 정한 때에는 그 가액을 기재하여야 한다(제726조의 3).

2. 保險事故

(1) 責任保險의 경우

책임보험에서의 보험사고는 被保險自動車의 사고로 인한 法律上 損害賠償責任의 발생이다. 보험자는 피보험자가 자동차를 소유, 사용 또는 관리하는 동안에 발생한 사고로 인하여 생긴 손해를 보상할 책임이 있다(제726조의 2). 예컨대, 자동차의 사용이란 약관에 의하면 자동차의 통상용법에 따른 운행을 말하고 사용중의 사고란 바로 이와 같은 운행중의 사고를 말한다.

82) 大判 2005. 9. 15, 2005 다 10531.

<대법원 1994. 4. 29. 선고, 93 다 55180 판결 : 운행중의 사고가 아니라고 한 사례>

교통사고만의 담보특약부 상해보험계약에 적용되는 약관상 '운행'이라 함은 자동차손해배상보장법 제2조에서 규정하고 있는 바와 같이 자동차를 당해 장치의 용법에 따라 사용하고 있는 것을 말하고, 자동차를 교통의 장인 도로에서 끌어내어 길 옆의 잔디밭에 주차시키고 잠을 자다가 자동차가 미끄러져 내려가 물에 빠져 발생한 사고는 피보험자가 '운행'중의 자동차에 탑승하고 있을 때의 사고라고 볼 수 없어 위 보험약관에서 말하는 보험사고에 해당하지 않는다.

<대법원 1996. 5. 28. 선고, 96 다 7359 판결 : 운행중의 사고가 아니라고 한 사례>

자동차손해배상보장법 제2조 제2호에 자동차의 '운행'이라 함은 사람 또는 물건의 운송 여부에 관계없이 자동차를 당해 장치의 용법에 따라 사용하는 것을 말한다고 규정하고 있고, 여기서 당해 장치란 운전자나 동승자 및 화물과는 구별되는 당해 자동차에 계속적으로 고정되어 있는 장치로서 자동차의 구조상 설비되어 있는 당해 자동차 고유의 장치를 말하므로, 이와 같은 각종 장치의 전부 또는 일부를 각각의 사용목적에 따라 사용하는 경우에는 운행중에 있는 것이다.… 사고가 트레일러로 견인되는 적재함에 부착되어 있는 쇠파이프를 그 사용목적에 따라 사용하다가 발생한 것이 아니고 그 철구조물을 철거하는 수리작업 과정에서 발생한 경우, 자동차의 운행중 일어난 사고로 볼 수 없다.

<대법원 1989. 10. 27. 선고, 89 다카 432 판결 : 운행중의 사고로 본 사례>

자동차운전자가 피해자를 승차시키고 운행하던 중 강간할 마음이 생겨 내려달라는 피해자의 요구에 불응하고 계속 진행함으로써 피해자가 우측 출입문을 열고 뛰어 내리다가 사망한 추락사고가 발생하였다고 하더라도 이를 자동차의 통상용법에 따른 운행중의 사고가 아니라고 할 수 없다.

<대법원 1991. 9. 24. 선고, 91 다 19906 판결 : 피보험자의 운행에 의한 사고가 아니라고 한 사례>

자가운전자동차종합보험의 피보험자가 자동차를 정차시킨 후 자동차 열쇠를 그대로 꽂아 둔 채 잠시 부근 약국에 수금을 하러 간 사이에 뒷좌석에 타고 있던 친구가 정차상태를 바로잡기 위하여 운전하다가 일으킨 교통사고에 대하여 피보험자에게 자동차관리상의 과실이 있는 것으로 평가되는 것은 별론으로 하고, 위 교통사고가 일어날 당시 피보험자가 위 보험약관상의 자동차운전자로서의 지위를 여전히 갖고 있었다고는 볼 수 없으므로 보험회사

의 위 보험약관에 따른 보상책임이 없다.

<대법원 1999. 12. 7. 선고, 99 다 19919 판결 : 자동차 소유자의 운행지배와 운행이익이 긍정된 사례>

제3자가 무단히 자동차를 운전하다 사고를 낸 경우 소유자의 운행지배와 운행이익이 완전히 상실되었다고 볼 특별한 사정이 없는 경우 그 소유자가 자동차손해배상보장법 제3조 소정의 운행자로서의 책임을 부담한다. 또한 무면허운전에 관하여 기명피보험자의 승낙을 받아 자동차를 운전하는 자로서 보험계약상 피보험자로 취급되는 자(이른바 승낙피보험자)의 승인만이 있는 경우에는 보험계약자나 피보험자의 묵시적인 승인이 있다고 할 수 없어 무면허운전 면책조항이 적용되지 않는다(대법원 1997. 12. 12. 선고, 96 다 26954 판결 참조).

<대법원 2000. 1. 21. 선고, 99 다 41824 판결 : 피보험자의 운행에 의한 사고가 아니라고 한 사례>

[1] 자동차보험약관상의 '운행'이라 함은 자동차를 당해 장치의 용법에 따라 사용하고 있는 것을 말하고, '당해 장치'라 함은 자동차에 계속적으로 고정되어 있는 장치로서 자동차의 구조상 설비되어 있는 자동차의 고유의 장치를 뜻하는 것인데, 위와 같은 각종 장치의 전부 또는 일부를 각각의 사용목적에 따라 사용하는 경우에는 운행중에 있다고 할 것이나 자동차에 타고 있다가 사망하였다 하더라도 그 사고가 자동차의 운송수단으로서의 본질이나 위험과는 전혀 무관하게 사용되었을 경우까지 자동차의 운행중의 사고라고 보기는 어렵다.

[2] 승용차를 운행하기 위하여 시동과 히터를 켜 놓고 대기하고 있었던 것이 아니라 잠을 자기 위한 공간으로 이용하면서 다만 방한 목적으로 시동과 히터를 켜놓은 상태에서 잠을 자다 질식사한 경우, 자동차 운행중의 사고에 해당하지 않는다.

(2) 車輛保險의 경우

차량보험에서의 보험사고는 車輛 및 그 부속품과 부속 기계장치의 滅失·毁損·盜難 등 차량 자체에 관하여 생길 수 있는 모든 사고이다.

(3) 自損事故保險의 경우

自損事故保險에서의 보험사고는 被保險自動車의 사고로 입은 피보험자 등의 死亡·傷害이다.

3. 損害補償範圍

自動車保險契約의 보험자는 피보험자가 자동차를 소유, 사용 또는 관리하는 동안에 발생한 사고로 인하여 생긴 손해를 보상할 책임이 있다(제726조의 2). 그러나 구체적인 損害補償範圍는 約款으로 규정하는 것이 보통이다. 責任保險에서는 約款에 규정된 保險料支給基準에 따라 산출한 금액이 보상금액이 되나, 訴가 제기된 경우에는 判決金額이 보상금액이며, 이 때 辯護士費 등 각종 비용도 보상된다. 車輛保險에서는 減價額 또는 수리비, 自損事故保險에서는 約定保險金이 보상된다. 그리고 刑事合意金도 보험금으로 지급될 수 있다.

<대법원 1991. 9. 10. 선고, 91 다 18170 판결 : 보험자의 보상범위는 피보험자의 피해자에 대한 법률상의 손해배상책임액을 그 한도로 한다>

자동차종합보험약관 제16조 제1항 제1호에 의하면 피보험자가 피해자에게 지는 손해배상액에 관하여 판결이 확정된 때에는 피해자는 보험회사에 대하여 직접 보험금의 지급을 청구할 수 있도록 되어 있는바 그 판결에는 의제자백으로 선고·확정된 판결도 포함된다. … 위 약관에 따라 판결확정 후 그에 기하여 피해자가 보험회사에게 직접 보험금을 청구하는 경우에는 보험자의 보상범위는 피보험자의 피해자에 대한 법률상의 손해배상책임액을 그 한도로 한다.

<대법원 1996. 9. 20. 선고, 95 다 53942 판결 : 보험자는 형사합의금으로 지급한 금액 상당을 피보험자에게 지급할 의무가 있다>

재산상 손해금의 성격을 띤 형사합의금은 자동차종합보험약관에서 정한 '사고차의 운행으로 남을 죽게 하거나 다치게 하여 법률상 손해배상책임을 짐으로써 입은 손해'에 대한 배상으로 지급된 것이고, 그 지급목적이 형사상 처벌을 원하지 아니한다는 의사표시를 얻어내기 위한 형사상 합의에 있었다 하더라도 사정이 달라진다고 할 수 없으므로, 보험자는 그 보험계약에 따라 보험금으로 형사합의금으로 지급한 금액 상당을 피보험자에게 지급할 의무가 있다.

4. 免責事由

免責事由에 관하여도 約款에 규정을 두는 것이 보통인데, 그 내용은 보험계약자,

피보험자, 피보험자의 사용자, 친족 등의 故意로 인한 손해, 전쟁·천재지변으로 인한 손해, 무면허운전, 음주운전, 마약 등의 영향하의 운전중에 생긴 손해, 범죄목적으로 사용중의 손해, 勤勞基準法에 의해 災害補償을 받을 수 있는 손해 등이며, 이에 대하여는 보험자에게 책임이 없다는 것이다. 그리고 車輛保險에서는 보통 일정한 控除金額(小損害免責約款)이 있다.

《自動車綜合保險約款上의 保險者의 免責》

(1) **無斷運轉**

<大判 1989. 4. 25, 88 다카 12971 : 피보험자 이외의 자에 의한 무단운전의 경우 不擔保>

개인면허사업용 자동차종합보험계약이 기명피보험자인 자동차소유자와 관계법령에 따라 신고한 대리운전자(개인택시에 한함)가 직접 운전할 것을 조건으로 체결되는 것이고, 그 약관에서 기명피보험자 이외의 사람이 자동차를 운전하였을 때 생긴 사고로 인한 손해에 대하여는 보상하지 아니한다고 규정하고 있다면 피보험자의 차량관리상의 잘못으로 제 3 자의 무단운전을 유발시킴으로써 생긴 사고에 대하여는 그 종합보험은 적용될 수 없다.

(2) **無免許運轉**

<大判 2000. 5. 30, 99 다 66236 : 무면허운전의 경우 운전자가 그 무면허운전 사실을 인식하지 못하였다고 하더라도 면책약관상의 무면허운전에 해당된다>

자동차종합보험 보통약관상의 무면허운전 면책조항은 사고발생의 원인이 무면허운전에 있음을 이유로 한 것이 아니라 사고발생시에 무면허운전중이었다는 법규위반 상황을 중시하여 이를 보험자의 보험대상에서 제외하는 사유로 규정한 것으로서, 운전자가 그 무면허운전 사실을 인식하지 못하였다고 하더라도 면책약관상의 무면허운전에 해당된다.

<大判 1992. 1. 21, 90 다카 20654 : 무면허운전의 경우 보험자의 면책>

상법 제659조 제2항은 사망 또는 상해를 보험사고로 한 보험계약, 즉 인보험계약에만 적용되는 규정으로서, 피보험자가 보험기간 중의 교통사고로 인하여 제 3 자에게 손해를 배상할 책임을 지는 경우에 보험자가 이를 보상할 책임을 지는 책임보험계약에는 적용되지 않는 것임이 위 조항의 문리상 명백하므로, 자가운전자동차종합보험과 같은 책임보험계약에 있어서의 약관 소정의 "자동차의 운전자가 무면허운전을 하였을 때에 생긴 사고로 인한 손해에 대하여는 보상하지 아니한다."는 무면허운전면책조항이 상법 제659조 제2항 및 제663조에 위반되어 무효라 할 수 없다. … 상법 제659조 제2항과 제1항의

규정 취지는, 보험사고를 직접 유발한 자, 즉 손해발생원인에 전적인 책임이 있는 자를 보험의 보호 대상에서 제외하려는 데에 있으므로, 보험약관에서 손해발생원인에 대한 책임조건을 위 규정들보다 경감하는 내용으로 면책사유를 규정하는 것은 상법 제663조의 불이익변경금지에 저촉되겠지만, 위 무면허운전면책조항은 사고발생의 원인이 무면허운전에 있음을 이유로 한 것이 아니라 사고발생시에 무면허운전중이었다는 법규위반상황을 중시하여 이를 보험자의 보상 대상에서 제외하는 사유로 정한 것이므로 위 상법의 규정들이 적용된다고 보기 어렵다. 同旨 : 大判 1991. 2. 26, 90 다카 26270 ; 同 1998. 2. 13, 96 다 55525 ; 同 2000. 10. 6, 2000 다 32130(자동차종합보험약관상 자기차량 손해에 있어 음주·무면허 면책조항은 유효하다); 同 1990. 6. 22, 89 다카 32965; 同 1997. 9. 12, 97 다 19298.; 同 1991. 12. 24, 90 다카 23899(피보험자의 지배 또는 관리가 불가능한 상황하에서 이루어진 무면허운전의 경우 보험자는 면책되지 아니한다); 同 1993. 12. 21, 91 다 36420 ; 同 1993. 12. 28, 93 다 39997 ; 同 1995. 7. 28, 94 다 47087 ; 同 1995. 9. 15, 94 다 17888 ; 同 1995. 9. 29, 95 다 24807 ; 同 1995. 11. 7, 95 다 1675 ; 同 1995. 12. 12, 95 다19195 ; 同 2002. 9. 24, 2002 다 27620; 同 1996. 2. 23, 95 다 50431(자동차 운전에 대한 피보험자의 묵시적 승인이 있는 것으로 볼 여지가 없는 경우 보험사고에 대하여 보험자는 면책되지 아니한다); 同 1996. 2. 23, 95 다 50448; 同 1990. 5. 25, 89 다카 17591(무면허운전이라도 人保險의 경우에는 보험자는 면책되지 않는다); 同 1996. 4. 26, 96 다 4909 ; 同 1998. 10. 20, 98 다 34997(차량의 절취 · 무면허 · 음주상태의 운전 중 사고라고 하더라도 고의는 차량의 절취 · 무면허 · 음주 자체에 관한 것이고 사망이나 상해에 관한 것이 아니어서 미필적 고의에 의한 사고가 아니라 과실로 인한 사고로 보는 것이 타당하여 보험자가 면책되지 아니한다); 同 1994. 8. 26, 94 다 4073(자동차대여업자의 무면허운전자에 대한 注意義務懈怠의 경우).

(3) 非事業用車輛을 利用한 有償運送

<大判 1992. 5. 22, 91 다 36642 : 비사업용차량을 이용한 유상운송의 경우 보험자의 면책>

비사업용자동차로서 보험에 가입한 차량을 계속적 또는 반복적으로 유상운송행위에 사용하는 경우에 발생된 사고에 관하여 약관조항으로 보험자의 면책을 규정한 것은, 업무용자동차 이외의 자동차를 유상운송에 제공하는 행위가 자동차운수업사업법 제58조, 제72조 제5호에 의하여 처벌의 대상이 되는 범법행위로서 이를 억제하려는 데 그 취지가 있을 뿐 아니라, 사업용자동차와 비사업용자동차는 보험사고의 위험률에 큰 차이가 있어 보험료의 액수도 다르기 때문이며, 위 면책약관이 유상운송을 유발한 탑승자와 같이 유상운송과 직접 관련이 있는 자가 입은 손해에 한하여 적용된다는 근거는 없으므로 유상운송과 직접 관계가 없는 피해자가 입은 손해에 대하여 적용되지

않는 것으로 해석할 수는 없다.… 위 면책약관의 취지와 근거 등에 비추어 위 면책약관이 보험계약자와 피보험자를 상법 제4편(보험) 제1장(통칙)의 규정보다 더 불이익한 지위에 빠뜨리게 하는 것이 아니므로 상법 제663조에 위반되어 무효라고 볼 수도 없으며, 그 면책조항은 자동차종합보험보통약관에 있어서 일반적이고 공통되는 규정으로서 보험업자의 설명을 요할 정도의 중요한 것이라고 보기도 어렵다면 보험회사가 위 면책조항을 새삼스럽게 주지시키지 아니하였음을 이유로 상법 제651조, 보험업법 제156조 제1항 제1호, 제158조(2003. 5. 29. 개정 보험업법 제102조)의 규정에 비추어 신의성실의 원칙상 보험금을 지급할 책임이 있다고 할 수 없다. 同旨 : 大判 1999. 9. 3, 99 다 10349; 同 1992. 9. 22, 92 다 28303(운행자성을 상실하지 않은 것으로 본 사례); 同 1999. 1. 26, 98 다 48682(유상운송제공행위에 해당하지 않는다고 한 사례); 同 1993. 2. 23, 92 다 49508(비사업용 자동차를 유상운행한 경우에 있어서 보험자면책의 제외사유인 '… 임대차계약에 의하여 임차인이 전속적으로 사용하는 경우'의 의미).

(4) 被保險者의 家族에 대한 免責

피보험자의 가족은 책임보험에서 제 3 자가 아니므로 피보험자의 가족이 자동차사고로 사망한 경우에는 보험자는 對人賠償責任을 지지 아니한다.

<大判 1992. 3. 13, 91 다 33285 : 기명피보험자와 동거중인 형은 피보험자로서 사망하였더라도 타인성이 결여되어 보험자는 책임이 없다>

자동차일반종합보험계약의 기명피보험자와 동거중인 형이 다른 사람들과 함께 기명피보험자로부터 자동차를 빌려 여행목적에 사용하다가 사고로 사망하였다면 보상의무가 없는 경우의 피보험자의 하나로 규정한 자동차종합보험보통약관 소정의 기명피보험자의 승낙을 얻어 자동차를 사용 또는 관리중인 자에 해당할 뿐만 아니라 사고 자동차에 대하여 직접적이고 구체적으로 운행지배를 하고 있었다 할 것이므로 기명피보험자의 형은 자동차 소유자인 기명피보험자에 대하여는 타인성이 결여되어 위 자동차사고로 인한 자동차손해배상보험법 제3조 소정의 배상보험을 청구할 수 없고 따라서 보험자도 대인배상책임이 없다. 同旨 : 大判 1991. 12. 27, 91 다 31784 ; 同 1993. 9. 14, 93 다 10774 ; 同 1995. 4. 28, 94 다 56791; 同 1996. 5. 14, 96 다 4305(가족면책특약의 유효성을 인정한 사례).

(5) 産災保險事故 免責

피보험자의 고용인으로서 근로기준법에 의한 재해보상을 받을 수 있는 자가 피해자인 경우를 대인배상에 관한 보험회사의 면책사유로 들고 있는 자동차종합보험 보통약관은 유효하다는 것이 종래의 판례였다. 즉, 과거의 판례에 의하면 산업재해보상보험에[83] 의하여 보상되는 피보험자는 근무 중 (예컨대,

작업장 내에서 회사의 자동차에 충격을 당하거나 서울시청 청소과 소속의 청소원이 청소작업 중 시청의 청소차에 충격당한 경우와 같이) 교통사고를 당하였다고 하더라도 자동차보험의 보험자는 면책된다고 정한 보험약관은 유효하다고 하였다. 그러나 피보험자는 산업재해보상보험의 보험금이 명목적인 것에 불과하고, 산업재해보상보험은 자동차보험과는 그 목적이 다른 것인데, 이 보험에 가입되어 있다고 하여 자동차보험으로부터는 보상받을 수 없다고 한 것은 수긍하기 어려웠다. 양자는 중복보험의 관계에 있지도 아니하기 때문이다. 다만 판례는 산업재해보상보험에서 보상받지 못하는 경우에는 자동차보험에서 보상받을 수 있다고 하고, 공무원년금법에 의하여 보상받는 자의 경우는 예외로 취급하여 별도로 자동차보험에 의하여서도 보상된다고 하는데 이것도 일관성이 없었다. 다행히 2005년 대법원 전원합의체판결에 의하여 이 부분이 시정되었다.

<大判 2005. 3. 17, 2003 다 2802(전원합의체) : 산업재해보상보험법에 의한 보상범위를 넘어서는 손해가 발생한 경우에도 보상하지 아니한다는 면책조항은 무효이다>

[1] 업무상 자동차종합보험약관 중 대인배상 Ⅱ에서 "배상책임 있는 피보험자의 피용자로서 산업재해보상보험법(이하 '산재보험법'이라 한다)에 의한 재해보상을 받을 수 있는 사람에 대하여는 보상하지 아니한다."는 면책조항을 규정한 취지는, 사용자와 근로자의 노사관계에서 발생한 업무상 재해로 인한 손해에 대하여는 노사관계를 규율하는 근로기준법에서 사용자의 각종 보상책임을 규정하는 한편, 이러한 보상책임을 담보하기 위하여 산재보험법으로 산재보험제도를 설정하고 있으므로, 산재보험 대상인 업무상 자동차사고에 의한 피해 근로자의 손해에 대하여도 산재보험에 의하여 전보 받도록 하고, 이처럼 산재보험에 의한 전보가 가능한 범위에서는 제3자에 대한 배상책임을 전보하는 것을 목적으로 하는 자동차보험의 대인배상 범위에서 이를 제외하려는 데 있는 것으로 해석함이 상당하며, 그렇지 아니하고 업무상 자동차사고에 의한 피해 근로자의 손해가 산재보험법에 의한 보상범위를 넘어서는 경우에도 면책조항에 의하여 보험자가 면책된다고 한다면 자동차보험의 피보험자인 사업주의 피해 근로자에 대한 자동차손해배상보장법 또는 민법 등에 의한 손해배상책임이 남아 있음에도 불구하고 보험자의 면책을 인정하여 피보험자에게 실질적으로 손해배상책임을 부담하게 하는 것이 되는 바, 이는 피

83) 산업재해보상보험은 재해예방 및 근로자의 복지증진을 위하여 국고에서 부담을 지원하고 노동부장관이 관장하는 강제보험으로서 산업재해보상보험법에 규정되어 있다. 동법 시행령 제3조에 의하면 常時 5人 미만의 근로자를 사용하는 사업 또는 건설공사 중 총공사금액이 4천만원 미만인 공사 등의 경우에는 산업재해보상보험법이 적용되지 아니한다.

보험자동차의 사고로 인하여 피보험자가 타인에 대하여 부담하는 손해배상책임을 담보하기 위한 자동차보험의 취지에 어긋나는 것으로서, 약관의 규제에 관한 법률 제6조 제1항, 제2항 제1호 및 제7조 제2호 소정의, 고객인 보험계약자 및 피보험자에게 부당하게 불리할 뿐만 아니라, 사업자인 보험자가 부담하여야 할 위험을 고객에게 이전시키는 것이 되므로, "산재보험법에 의한 보상범위를 넘어서는 손해가 발생한 경우에도 보상하지 아니한다."는 면책조항의 '괄호 안 기재 부분'은 위 같은 법률의 각 조항에 의하여 효력이 없다. 同旨 : 大判 2005. 11. 10, 2005 다 39884.

《産災保險事故免責에 관한 過去의 判決》

(i) 大判 1989. 11. 14, 88 다카 29177 : 자동차종합보험보통약관에서 업무상 재해면책약관은 무효가 아니다.

피해자가 배상책임 있는 피보험자의 고용인으로서 근로기준법에 의한 재해보상을 받을 수 있는 사람인 경우를 대인배상에 관한 보험회사의 면책사유의 하나로 들고 있는 자동차종합보험보통약관의 규정은 노사관계에서 발생한 업무상 재해로 인한 손해에 대하여는 산업재해보상보험에 의하여 전보받도록 하고 제 3 자에 대한 배상책임을 전보하는 것을 목적으로 한 자동차보험의 대인배상범위에서는 이를 제외한 취지라고 보는 것이 타당하며, 위와 같은 면책조항이 상법 제659조에 규정된 면책사유보다 보험계약자에게 불이익하게 변경한 규정이라고 볼 수 없다. 同旨 : 大判 1990. 12. 11, 90 다카 26553 ; 同 1992. 1. 21, 90 다카 25499 ; 同 1993. 11. 9, 93 다 23107 ; 同 1995. 11. 24, 95 다 39540 ; 同 1999. 3. 23, 98 다 63773 ; 同 2000. 4. 25, 99 다 68027 ; 同 2000. 9. 29, 2000 다 19021 등.

(ii) 大判 1991. 5. 14, 91 다 6634 : 산업재해보상보험에 의하여 보상되지 아니하는 경우에는 자동차보험의 보험자는 면책되지 아니한다. 同旨 : 大判 1992. 8. 18, 91 다 38297 ; 同 1993. 6. 8, 93 다 5192 ; 同 1994. 3. 11, 93 다 58622 ; 同 1994. 6. 24, 94 다 4554 ; 同 1995. 2. 10, 94 다 4424 ; 同 1995. 3. 14, 93 다 42238 ; 同 1999. 3. 23, 98 다 63773 등.

(iii) 大判 1994. 1. 11, 93 다 5376 : 오로지 근로기준법에 의한 재해보상을 받을 수 있는 사람의 경우에만 보험자의 보험금지급의무는 면책될 수 있고, 다른 법률(예컨대 공무원연금법)에 의하여 받을 수 있는 경우에는 보험자의 보험금지급의무는 면책될 수 없어서 보험금을 지급하여야 한다.

5. 自動車의 讓渡

피보험자가 보험기간 중에 자동차를 양도한 때에는 讓受人은 보험자의 승낙을 얻은 경우에 한하여 보험계약으로 인하여 생긴 權利와 義務를 승계한다(제726조의 4 제1항).

보험자가 讓受人으로부터 讓受事實을 통지받은 때에는 지체없이 諾否를 통지하여야 하고, 통지받은 날로부터 10日 내에 諾否의 통지가 없을 때에는 승낙한 것으로 본다(제726조의 4 제2항).

제6관 保證保險契約

Ⅰ. 總　　說

1. 保證保險契約의 意義

保證保險契約이란 채무의 이행을 담보하기 위하여, 채무자인 保險契約者가 채권자를 被保險者로 하여 契約상의 債務不履行, 또는 法令상의 義務不履行으로 채권자에게 損害를 입힐 경우, 保險者가 그 손해를 보상할 것을 목적으로 하는 新種保險이다.[84] 保證保險은 전형적인 商法상의 보험이 아니고, 保險業法상의 보험이다. 保險業法 제2조 제3호는 손해보험업에 "賣買·雇傭·都給 그 밖의 契約에 의한 債務 또는 法令에 의한 義務의 履行에 관하여 발생할 債權者 그 밖의 權利者의 損害를 補償할 것을 債務者 그 밖의 義務者에게 約定하고, 債務者 기타 義務者로부터 그 報酬를 授受하는 것을 포함한다."고 규정하여, 保證保險契約을 손

84) 崔基元(保) 443면.

해보험계약의 一種으로 규정하고 있다.

2. 保證保險制度의 效用

保險制度는 어떠한 위험을 전제로 한다. 債權者와 債務者간의 계약에 있어서도 債權者는 債務者의 債務不履行이라는 위험이 있고, 따라서 채권자는 이와 같은 위험을 회피하기 위하여 보통 채무자에게 物的 擔保나 人的 擔保를 요구한다. 그러나 物的 擔保의 확보는 擔保物이라는 객체가 존재하여야 하고, 담보권을 실행하는 절차가 복잡하고 번거롭다는 문제가 있다. 한편 人的 擔保에 관하여도 保證人으로서의 과중한 責任때문에 타인의 保證을 얻기가 쉽지 않다. 이에 채무자의 이행의 보장이라는 측면과 쉽게 보증을 얻을 수 있는 경제적 측면이 결합한 것이 바로 保證保險이다. 따라서 保證保險은 被保險者인 채권자에게는 확실한 이행의 보장을, 保險契約者인 채무자에게는 손쉬운 보증의 제공이라는 양면적 효과를 가져다 준다.

Ⅱ. 保證保險契約의 法的 性質

保證保險은 채무자(保險契約者)의 채무의 불이행으로 인한 채권자(被保險者)의 손해의 배상을 保證한다는 保證의 성격과 이러한 保證이 보험이라는 제도에 의하여 이루어진다는 보험의 성격을 동시에 가지고 있다.[85] 그런데 損害保險이라는 것이 보험사고로 피보험자가 입은 손해를 보상하는 데 그 목적이 있고, 保證保險도 그 개별 約款을 살펴볼 때 채무불이행으로 인하여 被保險者(채권자)가 입은 손해를 보상한다는 규정이 있는 것으로 보아 損害保險의 한 형태이다. 그러나 保證이 주목적인 점, 우연성을 요건으로 하는 보험의 일반특성과 달리 保險契約者의 채무불이행이라는 인위적인 사고에 의하여 보험사고가 발생한다는 특성이 있어서 保險契約法의 규정을 그대로 적용할 수 없다. 따라서 특수한 형태의 損害保險이다.

85) 同旨：鄭熙喆・鄭燦亨(下) 721면.

이하에서는 이러한 保證保險의 保險性과 保證性을 자세히 살펴보기로 한다.

1. 保險性

保證保險도 보험법상의 보험의 일종이므로 다음과 같은 성질을 가진다.

(1) 損害保險性

保證保險의 保險者는 채무자인 保險契約者가 채무를 이행하지 않음으로써 채권자인 被保險者가 입은 재산상의 손해를 보상하여야 하므로 保證保險은 損害保險의 성격을 가지고 있다(제665조).

이에 대하여 保證保險에서의 재산상의 손해라는 보험사고는 다른 종류의 보험에서는 보험자의 면책사유에 해당하는 保險契約者의 故意·過失에 의하여 발생하므로, 보험계약의 본질적인 요소인 우연성을 결하여 이를 損害保險의 일종으로 인정하기 어렵지 않은가 의문이다. 따라서 保證保險은 보험의 일종이 아니라 保證事業의 하나로서, 편의상 보험회사에서 취급할 뿐이라는 견해도 있을 수 있다.

그러나 ① 보험사고의 우연성이란 保險契約者의 故意·過失에 의한 사고라고 할지라도, 보험계약 성립시의 그 사고의 발생이 불확실하면 충분하고, ② 保險契約者의 故意·重過失로 보험사고가 발생한 경우 保險者의 免責을 규정한 商法 제659조 제1항에 의한 保險者의 免責은 절대적인 것이 아니고, 이 경우에도 保險者의 보상책임을 인정한 것은 신의칙 또는 사회질서에 비추어 보아 반드시 부당한 것은 아니므로 保證保險의 損害保險性을 인정할 수 있다고 본다.86)

(2) 責任保險性

保證保險은 保險契約者의 배상책임을 保險者가 부담하는 것이므로 責任保險의 성격을 가지고 있다(제719조 참조). 그러나 ① 責任保險에서의 배상책임은 被保險者의 제3자에 대한 손해의 배상책임인 데 비하여 保證保險에서는 保險契約者의 被保險者에 대한 손해의 배상이라는 점, ② 責任保險에서는 책임발생원인에 제한이 없는 데 비하여 保證保險에서는 계약상의 채무불이행 및 법령상의 채무불이행이 책임발생원인인 점에서 차이가 있다.

---

86) 鄭熙喆·鄭燦亨(下) 721면; 崔基元(保) 445면; 梁承圭(保) 407면.

2. 他人을 위한 保險性

保證保險은 형식상 保險契約者인 채무자가 채권자인 被保險者를 위하여 보험계약을 체결하므로 타인을 위한 보험이다(제639조). 그러나 실질적으로 채무자가 채권자의 보호를 위하여 보험에 가입하는 경우는 드물고, 오히려 人的・物的 擔保의 제공을 대신하여 보험에 가입하는 것이므로 자기를 위한 보험의 성격도 가지고 있다. 따라서 保證保險은 타인을 위한 보험과 자기를 위한 보험의 결합형태라고 할 수 있다.[87)]

3. 保 證 性

保證保險은 保險契約者의 채무불이행이나 法令上의 의무불이행으로 인한 손해의 배상을 保證하는 보험이다. 즉, 民法上의 保證을 거래계의 편의를 위하여 保險으로 규정한 것이다. 따라서 保證保險은 保證의 성격을 가지고 있다. 그러나 保證保險과 民法上의 保證은 다음과 같은 차이가 있다. ① 保證保險은 독립된 債務이다. 民法上의 保證은 從된 債務이므로 附從性이 있고, 催告・檢索의 抗辯權이 있으나, 保證保險은 保險者가 保險契約者인 채무자에게 별도의 保險料를 받는 독립된 채무이므로 附從性이 없고 被保險者에게 催告・檢索의 抗辯權이 인정되지 않는다. ② 民法上의 保證의 當事者는 保證人(保證保險의 保險者)과 債權者이나, 保證保險의 當事者는 保險者와 債務者(保險契約者)이다.

<대법원 1991. 4. 9. 선고, 90 다카 26515 판결 : 보증보험의 보증성>
리스이용자의 계약상 채무불이행으로 인한 손해의 보상을 목적으로 한 보증보험은 보험금액의 한도 내에서 리스이용자의 채무불이행으로 인한 손해를 담보하는 것으로서 보증에 갈음하는 기능을 가지고 있고 보험자의 보상책임은 본질적으로 보증책임과 같은 것이다.

<대법원 1999. 12. 10. 선고 97 다 47262 판결: 보증보험계약은 손해보험이지만 실질적으로는 보증의 성격을 가진다>

---

87) 同旨 : 梁承圭(保) 408면 ; 鄭熙喆・鄭燦亨(下) 721면.

보험계약자인 채무자의 계약이나 법령상 의무 불이행으로 인하여 채권자가 입게 되는 손해의 전보를 보험자가 인수하는 것을 내용으로 하는 보증보험계약은 손해보험으로서, 형식적으로는 채무자의 채무불이행을 보험사고로 하는 보험계약이고, 실질적으로는 보증의 성격을 가지고 보증계약과 같은 효과를 목적으로 하는 것이다(대법원 1997. 10. 10. 선고, 95 다 46265 판결; 同, 1997. 4. 11. 선고, 96 다 32263 판결; 同, 1992. 5. 12. 선고, 92 다 4345 판결; 同, 1990. 5. 8. 선고, 89 다카 25912 판결 등 참조).

Ⅲ. 保證保險契約의 種類

保證保險은 被保險利益의 종류에 따라 ① 契約에 의한 債務履行과 ② 法令에 의한 義務履行 두 가지로 분류할 수 있다(保業 제2조 제3호). 전자의 예로는 각종의 이행보증보험 · 할부판매보증보험 · 리스보증보험 · 가계수표보증보험 · 어음보증보험 · 소액대출보증보험 · 주택마련보증보험 · 지급계약보증보험 · 사채보증보험 등이 있고, 후자의 예로는 납세보증보험 · 인허가보증보험 등이 있다.

<대법원 1992. 9. 22. 선고, 92 다 20729 판결 : 이행보증보험의 보험사고의 발생을 인정한 사례>

갑이 을과 가스집진기류를 제작납품하는 도급계약을 체결하면서 보증보험회사와 이행보증보험계약을 체결하였는데, 갑이 납기일까지 납품을 하지 못하고 아무런 대책도 수립하지 못하자, 을이 갑과의 합의하에 갑이 아직 작업에 착수하지도 아니한 전체 도급물량의 38퍼센트에 해당하는 물량을 회수하여 갔다면 을은 갑의 이행지체를 이유로 위 도급계약 중 38퍼센트에 해당하는 부분을 해제하였다 할 것이고, 이는 보험사고가 발생한 경우에 해당하는 것이지 이행보증보험약관상의 "주계약의 내용에 중대한 변경이 있었을 때"에 해당한다고 볼 수 없다. … 보험약관에 "피보험자는 보험금을 청구하기 전에 주계약을 해제 또는 해지하여야 한다."고 규정되어 있으나 피보험자가 보험금을 청구한 후에 주계약을 해제하였다 하더라도, 피보험자가 보험기간에 이행지체를 이유로 주계약을 해제한 이상 보험자는 피보험자에게 보험금을 지급할 의무가 있다.

이 외에 신용을 보증하는 신원보증보험과 신용카드보증보험 등이 있다. 身元保證保險은 보험계약자인 被保證人이 보험기간 중에 被保險者를 위하여 사무를 처리함에 있어서 도난·강도·사기·배임·횡령 등 피보험자에게 불이익한 행위를 하여 被保險者에게 재산상의 손해를 입혔을 경우에 그 손해를 보상하는 것을 목적으로 하는 保證保險을 말한다.

Ⅳ. 保證保險契約의 法律關係

1. 契約當事者

保證保險은 타인을 위한 보험의 성격을 가지고 있으므로(제639조) 보험계약의 당사자는 保險契約者(債務者)와 被保險者(債權者) 그리고 保險者 등 3당사자로 구성된다. 일반 損害保險契約과는 달리 保證保險은 雙務契約의 특징상 保險契約者와 被保險者는 同一人이 될 수 없다.

2. 保證保險의 目的

保證保險의 목적은 保險契約者와 被保險者 사이에서 계약이나 법률에 의하여 발생하는 무형적인 債權이다. 이 점에서 피보험자가 제 3 자에 대하여 부담하는 배상책임으로 인한 손해를 담보하는 책임보험(제719조)과 구별된다.

3. 保險者의 補償責任

保證保險의 保險者도 다른 일반의 보험에서와 마찬가지로 보험기간 중에 보험사고로 인하여 被保險者에게 재산상의 손해가 발생하면 책임을 진다. 이때의 보상금액은 일반의 보험과 마찬가지로 보험금액의 한도 내에서 결정되며, 定額補償

特約이 있을 때에는 그 金額을 보상하여야 한다. 다만 保證保險은 保險事故가 保險契約者의 債務不履行이라는 인위적인 것이고, 보험사고가 발생하더라도 손해가 발생하지 않는 경우가 있고(예컨대, 入札保證保險에서 入札에 응한 保險契約者가 계약을 체결하지 않았으나 被保險者가 동일한 조건으로 제3자와 다시 계약을 체결한 경우), 또 실제로 손해가 발생하였더라도 保險契約者가 손해배상의무를 이행한 경우에는 손해가 없었던 것처럼 된다는 등의 특징이 있다.

보험사고가 발생하여 被保險者가 그 보험사고의 발생을 통지하고 보험증권이나 그 사본과 손해액을 증명하는 서류를 제출하여 보험금의 지급을 청구한 때에는 保險者는 약관 소정의 절차에 따라 지체없이 보험금을 지급하여야 한다.

保險者는 商法(제660조)과 約款에 따라 天災地變, 전쟁, 내란, 기타 이와 비슷한 變亂으로 債務를 이행하지 못함으로써 생긴 손해에 대하여는 면책된다. 그러나 保險契約者의 고의·중과실로 채무의 불이행이 있더라도 그 경우 자체가 바로 보험사고이므로 保險者는 면책되지 않는다.

한편 被保險者는 보험자의 손해조사에 대한 협조의무가 있다. 被保險者가 정당한 이유없이 조사에 협조하지 아니하여 손해가 증가된 때에는 그 증가된 손해에 관하여 保險者는 免責된다.

<대법원 1995. 9. 29. 선고, 93 다 3417 판결 : 보험계약자의 고의·과실은 보험자의 면책사유가 될 수 없다>

리스이용자의 계약상 채무불이행으로 인한 손해의 보상을 목적으로 한 리스보증보험도 보험계약의 일종이므로 일반적으로 상법상 보험에 관한 통칙규정이 적용되는 것이기는 하나, 이 보증보험은 보험금액의 한도 내에서 리스이용자의 채무불이행으로 인한 손해를 담보하는 것으로서 리스이용자의 채무불이행이 고의에 의한 것이든 과실에 의한 것이든 그 손해를 보상할 책임을 지는 보증에 갈음하는 기능을 가지고 있어 보험자의 그 보상책임의 법률적 성질은 본질적으로 보증책임과 같은 것이므로, 상법 제659조 제1항은, 보험계약이 보험계약자의 사기행위에 피보험자인 리스회사가 공모하였다든지 적극적으로 가담하지는 않았더라도 그러한 사실을 알면서 묵인한 상태에서 체결되었다고 인정되는 경우를 제외하고는, 원칙적으로 그 적용이 없다. 同旨 : 대법원 1995. 7. 14. 선고, 94 다 10511 판결 ; 同, 1997. 1. 24. 선고, 95 다 12613 판결.

4. 保險者의 代位와 求償權

(1) 保險者의 代位權

보험자대위(제 3 자에 대한 保險代位)에 관한 商法 제682조는 청구권대위의 성립요건으로서 손해가 제 3 자의 행위로 발생할 것을 요한다. 그러나 ① 保證保險에서는 保險契約者의 행위로 인하여 손해가 발생하는 것이므로 保險契約者를 제 3 자로 볼 수 있는지 의문이다. ② 또한 保險者가 被保險者에게 손해를 배상함으로써 被保險者의 보험계약자에 대한 債權은 소멸되었기 때문에 保險者가 被保險者의 채권을 代位할 수는 없다.[88] 다만 商法 제682조는 임의규정이라고 해석되므로 개별약관에 있어서 代位權을 규정할 수는 있다고 본다. 실제로 거래계에서는 約款에 이와 같은 代位權의 규정을 두고 있다.

이에 대하여 保證保險의 保險者代位權을 긍정하는 견해도 있다. 이 견해는 ① 保證契約 자체가 타인을 위한 보험의 형식을 취하고 있으므로 保險契約者를 보험자대위와 관련하여 제 3 자로 볼 수 있다고 한다. ② 또한 二重의 이득을 방지하고 책임있는 자가 책임을 면하지 못하게 한다는 보험자대위제도의 입법취지로 보아 保證保險에서도 保險者의 代位를 인정하여야 한다고 한다.[89]

(2) 保險者의 求償權

保證保險의 保險者는 보험계약자에 대하여 民法 제441조의 求償權을 행사할 수 있다. ① 保證保險에서 保險者는 保險契約者로부터 보험료라는 대가를 받고 被保險者에 대하여 보증을 서는 보증인이라고 볼 수 있으므로, 保險者는 民法 제441조에 따라 보증인에 준하여 求償權을 행사할 수 있다. ② 또한 保險者의 代位權이 성립할 여지가 없다는 입장을 취하면 보험자에게 求償權이 인정되어야 할 현실적인 필요성도 있다. 즉, 保證保險에 있어서 보험사고가 대부분 保險契約者에 의하여 발생하는 인위적인 사고이므로 保險契約者의 信義誠實이나 保險契約者의 善意性이 더욱 강하게 요구되기 때문에 求償權을 인정할 수 있다.[90] 약관에서도 구상권에 관한 규정을 두고 있다.

---

88) 同旨 : 梁承圭(保) 415~416면 ; 鄭熙喆・鄭燦亨(下) 723면.
89) 崔基元(保) 452면.
90) 同旨 : 鄭熙喆・鄭燦亨(下) 723면.

<대법원 1992. 5. 12. 선고, 92 다 4345 판결 : 구상권약정은 유효하다>

보증보험은 계약상의 채무불이행 또는 법령상의 의무불이행으로 인한 손해를 보상할 것을 목적으로 하는 보험으로서 손해배상성과 더불어 보증성을 갖는 것이므로 보증성에 터잡은 보험자의 보험계약자 및 그 연대보증인에 대한 구상권약정이 보험의 본질에 반하거나 공정한 법률행위로서 무효라고 볼 수 없다.

5. 保證保險契約의 解止

保證保險의 경우에도 保險契約者는 保險者가 破産한 경우 보험계약을 해지할 수 있고(제654조 제1항), 보험사고 발생 전에 언제든지 계약의 전부 또는 일부를 解止할 수 있다(任意解止)(제649조). 保險者도 保險契約者의 보험료의 未支給(제650조), 고지의무위반(제651조), 위험증가·통지의무위반(제653조), 기타 約款에서 정한 사유가 발생하는 등 보험계약자측의 의무위반이 있으면 保險契約을 解止할 수 있다.

그러나 保證保險에서는 보험계약자의 解止權을 무제한 인정하면 채권자인 被保險者의 이익을 침해하고 보증보험제도 자체를 불신하는 결과가 발생할 수 있다. 따라서 保證保險에 있어서는 解止權을 제한하여야 한다는 것이 통설이다. 다만 제한의 내용에 관하여만 견해가 다르다. 즉, 解止權의 행사에 ① 被保險者의 承諾을 요한다는 견해, ② 承諾이 아닌 同意를 요한다는 견해,[91] ③ 그 의무위반이 保險契約者에게만 있고 被保險者의 歸責事由가 없는 경우에는 解止權의 행사를 부정한다는 견해 등이 있다. 判例는 보험사고발생 전의 임의해지를 인정하면서, 保險契約者에게 손해배상의 책임을 물을 수 있을런지는 몰라도 保險者의 책임을 물을 수는 없다고 하나,[92] 그 정당성은 의문이다.[93] 保證保險의 특성상 保險契約者는 被保險者의 同意없이 解止權을 행사할 수 없고, 保險者도 被保險者에게 歸責事由가 있을 때에만 解止權을 행사할 수 있다고 하여야 할 것이다. 이와 같이 해석하는 것이 타인을 위한 보험계약의 경우 그 타인의 동의 또는 보험증권의 제시 없이는 그 계약을 해지할 수 없도록 규정한 상법 제649조 제1항 단서의 규정에도 부합한다.

91) 梁承圭(保) 417면 ; 崔基元(保) 453면.
92) 大判 1974. 12. 10, 73 다 1591.
93) 崔基元(保) 453면.

제 4 장
人 保 險

제 1 절 通 則

Ⅰ. 人保險契約의 意義

人保險契約(contract of person insurance, Personenversicherungsvertrag)이란 당사자의 一方(保險者)이 상대방 또는 제 3 자의 生命이나 身體에 관하여 보험사고가 생길 경우에 보험금액 기타의 급여를 할 것을 약정하고, 相對方(保險契約者)이 이에 대하여 報酬를 지급할 것을 약정함으로써 효력이 생기는 계약이다(제727조). 商法은 人保險을 生命保險과 傷害保險으로 나누고 있다.

Ⅱ. 人保險의 特性

人保險은 ① 보험의 목적이 사람이고, 사람의 生命·身體에 관한 사고를 보험사고로 하는 점, ② 보험계약을 체결하는 동기가 손해의 보상이 아닌 점에서 定額保險인 점(그러나 오늘날의 傷害·疾病保險은 반드시 定額保險인 것은 아니다.), ③ 피보험이익의 관념을 인정할 수 없고, 따라서 超過保險·重複保險·一部保險의 문제가 없는 점 등의 특색이 있다.

본래 보험계약을 체결할 때 보험자가 보험료를 받고 30일 내에 보험계약자의 청약에 대한 諾否의 통지를 발송하지 아니하면 보험계약이 성립된 것으로 보지만(제638조의 2 제1항 본문·제2항), 人保險에서 피보험자가 신체검사를 받아야 하는 경우(이른바 有診査保險)에는 이 30일의 기간은 신체검사를 받은 날로부터 기산한다(제638조의 2 제1항 단서). 또 보험자가 보험료를 받은 후 승낙 전에 보험사고가 발생한 때에도 보험계약자의 청약을 거절할 사유가 없는 한 보험자가 책임을 져야 하는 것이 원칙이지만, 有診査保險의 경우에 피보험자가 신체검사를 받지 않은 때에는 보험자가 책임을 지지 않는다(제638조의 2 제3항).

Ⅲ. 人保險證券의 記載事項

人保險證券에는 손해보험증권의 일반적 記載事項(제666조) 이외에 보험계약의 종류, 피보험자의 住所·姓名 및 生年月日, 보험수익자를 정한 때에는 그 주소·성명 및 生年月日을 기재하여야 한다(제728조).

Ⅳ. 保險者代位의 制限

人保險에 있어서는 보험자는 보험사고로 인하여 생긴 보험계약자 또는 보험수익자의 제3자에 대한 권리(예컨대, 不法行爲로 인한 損害賠償請求權)를 代位하여 행사하지 못한다(제729조 본문). 청구권대위는 본래 피보험자가 실손해 이상의 보상을 받지 못하게 하고 손해를 일으키고도 책임을 지지 않는 자가 없도록 하기 위하여 정책적으로 인정한 것인데, 인보험에서는 보험계약의 목적이 손해보상에 있는 것이 아니어서 손해 자체가 문제되지 아니하고, 피보험자 또는 그 상속인에게 보험금과 손해배상금 양자가 모두 지급되어도 부당한 것이 아니므로 보험자의 청구권대위를 금지한 것이다.

다만 傷害保險契約의 경우에 당사자간에 다른 약정이 있는 때에는 보험자는 피보험자의 權利를 害하지 아니하는 범위 내에서 그 權利를 代位하여 행사할 수 있다(請求權代位)(제729조 단서). 醫療費 등의 지급을 목적으로 하는 傷害保險의 경우에는 生命保險의 경우와는 달리 일종의 손해보험의 성질을 가지고 있으므로, 保險者代位를 인정하는 것이 타당하기 때문이다.

人保險에서는 보험의 목적 및 그 멸실이 없으므로 잔존물대위는 문제되지 않는다.

제2절 生命保險契約

Ⅰ. 生命保險契約의 意義

生命保險契約(contract of life insurance, Lebensversicherungsvertrag)이란 피보험자의 生命에 관한 보험사고가 생길 경우에 약정한 금액을 지급할 것을 목적으로 하는 人保險契約을 말한다(제730조). 생명보험은 보험가액의 관념이 없는 정액보험이므로 초과·중복·일부보험의 문제가 없다.

생명보험은 보험 본연의 기능인 보장적 기능 외에도 축적된 보험료를 운용하여 보험가입자에게 돌려주는 저축적 기능이 있다.

Ⅱ. 生命保險契約의 種類

1. 保險事故에 따른 分類

(1) 死亡保險

死亡保險은 피보험자의 사망을 보험사고로 하는 보험계약이며, 이것은 다시 終身保險과 定期保險으로 나뉜다. 종신보험에서는 피보험자의 사망시까지 계약의 효력이 존속하고, 死亡을 보험사고로 하여 보험금액을 지급한다. 定期保險에서는 피보험자가 일정한 기간 내에 死亡한 경우에 보험금액을 지급한다.

死亡保險契約에 있어서는 사고가 보험계약자 또는 피보험자나 보험수익자의 중대한 過失로 인하여 생긴 경우에도 보험자는 보험금액을 지급할 책임을 면하지 못한다(제732조의 2). 이는 피보험자가 故意가 아닌 重過失로 사망한 경우 그 遺族 등 보험수익자를 보호하기 위하여 정책적인 배려를 한 것이다.

(2) 生存保險

生存保險은 피보험자가 일정한 年齡까지 생존할 것을 보험사고로 하는 보험계약이며, 敎育資金保險·婚姻資金保險이 이에 속한다.

(3) 混合保險

混合保險은 일정한 年齡까지 생존하면 보험금액을 지급하는 동시에 일정한 年齡 전에 사망한 경우에도 보험금액을 지급하는 보험계약이다(사망보험+생존보험). 養老保險(제735조)이 그 例이다.

2. 被保險者의 數에 따른 分類

(1) 單獨保險

單獨保險은 피보험자 1인의 생사를 보험사고로 하는 보험계약이다.

(2) 連生保險・生殘保險

連生保險이란 피보험자 2인 중의 1인이 사망한 경우에 다른 1인이 보험금액의 지급을 받는 보험을 말하고, 生殘保險이란 2인 중 특정한 1인이 사망한 경우에 다른 1인이 생존할 것을 조건으로 하여 보험금액의 지급을 받는 보험을 말한다.

(3) 團體保險

團體保險은 어떤 단체가 규약에 따라 구성원의 전부 또는 일부를 피보험자로 하는 生命保險契約이다(제735조의 3 제1항). 단체보험도 他人의 生命의 保險이기는 하나, 이 경우에는 他人의 生命保險契約에 필요한 피보험자의 同意가 필요없다(제735조의 3 제1항, 제731조).

團體保險契約이 체결된 때에는 보험자는 보험계약자에 대하여서만 保險證券을 교부한다(제735조의 3 제2항).

<대법원 1999. 5. 25. 선고, 98 다 59613 판결 : 단체보험에 있어서 보험수익자를 보험계약자(사업자) 자신으로 지정하여 보험계약을 체결할 수 있다>

단체보험의 경우 보험수익자의 지정에 관하여는 상법 등 관련 법령에 별다른 규정이 없으므로 보험계약자는 단체의 구성원인 피보험자를 보험수익자로 하여 타인을 위한 보험계약으로 체결할 수도 있고, 보험계약자 자신을 보험수익자로 하여 자기를 위한 보험계약으로 체결할 수도 있을 것이며, 단체보험이라고 하여 당연히 타인을 위한 보험계약이 되어야 하는 것은 아니므로 보험수익자를 보험계약자 자신으로 지정하는 것이 단체보험의 본질에 반하는 것이라고 할 수 없다.[1)]

---

1) 본 판결은 단체보험에 있어서 보험수익자를 보험계약자(사업자) 자신으로 지정하여 보험계약을 체결할 수 있다는 것으로, 헌법재판소에서도 다수의견과 반대의견으로 나뉘어 크게 다투어졌다. 대전고등법원의 위헌제청(98 헌가 6) 참조: 상사법률 1998. 10. 15. 13면 참조. 사견으로는 이 판결은 문제가 있다고 본다. 본 판례에 대한 반대평석으로 金汶在, "단체보험계약의 본질", 법률신문, 1999. 9. 20. 13면에 의하면, "상법 제735조의 3을 문리적으로 해석한다면 보험계약자인 기업을 보험수익자로 볼 여지도 있지만 이는 불완전한 규정에 의존, 단체보험의 본질을 잘못 이해한 소치다. 대법원은 현행 상법규정이 불비하더라도 기업을 보험수익자로 하는 단체보험계약은 단체보험의 본질에 어긋난다는 입법선도적 해석을 했어야 마땅하다"고 한다.

3. 保險金額의 支給方法에 따른 分類

(1) 資金保險

資金保險은 보험사고가 발생한 때에 보험금액의 전부를 지급하는 보험계약이다.

(2) 年金保險

생명보험의 특수형태로서 당사자간의 약정에 따라 보험금을 年金으로 분할하여 순차로 지급할 수 있는 年金保險이 있다(제735조의 2). 年金保險은 終身年金保險과 定期年金保險이 있다.

4. 利益配當의 有無에 따른 分類

(1) 利益配當附保險

이익배당부보험이란 보험료 산정시 기초가 되는 예정율(예정이율, 예정사망율, 예정사업비율)과 추후 실제율(실제이율, 실제사망율, 실제사업비율)과의 차이로 인하여 이익이 발생한 경우 그 이익을 보험계약자에게 배당하기로 약정한 보험을 말한다. 통상 예정률은 보험기간이 장기인 생명보험의 특성상 보수적으로 산출하여 역마진에 따른 보험자의 경영악화를 방지하는 기능을 하는데 그 대신 사후적으로 이익이 발생하게 되면 보험계약자에게 이를 배당금으로 분배하는 것이다.

(2) 無利益配當保險

무배당보험이란 이익배당부보험과는 달리 이익을 배당하지는 않으나 예정률을 실제율에 근접하게 산출함으로써 동일한 내용을 보장하는 이익배당부보험에 비해 보험료가 저렴하다.

Ⅲ. 生命保險의 保險事故

생명보험 약관에 의하면 보험자는 보험기간 중 약관이 정하는 재해로 인하여 피보험자가 사망한 경우 보험금을 지급하는 것으로 되어 있다, 여기서 재해라 함은 "우발적인 외래의 사고" 등을 말하는데, 실무에서 '우발적인 외래사고'의 개념이 종종 문제가 된다. 이것은 피보험자의 신체 내부적 원인에 기인하지 아니하고 외부적으로 발생한 우연한 사고를 말하는데, 구체적인 경우에 따라 판단할 수밖에 없다.

<대법원 1991. 6. 25. 선고, 90 다 12373 판결 : 우발적인 외래의 사고의 의미>

생명보험계약상의 보험약관에 특약보험금의 지급사유인 재해를 "우발적인 외래의 사고"라고 정의하고 질병 또는 체질적 요인이 있는 자로서 경미한 외인에 의하여 발병하거나 그 증상이 더욱 악화되었을 때에는 그 경미한 외인은 우발적인 외래의 사고로 보지 아니한다고 규정하고 있는 경우에 피보험자가 방안에서 술에 취하여 선풍기를 틀어 놓고 잠을 자다가 사망한 것을 우발적인 외래의 사고로 보지 아니한 원심판결에 심리를 다하지 아니하거나 보험약관의 해석에 관한 법리를 오해한 위법이 있다 하여 파기한 사례.

한편 사망을 보험사고로 한 보험계약에는 사고가 보험계약자 또는 피보험자나 보험수익자의 중대한 과실로 인하여 생긴 경우에도 보험자는 보험금액을 지급할 책임을 면하지 못한다(제732조의 2). 따라서 원칙적으로 인보험의 경우에는 원칙적으로 고의로 인한 사고, 즉 자살의 경우 외에는 중과실로 인하여 보험사고가 발생하였다고 하더라도 보험자는 보험금지급책임을 면하지 못한다. 한편 생명보험 약관에 의하면 자살의 경우에도 보험계약체결후 2년 또는 3년 후의 자살인 경우에는 보험금을 지급하도록 하고 있다.

<대법원 1998. 4. 28. 선고, 98 다 4330 판결 : 인보험에 있어서 음주운전 면책약관의 규정이 과실(중과실 포함)로 평가되는 행위로 인한 경우까지 포함하는 취지라면 과실로 평가되는 행위로 인한 사고에 관한 한 무효이다>

음주운전이 고의적인 범죄행위기는 하나 그 고의는 특별한 사정이 없는 한 음주운전 자체에 관한 것이고 직접적으로 사망이나 상해에 관한 것이 아니어서 그로 인한 손해보상을 해준다고 하여 그 정도가 보험계약에 있어서의 당사자의 선의성·윤리성에 반한다고는 할 수 없으므로, 자기신체사고 자동차보험(자손사고보험)과 같은 인보험에 있어서의 음주운전 면책약관이 보험사고가 전체적으로 보아 고의로 평가되는 행위로 인한 경우뿐만 아니라 과실(중과실 포함)로 평가되는 행위로 인한 경우까지 포함하는 취지라면 과실로 평가되는 행위로 인한 사고에 관한 한 무효라고 보아야 한다. 同旨: 대법원 1998. 3. 27. 선고, 97 다 48753 판결 ; 同, 1998. 3. 27. 선고, 97 다 27039 판결.

Ⅳ. 他人의 生命의 保險契約

1. 他人의 生命의 保險契約의 意義

타인의 生命의 保險(Versicherung auf fremdes Leben)契約이란 보험계약자 이외의 제3자를 피보험자로 한 生命保險契約을 말하며, 他人保險이라고도 한다.

2. 他人의 生命의 保險契約의 制限

타인의 生命의 보험계약을 무제한적으로 인정한다면, 도박화할 우려도 있고 피보험자의 生命에 위해를 가할 염려도 있어서, 나라마다 이를 제한하고 있다. 그 제한방법으로는, 피보험자인 他人의 生死에 관하여 어떠한 利益 또는 財産上의 利益을 가지는 者만이 이 보험계약을 체결할 수 있게 하는 利益主義(英·美·벨기에 등)와, 이익을 문제시하지 않고 단지 피보험자의 同意를 요구하는 同意主義(獨·佛·스위스 등)의 立法例가 있으나, 우리 商法 제731조는 同意主義를 취하고 있다.

3. 被保險者의 同意

(1) 同意가 필요한 경우

(i) '他人의 死亡을 보험사고로 하는 보험계약', 즉 死亡保險 또는 混合保險의 경우에는 보험계약 체결시에 그 타인의 서면에 의한 동의를 얻어야 한다(제731조 제1항).[2] 그러나 피보험자가 15세 未滿者·心神喪失者 또는 心神薄弱者인 경우에는 자주적인 동의를 기대할 수 없고, 법정대리인에 의한 代理同意도 同意主義의 취지에 적합하지 아니하므로, 그러한 보험계약은 무효로 하였다(제732조).

(ii) 보험계약으로 인하여 생긴 權利를 피보험자가 아닌 자에게 양도하는 경우에도 피보험자의 동의를 얻어야 한다(제731조 제2항).

(iii) 보험계약자가 계약체결 후에 보험수익자를 지정 또는 변경함에는 피보험자의 동의를 얻어야 한다(제734조 제2항).

<대법원 1995. 11. 22. 선고, 96 다 37084 판결 : 타인의 생명보험계약을 체결함에 있어 그 他人(被保險者)의 서면동의를 받지 아니하였으면 보험계약 자체가 무효이다>

<대법원 1998. 11. 27. 선고, 98 다 23690 판결 : 타인의 사망을 보험사고로 하는 보험계약에는 보험계약 체결시 피보험자인 타인의 서면에 의한 동의를 얻지 아니하면 그 보험계약은 무효가 된다>

타인의 사망을 보험사고로 하는 보험계약에는 보험계약 체결시 피보험자인 타인의 서면에 의한 동의를 얻지 아니하면 강행법규인 상법 제731조 제1항의 규정에 위배되어 그 보험계약은 무효가 된다. … 타인의 사망을 보험사고로 하는 보험계약을 체결할 당시 보험모집인이 그 타인의 서면에 의한 동의를 얻어야 하는 사실을 모르고 보험계약자에게 이를 고지하지 아니한 채 피보험자의 동의를 얻었다는 보험계약자의 말만 믿고 임의로 피보험자 동의란에 서명을 대신하였으며 영업소장 역시 그 사실을 알고도 방치함으로써 위 보험계약이 무효로 된 경우, 보험회사는 보험업법 제158조 제1항 소정의 손해배상책임을 진다.

<대법원 1999. 10. 8. 선고, 98 다 24563·24570 판결 : 타인의 사망을 보험사고로 하는 보험계약에서 피보험자의 서면에 의한 동의가 없었다면 그 계

2) 孫珠瓚(下) 665면.

약은 무효이다>

원심판결의 이유에 의하면, 원심은 그 증거들에 의하여 타인의 사망을 보험사고로 하는 이 사건 보험계약을 체결함에 있어 피고(반소원고, 이하 피고라고만 한다)가 피보험자 A의 서면에 의한 동의 없이 계약을 체결하였으므로 무효이다. … 상법 제731조 제1항의 입법취지에는 도박보험의 위험성과 피보험자 살해의 위험성 외에도 피해자의 동의를 얻지 아니하고 타인의 사망을 이른바 사행계약상의 조건으로 삼는 데서 오는 공서양속의 침해의 위험성을 배제하기 위한 것도 들어 있다고 해석되므로, 상법 제731조 제1항을 위반하여 피보험자의 서면 동의 없이 타인의 사망을 보험사고로 하는 보험계약을 체결한 자 스스로가 무효를 주장함이 신의성실의 원칙 또는 금반언의 원칙에 위배되는 권리행사라는 이유로 이를 배척한다면, 그와 같은 입법취지를 완전히 몰각시키는 결과가 초래되므로 특단의 사정이 없는 한 그러한 주장이 신의성실 또는 금반언의 원칙에 반한다고 볼 수는 없다(대법원 1996. 11. 22. 선고 96 다 37084 판결 참조).

(2) 同意의 性質

피보험자의 동의는 계약의 효력발생요건이지 성립요건은 아니다. 同意의 排除特約은 무효이며(强行法規性), 동의는 계약에 대하여 異議가 없다는 意思의 표명이므로 그 法的 性質은 準法律行爲이다.

(3) 同意의 方式·時期·撤回

同意의 방식은 반드시 서면에 의하여야 한다. 同意는 효력발생요건이므로 그 時期에 있어서도 제한이 없고, 계약성립 후의 동의도 유효하다. 그러나 商法 제731조 제1항의 규정에 의하면 타인의 사망을 보험사고로 하는 보험계약에 있어서 피보험자가 서면으로 동의의 의사표시를 하여야 하는 시점은 보험계약체결시까지로 되어 있다. 이는 도덕적 위험이 큰 타인의 생명보험계약을 엄격하게 규제하기 위한 것이다. 判例도 이를 인정한다. 그러나 보험계약은 본래 不要式·諾成契約이므로 피보험자의 서면에 의한 동의가 없어도 보험계약은 성립하고, 다만 동의가 없으면 효력이 없는 것으로 보아야 한다. 효력발생요건은 반드시 계약성립시에 갖추어야 할 필요는 없고, 계약의 효력이 발생하기 전에 갖추면 되므로, 피보험자의 서면동의는 보험계약체결 후 보험사고발생 전까지 하면 된다고 본다. 그러나 이와 같이 해석하면 商法의 규정에 정면으로 위배되므로, 법률을 이와 같이 개정하여야 할 것이다.

同意는 계약성립 전에는 철회할 수 있으나 계약성립 후에는 保險受益者, 保險契約者의 同意가 있어야 철회할 수 있다.

<대법원 1996. 11. 22. 선고, 96 다 37084 판결 : 同意는 반드시 서면에 의하여야 하고, 동의의 시기는 보험계약체결시까지이다>

타인의 사망을 보험사고로 하는 보험계약에는 보험계약체결시에 그 타인의 서면에 의한 동의를 얻어야 한다는 상법 제731조 제1항의 규정은 강행법규로서 이에 위반하여 체결된 보험계약은 무효이다.… 상법 제731조 제1항의 입법취지에는 도박보험의 위험성과 피보험자 살해의 위험성 외에도 피해자의 동의를 얻지 아니하고 타인의 사망을 이른바 사행계약상의 조건으로 삼는데서 오는 공서양속의 침해의 위험성을 배제하기 위한 것도 들어 있다고 해석되므로, 상법 제731조 제1항을 위반하여 피보험자의 서면동의 없이 타인의 사망을 보험사고로 하는 보험계약을 체결한 자 스스로가 무효를 주장함이 신의성실의 원칙 또는 금반언의 원칙에 위배되는 권리행사라는 이유로 이를 배척한다면, 그와 같은 입법취지를 완전히 몰각시키는 결과가 초래되므로 특단의 사정이 없는 한 그러한 주장이 신의성실 또는 금반언의 원칙에 반한다고 볼 수는 없다.… 상법 제731조 제1항의 규정에 의하면 타인의 사망을 보험사고로 하는 보험계약에 있어서 피보험자가 서면으로 동의의 의사표시를 하여야 하는 시점은 보험계약체결시까지이다.

V. 他人을 위한 生命保險契約

1. 他人을 위한 生命保險契約의 意義

他人을 위한 生命保險契約이란 보험계약자 이외의 제3자를 보험수익자로 한 生命保險契約을 말한다. 이 경우 보험계약자와 보험수익자가 別個人이 된다. 他人을 위한 生命保險契約은 '타인을 위한 보험계약'의 일종이다. '타인을 위한 보험계약'은 이미 설명하였으므로 여기서는 보험수익자의 指定·變更에 관하여서만 설명하기로 한다.

2. 保險受益者의 指定·變更

(1) 指定·變更權의 行使

生命保險契約은 존속기간이 長期인 것이 보통이므로 사정변경에 따라 계약체결 후에 보험수익자를 지정하거나 변경할 수 있는 권리를 보험계약자에게 인정하였다(제733조 제1항). 이 指定·變更權은 形成權의 일종이므로 일방적 意思表示에 의하여 효력이 발생한다. 지정된 보험수익자가 보험계약의 존속 중에 사망한 때에는 보험계약자에게 再指定權이 있으며, 이 경우에 보험계약자마저 사망하였다면 보험수익자의 상속인을 보험수익자로 한다(제733조 제3항).

(2) 保險契約者의 死亡과 保險受益者의 地位

보험계약자가 보험수익자의 指定權을 행사하지 아니하고 사망한 때에는 피보험자를 보험수익자로 하고, 또 보험계약자가 보험수익자의 變更權을 행사하지 아니하고 사망한 때에는 보험수익자의 權利가 확정된다(제733조 제2항 본문). 다만 보험계약자가 사망한 때에는 그 承繼人이 指定·變更權을 행사할 수 있다는 특약이 있는 경우에는 그러하지 아니하다(제733조 제2항 단서).

(3) 指定權行使 전의 保險事故의 發生

보험계약자가 指定權을 행사하기 전에 보험사고가 생긴 경우에는 피보험자 또는 보험수익자의 相續人을 보험수익자로 한다(제733조 제4항). 즉, 보험사고로 被保險者가 사망하였으므로 그 相續人이, 또 본래 지정된 보험수익자가 있었으나 그도 사망한 경우에는 그 相續人이 보험수익자가 된다.

3. 指定·變更의 通知

보험계약자가 계약체결 후에 보험수익자를 지정 또는 변경할 때에는 보험자에게 그 通知를 하지 아니하면 보험자에게 대항하지 못한다(제734조 제1항). 또 前述한 바와 같이 '他人의 生命의 保險'의 경우에는 보험자에 대한 통지 이외에 그 他人의 서면에 의한 同意를 얻어야 한다(제734조 제2항·제731조 제1항).

Ⅵ. 保險者의 義務

1. 保險金額支給義務

본래 保險金額은 보험사고가 발생하여야 지급하는 것이다. 그러나 被保險者의 사망을 보험사고로 하는 보험계약에서는 사고의 발생없이 보험기간이 종료한 때에도 보험금액을 지급하기로 약정할 수 있다(제735조)(養老保險). 보험수익자가 보험금의 수령을 거부하는 때에는 보험계약자를 위한 生命保險契約이 된다.

2. 保險料積立金返還義務

商法 제649조, 제650조, 제651조 및 제652조 내지 제655조의 규정에 의하여 보험사고발생 전에 보험자가 임의로 계약을 解止한 경우나, 보험료의 不支給·告知義務違反·危險의 變更 또는 增加·保險契約者 등의 故意나 重過失로 인한 위험증가로 인하여 보험자가 계약을 解止한 경우, 그리고 보험자가 破産宣告를 받아서 보험계약자가 契約을 解止한 때와 제659조 및 제660조의 규정에 의하여 보험금액의 지급이 면제된 때에는, 보험자는 보험수익자를 위하여 적립한 金額(이른바 責任準備金)을 보험계약자에게 지급하여야 한다(제736조 제1항 본문). 그러나 보험사고가 보험계약자의 故意 또는 중대한 過失에 의하여 생긴 결과, 보험자가 보험금액의 지급책임을 면하는 경우에는(제659조) 다른 약정이 없으면 보험자는 保險料積立金의 지급의무를 지지 않는다(제736조 제1항 단서). 보험자의 保險料積立金返還義務는 2年의 時效로 인하여 소멸한다(제662조).

3. 기타 義務

보험자는 約款에 의하여 利益配當義務나 解止還給金返還義務 또는 保險證券貸

付를 부담하는 경우도 있다. 保險證券貸付義務란 보험계약자가 해지환급금의 범위 내에서 보험자에 대하여 貸付를 받으면 보험자가 후일 保險金額 또는 해지환급금을 지급할 경우에 지급할 금액으로부터 위의 貸付金額과 일정한 이자를 공제하는 것을 말한다. 保險證券貸付의 法的 性質에 관하여는 해지환급금의 一部先給으로 보는 견해와,[3] 특수한 金錢消費貸借로 보는 견해가 있으나,[4] 이자의 계산 및 보험기간 중에 이자가 변제되는 점 등으로 미루어 後說이 타당하다고 본다.

제 3 절 傷害保險契約

I. 傷害保險契約의 意義

傷害保險契約(contract of personal accident insurance, Unfallversicherungsvertrag)이란 피보험자의 身體의 상해에 관한 보험사고가 생길 경우에 보험금액 기타의 급여를 할 것을 목적으로 하는 人保險契約을 말한다(제737조). 그러나 보험사고를 기준으로 본다면 傷害保險은 단순한 身體傷害事故의 담보를 의미하는 것이 아니라, 외부적인 급격한 원인에 의한 사고로 인하여 人體가 상해를 입을 수 있는 위험을 담보하는 것이다.[5]

---

3) 鄭熙喆・鄭燦亨(下) 651면.
4) 梁承圭(保) 454면 ; 孫珠瓚(下) 672면 ; 崔基元(保) 476면.
5) 대법원 1980. 11. 25. 선고, 80 다 1109 판결.

Ⅱ. 傷害保險의 性質

生命保險은 어느 경우에나 定額保險이지만, 傷害保險은 定額保險(傷害의 態樣에 따라 일정한 보험금액을 지급하는 경우)일 수도 있고, 不定額保險(치료비를 지급하는 경우)일 수도 있다.

Ⅲ. 傷害保險證券의 記載事項

傷害保險證券의 記載事項은 人保險證券의 記載事項(제728조)과 같다. 그러나 피보험자와 보험계약자가 동일인이 아닐 때에는 '피보험자의 주소·성명' 및 生年月日에 갈음하여 피보험자의 職務 또는 職位만을 기재할 수 있다(제738조).

Ⅳ. 傷害保險의 保險事故

傷害保險의 보험사고는 ① 外部로부터 생긴, ② 급격하고도, ③ 우연한 事故이어야 한다. 같은 人保險에 속하는 것으로서 질병보험이 있으나, 질병보험은 傷害保險과는 달리 그 원인이 외부로부터의 급격한 사고에 있는 것이 아니고, 오로지 피보험자의 내부적인 원인에 의하여 발생한 것인 점에서 傷害保險과 구별된다.

판례를 보면, ① 외부로부터 생긴 사고란 구토물이 호흡장애를 일으켜 사망한 사고,[6] 익사한 경우, 어린아이가 떨어뜨린 대리석을 주우려고 구부렸다가 무릅뼈

---

6) 서울민사지방법원 제42부 1993. 3. 26. 선고, 92 가합 65079 판결.

를 삔 경우 그 상해 자체는 내부적인 것이어도 상해의 원인이 외래적이면 보험사고가 된다고 한다. 그리고 신체외부에 흔적이 있으면 외부로부터 생긴 사고로 인정할 수 있지만, 내부적인 것만에 의하여도 안면이 창백해 보이거나 아파보인다거나 구토를 일으키거나 流血하는 등 가시적인 것이면 보험사고를 인정할 수 있다고 한다.[7] 그러나 고도근시인 사람이 무리한 역기운동을 하여 망막박리현상이 생긴 경우, 고도근시라는 신체적 결함이 원인이 되어 사망한 사고는 외래적인 사고가 아니라고 한다.[8]

② 급격한 사고란, 달려가는 말을 세우려다 고삐를 잡아당김으로써 심장 부근의 혈관이 파열되어 사망한 사고, 무거운 것을 들어 올리려다 입은 상해 등이 있다. 그러나 놀이시설을 강제로 급격하게 회전시키다 사망하였다고 하더라도 피보험자가 본래부터 기관지천식이 있어서 경미한 外因에 의하여 그 증상이 더욱 악화되어 사망한 것이라면 그 경미한 외인은 불측의 사고라고 할 수 없다고 한다.[9]

또한 ③ 우연한 사고란, 수술 중 동맥의 위치를 정확하게 파악하지 못하여 상해를 입은 경우, 머리카락을 뽑거나 여드름짜기 등으로 인하여 세균에 감염되어 사망에 이른 경우 등을 말한다.[10] 그러나 외과적 수술을 받다가 사망한 경우에는 우연한 사고가 아니라고 한다.

<대법원 1980. 11. 25. 선고, 80 다 1109 판결 : 급격한 외부적인 우연의 사고가 아니라고 본 사례>

상해보험은 피보험자가 급격한 외부적인 우연의 사고로 인하여 신체에 손상을 입는 것을 보험사고로 하는 것이므로 피보험자가 겨드랑 밑의 악취제거를 위한 수술중에 급성심부전증으로 사망한 경우에는 상해보험사고에 해당하지 아니한다.

<대법원 1998. 10. 27. 선고, 98 다 16043 판결 : 우발적인 외래의 사고의 의미>

평소 주벽이 심한 피공제자가 술에 취한 상태에서 다리 아래로 뛰어 내려 익사한 경우, 공제약관상의 재해사고인 '우발적인 외래의 사고'에 해당하여 피공제자에게 과음을 한 중과실이 있더라도 사망공제금의 지급대상이 된다.

---

7) 金英仙, 상해보험사고에 관한 고찰, 양승규교수화갑기념, 《현대상사법의 과제와 전망》, 1994, 413면 이하.
8) 서울고등법원 1985. 11. 13. 선고, 85 나 1676 판결.
9) 金英仙, 전게논문, 408면 이하.
10) 金英仙, 전게논문, 411면 이하.

<대법원 2000. 3. 28. 선고, 99 다 67147 판결 : 보험약관상의 '상해의 직접 결과로 사망하였을 때'에서 '직접결과'의 의미>

민사분쟁에 있어서의 인과관계는 의학적·자연과학적 인과관계가 아니라 사회적·법적 인과관계이고, 그 인과관계는 반드시 의학적·자연과학적으로 명백히 입증되어야 하는 것은 아닌바, 보험약관상의 '상해의 직접 결과로 사망하였을 때'의 의미도 이와 같은 견지에서 이해되어야 한다. … 좌측 대퇴부에 산탄총알을 맞아 심한 연부조직 결손과 출혈 등의 증상이 있었고 사고발생일로부터 20일 사이에 응급수술과 두 차례의 수술을 받았으며 마지막 수술일로부터 5일 만에 심근경색으로 갑자기 사망한 경우, 위 사고로 인한 상해의 직접 결과로 사망한 것으로 볼 수 있다.

실무에서는 傷害保險의 보험금은 보통 보통보험약관의 보험금지급기준에 의하여 산출한 금액을 기초로 필요 유익한 비용을 합하고 소정의 금액을 공제한 액수 또는 訴訟이 제기되었을 경우에는 대한민국 법원의 확정판결에 의하여 피보험자가 손해배상청구권자에게 배상하여야 할 금액(지연배상금 포함)을 기준으로 산정한다.[11]

V. 生命保險契約規定의 準用

生命保險에 관한 규정을 傷害保險에 준용하되, 15세 미만자 등을 피보험자로 하는 계약을 금지하는 商法 제732조의 규정은 제외한다(제739조).

사망을 보험사고로 한 보험계약에는 사고가 보험계약자 또는 피보험자나 보험수익자의 중대한 과실로 인하여 생긴 경우에도 보험자는 보험금액을 지급할 책임을 면하지 못하는데(제732조의 2), 이 규정 역시 상해보험의 경우에도 준용된다. 따라서 원칙적으로 생명보험이든 상해보험이든 인보험의 경우에는 원칙적으로 고의로 인한 사고, 즉 자살의 경우 외에는 중과실로 인하여 보험사고가 발생하였다고 하더라도 보험자는 보험금지급책임을 면하지 못한다.

---

11) 대법원 1996. 10. 11. 선고, 96 다 19307 판결 참조.

<대법원 1990. 5. 25. 선고, 89 다카 17591 판결 : 상해보험의 경우 무면허 운전은 직접적으로 사망이나 상해에 대한 고의가 없어서 보험자가 면책되지 아니한다>

무면허운전의 경우는 면허있는 자의 운전이나 운전을 하지 아니하는 자의 경우에 비하여 보험사고 발생의 가능성이 많음을 부인할 수 없는 일이나 그 정도의 사고발생 가능성에 관한 개인차는 보험에 있어서 구성원간의 위험의 동질성을 해칠 정도는 아니라 할 것이고, 또한 무면허운전이 고의적인 범죄행위이긴 하나 그 고의는 특별한 사정이 없는 한 무면허운전 자체에 관한 것이고 직접적으로 사망이나 상해에 관한 것이 아니어서 그 정도가 결코 그로 인한 손해보상을 가지고 보험계약에 있어서의 당사자의 선의성, 윤리성에 반한다고 할 수 없을 것이므로 장기복지상해보험계약의 보통약관 중 피보험자의 무면허운전으로 인한 상해를 보상하지 아니하는 손해로 정한 규정은 보험사고가 전체적으로 보아 사고로 평가되는 행위로 인한 경우뿐만 아니라 과실(중과실 포함)로 평가되는 행위로 인한 경우까지 포함하는 취지라면 상법 제659조 제2항 및 제663조의 규정에 비추어 볼 때 과실로 평가되는 행위로 인한 사고에 관한 한 무효이다. 同旨 : 대법원 1996. 4. 26. 선고, 96 다 4909 판결.

<대법원 1999. 2. 12. 선고, 98 다 26910 판결: 무보험자동차에 의한 상해특약의 경우>

자동차종합보험계약상의 '무보험자동차에 의한 상해특약'은 상해보험의 일종으로서, 상법 제732조의 2, 제739조, 제663조의 규정에 의하면 사망이나 상해를 보험사고로 하는 인보험에 관하여는 보험사고가 고의로 인하여 발생한 것이 아니라면 비록 중대한 과실에 의하여 생긴 것이라 하더라도 보험금을 지급할 의무가 있다고 할 것이므로, 그 약관 중 "피보험자가 무면허운전을 하던 중 그 운전자가 상해를 입은 때에 생긴 손해는 보상하지 아니한다."고 규정한 무면허운전 면책조항이 보험사고가 전체적으로 보아 고의로 평가되는 행위로 인한 경우 뿐만 아니라 과실(중과실 포함)로 평가되는 행위로 인한 경우까지 보상하지 아니한다는 취지라면 과실로 평가되는 행위로 인한 사고에 관한 한 무효라고 보아야 한다.

<대법원 2000. 7. 4. 선고, 98 다 56911 판결: 상법 제732조의 2의 규정은 상법 제739조에 의해 상해보험계약에도 준용된다>

상법 제732조의 2는 "사망을 보험사고로 한 보험계약에는 사고가 보험계약자 또는 피보험자나 보험수익자의 중대한 과실로 인하여 생긴 경우에도 보험자는 보험금액을 지급할 책임을 면치 못한다"라고 규정하고 있고, 위 규정은 상법 제739조에 의해 상해보험계약에도 준용되며, 한편 상법 제663조는

당사자 간의 특약으로 보험계약자 또는 피보험자나 보험수익자에게 불이익하게 위 각 규정을 변경하지 못하도록 규정하고 있는바, 상해 또는 사망을 보험사고로 하는 보험계약상의 음주 면책약관이 만일 보험사고가 전체적으로 보아 고의로 평가되는 행위로 인한 경우뿐만 아니라 과실(중과실 포함)로 평가되는 행위로 인한 경우까지 보상하지 아니한다는 취지라면 과실로 평가되는 행위로 인한 사고에 관한 한 위 각 규정들에 위배되어 무효라고 봄이 상당하다(대법원 1998. 3. 27. 선고, 97 다 48753 판결; 同, 1998. 12. 22. 선고, 98 다 35730 판결 등 참조).

Ⅵ. 保險者代位의 許容

生命保險에서와는 달리 傷害保險에서는 당사자간에 다른 약정이 있는 때에는, 보험자는 피보험자의 權利를 害하지 아니하는 범위 내에서 그 權利를 代位行使할 수 있다(請求權代位)(제729조 단서). 또 特別法으로서 산업재해보상보험법(同法 제54조), 국민건강보험법(同法 제53조) 등에서도 請求權代位가 인정된다.

제6편
海商法

제 1 장
緖　　論

Ⅰ. 海商法의 意義

1. 形式的 意義의 海商法

형식적 意義의 海商法이란 '상행위나 그 밖의 영리를 목적으로 항해에 사용하는 선박'(제740조)을 적용대상으로 하고 있는 상법전 제5편 海商編을 말한다. 종래 公·私法이 혼재되어 있는 해법으로부터 해상법을 분리시켜 상법에 규정한 것은 1807년 프랑스商法이 그 효시였다. 그 후 1861년의 獨逸舊商法이 이러한 立法例를 繼受하였고, 이어서 대륙법계 諸國의 상법도 해상법을 그 일부로 규정하게 되었다.

2. 實質的 意義의 海商法

실질적 意義의 해상법이란 海上企業에 관한 관계주체의 이익의 조정을 위한 법규의 전체라고 할 수 있다. 海商法은 私法이므로 주로 私法法規로 구성되어 있으나,[1] 私法法規의 시행을 위한 公法法規도 포함한다. 따라서 실질적 의의의 해상법은 주로 상법 제5편에 규정되어 있으나, 그밖에 조약·특별법령·관습법 등의 형식으로도 존재한다.

---

1) 세계적으로 볼 때 오늘날에는 해상법이 변질하여 공·사법을 다 포함하는 일반해법으로 발전해 가는 경향이 있다(네덜란드·중국·스칸디나비아 諸國). 獨逸海商法은 해운과 어업 양자를 포함하는 一般營利航海法으로 되어 있다.

Ⅱ. 海商法의 地位

海商法은 상법의 일부문으로서, 해상기업생활관계를 규제하는 法이다. 기업일반을 그 규제대상으로 하는 상법에 대하여는 특별법으로서의 지위를 차지한다. 따라서 해상기업에 관한 법률사실에 관하여는 海商編의 규정 외에 상법총칙편·상행위편·민법 등의 규정이 보충적으로 적용된다(제1조 참조).

Ⅲ. 海商法의 特異性

1. 特異性과 自主性의 區別

(1) 해상법의 자주성(독립성)이란 해상법이 민법이나 (육)상법에 대해서 어느 정도 독립된 법분야로서 연구될 수 있는 실질적인 가치를 말하며, 海商法의 특이성(특수성)이란 해상법의 자주성을 인정하는 원인이 되는 특질을 말한다.

(2) 생각건대, 해상법의 특이성은 곧 그 규제대상인 해상기업의 특이성이 법적 규제의 면에 반영된 것이라고 할 수 있으므로, 해상기업의 특이성으로부터 해상법의 특수한 법적 규제가 요청되고, 해상법이 그 특이성을 지니므로 해상법의 자주성이 인정된다.

2. 海上企業의 특수한 技術的 性格

(1) 해상기업이란 직접 해양을 무대로 하여 선박에 의하여 영위되는 기업을 말한다. 그 대표적인 것은 해상운송기업이지만, 海難救助企業·漁業·海上曳船企業 같은 것도 해상기업에 속한다. 海事에 관련된 기업으로서 海上保險業·海上賣買

業·海上金融業같은 것도 있으나, 이런 것은 해상기업을 전제로 하거나 혹은 해상기업에 부수되는 것이므로 해상기업은 아니고, 다만 해상기업적 특색을 나타내는 데 불과할 뿐이다.

(2) 해상기업의 특이성은 기업 자체의 물리적·경제적·사회적 성질, 즉 해상기업의 기술적 성격에서 오는 것이나, 해상기업 특유의 절대적인 것은 아니며(상대적 의미에서의 특이성), 전체적·포괄적 경향으로 나타나는 것으로서(구체적으로 열거할 수는 없으나) 막연하게 '바다(海洋)의 色彩'라고 표현할 수 있는 것이다(海洋의 廣大性·危險性, 船舶의 大資本性·危險團體性 등이 중요한 특색이기는 하나, 이것만으로 표현하기에 충분한 것은 아니다.).

3. 特異性의 內容

해상법의 특이성은 해상기업의 여러 가지 측면에서 찾아볼 수 있다. 즉, ① 기업조직면에서 보면 공동기업의 소박한 형태인 선박공유제도(제756조~제768조), 선박소유자 및 해난구조자의 유한책임제도(제769조~제776조), 法定된 선장의 대리권(제749조~제753조) 등을 들 수 있고, ② 企業去來面에서 보면 운송물의 船積·積付·保管·揚陸에 관한 기술적 배려(제794조 이하), 여객의 안전을 도모하기 위한 특수한 규제(제817조 이하) 등을 들 수 있으며, ③ 海上航行面에서 보면 海上航行의 기술성이나 선박의 고립성이 반영된 선박충돌(제876조~제881조), 공동해손(제865조~제875조), 해난구조(제882조~제895조)에 관한 특수한 규제 등을 들 수 있다.

4. 海商法의 傾向

해상법은 특히 그 통일적 경향이 상법의 다른 부분보다도 더 뚜렷한 것이 특색이라고 할 수 있으나, 통일성 이외에도 관습적 起源性, (정치적으로 영향을 받지 않는다는 의미의) 不動性의 경향을 들 수 있다.

Ⅳ. 海商法의 統一運動

1. 海商法 統一運動의 背景

운송도구인 선박과 그 조종방법, 선원의 조직같은 것은 대개 각국이 동일하며, 선박은 다같이 공통된 해상위험에 놓여져 있는데, 각국의 해상법이 서로 내용이 다르면 각 이해관계인에게 많은 불편을 주게 된다. 따라서 해상법은 한 국가·민족의 풍속·전통 기타의 사정과 밀접한 관계를 가지는 民法에 비하여 국제적 통일성이 강하며, 이러한 경향은 상법의 다른 분야보다도 더 적극적이다. 만약에 해상법이 세계적 흐름에 따라가지 못하는 낡은 것일 때에는 실무가들은 自國의 해상법을 외면할 수밖에 없게 되며, 선하증권을 통하여 현실에 맞는, 즉 해운선진국에서 사용하고 있는 법규 또는 조약을 수용하게 되고 동시에 자국의 해상법을 사문화시키게 된다. 따라서 해상법 분야에 있어서의 국제적 흐름을 파악한다는 것은 매우 중요하다. 그리고 이러한 법규의 통일은 주로 조약에 의하여 이루어지고 있다. 여기서는 지금까지 성립된 해상운송관계 조약 중 중요한 것들을 살펴보고, 구체적인 것은 해당되는 각 부분에서 설명하기로 한다.

2. 海商法 統一運動의 展開

(1) 해상법의 통일운동은 1860년 英國의 社會科學振興協會(The National Association for the Promotion of Social Science)에 의하여 소집된 그라스고會議에서 공동해손법의 통일에 관한 이른바 그라스고 규칙(Glasgow Resolutions)을 정한 것이 그 시초이다. 그 후 國際法協會(International Law Association, ILA), 國際海事委員會(萬國海法會)(Comité Maritime International, CMI), 政府間 海事協議機構(International Maritime Consultative Organization, IMCO), 國際聯合貿易開發會議(UN Conference on Trade and Development, UNCTAD) 및 國際聯合國際去來法委員會(UN Commission on International Trade Law, UNCITRAL) 등의 노력에

의하여 각종의 통일조약과 규칙이 성립되었다.

(2) 현재까지 성립된 해상운송관계 주요 규칙으로는 공동해손에 관한 요크·앤트워프 규칙(York-Antwerp Rules)(그라스고 규칙을 기초로 하여, 1864년에 제정된 이후 1877년, 1924년, 1950년, 1974년, 1990년, 1994년에 개정되었음)과 바르샤바·옥스퍼드 규칙(Warsaw Oxford Rules)(C.I.F. 약관의 통일을 목적으로 하는 규칙으로서 1928년의 바르샤바 규칙을 기초로 하여 1932년에 옥스퍼드 회의에서 수정작성되었음) 등이 있다. 이들 규칙들은 조약이 아니고 당사자의 합의에 의한 원용이 있을 때만 효력이 있는 통일규칙에 불과하지만, 현재 세계 각국의 해운·보험업자들이 약관으로 이 규칙을 적용하고 있다.

(3) 한편 주요 국제조약으로는 ① 1910년의 선박충돌에 관한 통일조약(International Convention for the Unification of Certain Rules of Law with respect to Collisions between Vessels, Brussels, Sep. 23, 1910, 1913년 발효), ② 해상에 있어서의 救援救助에 관한 통일협약(Convention for the Unification of Certain Rules of Law respecting Assistance and Salvage at Sea, Brussels, Sep. 23, 1910, 1913년 발효)(1967. 5. 27. 개정, 1977년 발효), ③ 1924년의 선박소유자의 책임제한에 관한 통일조약(International Convention for the Unification of Certain Rules relating to the Limitation of the Liability of Owners of Sea-going Vessels, Brussels, Aug. 25, 1924, 1931년 발효)(1957년 개정 : 1957년 신조약, 1968년 발효, 1976년 改正 : 海事債權責任制限條約, 1986년 발효), ④ 1924년의 선하증권에 관한 통일협약(International Convention for the Unification of Certain Rules of Law relating to Bills of Lading, Brussels on Aug. 25, 1924 : The Hague Rules, 1931년 발효)(1968. 2. 23. 改正 : The Hague-Visby Rules, 1977년 발효) (1978. 3. 31. 改正 : 국제연합해상물건운송조약)(Hamburg Rules, 1992. 11. 발효), ⑤ 1926년의 해상우선특권 및 저당권에 관한 통일협약(International Convention for the Unification of Certain Rules of Law relating to Maritime Liens and Mortgages, Brussels, Apr. 10, 1926, 1931년 발효)(1967. 5. 27. 개정, 1987년 발효, 1993. 5. 6. 신협약), ⑥ 1926년의 국유선박의 면책에 관한 통일협약(International Convention for the Unification of Certain Rules concerning the Immunity of Stateowned Ships, signed at Brussels, Apr. 10, 1926), ⑦ 1952년의 船舶衝突民事裁判管轄協約(International Convention on Certain Rules Concerning Civil Jurisdiction in Matters of Collision, Brussels, May 10, 1952), ⑧ 1952년의 船舶衝突刑事裁判管轄協約(International Convention for the Unification of Certain Rules relating to Penal Jurisdiction in Matters of

Collision or Other Incidents of Navigation, Brussels, May 10, 1952), ⑨ 1952년의 船舶假押留協約(International Convention relating to the Arrest of Sea-going Ships, signed at Brussels, May 10, 1952, 1956년 발효), ⑩ 1957년의 密航者協約(International Convention relating to Stowaways, Brussels, Oct. 10, 1957), ⑪ 1961년의 海上旅客運送協約(International Convention for the Unification of Certain Rules relating to the Carriage of Passengers by Sea, Apr. 29, 1961, 1965년 발효)〔1974년 개정 : 海上旅客·手荷物運送條約(아테네條約), 1987년 발효, 1990년, 2002년 개정〕, ⑫ 1962년의 原子力船運航者責任協約(Convention on the Liability of Operation of Nuclear Ships, May 25, 1962), ⑬ 1967년의 海上旅客手荷物運送協約(International Convention for the Unification of Certain Rules relating to Carriage of Passenger Luggage by Sea, Brussels, May 27, 1963)〔1974년 改正 : 海上旅客·手荷物運送條約(아테네條約), 1987년 발효〕, ⑭ 1967년의 建造중의 선박에 관한 권리의 등기에 관한 협약(International Convention relating to Registration of Rights in Respect of Vessels under Construction, Brussels, May 27, 1967), ⑮ 1969년의 油類汚染損害에 대한 民事責任에 관한 국제협약(International Convention on Civil Liability for Oil Pollution Damage, Nov. 29, 1969, 1975년 발효)(1984년, 1992년 개정), ⑯ 1971년의 核物質海上運送分野에 있어서의 민사책임에 관한 협약(Convention relating to Civil Liability in the Field of Maritime Carriage of Nuclear-Material, Brussels, Dec. 17, 1971, 1975년 발효), ⑰ 1971년의 油類汚染損害賠償을 위한 국제기금설치에 관한 국제협약(International Convention on the Establishment of an International Fund for Compensation for Oil Pollution Damage, 1971, 1978년 발효)(1984년, 1992년, 2003년 개정) 및 ⑱ 1980년의 UN국제복합물건운송협약(UN Convention on International Multimodal Transport of Goods, 1980) 등이 있다. 한편 UNCITRAL에서는 2008. 7. 해상운송을 포함하는 'door to door' 운송에 기반한 새로운 국제운송법협약(Convention on the carriage of goods wholly or partly by sea)을 성립시켰다.

(4) 위의 각 조약 중 우리 상법이 그 내용을 受容하고 있는 조약은 ① 1910년의 선박충돌조약, ② 1910년의 해난구조조약, ③ 1976년의 해사채권책임제한조약,[2] ④ 국제연합 해상물건운송조약(함부르크 규칙)[3] 및 ⑤ 1926년 해상우선특권·저당

2) 舊商法에서는 1924년의 선주책임제한조약을 수용하였으나, 1991. 12. 31. 개정상법에서 변경되었다.

3) 舊商法에서는 1924년의 선하증권조약(헤이그 규칙)을 수용하였으나, 1991. 12. 31. 개

권조약 등이다.

(5) 우리나라가 가입한 조약은 ① 1954년 油類에 의한 해양의 오염방지에 관한 국제조약(International Convention for the Prevention of Pollution of the Sea by Oil, 1954)(1954. 5. 12. 성립, 1958. 7. 26. 발효, 1978. 10. 30. 한국발효), ② 1966년 滿載吃水線에 관한 국제협약(International Convention on Load Lines, 1966)(1966. 4. 5. 성립, 1968. 7. 21. 발효, 1969. 10. 10. 한국발효), ③ 위 ⑮에서 언급한 1969년 油類汚染損害에 대한 민사책임에 관한 국제협약(1969. 11. 29. 成立, 1975. 6. 19. 발효, 1979. 3. 18. 한국발효, 1984년 개정), ④ 1969년 船舶噸數測定에 관한 국제협약(International Convention on Tonnage Measurement of Ship, 1969)〔1969. 6. 23. 성립, 1982. 7. 18. 발효(한국 포함)〕, ⑤ 위 ⑰에서 언급한 1971년 油類汚染損害賠償을 위한 국제기금 설치에 관한 국제협약(1971. 12. 18. 성립, 1978. 10. 16. 발효, 1993. 3. 8. 한국발효), ⑥ 1972년 國際海上衝突豫防規則協約(Convention on the International Regulations for Preventing Collisions at Sea, 1972)(1972. 10. 20. 성립, 1977. 7. 15. 발효, 1977. 7. 29. 한국발효), ⑦ 1972년 안전한 컨테이너를 위한 국제협약(International Convention for the Safe Containers)(1972년. 12. 2. 성립, 1977. 9. 6. 발효, 1979. 12. 18. 한국발효), ⑧ 1974년 해상에서의 인명안전에 관한 국제협약(International Convention for the Safety of Life at Sea, 1974)(1974. 11. 1. 성립, 1980. 5. 25. 발효, 1981. 3. 31. 한국발효) 등이다.

우리나라는 주로 조약의 내용을 국내법에 수용하는 입장을 취한다. 그러나 前述한 바와 같이 海法의 국제적인 성격에 비추어 우리나라도 가급적이면 세계적으로 효력이 인정되는 각 조약에의 직접적인 가입에 인색해서는 안될 것이다.

Ⅴ. 우리나라의 海商法

1. 1962년 新商法

1962년에 공포되어, 1963년 1월 1일부터 시행된 商法典은 이전까지 사용되어

정상법에서 변경되었다.

오던 依用商法이 해상보험규정을 해상편에 편제하던 것과는 달리 이를 보험편으로 옮겼다. 당시 해상편은 1924년의 선주유한책임조약과 선하증권통일조약(헤이그규칙), "선박충돌에 관한 규칙" 등 통일조약을 수용하여, 의용상법에 비해 진취적인 모습을 보였다.

2. 1991년의 改正

신상법은 해상운송계약을 용선계약을 중심으로 규율하였고, 정기용선계약에 대한 규정이 미비하였으며, 근래의 국제조약을 반영하지 못하였다. 이에 따라 해상물건운송에 관한 1968년 헤이그 비스비 규칙과 1978년 함부르그 규칙, 선박소유자의 책임제한에 관한 1976년의 런던 해사채권책임제한조약 등을 수용한 개정법이 1991년 국회를 통과하여 1993년 1월 1일부터 시행되었다. 1991년 개정 해상법은 이 밖에도 해상운송관계인간의 합리적인 이해관계의 조정 및 해운실무에 적합하지 아니한 규정의 정비 등 손질을 가하였다. 1999. 2. 5., 법률 제5809호로 공포된 '해난심판법 중 개정법률'은 종래의 '해난심판법'의 명칭을 '해양사고의 조사 및 심판에 관한 법률'로 개정하면서 그 부칙 제6조 제7항에서 상법 중 '海難救助'라는 용어를 '海洋事故 救助'로 변경하였다.

3. 2007년의 改正

2007년에 개정하여 2008년부터 시행된 개정해상법은 세계 주요 해운국의 해상법 체계를 참조하여 해상법의 전반적인 체계를 근대화하였다. 즉, 상법 제5편 해상편을 제1장 해상기업 관련 규정(총칙적 규정 및 선박 물권에 관한 규정),[4] 제2장 운송과 용선에 관한 규정(상행위법적 규정으로서 운송계약 관련 규정), 제3장 공동해손 등 해상 고유의 위험에 관한 규정(불법행위 등 비계약적 규정)으로 분류하였다.

4) 상법을 기업법이라고 보는 것이 오늘날 한국의 통설이나, 상법 자체에서는 "기업"이라는 용어를 사용하지 아니하였는데, 2007년 상법은 "해상기업"이라는 용어를 직접 사용하고 있다. 상법에 "기업"이라는 용어를 지접 사용할 것인가에 대한 학계의 진지한 고민이 없이 도입된 것이 아닌가 의문이다.

제2장에서도 현대 해운업의 영업형식을 고려하여 기업활동을 운송과 용선으로 구분하고, 운송은 개품운송과 여객운송으로 구분하였는데, 개품운송의 말미에 복합운송인의 책임에 관한 한 개의 조문을 신설하였다. 용선은 항해용선, 정기용선 및 선체용선으로 각각 분리하여 규정하였다. '船體傭船'이라는 용어는 과거 '裸傭船'을 변경한 것이다. 운송증서에 관한 절을 새로이 창설하여, 선하증권, 전자선하증권 및 해상화물운송장을 규정하였다. 무엇보다도 해상운송인의 책임제한규정을 보완하여, 선주책임제한제도를 유지하는 바탕 위에, 포장단위당 책임제한의 한도액을 헤이그 비스비 규칙에 따라 소폭 인상하였고(현행 500 SDR에서 666.67 SDR로), 중량에 따른 책임제한제도(중량당 2 SDR)를 새로이 도입하였다(중량에 따른 책임제한은 부칙 제1조에 따라 2011년부터 시행). 해상위험과 관련하여 특기할 것은 '해양사고구조'라는 용어가 다시 '해난구조'로 변경된 것이다.

제 2 장
海 上 企 業

제 1 절 船　　舶

I. 序　　說

해상법은 海上企業에 관한 法이다. 그리고 해상기업에서는 선박이 필요불가결의 물적 설비이며, 선박의 운항을 전제로 하여 여러 가지 법률관계가 생긴다. 따라서 선박개념은 해상법상의 모든 문제의 법적 기초가 된다. 즉, 선박개념을 확정함으로써 해상법의 적용범위가 한정되고(제740조 · 제741조), 선박소유자 · 선박공유자 · 선박임차인 등 주요 개념도 선박개념에 의하여 밝혀지며, 여러 가지 법률관계(海產 · 船舶債權 · 선박소유자의 책임제한 · 선박충돌 · 공동해손 · 해난구조 등에 관련된 법률관계)도 선박개념을 떠나서는 해결될 수 없다. 반면에, 예컨대 海上賣買業이나 해상보험업 등은 해상기업과 관련된 영업이기는 하지만, 직접 선박에 의하여 영위되는 기업이 아니므로 고유의 의미에서 해상기업이 아니다. 그러므로 海上賣買法이나 海上保險法은 해상법에 속하지 않는다. 상법은 "이 법에서 선박이라 함은 상행위 그 밖의 영리를 목적으로 항해에 사용하는 선박을 이른다."(제740조)라고 규정하고 있으나, 이것은 해상법이 적용될 선박의 범위를 밝혔을 뿐 선박개념 자체에 대해서 해명한 것은 아니다. 그러므로 넓은 의미의 선박개념은 사회통념에 의하여 결정하는 수밖에 없다.

Ⅱ. 船舶의 意義

1. 廣義의 船舶

廣義의 선박이란 '水上航行에 사용되는 構造物'을 말한다. 따라서 사회통념상 선박으로 인정되려면, 浮揚性·積載性·移動性이 있어야 한다.

(1) 水上航行用

水上이란 水面과 水中(潛水商船)을 포함하나, 水上飛行機나 비행선은 선박이 아니다. 航行性이 있어야 하므로, 장소의 이동을 전제로 한다. 따라서 특정 장소에 고정되어 있는 것(예컨대, 浮標·燈臺船·水上호텔·水上倉庫·浮浴場·浮船渠), 또는 특정 장소에서 浚渫作業을 하는 浚渫船(준설물의 운반도 하면 제외된다.)은 선박이 아니다. 또 항행용이더라도 사용을 폐지하면 선박이 아니다.

(2) 航行能力

선박은 항행에 사용하는 것이므로 항행할 수 없는 선박, 즉 구조불능의 難破船, 引揚不能의 침몰선은 특별한 경우(제710조)를 제외하고는 선박으로 취급되지 않는다. 또 건조중인 선박도 특별한 경우(제790조)를 제외하고는 선박으로 취급되지 않으며, 進水 후 항행할 수 있는 정도가 될 때에 (완성 전이라도) 선박이 된다. 항행할 수 있는 한 獨航能力을 필요로 하지는 않는다. 그러나 난파·소실·구조불능의 침몰·좌초 등에 이르면 선박의 개념을 잃게 된다.

(3) 構 造 物

사람 또는 물건을 積載하여 운반하기에 적합한 구조물이어야 한다. 그러므로 그 자체를 운반하기 위한 떼(筏)는 선박이 아니다.

2. 海商法上의 船舶

해상법이 적용될 수 있는 해상법상의 선박, 즉 狹義의 선박이란 '商行爲 그 밖의 영리를 목적으로 항해에 사용되는 선박으로서, 短艇 또는 주로 櫓 또는 상앗대로 운전하는 선박이 아닌 것'을 말한다(제740조 · 제741조 제2항). 이를 分說하면 다음과 같다.

(1) 商行爲 기타 營利를 목적으로 하는 船舶(營利船要件)

상행위 그 밖의 영리목적이라 함은 선박의 운항에 의하여 상법 제46조에 속하는 행위를 함으로써 해상기업을 영위하는 것을 말한다. 상행위를 목적으로 하는 商船(예컨대, 운송선 · 공작선 · 救助作業船 · 導船船 · 商人用船舶)뿐만 아니라 기타의 영리를 위하여 사용하는 선박(예컨대, 어선)에 대하여도 商法이 적용된다.

(2) 航海에 사용하는 船舶(海船要件)

(가) 항해란 海上의 航行이고, 해상이란 湖川 · 港灣 이외의 수면을 말한다. 호천 · 항만의 범위는 平水區域에 의하여 정하고(商施規 제3조), 평수구역은 선박안전법시행령 제2조에 의하면 호수 · 하천 및 항내의 수역(항만법에 의하여 항만구역이 지정된 항만에 있어서는 그 구역)과 해양수산부령이 정하는 수역을 말한다[航行區域은 ① 平水區域(內水), ② 沿海區域, ③ 近海區域, ④ 遠洋區域으로 나누고, 원양 · 근해 · 연해를 항행하는 것을 航海라 한다]. 따라서 평수구역, 즉 內水를 항행하는 선박(내수선)에는 해상법이 적용되지 않는다(제125조).

(나) 그러나 항해선과 내수항행선 간의 선박충돌(제876조) · 해난구조(제882조)의 경우에 있어서는 내수항행선에도 해상법을 적용한다. 運航裝置(推進器)가 있는 浚渫船은 廣義의 선박이긴 하나 항해가 목적이 아니므로 해상법상의 선박은 아니다. 내수와 항해 양쪽 모두에 사용되는 선박의 경우에는 평소의 항해구역에 따라 결정되어야 할 것이다.

(3) 社會通念上의 船舶(船舶要件)

사회통념상 선박이란, 광의의 선박을 말하는 것으로서 水上 또는 水中을 航行하는 데 사용하는 구조물이다. 廣義의 선박인 한 그 구조 · 형태 · 동력같은 것은

문제되지 않는다. 또 獨航能力, 즉 自力으로 항행할 수 있는 능력이 필요한 것도 아니다.[1)]

(4) 特定船舶의 例外

(가) 항해선이라도 櫓櫂船과 公用船에 대해서는 해상법이 적용 또는 준용되지 않는다. 로도선, 즉 短艇 또는 주로 櫓 또는 상앗대로 운전하는 소규모의 선박(제741조 제 2 항)에 대해서 기술적인 해상법을 적용하는 것은 오히려 그 소유자에게 가혹하기 때문이다. 그러나 櫓櫂船과 航海船 간의 선박충돌・해난구조의 경우에 있어서는 櫓櫂船에도 해상법을 적용하여야 할 것이다.

(나) 船舶法 제29조는 公用船, 즉 國有 또는 公有의 선박(公船, 예컨대 軍艦・警備船・測量船)에 대하여는 해상법을 準用하지 않는다는 뜻을 규정하고 있으나, 이것은 '公用'에 제공된 국유 또는 공유의 선박으로 해석하여야 할 것이다.[2)] 그러나 公用船에 대하여도 해난구조・선박충돌의 경우에는 해상법을 적용한다(제876조・제882조).

(5) 準海商船

船舶法 제29조는 國有 또는 公有의 선박을 제외한 일반 항행선(私船, 예컨대 탐험선・유람선・학술연구선)에 대하여도 營利船은 아니지만 상법 해상편을 준용하도록 하였다. 따라서 해상법 중 특히 일반 航行法的 規定(선박・선장・해원・충돌・구조)이 준용될 것이다.

(6) 船舶法上의 船舶

선박법상 선박이라 함은 수상 또는 수중에서 항행용으로 사용하거나 사용될 수 있는 배의 종류를 말하며, 기선[기관을 사용하여 추진하는 선박(기관과 돛을 모두 사용

1) 이에 대하여 大判 1973. 5. 30, 73 다 142・143 및 同 1987. 11. 24, 87 누 593은, "항진기관이나 항진추진기가 없이 다른 선박에 의하여 예인되는 부선(艀船)은 그 톤수여하에 불구하고, 또 상행위 기타 영리를 목적으로 항해에 사용된다고 하더라도 이를 등기할 선박이 아니라고 해석함이 상당하다."고 하여 총톤수 298톤의 대형부선이 독항능력이 없으므로 선박이 아니라고 판결하고 있으나, 그 타당성은 의문이다. 大決 1998. 5. 18, 97 마 1788 : 예인부선은 압항부선, 해저조망부선을 제외하고는 그 톤수여하에 관계없이 등기할 선박에 해당하지 아니한다.

2) 그러므로 國有船이라도 민간에 貸付되어 私用으로 사용하는 경우는 私船으로서 해상법의 준용을 받을 것이며, 民有船이라도 임대차계약 또는 정기용선계약 등으로 국가가 公用으로 사용하는 경우에는 준용이 배제될 것이다.

하는 경우로서 주로 기관을 사용하는 것을 포함한다)], 범선[돛을 사용하여 추진하는 선박(기관과 돛을 모두 사용하는 경우로서 주로 돛을 사용하는 것을 포함한다)] 및 부선[자력항행능력이 없어 다른 선박에 의하여 끌리거나 밀려서 항행되는 선박]으로 구분한다(船 제1조의 2).

Ⅲ. 船舶의 性質

1. 不動產類似性

(1) 動產으로서의 船舶

민법상 土地 및 定着物 이외의 物件은 動產이다(民 제99조). 그러므로 海上을 航行移動하고 소유권 기타 권리의 객체가 되는 선박은 動產임이 명백하다.

(2) 不動產的 取扱

(가) 선박은 動產이지만 경제적으로는 그 가격이 高價이고, 또한 운송용구로서 이용하면서 擔保化할 필요가 있으며, 法律技術的으로도 선박은 명칭·국적·船籍港·자격·등급·톤수 등에 의하여 개별화됨으로써 登記簿上 동일성의 인지가 용이하다는 특수성이 있기 때문에 대체로 不動產과 같이 취급된다.[3)]

(나) 總噸數 20톤 이상의 선박에 관해서는 商法上 船舶登記制度(제743조), 船舶抵當權制度(제787조·제790조)·선체용선에 대한 등기제도(제849조)가 인정되고, 또한 節次法上 강제집행과 경매는 대체로 부동산의 경우와 같다(民執 제172조). 따라서 등기선박에 관한 한 선박을 동산으로 보는 實益이 적다. 또 刑法上 선박을 저택·건조물과 같이 취급하는 경우도 있다(刑 제319조).

(다) 한편 선박의 소유자는 선박을 등기한 후 선적항을 관할하는 해운관청에 그 선박의 등록을 신청하여 船舶原簿에 등재하고 船舶國籍證書를 교부받아야 한

3) 선박의 개별화를 이유로 선박의 성질로서 인격자유사성을 들기도 하나〔徐燉珏·鄭完溶(下) 511면〕, 이것은 부동산유사성의 내용 내지 그로 인한 제2차적 특성으로 보는 것이 타당하지 않을까 생각한다.

다(船 제8조).

2. 合成物로서의 船舶

(1) 船 舶

선박은 船體·甲板·帆檣·汽罐·客室·船艙 등 각 부분으로 구성되어 있으나, 단순한 集合物(예컨대, 거래의 편의상 일괄하여 다루는 공장 안의 기계, 창고 안의 상품 등)은 아니고, 통합된 한 개의 물건, 즉 合成物이다.

(2) 屬 具

(가) 屬具란 선박의 常用에 제공된 부속물이다. 따라서 선박 자체와는 별개의 물건이다. 예컨대, 羅針盤·測程器·救命袋·海圖·短艇·돛(帆)·닻(錨)·起重機 등은 선박의 구성부분이 아닌 독립물이면서 선박에 부속된 속구이다[일반적 소모품인 양식·석탄·탄약·底荷(Ballast)와 같은 것은 속구가 아니다].[4] 특히 닻이나 기중기 같이 선체에 부착된 것은 선박의 구성부분이냐 별개의 물건이냐의 구별이 문제된다. 선체와의 결합도 여하와 선박의 목적에 비추어 본 필수성 여하의 두 점을 중심으로 결정되어야 할 것이다.

(나) 속구는 선박 내에 비치하는 속구목록(선원법시행규칙 제13조 제2항 제4호·제14조 제4호)에 기재된 것에 한하여 선박의 종물로 추정된다(제742조). 따라서 속구는 민법상의 종물(民 제100조)과는 다르나, 속구목록에 기재되면 그것이 선박소유자의 소유물이 아니라는 반증이나 다른 특약이 없는 한 선박과 법률적 운명을 같이 한다.

---

4) 울산地判 1998. 9. 3, 98 가단 16905 판결 : 오징어 채낚이 어선에 설치된 자동조상기 등 어구(漁具)는 종물이다.

Ⅳ. 船舶의 個性

1. 意　　義

선박은 權利主體的 性質이 있기 때문에 公法上의 통제관계 및 私法上의 거래목적을 위하여 그 개성을 식별할 필요가 있다. 선박의 個性은 船名·國籍·船籍港·船級·噸數 등에 의하여 식별된다.

2. 船　　名

선박은 등기선이든 비등기선이든, 船名을 붙여야 한다(船 제11조). 다만 總噸數 20톤 미만의 船舶·端舟 또는 櫓櫂만으로 운전하는 선박은 그러하지 아니하다(船 제26조). 船名의 선정은 자유이나, 해상운송계약 및 용선계약에 있어서 船名을 특정하여야 하고, 선하증권 및 海上保險證券에서 船名의 기재는 중요한 의의를 갖는다.

3. 船舶의 國籍

(1) 선박의 國籍(nationality of ships, nationalité du navire)은 國際海商法上의 주요 準據法으로서 旗國法이 적용되고, 또 각국법은 대개 自國船과 外國船을 차별대우하고 있으므로 중요한 의미가 있다. 특히 韓國國籍船舶에 대하여는 ① 대한민국 국기를 게양할 수 있고(船 제5조), ② 不開港場에의 寄港과 국내 각 港間에서의 운송이 허용되며(船 제6조), ③ 登錄 및 國籍證書交付請求資格이 주어지고(船 제8조), ④ 船舶奬勵金을 받을 수 있는 등의 특권이 인정된다.

(2) 선박의 국적에 대한 立法主義는 대체로 그 나라의 국방·해운업·조선업 등에 따라 정책적으로 결정된다. 선박의 國籍取得의 기준으로서 영국이 1651年의

항해조례에서 origin(선박의 製造地 또는 材料의 생산지), property(선박소유권) 및 seamen(船員) 등 세 가지를 기준으로 한 이래, 각국에서 이를 답습하였으나, 현재는 선박소유자에게 비중을 두는 경향이 있다.

《船舶의 國籍에 관한 立法主義》

1) 선박의 국적에 관한 立法主義는 대체로 다섯 가지가 있다. 첫째는 선박소유권 전부가 자국민에게 속할 것을 요건으로 하는 主義(독·영·노르웨이·일본), 둘째는 선박소유권의 일부만은 자국민에게 속하되, 그 비율에 있어 2分의 1 이상(프랑스) 또는 3分의 2 이상(이탈리아)을 요건으로 하는 主義, 셋째 선박소유권 전부가 自國民에 속하고 동시에 (고급)선원 전부(미국) 또는 일부가 자국민일 것을 요건으로 하는 主義(스페인, 포르투갈, 브라질, 핀란드 등), 넷째 선박소유권의 일부가 자국민에 속하고 동시에 선원의 一定數가 자국민일 것을 요건으로 하는 主義(그리스, 폴란드), 다섯째 선박소유권을 전혀 문제삼지 않는 立法主義(아르헨티나, 우루과이, 도미니카, 코스타리카, 파나마 등 외국자본의 도입을 필요로 하는 新生國家들) 등이 있다.

2) 우리 선박법에 의하면 ① 국유 또는 공유의 선박(船 제2조 제1호), ② 대한민국 국민이 소유하는 선박(船 제2조 제2호), ③ 대한민국의 법률에 의하여 설립된 상사법인이 소유하는 선박(船 제2조 제3호) 및 ④ 대한민국에 주된 사무소를 둔 법인으로서 그 대표자(공동대표인 경우에는 그 전원)가 대한민국 국민인 경우 그 법인이 소유하는 선박(船 제2조 제4호)을 한국선박이라 한다. 이들 규정을 종합해 보면, 우리나라는 대체로 소유자국적주의를 취하고 있다고 볼 수 있다.

4. 船 籍 港

선박은 사람의 本籍·住所 또는 상인의 영업소와 같은 선적항을 갖는다. 총톤수 20톤 이상의 한국선박의 소유자는 대한민국에 선적항을 정하여야 한다(船 제7조 제1항). 선적항은 법률상 두 가지 의미가 있다. 하나는 航行法上의 등기 또는 登錄港(Registerhafen, port of registry)이고, 다른 하나는 商法上 海上企業의 本據港(Heimathafen, home port)이라는 뜻이다.[5] 양자는 일치하는 것이 보통이지만,

5) 大判 1991. 12. 24, 91 다 30880 : 선적항은 선박의 등기 또는 등록을 한 등록항의 뜻 외에 해상기업의 본거항의 뜻도 갖는다.

반드시 일치하여야 할 필요는 없다. 登錄港(船 제8조)은 주로 선박을 통제하기 위한 것이지만, 민사소송법상 관할의 기준이 된다(民訴 제13조). 본거항은 당해선박에 의한 기업경영의 중심지인 港으로서 마치 상인의 주소인 영업소와 같은 것이지만, 선박이 常時 發港 또는 귀항하는 航海基地와는 다른 개념이다.[6] 상법에서 선적항이라 할 때에는 본거항의 뜻으로 사용하는 경우가 많다(제749조 · 제753조).

5. 船舶의 資格 · 船級

(1) 선박의 안전운항을 위하여 해운수산부는 정기검사를 통하여 선박의 구조 · 재료 · 공사 및 현황에 따라 일정한 길이 및 속력을 표준으로 하여 항행능력을 측정하고, 그 능력에 따라 등급을 분류하는데 이 등급을 선박의 자격이라 한다. 선박의 자격에 따라 항행구역이 제한된다. 선박의 자격은 항행의 안전을 목적으로 한 선박의 분류이다.

(2) 한편 公認된 船級協會가 선박을 검사하여 그 선박의 堪航能力에 따라 등급을 정한 것을 船級(Klasse, ship's class)이라 한다. 선급의 명칭은 각 선급협회에 따라 복잡하게 나뉜다. 선급협회로서 세계적인 권위가 있는 것으로는 영국의 Lloyd's Register와 British Corporation, 프랑스의 Bureau Veritas, 獨逸의 Deutscher Lloyd, 이탈리아의 Registro Italiano, 미국의 American Bureau of Shipping 등이 있다. 선급은 해상보험계약상 중요한 의의가 있으며, 또 公法上으로도 韓國船級協會의 검사를 받아 선급을 등록한 선박은 선체 · 기관 기타의 船舶施設 및 滿載吃水線에 관하여 海運行政廳의 검사에 합격한 것으로 간주된다(船安 제8조의 2).

6. 船舶의 噸數 · 吃水 · 速力

(1) 톤수는 선박의 容積을 나타내는 것과 貨物積載能力을 나타내는 것 두 가지가 있다. 前者에는 총톤수(gross tonnage : G.T.)와 순톤수(net tonnage : N.T.)가 있다. 총톤수는 선박 내부의 總容積을 말하고, 순톤수는 여객이나 화물의 운송용으로 제공되는 船內容積을 말한다(船 제3조 제1항 제2호 · 제3호). 貨物積載能力을 나

6) 竹田 廉, 海商法, 1937, 77면.

타내는 것은 載貨重量噸數라고 하는데, 이것은 항행의 안전을 확보할 수 있는 한도 내에서 선박의 最大積載量을 나타낸다(船 제3조 제1항 제4호). 한국선박의 소유자는 선적항을 관할하는 해운관청에 선박의 총톤수의 측 신청하여야 한다(船 제7조 제1항).

(2) 이 외에도 주로 국제항해에 종사하는 선박에 대하여는 "1969年 船舶噸數測定에 관한 協約" 및 同協約의 부속서에 의거하여 측정한 國際總噸數가 있다(船 제3조 제1항 제1호). 길이 24미터 이상의 한국선박의 소유자는 해양수산부장관으로부터 국제톤수증서를 교부받아 선박에 비치하여야 당해 선박을 국제항해에 종사시킬 수 있다(船 제13조 제1항).

(3) 吃水(draught, draft)란 배의 아랫부분이 물에 잠기는 깊이나 정도를 말하고, 吃水線이란 船腹이 물에 잠기는 한계선을 말한다. 吃水는 滿載平均吃水와 空船平均吃水가 있고, 항행할 곳의 水深과 밀접한 관계가 있다. 속력은 보통 평온한 해상에서 滿載한 선박의 1시간의 속력을 말한다.

V. 船舶의 公示

(1) 선박에 관하여는 船籍을 확인하고 항해 및 선박의 관리를 쉽게 하려는 公法上의 필요에서 선박등록제도를 채택하고, 권리관계를 명확하게 하려는 私法上의 필요에서 소유권(제743조)·선체용선권(제849조) 및 저당권(제787조·제790조) 등의 선박등기제도를 채택하고 있다. 즉, 선박소유자는 선박등기법의 정하는 바에 따라 船籍港을 관할하는 지방법원, 同支院 또는 등기소에서 일정한 사항을 등기하여야 하고(船登 제4조~제6조), 선적항을 관리하는 海務官廳에 비치한 선박원부에 등록을 하고 선박국적증서의 교부를 받아야 한다(船 제8조·제18조 이하)(외국에서 선박을 취득한 경우에는 假船舶國籍證書, 船 제9조 제2항). 다만 총톤수 20톤 미만의 선박에는 등기를 인정하지 않는다(제754조, 船 제26조).[7] 총톤수 20톤 미만의 기선, 총

7) 大判 1975. 11. 11, 74 다 112 : 총톤수 20톤 미만의 선박이나 단주 또는 노도만으로 운전하는 선박 및 항진기관이나 항진추진기가 없이 다른 선박에 의하여 예인되는 부선은 등기할 선박이 아니다.

톤수 5톤이상 20톤 미만의 범선 및 총톤수 20톤 이상 100톤 미만의 부선(다만, 선박계류용·저장용 등으로 사용하기 위하여 수상에 고정하여 설치하는 부선을 제외한다) 등의 소형선박은 선적항을 관할하는 지방청장에게 해양수산부령이 정하는 바에 따라 선적증서원부의 기재를 신청할 수 있다(船 제26조의 2 제1항, 船施 제4조·제5조).

(2) 한국선박은 법령에 따로 정한 경우를 제외하고, 선박국적증서 또는 假船舶國籍證書를 교부받아 이를 船內에 비치하지 아니하면 대한민국 국기를 게양하거나 또는 항행할 수 없다(船 제10조).

(3) 선박등기가 부동산등기와 다른 점은 ① 선박소유권등기가 강제적인 점(船 제8조), ② 비등기선의 예외가 인정되고(船 제26조), ③ 선박관리인의 등기가 요구되며(제764조 제2항), ④ 등기와 선박국적증서에의 기재가 없으면 제3자에 대하여 선박에 관한 권리의 대항력이 생기지 않는 점(제743조 단서) 등이다.

Ⅵ. 船舶所有權

1. 船舶所有權의 得喪

(1) 船舶所有權의 取得原因

(가) 선박소유권의 취득원인은 일반 동산과 대체로 같다. 따라서 증여·교환·매매·대물변제·상속·합병·시효 등으로 취득하게 되나(선박의 선의취득은 성질상 등기선박에는 인정할 수 없다.), 다음과 같은 특수원인에 의한 경우도 있다.

(나) 公法上의 취득원인으로 국제법상의 포획, 선박법 위반으로 인한 몰수(船 제32조 제3항) 및 收用 등이 있다. 私法上의 취득원인으로 造船 외에 상법상 특유한 것으로 保險委付(제710조), 異議 있는 선박공유자의 지분의 매수청구(제761조 제1항), 선박의 국적상실로 인한 선박공유자의 持分買受 또는 경매처분(제760조), 선장이 하는 매각(제753조)이 있다.

(2) 船舶所有權의 喪失原因

선박소유권의 상실원인은 대개 취득원인의 반면이나, 그밖에 沈沒·解撤(解體)

을 들 수 있다.

2. 船舶所有權의 讓渡

(1) 船舶所有權讓渡의 方法

(가) 非登記船의 경우

총톤수 20톤 미만의 비등기선(船 제26조)에는 상법 제743조가 적용되지 않으므로(제744조 제2항),[8] 그 권리이전에는 민법상의 동산물권변동의 일반원칙에 따라서 '引渡'를 하여야 한다(民 제188조 제1항).[9]

(나) 登記船의 경우

등기선은 당사자간에 無方式의 합의(의사표시)만 있으면 양도할 수 있으며(제743조 본문), 보통 매도증서를 작성하나, 이것은 거래관행에 불과한 것이고 법률상의 효력발생요건은 아니다. 따라서 양도에 따른 이전등기와 선박국적증서의 명의개서는 이전의 대항요건이다(제743조 단서). 형식주의를 취한 민법의 일반원칙(民 제186조)을 등기선박에 적용한다면, 航海 중의 선박은(登記船은 대체로 규모가 크고 장기간 遠洋航海를 하는 것이 보통인데) 양도할 수 없는 불편이 생길 우려가 있으므로 이 불편을 덜기 위하여 의사표시라는 중대한 예외를 인정한 것이다.

(2) 船舶所有權讓渡의 效果

(가) 船舶所有權의 移轉

양도행위의 효과로 다른 특별한 의사표시가 없는 한 선박소유권의 이전과 함께 그 屬具의 소유권도 이전한다.

(나) 航海損益의 歸屬

항해 중인 선박이나 그 지분을 양도한 경우에는 당사자 사이에 다른 약정이 없

---

8) 大判 1967.12. 19, 67 다 1591 : 총톤수 20톤 미만의 소형선박은 등기능력이 없다.

9) 大判 1966. 12. 20, 66 다 1554 : 총톤수 20톤 미만의 소형선박에 관한 권리의 이전은 당사자 간의 합의만으로써는 그 효력을 발생할 수 없는 것이고 일반 동산의 예에 따라 그 인도를 받지 아니하면 그 소유권을 취득할 수 없는 것이다. 同旨 : 大判 1969. 7. 29, 68 다 2236 ; 同 1999. 6. 22, 99 다 7602(항진추진기가 없어서 선박등기의 대상이 되지 아니하는 부선에 대한 물권의 양도는 인도하여야 효력이 발생한다).

으면 그 항해로부터 생긴 손익은 양수인에게 귀속된다(제763조). 항해에서 생긴 손익이란 그 항해를 마치는 동안의 총수입과 총지출의 차액을 말하며, 항해란 기업으로서의 一航海라는 뜻이지, 一航海 중의 각 구간의 항해를 말하는 것은 아니다. 이러한 손익의 귀속관계는 당사자간의 대내적 효과이므로 제3자에 대한 관계에서는 매도인이 권리의무의 주체가 된다.

(다) 旣存運送契約의 履行義務

양도인이 이미 제3자와 체결한 운송계약이 양수인에 대하여 구속력이 있는 것은 아니지만, 매매 당시 이미 船積을 종료하였거나 또는 선적작업이 진행중인 경우에는 특약이 없는 한 양수인이 기존의 운송계약을 이행할 의무를 진다고 볼 것이다.

3. 建造 중의 船舶

건조 중의 선박은 선박저당권의 목적이 될 수는 있으나(제787조·제790조), 저당권의 설정 이외의 경우에는 동산에 관한 일반원칙에 따른다.

제2절 船　長

I. 總　說

1. 海上企業의 補助者

(1) 해상기업보조자에는 陸上補助者(상업사용인·선박대리점·선박중개인)와 海上

補助者가 있다.

(2) 육상보조자는 상사에 관한 보조자로서 본점·지점 등의 영업조직(지배인 기타의 상업사용인)과 선박대리점·운송주선인·선박중개인 등이 있다.

(3) 해상보조자는 선박의 운항에 관한 보조자로서 선장·선원 기타의 해원 및 선박사용인이 있다. 선원법상 선원이란 "임금을 받을 목적으로 선박 안에서 근로를 제공하기 위하여 고용된 자로서, 선장·해원 및 예비원(승무 중이 아닌 자를 말한다)"을 말한다(船員 제 3 조 제 1 호). 船長이란 "해원을 지휘·감독하며 선박의 운항관리에 관하여 책임을 지는 선원"을 말한다(船員 제 3 조 제 2 호). 그리고 海員이란 "선박 안에서 근무하는 선장이 아닌 선원"을 말한다(船員 제 3 조 제 3 호).

(4) 해상법은 육상보조자에 대하여는 상법총칙·상행위법의 규정에 미루고, 해상보조자 가운데 선원, 특히 선장의 대리권에 관한 규정만을 두고 있다. 선원에 대하여는 선장의 직무·권한에 관한 규정 외에 주로 선원에 관한 행정법 및 노동법적 규정을 내용으로 한 선원법이 있다.

《海員·船舶使用人·導船士》

1. 海　員

해원이란 선박소유자의 피용자로서 특정선박에 승선하여 선장의 지휘·감독하에 항해상의 업무에 종사하는 자로서 선장 이외의 자를 말한다. 해원으로는 항해사, 기관사, 통신사, 기타 노무에 종사하는 선원이 있다. 해원은 선박소유자의 대리인이 아니므로 기업보조자가 아니다. 다만 선원법 및 선박직원법에서 주로 노동관계 및 행정적 감독에 관하여 규정한다.

2. 船舶使用人

선박사용인이란 임시로 선박상의 노무에 종사하기 위하여 고용된 자를 말한다. 광의로는 해원을 포함하나, 상법에서 말하는 선박사용인은 해원은 포함하지 아니한다(제774조·제795조 참조). 曳船業者(tug operator)·도선사(pilot)·적하감독인·檢收人(tally man) 등이 있다. 선박사용인도 선박소유자의 경우와 동일하게 책임을 제한할 수 있으며(제774조 제1항 제3호), 이 자의 운송계약상의 운송물에 관한 고의·과실로 인하여 운송인이 손해배상책임을 지는 경우가 있다(제795조 제1항).

3. 導 船 士

도선사란 일정한 구역(導船區)에서 도선업무를 할 수 있는 도선사 면허를 받은 자를 말한다(導船 제2조 제2호). 導船이란 도선구에서 도선사가 선박을 안전한 수로로 안내하는 것을 말한다(導船 제2조 제1호). 도선은 도선박을 사용하여 하는 수도 있고 선박에 탑승하여 하는 수도 있다. 항구에 따라서는 도선사에 의한 도선이 강제되는 수도 있고(强制導船區) 그렇지 않은 경우도 있다(任意導船區). 도선은 자격자가 면허를 얻어 하여야 하는데, 항만관리청 소속 직원일 수도 있고 도선업의 영업자인 경우도 있다. 도선사는 선장의 보조자이므로 도선사의 과실에 대하여는 선박소유자가 사용자책임을 지나(예컨대, 선박충돌 : 제880조), 이 책임은 제한할 수 있다(제774조 제1항 제3호).

2. 船長의 意義

(1) 廣義의 船長

廣義의 선장(master, Kapiän, Schiffer)이란 특히 선박의 항해지휘자를 말한다. 따라서 광의의 선장에는 선박소유자 또는 선박공유자로서 동시에 선장인 자(同時船長, 自船船長)도 포함한다.

(2) 狹義의 船長

협의의 선장(상법상의 선장)이란 선박소유자의 피용자로서 특정선박의 항해를 지휘하고, 그 대리인으로서 사법상·공법상의 직무권한을 가진 자를 말한다.

3. 船長의 地位의 特殊性

(1) 선장은 기업거래조직상 선박소유자의 기업대리인으로서의 지위에 있을 뿐만 아니라, 항해조직상 생활공동체 내지 위험공동체인 선박의 운항지휘자로서의 지위에 있으므로(복합적 지위), 사법상·공법상의 특수한 규제를 받게 된다.

(2) 선장은 기업거래조직상 선박소유자의 피용자로서 법률상 정형적·포괄적이며(제733조 제1항) 함부로 제한할 수 없는 대리권한을 가지는 점에서, 지배인·이사·선박관이인 등과 비슷하다. 그러나 ① 특정선박의 지휘자이고, ② 그 지위에 있어서 선원법상의 船舶權力(Schiffsgewalt)이 부여되어 있으며, ③ 그 대리권의 범위가 항해단위로 정하여지는 등의 점에서 그들과 다르다.

(3) 상법상의 선장(狹義)은 다른 법률상의 선장과 반드시 일치하는 것은 아니다.

예컨대, 선원법상의 선장은 광의의 선장이어서 선박소유자의 피용자로서 대리권을 가짐을 요건으로 하지 않으므로 선박의 지휘자는 모두 선장이다. 상법 제748조의 代船長은 상법상의 선장이다.

(4) 선장의 지위는 15세기 이후에 선박소유자로부터 분화되기는 하였으나, 선박소유자와 함께 해상기업의 공동경영자로서 강력한 권한을 행사할 수 있었고, 그 책임 또한 매우 엄격하였다. 한편 선박의 운항지휘자로서의 선장의 권한, 즉 船舶權力은 해원에 대한 刑罰權까지 포함하는 강대한 것이었다. 그러나 18세기에 와서 모든 형벌권은 국가에 귀속되게 됨에 따라 선장은 해원의 지휘명령권과 징계권만 보유하게 되었고, 20세기에 와서는 이 징계권도 민주화되었다. 현대에 와서는 교통·통신의 발달과 지점·대리점의 발달로 선장에게 그와 같은 강력한 권한과 책임을 부여할 필요가 없어진 결과, 권한과 책임이 축소되어 선장은 선박소유자의 단순한 상업사용인의 지위로 전락하였다. 1991년의 개정상법은 이점을 고려하여 선장의 직무상의 주의의무에 관한 규정과 해원의 선임감독책임에 관한 규정(1991년 개정전 상법 제770조 및 제771조)을 삭제하였다.

Ⅱ. 船長의 選任·終任

1. 船長의 選任

선장은 선박소유자(제745조)·선박관리인(제765조 제1항) 또는 선체용선자(제850조 제1항 참조)가 선임한다. 선장이 불가항력으로 인하여 그 직무를 집행하기가 불능한 때에는 法令에 다른 규정이 없으면 타인을 선정하여 선장의 직무를 집행하게 할 수 있는데, 이를 代(位)船長이라 하고, 代(位)船長은 선장이 자기책임하에 선임한다(제748조). 선장의 자격에 관하여는 상법에 정함이 없으나 선박직원법상 해당 선박과 항행구역에 맞는 海技士 免許를 가진 자이어야 한다(동법 제4조·제11조). 선장 선임계약의 법적 성질은 고용과 위임의 혼합계약인 경우가 대부분이다.[10]

10) 孫珠瓚(下) 774면.

2. 船長의 終任

(1) 선장의 지위는 고용 또는 위임기간의 만료, 선장의 사임·사망·파산·금치산선고 등에 의하여 종료되나, 해상법의 특이성 때문에 선박의 멸실·침몰·수선불능·운항불능·포획·1개월 이상의 존부불명의 경우에도 종임된다. 또 선박소유자는 언제든지 선장을 해임할 수도 있다(제745조). 다만 정당한 사유없이 해임한 경우에는 선장의 손해배상청구권이 인정된다(제746조).

(2) 선장이 선박공유자인 경우에(동시선장), 그 의사에 반하여 해임된 때에는 다른 공유자에 대하여 상당한 가액으로 그 지분을 매수할 것을 청구할 수 있으며(제762조 제1항), 이 경우에는 선장은 지체없이 다른 공유자 또는 선박관이인에 대하여 그 통지를 발송하여야 한다(제762조 제2항). 선장이 항해 중에 해임 또는 임기가 만료된 경우에도 다른 선장이 그 업무를 처리할 수 있을 때 또는 그 선박이 선적항에 도착할 때까지 그 직무를 집행할 책임이 있다(제747조).

Ⅲ. 船長의 企業去來組織上의 地位

1. 企業代理人으로서의 代理權

(1) 船長의 代理權

(가) 기업대리인으로서의 선장은 선박소유자의 授權行爲에 의하여 대리권을 갖게 되나, 그 대리권의 범위는 한정되어 있고, 그 대리권에 가한 제한은 선의의 제 3 자에게 대항하지 못하는 것이 특색이다(제751조).

(나) 선장의 대리권의 법정 범위에 관한 입법주의로는 ① 선박이 선박소유자 또는 그 대리인의 소재지에 있느냐 없느냐를 구별하여, 그 소재지에 있으면 특별한 授權을 요한다고 하는 선주소재지주의(佛法主義, 佛商 제232조), ② 행위의 종류에 따라 구별하여, 중요행위 이외의 선박이용에 관한 모든 행위에 대리권이 미친다고 하는 선장행위주의(英法主義), ③ 선박의 선적항의 내외에 따라 구별하여, 선

적항 내에서는 그 권한을 축소하는 반면에 선적항 외에서는 그 권한을 확대하고, 특정한 경우에는 선박소유자의 소재지를 불문한다고 하는 선적항주의(獨法主義, 獨商 제526조 · 제527조) 등이 있으나, 우리 상법은 선적항주의를 채택하였다.

(다) 선주소재지주의는 선박소유자가 변동할 때마다 선장의 권한도 변동하므로 거래의 안전을 기할 수 없고, 선장행위주의는 어떤 행위가 중요행위인지 식별이 어려운 경우가 많으므로 선적항주의가 가장 합리적이다.

(2) 船籍港內에서의 代理權

선적항에서는 선장은 특히 위임을 받은 경우 이외에는 해원의 고용과 해고를 할 권한만을 가진다(제749조 제2항).[11]

(3) 船籍港內外에서의 代理權

선장은 선박소유자의 위임이 있으면 선하증권의 발행(제852조 제3항) · 적하의 인도 · 운임 기타 체당금의 수령 · 운송물의 유치(제807조 제2항) · 운송물의 공탁(제803조) 등을 선적항의 내외를 불문하고 할 수 있다. 그러나 선장의 이와 같은 적하취급에 관한 권한은 육상기업보조자에 의하여 대부분 처리되므로 실제로는 선장이 이러한 권한을 행사할 수 있는 여지는 거의 없고, 오직 연혁적인 유물로 남아 있을 뿐이다.

(4) 船籍港外에서의 代理權

(가) 通常代理權

선적항 외에서는 선장은 자기가 지휘하는 선박의 항해를 위해서 필요한 재판상 또는 재판 외의 모든 행위를 할 수 있다(包括 · 定型的)(제749조 제1항). 이 대리권에 대한 제한은 선의의 제 3 자에게 대항하지 못한다(제751조). 선장의 대리권은 특정 선박의 특정 항해, 즉 선적항을 출발하여 그곳에 복귀할 때까지의 전항해에 필요한 행위에 한정된다. 재판상의 행위란 소송행위이며, 재판외의 행위란 다음과 같은 것이 있다.

(a) 運航行爲: 해원의 고용 · 해고 · 도선사의 사용 · 선박의 艤裝 · 항해필수

11) 大判 1968. 5. 28, 67 다 2422 : 선박에 승무하는 해원의 고용은 선장 고유의 대리권에 속한다. 大判 1991. 12. 24, 91 다 30880 : 本據港에서 선장이 체결한 구조계약은 선장에게 계약체결 대리권이 없어서 효력이 없다.

품의 조달 · 선박의 수선 · 구원구조계약의 체결 등 운항에 필요한 행위이다.

(b) **運送行爲**: 선장은 선적과 양륙을 지시하고 운송물을 선적하며, 운임을 지급받기 위하여 유치권을 행사하고, 운송물을 수하인에게 인도하며, 수령불능시에 운송물을 공탁하는 등 운송행위를 할 권한이 있다. 또한 위법 또는 위험한 운송물을 처분할 권한이 있다(제800조, 제801조).

(c) **營利行爲**: 선장의 선적항 외에서의 운송계약을 체결하는 등 영리행위를 할 권한이 있는가에 관하여는 견해가 나뉜다. 부정설은 영리행위는 통상 육상에서 대리인을 통하여 이루어지는데다가, 본래 선장의 운송에 관한 권한은 항해에 관련된 것에 한정되기 때문에 이를 부정하여야 한다고 한다.[12] 그러나 다수설과 판례는[13] 거래의 안전을 고려하고, 선장의 해상기업의 보조자라는 지위에서 볼 때 그 권한을 인정하는 것이 타당하다고 한다.[14]

(나) 非常代理權

선장의 광범한 법정대리권은 선박소유자의 경제적 이익을 고려하여 다음과 같이 제한 또는 확장되기도 한다.

(a) 신용행위의 대리권은 제한된다. 즉, 선장은 선박수선료 · 해난구조료 기타 항해의 계속에 필요한 비용(예컨대, 양식이나 식료품의 구입비 · 曳船料 · 導船料 등)을 지급하여야 할 경우 이외에는 ① 선박 또는 屬具를 담보에 제공하는 일, 借財하는 일, ② 적하의 전부나 일부를 처분하는 일은 하지 못한다(제744조 제1항). 적하의 처분이란 법률행위에 의한 처분행위(예컨대, 적하의 매각 · 입질)이든 사실상의 처분행위(예컨대, 적하인 석탄을 연료로, 양식을 食料로 사용하는 것)이든 불문하나, 이것은 선박소유자의 대리인으로서 처분하는 것이므로[이것은 적하의 이해관계인을 위한 적하처분의무(제752조)와는 구별된다.], 선박소유자는 적하의 이해관계인에게 손해배상책임을 진다. 그 손해배상액은 정형화되어 적하가 도달할 시기의 揚陸港의 가격에 의하여 정하되(제750조 제2항 본문), 그 배상액 중에서 수하인이 지급을 요하지 아니하는 비용(예컨대, 관세 · 양육비용)은 공제하여야 한다(제750조 제2항 단서).

(b) 선박의 긴급매각권이 인정된다. 즉, 선적항 외에서 선박이 수선불능이 된 때에는 선장은 해무관청의 인가를 얻어 선박을 경매할 수 있다(제753조). 수선불능에 관하여 상법은 의제규정을 두고 있다. 즉, 사실상의 수선불능인 경우, 그것이

12) 崔基元(海) 113면 ; 孫珠瓚(下) 781면.
13) 大判 1975. 12. 23, 75 다 83 : 선장의 대리권에는 개품운송계약체결권도 포함한다.
14) 蔡利植(Ⅳ) 261면 ; 徐燉珏 · 鄭完溶 571면 ; 鄭燦亨(下) 731면 ; 鄭東潤(下) 746면 ; 李基秀(保 · 海) 363면.

절대적 불능이라면 문제가 없으나, 상대적 불능이라면 의문이 생기므로, '선박이 그 현재지에서 수선을 받을 수 없으며, 또 그 수선을 할 수 있는 곳에 도달하기 불가능한 때'는 수선불능으로 보고(제754조 제1항 제1호)(지리적 불능), 수선비가 선박의 가액[항해중 훼손된 경우에는 발항시의 가액, 기타의 경우에는 훼손 전의 가액(제754조 제2항)]의 4분의 3을 초과하는 경제적 불능도 수선불능으로 보고 있다. 지리적 불능에는 사실상의 불능과 시간적 불능을 포함하며, 경제적 불능에는 수선에 관한 직접·간접의 비용과 회항비를 포함한다.

2. 企業代理人으로서의 義務

선장은 항해에 관한 중요사항을 지체없이 선박소유자에게 보고하여야 하고(보고의무)(제755조 제1항), 매항해를 종요한 때에는 그 항해에 관한 계산서를 지체없이 선박소유자에게 제출하여 그 승인을 얻어야 한다(계산의무)(제755조 제2항). 또 선박소유자가 청구하면 언제든지 항해에 관한 사항과 계산의 보고를 하여야 한다(제755조 제3항).

Ⅳ. 船長의 航行組織上의 地位

1. 船舶運航責任者로서의 職務權限의 特色

선박운항책임자로서의 선장은 선박 내의 질서유지와 안전확보를 위하여 강대한 권한을 행사할 뿐만 아니라 특수한 의무를 부담하도록 법정되어 있는 것이 특색인데, 주로 선원법에서 규정하고 있다. 이 권한은 선박소유자의 기업거래적 이익의 보호와는 관계없이 선박운명공동체의 안전이란 공동의 이익을 위하여 선장 자신의 합리적인 판단과 책임하에 행사된다.

2. 船員法上의 職務權限

선장은 선박이라는 고립된 생활공동체·위험공동체의 책임자이기 때문에 선박소유자에 대하여 가지는 ① 급식청구권(船員 제74조), ② 비용·수당지급청구권(船員 제60조·제75조·제87조·제88조·제90조·제92조), ③ 송환 또는 송환수당청구권(船員 제41조~제42조), ④ 강대한 선박권력(Schiffsgewalt)(船員 제6조·제24조~제26조, 司職 제7조)을 행사한다.[15] 뿐만 아니라, 특수한 의무로서, ① 해원감독의무(船員 제6조), ② 감항능력검사의무(船員 제7조), ③ 항해성취의무(船員 제8조), ④ 직접지휘의무(船員 제9조), ⑤ 在船義務(船員 제10조), ⑥ 선박위험시의 조치의무(船員 제11조), ⑦ 구조의무(船員 제12조~제13조), ⑧ 이상기상 등의 통보의무(船員 제14조), ⑨ 비상배치표의 게시 및 비상훈련실시의무(船員 제15조), ⑩ 사망시의 조치의무(死體의 水葬 및 유류품 보관 등)(船員 제17조~제18조). ⑪ 재외국민의 송환의무(船員 제19조), ⑫ 선박서유비치의무(船員 제20조), ⑬ 항해에 관한 보고의무(船員 제21조), ⑭ 승무원명부의 公認申請義務(船員 제44조), ⑮ 호적사항의 기재·통지의무(戶 제49조 제2항·제54조·제94조) 등이 있다.

3. 船長의 積荷·手荷物處分義務

(1) 積荷處分義務

(가) 義務의 內容

(a) 선장은 상술한 공법상의 의무 외에, 상법 제752조 제1항에 의하여 "항해 중에 적하를 처분하는 경우에는 이해관계인의 이익을 위하여 가장 적당한 방법으로 하여야 한다."는 적하처분의무를 부담하고 있다. 이것은 항해상의 위험이나 적하의 위험[예컨대, 해난으로 인한 濡荷(유하), 항해의 지연으로 인한 적하의 부패·기타 전시 중 적하가 戰時禁制品이 된 경우 등] 등이 생겨서 임기응변의 조치를 요하는 경

15) 선박권력(Schiffsgewalt)이란, ① 선박 및 선상의 적하 기타 모든 물건에 미치는 가택권적 지배권(船員 제11조), ② 해원·여객 기타 선박에 있는 사람에 대한 명령권(船員 제6조, 제25조 제2항·제3항, 제26조), ③ 선박을 영토의 연장으로 하여 선장에게 부여된 일부 국권의 행사(사법경찰관리의 직무를 행할 자와 그 직무범위에 관한 법률 제7조) 등을 내용으로 한다.

우에 그 적하의 매각 또는 양륙·보관 등의 처분을 할 수 있는 권한을 선장에게 인정한 것이다. 처분은 사실상의 처분이든 법률상의 처분이든 불문한다. 무엇이 '이익을 위하여 적당한 方法'인가는 사실문제이다.

(b) 선장이 적하처분을 한 결과 적하의 가격 이상의 채무를 적하이해관계인에게 부담시키는 것은 부당하므로, 그 이해관계인은 적하의 가액을 한도로 하여 채권자에게 책임을 진다(제752조 제2항 본문). 즉, 인적 유한책임을 인정한 것이다. 다만 선장의 그 처분이 적하이해관계인의 과실로 인하여 발생한 경우에는 적하이해관계인은 채권자에 대하여 책임제한을 주장하지 못한다(제752조 제2항 단서). 따라서 적하의 가액과는 상관없이 완전배상책임을 진다.

(나) 義務의 性格

선장의 적하처분은 해상위험에 대해서 보호하려는 소극적 의무가 있는 것(예컨대, 훼손의 염려가 있는 경우의 조치)이지 적극적으로 이해관계인의 이익을 도모하는 것(예컨대, 유리한 매각)은 아니다. 따라서 일반적으로 이것을 선장의 적하이해관계인을 위한 대리권으로 이해하고 있으나,[16] 이것은 "그 실질이 대립하는 거래적 이익의 조정이라는 기업법상의 요청에 의하는 것이 아니라는 것"[17]을 생각할 때 선박운항책임자로서의 선장의 의무라고 보는 것이 타당할 것이다.

(2) 携帶手荷物處分義務

(가) 義務의 內容

선장은 여객이 사망한 때에는 선내에 있는 유류품에 대하여 보관 기타 필요한 조치를 취하여야 하나(船員 제18조), 사망자의 휴대수하물은 그 상속인에게 가장 이익이 되는 방법으로 처분하여야 한다(제824조).

(나) 義務의 性質

사망한 여객의 휴대수하물처분의무도 선장이 선박운항책임자이기 때문에 특수한 의무로 볼 것이지, 여객의 대리인으로서 행사하는 법정대리권으로 볼 것은 아니다.

---

16) 徐燉珏·鄭完溶(下) 572면 ; 鄭熙喆·鄭燦亨(下) 693면. 孫珠瓚 教授는 "선장의 이 적하처분권은 이해관계인의 법정대리인으로서의 권한인 동시에 의무이기도 하다."고 한다 : 孫珠瓚(下) 774면.

17) 石井照久, 《海商法》, 1964, 186면.

4. 船長의 共同海損·海難救助·違法積荷物에 관한 權限

(1) 船長의 共同海損處分權

선장은 선박과 적하의 공동위험을 면하기 위하여 선박 또는 적하에 대한 처분을 하고, 이 처분행위로 인하여 생긴 손해와 비용을 이해관계인에게 분담시킬 수 있다(제865조·제866조). 이러한 공동해손처분권을 선장에게 부여한 것은, 고립된 위험공동체인 선박의 운항책임자라는 지위로 보아 임기응변의 신속한 조치를 취함으로써 해상위험을 극복하도록 하기 위한 것이다.

(2) 船長의 救助料支給에 관한 權限

선장은 해난구조가 있는 경우에는 구조료채무자를 대신하여 그 지급에 관한 재판상 또는 재판 외의 모든 행위를 할 권한이 있다(제894조 제1항). 선장이 선박의 운항책임자란 점에서 법정대리권을 인정하여 구조료채권자로 하여금 채무자(선박 및 적하의 소유자)를 상대로 따로따로 권리를 행사하게 하는 데서 오는 불편을 덜어준 것이다. 선장이 소송행위를 한 경우에, 그 확정판결의 효력은 구조료채무자에게도 미친다(제894조 제2항).

(3) 船長의 違法積荷物·危險物處分權

(가) 선장은 법령 또는 계약에 위반하여 선적한 운송물 또는 수하물을 언제든지 양륙할 수 있고, 그 운송물 또는 수하물이 선박이나 다른 운송물에 危害를 미칠 염려가 있는 때에는 언제든지 이를 포기할 수 있다(제800조 제1항·제826조 제2항). 선장은 위법적하물이라도 이를 운송하는 때에는 선적한 곳에서의 동종운송물의 최고운임의 지급을 청구할 수 있다(제800조 제2항). 이와 같은 운송물·수하물에 대한 처분권의 행사와 운임의 청구는 운송인, 그 밖의 이해관계인의 손해배상청구에 영향을 미치지 않는다(제800조 제3항).

(나) 또 引火性, 爆發性, 그 밖의 위험성이 있는 운송물 또는 위탁수하물은 운송인이 그 성질을 알고 선적한 경우에도 그 운송물이 다른 운송물에 危害를 미칠 위험이 있는 때에는 선장이 언제든지 이를 양륙, 파괴 또는 무해처분할 수 있다(제801조 제1항·제826조 제2항). 이 때 그 운송물에 발생한 손해에 대하여는 공동해손분담금을 제외하고 그 배상책임이 없다(제801조 제2항·제826조 제2항).

V. 船長의 責任

1. 任務懈怠로 인한 責任

선장은 선박소유자에 대하여 위임관계에 있으므로 선량한 관리자의 주의로써 그 업무를 처리하여야 할 의무가 있고, 선장이 이 의무에 위반하여 선박소유자에게 손해를 가한 때에는 채무불이행으로 인한 손해배상책임을 져야 한다(民 제390조).

2. 海員의 監督責任

선장은 사용자인 선주에 갈음하여 사무를 감독하는 자이므로 피감독자인 해원이 직무집행 중 타인에게 가한 손해를 배상하여야 할 책임이 있다(民 제756조 제2항). 해원은 선장 자신이 고용한 경우이든(제749조 제2항), 선박소유자가 고용한 경우이든 불문한다.

3. 繼續職務執行의 責任

선장은 항해 중에 해임되거나 임기가 만료되더라도 다른 선장이 그 업무를 처리할 수 있는 때, 또는 그 선박이 선적항에 도착할 때까지는 그 직무를 계속 집행할 책임이 있다(제747조).

4. 代船長의 選任責任

선장이 불가항력으로 인하여 그 직무를 집행할 수 없는 때에는 법령에 다른 규정이 있는 경우를 제외하고 자기의 책임하에 타인을 선정하여 선장의 직무를 집행하게 할 수 있다(제748조). 대선장은 민법상의 復代理人과 비슷하지만, 선장은 대선장의 선임에 관하여만 책임을 지는 점에서 다르다(民 제121조 제1항 참조).

제3절 船舶共有

I. 總 說

1. 船舶共有制度

선박공유제도는 해운업이 과거 거대한 자본이 요구되고, 고도의 위험이 수반되던 모험사업이었던 때 널리 이용되던 제도이었으나, 오늘날에는 회사제도를 이용하면 마찬가지의 유한책임의 이익을 향수할 수 있고, 선박의 운항도 매우 안전하여졌으므로 이 제도가 잘 이용되지 않는 실정이다.

2. 船舶共有者의 意義

선박공유자(Mitreeder)란 廣義로는 선박을 共有하는 자를 말하고, 狹義로는 공동의 해상기업활동을 목적으로 공유하는 선박을 항해에 사용하는 자(해상법상의 선박공유자)를 말한다. 전자에 대하여는 민법의 공유에 관한 규정(民 제262조 이하)을 따르면 되므로, 상법은 후자에 대하여만 특별한 규정을 두고 있다. 상법은 1척의 선박의 공유를 전제로 하므로 數人이 2척 이상의 선박을 공유하여 해상기업을 경영하는 경우에도 상법규정의 적용에 있어서는 각 선박마다 별개의 공유관계가 생기게 된다.

Ⅱ. 船舶共有의 性質

선박공유는 조합관계를 수반하나, 민법의 조합제도와는 관계없이 발달한 것이며, 인적 요소가 경시되어 있으므로 조합이나 인적 회사보다는 물적 회사에 가깝다고 할 수 있다. 그와 같이 보는 이유는 선박공유가 ① 공유자의 탈퇴·제명의 불인정, ② 지분다수결에 의한 의사결정(제756조 제1항), ③ 지분가격에 비례한 비용 및 손익분담(제757조·제758조), ④ 지분양도의 자유(제759조), ⑤ 소수지분권자의 지분매수청구권인정(제761조), ⑥ 선박관리인의 선임·등기(제764조) 등에서 물적 회사의 경우와 유사하기 때문이다.

Ⅲ. 船舶共有의 法律關係

1. 船舶共有의 內部關係

선박공유는 일종의 조합이므로 그 내부관계에 관한 상법의 규정은 원칙적으로 임의규정이다. 따라서 선박공유의 내부관계에 관하여 먼저 정관이 적용되고, 다음으로 상법이 적용되며, 상법에 규정이 없으면 민법의 조합에 관한 규정이 적용된다.

(1) 業務執行

(가) 공유선박의 이용에 관한 사항은 공유자의 지분의 가격에 따라 그 과반수로 결정한다(제756조 제1항). 이것은 선박의 이용, 즉 선박을 상행위 기타의 영리목적으로 항해에 사용하는 것에 한하며, 선박공유에 관한 계약을 변경하는 사항(목적변경·양도 등)은 공유자의 전원일치로 결정한다(제756조 제2항).

(나) 선박공유는 일종의 기업조직이므로 그 업무집행기관으로서 선박관리인을 선임하여야 하는데(제764조), 선박관리인은 특별한 내부적인 제한이 없으면(제766조), 선박의 이용에 관한 裁判上 또는 裁判外의 모든 행위를 할 권한이 있다(제765조 제1항).

(2) 費用分擔·損益分配

선박공유자는 그 지분의 가격에 따라 선박의 이용에 관한 비용을 분담하고(제757조), 每航海의 종료 후에 그 손익을 분배한다(제758조).

(3) 少數持分權者의 持分買受請求

(가) 신항해의 개시 또는 선박의 대수선을 결의한 경우 이의가 있는 소수지분권자는 일정한 기간 내에 다른 공유자에 대하여 상당한 가액으로 자기의 지분을 매수할 것을 청구할 수 있다(제761조 제1항). 지분매수의 청구를 하고자 하는 者 중 결의에 참가한 공유자는 그 결의가 있은 날로부터 3일 내에, 또 결의에 참가하지 아니한 공유자는 그 결의의 통지를 받은 날로부터 3일 내에, 다른 공유자 또는 선박관리인에 대하여 그 통지를 발송하여야 한다(제761조 제2항). 이 지분매수청구권은 상대방의 승낙의 여부를 불문하고 당연히 상당한 가액으로 그 지분을 매수할 의무를 부담시키는 것이므로, 그 성질은 형성권의 일종이다.

(나) 또 선박공유자인 선장이 그 의사에 반하여 해임된 때에도 다른 공유자에 대하여 상당한 가액으로 그 지분을 매수할 것을 청구할 수 있다(제762조 제1항). 이 경우에는 지체없이 다른 공유자 또는 선박관리인에게 통지를 발송하여야 한다(제762조 제2항).

(4) 持分의 讓度와 殘留共有者의 持分買受請求

지분의 양도는 선박관리인의 경우를 제외하고는 자유로이 할 수 있다(제759조). 또 선박공유자의 지분이전 또는 국적상실로 인하여 선박이 대한민국의 국적을 상실하게 될 때에는 다른 공유자는 상당한 대가로 그 지분을 매수청구하거나 그 경매를 법원에 청구할 수 있다(제760조).

2. 船舶共有의 外部關係

(1) 船舶共有者의 責任

선박공유자는 선박의 이용에 관하여 생긴 채무에 대하여는 그 지분의 가격에 따라 변제책임을 진다(持分責任主義)(제757조, 民法 제712조는 均一分擔主義이다).[18] 선박공유자도 선박소유자의 책임제한에 관한 규정(제746조 이하)에 따라 유한책임을 질 수 있다. 이와 같이 상법이 선박공유자에게 련대책임(제57조 제1항)을 지우는 등 책임을 엄격하게 묻지 아니하고 주주유한책임의 경우(제331조)와 마찬가지로 소유지분에 따른 지분책임주의를 취한 것은 해상기업의 특수성을 고려하여 선박공유자의 책임을 경감함으로써 해상기업을 보호·육성하기 위한 것이다.

(2) 船舶管理人

(가) 選任·解任

선박공유자는 지분의 가격의 과반수에 의하여 선박관리인(ship's husband, managing owner, Korrespondentreeder)을 선임할 수 있으나, 공유자 아닌 자를 선박관리인으로 선임하는 경우에는 공유자 전원의 동의가 있어야 한다(제764조 제1항). 선박관리인은 선박이용에 관한 대리인으로서, 국가의 감독권 행사를 용이하게 하고 거래의 편의를 위하여 인정된 것이다. 선박관리인의 해임에 관하여는 규정이 없으나 역시 持分의 가격의 과반수에 의한다. 공유자 아닌 선박관리인의 경우에도 같다. 선박관리인의 선임과 대리권의 소멸은 등기하여야 한다(제764조 제2항).

(나) 法的 地位

(a) 선박관리인은 법정권한을 가지는 임의대리인이다. 따라서 선박이용에 관한 재판상 또는 재판외의 모든 행위를 할 권한이 있으며(定型化)(제765조 제1항), 그 대리권에 대한 제한은 선의의 제 3 자에 대항하지 못한다(제765조 제2항). 다만 선박관리인이라도 ① 선박을 양도·임대 또는 담보에 제공하는 일, ② 신항해를 개시하는 일, ③ 선박을 보험에 붙이는 일, ④ 선박을 大修繕하는 일, ⑤ 借財하는 일은 선박공유자의 서면위임이 없으면 하지 못한다(제766조).

---

18) 이 지분책임주의에 대하여 외부에서 선박공유자의 지분비율을 알 수 없다는 점을 이유로 상법의 일반원칙인 연대책임주의로 새기는 것이 타당하다는 비판이 있다 : 蔡利植(下) 690면.

(b) 선박관리인은 선박공유자를 위하여 선박의 이용에 관한 업무를 집행하는 대리인이므로 위임에 관한 민법의 규정이 적용되는 한편, 업무집행에 관한 장부의 비치·기재의무(제767조)와, 매항해의 경과상황과 계산에 관한 서면보고의무(제768조)를 부담한다.

3. 船舶共有의 解散·淸算

선박공유자는 선박의 침몰·멸실·양도 또는 이용의 폐지 등 독특한 사유로써 해산하나, 상법에는 선박공유의 해산과 청산에 관한 규정이 없으므로 민법의 조합에 관한 규정(民 제719조 이하)에 따라 청산을 한다.

제4절 船舶所有者 等의 責任制限

I. 總 說

1. 海上企業主體로서의 船舶所有者

해상기업의 주체에 관하여 해상법은 해상운송인을 중심으로 규정하고 있으나, 이밖에 선박소유자, 선박공유자·선박임차인 및 정기용선자가 있다. 선박소유자와 선박공유자는 자기 소유의 선박을 이용하여 기업활동을 하는 自船艤裝者이며, 선박임차인과 정기용선자는 타인의 선박을 이용하여 자기 명의로 기업활동을 하는 他船艤裝者이다.

2. 船舶所有者의 意義

선박소유자란 廣義로는 선박의 소유권자를 말하고, 狹義로는 자기가 소유하는 선박을 해상기업활동의 목적으로 항해에 사용하는 자(商法上의 선박소유자), 즉 船舶艤裝者를 말한다.

Ⅱ. 海上企業의 責任制限制度

1. 序　說

해상기업의 주체 또는 그 보조자는 기업활동과 관련하여 다양한 원인으로 제3자에게 손해를 가하게 되는데, 이 경우 해상기업의 주체와 그 보조자, 즉 선박소유자 등이 일정한 손해에 관한 채권에 대해서는 일정한 한도로 그 책임을 제한할 수 있다. 이를 선박소유자의 책임제한 또는 유한책임이라고 한다. 선박소유자의 책임제한제도는 배상책임액을 포괄적으로 일정한 범위로 제한한다는 점에서 이를 總體的 責任制限制度(global limitation of liability)라고 한다. 해상법상 責任制限制度로는 이 외에도 해상물건운송인의 책임(제797조), 적하이해관계인의 책임(제752조 제2항), 공동해손분담의무자의 책임(제868조), 해난구조료 채무자의 책임(제884조 제1항) 등과 같이 해상기업관계자와 그 상대방과의 개별적인 채권·채무를 제한하는 책임제한제도도 있으니, 이를 個別的 責任制限制度라고 한다. 개별적 책임제한제도는 개별적인 운송계약에서 운송물의 단위 또는 포장을 기준으로 운송인의 책임을 일정액으로 제한하는 제도이다. 선박소유자의 책임제한제도는 세계각국이 오래 전부터 이를 인정하고 있다. 다만 그 제한방법과 범위에는 다소 차이가 있었으나 오늘날에는 거의 통일되어 가고 있다.

2. 責任制限의 根據

선박소유자의 유한책임제도는 중세 지중해 연안에서 발생한 기업형태인 콤멘다(commenda)계약, 선박공유의 유한책임 또는 게르만법의 加害物責任負擔의 思想에서 유래한 것으로 이해되고 있다. 그러나 현대에도 거의 모든 나라의 해상법이 이 제도를 채택하고 있는데, 책임을 제한하는 이론적 근거에 관하여는 여러 가지로 설명하고 있다. 즉, ① 선박은 독립된 有機體이기 때문에 선박의 운항과 관련하여 발생하는 채권에 대하여는 선박이 책임을 져야 하고 그 결과 법적인 책임주체인 선박소유자도 선박을 한도로 책임을 져야 한다는 견해(船舶有機體說)가 있다. 이 학설은 선박 자체를 하나의 유기체 내지 인격체(법인)로 본 낡은 이론의 잔재로서, 교통·통신이 발달한 현대에는 부적절한 이론이고, 선박이라고 하여 다른 운송용구와 구별할 분명한 이유도 없다. ② 선장의 대리권의 광범성과 선원 감독의 곤란성을 이유로 선박소유자에게 무한책임을 지우는 것이 너무 가혹하다 하여 부당하다는 견해가 있다. 그러나 현대의 통신기관의 발달, 금융기관의 완비, 지점·대리점제도의 보급으로 선장의 지휘·감독이 쉬워지고, 사실상 선장의 권한도 축소된 오늘날에 있어서는 그 타당성을 찾을 수 없다. ③ 해상기업의 위험성을 들기도 하나, 이 논거 역시 현대의 대기업에 있어서는 공통된 것이고, 책임보험제도의 활용으로 책임의 轉嫁도 가능하며, 선박으로 주식회사 또는 유한회사를 설립하면 책임제한의 효과를 거둘 수 있을 뿐만 아니라 운송계약상 면책약관이 관용되고 있다는 점에서 타당성이 없다. ④ 따라서 어느 나라이든지 오래 전부터 선박소유자의 책임을 제한하여 왔다는 연혁적인 사실을 배경으로 하여, 오늘날에 있어서도 여전히 해상기업을 정책적으로 보호하고 육성할 필요가 있다는 점에서 그 근거를 찾아야 할 것이다(政策說).

《船主有限責任制度의 沿革》

1) 해상법에서 역사가 깊은 선박소유자의 책임제한제도는 로마법시대에도 있었다고 하지만 오늘날의 제도와 역사적 관련성이 있는지는 의문이고, 통설은 중세의 콤멘다계약을 그 기원으로 보고 있다. 당시의 조합적 기업형태 하에서 선박소유자는 조합재산인 海產의 범위 내에서 책임을 부담하였다. 이 형태는 근세 라틴계海法까지 이어졌다. 18세기에 들어와 라틴계 해법은 1681년 海事條例의 영향을 받아 선박소유자의 책임에 관하여 無限責任과 더불어

委付主義를 인정하였고, 게르만계해법에서는 加害物責任思想의 영향을 받아 物的 有限責任으로서 執行主義가 채택되었다.

2) 영국에서는 일찍이 보통법상의 무한책임의 원칙이 확립되었으나, 자국의 해운업을 발전시키기 위하여 1764년 보통법상의 무한책임의 원칙을 변경하여 선박소유자의 책임을 선박의 가액과 운임에 한정하였다. 그 후 1858년 商船法에서 영국에 특유한 금액주의를 확립하였다. 미국은 1851년에 船價責任主義와 委付主義를 병용하는 책임제한법을 제정하였다.

3) 20세기에 들어오면서 선박소유자의 책임제한제도를 국제적으로 통일시키려는 노력이 본격화되어 1924년에 선박소유자의 책임제한에 관한 조약이 성립되었다. 그러나 이 조약은 船價責任主義와 金額責任主義를 병용한 것으로 그 복잡성 때문에 다수의 국가가 이를 채택하지 아니하였으므로 조약으로서는 성공적인 것이 못되었다. 1957년 금액책임주의에 입각한 새로운 책임제한조약이 성립하였다. 세계 각국은 兩條約을 수용하거나 부분적으로 채택하여 책임제한제도에 관한 국내법을 마련하였다. 1976년 海事債權責任制限條約의 성립으로 세계 주요 해운국이 이 조약을 받아들이고 있다. 우리나라도 1991년 상법 개정시에 이 조약을 대폭 수용하였다.

3. 責任制限의 方法(立法主義)과 그 批判

(1) 序 說

선박소유자의 책임제한에 관하여는 세계 주요 해운국이 1976년의 해사채권책임제한조약을 채택하거나 이를 국내법화하여 사용하고 있으므로 종래의 입법주의는 연혁적인 의미밖에 없다.

(2) 委付主義(佛法主義 : Abandonsystem)

(가) 선박소유자는 원칙으로 인적 무한책임을 부담하나, 채권자에 대하여 海産(그 航海終末에 있어서의 선박·운임·손해배상청구권·보수청구권 등 船主의 海上의 영업재산)(Seevermögen)을 위부하여 책임을 면할 수 있다(일종의 任意債務). 여기서 委付라 함은 선박소유자의 일방적 의사표시에 의한 소유권의 이전을 의미한다. 선박소유자의 책임을 每航海의 종말에 있어서의 海産에 한정하므로 항해주의라고도 한다.

(나) 위부주의는 결과적으로 선박소유자에게 인적 무한책임과 물적 유한책임

중에서 선택권을 갖도록 한 것이다. 프랑스法系(改正前 佛商 제216조 제2항), 일본상법(改正前 日商 제690조) 및 우리나라의 의용상법(依商 제690조)이 이에 속한다.

(다) 그러나 위부주의는 ① 위부재산의 가액이 채권액을 초과하는 경우에도 그 초과액을 반환받을 수 없으므로 채권총액과 책임재산액을 조사해야 하는 불편이 있으며, 선박소유자가 위부권의 행사를 신중히 함으로써 채권자의 구제가 지연될 수 있고, ② 海産이 零 또는 부채로 남는 경우에는 선박소유자가 전혀 책임을 지지 않는 결과가 되고, ③ 위부의 효력이 유효한가 아니한가에 관하여 분쟁이 일어나기 쉬우며, ④ 선박소유자가 채권자의 동의없이 다시 항해를 한 때에는 委付權을 상실하므로 위부권의 상실을 꺼려 선박을 오랫동안 놀리는 폐단이 있다. 따라서 委付主義는 執行主義와 더불어 과거의 組合的 企業 내지 한 항해를 모험적 기업으로 본 시대에는 적합하였으나 오늘날에는 불합리한 제도이다. 그리하여 프랑스는 1967년의 "船舶 및 海上建造物의 地位에 관한 法律" 및 同年의 데크레(décret)에 의하여 1957년 브뤼셀 외교회의에서 성립한 "선박소유자의 책임제한에 관한 통일협약"에 의거한 금액책임주의를 입법화하였고, 일본도 1975년 "선박소유자 등의 책임의 제한에 관한 법률"을 제정하여 1957년조약에 따른 금액책임주의를 취함과 동시에 상법을 개정하여 위부주의를 폐지한 후 다시 1976년의 통일조약에 따른 개정을 하였다. 그러나 멕시코를 비롯한 南美의 많은 국가가 아직도 위부주의를 유지하고 있는 것으로 알려져 있다.

(3) 執行主義(獨法主義 : Exekutionssystem)

(가) 집행주의 아래서는 선박소유자는 원칙적으로 무한책임을 지지만, 선박소유자의 책임은 특별한 의사표시 없이 '당연히' 海産에 한정되고(물적 유한책임), 채권자는 당해 해산에 대해서만 강제집행을 할 수 있다(위부주의는 委付權行使로 해산의 소유권이 채권자에게 이전되지만, 집행주의는 위부행위와 소유권의 이전은 없어도 처음부터 당연히 채권자가 해산을 경매할 권리만을 취득한다.). 그 결과는 자연히 항해주의로 된다. 독일(改正前 獨商 제486조) 및 스칸디나비아 諸國이 취한 입법주의이다.

(2) 집행주의는 책임이 해산에 제한되기는 하지만 선박소유자가 여전히 선박을 사용할 수 있다는 점에서 편리하다. 그러나 ① 선박소유자가 집행의 대상인 선박의 관리를 소홀히 하거나 방치함으로써 선박의 가액이 감소할 가능성이 크고, 채권발생 후의 해산의 위험을 채권자가 부담하여야 하는 점에서 채권자에게 가혹하며, ② 해산이 적을 때에는 (위부주의와 같이) 채권자에게 지나치게 불리하고, ③

강제집행의 절차가 번잡하여 실용적 가치가 적으므로 독일에서도 잘 이용되지 않았다고 한다. 그리하여 독일은 1972년에 商法을 개정하고 海事配當節次法을 제정하여 1957년조약을 국내법화함으로써 금액책임주의를 취하였으며, 1986년에는 다시 1976년의 통일조약에 따른 개정을 하였다. 다만 內水船에 대하여는 집행주의에 의한다.

(4) 船價責任主義(改正前의 美國法主義 : Werthaftungssystem)

(가) 선가책임주의 아래서는 선박소유자도 원칙으로 航海末에 있어서의 선박의 가액 및 그 선박에 의하여 생긴 채권액, 즉 해산의 가액을 한도로 하는 인적 유한책임을 진다. 따라서 항해주의이다. 이 입법주의 하에서는 해산은 책임한도액을 정하는 기준이 될 뿐, 위부주의나 집행주의처럼 선박 자체가 책임제한과 직접적인 관련이 있는 것은 아니다.

(나) 종래 미국법은 선박소유자의 책임을 해산에 제한하면서도 예외적으로 선가에 의한 책임을 면하고자 하는 때에는 해산을 위부할 수 있도록 하였다(선가책임주의와 위부주의의 병용). 그런데 1935년에 人命死傷의 경우에는 위부주의의 선택권을 폐지하고 금액책임주의에 따르도록 함으로써 1924년의 조약에 접근하는 결과가 되었다. 그럼에도 미국법은 여전히 위부주의와 선가책임주의 및 금액책임주의가 혼용된 입법이라고 할 수 있다.

(다) 선가책임주의는 ① 선가에 관하여 분쟁이 생기기 쉽고, 선가의 급격한 하락으로 채권자의 이익이 침해될 소지가 크다는 결함이 있고, ② 개정 전의 미국법에서는 위부권을 행사할 수 있으므로 위부주의의 결함이 남게 된다. 그러나 ① 인적 유한책임을 지므로 채권자에게 유리하고, ② 선박소유자는 선가를 공탁하고 자유로이 선박을 이용할 수 있다는 장점이 있다.

《航海主義와 事故主義》

선박소유자가 책임을 제한할 수 있는 채권의 범위에 관한 기준을 설명하는 방법으로 航海主義와 事故主義가 있다.

1) 위에서 본 委付主義, 執行主義, 船價責任主義는 모두 항해를 표준으로 하는 것으로서 항해주의라고 할 수 있다. 항해주의란 선박소유자의 책임을 항해 종료시의 해산 또는 그 가액으로 제한함으로써 책임제한절차가 하나의 항해를 기준으로 하여 이루어지는 입법주의를 말한다. 이 방식은 항해의 시작과 끝을 결정하기가 어렵고 또 선적항이나 양륙항이 다른 여러 화물이 混

積되어 있는 경우에는 그 책임한도액을 산정하기가 곤란하다는 비판이 있다.

2) 이에 대하여 금액채권주의는 사고주의이다. 사고주의란 사고시마다 책임한도액을 정하여 동일한 사고 또는 원인으로 인하여 발생하는 모든 가액에 대하여 그 책임한도액으로 선박소유자가 책임을 제한하는 입법주의이다. 이 방식은 사고 또는 원인의 개념을 확정하기가 어렵고, 사고가 누적될수록 책임한도액도 커져서 책임제한을 인정한 취지를 살리지 못한다는 비판이 있다.

(5) 金額責任主義(英國法主義 : Summenhaftungssystem)

(가) 금액책임주의는 선박소유자의 책임액을 사고마다 정하고(사고주의), 손해는 물적 손해와 인적 손해로 구별하여 당해 선박의 積量噸數에 따라 산출된 일정한 금액(책임최고한도액)의 범위 내로 책임을 한정한다. 금액책임주의는 선박 자체와는 무관하게 선박소유자의 인적 책임을 일정 한도로 제한하고 있다는 점에서 선가책임주의와 마찬가지로 인적 유한책임제도라고 할 수 있다.

(나) 금액책임주의의 단점으로는 ① 사고주의를 취하므로 사고가 생길 때마다 계산하게 되어 船舶企業經營上 계산의 기초가 확실하지 못할 뿐만 아니라, ② 항해 중 여러 번 사고가 발생하면 책임제한의 보람이 없는 결과가 될 수도 있다는 점이다.

(다) 그러나 위의 세 입법주의에 의하면 선박의 상태, 성능, 가액 등에 따라서 책임한도액이 다르지만 금액책임주의에 의하면 ① 선박의 톤수에 따라서만 책임한도액이 정해지기 때문에 항상 책임한도액이 일정하여 船價決定에 분쟁이 없어 책임의 범위가 명백하고, ② 해산의 멸실로 선주의 책임이 零이 되는 일이 없으며(채권자와 선주간의 이익의 조화), ③ 금액책임주의는 선가책임주의보다도 優秀船의 소유자에게 유리하므로 책임의 경감을 위하여 의식적으로 사용하는 '惡船'을 구축할 수 있다는 장점이 있어 합리적이라 할 수 있다. 1924년의 네덜란드 商法과 1957년조약이 이 主義를 채택하였다. 따라서 1957년조약을 국내법화한 영국의 1958년 改正商船法, 프랑스의 1967년법, 독일의 1972년법 및 일본의 1975년법 등이 모두 이 입법주의를 채택하고 있다. 1976년 책임제한조약은 책임한도금액단위를 종래 포앙카레 프랑에서 國際通貨基金(IMF)의 특별인출권(SDR)에 의하여 산정하도록 하고, 1957년 조약의 미비점을 개선・보완하였다.

(6) 選擇主義

(가) 선박소유자의 책임을 원칙적으로 무한책임으로 하되, 委付主義・船價責任

主義 또는 금액책임주의(당해 선박의 積量 매 톤당 200프랑의 비율로 산정한 額)를 병행하여 선박소유자에게 그 선택권을 준다. 그러나 어느 경우이든 전부 航海主義이다.

(나) 1907년의 萬國海法會議(베니스)에서 결의한 결의안에 따라 벨기에 해상법과 그리스法이 이 主義를 채용하였다. 선택주의는 위부주의·선가책임주의 또는 금액책임주의를 병용하여 절충할 수 있는 장점이 있으나, 특히 위부주의를 선택할 수 있다는 점에서 위부주의의 결함이 그대로 남게 된다.

(7) 統一條約主義

(가) 併用主義(1924年 條約)

1924년 브뤼셀외교회의에서 성립한 "선박소유자의 책임제한에 관한 통일협약"이 채택한 主義로서 선가책임주의를 원칙으로 하고, 금액책임주의를 병용한 것이다. 즉, 선박소유자의 물적 손해에 대한 배상책임은 해산을 한도로 하고(선가책임), 구조료·공동해손 등을 제외한 다른 채권에 관해서는 선탁의 積量每噸當 英貨 8파운드의 비율로 산출한 금액으로 제한한다(금액책임의 가디)(同條約 제1조). 1928년의 벨기에 개정해상법, 1935年의 미국 개정법이 이 주의에 따라 국내법화하였고, 1939년의 이탈리아 선주유한책임법도 대체로 이에 따르고 있으며, 1936년에는 프랑스도 이를 비준하였다. 우리나라의 1961년 舊商法도 이 조약의 입장을 수용한 것이었다.

(나) 金額責任主義(1957年 條約)

1957년 브뤼셀외교회의에서 성립한 선주유한책임통일협약이 채택한 주의로서, 선박소유자의 책임액을 사고마다 정하고(사고주의), 그 책임액을 당해 선박의 積量噸數(300톤 미만의 선박은 300톤으로 간주된다.)에 따라서 산출한 일정한 金額(責任最高限度額)으로 제한하는 금액책임주의이다. 즉, 법정사고가 물적 손해만을 발생시킨 경우에는 매 톤당 1,000프랑[여기서 프랑이란 이른바 포앙카레 프랑(Poincaré franc)을 말하는 것으로서, 1포앙카레 프랑은 純分 1000분의 900의 金 65.5mg을 말한다.]의 비율로 산출한 금액, 또 인적 손해만을 발생시킨 경우에는 매 톤당 3,100프랑의 비율로 산출한 금액으로 책임을 제한한다. 그러나 동일사고에 의하여 인적 손해와 물적 손해가 동시에 발생한 경우에는 선박 每噸當 3,100프랑의 비율로 산출한 책임기금으로 책임액을 한정하되, 인적 손해에 대하여는 每噸當 2,100프랑의 비율로 산출한 금액을 우선적으로 배정하고, 물적 손해에 대하여는 每噸當 1,000프랑의 비율로 산출한 금액을 배정하며, 만약 인적 손해에 대한 채권을 완전히 변제받지 못한 경우에는 그 부족액의 채권은 물적 손해에 대한 채권과 경합하여 물적 손해에 대한 책임기금액에서 변제받게 된다(同協約 제3조 제1항 a·b·c).

이 조약의 다른 특징은 선주책임제한의 절차로서 制限基金의 형성 및 분배에 관한 규정을 두었다는 점이다.

前述한 바와 같이 영국의 1958년의 개정상선법, 프랑스의 1967년법, 독일의 1972년법 및 일본의 1975년 및 1982년법 등이 이를 채택하고 있다.

(다) 1976년 海事債權責任制限協約

(a) 이 조약은 1976년 11월 런던에서의 전권외교회의에서 정부간해사협의기구(IMCO)의 주관 아래 성립한 조약으로서 1957년조약을 개정하기 위한 것이다. 그 내용은 ① 각국의 물가상승으로 책임한도액을 인상한다는 것, ② 책임한도액의 기준이 되는 화폐단위로서 이미 폐화된 포앙카레 프랑 대신에 가치의 변동이 적은 국제통화기금(IMF)의 특별인출권(SDR)을 도입하며, ③ 구조선을 떠나서 구조작업에 종사하는 해난구조자에게도 책임제한을 인정하는 것 등이다.

(b) 이 조약은 1986년 12월 1일에 국제조약으로서 발효하였는데, 세계의 주요해운국은 이 조약을 채택하였다. 영국은 1979년 이 조약을 수용하여 1986. 12. 1.부터 시행하고 있고, 일본도 1982년에 선주책임제한법을 개정, 1984. 5. 20.부터 시행하고 있으며, 독일도 1986년의 第2海商法改正法律에서 이 조약을 채택하였다. 우리나라는 이 조약을 비준하지 않았으나 1991년의 개정 상법에서는 동조약의 내용을 수용하였다.

(라) 原子力船運航者와 海水油濁에 관한 船主責任制限

원자력을 이용한 선박에 의한 방사능 누출사고와 대형유조선에 의한 油類汚染事故(oil pollution)의 경우에는 그 피해가 엄청나게 큰 것이 일반적이므로 그 선박의 운항자의 책임을 가중시킬 필요가 있다. 그리하여 1962년 브뤼셀의 海事法外交會議에서 “원자력선운항자의 책임에 관한 협약”이 성립되었는데, 이 협약은 운항자의 책임을 1사고당 15억 포앙카레 프랑으로 제한하였다. 또한 1969년에는 政府間海事協議機構(IMCO)의 주관 아래 브뤼셀에서 “유류오염손해에 대한 민사책임에 관한 국제조약”이 성립되었다. 이 협약은 油槽船主의 책임을 엄격하게 정하고, 책임한도액은 톤당 2,000 포앙카레 프랑으로 하되 최고한도액은 2억 1,000만 포앙카레 프랑을 한도로 하면서, 책임보험의 가입을 강제하였다.

4. 商法上의 金額責任主義

우리나라는 위에서 말한 조약 그 자체를 국회의 비준·동의를 얻어 국내법으로 공포하는 방식을 쓰지 아니하고 조약의 내용을 상법전에 수용하는 방법을 쓰고 있다. 1991. 12. 31. 개정 전의 우리 상법은 의용상법의 위부주의(依商 제890조)를 버리고, 1924년 통일조약에 따라 선가책임주의와 금액책임주의를 병용하는 입법주의를 채택하였다. 그 이유는 금액책임주의는 이를 국내법화한 나라가 얼마 되지 않아(모로코 비준, 영국은 1958년 개정 상선법으로 국내법화) 우리나라만 앞질러 이를 국내법화한다는 것이 법률기술상 어려울 뿐 아니라 시기적으로도 너무 빠른 느낌이 있는 까닭이다. 다만 금액책임주의에 관한 규정에서 그 금액과 책임원인을 정함에 있어서 1957년 통일조약의 내용을 참작하였었다. 그러나 舊商法의 선가주의하에서는 선박의 가격을 평가하기가 쉽지 아니하였고, 금액책임주의를 병용한다고 하나, 이에 따른 책임한도액도 지나치게 소액이라는 등의 비판을 받아 왔다. 개정법에서는 순서대로 한다면 먼저 1957년 조약에 따라 규정하여야 할 것이나, 국제적 추세에 따라 1957년 조약을 뛰어 넘어 이미 1986년부터 발효되고 있는 1976년 조약을 수용하였다. 다만 파손선박 및 적하제거의무 등은 책임제한채권에서 제외하는 등 약간의 수정을 가하였다. 그리고 원자력운항자의 책임에 관한 조약에는 가입하지 않았고, 국내법으로 수용하고 있지도 아니하다.

Ⅲ. 責任制限의 主體

1. 船舶所有者 등

책임제한을 주장할 수 있는 자는 ① 선박소유자(제769조), ② 선체용선자, 용선자, 선박관리인, 선박운항자(제850조, 제774조 제1항 제1호), ③ 위 ①과 ②에 규정된 者가 法人(합명·합자회사)인 때 그 무한책임사원(제774조 제1항 제2호), ④ 자기의 행위로 인하여 위 ①과 ②에 규정된 자가 책임을 지는 경우에 그 행위자인 선장,

해원, 도선사 및 ①과 ②에 규정된 자의 사용인 또는 대리인(제774조 제1항 제3호) 등이다.

(1) 船舶所有者 等

선박소유자란 소유선박을 해상기업에 이용하는 自船艤裝者만을 의미한다. 용선자는 해상기업의 주체로서의 정기용선자와 해상기업의 주체는 아니나 재운송계약의 운송용선자(기간용선자 및 항해용선자) 등 자기명의로 재운송 등을 하는 자를 포함한다. 선박관리자는 해상기업의 주체는 아니지만 감독자로서 손해배상책임을 제한받을 필요가 있다. 그리고 선박운항자는 해상기업주체로서 선박임차인, 사용대차·사무관리 등에 의하여 타인선박의 점유를 취득하여 운항하는 선박운항의 수탁자 및 어선운항자 등을 포함한다.

(2) 無限責任社員

선박소유자가 인적 회사인 때 그 무한책임사원이 회사에 대하여 무한책임을 부담하는 경우 그 무한책임사원도 책임제한을 주장할 수 있다.

(3) 船長·海員·導船士 기타 船舶使用人

선장·해원·도선사 기타 선박사용인 등의 행위로 인하여 선박소유자 등이 책임을 지고 선장 등도 책임을 지는 경우, 선박소유자보다 자력이 약한 선장 등도 책임제한을 주장할 수 있게 하였다.

(4) 同一한 事故로 인한 責任의 競合

동일한 사고에서 발생한 선박소유자의 책임과 용선자, 선박관리인 및 선박운항자의 책임이 경합하는 경우에 그 책임의 총액은 선박마다 법정책임한도액(제770조)을 초과하지 못한다. 무한책임사원과 그가 속한 법인 또는 인적 회사의 책임이 경합하는 경우 및 선박소유자 등의 책임과 선장 등의 책임이 경합하는 경우에도 같다(제774조 제2항).

2. 海難救助者

해난구조자 또는 그 피용자의 ① 구조활동과 직접 관련하여 발생한 사람의 사망·신체의 상해, 재산의 멸실이나 훼손으로 인하여 생긴 손해에 관한 채권(다만 救助船 자체에 대한 손해는 제외), ② 구조계약상 권리 외의 타인의 권리의 침해로 인하여 생긴 손해에 관한 채권 및 ③ 위 ①과 ②에서 말한 손해를 방지 혹은 경감하기 위한 조치에 관한 채권 또는 그 조치의 결과로 인하여 생긴 손해에 관한 채권에 대하여는 구조자도 책임을 제한할 수 있다(제775조 제1항). 구조활동은 구조선에서 하든 被救助船에서 하든 또는 선박을 사용하지 아니하고 하든 상관이 없다. 특히 구조선에서 하는 경우에는 상법 제769조 제1호(선박 내에서 또는 운항과 관련하여 생긴 인적·물적 손해에 관한 채권 : 後述)에도 해당된다. 구조자의 이행보조자나 피용자 등 사용자도 책임제한을 주장할 수 있다고 본다(제774조 제1항 제3호의 유추적용).

3. 其 他

(1) 선박소유자 등 책임제한권자를 피보험자로 하는 책임보험의 보험자도 피보험자와 같이 책임제한을 주장할 수 있다.[19] 책임보험에서는 제 3 자(채권이 제한되는 자)는 보험자에 대한 직접청구권이 있고(제724조 제2항 본문), 이때 보험자는 피보험자가 그 사고에 관하여 가지는 항변으로써 그 제 3 자에게 대항할 수 있으므로(제724조 제2항 단서), 보험자는 피보험자의 책임제한 역시 주장할 수 있다. 따라서 보험자는 제한채권자로부터 청구를 받은 때에는 지체없이 피보험자에게 이를 통지하여야 하며(제724조 제3항), 피보험자는 보험자의 요구가 있으면 책임제한절차의 개시에 필요한 서류·증거의 제출·증언 또는 증인의 출석에 협조하여야 한다(제724조 제4항).

(2) 한편 운송주선인은 책임제한을 주장할 수 없으나, 운송주선약관에서 선박소

---

19) 崔基元(海) 73면 ; 鄭熙喆·鄭燦亨(下) 701면. 1976年 조약 제1조 제6항에서는 明文으로 보험자도 책임제한의 주체에 포함시키고 있으나, 우리 상법에는 명문의 규정이 없다.

유자 등과 동일한 책임을 지는 것으로 정하는 것이 대부분이다.

Ⅳ. 責任이 制限되는 債權

1. 序 說

선박소유자 등은 다음에 열거하는 채권에 대해서는 청구원인의 여하에 불구하고 商法 제770조에 규정한 금액을 한도로 책임을 진다(제769조 본문). 여기서 '청구원인의 여하에 불구하고'(however founded)란 책임제한채권은 채무불이행으로 인한 것이든 불법행위로 인한 것이든 묻지 아니하고 제한된다는 의미로서[20] 종래의 청구권경합론의 론쟁의 여지를 없앴다.[21] 선박소유자 등은 사고를 단위로 모든 제한대상채권에 대한 책임을 책임한도액으로 제한할 수 있으므로 각 채권은 책임한도액에 대하여 각 채권액의 비율로 경합한다(제707조 제3항).

2. 一般制限債權

(1) 船舶內에서 또는 運航과 관련하여 생긴 人的·物的 損害에 관한 債權

(가) 선박 내에서 또는 선박의 운항과 직접 관련하여 발생한 사람의 사망, 신체의 상해 또는 (그 선박 이외의) 물건의 멸실 또는 훼손으로 인하여 생긴 손해에 관한 채권은 제한된다(제769조 제1호). 선박 내에서 생긴 손해란, 예컨대 승객이나 전

20) 大決 1995. 6. 5, 95 마 325 : 선박충돌 사고로 인한 손해배상채권은 불법행위를 원인으로 하는 것이라 하여도 '청구원인의 여하에 불구하고' 책임을 제한할 수 있다.

21) 1991. 12. 31. 상법개정전의 판례에 의하면 선주책임제한은 채권자가 선박소유자에게 계약上의 책임을 묻는 경우에만 적용되었고, 불법행위책임을 묻는 경우에는 적용되지 않았다 : 大判 1987. 6. 9, 87 다카 34 ; 同 1989. 11. 24, 88 다카 16294 ; 同 1990. 5. 8, 88 다카 7641 ; 同 1990. 8. 28, 88 다카 30085. 이와 같은 견해는 상법의 선주책임제한 제도 자체를 유명무실하게 만드는 결과가 되었다. 이를 시정하고자 학설은 法條競合說 및 그 발전이론을 전개하였으나, 개정법에서 이를 입법적으로 해결하였다.

송하기 위하여 나온 사람, 荷役人夫의 사상 또는 적하, 수하물, 荷役施設의 멸실·훼손 등으로 인한 손해를 말한다. 그러나 운항과 직접 관련이 없는 손해, 예컨대 어선상에서 어로작업에 의하여 생긴 손해는 선박 내의 손해라도 책임이 제한되지 않는다.

(나) 한편 선박 외에서의 손해라도 운항과 직접 관련된 것이면 책임이 제한된다. 선박 외에서의 손해란 그 선박 자체에 대한 손해를 제외하고,[22] 예컨대 선박의 충돌의 경우 상대방 선박의 승객, 선원, 선체, 적하, 어업시설 등에 대한 손해를 말한다. 港의 築造物, 碇泊施設, 水路 또는 항로시설 등에 대한 손해도 운항과 직접 관련된 것이면 이에 포함된다고 본다.[23] 그러나 침몰선박 제거비용채권은 제한되지 않는다. 운항도중 수리 혹은 검사 중인 선박도 운항중인 선박으로 본다.[24]

(2) 運送物·旅客 등의 運送遲延에 관한 債權

운송물, 여객 또는 수하물의 운송의 지연으로 인하여 생긴 손해에 관한 채권도 책임이 제한된다(제769조 제2호). 운송지연으로 인하여 생긴 손해에 관한 책임을 제한하지 않는다면 운송물 멸실의 경우보다 책임이 무거워질 우려가 있어 마련된 규정이다. 물건운송의 경우 운송지연에 관하여는 商法 제797조(책임의 한도)도 동시에 적용되므로, 선박소유자 등은 두 가지의 책임제한 중 유리한 것을 주장할 수 있다.

(3) 기타 他人의 權利侵害로 인하여 생긴 債權

상법 제769조 제1호 및 제2호 이외에 선박의 운항과 직접 관련하여 발생한 계약상의 권리 외의 타인의 권리의 침해로 인하여 생긴 손해에 관한 채권에 대하여도 책임이 제한된다(제769조 제3호). 예컨대, 선박의 운항과 관련하여 어업권 침해, 他船舶內의 매점의 영업권 침해나 타선박의 입출항 방해로 인한 손해배상채권 등 불법행위로 인한 채권, 또는 開港秩序法 등 법률의 규정에 의한 행위로 인한 채권이 이에 해당된다. 그러나 그 타인과의 계약상의 채무불이행책임은 제한되지 않는다. 또 선박의 운항과 관련이 없는 채권은, 예컨대 선하증권과 관련된 채권도

---

22) 이를 제외하는 이유는 선박임차인, 선장 등의 선박소유자에 대한 손해배상채권을 책임제한의 대상에서 제외하기 위한 것이다.
23) 同旨 : 蔡利植(下) 711면 ; 鄭熙喆·鄭燦亨(下) 702면.
24) 蔡利植(下) 712면.

그것이 불법행위에 기한 것일지라도 책임제한이 되지 않는다.[25)]

(4) 損害防止措置에 관한 債權 및 措置의 결과 생긴 損害에 관한 債權

商法 제769조 제1호부터 제3호까지에서 규정한 책임제한채권의 원인이 된 손해를 방지 또는 경감하기 위한 조치에 관한 채권 또는 그 조치의 결과로 인하여 생긴 손해에 관한 채권도 책임제한의 대상이 된다(제769조 제4호). 손해방지조치란 사고선박에서 기름이 유출된 경우 그 제거비용 등을 말하며, 조치의 결과로 생긴 손해란 그 기름을 제거하는 과정에서 漁場이나 적하에 미친 손해를 말한다.

3. 海難救助者 등의 制限債權

해난구조자 또는 그 피용자의 구조활동과 직접 관련하여 발생한 채권에 대한 책임도 제한된다함은 전술하였다(제775조 제1항, 제774조 제1항 제3호). 책임이 제한되는 채권, 즉 구조활동과 직접 관련하여 발생한 채권이란, ① 구조활동과 직접 관련하여 발생한 사람의 사망·신체의 상해, 재산의 멸실이나 훼손으로 인하여 생긴 손해에 관한 채권(다만 救助船 자체에 대한 손해는 제외), ② 구조계약상 권리 외의 타인의 권리의 침해로 인하여 생긴 손해에 관한 채권 및 ③ 위 ①과 ②에서 말한 손해를 방지 혹은 경감하기 위한 조치에 관한 채권 또는 그 조치의 결과로 인하여 생긴 손해에 관한 채권 등을 말한다. 다만 운송물, 여객 또는 수하물의 운송의 지연으로 인하여 생긴 손해에 관한 채권(제769조 제2호) 및 여객의 사망 또는 신체의 상해로 인한 손해에 관한 채권에 대한 책임(제770조 제1항 제2호)에 대하여는 책임제한규정이 적용되지 아니한다(제775조 제1항). 그리고 後述하는 바와 같이 구조료채권은 책임제한의 대상이 아니다(제773조 제2호).

4. 同一한 事故로 인한 反對債權額의 控除

선박소유자 등이 책임의 제한을 받는 채권자에 대하여 동일한 사고로 인하여 생긴 손해에 관한 채권을 가지는 경우에는 그 채권액을 공제한 잔액에 한하여 책

25) 蔡利植(下) 713면.

임의 제한을 받는다(제771조). 이로써 선박소유자 등의 책임이 반대채권만큼 축소하여 제한되므로 결과적으로 책임이 확대된다. 이로써 다른 채권자의 배당비율이 낮아지는 것이 방지되는 효과가 있다.

V. 責任을 制限할 수 없는 債權

1. 故意 등으로 인한 損害賠償債權

(1) 선박소유자 자신의 "고의 또는 손해발생의 염려가 있음을 인식하면서 무모하게 한 작위 또는 부작위"(act or omission…done…recklessly and with knowledge that damage would probably result)로 인하여 생긴 손해에 관한 채권은 제한되지 않는다(제769조 단서). 선박소유자 이외의 사용인의 무모한 작위·부작위로 인한 손해에 관하여는 책임제한을 주장할 수 있다. 여기서 '무모하게 한 작위 또는 부작위'란 일정결과(손해)의 발생가능성을 인식하면서도 이를 개의치 아니하고 무모하게 한 작위 또는 부작위로서 고의에 가까운 작위·부작위를 말한다.

(2) 책임제한이 배제되는 경우는 어디까지나 선박소유자나 용선자 등 그 자신이 無謀하게 作爲·不作爲를 하였어야 하며, 선박소유자가 아닌 그 사용인 등이 무모하게 작위·부작위를 행한 경우에는 책임이 제한된다.[26]

《無謀하게 행한 作爲·不作爲의 概念》

1) 상법 제769조 단서의 "손해발생의 염려가 있음을 인식하면서 무모하게"란 본래 1976년 통일조약 제4조에서 유래한 것으로서 본래 원문은 "act or omission … done with intent to cause damage or recklessly and with knowledge that damage would probably result"(가해할 의사로써 또는 無謀하게 또는 손해가 아마 발생할 것이라는 認識으로써 행하여진 작위나 부작위)로 되어 있다. 우리 商法은 이를 도입하면서 "done with intent to cause damage"는 意譯을 하여 '故意'로 번역하고, 뒷부분은 '重過失'로 번역하지 아니하고 "손

---

26) 大決 1995. 6. 5, 95 마 325 : 책임제한이 배제되는 경우는 선박소유자나 자신이 무모하게 작위·부작위를 한 경우에 한한다. 同旨 : 大決 1995. 3. 24, 94 마 2431.

해발생의 염려가 있음을 인식하면서 무모하게"라고 원문에 충실하게 번역하여 번역상 균형을 상실하였다. 그런데 "손해발생의 염려가 있음을 인식하면서 무모하게"란 해석상 중과실보다는 강하고 고의보다는 약한 개념으로 생각되는데, 우리 私法에서는 결과적 손해가 중요한 것이지 고의·중과실을 묻는 예가 흔치 아니하므로 고의와 중과실조차도 잘 구별하지 아니하는데, 그 중간개념인 인식·무모라는 개념을 구태여 도입하여야 할는지 의문이다.

2) "손해발생의 염려가 있음을 인식하면서 무모하게"의 개념에 대하여도 중과실보다는 고의에 가까운 개념'이라고 보는 견해,[27] 고의에 준하는 중대한 과실이라고 보는 견해,[28] 고의에 준하는 과실 혹은 인식있는 중과실을 의미하는 것으로 보는 견해,[29] '消極的(未必的) 故意'라고 하거나,[30] '손해의 발생을 인용하고 한 행위뿐만 아니라 중대한 과실로 손해가 발생하지 않을 것으로 믿거나 혹은 중대한 과실로 손해발생가능성에 대한 認識이 미치지 못하고 행한 모든 행위를 의미한다'고 하는[31] 등 의견이 분분하다. 필자의 견해로는 고의에 가까운 作爲·不作爲로서 구태여 말한다면 刑事法에서 인정되는 개념인 '未必的 故意'에 해당한다고 본다. "손해발생의 염려가 있음을 인식하면서 무모하게 한 작위·부작위"의 예로는 노후화한 선박 또는 자격이 없는 선원의 승선 등으로 인하여 堪航能力이 없는 선박을 항해에 사용하거나, 그와 같은 선박으로 태풍이 심한 야간에 출항하는 것은 위험하다는 것이 명백함에도 불구하고 감히 출항시키는 경우, 또는 선장이 충돌의 염려가 있음을 인식하면서도 자신의 조종기술로써 충분히 그것을 피할 수 있다고 판단하고 선박의 왕래가 빈번한 좁은 수로를 전속력으로 항진하여 충돌한 경우 등이다.[32]

판례는 "손해가 생길 개연성이 있음을 인식하면서도 무모하게 한 작위 또는 부작위'라 함은 자신의 행동이 손해를 발생시킬 개연성이 있다는 것을 알면서도 그 결과를 무모하게 무시하면서 하는 의도적인 행위를 말하는 것으로서, 그에 대한 입증책임은 책임제한조항의 적용배제를 구하는 자에게 있고 그에 대한 증명은 정황증거로써도 가능하다 할 것이나, 손해발생의 개연성에 대한 인식이 없는 한 아무리 과실이 무겁더라도 무모한 행위로 평가될 수는

---

27) 孫珠瓚(下) 756면.
28) 崔基元(海) 198면.
29) 김동훈, "개정상법상 선주책임제한권의 상실사유", 한국해법학회지 제15권 제1호(1993.3), 121면.
30) 李均成, "개정해상법과 해상기업관계자의 총체적 책임제한", 현대상사법의 과제와 전망(양승규교수 화갑기념논문집), 438면 참조; 임동철, 해상법·국제운송법연구, 1999, 107~108면.
31) 蔡利植(下) 713면; 李基秀(保·海) 399면.
32) 李均成, 전게논문, 438면.

없다고 할 것이다."고 한다.[33]

2. 使用人 등에 대한 職務와 관련된 債權

선장, 해원 기타의 사용인으로서 그 직무가 선박의 업무에 관련된 자 또는 그 상속인, 피부양자 기타의 이해관계인에 대한 채권에 대하여도 책임이 제한되지 않는다(제773조 제1호).[34] 이는 사용자 등에 대한 사회보장적 측면을 고려한 것이다.

3. 共同海損分擔債權 또는 海難救助로 인한 救助料 債權

공동해손분담에 관하여는 상법 제5편 제3장 제1절에, 그리고 해난구조에 관하여는 제5편 제3장 제3절에 각각 독자적으로 책임한도를 정하는 규정을 두고 있으므로 이들 채권에 대한 책임은 제한대상에서 제외되었다(제773조 제2호). 공동해손분담채권의 경우는 선박소유자와 각 적하이해관계인이 동등한 취급을 받아야 할 것이며, 선박소유자만이 책임제한의 특혜를 받아서는 아니되기 때문이다. 또 구조료채권이 제한된다고 하면 구조활동이 위축될 우려가 있기 때문이다.

4. 油類汚染損害에 관한 債權

1969년 11월 29일 성립한 유류오염손해에 대한 민사책임에 관한 국제조약(International Convention on Civil Liability for Oil Pollution Damage)(1979. 3. 18. 한국발효) 또는 그 조약의 개정조항(1984년과 1992년 改正)이 적용되는 유류오염손해에 관한 채권은 책임이 제한되지 않는다(제773조 제3호). 이 조약의 책임제한 규정이 상법의 특별법이기 때문이다. 유류오염방지에 관하여는 해양오염방지법(1991. 3.

33) 大判 2004. 7. 22, 2001 다 58269. 해상운송인의 고의 또는 손해발생의 염려가 있음을 인식하면서 무모하게 한 작위 또는 부작위가 인정된 판결로서 大判 2006. 10. 26, 2004 다 27082 참조.

34) 大判 1987. 6. 23, 86 다카 2228 : 선박소유자의 사용인에 대한 채권에 대하여는 책임이 제한되지 않는다.

8. 법률 제4365호)도 있다. 그러나 1971년에 성립하여 1984년, 1992년 및 2003년에 개정된 "유류에 의한 오염손해의 보상을 위한 국제기금의 설립에 관한 국제조약"(International Convention on the Establishment of an International Fund for Compensation for Oil Pollution Damage)(1993. 3. 8. 한국발효)의 발효와 함께 우리나라는 "유류오염손해배상보장법"을 제정하여 선박소유자의 책임을 제한한다.

5. 破損物 除去 등에 관한 債權

沈沒, 難破, 坐礁, 遺棄, 그 밖의 해양사고를 당한 선박 및 그 선박 안에 있거나 있었던 적하 그 밖의 물건의 인양·제거·파괴 또는 무해조치에 관한 채권에 대한 책임은 제한되지 않는다(제773조 제4호)(1979년 통일조약 제2조 제1항 d호 및 제18조 참조).[35] 본래 이러한 조치는 개항질서법, 行政代執行法, 해상교통안전법 등에 의거하여 선주 등이 하여야 한다. 선주 등이 이를 할 수 없으면 국가가 代執行한 후 그 비용을 구상청구하게 된다. 이때 국가의 구상권은 법률에 기한 채권이지 손해배상채권이 아니므로 제한될 수 없다.

6. 原子力損害에 관한 債權

원자력손해에 관하여는 1962年 원자력선운항자의 책임에 관한 조약이 성립되어 있고, 이 조약에 의하여 책임이 제한된다. 우리나라는 아직 이에 가입하지 아니하였으나, 가입에 대비하여 책임제한채권에서 제외하였다(제773조 제5호). 이 밖에 원자력손해에 관하여는 "원자력손해배상법"의 규제를 받는다.

35) 大判 2000. 8. 22, 99 다 9646·9653·9660·9677.

Ⅵ. 責任의 限度

1. 序 說

상법은 책임제한방식에 관하여 전술한 바와 같이 1976년 條約上의 遞減的 톤數比例(sliding scale)의 금액주의와 사고주의로 一元化하여 그 구체적인 책임한도액을 규정한다(제770조 제1항 내지 제4항). 따라서 선박소유자 등의 책임한도액은 조약의 그것과 같고, 그 책임은 선박마다, 또 사고마다 금액으로 제한된다(제774조 제2항). 이와 관련된 基準톤數는 외항선의 경우는 선박법상의 국제총톤수이며, 내항선의 경우에는 총톤수이다(제772조). 해난구조자의 책임의 한도액도 사고마다 구조선단위로 정하나, 다만 구조활동을 선박에 의하지 않거나 피구조선에서만 한 경우에는 구조자 단위로 정한다(제775조 제3항). 금액은 계산단위로 표시하고, 계산단위란 국제통화기금(IMF)의 특별인출권(SDR : Special Drawing Rights)에 상당하는 금액을 말한다(제770조 제1항 제1호).[36] 상법은 ① 여객사상손해, ② 비여객사상손해, ③ 기타의 물적 손해로 나누어 규정한다.

2. 旅客死傷損害

여객이란 해상여객운송계약에 따라 운송되는 자를 말하겠으나, 1976년 통일조약에 의하면 운송인의 동의를 얻어 물건운송계약에 따라 운송되는 차량 또는 생동물을 호송하는 자도 여객에 포함된다(동조약 제7조 제2항 제a호 및 제b호 참조). 여객의 사망 또는 신체의 상해로 인한 손해에 관한 채권에 대한 책임의 한도액은 그 선박의 선박검사증서에 기재된 여객의 定員에 175,000 계산단위를[37] 곱하여

---

36) 大判 2001. 4. 27, 99 다 71528 : 국제통화기금의 1 특별인출권(SDR)에 상당하는 금액인 계산단위를 국내통화로 환산하는 시점은 사실심 변론종결일이다.

37) 다만 개정해상법 시행 후 3년간, 즉 2008. 8. 4.부터 2011. 8. 3.까지 발생하는 사고에 대한 해상여객운송인의 책임한도액은 선박검사증서에 기재된 여객정원에 87,500 계산단위를 곱한 금액으로 한다(부칙 제4조).

얻은 금액으로 한다(제770조 제1항 제1호).[38] 선박검사증서는 해무관청이 발행한다(船舶安全法 제9조).

3. 非旅客死傷損害

(1) 여객 외의 사람이란 여객을 제외한 모든 사람으로서, 예컨대 여객을 전송하기 위하여 나온 사람, 荷役人夫 등을 말한다. 여객 이외의 사람의 사망 또는 신체의 상해로 인한 손해에 관한 채권에 대한 책임의 한도액은 그 선박의 톤수에 따라서, ① 3백톤 미만의 선박의 경우에는 16만 7천 계산단위에 상당하는 금액, ② 5백톤 이하의 경우에는 33만 3천 계산단위에 상당하는 금액, ③ 5백톤을 초과하는 선박의 경우에는 ②의 5백톤에 해당하는 금액에 5백톤을 초과하여 3천톤까지의 부분에 대하여는 매 톤당 5백 계산단위, 3천톤을 초과하여 3만톤까지의 부분에 대하여는 매 톤당 333 계산단위, 3만톤을 초과하여 7만톤까지의 부분에 대하여는 매 톤당 250 계산단위 및 7만톤을 초과한 부분에 대하여는 매 톤당 167 계산단위를 각각 곱하여 얻은 금액을 순차로 가산한 금액으로 한다(제770조 제1항 제2호)(제1차적 책임한도액). 이와 같이 선박의 톤數가 증가할수록 계산단위는 체감된다. 이는 대형선박의 경우 책임한도액이 거액이 되어 실제로 책임이 제한되지 아니하는 결과가 되는 것을 피하기 위한 것이다.

(2) 선박의 톤수는 국내항해에 종사하는 선박의 경우에는 선박법이 정한 국제총톤수(船舶法 제3조 제1항 제1호)로 하고, 그 밖의 선박에 대하여는 同法이 정하는 총톤수(船舶法 제3조 제1항 제2호)로 한다(제772조).

비여객의 사상손해에 대한 책임한도액(제770조 제1항 제2호)이 실제 발생한 인적 손해로 인한 채권의 변제에 부족한 때에는 물적 손해에 대한 한도액(제770조 제1항 제3호)을 그 잔액변제에 충당한다(제770조 제4항 제1문)(제2차적 책임한도액). 이는 인적 손해만 발생한 경우에도 같다. 비여객에 대한 死傷을 일으킨 사고에서 물적 손해에 의한 채권도 동시에 발생한 경우에는 이 채권과 비여객의 인적 손해의 잔액채권은 물적 손해의 책임한도액(제770조 제1항 제3호)에 대하여 각 채권액의 비율

---

38) 1996. 5. 2. IMO 런던회의에서 채택된 1976년 통일조약 개정안에 의하면 여객에 대한 책임제한은 여객의 정원에 대하여 175,000SDR로 인상하고 최대책임한도액은 삭제하면서(동조약 제7조), 체약국의 국내법이 이러한 책임한도를 초과하는 경우에는 이에 따르도록 하고 있다(동조약 제15조).

《船舶所有者·救助者의 責任限度》 (단위 : SDR)

<table>
<tr><th>船舶의 噸數</th><th>人的 損害에 대한 限度額</th><th>物的 損害에 대한 限度額</th></tr>
<tr><td>300톤 미만</td><td>167,000</td><td>83,000</td></tr>
<tr><td>300~500톤</td><td>333,000</td><td>167,000</td></tr>
<tr><td>501~3,000톤</td><td>333,000+(초과톤수×500)</td><td rowspan="2">167,000+(초과톤수×167)</td></tr>
<tr><td>3,001~30,000톤</td><td>3,000톤 한도액+(초과톤수×333)</td></tr>
<tr><td>30,001~70,000톤</td><td>30,000톤 한도액+(초과톤수×250)</td><td>30,000톤 한도액+(초과톤수 ×125)</td></tr>
<tr><td>70,000톤 초과</td><td>167,000+(초과톤수×167)</td><td>70,000톤 한도액+ (초과톤수×83)</td></tr>
<tr><td>구조선에 의하지 않은 구조자</td><td>333,000+(1,000×500)=833,000</td><td>167,000+(1,000×167)=334,000</td></tr>
</table>

로 競合한다(제770조 제4항 제2문).

4. 기타의 物的 損害

인적 손해 이외의 물적 손해에 대하여는 선박의 톤수에 따라, ① 3백톤 미만의 선박의 경우에는 83,000 계산단위에 상당하는 금액, ② 5백톤 이하의 선박의 경우에는 167,000 계산단위에 상당하는 금액, ③ 5백톤을 초과하는 선박의 경우에는 ②의 5백톤의 해당금액에, 5백톤을 초과하여 3만톤까지의 부분에 대하여는 매 톤당 167 계산단위, 3만톤을 초과하여 7만톤까지의 부분에 대하여는 매 톤당 125 계산단위, 7만톤을 초과하는 부분에 대하여는 매 톤당 83 계산단위로 각각 곱하여 얻은 금액을 순차로 가산한 금액으로 한다(제770조 제1항 제3호).[39]

5. 救助者의 責任限度

(1) 구조선에 의한 구조자는 선박톤수를 기준으로 산출한 금액의 책임을 진다

39) 大決 1998. 3. 25, 97 마 2758 : 예인선 선박 소유자의 책임한도액은 예인선과 피예인선에 대하여 각각 상법 제747조 제1항 제3호에 따라 산정한 금액을 합한 금액이다.

(제775조 제1항 · 제770조 제1항). 구조선에 의하지 않은 구조자 및 피구조선에서 구조활동을 한 구조자는 기준이 될 선박이 존재하지 아니하므로 일반적인 구조선의 크기인 1,500톤의 선박에 의한 구조자로 보아 금액을 산출한다(제775조 제2항). 비여객에 대한 인적 손해에 관한 변제가 부족한 잔액채권에 대하여는 물적 손해의 책임한도액으로써 충당하는 점 및 인적 손해와 물적 손해가 병존하는 경우 변제충당비율 등에 관하여는 위의 비여객 사상손해에서 설명한 것과 같다.

(2) 이와 관련하여 1976년 조약은 제1조에서 책임제한주체로서 선박소유자는 물론 구조자도 포함시키면서 책임한도액에 관하여는 양자를 달리 규정한다. 즉, 모든 책임제한주체가 공통적으로 부담할 책임한도액에 관하여는 '一般限度'로서 제6조에 인적 손해와 물적 손해 두 가지로 나누어 규정한다. 다만 선박소유자에 대하여는 특히 제7조에서 '여객의 채권에 대한 한도'로서 여객의 死傷損害에 대한 책임한도액을 규정한다. 따라서 구조자의 책임은 제6조에 따라 ① 인적 손해와 ② 물적 손해로 나누어 그 책임한도액을 계산하면 충분하다. 그런데 우리 商法은 구조자의 책임한도액에 관하여 선박소유자 등의 책임한도액에 관한 제770조의 규정을 준용토록 함으로써(제775조) 결과적으로 구조자도 ① 여객의 사상손해, ② 비여객의 사상손해, ③ 기타의 물적 손해 세 가지로 나누어 그 책임한도액을 계산한다. 우리 상법이 1976년도 조약을 수용하면서도, 모든 책임제한주체의 책임원인을 원칙적으로 두 가지로 분류하고, 선박소유자에 대하여만 예외적으로 세 가지로 분류하는 조약의 태도와는 달리, 모든 책임제한주체의 책임원인을 일괄적으로 세 가지로 나눈 것은 立法의 착오로 보인다. 어떻든 상법은 조약과는 달리 明文으로 여객의 사상손해와 비여객사상손해 및 물적 손해로 구분하고 있으므로 이에 따를 수밖에 없다.

(3) 복수의 구조선이 책임을 지는 경우에는 구조선마다 한도액을 산출하고, 구조선에 의하지 아니한 경우에는 1,500톤의 선박을 기준으로 산출하며, 이 한도액들은 동일한 사고로 인하여 생긴 모든 채권에 미친다(제775조 제3항).

(4) 구조선에 의한 구조와 구조선이 아닌 선박에 의한 구조가 경합하는 경우에는 실제로 주도적인 구조활동을 한 선박에 의하여 책임한도액을 정하고, 주도적 역할을 한 선박을 구별하기 어려운 때에는 구조선에 의하여 구조한 것으로 보아야 할 것으로 본다.[40]

40) 同旨 : 孫珠瓚(下) 738면.

Ⅶ. 責任制限의 節次

(1) 책임제한절차개시의 신청, 책임제한의 基金의 형성, 공고, 참가, 배당 기타 필요한 사항은 선박소유자 등의 책임제한절차에 관한 법률(1991. 12. 31. 법률 제4471호)에[41] 정하여져 있다.

(2) 책임제한절차법의 제정 이전에는 선주가 책임제한을 받으려면 통상의 소송에서 항변으로써만 이를 주장하여야 하였다.[42] 따라서 선박소유자가 제한채권의 총액과 책임제한액을 주장, 입증하여야 하고, 또 어느 채권자에 대하여 그 책임제한에 성공한다고 해도 旣判力이 다른 채권자에게 미치지는 않았다. 동일한 사고에서 발생한 다수의 채권이 경합하는 경우에 채권자들의 선택에 따라 각기 다른 법원에 소송이 제기되어 법원마다 그 판결이 다를 수 있었고, 여러 소송이 동시다발적으로 제기되어 비용과 시간을 낭비하는 요인이 되었다. 또한 선박소유자 등이 스스로 기금을 형성하여 선박의 압류로부터 벗어날 수도 없었다.[43] 이러한 문제는 1991년 선박소유자 등의 책임제한절차에 관한 법률을 제정함으로써 해결되었다. 책임제한절차에 관하여는 위의 절차법 외에도 민사소송법에 규정되어 있다.

41) 1976년 조약에서는 책임제한에 관한 실체법과 절차법이 모두 규정되어 있는 반면, 우리 법체계는 실체법과 절차법 규정을 따로 두고 있기 때문에 이와 같은 법률이 필요하게 된 것이다.

42) 李基秀(保・海) 433면.

43) 宋相現・金炫 198면.

제5절 船舶擔保

Ⅰ. 序 說

(1) 해상기업은 조선비용·운항자금이 방대하고 不意의 위험에 직면하게 되므로 제3자로부터 자금의 공급을 받을 필요성은 더욱 절실하다. 선박금융의 法律形態로서 가장 많이 이용된 것은 이른바 冒險貸借(해산을 담보로 한 금전소비대차로서, 선박의 안전한 항해의 종료를 변제의 조건으로 하되 이율이 높다)인데, 19세기 후반 이래 이에 갈음하여 나타난 것이 선박우선특권과 선박저당권이다.

(2) 선박우선특권은 선박의 建造·艤裝 또는 修繕 혹은 航海의 계속을 위하여 발생한 채권, 즉 선박채권에 관하여 그 채권자에게 船舶·屬具·附屬物로부터 다른 채권자보다 우선변제를 받을 특권을 인정함으로써 그 채권자를 보호하기 위한 것이나, 결국은 해상기업금융의 원활화를 도모하는 것이므로 해상운송인의 반사적 이익에도 기여하게 된다.

《船舶債權에 관한 統一條約》

선박채권자의 우선권을 인정하는 범위와 그 공시방법 등에 관하여 각국의 입법이 서로 달라 섭외적 관계에서 불편이 적지 않았다. 그리하여 1885년 이래 통일법 제정을 위한 수차례의 국제회의 결과, 1926년의 브뤼셀 외교회의에서 통일조약이 성립되었다. 이것이 '해상우선특권 및 저당권에 대한 규정의 통일에 관한 협약'이고, 우리나라 상법도 이 조약의 영향을 받았다. 이 통일법조약은 1967년 브뤼셀 해사법외교회의에서 개정되어 "해상우선특권 및 저당권에 관한 통일협약"(International Convention for the Unification of Certain Rules relating to Maritime Liens and Mortgages)이 되었고, 1993. 5. 6.에는 再改正되었다. 우리 상법도 1991. 12. 31. 개정에서 선박저당권의 보호를 위하여 피담보채권의 범위를 제한함으로써 1967년 협약의 취지를 반영하였다.

Ⅱ. 船舶優先特權

1. 船舶優先特權의 意義

선박우선특권(maritime lien, Schiffsgläubigerrecht, gesetzliches Pfandrecht)이란 일정한 법정채권에 대하여 그 채권자가 선박과 그 부속물로부터 우선변제를 받을 수 있는 해상법상의 특수한 담보물권이다(제777조). 선박우선특권에 대하여는 그 성질에 반하지 않는 한 민법의 저당권에 관한 규정이 준용된다(제777조 제2항). 선박우선특권은 특수한 채권자에게 법률상 당연히 부여되는 법정담보물권인 점에서 당사자간의 저당권설정계약에 의해 성립하는 저당권과 다르지만, 목적물에 대하여 우선변제권을 갖는 他物權이며, 부종성·불가분성을 갖는 점 등에서 양자의 성질이 같다.

2. 船舶優先特權의 被擔保債權

(1) 限 定 性

선박우선특권은 그 공시방법은 없어도 선박저당권에 우선하므로(제788조), 상법은 선박저당권자를 보호하기 위하여 선박우선특권을 발생하게 하는 채권의 범위를 한정적으로 열거하고 있다.[44]

(2) 種 類

피담보채권의 例로는 ① 채권자의 공동이익을 위한 소송비용, 항해에 관하여 선박에 課한 諸稅金, 導船料와 曳船料, 최후 입항 후의[45] 선박과 그 屬具의 保存

44) 大判 2005. 10. 13, 2004 다 26799 : 선박우선특권은 근로기준법상의 임금우선특권에 우선하지 않는다.

45) 大決 1998. 2. 9, 97 마 2525·2526 : 선박우선특권에 관한 상법 제777조 제1항 제1호 소정의 '최후 입항 후'의 의미는 목적하는 항해가 종료되어 돌아온 항뿐만 아니라 선

費와 檢査費(제777조 제1항 제1호), ② 선원 기타 선박사용인의 고용계약으로 인한 채권(제777조 제1항 제2호), ③ 선박에 대한 해난구조로 인한 구조료채권과 공동해손의 분담에 관한 채권(제777조 제1항 제3호), ④ 선박의 충돌 그 밖의 항해사고로 인한 손해, 항해시설·港灣施設 및 航路에 대한 손해와 선원이나 여객의 생명·신체에 대한 손해배상채권(제777조 제1항 제4호)이 있다.[46]

3. 船舶優先特權의 目的物

(1) 船舶 및 그 屬具

그 선박의 이용에 관하여 상법 제777조에 열거한 채권이 발생한 선박 자체와 그 屬具를 말한다(제777조 제1항 본문). 여기서 선박이란 建造 중인 선박도 포함하고(제790조 참조), 難破된 경우에는 그 난파물에도 우선특권이 미친다. 속구는 속구목록에 기재된 것을 말한다.

(2) 運 賃

운임에 대한 우선특권의 행사는 그 우선특권이 생긴 항해의 운임, 즉 지급을 받지 아니한 운임(未收運賃, 즉 運賃請求權), 지급을 받은 운임이라도 선박소유자나 그 대리인이 소지하고 있는 금액에 한한다. 그러나 선원 기타의 선박사용인의 고용계약으로 인한 채권(제777조 제1항 제2호)은 사회정책적 견지에서 고용계약 존속중의 모든 항해로 인한 운임의 전부에 대하여 우선특권을 행사하도록 규정하였다(제781조).

(3) 附隨債權

부수채권이란 선박과 운임에 부수한 채권으로서, ① 선박 또는 속구가 멸실·훼손된 경우 또는 운임이 손실된 경우, 그로 인하여 선박소유자 등이 제 3 자에

박이 항해 도중 경매 또는 양도처분으로 항해가 중지되어 경매되는 경우의 선박보존비용도 이에 포함된다. 大判 1996. 5. 14, 96 다 3609 : 상법 제777조 제1항 제1호가 최후 입항이라 함은 항해를 폐지한 시기에 있어서 선박이 존재하는 항도 포함하는 것으로 해석하여야 한다.

46) 大判 1998. 2. 10, 97 다 10468 : 선박경매 과정에서 발생한 정박료 채권은 선박우선특권에 해당하지 않는다.

대하여 가지는 손해배상청구권[예컨대, 선박충돌로 인한 손해배상청구권(제878조·제879조)], ② 공동해손으로 인한 선박 또는 운임의 손실에 대하여 선박소유자가 가지고 있는 보상청구권(공동해손분담청구권 등), ③ 해난구조로 인하여 선박소유자가 갖는 보수청구권 등이다(제778조).

그러나 선박소유자 등이 수령할 보험금·장려금·보조금 등에 대하여서는 위의 우선특권을 행사할 수 없다(제780조).

4. 船舶優先特權의 順位

(1) 船舶優先特權 相互間의 順位

(1) 동일항해로 인한 채권의 우선특권이 경합하는 때에는 상법 제777조 제1항 각호의 순서에 따라서 그 순위를 결정한다(제782조 제1항). 그러나 상법 제777조 제1항 제3호(구조료채권과 공동해손분담채권)의 채권이 경합하는 때에는 후에 생긴 채권이 전에 생긴 채권에 우선한다(제782조 제2항 제1문). 그리고 동일한 사고로 인한 채권은 동시에 생긴 것으로 본다(제782조 제2항 제2문).

(2) 數回의 항해에 관한 채권의 우선특권이 경합하는 때에는 후의 항해에 관한 채권이 전의 항해에 관한 채권에 우선한다(제783조 제1항)(後發優先主義). 그러나 선원 등의 고용계약으로 인한 채권에 대한 우선특권은 최후의 항해에 관한 다른 채권과 동일한 순위로 한다(제783조 제2항).

(3) 동일순위의 우선특권이 경합하는 때에는 각 채권액의 비율에 따라 변제를 받는다(제784조).

(2) 船舶優先特權과 다른 擔保物權의 順位

선박우선특권은 선박에 관한 질권과 저당권에 우선한다(제788조). 이것은 저당권이나 질권은 당사자의 임의로 설정할 수 있는 약정담보물권이어서 이들을 우선시키면 선박우선특권의 실익이 없어지기 때문이다. 유치권에 대하여도 당연히 우선하지만, 유치권자는 사실상 선박을 유치할 수 있으므로 선박우선특권자는 이것을 먼저 변제하고 그 유치권을 소멸시키는 수밖에 없고, 따라서 실제에 있어서는 유치권이 우선하게 된다.

5. 船舶優先特權의 效力

(1) 優先辨濟權·競賣權

선박우선특권자는 목적물에 대한 경매권(民執 제269조)과 우선변제권(제777조 제2항·民 제363조)이 있다. 이 경우에는 그 성질에 반하지 아니하는 한 민법의 저당권에 관한 규정이 준용된다(제777조 제2항 제2문). 따라서 우선특권자는 집행권원이 없이도 당해 선박을 압류하여 換價할 수 있다. 그러므로 선박을 가압류할 이익도 없다.[47)]

(2) 追 及 權

선박우선특권자는 선박소유권의 이전으로 영향을 받지 않고 권리를 행사할 수 있다(제785조).[48)] 따라서 선박의 양수인은 선의·무과실인 경우에도 선박우선특권자에게 대항할 수 없다.[49)]

6. 船舶優先特權의 消滅

(1) 短期의 除斥期間

선박채권자의 우선특권은 그 채권이 생긴 날로부터 1년 이내에 실행하지 아니하면 소멸한다(제786조 제1항)(제척기간). 이 기간은 당사자간의 합의로 연장할 수도 없다. 이 점에서 정기용선계약상의 채권(제846조), 운송인의 채권·채무(제814조), 공동해손채권(제875조), 선박충돌채권(제881조), 해난구조료채권(제895조) 등과 다르다. 이것은 항해마다 우선특권이 발생할 수 있으므로 조속히 해결하는 것이 바람직하기 때문이다.

---

47) 大判 1988. 11. 22, 87 다카 1671 ; 同 1982. 7. 13, 80 다 2318.

48) 大決 1976. 6. 24, 76 마 195 : 선박우선특권 있는 채권자는 추급권이 있으므로 채권을 보전하기 위하여 그 선박에 대한 가압류를 할 필요가 없다. 同旨 : 大判 1982. 7. 13, 80 다 2318.

49) 大判 1974. 12. 10, 74 다 176 : 선박우선특권을 가진 선박채권자라 하더라도 선박을 양수한 사람에게 채무의 변제를 청구할 수는 없다.

(2) 抵當權消滅原因에 의한 消滅

선박우선특권에 관하여는 그 성질에 반하지 아니하는 한 민법의 저당권에 관한 규정이 준용되므로(제777조 제2항 제2문) 선박우선특권은 저당권의 소멸원인에 의하여서도 소멸한다. 예컨대, 저당권은 피담보채권이 소멸하면 소멸하므로, 이때 선박우선특권도 소멸한다.

7. 建造 중의 船舶

건조 중의 선박은 완성된 선박이 아니고, 따라서 해상법상의 선박으로 취급할 수 없기 때문에 선박우선특권에 관한 규정을 준용하도록 하고 있다(제790조).

Ⅲ. 船舶抵當權

1. 船舶抵當權의 意義

(1) 선박저당권(ship mortgage, Schiffshypothek)이란 등기선박을 목적으로 계약에 의하여 설정되는 해상법상의 특수한 저당권이다(제787조 제1항). 선박은 동산이지만 그 부동산유사성으로 인하여 인정된 담보물권이므로, 민법의 부동산저당권의 규정이 선박저당권에 준용된다(제787조 제3항).

(2) 선박우선특권은 公示의 방법이 없고, 법률에 규정되어 있는 채권에 대하여서만 인정되는 것인 데 대하여(제777조 내지 제781조), 선박저당권은 선박등기법에 의하여 등기할 수 있고 또 당사자의 계약에 의하여 임의로 설정할 수 있는 것이므로, 선박금융의 법률형태로서 가장 적합한 것이며, 그 경제성에 있어서 선박우선특권보다 오히려 우수한 것이다. 그러나 선박저당권이 우선특권과 경합하는 경우에 우선특권보다 후순위에 서게 된다는 것(제788조)이 단점이라 하겠다.

2. 船舶抵當權의 目的物

(1) 船 舶

선박저당권의 목적물은 등기선에 한하며(제787조 제1항), 총톤수 20톤 미만의 비등기선은 질권의 목적이 될 수 있을 뿐이다. 그러나 등기선은 질권의 목적으로 하지 못한다(제789조).

2) 屬 具

선박저당권은 그 속구에도 미친다(제787조 제2항). 속구목록에 기재된 것이든 아니든, 종물이든 아니든 불문한다. 속구의 범위를 결정하는 시기는 실제상의 편의로 인하여 저당권 실행시로 본다.

(3) 共有持分

선박공유자의 지분은 선박관리인의 지분이 아닌 한 각각 저당권의 목적으로 할 수 있다(제759조).

3. 船舶抵當權의 順位

(1) 船舶抵當權 相互間의 順位

선박저당권 상호간의 순위는 등기의 전후에 의하여 결정한다(제787조 제3항, 民 제370조 · 제333조).

(2) 船舶抵當權과 船舶優先特權 간의 順位

선박저당권과 선박우선특권 간의 순위는 선박우선특권이 선박저당권에 우선한다(제788조).

(3) 船舶抵當權과 留置權 간의 順位

선박저당권과 유치권 간의 순위는 법률상 선박저당권이 유치권에 우선하나, 사실상은 유치권이 우선한다.

(4) 船舶抵當權과 船體傭船權 간의 順位

선박저당권과 선체용선권 간의 순위는 등기의 전후에 의하여 결정한다(제849조).

4. 船舶抵當權의 效力

선박저당권의 효력은 부동산의 저당권에서와 같이 선박과 속구에 대한 경매권과 우선변제권이다(제787조 제3항, 民 제356조·제363조).

5. 建造 중의 船舶

건조 중에 있는 선박에 대하여도 금융의 편의와 채권자 보호를 위하여 선박저당권의 규정이 준용된다(제790조). 다만 이때에는 선박이 미완성 상태이므로 특별등기부에 소유권등기 없이 저당권등기만 하였다가 선박이 완성된 후 선박저당권 등기의무자가 소유권보존등기와 함께 선박등기부로 옮겨야 한다.

Ⅳ. 船舶質權

선박은 비등기선(20톤 미만)과 미등기선에 한하여 질권의 목적으로 할 수 있다(제787조 제3항·제789조 참조). 선박질권은 동산질권에 관한 民法의 규정(民 제 329조 이하)에 의한다.

V. 船舶에 대한 强制執行

1. 船舶에 대한 强制執行節次

선박에 대한 강제집행은 ① 일반채권의 실현을 위한 경우와, ② 선박우선특권, 선박저당권 및 선박유치권 등의 선박담보권을 실행하는 경우로 나눌 수 있다. 보통 전자의 경우 압류할 수 있는 선박은 채무자소유의 선박으로 채무의 발생과 관련이 있을 필요가 없는 반면 후자의 경우는 압류의 대상이 되는 선박은 특정한 선박, 예컨대 선박우선특권이나 유치권을 발생시킨 선박 또는 선박저당권이 설정된 선박에 한한다. 양자에 대하여 상법 외에도 민사집행법(民執 제172조 내지 제173조)이 규정하고 있다.[50)]

2. 船舶에 대한 押留와 假押留

(1) 선박에 대한 강제집행은 우선 채권자가 강제경매신청을 하고 법원의 강제경매개시결정에 의하여 선박을 압류함으로써 개시한다. 선박은 동산이지만 저당권을 설정할 수 있는 바와 같이 부동산유사성을 띠므로 선박에 대한 강제집행에 관하여는 일반의 동산집행과는 달리 법원이 집행기관이 되고 부동산의 강제경매절차와 유사한 절차에 따라 경매절차를 진행한다(民執 제269조). 그러나 선박은 동산임에 틀림이 없고 이동성을 가지므로 선박에 대하여 부동산과 같이 등기부상 압류의 취지를 기재하는 것만으로는 집행절차에서 압류채권자의 지위가 불완전하다. 따라서 선박집행의 개시결정을 함에 있어서 선박의 출항을 금지함과 동시에 집행관에게 선박국적증서 그 밖에 선박의 운행에 필요한 문서를 선장으로부터 받아 집행법원에 제출하도록 하고(民執 제174조 제1항), 당해 선박을 관할구역 내에

---

50) 울산地判 1998. 9. 3, 98 가단 16905 : 선박의 매수인이 소유권이전등록을 하지는 않았으나 어구를 포함한 선박을 인도받아 점유·사용하고 있는 경우, 위 어구에 대한 강제집행에 대하여 점유권의 침해를 이유로 제3자이의의 소를 제기할 수 있다.

정박시키도록 하고 있다(民執 제176조). 법원은 채권자의 신청에 의하여 선박의 감수와 보존을 위하여 필요한 처분을 할 수 있는데(民執 제178조 제1항 · 제295조), 법원의 이러한 처분은 개시결정의 송달 전에도 압류의 효력이 있다(民執 제178조 제2항).

(2) 그런데 선박은 운행에 의하여 비로소 수익을 얻을 수 있는데 선박경매가 개시되어 출항을 금지당하면 채무자 또는 소유자는 막대한 손해를 입게된다. 따라서 선박소유자의 정상적인 영업활동을 보장하기 위하여 선박의 운행허가제도 및 보증의 제공에 의한 경매절차의 취소제도를 인정하여 쌍방의 이해관계를 조정하고 있다(民執 제181조 · 제268조).

3. 航海準備를 完了한 船舶 · 屬具에 대한 押留 또는 假押留 禁止

(1) 原　則

선박채권자라 하더라도 항해준비를 완료한 선박과 그 속구에 대하여는 압류 또는 가압류를 하지 못한다(제744조 제1항 본문). 등기선이든 미등기선이든 불문한다. 압류 또는 가압류를 금지하는 이유는 ① 선박의 항해는 일반공중의 이해에 중대한 영향이 있는데, 소수의 채권자의 이익을 위하여 공중의 이익을 희생할 수 없으며(다수의 이해관계인 보호), ② 많은 시간과 비용을 요하며 또 공시되는 발항준비의 종료 전에 채권자가 충분히 자기의 채권담보를 위하여 선박을 압류할 수 있었음에도 불구하고 이를 해태한 경우에 그러한 채권자까지 보호할 필요는 없다는 것(채권자측의 권리행사의 해태)이다.[51] 여기서 항해준비의 완료라 함은 艤裝 · 선원의 승선 · 필요서류의 비치 · 화물의 선적 · 여객의 승선 등이 완료된 상태, 즉 선박소유자 · 선장 · 해원이 사실상 및 법률상 선박이 발항하는 데 필요한 모든 준비를 완료한 것을 말한다(船員 제7조 참조).[52] 항해준비를 완료한 선박에 대하여는

51) 그러나 이와 같은 논리가 정당한지는 의문이다. ① 채권자가 과실없이 발항준비를 몰랐거나 채권의 존부와 압류 · 가압류의 결정 여부를 알 수 없었던 경우도 있고, ② 선박금융의 편의를 위해서도 압류를 금지하는 것이 바람직하지 않으며, ③ 압류를 인정하더라도 발항준비를 완료한 선박의 경우에는 일정액을 공탁하고 압류를 해제하는 방법도 있기 때문이다.

52) 孫珠瓚(下) 898면 ; 李基秀(保 · 海) 573면 ; 鄭熙喆 · 鄭燦亨(下) 809면.

'항해의 종료시까지' 압류 또는 가압류를 하지 못하므로, 이러한 선박이 중간항 또는 피난항에 寄港하여도 압류 또는 가압류를 할 수 없다.[53]

(2) 例 外

(가) 항해를 준비하기 위하여 생긴 채무(예컨대, 연료·식료품 대금, 수선비 등)에 대하여는 채권자가 그 선박 및 속구를 압류 또는 가압류할 수 있다(제744조 제1항 단서). 이와 같은 예외를 인정하는 이유는, ① 그 채무에 의하여 선박이 비로소 발항할 수 있게 되었고, ② 선박소유자에게 발항준비를 위한 금융의 편의를 제공할 필요가 있으며, ③ 그러한 채무는 발항준비의 종료시가 보통 변제기이므로 그 이전에는 압류할 수 없다는 점 등이다.[54]

(나) 또한 총톤수 20톤 미만의 소형선박에 대해서도 압류금지규정은 적용되지 않는다(제744조 제2항). 따라서 아무런 제한 없이 이러한 선박을 압류 또는 가압류할 수 있다. 소규모선박의 발항에 관하여는 이해관계인이 그다지 많지 아니할 것이기 때문이다.

53) 李基秀(保·海) 573면 ; 鄭熙喆·鄭燦亨(下) 809면.
54) 孫珠瓚(下) 899면 ; 鄭熙喆·鄭燦亨(下) 809면.

제3장
運　送

제1절 總　說

Ⅰ. 海上運送의 意義

해상운송(carriage by sea, Seebeförderung)이란 해상에서 선박에 의하여 물건 또는 여객의 장소적 이동을 하는 것을 말한다. 해상이란 湖川·港灣 이외의 수면을 말한다.

해상운송기업의 주체는 선박소유자·선박임차인·정기용선자·항해용선자·운송용선자·재운송인·운송주선인 등이다.

Ⅱ. 海上運送契約의 性質

해상운송인은 운송의 인수를 영업으로 하므로 해상운송계약은 기본적 상행위이다(제46조 제13호). 해상운송계약은 당사자의 일방이 운송이라는 일의 완성을 목적으로 하고, 이에 대하여 상대방이 보수를 지급하기로 약속하는 것이므로 민법상의 도급계약(民 제664조)에 속한다. 그러나 해상운송에 관하여는 상법의 규정이 자세하고, 상관습법과 각종 약관이 발달하고 있어 민법의 도급규정이 적용될 여지는 적다. 또 해상운송계약은 약관에 의하여 체결되는 경우가 일반적이므로 附合契約이며, 불요식의 낙성계약이 원칙이고, 유상·쌍무계약이다.

Ⅲ. 海上運送契約의 種類

1. 個品運送契約

(1) 개품운송계약(carriage in general ship, Stückgütervertrag)이란 운송인이 개개의 물건을 해상에서 선박으로 운송할 것을 인수하고, 송하인이 이에 대하여 운임을 지급하기로 약정하는 운송계약이다(제791조). 개품운송계약은 용선계약과는 달리 선박 또는 船腹에 중점이 있는 것이 아니라 각 운송물과 운송의 결과에 중점이 있고, 그 성질은 역시 도급계약이다.

(2) 용선계약과 개품운송계약을 비교하면, ① 前者는 불특정항로에서 임시적으로 이용되는 것이 보통인 데 대하여, 후자는 특정선박으로 정기적으로 운송하게 되는 것이 보통이며, ② 전자의 경우는 대개 소형선박이 이용되지만, 후자의 경우에는 대형선박이 주로 이용되고, ③ 전자에 있어서는 그 계약내용이 각 계약마다 정하여지는 데 대하여, 후자는 선하증권약관에 의하여 계약내용이 정하여지므로 부합계약성을 띠며, ④ 전자는 재운송계약을 허용하는 데 대하여, 후자는 이를 허용하지 않는다는 등의 차이가 있다.

2. 旅客運送契約

해상여객운송계약은 운송인이 특정한 여객을 출발지에서 도착지까지 해상에서 선박으로 운송할 것을 인수하고, 이에 대하여 상대방이 운임을 지급하기로 약정함으로써 그 효력이 생기는 일종의 도급계약이다(제817조).

3. 기타의 運送契約

(1) 複合運送

(가) 複合運送의 意義

연락운송 중 陸·海 또는 陸·海·空運送과 같이 두 개 이상의 운송수단의 협동에 의하여 실행되는 운송을 복합운송(combined transport, transport combiné) 또는 협동일관운송(intermodal transport)이라고 한다. 복합운송에서는 異種의 運送手段이 이용되는 점에서 단순히 복수의 운송수단이 이용되는 통운송계약과 다르나, 1枚의 운송증권이 발행되고 송하인은 운송구간마다 운송계약을 체결할 필요가 없는 점은 통운송계약과 같다. 오늘날 컨테이너(container)의 개발과 함께 그 이용이 크게 증가하고 있으며, 1980년에는 복합운송의 법률관계를 해결하기 위하여 國際聯合(U.N.)의 國際複合運送條約이 성립되었으나 발효되지 못하고 있다.[1)]

(나) 複合運送人의 責任

2007년 개정 해상법은 최근 복합운송의 발달을 배경으로 복합운송에 관한 1개의 조문(제816조)을 신설하였다. 운송인이 인수한 운송에 해상 외의 운송구간이 포함된 경우 운송인은 손해가 발생한 운송구간에 적용될 법에 따라 책임을 진다(제816조 제1항). 따라서 육상운송구간에서 손해가 발생한 경우에는 육상운송인의 책임에 관한 상법의 규정이 적용되고, 항공운송구간에서 발생한 손해에 대하여는 항공운송에 관한 법률(국제항공운송의 경우에는 1999년 몬트리올협약)이 적용된다.

어느 운송구간에서 손해가 발생하였는지 불분명한 경우 또는 손해의 발생이 성질상 특정한 지역으로 한정되지 아니하는 경우에는 운송인은 운송거리가 가장 긴 구간에 적용되는 법에 따라 책임을 진다(제816조 제2항 본문). 따라서 해상운송이 포함된 경우에는 대체로 상법의 해상편이 적용될 것이다. 다만 운송거리가 같거나 가장 긴 구간을 정할 수 없는 경우에는 운임이 가장 비싼 구간에 적용되는 법에 따라 책임을 진다(제816조 제2항 단서). 상법 제816조의 규정은 강행규정이므로 운송인의 책임을 경감 또는 면제하기로 하는 당사자 사이의 특약은 효력이 없다고 본다(제799조 제1항 유추적용).

---

1) U.N.국제복합운송조약에 관하여는 崔埈璿, 국제거래법, 2004, 353면 이하 참조.

(2) 再運送契約

(가) 再運送契約의 意義

(a) 용선자가 다시 제 3 자와 운송계약을 체결하는 경우에 최초의 용선계약을 주(운송)계약(original charter, Hauptfrachtvertrag)이라 하고, 용선자와 제 3 자와의 계약을 재운송계약(sub-charter, Unterfrachtvertrag)이라 한다.[2] 재운송계약은 개품운송계약인 경우가 많으나 용선계약(재용선계약)일 수도 있다.

(b) 재운송계약은 주운송계약과 독립한 第二의 운송계약이며, 이것에 의하여 용선자는 선박소유자 등에게 지급할 용선료와 자기가 재운송계약에 의하여 취득할 운임과의 차액을 이득하게 된다. 실제에 있어서는 재운송계약과 운송주선인에 의한 운송계약을 구별하기 어려운 경우가 많으나, 재운송계약에서 용선자는 화물의 운송 자체를 인수하는 자이지만 운송주선인은 단지 주선행위만을 하는 점에서 兩者는 구별된다.

(2) 再運送契約의 效力

(a) 선박소유자 등과 용선자(항해용선자이든 정기용선자이든 불문한다.)와의 관계는 용선계약이 정하는 바에 따르며, 용선자는 반대의 특약이 없고, 선박소유자 등의 이익에 반하지 않는 한 재운송계약을 체결할 때 선박소유자 등의 승낙을 필요로 하지 않는다.

(b) 용선자와 그 상대방(다른 용선자 또는 송하인)과의 관계는 재운송계약에 의하여 정하여지며, 용선자는 그 상대방에 대하여 운임청구권 등 운송계약상의 권리를 갖는다. 따라서 재운송계약의 상대방에 대한 용선자의 운송계약상의 의무에 관하여는 용선자가 그 책임을 져야 할 것이다. 그러나 운송계약의 이행이 선장의 직무범위 내의 것인 경우에는 선박소유자도 그 제 3 자에 대하여 堪航能力注意義務(제794조)와 운송물에 관한 주의의무(제795조)에 의한 책임을 진다(제809조). 이때 선박소유자와 용선자는 부진정연대책임을 진다. 이 규정에 의하여 선박소유자가 책임을 지는 경우에도 그 책임은 商法 제769조의 규정에 의하여 제한된다. 이때 용선자도 운송인으로서 책임제한을 주장할 수 있고(제797조), 선박소유자의 유한책임의 경우와 동일하게 자기의 책임제한을 주장할 수 있다(제774조 제1항 제1호).

---

2) 大判 2004. 10. 27, 2004 다 7040 : 재용선계약 등에 의하여 복수의 해상운송 주체가 있는 경우, 용선계약에 의하여 그로부터 운송을 인수한 자가 누구인지에 따라 운송인이 확정되는 것이고, 선하증권의 발행사실만으로 당연히 운송인의 지위가 인정되는 것은 아니다.

이와 같이 선박소유자와 용선자가 유한책임을 주장하는 경우 동일한 사고에서 발생한 선박소유자 및 용선자의 책임제한의 총액은 선박마다 법정한도액(제770조)을 초과할 수 없다(제774조 제2항).

(c) 선박소유자 등과 재용선자 또는 송하인과의 관계에 관하여는 선박소유자 등이 상법 제809조에 의하여 책임을 지는 것 외에는 선박소유자 등은 송하인에 대하여 직접적인 관계를 갖지 않는다. 따라서 선박소유자 등은 재운송계약의 송하인에 대하여 운임의 청구를 할 수 없다.[3] 그러나 재운송계약의 송하인이 용선자에게 운임을 지급한 경우에도 선박소유자 등은 운송계약에 있어서의 용선료의 지급을 받을 때까지 운송물을 유치할 수 있다(제807조 제2항).

(3) 連絡運送契約(通運送契約)

(가) 連絡運送契約의 意義

(a) 연락운송계약(contract of through carriage, Durchfrachtvertrag)이란 해상운송인이 자기 담당구간뿐만 아니라 연결된 다른 운송인의 운송수단(선박·철도·자동차·항공기 등)에 의하여 목적지에 이르기까지의 전운송구간의 운송을 引受하는 계약을 말한다. 이는 법전상의 개념은 아니나 복수운송인의 연락운송이라는 점에서 상법의 순차운송(제138조)과 비슷하고, 복수의 운송수단에 의하여 운송하는 점에서 積替約款(transshipment clause)附 單純運送과 비슷하지만, 연락운송계약은 하나의 계약에 의하여 처음부터 사람과 운송수단의 복수가 예정되어 있는 점에 그 특이성이 있다.

(b) 연락운송계약은 ① 운송구간마다 운송계약을 변경함으로써 생기는 적하의 손상과 시간의 낭비를 피할 수 있고, ② 중간운송주선인의 운송주선의 수고와 비용을 절약할 수 있으며, ③ 전운송과정에 소요되는 운임 기타의 비용을 미리 정확하게 알 수 있으므로, C.I.F. 매매계약의 경우에 편리하고, ④ 또 송하인은 통선하증권(through bill of lading, Durchkonnossement, connaissement direct)으로서 荷(貨)換을 이용하여 적하의 발송과 동시에 자금을 회수하는 한편, 수하인도 적하의 도착 전에 그 증권에 의하여 운송물을 처분할 수 있다는 장점이 있다.

(나) 連絡運送契約의 種類

연락운송계약에는 第一運送人만이 송하인에 대하여 당사자로서 계약하는 單獨

3) 大判 1998. 1. 23, 97 다 31441.

(單純)連絡運送契約(einfacher Durchvertrag)(하청운송)과 第一運送人뿐만 아니라 전 운송인이 공동으로 송하인에 대하여 당사자로서 계약하는 共同連絡運送契約(gemeinschaftlicher Durchfrachtvertrag)(동일운송)이 있다. 선하증권이 발행되지 않은 경우에는 그 효력이 대체로 陸上의 경우와 다름이 없으나(제815조·제138조), 선하증권이 발행된 경우에는 대개 책임한도약관이나 분할책임약관이 삽입되어 있어서 실제로는 각 운송인은 그 담당운송구간에서 생긴 손해에 대해서만 책임을 지게 된다.

(4) 繼續運送契約

계속운송계약(Dauerfrachtvertrag)이란 해상운송인이 송하인에 대하여 일정한 장기간, 일정한 運賃率로써 일정한 종류의 적하의 不特定多數量을 수시 부분적으로 계속하여 운송할 것을 약속하고, 그 매회의 적하의 수량, 선적의 때와 곳, 揚陸港의 결정같은 것을 보통 송하인에게 留保하기로 하는 계약을 말한다. 이것은 주로 정기운송인이 低率의 운임으로 운송을 독점하고, 동시에 송하인으로서도 장기간 안정된 운송을 할 수 있다는 장점이 있다.

(5) 混合船積契約

혼합선적계약(Meng-od. Bulkladungsvertrag)이란 해상운송에서 서로 다른 용선자 또는 송하인이 자기의 적하를 동종·동질의 다른 운송물과 혼합하는 것을 승인하고 체결하는 물건운송계약을 말한다. 散貨積契約이라고 하며, 穀物 또는 석유를 운송할 경우에 많이 쓰인다. 선박소유자 등은 이로써 船腹을 완전히 이용할 수 있고, 보관·관리를 단일화할 수 있으며, 용선자나 송하인도 저렴한 운임으로 운송할 수 있다는 장점이 있다.

(6) 曳船契約

예선계약이란 선박소유자가 보수(曳船料)를 받고 선박(曳船)에 의하여 타인의 선박(被曳船)을 일정한 지점까지 曳航하기로 하는 계약이다. 피예선에 대한 예선의 지휘감독권이 있는 경우는 운송계약의 일종이라 할 수 있으나, 예선이 단순히 피예선에 대하여 동력을 공급하거나 그 운항을 보조하는 데 그치는 경우에는, 그것은 민법의 도급계약 또는 고용계약에 지나지 않는다.

제2절 個品運送

I. 個品運送契約의 意義

개품운송계약(carriage in general ship, Stückgütervertrag)이란 운송인이 개개의 물건을 해상에서 선박으로 운송할 것을 인수하고, 송하인이 이에 대하여 운임을 지급하기로 약정하는 운송계약이다(제791조). 개품운송계약은 용선계약과는 달리 선박 또는 船腹에 중점이 있는 것이 아니라 각 운송물과 운송의 결과에 중점이 있고, 그 성질은 역시 도급계약이다.

《海上物件運送에 관한 統一條約》

해상물건운송과 관련하여 1924년의 선하증권통일협약(International Convention for the Unification of Certain Rules of Law relating to Bills of Lading, Brussels, Aug. 25, 1924 : Hague Rules)이 1931년부터 발효되었고, 이 1924년 조약은 그 후 1968년의 선하증권통일조약 개정의정서(Protocol done at Brussels on Feb. 23, 1968 to amend the International Convention for the Unification of Certain Rules of Law relating to Bills of Lading, Brussels, Aug. 25, 1924 : Hague-Visby Rules)에 의하여 개정되어 1977년부터 발효되었다. 1978년에는 위의 1924년 조약을 대체할 "국제연합 해상물건운송협약"(United Nations Convention on the Carriage of Goods by Sea, 1978 : Hamburg Rules)이 제정되어 1992년 11월부터 발효되었다. 우리나라는 위의 어느 조약에도 가입하지 아니하였다. 다만 우리 상법은 1991. 12. 31. 개정전에는 위 1924년 조약의 내용 중 책임원인에 관한 조항만 수용한 바 있으나, 개정법에서는 1968년의 비스비규칙 및 1978년의 함부르크규칙 중 특히 해상운송인의 책임에 관한 규정을 대폭 수용하였다. 2007년의 개정에서는 해상화물운송인의 손해배상책임한도액을 1968년 비스비규칙의 그것과 일치시켰다.

Ⅱ. 個品運送契約의 成立

1. 個品運送契約의 當事者

(1) 개품운송계약의 당사자는 운송인수인과 운송위탁자이며, 전자는 선박소유자 외에도 선박임차인 · 정기용선자 · 용선자(재운송인) 등이고, 후자는 송하인이다.[4] 그리고 계약관계자로는 운송주선인 · 선적인(shipper, Ablader) · 수하인(consignee, Empfänger)이 있다. 선적인이란 운송인과 송하인 사이의 운송계약에 의하여 자기의 명의로 물건을 선적하는 자이다.

(2) 실무에서는 운송인이 운송물 도착을 알려야 할 통지처 또는 통지수령인(notify party)을 정하는 것이 보통이다. 이는 상업신용장을 발행한 은행이 미리 지급한 물품대금의 償還을 확보하기 위하여 자신을 수하인으로 정하고, 실수입업자는 통지수령인으로 정하는 상관습에 따른 것이다. 이 통지수령인은 운송계약의 당사자는 아니나, 상법은 위와 같은 실무계의 요청에 부응하여 운송인이 선하증권에 기재된 통지수령인에게 운송물에 관한 통지를 한 때에는 송하인 및 선하증권소지인 기타 수하인에게 통지한 것으로 보도록 하였다(제853조 제4항).

2. 個品運送契約의 締結

(1) 諾成 · 不要式契約

(가) 본래 해상물건운송계약은 帆船時代에는 주로 선장이 체결하였으나(依商 제767조 참조), 오늘날에는 해상운송인의 본점 · 지점 · 대리점 또는 선박중개인 등을 통하여 체결한다.

(나) 개품운송계약은 낙성계약이므로 청약과 승낙의 합치로써 성립하며, 그 내

---

4) 大判 2000. 3. 10, 99 다 55052 : 선하증권상에 송하인으로 기재되어 있다는 것만으로 그 선하증권에 의한 운송계약의 상대방이라고 단정할 수는 없다. 大判 1974. 9. 10, 74 다 457 : 실질적인 당사자가 계약상의 당사자이다.

용·방식은 원칙적으로 자유이다. 그러나 실무에서 대부분의 개품운송계약은 부합계약이다. 당사자는 운송계약에서 약관을 특정하고, 그것을 계약의 내용으로 편입하는 취지의 합의를 한다.

(다) 해상운송인은 운송물을 수령한 후 송하인의 청구에 따라 一通 또는 數通의 선하증권을 교부하여야 한다(제852조 제1항). 선하증권은 유가증권이다.

(2) 商法規定의 相對的 强行規定性

(가) 개품운송계약을 체결함에 있어 상법 제794조(감항능력주의의무), 제795조와 제796조(운송물에 관한 주의의무와 그 면책사유), 제797조(책임의 한도), 제798조(비계약적 청구에 대한 적용) 등의 규정에 위반하여 운송인의 의무 또는 책임을 경감 또는 면제하는 당사자 사이의 특약은 효력이 없다(제799조 제1항 제1문). 즉, 상법 제794조 내지 제798조의 규정은 상대적 강행규정이다.

(나) 운송물에 관한 보험의 이익을 운송인에게 양도하는 약정 또는 이와 유사한 약정도 역시 효력이 없다(제799조 제1항 제2문). 다만 위험성이 아주 높은 산 動物의 운송 및 선하증권 기타 운송계약을 증명하는 문서의 표면에 甲板積으로 운송할 취지를 기재하여 갑판적으로 행하는 운송에 대하여는 商法 제799조 제1항의 규정을 적용하지 아니한다(제799조 제2항).

Ⅲ. 個品運送契約의 效力

1. 個品運送人의 義務

(1) 個品運送人의 運送準備義務

(가) 船舶提供義務

해상운송인은 운송계약의 취지에 따라 특정선박을 송하인에게 제공하여야 한다. 개품운송계약에서는 일반적으로 代船約款·積替約款이 이용되고 있다.

(나) 堪航能力注意義務

(a) 堪航能力注意義務의 意義

개품운송인은 송하인에 대하여 발항 당시 선박이 안전하게 항해를 감당할 수 있는 능력, 즉 감항능력(seaworthiness, See- und Ladungstüchtigkeit)에 관한 주의의무를 부담한다(제794조). 해상운송은 육상운송과는 달리 고도의 위험성을 수반하기 때문에 상법이 개품운송인에게 특별한 주의의무를 부과한 것이다. 이 의무는 운송물에 관한 직접적인 주의의무와는 달리 운송설비인 선박의 안전운항과 관련된 주의의무라는 점에 특색이 있다.

(b) 堪航能力注意義務의 法的 性質

(i) 强行規定: 개품운송인의 감항능력주의의무를 감경하는 특약은 효력이 없으므로(제799조 1항) 감항능력주의의무에 관한 상법의 규정은 편면적 강행규정이다.

(ii) 相對的 義務·過失責任主義: 상법은 상대적 감항능력주의의무를 규정하여 과실책임주의로 하고 있다.

(iii) 上位의 義務: 운송물에 관한 개품운송인의 주의의무는 책임면제사유가 된다고 하더라도(예컨대, 화재) 감항능력주의의무 위반은 운송인의 면책사유가 되지 않는다는 점에서 운송인의 운송물에 관한 주의의무로부터 독립된 상위의 의무이다.[5]

(c) 堪航能力注意義務의 內容

선박의 감항능력은 상대적인 것이므로 그 유무는 구체적으로 航路와 운송물 등과 관련시켜 결정하여야 한다. 감항능력주의의무의 내용은 ① 선박 자체가 안전하게 항해를 할 수 있을 것(船體能力, 狹義의 堪航能力)(제794조 제1호), ② 필요한 선원의 승선, 船舶艤裝과 필요품의 보급에 부족함이 없을 것(運航能力)(제794조 제2호), ③ 선창·냉장실 기타 운송물을 적재할 선박의 부분을 운송물의 수령·운송과 보존을 위하여 적합한 상태에 둘 것(堪荷能力)(제794조 제3호)을 말한다. 운송인은 이에 관한 주의를 해태하지 아니하였음을 증명하지 아니하면 운송물의 멸실, 훼손 또는 연착으로 인한 손해를 배상할 책임이 있다(제794조 본문). 이를 분설하면 다음과 같다.

(i) 船體能力(협의의 감항능력): 선체능력은 선박 자체의 양호한 상태, 즉 물리적 감항능력을 뜻한다. 선박은 항행구역에 관한 규정에 따른 자격을 가져야

---

5) 蔡利植(下) 750면.

하고 또한 船齡·構造 등이 사실상 항해를 하기 위해 적합하여야 한다. 다만 선체의 결함이 항해 중 船內에 준비된 수단으로 신속·간편하게 補正할 수 있는 경우에는 감항능력이 있다고 하여야 한다.

(ii) **運航能力**: ① 운항능력은 선박이 특정항해를 수행하는 데 필요한 모든 인적·물적 설비를 갖추어야 한다는 것이다. 즉, 필요한 선원이 승선하여야 하고, 선박의 艤裝 및 필요품이 충분히 보급되어야 한다. 필요한 선원의 승선이란 당해 항해에 필요한 인원수의 선원을 승선시킴과 동시에 그 선원은 선로와 선박 및 물건의 운송에 경험이 있고[6] 적합한 자격을 가져야 한다.[7] 선원에는 도선사도 포함된다. 다만 도선사의 필요 여부는 도선사가 선장의 조언자에 지나지 않기 때문에 선장의 사실상의 능력과 항해상의 필요 정도를 고려하여 결정하여야 한다.

② 船舶艤裝이라 함은 그 항해에 필요한 서류와 屬具를 비치하는 것을 말한다. 海圖·나침반·항해일지 등이 이에 해당된다. 한편 자동위치측정기 등 최신의 과학장비를 구비하지 아니한 경우, 영국법원은 이를 不堪航이라고 보나, 미국법원은 이것이 불감항을 야기시킬만큼 기본적인 것이 아니라고 한다. 우리나라의 경우에는 현재의 해운의 실정을 고려해 볼 때, 이를 비치하지 않았다고 해서 불감항이라고는 할 수 없을 것이다.

③ 필요품이란 선박이 항해를 수행하는 데 필요한 연료·식량·의료품 등을 말하며 수량 및 품질도 적당하여야 한다.

(iii) **堪荷能力**: 선박은 안전하게 항해할 수 있도록 화물을 적재하고 화물운송에 적절한 설비를 갖추어야 한다.[8] 특별한 물건을 운송하는 때에는 그에 필요한 시설과 장비를 갖추어야 한다. 상법은 선창·냉장실 기타 운송물을 적재할 선박의 부분을 운송물의 수령, 운송과 보존을 위하여 적합한 상태에 두어야 한다고 규정하고 있다(제794조 제3호). 그러나 이와 같은 장치는 이를 요하는 운송물의

---

6) 大判 1975. 12. 23, 75 다 83 : 약 2개월의 경험밖에 없는 항해사는 감항능력이 부족하다.

7) 大判 1989. 11. 24, 88 다카 16294 : 취직공인을 받지 못한 어로장이 선박의 항해를 지휘하다가 그 항해상의 과실로 사고를 일으킴은 감항능력주의의무 위반이다. 大判 1995. 8. 22, 94 다 61113 : 해당 면허가 없는 선원이라도 사실상 특정 항해를 안전하게 수행할 수 있는 우수한 능력을 갖춘 선원이 승선하였다면 선박이 인적 감항능력을 결여하였다고 할 수는 없다.

8) 大判 1976. 10. 29, 76 다 1237 : 검량관의 노후 여부를 조사하지 아니한 것은 감항능력주의의무의 위반이다. 同旨 : 대판 1985. 5. 28, 84 다카 966 ; 同 1998. 2. 10, 96 다 45054. 釜山地判 1995. 7. 25, 94 가합 8870 : 선저탱크에 주입된 해수가 부식된 공기통풍관을 통하여 화물창으로 누출되어 화물이 훼손된 경우, 해상운송인은 감항능력주의의무를 다하지 못하였으므로 손해배상책임이 있다.

운송의 경우에만 요구되는 것이지, 모든 운송물에 대하여 동일한 장치가 필요한 것은 아니다.

(d) 注意의 程度

감항능력을 구비함에 있어 어느 정도의 주의를 요하는가에 대하여 명문의 규정이 없으나, 商法이 본래 헤이그 규칙을 수용하였으므로 이는 '상당한 주의'(due diligence)로 해석하여야 한다.9) 이는 각 경우에 따라 객관적으로 정하여야 하고, 민법상의 선관주의의무와 같은 것으로 이해하여야 한다.

독립적인 이행보조자라고 할 수 있는 船級協會나 造船會社 등 독립적인 계약자의 과실로 인하여 선박이 감항능력을 상실한 경우에는 해상운송인은 그 선임이나 감독에 과실이 없으면 면책되어야 할 것이다.

(e) 注意의 時期

감항능력에 관한 주의시기는 발항당시인데(제794조 본문), 발항 '當時'란 선적을 개시한 때로부터 발항할 때까지로 넓게 해석해야 하며, '發航'이란 선적항의 발항으로 해석하여야 한다. 이는 헤이그 규칙을 입법화한 것이다. 1978년의 함부르크 규칙은 감항능력주의의무에 관한 규정을 두지 않는다. 이것은 운송인의 이러한 의무를 인정하지 않는 것이 아니라, 오히려 발항당시에 한하지 않고 항해중에도 이 의무를 부담시키는 취지로 해석하여야 한다.

(f) 堪航能力注意義務違反의 效果

(i) 損害賠償責任: 개품운송인이 감항능력에 관한 주의를 해태하여 운송물에 손해가 발생한 경우에는 손해배상책임을 진다. 다만 그 책임은 운송물의 멸실·훼손·연착으로 인한 손해에 한한다(제794조 본문).

(ii) 責任輕減禁止: 개품운송인의 감항능력 주의의무위반으로 인한 손해배상책임을 경감하는 당사자 사이의 면책특약은 그 효력이 없다. 또한 운송물에 관한 보험의 이익을 운송인에게 양도하는 약정 또는 이와 유사한 약정도 같다(제799조 제1항). 다만 산 동물의 운송 및 선하증권 기타 운송계약을 증명하는 문서의 표면에 갑판적으로 운송할 취지를 기재하여 갑판적으로 행하는 운송에 대하여는 이 의무 또는 책임을 면제·경감하는 당사자 사이의 특약은 유효하다(제799조 제2항).

(iii) 保險者의 免責: 개품운송인의 감항능력 주의의무위반으로 인한 손해에 대하여는 해상보험자도 그 보상책임을 면한다(제706조 제1호).

(iv) 立證責任: 개품운송인은 면책사유에 해당하는 사실이 있었다는 것과 운

---

9) 大判 1998. 2. 10, 96 다 45054.

송물에 관한 손해가 그 사실로 인하여 보통 생길 수 있는 것임을 증명하면 그 손해를 배상할 책임을 면한다(제796조 제1항 본문). 다만 개품운송인이 감항능력주의의무(제794조) 및 운송물에 관한 주의의무(제795조 제1항)를 다하였더라면 그 손해를 피할 수 있었음에도 불구하고 그 주의를 다하지 아니하였음을 송하인이 증명한 때에는 개품운송인은 책임을 면하지 못한다(제796조 제1항 단서). 따라서 감항능력 주의의무위반은 송하인이 이를 입증하여야 한다.

(v) **契約의 解除**: 감항능력주의의무 위반으로 계약의 목적을 달성할 수 없는 경우에는 운송계약을 해제할 수 있다. 다만 항해가 시작된 후에는 감항능력주의의무 위반이 있더라도 계약을 해제할 위치에 있지 않으므로 손해배상청구만 가능할 것이다.

(다) 積荷의 受領·積付義務

(a) 송하인은 당사자 사이의 합의 또는 선적항의 관습에 의한 때와 곳에서 개품운송인에게 운송물을 제공하여야 한다(제792조 제1항). 송하인이 이와 같은 합의 또는 관습에 따른 때와 곳에서 운송물을 제공하지 아니한 경우에는 계약을 해제한 것으로 본다(제792조 제2항 제1문). 이 경우 선장은 즉시 발항할 수 있고, 송하인은 운임의 전액을 지급하여야 한다(제792조 제2항 제2문). 송하인은 선적기간 내에 운송에 필요한 서류를 선장에게 교부하여야 한다(제793조)

(b) 송하인이 위에서 말한 대로 운송물을 제공하면 개품운송인은 그 운송물을 수령하여야 하고, 수령한 운송물을 船內의 적당한 장소에 積付하여야 한다.[10] 운송물의 수령은 船側(alongside)에서 하고, 적부는 특약이나 다른 관습이 없는 한 갑판적을 할 수 없고 船艙에 하여야 한다.

(c) 선장은 법령 또는 계약에 위반하여 선적한 운송물은 언제든지 이를 양륙할 수 있고, 그 운송물이 선박 또는 다른 운송물에 위해를 미칠 염려가 있는 때에는 이를 포기할 수 있다(제800조 제1항). 그러나 만약 선장이 그 물건을 운송하는 때에는 선적한 때와 곳에서의 동종 운송물의 최고운임의 지급을 청구할 수 있다(제800조 제2항). 이때 송하인측에 과실이 있는지는 불문한다. 그러나 송하인측에 과실이 있으면 개품운송인 그 밖의 이해관계인은 계약불이행 또는 불법행위를 원인으로 한 손해배상을 청구할 수 있다(제800조 제3항).

(d) 한편 인화성·폭발성 그 밖의 위험성이 있는 운송물은 운송인이 그 성질을 알고 선적한 경우에도 그 운송물이 선박이나 다른 운송물에 위해를 미칠 위험

10) 大判 2003. 1. 10, 2000 다 70064.

이 있는 때에는 선장은 언제든지 이를 揚陸, 破壞 또는 無害措置를 할 수 있다(제801조 제1항). 이로 인하여 그 운송물에 발생한 손해에 대하여는 공동해손분담책임을 제외하고 그 배상책임을 면한다(제801조 제2항). 이때에도 송하인측에 과실이 있으면 운송인은 그로 인한 손해배상을 청구할 수 있다고 본다.

(라) 船荷證券交付義務

(a) 해상운송인은 운송물을 수령한 후 송하인의 청구에 따라 1通 또는 數通의 선하증권을 교부하여야 한다(제852조 제1항). 선하증권에는 운송물의 수령 후에 발행하는 수령선하증권과 선적 후에 발행하는 선적선하증권이 있는데, 운송인은 운송물을 선적한 후 송하인의 청구가 있으면 1通 또는 數通의 선적선하증권을 교부하거나 수령선하증권에 선적의 뜻을 표시하여야 한다(제852조 제2항).

(b) 선하증권의 교부는 선장 기타의 사용인에게 위임할 수 있다(제852조 제3항). 선하증권의 교부를 받은 송하인은 證據保全을 위하여 발행자(운송인)가 등본의 교부를 청구한 때에는 선하증권의 등본에 기명날인 또는 서명하여 교부하여야 한다(제856조).

(2) 個品運送人의 運送實行義務

(가) 發航義務

(a) 개품운송인은 운송물의 선적이 완료된 때에는 지체없이 발항하여야 한다(船員 제8조 참조). 발항시기는 공시된 발착시간표에 따른다.

(b) 송하인이 운송물의 제공을 懈怠한 때에는 선장이 즉시 발항할 수 있으며, 송하인은 운임 전액을 지급하여야 한다(제792조 제2항).

(나) 直航義務

개품운송인은 필요한 경우(예컨대, 공동위험의 회피, 인명 또는 재산의 구조, 감항능력의 회복) 외에는 발항항에서 도착항까지 예정항로를 변경하지 않고 항행하여야 한다(제796조 제2항 제8호, 船員 제8조 참조).

(다) 運送物의 保管·處分義務

개품운송인은 운송물의 수령시부터 인도시까지 선량한 관리자의 주의로써 운송물을 보관하여야 하고(제795조 제1항), 위급한 때에는 적당한 방법으로 운송물을 처분할 의무가 있다(제752조). 또 개품운송인은 송하인 또는 선하증권소지인이 운송의 중지·운송물의 반환 기타의 처분을 청구할 때에는 그 지시에 따라야 한다

(제815조・제139조 제1항 제1문).

(3) 個品運送人의 運送終了 후의 義務

(가) 揚陸에 관한 義務

(a) 揚陸港入港義務

개품운송인은 운송계약상 예정된 양륙항 또는 발항 후 송하인이 지정하는 양륙항에 입항하고, 일정한 양륙장소에 선박을 정박하여야 한다.

(b) 揚陸義務

운송물이 목적지에 도착한 때에는 개품운송인은 운송물을 揚陸하여야 한다.

(나) 運送物引渡義務

(a) 運送物引渡義務의 內容

(i) 운송물이 목적지에 도착한 때에는 개품운송인은 수하인에게 운송물의 도착통지를 하여야 하며, 운송물의 도착통지를 받은 수하인은 당사자 사이의 합의 또는 양륙항의 관습에 의한 때와 곳에서 지체 없이 운송물을 수령하여야 한다(제802조). 운송물의 인도는 보통 적하의 양륙과 동시에 하는 것이나, 반드시 일치하는 것은 아니다. 운송인은 수하인이 운임・부수비용・체당금・체선료, 운송물의 가액에 따른 공동해손 또는 해난구조로 인한 부담액 등의 지급과 상환하지 아니하면 운송물을 인도할 의무가 없고(제807조 제2항), 이들 금액을 지급받기 위하여 법원의 허가를 얻어 운송물을 경매할 수도 있다(제808조 제1항).

(ii) 定期個品運送에서는 대량의 운송물을 단시간 내에 양륙하기 위하여 운송물은 먼저 양륙되고, 인도는 해상운송인의 육상의 사용인 또는 대리인(예컨대, 埠頭經營者, 창고업자, 운송주선인 등)에 의하여 행하여지는 경우가 많다.

(iii) 운송물의 인도란 운송물에 대한 사실상의 지배상태인 점유가 운송인으로부터 벗어나는 것을 말하므로, 수하인뿐만 아니라 운송물이 세관당국의 관장하에 들어간 것도 인도에 해당한다[제803조, 함부르크규칙 제4조 제2항 (b) 참조].

(b) 引渡方法

(i) **船荷證券이 발행되지 않은 경우 :** 운송물을 수령할 자는 운송계약에서 수하인으로 지정된 者이다. 운송물이 양륙항에 도착하면 수하인은 운송물인도청구권을 취득하므로(제815조, 제140조) 송하인이 운송물의 처분을 청구하지 않는 한 운송인은 수하인에게 인도하여야 한다(제815조, 제139조).

(ii) **船荷證券이 발행된 경우 :** ① 수하인은 선하증권의 정당한 소지인이다.

따라서 해상운송인은 선하증권과 상환하여 증권소지인에게 운송물을 인도하여야 한다(제861조, 제129조). 해상운송인이 선하증권 소지인이 아닌 자에게 운송물을 인도하면 고의 또는 중과실로 인한 불법행위[11] 또는 선하증권소지인의 선하증권에 의한 운송물인도청구권의 이행불능으로[12] 인한 손해를 배상할 책임이 있다. 이때에는 운송인의 책임이 제한되지 않는다. 물론 해상운송인이 선하증권 소지인의 인도지시[13] 내지 승낙에 따라 운송물을 제3자에게 인도한 경우, 그 선하증권 소지인에 대한 손해배상책임을 지지 않는다.[14]

한편 보세장치장에 운송물이 입고된 후 보세장치장 설영자가 선하증권과 상환 없이 운송물을 인도한 경우, 대법원은 과거에는 운송인에게 책임을 물었었다.[15] 근래에는 이와 같은 경우에는 해상운송인이 아닌 보세장치장 설영자에게 책임을 묻고 있다.[16]

《保證渡·假引渡》

1) 해상운송인은 선하증권과 상환하여 증권소지인에게 운송물을 인도하여야 하지만(제861조·제129조), 실제로는 假引渡 또는 保證渡를 하거나, 하도지시서에 의하여 선하증권과 상환하지 않고 운송물을 인도하는 예외의 경우가 있다. 荷渡指示書(delivery order, Konnosse-mentsteilschein)란 선하증권이 발행되어 있는 운송물에 대하여 운송인 또는 선하증권소지인이 선하증권을 분할 또는 代用하기 위하여 발행하는 일종의 유가증권이다.

11) 大判 1991. 8. 27, 91 다 8012 ; 同 1991. 12. 10, 91 다 14123 ; 同 2001. 4. 10, 2000 다 46795 ; 同 2004. 10. 15, 2004 다 2137(이른바 '선상도'의 방식으로 인도 약정을 한 경우); 同 2007. 6. 28, 2007 다 16113.

12) 大判 1996. 3. 12, 94 다 55057; 同 1990. 2. 13, 88 다카 23735.

13) 大判 2005. 2. 18, 2002 다 2256 : 수하인이 보세장치장 설영자에게 운송물 전체에 대한 화물인도지시서를 제시하여 그 운송물 중 일부만을 출고하고 나머지는 자신의 사정으로 후에 출고할 의사로 그대로 둔 경우, 그 시점에서 운송인은 운송물 전체의 인도의무를 다하였다고 볼 수 있다.

14) 大判 1997. 6. 24, 95 다 40953 : 해상운송인이 선하증권 소지인의 인도 지시 내지 승낙에 따라 운송물을 제3자에게 인도한 경우에는 그 제3자가 선하증권을 제시하지 않았다 하더라도 해상운송인이 그와 같은 인도 지시 내지 승낙을 한 선하증권 소지인에 대하여 운송물인도의무 불이행이나 불법행위로 인한 손해배상책임을 진다고 할 수 없다. 同旨 : 大判 1974. 12. 10, 74 다 376.

15) 大判 1991. 8. 27, 91 다 8012 ; 同 2000. 11. 14, 2000 다 30950.

16) 大判 2004. 5. 14, 2001 다 33918; 同 2004. 1. 27, 2000 다 63639 ; 同 2004. 5. 14, 2001 다 33918 ; 同 2004. 7. 9, 2002 다 16729 ; 同 2004. 7. 22, 2001 다 67164 ; 同 2005. 1. 27, 2004 다 12394(운송인은 영업용 보세창고업자에 대하여 민법상 사용자의 지위에 있다고 볼 수 없다); 同 2007. 6. 28, 2005 다 2404.

2) 保證渡 또는 假渡에 의하여 수하인이 선하증권 없이 운송물을 수령하고 제 3 자가 수하인으로부터 그 운송물을 선의취득한 경우에는 운송인은 선하증권의 정당한 소지인에 대하여 상법상 채무불이행으로 인한 손해배상책임을 진다. 그러나 판례는 한걸음 더 나아가 민법상 불법행위책임을 지고, 경우에 따라서는 형법상 횡령죄 또는 배임죄의 책임을 져야 할 경우도 있다고 보고 있다.[17]

3) 이에 대하여 보증도는 국제적인 관행인데, 선하증권 寫本에 수하인으로 기재된 신용장발행은행으로부터 보증을 받은 경우에도 선하증권과 상환하지 아니하고 물품을 인도한 것을 불법행위라고 보는 것은 의문이라는 견해가 있다.[18] 그러나 선하증권 소지인의 입장에서 보면 보증도나 가도는 불법행위가 된다는 점에는 의문의 여지가 없다. 그리고 보증도 또는 가도가 운송인의 고의 또는 무모한 행위에 의한 불법행위를 구성하는 것으로 보는 이상 운송인의 책임제한규정(제797조)도 원용할 수 없게 된다.

4) 판례는 불법행위로 인한 손해배상청구권도 선하증권에 화체되어 선하증권이 양도됨에 따라 선하증권 소지인에게 이전한다고 한다.[19]

(ii) 數通의 선하증권이 발행된 경우에는 2人 이상의 소지인이 경합할 수 있는데, 양륙항에서는 어느 한 통의 증권소지인이 운송물의 인도청구를 하더라도 선장은 인도를 거부하지 못하며(제857조 제1항), 또한 그 소지인이 운송물을 수령한 때에는 다른 선하증권은 그 효력을 잃는다(제857조 제2항). 만약 2人 이상의 선하증권소지인이 운송물의 인도청구를 한 때에는, 선장은 지체없이 운송물을 공탁하고, 각 청구자에게 통지를 하여야 한다(제859조 제1항). 양륙항에서 1通의 소지인에게 운송물의 一部를 인도한 후(제857조 제1항), 다른 소지인이 운송물의 인도를 청구한 경우에는 그 殘餘運送物에 대하여서도 동일하다(제859조 제2항).

(iii) 운송물이 공탁된 경우의 선하증권소지인 간의 권리에 있어서는 數人의 소지인에게 공통되는 전 소지인으로부터 먼저 교부를 받은 증권의 소지인이 다른 소지인에 우선하여 그 권리를 행사한다(제860조 제1항). 隔地者에 대하여 발송한

---

17) 大判 1991. 12. 10, 91 다 14123; 同 1992. 2. 14, 91 다 4249 ; 同 1992. 1. 21, 91 다 14994 ; 同 1992. 2. 25, 91 다 30026 ; 同 1989. 3. 14, 87 다카 1791 ; 同 1995. 9. 15, 94 다 61120.

18) 同旨 : 崔基元(海) 154면.

19) 大判 1991. 4. 26, 90 다카 8098; 同 1992. 2. 14, 91 다 13571 ; 同 1992. 2. 25, 91 다 30026 ; 同 2003. 1. 10, 2000 다 70064.

선하증권은 그 발송한 때를 교부받은 때로 본다(제860조 제2항).

(ⅳ) 한편, 양륙항 외에서는 선장은 선하증권의 각 통의 반환을 받지 아니하면 운송물을 인도하지 못한다(제858조).

(다) 供託義務

개품운송계약의 경우 운송물의 도착통지를 받은 수하인은 당사자간의 합의 또는 양륙항의 관습에 의한 때와 곳에서 지체없이 운송물을 수령하여야 한다(제802조). 그러나 수하인이 운송물의 受領을 게을리한 때에는 선장은 이를 공탁하거나 세관 그 밖에 법령으로 정한 관청의 허가를 받은 곳에 인도할 수 있다(제803조 제1항 제1문). 이 경우에는 지체없이 수하인에게 그 통지를 발송하여야 한다(제803조 제1항 제2문). 수하인을 확실히 알 수 없거나 수하인이 운송물의 수령을 거부한 때에는 선장은 운송물을 공탁하거나 세관 그 밖에 법령으로 정한 관청의 허가를 받은 곳에 인도하고 지체없이 용선자 또는 송하인 및 알고 있는 수하인에게 그 통지를 발송하여야 한다(제803조 제2항). 공탁하거나 세관 그 밖에 법령으로 정한 관청의 허가를 받은 곳에 인도한 때에는 선하증권소지인 그 밖의 수하인에게 운송물을 인도한 것으로 본다(제803조 제3항).

2. 個品運送人의 權利

(1) 個品運送人의 運賃請求權

(가) 原　則

개품운송인은 자기가 인수한 운송을 완성한 때에는 그 보수인 운임을 청구할 수 있다. 운임지급의무자는 송하인이지만, 운송물수령 후에는 수하인도 운임지급의무를 부담한다(제807조 제1항).[20]

운송물이 목적지에 도착하지 아니한 때에는 운임청구권은 발생하지 아니한다. 운송물의 전부 또는 일부가 송하인의 책임없는 사유로 인하여 멸실한 때에도 운송인은 그 운임을 청구하지 못하고, 이때 운송인이 이미 그 운임의 전부 또는 일부를 받은 때에는 이를 반환하여야 한다(제815조, 제134조 제1항).[21]

---

20) 大判 1998. 1. 23, 97 다 31441 : 선박이 재용선된 경우 선주는 직접 재용선자 또는 수하인에 대하여 주된 운송계약의 운임을 청구할 수 없다.

21) 大判 1996. 2. 9, 94 다 27144.

(나) 例　外

개품운송인은 예외적으로 다음의 경우에는 운송물이 목적지에 도착하지 아니한 때라도 운임청구권을 행사할 수 있다.

(a) 送荷人 등의 過失

운송물의 전부 또는 일부가 그 성질이나 瑕疵 또는 송하인의 과실로 인하여 멸실된 때에는 개품운송인은 운임의 전액을 청구할 수 있다(제815조·제134조 제2항). 송하인에게 과실이 있는 경우, 운송인은 그 밖의 손해가 있으면 그 손해의 배상도 청구할 수 있다.

(b) 積荷의 處分

선장이 항해의 계속에 필요한 비용을 지급하기 위하여 운송물을 처분한 경우(제750조 제1항), 또는 운송물에 대하여 공동해손처분을 한 경우(제865조)에는 개품운송인은 운임의 전액을 청구할 수 있다(제813조). 이들 경우에는 송하인이 선박소유자나 공동해손분담채무자에 대하여 배상을 청구할 수 있으며, 이 배상액 중에는 운임도 가산되어 있기 때문이다.

(c) 船積의 遲滯

송하인이 선적을 해태하여 선장이 발항한 때에는 송하인은 운임의 전액을 지급하여야 한다(제792조).

(d) 運送不能

(i) 항해 중에 선박의 침몰·멸실·수선불능·포획이 발생하여 운송계약이 종료되거나(제810조 제1항 제1호 내지 제3호), 항해 또는 운송이 법령을 위반하게 되거나, 그 밖에 불가항력으로 인하여 계약의 목적을 달성할 수 없게 되어 계약을 해지한 때에는(제811조 제1항), 개품운송인은 운송의 비율에 따라 운송물의 가액의 한도에서 운임을 청구할 수 있다(제810조 제2항·제811조 제2항). 이 비율은 단지 운송거리의 비율에 한하지 않고 항해의 難易·비용·시간·노력 등을 참작하여 정한다.

(ii) 운송물의 일부가 선적 전에 불가항력으로 인하여 멸실하거나, 운송물의 일부에 대하여 항해 또는 운송이 법령을 위반하게 되거나 기타 불가항력으로 인하여 계약의 목적을 달성할 수 없게 된 때에는 송하인은 운송인의 책임이 가중되지 아니하는 범위 안에서 다른 운송물을 선적할 수도 있다(代荷船積權: 제812조 제1항). 이때 송하인은 지체 없이 운송물의 양륙 또는 선적을 하여야 하며, 그 양륙 또는 선적을 게을리한 때에는 운임의 전액을 지급하여야 한다(제812조 제2항).

(다) 運賃額의 計算

운임은 당사자간의 계약에 의하여 정하나, 상법은 운임계산에 관한 보충규정을 두고 있다. 즉, 운송물의 중량 또는 용적으로 운임을 정한 때에는 운임액은 운송물을 인도하는 때의 중량 또는 용적에 의하여 정한다(제805조). 기간으로 운임을 정한 때에는 운임액은 원칙으로 운송물의 선적을 개시한 날로부터 양륙을 종료한 날까지의 기간에 의하여 정한다(제806조 제1항). 그러나 불가항력으로 인하여 선박이 선적항이나 항해 도중에 정박한 기간 또는 항해 도중 선박수선에 소요된 기간은 이에 산입하지 아니한다(제806조 제2항).

(2) 個品運送人의 기타 權利

개품운송인의 그 밖의 권리로는 ① 운송물제공청구권(제792조 제1항 참조)이 있다. ② 개품운송계약과 용선계약에 공통적인 것으로서 발항권(제831조 제2항, 제792조 제2항), 운송에 필요한 서류교부청구권(제793조, 제841조 제1항), 위법선적물[22] 또는 위험물에 대한 조치권(제800조, 제801조, 제841조 제1항), 송하인이나 용선자가 운송물의 전부 또는 일부를 선적하고 운송계약을 해제 또는 해지한 경우 선적과 양륙비용의 청구권(제835조), 송하인 또는 용선자에 대한 선하증권등본 교부청구권(제856조) 등이 있으나, 이에 관하여는 대부분 旣述하였다. 이곳에서는 그 밖의 권리로서 대박료청구권, 체당금 기타 비용청구권, 유치권·경매권·공탁권에 관하여만 보기로 한다.

(가) 待泊料請求權

선적기간 또는 양륙기간을 경과한 후에 선적 또는 양륙을 위하여 선박을 정박시킨 경우(超過碇泊期間)에는 개품운송인은 수하인에 대하여 滯船料(待泊料·碇泊料)를 청구할 수 있다. 체선료의 법적 성질은 손실을 전보하기 위한 법정의 특별보수이며,[23] 따라서 선박소유자의 과실상계의 대상이 되지 아니한다.[24] 수하인이 운송물을 수령한 때에는 수하인은 체선료를 지급하여야 할 의무가 있다(제807조 제1항).

---

22) 大判 1996. 6. 14, 95 다 46036 : 약관상 '화물이 불법한 것으로 드러난 경우'란, 해상화물운송계약상의 법률관계에 비추어 화물 자체가 수입금지품목 등에 해당되는 경우만을 예정한 것이 아니라 화주 또는 수하인이 화물의 적법한 통관절차를 거치지 않고 밀수입하는 경우도 포함되는 것으로 해석함이 상당하다.

23) 大判 1994. 11. 25, 93 도 3274 ; 同 2005. 7. 28, 2003 다 12083.

24) 大判 1994. 6. 14, 93 다 58547 ; 同 2005. 7. 28, 2003 다 12083.

(나) 替當金 기타 費用請求權

개품운송인은 당해 운송에 부수하여 발생한 附隨費用(예컨대, 倉庫의 保管料·積換費用·供託費用) 또는 체당금(예컨대, 관세·과태료·검역검사비용·구조료·공동해손 분담금 등)을 양륙항에서 수하인에게 청구할 수 있다(제807조 제1항).

(다) 留 置 權

개품운송인은 운임 기타 附隨債權의 지급을 받기 위하여 운송물에 대하여 유치권을 행사할 수 있다(제807조 제2항). 개품운송인의 유치권은 피담보채권과 유치의 목적물인 운송물과의 牽連關係를 요하며, 유치의 목적물은 운송물로 제한되고 그 운송물의 소유자는 누구인지 묻지 아니하는 점 등에서 민사유치권(民 제320조)과 같고 일반상사유치권(제53조)과는 다르다.

(라) 競 賣 權

개품운송인은 운임 기타 부수채권의 지급을 받기 위하여 법원의 허가를 얻어 운송물을 경매하여 우선변제를 받을 수 있으며(제808조 제1항), 선장이 수하인에게 운송물을 인도한 후에도 그 인도일로부터 30일을 경과하지 않았거나 제3자가 그 운송물의 점유를 취득하지 않은 동안은 그 운송물을 경매하여 우선변제를 받을 수 있다(제808조 제2항). 개품운송인의 경매권은 법원의 허가를 반드시 필요로 하는 점 그리고 운송물의 인도 전후를 불문하는 점에서 민법상 유치권자의 경매권(民 제332조 제1항)과 구별된다. 물론 개품운송인이 이 경매권을 행사하여도 운임 기타 채권의 충당에 부족한 때에는 그 부족액을 송하인에게 청구할 수 있다.

(마) 供 託 權

개품운송인은 수하인이 운송물의 수령을 게을리하는 경우 운송물을 공탁하거나 세관 그 밖에 법령이 정하는 관청의 허가를 받은 곳에 인도할 수 있으며, 이때에는 지체 없이 수하인에게 그 통지를 하여야 한다(제803조 제1항).

(3) 個品運送人의 債權·債務의 消滅

(가) 債權·債務의 除斥期間

개품운송인의 송하인 또는 수하인에 대한 채권 및 채무는 그 청구원인의 여하에 불구하고 운송인이 수하인에게 운송물을 인도한 날 또는 인도할 날부터 1년 이내에 재판상 청구가 없으면 소멸한다(제814조 제1항 본문). 이 기간은 제척기간이다. 다만 이 기간은 당사자의 합의에 의하여 연장할 수 있다(제814조 제1항 단서).

중재의 제기도 재판상의 청구와 동일한 효력이 있다. 청구원인의 여하를 불문하기 때문에, 운송인 등의 불법행위책임을 묻는 경우에도 같다. 다만 운송인이 제3자에 대하여 부진정 연대채무자로서 구상청구를 하는 경우에는 1년의 제척기간이 적용되지 아니한다.[25)]

(나) 제3자에게 運送을 再委託한 경우의 除斥期間

운송인이 인수한 운송을 다시 제3자에게 위탁한 경우 그 제3자에 대한 운송인의 채권·채무는 송하인 또는 수하인이 운송인과 배상 합의를 하거나 운송인에게 재판상 청구를 한 날(운송인이 제3자에게 재판상 청구를 받은 날로부터 3개월 이내에 소송고지를 한 경우에는 그 재판이 확정되거나 그 밖에 종료된 날)로부터 3개월이 경과하기 이전에는 소멸하지 아니한다(제814조 제2항·제3항). 이는 1년의 제척기간 내에 배상 합의를 하거나 재판상 청구가 있는 경우는 물론이고, 운송인과 그 제3자 사이에 기간연장의 약정이(제814조 제1항 단서) 있는 경우에도 또한 같다(제814조 제2항 제2문). 운송인이 송하인으로부터 인수한 운송을 제3자에게 재위탁한 경우에 운송인과 제3자 사이의 채권·채무에 운송인과 송하인 또는 수하인 사이에 적용되는 제척기간과 동일한 제척기간이 적용되면 운송인이 불측의 손해를 입을 우려가 있다. 왜냐하면 이와 같은 경우 운송이 제3자에 의하여 실행되기 때문에 운송인은 자기와 운송계약을 체결한 하주가 손해배상을 해 오기 전에는 운송물의 멸실·훼손 또는 지연이 있었는지를 알 수 없는 경우가 많은데, 만약 하주가 제척기간이 만료될 무렵 운송인에게 손해배상청구를 해 온 경우 운송인으로서는 제3자에 대한 구상소송을 할 시간적 여유가 없기 때문이다. 2007년 개정해상법은 헤이그 비스비 규칙 및 함부르그 규칙의 입법례에 따라 상법 제814조 제2항 및 제3항을 신설하여 이와 같은 경우에 3개월의 시간적 여유를 두도록 정하였다.[26)] 다만 전술한 바와 같이 운송인이 제3자에 대하여 부진정 연대채무자로서 구상청구를 하는 경우에는 1년의 제척기간이 적용되지 아니한다.

---

25) 大判 2001. 10. 30, 2000 다 62490 : 재운송계약이 체결된 해상물건운송계약에서 원수운송인의 구상권은 상법 제814조 소정의 단기제척기간이 적용되지 않는다. 공동불법행위자 사이의 구상채권의 소멸시효는 10년이다: 大判 1979. 5. 15, 78 다 528.

26) 헤이그 비스비 규칙 제3조 제6항의 2 및 함부르그 규칙 제20조 제5항은 운송인이 제3자에 대하여 가지는 채권의 제척기간은 법정지법에 의하여 결정되는 기간 동안 연장되는 것을 원칙으로 하면서, 그 연장 기간이 운송인이 하주측에게 손해배상금을 지급한 날 또는 하주측이 운송인에게 재판을 청구한 날로부터 최소한 3개월(헤이그 비스비 규칙) 또는 90일(함부르그 규칙) 이상이 되어야 한다고 규정하고 있다.

(다) 訴訟告知의 許容

운송이 재위탁된 경우에 있어서 재판상 청구를 받은 운송인이 그로부터 3개월 이내에 그 제3자에 대하여 소송고지를 하면 3개월의 기간은 그 재판이 확정되거나 그 밖에 종료된 때부터 기산한다(제814조 제3항). 이는 제소시 인지대 등 막대한 비용이 소요되는 점을 고려하여 제소 대신에 소송고지를 하는 방안을 강구한 것이다.

Ⅳ. 個品運送人의 損害賠償責任

1. 序　說

상법은 개품운송인의 손해배상책임에 관하여 육상물건운송인의 책임규정을 준용하고 있으므로(제815조·제134조·제136조 내지 제140조) 개품운송인의 책임은 육상물건운송인의 책임과 대체로 같다. 그러나 해상운송의 특수성에 비추어 약간의 특별규정을 두고 있다. 즉, 상법은 과실책임주의를 원칙으로 하면서 과실을 航海過失과 商事過失로 나누어 항해과실 및 선박화재에 대하여는 운송인의 책임을 면제하고(제795조 제2항), 일정한 사항에 대하여는 입증책임을 경감하며(제796조), 손해배상책임을 제한하는가 하면(제797조), 면책약관의 제한에 관한 규정을 두어(제799조) 해상기업의 보호와 이해관계인의 이익의 조화를 도모하고 있다.

2. 責任負擔의 主體

손해배상책임을 지는 주체가 되는 개품운송인이라 함은 개품운송인 스스로는 물론 그 사용인 또는 대리인, 책임보험자 및 실제운송인과 그 사용인 또는 대리인 등을 가리킨다.[27] 다만 독립적인 계약자는 운송인의 '사용인 또는 대리인'이

27) 大判 2002. 5. 28, 2001 다 12621 : 선박의 운행 중 사고로 인한 손해배상에 대하여 그

아니다.[28] 이 밖에 상법상의 선박소유자(즉, 利用船主), 선박공유자, 선박임차인, 정기용선자로서 자기명의로 개품운송을 하는 자를 포함한다. 책임부담의 주체인 개품운송인은 후술하는 책임제한의 주체가 될 수 있는 자이기도 하다(제797조 제1항).

3. 商事過失로 인한 損害賠償責任

(1) 損害賠償責任의 原因

(가) 過失責任主義

상법은 개품운송인은 "… 주의를 해태하지 아니하였음을 증명하지 아니하면 운송물의 멸실·훼손 또는 연착으로 인한 손해를 배상할 책임이 있다."(제794조 본문, 제795조 제1항)라고 규정하여, 육상운송인(제135조)의 경우와 같이 과실책임주의를 기본원칙으로 하고 있다.

(나) 堪航能力注意義務 違反

前述한 바와 같이 개품운송인은 자기 또는 선원 기타의 선박사용인이 발항당시 ① 선박이 안전하게 항해를 할 수 있게 하여야 하고(狹義의 堪航能力), ② 필요한 선원의 승선·선박 의장과 필요품을 보급하여야 하며(運航能力), ③ 선창, 냉장실 기타 운송물을 적재할 선박의 부분을 운송물의 수령, 운송과 보존을 위하여 적합한 상태에 두어야 한다(堪荷能力). 개품운송인은 이에 관하여 주의를 해태하지 아니하였음을 증명하지 아니하면 운송물의 멸실, 훼손 또는 연착으로 인한 손해를 배상할 책임이 있다(제794조).

(다) 商事過失

(a) 개품운송인의 고의·과실로 인하여 운송물의 멸실·훼손 또는 연착이 일어나야 하는데, 과실책임자의 범위는 "운송인 … 또는 선원 기타 선박사용인"이다. 즉,

---

선박의 이용자가 손해배상을 부담하기 위하여는 그 이용자가 사고 선박의 선장·선원에 대한 실질적인 지휘·감독권이 있어야 한다. 同 2001. 7. 10, 99 다 58327: 정기용선자로부터 선복을 용선받은 재용선자가 송하인과 운송계약을 체결한 사안에서, 정기용선자는 운송계약상 책임을 지는 운송인의 지위에 있지 않다; 同 1992. 9. 8, 92 다 23292: 선박의 설치관리상의 하자로 그 선박에 실려 있던 장비가 바다에 가라앉아 유실되는 등의 사고가 발생하였다면 그 선장은 불법행위자로서, 선박소유자는 위 선장 등의 사용자 겸 소유자로서 각자 손해배상책임이 있다.

28) 大判 2004. 2. 13, 2001 다 75318.

해상운송인 자신뿐만 아니라 운송채무를 이행하기 위하여 사용한 모든 사용인을 말한다. 보세창고업자는 운송인의 사용인이 아니다.[29]

(b) 상법은 개품운송인의 과실을 航海過失(海技過失)과 商事過失(商業過失)로 구분한다. 항해과실에 대하여는 운송인은 면책된다.

상사과실은 운송수단에 대한 주의해태와 운송물 자체에 대한 주의해태를 따로 규정하고 있다. 운송수단에 대한 주의해태는 발항당시 선박의 감항능력, 즉 협의의 감항능력·운항능력에 관한 법정사항에 대한 주의해태를 말한다(제794조). 운송물 자체에 대한 주의해태의 경우 주의사항의 범위는 '운송물의 수령·선적·적부·운송·보관·양륙과 인도'에 미치나(제795조 제1항),[30] 이것은 예시적이다.

(라) 擧證責任

개품운송인은 자기 또는 이행보조자가 선박의 감항능력이나 운송물에 관하여 '상당한 주의'를 다하였음을 입증하여야 한다(제794조·제795조 제1항). 이행보조자의 선임·감독에 대한 무과실의 입증만으로는 책임을 면할 수 없다.

(2) 損害賠償責任의 範圍

(가) 一般原則

개품운송인의 손해배상의 범위는 육상운송인의 그것과 같다. 즉, 해상운송인도 정액배상주의원칙에 따라 도착지가격에 의한 배상을 하고, 손해가 운송인의 고의·중과실로 인한 때에는 모든 손해를 배상하여야 하며, 운송물의 멸실 또는 훼손으로 인하여 지급을 요하지 아니하는 운임 기타 비용은 배상액에서 공제한다(제815조에 의한 제137조 準用). 상법은 이 밖에 1968년의 헤이그 비스비 규칙(Hague-Visby Rules) 및 1978년의 함부르그 규칙(Hamburg Rules)을 참조하여 해상운송인의 책임제한규정을 두고 있다.

(나) 責任의 個別的 制限

(a) 개품운송인은 운송물에 관한 손해가 운송인 자신의 고의 또는 그 손해가 생길 염려가 있음을 認識하면서 無謀하게 한 作爲 또는 不作爲로 인하여 생긴 것인 경우를 제외하고 그 운송물의 每包裝當 또는 船積單位當 666과 100분의 67 계

---

29) 大判 1997. 9. 9, 96 다 20093 : 운송인의 의뢰로 운송물을 보관한 보세창고업자와 운송인 사이에는 지휘·감독관계가 없으므로 운송인은 보세창고업자에 대해 민법상의 사용자 배상책임을 지지 않는다. 同旨 : 서울高判 2001. 7. 24, 2001 나 11385[확정].

30) 大判 1983. 3. 22, 82 다카 1533.

산단위의 금액과 중량 1 킬로그램당 2 계산단위의 금액 중 큰 금액을 한도로 제한할 수 있다(제797조 제1항). 따라서 운송인은 ① 물건의 도착지가격과 ② 운송물의 매포장당 또는 선적단위당 666과 100분의 67 계산단위의 금액과 중량 1 킬로그램당 2 계산단위의 금액 중 큰 금액을 비교하여(즉, ①의 금액과 ②의 금액을 비교) 그 중 적은 금액으로 손해배상을 하면 된다. 만약 물건의 도착지 가격이 운송물의 매포장당 또는 선적단위당 666과 100분의 67 계산단위의 금액과 중량 1 킬로그램당 2 계산단위의 금액 중 큰 금액보다 저액일 때는 도착지가격에 의하여 배상한다.

(b) 운송물의 포장 또는 선적단위는 컨테이너 그 밖에 이와 유사한 운송용기가 운송물을 통합하기 위하여 사용하는 경우에 그러한 운송용기에 내장된 운송물의 포장 또는 선적단위의 수를 선하증권 그 밖에 운송계약을 증명하는 문서에 기재한 때에는 그 각 포장 또는 선적단위를 하나의 포장 또는 선적단위로 보고, 그 기재가 없는 때에는 이러한 운송용기 내의 운송물 전부를 하나의 포장 또는 선적단위로 본다(제797조 제2항 제1호).[31] 또 운송인이 아닌 자가 공급한 운송용기 자체가 멸실 또는 훼손된 경우에는 그 容器를 별개의 포장 또는 선적단위로 본다(제797조 제2항 제2호).

(c) 그리고 운송물에 관한 손해배상청구가 운송인의 사용인 또는 대리인에 대하여 제기된 경우에는 그 손해가 그 사용인 또는 대리인의 직무집행에 관하여 생긴 것인 때에는 그 사용인 또는 대리인도 운송인이 주장할 수 있는 항변과 책임제한을 원용할 수 있다(제798조 제2항 본문).[32] 다만 그 손해가 그 사용인 또는 대리인의 고의 또는 운송물의 멸실, 훼손 또는 연착이 생길 염려가 있음을 인식하면서 무모하게 한 작위 또는 부작위로 인하여 생긴 것인 때에는 그러하지 아니하다(제798조 제2항 단서). 운송물에 관한 손해배상청구가 운송인 이외의 실제운송인 또는 그 사용인이나 대리인에 대하여 제기된 경우에도 같다(제798조 제4항).

---

31) 大判 2004. 7. 22, 2002 다 44267 : 컴퓨터 2,496대를 24대씩 104개의 pallet에 적재한 다음 1개의 container에 26개의 pallet를 적재하였고, 운송 도중 1개의 컨테이너 안에 든 화물 전체(26 팰리트 = 624 상자)가 침수된 사안에서 포장단위란 container를 말하는가, pallet를 말하는가, 아니면 컴퓨터 1대를 말하는가가 쟁점이 된 사안에서, 원심법원은 손상된 pallet 단위로 손해배상액을 계산하였지만 대법원은 이를 파기환송하였다. 즉, 대법원은 선하증권에 기재된 대로 컴퓨터 2,496 units가 손상을 입은 것으로 판단하였다.

32) 釜山地判 2006. 3. 27, 2005 가단 42886[항소] : 히말라야 약관(Himalaya Clause)은 해상운송인의 책임을 경감하는 결과를 가져오는 것은 아니므로 상법 제790조 제1항에 반하지 아니하여 유효하다.

(d) 또한 책임보험에서 피보험자가 책임을 질 사고로 입은 손해에 대하여 제3자가 보험자에게 직접 보상을 청구하는 경우에 보험자는 피보험자가 그 사고에 관하여 가지는 항변으로써 그 제3자에게 대항할 수 있으므로(제724조), 책임보험자도 운송인의 면책사유나 책임제한을 주장할 수 있다.

(e) 이와 같은 개품운송인의 책임제한은 예외적으로 송하인이 개품운송인에게 운송물을 인도할 때에 그 종류와 가액을 고지하고 선하증권 기타 운송계약을 증명하는 문서에 이를 기재한 경우에는 적용하지 아니한다. 그러나 송하인이 운송물의 종류 또는 가액을 고의로 현저하게 不實한 告知를 한 때에는 운송인은 자기 또는 그 사용인이 악의인 경우를 제외하고 운송물의 손해에 대하여 책임을 면한다(제797조 제3항).

(다) 責任制限의 排除

개품운송인은 운송물에 관한 손해가 운송인 자신의 고의 또는 손해발생의 염려가 있음을 認識하면서 無謀하게 한 作爲 또는 不作爲(act or omission … done … recklessly and with knowledge that damage would probably result)로 인하여 생긴 경우에는 책임의 제한을 주장할 수 없고, 모든 손해를 배상하여야 한다(제797조 제1항 단서). "손해발생의 염려가 있음을 인식하면서 무모하게 한 작위 또는 부작위"란 선주책임제한에 관하여 설명한 것과 같이 一定結果(손해)의 發生可能性을 인식하면서도 이를 개의치 아니하고 무모하게 한 작위 또는 부작위로서 고의에 가까운 작위·부작위를 말한다. 여기서 개품운송인 자신의 고의 또는 그 손해발생의 염려가 있음을 인식하면서 무모하게 한 작위 또는 부작위의 경우에 한하여 운송인의 책임제한이 배제되므로, 운송인 이외의 선원 기타의 선박사용인의 무모한 행위에 대하여는 여전히 운송인의 책임은 제한된다.[33] 그러나 운송인이 법인인 경우에는 법인의 대표기관뿐만 아니라 법인의 내부적 업무분장에 따라 당해 법인의 관리 업무의 전부 또는 특정 부분에 관하여 대표기관에 갈음하여 사실상 회사의 의사결정 등 모든 권한을 행사하는 사람도 그가 이사회의 구성원 또는 임원이 아니더라도 그의 행위를 운송인인 회사 자신의 행위로 봄이 상당하다는 대법원 판례가 있어 주목을 받고 있다.[34]

(라) 船主責任制限規定과의 관계

개품운송인의 개별적 책임제한에 관한 商法 제797조 제1항 내지 제3항의 규정

33) 大判 1996. 12. 6, 96 다 31611; 同 2001. 4. 27, 99 다 71528.
34) 大判 2006. 10. 26, 2004 다 27082.

은 총체적인 선주책임제한에 관한 규정(제769조 내지 제776조)의 적용에 영향을 미치지 않는다(제797조 제4항).

(3) 順次物件運送人의 連帶責任

數人이 순차로 운송할 경우에는 각 운송인은 운송물의 멸실·훼손·연착으로 인한 손해를 연대하여 배상할 책임을 진다(제815조·제138조 제1항). 운송인 중의 1인이 손해를 배상한 때에는 그 손해의 원인이 된 행위를 한 운송인에게 구상권을 갖지만(제138조 제2항), 그 원인이 된 행위를 한 운송인을 알 수 없는 때에는 각 운송인이 운임의 비율로 손해를 분담한다. 그러나 그 손해가 자기의 운송구간에서 발생하지 않았음을 증명한 운송인은 손해분담책임이 없다(제138조 제3항).

(4) 責任의 短期消滅

(가) 운송인 또는 그 사용인이 악의인 경우를 제외하고, 수하인이 운송물의 일부 멸실 또는 훼손을 발견한 때에는 수령 후 지체없이 그 概要에 관하여 운송인에게 서면에 의한 통지를 발송하여야 하고, 이 통지가 없는 경우에는 운송물이 멸실 또는 훼손 없이 수하인에게 인도된 것으로 추정한다. 그 멸실 또는 훼손이 즉시 발견할 수 없는 것인 때에는 수령한 날로부터 3일 내에 그 통지를 발송하여야 한다(제804조 제1항 내지 제3항).

(나) 通知하지 아니하면 운송인은 선하증권에 기재된 내용대로 화물을 인도한 것으로 추정한다.[35] 따라서 통지를 게을리하였다 하여 곧 운송인에게 지워질 운송계약상의 책임이 면제되는 것은 아니고, 통지하지 아니한 수하인은 운송물의 멸실 또는 훼손에 관하여 입증하고 운송인의 책임을 물을 수 있다.

(다) 운송물의 멸실 또는 훼손이 발생하였거나 그 의심이 있는 경우에는 개품운송인과 수하인은 서로 운송물의 검사를 위하여 필요한 편의를 제공하여야 한다(제804조 제4항). 위의 규정(제804조 제1항 내지 제4항)에 반하여 한 수하인에게 불리한 당사자 사이의 특약은 효력이 없다(제804조 제5항).

(5) 責任의 消滅

개품운송인의 송하인 또는 수하인에 대한 채권 및 채무는 그 청구원인의 여하에 불구하고 운송인이 수하인에게 운송물을 인도한 날 또는 인도할 날부터 1년

35) 大判 1988. 9. 27, 87 다카 2131.

이내에 재판상 청구가 없으면 소멸한다(제814조 제1항 본문).[36] 이 기간은 제척기간이다. 이 기간의 기산점은 운송물을 인도한 날 또는 인도할 날이다. 이 기간은 당사자의 합의에 의하여 연장할 수 있다(제814조 제1항 단서).

4. 法定免責事由

(1) 船員의 航海過失

개품운송인은 선장·선원·도선사 기타의 선박사용인의 항해 또는 선박의 관리에 관한 행위(航海過失)로 인하여 생긴 운송물의 손해에 대하여는 배상책임을 지지 아니한다(제795조 제2항).[37]

航海過失이란 '항행상의 과실'(errors of navigation)과 '선박관리(management of the ship)상의 과실'을 의미한다.

(가) 항행상의 과실이란 선박의 조종에 관한 일체의 航海技術上의 행위에 관한 과실, 즉 선박운항의 실행상의 과실을 말한다.

(나) 선박의 관리란 선박 자체의 안전항해를 위하여 선박에 대하여 하는 행위이다. 예컨대, 推進機·汽罐 등의 검사에 관한 과실, 通風機·窓·舷門 등의 관리에 관한 과실, 甲板上의 排水에 관한 과실은 선박관리에 관한 과실이다. 따라서 오로지 운송물의 안전한 수송을 위하여 선박이나 屬具를 이용하는 것(예컨대, 冷藏室의 冷氣維持, 起重機의 操縱)은 선박의 관리라고 할 수 없다.

선원의 항해과실을 법정면책사유로 한 것은 항해에 관한 사항은 선박의 조종에 관한 기술적 사항으로서 운송인이 관여할 수 없을 뿐더러, 선원의 사소한 부주의로도 막대한 손실을 가져올 수 있기 때문에 운송인을 보호하기 위한 것이다. 한편 운송인이 책임을 면하더라도, 선원에 대한 처벌조치에 의하여 사고의 발생을 막을 수도 있고, 荷主의 보호는 보험제도에 의해서 해결할 수 있기 때문이다.

(다) 그러나 상법 제795조 제2항은 강행규정이 아니므로 항해과실에 대하여 운송인이 책임을 지기로 하는 당사자 사이의 특약도 유효하다.[38]

---

36) 大判 2007. 6. 28, 2007 다 16113.
37) 大判 2004. 7. 8, 2004 다 8494.
38) 大判 1975. 12. 23, 75 다 83.

(2) 船舶에서의 火災

개품운송인은 선박에서의 화재로 인하여 생긴 운송물의 손해에 대하여도 배상책임을 지지 아니한다(제795조 제2항 본문).[39] 그러나 운송인 자신의[40] 고의 또는 과실로 인하여 화재가 발생한 경우에는 면책되지 아니한다(제795조 제2항 단서). 선박에서의 화재를 법정면책사유로 한 것도 해상운송인을 보호하려는 데 있다. 왜냐하면 선박의 화재는 해상위험 중 가장 전형적인 것이고, 경미한 과실로써도 막대한 손해를 가져올 수 있으므로, 이러한 위험을 해상운송인에게 부담시키는 것은 가혹한 일이기 때문이다.

(3) 高價物에 대한 免責

화폐, 유가증권 기타의 고가물에 대하여는 송하인이 운송을 위탁할 때에 그 종류와 가액을 명시한 경우에 한하여 운송인이 손해를 배상할 책임이 있으므로(제815조 · 제136조), 이를 명시하지 아니한 경우에는 운송인은 책임이 없다. 또한 송하인이 운송인에게 운송물을 인도할 때에 그 종류와 가액을 고지하고 선하증권 기타 운송계약을 증명하는 문서에 이를 기재한 경우에는 운송인의 책임이 제한되지 않는데(제797조 제3항 본문), 송하인이 운송물의 종류 또는 가액을 고의로 현저하게 不實의 告知를 한 때에는 운송인은 자기 또는 그 사용인이 악의인 경우를 제외하고 운송물의 손해에 대하여 책임을 면한다(제797조 제3항 단서). 송하인이 고가물임을 명시하지 아니하였으나 운송인이 우연히 고가물임을 안 경우에는 보통의 주의를 기울인 운송인은 보통물로서의 책임만을 부담한다. 만약 이 때 고가물임이 밝혀지거나 송하인이 고가물임을 주장하면 운송인은 아무런 책임도 부담하지 않는다(제136조의 반대해석). 그러나 이 때 운송인이 고의 · 중과실로 보통물로서의 주의마저도 게을리한 때(고가물임을 간파한 운송인이 고의 · 중과실로 운송물을 멸실시킨 경우 등)에는 보통물에 대한 책임이 아니라 고가물에 대한 책임을 부담하여야 한다.[41]

39) 大判 2002. 12. 10, 2002 다 39364.

40) 상법 제788조 제2항 단서에서의 '운송인'이란 문언대로 운송인 자신 또는 이에 준하는 정도의 직책을 가진 자만을 의미할 뿐이고, 선원 기타 선박사용인 등의 고의 또는 과실은 여기서의 면책제외사유에 해당하지 아니한다 : 大判 2002. 12. 10, 2002 다 39364.

41) 崔埈璿, 상법총칙 · 상행위법, 2008, 344~345면.

(4) 기타 免責事由

(가) 法定免責事由의 種類

개품운송인은 상법 제796조 각호의 사실이 있었다는 것과 운송물에 관한 손해가 그 사실로 인하여 보통 생길 수 있는 것임을 증명한 때에는 이를 배상할 책임을 면한다. 상법 제796조 각호의 면책사유는, ① 海上 그 밖에 항행할 수 있는 수면에서의 위험 또는 사고(예컨대, 폭풍·충돌·坐礁·沈沒 등)(제1호), ② 불가항력[예컨대, 落雷·結氷 등 자연현상에 의한 災害, 즉 天災(act of God)](제2호), ③ 전쟁·폭동 또는 내란(제3호), ④ 해적행위 그 밖에 이에 준하는 행위[이른바, 통일조약의 公敵行爲(act of public enemy)](제4호),[42] ⑤ 재판상의 압류, 檢疫上의 제한, 그 밖에 公權에 의한 제한(제5호), ⑥ 송하인 또는 운송물의 소유자나 그 사용인의 행위(제6호), ⑦ 동맹파업 그 밖의 爭議行爲 또는 船舶閉鎖(제7호), ⑧ 해상에서의 인명이나 재산의 구조행위 또는 이로 인한 항로이탈이나 그 밖의 정당한 이유로 인한 항로이탈(제8호),[43] ⑨ 운송물의 포장의 불충분 또는 기호의 표시의 불완전(제9호),[44] ⑩ 운송물의 특수한 성질 또는 숨은 瑕疵(과실의 부패, 蟲害, 液體의 漏失 등)(제10호), ⑪ 선박의 숨은 하자(제11호) 등이다.

(나) 立證責任의 輕減

상법 제796조 각호의 면책사유에 관하여는 개품운송인의 입증책임을 경감하고 있다. 즉, 개품운송인은 그 면책사유에 해당하는 사실이 있었다는 것과, 운송물에 관한 손해가 그 사실로 인하여 보통 생길 수 있는 것임을 증명한 때에는 그 손해에 대한 책임을 면한다(제796조 본문). 따라서 그 손해와 사실 사이의 인과관계의 존재(또는 그 손해에 관한 자기 또는 사용인의 무과실)까지 증명할 필요는 없다. 그러나 이러한 것을 개품운송인이 주장하더라도, 개품운송인이 주장하는 면책사유와 손해발생과의 사이에 인과관계가 없다는 것, 또는 인과관계가 있다 하더라도 그 손해가 개품운송인의 감항능력 주의의무위반으로 인하여 생긴 것(제794조) 또는 상사과실로 인하여 생긴 것(제795조 제1항)임을 적하이해관계인이 증명한 때에는, 개품운송인은 손해배상책임을 면하지 못한다.

---

42) 大判 1999. 12. 10, 98 다 9038 : 육상운송 도중 강도로 인한 운송물의 멸실은 그 자체로서 불가항력으로 인한 운송인의 면책사유가 되지 않는다.

43) 大判 1998. 2. 10, 96 다 45054(레이더 장비의 노후화에 따른 성능유지를 위하여 필요한 일상적인 점검을 목적으로 이로한 것이 정당한 이로에 해당하지 않는다).

44) 大判 2006. 05. 12, 2005 다 21593 : 운송물의 특수한 성질 또는 숨은 하자에 의하여 해상운송인의 책임이 면책된다고 한 사례.

5. 責任輕減의 禁止

감항능력주의의무(제794조)나 운송물에 관한 주의의무(제795조)를 경감하거나, 법정면책사유(제796조)를 확장하여 개품운송인의 책임을 면하는 당사자 사이의 특약(면책특약)은 그 효력이 없고,[45] 책임의 한도(제797조) 및 비계약적 청구에 대한 적용(제798조)을 배제하는 당사자간의 특약도 효력이 없다(제799조 제1항 제1문). 또 운송물에 관한 보험의 이익을 운송인에게 양도하는 약정 또는 이와 유사한 약정도 또한 같다(제799조 제1항 제2문). 이것은 개품운송인과 적하이해관계인과의 이해의 조화와 균형을 도모하기 위하여, 개품운송인의 책임을 경감하는 한편, 부당한 減免을 방지하는 것이다. 그러나 당사자가 손해배상액을 예정하는 것은 허용된다.[46] 前述한 바와 같이 이러한 제한은 항해상 위험이 큰 산 동물운송 및 甲板積運送에는 원칙적으로 적용되지 않는다(제799조 제2항).

6. 運送契約上의 責任과 不法行爲責任의 競合

(1) 개품운송인이 고의·과실로 운송계약을 불이행하였고 동시에 그 운송인의 행위가 민법상의 불법행위의 요건도 함께 충족하는 경우, 운송인은 계약불이행책임만 지면 충분한 것인지, 아니면 불법행위책임도 경합하여 져야 하는 것인지 舊法下에서는 크게 다투어졌었다. 만약에 兩責任의 경합을 인정하여 개품운송인의 불법행위책임을 묻는다면 계약책임에서 인정되는 책임제한, 면책약관, 단기시효 등에 의한 책임의 면제 또는 경감을 인정한 상법의 규정은 무의미해진다. 請求權競合說은 양책임의 요건과 효과가 다르다는 것과 피해자를 두터이 보호한다는 점에서 양책임의 경합을 인정한다. 이에 대하여 法條競合說은 위에서 말한 상법의 특별규정을 무의미하게 만든다는 것을 이유로 양책임의 경합을 부정한다. 다만 그 이론구성에 있어 新實體法說, 請求權二重構造說, 請求權規範競合說, 請求權規範統合說 등으로 학설이 발전해 왔다.[47] 舊法下에서 판례는 일관성 있게 청구권경

45) 大判 1990. 11. 27, 89 다카 21149; 同 1988. 9. 27, 86 다카 2377 ; 同 1995. 4. 25, 94 다 47919 ; 同 1987. 10. 13, 83 다카 1046.

46) 大判 1974. 8. 30, 74 다 353.

47) 金疇洙, 《債權總論》, 1984, 181면 이하 참조.

합설을 취하여 왔으나,[48] 대법원 1983. 3. 22, 82 다카 1533 판결부터는 "선하증권 기재 면책약관은 운송계약상의 채무불이행책임뿐 아니라 그 운송물의 소유권침해로 인한 불법행위책임에 적용키로 한 당사자의 숨은 합의도 포함되어 있다고 보는 것이 타당하다."고 판시하여,[49] 운송인에게 고의·중과실이 있는 경우[50] 외에는 종래의 청구권경합설을 유지하면서도 결과적으로는 법조경합설과 같은 취지의 결론을 내림으로써 구체적 사건에서 합리적인 처리를 하였다.

(2) 1991년의 개정상법은 이와 같은 왜곡된 해석을 바로잡기 위하여 상법 제5편 제4장(2007년 개정상법 제5편 제2장 제1절 개품운송) 운송인의 책임에 관한 규정은 운송인의 불법행위로 인한 손해배상책임에도 적용하도록 정하였다(개정 전 제789조의 3 제1항, 개정 후 제798조 제1항). 이는 함부르크규칙 제7조 제1항을 수용한 것이다. 이는 前述한 바와 같이 선주책임제한에 관한 규정이 청구원인의 여하에 불구하고 적용되도록 한 것(제769조 본문)과도 균형이 맞는다. 또한 여객의 수하물운송의 경우(제826조 제2항·제3항) 및 항해용선계약의 경우(제841조 제1항)에도 본조가 준용된다.

(3) 운송인의 책임의 제척기간과 관련하여서도 "운송인의 … 채권 및 채무는 청구원인의 여하에 불구하고" 1년 이내에 재판상 청구가 없으면 소멸하되, 이 기간은 당사자의 합의에 의하여 연장할 수 있다고 정하여(제814조 제1항), 민법의 불법행위법상의 손해배상청구권의 소멸시효(3년 또는 10년 : 民 제766조)를 적용시킬 여지가 없어졌다.[51]

(4) 제798조 제1항의 규정은 운송물에 관한 손해배상청구가 운송인 이외의 實際運送人 또는 그 사용인이나 대리인에 대하여 제기된 경우에도 이를 적용한다(제798조 제4항).

---

48) 大判 1962. 6. 21, 62 다 102 ; 同 1977. 12. 13, 75 다 107 ; 同 1980. 11. 11, 80 다 1812 ; 同 1985. 5. 28, 84 다카 966 ; 同 1989. 4. 11, 88 다카 11428 ; 同 1987. 6. 9, 87 다 34 ; 同 1989. 2. 14, 87 다카 124 ; 同 1989. 11. 24, 88 다카 16294 ; 同 1990. 5. 8, 88 다카 7641 ; 同 1992. 1. 21, 91 다 14994 ; 同 1992. 2. 14, 91 다 4249 ; 同 1992. 2. 25, 91 다 30026.

49) 同旨의 判決로서 大判 1983. 10. 25, 83 다 258 ; 同 1990. 4. 26, 90 다카 8098 ; 同 1991. 8. 27, 91 다 8012 참조.

50) 大判 1991. 4. 26, 90 다카 8098 ; 同 1991. 8. 27, 91 다 8012.

51) 大判 1997. 4. 11, 96 다 42246; ; 同 1997. 9. 30, 96 다 54850 ; 同 1999. 10. 26, 99 다 41329; 同 2000. 5. 30, 2000 다 8748; 서울民地判 1997. 9. 11, 96 가합 44704[확정].

7. 運送人의 使用人 또는 代理人

(1) 운송기업이 그 대리인 및 사용인을 두지 아니하고는 운송업 자체를 영위할 수 없다. 그럼에도 만약 법률이 운송인 자체의 책임면제 및 경감을 규정하고 여러 가지 항변사유까지 마련하면서 그 대리인 및 사용인에 대하여는 방치하여 둔다면 피해자는 직접 손해를 가한 운송인의 대리인 및 사용인에게 직접 손해배상을 청구하는 사태가 벌어질 것이다. 운송인의 대리인 및 사용인이 운송인보다 자력이나 변제능력이 더 낫다는 것은 기대하기 어렵다면 결국 피해의 보상도 충분히 되지 않으면서 운송인의 대리인 및 사용인이 크게 궁박한 처지에 몰리게 된다. 이와 같은 문제는 해상법에서도 똑같이 발생하여 해상법의 영역에서는 일찍이 히말라야약관(Himalaya clause)을 허용하고 있다.

《히말라야약관(Himalaya Clause)》

히말라야 약관은 영국의 Adler v. Dickson 사건의 판결에서[52] 비롯되었다. 이 사건을 보면, 지중해를 항해하던 여객선 히말라야 호(the S.S. Himalaya)의 승객이었던 Adler 부인이 선원의 과실로 선박의 현문에서 추락하여 중상을 입었다. Adler 부인은 선박소유자가 아닌 선장 Dickson과 갑판장을 상대로 불법행위책임을 묻는 소를 제기하였다. 선박소유자는 승선권에 면책조항을 삽입하고 있었기 때문이다. 이에 선장과 갑판장이 선박소유자의 면책조항을 원용하여 자신들도 면책될 수 있다고 주장하였다. 영국의 항소심에서는 선장과 갑판장은 계약의 당사자가 아니라는 이유에서 이들의 항변을 배척하고, 원고 승소판결을 내렸다. 승선권에 운송인의 사용인 또는 대리인에게도 운송인의 면책약관이 적용된다는 사실이 명시되어 있지 않는 한 운송인의 사용인 등은 이를 주장할 수 없다는 것이다. 결과적으로는 운송인보다 이행보조자가 더 큰 책임을 부담하는 불합리한 경우가 발생하였다. 이 판결 이후, 해운회사들과 선주상호보험조합(Protection and Indemnity Insurance Club: P&I Club)은 선주의 면책과 책임제한의 이익을 그들의 고용인 또는 대리인 등 이행보조자에게도 원용할 수 있다는 취지의 약관을 새롭게 작성하여 선하증권에 삽입하게 되었다. 이 약관을 히말라야 약관이라 한다. 헤이그 비스비 규칙 및 함부르그 규칙에서도 독립계약자를 제외한 이행보조자의 책임제한을

52) [1954] 2 Lloyd's Rep. 267, [1955] 1 Q.B. 158 (C.A.), [1954] 3 W.L.R. 696, [1954] 3 All E.R. 397.

규정하고 있다. 우리 판례도 히말라야 약관의 유효성을 인정한다.[53)]

(2) 1991년 改正 海商法은 함부르크규칙 제7조 제2항 및 제3항도 수용하였다. 즉, 운송물에 관한 손해배상청구가 운송인의 사용인 또는 대리인에 대하여 제기된 경우에 그 손해가 그 사용인 또는 대리인의 직무집행에 관하여 생긴 것인 때에는 그 사용인 또는 대리인도 운송인이 주장할 수 있는 항변과 책임제한을 원용할 수 있다(제798조 제2항 본문). 그러나 그 손해가 그 사용인 또는 대리인의 고의 또는 운송물의 멸실, 훼손 또는 연착이 생길 염려가 있음을 인식하면서 무모하게 한 작위 또는 부작위로 인하여 생긴 것인 때에는 그러하지 아니하다(제798조 제2항 단서).

(3) 운송인과 그 사용인 또는 대리인의 운송물에 대한 책임제한금액의 총액은 상법상 운송인의 책임한도액(제797조 제1항)을 초과하지 못한다(제798조 제3항).

(4) 위의 각 규정은 운송물에 관한 손해배상청구가 운송인 이외의 實際運送人 또는 그 사용인이나 대리인에 대하여 제기된 경우에도 이를 적용한다(제798조 제4항).

Ⅴ. 個品運送契約의 終了

개품운송계약은 운송의 완료 또는 계약의 해제 등에 의하여 당연히 종료되지만 해상운송의 특성에 따라 그 밖의 종료원인으로서 다음과 같은 것이 있다.

1. 運送委託者의 任意解除 또는 解止

개품운송계약의 경우 운송위탁자의 운송계약의 임의해제 또는 임의해지에 관하여는 상법에 규정이 없다. 따라서 육상운송의 경우와 같이 민법상 계약의 일반이론에 따라 운송위탁자의 임의해제 또는 해지로 인하여 운송인에게 손해를 미쳤다

53) 大判 2007. 4. 27, 2007 다 4943.

면 그 손해를 배상하여야 한다.

2. 不可抗力으로 인한 當事者의 任意解除 또는 解止

(1) 發航 전의 任意解除

항해 또는 운송이 법령에 위반되거나 기타 불가항력으로 인하여 운송계약의 목적을 달성할 수 없게 된 때에는 각 당사자는 계약을 해제할 수 있다(제811조 제1항). 위의 법정사유가 운송물의 일부에만 발생한 경우에는 송하인은 개품운송인의 책임이 가중되지 아니하는 범위 내에서 다른 운송물을 선적할 수 있다(代荷船積權)(제812조 제1항). 이 경우에는 지체없이 운송물의 양륙 또는 선적을 하여야 하고, 이것을 해태한 때에는 운임 전액을 지급하여야 한다(제812조 제2항).

(2) 發航 후의 解止

발항 후 항해 도중에 불가항력으로 인하여 계약의 목적을 달성할 수 없는 사유가 발생한 경우에는 각 당사자는 계약을 해지할 수 있으나, 송하인은 비율운임을 지급하여야 한다(제811조 제2항).

(3) 不可抗力으로 인한 契約의 當然終了

개품운송계약은 ① 선박의 침몰 또는 멸실, ② 선박의 수선불능, ③ 선박의 捕獲, ④ 운송물의 불가항력으로 인한 멸실 등의 경우에는 법률상 당연히 종료한다(제810조 제1항). 이상은 모두 불가항력으로 인한 것이어야 한다.

① 내지 ③의 사유가 항해 중에 발생한 때에는 송하인은 비율운임을 지급하여야 하나(제810조 제2항), ④의 사유가 발생한 때에는 운임을 지급할 필요가 없다(제815조·제134조 제1항). ④의 사유가 발생한 때에도 송하인은 代荷船積權이 있고, 그 권리를 해태한 때에는 운임 전액을 지급하여야 한다(제812조 제2항).

제3절 旅客運送

Ⅰ. 海上旅客運送契約의 意義

(1) 해상여객운송계약이란 운송인이 특정한 여객을 출발지에서 도착지까지 해상에서 선박으로 운송할 것을 인수하고, 이에 대하여 상대방이 운임을 지급하기로 약정함으로써 그 효력이 생기는 일종의 도급계약이다(제817조). 해상여객운송계약에도 물건운송의 경우와 같이 용선계약의 경우와 개별운송계약의 경우가 있으나, 주로 後者가 많이 이용된다. 용선계약은 移民運送을 하거나(移民船) 단체유람 등을 위하여 이용된다.

(2) 해상여객운송에 관하여는 육상여객운송규정 및 개품운송에 관한 많은 규정이 준용되며(제826조), 여객운송을 목적으로 하는 항해용선계약에 관하여는 그 성질에 반하지 아니하는 한 물건운송을 목적으로 하는 항해용선계약에 관한 규정을 준용한다(제827조 제2항).

《海上旅客運送에 대한 統一條約》

국제해상여객운송에 관하여는 1961년 브뤼셀(Brussels) 해사법외교회의에서 "해상여객운송에 관한 규칙의 통일을 위한 국제조약"(International Convention for the Unification of Certain Rules relating to the Carriage of Passengers by Sea)이 성립되었고(1965년 발효), 1967년에는 "해상여객수하물운송에 관한 규칙의 통일을 위한 국제조약"(International Convention for the Unification of Certain Rules relating to Carriage of Passenger Luggage by Sea, done at Brussels)이 성립하였다(미발효). 그 후 1974년 12월 정부간해사협의기구(IMCO)의 주관 아래 아테네에서 열린 해사법외교회의에서 위의 양 협약을 수정·통합하는 새로운 협약(Athens Convention relating to the Carriage of Passengers and their Luggage by Sea, Dec. 13, 1974)이 성립되

었다(1987년 발효). 이 협약에 따르면 국제해상여객운송인은 여객의 사상에 대하여 여객 1인당 70만 포앙카레 프랑을 한도로 책임을 지고, 여객의 휴대수하물의 멸실·훼손에 대하여도 여객 1인당 12,500 포앙카레 프랑을 한도로 책임을 진다(동협약 제7조·제8조). 그러나 이 협약에서 사용된 계산단위인 포앙카레 프랑은 1976년의 London 추가의정서에 의하여 국제통화기금(IMF)의 특별인출권(SDR)으로 전환되었다. 아테네협약은 1990년 및 2002년에 각각 개정되면서 운송인의 책임한도액이 크게 인상되었다.

Ⅱ. 海上旅客運送契約의 成立

1. 契約當事者

해상여객운송계약의 당사자는 해상운송인(선박소유자·선박임차인·용선자 등)과 운송계약의 객체인 여객 자신이며, 때로는 용선자가 운송계약자인 경우도 있다(제827조 제2항 참조).

2. 契約의 締結

(1) 해상여객운송계약도 개품운송계약의 경우와 같이 낙성·불요식의 계약이다. 따라서 일반적으로 사용되는 船票(乘船票, passage ticket, Überfahrtbillet)의 발행이나 용선계약서의 작성(제827조 제2항·제828조)은 계약의 성립요건은 아니다. 船票는 여객운송계약의 성립을 증명하는 것으로서 기명식으로 발행한 경우에는 타인에게 양도하지 못하고(제818조), 무기명식으로 발행한 경우에는 발항 전에는 양도 가능한 유가증권이지만 발항 후에는 단순한 증거증권이다. 여객운송을 위하여 용선계약이 체결된 경우에는 당사자 일방은 상대방에 대하여 용선계약서의 交付를 청구할 수 있다(제827조 제2항·제828조).

(2) 해상여객운송도 보통거래약관에 의한 정형적이고 부합계약성을 띤다. 그러나 여객운송의 경우 여객은 상인이 아니어서 면책약관을 제한할 필요성은 물건운

송의 경우보다 크다. 따라서 상법의 규정에 반하여 운송인의 의무 또는 책임을 경감 또는 면제하는 당사자 사이의 특약은 효력이 없다(제827조 제2항 · 제799조 제1항 제1문).

Ⅲ. 海上旅客運送契約의 效力

1. 序　說

해상여객운송계약은 운송의 객체가 운송인이 점유할 수 없는 여객이라는 점 외에는 운송계약이라는 공통성 때문에 개품송계약이나 육상여객운송계약과 같은 점이 많으므로, 양자에 관한 규정을 해상여객운송인에게도 준용하고 있다(제826조 · 제827조 제2항). 이 밖에 해상여객운송인은 개품운송인의 경우와 마찬가지로 감항능력주의의무를 진다(제826조 제1항 · 제794조). 이는 용선계약에 의한 여객운송의 경우에도 같다(제827조 제2항 · 제794조).

개별적 여객운송계약에 있어 위탁수하물에 관하여도 운송인은 감항능력주의의무를 지고(제826조 제2항 · 제794조), 운송물에 관한 주의의무를 부담한다(제826조 제2항 · 제795조). 이밖에도 위탁수하물에 관하여는 물건운송에 있어서의 면책사유(제796조), 책임의 한도(제797조), 비계약적 청구(운송인의 불법행위책임)에 대한 적용(제798조) 등이 준용된다(제826조 제2항). 여객의 휴대수하물에 관하여는 개품운송인의 책임의 한도(제797조), 비계약적 청구에 대한 적용(제798조) 등이 준용된다(제826조 제3항).

위의 해상여객운송인의 각 의무와 책임에 관한 규정은 상대적 강행규정이므로 당사자는 특약으로 이를 경감할 수 없다(제826조 · 제827조 제2항 · 제799조). 감항능력주의의무(제794조)와 탁송수하물에 관한 주의의무(제795조)는 재운송계약의 경우에는 주운송인이 공동으로 부담한다(제809조 · 제826조 제1항 · 제2항).

2. 海上旅客運送人의 義務

운송인은 자기 또는 사용인이 운송에 관한 주의를 해태하지 아니하였음을 증명하지 아니하면 여객의 운송으로 인하여 받은 손해를 배상할 책임이 있다.[54] 이때 법원은 손해배상액을 정함에 있어 피해자와 그 가족의 정상을 참작하여야 한다(제826조·제148조). 해상운송인의 여객의 손해에 대한 책임은 5년의 소멸시효에 걸린다. 수하물에 대한 책임은 1년 내에 재판상의 청구가 없으면 소멸하되, 이 기간은 당사자의 합의에 의하여 연장할 수 있다(제826조 제2항·제814조). 그 밖에 해상여객운송에 관한 특별규정을 보면 다음과 같다.

(1) 食事提供義務

해상운송인은 다른 약정이 없으면 항해 중 여객의 식사를 제공하여야 한다(제819조 제1항).

(2) 船舶修繕 중의 居處·食事提供義務

항해의 중도에서 선박을 수선하는 경우에는, 해상운송인은 그 수선 중 여객에게 상당한 거처와 식사를 제공하여야 한다. 그러나 여객의 권리를 해하지 아니하는 범위 내에서 상륙항까지의 운송의 편의를 제공한 때에는 그러하지 아니하다(제819조 제2항). 이 경우 여객은 항해의 비율에 따른 운임을 지급하고 계약을 해지할 수 있다(제819조 제3항).

(3) 手荷物無賃運送義務

여객이 계약에 의하여 선내에 휴대할 수 있는 수하물에 대하여는 해상운송인은 다른 약정이 없으면 별도로 운임을 청구하지 못한다(제820조).

(4) 手荷物處分義務

여객이 사망한 때에는 선장은 그 상속인에게 가장 이익이 되는 방법으로 사망자가 휴대한 수하물을 처분하여야 한다(제824조).

---

54) 大判 1987. 10. 28, 87 다카 1191.

3. 海上旅客運送人의 權利

해상여객운송인의 권리로서 가장 중요한 것은 운임청구권 및 발항권이다. 이 외에도 수하물에 대한 공탁권·경매권이 있고(제826조 제2항·제149조 제2항), 여객이 위법한 휴대품을 반입한 경우 손해배상청구권도 갖는다(제826조 제2항·제801조 참조). 운송인의 권리도 1년 내에 재판상의 청구가 없으면 소멸한다(제826조 제2항·제3항, 제814조).

(1) 運賃請求權

해상운송인은 여객에 대하여 운임을 청구할 수 있다. 운임은 운임표에 따라 船票와 상환으로 선급하는 것이 보통이다.

(2) 發 航 權

여객이 승선시기까지 승선하지 아니한 때에는 선장은 즉시 발항할 수 있다. 항해 도중의 정박항에서도 또한 같다(제821조 제1항 제1문). 이 경우에는 해상운송인은 여객에 대하여 운임전액을 청구할 수 있다(제821조 제2항).

Ⅳ. 海上旅客運送契約의 終了

1. 旅客의 任意解除 또는 解止

여객은 발항 전에는 운임의 반액을, 발항 후에는 운임의 전액을 지급하고 계약을 해제할 수 있다(제822조). 또 항해의 중도에서 선박을 수선하는 경우에는 비율운임을 지급하고 계약을 해지할 수 있다(제819조 제3항).

2. 不可抗力으로 인한 當事者의 任意解除 또는 解止

항해 또는 운송이 법령에 위반하게 되거나 기타 불가항력으로 인하여 해상물건 운송계약의 목적을 달성할 수 없게 된 때에는 각 당사자는 계약을 해제할 수 있고, 운송 도중에 그러한 사유가 생긴 때에는 비율운임을 지급하여야 한다는 규정(제811조)은 위탁수하물에 관하여만 준용된다(제826조 제2항). 그러나 여객운송에 있어서도 마찬가지로 해석하여야 할 것이다. 그밖에 해상여객운송 특유의 규정으로서, 여객이 발항 전에 사망·질병 기타의 불가항력으로 인하여 항해를 할 수 없게 된 때에는 운임의 10분의 3을, 발항 후에 그 사유가 생긴 때에는 운송인의 선택으로 운임의 10분의 3 또는 비율운임을 지급하고 각각 계약을 해지할 수 있다(제823조).

3. 不可抗力으로 인한 契約의 當然終了

해상여객운송계약도 개품운송의 경우와 같이 선박의 침몰 또는 멸실, 수선불능, 포획 등 법정사유로 인하여 종료한다. 항해 도중에 이러한 사유가 생긴 때에는 여객은 비율운임을 지급하여야 한다(제825조).

제4장
傭　　船

제1절 總　　說

Ⅰ. 傭船契約의 意義

(1) 용선계약(charter party, Chartervertrag)이란 해상운송인이 선박의 일부 또는 전부의 船腹을 운송에 제공하여 이것에 積載된 물건을 운송할 것을 약속하고, 상대방인 용선자(charterer, Charterer)가 이에 대하여 보수를 지급할 것을 약속하는, 이른바 船腹運送契約(Raumfrachtvertrag)을 말한다.

(2) 용선계약에 있어서는 상대방의 청구에 의하여 용선계약서를 교부하여야 하고(제828조), 운송인은 송하인의 청구에 의하여 선하증권을 교부하여야 하나(제852조), 이것이 계약의 성립요건은 아니다.

Ⅱ. 傭船契約의 種類

(1) 용선계약은 항해를 단위로 계약을 체결하는가, 기간을 단위로 계약을 체결하는가에 따라 항해용선계약과 기간용선계약(정기용선계약 포함)으로 나눈다. 항해용선계약과 정기용선계약의 경우는 용선자가 선박의 점유를 취득하지 못하는 점

에서 후술하는 선체용선계약과 다르다.

(2) 船腹의 범위에 따라 전부용선과 일부용선으로 나누기도 한다.[1]

(3) 용선자가 다시 제3자와 용선계약을 체결하는 경우, 기본이 되는 용선계약을 주용선계약이라 하고, 용선자와 제3자의 용선계약을 재용선계약이라고 한다.

(4) 그리고 (선박소유자가 아니라) 용선자가 선박을 관리·지배하기로 하고 용선자가 선박소유자로부터 운항을 목적으로 선박을 임차하는 것을 船體傭船(裸傭船)이라 한다.

제2절 航海傭船

Ⅰ. 航海傭船契約의 成立

1. 航海傭船契約의 意義

(1) 항해용선계약은 특정한 항해를 할 목적으로 선박소유자가 용선자에게 선원이 승무하고 항해장비를 갖춘 선박의 전부 또는 일부를 물건의 운송에 제공하기로 약정하고 용선자가 이에 대하여 운임을 지급하기로 약정하는 계약이다(제827조). 선박소유자 등이 선장을 점유보조자로 하여 선박을 점유·감독하며, 항해의 지휘는 물론 영업도 하므로 도급계약의 성질을 갖는다.

(2) 항해용선은 개품운송계약과 구조가 같기 때문에 종래 이를 따라 설명하지 아니하고 개품운송계약과 함께 설명하여 왔다. 그러나 2007년 개정상법에서 운송과 용선을 분리한 입법취지에 따라 본서에서는 이를 분리하여 설명하기로 한다.

---

1) 전부용선계약과 일부용선계약을 상법상 달리 취급하는 예로는 제832조(전부용선의 발항전의 계약해제 등)와 제833조(일부용선과 발항전의 계약해제 등)가 있다.

2. 航海傭船契約의 當事者

항해용선계약의 당사자는 운송인수인과 운송위탁자이며, 전자는 선박소유자 외에도 선박임차인·정기용선자·용선자(재운송인) 등이고, 후자는 용선자이다. 그리고 계약관계자로는 운송주선인·선적인(shipper, Ablader)·수하인(consignee, Empfänger)이 있다. 선적인이란 운송인과 용선자 사이의 운송계약에 의하여 자기의 명의로 물건을 선적하는 자이다.

3. 航海傭船契約의 締結

(1) 諾成·不要式契約

개품운송계약과 마찬가지로 항해용선계약도 낙성계약이므로 청약과 승낙의 합치로써 성립하며, 그 내용·방식은 원칙적으로 자유이나, 실무에서 대부분의 항해용선계약은 부합계약이다. 선박소유자는 용선자의 청구에 따라 용선계약서를 교부하여야 하고(제828조), 선박소유자는 용선자의 청구에 의하여 선하증권을 교부하여야 하나(제852조), 이들 증서의 작성·교부가 계약의 성립요건은 아니며, 이것은 하나의 증거증서에 불과하다.

(2) 商法規定의 相對的 强行規定性

(가) 항해용선계약을 체결함에 있어 상법 제794조(감항능력주의의무)에 반하여 선박소유자의 의무 또는 책임을 경감 또는 면제하는 당사자 사이의 특약은 효력이 없다(제839조 제1항 제1문). 즉, 상법 제794조의 규정은 상대적 강행규정이다.

(나) 운송물에 관한 보험의 이익을 선박소유자에게 양도하는 약정 또는 이와 유사한 약정도 역시 효력이 없다(제839조 제1항 제2문). 다만 위험성이 아주 높은 산 動物의 운송 및 선하증권 기타 운송계약을 증명하는 문서의 표면에 甲板積으로 운송할 취지를 기재하여 갑판적으로 행하는 운송에 대하여는 商法 제799조 제1항의 규정을 적용하지 아니한다(제839조 제2항).

Ⅱ. 航海傭船契約의 效力

1. 船舶所有者의 義務

(1) 船舶所有者의 運送準備義務

(가) 船舶提供義務

선박소유자는 운송계약의 취지에 따라 특정선박을 용선자에게 제공하여야 한다. 개품운송계약에서는 일반적으로 代船約款·積替約款이 이용되고 있으나, 선박의 개성이 중요시되는 용선계약에서는 선박을 특정한 후에는 선박소유자는 용선자의 동의 또는 급박한 위험이 있는 경우를 제외하고는 선박의 변경 또는 積換을 하지 못한다(獨商 제566조 제1항 참조).

(나) 堪航能力注意義務

(a) 선박소유자는 용선자에 대하여 발항 당시 선박이 안전하게 항해를 감당할 수 있는 능력, 즉 감항능력(seaworthiness, See- und Ladungstüchtigkeit)에 관한 주의의무를 부담한다(제841조 제1항·제794조). 그리고 운송인의 감항능력주의의무에 관한 제794조에 반하여 선박소유자의 의무 또는 책임을 경감 또는 면제하는 당사자 사이의 특약은 효력이 없으므로(제839조 제1항 제1문) 감항능력주의의무에 관한 상법의 규정은 편면적 강행규정이다. 운송물에 관한 보험의 이익을 선박소유자에게 양도하는 약정 또는 이와 유사한 약정도 효력이 없다(제839조 제1항 제2문). 용선계약의 경우 선박소유자의 다른 의무에 관한 상법 규정은 임의규정으로 정하였으나, 선박소유자의 감항능력주의의무에 관하여는 용선자를 위하여 강행규정으로 정하였다.

(b) 감항능력주의의무의 내용은 개품운송계약에서 설명한 것과 같다. 즉, ① 선박 자체가 안전하게 항해를 할 수 있을 것(船體能力, 狹義의 堪航能力)(제794조 제1호), ② 필요한 선원의 승선, 船舶艤裝과 필요품의 보급에 부족함이 없을 것(運航能力)(제794조 제2호), ③ 선창·냉장실 기타 운송물을 적재할 선박의 부분을 운송물의 수령·운송과 보존을 위하여 적합한 상태에 둘 것(堪荷能力)(제794조 제3호)을

말한다. 선박소유자는 이에 관한 주의를 해태하지 아니하였음을 증명하지 아니하면 운송물의 멸실, 훼손 또는 연착으로 인한 손해를 배상할 책임이 있다(제841조 제1항, 제794조 본문).

(c) 그 밖에 주의의 정도, 주의의 시기, 감항능력주의의무 위반의 효과 등은 개품운송계약에서 설명한 것과 같다.

(다) 船積에 관한 義務

(a) **船舶回航義務**: 선박소유자는 운송물의 선적을 위하여 약정한 선적항(선적지)으로 선박을 정박시켜야 한다. 선적항을 약정하지 않은 경우에는 용선자에게 그 선정권이 있는 것이 보통이다.

(b) **船積準備完了通知義務**: 선박소유자는 운송물을 선적함에 필요한 준비가 완료된 때에는 지체없이 용선자에게 그 통지를 발송하여야 한다(제829조 제1항). 용선자가 제3자를 선적인으로 지정하였을 때에는 선적인에게 통지하여야 하고, 선장이 그 자를 확인할 수 없거나 그 자가 운송물을 선적하지 아니한 때에는 선장은 곧 용선자에 대하여 그 통지를 발송하여야 한다(제830조 제1문). 이 경우에는 선적기간 내에 한하여 용선자가 운송물을 선적할 수 있다(제830조 제2문).

(라) 待泊義務

(a) 선박소유자는 선적준비완료통지를 발송한 때로부터 일정한 선적기간 중 선박을 정박하여 용선자의 선적을 기다릴 의무(Wartepflicht)가 있다. 이 선적기간은 보통 계약에 의하여 정하여지지만, 약정이 없으면 관습에 따라 정한다. 운송물을 선적할 기간의 약정이 있는 경우에는 그 기간은 선적준비완료통지가 오전에 있은 때에는 그 날의 오후 1시부터, 오후에 있은 때에는 다음날 오전 6시부터 기산한다(제829조 제2항 제1문). 이 기간에는 불가항력으로 인하여 선적할 수 없는 날과 그 港의 관습상 선적작업을 하지 아니하는 날을 산입하지 아니한다(제829조 제2항 제2문).

(b) 용선자가 선적기간 내에 운송물 전부를 선적하지 않을 때에는 선박소유자는 초과정박기간에 대한 상당한 정박료를 청구할 수 있고 손해배상을 청구할 수도 있으며, 상당한 보수를 청구할 수도 있다(제829조 제3항·제831조 제3항). 이 경우 용선자는 선박소유자의 청구가 있으면 상당한 담보를 제공하여야 하고(제831조 제3항), 선장은 즉시 발항할 수도 있다(제831조 제2항). 또한 용선자가 선적기간 내에 선적을 하지 않을 때에는 계약을 해제 또는 해지한 것으로 본다(제836조).

(마) 積荷의 受領·積付義務

(a) 선박소유자는 계약에 따라 인도된 운송물을 수령하여야 하고, 수령한 운송물을 船內의 적당한 장소에 積付하여야 한다. 운송물의 수령은 船側(alongside)에서 하고, 적부는 특약이나 다른 관습이 없는 한 갑판적을 할 수 없고 船艙에 하여야 한다. 용선자는 선적기간 내에 운송에 필요한 서류를 선장에게 교부하여야 한다(제841조 제1항·제793조).

(b) 그 밖에 위법선적물의 처분 및 위험물의 처분에 관하여는 개품운송계약에서 설명한 것과 같다(제841조 제1항·제800조·제801조).

(바) 船荷證券交付義務

(a) 용선자의 청구가 있는 경우 선박소유자는 운송물을 수령한 후에 1通 또는 數通의 선하증권을 교부하여야 한다(제855조 제1항·제852조 제1항). 선하증권에는 운송물의 수령 후에 발행하는 수령선하증권과 선적 후에 발행하는 선적선하증권이 있는데, 선박소유자는 운송물을 선적한 후 용선자의 청구가 있으면 1通 또는 數通의 선적선하증권을 교부하거나 수령선하증권에 선적의 뜻을 표시하여야 한다(제855조 제1항·제852조 제2항).

(b) 선하증권의 교부는 선장 기타의 사용인에게 위임할 수 있다(제855조 제1항·제852조 제3항). 선하증권의 교부를 받은 용선자는 證據保全을 위하여 발행자(선박소유자)가 등본의 교부를 청구한 때에는 선하증권의 등본에 기명날인 또는 서명하여 교부하여야 한다(제856조).

(c) 선하증권이 발행된 경우 선박소유자는 선하증권에 기재된 대로 운송물을 수령 또는 선적한 것으로 추정한다(제855조 제2항).

(d) 제3자가 선의로 선하증권을 취득한 경우 선박소유자는 선하증권에 기재된 바에 따라 운송인으로서 권리와 의무가 있다(제855조 제3항 제1문·제854조 제2항). 용선자의 청구에 따라 선박소유자가 제3자에게 선하증권을 발행한 경우에도 또한 같다(제855조 제3항 제2문). 이 경우 그 제3자는 일부용선과 발항 전의 계약해제 등(제833조), 부수비용·체당금 등의 지급의무(제834조), 선적·양륙비용의 부담(제835조), 발항 후의 계약해지(제837조) 등과 관련하여서는 송하인으로 본다(제855조 제4항). 또한 이 경우 선박소유자는 운송인의 책임경감금지에 관한 제799조를 위반하여 운송인으로서의 의무와 책임을 감경 또는 면제하는 특약을 하지 못한다(제855조 제5항).

(2) 船舶所有者의 運送實行義務

(가) 發航義務

(a) 선박소유자는 운송물의 선적이 완료된 때에는 지체없이 발항하여야 한다(船員 제8조 참조). 발항시기는 보통 용선계약의 경우에는 계약에서 정한다.

(b) 용선자는 운송물의 전부를 선적하지 않은 경우에도 선장에게 발항을 청구할 수 있다(제831조 제1항). 또 선장은 선적기간경과 후에는 운송물 전부의 선적이 완료하기 전이라도 즉시 발항할 수 있다(제831조 제2항). 다만 이 두 경우에 용선자는 운임의 전액과 운송물의 전부를 선적하지 아니함으로 인하여 생긴 비용(예컨대, 초과정박기간에 대한 상당한 정박료, 底荷의 積入費用 등)을 지급하고, 선박소유자의 청구가 있으면 상당한 담보를 제공하여야 한다(제831조 제3항).

(나) 直航義務

선박소유자는 개품운송인과 같은 직항의무를 부담한다(제841조 제1항 · 제796조 제2항 제8호, 船員 제8조 참조).

(다) 運送物의 保管 · 處分義務

선박소유자는 운송물의 수령시부터 인도시까지 선량한 관리자의 주의로써 운송물을 보관하여야 하고(제841조 제1항 · 제795조 제1항), 위급한 때에는 적당한 방법으로 운송물을 처분할 의무가 있다(제752조).

(3) 船舶所有者의 運送終了 후의 義務

(가) 揚陸에 관한 義務

(a) **揚陸港入港義務**: 해상운송인은 운송계약상 예정된 양륙항 또는 발항 후 용선자가 지정하는 양륙항에 입항하고, 일정한 양륙장소에 선박을 정박하여야 한다.

(b) **揚陸準備完了通知義務**: 선장은 운송물의 양륙준비가 완료된 때에는 지체없이 용선자 또는 수하인에게 그 통지를 발송하여야 한다(제838조 제1항).

(c) **揚陸義務**: 선박소유자는 원칙적으로 船側에서 운송물을 용선자 또는 수하인에게 인도하여야 하므로, 자기의 위험과 비용으로 船艙에서 船側까지 운송물을 반출하여야 한다.

(d) **待泊義務**: 용선계약의 경우 해상운송인은 양륙준비완료통지를 발송한 때로부터 일정한 양륙기간 중 특별한 보수없이 양륙을 위하여 정박하여야 한다.

양륙기간은 선적시와 마찬가지로, 양륙준비완료통지가 오전에 있은 때에는 그 날의 오후 1시부터 기산하고, 오후에 있은 때에는 다음날 오전 6시부터 기산한다(제838조 제2항 · 제829조 제2항). 양륙기간을 초과한 정박기간에 대하여는 선박소유자는 상당한 보수를 청구할 수 있다(제838조 제3항).

(나) 運送物引渡義務

(a) 運送物引渡義務의 內容

(i) 선박소유자는 용선자 또는 수하인에게 운송물을 인도하여야 한다. 인도는 보통 적하의 양륙과 동시에 하는 것이나, 반드시 일치하는 것은 아니다. 선박소유자는 용선자 또는 수하인이 운임 · 부수비용 · 체당금 · 체선료, 운송물의 가액에 따른 공동해손 또는 해난구조로 인한 부담액 등의 지급과 상환하지 아니하면 운송물을 인도할 의무가 없고(제841조 제1항 · 제807조 제2항), 이들 금액을 지급받기 위하여 법원의 허가를 얻어 운송물을 경매할 수도 있다(제841조 제1항 · 제808조 제1항).

(ii) 운송물의 인도란 운송물에 대한 사실상의 지배상태인 점유가 운송인으로부터 벗어나는 것을 말하므로, 용선자 또는 수하인뿐만 아니라 운송물이 세관당국의 관장 하에 들어간 것도 인도에 해당한다(제841조 제1항, 제803조, 함부르크규칙 제4조 제2항 (b) 참조).

(b) 引渡方法

선박소유자의 운송물 인도방법은 개품운송계약에 설명한 것과 같다(제841조 제1항 · 제140조, 제861조, 제129조).

(다) 供託義務

(a) 선박소유자의 공탁의무 역시 개품운송인의 공탁의무와 같다(제841조 제1항 · 제803조).

(b) 선박소유자가 용선자에게 수통의 선하증권을 발행한 경우 2인 이상의 선하증권 소지인이 운송물의 인도를 천구한 때에는 선박소유자(선장)은 지체없이 운송물을 공탁하고 각 청구자에게 통지를 발송하여야 한다(제859조 제1항).

2. 船舶所有者의 權利

(1) 船舶所有者의 運賃請求權

(가) 原　則

선박소유자는 개품운송인의 경우와 같이 자기가 인수한 운송을 완성한 때에는 용선자 또는 수하인에게 그 보수인 운임을 청구할 수 있다(제841조 제1항·제807조 제1항, 제134조 제1항).

(나) 例　外

(a) 선박소유자는 예외적으로 傭船者 등의 過失(제841조 제1항, 제134조 제2항), 積荷의 處分(제750조 제1항), 공동해손처분(제865조)(후 2자의 경우에는 선박소유자는 운임의 전액을 청구할 수 있다: 제841조 제1항·제813조). 船積의 遲滯(제831조), 運送不能(제841조 제1항, 제810조 제1항 제1호~제3호·제2항, 제811조·제841조 제1항·제812조) 등의 사유가 있는 경우에는 운송물이 목적지에 도착하지 아니한 때라도 운임청구권을 행사할 수 있다.

(b) 이 외에 용선계약에 관한 특칙으로서 전부용선자가 발항 전에 용선계약을 해제한 때에는 운임의 반액을 지급하여야 하고(제832조 제1항), 왕복항해의 용선계약인 경우 전부용선자가 그 回航 전에 계약을 해지한 때 및 선박이 他港에서 선적항에 항행하여야 할 경우에 선적항에서 발항하기 전에 계약을 해지하는 때에는 운임의 3분의 2를 지급하여야 한다(제832조 제2항·제3항). 일부용선자나 송하인이 발항 전에 계약을 해제 또는 해지를 한 때에도 운임의 전액을 지급하여야 한다(제833조 제2항).

(다) 運賃額의 計算

(a) 운임액의 계산에 관하여도 개품운송계약에서 설명한 것과 같다(제841조 제1항·제805조·제806조).

(b) 특히 항해용선과 관련하여, 제806조의 운임을 계산함에 있어서 제829조 제2항이 정한 선적기간 또는 제838조 제2항이 정한 양륙기간이 경과한 후에 운송물을 선적 또는 양륙한 경우에는 그 기간경과 후의 선적 또는 양륙기간은 선적 또는 양륙기간에 산입하지 아니하고 제829조 제3항 및 제838조 제3항의 규정에 따라 별도로 보수를 정한다(제841조 제2항).

(2) 船舶所有者의 기타 權利

(가) 선박소유자의 그 밖의 권리로는 용선자에 대한 용선계약서의 교부청구권(제828조)과 선적청구권(제829조 제1항 참조)이 있다. 그 밖에 용선계약과 개품운송계약에 공통적인 것에 관하여는 개품운송계약에서 설명하였다.

(나) 특히 용선계약과 관련하여서는 상법은 待泊料請求權에 관하여 상세히 규정하고 있다. 즉, 선적기간 또는 양륙기간을 경과한 후에 선적 또는 양륙을 위하여 선박을 정박시킨 경우(超過碇泊期間)에는 선박소유자는 용선자에 대하여 滯船料(待泊料·碇泊料)를 청구할 수 있다(제829조 제3항·제838조 제3항). 체선료의 법적 성질은 손실을 전보하기 위한 법정의 특별보수이며,[2] 따라서 선박소유자의 과실상계의 대상이 되지 아니한다.[3] 수하인이 운송물을 수령한 때에는 수하인도 체선료를 지급하여야 할 의무가 있다(제841조 제1항, 제807조 제1항).

(다) 체당금 기타 비용청구권(제841조 제1항·제807조 제1항), 유치권(제841조 제1항·제807조 제2항), 경매권(제841조 제1항·제808조), 공탁권(제841조 제1항·제803조 제1항) 등은 개품운송계약에서 설명한 것과 같다.

(3) 船舶所有者의 債權·債務의 除斥期間

선박소유자의 용선자 또는 수하인에 대한 채권 및 채무는 그 청구원인의 여하에 불구하고 선박소유자가 운송물을 인도한 날 또는 인도할 날부터 2년 이내에 재판상 청구가 없으면 소멸한다(제840조 제1항 제1문). 이 기간은 제척기간이다. 다만 이 기간은 당사자의 합의에 의하여 연장할 수 있다(제840조 제1항 제2문·814조 제1항 단서). 이 기간을 단축하는 선박소유자와 용선자의 약정은 이를 운송계약에 명시적으로 기재하지 아니하면 그 효력이 없다(제840조 제2항).

중재의 제기도 재판상의 청구와 동일한 효력이 있다. 청구원인의 여하를 불문하기 때문에, 선박소유자 등의 불법행위책임을 묻는 경우에도 같다. 다만 선박소유자가 제3자에 대하여 부진정 연대채무자로서 구상청구를 하는 경우에는 2년의 제척기간이 적용되지 아니한다.[4]

---

2) 大判 1994. 11. 25, 93 도 3274 ; 同 2005. 7. 28, 2003 다 12083.

3) 大判 1994. 6. 14, 93 다 58547 ; 同 2005. 7. 28, 2003 다 12083.

4) 大判 2001. 10. 30, 2000 다 62490 : 재운송계약이 체결된 해상물건운송계약에서 원수운송인의 구상권은 상법 제814조 소정의 단기제척기간이 적용되지 않는다. 공동불법행위자 사이의 구상채권의 소멸시효는 10년이다: 大判 1979. 5. 15, 78 다 528.

Ⅲ. 船舶所有者의 損害賠償責任

1. 序　　說

상법은 선박소유자의 용선자에 대한 손해배상책임에 관하여 육상물건운송인의 책임규정을 준용하고 있으므로(제841조 제1항 · 제136조 · 제137조 · 제140조) 선박소유자의 책임은 육상물건운송인의 책임과 대체로 같다. 그러나 해상운송의 특수성에 비추어 약간의 특별규정을 두고 있다. 즉, 상법은 과실책임주의를 원칙으로 하면서 과실을 航海過失과 商事過失로 나누어 항해과실 및 선박화재에 대하여는 선박소유자의 책임을 면제하고(제841조 제1항 · 제795조), 일정한 사항에 대하여는 입증책임을 경감하며(제841조 제1항 · 제796조), 손해배상책임을 제한하는가 하면(제841조 제1항 · 제797조), 면책약관의 제한에 관한 규정을 두어(제839조), 해상기업의 보호와 이해관계인의 이익의 조화를 도모하고 있다.

2. 責任負擔의 主體

손해배상책임을 지는 주체가 되는 선박소유자라 함은 선박소유자 스스로는 물론 그 사용인 또는 대리인 및 책임보험자 등을 가리킨다. 다만 독립적인 계약자는 운송인의 '사용인 또는 대리인'이 아니다. 이 밖에 선박공유자, 선박임차인, 정기용선자로서 자기명의로 항해용선계약을 체결한 자를 포함한다. 책임부담의 주체인 선박소유자는 후술하는 책임제한의 주체가 될 수 있는 자이기도 하다(제841조 제1항 · 제797조 제1항).

3. 商事過失로 인한 損害賠償責任

(1) 損害賠償責任의 原因

손해배상책임의 원인으로서 過失責任主義(제841조 제1항 · 제794조 본문 · 제795조 제1항)를 취하며, 선박소유자는 감항능력주의의무를 부담하고(제841조 제1항 · 제794조), 선박소유자의 과실을 航海過失(海技過失)과 商事過失(商業過失)로 구분하여 항해과실에 대하여는 선박소유자는 면책된다(제841조 제1항 · 제794조 · 제795조 제1항)는 것, 그리고 擧證責任은 선박소유자에게 있다는 것(제841조 제1항 · 제794조 · 제795조 제1항). 등은 개품운송계약에서 설명한 것과 같다.

(2) 損害賠償責任의 範圍

선박소유자의 손해배상의 범위는 육상운송인의 그것과 같은 점(제841조 제1항 · 제137조), 責任의 個別的 制限(제841조 제1항 · 제797조 · 제798조 제2항) 등은 개품운송계약에서 설명한 것과 같다. 다만 항해용선의 경우에는 실제운송인에 대한 규정을 준용되지 않는다(제841조 제1항에서 제798조 제4항이 준용되지 않음).

(3) 責任의 短期消滅

책임의 단기소멸에 관하여도 개품운송계약엣 설명한 것과 같으나(제841조 제1항 · 제804조 제1항 내지 제4항), 다만 항해용선계약의 경우에는 위의 규정(제804조 제1항 내지 제4항)에 반하여 한 용선자 또는 수하인에게 불리한 당사자 사이의 특약도 효력이 있다(제841조 제1항은 제804조 제5항을 준용하지 않음).

(4) 責任의 消滅

선박소유자의 용선자 또는 수하인에 대한 채권 및 채무는 그 청구원인의 여하에 불구하고 선박소유자가 운송물을 인도한 날 또는 인도할 날부터 2년 이내에 재판상 청구가 없으면 소멸한다(제840조 제1항 제1문). 이 기간은 제척기간이다. 이 기간의 기산점은 운송물을 인도한 날 또는 인도할 날이다. 이 기간은 당사자의 합의에 의하여 연장할 수 있다(제840조 제1항 제2문 · 제814조 제1항 단서).

4. 法定免責事由

(1) 船員의 航海過失

선박소유자는 개품운송인의 경우와 마찬가지로 선장·선원·도선사 기타의 선박사용인의 항해 또는 선박의 관리에 관한 행위(航海過失)로 인하여 생긴 운송물의 손해에 대하여는 배상책임을 지지 아니한다(제841조 제1항·제795조 제2항). 航海過失이란 '항행상의 과실'(errors of navigation)과 '선박관리(management of the ship)상의 과실'을 의미한다는 점도 개품운송에 관하여 설명한 것과 같다. 또한 상법 제795조 제2항은 강행규정이 아니므로 항해과실에 대하여 선박소유자가 책임을 지기로 하는 당사자 사이의 특약도 유효하다.

(2) 船舶에서의 火災

선박소유자는 개품운송인의 경우와 마찬가지로, 선박에서의 화재로 인하여 생긴 운송물의 손해에 대하여도 배상책임을 지지 아니한다(제841조 제1항·제795조 제2항 본문). 그러나 선박소유자 자신의 고의 또는 과실로 인하여 화재가 발생한 경우에는 면책되지 아니한다(제841조 제1항·제795조 제2항 단서).

(3) 高價物에 대한 免責

선박소유자의 고가물에 대한 면책은 개품운송계약의 경우와 같다(제841조 제1항·제136조·제797조 제3항).

(4) 기타 免責事由

선박소유자의 법정면책사유의 종류 및 입증책임의 경감은 개품운송인의 그것과 같다(제841조 제1항·제796조).

5. 責任輕減의 禁止

(1) 감항능력주의의무(제794조)에 반하여 선박소유자의 의무 또는 책임을 경감 또는 면제하는 당사자 사이의 특약(면책특약)은 효력이 없다(제839조 제1항 제1문).

운송물에 관한 보험의 이익을 선박소유자에게 양도하는 약정 또는 이와 유사한 약정도 또한 같다(제839조 제1항 제2문). 다만 이와 같은 제한은 항해상 위험이 큰 산 동물운송 및 甲板積運送에는 원칙적으로 적용되지 않는다(제839조 제2항·제799조 제2항).

(2) 선박소유자가 용선자의 청구에 따라 용선자에게 선하증권을 발행하고, 제3자가 선의로 그 선하증권을 취득하거나 선박소유자가 용선자의 청구에 의하여 제3자에게 선하증권을 발행한 경우에도 제799조(운송인의 책임경감금지)를 위반하여 운송인으로서의 의무와 책임을 감경 또는 면제하는 특약을 하지 못한다(제855조 제5항).

6. 運送契約上의 責任과 不法行爲責任의 競合

선박소유자가 고의·과실로 용선계약을 불이행하였고 동시에 그 선박소유자의 행위가 민법상의 불법행위의 요건도 함께 충족하는 경우, 선박소유자는 계약불이행책임만 지면 충분한 것인지, 아니면 불법행위책임도 경합하여 져야 하는 것인지의 문제, 즉 청구권경합문제가 있다. 이 문제는 이미 개품운송계약에서 충분히 설명하였는데, 그 설명은 항해용선계약에도 똑같이 적용된다. 즉, 운송인의 책임에 관한 규정은 운송인의 불법행위로 인한 손해배상책임에도 적용하도록 정하였다(제841조 제1항·제798조 제1항). 선박소유자의 책임의 제척기간과 관련하여서도 "선박소유자의 … 채권 및 채무는 청구원인의 여하에 불구하고" 2년 이내에 재판상 청구가 없으면 소멸하되, 이 기간은 당사자의 합의에 의하여 연장할 수 있으며(제840조 제1항·제814조 제1항 단서), 이 기간을 단축하는 선박소유자와 용선자의 약정은 이를 운송계약에 명시적으로 기재하지 아니하면 그 효력이 없다고 정하여(제840조 제2항), 민법의 불법행위법상의 손해배상청구권의 소멸시효(3년 또는 10년 : 民제766조)를 적용시킬 여지가 없어졌다.

7. 船舶所有者의 使用人 또는 代理人

개품운송계약에서 설명한 바와 같이 이른바 히말라야 약관은 항해용선의 경우에도 똑같이 인정된다. 즉, 운송물에 관한 손해배상청구가 선박소유자의 사용인 또는 대리인에 대하여 제기된 경우에 그 손해가 그 사용인 또는 대리인의 직무집행에 관하여 생긴 것인 때에는 그 사용인 또는 대리인도 운송인이 주장할 수 있는 항변과 책임제한을 원용할 수 있다(제841조 제1항 · 제798조 제2항 본문). 그러나 그 손해가 그 사용인 또는 대리인의 고의 또는 운송물의 멸실, 훼손 또는 연착이 생길 염려가 있음을 인식하면서 무모하게 한 작위 또는 부작위로 인하여 생긴 것인 때에는 그러하지 아니하다(제841조 제1항 · 제798조 제2항 단서). 선박소유자와 그 사용인 또는 대리인의 운송물에 대한 책임제한금액의 총액은 상법상 선박소유자의 책임한도액(제797조 제1항)을 초과하지 못한다(제841조 제1항 · 제798조 제3항).

Ⅳ. 航海傭船契約의 終了

항해용선계약은 운송의 완료 또는 계약의 해제 등에 의하여 당연히 종료되지만 해상운송의 특성에 따라 그 밖의 종료원인으로서 다음과 같은 것이 있다.

1. 運送委託者의 任意解除 또는 解止

(1) 發航 전의 任意解除 또는 解止

(가) 全部傭船契約의 경우

(a) 용선자는 발항 전에는 운임 · 양륙비용 · 부수비용 · 체당금 등을 지급하고 계약을 해제할 수 있으며, 그 운임은 반액의 지급이 원칙이다. 그러나 ① 往復航海의 경우 그 회항 전에 계약을 해지하거나, ② 선박이 타항에서 선적항에 항행하여야 할 경우 선적항에서 발항하기 전에 계약을 해지하는 때에는 운임의 3분의 2를 지급하여야 한다(제832조 · 제834조 · 제835조). 또 ①과 ②의 경우에는 운송물의 가액에 따라 공동해손 또는 해난구조로 인하여 부담할 금액을 지급하여야 한다(제834조 제2항).

(b) 용선자가 선적기간 내에 운송물을 선적하지 아니한 때에는 계약을 해제

또는 해지한 것으로 본다(제836조). 송하인이 합의 또는 관습에 의한 때와 곳에서 운송물을 제공하지 아니한 경우에도 계약을 해제한 것으로 본다(제792조 제2항 제1문).

(나) 一部傭船契約의 경우

일부용선자 또는 송하인(여기서 송하인은 제855조 제4항에서 말하는 송하인, 즉 선박소유자가 발행한 선하증권을 선의로 취득한 제3자를 포함한다)은 다른 용선자와 송하인 전원과 공동으로 하는 경우에 한하여 전부용선의 경우와 같은 효과로써 계약의 해제나 해지를 할 수 있다(제833조 제1항). 만일 그렇지 않으면 발항 전에 계약을 해제 또는 해지한 때에도 운임의 전액을 지급하여야 한다(제833조 제2항). 이와 같이 계약을 해제 또는 해지하는 경우에 지급하는 운임을 空積運賃 또는 空船運賃이라 하는데, 그 법적 성질은 法定解約金의 일종이다.[5] 또 발항 전이라도 일부용선자나 송하인이 운송물의 전부 또는 일부를 이미 선적한 경우에는 다른 용선자와 송하인의 동의를 얻지 않으면 계약을 해제 또는 해지하지 못한다(제833조 제3항). 이상의 어느 경우이든 운송물의 선적과 양륙의 비용은 용선자나 송하인이 부담한다(제835조).

(2) 發航 후의 任意解止

발항 후에는 용선자나 송하인은 운임의 전액·체당금·체선료·공동해손 또는 해난구조의 부담액을 지급하고, 양륙을 위하여 발생하는 손해를 배상하거나 또는 이에 상당하는 담보를 제공하지 아니하면 계약을 해지하지 못한다(제837조).

2. 不可抗力으로 인한 當事者의 任意解除 또는 解止

(1) 發航 전의 任意解除

항해 또는 운송이 법령에 위반되거나 기타 불가항력으로 인하여 운송계약의 목적을 달성할 수 없게 된 때에는 각 당사자는 계약을 해제할 수 있다(제841조 제1항·제811조 제1항). 항해용선의 경우에 이와 같은 사정이 생기면 空積運賃(제832조·제833조 참조)을 부담할 필요가 없으며, 당사자는 임의로 운송계약을 해제할

5) 徐燉珏·鄭完溶(下) 629면 ; 崔基元(海) 175면.

수 있다.

위의 법정사유가 운송물의 일부에만 발생한 경우에는 용선자는 선박소유자의의 책임이 가중되지 아니하는 범위 내에서 다른 운송물을 선적할 수 있다(代荷船積權)(제841조 제1항 · 제812조 제1항). 이 경우에는 지체없이 운송물의 양륙 또는 선적을 하여야 하고, 이것을 해태한 때에는 운임 전액을 지급하여야 한다(제841조 제1항 · 제812조 제2항).

(2) 發航 후의 解止

발항 후 항해 도중에 불가항력으로 인하여 계약의 목적을 달성할 수 없는 사유가 발생한 경우에는 각 당사자는 계약을 해지할 수 있으나, 용선자는 비율운임을 지급하여야 한다(제841조 제1항 · 제811조 제2항).

3. 不可抗力으로 인한 契約의 當然終了

항해용선계약은 불가항력으로 인하여 당연히 종료하는데, 그 사유는 개품운송계약에 설명한 것과 같다(제841조 제1항 · 제810조 · 제812조 제2항).

제3절 定期傭船

I. 定期傭船者의 意義

(1) 정기용선자(time charterer)란 일정기간 타인소유의 선원부선박을 임차하여 해상기업활동의 목적으로 항해에 사용하는 자를 말한다. 그리고 정기용선계약이란 선박소유자가 용선자에게 선원이 승무하고 항해장비를 갖춘 선박을 일정한 기

간동안 항해에 사용하게 할 것을 약정하고 용선자가 이에 대하여 기간을 정한 용선료를 지급하기로 약정함으로써 그 효력이 생기는 계약이다(제842조).

(2) 정기용선계약에 의하면 ① 정기용선자는 기업조직을 확대하지 않고 선박수요의 증감에 따라 손쉽게 경영할 수 있으며(기업규모의 신축성), 선박의 자유사용과 항해지휘권을 얻어 자신이 해상기업주체의 지위에서 선박의 운용을 할 수 있고, 선원의 선임 및 선박관리에 따르는 위험 및 비용의 부담을 선주에게 전가할 수 있다. ② 한편, 선박소유자에게도 자기가 육성한 선장·해원을 선박과 함께 보유함으로써 종래의 기업조직을 해체하지 않고 후일 자기가 경영할 때에 대비할 수 있고, 자기가 임용한 선원을 통하여 선박관리를 보다 잘 할 수 있으며, 자본이자인 용선료도 취득할 수 있다는 잇점이 있다. 정기용선은 期間傭船의 일종이다.

《定期傭船契約의 實務》

1) 정기용선계약은 해상기업의 거래관행으로서 많이 이용되고 있는 특수계약이다. 실제거래에서는 정기용선계약은 국제적 약관인 Baltime Charter와 1921년에 제정되고 1946년 및 1993년에 개정된 미국의 용선계약서(New York Produce Exchange Form)에 의거하고 있다. Baltime Charter란 The Baltic and White Sea Conference Uniform Time-Charter(발틱白海統一定期傭船契約書)의 약칭으로서 1905년에 제정되어 1913년, 1939년, 1950년 및 2001년에 개정된 것이 널리 이용되고 있다.

2) 이들 약관의 주요 항목을 들어보면, ① 총괄적 약관으로서의 선박의 貸借約款(let and hire clause), ② 선박을 용선자의 사용에 맡긴다는 처분약관(disposal clause), ③ 선장·해원은 선박의 사용 및 대리에 관하여 용선자의 지시와 명령에 복종하게 한다는 사용약관(employment clause), ④ 선원의 행위에 불만이 있을 때에는 그 교체를 요구할 수 있는 불만약관(misconduct clause), ⑤ 선원의 급료·선박의 보험료·수선비 등은 선박소유자가 부담하고, 燃料·汽罐用水·항해에 관한 각종의 稅金·導船料 등은 용선자가 부담하는 純傭船約款(net charter clause) 등이다.

Ⅱ. 定期傭船契約의 法的 性質

정기용선계약의 법적 성질에 관하여는 종래 여러 가지로 설명하여 왔는데, 어느 학설을 취하느냐에 따라 정기용선자가 제3자에 대하여 상법 제850조 제1항(선체용선과 제3자에 대한 법률관계)의 책임을 지느냐 그렇지 않느냐의 차이가 있다.

1. 混合契約說

(1) 多數說인[6] 혼합계약설은 정기용선계약을 선체용선과 勞務供給이라는 두 계약의 혼합이라고 하고, 그 결과 정기용선자는 제3자에 대하여 상법 제850조 제1항의 책임을 진다고 한다.[7]

(2) 이 學說은 定期傭船契約에 있어서는 선박의 점유는 선주에게 있고, 정기용선자는 선박의 사용권만을 행사한다는 점에서 상법상의 선체용선 그 자체와는 구별되는 것이라는 비판을 받는다.[8]

2. 特殊契約說

특수계약설은 정기용선계약을 운송계약인 용선계약 또는 선체용선의 어느 쪽에도 속하지 않는 특수한 계약이라고 보는 견해이다. 이 학설은 여러 의미로 설명이 되는데, 중요한 것은 '점유이전 없는 특수한 계약으로 보는 견해' 및 '일종의 기업 임대차로 보는 견해' 등이 있다. 전자는 선박의 점유이전은 없으나 용선자는 용선기간 동안 자유롭게 사용·수익할 권리는 가지는 점에서 선체용선계약과 매우 유사하고, 여기에 선장과 선원의 노무공급을 받게 되는 특수한 계약이라는 견

6) 崔基元(海) 60면 ; 孫珠瓚(下) 760면 ; 徐燉珏·鄭完溶(下) 562면.
7) 大判 1992. 2. 25, 91 다 14215; 同 1994. 1. 28, 93 다 18167.
8) 崔埈璿, 보험법·해상법, 2005, 397면.

해이다. 한편 후자는 정기용선계약은 선박과 선원이 유기적인 일체로서의 관계를 이루는데 '움직이는 기업'을 형태 그대로 임대하고자 하는 것이며, 실정법의 적용상으로는 상법상의 선체용선에 준하여 취급할 수밖에 없다고 한다. 이 견해에 의하면 선원의 지위는 고용계약에 의하여 계약선박에 노무를 제공하므로 정기용선계약에 의하여 선박이 이전될 때에는 선원의 고용계약도 정기용선자에게 이전된다고 해석한다.[9]

3. 運送契約說

(1) 운송계약설은,[10] 영미의 통설적인 견해로 정기용선계약은 운송계약인 용선계약의 한 형태라는 학설이다. 정기용선계약과 선체용선과의 구별을 선박의 점유와 지배의 이전 유무에 구하고 정기용선계약에 있어서는 선장·선원의 임면권이 선주에게 귀속하므로 선체용선과는 다르다고 한다. 이 견해에 따르면 정기용선자의 해상기업주체성은 부인되고 선박소유자가 해상기업의 주체로서 대외적 책임을 지게 된다. 즉, 정기용선자는 해상기업의 주체인 선박소유자에게 운송을 청구할 수 있는 운송의뢰인에 불과하고, 따라서 정기용선자는 제3자에 대하여 상법 제850조 제1항의 책임을 지지 않는다고 한다.

(2) 그러나 정기용선계약은 화물의 운송을 약정하는 것이 아니라 선박의 공간을 이용하도록 하여 주는 것이라는 점에서 운송계약에서 볼 수 있는 도급계약으로서의 성질이 희박하고, 특히 기업형 정기용선계약의 경우 용선자가 선체용선자처럼 선박을 장기간 자유롭게 이용하므로 오히려 선체용선에 더 가깝다는 비판이 있다.[11]

4. 海技·商事 區別說

(1) 해기·상사 구별설은 선박이용의 내용을 해기사항과 상사사항으로 구분하

9) 이승호, 전게논문, 203면 참조,
10) 蔡利植(下) 680면 ; 鄭熙喆·鄭燦亨(下) 683면.
11) 李基秀, 보험법·해상법학, 1998, 347~348면.

여 해기사항은 선박소유자의 부담으로 남기고 상사사항에 관하여는 이를 정기용선자가 관리하는 것으로 보는 견해이다. 정기용선자는 상사사항에 관해서만 제3자에 대하여 선주와 동일한 책임을 지고 해기사항에 관하여는 선박소유자가 책임을 진다고 한다.

(2) 이 견해에 대해서는 정기용선계약의 보통거래약관을 중심으로 하여 이론적으로 해기사항과 상사사항을 구별할 수 있다고 하더라도 실제로 이를 구별하기가 어렵고 불명확한 경우가 많다는 비판이 있다.[12]

5. 私　見

세계적으로 널리 사용되고 있는 정기용선 약관 중 선박의 사용약관(employment clause)에 의하면 정기용선자에게 선박사용인에 대한 지휘감독권은 선박의 운항 및 관리에 대하여는 전혀 인정되지 아니하고, 오직 용선을 한 상업적인 목적달성에 필요한 범위 내에서 인정되는 아주 제한된 범위의 것에 불과한 것으로 되어 있다. 이와 같이 정기용선계약약관에 의하면 정기용선자에게 일반적으로 선장 및 선원에 대한 충분한 지휘·감독권이 없으므로 정기용선계약은 선체용선과는 그 법적 성질이 다르다. 따라서 정기용선자에게 선체용선자의 책임을 유추하여 적용하는 것은 부당하다. 이와 같은 유추적용은 예컨대 선박충돌의 경우에도 정기용선자가 책임을 지는 부당한 결과가 된다. 정기용선계약의 법적 성질에 관하여 우리나라와 일본 등 少數國에서만 판례상 인정되는 혼합계약설보다는 영국법상 인정되는 운송계약설이 정기용선계약 약관의 내용에 더욱 부합되는 것으로 생각된다.

12) 李基秀, 상계서 347~348면.

Ⅲ. 定期傭船者의 地位

1. 內部關係

정기용선자와 선박소유자의 내부관계는 당사자간의 계약에 따라 결정된다. 이 계약의 내용은 Baltime Charter를 기초로 하여 나라마다 정형화되어 있다. 만약 계약에 특별한 정함이 없으면 상법 및 해사관습에 의하고, 해사관습도 없으면 민법의 임대차 규정에 따라 해결할 것이다. 상법을 중심으로 내부관계를 보면 다음과 같다.

(1) 定期傭船者의 權利・義務

(가) 船長指揮權

정기용선자는 약정한 범위안의 선박의 사용을 위하여 선장을 지휘할 권리가 있다(제843조 제1항).

(나) 損害賠償請求權

선장, 해원 기타의 선박사용인이 정기용선자의 정당한 지시에 위반하여 정기용선자에게 손해가 발생한 경우에는 정기용선자는 선박소유자에게 그 손해배상을 청구할 수 있다(제843조 제2항). 지시의 부당성에 관한 입증책임은 선박소유자 등에게 있다.

(다) 傭船料支給義務

정기용선자는 선박을 일정기간 항해에 사용하는 대가로 선박소유자에게 약정한 용선료를 지급하여야 한다(제842조).

(2) 船舶所有者 등의 權利・義務

(가) 留置權・競賣權

(a) 정기용선자가 용선료, 체당금 기타 이와 유사한 정기용선계약상의 채무를

이행하지 않는 경우에 선박소유자는 운송물에 대하여 유치권을 행사하거나 법원의 허가를 얻어 경매할 수 있다(제844조 제1항 · 제807조 제2항 · 제808조).

(b) 선장이 수하인에게 운송물을 인도한 후에도 운송인은 그 운송물을 경매할 수 있지만, 운송물을 인도한 날로부터 30일을 경과하거나 제 3 자가 그 운송물에 점유를 취득한 때에는 그러하지 아니하다(제844조 제1항 · 제808조 제2항). 그리고 선박소유자가 유치권 · 경매권을 행사할 경우, 선박소유자는 정기용선자가 발행한 선하증권을 취득한 선의의 제 3 자에게 대항하지 못한다(제844조 제1항 단서). 이 유치권 · 경매권은 정기용선자가 운송물에 관하여 약정한 용선료 또는 운임의 범위를 넘어서 이를 행사하지 못한다(제844조 제2항).

(나) 契約解除 · 解止權

정기용선자가 용선료를 약정기일에 지급하지 아니한 때에는 선박소유자는 계약을 해제 또는 해지할 수 있다(제845조 제1항). 그러나 항해중에 선박소유자가 계약을 해제 또는 해지한 때에는 선박소유자가 적하이해관계인에 대하여 정기용선자와 동일한 운송의무를 부담한다(제845조 제2항). 이는 적하이해관계인을 보호하기 위한 것이다. 이때 선박소유자가 계약의 해제 또는 해지 및 운송계속의 뜻을 적하이해관계인에게 서면에 의한 통지를 한 때에는 선박소유자의 정기용선자에 대한 용선료, 체당금 기타 이와 유사한 정기용선계약상의 채권을 담보하기 위하여 정기용선자가 적하이해관계인에 대하여 가지는 용선료 또는 운임의 채권을 목적으로 질권을 설정한 것으로 본다(질권설정의 의제 : 제845조 제3항). 이는 선박소유자 등에게 운송의무를 부담시키는 대신에 정기용선자에 대한 채권을 확보시켜 주기 위한 것이다. 선박소유자가 이와 같은 권리를 행사했다고 하더라도 자기 또는 적하이해관계인의 정기용선자에 대한 손해배상청구에 영향을 미치지 않는 것은 물론이다(제845조 제4항).[13]

(다) 損害賠償責任

선장, 해원 기타의 선박사용인이 정기용선자의 정당한 지시에 위반하여 정기용선자에게 손해가 발생한 경우에는 선박소유자 등은 이를 배상할 책임이 있다(제843조 제2항).

---

13) 大判 2005. 7. 28, 2003 다 12083.

(3) 債權의 除斥期間

정기용선계약에 관하여 발생한 당사자간의 채권은 선박이 선박소유자에게 반환된 날로부터 2년 내에 재판상 청구가 없으면 소멸한다(제846조 본문). 그러나 이 기간은 당사자간의 합의에 의하여 연장할 수 있다(제846조 단서 · 제814조 제1항 단서).

2. 外部關係

(1) 정기용선자는 荷主 등 제3자와의 외부관계에 있어서는 해상기업의 주체로서 선체용선자와 같은 지위가 인정되어야 할 것이다. 따라서 선체용선자에 관한 상법 제850조를 유추적용하여 선박의 이용에 관한 사항에 있어서는 제3자에 대하여 선박소유자와 동일한 권리의무를 가지게 되고, 해상기업주체로서 상법 제769조 이하의 규정에 의한 책임제한을 주장할 수도 있다.[14)]

(2) 그러나 용선된 선박이 다른 선박과 충돌하는 등 정기용선 선장의 불법행위에 대하여는, 선주가 선장을 임명하고 항행 및 관리에 관련된 海技的인 사항에 관하여 선주에게 지휘 · 감독권이 있으므로, 선주가 책임을 부담하여야 한다.[15)]

(3) 한편 선박소유자와 제3자는 아무런 관계가 없는 것이 원칙이나, 다만 예외적으로 선박소유자 등도 일정한 경우에 적하이해관계인에 대하여 정기용선자와 동일한 운송의무를 부담하고(제845조 제2항), 정기용선자가 적하이해관계인에 대하여 가지는 운임 등의 채권에 대하여 선박소유자 등이 정기용선자에 대한 채권을 위하여 질권이 설정된 것으로 의제하는 경우(제845조 제3항)에는 선박소유자 등과 제3자인 적하이해관계인이 관계를 갖게 된다. 그리고 정기용선자에 의한 선박의 이용에 관하여 생긴 우선특권은 그 우선특권자가 그 이용이 계약에 반함을 알지 못한 경우에는 우선특권자를 보호하기 위하여 선박소유자에게도 그 효력이 미친다고 볼 수 있고(제850조 제2항의 유추적용), 이때에도 선박소유자와 제3자인 우선특권자가 관계를 가진다.

---

14) 大判 1994. 1. 28, 93 다 18167. 다만 大判 2001. 7. 10, 99 다 58327 참조(정기용선자로부터 선복을 용선받은 재용선자가 송하인과 운송계약을 체결한 사안에서, 정기용선자는 운송계약상 책임을 지는 운송인의 지위에 있지 않다).

15) 大判 2003. 8. 22, 2001 다 65977.

제 4 절 船 體 傭 船

Ⅰ. 船體傭船者의 意義

(1) 선체용선자(temporary owner, Ausrüster)란 광의로는 타인의 선박을 임차한 자를 말하고, 협의로는 임차한 타인의 선박을 해상기업활동을 목적으로 항해에 사용하는 자(해상법상의 선박임차인)를 말한다.[16] 그리고 선체용선계약은 용선자의 관리·지배 하에 선박을 운항할 목적으로 선박소유자가 용선자에게 선박을 제공할 것을 약정하고 용선자가 이에 따른 용선료를 지급하기로 약정함으로써 그 효력이 생긴다(제847조 제1항). 선박소유자가 선장과 그 밖의 해원을 공급할 의무를 지는 경우에도 용선자의 관리·지배하에서 해원이 선박을 운항하는 것을 목적으로 하면 이를 선체용선계약으로 본다(제847조 제2항).

(2) 선체용선자는 선박에 대한 직접적인 물권적 지배·관리권을 갖는 점에서 船腹의 전부 또는 일부의 사용권만을 얻어서 적하 또는 여객을 운송하는 항해용선자(제827조), 그리고 선원부선박의 사용수익권만을 일정기간 얻어 자기의 해상기업을 경영하는 정기용선자(제842조 이하)와는 구별하여야 한다.

(3) 선체를 용선한 자로서 상행위 기타의 영리 이외의 목적으로 항해에 사용하는 자에 대하여도 상법 제850조의 규정이 준용된다(船 제29조). 또 선체용선 이외의 원인, 예컨대 사용대차나 사무관리 등에 의하여 타인의 선박의 점유를 취득하여 이를 이용하는 자에 대하여도 상법 제850조를 유추적용하여야 할 것이다. 그리고 선체용선과 제3자의 법률관계를 정한 제850조의 규정은 항해선에 적용되고, 호천이나 항만을 항행하는 내수선에는 적용되지 않는다.[17]

16) 大判 1975. 3. 31, 74 다 847: 선박소유자가 그 소유선박을 임대하고 사용하지 않는 경우에는 임대차등기에 관계없이 선박사용인이 제3자에게 가한 손해에 대하여는 임대선주는 책임이 없고 그 선박사용인인 임차인이 책임을 져야 한다.

(4) 선박의 임차는 2차대전 중 미국정부가 수용이나 징발 대신 사유선을 대량 임차하여 전략물자를 수송하였던 것이 두드러진 利用例였다. 실무에서는 선박만의 임차는 裸傭船이라 하고, 船員附船舶賃貸借는 거의 정기용선으로 대체되고 있다.

Ⅱ. 船體傭船의 法的 性質

(1) 선체용선은 2007년 개정 전 해상법에서는 선박임차라고 하였던 것이고, 실무에서는 裸傭船이라 하던 것이다. 선체용선은 본질이 선원이 공급되지 않는 선박만의 임차이다. 따라서 상법은 선체용선계약에 있어 그 성질에 반하지 아니하는 한 민법상 임대차에 관한 규정을 준용하도록 하였다(제848조 제1항).

(2) 그리고 실무에서 흔히 이용되는 것으로서, 용선기간이 종료된 후에 용선자가 선박을 매수 또는 인수할 권리를 가지는 경우 및 금융의 담보를 목적으로 채권자를 선박소유자로 하여 선체용선계약을 체결한 경우에도 용선기간 중에는 당사자 사이에서는 선체용선 관련 규정에 따라 권리와 의무가 정하여 진다(제848조 제2항).

Ⅲ. 船體傭船의 法律關係

1. 船舶傭船의 內部關係

선체용선자와 선박소유자와의 관계는 선체용선계약(제847조)에 따르나, 기본적으

17) 大判 1991. 1. 15, 90 다 5641 : 선박임차인에 관한 상법 제766조의 규정은 항해에 사용하는 선박, 즉 해수를 항해하는 항해선에 한하여 적용되고 호천이나 항만을 항행하는 내수선에는 적용되지 않는다.

로 민법상 임대차계약관계이므로 선체용선자는 용선한 선박을 사용·수익할 수 있고, 선박소유자는 용선료를 청구할 수 있다(제847조, 民 제618조). 그 밖의 선체용선자와 선박소유자 간의 내부관계는 선체용선계약에 의하고, 특약이 없으면 해사관습 또는 민법의 임대차에 관한 규정에 의하여 정한다.

선체용선자는 선박소유자에 대하여 선체용선등기에 협조할 것을 청구할 수 있다(제849조 제1항, 民 제621조 제1항).

2. 船體傭船의 外部關係

(1) 船體傭船者와 第三者의 관계

선체용선자는 '선박의 이용에 관한 사항'에는 제 3 자에 대하여 선박소유자와 동일한 권리의무가 있다(제850조 제1항).[18] 그러므로 선박의 이용에 관한 사항이 아닌 것, 예컨대 선박의 양도나 저당권설정 등에 있어서는 선박소유자로 취급받지 않는다. 선박소유자로 취급받는 한 해상기업자로서 상법 제769조 이하의 규정에 의한 책임제한을 주장할 수도 있다(제850조 제1항). 또 선체용선자가 선체용선등기를 한 때에는 그 선박에 관하여 물권을 취득한 제 3 자에 대하여도 그 효력이 있다(제849조 제2항). 그러나 이 규정은 비등기선에는 적용되지 않는다.

(2) 船舶所有者와 第三者의 관계

선박소유자는 제 3 자와 아무런 직접적 관계는 없으나,[19] 선박의 이용에 관하여 생긴 우선특권은 선박소유자에 대하여도 그 효력이 있다(제850조 제2항 본문). 이것은 선박소유자가 직접 선박을 이용하는 경우 그 선박이 선박채권자의 우선특권의 목적이 되는 것(제777조)과 균형을 맞춘 것으로서, 선의의 채권자를 보호하기 위한 특별규정이므로, 우선특권을 가진 채권자가 그 채무의 발생원인이 되는 선박의 이용이 선체용선계약의 취지에 반함을 알고 있는 경우에는 선박에 대한 우선특권을 취득하지 못한다(제850조 제2항 단서).

18) 광주高判 2003. 7. 16, 2002 나 10553 [확정].
19) 大判 1975. 3. 31, 74 다 847.

제5장
運 送 證 書

제1절 總　說

Ⅰ. 運送證書의 意義

운송에 수반하는 서류로서 운송계약에 관한 내용을 기재한 증서를 운송증서라고 한다. 2007년 개정해상법은 제2장(운송과 용선) 제6절에 운송증서를 규정하였다. 종래의 종이선하증권 외에 전자선하증권을 규정하였다. 나아가 오늘날 그 사용빈도가 점차 높아지고 있는 해상화물운송장을 새로이 규정하였다. 이는 해상운송의 고속화 등 해상운송 환경의 변화에 따른 업계의 요구를 수용한 것이다. 그리고 선하증권의 기재사항에 운송인의 성명 또는 상호 및 운송인의 주된 영업소 소재지를 추가하였고, 선하증권기재의 효력 부분을 보완하였으며, 용선계약과 선하증권에 관한 규정을 신설하였다.

Ⅱ. 運送證書의 種類

상법은 운송증권의 종류로서 선하증권, 해상화물운송장을 규정하였다. 선하증권은 법무부 장관이 지정하는 등록기관에 등록함으로써 전자적(전자선하증권)으로도 발행할 수 있도록 하였다.

제2절 船荷證券

Ⅰ. 船荷證券의 意義

선하증권(bill of lading, Konnossement)이란 해상운송인이 운송물의 수령 또는 선적을 증명하고, 양륙항에서 이것과 상환으로 운송물을 인도할 의무를 부담하는 유가증권이다.

《船荷證券의 沿革》

기록에 의하면 역사적으로 선하증권이 사용되기 시작한 것은 1063년이다.[1) 본래는 선박회사의 사무원이 화물선적을 기록하기 위하여 사용되기 시작하였는데, 말하자면 일종의 증거서류로 작성되었다. 14세기에 와서는 이것이 화물에 대한 소유권을 표창하는 권리증서로 사용되기 시작하였고, 16세기 후반부터는 그 사용이 매우 빈번하게 되었다.[2) 그 후 내용과 형식면에서 꾸준히 개량을 거듭하여, 이제는 선적화물량만이 아니라 화물의 상태까지 알려주는 보고서의 역할도 하게 되었다. 나아가 선하증권에 면책약관을 포함시킴으로써 화물사고 발생시 선주를 보호하는 기능까지도 하게 되었다.[3) 최근에 와서는 이 선하증권이 재탄생되고 있다. 대서양을 횡단하는 컨테이너 정기선의 경우 85%가 선하증권 대신 해상화물운송장에 의하여 운송되고 있다고 하며,[4) 유

1) Alan Mitchelhill, Bill of Lading, 1982, p. 1.
2) Daniel Murray, *History and Development of the Bill of Lading,* 37 U. Miami L. Rev. (1983), p. 691.
3) Stasia M. Williams, *Something Old, Something New : The Bill of Lading in the Days of EDI,* 1 Transnat'l L. & Contemp. Pros. p. 557.
4) John F. Wilson, Carriage of Goods by Sea, 4th ed., 2001, p. 167 ; Boris Kozolchyk,

럽지역의 해상운송에서는 90% 이상이 해상화물운송장을 이용하고 있다고 한다.[5] 최근에는 EDI(electronic data exchange : 전자자료교환방식) 및 전자선하증권의 발달로 선하증권 없는 해상운송이 도래하고 있다. 2007년 개정상법은 이를 반영하여 해상화물운송장 및 전자선하증권제도를 도입하였다 함은 전술하였다.

Ⅱ. 船荷證券의 機能

선하증권은 그 형식과 기능이 약간씩 변해왔지만 해운산업에서 필수불가결한 문서로 인정되어 왔다. 이와 같이 선하증권이 널리 사용되다 보니, 그 형식과 기능에 대한 표준화 작업이 필요하게 되었다. 선하증권의 표준화로 인하여 국제해운산업이 효과적으로 발전할 수 있게 되었다. 표준화된 선하증권은 ① 운송물을 수령하였다는 영수증으로서 화물수령증(receipt), ② 운송계약의 내용을 증명하는 증거증권으로서 운송계약서(contract of carriage), ③ 운송물을 대표하는 인도증권으로서의 권리증서(document of title, 權原證券) 등 세 가지의 기능을 갖는다.[6]

1. 受領證의 機能

선하증권은 운송인의 점유하에 있는 화물에 대한 수령증(a receipt for goods in the carrier's possession)의 기능을 한다. 선하증권에는 송하인, 운송인, 수하인

Is Present Letter of Credit Law Up To Its Task?, 8 Geo. Mason U. L. Rev. (1986), p. 299 n. 23.

5) 裵炳泰, "Sea Waybill에 관한 CMI 통일규칙과 1990年代의 해상운송법 통일에 관한 문제론점 -CMI 제34차 파리 국제회의 참가보고-," 한국해법회지 제13권 제1호, 1991, 10면 註 3) 참조. 북대서양 항로에서는 대략 50%정도가 straight bill of lading을 이용한다. 북아메리카에서 동부로 가는 경우보다 스칸디나비아제국에서 서쪽으로 향하는 운송에서 더욱 많이 이용된다(Boris Kozolchyk, *The paperless letter of credit and related documents of title*, 55 Law & Contemp. Probs. 39 (Summer, 1992), Footnote 188).

6) Williams, op. cit., p. 560.

의 명칭, 화물의 수량, 荷印, 크기, 무게, 외관상의 상태 등을 기재하도록 되어 있어서, 수령한 화물의 내용을 일목요연하게 알 수 있다. 이로써 선하증권은 운송인이 화물을 완전한 상태로 인수하였음을 나타내는 증거증권으로서의 기능도 갖게 된다. 운송인은 화물의 인수 전에 있었던 화물의 외관상의 하자를 선하증권에 기재하여야 하며, 이를 기재함으로써 운송인은 이후 수하인이 화물을 수령한 후 화물의 하자에 대하여 이의를 제기할 경우, 처음부터 하자가 존재하였음을 항변할 수 있게 된다.

2. 運送契約書로서의 機能

선하증권은 송하인과 운송인간의 운송계약서(a contract carriage between the shipper and carrier)로서의 기능을 한다. 선하증권은 운송의 당사자간에 체결한 운송계약을 증명한다. 운송계약의 내용은 보통 선하증권의 이면에 인쇄된 보통거래약관(terms and conditions)으로 되어 있다.

3. 權利證書로서의 機能

선하증권은 수령증으로서의 기능과 운송계약서로서의 기능 외에도 권리증서(a document of title)로서의 기능을 한다. 선하증권이 권리증서로서의 기능을 가짐으로써 운송중에도 송하인이 화물을 매도하고 소유권을 포함한 화물에 대한 권리 일체를 매수인에게 이전할 수 있게 해 준다. 이는 선하증권의 유통성(negotiability) 또는 양도성(transferability)을 이용한 것이다. 다만 양도인은 자신이 가진 권리 이상의 권리를 양수인에게 이전시킬 수 없다.[7] 따라서 선하증권 소지인이 정당한 권리를 갖지 못한 경우에는 그 소지인은 선하증권상의 권리를 이전시킬 수 없다. 상업신용장을 이용한 무역에서는 양도성 있는 선하증권의 사용이 필수불가결하다. 그러나 오늘날 신용장 거래실무에서도 EDI 및 전자선하증권의 사용은 크게 확대되고 있고, EDI 및 전자선하증권이 문서로서의 기재요건과 서명요건을 충족한다고 보아 그 정규문서성을 인정한다.[8]

---

7) Paul Todd, Modern Bills of Lading, (1986), p. 14.

Ⅲ. 船荷證券의 性質

선하증권은 운송물인도청구권을 표창하는 물품증권으로서, 그 법률상의 성질로는 채권증권성·법률상 당연한 지시증권성[9]·요식증권성[10]·요인증권성[11]·문언증권성[12]·제시증권성·상환증권성[13]·인도증권성·처분증권성 등을 갖는다.

Ⅳ. 船荷證券의 發行

1. 證券의 發行

선하증권은 운송물을 수령한 후에 송하인(또는 운송주선인) 또는 항해용선자의 청구에 따라 해상운송인[선체용선자도 동일함(제850조 제1항)](제852조 제1항) 또는 선박소유자(제855조 제1항)가 발행하는 것이나, 경우에 따라 선장 또는 그 밖의 대리인에게[14] 그 발행이나 '船積'의 표시를 위임할 수 있다(제852조 제2항)(이하 항해용선계약의 경우에는 운송인을 선박소유자로 읽어야 한다). 운송인은 數通의 선하증권을 발행할 수도 있다(제852조 제1항). 數通의 선하증권을 발행한 때에는 그 數를 선하증권

---

8) Kozolchyk, op. cit., 55 Law & Contemp. Probs. 39 (Summer, 1992), Footnote 126 이하 참조.

9) 大判 2003. 1. 10, 2000 다 70064 : 선하증권은 법률상 당연한 지시증권이다. 同旨 : 大判 2001. 3. 27, 99 다 17890.

10) 서울高判 1995. 12. 12, 95 나 9473 : 선하증권은 절대적 요식증권이 아니다.

11) 大判 2005. 3. 24, 2003 다 5535; 同 1982. 9. 14, 80 다 1325 : 운송물의 수령 없이 발행된 선하증권은 무효이다.

12) 大判 1972. 2. 22, 71 다 2500 : 선하증권에 기재된 운임에 관한 특약사항은 그 증권의 소지인에 대하여도 효력이 미친다.

13) 大判 1999. 4. 23, 98 다 13211.

14) 大判 1997. 6. 27, 95 다 7215 : 선하증권은 대리인에 의하여 발행될 수 있다.

에 기재하여야 한다(제853조 제10호).

2. 船荷證券의 記載事項

(1) 法定記載事項

(가) 선하증권에는 ① 선박의 명칭, 국적과 톤수, ② 송하인이 서면으로 통지한 운송물의 종류, 중량 또는 용적, 포장의 종별, 개수와 기호, ③ 운송물의 외관상태, ④ 용선자 또는 송하인의 성명·상호, ⑤ 수하인 또는 통지수령인의 성명·상호, ⑥ 선적항, ⑦ 양륙항, ⑧ 운임, ⑨ 발행지와 그 발행년월일, ⑩ 수통의 선하증권을 작성한 때에는 그 수, ⑪ 운송인의 성명 또는 상호, ⑫ 운송인의 주된 영업소 소재지를 기재하고, 운송인이 기명날인 또는 서명하여야 한다(제853조 제1항, 제855조 제1항). 선하증권은 어음이나 수표와 같은 엄격한 요식성을 요구하지는 않으므로 위의 기재사항이 모두 기재되어 있지 않더라도 본질적인 것이 아니면 그 선하증권도 유효하다.

(나) 선하증권의 교부를 받은 용선자 또는 송하인은 발행자의 청구가 있는 때에는 선하증권의 등본에 기명날인 또는 서명하여 교부하여야 한다(제856조). 이는 운송인이 증거를 보존하기 위한 것이다.

(다) 위의 기재요건 중 중요한 몇 가지만 부가하여 설명하면 다음과 같다.

위 ②의 기재 중 운송물의 중량, 용적, 갯수 또는 記號가 운송인이 실제로 수령한 운송물을 정확하게 표시하고 있지 아니하다고 의심할 만한 상당한 이유가 있는 때 또는 이를 확인할 적당한 방법이 없는 때에는 그 기재를 생략할 수 있다(제853조 제2항·제855조 제1항). 이는 海運實務慣行에서 이용되고 있는 이른바 不知約款(unknown clause)의 사용을 인정한 것이다. 또한 송하인은 자신이 서면으로 통지한 위 ②의 기재사항이 정확함을 운송인에게 담보한 것으로 보므로(제853조 제3항·제855조 제1항), 그 통지내용의 부실로 운송인에게 손해가 생긴 때에는 이를 배상하여야 한다. 그리고 운송인이 선하증권에 기재된 통지수령인에게 운송물에 관한 통지를 한 때에는 송하인 및 선하증권소지인과 그 밖의 수하인에게 통지한 것으로 본다(제853조 제4항·제855조 제1항).

(라) 그리고 위 ③의 기재, 즉 운송물의 외관상태에 관한 기재는 운송인의 책임과 직접 관련되는 중요한 기재사항이다. 즉, 운송인은 운송물을 수령한 상태와 동

일한 상태로 반환하여야 할 책임을 부담하기 때문에 운송물을 수령할 때에는 반드시 그 외관상태를 검사하여 이를 선하증권에 기재하여야 하고, 만약 아무런 기재가 없는 경우에는 양호한 상태로 수령한 것으로 추정된다. 실제로는 이와 같은 외관상태의 기재를 일일이 하지 않고 선하증권에 인쇄된 "운송물이 외관상 양호한 상태(apparant good order and condition)로 선적되었다."는 문언에 의한다.

(마) 그런데 운송인이 외관상태에 대한 하자를 발견하여 이를 선하증권에 기재하면 이는 이른바 故障船荷證券(foul or dirty bill of lading)이 되어 은행이 이를 不適格船荷證券으로 간주하여 접수하지 아니하므로 송하인은 운송인에게 無故障船荷證券(clean bill of lading)을 발행해 줄 것을 요구하면서 그 대신 그로 인하여 운송인이 손해를 입을 경우에는 송하인이 이를 보상한다는 내용의 銀行保證狀 또는 補償狀(letter of indemnity)을 제출하는 것이 관행이다. 이와 같은 보상장은 운송인으로 하여금 허위의 선하증권을 발행케 한다는 점에서 그 효력을 인정하여야 할지 의문이다. 우리 상법에서는 이에 관하여 아무런 규정을 두고 있지 않고 있으나, 실무계에서 널리 유통되고 있는 것을 무효화시키는 것은 비현실적이므로, 이를 인정하는 것이 옳다고 본다.[15] 다만 보상장은 운송인과 송하인 사이에서 授受되는 것이므로 그 효력이 제3자에게까지 미치지는 못하므로, 운송인과 선하증권 소지인 사이에서는 선하증권에 기재된 내용에 따라 운송인이 책임을 지고, 운송인은 후에 송하인에게 구상하여야 한다.

(바) 그리고 위 ⑤의 기재 중 통지수령인(notify party)이란 운송물이 목적지에 도착하였을 때 그 도착통지를 받을 자를 말하며, 이 자에게 운송물에 관한 통지를 하면 송하인 및 선하증권소지인과 그 밖의 수하인에게 통지한 것으로 본다(제853조 제4항·제855조 제1항). 일반적으로 선하증권상의 수하인은 신용장 개설은행이 되고, 선하증권에 기재된 화물의 수입업자는 통지수령인으로 된다. 실무에서는 선하증권과 함께 貨換어음을 취득한 은행은 수하인으로서 그 어음지급에 대한 담보확보에 관심이 있을 뿐 그 목적물 자체를 수령할 이익은 크지 않다. 따라서 수입업자를 통지수령인으로 지정해 두면 그 수입업자가 신속히 화물의 통관절차 등을 밟아 물건을 처분할 수 있게 된다.

---

15) 1978년 함부르크규칙은 제17조 제2항에서, 보증장은 운송인과 선하증권 소지인, 기타 제3자와의 관계에서는 무효라고 정하고, 同條 제3항에서는 운송인과 송하인 사이에서는 보증장은 유효하되, 다만 운송인이 제3자를 欺瞞할 목적으로 무고장선하증권을 발행한 경우에는 운송인은 송하인에 대하여 보증장에 의한 보상을 청구할 수 없다고 정하고 있다.

(2) 任意的 記載事項

실제 선하증권을 보면 위의 법정 기재사항 외에도 많은 내용의 기재가 있고, 이들은 대부분 운송인의 책임을 면제하거나 경감하는 면책약관으로서 그 내용은 상법 제797조(책임의 한도) 및 제798조(비계약적 청구에 대한 적용) 등의 내용을 담고 있다.

3. 複本의 發行

선하증권은 용선자 또는 송하인의 청구에 따라서 數通을 교부할 수 있으므로(제852조 제1항·제855조 제1항) 그 법률관계가 다소 복잡한데, 商法은 이에 관한 특별규정을 두고 있다. 즉, 양륙항에서 수통의 선하증권 중 1통을 소지한 자는 운송물의 인도를 청구할 수 있고(제857조 제1항), 그 1통의 소지인이 운송물의 인도를 받은 때에는 다른 선하증권은 그 효력을 잃는다(제857조 제2항). 그러나 양륙항 외에서는 모든 선하증권을 제시하여야 한다(제858조). 운송물의 인도 전에 2인 이상의 선하증권소지인이 운송물의 인도를 청구한 때 또는 운송물의 일부를 인도한 후 다른 소지인이 운송물의 인도를 청구한 때에는 선장은 지체없이 운송물을 공탁하고 각 청구자에게 그 통지를 발송하여야 한다(제859조 제1항·제2항). 공탁한 운송물에 대하여는 數人의 선하증권소지인에게 공통되는 전 소지인으로부터 먼저 교부를 받은 증권소지인의 권리가 다른 소지인의 권리에 우선한다(제860조 제1항). 隔地者에 대하여 발송한 선하증권은 그 발송한 때를 교부받은 때로 본다(제860조 제2항).

Ⅴ. 船荷證券의 種類

1. 船積船荷證券·受領船荷證券

선적선하증권(shipped B/L, Abladekonnossement)이란 운송물을 선적한 후에

발행한 선하증권을 말하고, 수령선하증권(received B/L, Übernahmekonnossement)이란 운송물을 수령한 후에 발행한 선하증권으로서, 선적이 끝나면 다시 선적선하증권을 발행하거나 수령선하증권에 '船積'의 뜻을 표시한다(제852조 제2항, 제855조 제1항).[16] 운송인은 선장 또는 기타의 대리인에게 선하증권의 교부 또는 선적의 표시를 위임할 수 있다(제852조 제3항 · 제855조 제1항).

<大判 1989. 12. 22, 88 다카 8668 : 수령선하증권에 선적의 뜻을 기재하여 송하인에게 교부한 이상, 운송물 중 일부를 선적하지 않았더라도 수령선하증권으로서의 유효성은 부인할 수 없다>
해상운송인의 피용자나 대리인이 운송물 전부를 인수하고 수령선하증권에 선적의 뜻을 기재하여 송하인에게 교부한 이상, 운송물 중 일부를 선적하지 않았더라도 그 선하증권의 운송물 전부에 대한 수령선하증권으로서의 유효성은 부인할 수 없는 것이며 수하인은 인도증권인 위 수령선하증권을 적법하게 취득함으로써 운송인측이 보관하고 있는 운송물 전부에 대하여 그 소유권을 취득하였다고 할 것이고 운송물 가운데 일부가 신용장에 기재된 최종 선적기일 이후에 선적되어 지연운송되었다는 사유만으로는 특약이 없는 한 수하인에게 당연히 그 수령을 거부하고 전보배상을 구할 권리가 있다고 볼 수 없는 것이다.

2. 기타 船荷證券

상법은 선적선하증권에 관하여만 규정하고 있으나, 분류방법에 따라 다음과 같은 종류의 선하증권이 있다.

(1) 記名式船荷證券 · 指示式船荷證券 · 無記名式船荷證券

수하인을 표시하는 방법에 따라서 선하증권을 분류하면, 기명식선하증권(straight bill of lading)은 수하인의 성명만이 증권상에 기재된 선하증권이고, 지시식선하증권(order bill of lading)은 선하증권상의 수하인 또는 그 지시인에게 운송물을 인도할 수 있도록 한 선하증권이며, 무기명식(소지인출급식)선하증권(bearer bill of lading)은 수하인의 기재가 없거나 소지인을 수하인으로 정한 선하증권을 말한

16) 大判 1989. 12. 22, 88 다카 8668.

다. 그러나 기명식선하증권도 법률상 당연한 지시증권으로서(제861조 · 제130조) 배서에 의하여 양도할 수 있으므로 지시식선하증권과 구별할 실익은 없다.[17]

(2) 連絡船荷證券

연락선하증권(통선하증권)(through bill of lading, Durchkonnossement)이란 연락운송에서 최초의 해상운송인이 전운송구간에 대하여 발행하는 선하증권이다. 이것은 최초의 운송인만이 기명날인 또는 서명을 하는 단독연락선하증권과 중간운송을 담당하는 전운송인이 기명날인 또는 서명을 하는 공동연락선하증권으로 나뉘는데, 특히 단독연락운송계약에서 중간의 운송인이 자기의 운송구간에 대해서 발행하는 선하증권을 중간선하증권(local bill of lading ; Zwischenkonnossent Lokalkonnossement)이라고 한다.

(3) 赤船荷證券

적선하증권(red bill of lading)이란 적색문자로 인쇄된 선하증권을 말하며, 이것에는 해상운송인이 법령 또는 약관에 의하여 면책될 손해에 대해서도 책임을 지는 특약을 하는 것과, 해상운송인이 보험자의 대리인으로서 보험계약까지 체결하는 것이 있다.

(4) 無故障船荷證券

무고장선하증권(무유보선하증권 : clean bill, reines Konnossement)이란 송하인의 부탁이 있을 때 不知約款(unknown clause)의 기재에 의한 유보 없이 발행된 선하증권을 말한다. 보통 선적시에 운송물이 외관상 양호한 상태(in apparent good order and condition)라는 인쇄가 되어 있고, 그밖에 첨가하여 기재된 것이 없으면 무고장선하증권이다. 이 경우에는 운송물의 수량 · 포장상태 등을 일일이 점검하지 않았기 때문에 운송인이 입은 손해를 전보하기 위하여 송하인이 保證狀(letter of guarantee)을 제출하는 것이 보통이다. 부지약관이 기재된 선하증권으로서는 貨(荷)換어음의 할인이 용이하지 않기 때문에 貨換어음의 할인을 용이하게 하고, 대량의 운송물을 일일이 점검하는 불편을 덜기 위하여 무고장선하증권이 이용되는데, 송하인이 운송물의 내용에 대하여 확신이 있을 때 사용된다.

---

17) 大判 2001. 3. 27, 99 다 17890 : 배서금지문구가 기재된 선하증권은 일반 지명채권양도의 방법에 의하여서만 이를 양도할 수 있다. 同旨 : 大判 2003. 1. 10, 2000 다 70064.

(5) 事故船荷證券

사고선하증권(foul or dirty bill of lading)이란 船積貨物에 사고가 있어서 그것이 remark로 기재된 경우의 선하증권을 말한다.

(6) 기타의 船荷證券

이밖에도 운송계약의 주요 내용은 별도의 약관이나 서면에 의하기로 하여 약식으로 발행된 略式船荷證券(short form bill of lading), 환적조건이 기재된 換積船荷證券(transshipment bill of lading), 2인 이상의 荷主의 화물을 통합하여 하나의 선하증권으로 발행되는 統合船荷證券(groupage bill of lading) 등이 있다.

Ⅵ. 船荷證券의 效力

선하증권도 화물상환증과 같이 채권적 효력과 물권적 효력이 있다(제861조 · 제129조 · 제130조 · 제132조 · 제133조).[18]

1. 債權的 效力

(1) 선하증권은 해상물건운송계약의 내용을 증명하고 운송인이 운송물수령사실을 증명하는 증거증권이며, 동시에 운송물인도청구권을 표창하는 채권증권이다.[19] 그러므로 선하증권의 소지인은 그 증권과 상환으로 운송물의 인도를 청구할 수 있다(제861조 · 제129조). 또 선하증권은 법률상 당연한 지시증권이기 때문에 배서금지의 문언이 없는 한 배서양도할 수 있다(제861조 · 제130조). 선하증권이 제 3 자에게 양도된 때 소지인과 운송인 사이의 법률관계는 선하증권에 기재된 바에 의한다(문언증권성). 1991년 개정 전 상법에서는 화물상환증의 문언증권성에 관한 제131조를 선하증권에 준용하도록 하였기 때문에(舊商 제820조), 선하증권의 요인증

18) 大判 2003. 1. 10, 2000 다 70064.
19) 大判 1997. 7. 25, 97 다 19656.

권성과 문언증권성의 모순을 둘러싸고 불법행위설과 채무불이행설 및 절충설이 대립하였었다.

(2) 불법행위설(요인증권성설)은 선하증권의 요인성을 강조하여 운송계약이 존재하고 운송물을 수령하여야만 비로소 운송물인도청구권이 생기고, 만약 空券이 발행되면 그 선하증권은 무효이며 이때 운송인은 불법행위책임을 진다고 한다. 채무불이행설(문언증권성설)은 선하증권의 문언증권성을 강조하여 운송인은 선하증권에 기재된 운송계약에 따라 운송물을 인도하지 아니하면 운송계약의 불이행으로 인한 손해배상책임을 져야 한다고 하며, 요인증권성은 증권발행의 원인이 된 운송관계가 기재되어 있으면 충분하다고 한다. 절충설은 운송계약이 전혀 없는 경우 선하증권은 무효이되, 선의의 제3자에 대하여는 외관에 따라 책임을 부담한다고 한다. 판례는 空券을 무효로 본다.[20)]

(3) 그런데 1991. 12. 31. 개정상법은 이 문제를 立法的으로 해결하기로 하고 선하증권의 경우에 화물상환증의 문언증권성에 관한 준용규정을 삭제하는(제861조 · 제131조 참조) 한편, "선하증권이 발행된 경우에는 운송인이 그 증권에 기재된 대로 운송물을 수령 또는 선적한 것으로 추정한다. 그러나 (반증이 있더라도) 운송인은 선하증권을 선의로 취득한 제3자에 대항하지 못한다."(舊商 제814조의 2, 비스비규칙 제3조 제4항 참조)라고 규정하였다. 나아가 2007년 개정상법은 본조를 더욱 명확하게 규정하여 제854조 제1항은 "제853조 제1항에 따라 선하증권이 발행된 경우 운송인과 송하인 사이에 선하증권에 기재된 대로 개품운송계약이 체결되고 운송물을 수령 또는 선적한 것으로 추정한다."고 규정하고, 제2항에서는 "제1항의 선하증권을 선의로 취득한 소지인에 대하여 운송인은 선하증권에 기재된 대로 운송물을 수령 혹은 선적한 것으로 보고 선하증권에 기재된 바에 따라 운송인으로서 책임을 진다."고 규정하였다. 따라서 선하증권이 발행된 경우에는 운송인이 그 증권에 기재된 대로 운송물을 수령 또는 선적한 것으로 추정되므로, 증권에 기재된 물건과 실제로 수령 · 선적한 물건이 相違한 경우 또는 空券이 발행된 경우는 운송인은 반증이 없는 한 채무불이행책임을 져야 한다(제854조 제1항 · 제855조 제2항). 또한 증권의 선의취득자에게는 운송인은 반증이 있다고 하더라도 이를 허용하지 아니하고 선하증권에 기재된 대로 운송물을 수령 혹은 선적한 것으로 간주하여 선하증권에 기재된 바에 따라 운송인으로서 책임을 져야 한다(제854조 제2항 · 제855조 제3항). 그러나 반대로 소지인이 원래의 운송계약과 운송물을 증명하여

---

20) 大判 2005. 3. 24, 2003 다 5535; 同 1982. 9. 14, 80 다 1325.

권리를 행사하는 것은 상관없다.

요컨대, 상법 제854조는 선하증권 기재의 효력을 ① 운송인과 선하증권의 선의취득자 사이에서는 운송인이 책임을 지고(제854조 제2항·제855조 제3항), ② 운송인과 선의취득자 이외의 자(악의의 취득자)에 대하여는 반증을 허용하는 推定的 效力을 인정하고 있다(제854조 제1항·제855조 제2항). 결국 개정상법은 운송인과 선의의 소지인 사이에서만 선하증권의 문언성을 인정하는 절충설을 취하고 있다.

(4) 한편 실무에서는 대량의 운송물을 취급하는 운송인이 선하증권에 기재된 대로 책임을 지기가 곤란하기 때문에 '내용불명'(contents unknown)·'計量未濟'(shipper's load and count ; freight purpose only) 등과 같은 부지약관이 많이 이용된다.[21] 그런데 운송인이 이와 같은 부지약관을 남용하여 책임을 회피하는 것을 방치하면 선하증권소지인 또는 선의취득자의 이익을 害할 우려가 크다. 따라서 1991년 개정상법은 제814조에 제2항(2007년 개정상법 제853조 제2항, 제855조 제1항)을 신설하여, 선하증권의 기재사항 중 운송물의 重量, 容積, 個數 또는 기호가 운송인이 실제로 수령한 운송물을 정확하게 표시하고 있지 아니하다고 의심할만한 상당한 이유가 있는 때 또는 이를 확인할 적당한 방법이 없는 때 그 기재를 생략할 수 있다고 정함으로써 부지약관의 존재를 명문으로 인정함과 동시에 그 인정의 한계를 어느 정도 획정하였다. 이로써 무제한적이고 막연한 부지약관의 남용을 막아 어느 정도 선하증권소지인 및 선의취득자를 보호하고 있다.

2. 物權的 效力

선하증권에 의하여 운송물을 받을 수 있는 자(선하증권의 適法한 所持人)에게 선하증권을 교부한 때에는 그 교부는 운송물 위에 행사하는 권리(소유권·질권)의 취득에 관하여 운송물을 인도한 것과 동일한 효력을 갖는다(제861조·제133조)(인도증권성).[22] 선하증권의 물권적 효력에 관한 법률적 이론구성은 화물상환증의 그것과 꼭 같다. 다만 운송인이 수통의 선하증권을 발행한 경우 누구에게 운송물을 인도하여야 할 것인가에 관하여는 특칙이 있음(제857조 내지 제860조)은 前述하였다.

21) 大判 2001. 2. 9, 98 다 49074.
22) 大判 1998. 9. 4, 96 다 6240; 同 1997. 7. 25, 97 다 19656.

제3절 電子船荷證券

Ⅰ. 電子船荷證券의 發行

운송인은 제852조 또는 제855조에서 정한 (종이)선하증권을 발행하는 대신에 송하인 또는 용선자의 동의를 받아 법무부장관이 지정하는 등록기관에 등록을 하는 방식으로 전자선하증권(electronic bill of lading)을 발행할 수 있다(제862조 제1항 제1문). 전자선하증권에는 제853조 제1항(선하증권의 기재사항) 각 호의 정보가 포함되어야 하며, 운송인이 전자서명을 하여 송신하고 용선자 또는 송하인이 이를 수신하여야 그 효력이 생긴다(제862조 제2항).

Ⅱ. 電子船荷證券의 讓渡

전자선하증권의 권리자는 배서의 뜻을 기재한 전자문서를 작성한 다음 전자선하증권을 첨부하여 지정된 등록기관을 통하여 상대방에게 송신하는 방식으로 그 권리를 양도할 수 있다(제862조 제3항). 제3항에서 정한 방식에 따라 배서의 뜻을 기재한 전자문서를 상대방이 수신하면 (종이)선하증권을 배서하여 교부한 것과 동일한 효력이 있고, 제862조 제2항 및 제3항이 규정한 방식으로 전자문서를 수신한 권리자는 (종이)선하증권을 교부받은 소지인과 동일한 권리를 취득한다(제862조 제4항).

Ⅲ. 電子船荷證券의 效力

전자선하증권은 제852조 및 제855조가 정한 (종이)선하증권과 동일한 법적 효력을 갖는다(제862조 제1항 제2문).

Ⅳ. 細部事項의 委任

전자선하증권의 등록기관의 지정요건, 발행 및 배서의 전자적인 방식, 운송물의 구체적인 수령절차와 그 밖에 필요한 사항은 대통령령으로 정한다(제862조 제5항).

제4절 海上貨物運送狀

Ⅰ. 海上貨物運送狀의 意義

근래 해상화물운송이 매우 신속하게 이루어짐에 따라 종래의 선하증권을 이용하면 매우 불편한 경우가 있다. 즉, 화물이 이미 목적지에 도착하였음에도 상환증권인 선하증권이 아직 도착하지 아니하여 도착지에서 창고료를 부담하여가면서 화물을 인수할 수 없는 경우가 흔히 있다. 이와 같은 경우에는 수하인의 신분만을 확인하고 바로 운송물을 수려할 수 있게 하는 것이 편리하다. 해상화물운송장(sea waybill)이란 운송인이 송하인 또는 용선자의 청구에 의하여 운송물의 수령 또는 선적 및 운송조건을 증명하기 위하여 발행하는 서면을 말한다. 국제적으로는 CMI 해상화물운송장통일규칙(1990년)이 성립되어 있다.

Ⅱ. 海上貨物運送狀의 性質

해상화물운송장은 요인증권성(제863조 제1항)·요식증권성(제863조)·면책증권성(제864조 제2항)이 있으나, 상환증권성(제861조·제129조)·문언증권성(제854조)·법률상 당연한 지시증권성(제861조·제130조)·인도증권성(제861조·제133조)·처분증권성(제861조·제132조)은 없으므로 유가증권이 아니다.

Ⅲ. 海上貨物運送狀의 發行

항해용선계약에서의 용선자 또는 개품운송계약에서의 송하인의 청구가 있으면 선박소유자(용선계약의 경우) 또는 운송인(개품운송의 경우)은 제852조 또는 제855조의 선하증권을 발행하는 대신 해상화물운송장(sea waybill)을 발행할 수 있다. 해상화물운송장은 당사자 사이의 합의에 따라 전자식으로도 발행할 수 있다(제863조 제1항). 해상화물운송장에는 해상화물운송장임을 표시하는 외에 제853조 제1항 각호 사항(선하증권의 기재사항)을 기재하고 운송인이 기명날인 또는 서명하여야 한다(제863조 제2항). 기재사항 중 운송물의 중량·용적·개수 또는 기호가 운송인이 실제로 수령한 운송물을 정확하게 표시하고 있지 아니하다고 의심할 만한 상당한 이유가 있는 때 또는 이를 확인할 적당한 방법이 없는 때에는 그 기재를 생략할 수 있다(제863조 제3항·제853조 제2항). 운송인이 선하증권에 기재된 통지수령인에게 운송물에 관한 통지를 한 때에는 송하인 및 선하증권소지인과 그 밖의 수하인에게 통지한 것으로 본다(제863조 제3항 · 제853조 제4항).

Ⅳ. 海上貨物運送狀의 效力

1. 推定的 效力

제863조 제1항의 규정에 따라 해상화물운송장이 발행된 경우 운송인(또는 선박소유자)이 그 운송장에 기재된 대로 운송물을 수령 또는 선적한 것으로 추정한다(제864조 제1항). 해상화물운송장은 유가증권이 아니어서 유통을 예정하고 있지 아니하므로 선의취득자 문제는 발생하지 아니한다.

2. 免責的 效力

운송인(선박소유자)은 본래 해상화물운송장에 기재된 수하인의 신분을 확인하고 그 자에게 운송물을 인도하면 운송이 종료된다. 그런데 실제로는 무권리자가 운송물의 인도를 요구한 경우에도 운송인은 합리적인 주의를 다하여 운송물을 인도하면 면책시킬 필요가 있다.[23] 따라서 상법은 운송인(선박소유자)이 인도함에 있어서 수령인이 해상화물운송장에 기재된 수하인 또는 그 대리인이라고 믿을만한 정당한 사유가 있는 때에는 수령인이 권리자가 아니라고 하더라도 운송인(선박소유자)은 그 책임을 면한다고 규정하였다(제864조 제2항).

---

23) CMI 해상화물운송장통일규칙(1990년) 제7조 참조.

제 6 장
海 上 危 險

제 1 절 總 說

Ⅰ. 海上航行의 法的 規制

해상기업활동은 해상항행이라는 사실적 활동을 수반하고, 해상항행에는 해상위험이 반드시 따르게 마련이다. 따라서 그 위험대책으로는 해상항행 자체의 안전확보를 목적으로 하는 公法的(行政法的) 규제(예컨대, 海上衝突豫防法·航路標識法 등)도 있으나, 해상위험에 따른 경제적 손해의 조정을 목적으로 하는 私法的 규제가 있으며, 후자가 해상법상의 위험대책이다.

Ⅱ. 海商法上의 危險對策

상법은 해상위험을 극복하기 위한 적극적 대책으로서 공동해손·해난구조를, 소극적 대책으로서 선박충돌·해상보험에 관한 규정을 두고 있으나, 해상보험은 손해보험의 일종으로 '保險'편에서 다루고 있다.

제2절 共同海損

I. 序　說

1. 共同海損의 意義

공동해손(general average, groβe Haverie, gemeinschaftliche Haverie)이란 선박과 적하의 공동위험을 면하기 위하여 선장이 행한 선박 또는 적하에 대한 처분행위로 인하여 생긴 손해와 비용(제865조), 혹은 이러한 손해와 비용을 이해관계인에게 분담시키는 제도를 말한다. 이에 대하여 선박 또는 적하만에 대한 사고로 생기는 海損을 單獨海損(particular average, besondere Haverie)이라 하고, 단독해손은 그 물건(선박 또는 적하)의 소유자가 이를 부담한다.

《共同海損制度의 沿革과 요크·앤트워프規則》

공동해손제도는 서기 3세기경 그리스의 로오드海法에서 처음 인정된 것으로 전해지는데, 이에 의하면 선박과 적하의 공동위험을 면하기 위하여 선장이 돛을 절단하든가 적하를 바다에 투하하고 이로 인해 위험을 면한 선박과 적하의 소유자가 그 손해를 분담하는 제도였다고 한다. 이것은 投荷法이라고 알려졌는데, 로마法에 계수되어 海損을 不當利得返還原理에 의하여 해결하였으며, 中世에 들어서는 선박과 적하의 소유자가 위험공동체를 구성하는 조합으로 보았다. 그 후 게르만法은 위험공동체이론으로, 프랑스法은 부당이득이론으로, 영국에서는 衡平理論으로, 미국에서는 代理理論으로 해결함으로써 공동해손의 요건·효력에 관하여 서로 다른 발전을 하여 왔다. 이와 같이 각국의 법률이 달라 해상기업의 실무에 있어서 불편이 많았으므로, 공동해손법의 통일운동이 전개되었다. 그리하여 1860년의 그라스고會議 이후 1864년의 요크會議(요크規則)와, 1887년의 앤트워프會議(앤트워프규칙)를 거쳐 1890년의 리

버풀國際統一會議에서 요크·앤트워프규칙이 성립하였다. 이것은 해운업자에게 널리 이용되었으나, 그 후 1903년에 追補되고, 다시 1924년 스톡홀름會議 및 1949년 암스테르담萬國海法會議에서 각각 개정되었다. 이 1950년 요크·앤트워프規則(York-Antwerp Rules, 1950)은 國際海事委員會(Comité Maritime International : CMI)의 주관하에 1974년, 1990년, 1994년에 각각 개정되어 오늘에 이르고 있다.

2. 共同海損制度의 根據

(1) 공동해손제도의 근거에 관하여는 衡平의 이념에 의하여, 또는 衡平과 共同危險團體의 두 관념에 의하여 설명하기도 하나,[1] 공동위험단체의 관념에 의하여 설명하는 것이[2] 타당하다.

(2) 선박과 적하는 각각 그 소유권자가 다르므로 이해관계도 각각 다를 것이지만, 해상기업의 기술적 성격상 고립된 위험공동체를 구성한다. 따라서 해상위험에 遭遇하게 되면 그 운명을 같이 하고, 自力에 의하여 그 위험을 극복하게 마련이다. 이 해상위험에 대해서는 임기응변의 신속한 조치를 취할 필요가 있으므로, 이 때에는 선박과 적하의 보관자인 선장으로 하여금 전체의 이익을 위하여 어느 특정인의 이익을 희생시키더라도 최선의 처분행위를 하게 하고, 그 처분행위로 인하여 발생한 손해를 공동위험단체를 구성하는 전체 이해관계인에게 공평하게 분담시키는 것이 가장 합리적이다.[3]

3. 共同海損制度의 法的 性質

공동해손제도의 법률상의 성질에 대하여는 事務管理·不當利得·共同代理 등 민법상의 旣成槪念을 가지고 설명하려는 학설이 있으나, '海上法上의 특수한 法律

1) 徐燉珏·鄭完溶(下) 649면.

2) 孫珠瓚(下) 851면 ; 鄭熙喆·鄭燦亨(下) 778면.

3) 衡平의 이염에 의하여 설명하는 한, 손해의 분담관계는 설명이 되어도 각 이해관계인의 의사를 무시한 선장의 처분권을 설명할 수 없다. 또한 손해의 분담이 衡平의 理念에 적합하다는 것도 공동위험단체라는 기본관념이 전제되기 때문임을 주의할 필요가 있다.

要件'으로서, 법률행위가 아니고 하나의 사건이라고 본다.[4]

공동해손에 관한 상법 규정은 공동위험단체의 내부관계를 규제하는 것이므로 임의규정이고, 실제로는 요크·앤트워프규칙(York-Antwerp Rules)이 각국의 해운업자·보험업자에게 보통거래약관으로 채택되어 적용되고 있다.

Ⅱ. 共同海損의 成立要件

1. 危險要件

선박과 적하의 공동위험을 면하기 위한 것이어야 한다.

(1) 危險의 共同性

(가) 위험은 선박과 적하에 공통된 것이어야 한다. 즉, 인명에 대한 위험이나 선박만의 위험 또는 적하만의 위험은 해당되지 않는다. 이것은 곧 위험의 발생원인의 동일성을 의미한다. 예컨대, 선박은 捕獲될 위험이 있고, 적하는 腐敗될 위험이 있는 경우는 공동위험이 아니다. 그러나 위험의 强度나 性質의 동일성을 의미하는 것은 아니다(예컨대, 동일한 暴風雨로 인한 것이면, 선박에는 毁損, 적하에는 멸실의 위험이라도 무방하다.).

(나) 위험의 발생원인이 동일하면 되므로, 어떠한 원인에 기인했는가는 불문한다. 따라서 天災로 인한 것이든 인간의 행위로 인한 것이든, 또 제3자의 과실로 인한 것이든 불문한다. 다만 그 공동위험이 선박 또는 적하의 瑕疵나 기타 과실있는 행위로 인하여 생긴 경우에는 공동해손의 분담자는 그 책임있는 자(過失者)에 대하여 求償權을 행사할 수 있다(제870조, 요크·앤트워프규칙 D조).

(2) 危險의 現實性

위험이 현실적으로 존재하여야 하므로, 장래의 위험에 대비하여 한 처분은 포

---

4) 孫珠瓚(下) 866면 ; 崔基元(海) 219면 ; 李基秀(保·海) 514면 ; 蔡利植(下) 808면 ; 鄭熙喆·鄭燦亨(下) 777면.

함되지 않는다. 위험이 현실적으로 존재한다는 것은 위험이 切迫한 것을 의미하며, 急迫한 것을 의미하는 것은 아니다.

(3) 目的의 消極性

공동해손은 공동위험을 면하기 위한 것이지, 적극적으로 공동이익을 도모하기 위한 것은 아니다.

(4) 危險의 客觀性

위험이 '객관적'으로 존재하여야 한다. 객관적으로는 위험이 없어도 선장이 주관적으로 위험의 존재를 인식하고 합리적 판단에 의하여 처분한 경우에는 공동해손이 성립한다고 보아야 한다는 학설도 있으나,[5] 商法은 공동해손에 관하여 처분과 손해 간에 인과관계의 존재를 요하므로(제865조), 위험은 객관적인 것이어야 한다. 그러나 처분과 보존 간의 인과관계는 요하지 않는다(제866조).[6]

2. 處分要件

선박 또는 적하에 관하여 선장의 고의적 非常處分(共同海損行爲)이 있어야 한다.

(1) 船長의 故意

선장 [代船長(제748조) 및 선장의 의뢰를 받은 자 포함]의 고의의 처분, 즉 의식적인 행위가 있어야 한다. 따라서 불가항력에 의한 것(예컨대, 폭풍에 의한 돛대의 절단), 또는 선장 아닌 자에 의한 처분은 공동해손행위가 될 수 없다.

(2) 非常處分

선장의 비상처분으로 인한 손해 또는 비용이 있어야 하므로, 운송계약상의 정상적 항해비용은 공동해손이 될 수 없다. 처분의 목적물은 선박 또는 적하이나, 이것은 손해가 선박 또는 적하에 관하여 발생하는 것을 의미하지는 않는다. 처분행위는 작위이든 부작위(停船·發船延期)이든, 사실행위(投荷·入渠)이든, 법률행위

5) 徐燉珏·鄭完溶(下) 650면.
6) 同旨 : 鄭熙喆·鄭燦亨(下) 779면.

(적하의 賣却·救助契約)이든 불문한다.

(3) 正當한 處分

처분의 정당성이 인정되어야 한다. 선장은 이해관계인의 이익에 가장 적합한 방법으로 처분하여야 할 것이므로 정당성이 결여된 처분에 대해서는 선장이 책임을 져야 할 것이다. 요크·앤트워프규칙 A조는 '정당하게' 처분된 경우에 공동해손의 성립을 인정한다.

(4) 主要한 處分(共同海損行爲)

선장의 처분행위의 구체적 내용에 관해서는 상법상 규정한 바 없다. 그러나 공동해손의 정산을 간단·신속하게 結了하려면 정형적인 것을 들어 규정할 필요가 있다. 요크·앤트워프규칙에 따라 주요한 것을 들어보면 다음과 같다.

(가) 損害가 생기는 處分

선박 또는 적하에 손해가 생기는 처분행위로서는, 投荷(적하를 船外로 投棄하는 것), 換積(적하를 艀船 또는 다른 선박에 옮겨 쌓는 것), 양륙, 적하의 매각(해난에 遭遇하여 소요되는 船舶修繕費에 충당하기 위하여 매각하는 것), 消火行爲, 적하 등의 使用(糧食·燃料의 缺乏, 應急修繕의 필요에 따라서 적하·屬具·貯藏品 등을 본래의 목적과 달리 사용하는 것), 任意坐礁(선박을 고의로 해안이나 암초에 좌초시키는 것), 帆 등의 處分[帆·帆柱·錯鎖(닻줄)를 절단하여 버리는 것], 汽罐의 强用(汽罐을 무리하게 사용하는 것)을 들 수 있다.

(나) 費用이 생기는 處分

선박 또는 적하를 危難으로부터 구출하기 위하여 비용을 지출하게 하는 처분행위로는, 선박의 浮揚, 避難[避難費의 중요한 것으로는, 避難地로 가는 항행비·입항비·정박중의 비用(선원의 급료·양식·거주비 등)·적하의 양륙비와 창고보관료·재선적비 등 避難行爲와 상당인과관계가 있는 것을 들 수 있다.], 代替行爲[共同危險을 극복하기 위하여 대체비용(예선료·환적비·轉送費·假修繕費 등)을 지급하게 되는 행위], 비용조달행위[상술한 비용을 조달하는 데 소요된 비용도 공동해손이므로 그 조달행위도 처분행위에 포함된다]를 들 수 있다.

3. 損害・費用要件

손해 또는 비용이 생겨야 한다.

(1) 非常的 損害 또는 費用

선장의 비상적 처분행위로 인하여 발생된 손해 또는 비용 일체를 말하며, 손해 또는 비용 자체가 비상적인 것을 의미하지는 않는다. 손해는 '선박 또는 적하'의 어느 일방 또는 그 양자에 생긴 것만을 말하는 것은 아니고, 처분행위로 인하여 사람 또는 제 3 자의 물건에 발생한 손해도 포함된다.

(2) 處分과 損害의 因果關係

손해 또는 비용은 처분으로 인하여 발생한 것이어야 하므로, 양자 간에는 相當인과관계가 있어야 한다. 따라서 처분의 결과가 아니고 위험 자체에 의해서 생긴 손해(難破物의 처분, 浸水되어 무가치하게 된 적하의 投棄)는 공동해손이 되지 않는다. 손해 또는 비용의 범위를 정하는 데는 세 가지 입법주의가 있다.

(가) 共同安全主義(common safety system)는 공동안전을 위하여, 즉 위험에서 구출하기 위하여 생긴 손해비용만을 공동해손으로 한다. 이에 의하면 避難港入港費는 공동해손이 되나 체선료・출항비는 포함되지 않는다.

(나) 共同利益主義(common benefit system)는 항해의 완료를 위하여 생긴 손해・비용 일체를 공동해손으로 한다. 이에 의하면 피난항출입비・체선료뿐만 아니라 항해계속을 위한 수선비까지도 포함한다.

(다) 犧牲主義(Opfersystem)는 공동안전이나 공동이익과는 관계없이 선장의 처분과 상당인과관계가 있는 犧牲損失에 대해서만 공동해손을 인정한다. 이에 의하면 避難港出入費・체선료는 공동해손이 되나, 수선비는 배제된다. 商法은 중간적인 희생주의를 취하고 있다.

4. 保存要件

선박 또는 적하가 잔존하여야 한다(제866조).

(1) 殘存主義

처분의 주효 여부를 불문하고 처분 후 선박이나 적하가 잔존하기만 하면 된다(獨商 제703조, 요크·앤트워프규칙 A조·C조 참조. 依用商法 제789조는 인과주의를 취하여 처분과 보존과의 사이에 인과관계가 있는 경우에만 공동해손을 인정하였다. 따라서 선장이 긴급한 경우에 적절한 처분을 하는 데 지장을 초래한다는 비판이 가해졌었다.).

(2) 殘存種類不問主義

잔존목적물의 범위에 관하여는 ① 船舶殘存主義〔선박의 잔존을 필요로 하는 것(佛法主義)〕, ② 併存主義〔선박과 적하의 쌍방의 전부 또는 일부가 잔존되어야 하는 것(獨法主義)〕, ③ 殘存種類不問主義〔선박 또는 적하의 어느 일방의 전부 또는 일부가 잔존하면 된다는 것(英美主義, 요크·앤드워프규칙주의)〕가 있으나, 商法은 殘存目的物의 종류를 불문하는 입장을 취하고 있다.

Ⅲ. 共同海損의 效果

1. 共同海損債權

(1) 共同海損分擔請求權者(債權者)

공동해손의 채권자는 선장의 공동해손처분으로 인하여 손해를 입었거나 비용을 지출한 선박소유자(선박임차인·정기용선자·재운송인) 또는 적하의 이해관계인이다. 선박소유자나 적하의 이해관계인의 배상청구권을 '共同海損分擔請求權'이라 하고 그 입은 손해와 지출한 비용을 '共同海損分擔請求財團'(能動的 財團)이라고 한다. 공동해손분담청구권에는 선박우선특권이 부여된다(제777조 제1항 제3호).

(2) 損害額(共同海損分擔請求財團)의 範圍

(가) 原 則

선장의 처분행위로 인하여 입은 손해와 지출한 비용은 전부 공동해손분담청구재단을 이루어 분담의무자로부터 배상받을 수 있는 것이 원칙이다.

(나) 例 外

다음에 드는 특정물에 대한 손해는 예외적으로 공동해손분담청구재단으로부터 제외된다. 손해액의 범위를 명확히 하고, 일종의 制裁措置를 강구하려는 정책적인 이유에서 특칙을 둔 것이다(제872조). 즉, ① 屬具目錄에 기재하지 아니한 속구, ② 선하증권 그 밖의 적하의 가격을 정할 수 있는 서류 없이 선적한 荷物, ③ 종류와 가액을 명시하지 아니한 화폐나 유가증권 그 밖의 고가물, ④ 갑판에 적재한 荷物(그러나 갑판에 선적하는 것이 관습상 허용되는 경우와 그 항해가 연안항행에 해당되는 제외된다.)에 대한 손실은 배상받지 못한다. 그러나 이러한 특정물이 보존된 경우에는 공동해손분담재단에 산입된다.

(3) 損害額의 算定基準

(가) 原 則

공동해손의 손해액은 해손처분의 때와 곳에서의 가액에 의해서 산정하여야 할 것이지만, 사실상 불가능에 가까우므로 편의상 특칙을 두어 그 산정기준을 명시하고 있다. 즉, 선박의 가액은 도달의 때와 곳의 가액으로, 적하의 가액은 양륙의 때와 곳의 가액으로 산정하고(제869조 본문), 다만 적하의 가액에 관해서는 그 손실로 인하여 지급을 면하게 된 비용을 공제하여야 한다(제869조 단서). 운임은 공제하지 않는다(제813조 제2호).

(나) 例 外

선하증권 그 밖에 적하의 가격을 정할 수 있는 서류에 적하의 實價보다 저액을 기재하거나 적하의 가격에 영향을 미칠 사항을 허위기재를 하였다가 그 荷物이 손실된 때에는 그 기재액을 손해액으로 한다(제873조, 요크·앤트워프규칙 제19조).

(다) 精算 중의 利子

공동해손인 손해 또는 이것에 기한 분담청구권에 대하여는 공동해손의 精算이 종료될 때까지 법정이자를 가산하여야 한다.

(4) 分擔請求權者의 擔保物權

(가) 船舶優先特權

공동해손분담청구권자는 선박소유자의 선박, 屬具, 그 채권이 생긴 항해의 운임, 그 선박과 운임에 부수한 채권에 대하여 우선특권을 가진다(제777조 제1항 제3호).

(나) 留置權

共同海손분담청구권자는 적하이해관계인의 운송물에 대해서도 선장을 통하여 유치권을 행사할 수 있다(제807조). 그러나 실제로는 선장은 적하이해관계인으로부터 보증금이나 적하보험자의 보증장을 받고서 또는 共同海損盟約書에 기명날인을 시키고서 荷渡를 하는 것이 보통이다.

(5) 共同海損債權의 消滅

공동해손으로 인하여 생긴 채권 및 책임있는 자에 대한 求償權은 그 계산이 종료된 날로부터 1년 내에 재판상 청구가 없으면 소멸한다(제875조)(제척기간). 그러나 이 기간은 당사자의 합의에 의하여 연장할 수 있다(제875조 단서·제814조 제1항 단서).

2. 共同海損債務

(1) 共同海損分擔義務者

공동해손분담의무자는 공동위험단체의 구성원이다. 즉, 선박소유자와 적하이해관계인이다. 공동해손을 분담하는 재산, 즉 공동해손분담의무자에게 귀속된 재산을 '공동해손분담재단'(수동적 재단)이라고 한다.

(2) 共同海損分擔財團의 範圍

(가) 共同海損을 分擔하는 財産

상법은 공동해손을 분담하는 재산으로 위험을 면한 선박·적하의 가액과 운임의 반액과 공동해손의 액과의 비율에 따라 각 이해관계인이 이를 분담한다고 규정하고 있으나(제866조), 여기서의 선박·적하·운임 등은 예시적인 것이다.

(나) 共同海損을 分擔하지 않는 財産

선박에 비치한 武器, 선원의 급료, 선원과 여객의 糧食과 衣類는 보존된 경우에도 공익상 또는 정책상의 이유로 인해 수동적 재단으로부터 제외되어서 그 가액을 공동해손의 분담에 산입하지 않는다. 그러나 이러한 것이 손실된 경우에는 그 가액을 공동해손청구재단에 산입하여 이해관계인이 분담한다(제871조). 우편물과 그 취급에 필요한 물건은 공익상 특히 이를 보호하기 위하여 海損을 분담하지 않게 되어 있다(郵 제7조 제3항).

(3) 共同海損分擔財産의 評價

(가) 原 則

선박의 가액은 도달의 때와 곳의 가액으로, 적하의 가액은 양륙의 때와 곳의 가액으로 산정한다(제867조 본문). 다만 적하의 가액에 관해서는 그 가액 중에서 멸실로 인하여 지급을 면하게 된 운임 기타의 비용을 공제하여야 한다(제867조 단서). 운임은 편의상 그 반액으로 한다(제866조).

(나) 例 外

선하증권 그 밖에 적하의 가격을 정할 수 있는 서류에 적하의 실가보다 고액을 기재하거나, 적하의 가격에 영향을 미칠 사항에 허위기재를 하였다가 그 荷物이 보존된 때에는 그 기재액을 적하의 가액으로 하고, 그에 따라서 공동해손을 분담한다(제873조).

(4) 共同海損分擔額의 算出

공동해손의 분담청구재단과 분담재산의 범위 및 가액이 확정되면, 그 비율에 따라서 각 이해관계인의 분담액이 산출된다. 상법 제866조는 "공동해손은 그 위험을 면한 선박 또는 적하의 가액과 운임의 반액과 공동해손의 액과의 비율에 따라 각 이해관계인이 이를 분담한다."고 규정하였는데, 이 규정에 의하면 공동해손인 손해액을 분담재단에 속하는 재산의 가액과 손해액의 합산액으로 나눈 액을 분모의 각 항에 곱해서 나온 數額이 그 각 항의 이해관계인이 분담하는 액이 된다.

(5) 共同海損分擔義務者의 有限責任

공동해손분담의무자는 선박이 도달하거나 적하를 인도한 때에 현존하는 가액의 한도에서 그 책임을 진다(제868조). 이는 처분으로 인한 이익의 한도에서 지는 인적 유한책임이다.

3. 共同海損의 精算

(1) 精算義務者

공동해손의 계산을 精算이라 한다. 정산의무자는 별다른 특약이나 관습이 없는 한 선장이며, 선장은 항해가 종료한 후 共同海損精算書를 작성하여야 한다. 그러나 실제로는 정산사무가 전문적·기술적인 것이므로 전문적인 공동해손정산인에게 맡기는 것이 보통이다.

(2) 精 算 地

共同海손의 정산지는 특약이 없는 한 항행종료의 地, 즉 선박과 적하가 종국적으로 분리되는 최후의 적하양륙항이다(제867조, 제869조).

(3) 精算時期

상법 제807조에서 해손분담액의 지급과 상환하지 아니하면 운송물의 인도를 할 의무가 없다고 정한 것을 보면, 늦어도 최후의 양륙항에 이르기까지는 정산을 완료하여야 할 것이지만, 실제로는 장시간이 소요되므로 대개 보증금을 공탁시키거나 보증장을 제출케 하고 운송물을 미리 인도한 다음 정산은 후일에 한다.

(4) 數回의 共同海損의 精算

동일항해 중 수회의 공동해손행위가 있을 때에는 후의 공동해손부터 정산하여야 한다. 상법상 명문의 규정은 없으나, 항해종료지에서의 잔존재산으로 해손을 분담하는데, 후의 공동해손을 먼저 계산하지 않으면 잔존재산의 가액을 정할 수 없기 때문이다.

(5) 精算 후 損害의 회복과 分擔金返還義務

선박소유자·용선자·송하인 기타의 이해관계인이 공동해손의 額을 분담한 후 선박·속구 또는 적하의 전부나 일부가 소유자에게 복귀된 때에는 그 소유자는 償金(자기의 분담액을 공제하고 실제로 배상받은 금액이 아니라 자기가 입은 손해액을 말한다.)으로 받은 금액에서 구조료와 일부손실로 인한 손해액을 공제하고 그 잔액을 반환하여야 한다(제874조). 반환된 금액은 분담률(제866조)에 따라 각 이해관계인(損害物의 소유자도 포함)에게 분배된다. 선박과 적하의 공동위험이 선박 또는 적하의 瑕疵 기타 과실 있는 행위로 인하여 생긴 때에는 공동해손분담자는 책임있는 자에 대하여 구상할 수 있다(제870조). 이 구상권도 1년 이내에 재판상의 청구가 없으면 소멸하고, 이 기간도 당사자의 합의에 의하여 연장할 수 있다(제875조·제814조 제1항 단서).

제3절 船舶衝突

I. 船舶衝突의 意義

선박충돌(collision, Schiffszusammenstoβ)이란 2척 이상의 선박이 그 운용상 작위 또는 부작위로 선박 상호 간에 다른 선박 또는 선박 내에 있는 사람 또는 물건에 손해를 생기게 하는 것을 말하며, 직접적인 접촉의 유무를 묻지 아니한다(제876조 제2항).

(1) 선박충돌은 2척 이상의 독립된 선박간의 충돌을 말하며, 적어도 일방은 航海船이어야 한다(제876조 제1항). 曳船과 被曳船과의 충돌은 서로 독립적인 관계가 없으므로 상법상의 선박충돌이라고 할 수 없다.

(2) 충돌은 선박과 선박이 접촉하는 것이다. 따라서 선박이 埠頭와 같은 港灣施設과 충돌하거나, 다른 선박과의 충돌을 피하려 하다 坐礁한 것은 선박충돌이 아니다.

(3) 수면에서의 접촉인 한 海上이든 平水區域 내이든, 水上이든 水中이든, 진행중이든 정박중이든, 접촉장소에 제한이 없다.

(4) 충돌은 과실의 개념을 기초로 하므로, 과실과 충돌 간에는 인과관계가 있어야 한다.

(5) 충돌과 손해 간에도 상당한 인과관계가 있어야 하고, 그 손해는 선박 또는

선박 내에 있는 물건이나 사람에 관하여 생긴 것에 한하되(제876조 제1항), 선박충돌로 인한 직접적인 손해뿐 아니라 변호사비와 같은 간접손해 및 적하소유자・여객 등에게 지출할 간접비용도 포함한다. 그러나 파손된 港口施設에 대한 복구비용, 油類汚染損害로 인한 비용 등은 선박 또는 선박 내에 있는 물건이나 사람에 관한 손해가 아니므로 제외된다.

(6) 상법은 선박충돌에 관하여 선박충돌이 불가항력으로 인한 경우(제877조), 일방의 과실로 인한 경우(제878조), 쌍방의 과실로 인한 경우(제879조), 도선사의 과실로 인한 경우(제880조) 등에 관하여만 규정하고 있으나, 상법 외에도 해상교통안전법, 선박안전법, 선원법 등에 안전항행 및 선장의 구조의무에 관한 규정이 있다.

《船舶衝突에 관한 統一條約》

선박의 충돌은 동일국적선박 상호간 뿐만 아니라 국적이 다른 선박간에서도 자주 일어나는 것이므로, 충돌을 예방하고 그에 대처하는 海法의 국제적 통일이 필요하였다. 그리하여 19세기 말엽부터 여러 국제회의에서 국제적 통일을 위한 노력이 진행되어, 1910년 브뤼셀外交會議에서 "선박충돌에 관한 규정의 통일을 위한 협약"(International Convention for the Unification of Certain Rules of Law with respect to Collisions between Vessels, Brussels, Sept. 23, 1910)이 성립되었다. 1952년에는 "충돌 및 항해상의 기타의 사고에 대한 형사재판관할에 관한 약간의 규정의 통일을 위한 국제협약"(International Convention for the Unification of Certain Rules relating to Penal Jurisdiction in Matters of Collision or Other Incidents of Navigation, Brussels, May 10, 1952)과 "충돌에 대한 민사재판관할에 관한 약간의 규정의 통일을 위한 국제협약"(International Convention on Certain Rules concerning Civil Jurisdiction in Matters of Collision, Brussels, May 10, 1952)이 성립하였다. 선박안전법 제16조의 2 제2항은 해상충돌예방에 관한 국제조약에 따를 것을 전제로 한 규정을 두고 있다.

Ⅱ. 船舶衝突로 인한 損害賠償關係

상법은 선박충돌로 인한 손해 중 '선박 또는 선박 내에 있는 물건이나 사람에 관하여 생긴 손해'의 배상에 한하여 적용된다(제876조 제1항). 그 밖의 손해에 관하여는 민법의 일반원칙에 따라 해결한다.

1. 衝突船舶의 所有者 간의 관계

(1) 不可抗力 또는 原因不明

선박의 충돌이 불가항력의 사유로 인하여 발생하거나, 그 원인이 명백하지 않은 경우에는 피해자는 각자 그 손해를 부담한다(제877조). "天災는 소유자의 부담으로 한다"(res perit domini)는 원칙상 당연한 결과이다.

(2) 一方的 過失

선박의 충돌이 일방의 선원의 과실로 인하여 발생한 경우에는 과실 있는 선박의 소유자가 他船의 손해에 대한 배상책임을 진다(제878조). 여기서 선원이란 선박소유자 및 그 모든 피용자를 포함하는 넓은 개념이다. 도선사의 과실도 선박소유자의 과실로 본다(제880조). 선박소유자는 선원 기타 피용자의 선임·감독에 상당한 주의를 하였다고 하더라도(民 제756조 제1항 참조) 손해배상책임을 면할 수 없다. 다만 상법 제769조 이하의 선주책임제한에 관한 규정은 선박충돌의 경우에도 적용된다고 본다.

가해선박의 과실 및 손해의 발생은 피해선박이 입증하여야 한다. 가해선박이 국제해상충돌예방규칙 및 해상교통안전법에 위반하여 선박이 충돌한 경우에는 과실이 사실상 추정된다.

(3) 雙方的 過失

선박의 충돌이 쌍방의 선원의 과실로 인하여 발생한 경우에는 그 과실의 輕重에 따라 각 선박의 소유자가 손해배상책임을 분담하고, 그 경중을 판정할 수 없는 때에는 각 선박의 소유자가 均分하여 손해배상책임을 진다(제879조 제1항).[7] 이 때 충돌은 一個의 사실이라도 쌍방이 서로 손해배상책임을 지고 相計할 수 있는 지위에 놓인다고 본다. 이를 交叉責任(cross liability)說이라고 한다. 이에 대하여 單一責任(single liability)說은 충돌이라는 불법행위를 하나로 보고 이것으로 인하

---

7) 大判 1985. 12. 24, 84 추 3.

여 생긴 손해도 一團으로 보아 각 피해액과 과실의 정도에 따라 계산한 결과 피해가 많은 선박소유자에게만 한 개의 손해배상청구권이 생긴다고 보는 견해이다. 충돌이라는 사실은 하나이지만 이론상 또 실제로 과실있는 쌍방에게 각자의 불법행위가 성립하므로 交叉責任說이 타당하다고 본다. 실무에서도 交叉責任約款이 사용되고 있다. 그러나 상법은 선주유한책임과 관련하여 상대방에 대하여 동일한 사고로 인하여 채권을 가지는 경우, 그 채권액을 공제한 잔액이 책임제한의 대상이 되는 채권이 되는 것으로 정하여 單一責任主義를 취하고 있다.[8)]

2. 衝突船舶의 第三者에 대한 관계

(1) 一方的 過失

일방 선박의 과실로 인하여 충돌이 발생한 경우에는 과실 있는 선박의 소유자는 자기 선박상의 하주·여객에 대하여는 채무불이행으로 인한 손해배상책임을 지고, 과실 없는 선박의 하주·여객에 대하여는 불법행위로 인한 손해배상책임을 진다(제878조). 그러나 운송인은 운송물에 관한 손해에 대하여는 자신의 과실이 없는 한 선장·해원·도선사 기타 선박사용인의 항해과실에 대하여 면책되고(제795조 제2항), 이는 운송인의 불법행위책임을 묻는 경우에도 같다(제798조).

(2) 雙方的 過失

쌍방 선박의 과실로 인하여 충돌이 발생한 경우에는, 여객 등 제3자의 死傷으로 인한 손해에 대하여서만은 쌍방 선박의 소유자가 연대하여[공동불법행위; 民 제760조)] 배상책임을 진다(제879조 제2항). 적하의 소유자 등 제3자의 재산상의 손해에 대하여는 그 과실의 경중에 따라 배상책임을 분담하되, 과실의 輕重을 판단할 수 없을 때에는 均分하여 부담한다(제879조 제1항)(分割責任主義).[9)] 이것은 민법의 일반원칙인 연대책임주의의 예외이다. 한편 적하의 소유자는 운송인의 운송계약상의 책임을 물을 수 있고, 이때는 선박소유자는 책임의 분할을 주장할 수는 없으나 면책약관을 원용할 수는 있다.

---

8) 蔡利植(下) 825면.
9) 大判 1972. 6. 13, 70 다 213; 同 1975. 6. 24, 75 다 356.

(3) 免責約款의 援用

쌍방과실로 인하여 쌍방 선박소유자가 제 3 자에 대하여 연대하여 손해배상책임을 지는 경우에, 일방 선박소유자와 제 3 자 간에 면책약관이 있는 때에는 민법 제419조의 취지에 따라 他方 선박소유자도 그 면책약관을 원용할 수 있다는 것이 다수설이다.[10] 그러나 他方 선박소유자는 운송계약의 당사자가 아닐 뿐더러 상법이 여객의 인적 손해에 대해서만 쌍방 선박소유자의 연대배상책임을 인정한 것이라고 본다면(제879조 제2항), 선박소유자와 적하소유자 간에 면책약관이 있는 때에는 그 면책약관을 원용할 수 있다고 보는 데에는 의문의 여지가 있다.[11]

Ⅲ. 導船士의 過失로 인한 船舶衝突의 경우

앞에서 설명한 바와 같이 선박충돌이 도선사의 과실로 인하여 발생한 경우에도, 선박소유자의 손해배상책임의 부담관계는 선원의 과실로 인하여 발생한 경우와 같이 해결한다(제880조).

Ⅳ. 優先特權

선박의 충돌로 인한 항해시설·항만시설 및 항로에 대한 손해와 선원이나 여객의 생명·신체에 대한 배상채권에 관하여는 채권자는 그 충돌선박에 대한 선박우선특권을 갖는다(제777조 제1항 제4호).

10) 崔基元(海) 236면 ; 徐燉珏·鄭完溶(下) 662면 ; 朴元善(下) 392면.
11) 同旨 : 蔡利植(下) 823면.

Ⅴ. 時　效

선박의 충돌로 인하여 발생한 손해배상의 청구는 2년 내에 재판상의 청구가 없으면 소멸한다(除斥期間)(제881조 본문). 그 기산점은 충돌이 있은 날이다. 이 기간은 당사자의 합의로 연장할 수 있다(제881조 제2문 · 제814조 제1항 단서). 선박충돌의 경우는 불법행위책임만이 문제되므로 2년의 소멸시효는 충돌로 인한 인적손해이든 물적손해이든 불문하고 적용된다.[12]

제4절 海難救助

Ⅰ. 序　說

1. 海難救助의 意義

광의의 해난구조란 해난에 遭遇한 선박 또는 적하를 구조하는[13] 것을 말한다. 특히 당사자간에 구조계약 없이, 즉 의무없이 구조하는 경우를 협의의 해난구조라 한다. 상법상 해난구조라 함은 협의의 해난구조를 말하는 것으로서, 항해선 또는 그 적하 그 밖의 물건이 어떠한 수면에서 危難에 遭遇한 경우에 의무 없이 이

12) 서울高判 1990. 9. 21, 90 나 29359[확정].

13) 大陸法은 救援(assistance, Hilfsleistung)과 구조(salvage, Bergung)를 구별하고, 前者는 선박 또는 적하를 선원이 점유하는 경우의 구조이며, 後者는 완전히 선원의 점유를 떠난 것을 구하는 것이라고 한다. 그러나 통일조약과 우리 상법은 이를 구별하지 않는다.

를 구조하는 것을 말한다(제882조).

2. 海難救助의 性質

협의의 해난구조의 법적 성질에 관하여는 準契約說·不當利得說·事務管理說 등이 있으나, 이는 해상법상의 특수한 법률요건으로서의 사건이며, 구조계약에 의한 경우에는 도급계약이다.

3. 海難救助의 沿革

古代 및 中世 유럽에서는 외국인을 적대시하는 사상 때문에 遭難船舶의 구조보다는 오히려 遭難物의 掠奪이 자행되었는데, 이에 대하여 로마法이 遭難物의 소유권이 해난에 의하여 상실되지 않음을 선언하고 遭難物을 占取한 자를 盜人으로서 罰하였던 것이 해난구조의 기원이 되었다. 중세에 와서는 沿岸地의 領主는 沿岸權(Strandrecht, droit de coét)이라는 명목하에 조난물을 占取하여 이것을 歲入財源의 하나로 삼았다고 한다. 이에 대하여 근세초기의 교회가 맹렬히 반대하여 올레론 海法과 루이 14세의 1681년 해사칙령은 遭難物의 보호를 위하여 그에 대한 점유권의 행사를 금하였다. 그 후 해난구조에 관하여 선박충돌통일조약과 더불어 만국해법회의 統一法議題가 되어, 1910년의 브뤼셀회의에서 "해난에 있어서의 구원구조에 관한 규정의 통일을 위한 협약"(Convention for the Unification of Certain Rules of Law respecting Assistance and Salvage at Sea, signed at Brussels, Sept. 23, 1910)이 성립하였다. 우리 상법도 대체로 통일조약을 따르고 있다. 이 해난구원구조통일협약은 1967년에 개정되었고, 1989년 4월에 런던에서 개최된 만국해법회(CMI)(국제해사위원회) 총회에서는 새로운 해난구조에 관한 국제조약이 성립되었다. 그러나 오늘날에는 현실적으로 대부분의 해난구조는 전문적인 구조회사 또는 해양경찰에 의하여 행하여진다. 구조회사는 대개 구조약관(보통 Lloyd's Open Form : LOF)에 따라, 그리고 해양경찰은 水難救護法(1961. 11. 1. 법률 제761호)에 따라 구조를 한다.

Ⅱ. 海難救助의 成立要件

협의의 해난구조가 성립하려면, 선박 또는 적하의 전부 또는 일부가 어떠한 수면에서 危難에 遭遇한 경우에 의무없이 이를 구조하여야 한다(제882조).

1. 海難要件

해난에 遭遇하여야 한다. 해난이란 항해에 관한 위난을 말한다. 위난은 선박 또는 적하의 멸실·훼손의 蓋然性이 있는 상태로서 자력만으로는 극복할 수 없는 것이어야 하며, 그 발생장소는 어떠한 수면(海上뿐만 아니라, 湖川·港灣에서도)이든 상관없다. 위난은 반드시 急迫함을 요하지 아니하나 현실적으로 예견할 수 있어야 하고, 그 발생의 원인도 제한이 없으므로 인위적인 사고이더라도 상관이 없다.

2. 目的物要件

해난구조의 목적물은 선박·적하 기타 屬具·旅客의 手荷物 등의 전부 또는 일부이다. 선박은 航海船·內水船을 불문하며, 동일소유자의 선박이더라도 무방하다. 그러나 내수선 상호간의 구조나 魯櫂船 상호간의 구조 또는 공용에 제공된 國·公有船의 구조는 상법상의 해난구조가 아니다. 적하는 반드시 운송계약의 목적물만을 의미하지 않고, 선박장비·식량·의류 등의 구조도 포함한다. 인명만의 구조는 해난구조가 아니다. 이것은 인명구조는 인간애의 발로에 맡기는 것이 온당하고, 또 해난구조의 보수는 구조된 海產으로부터 변제되어야 한다는 낡은 이론의 잔재이다. 그러나 數人이 공동으로 선박이나 적하의 구조와 동시에 인명을 구조한 경우에는 인명구조에 대한 구조료를 청구할 수 있다(제888조 제2항).

3. 救助要件

(1) 해난구조는 '구조자'가 '의무 없이' '구조활동'을 하여 해난으로부터 구조하는 것이다. 여기서 '구조자'란 구조활동에 직접 관련된 용역을 제공한 자를 말하며, '구조활동'이란 해난구조 시의 구조활동은 물론 침몰・난파・좌초・유기, 그 밖의 해양사고를 당한 선박 및 그 선박 안에 있거나 있었던 적하와 그 밖의 물건의 인양・제거・파괴 또는 무해조치 및 이와 관련된 손해를 방지 또는 경감하기 위한 모든 조치를 말한다(제775조 제4항).

(2) 또한 여기서 '의무'라 함은 私法上의 의무를 말한다. 따라서 遭難船의 선원의 救助行爲・도선사의 그 引導船舶의 救助・曳船의 被曳船 救助 등은 원칙적으로 해난구조가 아니다(제890조). 다만 曳船契約이나 導船契約의 이행이라고 볼 수 없는 특별한 노력을 제공한 경우에는 구조료청구권이 있다. 승객이 한 救助行爲는 일반적으로 구조행위라고 할 수 없으나, 위험을 무릅쓰고 특별히 구조행위를 하였다면 해난구조로 볼 수도 있을 것이다. 그리고 사법상의 의무가 없는 한 선원법이나 수난구호법과 같은 공법상의 구호의무를 부담하는 자(예컨대, 선장)의 구조는 해난구조이다. 그러나 해상감시선의 구조는 해난구조가 될 수 없다.

(3) 해난구조로서 구조료청구권이 발생하려면 구조가 奏效하였어야 한다(제882조). 이것은 구조를 假裝하는 폐단을 방지하기 위하여 노력주의가 아닌 결과주의를 받아들인 것이다. 그러나 不奏效無報酬의 원칙을 고수하면 구조의 결과가 불확실할 경우 구조를 기피하거나 주저하게 할 우려가 있으므로 입법론적으로는 재검토의 여지가 있다.

(4) 구조자가 구조과정에서 오히려 피구조자에게 손해를 발생시킨 경우 구조자는 이를 배상하여야 한다. 그러나 선박소유자는 이 책임에 대하여도 책임제한을 받을 수 있다(제775조).

Ⅲ. 海難救助의 效果

1. 救助料請求權

(1) 救助料請求權의 取得

(가) 해난구조의 요건을 갖추면 구조자는 구조료청구권을 취득한다(제882조). 구조료청구권자는 선박소유자·선장·해원 등 구조자이고, 구조선박소유자도 구조로 인한 선박의 손해액과 그 소요비용을 지급받는다(제889조 제1항). 동일한 소유자에 속하는 선박 상호간에 있어서도 구조에 종사한 자는 상당한 구조료를 청구할 수 있다(제891조).

(나) 구조료청구권의 상대방은 구조된 목적물의 이해관계인으로서, 예컨대 구조된 선박 또는 적하의 소유자·질권자·저당권자·우선특권자 및 이들과 계약상 이해관계를 가진 자 등이다.

(다) 구조료는 구조행위에 대하여 법률상 인정되는 보수이지만, 이것에는 구조자가 지출한 비용도 포함된다(제883조). 前述한 바와 같이 인명구조의 경우에는 보수청구권이 인정되지 않으나, 재산구조와 경합하는 경우에는 船主나 荷主에 대하여 보수청구권을 갖는다(제888조 제2항).

(2) 救助料請求權의 阻却事由

다음에 열거하는 자는 구조료를 청구하지 못한다(제892조). 즉, ① 구조받은 선박에 종사하는 자, ② 고의 또는 과실로 인하여 해난사고를 야기한 자, ③ 정당한 거부에도 불구하고 구조를 강행한 자, ④ 구조된 물건을 감추거나 정당한 이유 없이 처분한 자 등이다.

(3) 救助料請求權의 擔保

(가) 優先特權

선박 또는 적하를 구조한 자는 그 구조료청구권을 담보하기 위하여 피구조선,

그 屬具, 운임 등에 대하여 우선특권을 갖는다(제777조 제1항 제3호·제782조·제893조 제1항 본문). 다만 적하에 대한 우선특권만은 구조료채무자가 그 적하를 第三取得者에게 인도한 후에는 그 적하에 대하여 행사하지 못한다(제893조 제1항 단서). 그 밖에 구조자의 우선특권에는 그 성질에 반하지 아니하는 한 선박채권자의 우선특권에 관한 규정을 준용한다(제893조 제2항). 따라서 이 우선특권은 그 선박소유권의 이전으로 인하여 영향을 받지 아니한다(優先特權의 追及權)(제785조). 이 우선특권은 권리발생시부터 1년 이내에 실행하지 아니하면 소멸한다(제786조).

(나) 留置權

구조료채권자가 구조의 목적물을 占有하는 때에는 구조료를 지급할 때까지 유치권을 행사할 수 있다(民 제320조).

(4) 時 效

구조료청구권은 구조가 완료된 날로부터 2년 내에 재판상 청구가 없으면 소멸하는데, 이 기간은 당사자간의 합의로 연장할 수 있다(제895조·제814조 제1항 단서).

2. 救助料의 決定

(1) 救助料額의 決定

당사자가 미리 구조계약을 하고 그 계약에 따라 구조가 이루어진 경우 구조료에 관한 특약이 있으면 그것에 따르되, 이 경우에도 그 성질에 반하지 아니하는 한 구조계약에서 정하지 아니한 사항은 상법이 정한 바에 의한다(제887조 제1항). 따라서 해난 당시에 구조료의 금액에 대해 약정을 한 경우에도 그 금액이 현저하게 부당한 때에는 (당사자의 청구에 따라) 법원은 제883조의 사정을 참작하여 그 금액을 증감할 수 있다(제887조 제2항). 구조의 보수에 관한 약정이 없는 경우에 그 액에 대하여 당사자 사이에 합의가 성립하지 아니한 때에는 법원은 당사자의 청구에 의하여 구조된 선박·재산의 가액, 위난의 정도, 구조자의 노력과 비용, 구조자나 그 장비가 조우했던 위험의 정도, 구조의 효과, 환경손해방지를 위한 노력, 그 밖의 제반사정을 참작하여 그 액을 정한다(제883조). 여기서 환경손해라 함은 유류오염손해와 같은 생태계에 미치는 손해를 말한다.

(2) 救助料額의 限度

구조의 보수액은 다른 약정이 없는 한 구조된 목적물의 가액을 초과하지 못한다(제884조 제1항)(구조료지급의무자의 인적 유한책임).

先順位의 우선특권이 있는 때에는 구조의 보수액은 선순위의 우선특권자의 채권액을 공제한 잔액을 초과하지 못한다(제884조 제2항).

3. 救助料의 分配

(1) 共同救助의 경우

공동으로 구조활동을 한 선박간에 구조료분배의 비율에 관하여 특약이 있으면 그것에 따르나, 구조의 보수에 관한 약정이 없는 경우에 그 액에 대하여 당사자 사이에 합의가 성립하지 아니한 때에는 법원은 당사자의 청구에 의하여 구조된 선박·재산의 가액, 위난의 정도, 구조자의 노력과 비용, 구조자나 그 장비가 조우했던 위험의 정도, 구조의 효과, 환경손해방지를 위한 노력, 그 밖의 제반사정을 참작하여 그 액을 정한다(제888조 제1항·제883조).

공동구조의 경우에는 인명구조자도 선박 또는 적하의 구조를 전제로 하여 선박 또는 적하의 소유자(피구조자)에 대하여 재산구조자와 함께 직접 구조료의 분배에 참여할 수 있다 함은 前述하였다(제888조 제2항). 이때 인명구조자가 분배받을 구조료는 피구조자가 부담하는 것이 아니라 구조된 물건의 소유자가 부담한다.

(2) 單獨救助의 경우

구조선 내부의 구조료 분배에 있어서는, 먼저 구조선박의 손해액과 구조비용을 구조료에서 공제하여 선박소유자에게 지급하고, 그 잔액을 절반하여 선장과 해원에 지급한다(제889조 제1항). 여기서 구조선박의 손해액이란 실제 발생된 손해 및 선박을 임차하였을 경우에 소요되었을 것으로 예상되는 貸料를 포함한다고 본다.[14]

해원에게 지급할 구조료의 분배는 선장이 하는데, 선장은 각 해원의 노력 및 그 효과와 기타 사정을 참작하여 그 항해의 종료 전에 분배안을 작성하여 해원에게 고시하여야 한다(제889조 제2항).

---

14) 蔡利植(下) 836면 참조.

4. 救助料의 支給

(1) 救助料支給義務者

前述한 바와 같이 구조료의 지급의무자는 구조된 목적물의 이해관계자이다. 선박소유자는 특약이 없는 한 운송물에 관한 구조료를 지급할 필요가 없다. 재산구조와 함께 인명구조가 있은 경우에는 인명의 피구조자는 구조료지급의무를 지지 아니한다. 피구조자인 선박소유자는 구조료청구에 대하여 선주유한책임을 주장할 수 없다(제769조 참조).

(2) 船長의 權限

선장은 구조료채무자를 갈음하여 그 지급에 관한 재판상·재판외의 모든 행위를 할 권한이 있다(제894조 제1항). 선장은 구조료에 관한 소송에서 자신이 원고 또는 피고로 될 수 있고, 그 확정판결의 효력은 구조료채무자 전원에게 미친다(제894조 제2항). 이것은 선장이 구조에 관한 사정을 가장 잘 알고 있을 뿐만 아니라, 채무자나 채권자가 다수인 경우에 권리행사의 편의를 도모할 수 있기 때문이다.

判例索引

事項索引

[ㅅ]

[ㅇ]

[著 者 略 歷]

李 範 燦

서울大學校 法科大學 卒業
서울大學校 大學院 修了(法學碩士)
美國 콜럼비아大學校 法科大學에서 會社法硏究
梨花女子大學校 敎授
商法改正審議委員會 委員
司法試驗委員·行政高等考試委員·公認會計士試驗委員
民法·商法改正特別審議委員會 委員
韓國商事法學會 會長歷任
成均館大學校 總務處長 및 法科大學 學長
法學博士
現, 成均館大學校 法科大學 名譽敎授
(日本) 名古屋經濟大學 敎授

崔 埈 璿

成均館大學校 法科大學 卒業
成均館大學校 大學院 修了(法學博士)
Stipendiat der Alexander von Humboldt-Stiftung
現, 成均館大學校 法科大學 敎授

商 法 (下) 〔第 5 版〕

1997年 8月 25日 1版 1刷 發行
1999年 8月 10日 2版 1刷 發行
2001年 8月 10日 3版 1刷 發行
2004年 7月 20日 4版 1刷 發行
2008年 7月 30日 5版 1刷 發行

著 者 李 範 燦
　　　崔 埈 璿
發行人 趙 良 熙
組 版 광 암 문 화 사

發行處
110-102
서울特別市 鐘路區 平洞 19番地의 1號
圖書出版 三 英 社
登錄 1972年 4月 27日 제1-202호(倫)
전 화 737-1052 · 734-8979
FAX 739-2386

定價 34,000 원

ISBN 978-89-445-0089-3-93360